晋商与徽商

上卷

庞利民◎著

全国百佳图书出版单位
时代出版传媒股份有限公司
安徽人民出版社

图书在版编目(CIP)数据

晋商与徽商 / 庞利民著. —合肥:安徽人民出版社,2017.5(2018.9 重印)

ISBN 978-7-212-09523-9

Ⅰ.①晋… Ⅱ.①庞… Ⅲ.①晋商—研究②徽商—研究 Ⅳ.①F729

中国版本图书馆 CIP 数据核字(2016)第 324475 号

晋商与徽商

(上、下卷)

庞利民 著

出 版 人:徐 敏　　责任印制:董 亮

责任编辑:秦 闯 卢昌杰　　装帧设计:陈 爽

出版发行:时代出版传媒股份有限公司 http://www.press-mart.com

安徽人民出版社 http://www.ahpeople.com

地 址:合肥市政务文化新区翡翠路 1118 号出版传媒广场八楼 邮编:230071

电 话:0551-63533258 0551-63533259(传真)

印 刷:安徽新华印刷股份有限公司

开 本:710mm×1010mm 1/16 印张:55.5 字数:908 千

版 次:2017 年 5 月第 1 版 2018 年 9 月第 2 次印刷

书 号:ISBN 978-7-212-09523-9 定价:98.00 元(上、下卷)

序 一

晋商与徽商是我国明清时期最著名的两大商帮。研究两大商帮的兴衰成败,以史鉴今,资政于今天的经济社会发展,是诸多明清经济史研究者追求的目标。多年来,研究晋商的专家、专著不少,研究徽商的专家、专著也不少,但将这两大商帮联系起来,专门进行比较研究的学者和成果则不多。2016年“五一”劳动节期间,庞利民先生携来他即将付梓的《晋商与徽商》一书。该书对两大商帮进行比较研究,洋洋90余万言,这在国内外尚属罕见。他为晋商与徽商研究另辟蹊径,增光添彩,做了一件很有价值的事情,真是可喜可贺!

山西地处山右,表里山河,世称“三晋”。从明初至晚清,山西商人转贩粮、布、盐、煤、铁、茶等商品,纵横千万里,足迹遍天下,称雄商界500年,殊为世人称道。梁启超先生曾言:“鄙人在海外十余年,对于外人批评吾国商业能力,常无辞以对。独至此有历史、有基础、能继续发达的山西商业,鄙人常以自夸于世界人之前。”晋商在清季首创票号,汇通天下,建立伙计制、人身顶股制,实行东家与掌柜(职业经理人)两权分离、总号与分号一体化、“三爷”不允许进店等号规制度,顺应了封建社会商品经济的发展,接近于现代企业制度,在我国经济发展史上具有十分重要的意义。

徽州地处皖南丛山之中,一府六邑。明清时徽州商人宛转出新安,走四方,贾而仕,仕而商,亦商亦儒;经营茶、盐、木、典等行业,以善于经商而闻名全国,有“钻天洞庭遍地徽”“无徽不成镇”之说。胡适先生在其“口述自传”中说:“我是安徽徽州人。……徽州人正如英伦三岛上的苏格兰人一样,四出经商,足迹遍于全国。最初都以小本经营起家,而逐渐发财致富,以至于在全国各地落户定居。”徽商发财致富以后,“贾道儒行”,重视文化发展。

徽州素有“东南邹鲁”“文化之邦”的美称，在理学、绘画、建筑、雕刻、医学、戏剧等方面都取得骄人成就，仅清季以来，硕彦大儒就有戴震、胡适、陶行知、黄宾虹等，可谓山川秀丽，人杰地灵。

山西与徽州，一个在黄河以北，北接内蒙古高原；一个在长江以南，南邻江西、浙江。一北一南，相隔万水千山，但在明清都产生了闻名全国的重要商帮。这是什么原因使然的呢？两大商帮的相同之处是什么？不同之处是什么？各自的特色优点、风云人物、衰落原因乃至经验教训又是什么？等等。这些都是明清经济史研究者长期关注的课题，也是当下人们想要获得答案的。今天，看了庞利民先生这本《晋商与徽商》的比较研究，我觉得他破了题，有了答案。虽然作者在书中的有些见解乃是一家之言，但他言之有理，论之有据，史料翔实，殊为可信。这是一部很有思想见地的学术著作。

这部上、下两卷的大作共分15章，从两大商帮的家园与商路谈起，终结于两大商帮的衰落。它概括出晋商与徽商的六大共同点与四大不同处，对晋商的独到之处——创设票号、汇通天下，徽商的独到之处——贾而好儒、以贾衍文，以及两大商帮的著名商人作了介绍。作者论及明代晋商、徽商的兴起，主要都是操猗顿之术，以盐起家；清代两大商帮的兴盛，则都与茶、典、票号相关，且官商结合。徽州人文兴盛，科举进士多，崇拜朱熹，奉朱子为精神领袖；山西崇尚实学，俊秀子弟多入贸易一途，崇拜关公，奉关公为精神领袖。入号学徒规矩严格，注重师带徒；选人用人不拘一格，唯才是举。徽派建筑美轮美奂，山西大院气派壮观。书中专列一章《徽州女人与山西婆姨》，从不同角度写出了嫁为商妇的幽怨和艰辛、伟大与平凡，读之令人叹惋！书中对拙著《晋商兴衰史》中所附录的日本谷井阳子女士收存的手抄本《贸易须知・炳记》（辑要）所存在的讹舛衍脱之处，一一对照《生意世事初阶》进行增补，使之趋向完善，成文可读，可谓学有用心，肯动脑筋，能下苦功，实属难能可贵！全书收集插录了近300幅图片，以文引图，以图鉴文，图文并茂，既给人以视角上的冲击，又增加了历史的厚重感，阅读时让人赏心悦目，具象难忘，殊为珍贵！

这本书是作者历时10年，辗转于山西、安徽、湖北三省而完成的。这对于一位在职正厅级干部来说是十分不容易的。他在该书“后记”中表述了自己写作的艰辛，我看后甚为感动。今年“五一”劳动节期间，我与作者初次见面，知悉他是山西万荣人，1982年毕业于山西大学中文系，在山西工作过20多年，深受三晋文化的熏陶，对晋商情有独钟。2006年他交流到安徽省电力公司工作，美丽的江淮山水和厚重的徽州文化深深地吸引了他，使他对江淮大地有了深深的眷恋，对安徽人民有了深厚的感情，对徽商文化也产生了浓厚的兴趣。为此，他在工作之余，推掉应酬，潜心学研，笔耕不辍，凭着万荣人的执着劲儿、晋商的坚忍不拔精神，努力做“徽骆驼”，刻苦耐劳、负重致远，旁搜远绍、引经据典，持之以恒、孜孜以求，“筚路蓝缕，以启山林”，终于写出了这部大作，趟出了一条研究晋商与徽商的新路子。他的这种精神很值得称赞，这种精神就是晋商、徽商精神的精髓。

本书研究的是商帮，传播的是文化。作者力求通过晋商把三晋文化介绍给安徽人民；通过徽商把徽州文化介绍给山西人民；通过对晋商与徽商的比较研究，把两大商帮所代表的三晋文化和徽州文化传播给全国人民，把晋商与徽商身上所体现的中华优秀传统文化传播给世界人民。因此，庞利民先生不愧为一个传播晋徽两地文化和弘扬中华优秀传统文化的光明使者。

说史自省，读古明今。研究历史，是为了昭示未来。明清晋商与徽商虽然早已逝去，化为云烟，但他们的精神尚在，文化永存。本书通过对晋商与徽商的介绍和兴衰成败的分析，挖掘出晋商与徽商穷则思变的创富动力、重商立业的文化底蕴、诚信义利的经营理念和同舟共济的合作精神，对于贯彻落实“创新、协调、绿色、开放、共享”五大发展理念必有助益，对于弘扬社会主义核心价值观很有作用，对于当代商人和企业家大有裨益。我相信，庞利民先生的这本《晋商与徽商》的出版一定能够得到读者的喜欢。

是为序。

张正明

2016年6月

（张正明先生是国内著名晋商研究专家，现为山西省晋商文化研究中心主任，研究员、博士生导师，中国商业文化研究会高级顾问；曾任山西省社会科学院副院长，山西省历史学会会长，第十届全国政协委员，山西省政协副主席，民进中央常委，民进山西省委主委。）

序　二

晋商与徽商的崛起是明清时期的奇迹。明代万历、天启年间的官员、学者谢肇淛在《五杂组》中曾写道："富室之称雄者，江南则推新安，江北则推山右。新安大贾，鱼盐为业，藏镪有至百万者，其他二三十万，则中贾耳。山右或盐，或丝，或转贩，或窖粟，其富甚于新安。""新安"是徽州的古名，"山右"则是山西的别称。可见那时徽商与晋商已经闻名全国了。到了清代，随着社会的长期稳定和经济的持续发展，两大商帮更是发展到如日中天的地步。"无徽不成镇"的谚语、晋商票号"汇通天下"的赞誉，已是人所共知的事实。晋商与徽商对我国封建社会晚期的政治、经济、文化诸多方面产生了极其深远的影响。

奇迹的出现引起了学者们的极大兴趣。几十年来，很多学者从各个方面对徽商、晋商进行了深入的研究，取得了丰硕的成果，大大深化了人们对徽商、晋商的认识；然而，对晋商与徽商这两大商帮进行比较，成果则较为鲜见。虽然有少数专著和论文对这两者进行了比较研究，但还是停留在学术圈，没有走出象牙塔。社会上广大读者迫切需要一部普及性的读物，进一步了解晋商与徽商，我也很想读到这一类的著作。

也算是机缘巧合，今年春节后安徽人民出版社的秦闯先生打来电话，希望我帮忙审读一部书稿——《晋商与徽商》。我想，审读不敢当，却是一次先睹为快的学习机会，于是应允下来。接到书稿后，令我大吃一惊，竟然洋洋洒洒 90 余万言。全书分上、下两卷，共 15 章，多方面、多角度将晋商与徽商进行了比较，找出它们的共同点和不同点，并分析之所以相同和不同的原因。当我认真拜读以后，我认为此书正是一本适合广大读者阅读并有相当特色的佳作。

本书的最大特色就是内容全面详尽。关于两个商帮的兴衰历程、经营行业、活动范围、选人用人、科举仕宦、建筑特色等方方面面，作者都进行了详尽的论述和比较，甚至将徽州女人和山西婆姨也进行了细致的分析和对比。作者在论述每个问题时，总是追根溯源，详其本末。比如，盐业是两大商帮经营的重要行业之一，作者在讲到这个问题时，将自古以来我国的盐业政策进行了详细梳理，从自古专营一直到开中制、折色制、纲盐制，最后到票盐制的盐业政策演变过程，交代得清清楚楚，使读者一目了然。又如，在对两大商帮的科举仕宦进行比较时，又附上了有关科举的专文，详细介绍了我国科举制从隋代产生后历代的变化，以及在各级考试录取中的各种专门制度。毋庸讳言，除了专业人士外，普通读者对明清时期徽州人文兴盛、山西科举不胜的根源，对我国科举制度的演变，就像雾里看花一样，不少内容是说不清、道不明的，但读了本书后也就明白了。这些内容为广大读者全面认识晋、徽两大商帮架起了一座桥梁，读者凭借这些论述和相关知识更加深了对晋商、徽商的了解。

本书的第二个特色是观点多有创新。作者对每个问题的阐述并非袭搬前人的看法，而是在研究大量史料的基础上，经过深入思考而提出自己的灼见，这是难能可贵的。本书第二章、第三章专门论述晋商与徽商的共同点和不同点，指出他们有六大共同点，即：所处环境都是地瘠民贫，穷则思变；走上商途后都是生财有道，经营有方；他们致富后也都建设家乡，传播文化；两个商帮中都有人精研算学，编著商书；他们都是富而不贵，世人不齿；都是荣归故里或客死他乡。作者又指出两大商帮有四大不同点，即：地域大小不同；兴盛年代不同，晋商兴起于明初“开中制”，徽商兴起于明中叶“折色制”；精神领袖不同，晋商崇拜关羽，徽商崇拜朱熹；民风习俗不同，徽人好讼，晋慎入衙。这些观点系统地提出，在两大商帮的研究中还是第一次。尽管这些观点在学术上不无商榷之处，但作者这种探索精神是可嘉的。作者还通过两个具体事例作进一步论证：晋商王文素和徽商程大位毕生喜爱数学，刻苦钻研，都著有算学著作，但两人境遇大不相同。王文素著成《算学宝鉴》后因囊中羞涩，无钱刊印，只能以手抄本在民间流传；而程大位著成《算法统宗》后刊行问世，洛阳纸贵，坊间翻刻不断。通过这一事例，作者看到两个商帮文化上的不同，说明“晋籍商人对此文化性的东西重视不够”。书中对银行与钱庄、票号优劣的分析也让人耳目一新。作者认为，票号与银行的最大区别就是各自所建立的信用体制不一样，责任不一样。票号的存贷款是建立在诚信和道德的基础上，这种信任只存在于一定范围之内，业务范围有限，责任却是无限的，风险也难以避免。而现代银行是建立在制度与信任的基础上，它的贷款实行抵押制；存款门槛低，可把业务做大。在组织形式上，现代银行建有董事会、监事会，决策民主化，与票号的总经理集权管理体制有很大区别；责任上又是有限责任制，从制度上规避风险等。这些论述确实颇有见地。作者将徽商与晋商衰落的原因和过程写得也很详细精彩，尤其是写到在社会转型关头，晋商票号掌柜由于思想保守，一次又一次错过办银行的机会，读来真令人扼腕叹息。书中类似新见还有很多。

本书的第三个特色是文字通俗易懂。通俗绝不意味平庸。此书绝不是社会上流行的那些凭空杜撰的臆说、戏说，作者对每个问题的阐述都是言之成理、持之有故的，确实做到了科学性与通俗性较好的结合。在比较晋商和徽商两大商帮时，也涉及很多复杂的问题。对这些问题，作者没有故作高深之论，而是举重若轻，深入浅出，层层剥笋，条分缕析，娓娓道来，使读者在非常轻松的阅读中对问题有了清楚的了解，显示了作者深厚的文字功底。

作者庞利民先生是山西人，曾祖就是一位商人，外公还是一位大商人，可谓晋商后裔，当然有着深厚的晋商情结。2006 年庞先生从北京调任安徽省电力公司党组书记，由于震撼于徽州文化，他对徽商又产生了浓厚的兴趣。他曾深情地写道："吾生欣慰处，有缘到徽州。不沾金银气，要识古徽州。"（见该书"后记"）于是他决心研究晋商和徽商，并对这两大商帮进行比较。

庞先生并非史学专业研究者，他的研究不得不面临三大困难：第一，历史研究是一项非常艰苦的劳动，专业研究者尚觉得大不易，更何况非专业人士。第二，他所进行的是比较研究，这就必须对所比较的对象要有深入的了解。因此他必须既要深入了解徽商，又要深入了解晋商，在这个基础上才能进行比较研究。正因为要求高，专业人士都往往视为畏途，不敢轻易涉足；对一位非专业人士说来，更势必困难重重。第三，他是一位正厅级领导干部，文山会海，案牍劳神，繁杂的公务占去了他的大部分时间，而历史研究又非得投入大量时间不可。

最令我感动的是，庞先生正是凭着浓厚兴趣、满腔激情和无畏精神，在学术道路上开始了艰难的跋涉。为了克服前两个困难，他购买了大量的有关两个商帮的书籍和资料，“晓起晚睡查资料，做笔记，写心得”，买来的著作一本一本读完了并融会贯通了，他也从一个外行逐渐变成内行并登堂入室了。为了克服时间上的困难，庞先生将“工作之暇、八小时以外的一切时间和精力，包括所有自己可以支配利用的节假日和双休日，都无不投入这部书稿的资料搜集和文字写作上”。为此他婉谢了许多拜访应酬，摆脱了尘世浮躁的干扰，躲进书斋，潜心研究。“历经十载，增删三次”（以上加引号者均见该书“后记”），终成正果。可以说，在今天如此浮躁而急功近利的社会，就是专业工作者也难以做到这些，更何况是年近六旬的领导干部了。在这点上庞先生真为我们树立了一个学习的榜样。

“十年辛苦不寻常。”收获总是和勤奋成正比的。如今此书即将付梓问世，我除了钦佩和祝贺外，也非常乐意向大学推荐这本书。专业工作者从中能够得到不少有益的启发和研究的线索，非专业工作者更能从中得到智慧的启迪和知识的营养。

我和庞先生素不相识，但秦闿先生转达了作者希望我为本书作序的想法。读了庞先生的大著，我被庞先生的精神所感动，也就不揣冒昧写了上述的感想，聊作序。

2016 年 4 月

（王世华先生是国内著名徽商研究专家，现为中国商业史学会副会长，中国明史学会副会长，安徽省徽学会会长，安徽师范大学教授、博士生导师；曾任安徽师范大学副校长，安徽省历史学会会长，安徽省政府参事。）

总目

上卷

下卷

目　录　上卷

第一章 故园与商路

晋商与徽商是中国历史上的两大著名商帮。在明清时期，我国以地域划分的十大商帮是：晋商、徽商、秦商、鲁商、闽商、粤商、洞庭商帮、江右商帮、龙游商帮、宁波商帮。其中晋商、徽商名列第一和第二。晋商称雄达500年之久，尤其是山西票号，汇通天下，利倾九州，基本上垄断了全国的汇兑业务；徽商历经300余年辉煌，创造了“无徽不成镇”，上交天子、下接显贵，在中国商界叱咤风云的繁荣景象。然而，到了近代，随着封建王朝的消亡，两大商帮“无可奈何花落去”，相继走向衰败，最后成为历史的一声叹息。

以史为镜，可以知兴替。本书试图从地域、政治、经济、军事、文化、建筑、家庭等角度来找寻晋、徽两商的兴衰轨迹，发现贾道沉浮背后的事实真相，挖掘历史积淀背后的智慧和经验，力求对正处于剧烈变革和快速发展阶段的我国现代化事业，起到一定的借鉴和启迪作用。

一、站在黄山看到的徽商晋商的故园与商路

徽商、晋商，一南一北，地理位置相距遥远。明人谢肇淛在他的《五杂俎》中说：“富室之称雄者，江南则推新安，江北则推山右。”“新安”是徽州的古称，徽商又称新安商人。“山右”是山西的别称，因处于太行山之西而名山西。在明代，晋商、徽商已称富天下。

（一）万山丛中徽道弯弯

徽州处于万山丛中。在徽州，天目山脉和黄山山脉是境内的主要山脉。坐落在绩溪县的清凉峰海拔1787米；耸立于祁门县境内的牯牛降海拔1727.6米；位于婺源县与休宁县交界的大鄣山海拔1629.8米；拔起于休宁西北部的白岳齐云山海拔585米，是我国四大道教圣地之一；最为著名的是绵亘于歙县、黄山区、休宁县、黟县之间的黄山。黄山最高峰莲花峰海拔1864.8米，峰峦峻峭，劈地摩天，重岩叠嶂，闳博富丽，是闻名世界的风景胜地。明人汤显祖有诗云："欲识金银气，多从黄白游。一生痴绝处，无梦到徽州。"明人徐霞客说："薄海内外无如徽之黄山，登黄山天下无山，观止矣！"后人据此引申为"五岳归来不看山，黄山归来不看岳"。

■ 黄山

站在黄山，我们四周巡看：向北便是江淮丘陵、华北大平原，中间有兀立的泰山。但泰山的最高峰玉皇顶的海拔是1545米，从理论上讲，我们站在黄山，凭自己的“千里眼”向北可以看到一望无际的华北大平原，可以看到万里长城和燕山脚下的北京城；向南可以看到江西上饶、景德镇等地；向东可以看到浙江杭州、江苏扬州、上海等地；向西及西北方向则可以看到武汉及河南，而穿过太行山便可看到山西，看到晋商家园。对于晋商家园我们先不忙深入其里，还是先看看黄山脚下这片土地，看看古徽州的情形。

黄山古称黟山，与埃及金字塔、百慕大群岛和我国西藏拉萨同处于神秘的北纬30°线上。依轩辕黄帝曾在黄山炼丹羽化升天的传说，唐天宝六年（747年）唐明皇敕改黟山为黄山。黄山乃天下名山，有36大峰、36小峰，奇峰耸立，风光绝美，尤以奇松、怪石、云海、温泉、冬雪“五绝”著称于世。

黄山历史悠久，远在六七千年前的我国母系氏族社会的后期，人类就已经在这片美丽富饶的山区劳动生息了。在春秋战国时期，这里先属吴国，吴亡属越，越亡属楚，有“山越”和吴头楚尾之称。秦始皇统一六国之后，实行郡县制，这里置黟、歙二县，属鄣郡。之后，晋置新安郡，隋置歙州。宋徽宗宣和三年（1121年）五月廿四日，歙州被诏改为徽州。“徽”字的本义，《说文》解释为“三纠绳也”，三纠绳三合而纠之也，大绳索也。“三股为徽、二股为纆。”“徽”字是指大绳索，其意思有捆绑、囚禁、束系之义。如“置之徽墨，肃正国典”，“徽之纠墨，制以锁铁”。宋徽宗赵佶改歙州为徽州，意思是要将徽州人捆绑起来，以图徽州安定。因为当年梁山好汉宋江招安后率军平定了爆发于徽州的方腊起义，故而改歙州为徽州。无独有偶，六年后，1127年“靖康之变”，宋徽宗与儿子宋钦宗被捆绑押至五国城（今黑龙江依兰县）囚禁，于1135年6月去世，死后谥庙号徽宗，自己得“徽”字。谥号是旧时帝王、贵族死后，后人根据他生前的事迹所给予的称号。由此可见，宋徽宗改歙州为徽州，同时也把这个字给了自己，真是不无讽刺、世事难料。当然，“徽”字还有美、善之意，标志、符号之意，如国徽、校徽、帽徽、旗帜等。乾隆年间编的《徽州府志》说，徽州之得名，取“绩溪之大徽村为名”，“盖郡境存徽岭、徽溪，扬之水出焉，说者以为取诸此”。就最后一句“说者以为取诸此”，说明编者亦持怀疑态度。这是后世徽州人自己的溢美之词，而宋徽宗改歙州为徽州原本应是捆绑之意。

古徽州“一府六邑”，六邑即今歙县、休宁、婺源、祁门、黟县、绩溪等六县，总面积约12880平方公里，现有人口约201万。歙县为古徽州府治所在地。绩溪现划归安徽省宣城市管辖。婺源在1949年5月划属江西省，被誉为“中国最美的乡村”，是朱熹的故乡，与黄山市同属徽州文化圈。程朱理学在古徽州影响深远。

从黄山上俯视徽州大地，层峦叠嶂，河流如织，“大鄣、昱岭雄其东，浙岭、五岭峻其西，大鳙、白际互其南，黄山、武亭险其北。路皆鸟道，凿险缒幽”（吴日法：《徽商便览·徽州总论》），地理位置相对封闭。“新安居万山之中，父老终岁不见兵革。”（马步蟾：《重修〈徽州府志〉序》）因此，每当中原战乱之秋，这里就成了中原望族富户避难之所、士林才俊聚集之地，它既是乱世的世外桃源，又是治世的人才宝库。徽州地貌以山地丘陵为主，耕地稀缺，粮棉不济，故徽州人多取食于他乡。但徽州木、竹、茶和药材等土特产丰富，这些成为徽州人外出营商的重要资源。徽州以其独特的地理位置孕育出“官、贾、儒”三位一体的徽商和以才入仕、以文垂世、灿若繁星的徽州文化。

黄山脚下，是蜿蜒而行的新安江。新安江发源于皖赣交界的六股尖，流经徽州的休宁、屯溪、歙县，进入浙江。有诗云：“深潭与浅滩，万转出新安。”我们沿着新安江、富春江、钱塘江，可以直达杭州。旧时在婺源溪头乡一带就流传一句话：“不慌不忙，三日到余杭。”《天下路程图引》卷一记：“一自渔梁坝，百里至街口。八十淳安县，茶园六十有。九十严州府，钓台桐庐守。潼梓关富阳，三浙垅江口。徽郡至杭州，水程六百走。”杭州古称钱塘，隋开皇九年（589年）废钱塘郡设置杭州，杭州之名首次在历史上出现。宋金战争，北宋灭亡，南宋王朝偏安江南，建都杭州。杭州在南宋时又称“临安”——取“临时安定”的意思，对外以示不忘国耻、收复故土、还都汴京。那时候前线在淮河流域，江南相对安定。宋王朝政治中心南移，使原先北宋统治下中原地区的大量汉人向南迁徙，他们带来了先进的文化知识、生产工具和技术，进一步繁荣了南方经济，南方出现了一批大都市。正是因为南宋王朝建都杭州，才有了徽商初兴的商机。

沿着徽昌古道，即由徽州古城（位于歙县徽城镇）至浙江昌化县亦可到达杭州。其路线是出歙县南门向东北行，经渔梁、霞坑、三阳，出昱岭关到昌化。昱岭关隘为“歙州第一处紧要墙壁”。北宋末年，方腊起义，曾在此与宋军大战。《水浒全传》第一百一十八回《卢俊义大战昱岭关》写的就是此地，为徽州东出第一门户。徽州至杭州的古道要隘还有明代胡宗宪所称的“江南第一关”，其位于绩溪县伏岭乡东部，海拔424米。从关脚至隘口蹬道1400余阶，部分绝壁嵌入两米长的花岗岩，关门由四根巨大石条横架在天然石柱上构成，上有“徽杭锁钥”四个大字。

■ 徽杭古道

徽州向西行的路线是徽安古道，即由徽州府城至安庆。其路线是从歙县城西行至休宁、黟县渔亭，再至祁门县城；由祁门县城北上经雷湖和石台县的横渡、矶滩进入贵池；经十字路至安庆，全程约210公里。

徽州向北行的古道有徽泾古道以达芜湖，即由徽州府城至泾县再至芜湖。其路线是出歙县城东北行至绩溪县城；由绩溪县城向西北行，经翚岭过分界山至旌德县城；由旌德县城再向西北行经榔桥至泾县城；由泾县沿着弋江即达芜湖。徽泾古道翚岭关段最为难行。宋代王安石任江东提刑时，由江西经徽州赴宁国府，经过此道时有“夜过翚岭月明中”诗句；清初著名诗人、宣城人施润章亦有《过翚岭》诗云：“崇冈郁峻脂，鸟道绕山腹。仰探白日短，俯瞰阴霞伏。鱼贯渡行人，马瘦艰踝囹。春晴多好风，吹我岩壑绿。农耕岭上云，妇饭溪中犊。羁心旷登陈，瘠土见风俗。华阳灵迹闪，杖策寻石屋。”

徽州向南有徽婺古道，即由徽州府城至婺源县而达江西。其路线是自歙县至屯溪到五城，转向南经山斗出休宁县界，前行到江湾达婺源县。古时，此道为徽州通婺源及至江西的联系孔道。另外，发源于祁门县的阊江和婺源县的婺江呈西南走向，流经江西浮梁，最终汇入鄱阳湖，也是徽州人走江西下广州、上武汉的水上通道。《休宁县志》记曰："天下之民寄命于农，徽民寄命于商。而商之通于徽者，取道有二：一从饶州鄱、浮，一从浙省杭、严，皆壤地相邻。溪流一线，小舟如叶，鱼贯尾衔，昼夜不息。"

另外还有徽浮古道，由徽州府城至江西浮梁县；徽开古道，由徽州府城至浙江开化县；徽宁古道，由徽州府城至宁国；徽青古道，由徽州府城至青阳县等。

站在黄山上向北看，首先看到的是长江。长江东西横亘中国腹地，水系发达，西接素有"天府之国"之称的四川、"九省通衢"的湖北，东通人口稠密、经济发达的长江三角洲，北经汉水联络中原和汉中，南以湘江、赣江辐射两广，将中国广阔的内地与东部沿海连接在一起。在古代运载工具不多、运输手段有限的条件下，水运成为最为便利、也最为重要的交通方式。徽商因利就便，在长江这个黄金水道沿线的大小城镇多有立足称雄者。如芜湖的米、木、盐、茶、典、布各行业商务几乎被徽商全部操纵；湖北汉口码头开辟有"新安码头"，专供徽商停泊船只，当地还建有豪华气派的"新安会馆"。

再往北看就是淮河、黄河。黄河与淮河关系密切。历史上黄河河道时有变迁，见于典籍记载的大小决口改道就有1500多次，其中较大的改道26次，绝大多数集中在下游河南孟津以下。黄河下游故道略呈一扇形，最北经由今河北霸州市、天津海河入海，最南经由颍水、涡水、汴水、泗水等夺淮河入海（一部分黄河水自淮河循运河流入长江）。北宋靖康年间金兵把宋王朝的徽宗、钦宗两个皇帝掳掠到北方，北宋王朝灭亡。为了阻止金兵南下，南宋建炎二年（1128年），东京（开封）留守杜充在南撤过程中，于河南滑县西南人为决开河道，致使黄河东出河南商丘，安徽砀山、萧县，江苏徐州，在徐州和淮阴之间入泗水，夺淮河入海，占了淮河的河道，经过洪泽湖，从连云港一带注入黄海（云台山以前是个岛，黄河流经这里，泥沙沉淀，连云港成为陆地）。1138年宋金议和，两国以黄河（故道）为界。但当时黄河决口南移，金国毁约，不承认故道分界，出兵攻取河南、陕西，迫使南宋王朝以淮河为界，之后又将西部界线调整至大散关（今陕西宝鸡市西南）及今秦岭以南。两国分界线在这里，这就是说军事线由长城移到了淮河。这个地理位置关联着徽商的兴衰，这也就是地理政治。

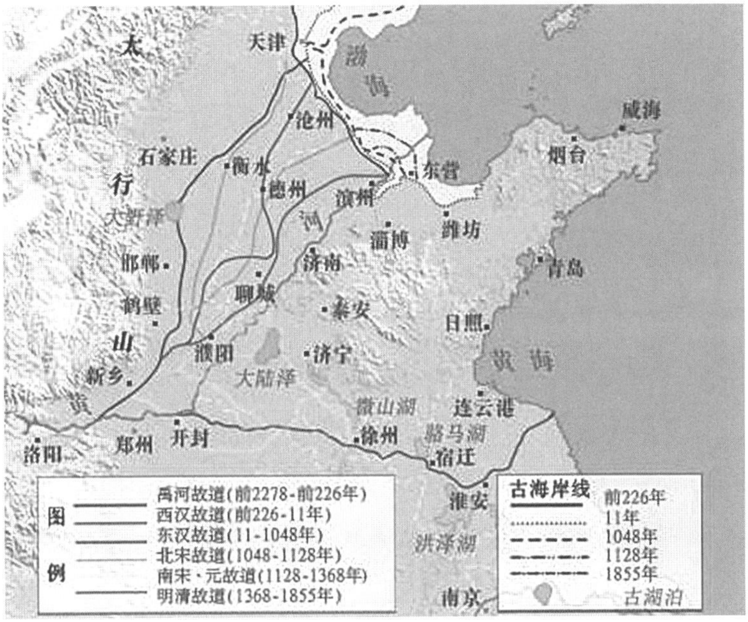

■ 黄河故道图

1128年后的727年间，黄河都是占了淮河的河道。一直到清咸丰五年（1855年），黄河才改道。所以淮河流域的文化和黄河流域的文化基本上一样。最近一次黄河占淮河河道是抗日战争时期的1938年，国民政府为了阻止日军西进，把黄河大堤从郑州花园口炸开，黄河又向南泛滥开来，并形成黄泛区。黄河历史上大多决口在兰考县一带。一提到兰考，就想到20世纪60年代的兰考县委书记焦裕禄。焦裕禄为什么治沙，就是因为黄河故道上不是盐碱地就是沙滩地。直到1947年堵复花园口后，黄河才回归北道，从现在的河道，即从河南开封东边的兰考县东坝头，向东北方向经山东菏泽市东明县、鄄城县，济南市、济阳县，滨州市，东营市利津县、垦利县入渤海的莱州湾，与黄河故道之间隔了胶东半岛，距离500多公里。

黄河长时间夺淮入海，带来大量泥沙，使江苏北部沿海滩涂日益扩展，海岸线不断东移。据张忍顺《苏北黄河三角洲及滨海平原的成陆过程》（《地理学报》1984 年第 39 卷第 2 期）记述，海岸线外推的速度，明中期以前，河口的延伸速度为 54 米 / 年，其后在黄河北归前，河口延伸加快，为 215 米 / 年；滨海平原的平均造陆速度也相应地由 2.7 平方公里 / 年，增加至 10 平方公里 / 年。苏北沿海盐垦区主要地带，即东濒黄海、西达范堤、南起吕四、北至陈家港的新生土地面积就有 1900 万亩（孙家山：《苏北垦盐史初稿》）。明清两代两淮盐商在此蓬勃发展，盐业成为苏北的主导经济产业。这里成了明清商人，尤其是徽商、晋商涉足的重地。

（二）表里山河晋路漫漫

从黄河故道向西北看，就是山西。山西东倚太行、西临黄河、南接中原、北通大漠。东西皆为北京、天津、长安、洛阳的重要门户。山西的地理位置是“表里山河”，也就是说外有大河，内有高山。黄河在宁夏从南向北流，在内蒙古转了几个弯，先是由西向东流，然后由北往南流，从万家寨进入山西，经偏关、河曲、保德、永和、吉县，形成壶口瀑布；其携带着黄土高原的大量泥沙在晋陕峡谷一路汹涌奔腾，出河津县龙门

■ 黄河壶口瀑布

口来到了潼关附近河南、山西、陕西三省交界的地方，又拐了个弯，向东流去。黄河出龙门后仍然是由北往南流，因泥沙淤积，河床不是倒往东，就是倒往西，“三十年河东，三十年河西”说的就是这一带。山西西边、南边都是黄河，黄河成为自然形成的护晋河。山西东边的太行山，把山西与华北大平原天然隔开，这也是山西之名的由来。山西地处太行山以西，依据我国古代地图坐北朝南、左东右西之分，故又称山右。山西古属冀州之域，又因位于黄河东岸，古代又称为河东。山西外河内山，易守难攻，雄视中原，历来为兵家重地。一旦占据山西，外敌很难打进。

为什么说山西地面文物多？山西现存宋、辽、金以前的地面古建筑占全国的70%以上，元朝以来的古建筑，如寺庙、院子也特别多。原因就是它地理位置特殊，元朝末期的战争灾难小，人口损失少。故而山西尤其是晋南一带，经济繁荣，人口稠密，成为明初向外移民的主要地区，在长达半个世纪的时间里，山西曾向外移民十多次，规模达上百万人。

山西是中华民族的发祥地之一，历史悠久，人文荟萃，物华天宝，人杰地灵，拥有丰厚的历史文化遗产，素有“中国古代文化博物馆”之称。相传华夏开山始祖黄帝、炎帝都曾将山西作为活动的主要地区，上古时期的三位圣人尧、舜、禹三帝都先后在山西建都立业。尧都平阳，就是现在的临汾；舜都蒲坂，就是现在的永济；禹都安邑，就是现在的夏县。中国历史上第一个奴隶制国家政权——夏朝就建立在山西南部。从夏、商、西周一直到春秋时的晋国，以及战国时的韩国、魏国、赵国各时期，山西在政治、军事、经济、文化等方面都起着举足轻重的作用。晋文公重耳晋楚城濮一战大败楚军，举行会盟，朝见周王，成一代霸主，是春秋五霸之一。战国时韩、魏、赵三家分晋，战国七雄齐、楚、秦、燕、赵、魏、韩，晋占其三，故后人称山西为“三晋”。而山西简称“晋”，就是因春秋时晋在此建国而得名。《说文解字》：“晋，进也。日出万物进。从日，从臸。”《易·晋》：“象曰，明出地上，晋，君子以自昭明德。”臸者，到也。明，指太阳。太阳出来，万物滋长。近代学者杨树达先生在《增订积微居小学金石论丛·释晋篇》一文中说：“晋”字的字形像在一件器物中放置了两支竹箭，“晋”字即“箭”字，这是根据“晋”字的古字形，采用训诂与考古资料相结合的方法而说的。燮将唐国改为晋国，是因为当地盛行射箭的历史悠久，晋人尚武。李孟存与李尚师两位先生则在《晋国史》（三晋出版社 2015 年版）中根据《史记·鲁周公世家》说：“天降祉福，唐叔得禾，异亩同颖（穗），献之成王。成王命唐叔以馈周公于东土，作《馈禾》。周公既受禾，嘉天子命，作《嘉禾》。”认为器中盛的是嘉禾而不是箭，而燮改唐为晋是为纪念其父献嘉禾这件盛事。笔者认为，除了献禾，亦是纪念先君输送军粮以资周公。（附“晋”字演变的五种写法于后。）隋朝末年，李渊父子起兵晋阳（今

（1）　（2）　（3）　（4）　（5）

■“晋”字的五种写法

太原市晋源区），继而夺取长安，建立唐朝；由此山西被唐太宗李世民认为是“龙兴”之地，封太原为唐王朝的“北都”。在汉唐以下，山西一直以其特殊的地位和发达的经济、文化著称于世。在山东有文圣孔子，在山西有武圣关公。在我国四大佛教名山中，以山西五台山为首。在我国五岳中，山西有北岳恒山。在我国古代四大名楼中，山西有位于永济市黄河边上的鹳雀楼。唐代诗人王之涣的《登鹳雀楼》云：“白日依山尽，黄河入海流。欲穷千里目，更上一层楼。”千古传颂，脍炙人口。山西有我国四大石窟之一的大同云冈石窟，有世界最大、历史最悠久的应县木塔，等等。山西地形多为山地丘陵，耕地稀少，左手一指是太行山，右手一指是吕梁山，中间汾河流水哗啦啦地响。矿产资源丰富，以煤、铁、铝土为最。山西南部还有巨大的运城河东盐湖，运城也因“盐运之城”而得名。我国的用盐史始于运城，河东盐湖是我们祖先开发最早的盐湖。河东盐又称“潞盐”，产量高、质量好，行销大江南北乃至国外许多地方。

再往北看是长城，讲徽商和晋商都离不开这条线。长城修筑的历史可上溯到西周时期，大规模修建长城开始于春秋战国。从秦、汉一直到明朝，中原王朝把国家大量的人力、物力、财力都用在修筑长城上了。长城由西向东，从河西走廊嘉峪关始，经贺兰山、阴山、燕山，一直到辽东。秦、西汉、明三个朝代所修长城的长度都超过了一万里。修长城的目的，就是为了抵御北方游牧民族骑兵的侵扰。长城以北是北方游牧

民族的广阔天地，自战国到宋、明，匈奴、东胡、鲜卑、柔然、突厥、回纥、契丹、蒙古、女真等民族，先后在北方建立了强大的军事政权，严重威胁着中原王朝的北部边境。游牧民族的军事力量主要是骑兵，骑兵作战机动性强，行动迅速，行踪莫测。只有修筑长城，驻军防守，才能阻止他们的南侵。长城这一线是条关键线，中原王朝一直在此同北方游牧部落打仗，有时就是长城也挡不住，蒙古族、满族就先后跨过长城，建立了全国性的政权。不过中原王朝也有强盛的时候，汉朝时汉武帝的

■ 山西古长城

大将卫青、霍去病就把匈奴人打得西迁。以后逐年用兵，又逐步将匈奴人赶至咸海流域（今哈萨克斯坦）。公元 4 世纪末，有匈奴后裔首领巴拉米尔和阿提拉率领自己的军队曾渡过伏尔加河和顿河侵入欧洲。明朝开国皇帝朱元璋将徽州学者朱升“高筑墙、广积粮、缓称王”的建议作为打天下时的国策，建国后依然执行“高筑墙”的防守政策。明朝 200 多年，基本上没有停止过对长城的修筑和巩固长城防务。明朝修筑的长城西起嘉峪关，东到辽东鸭绿江畔，全长 8851.8 公里，并在长城沿线派驻约 100 万人的兵力把守，设甘肃、固原、宁夏、榆林、山西、大同、宣府、蓟、辽东等 9 个军事管辖区，称作“九边重镇”；同时实施“开中法”，解决边镇粮草供给。山西北部地处边防重地，明朝边防政策为晋商的迅速崛起造就了得天独厚的历史机遇。长城一线，河西、幽燕、辽东，

也有徽商行贾的身影。清军入关以后才不修长城，康熙皇帝说汉人修长城修了几千年，也挡不住外族入侵。满族人入主中原后，大清一统，关内关外、长城内外、蒙古大漠皆为大清国土，长城已失去历史意义上的军事防御功能，康熙大帝遂决定不再修筑万里长城。

跨过长城往北看就是大漠、蒙古高原，蒙古地区游牧民族需要的丝绸、茶叶、瓷器等日常生活用品主要由内地商人贩运，清朝初期俄国所需的中国商品也从蒙古地区间接获得。清康熙帝在平定“三藩”、统一台湾后，两次对沙俄用兵，迫使沙俄在1689年与清政府签订了《尼布楚条约》，明确规定中俄东部边界，有效遏制了沙俄对中国北部的殖民入侵；

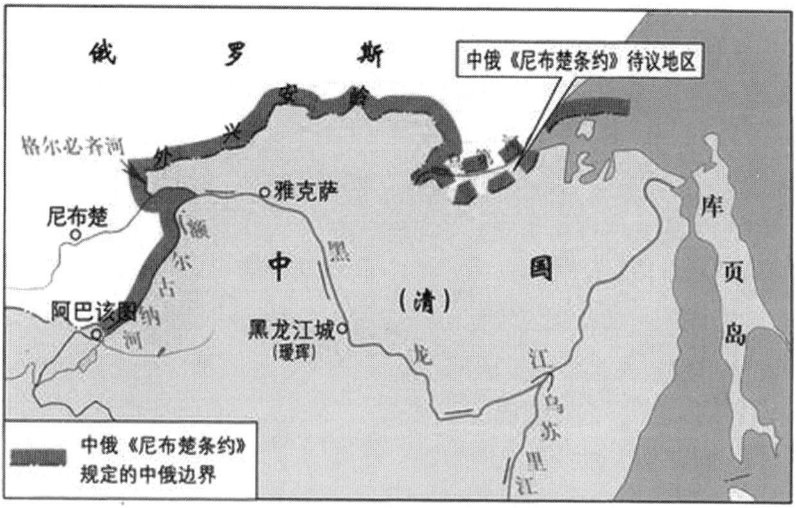

■《尼布楚条约》规定的中俄东端边界图

同时还规定了双方的通商事宜。自此，中俄之间开始了正式的贸易往来。1727—1728年，中俄两国先后签署了《布连斯基条约》和《恰克图条约》。这两个条约划定了双方在蒙古地区的边界，明确了有关贸易规定：俄国来华经商人数不得超过200人，每三年可进北京一次；在两国边界线上的恰克图、尼布楚、祖鲁海尔设互市。根据条约规定，恰可图旧市街划归俄国，清政府于旧市街南另建恰克图新市街，汉人称为“买卖城”（位于今蒙古国阿尔丹布拉克）。由于尼布楚、祖鲁海尔地理位置偏僻，中俄两国商人光顾很少，恰克图遂成为中俄贸易往来的重要口岸。旅蒙晋商由此开辟了从张家口、归化城到库伦（今蒙古国首都乌兰巴托）、恰克图的经商路线，清代口外蒙古贸易基本上为旅蒙晋商所垄断。1860 年以后，清政府开始重视边疆建设，先后对东北、内蒙古放垦，鼓励内地百姓垦边。大批山西人“走西口”迁到内蒙古，对我国北部边疆开发影响深远。

（三）运河汉江航程绵绵

长江、淮河、黄河都是东西走向的，其航运主要是从西向东的。稍微往东看一点，就是京杭大运河。这条线是由北向南的。京杭大运河是世界上最长的人工运河，从北京通州经由天津，河北沧州，山东德州、济宁，江苏徐州、淮安、扬州、无锡、苏州，浙江嘉兴到杭州，全长近 1800 公里。大运河肇始于春秋时期，形成于隋代，发展于唐宋，最终在元代成为沟通海河、黄河、淮河、长江、钱塘江五大水系，纵贯南北的水上交通要道。大运河一向为历代漕运要道，对南北经济繁荣和文化交流起到了重要作用。19 世纪海运兴起，以后又随着津浦铁路通车，大运河的作用才逐渐减小。现在山东、江苏、浙江境内的运河，仍然是重要的水上运输线，年运输量仅次于长江。大运河的开辟，为晋商南下、徽商北上提供了莫大的便利。我国古代三大盐场，其中的天津长芦盐场、苏北两淮盐场就在京杭大运河沿线。盐从战国开始就是国家控制的重要物资，也是晋商、徽商兴盛发达的根本。盐场加水运，使晋商、徽商一时富倾天下。

■ 京杭大运河示意图

京杭大运河沿线的杭州、南京、北京，在历史上都有封建王朝建都。紧靠大运河的还有开封，从开封再往西看，还有洛阳、长安（西安），都是我国的古都。北京有战国时的燕、十六国时期的前燕和金、元、明、清各朝先后定都，1949年成为中华人民共和国的首都。南京为“十朝都会”，洛阳为“九朝古都”，西安在历史上有十几个王朝建都。一般来说，国家政权在哪里建都，哪里就是国家的政治、经济、文化中心，就是消费型城市。历史上中国的政治、经济、文化中心都是围绕着都城的。这些城市因建都而发展，后来都成为区域性甚至全国性的商业中心。如河南开封，史上曾称“大梁”“汴梁”“汴京”，先后有战国时期的魏国，五代的后梁、后晋、后汉、后周，北宋和金（后期）等七个王朝建都，宋金以后依然是北方的重要城市，商业发达。明代徽商方承训在其《方鄈邮复初集》中说：“大梁，北方一都会也，巨贾所聚，而山陕东西、大河南北，咸倚办市货财，以故巨贾每雄坐大梁，燕京、四省皆取足焉。”“燕京、四省”当指北直隶、山西、陕西、山东和河南，可见，开封是上述诸省最为重要的商业枢纽，那里集中了南北各地的豪商巨贾。

再往西看是武汉，是汉口，是汉江。汉口是与佛山镇、景德镇、朱仙镇齐名的我国古代四大名镇之一。九省通衢，商贾云集，居华夏之中。汉江是一条由西北向东南流淌的河流，自古就是我国腹地上的一条南北水运大通道。我国最早的地理著作《禹贡》上就记载，两千多年前汉江就是楚国和四川、陕南向中原运输贡赋的要道。明清及至民国汉江是重要的漕运干线。在陇海铁路没有通车宝鸡之前，汉江干流一直是我国中西部地区的主要交通航道。

汉江，又称汉水。发源于陕西汉中市宁强县大安镇的汉王山，流经沔县（今勉县）称沔水，东流至汉中始称汉水，自安康至丹江口段古称沧浪水，襄阳以下别名又称襄江、襄水。汉江全长1577公里，是长江最长的支流。汉江出陕西后进入湖北省西北部的郧西县，在湖北十堰的丹江口与汉江最长的支流丹江汇合，注入于1958年修建的丹江口水库。现今的南水北调中线工程就是从丹江口水库取水，在2014年9月全线贯通，使北京市民喝上甘甜的湖北丹江口水，也就是汉江的水。汉江出丹江口水库后继续向东南方向流淌，经过湖北的老河口、谷城、襄阳、宜城、钟祥、荆门、天门、潜江、仙桃、孝感、汉川等地，在武汉市汉口的龙王庙汇入长江，滚滚东流，注入大海。

汉江是汉朝文化的发祥地，而汉朝得名于汉中，得名于项羽封刘邦为汉中王；汉中则得名于汉江，意为天汉，即天上银河之意。刘邦得天下之后名之为“汉”。从此，“大汉民族”“汉学”“汉语”“汉文化”这些值得我们汉人自豪庆幸的名称才得以定型传承。

汉水流经湖北，在湖北形成了沃野千里的江汉平原。江汉平原是我国有名的“鱼米之乡”。俗语云“湖广熟，天下足”，江汉平原的贡献在湖广首屈一指。

汉江在中游的主要支流是唐白河。唐白河是唐河与白河的合称。唐河源出河南方城县，白河源出河南嵩县，两条河流至湖北襄阳市襄州区龚家咀汇合后，始称唐白河，再注入汉江。唐白河干支流大部分流经河南南阳地区，其中社旗县（赊店）就是南北货运重要的水旱码头。明清时晋商将三江两湖的货物——大宗者如茶叶、棉布、粮食等南货收购起来，用船由长江运抵汉口，再由汉口溯汉水北上，经襄阳入唐白河运至社旗码头，而后起旱打包，骡驮马载地向北过中州（河南），上太行，穿山西全境，经杀虎口，入蒙古大漠，运往中俄交界的恰克图，与俄罗斯商人进行国际贸易。中途到达河南洛阳后亦有一路向西经河南陕州（今三门峡市）抵西安，穿过八百里秦川，经宝鸡，越秦岭，到兰州，达西北。又，中途至杀虎口后，一路向西者，由归化城（今呼和浩特）至包头、宁夏、兰州、敦煌到叶尔羌；一路向东者，则至张家口、多伦、齐齐哈尔到呼伦贝尔及东北地区。

晋商由江南起货，用帆船漕运走长江入汉江，进入唐白河至社旗水旱码头，由水运转陆地运输的货物，抵达河南后，向西所走的路线，与我国汉唐王朝之际所形成的古丝绸之路大致相当，可以说是将丝绸之路由西安向东边的潼关、陕州、中州及折而向南阳，向汉江流域、长江流域及江南延伸了。货物运至杀虎口向西、向东所走的路线，则与明代已经形成的长城沿线上的北京、张家口、大同、杀虎口、榆林、甘州、嘉峪关的东西商路相交叉。进入清朝以后，随着清王朝的江山一统，版图扩大，蒙古漠南、漠北、漠西和新疆等地归入大清一统，晋商又一路北上，披荆斩棘，开辟了三条新的商路。即：经多伦诺尔通往漠南的锡林郭勒、察哈尔、昭乌达、呼伦贝尔、喀尔喀蒙古车臣汉部、土谢图汗部；经张家口通往乌兰察布、锡林郭勒、察哈尔、昭乌达、库伦、恰克图、科布多、乌鲁木齐、伊犁、嗒尔巴吉克；经归化通往乌兰察布、伊克昭、阿拉善、额济纳、库伦、恰克图、乌里雅苏台、唐努乌梁海、科布多、伊犁、嗒尔巴哈台。货物运至库伦、恰克图后又一路向北，跨出中俄国界，进入俄罗斯到伊尔库茨克、西伯利亚、莫斯科、圣彼得堡乃至欧洲市场去做生意。

从以上的概况可以看出，山西和徽州，都有承东启西、连南接北的区位优势。徽州东邻江浙，北临长江，西近湖北，南有江西，具有独特的地理优势。从徽州出发的交通路线沿新安江而下，即可到达杭州，进入浙江最富庶的杭嘉湖地区；通过内河航道，还可连接江苏的苏、松、常各府州。另一条路线，经青弋江等水路进入长江，顺流而下就可至南京、镇江、扬州，经京杭大运河沟通各地。这样优越的地理位置，再加上南宋以后政治、经济中心南移和徽州自身丰富的特产资源，徽商由此起家。而山西北依长城，与蒙古游牧民族居住地区接壤，南则与中原广大农业地区连成一体，为畜牧业区和农业、手工业区的中间地带。地理位置优越的山西自然成了南北物资交流的要冲。山西南部历史上长期临近京师（长安、洛阳、开封等），交通便利，唐代还一度以山西蒲州（今永济西）为中都，以晋阳（今太原）为北都，商业经济较为发达。明代晋商以其积累的雄厚资本，或留在北边充当边商，或迁到扬州充当内商，或活动在河东、长芦盐区，同时积极扩大经营范围，“贩绸缎于苏杭，贩茶糖于汉口，贩葛布于四川，贩棉布于直隶，贩其他杂货于山东周村”；清代晋商贩茶于三江两湖，远运到西北、东北、蒙古等地及俄罗斯等国，创办山西票号，一纸信符汇通天下，从而成为全国最有势力的一个商帮。

二、山西资源禀赋

山西位于我国大陆的中北部，表里山河，地当孔道。西部南部大河缠绕，东部太行山巍峨耸立，北接长城大漠、内蒙古草原，南临中州河南，东峙太行山分山东、山西，连接河北、山东、幽燕，西依吕梁山脉，下临滚滚黄河，与陕西隔河相望，素称“秦晋之好”。大致轮廓为一平行四边形，南北长约682公里，东西宽约385公里，全省面积15.67万平方公里，人口3600多万。现辖11个地级市，119个县级行政单位。

山西境内地形悬殊，从空中俯瞰，可明显分为东部山地、中部盆地、西部高原三种不同的地形地貌，平均海拔1000米左右，五台山主峰北峰顶为华北最高峰，海拔3061.1米。在气候区划上虽属于东部季风气候区，但其西北部已与干旱区为邻。全省年平均气温4℃～14℃，年无霜期120～210天。年平均降水量从东南向西北递减，一般在700～350毫米之间，年平均降水量530毫米左右。

山西位处黄土高原，地瘠民贫，天燥苦寒，耕地少，人口多，农田所产粮食不足以糊口。但自然矿产资源天赐富庶，地上有盐，地下有煤、铁、铜等矿产；更有吃苦耐劳、勤奋智慧的三晋儿女，他们老早就掌握了晒盐、采煤、冶炼、铸造、纺织、颜料、酿酒、制醋、榨油等手工艺，并于明初率先在北方引种了棉花、烟叶，学会了织布、制烟；加之古老的种桑养蚕，剥茧抽丝，织成丝绸，山西可用作交易的商品在明清并不少。正是因为有这些商品物资，才使得山西商人有货可运贩，可以先从省内贸易做起，由小到大、由少到多地积攒起财富、资本，而后由内到外地走向边关、走向省外、走向全国、走出国门，成为我国十大商帮之首——赫赫有名的晋商。

（一）盐

盐，唐代河东文学家柳宗元称之为“晋之大宝”也。运城盐湖（池），地处黄河九曲十八弯的一个大拐弯处。黄河从晋陕峡谷冲出禹门口后，继续由北向南流，地势平缓，泥沙俱下，继而遇中条山折而向东，过豫穿鲁奔流入海。就是在这个拐弯处，中华民族的母亲河在祖国的版图上形成了一个极像女性乳房的标记，她就是古称河东大地，现今的山西晋南地区即运城市和临汾市一带。就是在这个拐弯处，黄河给我们形成了一个天赐内陆盐湖，生生不息，天成食盐，五千年迄今，一直滋润养育着华夏大地一代代炎黄子孙。

运城市辖区内有扫地为坛的万荣县后土娘娘祠，秦皇汉武、大唐天子祭天在泰山，祭地就在此。后土祠现存的秋风楼内还存有元代所立的刻有汉武帝《秋风辞》的石碑。有黄帝战蚩尤的部落古战场。河东大地有相传为尧、舜、禹建都的尧都平阳（临汾）、舜都蒲坂（永济）、禹都安邑（夏县）。有晋国之都侯马新绛。从运城向西过黄河，约一个小时高速路程可到古都西安；从运城向东由三门峡过黄河，也是一个多小时的高速路程可到古都洛阳。运城历来是畿辅重地。黄帝战蚩尤是争夺盐资源，至少与盐有关。尧、舜、禹建都于盐湖周边，取盐方便。长安、洛阳大都会，离盐不远。晋、陕、豫三省是运城之盐行销地。民以食为天，一天也离不开盐。盐从古至今就被国家垄断，有司专销。人不吃盐，不但劳动无力，还会得“大脖子病”。

■ 后土祠

我国历史上的九州是指冀州、兖州、青州、徐州、扬州、荆州、豫州、梁州和雍州。冀州位列九州之首，包括今山西省全境、河北省西北部、河南省北部等地区。运城市是冀州的中心，这个中心城市因盐而建，是运盐之城。

运城始建于元惠宗至正十六年（1356 年），是由当时出任河东盐运使的蒙古皇室那海德俊请示朝廷同意，在原圣惠镇基础上改建的。圣惠镇又名潞村，故运城盐又称潞盐。元延祐年间（1314—1320 年）老百姓因感谢元朝仁宗皇帝减免盐池的课税，将潞村改名为“圣惠镇”，祈福“苍天保佑，圣上恩惠”。当时减免课税也是因为盐池淫雨连绵，遭到水灾，盐池受到破坏，盐花不生，盐丁实在交不出盐所致。

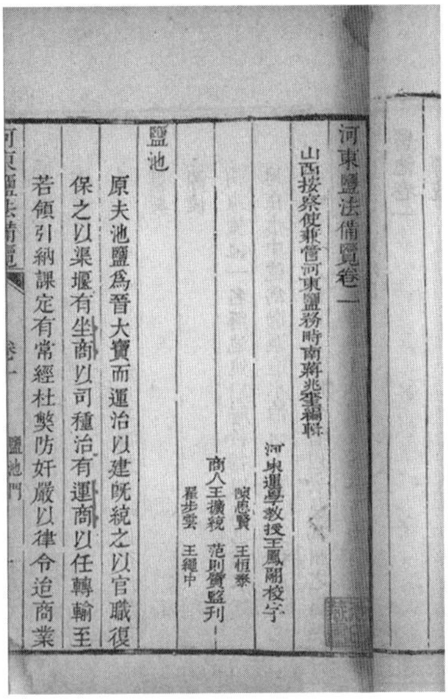
河東鹽法備覽卷一
山西按察使兼管河東鹽務時南蔣兆奎編輯
河東運學教授王鳳翮校字
陳志賢　王恒泰
商人王攅䘨　范則贊監刊
翟步雲　王繩中
鹽池
原夫池鹽爲晉大寶而運治以建既統之以官職復保之以渠堰有坐商以司種治有運商以任轉輸至若領引納課定有常經杜弊防奸嚴以律令追商業
河東鹽法備覽　卷一　鹽池門

■《河东盐法备览》书影

那海德俊修建的城池开有五门，形似凤凰，故运城又名凤凰城。“城周九里一十三步，广袤各四之一，高二十四尺”，至今已有近700年的历史。我国四大盐场只有运城有专城。这是为什么呢？乾隆五十三年（1788年），河东盐运使蒋兆奎在其编著的《河东盐法备览》中说：“天下盐治不一，举无专城，河东何以独有专城？盖煮海者商灶延绵沙际，千里相望，如淮、浙、长芦皆非一州一邑之地，已有提纲挈领之势。若河东产盐于池，向立盐司于解州，秦、晋、豫三省商民群萃一城，每患地小不足以容。城之特建，势使也。”明朝建国后，变革前朝旧制，分河东路为蒲州、解州、绛州、隰州、吉州、霍州。运城为盐运使所居，乃运盐之城，故名运城。清朝、民国乃至于今都沿用运城之名。

运城盐湖南倚中条山，北靠峨眉岭，东接瑶台峰，西望黄河滩，东西长约30公里，南北宽约3～5公里，总面积约132平方公里，湖面海拔324.5米，是我国最大的硫酸钠型内陆湖泊。它与俄罗斯西伯利亚库楚克盐湖、美国犹他州奥格丁大盐湖同为世界三大内陆盐湖。运城盐湖又称解池，因在解州地界，所产盐又称解盐、潞盐。

运城盐湖有着4000多年的开发历史，它与我华夏民族的发展息息相关。相传，舜弹五弦琴以歌南风，其歌词曰：“南风之熏兮，可以解吾民之愠兮。南风之时兮，可以阜吾民之财兮。”南风起，盐花生，只有刮起南风，吹走水蒸气，才能产出食盐，这是大自然赋予运城盐湖的奇妙之处，远在舜时人们便看到了这一规律。

《左传·成公六年》记载，晋人谋去故绛。诸大夫皆曰：“必居郇瑕氏之地，沃饶而近盬，国利君乐，不可失也。”郇瑕氏之地，就是今运城市一带。盬：盐也。去绛，离开绛这个地方。绛，今山西新绛县、曲沃县这一带地方。盐，古代人又称为“鹾”“盬”。东汉许慎《说文解字》曰：“鹾，咸也。河内为之鹾，沛人言若虘。”河内是汉代所置郡名，指今河南省黄河以北大部分地区，也就是河东大地。《说文解字》又曰：“盬，从盐省，古声。河东盐池。袤五十一里，广七里，周百十六里。河东，治郡名。”张舜徽在《说文解字约注》中写道：“河东盐池，即后世所称解池也。在今山西省西南部中条山北麓，介于解县、安邑之间，世称解盐，又称潞盐，或河东盐。为池盐中之最著名者。”

唐代柳宗元称运城盐池为“地宝天成”“晋之大宝”。河东盐行销区域是“西出秦陇，南过樊邓，北极燕代，东逾周宋”，遍及今天的山西、河北、河南、陕西、甘肃、湖北大部分地区。当时“河东两池盐利，岁收百五余万缗”。占全国盐利收入的四分之一，全国财政收入的八分之一，有“唐之富庶，盐税其半”之说。

北魏著名地理学家郦道元在自己的著作中记述：“河东盐池谓之盬。今池水东西七十里，南北十七里，紫色澄渟，潭而不流。水出石盐，自然印成，朝取夕复，终无减损。”

运城盐的产出在唐代以前属于自然生产，其产盐方法是：“天日曝晒，自然结晶，集工捞采。”“古惟集工捞采，收自然之利。李唐以后，有治畦浇晒之法。”史称“垦畦浇晒法”。“垦畦浇晒法”又称“五步产盐法”，就是运用人工垦地为畦，将卤水灌入畦内，利用日光、风力蒸发晒制。晒盐的过程关键是操练卤水，卤水一般要求的浓度为28～32度。其操练过程是将老滩水注入头道畎，再经二道畎、三道畎、替死鬼、头道箩、二道箩、三道箩，最后进入结晶池。畎、替死鬼、箩就是名称不一的蒸发蓄水池。其作用就是使卤水在从上一个池子输送到下一个池子的过程中，不断过滤、蒸发，去掉杂质，再通过调配，达到理想的饱和度。其流程为：将饱和的卤水灌畦、结晶晒盐、放母液水、产盐、清池整修，再上水复制。一般食盐结晶期为7天左右。这样周而复始一年可产盐达12次之多。每年赶到中秋节前制盐完毕。概括起来就是通过过箩、调配、储卤、结晶、铲出五个步骤，故名“五步产盐法”。

“垦畦浇晒法”初始是运城兴宝寺的一名和尚总结发明的，是他根据盐工长期的实践经验，总结提炼出来的。运城盐湖的晒场与晒场之间的盐丁铺户都称庵户。每家庵户在制盐过程中，都要聘请一名和尚，作为晒盐的技术工程师，尊称为“老和尚”。这个受人尊敬的老和尚制度，在运城盐池延续了上千年之久，直到1950年10月才废除。

■ 解盐图

“垦畦浇晒法”有五个明显的特点：一是在硝板筑成的结晶畦里结晶；二是晒盐时须给卤水搭配淡水，使之咸淡均匀；三是借助于日光曝晒和南风熏吹，以蒸发水分，便于结晶；四是结晶成盐后要组织盐丁劳工，集中快速捞采，以免天气变化，下雨后毁坏成盐；五是加快了成盐速度，提高了单位面积产量，大大提高了运城盐池的产盐量。运城盐池的产盐由自然走向科学，由靠天走向可以人工控制，是我国古代的一大发明，在中国科技史上占有一席之地。迄今，运城盐池的生产也基本上沿袭这一生产工艺。随后，海盐、世界盐业的生产，也都学习借鉴了这一生产工艺。著名的英国汉学家李约瑟博士，在其所著的《中国科学技术史》一书中称，这一产盐工艺是中国古代科技史上的活化石，领先世界产盐业工艺1300多年。

“垦畦浇晒法”自唐代老和尚创造发明后，经唐、宋、元、明历代盐人的不断创建完善，到明太祖洪武三年（1370年），产盐30.4万引，每引 200 斤，计产盐 6080 万斤；到明正德十五年（1520 年），产盐 62 万引，计 12400 万斤；到明万历三十二年（1604 年），产盐已高达 140 万引，计 28000 万斤。

现今山西运城盐池边立有池神庙，是运城市一大旅游景点。此庙始建于唐，现存建筑主要为明嘉靖十四年（1535 年）的建筑格局，主殿并立三座大殿，中殿供奉东池神和西池神，西殿供奉中条山风洞之神，东殿供奉太阳神，东西两殿供奉的太阳神和风神，反映着潞盐生产“太阳蒸发”“风力结晶”的天力因素，人们对大自然的敬畏和祈盼。三殿对面是戏楼，戏楼后面是海光楼，站在海光楼上可俯瞰河东盐池全景。庙内现存石刻对联有“东海栽玉树，西池开银花”“高山仰止景行行止，卿云

■ 运城池神庙

烂兮纠缦缦兮”“问之不答求之应，应之寰宇；听则无声敬则灵，灵则心诚”“忠臣一时受困苦，须知后世称扬；奸雄百计得便宜，难免当场唾骂”等。还有一副对联云：“常平乃关壮缪故里，辖其民也，理应忠心报国；解池本包孝肃旧制，治此盬者，首当铁面无私。”这副对联上联写的是关公。关公是盐池附近常平村人，16 岁亡命涿鹿以前，在家忙时种田，闲时打铁贩盐，是个私盐贩子，周仓就是他的贩盐伙伴。下联写的是包公。包公在宋朝庆历年间，到运城督导管理盐政，推行了范祥的“钞引法”，改革盐运、盐销制度，发行了引票。铁面无私地破获了反对

盐法改革、杀死盐官范祥助手黄庆霖一案的主从人犯。在此，山西人关公与安徽人包公又联系上了。

（二）煤

山西乃煤炭之乡。东西两山、由北向南皆有煤炭。据2011年山西煤炭厅网络上公布的信息，山西已探明煤炭储量约2800亿吨，占全国已探明储量的三分之一，居全国之冠。省内含煤面积达6.2万平方公里，占全省面积的40%，分布在94个县区，且煤的品种齐全，质量优良。2013年山西产煤量已达9.62亿吨，原煤产量占到全国总产量的四分之一。全国有26个省、市、自治区使用山西煤，山西煤炭还出口销售到世界23个国家和地区。山西是煤炭大省，山西煤炭给全国做出了巨大贡献。

我国人民用煤最早可追溯到神话传说故事女娲氏炼石补天。传说女娲人面蛇身，本领高强。那时天地崩裂，九州分散，洪水肆虐，大火燎燃，猛兽横行，鸷鸟在天上盘旋，看见陆地上的老人和儿童，就扑下来与猛兽争抢啄食。天也分成许多碎片，看上去到处是黑洞。女娲不忍看到天地发生如此的灾难，人们遭受如此的痛苦，于是就建造了一个炉子，用高温炭火烧炼出一种五色的石头，把它镶嵌在分成许多片的苍天上，将苍天的黑洞补得没有一点缝隙。到了明朝嘉靖年间，有个名叫陆深的翰林院学士，任山西提学副使，经过实地考察，认为现今山西阳泉市平定县的东浮山就是女娲炼石补天处，就是女娲建造炉子的地方，并写入自己所著的《河汾燕闲录》。陆深在书中说，石炭就是煤，东北人称为渣，南方人称为煤，山西人称为石炭。明末清初大学问家顾炎武也赞同其说，将陆深之文收到了自己的《天下郡国利病书》中。

山西人利用煤炭，根据史书典籍和考古出土发现，最早在西汉时期就开始了。1972年在山西右玉县常门水库工地挖出西汉墓群，墓椁室周围发现有4厘米见方的炭块。炭放置墓椁中，起干燥防腐的作用。又据北魏郦道元《水经注·漯水》记，大同附近有煤层自燃的情景："水发火山溪东，东北流出山，山有石炭，火之热间樵炭也。"据大同矿务局地质工程师蔡忠信等实地考察，郦道元所记地点在今大同口泉沟、马脊梁沟一带。郦道元，字善长，北魏时范阳涿县（今河北涿州）人，生于466—472年间。其《水经注》是在北魏之都城平城完成的，平城就是今大同市所在地。

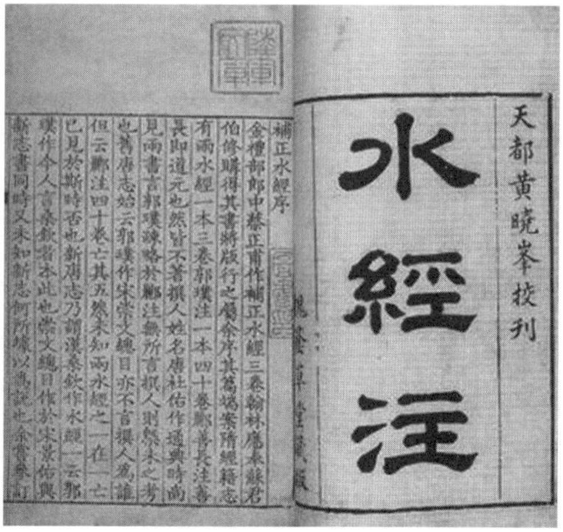

■《水经注》书影

唐开成五年（840年），日本僧人圆仁路经山西去西安，将其在太原所见记入《入唐求法巡礼行记》中：“出城西门，向西行三四里，到石山，名为晋山。遍山有石炭，近远诸州人尽来取烧，修理饭食，极有火势。”此处所说晋山，即指今太原西山矿务局所在一带。

清代褚人获在《坚瓠集》中记载：“李嗣昭守上党，为汴人所围，城中盐炭俱尽……得掘石炭，晋王自将解围，立二庙，曰盐神、炭神。”这里记述的是：五代十国时期（907年）节度使李嗣昭固守昭义（即上党，今山西长治），后梁太祖朱全忠（即汴人，曾为今河南开封节度使）围困李嗣昭于上党，晋王李存勖急攻解围。此后李存勖于923年在今河北大名称帝，国号唐，史称为后唐。这时上党地区已用炭、出炭并立了炭神庙。

宋真宗曾于1009年颁昭，废除了“并州民鬻石炭，每驮抽税十斤”的规定。

1978年在山西稷山县马村发掘的金代砖墓中，发现墓床下约有250公斤的煤与焦炭，其焦炭与今天人们所使用的焦炭无异，说明早在1234年前山西平阳府人就开始“煎炉煮石”的炼焦生产。清初孙廷铨在《颜山杂记·物产》中说：“石炭其用以锻金、冶陶，或谓之炭，或谓之煤……散而无力，炼而坚之，谓之礁。”

《元史·食货志》记：元文宗天历元年（1328年）“各路煤炭课总计钞一千六百一十五锭二十六两四钱，内大同路一百二十九锭一两九钱”。大同路占到大元帝国煤炭课税的8%。

明朝山西煤炭业进一步发展，已成为全国重点采煤区。据《明一统志》载：山西阳曲、太原、榆次、寿阳、清源、交城、静乐、霍州、吉州、临汾、洪洞、浮山、赵城、汾西、岳阳、翼城、河津、灵石、辽州、泽州、阳城等地都产煤。关于探矿，宋应星在《天工开物》中写道："凡取煤经历久者，从土面能辨有无之色，然后掘挖。深至五丈许方始得煤。"光绪《平定州志》亦记："土人每视山上石脉，即知炭之有无，有穿地至三四丈者。"关于采掘，一是在万历年间人们已开始运用"火爆石裂"之法，即开始用火药爆破取煤，改变了过去镢刨锤敲的办法，大大提高了产量。二是人们已掌握了抽取瓦斯的方法，以防止煤气中毒、爆炸和冒顶的事故。《天工开物》又写道："初见煤端时，毒气（瓦斯）灼人，有将巨竹凿却中节，尖锐其末，插入炭中，其毒烟从竹中透出，人从其下始镢拾取者。或一井而下，炭纵横广有，则随其左右阔取，其上支板，以防压崩耳。"三是从事挖煤贩煤的人多。如在明代灵石县回来峪枣洼寺中，就约有500个和尚靠开采煤炭和铁矿生活。

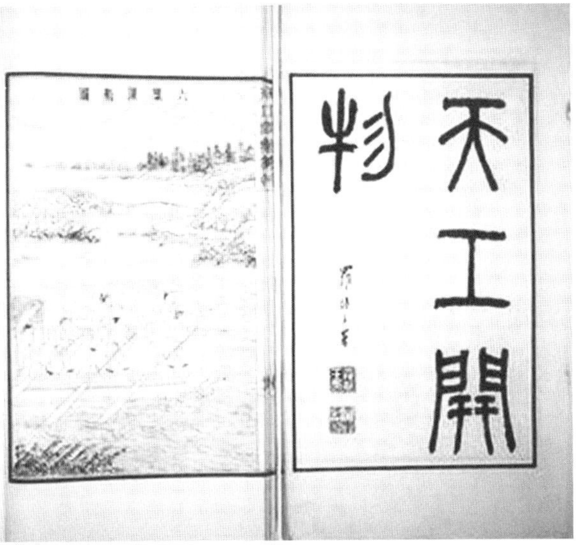

■《天工开物》书影

入清以后，乾隆皇帝放开口子，准许民间私营开采，山西的小煤窑、煤老板急剧增长。乾隆五年（1740年），乾隆皇帝照准各地请求，凡产煤之省"悉听民间自行开采，以供炊爨，照例完税"。天下"所属州县，有煤可采，并无关碍者，系属民地，请以地主为窑户；系属官地，请以领贴输税之人为窑户，各听开采，以利民用"。山西人在这个政策的感召下，纷纷开煤窑、扩规模。仅长治一个县在乾隆年间开设的煤窑就有150余座。其时山西"万山攒簇，多采煤为业，贫者往往赁役焉"。太原西山风峪沟一带更是"九峪十八沟，窑坑如星斗"。开采也由人背肩挑扩展为驴骡驮出，可见地下巷道已很宽敞。据光绪《平定县志》卷八载：嘉庆二十四年（1819年）四月间，大雨淤没平定固庄沟炭窑，“湮浸二人，驴骡四五十口”。经过三个昼夜的抢救，人畜全部脱险。可见这个煤窑井口及产量都是十分大的，具有相当的生产规模。

明清煤炭在山西已为老百姓广泛使用，炊爨、取暖、点旺火，冶铁、锻铁、铸钱，烧砖瓦陶瓷。据咸丰年间编写的《汾阳县志》记载，汾阳县“惟煤炭一项以炭代薪，日用称便，而产炭之地出自孝义……阖邑赖以需用，固民生之至要者”。煤已经成为老百姓生活中不可缺少的日用燃料。

明清山西煤炭已形成一定的产业链。人们挖煤、运煤、贩煤，以煤谋生。据乾隆年间编修的《乡宁县志》卷一二记：“县东南产煤及铁，贫无田者，以煽炉、挖煤、贩铁为业；近煤场者，则以人畜负贩，日有取资。”乾隆《孝义县志》记：“孝义产煤颇盛，城西六十里外，西北山中，多穿山为穴，深或数丈及数十丈。取者携灯鞠躬而入，背负以出，至大路始以畜驮，坦途始能车载。”运销“约东南可鬻至百余里内，西北可鬻至二百里内，故藉以为生者甚多……或受值代人赶骡、马、骆驼，负载远省”。道光《大同县志》卷八记，大同县“其西乡一带农人，冬日多贩煤”。道光《阳曲县志》记：“东西北傍山各村，地土瘠薄，居民农事之暇，多策蹇贩炭以生。”出现了“黧面短衣之人填街塞路”的现象（李洵：《明清史》第四章）。采煤人的待遇据《中国近代手工业史资料》卷一所引《刑部钞档》记：乾隆时高平县“翟石先雇秦珍掏洗旧窑挖煤，言明每日工银三分”。右玉县“霍伦与白进官伙开炭窑，同雇贺明做工，讲定开窑一丈，二钱二千”。嘉庆时“牛魁向在本村李维其煤窑作伙，曾雇牛招弟在窑替做短工一日，应给工钱五十文”。

挖煤运煤，是苦力活、危险活，又脏又累又不安全。煤矿瓦斯中毒、塌顶事故频发，往往有生命危险。就是运贩煤炭，也是十分艰辛的。清代名臣、山西五台县东冶镇人徐继畬（1795—1873年），晚年回到家乡后曾作有一首《驮炭道》之诗并序。现录如下，其序曰：

石炭似煤而有烟，太原以南，煤炭兼产，关北则有炭而无煤。五台南界产炭，山高路险，俗呼驮炭道。民间农隙，皆以驮炭为业；

今所居之东冶镇，其聚处也。自幼目睹艰辛，杂方言作《驮炭道》：

隔巷相呼犬惊扰，夜半驱驴驮炭道。
驴行黑暗铎丁冬，比到窑头天未晓。
驮炭道，十八盘，羊肠蟠绕出之端。
寒风塞口不得语，启明十丈光团栾。
窑盘已见人如蚁，烧得干粮饮滚水。
两囊盛满捆驴鞍，背负一囊高累累。
驮炭道，何难行，归时不似来时轻。
人步伛偻驴步碎，石头路滑时欲倾。
日将亭午望街头，汗和尘土面交流。
忽闻炭价今朝减，不觉心内怀烦忧。
价减一时犹自可，大雪封山愁煞我。

徐继畬此诗，堪比白居易的《卖炭翁》。虽相隔越千年，然诗末两句不由得让人想起《卖炭翁》中“心忧炭贱愿天寒”之句。

点旺火，又名塔火、棒槌火，是山西人过春节、元宵节的风俗习惯。每逢春节、元宵节，家家户户在门前用块炭垒成塔形点燃，取红红火火、日子越过越红火之意。乾隆年间编写的《平定州志·风土》记载：“上元（正月十五）前后，三日祀三官，灯火辉煌，鼓乐喧阗，里人扮演杂剧相戏，坊肆里巷、士庶之家，于门前围石炭焚之，名曰塔火，一曰棒槌火。”

道光年间《大同县志》卷八记：大同“元旦家家凿炭为薪，磊磊高起，状若小浮屠，及时发之，名曰旺火”。《直隶霍州志》卷一五记：霍州“元旦夙兴，炽炭庭中，曰兴旺火，祀神”。李燧在乾隆六十年（1795年）写的《晋游日记》卷三中记载：“太原每于元夜，当门攒石炭，高数尺，以火燃之，名曰塔火，街衢照天如昼，巨观也。”山西人过春节、元宵节点旺火这一习俗现仍存留。太原市这几年过节就还有点的，附近县城乡镇也不少。每到元宵节烟气熏天，爆竹声不断，满城刺鼻的硫黄煤烟味，既浪费资源，又污染空气，似可以改一改，不再点，移风易俗。降低 $PM_{2.5}$ 浓度，减少雾霾，保持空气清洁，人民身体健康。

山西煤炭在清代就有销往省外的记录。清代山西商人利用驴骡驼队、车马舟船，不断地将煤炭运销蒙古、直隶省、北京城、陕西、河南等地。

据雍正年间编写的《泽州府志·物产》记："其输市中州者，惟铁与煤，日不绝于途。"光绪年间编修的《平遥县志》记载，康熙时"晋之炭、铁、枣、酒及诸土产之物，车推舟载，日贩于秦"。乾隆《朱批奏折》记，乾隆六年（1741 年）七月二十六日，时任山西巡抚喀尔吉善奏："虽归化城现在议开煤窑，一时尚未流通，若先将内地煤炭禁止出口，则该卫所居民无以购买，不免悬斧以待，民情惶急。"

■ 傅作义故居

樊真先生发表于 1992 年第 3 期《文史研究》中的《雪里送炭》一文说：清朝末年，山西万荣（今属临猗县）人傅作义将军的父亲傅庆泰在西安开办炭场卖煤。"庚子事变"后，西太后和光绪皇帝逃往西安，西安一下子增加了许多京城来的人及各路官员，炭场煤炭售罄，官府命傅庆泰设法贩运煤炭。在此兵荒马乱之年，傅庆泰不惧山高路险、黄河浪大，冒着生命危险，车运船载，把山西的煤运到西安。已经挨冻三天的西太后见到煤炭运到，非常高兴，让人多给赏钱。傅庆泰说："我是梦见老佛爷托梦让我送炭，怎能收钱!"西太后听报后说："虽然八国联军进了北京，但老百姓还拥戴我，大清不会亡。"遂即手谕西安官库拨银 30 万两赐傅庆泰运煤。从此，傅庆泰成了万荣首富。傅作义少年时代家境富裕，能够读书求学，经济基础或就来源于此。

（三）铁

山西煤多，铁矿亦多，历来是我国产铁大省，人称"煤铁之乡"。南边永济市有黄河大铁牛，铸于唐开元十二年（724 年），四尊铁牛身长

3～3.3米，高1.5～1.66米，体重达55～78吨。另有四个牵牛人及铁山、铁桩等铁器，共计约350吨重。临汾铁佛寺，始建于唐贞观六年（632年）。寺内一尊佛头像高6米，宽5米，由300多块生铁分块铸造再黏合而成，每块各约50厘米见方，厚6～10厘米，重约50公斤，整个佛头重量约15吨。佛头中空，背面有孔洞可入。太原晋祠金人台上立有四尊铁人，铸于北宋绍圣四年（1097年），个个神态威武，英姿勃勃，鞘明甲亮，闪闪发光。

■ 永济黄河大铁牛

山西铁矿资源丰富，遍布境内，产铁之地十之八九。东汉元和年间即岁采铁207万斤。明清山西的铁矿产地就有48个州县，占到全国的十分之一还多。乾隆年间《阳城县志·物产》记：阳城“县地皆山，自前世已有矿穴，采铅、锡、铁。故旧制岁贡铅铁有常数”；“县境诸山出硫黄……为军中火攻要需”。

明初，由于受元末战乱的影响，山西铁产量为110多万斤，占全国铁产量的第五位，这是《明会典》卷一九四上记载的。洪武七年（1374年），朱元璋“命各省置铁冶，凡十三所”，其中山西就建了五所，即平阳二所（富阳、丰国），太原一所（大通），潞州一所（润国），泽州一所（益国）。到了洪武二十八年（1395年），朱元璋又“复诏罢各处铁冶，令民自采，而岁输课程，三十分取其二”（《续文献通考》卷二三《征榷六》）。到了天顺五年（1461年），“山西阳城县铁冶甚多，每年课铁不下五六十万斤”。课铁就是向民间冶户征收铁以作课税。如果按十五分之一的课率计算，阳城县的产铁量就已达到 750 万至 900 万斤，一个县的产量比明初山西全省的产量还多出七八倍。而据明成化年间《山西通志·物产》卷六记载，当时山西产铁州县有 19 个，即平定、吉、朔、潞、泽州、太原、交城、榆次、繁峙、五台、临汾、洪洞、乡宁、怀仁、孝义、平遥、壶关、高平、阳城县，皆有冶坑，阳城尤广。据此，学者黄启臣先生研究认为，这时山西省的冶铁产量不仅超过了历史上的最高水平，而且在当时名列世界第一（黄启臣：《明代山西冶铁业的发展》，《晋阳学刊》1987 年第 2 期）。

明代，山西铁产量高，这是科学技术发展的结果。明代山西铁矿工已掌握了根据矿山泥土表面颜色（赤褐色）判断地下有无铁矿的勘探方法。明人宋应星在《天工开物·五金》中记：“凡土锭铁，土面浮出墨块，形似秤锤，遥望宛然如铁，捻之则碎土。……山西平阳则皆砂铁之数也。凡砂铁，一抛土膜即现其形，取来淘洗，入炉煎炼，熔化之后与锭铁无二也。”在冶炼燃料使用上，已采用焦炭炼铁。采用焦炭冶炼，可以大大提高炉温，提高铁的质量，这是明代冶炼技术新成就，使铁由生铁炼成熟铁，炼出了钢。钢可以提高铁的延展性，拉成钢丝，为制针、制钉提供了良好的原材料。生铁可铸炮、钟、鼎、锅、壶、盆、犁铧等。熟铁可打造刀、剪、针、锄、镢、锹、镰、钉等。特别是“潞铁作钉，为南省造船所必须，取其易锈也”。钢针更是行销全国，垄断市场。晚清赴晋考察的德国人李希霍芬说：“在欧洲的进口货尚未侵入以前，足有几亿的人是从凤台县（今晋城市）取得铁的供应的。”“大阳（今晋城市大阳镇）的针供应着这个大国的每一个家庭，并且运销中亚一带。”（乔志强：《山西制铁史》，山西人民出版社 1978 年版）

明清山西冶铁业工场规模庞大，十分壮观。在阳城县白巷里，冶铸炉火遍布，夜间明亮烛天，照得一条山沟如白昼一般，人称火龙沟。冶炼场分工也越来越细，据清人唐甄《潜书·富民》下篇记：“潞之西山之中，有苗氏者，富于铁冶，业之数世矣，多致四方之贾。椎、凿、鼓、泻、担、挽，所藉而食之者，常百人。”进入道光年间，山西民间冶铁业又发展到高峰，据《中国近代手工业史资料》卷二记载，道光年间晋城县共有生铁炉 1000 多座，熟铁炉 100 多座，铸锅炉 400 多座。

山西产铁业兴盛，因为铁是民用与军用物资的必需品。民间百姓所用之炊具如锅、盆、勺、铲，农具犁铧、镢铣及日用品钢针、车马具等，无一不需要铁器。明清山西铁器行销陕、甘、蒙古、山东、河南、直隶、辽东等地。据《明宪宗实录》记，成化年间“山西泽州阳城县产铁甚贱，而河东盐课不费煎熬。往年泽州人每以铁一百斤至曲沃易盐二百斤，以此陕西铁仍稍贱”。弘治年间，“大同十一州县军民，铁器耕具，皆仰人从潞州贩至”。特别是潞锅，物美价廉，深受蒙古牧民的欢迎，在明代就是北方边镇马市贸易的重要交换物资。清代晋商更是将山西铁制炊具、农具大量贩运到蒙古大草原。明代史学家王世贞在《适晋纪行》中写道：“余以庚午六月起于家，抵清华镇，山西之冶器集焉。”庚午即明穆宗隆庆四年（1570 年）；清华镇，在河南沁阳县境，是著名的商品集散地。潞铁作钉，易锈，是江南造船所用的必需品。难怪乎泽州人要在自己的府志上记曰：“其输市中州者，惟铁与煤，日不绝于途。”在京城崇文门外，早在明代就有潞州商人建的炉神庵。北京山西会馆碑刻上写有“吾山右之贾于京者，多业铜、铁、锡、炭诸货”的字样。

铁又是重要的军火材料，铸炮、锻矛、刀箭皆需依仗铁。如明景泰元年（1450 年），长城一线屡遭北方游牧民族侵扰，居民惊散，战事吃紧，急需兵器。大理寺卿孔文英上奏：“闻山西潞州出铁，宜令于秋粮内折办铁蒺藜一百万，遣人送至雁门关，俟官军自运备用。”铁蒺藜是一种阻挡骑兵的兵器，又称铁菱角，冷尖、渠台，呈三角状，尖刺如蒺藜，散置或捆用在一起放置狭路，以阻挡敌方骑兵。陕西总兵对铁的需求量更大，明成化九年（1473 年）上奏，请“以盐课五十万引，令阳城中铁五百万斤，于安邑县上纳，由陕西布政司运库收贮支用”。

由上可见，山西自古就是冶铁大省、贩铁之源。其冶铁贩铁已形成产业链，是明清军需民用的产铁大省。

（四）丝绸棉布

河东是丝绸之路的腹地，山西人民种桑养蚕、缫丝织绸已有几千年的历史。到了明代，潞绸已是闻名于世、誉满天下的织中珍品、顶尖品牌。明代丝织业，南方以苏、杭、闽、广为中心，北方以潞州为中心。潞州即潞安府，治所在今山西长治市。潞绸制作精巧，质地精美，颜色纯丽，品种繁多，产量较高，明清皆列为贡品，亦深得仕宦富贵人家喜爱。明代小说《金瓶梅》、“三言二拍”中就有多处关于潞绸的描述，如《金瓶梅》第三十七回写西门庆为王六儿之女爱姐“买了两匹红绿潞绸”，第三十九回写吴道官送给西门庆的礼物中有“一双青潞绸衲脸小履鞋”，第四十二回形容王六儿“身上穿紫潞绸袄儿”。冯梦龙《醒世恒言》中的《卖油郎独占花魁》写有：“美娘见刘四妈沉吟，只道她作难索谢，慌忙又取出四匹潞绸、两股宝钗、一对凤头玉簪，放在桌上。”西周生的《醒世姻缘传》第十四回描写珍哥：“上穿一件油绿绫和小夹袄，一件酱色潞绸小棉坎肩。”明末农民起义军领袖张献忠也“身着酱色潞绸衣”。

明末清初学者顾炎武在《肇域志》中说：“绫，太原、平阳、潞安三府及汾、泽二州俱出。绸，出潞安府，泽州间有之。帕，出平阳府，潞安府、泽州俱有。惟蒲州府及高平县米山出者尤佳。”《金瓶梅》的作者兰陵笑笑生生活在山东（或曰徽州人），“三言”的编著者冯梦龙生活在苏州，“二拍”的作者凌濛初生活在浙江湖州。他们皆生活在江浙山东，都在作品中提到潞绸。可见潞绸已是从明初至明末，从宫廷到民间，从文人士大夫到官儿小姐、歌肆酒楼公认的著名品牌、高档商品、专用名词。

明代潞绸产量高、品质好、销路广，可与苏杭丝绸媲美，其生产基础深厚。一是山西晋南、晋东南人民自古以来就有种桑养蚕、男耕女织的优良传统。后稷教民稼穑，今山西稷山县有稷王山。考古人员在今运城市夏县西荫村发现有半个蚕茧化石，据研究测算是新石器时代的遗物，也是我国至今发现的最早的蚕茧。另在上党沁水县土沃乡台亭村还生长着一棵三人合抱不住的老桑树，据推算树龄已有 2000 多年。明洪武末年，潞州六县种桑八至九万株。

二是官府推动，教民植桑。唐朝武德七年（624 年）就令民“永业之田，树以榆、桑、枣及利益之木”。明朝立国之初，又令“凡民田五亩至十亩者，栽桑、麻、木棉各半亩，十亩以上者倍之”。如果“不种桑出绢一匹，不种麻及木棉，出麻布、棉布各一匹。此农桑丝绢所起也”。

三是明太祖朱元璋第二十一子沈王朱模之功。朱模在洪武二十四年（1391 年）封为沈王，永乐六年（1408 年）就藩潞州，从苏杭等地征集数

■《农政全书》书影

千机户移居潞州，大大提高了潞绸的花色品种、产品质量、宽窄尺幅。其操机者工熟技高，各有专能，“络丝、练线、染色、抛梭为工颇细”。花色有天青、石青、红青、红色、黄色、酱色、秋色、绿色、艾子色、沙蓝、月白、真紫、油绿等十几种颜色。规格有大绸、小绸两种，大绸每匹长6丈、宽2尺5寸，小绸长3丈、宽1尺7寸。故《农政全书》卷三一引郭子章先生《蚕论》说：丝绸产业“东南之机，三吴、越、闽最伙，取给于湖茧；西北之机，潞最工，取给于阆茧”。湖茧指今浙江湖州茧，阆茧指今四川阆中茧。潞州丝绸用茧，用当地原材料还不够，要由商人从四川阆中贩至，可见用量之大。阆中坐落在嘉陵江畔，是个风水绝佳、历史悠久、人文鼎盛的美丽城市。古城老街上至今还有织造蜀锦的作坊。500多年前山西商人就从此地贩茧至晋，他们沿嘉陵江而下，经重庆入长江，过三峡达汉口，再拐入汉江逆水而上进入河南赊店，再走旱路穿中州上太行而至潞州。真是千里转战，水陆兼行，个中艰辛不知几多，令人唏嘘，令人赞叹！

四是潞州府民织工勤作，机户众多，已形成生产规模。丝绸生产可以在家庭完成，也可以在作坊完成，纯属手工业。明清统计以机户为单位。据乾隆《潞安府志》记载：“明季长治、高平、潞州卫三处，共有绸机一万三千余张。”“机户终岁勤苦，夜以继日，妇子供作，俱置勿论。”“打线染色，改机挑花，雇工募匠，其难其慎。”呈现出家家忙蚕事、织机昼夜响的繁忙景象。

五是潞绸作为贡品和人们喜爱的衣料，已成为潞州府民借以谋生、赚取银钱的重要利薮。还是《潞安府志》记载：“彼时（明代）物力全盛，海内殷富，贡篚互市外，舟车辐辏者转输于省直，流衍于外夷，号称利薮。”每年上贡1500匹，每匹付银子5～6两。除了贡品外，民间需求量亦很大。“是绸也，士庶皆得为衣。”“潞绸机杼斗巧，织作纯丽，衣天下。”嘉靖时，奸相严嵩被抄没家产，其抄没物品的清单中就有“妆花潞绸”一项。潞绸的民间交易价格，远远高于官价。据万历三十九年（1611 年）《明神宗实录》记：“潞绸供亿之苦，一绸之费官价之外，不啻三倍，而劳扰鞭扑不与焉。”同时，这个记录也说明贡品对机户的摊派之苦、劳民之烦，明末曾发生过机户焚烧机具、痛哭奔逃的事件。

棉花，又称木棉、吉贝，原产地在印度，北宋末年引入我国江南种植，元代始移种于北方晋、陕、豫、鲁、直等地。故我国在宋以前穿衣盖铺者只有丝、麻、葛、褐四者而已。

山西种植棉花最早的是在平阳府，即晋南地区的运城、临汾一带。明万历年间方才在汾州、太原推广种植。据咸丰年间《汾阳县志・名宦》卷四记，万历年间，汾州人“不解种木棉法”，知县刘衍畴于万历十九年（1591 年）“购木棉籽种，散给民间，教之树织”。太原府则教民制作纺车、织机，并购买棉花，发给妇女，让其学习纺线织布。明朝人吕坤在《实政录・民务》中记：太原“府掌印官提取木匠十数名教习省下木匠，令做纺车、织机市卖。再行卫县衙门，督令约正先将本约之人，除家道殷实者，男妇有业，如卖酒饭等艺者不计外，其余不分军民，但系无事妇人，开报到官，先动官银买净棉千斤，每家一斤，掌印官记一簿籍，散令纺线。有先完及线细者，花价免追充赏。十日之外完及线稍粗者，赏价一半。二十日之外完及线粗者，花价全纳。一月之外不完者，罚花一斤。花既纺尽，卫县于宽大处所，仍移文榆次等县送织机者二三十人，教民织布。将纺线之家男妇定日向机匠学织，一年而千家能纺织矣”。从引述的这两段史料不仅可知太原、汾州府是在明万历年间方才种植棉花的，而且可以看出明朝知府、知县这些地方官员是如何教民种棉花习纺织的。他们力推新艺，教民稼穑，送民棉花、织机的举措和精神值得今人学习。保定直隶总督署的 16 幅《棉花图》石刻，是清朝乾隆三十年（1765 年），在直隶任总督的方观承以乾隆皇帝观视保定腰山王氏庄园的棉行为背景，组合创造出的。其把种棉、纺线、织布、印染等全部工序流程绘制成 16 幅棉花图，上呈乾隆皇帝，得到皇帝赏识。乾隆皇帝又亲笔御批，在每幅图上题诗一首，命刻于石上永久保存，以便百姓习种织染。这亦说明乾隆皇帝重视种棉，直隶一带直到乾隆年间还在学习推广种棉纺织技术。

种植棉花，需要一定的土壤、气候条件，高寒沙地是不宜种棉花的。山西种植棉花大体在太原以南地区，太原以北忻州、朔州、大同地区是不适宜种植棉花的，妇女也多不务纺织。据光绪年间《忻州志》记："寒早燠迟，不宜棉。地沙不宜麻枲，碱不宜桑柘。小民家徒壁立者十九。"光绪《崞县志》记："地寒不产棉花，女不晓织纺。"光绪《天镇志》记："独塞北诸郡，但知有耕，不知有织，天寒地冻，不能树桑养蚕，固其所耳！而棉布亦以粟易。"

棉花比之桑蚕制作丝绸，耕织简单，产量大，防寒保暖。人们常说，"衣食足而知荣辱"，这也表明衣与食对于人们来说是同等重要的。有时一顿饭不吃可以，但一时不穿衣则是出不了门的。穿衣遮羞，是人类区别于动物的文明标志。衣是人们生活的必需品。明代边镇驻军，需要大量的冬衣棉被，据《明太祖实录》记，自洪武二十九年（1396年）起每年从山西征调棉布在50万匹以上。"山西都司，布五十万匹，棉花十五万斤，以本布政司所征给之。"又据《明英宗实录》卷一八记，正统元年（1436年）"山西布政司奏，起运宣府折粮棉布二十五万匹，跋涉远险，载运艰难，请量减之。又本司该存留赏赐冬衣棉布二十五万匹，内因人民艰食，停免数多，请将起运布匹俱存本司"。雍正《山西通志·孝友》卷一四五记："明绛州人赵沈、贾西宁，尝鬻木棉数万斤。"乾隆年间《孝义县志·物产民俗》记："男妇皆能纺织，所制棉布鬻于西北州县外，而棉花则出真定诸处，经平遥东来，南行灵隰。"同治《榆次县志·物产》卷一五记："榆人家事纺织成布，至多以供衣服、租税之用。而专其业者，贩之四方，号榆次大布，旁给西北诸州县。其布虽织作未极精好，而宽于边幅紧密，能久，故人咸视之。"太谷"无问城市乡村，无不纺织之家"。

平阳府的棉花、棉布北运到平遥、通州、京城，平遥首先成为棉花商品的集散地。乾隆四十二年（1777年），平遥就有货栈旅店13家。雍正年间，平阳府翼城县商人就在北京建立了晋翼布商会馆。据李华先生编写的《明清以来北京工商会馆碑刻选编》（1980年北京文物出版社）记："翼距京师2000里，历来服官者、贸易者、往来奔走者，不知凡几，而会馆之役，顾独缺焉……岁壬子（雍正十年，1732年）冬，布行诸君子……议于布巷之东蒋家胡同，购得房院一所，悉毁而更新之，以为邑人会馆。"在通州建设晋翼会馆，开布店、染坊为之捐银的就有14家。

这就说明了翼城县布商的势力和富有。另再从官府角度讲，元代在平阳府襄陵县和翼城县就“各设有织染局”。明袭元制，除北京、南京外，又“置四川、山西诸行省、浙江绍兴织染局”。这充分说明了明清山西丝棉制品业的盛况与规模。

与丝棉业相应的行业，山西还有皮革业、颜料行。山西北路人不种桑棉，但做熟皮、制皮、皮革生意的人很多。这与地接蒙古草原，原材料来源丰富和高寒地区人们多衣着皮袍、皮褂、皮衣、皮帽有关。康熙时，曾任山西交城县知县的徽州人赵吉士因见制革环境污染，曾颁发告示限制县民制革：“照得交城，依山为邑，所产者少，城内东南隅，离相寺圣母庙前，清流一曲，地属离震，实启文明，何为洗皮浸革之需，居民苦之。暮春初夏，秽气满城，见者伤心，行人掩鼻，遂使清净法坛，终年齷齪；风雅圣地，昼夜腥膻。即虽习久不觉，安能涅而不淄？岂东门之池，可以沤麻，此区区一泓水，任尔辈沤牛羊之皮革耶！本县为此合行晓谕湖上居民人等知悉，此后不许擅洗一羊皮，擅浸一牛革。城濠相近，听尔等浸洗自如，本县不禁汝也。”（《山西通史·明清卷》，山西人民出版社 2001 年版）赵吉士（1628—1706 年），徽州休宁人，曾任交城县令、户部山西司主事，著有《交城县志》《徽州府志》《寄园寄所寄》等书。从赵吉士上述告谕禁约，也可知当时交城县皮革业之盛也。

颜料是丝绸、棉布、皮革加工过程中的必备品。不染色，丝棉皆为白色。白色既不耐脏，又千篇一律，有的地方还忌讳讲究，穿白色为孝服，故颜料行当时在山西也是很发达的。明代山西临汾、襄陵、平遥县的商人就不仅在本地开颜料铺，也到北京开颜料铺，并建有会馆。据乾隆六年（1741 年）北京碑刻记载，平遥县颜料商人在北京就建有颜料会馆：“我行先辈立业都门，崇祀梅、葛二仙翁，香火悠长，自明代以至国朝，百有余年矣。”著名的日升昌票号东家李大全，就是开设字号为“西裕成”的颜料庄起家的，日升昌票号就是在颜料庄基础上成立的。可见颜料行的规模与资本巨大。

三、徽州自然特产

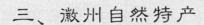

徽州地处华东，属于亚热带季风性湿润气候，温和多雨，四季分明，年平均气温15℃～16℃。除部分高山地区外，冬无严寒。一年无霜期约236天，平均年降水量约1670毫米，最高达2708毫米，平均年降水量是山西的三倍多。降水多集中在5—8月，水资源十分丰富，适宜林木、翠竹、茶叶、果树、药材生长。森林覆盖率达70%。徽州又地处皖南山区，境内重峦叠嶂、川谷崎岖，可供垦殖的耕地很少，粮食不能自足。其地形地貌气候情形如此，故其物产多与山林有关。下面择其主要特产介绍如下。

（一）林木

徽州地处万山丛中，茂林修竹布满山野沟壑，木竹资源极为丰富。木本植物达1102种，其中有经济价值的200余种。属国家保护的稀有珍贵树种有连香树、领春木、银杏、金钱松、黄山松、鹅掌楸、南方铁杉、华东黄杉、香果树、楠木、樟树等25种。其气候与土壤又最适宜杉木、松树生长。杉木生长快，材质好，树干挺直，用途极广，大至房屋桥梁建造，小至家具制作，都可使用这种材料。早在南宋时就有许多徽州人专以种植、贩运杉木为生，他们把所产杉木运销浙江，往往获利致富。同时，徽州山林中还盛产松木、梓木、樟木、竹子等，这些都是可供外销的重要林木产品。在徽商中，木材业是其商帮经营中的四大支柱产业之一。在徽州六县之中，尤以婺源人最擅长木材业的经营。方志中记载“婺源贾者率贩木”（乾隆《婺源县志》卷四）。据民国三十五年（1946年）统计，徽州木材销售额约为10万两，相当于采伐10万立方米木材的交易额。

（二）茶叶

徽州产茶，历史悠久。唐代陆羽《茶经》中就记载，歙州产茶，且品质好。歙县产饼茶，系蒸青制法，分蒸、捣、拍、焙、穿、封等工序。唐大中年间（847—859年）杨晔在其《膳夫经手录》中也称："婺源方茶，置制精好，不杂木叶，自梁、宋、燕、并间，人皆尚之。"可见，唐时徽州茶已传至山西，为太原人所崇尚。唐懿宗咸通时（860—873年），张途曾任歙州司马，看到祁门一带人生产茶叶的情形时说："邑山多而田少……山且植茗，高下无遗土，千里之内，业于茶者七八矣。……祁之茗色黄而香，贾客咸议，逾于诸方。每岁二三月，赍银缗缯素求市将货他郡者，摩肩接迹而至。"（《全唐文》卷八〇三《祁门县新修阊门溪记》）白居易在《琵琶行》中云："商人重利轻别离，前月浮梁买茶去。"浮梁县虽今属江西，但毗邻徽州婺源、祁门及池州，同属皖南山区一带。可见，唐代时，徽州茶已行销全国，是徽州人民赖以谋生运销交换的大宗商品。

■ 黄山茶

徽州地处亚热带北缘，气候温暖，雨量充沛，境内山峦起伏，云多雾重，土壤酸度适中，有机质含量丰富，最适宜于茶叶生长。徽州茶园主要分布在海拔400～800米的山地上，而优质名茶又多分布在600～800米的山地上。古时茶园以株计算，明嘉靖二十五年（1546年）踏勘，徽州府有茶棵1965.61

万株。民国二十八年（1939 年）徽州产茶 38.46 万担（每担折合 120 斤），为新中国成立前历史最高水平。

徽州茶品质好。早在明隆庆年间（1567—1572 年），“琅源松萝”“老竹大方”相继应市，当时的松萝茶与吴之虎丘、钱塘之龙井等名茶齐名。明末始制炒青绿茶，后因集于屯溪加工外运销售，遂名“屯绿”。清光绪年间，黄山毛峰、太平猴魁、祁门红茶相继问世，茶树的栽培、采养和茶叶的制作工艺也不断提高改进。徽州茶叶大量外销，不但成为我国人民生活中的甘美饮品，也越洋过海成为俄罗斯人和其他欧洲人极为喜欢的珍品。徽州茶叶遂成为地区经济发展的重要支柱产业和主要特产商品。顺便提及，安徽还有产于大别山区的六安瓜片，也是茶中极品。唐朝时称“庐州六安茶”，明时即称为“六安瓜片”，清季乃为朝廷贡品。曹雪芹在《红楼梦》第四十一回《栊翠庵茶品梅花雪，怡红院劫遇母蝗虫》中就写道，妙玉拿茶来给贾母喝，贾母道“我不吃六安茶”，妙玉笑说“知道，这是老君眉”。这里提到的六安茶即是六安瓜片。因为贾母是老人，年事已高，肠胃不好，所以不喝通肠利便功效强的六安绿茶。由此可见，六安瓜片恰是绿茶中之极品。

（三）瓷石矿

江西景德镇是闻名天下的瓷都，但其烧造瓷器的瓷土及画工、人力却仰赖徽州。徽州婺源、祁门大山上天赐瓷土，是景德镇炼制瓷器的原料供给地。明人宋应星在其所著《天工开物》中说：景德镇虽是制瓷之地，“然不产白土，土出婺源、祁门两山：一名高梁山，出粳米土，其性坚硬；一名开化山，出糯米土，其性粢软。两土和合，瓷器方成”。明清时，婺源、祁门两县就有不少人开设“碓厂”专以制作瓷土为业。他们开山取石，洗净砸碎后，用水碓舂成细土，然后制成方形的“不”（坯），运销景德镇，作为制瓷原料。景德镇制瓷的苦力与画工也多来自徽州。流经景德镇的阊江就发源于祁门县大洪岭深处，最后注入鄱阳湖。

（四）文房四宝

墨砚纸笔，文房四宝。它们既是徽州天赐之宝，也是徽州人民智慧的创造。

徽墨。徽墨为南唐李廷珪创造。宋时，徽州每年向朝廷进贡大龙凤墨上千斤。明代，徽墨进入全盛时期，有墨业作坊120余家。程君房之墨贵比黄金。清康熙至乾隆年间（1662—1795年），出现曹素功、汪近圣、汪节庵、胡开文四大造墨名家。咸丰时，胡开文墨店有墨工百余人，年产高级墨2.25吨。民国四年（1915年），休宁胡开文墨店生产的“苍珮室”地球墨在美国巴拿马万国博览会上获得金牌奖。

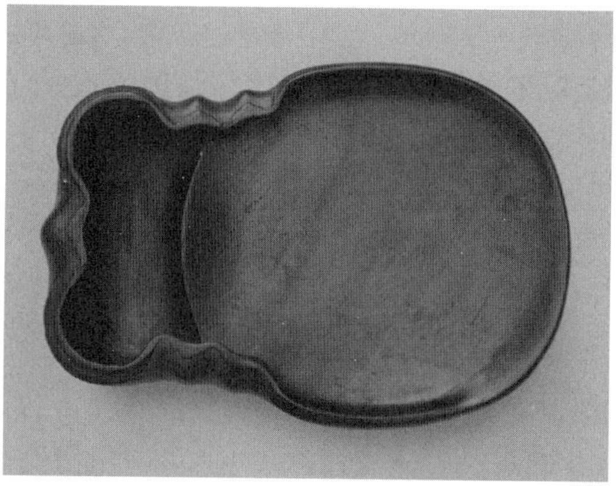

■ 歙砚

歙砚。徽州婺源的龙尾山盛产制砚佳石，徽人采石制砚，温润如玉，莹洁可爱，与端砚、洮砚、澄泥砚并称“四大名砚”。歙砚创于唐开元年间（713—741年）。南唐时歙州献砚于元宗，并荐砚工李少微。元宗得砚如获至宝，遂置歙州砚务；选李少微为砚务官，专门搜罗佳石为御府造砚。宋代为歙砚兴盛时期。元明两代，歙石停采。乾隆四十二年（1777年），歙砚生产复兴，每年向朝廷“三贡”（春贡、万寿贡、年贡），每贡20方并墨海2方。歙砚的砚材多种多样，有金星、金晕、银星、银晕、罗纹、眉子、眉纹等。历代徽州制砚高手在这些精美的石料上精心雕刻，制成文饰不同、造型各异的名砚，具有极高的艺术价值。如今到黄山旅游，走进屯溪老街，两旁店铺中摆放的精美歙砚，琳琅满目，工艺精湛。既让人目不暇接、叹为国宝，又不由得伸手抚摸，温润如把玉，纹理惹人爱。歙砚还有发墨益毫、贮墨不耗的特点。江泽民、胡锦涛等党和国家领导人观看后亦都赞叹不已。

宣纸。唐天宝初年，徽州已生产麦光、白滑、冰翼、凝霜等“佳纸”。五代时生产的“肤如卵膜，坚洁如玉，细薄光滑”的宣书宣画纸，深受南唐后主李煜的喜爱和珍视，专辟“澄心堂”以收藏之，于是有“澄心堂纸”之名。北宋时，歙县生产一种具有浓淡斑纹，用于印刷佛教大藏经的蜡黄经纸，名“金栗笺”，而且能制幅长 50 尺的巨幅纸张，并使其“自首至尾匀薄如一”，是当时罕见的佳品。南宋时，歙、黟、绩溪、休宁等县是“江东纸”的主要生产地。20 项岁贡中，纸占 6 项。明清的纸，多是宋纸的仿制品，一脉相承。现今书画界使用的宣纸，清时徽州人也多有生产。再说宣纸以皖南宣城命名，主要在泾县生产，而泾县与徽州山水接壤，人文相近。泾县宣纸以手工操作生产，制造工艺代代传承，大致不变。

徽笔。徽笔中著名的有宋代汪伯立笔、吕道人笔。南宋徽州太守谢塈向理宗岁贡的“新安四宝”中就有汪伯立制的徽笔。明清时，徽州制笔业依附于制墨业。胡开文、曹素功等墨家都兼制毛笔，销往全国各地的制墨分店。但此时浙江湖州的制笔业异军突起，后来居上，湖笔已取代了徽笔。中华人民共和国成立后，歙县、旌德县先后恢复毛笔生产，1965 年的年产量已达 12.5 万支。徽笔分硬毫、软毫两类，有古法胎毫、松鼠毫、鼠须、羊须、羊毫、兔毫、狼毫等 50 多个品种。顶尖级的珍品有仿明青花瓷杆贡笔、“浙江精选”“黄宾虹精选”等。

（五）山水风光

徽州风光秀美如画，沿新安江行走，宛如置身于流动的山水画廊中。岂止黄山是世界名胜之地，走在徽州一府六邑，处处都是美妙的自然山水画，而且一步一景，景随步移，一年四季，风光各异。这些美丽的自然景观，用歙人教育家陶行知先生的话说，世界上只有一个地方可以与之媲美，那就是风光旖旎的瑞士。今天的徽州有一处世界自然遗产——黄山，一处世界文化遗产——古民居西递、宏村，有两座国家级历史文化名城，三处国家级风景名胜区，一处国家级自然保护区，一处世界地质公园，两处国家级地质公园，三处国家级森林公园，三处中国历史文

■ 黄山迎客松

化名街，十处全国重点文物保护单位。休宁境内的白岳齐云山是我国四大道教圣地之一，与之接壤的池州九华山是我国四大佛教圣地之一，地藏王肉身菩萨的道场。划归江西省管辖的婺源县有“中国最美丽的乡村”之称。隶属宣城市的绩溪县有享誉世界的龙川胡氏宗祠，是曾任中共中央总书记、国家主席、中央军委主席胡锦涛的故乡。遍布在古徽州地区的古民居、祠堂、牌坊、老桥、水口及精美绝伦的砖雕、石雕、木雕虽是当年人工所为、徽商所建，但今天它们已成为徽州地区可以自夸于世界的文化遗产，也是旅游观光和人文爱好者到黄山后不可不看的惊世杰作。2001 年 5 月，时任中共中央总书记、国家主席、中央军委主席的江泽民视察黄山时，对徽州文化赞叹不已。他说：“如此灿烂的文化，如此博大精深的文化，一定要世世代代传下去，让它永远立于世界文化之林。”如今，徽学、藏学和敦煌学已被誉为我国走向世界文化之林的三大地方显学。

第二章

两大商帮的共同点

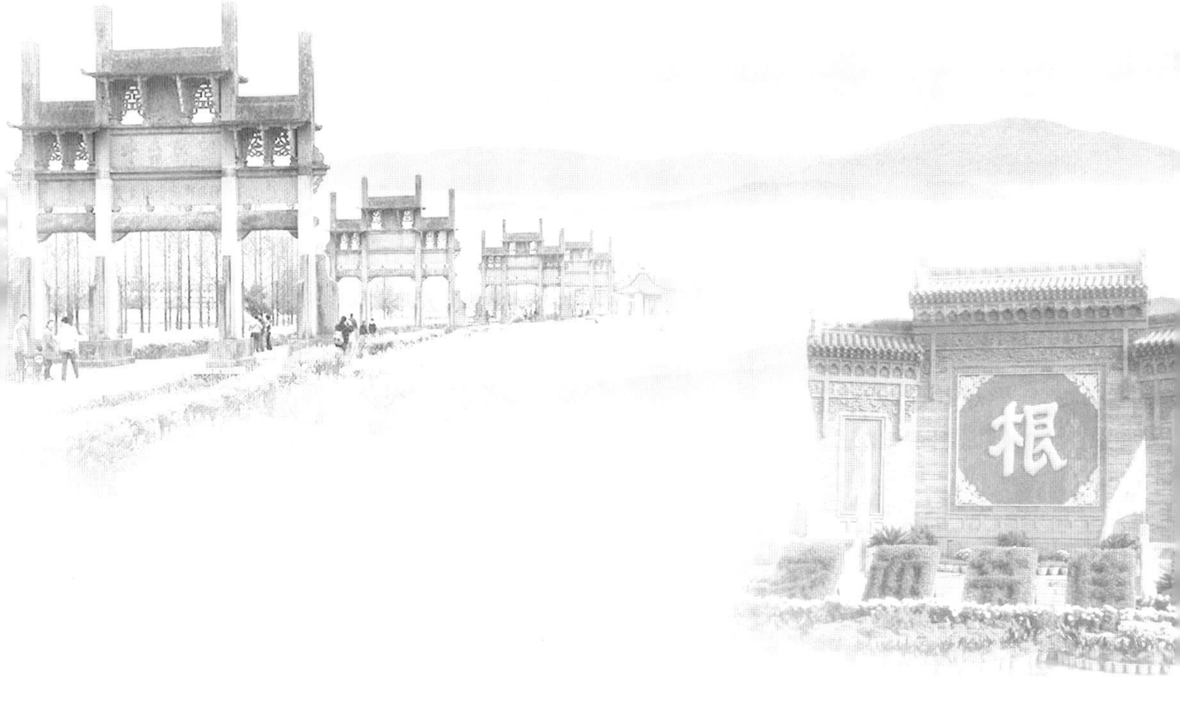

一、地瘠民贫，穷则思变

地狭人稠，缺吃少穿，是晋商和徽商做生意的原动力。徽商、晋商的兴起，最初都有一个共同的原因，那就是桑梓地狭人稠、物产不济，人们缺粮少衣，穷则思变，不得不背井离乡走出大山，到外面讨生活，做生意。

徽州境内多山，峰峦起伏，连绵不断。黄山、天目山、白际山、五龙山是徽州的四大山脉。徽州一府六邑土地总面积约 1.3 万平方公里，其中山地约占 38%，丘陵约占 52%，可耕地（含山间谷地）不足 6%。因此，徽州有“七山一水一分田，一分道路和庄园”的说法。

顺治《歙县志》记载当地情形时说：“地隘斗绝，厥土骍刚而不化。高山湍悍少潴蓄，地寡泽而易枯，十日不雨，则仰天而呼；一骤雨过，山涨暴出，其粪壤之苗又荡然空矣。大山之所落，多垦为田，层累而上，指至十余级，不盈一亩。”歙县是徽州府治之所在，是徽州自然条件较好的地方。歙县情况尚且如此，其他五县更有甚于此。徽州粮食不足，全靠江西、浙江运米接济。康熙《徽州府志》记：“一日米船不至，民有饥色；三日不至，有饿殍；五日不至，有昼夺。”明末清初学者顾炎武亦说：“徽郡保界山谷，土田依原

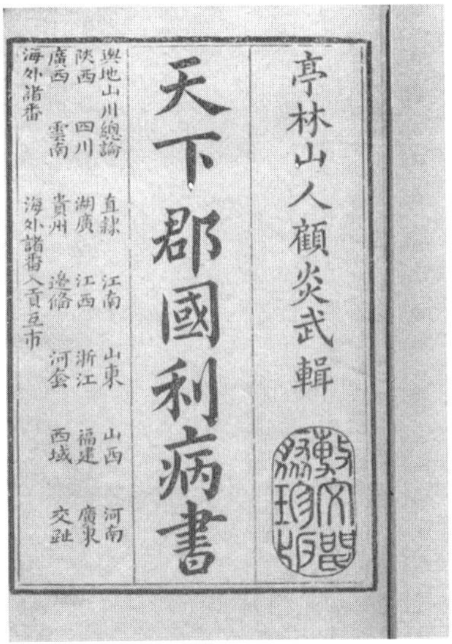

■ 顾炎武《天下郡国利病书》书影

麓，田瘠确，所产至薄，独宜菽麦红虾籼，不宜稻粱。壮夫犍牛，田不过数亩，粪壅耨栉，视他郡农力过倍，而所入不当其半。田皆仰高水，故丰年甚少，大都计一岁所入，不能支什之一。小民多执技艺，或负贩，或就食他郡者常什九。转他郡粟给老幼，自桐江自绕河自宣城者，舰相接肩相摩也。田少而直昂，又生齿日益，庐舍坟墓不毛之地日多。山峭水激，滨河被冲啮者，即废沙碛，不复成田。以故中家以下皆无田可业，徽人多商贾，盖其势然也。”（顾炎武：《天下郡国利病书·江南二十》）

徽州是个高移民地区。中原战乱是移民徽州的重要原因。徽州被群山封锁、与世隔绝的地理环境，成为战时避难的理想地方。古代徽州的土著居民被称为“山越”。《越绝书》称：“黟、歙南皆山越之民。”三国时东吴讨伐山越，曾武力逼迫山越人“徙出外县”。从两晋开始，中原士族逐渐迁入徽州。随着中原人口的迁入，土著居民逐渐融入汉族。“山越”作为一个民族的活动，在隋唐以后的文献记载中就消失了。中原士族大规模迁入，主要有三个阶段。第一阶段是在两晋之际，因“永嘉之乱”，中原局势动荡，一批中原士族便越江南下，一部分迁入徽州。第二阶段是唐末五代时期，“安史之乱”后，藩镇割据，黄巢起义，加之五代更迭，中原地区征伐不止，迫使更多的士族南迁避难。黟县西递村的胡氏家族，据传其先祖乃是唐朝皇族李氏后裔，在唐末避难出走，易姓为“胡”，最后定居西递，人称“假胡”，成为后来徽商崛起的重要一支。第三阶段是在两宋之际，“靖康之乱”，金兵南侵，大批名门望族涌入江南。明代孙尚宽《新安名族志》收录了新安“名族”共84个，历代迁入徽州的有78个，其中因避难迁入的有42个，占迁入“名族”总数的半数以上。此外，也有在各个历史时期入徽为官、因喜爱徽州山水而定居下来的。据民国《歙县志》记载，徽州大姓“半皆由北迁南……又半皆官于此土，爱其山水清淑，遂久居之，以长子孙焉”。

中原移民的迁入，使徽州人口大量增加，带动了徽州的社会发展和文化繁荣。但毕竟山多地少，粮食匮乏。史料称徽州一年所产的粮食，只能养活全境10%的人口。没有吃的，要生存只有到外边讨生活、做生意，寄命于商，除此之外没有别的更好的办法。正如明嘉靖年间徽州一村妇所说的：“吾郡在山谷，即富者无可耕之田，不贾何待？”（汪道昆：《太函集》卷四三）

徽州人为衣食所迫，到明朝中叶，有人在外经商的家庭已不在少数。《太函集》说歙县“业贾者什家而七”；歙县溪南一带业贾之风更盛，《溪南江氏族谱》载“吾乡贾者十九”，几乎是户户都在经商！徽州其他地方经商者也很多。明万历《祁门志》说祁门“服田者十三，贾者十七”，《休宁志》则指休宁人“以货殖为恒产”。清嘉庆《黟县志》载诗一首，说明了当时徽州人外出营商的风气：“丈夫志四方，不辞万里游。新安多游子，尽是逐蝇头。风气渐成习，持筹遍九州。”

徽州人往往早婚，十二三岁完婚的比比皆是，然后外出学徒、经商。有徽州歌谣唱道：

前世不修，生在徽州；
十三四岁，往外一丢。
做得生意，儿呀，娘的心头肉；
做不得生意，在外成鬼也孤幽。

做不成生意，无颜见江东父老，更主要的是没有钱回家，只有讨饭，客死他乡。

山西也是这样，山多田少，地瘠民贫。山西是黄土高原的一部分，山地约占全省总面积的40%，丘陵约占40%，平原约占20%，素有“八分山丘二分田”之说。山丘连绵，黄土广布，风沙大，年降雨量平均只有500多毫米，而且纬度高、无霜期短，加之封建社会生产力低下，广种薄收。北部山多地瘠，“岁丰，亩不满斗”；中部、南部汾河沿岸虽稍多沃土，但“地狭人多”，农田不足。山西的总面积比安徽多了1万多平方公里，但可耕地面积没有安徽多。

明朝有个兵部尚书王越，他在任左都御史、驻守大同时，曾有一首诗《关外吟古》，对山西朔州、大同的人文和气候作了生动的描写：

雁门关外野人家，不养桑蚕不种麻。
百里并无梨枣树，三春哪得桃杏花？
六月雨过山头雪，狂风遍地起黄沙。
说与江南人不信，早穿皮袄午穿纱。

自然环境如此，地贫沙多，耕植不易，早晨冷得穿皮袄，中午热得换薄纱。穿皮袄、换薄纱，这是富人、官人，而老百姓就只能光膀子了。

山西人稠，主要是指太原以南这一带。南宋时，山西全省属同时期的我国北方政权金国管辖；蒙古军队从北方打过来，先灭西夏和金，后灭南宋。从南宋、元朝到明朝，山西因表里山河，一直相对稳定。元朝末年，战乱频仍，战场主要在江淮南北和河北、山东，加之水旱蝗灾，导致黄淮流域十室九空，百里赤野，人口锐减。据史书记载，明洪武十四年（1381 年）时，河南省有人口 189.1 万，河北省有人口 189.3 万。而当时山西省的人口有 403.045 万，比河南、河北两省加起来还要多近 25 万人。人们虽然勤于劳作，“农力于野，商贾勤贸易，无间城市、乡村，无不纺织之家，可谓地无遗利，人无遗力，其勤不减，古昔矣。”（《太谷县志》）但贫瘠的黄土地无法生产出足够的谷粟养育日益繁衍的众多儿女，一部分人只得背井离乡，外出谋生经商。历史上这方面的记载很多。如《晋乘蒐略》载：“山西土瘠天寒，生物鲜少……盖其土之所有不能给半，岁之食不能得，不得不贸迁有无，取给他乡。”赵彦复《沃史风俗序》云：“土狭人满，每挟资走四方，所至多流寓其间，虽山陬海澨，皆有邑人。”《太谷县志》亦云：“阳邑民多而田少，竭丰年之谷，不足供两月……耕种之外，咸善谋生，跋涉数千里率以为常。”

山西水土、气候等自然环境较差，当地的人们生活艰难，外出营商也不易。我国金末元初北方最有成就的作家和历史学家元好问，世称遗山先生，太原秀容（今山西省忻州市）人，他在《雁门道中书所见》一诗中描写了当地人外出营商之苦状：

单衣者谁子？贩籴就南府。
倾身营一饱，岂乐远服贾。
盘盘雁门道，雪涧深以阻。
半岭逢驱车，人牛一何苦！

于皑皑白雪、盘盘山道间驱赶牛车，单衣贩籴，倾身营一饱，是何等的艰辛！

还有一段民谚，说：

河曲保德州，十年九不收，
哥哥走口外，妹妹挑苦菜。

能挑点野菜吃就不错了，可见当地百姓生活之苦。走西口的情形大家都比较熟悉，如哥哥走西口，妹妹盼得白了头，不知道哥哥这一走要多少时候，能不能回家来。因为过去有教训，好多人一去再也未能还。

■ 走西口

徽商也是这样。在有关徽商和晋商记载中都有这样的内容：父亲出去经商了，多少年都没有音讯，孩子长大了也没见过，有的回来了不认得孩子。有的是爸爸去经商，哥哥去寻找爸爸，在口外打听到父亲已经死了。哥哥又几年不回来，弟弟去找哥哥，有一天碰到一个乞丐，原来他就是自己的哥哥。由此不难看出，晋商、徽商外出经商，不是流汗、流泪、流血，就是长年不归，生离死别，“妻守空房，儿失亲爹”。

关于晋商的崛起，刘建生等所著《回望晋商》一书（山西经济出版社 2007 年版）认为原因有三：一是“土狭人稠”，地方出产不足，只有取给他乡。二是明清两代官场变幻莫测，士林惨案迭出，为保身家性命，山西俊秀之士另辟蹊径，“多入贸易一途”。三是明清两代北方军事态势为晋商的崛起提供了得天独厚的“小气候”。

二、生财有道，经营有方

商人是以赚取利润为目的的，晋商、徽商也概莫能外。晋商、徽商为了生存、为了赚钱，上至绸缎，下至葱蒜，针头线脑，无所不干，经营的商品门类、品种应有尽有，十分广泛，在具体商品经营交换活动中，他们更是生财有道，经营有方，颇具经营谋略、经营道术、经营窍门。

（一）买卖广泛

晋、徽两大商帮经营的商品范围十分广泛。凡是生活中需要的、朝廷需要的都在经营的范围内，可以说是什么赚钱干什么。晋商主要经营的是盐、粮、茶、药、布、铁、木、牛、马、羊及各种皮货，山西白酒、陈醋、酱菜等也伴随着晋商贸迁四方的足迹而扬名海内外。旅蒙商号“大盛魁”，是山西祁县人史大学、张杰和太谷人王相卿三人创办的，其经营范围包括印票、日用百货、牲畜皮毛、茶叶、药材等。“大盛魁”在蒙古经商前后有200多年，深知蒙古牧民的消费心理和生活习俗，经营往往出奇制胜，如每到冬至，“大盛魁”便制作大批的白面饺子冷冻运往蒙古包销售。这些节日的应时商品，颇受蒙古牧民的欢迎。山西最著名的票号——“日升昌”票号东家李大全是经营染布、染色的颜料起家的，仅颜料生意就做得很大。

徽商在明代以前的经营范围有限，主要是把徽州的土特产运出山，到邻近地区换些粮食、棉布等生活资料，以补本地出产之不足。明代中叶以后，徽商经营的已不再只是山货，而是“其货无所不居”，如盐、茶、米谷、布棉、竹木、药材、丝绸、染料、瓷器、漆器、文房四宝等，从事典当经营的人也越来越多。尤其是在盐、茶、木、典四大行业，其他商帮更是望尘莫及。如盐商，民国《歙县志》记载：“两淮八总商，邑人恒占其四。”清嘉庆《两浙盐法志》中提到的明清两代35位著名客籍盐商中，徽籍盐商就有28名。徽州的文房四宝等文化产品独具特色，徽州宣纸“自首至尾，匀薄如一”，徽州毛笔弹性好、耐用，徽墨“坚如玉，纹如犀”，歙砚因石取势、雕琢精美，深受士子们的喜爱。此外，值得一提的是，徽州一府六邑的徽商呈现出不同的特点：婺源人多茶商、木商，歙县人多盐商，绩溪人多从事菜馆业，休宁人多典当商，祁门、黟县人以经营布匹、杂货为多，林林总总，构成了一个庞大的商业群体。

还有许多徽商没有固定的经营行业，或者一身兼数业，随着季节、地点和市场需求的变化，机动灵活地变换行业，什么赚钱就干什么。“红顶商人”胡雪岩从开办阜康钱庄起步，购粮食、卖丝茶、贩军火、开药铺、办当铺、建胶厂，经营范围颇广。他经营药材，收集古方、验方，聘请江浙名医精制的各种成药饮誉海内外，历久不衰。其在杭州开办的“胡庆余堂”，成为国药老店，有“南有庆余堂，北有同仁堂”之说，胡雪岩也被誉为“江南药王”。

徽商、晋商经商的运输工具也是什么都用，肩扛背担挑，车船马驴驼，水路旱路沙漠路，只要能去就去，想走就走，不能去也要披荆斩棘，开拓出路去走。晋商西出陕西、宁夏、甘肃、新疆，北上蒙古、俄罗斯，所经多戈壁沙漠，货物运输以牛马、骡驴、骆驼驮运和车载为主。“大盛魁”的伙计曾自豪地形容自己商号的骆驼商队：“一年三百六十天，天天路上有骆驼。”晋商曾经有万头骆驼组成的驼帮，这样庞大的运输队伍组织管理起来亦是很不容易的。

（二）生财有道

1. 长途转贩

晋商和徽商贩粮、贩茶、贩布、贩木、贩盐……都是将货物从甲地运往乙地，从内地运往边关，长途跋涉，不远万里，在转贩中赚钱，在流通领域获利。这是因为各地自然条件不同、物产不同、经济发展不平衡，必然会出现此丰彼歉、此有彼无、此贵彼贱的现象。因此，诸多聪明的晋商、徽商都选择了长途转贩的经营方式。比如茶叶，在南方是天然生成的，遍地都是，可谓草木。但是，在北方，到了蒙古、到了俄罗斯就是稀罕之物，也是人们日常饮食生活中的必需品。蒙古等以肉食为主的民族，一日也离不开茶。茶可帮助消化，分解肉食，润肠利便，故而将江南的茶叶贩至北方边关，必然赚钱。反过来说，北方蒙古等地盛产牛羊马驼、皮革羊毛，这些物品南方又缺少，从北方转贩到南方也必然赚钱。明末歙县商人潘侃就说："良贾急趋利而善逐时，非转毂四方不可。"他在荆扬吴楚间长途贩运，"遂至不赀"（《太函集》卷一四《潘次夫妇九十寿辰》）。明末休宁县商人汪心如亦是"东底东粤，北走燕京，凡征歉物转之必盈之，征贱物转之必贵之，所至操奇有声"（《休宁西门汪氏宗谱》卷六）。因此，商人南北往贩，转毂四方，就在这由东至西、由南至北的双向商品转运交流中，赚取了大把的银子、丰厚的利润，这是晋商、徽商或曰明清十大商帮的赚钱门道之一。

2. 囤积居奇

"人弃我取，人取我弃"，这是战国时大商人白圭的经营术，也是晋商、徽商经商致富的不二法门。他们颇精此道，深谙其中三昧。晋商有谚云："屯得应时货，自有赚钱时。""人叫人，观望不前；货叫人，点首即来。"

3. 薄利多销

积羽沉舟，货畅其流，加快资金周转，不图非分之利。在商品的快速流通中赚钱取利，以"快"字取胜，以"多"字谋利，随时低昂，析利于毫毛。不压货、不抬价，争取回头客。为此，山西商人总结的商业谚语云"买卖争毫厘""生意没有回头客，东家伙计都挨饿""不怕不卖全，就怕货不全""能打会算，财源不断""买卖不算，等于白干"等。徽州商人江次公也有一段很有代表性的话，他教导从商的儿子说："余闻本富为上，末富为次，谓贾不若耕也。吾郡在山谷，即富者无可耕之田，不贾何待？且耕者什一，贾之廉者亦什一，贾何负于耕？古人病不廉，非病贾也。若第为廉贾。"（汪道昆：《太函集》卷四五）在他眼里，经商如同农耕一样，只取什一之利，就是廉贾，就不会遭到世人的诟骂。要求子弟薄利竞争，甘当廉贾，以图永久。

4. 客需为要

顾客是上帝，不仅是今天商家营销的重要理念，早在明清时就是商人的重要经营思想。他们按顾客需求组织货源，客户、买家需要什么，他们就组织运销什么，想客户所想、运客户所需，故而能经常立于不败之地。如山西大盛魁商号，针对蒙古牧民以肉食为主，组织运销砖茶，以满足牧民的需求。针对蒙古牧民、喇嘛生活中需求蒙鞋、马毡、木桶、木碗和奶茶用壶等必需品，他们专门组织加工定做；考虑牧区货币经济不发达，他们又灵活机动，采取以物易物和赊销的方式，与牧民的羊、马、牛、驼和皮革等畜产品进行折价交换。总之，他们以客户为上帝，以方便客户为第一，寓服务于销售，从而使客户稳定、购销两旺，两百年不衰，财源不竭。

5. 开当铺，办票号

商家发展到后来，发展到高级阶段，就是开典当行，开钱庄，开票号。以典当赚钱，以钱赚钱，通过放账、借贷赚取利息，收母子钱。典当一开始是以物易物，拿商品交换。典当行是高利贷。“典”和“当”不一样。“典”主要以不动产去典，就是拿房子地契去抵押，你给我钱，我去做生意，还债。在典当行，值 100 块钱的东西他可能只给你折算成 60 块钱，先把价值给你低估，再给你定下时间，你能收回就收回，不能收回就是商家的了。“当”主要是拿动产去当，如家里的金银首饰、珠宝玉石等物品，将这些能拿得动的东西拿到当铺去当，当铺也是低估价值。“当”的时候，你的镯子什么的，值十个钱，他只给你六七个钱，你赎不回东西就归当铺了。

钱庄属于地域性经营，在一个城镇、一个区域兑换买卖，就像现在的地方银行，只在当地经营，资金在当地流通。

票号就不一样了。清道光三年（1823 年），山西平遥商人雷履泰开办日升昌票号，经营异地金融汇兑业务，以票据往来代替传统的用金银作为支付和结算手段的办法，开创了“票号”这一全新的行业。票号的产生，极大地加速了商品货币流通，“一纸符信遥传，万两白银立集”。票号在中国历史上具有划时代的意义，促进了社会经济的发展。

■ 日升昌票号

6. 垄断经营

晋、徽两大商帮在盐业、茶业、木业、典当、票号业等都形成一定的垄断，内部运作，外行外人渗透不进，不知底细，只得听其低昂，由其货流，认其价格。旧时行业，帮派林立，自成体系，有名的如漕帮等，是不容他人染指的。他们形成垄断的购货渠道、垄断的销售市场。比如盐商的行销地、茶商的运销区，在一定区域内都是被晋商、徽商的几大商号垄断割分。其他商帮商贩、小商小贩也插入不进，难以涉足，只能干瞪眼看着人家赚钱。万历《扬州府志》载："质库，无土著人。土著人为之，即十年不赎，不许易质物。乃令新安诸贾擅其利，坐得子钱，诚不可解。"连作志者都不可解，一般平民更弄不清了。

7. 地租收入

封建社会以农为本，以商为末，商人们在商场赚取利润后，也将大量银子用于购置土地田产，许多中小商人也是"一有微资，即置田产"。晋商、徽商中许多商人同时又是大地主，占有大量土地田产。他们将占有的土地出租给佃农耕种，以收取地租。地租收入也是他们财富利润来源的一个主要方面。如《清稗类钞》第17册记，歙县茶商李赞元，在咸丰、同治年间，家中“每年田租、屋租亦可五六千”，占有土地约5000亩。再如盐商江仲馨留下的《二房资产清簿》记，江氏在安徽和县置有庄田13处，每年租额共计稻麦达3134石，每亩地收租1.5石不等。晋商中的许多大商家，同时也是大地主，拥有大量土地宅院，地租收入也是他们收入中的一部分，如临汾亢氏，就是有名的封建大地主、大粮商。亢氏曾扬言：“上有老苍天，下有亢百万。三年不下雨，陈粮有万石。”这万石粮食显然也是他通过雇工、出租得来的。因此，研究关注晋商、徽商在商海商场上的收入时，也不能忽略了他们在地租上的收入。

8. 东伙合作

“东”指东家、财东、出资人、资本家。“伙”指伙计、掌柜的、出力人。晋商素有东伙合营，有钱出钱、有力出力，资本与劳动力相结合，共同经商、共同发财的传统。明人沈思孝在《晋录》中说：“（山西商人）其合伙而商者名曰伙计。一人出本，众伙共而商之，虽不誓而无私藏。祖父或以子母息丐贷于人而道亡，贷者业舍之数十年矣，子孙生而有知，更焦劳强作以还其贷。则他有大居积者，争欲得斯人以为伙计，谓其不忘死，焉肯生也？则斯人输少息于前而获大利于后。故有无本者，咸得以为生。且富者蓄藏不于家，而尽散之于伙计。估人产者，但数其大小伙计若干，则数十百万产，可屈指矣。盖是富者不能遽贫，贫者可以立富。”（王士性：《广志绎》）

明人庞尚鹏在其《清理延绥屯田疏》中也称：“间有山西运商前来镇城，将巨资交与土商朋合营利，各私立契券，捐资本者，计利若干，躬输纳者，分息若干，有无相资，劳逸共济。”（《明经世文编》卷三五九）

上述两位明代人的记述，说明山西商人早就利用东伙合作制这种组织形式，东家出钱、出资本，他人出力、出智慧，合伙经营，共同发财。早在明代山西就出现了靠资本经营、凭资本赚钱的商家。这个东伙合作制发展到清代，就是东家出银子、出股本办票号，众多掌柜的、伙计理财开票庄。东家出资本以钱赚钱，掌柜和众伙计出力、出智慧经营，以才能赚钱。这个经营能力量化到掌柜的、伙计个人身上就是顶身股、顶生意。即不出资本而以人力顶一定数量的股俸，按股额到账期参加分红。清人徐珂说：“出资者为银股，出力者为身股。”

于是晋商中就有了“顶了身股，有了生意”，身股就是生意的说法；就有了伙计们见面不问吃喝，不问一年挣了多少钱，而问你顶了几分生意、几分身股的习俗，以顶了几分生意判断你的才能地位。这个东伙合作制“有无相资，劳逸共济”，既是生财之道，又是经营之方；既解决了闲置资本的出路，使有资本而无力经营的人可以凭借资本生息而赚钱，又解决了有力气、有才能、有智慧而无资本、无本金人的生活，给这些人提供了就业机会、生活机遇，利用他人资本发财的机会。这个东伙合作制或“虽不誓而无私藏”，或“各私立契券”，是完全建立在双方或多方诚信不欺、互信共赢以及契约守信的基础之上的。清末曾在俄国驻中国领事馆供职的俄国官员尼·维·鲍戈亚夫连斯基在其所著《长城外的中国西部地区》（商务印书馆 1982 年中译本）中说：“汉族人则特别喜欢联合行事，特别喜欢各种形式的合股……有些商行掌握了整省的贸易，甚至是整个大区的贸易。其办法就是把一个地区的所有商人都招来入股。因此，在中国早已有了美国托拉斯式企业的成熟样板。当前在中国西部地区活动的主要是山西和天津的商行。”

（三）经营有方

1. 重视信息

关注市场，把握商机，审时度势，注重市场信息，采取灵活经营的策略，是晋商、徽商的又一共同点。山西商人有谚云：“买卖赔与赚，行情占一半。”徽州宗谱、族谱中记载，不少商人“趋时观变”“因俗时变”“相度土宜，趋物候”等。山西商人为了掌握市场信息，规定各地分号与总号之间一般要三日一信、五日一函，沟通商业情报。如清咸丰年间，山西襄汾县丁村丁氏商人从陕西泾阳商号寄给总号的信云：“敬启……泾地于初一日午后，凡下面信息俱报。前月初十日打了一仗，杀土匪两千来人。……信到囤户风息，这几天冬大布再无行情，各干布街上无货，零星之价照前。自初一日至此，泾兰帮就有人往东大路下去，俱带银不多，赶办贱货。”从山西丁村发出去的信则称：“又办菜油二百篓，价八百三十八，俱发下水。……耳闻曲沃一盘卖永顺止号，菜油三百篓，价五百五十，腊月交银。杜镇到油不多，零卖出价五百五十，就是绛州行情未打听着实。”再如，太谷县曹氏在沈阳开办的富生峻商号，其经理一次在返晋休假途中，到高粱地里解手，发现高粱表面上茎高穗大，但茎内多生有害虫，沿途又仔细察看了几处，都是如此，便取消休假，急忙中途打道返回沈阳，安排店中伙计暗中大量收购高粱。这一年，许多粮商视高粱生长茂盛、茎高穗大，都以为丰收在望，都极力脱手陈粮，并讥笑富生峻商号。结果，秋收后，高粱因虫害大幅减产，粮价暴涨，富生峻商号大大地赚了一笔。这等案例，在晋商、徽商中比比皆是，并不鲜见。可谓信息即商机，商机即金钱。重视市场商品信息，善于把握市场商机，就可赚钱致富，成为上贾、大贾。

2. 慎待相与

所谓相与，就是与自己有业务往来的商号和商人，也就是我们今天所说的客户。“相与”一词也不是晋人专用，而是明清社会的流行词。吴敬梓在《儒林外史》中就多次用到这个词。如第三十四回高老先生说到天长杜仪时讲：“他这儿子就更胡说，混穿混吃，和尚、道士，工匠、花子，都拉着相与；却不肯相与一个正经人！”所谓慎待，就是谨慎对待，交往看人品、重信誉，不随便与之建立业务关系。一旦建立起业务往来关系，就相互信任，团结合作，实现共赢，共同发财，有困难时出手相帮，同舟共济。商海泛舟，走南闯北，绝不会一帆风顺，难免会遇到逆风恶浪，一时不便，手头银钱短缺。此时只有大家团结一致，相互帮衬，和衷共济，才能闯过急流险滩，逢凶化吉，遇难呈祥。俗语讲：众人拾柴火焰高，众人划桨行大船。一个好汉三个帮，一个篱笆三根桩。“花花轿子人抬人”（胡雪岩语）。说的都是团结一致才能做成大事。此于政界是然，于商界亦然。晋商、徽商也都把这一条作为自己经商成功的经验，口授身传，教给子孙。晋商如山西乔氏复字号商号、大盛魁号、榆次常氏天亨玉商号，在与自己有业务往来的相与有危难时、发生倒账挤兑时，都曾出手相帮，解救相与渡过难关，即使对方中途发生变故，也不轻易催逼欠债，诉诸官司。有广义绒毛店欠乔家复字商号 5 万银元，乔家仅让其以价值数千元的房产抵债了结。

徽商于经营中也是广结四方良缘，讲求众人协力。歙县《鲍氏通先录》在记鲍森的《行状》中写道，鲍森之所以能够“拓业数倍，往往得多助之力”。鲍绍翔在经过10余年诉讼胜诉后，每与儿辈忆及此事，曾深有感慨地说：“余每逢强敌，必有相与成之者，天下事是非一手一足自恃也，汝曹当深念之。”这说明徽商也是十分重视相与、慎待相与的，也就是人们平常说的“在家靠父母，出门靠朋友”，朋友多了好办事。

3. 和气生财

家和万事兴。礼之用，和为贵。性格决定命运，态度关乎成败。良言一句三冬暖，恶语伤人六月寒。买卖不成仁义在。无论是坐贾还是行商，都要有一副热心肠、桃花脸，见人笑逐颜开，说话和颜悦色，不能呛棒子、拉驴脸，拒人于千里之外是万不能做成生意的。这也就是今天所倡导的微笑服务。山西商人于此表现出了诚实忠厚的一面。他们凡事不做过分，说话留有余地，忠厚待人，心存善良，处之愈久，情之愈深，朋友愈固。有盂县商人张静轩说：“（经商）结交务存吃亏心，酬酢务存退让心，日用务存节俭心，操持务存含忍心。愿使人鄙我疾，勿使人防我诈也。前人之愚，断非后人之智所可及，忠厚留有余。”只有笑脸相迎，诚恳忠厚，不欺不诈，才能做成生意。也只有和谐团结、和睦相处，才能合作共事，做成大事。

4. 以义制利

义和利，是时刻摆在商人面前需要对待和处理的问题。义利双行、舍利取义、以义制利是大多数商人及诸多成功商人的经商思想，是他们秉持的职业道德、做人准则、人生信条。孟子曰：“义，人之正路也。”荀子说：“夫义者，所以限禁人之为恶与奸者也。”明清晋商、徽商见利思义，以义制利，不发不义之财。“仁中取利真君子，义内求财大丈夫。”他们贾道儒行，义利相通，“以儒术饬贾事”，行走天下，四处经商，每每取得骄人的业绩。

明代山西蒲州商人王文显说：“夫商与士异术而同心。故善商者，处财货之场，而修高明之行，是故虽利而不污。善士者引先王之经，而绝货利之径，是故必名而有成。故利以义制，名以清修，各守其业，天之鉴也。”（李梦阳：《空同集》卷四《明故王文显墓志铭》）山西商人为了行义，为了将义的思想根植人心，传于人心，传于大众，传于子孙，便大张旗鼓地崇祀关羽，敬奉关公。关公是义的化身，是义薄云天的武圣人、财神爷，又是山西蒲州人，是山西老乡，用关公思想和行为教化众商子弟是最便捷、最有效的教材和楷模。故而山西商人在全国各地的山西会馆中都建有关公庙，在自己的店铺中都敬奉关公像，把关公作为自己的精神领袖。

徽商也把义作为自己经商的思想内核。他们贾道儒行，以儒治贾，以义制利。《黟县三志》卷一五《舒君遵刚传》载有舒遵刚的一段话："圣人言，生财有大道，以义为利，不以利为利。国且如此，况身家乎！人皆读四子书，及长习为商贾，置不复问，有暇辄观演义说部，不惟玩物丧志，且阴坏其心术，施之贸易，道多狡诈，不知财之大小，视乎生财之大小也，狡诈何裨焉！"《汪氏统宗谱》卷三《行状》亦记其族人经商信条："职虽为利，非义不可取也。"徽商为了教育子弟众商持义取利，以义取利，也崇祀敬奉自己的精神领袖朱熹。朱熹是南宋著名理学家、教育家，是继孔孟之后担纲中国正统传道之任的大儒者。朱熹祖籍是徽州婺源人。他生前多次回乡讲学，他的学说、家礼是徽州人和徽州商人坚守的信条。他是徽州人的骄傲、徽州人的精神领袖。关于朱熹和关公在徽商和晋商中的影响，将在下章专门论述，就此先说明为止。

5. 诚信不欺

诚信不欺是义利思想的最直接表现。货真价实，童叟无欺，"货迁贸集，市不二价"，以义制利，"诚招天下客，义纳八方财"。陶朱事业以管鲍之风而为之。讲信用，重然诺，言必信，行必果。对待所有客户无论买卖大小都以诚相待，凡销售商品都保质保量，不缺斤短两，不以劣充优，以信誉为第一，视信义为生命。孔圣人有言："人而无信，不知其可也！"晋商总结的商谚云："售货无诀窍，信誉第一条。""买卖不成仁义在。""宁叫赔折腰，不让客吃亏。""秤平、斗满、尺足，诚信不欺，商之道。"如祁县乔家乔致庸为商，排在第一位的是守信，第二是讲义，第三才是取利。清末，乔家的复盛油坊从包头运大批胡麻油回山西销售，经手的伙计为图暴利，在油中掺假，此事被掌柜发觉后，立即饬令更换，另以纯净好油销售。为此复盛油坊虽损失了不少银子，但信誉昭著，近悦远来，生意愈加繁盛。

晋商内部组织严密，十分重视职业道德教育，职员中舞弊者甚少，“若有一人失足，则为同行所耻，乡里所鄙，亲人所指，并失却营生，再业无门，也无颜再回故土，作弊即自缚，故人人戒之”（《中国十大商帮》，黄山书社1995年版）。

清人郭松焘说：“中国商贾夙称山陕，山陕人之智术不能望江浙，其推算不能及江西湖广，而世守商贾之业，惟其心朴而心实也。”梁启超也说：“晋商笃守信用。”具体诚信案例参阅本书第八章中“诚信为本，奉关公为晋商之魂”的相关内容。

徽商鲍雯在经商中讲求信誉，“一切治生家智巧机利悉屏不用，惟以至诚待人”（《歙新馆鲍氏著存堂守谱》卷二《鲍解占先生墓志铭》）。歙商吴南坡曰：“人宁贸诈，吾宁贸信，终不以五尺童子而饰价为欺。”（《古歙岩镇东磡头吴氏族谱·吴南坡行状》）歙商黄鉴看到其他商人设智巧、仰机利，大不以为然地曰：“嘻！此辈卑卑取富，益目前耳，大贾顾若是耶？当种德也。德者，人物之谓也。”（歙县《竦塘黄氏宗谱》卷五《黄公鉴传》）反对狡诈生财，视经商如种德。

徽商胡雪岩，创立“胡庆余堂”药店，以“诚信”二字为本，在厅堂上挂“真不二价”匾，在家里立有“戒欺”匾。进了胡庆余堂，它所有的牌匾都是朝外悬挂，唯有“戒欺”匾是朝内向里悬挂，这是为了告诫自己的伙计员工要时刻牢记：“凡贸易均不可欺，药业关系生命，尤其万不可欺。”至今杭州胡庆余堂还保留着从胡雪岩手里传下来的“真不二价”匾和“戒欺”匾，依然以“诚信”二字为经营之本。

同治《黟县三志》卷六（下）《人物·尚义》记载商人胡荣命之事：“胡荣命……贾五十余年，临财不苟取，遇善举辄捐资为之，名重吴城。晚罢归，人以重价赁其肆名，荣命不可，谓：‘使果诚实，何藉吾名？欲藉吾名，彼先不诚，终必累吾名也。’”

道光《安徽通志》卷一九六《义行》记徽州商人唐祁的故事：“其父尝贷某金，以失券告，偿之。既而他人以券来，又偿之。人传为笑。祁曰：‘前者实有是事，而后券则真也。’”

翻阅徽州族谱、宗谱，这类“与人交，尚信义”“以信义交易”“以

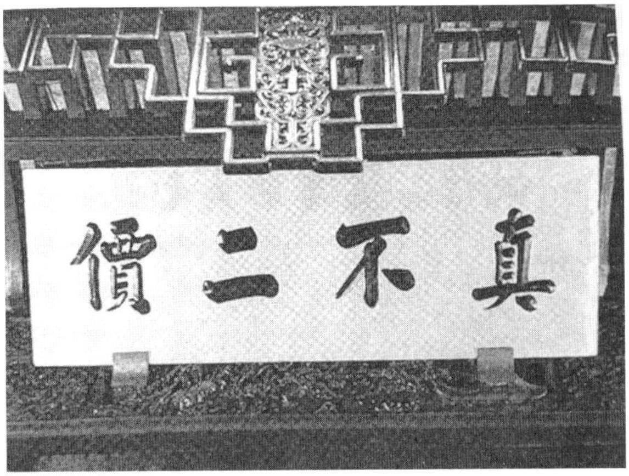

■ 胡庆余堂"真不二价"匾

信义著"及经商"务推赤心"的记载比比皆是。

6. 勤俭自律

克勤克俭、自奉俭约是我国劳动人民的传统美德。持家理财，节约下的也就是挣下的。晋商认为："勤俭为黄金之本。"明人沈思孝于《晋录》中讲："晋中俗俭朴古，有唐虞夏之风。百金之家，夏无布帽；千金之家，冬无长衣；万金之家，食无兼味。"明人谢肇淛在其《五杂俎》中说，富商"江南则推新安，江北则推山右。……新安奢而山右俭也"。王士性《广志绎》载："晋俗勤俭，善殖利于外。"清康熙帝南巡时说："夙闻东南巨商大贾，号称辐辏，今朕行历吴越州郡，察其市肆贸迁，多系晋省之人，而土著者盖寡。良由晋风多俭，积累易饶，南人习俗奢靡，家无储蓄。"（《东华录》康熙二十八年二月）清人顾公燮说："自古习俗移人，贤者不免。山陕之人，富而若贫，江粤之人，贫而若富。"翻阅晋商家族宗谱及山西方志，有关晋人克勤克俭、勤俭持家、任劳任怨、吃苦耐劳的记载比比皆是。明人张四维《条麓堂集》卷二八载：明代蒲州人王恩，"幼失怙，拮据立门户，游货南北，足迹遍天下，初岁业尝中耗，厉志经营，因能复其殖，尤慎于出纳，终其身未尝有锱铢滥费，盖天性也"；清代祁县人郭干诚"虑家贫，以生殖致饶裕，性俭约，不喜奢华"；定襄县邢渐达"十五岁而孤……而自事生业，艰苦备尝，不辞劳瘁，自奉俭约"，等等。

虽然世人多认为“新安奢”，但也不能以偏概全，多数徽州商人实际上也是万分节俭、自奉简约的，与晋人比起来也有过之而无不及。康熙《徽州府志》卷二《舆地志下·风俗》记：“向徽称富足，民尚俭朴，所服不过布素。”在饮食上吃蔬粥，“贫者日再食，富者三食，食唯饘粥，客至不为黍。家不畜乘马，不畜鹅鹜，其啬日日以甚”。即使是富商大贾，真正奢侈浮靡者也只是少数，多数徽商仍然保持着勤俭持家的优良风尚。明末歙县知县傅岩说：“富家虽拥资，都从分厘积起。在外者苦挣，在家者勤俭，叫他吃着，尚且惜费焉。”明代歙县商人许朴翁，在四川经商20年后，腰缠万贯，而勤俭如常：“翁为人淡泊，不竞芬华，归既富厚，犹竞竞力作，衣敝食蔬，强步五十六十里如其贫时。”（隆庆《许氏世谱·朴翁传》）至于徽州女人，在日常劳作饮食方面更是勤劳节俭，令人感叹。“女人号尤能俭，居乡者数月不沾鱼肉，日挫针治缳纫绽。”“妇女尤勤勉节啬，不事修饰，往往夫商于外，所入甚薄，数口之家，端资内助，无冻馁之虞。”

两大商帮无论是在外行商的男人，还是居家理事的妇女，都克勤克俭、吃苦耐劳，有的甚至到了抠门、小气的程度。但他们的这种传统美德，他们的徽骆驼精神、老黄牛精神是永远值得我们后人学习的。

7. 结交官府

晋商、徽商中的巨富大贾都有结交官员、依附官府、仰攀皇帝王爷的典型案例。如徽商之盐商江春，以布衣结交天子——乾隆皇帝。晋商之票商乔致庸，在庚子事变、慈禧太后西逃途经山西时，迎驾接待，使慈禧行营设在其所办的祁县大德通票号。商人结交官吏，首先是无奈的事。封建社会上至皇帝、下至地方各级政府官员，都掌握着小民的生杀之权，都具有不同的政治地位和政治权力。你不逢迎结交他们，他们就要压榨你、欺负你，甚至找个莫须有的罪名办了你。其次是为了政治投资，背靠大树好乘凉。商人们不仅可以从官府得到商业信息，抢占商机。甚至做着皇家的、官府的买卖生意，而且一旦自己摊上官司，与人发生争执，有了矛盾冲突，利益纠纷，可以打赢官司，可以大事化小，小事化了。再者是为了自己及子弟戴上红顶子，进入上流社会，出人头地，光大门楣。封建社会，士农工商，商为末等，若是能一跃而由末流进入上流，商人是不惜血本的。毕竟科举仕途、做官为宦，是封建社会人人向往追求的主流目标。同时，商人攀龙附凤，行媚巴结各级政府官员，也是官吏的需求。二者之间是相互依附、各有需求。当时人在谈及两淮盐商的情况时曾说："官以商之富而朘之，商以官之可以护己而豢之，在京之缙绅，过往之名士，无不结纳。甚至联姻阁臣，排抑言路，占取鼎甲，凡力之能致此者，皆以贿取之。"（杨钟羲：《意园文略·两淮盐法要序》）两大商帮不约而同地跨地域、跨时空地结交官吏，依附官府，仰攀皇帝，生意买卖都做得至大无比、富甲天下。

（四）不齿行为

两大商帮在商道中以义制利、急公好义，贾道儒行、诚信不欺，君子爱财、取之有道，多数人遵循商业伦理道德，为我们树立了高尚的商业道德，被后人视为楷模。但是，我们也毋庸讳言，也有不少不法商人贪婪成性，缺斤短两，以次充好，心黑手辣，巧取豪夺，奸诈无信，利欲熏心，为富不仁，被世人称为"奸商"，甚至有"无商不奸"的舆论。比如在典当业，晋、徽两大商帮几乎垄断了全国这一行业。其实，这是一个相当黑暗的行业，通常当铺都是"值十当五"，低估价值，随意贬低当品的质量和价值。而一旦这些当品成为死当后，又被高价卖出。这在晋商、徽商中不乏其人。典型者即如"三言二拍"中所写"卫朝奉"之嘴脸做派。再如商人所放的高利贷，利息按月计，过一天也是一个月，一个月后第四天来就又算一个月。受高利贷盘剥之苦的既有农民，也有小官吏。《清稗类钞》记载：乾隆时湖北汉阳府黄坡县典吏任朝恩，向山西商人刘姓、李姓借债，"三扣取利"，就是借据写借 1000 两，实际上只得到 700 两，到期仍要按 1000 两还本付息。债务到期时，任朝恩还不起债，这两位山西商人追索到衙门讨债，致使该典吏"情急自缢毙命"。山西商人向农民放债，逼迫农民典当土地、女儿的事也有发生。《清实录》记载，山西商人在河南放高利贷，河南人口增长快，且黄河泛滥，经常有灾，乾隆五年（1740 年）河南大灾，山西高利贷者"八折借给，滚算日利"，不到一年利大于本，借钱者只好交出土地和女儿。《清实录》还记有山西右玉县人张銮在新疆阿克苏开店，与叶尔羌办事大臣高朴的家丁李福勾结，走私贩卖和田玉石的事，他们从中获利 12.8 万两银子，后被查出法办。至于在具体经营活动中掺假克扣、以次充好，大斗进、小斗出，更是不乏其人。票号有一项利润来源是“平色余利”，也就是在汇兑银子的重量和成色上做文章。店铺伙计、掌柜将客人拿来的银子成色估低，重量称轻。在秤杆上的一高一低、成色相差上，对于每一个客户来说可能不算什么，客户也不在意。但对于票号来说，日积月累，到年底结算也是一笔不小的利润。至于官商勾结，相互联手，汇兑官饷打时间差，为贪官窝赃销赃，更是晋商票号赚钱的重要手段之一。当铺、票号在明清时人们心目中的形象并不佳。不仅“三言二拍”中对徽州商人、徽州朝奉有讽刺，有鞭挞，就是清末谴责小说《官场现形记》和《二十年目睹之怪现状》对山西票号商人也多有嘲讽与鞭挞。

徽商中唯利是图，“播弄黔首，投机渔利”者也不乏其人，一些奸巧欺诈之徒，不择手段，不顾羞耻，利欲熏心，践踏商业道德，被人斥为“徽狗”。《谐铎》卷七《鄙夫训世》中记有这么一个故事：新安某富翁，挟千钱至吴门（今苏州）作小经纪，后家日泰，抱布贸丝，积资巨万，常大言曰：“致富有奇术，愚夫不自识耳。”他的所谓致富“奇术”是什么呢？就是先治外贼，后治内贼。治外贼，就是极端吝啬，最低限度地满足眼、耳、鼻、舌、身的需要，做个极端的守财奴、吝啬鬼，亦可谓之自奉节俭吧。至于治内贼，此翁有一段绝妙的陈述：“内贼亦有五，仁、义、礼、智、信是也。仁为首恶，博施济众，尧舜尤病。我神前立誓，永不妄行一善，省却几多挥霍。匹夫仗义，破产倾家，亦复自苦。我见义则忘，落得一生享用。至礼尚往来，献缟赠纻，古人太不惮烦。我来而不往，先占人便宜一着。智慧为造物所忌，必至空乏。终身只须一味混沌，便可常保庸福。若千金一诺，更属无益，不妨口作慷慨，心存机械，俾天下知我失信，永无造门之请。此五者皆除内贼之诀也。……持此以往，百万之富，直反掌间耳。”

这段“宏论”显然是经过文人学士刻意加过工的，旨在讽刺某些徽商“缺德”“奸诈”，不讲仁、义、礼、智、信之“五常”。但作者以徽商口说出，记录的是徽商的故事，亦可知当时徽商中的确有类似之人，否则《拍案惊奇》也不可能描写一个“极刻薄”的徽州商人卫朝奉了。至于卫朝奉的嘴脸，在下面将引述，于此就不再录述了。之所以写这一段商人的不齿行为，意在告诫人们，在当今人们研究宣扬两大商帮的财富、辉煌和艰苦奋斗、经营有方，坚持以义制利、贾道儒行时，也不要忘记一些不法商人的贪婪奸诈，不要被他们光鲜夺目的一面蒙蔽了双眼。历史总是复杂的，是多元、多方向前进发展的，有主流也有逆流，有主旋律也有不和谐音、杂音。我们要坚持历史唯物主义，不溢美，不讳丑。在赞美歌唱主流时，要知道并记着商人还有丑恶的一群、丑陋的一面，这是我们要鞭挞摒弃的。

三、建设两地，传播文化

衣锦还乡、光宗耀祖，报效桑梓、造福乡里，是我国传统文化中一个成功男人在仕途、在商界、在人生成功以后所向往的东西。徽商发达了，回乡建庭院，建祠堂，建牌坊，建桥铺路；晋商有钱了回家建大院。现在遍布山西晋中一带的常家大院、乔家大院、曹家大院、王家大院、李家大院，平遥城里各字号、大街，基本上是有清一代的晋商所建。

建设两地，带动城镇。晋商、徽商不仅发展建设了自己的家乡，更把经商的所在地带动了起来。扬州城的兴建多数是徽州人所为，也有晋商的功劳。晋商的乔家最先到包头，包头是“先有复盛西，后有包头城”，即先有乔家在包头开的铺头店面，然后才有包头城，整个包头都是在乔家的带动下建设起来的。在东北还有“先有曹家号，后有朝阳县”之说。在青海有“先有晋益老，后有西宁城”之说，等等。徽商也是“无徽不成镇”。晋徽两大商帮带动了城市经济的发展。城市的“市”就是商人交易的地方。以前的城镇名称后面都没有“市”字，为什么不带

"市"字，因为"市"是个贬义词。什么市井、市井小人，都是贬义的，"市"就是商人开的。《易经》上说："日中为市，致天下之民，聚天下之货，交易而退，各得其所。"现在是拿钱买，以前是拿货换、物物交易。在著名学者余秋雨笔下，那些在外乡做生意赚了钱，驴驮车载地把银子运回家的才叫山西商人。不回来在外面都是凑合着过的，都是临时的思想，也都没有把外乡当成自己养老归息的地方，只有故乡才是自己终老的安身地。这和徽商是有些区别的。徽商在外地娶老婆，两个老婆不见面，在乡的和在外的都称大老婆。胡雪岩在哪里有生意就在哪里娶个小妾，给她买套房子，他去了就在那里住下，就像现在设的"办事处"。晋商不是这样，他不允许你带家眷，不允许你在外地娶小老婆，最终还是要你回到故乡去。这既是文化，也是管理，也是约束。

晋商、徽商走南闯北，见多识广。他们外出经商、开店，把自己的文化带过去了，也把别人的、异地的文化带回来了。尤其是以经济为基础，带动文化的发展，在这一点上徽商做得更好。"扬州八怪"中有几位就是由徽商供养；若无徽州盐商供养，这些文人墨客哪能静下心来写写画画。当一个人整天忙于糊口养家，忙于自己的生计时，离艺术殿堂总是比较远的。又如郑板桥娶舞娘，也是徽商掏500两银子资助而成的。徽州流传下来的许多文献，都是名人作序、名人题字，这也是徽商交往结识了这些名家之后才有的。四大徽班进京，体现了徽商对戏剧发展的贡献。戏剧各地都有，安徽这边主要是黄梅戏，山西那边主要是梆子戏。徽州有很多家班。家班是啥意思？就是有钱人在家里蓄养着一群戏子。盐商有钱嘛！这就促进了戏剧的发展。徽班进京，形成了京剧。徽商做这个的目的，一方面是自娱，另外也是为了走门子、拉关系，养戏班是为了结交官府，拉近关系。四大徽班进京，就是为了给乾隆爷祝八十大寿。文化的发展徽商做得更好，刻书、办书院、新安画派、新安医学、新安谱学、徽菜、徽剧，这都是文化。尤其是新安刻书使得很多文化得以薪火相传。当时刻版印书多是家刻，自己家里搞到书稿就刻印。有些富商大贾亦商亦儒，或自己写书刻印，或在家中供养一帮文人雅士写作，写好即刻印，刻印后就出售，刻家既赚钱又促进了文化发展。

晋商足迹遍天下，到处建会馆，崇拜关公，把关公文化进一步弘扬

■ 徽班进京

四海、深入人心。从南方贩茶到山西、到口外、到蒙古、到俄罗斯，把茶文化也就带到了这些地方。从蒙古、新疆等民族地区贩马、牛、羊及各种皮货到山西，就把蒙古等少数民族的文化带回了山西，传播到中原，乃至长江以南。从俄罗斯、欧洲回到山西，也把欧洲文明带回到了山西。如山西大院的一些建筑风格，乔家的、李家的都带有欧洲风格。乔家大院屋子里摆设的各种水银镜子、钟表等，都是从西方带回来的。

花生在山西的种植，就是商人带到山西的。落花生，约明代万历三十六年（1608年）以前传入中国（《落花生传入中国》，《历史研究》1952年第2期）。山西长治市沁水县大村碑文记载，村人赵家常，清咸丰年间贸易于宁陵（一说在河南，一说在安徽），引进种花生技术，并劝导村人效种，获利较丰，村人由此而致小康者数十家。村民感恩于他，立了这块教种花生的感德碑（黎风：《山西古代经济史》，山西经济出版社1997年版）。

晋商对戏曲文化的传播和丰富也做出了自己的贡献。首先在场地的建设上，当年的山西会馆大都建有戏台，山西晋中现存的几个大院里，山西从南到北的许多村镇中都有古戏台。地处山西吕梁山区临县碛口镇，是清代中期黄河湾道上的一个商业重镇，碛口老百姓常说的一句话是“山西唱戏陕西听”。这是因为在碛口镇的最高处建有一个黑龙庙戏台，戏台下面由三个拱券式的窑洞构成庙门。这庙门又成为戏台的中空底座，形成奇特的音响效果。黑龙庙对面就是一河之隔的陕西佳县。唱戏时，这边锣鼓一敲，梆子一打，放开喉咙吼上一嗓子，河对岸都能听得到。

■ 临县碛口镇黑龙庙戏台

山西商人走南闯北，既把山西戏曲带到了大漠荒原，促进了蒙汉两个民族的文化交流和融合，也丰富和发展了戏剧。山西在元代就有着题材丰富的戏剧文化，元杂剧作者白朴，就是至今流传甚广的山西民歌《走西口》的发源地山西河曲县人，他是有名的“元曲四大家”之一，创作杂剧15种，现存《梧桐雨》《墙头马上》《东墙记》等3种。另外，元杂剧作家王实甫的《西厢记》、纪君祥的《赵氏孤儿》，其戏曲题材也都取自山西。《西厢记》里张生和莺莺的故事发生在山西蒲州，《赵氏孤儿》的题材则取自春秋时期的晋灵公。赵氏孤儿的藏身地点就在山西盂县的藏山。进入清代，山西商人与戏曲的传播和关联也更多。晚清浙江名士俞樾在其《茶香室续钞》卷七中写道，康熙时他的同乡钱塘（今抚州）人洪升（1645—1704年）写出剧本《长生殿》，在扬州做盐商的山西平阳（今临汾）商人亢氏，即“命家伶演之，一切器用、费镪四十余万两”。编排一出戏，亢氏不惜拿出40多万两银子让自己的“家班”排演，可见其富有和对戏曲的热爱。

京剧《玉堂春》的题材也取自山西。故事说的是号称玉堂春的京城

■ 苏三起解

名妓苏三，本是大同的良家女子，因家遭不幸堕落风尘，与南京城里的官宦子弟王景隆产生了恋情，又因变故被老鸨转卖给山西洪洞商人沈洪为妾。苏三随沈洪来到洪洞县，又因沈妻诬陷锒铛入狱，受尽折磨。不料王景隆又当上山西巡按，检查案件，发现是冤情，为苏三昭雪洗冤，重聚相爱。苏三身世坎坷悲欢，剧情起伏跌宕、引人入胜，唱词优美动人，千古传诵，她从青楼女到商人妾，戴罪人至官员妇，那“苏三离了洪洞县”“洪洞县里没好人”的唱腔唱词，响遍全国，至今《玉堂春》仍是京剧艺苑的保留剧目。

晋商成群结队地走西口、过草地、越沙漠、翻山岭，在那赴蒙、赴俄的经商边贸过程中，还学会了使用蒙语、俄语，熟悉了蒙古族、俄国人的文化和习俗。据《清稗类钞·农商类》记载，晋商里的票号伙友“在蒙古者通蒙语，在满洲者通满语，在俄边者通俄语。每日昏暮，伙友皆手一编，习语言文字，村塾生徒无其勤也”。

在清朝康熙年间创办的大盛魁商号，雄踞中国商界两百年，主要做对蒙、对俄贸易，其员工最多时达7000人，商队骆驼两万余头，其商品贸易范围包括蒙古和新疆乌鲁木齐、库车、伊犁等地，俄罗斯的恰克图、西伯利亚、莫斯科等。其资本之雄厚，据称可用50两重的银元宝，铺一条从库伦（今乌兰巴托）到北京的道路。

大盛魁商号的创办者是三个小贩，即由山西太谷县的王相卿、祁县的史大学和张杰合股创办。他们在康熙大帝平定噶尔丹的叛乱中，随军贸易，肩挑车贩，运输粮食。当时，由于清军深入漠北，“其地不毛，间或无水，至瀚海等砂碛地方，运粮尤苦”，于是准允商人随军贸易。王相卿等人先在山西右玉县的杀虎口开了个商号，称“吉盛堂”，康熙末年改名为“大盛魁”。大盛魁总号最初设在乌里雅苏台，后迁驻归化城（今呼和浩特），它招聘的店员伙计十三四岁，要求体格健壮，初通文墨，吃苦耐劳。进入商号以后不仅要学打算盘、习字帖、记账簿、背商经，熟记蒙古草地的道路、营宿地，还必须学蒙语、悉蒙情、懂蒙俗，按照蒙古人的习俗礼节穿衣戴帽，交往办事，以便做好生意。电视片《晋商》摄制组曾采访内蒙古自治区作协副主席邓九刚，他在谈及山西旅蒙商人时说：“我过去采访山西老商人，跟他聊天，说着说着，说到激动的时候，语速快的时候，他情不自禁地就把汉语变成蒙古语，蒙语已变成他的母语。他这个山西人无论从外形，还是心理、语言，几乎就是蒙古人。这是因为他从十三四岁起做学徒，掌柜的就把他放在草原上，就要求他习蒙语，用蒙语，对顾客要尊重，要掌握顾客的心理，这样才能战无不胜。”

四、精研算学，编著商书

（一）晋商王文素、徽商程大位对我国算学的贡献

明代晋商王文素、徽商程大位，一北一南，一前一后致力于研究算学，编纂算书，变革算具，奠定珠算在我国算具史上约500年的主导地位，为中华民族科技发展做出了贡献，在世界科技史上占有重要地位。

精通算法，会算账、记账是经商做生意的基本功。算计之要又重在算法、算具。现代社会我们计算加减乘除，开平方立方，运用便捷的计算器、计算机，点点按按即可得出结果；而我国在20世纪80年代以前，在计算器、计算机尚未普及之前，人们主要是用珠算作为计算方法，上

学时都要学打算盘，背诵珠算口诀。因此，算盘这个算具的发明与应用，也不亚于当今世界计算机的发明与应用。明清商业的发达，促进了我国应用数学——珠算的发展与普及。

珠算是从古代筹算逐渐演变而来的，具体的发明时间和发明者说法不一，难以确切考证。但据现有史料来看，珠算大约始于汉朝，成熟于宋元时期。算盘的雏形早在汉代徐岳的《算术记遗》中就有记载，当时的算盘中间无档，算珠中间也无孔，运算时在木盘的槽中移动算珠。珠算口诀在宋元间就已经成熟。明清商业的发展繁荣催生了商人学习数学之风，儒士文人参与经商，习研数学计算，则又进一步规范了珠算在民间的应用，提高发展了应用数学。而在珠算及应用数学方面做出贡献，影响较大者，于晋商有王文素，于徽商有程大位。二人早年都先投身于商，游历于外，喜好算学，研习《九章算术》，收集古代算书，后精研算学，演习算题，著述完成算书。

我国封建社会自汉武帝依董仲舒“罢黜百家，独尊儒术”以降，逐步把儒学抬到至高无上的地位。尤其到宋朝朱熹，更是把“四书五经”奉为经典，唯有读此书、走仕途才是正道，经商是末，是下道。为此，与经商有关的算学也是不入流的学科，也为儒家正统学者所不齿。明代歙县学者汪道昆在《太函集》卷三七《称辰州传》中说：“（辰州）幼侍考氏食，借箸画几上学书，既习《九章》，复学握算，考氏谓《九章》贾者事，何学为?”考氏认为学习数学是商人的事，读书人学它干什么。既看不起商人，又看不起算学。这种观点深植于封建士大夫心中，在他们眼里，万般皆下品，唯有读书高。而书是指儒家经典。因此，明清晋商王文素、徽商程大位研究算学，应用于商业计算，得到商界欢迎，既是明朝商品经济发展的需求，也在情理之中。

1. 王文素与其《算学宝鉴》

王文素，生于明成化元年（1465 年），卒年不详。字尚彬，山西汾州（今汾阳）人，出身于中小商人之家。明成化年间随父亲王林到直隶（今河北）真定府饶阳经商，遂定居于此。王文素“自幼颖悟，涉猎书史。诸子百家，无不知者。尤长于算法，留心通证，盖有年矣”。由于经商的需要，他自小就练习打算盘。长于算法，收集了宋代杨辉、明代杜文高、夏源泽诸家的算书，精研习演。到嘉靖三年（1524年），60岁的王文素倾其毕生精力编成《新集通证古今算学宝鉴》（以下简称《算学宝鉴》）。王文素在其《集算诗》中云：

■ 王文素

身似飘蓬近六旬，
留心学算已年深。
苦思善致精神败，
久视能令眼目昏。
铁砚磨穿三两个，
毛锥乏尽几千根。
如风扫退天边露，
显出中秋月一轮。

《算学宝鉴》共有12本42卷。首卷为附图、目录，正文41卷。内有203条、317诀、1267问。王文素在其书的《前言》中说，算学是“普天之下，公私之间，不可一日而缺者”。对于算学切不可以“六艺之末而忽之”。他“留心算学，手不释卷，三十余年……历将诸籍所载题术，逐一深探，远细论研，推其所当述者，误者改之，繁者删之，缺者补之，断者续之；复增乘除图，草定位式样，开方演算，捷径成术，编为拙歌，注以俗解”。

王文素的《集算诗》现存8首，是诗中珍品，从中亦能看出他对数学的情结：

“六艺科中算数尊，三才万物总经纶。”表达出他以算学为尊、重视算学的思想理念。

“天下钱粮凭是掌，世间交易赖斯均。”说明算学与天下钱粮收缴、交易核算的关系及重要意义。

“莫言算学理难明，旦夕磋磨可致通。”讲明算学虽难，但只要旦夕磋磨、刻苦学习，是可以学会的。天下无难事，只要肯登攀。

“广聚细流成巨海，久封抔土积高陵。”还是讲学习算学要日积月累、集腋成裘、循序渐进，要有恒心，只要功夫深，铁棒磨成针。

“肯加百倍功夫满，自晓千般法术精。”道出辛勤耕耘，终有收获，而且能洞晓千般算法，达到精益求精、数学大师的境界。

《算学宝鉴》绘有河图、洛书图、度量衡图等19幅。大量论述了珠算理论和应用方法；介绍了许多速算法，如掌中定位数、悬空定位数、求田捷径等；创造了“乘除定位法”和“众九相乘”等算法；详细列出了各种数名和度量衡名称，例如：

大数名：一数、十数、百数、千数、万数、亿数、兆数、京数、垓数、梯数、攘数、沟数、涧数、正数、载数、极数、恒河沙、阿僧祇、那由他、不可思议、无量数。

小数名：分、厘、毫、丝、微、纤、沙、尘、埃、莽、模糊、逡巡、须臾、瞬息、弹指、刹那、六德、虚空、清。

度名：忽、丝、毫、厘、分、尺、丈、端。

量名：圭、撮、抄、勺、合、升、斗、石。

衡名：黍、累、铢、分、两、斤、钩、驮、引。

亩名：忽、系、厘、分、亩、顷。

该书完成于明嘉靖初年，书中所举之例反映了明朝中后期的社会经济状况，包含了当时的税收征管法。就场抽分、牙税求原、收纳课税就是求证经商纳税的具体办法。在物价方面也留有许多史料。

《算学宝鉴》一书写得深入浅出，通俗易懂易学，是一部实用性、通俗性的数学著作。书中有释义、解题、绘图、口诀。王文素说：“方田者，算地之法也；粟布者，粟米也，布钱也；衰分者，衰等也，贵贱之等，不同廪禄之数也；商功者，乃修筑堤墙，穿开沟渠之法也；均输者，均平也，输送也，均远近输送之劳费也；盈朒者，假物有余不足之法也；方程者，程禾之数也，方者所置行列方正也，数之杂操难算者置行列以求之。”

口诀中关于“六术”，他编歌曰：

学算须将六术明，较和倍折互连通。
攻开百法皆由引，说与诸君记腹中。

他编写的算术总诀十条：

一要先熟读九数，二要诵乘除歌法，
三要知加减定位，四要知度量衡亩，
五要知诸分母子，六要知长宽堆积，
七要知盈朒隐五，八要知正负行列，
九要知勾股弦数，十要知开方各色。

掌中定位数的口诀曰：

掌中定位法新更，俱自寅宫起顺行。
大见小题回降积，小如见大积回升。
乘不退位升一级，除无进位进一宫。
比肩交换随题定，数目分明在掌中。

《算学宝鉴》成书后，王文素因无钱刻印，只有手抄本在直隶真定府一带流传。他本人曾叹曰："欲刻于版，奈乏赀，不获遂愿。倘有贤公仗义捐财，刻木广传，而与尚算君子共之，愚泯九泉之下，亦不忘也。"同时他又作诗道：

诸家算籍甚差讹，暮玩朝参己证磨。
有意刊传财力寡，无人成就恨嗟多。
鲁麟直得逢尼父，楚璧还须遇汴和。
良马若非遇伯乐，盐车困死告谁何？

由王文素的咏叹，可知其家为商也艰，生意不大，顶多是个小商人；也可看出他与山西大商贾、仕宦并无过多交往；亦可看出当时商人的地位、对算学的贱视，以及山西商贾官宦不重文、不重算学、不重刊刻成书传播。

《王文素碑志》中评价其人其书云："《算学宝鉴》循九章古制，承宋元先河，选精集粹，卓有创见。其绘图、珠算、幻方、表算、高次方程、开方演段，通玄活变，精深浩瀚，均创算史之最，堪夺数学之冠。”

2. 程大位与其《算法统宗》

程大位，字汝思，号宾渠，徽州休宁县率口（在今黄山市屯溪区）人，生于明嘉靖十二年四月初十，卒于万历三十四年八月十七日（1533 年 5 月 3 日—1606 年 9 月 18 日），享年 73 岁。程氏乃徽州大姓。汪道昆《太函集》卷三七《海阳长者程惟清传》记：“率水沿海阳入浙江，程氏聚族而里，其口曰率口。”程大位出生于一个徽商之家，少习儒业，博览群书，尤喜算学、坟籍及科斗籀颉文字。他于万历二十年（1592 年）60 岁时，写成《算法统宗》一书。在《书后》他自叙道：“予幼耽习是学，弱冠商游吴楚，遍访名师，绎其文义，审其成法，归而覃思于率水之上。余二十年，一旦恍然，若有所得，遂于是乎参会诸家之法，附以一得之愚，纂集成编。”

■ 程大位

他的族人程涓（巨源）则在为他所作的《算法统宗·序言》中说：“宗人汝思，幼而慧，学为儒业，既通，不复出试吏，而为儒不废。耽坟籍科斗文字，而尤长于算数。年既壮，周游吴楚之墟。遇方田、粟米、差分、少广、商功、均输、盈不足、方程、勾股诸书，辄厚购得之。而闻有闳人耆宿通数学者，辄造问难，孜孜不倦。”

(1)《算法统宗》的主要内容

《算法统宗》是以珠算盘为计算工具的数学书，共 17 卷 590 多个问题。卷一是总论，包括用字凡例，数学名词、大数、小数和度量衡单位介绍，论整数运算、分数运算、开平方和开立方法则，珠算盘图式、定位方法和加法口诀、九归口诀等。卷二是整数与分数的基本运算，主要是归除法与留头乘法。

卷三至卷一二是主体部分，按《九章算术》体例分：方田、粟布、衰分、少广、商功、均输、盈朒、方程、勾股共九章。其中少广章分为两卷，其余各一卷。按《九章算术》分类方法列举各种典型应用算题及其解法。在“方田”章中介绍了他创造的“丈量步车”，这类似于今天的皮卷尺，适用于野外土地清丈测量，是我国古代测量工具的一项重要发明。《算法统宗》卷三有详细的结构图和说明。

卷一三至卷一六为各章的难题解法汇编，也采用诗词的体例记述各种难题和求解，形式活泼，便于背诵。共有律诗 71 首，词 37 阙。卷一七是《杂法》，共 26 项，记载一些不能简单归入九章中某一类的特色算法，从而达到速算的目的。卷一七还收录了许多图。其中《黄钟五音相生图》《律吕相生图》《统纪历年》为历算方面的书。《孕推男女法》为民俗算法，有不科学的一面。最后《算经源流》一篇，收录了北宋元丰七年（1084 年）以来的数学书目 51 种（现仅存 15 种），具有重要的文献价值。

程大位在《算法统宗》中将定位法引入珠算中，并编有定位歌诀：

数家定位法为奇，因乘俱向下位推。
加减只需认本位，归与归除上位施。
法多原实逆上数，法前得零顺下宜。
法少原实降下数，法前得零逆上知。

定位法主要用于解决乘法和除法的定位问题。加减法都是同位相加或相减，无须定位。开方则在考虑商数时已经确定好位数。因此，程大位又提出简化的十二字诀：“乘从实下得术，归从法前得零。”这句话的意思是，在珠算乘法中，实（被乘数）个位下一位的单位值与法（乘数）首位数的单位值相同；除法中，实（被除数）中与法（除数）最高位的前一位是商的个位数。珠算乘除法完全在实数（被乘数和被除数）上进行，计算过程随着运算结束而消失，最后只剩下结果，定位法可以保证结果的正确无误，提高计算效率。

《算法统宗》问世后，数年间即被各书坊不断翻刻再版。程大位鉴于

“坊间翻刻诸本，讹舛相乘，豕鱼莫辨”的状况，复就《算法统宗》去繁摘要，正讹黜谬，编为《算法纂要》4卷，付之剞劂，于万历二十六年（1598年）在屯溪刊行。范时春在《算法纂要·跋》中称：“海阳程宾渠氏，博涉群书，而尤长于数学，万历壬辰业已编辑《算法统宗》，用布海内，一时纸价腾贵，坊间市利，竞相翻刻。”

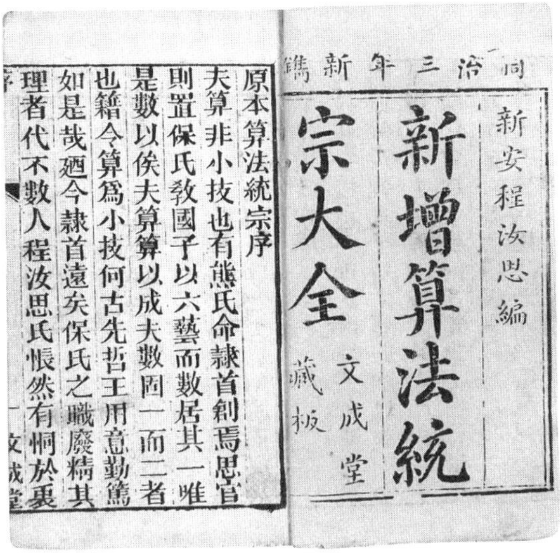
同治三年新鐫
新安程汝思編
新增算法統宗大全
文成堂藏板
原本算法統宗序
夫算非小技也有熊氏命隸首創焉思官
則置保氏教國子以六藝而數居其一唯
是數以俟夫算算以成夫數固一而二者
也籍今算爲小技何古先哲王用意勤篤
如是哉廼今隸首遠矣保氏之職廢精其
理者代不數人程汝思氏悵然有惘於衷

■《新增算法统宗大全》书影

（2）《算法统宗》的历史贡献

《算法统宗》问世，奠定了珠算在中国计算史上自明清以来至20世纪80年代的历史统领地位，标志着我国数学史上长达千年的算具改革最后成功。我国最早的算具是筹算。筹算就是用竹、木或象牙筹制成的小棍或小片，主要用来计数或作为领取物品的凭证。筹算不仅比布算麻烦，需要有相当宽敞的场所，而且容易出错，对专业熟练程度要求很高，令一般人望而却步。我国最早发明、运用筹算的应是伏羲氏和周文王。司马迁曰“盖文王拘而演《周易》”，用木签、竹签算卦的就是筹算，64根签。我国关于珠算的发明历来说法不一。汉徐岳的《数术记遗》就有珠算盘。珠算大约成熟于宋元时期，北宋末年著名画家张择端的《清明上河图》上就有算盘。珠算是穿珠算盘、珠算算法和珠算口诀合三而一的一种算法。程大位继承和总结前人成果，将珠算的加减乘除、开方运算的口诀系统化、完整化，在珠算中广泛应用定位法，第一次提出开平方、开立方的珠算方法。指出乘法最方便的珠算方法是“有破头乘，掉尾乘，隔位乘，看来唯有留头乘精妙”；除法“唯归除最妙”；而开方之法必用“商除”。《算法统宗》的历史贡献在于：它将我国数学计算由两千多年的筹算发展到珠算计算，确定了珠算定式，绘有算盘图式，完善了珠算口诀，使珠算成为一种简便易行、居家必备的工具。让数学这个深奥的、阳春白雪的科学，走出学者方士的书房案头，成为一种大众的、普及的、应用的工具和知识。《中国古代数学简史》论道：“《算法统宗》的编成及其广泛流传，标志着由筹算到珠算这一转变的完成。从此珠算就成了主要的计算工具，而筹算就逐渐被人们遗忘以致失传了。”中国科技史学界钱宝琮先生对《算法统宗》给予高度评价：“《算法统宗》一书流传的广泛和长久，在中国数学史上是罕有的。”“清代末年各地书坊出版的珠算术书，不是《算法统宗》的翻刻本，就是它的改编本，流通量之大是无与伦比的。”

《算法统宗》在明代就传入朝鲜、日本、东南亚，对周边国家珠算发展起了重要促进作用。英国科技史学者李约瑟说：“在明代数学家当中，最引人注目的是程大位。”“在程大位《算法统宗》以前，没有任何关于近代珠算算盘的完整叙述。”程大位的《算法统宗》可与《九章算术》媲美。程大位是明代当之无愧的数学家。

3. 王文素与程大位之比较

王文素生于明成化元年（1465 年），程大位生于明嘉靖十二年（1533 年），大位比文素晚生 68 年。

王文素的《算学宝鉴》成书于明嘉靖三年（1524 年），是年王文素 60 岁。程大位的《算法统宗》刊世于万历二十年（1592 年），是年他也是 60 岁。王、程二人都是在花甲之年著编成书，无独有偶，都是毕其一生，钻研算学，至老方成。

王文素出身于中小商人之家，少年随父游历于燕赵经商。程大位亦出生于徽商之家，年弱冠游历于吴楚经商。二人的出身、经历相同，深知算学在商业和社会生活中应用的重要性。二人自幼都喜爱演算，广收典籍，孜孜以求，终成大器，为我国数学史上两颗璀璨明珠。

王文素的《算学宝鉴》分 12 本 42 卷 1267 问。程大位的《算法统宗》分 17 卷 590 多问。大位后又删繁就简将《算法统宗》编为 4 卷本的《算法纂要》，可见大位更注重它的简约、普及之功用。但统观二书内容及章节分类，大致相同。这说明二人都承继了我们祖先的数学积累，尤其是从《九章算术》中汲取精华，从而又发展了数学，扩大了数学在民间的普及。尤其是在明朝，因宋元时期典籍散失，一时混乱。后累有发现，又讹传较多。他二人可谓“为往世继绝学”，进一步弘扬了中华数学。

王文素著成《算学宝鉴》后因囊中羞涩，无钱刊印，只有手抄本在河北一带流传，本人只能望天长叹。1935年左右，北京图书馆在旧书店中发现，才以善本收藏，可谓海内孤本。这说明晋籍商人对此文化性的东西重视不够，也没有把刊刻当商业来经营。程大位著成《算法统宗》，既刊行问世，一时洛阳纸贵，坊间翻刻不断。他又编出简行本《算法纂要》刊印，程氏名人写序推介，可见程氏家族对宗人子弟中有成就者的帮扶，亦可知程大位这个徽商之家的家境比王文素丰厚。徽商重文化，也把文化当商业、当产业来做，利己利人利社会。当然，明代社会经济、生产力也是愈到后期愈发展繁荣了。

王文素的《算学宝鉴》和程大位的《算法统宗》都用了许多口诀，有些用律诗，有些用词。这说明二人都是儒学中人，都懂诗词格律，都致力于通俗易懂，好学易记，都为数学的普及与应用做出了贡献。程大位在珠算学上的贡献更是无出其右。

从《算学宝鉴》与《算法统宗》的内容来看，二者有明显的继承关系。王文素的《算学宝鉴》问世60多年后，程大位的《算法统宗》刊行，虽说王文素之书未刊行，但有手抄本流行，明朝将北京做北都，南京做南都，商品经济又比较发达，南北流通交往很多，很难说王文素的手抄本没有流行到徽州和吴越之地，也很难说程大位没有看到王文素的《算学宝鉴》，没有受《算学宝鉴》的影响，只是现无史料佐证。总之，王文素和程大位作为两个商人家庭出身的儒者、商者，作为全国最大的两个商帮——晋商、徽商中的一员，一北一南，前后百年，交相辉映，影响我国算学近500年，在我国科技史上都占有重要的历史地位。

（二）编著商业用书，开拓商务教育

我国古代各个行业培训人才，一般是父带子、师带徒、言传身教的师徒式教育。有些知识、技能、秘方是秘不示人的，甚至是只传男不传女。到了明清社会，虽然这类教育仍然普遍存在，但随着商品经济的进一步繁荣发达，社会流通、交往需求的进一步广泛，许多实用性商业用

书和具有培训功能的教材类书籍便应运而生。这时的行商坐贾之家，不仅有账簿、算盘、秤杆，也有了实用性的商业用书。由于徽州版刻业发达，徽商亦商亦儒，文化氛围浓厚，雕刻印刷的书籍流传得既多又广。在山西，类似这样的书籍在晋商中也有人改编印刻，广为流传。

1. 徽商编纂刊行的三类商业用书

一类是记录水陆行程的图书。主要有：

(1) 明隆庆四年（1570 年）刊行的黄汴撰写的 8 卷《一统路程图记》，又名《天下水陆路程》或《图经水陆路程图》；

(2) 手抄本留世的有清休宁商人编的《江湖绘画路程》、清江有科编的《徽州至广东路程》、清江明恒编的《沐雨栉风》；

(3) 2000 年上海人民出版社出版的《历史地理》刊登了王振忠先生的《新近发现的徽商路程原件五种笺证》。文中介绍了《杭州上水路程歌和徽州下水路程歌》《由歙西至悦洲路程》《安庆至徽郡和湖北武穴、龙坪由彭泽往徽》《安庆至徽州路呈（程）》《万里云程》《徽州府由饶至西省路程歌、西省由余干至徽陆路程、江西由饶至徽路程》。

出门经商，运货载物，走陆路，涉水路，要到达目的地，总得知晓出门怎么走，走到哪里去，车马舟楫，跋山涉水，早早晚晚，日日月月，何处住店，哪里歇脚，是行商贩运之人出门心里必须有数的。我国古代先哲圣贤对山川河流的地理形胜探究源远流长，从《禹贡》、司马迁《史记·河渠书》、《汉书·地理志》、郦道远的《水经注》、宋代的《太平寰宇广记》，到明清之际顾祖禹的《读史方舆纪要》《大清一统舆图》、清末学者杨守敬的历史地理集大成之作《历代舆地图》（1906 年出版），都是研究、书写、绘制山川地理形胜沿革的。一套二十四史，有十六部史书中写有《地理志》。但这些都是阳春白雪的东西，传递在皇家学者、军队和各级衙门里。而百姓、商人，要远出贩运，需要通俗易懂易记的山川地理路程形胜图。徽州商人将它们绘制出来，许多又以歌谣的形式写出，使人们易懂易记。这极大地方便了行商贩夫，开拓了他们远行的事业，使商人们走得远，不迷路，能返回。

我们今天外出旅行，有飞机，有火车，有轮船，要到哪里，到售票窗口说明目的地，买张票，搭载即可。坐汽车出门旅行，带上地图，甚至装上 GPS 卫星定位系统，走遍天下都不怕。而古人出门走路，不是双腿就是车马舟楫，没有水陆交通路程图，没有地理知识是不行的。正如徽人黄汴所著《天下水陆路程》叙中所言："天下中国以至于九夷八蛮之地，莫不由舟车而至，名山大川以至于海隅日出之表，莫不由遵道而行。舟非水不行，车非陆不至，乃水陆莫不有程途。无程途，滔滔天下令人迷津，茫茫山河令人裹足，行必由径，篡入迷途，故差毫厘失千里也。"说得多好啊。

明清时期，徽商"走吴、越、楚、蜀、闽、粤、燕、齐之郊，甚则逖而边陲，险而海岛，足迹几遍禹内"。这些路程图书，不仅介绍了各地道路水系的起讫分合、距离里程、行走难易、驿站名称、津渡所在，其他如食宿条件、物产行情、社会治安、行会特点、船桥价格、名胜古迹等，也间有介绍。有这样一册在手，"道路之远近，山川之险夷，及风波盗贼之有无，靡不洞其纤悉，九州地域在指掌间矣"（程春宇：《士商类要·序》），对外出经商旅行之人十分方便，使他们能够做到心中有数，有的放矢，无往不胜。

二类是介绍经营知识、经商经验与职业道德的书籍。主要有：

（1）明万历二十七年（1599 年）刊行的，由余斗象编撰的《三台万用正宗·商旅门》；

（2）明天启六年（1626 年）刊行的，由程春宇编撰的《新安原版士商类要》4 卷，简称《士商类要》；

（3）清乾隆五十七年（1792 年）刊行的，由吴中孚编撰的《商贾要览》10 卷；

（4）清浙江新安惟善堂刊印的《典业须知》；

（5）清抄本《贸易须知揖要》；

（6）民国八年（1919 年）刊行的，由吴日法编的《徽商便览》。

这类商业用书，实用性强，介绍了经商行贩具体运作过程中应注意的事项、技巧、方法，既有对各类商品优劣鉴别的方法窍门，又有对审择牙人（经纪人）的经验，还总结出一系列商业经营的原则。这些商业用书，文字写得平实易懂，多以歌谣口诀写成，朗朗上口，便于诵记，是普及商业基础知识的难得教材。

上述商业用书总结出来的商业原则，择其要者略举如下，对我们今天经商办企业亦大有裨益，并不过时。

一是固守本行。《士商类要·买卖机关》中言：对“平昔生意惯熟”之业，有时“虽然利微，亦或偶而不遇，切不可轻易丢弃”。因为“改换生理，暴入别行，而货物真假未必全识，价值低昂难以逆料”，容易造成“倾覆财本，大有不可量也”之祸。所以“做客贩货，宜固守本行为是”。纵览分析徽州商人，也是歙县人多经营盐业，婺源人多经营木竹，祁门人以茶商为多，休宁人多从典当。清末歙人许承尧亦说：“典商大多休宁人……治典者，亦惟休宁称能，凡典肆无不有休人者，以业专易精也。”徽商中一姓一族者，也多数只经营一业，于他业不顾。其原因就是他们已经认识到专一业才能精一业，做好这一业就不容易。而今天有些企业及企业家，有时四处投资，到处扩张，看见这也挣钱，那也来利，只看到自己现时手里有几个钱，不知进入另一个行业不只是钱能顶用，还需要各方面的人才、知识，盲目进入，不专不精，结果一败涂地者、一蹶不振者、血本无归者，比比皆是。故业精于专，厌于杂。我们专业的我们做，做好做精；我们不专者，我们可以不做，亦可以请专业者来做，切不可贪大贪多贪洋，忘了自己的本行。

二是买卖顺时。《士商类要·贸易赋》记：“买卖莫错时光，得利就当脱手。买要随时，卖毋固执。”“货到地头，终须要卖。若见现银，勉强增价，过于坚执，或听傍人撺掇，错过机会，遂致买寝货搁，后悔无急免，有失渡无船之叹。”“行情有早晚之分，朝夕之变。”“开行开店之人，三朝五日，要在众行走走，讨讨信息，街上各店坐坐。”

做生意买卖，还要审时度势，观天时之变化、市场之行情，要“察天时之顺逆，格物理之精微”。《士商类要·客商规略》中说：“如贩粮食，要察天时，既走江湖，须知丰歉。水田最喜秋干，旱地却嫌秋水。上江地方，春播种而夏收成；江北江南，夏播种而秋收割。若逢旱涝，荒歉之源。冬月凝霜，暮春风雨，菜子有伤。残夏初秋，狂风苦雨，花麻定损。小满前后风雨，白蜡不收。立夏之后雨多，蚕丝有损。春后严寒风雪，桐油定贵。端午晴明雾露，棓子必多。北地麦收三月雨，南方麦熟要天晴。水荒犹可，大旱难当。荒年艺物贱，丰岁米粮迟。”

又曰：“堆垛粮食，须在收割之时。换买布匹，莫向农忙之际。须识迟中有快，当穷好处藏低，再看紧慢，决断不可狐疑。凡货贱者，终须转贵；快极者，决然有迟。迎头快者可买，迎头贱者可停。……价格高者，只宜疾赶，不宜久守，虽有利而不多，一跌便重。价轻者，方可熬长，却宜本多，行情一起，而得利不少，纵折却轻。……如逢货贵，买处不可慌张。若遇行迟，脱处暂须宁耐。”

这些精辟的概述，充满商业哲学和辩证法，有着天时、地理、人文、心理学等多方面的知识，其中许多道理要则，对今天经营商品、开厂办店的人仍有借鉴。

三是现银交易。当时行商赊账普遍，赊账虽然价高，得利较丰，但积压资本，也有风险，小资本者更不可行。《士商类要·客商归略》中讲：“放账者，纵有利而终久耽虚，无力量一发不可。现做者，虽吃亏而许多把握，有行市得便又行。”讲货款到手后可以立即投入周转，再增加利润。这也就是今天我们财务上讲的要增加资金流动率。

四是勤俭谨言。《士商类要》记：“贸易之道，勤俭为先，谨言为本。”“每事必焦思劳心，周详筹画（划），预防未来，不失一策，凡有所为，无不遂也。”“与人交接，要勤之记账，莫厌烦琐。负一时强记，少刻为别务所羁，遂至忘却，或错与人，反生争竞。虽坐卧思忖，从头握算，亦无益矣。”“吾衣食丰足，未必不由勤俭而得。观彼懒惰之人，游手好闲，不务生理，既无天坠之食，又无地产之衣，若然不饥寒，吾不信矣。”“临财当恤”，“银钱堆积目前，亦宜斟酌出纳。若骄矜浪用，易于消散”，应当“量入以制出”。若“出纳不问几何，迷蒙不问所进若干，尽其所有而用，更无稽考，不怀畏惧，此为必败之道”。“人前话语，务宜谦慎缄默，使人难以窥我虚实。若满口矜夸己胜，说短论长而不知止，此人必无内养，诚可嫌憎。”

这些道理规劝，格言警语，我们今天用之亦不过时，实在是中华民族的传统美德，我们做人做事应遵循的规则。

三类是具有广告性质的实用图书。

这类图书的代表作是徽州的制墨图书。先后有《程氏墨苑》《方氏墨谱》《潘氏墨谱》《方瑞生墨海》等。

《程氏墨苑》刊行于明朝万历二十二年（1594 年）。作者程大约，字幼博，号君房，歙县人。以君房名天下。他自幼酷爱制墨。其所著《程氏墨苑》共 12 卷，有徽墨图谱 500 余式，将墨样设计分为“元工、舆

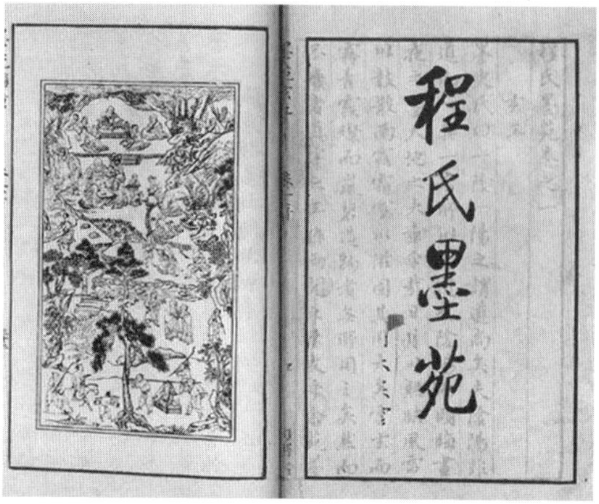

■《程氏墨苑》书影

地、人官、物华、儒藏、缁黄”六大类。该书刻板均出自当时徽派雕刻高手，雕镂精绝，图文并茂，首创彩色套印之法，是一部史无前例的制墨巨著。明人董其昌颂扬程氏墨云：“百年之后，无君房而有君房之墨；千年之后，无君房之墨而有君房之名。”

《方氏墨谱》也刊行于明万历年间，一说《方氏墨谱》在《程氏墨苑》前，一说《方氏墨谱》在《程氏墨苑》之后。此处以在之后而论。

■《方氏墨谱》书影

作者方于鲁，原名大激，字于鲁，以字行，也是歙县人，于 30 岁时造出“九玄三极墨”。他为了与程大约竞争，聘用了《程氏墨苑》的原班人马，印行了针锋相对的《方氏墨谱》。方于鲁敏求奇谲，在徽派制墨中，他的产品最多，是天才的制墨高手。但方于鲁为人奸巧。据记载，他设肆造墨得势之后，为争宠于朝廷，争利于市场，陷程大约于不义，程氏入狱后绝食而死。有这一段历史公案，后人对其人品多讥诮不屑。莫云卿在论及方氏制墨时说：“方氏墨品，止于‘非烟’，奇于‘九玄三极’，盖人巧尽，物理穷遄，此则为妖，吾不敢言。”清代陶兰泉在《涉园墨萃》中也贬斥道：“其意主在炫耀以求名，故所绘仅墨之形制，与程氏争胜于刻镂间耳。”

2. 晋商手抄本的传播及寓于歌谣传唱中的培训

在晋商中传播的有手抄本商业用书《贸易须知·炳记》（辑要）该书由日本京都大学人文科学研究所古井阳子女士收藏。山西晋商研究专家、著名学者张正明先生于1994年在日本讲学、访问时看到，借此抄录带回国内。《贸易须知》分上下两卷，万余字，抄录了93条经商基础知识，主要是针对初入商界的小伙计如何当学徒，怎么站柜台、应客、辨货、待人接物而写的，可谓入商蒙书、经商须知。对此本书第九章《晋商选人用人育人之道》中将专门论及，在此不作赘述。又，山西师范大学历史系教授史若民先生还发现乔家在中堂大德诚茶庄安化贩茶例底手抄本（有3万余字）、平遥当商珠宝成衣鉴别估价手抄本（史若民、牛自琳编著：《平、祁、太经济社会史料与研究》，山西古籍出版社2002年版）。

晋商在对小伙计、学徒的教育培训中，更多的是用口头歌谣传唱，他们寓教育培训于晋北热情豪放的“二人台”歌唱中，编写易懂好记、便于传唱、带有黄土地风情的歌谣，教育培训走西口、闯草原的旅蒙商人。如代州人梁大汉，自幼读过三年私塾，曾任包头商界大行第一任总领，早年旅蒙行商，苦学蒙语，率领驼队闯荡于内地和漠北。以后随着年龄的增大，驼队远行，他不再出动，但在驼队出发之前，他都要亲自培训教授商队人员，并编写了一段旅蒙驼歌，让手下人口口相唱，熟记于心。他在驼歌中唱道：

> 远离家乡代州城，为做生意草地行。
> 学蒙语，知蒙礼，蒙汉兄弟一家人。
> 草原茫茫少人烟，沙漠无路多黄风。
> 餐风饮露卧冰雪，吃苦为过好光景。
> 白天住，黑夜行，山头盘盘要记准。
> 躲豺狼，避匪情，有事藏进红柳丛。

撵牛放羊拉骆驼，大小人等要勤谨。
伙计掌柜是一家，不分贵贱求生存。
熟记蒙语串人家，请安问好拉友情。
先递烟壶后说话，帮着蒙人做营生。
捉罢羊羔拴牛犊，千万不敢撩女人。
走到哪里哪里住，不给山西丢名分。
黄油酪丹奶子茶，喝惯顶如老白汾。
讲信用，拉相与，对待蒙人要真诚。
复义兴，走蒙地，一路要留好名气。

复义兴是梁大汉在包头的商号。为了记住走西口的路程，山西人还编有《走西口路程歌》在民间口头传唱：

走脱二里半，扭回头来看，
我瞭见小妹子，还在房上站。
一溜簸箕湾，下了大河畔，
西门外上大船，丢下我命圪蛋。
一过台子堰，瞭不见河曲县，
盘算起小妹妹，怎扔下我毛眼眼。
头一天住古城，走了七十里整，
路程不算远，跨了三个省。
第二天住纳林，碰见几个蒙古人，
说了两句蒙古话，甚球也听不懂。
第三天翻霸梁，两眼泪汪汪，
想起家中人，痛痛哭一场。
第四天沙蒿塔，拣了个烂瓜钵，
拿起来啃两口，打凉又解渴。
第五天珊瑚湾，遇见个鞑老板，
问一声赛拜奴，给了碗酸酪丹。
第六天乌拉素，扯了二尺布，
坐在房檐下，补补烂皮裤。

第七天长牙店，住店没房钱，
叫一声长牙哥，可怜一可怜。
上了五原县，挣饭没工钱，
到处无生路，心如滚油煎。
刮出嘉峪关，两眼泪不干，
思想起小妹子，心呀心不安。

五、富而不贵，世人不齿

富与贵是不同的。富：财多为富，指财产金钱充裕，是有形的；贵：禄位高为贵，指品行端正，操守优良，受人尊敬，属于内在的修养和气质，是无形的。生活中富并不等于贵，如一些暴发户。贵也不等于富，如一些精神领袖、高僧大德。“富”“贵”两个字合起来常指财多位尊。早在20世纪初，安徽人、五四新文化运动的倡导者、中国共产党的早期领导人陈独秀就曾指出，所谓贵族精神指的是一种高尚的人格理想、高贵的精神气质。这种人格理想，有“穷且愈坚，不坠青云之志”的恒久美德；这种精神气质有“富贵不能淫，贫贱不能移，威武不能屈”的大丈夫气概。宋代大文豪、曾在安徽滁州做太守的欧阳修说，唐代诗人少达而多穷，但他们的精神生活是最富有的，他们留给我们后人的精神财富也是最多、最珍贵、最辉煌的。对于金钱，李白在《将进酒》中豪放地吟唱“千金散尽还复来”；对于富贵，杜甫在《丹青行》里讲“富贵于我如浮云”，鄙视不义而富贵的行为。至于宋人范仲淹，更是不以物喜，不以己悲，先天下之忧而忧，后天下之乐而乐，以天下安危、生民幸福为己任。一个人的精神气质、内在素养、贵族精神，不是与生俱来的，也不是一蹴而就，经过简单的学习、培训就能达到的，而是需要一个长期培养、积累、熏陶的过程。气质、素养和贵族精神是从骨子里流露出来的东西。英国大文豪莎士比亚曾说过，一个人一夜之间可能成为一个暴发户，但培养一个贵族则需要三代人上百年的时间。可见要富容易，要贵实难。

在我国封建社会，商人即使富有了，有钱了，但不贵，还是被文人士大夫和皇帝官员们瞧不起，不为世人尊重，没有社会地位。士农工商的社会等级序列思想，从春秋时期的齐国宰相管仲提出，一直延续到明清，甚至到我国20世纪70年代改革开放之初，不少人对于商业活动都是歧视的，认为商是末、农是本，市场交易是资本主义尾巴，是投机倒把。晋商、徽商兴起于明清，结交于官僚帝王，纳税于封建王朝，捐资于国家乡梓，其社会地位或比明以前有所变化提高，但就全社会整体而言，其商人地位还是低下的，还是被人瞧不起；他们若要贵，还得改换门庭，或子弟走科举入仕之路，或自己结交官府皇帝，捐资买官，以提高自己的社会地位。

（一）封建律制，帝王贱视

商人社会地位低下，被人看不起，首先是封建王朝制度规定的。历代封建王朝皇帝，重本抑末，以农为本，把经商做买卖归为低下的职业、下等人的生涯，对商人从精神上打压。长期的士农工商社会分类，把商排在末位，也使全社会的士子、农人对经商者鄙视。

管仲曰："士之子恒为士""农之子恒为农""工之子恒为工""商之子恒为商""少而习焉，其心安焉，不见异物而迁焉"。士当时主要指军人；农指农民，农在古代一直被称为"本"，以农为本，就是以种庄稼收获粮食为根本；工指做工，就是手工业劳动者，如从事制陶、木工、冶炼等手工业劳动者；商就是指从事商业转贩活动的商人，商在古代称"末"。这段话的意思就是说当兵的后代就去当兵，种田务农的后代就去种田，从事手工劳作的后代就去做手工，搞商业贸易的商人后代就去经商，这样世代相袭。一个人小的时候就跟着祖父母、父母亲学习，家人就是培训教育的最好老师。这样，他"少而习焉"，心也安然，也不会见异思迁，羡慕别人家的好行当，也能专心致志、精益求精地做好自己的工作，个中奥秘、技巧也不会失传。管仲最初制定这种制度，提出"四民分业定居”的改革措施，主要是从社会分工出发，以安定人心，保证各行业有序传承，富民强国。但是到了汉代，《汉书·食货志上》曰：“士农工商，四民有业。学以居位曰士，辟土殖谷曰农，作巧成器曰工，通财鬻货曰商。”对于商人，汉高祖刘邦明令不得衣锦绣、穿苎麻、着毛毡、当兵、骑马，不得购置田产，当官为吏。就是作为商人子孙，也不得仕宦为吏，只能世世代代为商贾，连科举的资格都没有。这是完完全全把商人打入另册，列为“贱民”。《汉书·高祖本纪》载：“令贾人毋得衣锦绣、练苎罽、操兵、乘骑马。”“市井之子孙不得仕宦为吏。”《汉书·君尝》记：“贾人皆不得名田、为吏，犯者以律论。”西晋王朝规定：“侩卖者，皆当着巾，白帖额，题所侩卖者及姓名。一足着白履，一足着黑履。”（《太平御览》卷八二八）让人们远远地一看，就知道你是个商人，而且额头上贴着白布，写着你姓甚名谁，卖的什么货。对商人公然进行人身污辱。唐朝时，商人的社会地位也不高。唐诗有云：“大贾倾十万，一名终不书。”（《全唐诗·补遗》卷一〇《寓言》）白居易在《琵琶行》中亦写道：“门前冷落车马稀，老大嫁作商人妇。商人重利轻别离，前月浮梁买茶去。”（浮梁现属景德镇，与徽州的婺源县毗邻）一个年老色衰的妓女，老大嫁给商人为妇，商人管她吃住，养她活命，她还口吐怨言。可见商人地位低下。宋时虽有《清明上河图》凸显开封之商都繁华，但对商人仍然是看不起的。南宋时著名诗人陆游就给子孙留下遗言曰：如果不能做官，就回乡务农，千万不能做市井商人，辱没了祖先。

明朝朱元璋定都南京后，继续奉行“重本抑末”政策，他为了修筑南京城墙，先动员富甲江南的大贾沈万山捐资修城墙，沈万山承诺了修筑城墙三分之一的费用，这已使朱元璋满意。孰料不知帝王心思的沈万山，或已被财富冲昏了头脑，又主动提出要捐资犒赏三军。军队历来是国之大器，是朱氏王朝的统治基石，岂容沈万山个人犒劳！这一举动震动朱元璋朝野，朱元璋由此也看到民间财富对国之大器的影响，对朱明王朝的威胁。国之大器，岂容商人染指。朱元璋立即下令要将沈万山斩首，后因朝臣说情，朱元璋才放过沈万山一条生命，没收他的全部家产，流放沈万山于云南。由沈万山案例，后人不是可得到许多警示吗？

据《明太祖实录》记，朱元璋曾说：“若有不务耕种，专事末作者，

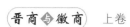

是为游民，则逮捕之。”明洪武十四年（1381 年），朱元璋刻意重本抑末，下令“农衣绸、纱、绢、布，商贾止衣绢、布。农家有一人为商贾者，亦不得衣绸、纱”。对重农轻商不仅从主流思想和意识形态上倡导巩固，形成共识，就是在人们的日常生活上，穿衣打扮上都予以规定。商人走出家门，从穿衣上一眼就可以认出你，你的社会地位就是如此低下，更别说你见了官人还要回避、作揖、磕头。

朱元璋出身社会底层，又经过元末明初 20 多年的社会战乱，他建立明王朝后迫切需要休养生息，安民富国，重视农业、农民是理所应当的，也是符合当时社会生产力发展的。封建社会王朝的财政收入，主要来自农村的农民，如不重本依农，这个王朝的政权是难以支持下去的。朱元璋对农民生活也有深切的同情和体会。据《明太祖实录》记，朱元璋常说：“四民之中，农民最劳最苦。春天鸡一叫就起床，赶牛下田耕种，插下秧子，得除草，得施肥，在太阳里晒得汗水直流，劳碌得不成人样。好容易巴到收割了，完租纳税之外，剩不下一丁点儿。万一碰上水旱虫蝗灾荒，全家着急，毫无办法。可是国家的赋税全是农民出的，当差做工也是农民的事，要使国家富强，必得农民安居乐业才办得到。”（吴晗：《朱元璋传》）

据传，明太祖朱元璋曾作过一首诗云：

百僚未起朕先起，百僚已睡朕未睡。
不如江南富足翁，日高丈五犹拥被。

商人在明朝地位如此，到了清朝其地位也没什么改变。雍正皇帝说：“四民以士为长，农次之，工商其下。”乾隆皇帝曾赞叹两淮盐商之富：“富哉商乎？朕不及也!”当一个皇子因为睡懒觉而误了读书时，乾隆曾斥责道：“汝欲逸乐，何不作淮南商人子，而必生吾家耶!”他又感叹地说过：“盐商之财力，伟哉!”（《国朝遗事纪略》第 1 册《高宗南巡遗事五则》）光绪时颁布的《大清会典》记曰：“崇本抑末，载诸会典，若为常经，由来已久。”清朝在商人入仕、购置土地田产、衣着方面有所放开和改善，商人在社会活动中也比前期活跃，但中国的农耕社会性质没有变，全社会的重本抑末思想没有变。

（二）世人不屑，文人奚落

由于封建社会重农抑商思想的影响，商人在世人眼里地位是低微的、卑贱的。在三教九流中，商人处于下九流之列。三教儒释道，九流者有上、中、下三种九流之分，一般将商人与宦官、优伶（戏子）、流氓、帮会、娼妓、乞丐、赌博、风水算命这些人放在一起。在文人眼里，对商人更是不屑一顾，反映在文学作品里，商人的形象一般都不好，不光彩，甚至是恶棍小人、吝啬鬼。上面提到唐代诗人对商人的鄙视。在明清小说中，出现大量描写商人形象的作品，有些话本甚至以商人为作品中的主人公。但出现在明清小说中的商人大多不是正面形象，多是反面人物、反面形象，是作者讽刺、批判、鞭挞的对象。同时还有一个现象，就是在明清话本小说中，反面商人的形象，多数是徽州商人。诸多文人作者把徽州商人写得十分丑陋，毕尽人间丑态：他们初入商道时傻头傻脑，土里土气，悭吝小气，半个铜钱也计较，为人处世非但是铁公鸡——一毛不拔，有甚者是糖稀公鸡，老想沾别人的好处，逐什一之利，计蝇头小利，奸巧敛财，贪婪盘剥。发家暴富之后，又挥金如土，肆意挥霍，为了红顶子不惜大把大把花银子结交帝王、官僚、宦官，以钱买官。为了红绣鞋，不惜大把大把花银子，讨女人，逛窑子，娶小妾。世人曾评说徽州商人诸事吝啬，只在红顶子、红绣鞋上舍得用钱。为了私利，勾结官员，贿赂公行，贪赃枉法，偷税漏税，钱权交易，哄抬物价，以致普通百姓食不起盐。

大家熟知的明代长篇小说《金瓶梅》，其主人公西门庆就是一个商人，《金瓶梅》第二回就对西门庆作了明确交代：“原是清河县一个破落户财主，就县门前开着个生药铺。从小儿也是个好浮浪子弟，使得些好拳棒，又会赌博，双陆象棋，抹牌道字，无不通晓。近来发迹有钱，专在县里管些公事，与人把揽说事过钱，交通官吏。因此满县人都惧怕他。那人复姓西门，单名一个庆字，排行第一，人人都叫他做西门大郎。近来发迹有钱，人都称他做西门大官人。”

西门庆后娶的寡妇孟三姐，其前夫杨氏也是商人。书中第七回说：“这位娘子，说起来你老人家也知道，是咱这南门外贩布杨家的正头娘

■《金瓶梅词话》书影

子，手里有一份好钱……不幸他男子汉去贩布，死在外边，他守寡了一年多。”

西门庆的好友应伯爵，也是商人出身。第十回说：“西门庆是个大哥，第二个姓应，双名伯爵，原是开绸绢铺的应员外儿子，没了本钱，跌落下来。”

西门庆是个商人，西门庆给人的形象是个什么概念呢？在《水浒传》中，他是个欺负武大郎，霸占潘金莲，又合伙王婆、潘金莲这两个市井小人杀死武大郎的恶棍，是害了武松，迫使武松连杀数人、奔上梁山的首恶。在《金瓶梅》中，他更是一个浮浪子弟、奸商淫夫，欺男霸女、贪人钱财、亦官亦商，满县人都惧怕他，是黑白两道都走得通的流氓、恶霸、地痞，也是后人心目中的淫夫，反面性文化的代表。这是一个集人间丑态于一身的文学形象，被世人不齿，连封建王朝也因为《金瓶梅》中有他这个人物形象，而把该书列为禁止发行的书籍。

《金瓶梅》的作者兰陵笑笑生一直是个谜，不知其何许人也。《徽州社会学科学》2007 年第 8 期，刊出徽人荀洞的文章《兰陵笑笑生考》，论证兰陵就是徽州：徽州在五代的时候，萧祯占据江南，曾经使用过“兰陵”郡号，其依据是《新安名族志》的相关记载。

《新安名族志》后卷江姓条说：“江出嬴姓，伯益之裔。玄仲受封于江，因以为氏，郡号济阳。又有萧江氏，本性萧，唐宰相遘子仲子曰祯，为护军兵马使，广明间伐剿贼有功，封柱国上将军，镇守江南，驻兵于歙黄墩，谋复唐业不克，遂指江为誓，易姓江焉，郡号兰陵。”荀洞先生认为江指新安江。

世人熟知有两个兰陵，一是北兰陵，在现今的山东枣庄市的峄城区；一是南兰陵，在现今的江苏常州市的武进区。而萧氏祖先梁武帝萧衍即是兰陵人。萧祯是秉承祖先遗志，在统治皖南宣、池、歙诸州时，是以兰陵族望为郡号。

苟洞先生又考证，笑笑生就是“嘉靖间大名士”、戏曲家汪道昆，兰陵笑笑生是用了真地名假姓名。汪道昆就是《金瓶梅》一书的作者。《金瓶梅》是由明代人董其昌、王世贞、刘承禧、袁宏道、袁中道等人从徽州传抄散播于世的。汪道昆（1525—1593年），字伯玉，号太函，又号南溟，歙县人，嘉靖二十六年（1547年）进士，曾任义乌县令、襄阳知府、福建副使、湖广巡抚、兵部左侍郎等职。明万历三年（1575年）急流勇退，告老还乡。其戏曲剧作有列为中国十大古典悲剧之一的《唐明皇七夕长生殿》，诗文集有《太函集》。

苟洞先生的考证不失为一家之言，且有充分的论证。若苟说成立，兰陵笑笑生就是歙县人汪道昆，商人西门庆就出自他的笔下。而汪道昆有生活基础，有文字功底，有官场阅历，有时间写作，有文学天赋，有创作动机，有家资刊刻印行，似也可信。

在冯梦龙的“三言”——《喻世明言》《警世通言》《醒世恒言》，凌濛初的“二拍”——《初刻拍案惊奇》《二刻拍案惊奇》等明代短篇话本小说中，写及诸多徽州商人，刻画了许多惟妙惟肖的徽州商人形象。作者或下笔如椽，或三言两语、入木三分地描写刻画徽商丑态，读来既令人忍俊不禁，又使人气恼哀伤，为商人悲愤。现将“三言”“二拍”和有关小说中涉及徽商的话本篇目列录如下，并举二三为例，读者可见徽商的形象：

（1）《杜十娘怒沉百宝箱》；

（2）《蒋兴哥重会珍珠衫》；

（3）《韩侍郎婢作夫人，顾提控掾居郎署》；

（4）《卫朝奉狠心盘贵产，陈秀才巧计赚原房》；

（5）《程元玉店肆代偿钱，十一娘云冈纵谭侠》；

（6）《韩秀才乘乱聘娇妻，吴太守怜才主姻簿》；

（7）《叠居奇程客得助，三救厄海神显灵》；

（8）《盐官邑老魔魅色，会骸山大士诛邪》；

■《三言二拍》书影

(9)《朝奉郎挥金倡霸》;
(10)《真菩萨》;
(11)《浪婆娘送老强出头》;
(12)《完令节冰心独抱,全姑丑冷韵千秋》;
(13)《曹十三草鼠金章,李十万恩山义海》;
(14)《真廉访明镜雪奇冤》;
(15)《李月仙割爱救亲夫》;
(16)《吴郎妄意院中花,奸棍巧施云里手》;
(17)《贪婪汉六院卖风流》;
(18)《周按察折狱成神》;
(19)《莽书生强图鸳侣》;
(20)《铁菱角》;
(21)《走天涯克全子孝,感异梦始获亲骸》;
(22)《图葬地诡联秦晋,欺贫女怒触雷霆》;
(23)《程朝奉单遇无头妇,王通判双雪不明冤》。

冯梦龙在《杜十娘怒沉百宝箱》中写道,李甲带着银子到京城赶考,不思上进,功名无成,成天钻花街柳巷,把银子都花在杜十娘和诸风流女子身上。杜十娘对李公子痴情不移,赎身出院,随李甲南归合婚。行到瓜洲(扬州),李甲上岸碰上歙县人孙富,孙富是个徽州盐商子弟,浮浪成性,与李甲一顿饮酒,就忽悠得李甲以一千两银子为价,将杜十娘转手卖给他了。李甲殊不知杜十娘"箱中韫藏百宝,不下万金"。杜十娘身处异乡,路无亲人,面对李甲的无情、孙富的奸笑,悲愤涌胸,怒不可遏,瞬时对爱情、对人生失去信心,失去希望,先沉百宝箱里的珠宝金银,又舍身投江而死,以身向封建礼教、夫权、神权、族权、王权进行了宣战。李甲的父亲是浙江刺史,相当于今天地市一级的干部,在讲究门第、封建礼教吃人的社会,是不允许他把一个花街柳巷的女子带回家、纳为妾的。

凌濛初在《卫朝奉狠心盘贵产,陈秀才巧计赚原房》中塑造的卫朝奉，则是一个见利忘义、贪婪刻薄的吸血鬼。小说开始先对其为人概括介绍道：

光阴如隙驹。陈秀才风花雪月了七八年，将家私弄得干净快了……却是没银子使用。众人撺掇他写了一纸文契，往那三山街开解铺的徽州卫朝奉处借银三百两。那朝奉又是一个爱财的魔君，终是陈秀才的名头还大，卫朝奉不怕他还不起，遂将三百银子借与，三分起息。陈秀才自将银子依旧去花费，不题。

却说那卫朝奉平素是极刻剥之人。初到南京时，只是一个小小解铺，他却有百般的昧心取利之法。假如别人将东西去解时，他却把那九六七银子，充作纹银，又将小小的等子称出，还要欠几分兑头。后来赎时，却把大大的天平兑将进去，又要你找足兑头，又要你补勾成色，少一丝时，他则不发货。又或有将金银珠宝首饰来解的，他看得金子有十分成数，便一模二样，暗地里打造来换了；粗珠换了细珠，好宝换了低石。如此行事，不能细述。那陈秀才这三百两债务，卫朝奉有心要盘他这所庄房，等闲再不叫人来讨。巴巴的盘到了三年，本利却好一个对合了，卫朝奉便着人到陈家来索债。陈秀才那时已弄得瓮尽杯干，只得收了心，在家读书，见说卫家索债，心里没做理会处。

明人陆人龙在《型世言》第二十六回《吴郎妄意院中花，奸棍巧施云里手》里，又塑造了一个为追逐女人不惜花费重金，但个人生活又十分悭吝的徽州商人。作者写到寓居杭州箭桥大街的徽州盐商吴爚时，这般描写：

家中颇有数千家事，但做人极是啬吝，真是一个铜钱八个字。臭猪油成坛，肉却不买四两。凭你大熟之年，米五钱一石，只是吃些清汤不见米的稀粥。

有清一代以安徽全椒县人吴敬梓的《儒林外史》为例，看一看清代小说中对徽商的描写。在新版《儒林外史》（吉林文史出版社 1995 年 9

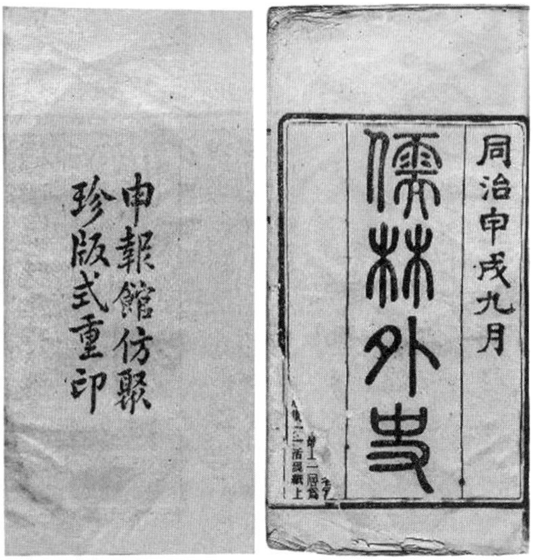

■《儒林外史》书影

月版）中，收录了两个安徽大学问家作的“传”和“叙”，一个是胡适先生的，另一个是陈独秀先生的。先看胡适先生写的《吴敬梓传》前两段对吴敬梓的评介：

我们安徽的第一个大文豪，不是方苞，不是刘大櫆，也不是姚鼐，是全椒县的吴敬梓。

吴敬梓，字敏轩，一字文木。他生于清康熙四十年，死于乾隆十九年（西历一七〇一至一七五四）。他生在一个很阔的世家，家产很富；但是他瞧不起金钱，不久就成了一个贫士。后来他贫的不堪，甚至于几日不能得一饱。那时清廷开博学鸿词科，安徽巡抚赵国麟荐他应试，他不肯去。从此，“乡试也不应，科岁也不考，逍遥自在，做些自己的事”。后来死在扬州，年纪只有五十四岁。

适之先生对吴敬梓评价多高啊！开宗明义地讲吴敬梓是安徽的第一个文学大家。吴敬梓是通过自己的作品——《儒林外史》，“提倡一种新社会心理，叫人知道举业的丑态，知道官的丑态；叫人觉得‘人’比‘官’格外可贵，学问比八股文格外可贵，人格比富贵格外可贵”。

再看陈独秀先生1921年10月在《儒林外史新叙》开头四小段中对《儒林外史》的评价：

中国文学有一层短处，就是：尚主观的“无病而呻”的多，知客观的“刻画人情”的少。

《儒林外史》之所以难能可贵，就在他不是主观的、理想的——是客观的、写实的。这是中国文学书里很难得的一部章回小说。

看了这部书的，试回头想一想：当时的社会情形是怎么样？当时的翰林、秀才、斗方名士是怎么样？当时的平民又是怎么样？——那一件事不是历历如在目前？那一个人不是惟妙惟肖？

吴敬梓他在二百年前创造出这类的文学，已经可贵；而他的思想，更可令人佩服。

对于《儒林外史》，世人都知道是讽刺小说，讽刺那些醉心于科场功名，一生“之乎者也”，做八股文走科举路，吃官场饭的丑儒、酸儒、腐儒，毕尽科举业的丑态。如书中所写周进、范进中举的丑态和可怜；严贡生、严监生兄弟二人的贫吝和可鄙，书中第五回末节、第六回开头写道：

自此，严监生的病，一日重似一日，再不回头。诸亲六眷都来问候。五个侄子穿梭的过来陪郎中弄药。到中秋已后，医家都不下药了。把管庄的家人都从乡里叫了上来。病重得一连三天不能说话。晚间挤了一屋的人，桌上点着一盏灯。严监生喉咙里痰响得一进一出，一声不倒一声的，总不得断气，还把手从被单里拿出来，伸着两个指头。大侄子走上前来问道：“二叔，你莫不是还有两个亲人不曾见面？”他就把头摇了两三摇。二侄子走上前来问道：“二叔，莫不是还有两笔银子在那里，不曾吩咐明白？”他把两眼睁的的溜圆，把头又狠狠摇了几摇，越发指得紧了。奶妈抱着哥子插口道：“老爷想是因两位舅爷不在跟前，故此记念。”他听了这话，把眼闭着摇头，那手只是指着不动。赵氏慌忙揩揩眼泪，走近上前道：“爷，别人都说的不相干，只有我晓得你的意思!”

赵氏分开众人，走上前道：“爷，只有我能知道你的心事。你是为那灯盏里点的是两茎灯草，不放心，恐费了油。我如今挑掉一茎就是了。”说罢，忙走去挑掉一茎。众人看严监生时，点一点头，把手垂下，登时就没了气。合家大口号哭起来，准备入殓，将灵柩停在第三层中堂内。

但是许多人没有注意到，《儒林外史》中还写了许多徽州人和徽州商人。而这些徽州人和徽州商人也都是作者讽刺的对象，是作为反面形象存在于作品中的，是仅次于举人、秀才、贡生、监生之类的另一大群体，是“儒林”的陪衬。这一点在以往的研究中都被人们忽视了。从《儒林外史》一问世，人们只注意到作品中的举人士子的形象和人物刻画，津津乐道于作品中醉心于八股文、科举考试、功名利禄者的形神细节，没有人把更多的目光关注在作品中的诸多徽商身上。其实，《儒林外史》中有众多对徽商的描写和人物刻画，据不完全统计，就有七个章回，数十个人物。吴敬梓先生在作品中对这些人物形象的刻画，也是个个形神兼备，入木三分，惟妙惟肖，活灵活现。其批判、揭露、鞭挞、讽刺的力度比诸多“儒林”者形象有过之而无不及。

作者在《儒林外史》中提到徽商和塑造的徽州人形象有：

第二十二回：《认祖孙玉圃联宗，爱交游雪斋留客》，写徽州人牛玉圃、牛浦和万雪斋。

第二十三回：《发阴私诗人被打，叹老景寡妇寻夫》，续写盐商万雪斋及顾盐商、汪盐商等。

第二十八回：描写盐商为“盐呆子”“六精”。

第四十三回：写盐商万老爷家两号盐船被强盗打劫，徽州朝奉们的形态。

第四十四回：写“在五河县开典当行盐”的徽州方姓人氏。

第四十七回：《虞秀才重修元武阁，方盐商大闹节孝祠》。

第四十八回：《徽州府烈妇殉夫，泰伯祠遗贤感旧》。

以第二十二回和第二十三回为例，看看对盐商万雪斋的描摹刻画：

写万家门厅：

> 当下走进了一个虎座的门楼，过了磨砖的天井，到了厅上。举头一看，中间悬着一个大匾，金字是“慎思堂”三字，傍边一行：“两淮盐运使司盐运使荀玫书”；两边金笺对联，写：“读书好，耕田好，学好便好；创业难，守成难，知难不难”；中间挂着一轴倪云林的画；书案上摆着一大块不曾琢过的璞，十二张花梨椅子；左边放着六尺高的一座穿衣镜。从镜子后边走进去，两扇门开了，鹅卵石

砌成的地，循着塘沿走，一路的朱红栏杆。

倪云林，名瓒，字元镇，云林是其别号之一，生于1301年，卒于1374年，出身于无锡一个殷富之家。元代四大画家之一，善画山水、墨竹，自幼饱览经史，工诗文、书法、音律。先信佛，后入全真教，且长于收集图书文玩。（《中国书画鉴赏辞典》，中国青年出版社1988年版）

写万雪斋衣着：

两人坐下吃了茶，那主人万雪斋方从里面走了出来，头戴方巾，手摇金扇，身穿澄乡茧绸直裰，脚下朱履，出来同牛玉圃作揖。

写万雪斋生活：

万雪斋起身道："玉翁，本该奉陪，因第七个小妾有病，请医家宋仁老来看，弟要去同他斟酌，暂且告过。你竟请在我这里宽坐，用了饭，坐到晚去。"说罢，去了。

牛玉圃道："雪斋也是交满天下的。"因指着这个银子道："这就是雪斋家拿来的。因他第七位如夫人有病，医生说是寒症，药里要用一个'雪虾蟆'，在扬州出了几百银子也没处买，听见说苏州还寻的出来，他拿三百两银子托我去买。"

吃过了茶，先讲了些窝子长跌的话，抬上席来，两位一桌。奉过酒，头一碗上的"冬虫夏草"。万雪斋请诸位吃着，说道："像这样东西，也是外方来的，我们扬州城里偏生多。一个'雪虾蟆'，就偏生寻不出来！"顾盐商道："还不曾寻着么？"万雪斋道："正是，扬州没有，昨日才托玉翁令侄孙到苏州寻去了。"汪盐商道："这样希奇东西，苏州也未必有，只怕还要到我们徽州旧家人家寻去，或者寻出来。"万雪斋道："这话不错，一切的东西是我们徽州出的好。"顾盐商道："不但东西出的好，就是人物也出在我们徽州。"

万雪斋是什么人物呢，书中通过一道士介绍说：

“万家他自小是我们这河下万有旗程家的书童，自小跟在书房伴读。他主子程明卿见他聪明，到十八九岁上就叫他做小司客。”牛浦道：“怎么样叫做小司客？”道士道：“我们这里盐商人家，比如托一个朋友在司上行走，替他会官、拜客，每年几百银子辛俸，这叫做‘大司客’；若是司上有些零碎事情，打发一个家人去打听、料理，这就叫做‘小司客’了。他做小司客的时候，极其停当，每年聚几两银子，先带小货，后来就弄窝子。不想他时运好，那几年窝价陡长，他就寻了四五万银子，便赎了身出来，买了这所房子，自己行盐，生意又好，就发起十几万来。万有旗程家已经折了本钱，回徽州去了，所以没人说他这件事。去年万家娶媳妇，他媳妇也是个翰林的女儿，万家费了几千两银子娶进来。那日大吹大打，执事灯笼就摆了半街，好不热闹！到第三日，亲家要上门做朝，家里就唱戏、摆酒，不想他主子程明卿清早上就一乘轿子抬了来，坐在他那厅房里。万家走了出来，就由不的自己跪着，作了几个揖，当时兑了一万两银子出来，才糊的去了，不曾破相。”

而牛玉圃中了牛浦的计，不知这一段因果，当着万雪斋与顾、汪二盐商又虚伪夸张地说出他与程明卿先生相好，还要介绍程明卿来与万雪斋叙一叙时，“万雪斋听了，脸就绯红，一句也答不出来”。接着又“气的两手冰冷，总是一句话也说不出来”。不几天，万雪斋就将牛玉圃打发到仪征自己的下店，并让店主送他一两银子来羞辱他。

第四十四回和四十七回写五河县徽州人方家，作者以含沙射影的笔法，将人物讽刺得淋漓尽致。他在第四十四回写道：

又有一家，是徽州人，姓方，在五河开典当行盐，就冒了籍，要同本地人作姻亲。初时这余家巷的余家还和一个老乡绅的虞家是世世为婚姻的，这两家不肯同方家作亲。后来这两家出了几个没廉耻不才的人，贪图方家赔赠，娶了他家女儿，彼此做起亲来。后来做的多了，方家不但没有分外的赔赠，反说这两家子仰慕他有钱，求着他做亲。所以这两家不顾祖宗脸面的有两种人：一种是呆子，那呆子有八个字的行为："非方不亲，非彭不友。"一种是乖子，那乖子也有八个字的行为："非方不心，非彭不口。"

第四十七回写方家安奉老太太入节孝祠，又是在祠里尊经阁上张灯结彩，又是请戏子，又是敲锣打鼓，又是置办酒席，又是请了知县、学师、典史、把总、秀才一班乡绅、老爷恭祭。"乡绅末了一个是唐二棒椎，手里拿一个簿子在那里边计帐。""祭完了，绅衿一哄而出，都到尊经阁上赴席去了。"接下来，吴敬梓写道：

余大先生抬头看尊经阁上绣衣朱履，觥筹交错。方六老爷行了一回礼，拘束狠了，宽去了纱帽圆领，换了方巾便服，在阁上廊沿间徘徊徘徊。便有一个卖花牙婆，姓权，大着一双脚，走上阁来，哈哈笑道："我来看老太太入祠！"方六老爷笑容可掬，同他站在一处，伏在栏杆上看执事。方六老爷拿手一宗一宗的指着说与他听。权卖婆一手扶着栏杆，一手拉开裤腰捉虱子，捉着，一个一个往嘴里送。

牙婆是哪一类人呢？《水浒传》中给西门庆、潘金莲拉皮条的王婆一类者。作者在第四十五回中写道："五河的风俗是个个人都要同雇的大脚婆娘睡觉的。不怕正经敞厅里摆着酒，大家说起这件事，都要笑的眼睛没缝，欣欣得意，不以为羞耻的。"

吴敬梓先生假借五河县人而骂全椒县人。全椒县人只晓得他是一个败子，不认得他是一个名士。在《儒林外史》第三十四回，他借高老先生说自己：

混穿混吃，和尚、道士、工匠、花子，都拉着相与，却不肯相与一个正经人！不到十年内，把六七万银子弄的精光。……学生在家里，往常教子侄们读书，就以他为戒。每人读书的桌子上写一纸条贴着，上面写道："不可学天长杜仪！"

吴敬梓自己在30岁时写的“减字木兰花词”八首，基本上是自己的传记资料，其第一首中说：“今年除夕，风雪漫天人作客。三十年来，那得双眉时暂开。”在第二首中说：“昔年游冶，淮水钟山朝复夜。金尽床头，壮士逢人而带羞。”在第三首中说：“田庐尽卖，乡里传为子弟戒。年少何人，肥马轻裘笑我贫。”

吴敬梓《儒林外史》里刻画的人物，在当时现实生活中都是有所指的，是有生活原型的。同治八年（1869年）上元（指今南京）金和为《儒林外史》所写的“跋”中说：书中杜少卿乃先生自况，严贡生乃姓庄，范进姓陶。书中人物“或形象谐声，或廋词隐语……若以雍乾间诸家文集细绎而参稽之，往往十得八九”。陈独秀先生在新叙中也说到《儒林外史》是一部客观的、写实的章回小说。胡适先生在叙言里也说明了这一点，而且还曾想做一篇《儒林外史》的考证材料，只是因为病了，不能做文章，而且还以为做《儒林外史》的考证材料并不十分难寻。这就是告示我们，作者写的举人、秀才、徽商都是作者生活中熟悉的人，都是现实的人。而作者生平并没到过广东高要县，故所写范进中举之类事，可能就发生在安徽、江苏、浙江一带。徽商在商言儒，醉心儒学，亦商亦儒，状元、举人、进士又多，书中也难免有徽州儒学之人。

另外，吴敬梓的长子吴烺，也是乾隆十六年（1751年）赐的举人。当年乾隆南巡，吴烺迎銮，召试奏赋，赐举人。吴烺精算学，也有著作诗文留世，并曾任过山西宁武府的同知。说来这又同山西有关了。

徽商被文人学者看不起，在清人许承尧著的《歙事闲谭》中，还记录了一个徽州籍学者洪亮吉先生在扬州亲身经历的一件事：

某徽商暴富后，花钱捐了一个虚衔的官，自我感觉身份不一样了，自己也有头有脸有势有学问了。有一天，他穿戴好官服衣帽，坐上蓝呢大轿去拜访书院山长。书院山长，相当于我们今天的大学校长，是当时极有学问、极受人尊敬的人。他下了轿，迎面过来一个生员，满脸堆笑，向他打招呼，对他作揖打躬，这个衣冠商人看都不看、理都不理，扬长而去。恰巧被洪亮吉先生看到了，他实在气愤不已，看不下去，就把这个人扯下来，痛打了一顿。这则实例，说明徽商即使买了官，也仍然被人看不起，甚至连他的徽州老乡也看不起，还要打他一顿。

徽州商人被人瞧不起，遭人讨厌，甚至憎恶，一直延续到近代。胡

■《歙事闲谭》书影

适之先生是徽州绩溪人，他当年在美国写的《徽州人》一文中，对此也作了坦诚的表白：“近几百年来的食盐贸易差不多都是徽州人垄断了。食盐是每一个人不可缺少的日常必需品，贸易量是很大的。徽州商人既然垄断了食盐的贸易，所以徽州盐商一直是不讨人喜欢的；甚至是一般人憎恶的对象。你一定听说过许多讽刺‘徽州盐商’的故事罢！所以我特地举出盐商来说明徽州人在商界所扮演的角色。”

徽州人另一项大生意便是当铺。通常社会上所流行的“徽州朝奉”一词，原是专指当铺里的“朝奉”来说的，到后来就泛指一切徽州士绅和商人了。“朝奉”原本含有尊敬的意思，表示一个人勤俭刻苦，但有时也含有刻薄等批判的意思，表示一个商人，别的不管，只顾赚钱。

（三）心理自卑，行为失当

1. 心理自卑

商人由于在封建社会长期受到统治者和主流思想的打压，受到“士农工商”排序末位的影响，祖祖辈辈一直处在社会的低层，一直被人们所看不起。长此以往，商人也自然而然地产生一种自卑、低贱的心理，自觉把自己纳入社会底层，低人一等，甚至几等。在性格上则表现为内向、固执、狭隘、小气，缺乏群体意识。在同人交往上则显得目光短浅、精于算计、斤斤计较，个人小算盘、小九九打得啪啪响，有时甚至坑人害人，应了无商不奸的评语。即使发家致富了，有的也是恶习难改，在更大的范围和场合中起着坏的作用，甚至通过结交官府，买官捐官，将自己的陋习恶行又带到封建官场。

2. 小气吝啬

在已有对晋商、徽商的研究评述中，从明朝开始，便有大量府志、县志、笔记、小说记述他们的节俭、抠门、小气吝啬。如清人艾纳居士在《豆棚闲话》《朝奉郎挥金倡霸》中所描写的兴哥汪彦，就是个极节俭度日的人。在汪华首次外出经商时，汪彦已是拥有30多万银两的大富翁，但对儿子出门经商“照例备了些腌菜干，猪油罐，炒豆瓶子”，让汪华带去。晋商、徽商居家过日子，节俭勤劳，无可厚非，也是中华民族的传统美德，与今天社会上的一些奢侈浮糜、浪费惊人的状况形成鲜明对照，我们应该向他们学习，他们深知一粥一饭来之不易、半丝半缕物力维艰。但节俭到刻薄，不能善待自己，节俭到自己步入大都市的行列，如扬州、北京、南京、上海，且家已富裕，仍然小气吝啬，就难免被人笑话，被人瞧不起。故在旧时的大都市里，人们提起山西“老西儿”、安徽“徽州人”都是略含贬义的。

3. 奸商民怨

俗话讲：“无商不奸。”这句话虽有些绝对，但无疑代表了人们对商人的看法。晋商、徽商在从事商品交易活动中，有许许多多“真不二价”“诚信不欺”，以“诚信”为生意之本的人物和故事，但也不乏奸诈欺骗、抬高压低、放驴打滚高利贷、开典当铺图人财的见利忘义之徒。在社会商品交换中，一般百姓总是算计不过商人的，总是买家算不过卖家。在算计方面，商人总是“专家”，但事后人们往往都会清醒，尤其是上当受骗、买高卖低之后，不由地就会将怨恨记在商人的头上。小商小贩在商品买卖中，为蝇头小利与人斤斤计较；盐商大贾，垄断经营，压低收购价，哄抬销售价，致使普通老百姓种粮一石还买不起一包盐，甚至十天半月食无盐味。如此，难免民怨沸腾，人们要痛骂盐商了。盐是人们生活必需品，人不可以一日无盐，尤其是对于耕田力作的劳动人民来说，不吃盐就没力气，不能下田耕作干活。据清道光年间两江总督兼两淮盐运使陶澍讲，淮盐当时在产地的收购价仅一二文一斤，道光十年（1830年）“如汉镇为销盐第一口岸，盐价每斤需钱四五十文，分运各处销售，近者六七十文，远者竟需八九十文不等”。产地价与销售价相差20～30

倍之多。如除掉运输费、损耗、厘金等，其利润率是十分高的。价格在流通环节被人为抬高了，利润被商人赚走了。而当时的米价与食盐的比价又是如何呢？以江西为例，在道光十七、十八年（1837、1838 年），稻谷每石四五百文，米价倍之，而盐价在五六十文一斤，当时包装的一小包盐重七斤四两，以稻谷一石易一包盐还不够。就是说，农民辛苦一年，收获一石稻谷，还换不上一小包食盐。这正如清人孙静庵在《栖霞阁野乘》中说："中盐有期，销引有地，谓之纲盐。以每引三百七十斤计之，场价斤止十文，加课银三厘有奇，不过七文，而转运至汉口以上，需价五六十不等，愈远愈贵，盐色愈杂，霜雪之质，化为缁尘，乡曲贫民，有积日累旬、坚忍淡食者矣。"另有不法盐商还通过种种手段，如任意囤积抬价、缺斤少两、掺沙使假等赚钱坑民。《陕西道监察御史胡定奏文》中说，盐商"或盐船故令迟到，使盐价腾贵；或诡称盐将缺乏，致百姓抢购，顿收数倍之利。且复由包缺少分量，掺加泥沙"。如此之奸诈无义的盐商，难免世人要怨恨唾骂了。

4. 好讼健讼

好讼健讼，不胜不止，这是徽州人的陋俗。此一民风，与山西人、与山西商人正好不同。徽州人喜欢打官司，这在明清以来是举世公认的事实。明清至民国，历任徽州知府、县丞都为徽州人争讼、健讼所头痛，几乎都把徽州列为难治之区。徽州人打官司为土地山林，为风水坟墓，为佃主名分，为婚姻之嫁娶，为子嗣之过继，为商贾之利益，一争再争，一讼再讼，不惜花费。徽商走出新安，在扬州、在江西、在武汉经商，也将此恶习带往他地，争讼不断，手段低卑，甚至自杀他杀图赖于人，勾结官府，上下其手，自然在人们心目中没有好印象，甚至十分痛恶徽州人。据记载，康熙初年，徽州人为了在汉口建新安会馆，与当地人打了 6 年的官司。俗话讲：八字衙门朝南开，有理无钱莫进来。打 6 年官司，要花多少钱？但徽州人硬是集宗族之力，集新安人在汉口之力，众人集资，硬是花钱走门子，交官府，把官司打赢了。民间谚语有云"上有九头鸟，下有湖北佬"。但是在 100 多年前，在汉口的徽商后代口里唱的是"哪怕你湖北人生得刁，徽州人买断你汉口的腰"。这充分说明了徽州人的财大气粗，你纵是地头蛇我也不怕，我有官府支持，而官府之所以支持，是因为我有银子明里暗里贿通官府官吏。对徽州人好讼健讼的民风与山西人不好词讼见官的民风对比，后文将另外叙述。

5. 耗银捐官

封建社会由于官本位思想的影响，由于商人社会地位低下，促使发达致富的商人总是想结交官员甚至皇帝以提高自身的地位，保护自己的商业经营，他们的行为甚至影响产业政策、商业政策的制定。他们总是想进入仕宦行列、上流社会，改变自己的社会地位。这样，有的人为子孙计，课子孙读书，走科举之路。有的人干脆拿银捐官，使自己也戴上红顶子，步入官员行列。明清朝廷开放捐官制，从七品知县到各部大臣、封疆大吏，只要你出一定数额的银子，就给你一定的官衔、级别、待遇。比如你捐官后可在服饰上穿得好一些，可坐轿，见同品级的官员可以不磕头，相互平等称呼，可以在建房住房上超越规格，等等。明清时捐官不仅可以给自己捐，还可以给父母捐，给故去的祖宗捐。只要你出银子，皇家给你个名分、匾额、空头待遇，既不授你实职，又丰盈充实了皇帝的腰包、官员的私囊，还使商人乡绅高兴，何乐而不为呢。因此，在明清，许多商人都是要捐官的，在捐官上是不惜花费银子的。在这一点上，徽商表现得尤为突出、更为强烈，出手也极为大方，花费更是可观。徽州《阄书契底》中说："捐资授职，计费匪轻。"明清笔记、小说及坊间流传，也都说徽州商人在乌纱帽、红绣鞋上挥金如土，最舍得花钱。

明清捐纳之风盛行，官场酷似市场。明人周顺昌在《与朱德升孝廉书》中说："方今仕途如市，入仕者如往市中贸易，计美恶，计大小，计贫富，计迟速。"（《周忠介公烬余集》卷二）在社会风气上，行贿受贿成风，拜金主义至上。明人赵南星曰："今之士人，以官爵为性命，以钻刺为风俗，以贿赂为交际，以嘱托为当然，以徇情为盛德，以请教为谦厚。"他在《笑赞》中说，唐僧到西天取经，到了雷音寺，迦叶长者索要小费，唐僧无奈，只好将紫金钵给了他。猪八戒忿忿不平，见了释迦牟尼后，在佛前告了一状。释迦牟尼则说："佛说：'佛家弟子也要穿衣吃饭。向时舍卫国赵长者请诸弟子下山，将此经诵了一遍，讨得了三斗三升麦粒黄金；你那钵盂，有多少金子？也在话下。'说的个猪八戒好似箭穿了雁嘴，恼恨恨的走出来，说道：'逐日家要见活佛，元来也是要钱的。’”唐三藏说：“徒弟不要烦恼，我们回去，少不得也替人家诵经。”

吴承恩在《西游记》第九十八回《猿熟马驯方脱壳，功成行满见真如》也大段地写了这一故事：

阿傩、伽叶引唐僧看遍经名，对唐僧道：“圣僧东土到此，有些甚么人事送我们？快拿出来，好传经与你去。”三藏闻言道：“弟子玄奘，来路迢遥，不曾备得。”二尊者笑道：“好，好，好！白手传经继世，后人当饿死矣！”

行者嚷道：“如来！我师徒们受了万蜇千魔，千辛万苦，自东土拜到此处，蒙如来吩咐传经，被阿傩、伽叶掯财不遂，通同作弊，故意将无字的白纸本儿教我们拿去，我们拿他去何用？望如来敕治！”佛祖笑道：“你且休嚷。他两个问你要人事之情，我已知矣。但只是经不可轻传，亦不可以空取。向时众比丘圣僧下山，曾将此经在舍卫国赵长者家与他诵了一遍，保他家生者安全，亡者超脱，只讨得他三斗三升米粒黄金回来。我还说他们忒卖贱了，教后代儿孙没钱使用。你如今空手来取，是以传了白本。白本者，乃无字真经，倒也是好的。因你那东土众生，愚迷不悟，只可以此传之耳。”即叫：“阿傩、伽叶，快将有字的真经，每部中各检几卷与他，来此报数。”

二尊者复领四众，到珍楼宝阁之下，仍问唐僧要些人事。三藏无物奉承，即命沙僧取出紫金钵盂，双手奉上道：“弟子委是穷寒路遥，不曾备得人事。这钵盂乃唐王亲手所赐，教弟子持此，沿路化斋。今特奉上，聊表寸心。万望尊者不鄙轻亵，将此收下，待回朝奏上唐王，定有厚谢。只是以有字真经赐下，庶不孤钦差之意，远涉之劳也。”那阿傩接了，但微微而笑。……只是拿着钵盂不放。

这虽是笑话，是小说家言，但笑话、小说是反映现实生活的，是现实的凝练、概括和写照。由此一斑，可窥当时社会之风气。

徽商、晋商及其他商帮和各地有钱人的捐官，难免要与那些“十年寒窗苦读”的士子们碰撞，要挤占他们的官场之路，引起他们反感、不满和气恼，尤其是引起那些得了秀才、乡贡而考不上举人，授不了实缺官职的儒子们的反对。这些文人们在仕途不畅、中举无望之后，有的手不能提、肩不能挑，流落勾栏、馆舍、市井红场，难免就将自己的笔墨投向小说、剧本、笔记、闲谈中，寄情于这些被正道、正派文化人所瞧不起的事情上，以及被其视为不入流的作品上。同时，他们又将不满泄愤到生活中其所气恼、怨恨的对象——商人头上。商人们捐官得授后，难免又装腔作势、附庸风雅，在文人士子和市井坊间中弄出一些笑话，成为这些儒林之人茶余饭后的谈资、脑中笔端的生活原形，在创作时便把商人形象作为反面的人物来塑造刻画。这一如前面所述明清小说中对徽商的“描摹”。如此一来，再加上作品的广泛传播，徽商乃至于广大商人在世人眼中的地位就愈加低下、愈加卑微，也愈加被世人看不起了。

6. 纳妾宿娼

商人被人讥讽、看不起，反映在生活上还在于纳妾蓄妓之风盛行。他们一方面克勤克俭、省吃俭用，舍不得多花一文钱；一方面又大把地花银子，挥金如土地逛花街柳巷，嫖妓蓄娼，与人通奸。其致富者广为纳妾，乐不思归。这与商人长年经商在外，不能带家眷，需要解决性饥渴有关；也与传统社会“不孝有三，无后为大”，需要生育子嗣，崇尚多子多福有关；也同商人生活放荡，视其为享受、为财富、为荣耀有关。在此一点上，徽商与晋商又有不同：晋商多数不纳妾或纳妾者少，史料、笔记、小说中也鲜见记载；而徽商则不同，纳妾蓄妓成风，稗史小说甚至宗谱多有记载。

在封建社会，甚至到民国，我国有钱有势之人家男子娶正房、二房甚至三房都是社会允许且甚为荣耀的。这一点我们要明了，要区别于现今一夫一妻制及对人们的道德要求。但是为什么徽商在这方面惹起世人妒、文人嫌、社会讥讽呢？无疑是过分了。

大家熟知的胡雪岩（1823－1885 年），是徽商后期的代表人物，其经商兴也勃焉，败也忽焉。他的生意做到那里，小妾就纳到那里，连家里带外边的不下数十个。而许承尧在《歙事闲谭》第 15 册的《吴天行传》中记载，吴天行竟然纳妾上百名。书中的《琐琐娘传》记：“琐琐娘，艳姝也，妙音声。明嘉靖中，新安多富室，而吴天行亦以财雄于丰溪，所居广园林，侈台榭，充玩好声色于中。艳琐娘名，聘焉。后房女以百数，而琐娘独殊。姿性尤慧，因获专房宠。时号天行为百妾主人，主人亦自名其园曰‘果园’。”

由此段记录可知，琐琐娘，有姿色，性尤慧，妙音乐，吴天行就将她娶过来了。吴天行后园中娶妾达百人，时人称其为百妾园主人。而这个主人受多子多福思想影响，亦自名其园为果园。果园者多结果、多生子的意思。由此可见，一个暴富盐商，大造园林，纳妾至百，其奢靡放纵、腐化淫乐到何种程度，与广大士子、劳动人民形成多大反差。

徽州商人生活放纵还不限于纳妾，还有不少人蓄妓宿娼。明清在徽州当地也有许多娼妓堂所。明代万历年间徽州知府古之贤颁发过《行六县禁革娼优》告示：“近访得岩镇地方，盖造整齐店屋，召住艳丽名娼，包留善歌女戏，思欲比赛南京旧院规矩，以为美谈。遂至诱引富家子弟，昼夜歌舞。风俗荡败，奸盗悉从此生。”接着古之贤又进一步阐述娼妓对徽州的危害，指出：“徽属地方，不系通津聚商之处，俱是本地耕食凿饮之民。间有父兄经营，居积致富，类从辛苦中得来，致遭不才子弟嫖赌，挥金如土，不知爱惜，反以父资于娼优家争相。慕豪侠之风，成淫荡之习，恬不为怪。不过数年，立见倾败。”为消除这一祸害，告示中责令徽州六县官员：“照牌事理，即便转行巡捕官，将外来娼优悉行赶逐。其有造房开店停留者，即便申究。如有地方容留不报，一体查究不贷。”清歙县知县傅岩曾再申逐娼令。“土娼、招赌、卖姻”被列为徽州三大公害。

徽商或全国各地商人，纳妾蓄妓，出入勾栏杏院，又难免与文人学士、落魄士子在这些场所相遇。文人儒子有才情、有文化，但囊中羞涩，妓院老鸨、姑娘，个个都是看钱下料的货，任你才子风流，相貌俊伟，没有钱是万万不行的。有几个文人才子能与巨商大贾的子弟在此种场所比富斗阔？这些文人不仅白天与商人在官场道上相撞相碰，在夜晚又与这些商人及商人子弟在花街柳巷、梨院勾栏相碰相撞。而他们在这官场、情场上因为钱少而处处碰壁因而就难免要寄情于笔墨纸端，把自己的遭遇，把对商人的愤恨，写在小说、话本里了。在封建社会，沦落到写小说、话本的文人，是不入主流社会的。就是大家熟知的《三国演义》的作者罗贯中，本是山西太原清徐人，就因为写章回小说，而被族人开除了族籍，不列入家谱。《儒林外史》的作者吴敬梓也是被族人看不起的。

徽商少小离家，长年在外，有的在家乡和侨寓地都有女人，两边均为妻子，也不分正妻和小妾，商人往来两地去住，在当时社会也无可厚非。如婺源商人金起凤“以父奔走四方，欲代其劳，遂弃儒服贾。父正室俞氏在婺，又有副室周氏在维扬。归婺后，犹往来于两地。”只是徽商蓄妓纳妾过头了，形成了风气，又惹了许多事端，故凌濛初在《二刻拍案惊奇》中说：“元（原）来徽州人有个癖性，是乌纱帽、红绣鞋，一生只这两件事不争银子。”

六、荣归故里，客死他乡

（一）荣归故里，衣锦还乡

晋商、徽商，走出山西，走出徽州，在外做成生意赚了钱、发了财的，都要荣归故里，衣锦还乡，光宗耀祖，扬名声、显父母，夸示于乡里村社。在这一点上，尤其是晋商、徽商做生意成功了的第一代、第二代，必定是要回到故里，风光显赫，光大门庭的。而且，晋商于此显得更为突出，山西人更恋家，无论走多远，赚了多少钱，外边的山水风光、人文环境多么好，他们都要回家。100多年前，曾经流传于北京、上海、汉口的一首民谣道：“山西人大褥套，挣钱还家，买房置地养老少。”这首民谣实际上是在讽刺挖苦晋商。说山西人到哪里都是背个大铺盖卷，鼓鼓囊囊的，防冻御寒，只知道挣钱回老家，置地养活老爹老娘、妻子儿女。他们的思想观念不是四海为家，而是故乡、老家才是家。在故乡、老家出人头地，光大门庭，富比乡邻，才能找到感觉，感到自己对得起祖宗、父母，被乡邻闾里的人看得起，有地位。落叶归根、荣归故里，这也是游子心灵深处的最大愿望。他们一生漂泊，艰辛备尝，追求的人生目的就是有一天能背上大把银子回到故乡，故乡是他们心灵的寄托，是他们的根，是他们记忆中的乡愁、抹不掉的文化情结。正如西楚霸王项羽所言，富贵不还乡，如锦衣夜行。

徽商在这一点上与晋商有所不同。“无徽不成镇”，徽州人可以四海为家。他们到扬州做生意，汉口做生意，上海做生意，芜湖做生意，杭州做生意，可以客居他乡，在那儿买房置地，建宗祠，娶小妾，以生意地为家，乐不思蜀。比如在杭州的胡雪岩，在扬州的诸多盐商宅院就是见证。

晋商、徽商的成功生意人，荣归故里，带着所赚的大把银子回家，其所做的事大致相同，无外乎以下几类：

一是衣锦还乡，置衣置帽，改换行头，把自己打扮得光灿鲜亮；给父母妻儿置办礼品，表示自己的孝养之心。大商人、大生意人，赚了大把银子的人，又骑马坐轿，吆五喝六，大包小包，人抬马拉地回归故里。在山西各个大院门前，注意参观的人，都可看到拴马桩、上马石。这就是财富宣示的象征和记录。

二是大兴土木，或翻修或新盖自己的宅院。现存于山西的乔家大院、常家大院、王家大院、曹家大院、日升昌票号，散落在徽州山水画卷中的西递民居、宏村民居、鲍家花园、屯溪老街，都是致富后的晋商、徽商给我们留下的物质文化遗产。二者不同之处在于晋商大院雄伟、恢宏、大气。我们耳熟能详的乔家大院占地 8700 平方米，由 8 个大院、19 个小院、313 间房屋构成。从高空俯视其院落布局像一个大吉大利的“囍”字。大院三面临街，四周全是高 3 丈有余的砖墙，上边还有掩身女儿墙和瞭望探口，既安全牢固，又威严大气。其设计之精巧，工艺之精细，砖、石、木雕之美轮美奂，充分体现了清代北方民居建筑的独特风格，被专家学者赞美为“北方民居建筑的一颗明珠”。

位于榆次东阳镇车辋村的常家大院，占地超过 10 万平方米，有房屋 1500 余间，仅两层以上砖木结构的楼房就有 40 多座。其后花园有水渠、水池、稼穑楼，堪比现今小公园。有谚曰：“乔家一大院，常家两条街。”

位于太谷县曹家大院的三多堂，形如“寿”字，总占地 10638 平方米，建筑面积 6348 平方米，有房屋 276 间。其“三多”的意思是多福、多寿、多男。其高大的三个亭式重楼，飞阁凌空，造型酷似古代祭祀用的牛、羊、猪头像。它是曹家护院家丁的巡逻探望之地，也是主人举杯邀月之所。据讲，这三多堂“寿”字形院只是其“福、禄、寿、禧”四座字形院有幸保存下来的一座，由此可想当年的富丽堂皇和规模宏大。

位于祁县的渠家大院，占地5317平方米，建筑面积3271平方米，是全国罕见的五进式穿堂院，内分8个大院、19个小院、240间房屋，渠家在祁县城内有十几个大院、千余间房屋，占地3万多平方米，人称“渠半城”。

位于灵石县的王家大院，包括五巷六堡一条街，简直就是一个城堡。它由高家崖建筑群、红门堡建筑群、司马院、绿门院、顶甲花园、孝义祠组成，四面修筑城墙、围堡、塔楼，中间按“王”字格局修建街道，占地面积45000平方米，号称“三晋第一宅”。

三是购置田产山林。把银钱资本变为土地资本，把商业资本变为土地资本，把流动的货币变为不动产，是晋商、徽商做大以后又一战略投资取向。毕竟封建社会里以土地为恒产，买田置地，购入山林，雇上专工，坐收地租，是最为保险的。虽然有“江南大贾不置田土”之说，但那是在封建社会税负加重、苛捐杂税多、社会动荡时段出现的现象，不能代表整体和全部。封建社会土地兼并是必然的。有时商人有钱，想买土地山林，而原主人不到无可奈何、迫不得已的时候，是你出再高的价也不卖的，毕竟那是生命之田、活命之地、死亡之后的归宿。晋商、徽商由商人变为大地主者也比比皆是。

四是修建宗祠，续订家谱，以光宗耀祖。据徽学研究者唐力行教授所著《徽商与宗族社会的历史考察》记载，徽州共建有大小祠堂6000多座。到徽州参观，随处可见俞氏、汪氏、胡氏、江氏、程氏、鲍氏、罗氏、黄氏、吴氏、倪氏宗祠。其家谱之续订，更是形成谱牒学。有谓：“千载之谱系，丝毫不紊。”“三代不修谱，则为不孝。”“会祭有万丁之祠，宗佑有百世之谱。”修谱是要花费人力、物力，即大量银子的。晋商之修谱建祠虽不如徽商如此之广、如此之勤，但家谱也常修不断。如榆次车辋常氏，从1777年到1924年，147年间即修谱4次，平均不到37年就修订一次，也是代代修谱，甚至一人一生两次或修谱或见证修谱。

五是建设牌坊，旌表功名，以显耀乡里。商人做生意赚了银子，有

■ 徽州俞氏宗祠

的给自己捐钱买官，有了功名要立个牌坊；有的儿女弃商从儒，考取了举人、进士、状元，要立个牌坊；有的烈妇贞女，当年为儿孙出门做生意含辛茹苦，操持家务，要立个牌坊。其牌坊种类有功名坊、孝义坊、科举坊、贞节坊、百岁坊等。古人牌坊大都立在官道，过往行人一眼就能看到。这牌坊，比今天的锦旗、奖牌、奖状要大多少啊！它立在通衢大道，其教化彰表作用不言自明。牌坊建筑，在徽州现留有棠樾牌坊群、许国牌坊、唐模村的同胞翰林坊、雄村的四世一品坊、鲍氏宗祠边的慈孝里坊、西递的胡文光刺史坊等。在山西常家庄院有奉旨牌坊。毋庸讳言，在修建祠堂、牌坊和修订族谱、家谱上，徽州人比山西人做得更多、更勤、更好。

六是建桥修路，筑坝引水，兴办书院学堂、修建寺庙道观，广泛施钱于社会公益事业。以自己的善举，造福乡梓，利于乡亲，是积德行善，也更能得到四方人士的称赞。现如今人们到山西、徽州参观，无论在桥头路边、寺庙道观、书院学堂都能看见许多功德碑，上面密密麻麻地记载着许多捐献银两者的名字和捐献数额。据安徽大学徽学研究中心教授卞利先生的研究报告：现今徽州地区存世有名的古桥尚有1223座，其修建和重建大都在徽商崛起之后的明清时期。其中最宏伟壮观的要数歙县练江上的16孔石拱太平桥和休宁岩前通往齐云山的登封桥。在登封桥头，至今仍矗立着清代徽州知府保护该桥的《徽州府正堂峻示碑》，碑文曰：

严禁推车晒打，毋许煨暴污秽；
栏石不许磨刀，桥角禁止戳鱼。
倘敢故违有犯，定行拿究不饶。

在被列为全国重点文物的渔梁坝渔梁街上，也有一块明万历三十五年（1607年）刻的重修渔梁坝题名碑。此碑重达吨余，以工整的楷书详细记载了重修渔梁坝的过程和捐资者的姓名。渔梁坝是徽州商人从此下杭州、赴上海、走闽粤的起始码头，也是州府衙役收缴厘金税银的关口。从古至今不知有多少徽州人挥手从此去，生死两茫茫；亦不知有多少人从此衣锦还乡，登岸归里，造福桑梓。

七是兴教立学。在兴教立学，培养族中子弟、贫寒学子方面，徽商、晋商更是慷慨解囊，鼎力相助。在此方面，徽商诸子做得尤为到位。据李琳琦先生所著《徽州教育》一书对徽州方志的考察统计，明清徽州共有书院约93所。从主创者看，可以分为官办和民办两类。除歙县紫阳书院、斗山书院等10所官办外，其余皆为民办。而民办书院有一人独资创办的，有一族合力创办的，有数姓共同创办的。一人独办的后来也都成为宗族合建。民办书院其目的都是“以训乡族子”“以助族之子弟能读书者”，从而“亢吾宗”“大吾族”。在《徽州府志》卷一二《人物志·义行》中随意抽举三例，可见徽商兴办义学之一斑：

明歙县洪世仓，“贾于吴越间，家稍裕，遂承志，于族党中捐资两千金入宗祠，以其息设义塾二堂”。

清婺源汪思孝，“十岁失恃，艰苦备尝。迨长痛兄不禄，扶孤侄，事继母，樵渔贾贩，拮据以供俯仰。逾四旬，家稍裕，遂慷慨仗义……置十五亩开义塾，延师以训贫子弟之不能教者”。

清婺源程世杰，“早岁由儒就商，往来吴楚，稍盈余，推以济众……

念远祖本中曾建遗安义塾，置租五百亩，久废，杰独立重建，岁以平粜所入延师，使合族子弟入学，并给考费。有余即增置田。二举经费不下万余金”。

对官办书院徽商亦不吝捐助。歙县的古紫阳书院就是由歙县盐商鲍志道、程光国等倡议“先后请于运司转详盐院，动支营运项下款银建造的。建造过程中，因经费缺额，诸商又捐银 11000 两，其中鲍志道一人独力捐银 3000 两”。

对延聘教师的束修（教书先生的薪酬），宗族贫寒子弟的膏火费（学生日用学习生活费）、考费，也仗义捐输。如府属紫阳书院，乾隆末年至道光初的膏火来源：先是靠徐士修捐银 12000 两，后鲍志道又捐银 8000 两，程光国及其子振甲“董理其事，逐年捐资添补以给支销”；鲍志道之孙鲍均后又捐银 5000 两、黟县绅商又捐银 11000 两，等等。

晋商在兴办义学、私塾，捐赠书院及子弟学业方面，虽不及徽商多而广、厚而重，但也不乏急公好义之人。

山西运城是笔者老家，晋商在运城就办有盐商学校，称为“运学”。清朝雍正时从运学“岁试取文武生各二十名，科试取进文生二十名，廪、增各四十名”。当时全国各盐场并无专学，唯独运城设有专门的盐商学校，而且既有文科，又有武科。这应是我国较早的专业技术学校了。

又据光绪年间修订的《猗氏县志》卷上记载：今运城市临猗县人闫天杰，经营盐业五年，盈利数万；旋辞商归家，倡修庙宇，周济苦民，每于岁暮，设施饭衣，终身不倦。

祁县乔家大院乔氏，尊师重教，对族中子弟严格要求，以家塾的形式聘请名师教育，对老师十分尊重优待：每位教师皆有两名书童侍奉，每饭必有一位主人陪同；逢年过节设宴招待，另送束修；宴请亲朋好友，教师必坐正席。

榆次车辋村常家大院的常家，在咸丰、同治、光绪年间共创办私塾 17 所，开创了山西全省一个家族办学最多的纪录。光绪二十九年（1903 年）常氏创办“笃初小学堂”，是三晋兴办最早的农村新式小学堂；光绪三十年（1904 年）兴办的“知耻女子学堂”，是三晋最早的女学堂之一；光绪三十二年（1906 年）创办私立中学兼高、初两等小学堂，是三晋最早兴办的 12 所中学之一。

在为地方书院的捐赠上常氏也慷慨大义。道光十七年（1837 年），常家捐赠榆次书院，知县赠匾“崇文尚义”。光绪五年（1879 年），常家捐赠山西官商局刻书，时任山西巡抚曾国荃赠匾“义关风雅”。光绪三十三年（1907）年，常家第十四世常替春以藏书捐赠榆次学堂，山西巡抚恩寿赠匾“士诵清芬”。常家本族子弟也从康熙年间的第八世常吉入邑为秀才。到光绪三十二年（1906 年）废除科举制度，近 200 年间，常氏一族取得秀才、贡生、举人、监生等的学子 176 人，其中有官职者 132 人。常氏家族另对书法、美术、艺文亦有所研究贡献，留有诸多书画、诗文。

介休富商冀氏，对兴学立教也积极捐赠。据徐继畬《松龛全集》卷二《冀母马太夫人七十寿》记，马太夫人主持家政时，曾“会垣修贡院，首捐万金”。祁县富商后裔渠本翘，光绪十八年（1892 年）进士，也创办了女子学校，其本人曾出任清内阁中书、驻日本横滨领事、山西大学堂总监。

至于晋商发家致富后捐赠修四方庙宇、五台山圣境，徽商捐赠修齐云山道观、九华山佛境的不再一一列举，可谓俯拾皆是。

（二）客死他乡，在外做鬼也孤幽

艰苦备尝，客死他乡，孤魂飘忽。外出经商的晋籍、皖籍商人，从明至清累千累万，或成群结队，或孤身探游，有多少成功者？纵使挣得上万家资衣锦还乡，但这期间又付出了多少艰辛，经历了多少常人难以忍受的苦楚！这些人付出辛劳，经商成功，可以告慰父老，荣耀乡里，但毕竟是少数。在任何一个社会、一个时代，奋斗不息、孜孜以求的人都是多数，但成功者总是少数。在晋籍商人中，有多少人出杀虎口，走西口，牵骆驼，推小车，长途贩运，艰难地跋涉在荒漠戈壁、草原湿地，却不幸毙命口外，葬身异乡；在皖籍商人中，有多少人告别渔梁坝，走出徽杭古道，走南闯北，却不幸溺水而亡，葬身江河。从此在外成鬼也孤幽，他们无奈被人称作“天收”。翻阅晋商、徽商外出经商史料，都有许多经商不成、客死他乡的辛酸故事。他们有的子承父业，子寻父，父流落飘零或已客死；有的兄寻父，弟再寻父兄，兄弟双方乞讨活命，人生代代无穷已，走了一个跟一个。他们在外经商，有生意不成、无脸回家而客死他乡者，有不适应南酷热、北奇寒而暴病于他乡者，有溺水之于江河者，有被狼群野兽残害者，有被强盗贼寇劫货杀害者。总之，一部晋商、徽商经商史，也是一部晋商、徽商辛酸记。只是“历史”是个极不公正的“太史公”，它多是成功者的记录，鲜有失败者的辛酸。偶尔我们在古人笔记、州府县志、族谱碑文及民间口头流传中看到点滴。而将这点点滴滴的历史记录串在一起，也就不难看出历史长河中晋商、徽商的辛酸泪，故摘要举例，记录在此，以便使我们不忘他们，并在他们的精神激励下更加奋起。

离乡经商之人客死他乡，其中少数经商致富、有钱有望者，死后一般暂厝棺木于当地晋商会馆或徽商会馆，择日扶柩回乡安葬；多数是就地葬于义冢，在他乡成为孤魂幽鬼，从此销声无闻；也有少数溺水毙亡，被强盗杀害、野兽啃吃、冻死饿死者，死无葬身地，不是填鱼腹，就是露骨荒漠蒿草，尸骨无收，连魂归何处都无从知晓。

1. 晋商流亡、客死异乡举例

清朝学者纪晓岚（纪昀）在他的《阅微草堂笔记》中记载了不少山西商人外出经商的故事，他在卷二三《滦阳消夏录（五）》中记道：

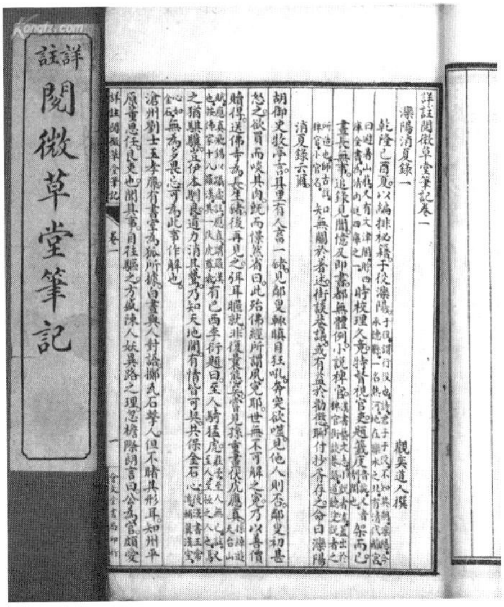

■《阅微草堂笔记》书影

> 山西人多商于外，十余岁辄从人学贸易，俟蓄积有资，始归纳妇。纳妇后仍出营利。率二三年一归省，其常例也。或命途蹇剥，或事故萦牵，一二十载不得归。甚或金尽裘敝，耻还乡里，萍飘蓬转，不通音问者，亦往往有之。

内蒙古包头是晋商乔致庸的祖父乔贵发最早经商的地方，在包头流传着“先有复盛公，后有包头城”的说法。内蒙古作家柳陆先生讲，包头有祁太义地，已有200多年的历史，当年山西人到包头经商以后，客死在包头，回不了家，山西的祁县人、太谷人就买了这块坟地，把他们安葬在这里。因当时交通不便，一般死者是运不回家的。晋商一般有会馆的地方，如北京、汉口、亳州、扬州也都有义冢。徽商也一样，在江西景德镇、乐平、玉山，在汉口、在扬州也都有好义者购置的义地，以埋葬客死于当地的故乡之人。

山西票号研究专家黄鉴晖先生，曾经根据史料整理了乾隆年间一些山西商人远贾游商的辛酸故事。现举例如下，可窥一斑：

山西临汾有个叫田树楷的人，出生时父亲就在外经商，从小没见过父亲。长大后听母亲说，父亲在西北做生意，就下决心到西北一带找父亲。他过黄河，走西安，奔甘肃，一路打听，苦苦寻找，整整3年，最后在酒泉街头遇到一个山西籍的老人，两人一见如故，细谈之下方知这正是他从未见过面的父亲。老人因经商不成，无脸回家，就在此流浪谋生。

阳曲县有个商人叫张瑛，走西口到塞外做生意，整整20年无音讯。他的大儿子张廷材有一天听说有人在宣府见过他父亲，就动身去寻找，但张廷材去了数年也无音讯。小儿子张廷彬便又出门去找父亲和哥哥，找了一年多也没找到，随身带的盘缠也花完了，只能流落街头，乞讨为生，成了一个乞丐。一天他在行乞时遇到一个人很面熟，仔细一看竟是自己的哥哥。兄弟二人外出寻父，父没寻见，流落他乡，乞讨为生，不禁抱头痛哭。之后，哥哥告诉弟弟，他已打听到父亲的下落——在张家口卖菜为生，于是兄弟二人又沿路乞讨到张家口去寻找自己的父亲。

山西吕梁交城县有个叫徐学颜的人，他父亲走西口远到关东做生意，20多年无音讯。他不辞劳苦，长途跋涉，也去闯关东找父亲，一直找到吉林省东北角一个村庄，偶然遇到一个当年和他父亲一起外出做生意的老乡。老乡告诉他，他父亲早在7年前就病故了。

山西财经大学教授孔祥毅先生在八集电视片《晋商》里讲：榆次有个姓董的，他父亲和母亲结婚后就外出经商了，他出生后根本没有见过父亲。长大后他听说父亲在新疆，但具体在哪里不知道，曾三次赴新疆寻父。第一次去失败了。过了几年，他给人当长工，赚了钱后又去找。第三次找的时候，在半路上碰见一个从西北回来的人，听口音像山西人，就向他打听自己的父亲。这人告诉他，甘肃敦煌有个庙里的和尚，长相和你说的这个人差不多。他就往敦煌去找。找到庙里以后，听口音这老和尚就是山西榆次人，马上问他叫什么名字，一叙谈，果然是他的父亲。这个姓董的儿子一下子跪下就叫爸，父子二人是抱头痛哭啊！

山西忻州人周朴斋，是晚清时期忻州地区屈指可数的大富之人。他年轻经商时，亦是经年累月，苦撑苦熬，历尽艰辛，粗能温饱。清代曾做过福建巡抚的山西五台人徐继畬在《诰封武翼都尉周公朴斋八十寿序》中说，周公朴斋15岁开始独自谋生，“勤苦治生，粗能温饱”，“不数年而少有，又不数年而富有。迨公年四十余，已累赀巨万矣”。“方公壮年时，勤瘁治生，冒寒暑往来塞外，手足皴裂，面目黧黑，虽少籍先世贵基而继长增高，皆由于拮据经营而来得之，亦不易矣。得之难，惜之必甚。”所以人说晋商、徽商抠门，小气吝啬，确有其因。首先，他们的钱财得之是辛劳所得，得之不易，故惜之必甚。其次，节俭是中华民族传统美德，不暴殄天物，随便浪费。再次，他们也是大气的、豪爽的，是把钱花在当花之时、当用之处，该花钱的时候他们是毫不吝惜的。

对于流亡异乡、客死他乡的亲人，留守在家的山西人也是不会忘记的。他们有的不辞辛苦，千里寻父；有的在家设灵，年节祭拜；更有集体遥祭，期望孤魂回归，九泉有知。在山西省西北角有个县叫河曲县，顾名思义就是黄河在这里拐弯的地方。河曲县与内蒙古、陕西隔河相望，是山西民歌二人台《走西口》的发源地，从清朝以来形成一个“放河灯”的民俗：每年农历七月十五，都要由德高望重的老船工主持，把船开到黄河中间，在水面上庄重地放上365盏麻纸扎成的河灯。这365盏河灯，既代表了一年365天，天天祭照亡灵，一盏灯代表一个孤魂，放灯的人希望这些顺流向下的河灯能把客死异乡的灵魂带回故乡。现如今的河曲县上有万家寨水电站，河西有神华集团建的“大煤电”，河东有新建的大电厂。黄河水在这一带已变得澄清无泥、绿波漾漾，只是那二人台的高亢民歌，还在附近山、陕、蒙交界的黄土高坡上飘扬回荡。

2. 徽商流亡、客死异乡举例

晋籍人外出经商有一捧捧辛酸泪，有一个个艰难创业、客死他乡的故事。徽商又何尝不是这样呢！

据1985年黄山书社出版，张海鹏、王廷元先生主编的《明清徽商资料选编》中《歙县徽商名录》的记载，明清有名姓的歙县籍商人客死于外乡的有：

王景先（1454—？年），泽富人，随父经商，卒于襄阳。

江珮（1501—1561年），字廷和，长沙里人，弃儒从贾，行游吴越、河南、吕梁及秣陵，卒于行贾途中。江珮年届六十还经商于途，且到过山西吕梁地区。吕梁是山西最贫穷、自然条件最恶劣的地区，也是黄河流经山西的地方。它有个碛口镇，明清时是黄河行船的重要渡口、重要商埠，也是国家重点文物保护古镇，是当今参观晋商的重要遗产地。

王友森，泽富人，明宣德、成化年间人，挟资贸迁于江海，病卒于姑苏旅邸。

黄志礼，东关人，明嘉靖时经商黄州（黄州府，在今湖北黄冈、鄂州一带，与安徽、河南、江西相接），失意不归。子镒寻父黄州，相见大恸不已。

在《黟县徽商名录》中，记叙了三位购地置义冢、以安葬旅外徽商的故事，现拈来记录如下：

吴兴裕，字莹瀛，黟县十都塔州人。随兄在楚南一带经商，勤俭立业。在星沙造徽州会馆，又捐资修建兼善堂，为外出商旅丧殡提供场所。道光二十年（1840年）两湖水荒，赈济数月，又在黟县北葆岭建石亭。

江崇镛，字友笙，号振声，清末黟县城中箭亭里人，寄居渔亭之后山。行旅贾于江西玉山，先捐资并倡议建新安旅榇厝，同时购山地以备迁葬，又建婺源大镛岭头之乐善亭等。

王康吉，字履安，清末民国时期黟县城南人。在江西乐平经商，渐富，在乐平北门外山麓购地作为义冢。

据婺源县陈爱中先生从《婺源县志》及有关资料中钩稽爬梳出的婺

源在外经商，流亡、客难于外籍的有：

詹文锡，字禹功，秋溪人，出生数月，父即远出经商。乾隆间文锡17岁时，外出寻父，历经楚、蜀，入滇南。后在贵州找到父亲，遂随父经商。

洪致晖，字耀延，张溪人，壮从兄贾吴楚，运木至浔阳。兄殁金陵，晖理其业。洪氏兄弟二人经营木材，兄死弟继。

戴炽昌，字云岩，清华人。负才应试，未售，遂托业窑器于景德镇。徽州会馆施棺木常缺费，昌理其事，首输金，徽属各行皆踊跃。由此可知，戴氏是瓷器商人，在景德镇常为婺源籍客死于此地的徽州人捐献银钱，购置棺木，可见客死于此地的人多。从婺源到景德镇距离较近，但重峦叠嶂，交通不便，故而当时一般客死于景德镇的小商小贩或从雇于大商人的劳役者，是难得魂归故里的。

吴纲，明休宁城人。负气好游，苦家贫，常往吴越、豫章、关中等地贩卖货物，嘉靖年间客死江右。其子吴琨千里寻父，扶柩而归。豫章即今江西南昌一带。

在安徽祁门县，更有千里寻父、号哭欲痛绝者。

张广世，明弘治时祁门城西人。年幼时父业商于外，数载不归。与其母形影相随，经营生意，以义理财。念父年老，请父还家，一请不至而又请三请，以致鞭挞流血不敢积怨，五请方归。唯愿已遂，托贾远游，游山西，逾扬州，历金焦，过彭蠡，寓居江西乐平之众步镇。

谢广，字志浩，明嘉靖年间祁门人。父业贾河南，久不归，寻父开封。

汪之杰，字汉卿，明代祁门西乡尚田人。父商游不归，出外寻找多年不得。至寿春，知已溺亡，临河号泣，欲以身殉。寿春人问有母在，劝其归。

程神保，清乾隆年间祁门北乡善和里人，自幼随父经商于济南、下邳（今江苏邳州东）间，蒙霜露，沐风雨，所得与雇工杂作同，论谋划，市侩亦莫能难之。娶妻李氏后，兄弟好生分，程神保所得难以为生，常以采拾为养。而对父母，奉养不辍，颇尽孝道。李氏以蚕织及变卖首饰所得十三金，助其营商于峡江（镇江），后贾于闽，已而商于楚，旋走海南，贩海鲜往来于山西和河南之间，复贾于楚，资本渐丰。由此程氏经商所走路线东至济南、邳县、镇江，东南至福建，南至海南，西北至河南、山西、湖南，可谓足迹遍布海内，商通东西南北。其艰难困苦、旅途劳累、风餐露宿，可想而知。

第三章 两大商帮的四大不同

一、地域大小不同

晋商与徽商所代表的地域大小概念不同。晋商是指山西一个省，即山西全省从事商贾贸易的人士。徽商则是指一个府，即在新安郡或徽州府从事商贾贸易的人士。二者一省一府、一大一小、一北一南，区域位置不同，地域大小不同。

（一）三晋

山西简称“晋”，又称“三晋”，距今已有5000年的文明史。周朝时周成王姬诵封其弟姬虞于唐。唐当时是个小国，在今山西晋南浍河流域的翼城、曲沃、绛县一带。公元前1067年左右，唐姬虞死后，他的儿子燮袭父位，改唐国为晋国。晋，春秋为五霸之一，战国七雄有三——韩、魏、赵，历秦、汉、唐、宋而至元。山西之名称，自元代首创行省制开始。明朝洪武二年（1369年）朱元璋设立行省，山西是全国13个布政使司之一。至明万历二十三年（1595年），山西布政使司领5府、3直隶州、16属州、79个县。辖区“东至直定，与北直界；北至大同，外为边地；西南皆至河，与陕西河南界”，大致与今天的山西省管辖区域相同，只是今为河北的蔚县当时隶属山西。

山西省在清朝时期是全国18个行省之一，其行政区划在雍正、乾隆年间基本定型。有清一朝，山西设4道9府10州（直隶州）13厅。4道分别是：冀宁道，驻太原阳曲县；河东道，驻安邑县运城西街；雁平道，驻代州；归绥道，驻归化城，即今呼和浩特市。前3道管辖区域基本同明朝。下辖13厅：清前中期辖绥远城厅、归化城厅、清水河厅、萨拉

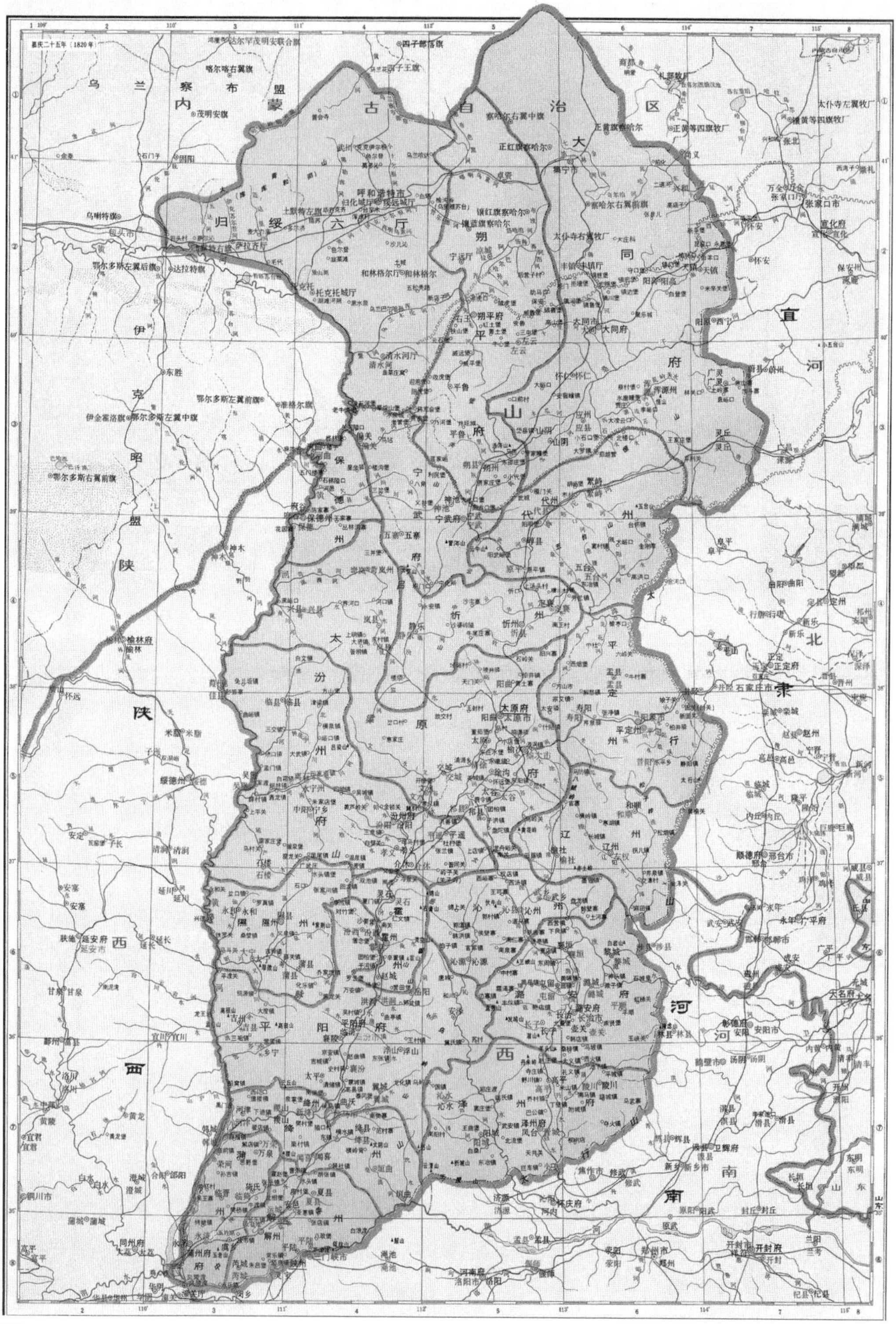

嘉庆二十五年（1820年）
乌兰察布盟
内蒙古自治区
归绥六厅
呼和浩特市
大同府
朔平府
宁武府
代州
保德州
忻州
太原府
太原市
汾州府
平定州
辽州
沁州
霍州
隰州
平阳府
潞安府
泽州府
绛州
解州
蒲州府
伊克昭盟
榆林府
延安府
陕西
山西
直隶
宣化府
张家口市
石家庄市
河南

■ 清代山西地图

齐厅、和林格尔厅、托克托城厅、丰镇厅等 7 厅，晚清时又增置 6 厅，即宁远厅、兴和厅、五原厅、武川厅、陶林厅、东胜厅。据《清史稿·地理志七》载，山西“东界直隶井陉，西界陕西吴堡，南界河南济源，北界内蒙古四子王旗部落草地，广八百里，袤一千六百二十里”。这就是说有清一代现今内蒙古中西部一带就归山西行省，属山西管辖。冀宁道、河东道、雁平道的晋商出杀虎口，到内蒙古包头、归绥等中西部一带去经商，实际上是在山西本省经商。

（二）徽州

清朝康熙六年七月十二日（1667 年 8 月 30 日），清政府将江南左布政使司改为安徽布政使司，正式建立安徽省。其省名取安庆、徽州两府

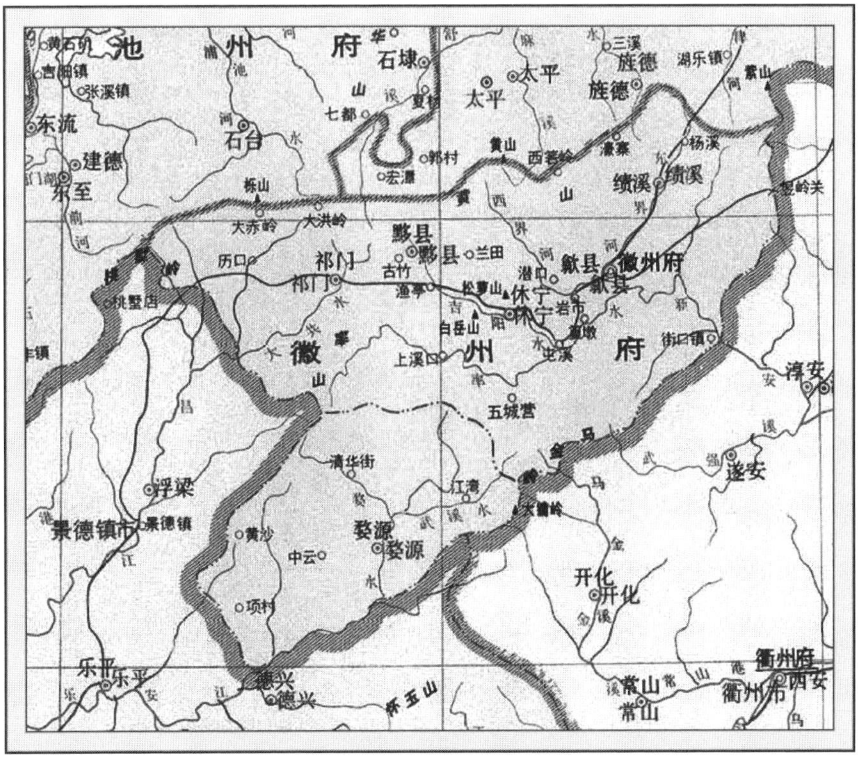

■ 清代徽州府地图

首字组合而成，省会驻安庆。安徽简称“皖”，境内皖山皖水即在安庆、潜山一带。历史上的徽州从秦置黟、歙二县，西晋太康元年（280年）置新安郡，隋开皇九年（589年）设歙州。北宋宣和三年（1121年）宋徽宗赵佶改歙州为徽州，领歙县、休宁、黟县、祁门、绩溪、婺源，一府六邑，州府设在歙县，历千余年而未变。因此，徽商就是诞生在这一府六邑经商贸易的商人，或从此走出、籍贯是这一府六邑的商人，如胡雪岩等。

二、兴盛年代不同

晋商兴起早于徽商，在明清之前是这样，在明清两朝五六百年的历史中也是这样，这是中国大历史发展演变形成的。究其原因，一是与人口聚居多寡，政治、经济、文化中心有关，即与历史上的都城所在地有关；二是与当地物产可提供的生活、生产资料有关；三是与人的努力奋斗有关。中国如此之大，煌煌五千年文明，为啥只有晋、徽两商名列前茅，这就与晋人、徽人的勤奋劳作、聪明经商密切相关。

（一）晋商兴起于明初“开中制”

1. 晋商早于徽商兴起的历史条件和原因

晋商起源早，早在其地处河东大地。河东是我华夏祖先五千年文明的发祥地。河东大地西边是三秦、陇甘，距古都长安100多公里，东边是河南洛阳、开封，都是历史上的都城所在地，是历史上人类活动、繁衍、群居最多的地方。河东又有盐池、铁矿、煤炭，盛产五谷桑棉，具有广泛的可供交易的商品。

盐是人们的生活必需品，人不吃盐，不仅食无味，而且身无力。所以盐自古以来就是重要的商品，就是被统治阶级垄断经营的。今天我国各省、市、县也都还设有盐业公司，专营食盐。盐也是封建统治者最重要的经济基础、税收来源。盐同中国商业的起源有着密切的关系，据学者考证，“贾”字出于“盬”，而“盬”就是指河东解州的池盐。研究明清两朝的晋商、徽商，不难发现，许多商人家族都与经营盐业有关，现在留存于古徽州大地的古建筑、古民居，大多是盐商所建。现在山西的运城市就是因运输解州盐而得名。河东盐池，自然造化，神赐之物，一片银盐，生生不息。现在还有上市的化工公司运城南风集团。

晋人经商，早在春秋时期就很有名。司马迁《史记》记，相传晋国流亡公子计然就总结出“积著（贮）之理”的经商之道，并被大商人陶朱公——范蠡尊以为师。芮城县人段干木为马市交易经纪人，被称为“晋国之大驵”，魏文侯尊以为师。

现在山西运城市的临猗县牛杜镇王寮村，是春秋末年晋国大商人猗顿安葬的地方。猗顿本姓王，是鲁国的贫寒书生，后移居临猗经商致富，曾拜访当时到晋国周游的范蠡。范蠡是越国人，曾随越王勾践赴吴为质三年，后助越王勾践卧薪尝胆，刻苦图强，以三千兵马灭了吴国。但范蠡看到越王是个“只可共贫贱而不能共富贵”的人，便急流勇退，驾舟游于江湖，以经商致富而再次闻名天下。他到魏国的陶地（今山东定陶西北）后改名陶朱公。猗顿拜访陶朱公时，陶朱公根据古河东的地理环境和自然条件，传授了八字箴言：“子欲速富，当畜五牸。”意思就是你要快速致富，那就畜养鸡、羊、猪、牛、马五类母畜，鸡下蛋，蛋生鸡，母畜生母畜，生生不息。民间俗语云：“母牛生母牛，三年五头牛。”“母羊生母羊，三年挤倒羊圈墙。”猗顿从畜牧业发家后，又在当地经营盐业，很快致富，富可敌国。司马迁《史记·货殖列传》记：“猗顿用盐卤起家……与王者埒富。”太史公又赞曰：“其财能聚，又复能散。”“长袖善舞，多财善贾，其猗顿谓乎！”后来到西汉时期，因为猗顿在此兴起富裕，故曰猗氏，设置猗氏县。

春秋以降的战国、秦汉、隋唐、宋元的两千余年间，晋人经商贸易，在史书里也多有记载。我国通向西域的丝绸之路，河东大地即是其腹地之一。人们到山西旅游，不论是到太原的晋祠、解州的关帝庙，还是永济的黄河大铁牛旁，都能看到胡人模样的铁人。在我国元朝时期，意大利威尼斯的商人、旅行家马可·波罗（1254—1324 年）也在其游记中写道：

> 太原府工商业发达，尤其以武器和其他军需品见长——大汗的军队所需的必要装备大多是在此地制造的。……此外，这里也种桑养蚕，丝织业发达。……向西骑行七天，沿途风景秀丽，会遇见不少被城墙环绕的城镇村庄。其中商业和数种制造业颇为发达，有不少大商人从这里去印度等地经商牟利。七天后，即到达平阳府。此城占地面积广阔，而且是十分重要的大城，其中以工商业为生的人为数不少，而且当地蚕丝产量巨大。

明代晋商兴起早于徽商，还得从安徽凤阳人朱元璋登上帝位说起。明开国以后，朱元璋皇帝的一系列举措政策造就了晋商。

筑长城，设九边。明太祖朱元璋起于卑微，乱世英才，削平群雄，在 1368 年把元顺帝妥懽贴睦尔赶回蒙古草原，建都于南京，设国号为明，立年号为洪武，独登大宝，称帝天下。但退回漠北草原的元朝皇室势力犹存，不时南进抢掠、骚扰。为此，朱元璋曾 6 次用兵，派大将徐达等深入蒙古，寻剿元军残部，直至 1402 年北元始去国号。其子明成祖朱棣也曾 5 次亲征，入漠北草原寻蒙古军队交战，力图歼灭以保北疆平安；但都因蒙古草原广阔，蒙古骑兵纵横驰骋，机动性强，且北方一年中冬季漫长、气候寒冷，明朝军队不能久停，再加之后方军需粮草补给线长，供给困难，最后都未能如愿以偿，连明成祖朱棣都病死在回师的路上。此后到 1449 年，明朝第六位皇帝英宗朱祁镇听从太监王振的馊主意，御驾亲征，师出八达岭，过宣府，欲到大同。大军行至半路，就听闻大同失守，军粮也不继，旋又排列成一字长蛇阵回师。军至土木堡（今河北怀来县西）时，被蒙古军队冲杀包剿，全军大溃，皇帝朱祁镇被俘，太监王振被杀，史称“土木之变”。此时，距朱元璋立明王朝已 80 余年。而有明一朝，北部边境与蒙古、女真（满族）的战争时断时续，并未彻底安宁，直至明亡。

为了巩固北方的边防，明朝统治者大修长城（留存至今的长城多是明代修筑的）。为此，明政府动用浩大的人力物力修筑东起山海关、西到嘉

■ 长城

峪关，绵延上万里的长城。明朝修筑的万里长城，其工程量之浩大远远超过公元前 3 世纪秦始皇修筑的万里长城。有语云“不到长城非好汉”，有条件者不妨一登，亲身感受一下长城的雄伟宏大。在修筑长城的同时，明政府也在长城一线设立边镇，驻扎军队，作为防止蒙古骑兵南下的军事防线。明朝在万里长城军事线上设立了 9 个边防镇，分别是：

辽东镇，驻地在今辽宁辽阳，管辖边墙从东海岸起，西至山海关，全长 975 公里。

蓟镇，又名蓟州镇，驻地在今河北蓟县，管辖边墙东自山海关，西至居庸关灰岭口，全长 880 多公里。

宣府镇，驻地在今河北宣化，管辖边墙东自居庸关，西至大同平远堡，全长 500 多公里。

大同镇，驻地在今山西大同，管辖边墙东自宣府镇西阳河堡宽沟，西至山西偏关鸦头山，全长 330 多公里。

山西镇，也称太原镇，驻地在山西偏头，管辖边墙东自鸦头山，西至老牛湾延绥镇边。这一代长城有好几重，全长 800 多公里。

延绥镇，也称榆林镇，驻地在今陕西榆林，管辖边墙东自山西镇老牛湾，西至宁夏镇边，全长 880 多公里。

宁夏镇，驻地在今宁夏银川市，管辖边墙东自延绥镇边，西至固原镇边，全长 1000 多公里。

固原镇，驻地在今宁夏固原，管辖边墙东自宁夏镇边，西至甘肃镇边，全长 500 多公里。

甘肃镇，驻地在今甘肃张掖，管辖边墙东自固原镇边，西至嘉峪关，全长 800 多公里。

如此九边重镇，据明永乐年间的资料统计，共驻有官军人数 863135 人，军马 342000 多匹。俗话讲："兵马未动，粮草先行。"如此庞大的军队和马匹，需要大量的粮食和草料，加之修筑长城的边夫和民役，在此时的北方，九边重镇一线形成了一个庞大的消费区。官兵人马要吃要穿，明政府要提供粮食、棉花、草料及各种军用民用物资，开始搞官运。但因九边皆处北方，距中原及江南一代的产粮腹地路途遥远，且北方天寒地冻、山高道险，运费往往超过粮价本身，民夫劳役苦不堪言，常常有为此倾家荡产者，也严重地加剧了初建的明王朝的经济负担，不利于新生政权的稳固。于是，"开中制"便应运而生了。

开中制是一项关于盐的经济政策。具体办法是官府出榜招商，商人应召，输纳粮食、棉花、布匹等物资于边镇及指定地点，换取盐引，凭引到指定盐场支取盐，然后再到指定的区域去销盐。"引"在此是作量词解释，是个重量单位。我国古代所用重量单位有"黍、累、铢、分、两、斤、钧、驮、引"，引分大引小引，小引一引等于 200 斤，大引一引等于 360 斤或 400 斤。《明史·食货志》曰："召商输粮而与之盐，谓之开中。"

开中制为什么以盐为中心、为重点？因为盐为五味之一，是人们生活的必需品，掌握了盐就掌握了人们的生活之要。我国商代的《尚书》中就有"若作和羹，尔惟盐梅"的记载。《周礼》中还有"以咸养脉"治病的记载。我国的制盐历史有记载可查的也有 4000 多年。盐在我国历史上都是垄断经营的，因为垄断了盐就可获取丰厚利润。春秋时期，齐国大夫管仲（今安徽阜阳颍上人）就认识到这一点，为增加齐国财政收入就实行了盐的专卖。到了西汉，汉武帝听从大臣桑弘羊的建议，更进一步实行盐铁专卖。这样，在专制制度下，盐就成为国家财政的重要支柱，盐业就成为国家暴利行业。围绕盐的产销运营管理改革历朝不断，私人贩盐、售盐，甚至起义造反也层出不穷。如唐朝末年的黄巢起义、清朝咸同年间的捻军起义，黄巢和捻军首领张乐行都是走私盐的贩子。明朝的食盐最初也是由官府生产和运销的，开中制是明政府把官盐的运销专卖权出让于民或商人，以换取商人对边镇和有关重点卫所的粮食等物资的供应。

山西大同镇是明初最早实行开中制的城镇之一。明洪武三年（1370年），山西行省参政杨宪向朱元璋上书，建议采用开中制以解决边镇军需问题。《明史·食货志》中曰："大同粮储，自陵县（今山东陵县）运至太和岭（今山西代县雁门关南），路远费烦，请令商人于大同仓入米一石，商人鬻毕，即以原给引目赴所在官司交之，如此则转运费省而边储充。"又据《续文献通考》卷二〇载：洪武三年（1370年）九月，明政府招募商人往洛阳、开封、怀庆（沁阳）、西安、凤翔、临汾等地输粮而与之盐。规定输粮至洛阳一石五斗、开封及陈桥仓二石五斗、西安一石三斗者，给淮盐一引；输米西安、凤翔二府二石，河南、平阳、怀庆三府二石五斗和蒲、解、陕三州三石者，给解盐一引。洪武四年（1371年）又规定："输米临濠、开封、陈桥、襄阳、安陆、荆州、大同、太原、孟津、北平、河南府（洛阳）、陈州诸仓，计道里远近，自五石至一石有差。"

除了粮食外，各边镇还需要大量的棉布、棉花以供边兵穿衣、发饷、褒奖战功、边贸交换，以及制作棉铠甲。就以棉甲来说，据明人朱国桢《涌幢小品》卷一二记："棉甲以棉花七斤，用布缝如夹袄，两臂过肩五寸，下长掩膝，粗线逐行横直。缝紧入水，浸透取起，铺地，用脚踏实，以不胖胀为度。晒干收用，见雨不重，霉鬒不尽，鸟铳不能大伤。"观此记载之形状，同秦兵马俑所穿铠甲差不多。另开中制中除纳粮、棉外，还包括纳铁、马、帛、草等。

由上述记载可知，明初洪武三年（1370年）始，开中制作为朱明王朝的一项重要经济政策，已在全国实行。到了明代中期，随着社会相对稳定，商品经济的发展，政府财政收入的增加，明政府增加了向九边拨运的饷银，于是以实物为中心的边饷筹集体制逐渐被以银两为中心的体制所取代。"开中制"便改为"折色制"。

折色制是在明弘治五年（1492年）由户部尚书叶淇在徽商的推动下提出来的，他把纳粮开中改为纳银开中，即商人不用再到北部边疆纳粮换取盐引，而是在内地盐运司纳银就可以换取盐引。这一政策的调整大大方便了南方的商人，方便了徽商，他们在扬州纳银就可以得到盐引行销的权力。从此，得天独厚从事边商贸易的晋商失去地利之便，纷纷转为内商，到两淮盐场经商，甚至举家内迁。徽商也从此崛起，得以发展为重要商帮。

开中制也不是明王朝的发明。盐引制早在北宋雍熙三年（986 年）就开始实行，当时叫“折中制”。即令商人输粟于边，谓之“入中”，再由政府给予“盐引”，谓之“折中”，然后凭盐引到指定的盐场领盐，再到指定的地区销售。据清雍正年间编著的《山西通志·盐法》卷四五记：“令河东北商人，如要折博茶盐，令所在纳银，赴京请领交引，而引之名始显。”庆历八年（1048 年），太常博士范祥制定“钞盐法”，即商人交银四贯八百文买一钞，凭钞到盐池领盐 200 斤。崇宁时（1102—1106 年），蔡京又立“盐引制”。元朝初年仿“折中制”，也是募民输粟给以盐引，凭引支盐。宋代有名的清官、合肥人包拯（999—1062 年）就曾担任过河东盐运使。可见，以盐引为主导的经济制度是有延续性的，尤其是在封建社会。

明政府为九边筹饷运粮及物资实行的开中制政策，是晋人最大的商机，使晋商最为得益，也是晋商在明清崛起的主要原因。这个得益主要是地理位置上的得益，因为山西地处我国中部偏北，明政府设的九边，有大同、山西（太原）两边在山西境内，宣府、延绥（榆林）也与山西接壤，离山西最近。而山西、大同、宣府等三镇是最著名的边镇，驻军马最多，直接关乎明王朝首都燕京和中原的安全。开中制的“开中”都必须到边关，只有将粮、棉、布等物资运到边关才能“开中”，得到盐引。山西境内有运城盐池，运城沿黄河向东，出三门峡到开封、商丘、淮北、徐州，就到了两淮盐场，当时的黄河入海口是在今天的连云港。从徐州向南入京杭大运河就直达扬州入长江了。这是当时中国最便利、最重要的运输大动脉。

这时北部边镇的军需主要由山西人供给，他们既得地利之便，又勤劳苦作，不惧朔方天寒地冻，路远道艰，以粮换盐引，逐渐大发其财。明代涂宗浚的《边盐壅滞疏》中记载：“延绥镇兵马云集，全赖商人接济军需。每年有定额，往往召集山西商人，领认淮浙二盐，输粮于各堡仓给引，然后前去江南盐运使司，领盐发卖，大获其利。”

山西商人在运粮输边开中的过程中，有感于路远费烦，与其输运，不如开垦边地，就地种粮省力得利，便自出财力，自招游民，开荒种地，这就是商屯。明人霍韬说：“是故富商大贾悉于三边自出财力，自招游民，自垦边地，自艺菽粟，自筑敦台，自立保伍，岁时屡丰，菽粟屡盈。”商屯的出现大大节省了运转成本，极得便利，于军、于民、于政府、于商人都有利。明人刘应秋总结道：“商人自募民耕种塞下，得粟以输边，有偿盐之利，无运粟之苦，便一；流亡之民，因商招募，得力作而食其利，便二；兵卒就地受粟，无和籴之忧，无侵渔之弊，便三；不烦转输，如坐得刍粮，以佐军兴，又国家称为大便者。”明人顾炎武在其《天下郡国利病书》卷二八中亦讲：“永乐中，令商于各边纳米二斗五升或粟四斗，淮盐一引，于是富商大贾自出财力，招游民垦田，日就熟而年谷屡丰，甘肃、宁夏粟石值银二钱，而边以大裕。”

上述明人记述中的边商，多为晋人，因山西商人临近边境，极得便利，如太原阎氏家族、洪洞的李氏、代州的杨氏、蒲州的范世逵等山西名商皆是从此兴起，有的随后又转为内商，下扬州业盐了。

2. 明初大移民，就宽乡，奠定晋商人脉基础

元朝末年，由于中原和江淮一带战争频仍，民不聊生。朱元璋及各路起义军多是在江淮、中原一带打仗。朱元璋当吴王后攻取北京的路线也是由南向北，经山东、河南、河北，先占领北京，然后又出兵向西，攻取山西、陕西、四川的。其时，天下大势已定，各省人民遭受元朝统治已苦不堪言，朱元璋又是汉人起兵，大军所到之处，无不所向披靡，元军望风而降，故山西元末明初所遭战火兵燹较少。就以人口而论，据《明实录》载：洪武十四年（1381年）时，河南行省人口189.1万人，河北行省人口189.3万人，而山西省的人口是403万人。比河北、河南两省人口的总和还要多出24.6万人。朱元璋初定天下，定都南京，又在自己的家乡凤阳大兴土木，兴建中都城和明皇陵。加之中原、江淮一带土地肥沃、少人耕种，出于政治、经济、军事等因素考虑，朱元璋采纳户部郎中刘九皋的建议：“古狭乡之民，听迁之宽乡，欲地无遗利，人无失业也。”明政府从山西大量移民到中原和江淮地区，据史料记载，明洪

武、永乐年间，共从山西移民18次，迁徙人口上百万。所迁之民大都安置到河北、河南、山东、安徽、江苏、北京、陕西、甘肃、宁夏等地。而当时的山西河东地区，运城、临汾、长治、晋城一带人口最多，明政府在迁徙山西人时，将今临汾市洪洞县的一棵大槐树之处作为移民聚散和办理手续的地方。试想，18次移民，上百万人口，一次少说也五六万人，撇下祖居故地，或牵上妻儿老小，或留下妻儿老小，背井离乡，远走他乡，是何心情。离别哭泣之声震野，一步三回头难舍，越走越远，渐渐地回头只看见那棵大槐树。这就是民谣“问我祖先何处来，山西洪洞大槐树。祖先故里叫什么，大槐树下老鸹窝”的由来，就是当今许多人的根在山西的由来。对此，还有两个传说故事。

■ 山西洪洞大槐树

一是小趾甲是复形的，即中间有棱有几道竖纹的人都是山西大槐树下的移民后裔。对此，还有一句流传久远、广泛的民谣：“谁是古槐迁来人，脱履小趾验甲形。”人们身在异乡，聚拢汇集，询问故乡，盘查祖籍时，常常拖鞋拉袜，亮出脚丫，验看小趾甲是否复形。如果谁的小趾甲上确有几道竖纹印，好像是两个趾甲，那就可确认谁的祖先是从山西大槐树迁来的，谁就是山西人。这是为什么呢？有两个民间传说，一种说法是移民时，一位母亲怕日后认不出儿子，狠狠心在小儿子的小脚趾头上咬了一口，留下牙印，从此便有了痕迹，有了这个记号。一种说法是官兵用刀砍的，目的是防止迁移的人逃跑。

二是关于“背手”“解手”这两个词源自洪洞大移民的传说。因为明政府军人怕移民半路逃跑，便将他们的手都从背后绑住。有人中途想要小便，便向官兵报告：“老爷，请解手，我要小便。”以后次数多了，便只喊“老爷，请解手”，官兵便知是有人要撒尿。如此，“解手”便成了小便的代称。

明洪武年间移民多至南直隶的凤阳、滁州及河南、山东等地。当时朱明王朝建都南京，朱元璋又在家乡凤阳建中都，大量移民至江淮一带，一是民役劳力的需要，二是此地田地荒芜，移民耕种，有垦荒性质。

明永乐年间大量移民多至北直隶的北京、河北及东部几个边镇。北京曾是金朝、元朝建都的地方，原名北平。永乐四年（1406 年）改称北京，永乐十九年（1421 年）明王朝迁都北京，“改京师为南京，北京为京师”。明成祖朱棣受封燕王时，驻守北平，通过“靖难之役”，打败自己的侄儿建文帝后，便欲迁都北平。北平是他的龙兴之地，时北元在北

■ 明朝洪洞移民图

方也不时侵扰，他决定天子守边关，迁都北平，这便需要建设北平，需要人力劳役，需要木材及各类商品。朱棣在永乐元年和永乐二年（1404年）两次从太原、平阳两府和泽、潞、辽、沁、汾五州移民北京，先是抽“丁多田少及无田之家，分其丁口，以实北平”，后又抽“一万户实北京”。在永乐五年（1407年），就已抽调全国23万工匠和上百万农民营造宫殿建筑。到正德十四年（1519年），京师居民已达百万。

在明朝初年，山西人多地少的矛盾十分突出，山西又土瘠民贫，十年九旱，虽丰年人日食不足，其土之所有不能给半。据梁方仲所编《中国历代户口、田地、田赋统计》（上海人民出版社1980年版）关于明洪武二十六年（1393年）的相关统计，当时山西省在北方五省中，人口仅次于山东省，人均土地在北方五省和全国中是最少的。

北方五省户均、人均田地统计

省别	户	人	田地（亩）	户均田（亩）	人均田（亩）
全国总计	10652870	60545812	850762368	79.86	14.05
北直隶	334792	1926595	58249951	173.99	30.23
山东	753894	5255876	72403562	96.04	13.78
山西	595444	4072127	41864248	70.31	10.28
河南	315617	1912542	144946982	459.25	75.81
陕西	294526	2316569	31525175	107.04	13.61
北方五省合计	2294273	15483709	348989918	152.11	22.54

由上表看出，北方五省户均、人均田地数高于全国平均水平，而山西省的户均、人均田地数均低于全国水平，只相当于北方五省的45.6%，比全国人均也少27%，充分说明山西人稠地少的基本情况。

山西移民到外省，除了朱明王朝的政府行为外，也有大量逃荒性质的难民外走他乡、四处谋生。山西人稠地少，土地贫瘠，遇上灾害荒年更是民不聊生，许多难民背井离乡，外出谋生。在明朝的历次灾荒中，山西以成化年间和万历年间最重、最凄惨。

明成化二十年（1484年）大旱。据《明宪宗实录》记：“山西连年灾伤，平阳一府逃移者五万八千七百余户。内安邑、猗氏两县饥死男、妇六千七百余口。蒲解等州、临晋等县饿殍盈途，不可数计。父弃其子，夫卖其妻，甚至有全家聚哭投河而死者，弃其子女于井而逃者。”

万历年间，山西全省饥荒，太原以南尤甚。民众逃离，闾里萧条，甚至行百余里不闻鸡犬之声。“壮者徙而为盗，老弱转于沟瘠，其仅存者削槐柳之皮杂糠而食之。父弃其子，夫弃其妻，插标于头，置之通衢，一饱而易，命曰人市。”如万荣县，原有人口22945人，“垒告迁徙流亡，仅存四千余丁”。可见，因天旱无收，粮食匮乏，人们为了活命，四处逃亡、迁徙十分严重。

明政府有组织的移民，山西人因灾荒四处迁移，为山西商人在明代发展提供了人脉和商机。山西人丁的大量外迁，必然造成本地与外迁地人和物的交流、交往：有前去寻亲的，有逃回探亲的，有先来的，有后到的，有留下来不走的，有带回外迁地信息的，也有带去故乡情况和物资的。如此流动、交往，商机自然显现。再者，山西人遍布四方，人不亲土亲，话不亲音近，都是山西人，都说山西话，相互帮衬唠叨，生意上可以互通信息、相互帮助，精神上可以相互慰藉、互寄乡愁。古人云人生三大幸事之一，便是他乡遇故知。老乡见老乡，何能不帮忙？这是明代中后期山西商帮兴起的最大、最重要、最关键的人脉基础。

明永乐年间，朱棣迁都北京，全国政治、经济、文化中心北移。永乐初年，建设北京城，就从山西伐木运往北京，在山西所采木材主要是五台山、太行山的木料。在北京的工匠、民役也多来自山西、山东。而这京都的建设，这些数十万、上百万工匠劳役的吃喝穿用，本身就是最大的商机。山西与北京接壤，各州府县的商人便涉足京城，贩运粮、油、木、盐、纸张、颜料、铁锅、煤炭、杂货等，其中尤以晋南平阳、蒲州、潞州、太原、平遥一带的商人居多。因此可说，明成祖迁都北京，北京成为全国政治、经济、军事、文化中心，聚为上百万人口的大城市，为晋商的兴起、兴旺、发展、发达创造了继设九边之后的又一无尽商机。今天在北京有名的“六必居”酱菜商号、“都一处”饭庄，便都是山西人当年所开办的。从明至清，晋商兴盛不衰，煌煌五百年，无不与此地有关。这也是天时、地利、人多、人勤、人之善于经商诸因素的结果。

3. 开边镇，通互市，南北转贩赚银子

纵观我国历代战争史，从秦始皇统一中国后至1840年鸦片战争前，战争主要发生在西北边境一线，秦皇汉武与匈奴的战争，唐宗宋祖与北部游牧民族的争夺，直至蒙古骑兵南下攻入中原，朱明王朝取代元朝，女真族（后改名满洲）复入主中原建立大清，所有重大战争无不发生在北部。而所有这些战争的背后都与经济有关，与北方少数民族所居地的物产及生活习俗有关，与中原汉民族的经济文化发达有关。

北方匈奴、蒙古族、女真族等少数民族多是游牧民族，文化、生产力与中原相比，处于相对落后的地位。他们散处漠北，人不耕种，地无他产，“衣皮毛，食肉酪”，以畜牧为业，逐水草而居，无城郭之防，所生产的只有马匹、牛羊、奶酪及狩猎和采集得到的各种野味，如人参、貂皮，等等。他们所需要的各种日用品，如铁锅、缎布、茶叶、米盐、针线、刀具，甚至马鞍、马掌等都需要依赖中原的供给，需要以自己游牧业民族生产的商品与中原农耕汉族人生产的商品进行交换。北方及西北游牧民族须臾也离不开战马和茶盐。据《明史》记：“番人嗜乳酪，不得茶，则困以病。故唐宋以来，行以茶马法。”蒙古及西藏人民皆赖茶养生。他们离开茶，大便不通，身体不适；离开盐，食之无味，身乏无力；离开马、牛、羊、驼，无以代步、无以生活。因此，与中原交换日用品就是他们生活的必然要求。这反映在和平时期就是互市贸易，以物易物，以马牛羊为主的游牧民族产品交换中原人民的生活日用品；反映在战争时期，就是其南下进攻中原，杀掉男丁，掠走女人和财物，几年之后用完了，又来一次抢掠，反反复复，从秦至清。反观我国北方两千余年的战事，大都如此。

在此我们不研究战事，只是以战事说商事。明清以来，在北方开边贸、通互市，主要分为三个时期，一是明朝洪武元年（1368年）到隆庆四年（1570年）为第一阶段，二是1571年到明末为第二阶段，三是清军入关以后，即1644年至清末民国初年为第三阶段。

第一阶段，明初洪武元年（1368年）至明中叶隆庆四年（1570年）。

这一阶段的边贸互市是在开开停停中进行的。早在明初，明朝军队由于缺乏马匹，明太祖朱元璋就“分遣使臣，以财货于四夷市马”。建文

四年（1402年），燕王朱棣就遣使谕蒙古和女真各部“商贾贸易，一从所便”。永乐三年（1405年）三月，上谕保定侯孟善：“令就广宁、开原，择水草便处立市，俟马至，官给其直，即遣归。”后来一度中断。正统三年（1438年）四月，又在大同正式开设马市。正统十四年（1449年），因发生“土木之变”，马市又中断。天顺六年（1462年）起又渐恢复，后由于蒙古达延汗部与明朝发生战争，遂互市又被禁止。成化十四年（1478年）又复开。

在明初断断续续的互市贸易中，明朝是禁止将铁甲、刀箭等兵器与蒙古、女真族贸易的。禁止与边外民族交易铁锅、铁钉等铁制品，害怕边外民族拿这些铁器打制兵器，但也有贪利之徒私自与之贸易铁制品。明政府明确规定：“民有以铁器卖于瓦剌使臣规厚利者，诏锦衣卫擒获监禁之。”明政府禁止这些是为了维护边防安全，维护大明江山，无疑是对的。但禁止铁器日用品贸易，造成蒙古地方“爨无釜，衣无帛”“饥困易子而食”的局面。这样又造成蒙古不断进犯中原、抢劫掠夺。至嘉靖二十九年（1550年），蒙古鞑靼部首领俺答汗又长驱逼近北京，震撼了明王朝，史称“庚戌之变”。次年，明政府又被迫答应开马市于大同杀胡堡（今右玉县杀虎口），并准许宣府、延绥、宁夏诸镇各督抚官酌量地方，与就近各少数民族部落开市。不久，又被明王朝中断。

第二阶段，明隆庆四年（1570年）至明末。

这一年明蒙关系出现了转机。起因是蒙古俺答汗之孙把那汉吉因家庭矛盾激化带上自己的亲信族人投奔明朝。此时在宣大任总督的是山西蒲州人王崇古，其外甥张四维在朝内任大臣，王、张两家都是蒲州大商人。王崇古身居封疆大吏，执掌宣大兵权，深知禁止边贸、关停互市对蒙汉两族人民都不利，便以把那汉吉弃蒙降明为契机，趁势提出“封俺答、定朝贡、通互市”的“朝贡八议”。王崇古的奏议得到内阁大臣高拱、张居正、张四维等人的大力支持，于是从隆庆五年（1571年）始，明政府先后开放了宣府的张家口，大同的守口堡、得胜堡、新泉堡，山西边镇的水泉营等马市13处。从此，拉开了大规模的北疆边贸帷幕，又给晋商开辟了一个新的边贸机会。

边贸通互市，开始时是官市，是明政府与蒙古俺答汗部落的官方交易，“官市毕，听民私市”。据统计，官方贸易仅马的交易量，仅宣府、大同、偏关三镇，在隆庆五年（1571 年）时是 7030 匹，到万历二年（1574 年）时已上升到 27000 匹，到万历十一年（1583 年）时已增加到 45000 匹。

民市贸易发展更快，交易商品的范围更广。内地提供的商品有粮、米、盐、茶、布、棉、绸缎、糖、药材、铁锅等，蒙古牧民交换的有马、牛、羊、驼、骡、驴、马尾、羊皮、羊毛等，可以说所有生活日用品无所不包。晋商抓住这次机会，再加上朝廷内外有人上下其手，不但成功进行了转型，而且贩运的足迹南下运河直至苏杭、两湖、两广，北上越过长城，直达蒙古、辽东。商人以赢利为目的，互市开通后，山西商人蜂拥而至，大获其利。据《明实录》卷五五八载："大同杀胡堡……汉夷贸易，蚁聚城市，日不下五六百骑。甚至有杯酒流连，喧嚣讧殴者。"宣大总督王崇古在《议收胡马利害疏》中亦说："近访得北直隶、山西各处商贩，连年市获夷马，喂养有节，旋即膘壮，率得厚利。"

蒙汉人民在日用品交易中"以釜得裘，铁得羊肘，细耳得马尾，火石得羔皮"，各得所需，既便利于民，又稳定了边防。

边镇互市贸易开通后，商人长途转贩，贱买贵卖，大获其利。加之，明朝又进一步疏通了京杭大运河，蒙古民族需要棉布、绸缎，"秦、晋、燕、周大贾，不远数千里而求罗、绮、缯、帛者，必去浙之东也"。南直隶松江的标布，也"俱走秦、晋、京边诸路"。就是广东产的铁锅，也都运到九边交易。宣大总督王崇古还上奏："宣、大沿边，山程险远，铁锅鲜至，亦多用广锅，即当容照辽左三卫例，以广锅容入市易，商夷攸便也。其陕西之市，亦须速行彼处定议容市，以免西虏东市之扰。"隆庆六年（1572 年）以后，山西潞州（即今晋城）所产的铁锅也流入马市进行交易。可见，互市开通后，其商业交往、商品交流涉及山西、江南、广东乃至全国其他地方。

铁锅、铁制农具等铁器，明政府开国后是严禁与边外民族贸易的，他们担心边外民族用以制造兵器。准许贸易是因为他们对广锅和潞锅的含铁量进行认真的分析，认为其不适合用于打造兵器。王崇古奏曰："责匠以生广锅十斤，炼得铁（指坚硬的熟铁，如今天的钢）五斤，尚未堪打造。继因宣、大广锅价贵而贩少，诸匠谓潞锅生粗，炒炼百折。乃以潞锅一口，责匠炒炼，每生锅十斤，仅得铁三斤，若旧锅用久破裂，仅得二斤，价贱三倍。”可见，用锅煮食吃饭，是边外民族的生活必需品，禁止铁锅等铁器入边贸易，是防止边外少数民族用铁制品制造兵器；允许贸易，又是因为经过认真的分析，认为广锅、潞锅再入炉冶炼后，得铁不多，可以防止他们用这些铁制品打造兵器，故而允许市易，甚至作为赏赐品给边外头人。由此，亦不难看出，明朝边防将领为了防止边外民族用铁器打造武器，为了维护边防的稳定和谐，又兼顾边外少数民族的生活需要，做了多么严肃细致、认真科学的工作。

明政府在辽东、大同等边地开设马市后，又在西边陕西和四川靠近西藏的地方开设了西茶市，与藏民实行以茶易马，俗称“茶马互市”。明朝大臣杨一清（1454—1530 年）在其给皇帝的奏折中说：“自弘治十八年（1505 年）为始，听臣出榜招谕山、陕等处富实商人，收买官茶五六十万斤，其价依原定每千斤给银五十两之数，每商所买不得过一万斤，给予批文，每一千斤给小票一纸，挂号定限，听其自出资本，收买真细茶斤，自行雇脚转运。”由此可见，山西商人在明弘治年间，就已在四川参与对西藏的茶马贸易。

第三阶段：清军入关，中华一统，九边废除，晋人又得入边外贸易之先。

明崇祯十七年（1644 年）三月，以李自成领导的农民起义军攻入北京，明朝在北京的最后一位皇帝崇祯自缢煤山（景山）为标志，明王朝宣告灭亡。随之，吴三桂“冲冠一怒为红颜”，愤而领清军入关，大清铁骑入主中原，并逐渐统一中国。康熙帝在康熙三十年（1691 年）五月“多伦会盟”后，将喀尔喀蒙古编为 36 旗，按序封各蒙古贵族爵位，在返回京城的路上，曾兴奋地对随行大臣说：“秦始皇造长城，我就施恩于喀尔喀蒙古，使之防御北方，比它更为巩固呢。”在回到紫禁城，看到有请修古北口长城的奏折时，又说：“自秦筑长城以来，汉唐宋亦常修理，但仍有边患，可见治国在于修德安民。民心大乐，边疆自固，这就是常说的众志成城啊！”随后宣布，大清朝再不修长城，长城内外皆为大清江山，且将今内蒙古呼和浩特、鄂尔多斯一带的 8 个厅划归山西行省治理，彻底打开了自秦皇汉武、唐宗宋祖、大明以来的边境军事防线和贸易壁垒，山西乃至中原、江南、湖广的商人可转贩商品，运至俄罗斯的恰克图等中俄边境进行贸易。

山西由于地处中原与塞外的中间地带，地理位置优越，又有先前在明朝时期积累的与蒙古族、满族经商的基础，于是便更得天独厚地在有清一代捷足先登，经商致富了。

（二）徽商兴起于明中叶“折色制”

徽商的原始居民是古山越人，他们“椎髻鸟语”，即头上挽一根独髻，说着鸟语一样的方言。刀耕火种，剽悍尚武，“依阻山险，不纳王租”，鲜知礼节。《汉书·地理志》记：“自交趾至于会稽七八千里，百越杂居，各有种姓，不尽少康之后也。”古代被称为“三苗”或“蛮越”。徽州至南宋以后被称为“东南邹鲁”“程朱阙里”，理学影响深远。这当中有一个不断汉化和融合的过程，这种汉化和融合大致经过了秦汉、三国两晋南北朝、隋唐、南宋四个阶段。

秦汉阶段。秦始皇统一中国后，百越各族大多纳入秦王统治之下。秦灭楚后，在原吴越设会稽郡，尔后进一步设立鄣郡，至黟、歙二县从属鄣郡。秦亡汉立，汉武帝元狩二年（公元前121年）改鄣郡为丹阳郡，郡治推进到宛陵（今宣州）一带，黟、歙县制不变。秦汉统治者采用了“分化瓦解”“土著治土著”的政策。东汉末年便有大量中原士家大族为避战乱迁移至徽州。

三国两晋南北朝时期。孙吴称霸江东后，对江南包括古徽州在内的“难安易动”之百越之民采取了更严厉、更残酷的汉化措施，其主要手段是军事进剿。“使贺齐讨黟、歙”，遣陆逊“宿恶荡涤，所过肃清”，派诸葛恪“讨平山越”，以强力迫使土著臣服。在两晋南北朝时期，从西晋元康元年（291年）“八王之乱”始，至“五胡乱华”、十六国兴灭、南北朝对峙，中国经历了近三个世纪的战乱分裂。这期间不断有中原名门望族避战乱至徽州。据史料统计，从西晋初年（281年）到南北朝时的刘宋末年（479年）近200年中，新安郡户数从5000户上升至12058户。大量的中原豪门望族南迁时都是举家迁徙，主人、仆从、部曲、佃客等相从迁移；在迁移定居过程中，又不断地兼并、征服一般的平民和土著居民，并令其更名改姓，以壮大自己的族群。

隋唐时期。徽州自南北朝以来，汉族人和土著人融合、开发，经济已逐渐强盛，民俗已基本汉化，中原迁至的汉民已反客为主，统治了这一地区。开先河的领袖人物便是隋朝末年的汪华。隋末天下战乱，汪华起兵据州，以“捍境保民”为名，行割据地方之实。“六州既揖，从者如云”。唐李渊、李世民父子定鼎天下以后，汪华适时顺唐，唐即任汪华为歙总管府总管。从此在有唐一代，徽州各宗族和平共处、休养生息。但到了唐朝末年，黄巢起义，天下大乱，五代十国此起彼兴，忽盛忽衰，又造成历史上最大一次向徽州移民避难。据南宋淳熙年间（1174—1189年）罗愿修的《新安志》记：“黄巢之乱，中原衣冠，避地保于此，后或去或留，俗益向文雅，宋兴则名臣辈出。”翻开民国《歙县志》，还可以看到这样的记载：“邑中各姓以程、汪为最古……其余各大族，半皆由北迁南，略举其时，则晋宋两南渡及唐末避黄巢之乱，此三朝为最盛。又半皆官于此土，爱其山水清淑，遂久居之以长子孙焉。”可见，此时徽州人的来源已是由古山越之民，避中原战乱南迁而至的“各大族”，在此地为官、留恋山水好风光、遂迁家而至的三部分人组成的了。

南宋时期。靖康二年（1127年），北宋宋徽宗赵佶和宋钦宗赵桓及皇族后妃3000余人被金人掳去，金兵攻入东京（今河南开封），北宋王朝灭亡，这就是历史上有名的抗金名将岳飞在《满江红》一词中所写的“靖康耻”。北宋灭亡后，宋徽宗第九子赵构率皇室余宗及大臣、兵将仓皇辞庙，走避江南，建立南宋。南宋建都临安，也就是今天的杭州，偏安江南，历9帝153年。宋王朝南渡之后，“直把杭州作汴州”，从此带来了国家政治、经济、文化中心的南移，江浙一带的经济开始活跃，给徽商的初兴带来了商机。

南宋高宗建炎二年（1128年），南宋东京留守杜充为阻挡金军，在今河南兰考县决黄河大堤，从此使黄河夺淮入海，黄河水患移于淮海，成为中华民族的心腹之患。黄河济淮后从连云港这边入海，历经727年，直到清咸丰五年（1855年）黄河方改道北徙，在今天的山东利津入海，这就是安徽、江苏黄河古道的由来。杜充决黄河大堤后，南宋王朝在北方的边疆线在黄河古道，即今天的淮河为南宋王朝的最北边防线，淮河以北归金，以南归南宋。其中宁夏一带及陕、甘、青部分地区归西夏王朝统治。这个两宋之际的东京败将杜充，决河撤到建康（今江苏南京），不久在1130年又举建康而降金。

徽州地处江南，靠近临安，有发源于徽州休宁县境内、蜿蜒流到杭州的黄金水道新安江。新安江现在被20世纪50年代所修的新安江水电站大坝所阻，从而形成了千岛湖，湖水清澈甜美。新安江作为徽州最大的水系，又是由境内的率水、横江和练江三水汇聚而成。舟楫便利，四通八达。徽州又盛产茶叶、竹木、桐油。南宋王朝要大兴土木，兴建宫廷，建筑民房，维持临安居民生活，无不需要这些建筑原材料，无不需要消耗大量的茶叶。这时，吃苦耐劳、勤奋聪敏的徽州人便得地利之便，辗转从徽州山里运出茶叶、竹木、瓷器等，开始了自身的原始积累，积累了自己的第一桶金。这就是徽商初兴的第一步，是宋王朝南渡在临安建都给徽商提供了商机。

徽商真正兴起成帮是在明中叶时期。明朝成化、弘治年间，由于社会相对安宁，商品经济发展，白银大量增加，明政府国库充盈，白银已成为全国普遍使用的货币。政府兑付边境的开支、赋税的征收、大宗货物的交易都以白银作为计价的标准和支付手段；民间小额交易也往往使用碎银子，备有计量白银的秤杆或戥子。于是在明弘治五年（1492年），户部尚书叶淇改革盐法，推行“开中折色法”，将开中纳粮输边换取盐引，改为纳银到盐运司后即可换取盐引。此举大大方便了徽商，免除了商人输边纳粮的劳役饥寒之苦。据王廷元、王世华两位先生所著的《徽商》（安徽人民出版社2005年版）记：那时徽人因受地理条件限制，纳粮办引的活动总是敌不过山陕商人，所以在两淮盐业中难以取得优势地位。及至弘治五年，户部尚书叶淇推行开中折色法，规定商人只需向盐运司交纳银两，即可领取盐引，贩盐行销……这就大大方便了徽商对两淮盐业的经营，他们只要向设在扬州的两淮盐运司交纳银两即可办引行盐，免除了商人输边运粮的劳役之苦。九边都在朔方苦寒地带，徽人都是南方人，难吃塞外冻寒之苦。晋人距边关近，当然得天时地利，又适应北方寒冷之天。开中折色法实行后，塞外商屯解体，边商日趋衰败，内商日渐兴盛。山西商人也纷纷南下转为内商，起先也曾在扬州扬威，势力颇大，但愈到明朝后期，徽州商人在扬州的势力愈大，并逐渐在两淮盐业中取得了优势地位，如歙县竦塘的黄氏大盐商就是在这时发迹的。黄崇德是众多徽州商人中的佼佼者。其饱读经史，熟知历代盐法利弊，官府每以盐政大计咨询众商，他都能应答如流，切中要害，曾被众盐商推为首领。黄崇德生于成化五年（1469年），资本众多，业盐大发，家中资产“连栋广厦，膏田满野，废居积贮，充于维扬”。其宗族子弟也在他的带领下，纷纷到扬州经商业盐，一个个都成了富商大贾，以至于竦塘黄氏都变成了“富等千户侯，名垂素封”之家了。

另外，“徽商”一词出现也大致是在明中叶的成化年间。据《云间杂识》载：成化末年，有位达官显贵把搜刮得来的大量钱财运回松江，一位老者登门道贺时讽刺地说：“松民之财，多被徽商搬去，今赖君返之，敢不称谢!”松江即今上海、苏州一带，早年徽商也就活跃于这一带。而“徽商”一词的使用，显然已不是指单个的徽州商人，而是指徽州商帮，指徽商一个群体了。

综上所述可知，徽商兴起于明中叶弘治年间，即1500年前后，从此经历发展、明末清初受挫，再到清朝的发展、兴盛及咸同兵燹后的衰落等阶段，前后辉煌有300余年。晋商兴起于明初洪武年间，即1400年前后，经历明清到民国成立，前后辉煌有500多年。这是历史使然，也是不争的史实。

三、精神领袖不同

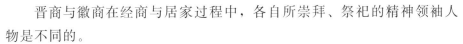

晋商与徽商在经商与居家过程中，各自所崇拜、祭祀的精神领袖人物是不同的。

晋商崇拜的精神领袖是三国时的关公，即关羽、关云长。徽商崇拜的精神领袖是南宋时期的朱熹。我们要研究晋商、徽商的异同，探讨晋徽两商的文化，追寻二者的发展轨迹，触摸两商的发展结果，这两位人物都是我们要研究关注的对象，是他们的行为和言教影响教化着晋商、徽商。他们二人是晋商、徽商的文化源头、精神领袖，既有相同之处，又有不同特点。正如朱熹在宋淳熙丙申（1176年）第二次回家乡婺源时所作的《观书有感》一诗所言：

半亩方塘一鉴开，天光云影共徘徊。
问渠那得清如许，为有源头活水来。

（一）关羽、朱熹都是晋商、徽商的乡贤和前辈

关羽，据陈寿《三国志·关羽传》记："关羽，字云长，本字长生，河东解人也。亡命奔涿郡。"元末明初山西太原人罗贯中的《三国演义》据此也说关羽是河东解州人。现在山西运城市解州镇有关帝庙，距解州镇东南10公里的常平村是关羽原籍，有关帝祖庙。

据记载，解州镇的关帝庙始建于隋文帝开皇九年（589年），重建于宋真宗大中祥符七年（1014年），明世宗嘉靖年间毁于地震，重建后又于清康熙四十一年（1702年）毁于失火，经十余年始修复。关帝庙南望中条山，东近盐池，有湖光山色之胜。这说明关羽是山西解州人，而解州古为河东之地，有盐池，是明清晋商的发轫之地。

■ 关帝

据有关史料记载，关羽其实也不姓关，名也非羽，字也不叫云长。关羽，本姓冯，名贤，字寿长，出生于运城解州镇常平村，以打铁为生，武艺高强，臂力过人，好打抱不平。其年轻时，解州镇有个叫吕熊的恶霸，人称"解州虎"，想霸占民女为妾，被冯贤打死了。冯贤只好离家出走，逃到山西、陕西、河南交界的潼关时，城门上已有通缉画像，捉拿冯贤。他就用黄河水洗了脸，从此脸就变红了（可能是化了妆或是以盐水洗脸有感染所致）。出关时指关为姓，

混出关去，从此就化名关羽了。这在陈寿的《三国志·关羽传》里记为“亡命奔涿郡”，应是可信的。从此，关羽有没有回过故乡，史书里也没有记载。当时河东一带归魏国，由曹操管辖，应该是再没回来过。

■ 朱熹

朱熹，在《宋史·朱熹传》里记：“朱熹，字元晦，一字仲晦，徽州婺源人。父松，字齐年，中进士第。”朱熹生在福建尤溪县。其父考中进士后到福建政和县为官，从此就离开徽州到福建去了。朱熹生于1130年，卒于1200年，享年71岁。朱熹一生三次回到婺源讲学，并主持修订了《婺源茶院朱氏家谱》。在福建生活期间，他专门刻有一方“新安朱熹”印。生前也多与徽州人交往，有书函，有子弟。徽州人也以朱熹为自豪，自称“程朱阙里”“东南邹鲁”。朱熹学说是徽州文化的始点、高点。他作为孔孟儒家学说的继承人，站在儒学的立场上，吸收道、释学说精华，发展构建了中国哲学的抽象思维体系，成为一代大儒、大思想家。他一生著述丰厚，笔耕不辍，为后人留下十分博大的思想宝库。他的《四书章句集注》，被元、明、清三朝700余年列为教科书，是科举考试的范本和标准，让三代儒人学子为之白头，以考取功名。他死后谥曰“文”，不久又被南宋理宗皇帝手诏批准从祀孔子庙，让世人祭祀敬仰，人称“朱子”。

这说明关公、朱子，一武一文，各自是山西人和徽州人，都是晋商、徽商兴起前的乡贤。只是关公出生在解州，打铁为生，家庭贫寒，以后亡命涿州，追随刘备后再没回过故里。朱子则生在福建，但籍贯徽州婺源，家乡情节浓，一生三次回乡，与乡人又多有来往。在中国从古至今讲究籍贯故里，说此二人一个是山西解州人，一个是今安徽徽州人，应是有史为证并被当代人一直承认和信奉的。

（二）关羽、朱熹皆生活于“三国时代”

讲关公生活于东汉末年、“三国时代”（魏、蜀、吴），有《三国志》和《三国演义》为证，人人耳熟能详，无可争论，不再赘述。

讲朱子也生活在“三国时代”（宋、金、西夏），可能有人不太清楚，在此略叙如下，以便比较。

朱熹生于南宋高宗皇帝赵构开国之初的建炎四年（1130 年），卒于宁宗皇帝赵扩庆元六年（1200 年），一生经历南宋高宗、孝宗、光宗、宁宗四位皇帝统治时期。其时，南宋朝廷偏安于临安（今浙江杭州），刚刚丢失了北方大片土地，宋徽宗、宋钦宗被金人掳去，首都开封城丢失，黄河决堤，南宋王朝的北方边界就在大散关、淮河一线。

其时在淮河以北，有强大的金国，其从金太祖完颜阿骨打 1115 年开国、首个年号叫“收国”，到 1234 年被蒙古吞并，前后立国近 120 年。金是当时与南宋并存的第二个政权。

第三个是西夏王朝。西夏王朝从景宗李元昊 1038 年开国，年号“显道”，到 1227 年被成吉思汗所灭，历经 10 帝 197 年，首都设在今宁夏银川市。统治着今内蒙古、陕西、宁夏、甘肃、青海等西北地区，亦不时与中原北宋、南宋各王朝打打停停、战战和和、互贡贸易。这可谓南宋王朝时期同时存在的第三个政权。

朱熹生活在这样一个三国时代，北方的西夏王朝、金王朝或此前的辽王朝都是少数民族建立的，其文明程度大多不如中原民族。金灭辽，西夏和金又先后被后来兴盛起来的蒙古所取代。这时的三国战乱给人民造成的灾难不亚于关公生活的三国时期。尤其是南宋王朝臣民，脱胎于北宋，南宋高宗的父亲宋徽宗、哥哥宋钦宗又被金人掳去，靖康耻犹未雪，臣子恨犹未泯，南宋君臣上下及人民顶着这样的耻辱、伤痛，无时不煎熬痛苦。俗话说：“国难思良将，家贫思贤妻。”此时，朝野上下无不想有关公式的忠臣武将，无不想“驾长车，踏破贺兰山缺。壮志饥餐胡虏肉，笑谈渴饮匈奴血。待从头，收拾旧山河，朝天阙！”这是对武将的渴求。对文相儒子，朝野上下则渴望他们有一种精忠报国的精神，一种忠于朝廷、忠于皇帝的思想。朱子著书立说，提倡“三纲五常”，朱子学说便应运而生了。但朱子之学在其生前，因朝内政治斗争，韩侂胄当权势张，朱子学说被斥为“伪学”，其弟子和信奉者被称为“伪党”“逆党”，乃至有人上书乞斩朱熹。

据《宋史·朱熹传》记：“方是时，士之绳趋尺步，稍以儒名者，无所容其身。从游之士，特立不顾者，屏伏丘壑；依阿巽懦者，更名他师，过门不入，甚至变易衣冠，狎游市肆，以自别其非党。而熹日与诸生讲学不休，或劝以谢遣生徒者，笑而不答。有籍田令陈景思者，故相康伯之孙也。与侂胄有姻连，劝侂胄勿为已甚，侂胄意亦渐悔。熹既没，将葬，言者谓：四方伪徒期会，送伪师之葬，会聚之间，非妄谈时人短长，则谬议时政得失，望令守臣约束。从之。”

朱熹死后不久，就被平反昭雪，嘉泰二年（1202 年），被宁宗赵扩谥曰“文”，寻赠中大夫，特赠宝漠阁直学士。理宗宝庆三年（1227 年）赠太师，追封信国公，后改为徽国公。绍定末年，即 1233 年，又被理宗手诏“熹从祀孔子庙”。

在宋、金、西夏这个三国时期，已去世 900 余年的关羽在朝野又得到更多、更热烈的追封和膜拜。我们知道关羽在世时，曹操封其为汉寿亭侯，而刘备仅封其为前将军，可以说关羽生前仅是一介武夫、将军。死后在蜀后主刘禅的景耀三年（260 年）九月被追封为壮缪侯。此后 800 余年，历经两晋、南北朝、隋唐、五代未见加封，只是到了宋徽宗时又被抬出加封。先是在宋徽宗崇宁元年（1102 年）被追封为忠惠公，关公称呼或就此而来。大观二年（1108 年）加封为武安王，宣和五年（1123 年）又被加封为义勇武安王。到了南宋时期，宋高宗建炎二年（1128 年）加封为壮缪义勇武安王，孝宗淳熙十四年（1187 年）加封为壮缪义勇武安英济王，这时已与朱熹处在同一时代了。而且宋孝宗的加封敕文也写得颇具特色，反映出统治者的敕封本意：

> 生立大节，与天地以并传；殁为神明，亘古今而不朽。荆门军当阳县显烈神壮缪义勇武安王名著史册，功存生民。一方所依，千载如在。凡有祷于水旱雨旸之际，若或见于焄蒿凄怆之间，英烈言言可畏，而仰庙貌弈弈，虽远益新，爰启王封，仍加美号，岂特显尔神威德之盛，亦以慰此邦父老之情。尚祈灵聪，服我休显。可特

封壮缪义勇武安英济王。奉敕如右。

其加封时的盛况，据《淳熙加封英济王碑记》载：“诰命以十五年十一月二十四日下，奉安之日，遐迩欢腾，老稚夹道纵观，举手加额。咸曰：非王之受其赐，民之受其赐也。其得民之深也，如此哉！……”

■ 关帝庙

关羽在北宋以前默默无闻，未见加封记载，北宋、南宋加封。尤其是在宋徽宗时，先封公后封王，一朝三加封，正是金人攻打北宋王朝、北宋处在风雨飘摇之时。以后元、明、清三朝，根据统治者治国理政的需要，亦屡有加封。在明朝万历四十二年（1614 年）十月，神宗万历皇帝加封关羽为三界伏魔大帝神威远震天尊关圣帝君，封号达 16 个字。将关羽又上升为帝、为圣了。正如一副关帝对联所言：

侯于汉，王于宋，帝于明，极人世尊荣，总难酬满腔忠义；
蜀曰兄，魏曰贼，吴曰犬，即言下予夺，已括尽一部春秋。

这一节说明关公、朱熹皆生活于三国乱世，死后都得到追封，后世显荣；且一立武庙，一立文庙，供世人顶礼膜拜。

（三）关羽、朱熹皆为集儒道佛之大成者

关羽是集儒道佛之大成者，这主要是被后世皇帝追封和高僧、信众追捧的，是形象的、偶像式的，是人们心理上的，主要体现在他的身教行为上并见诸《三国演义》的故事和历代传说中。

朱熹是集儒道佛之大成者，这主要是体现在他生前的著述和学问中，是他的言教和思想融儒道佛于一家。

关羽被儒家封关圣、关夫子。关羽是儒将，与朱熹比当然不是大学问家，但也是通文墨、知书礼，以儒家道德思想立身行事的。据陈寿《三国志·蜀书·关羽传》记，关羽就能书写阅读书信。诸葛亮也称赞他绝伦逸群。“及羽杀颜良，曹公知其必去，重加赏赐，羽尽封其所赐，书拜告辞，而奔先主于袁军。”又记：“羽闻马超来降，旧非故人，羽书于诸葛亮，问超人才可谁比类。亮知羽护前，乃答之曰：‘孟起资兼文武，雄烈过人，一世之杰，黥、彭之徒，当于翼德并驱争先，犹未及髯之绝伦逸群也。’羽美须髯，故亮谓之髯。羽省书大悦，以示宾客。”在此，诸葛亮评价马超是资兼文武的一代豪杰，只可和张飞张翼德相比，不及关羽之绝伦逸群。可见，关羽的文化功底和素养气质非同一般。

关羽的儒在罗贯中的《三国演义》中，更是被描绘得淋漓尽致。他夜读《春秋》，手不释卷，集儒家的忠、义、礼、智、信、仁、勇于一身。明清以后人们又称关羽为关公、关圣、关帝、关夫子，在社会上形成了文拜孔子、武拜关公的文化格局，而且孔庙只限于建在县城，关庙则不分城镇乡村，处处可建，多不胜计。

关羽被佛家封为护法伽蓝神，或曰伽蓝圣众菩萨。关羽成佛的来历，最早见于南北朝时期天台宗僧人俗姓陈释名智颢之口。据《佛祖统记·智者传》和湖北当阳西30里玉泉寺留存唐代石碑记：“先是，陈光大中，智颢禅师者至自天台，宴坐乔木之下，夜兮忽与神（关羽）遇，云‘愿舍此山为僧坊。请师出山，以观其用’。指期之夕，万壑震动。”

明朝关羽的老乡——张邦济在其《伽蓝考辩》中开篇即说：“伽蓝者，佛氏之护法神号也。世皆以义勇武安王为之。王，汉将军也，尽忠帝室，殁为神明，去今千有余岁，犹有生气，多显功于天下。后世历代

各崇褒谥：宋宣和间封义勇武安王，今因焉。愚读书常寄居山寺，每见佛堂侧必有王像，人皆以伽蓝称而莫知所自。问之僧人，亦无知者。及观当阳庙碑，始知出自陈僧智顗口。顗言彼于光大中自天台归，遥见当阳山色如蓝，上有紫云如盖，以为胜地，乃入山寻之，夜见怪物千状，有大神人美须髯者，自称汉将军关云长也，相语甚悉。且曰：'感师道行，愿舍此山作师道场，永护佛法。'其事遂肇于此。"这里"陈"是南北朝时的一个王朝，建都在南京，"光大"是其一个年号，自 567 年至 568 年。

湖北当阳是关羽的葬身之处。孙权杀害关羽后，将关羽人头送给曹操，曹以侯爵之礼葬头于洛阳。其身葬在湖北当阳，后世在两地皆建有关庙祭祀。

从上述记载可知，关公与佛的这个故事是由智顗禅师编出来的，目的是利用百姓对关公的崇拜，将关公列为佛教的护法神，借关公以弘扬佛教。智顗禅师的这个故事是很管用的，从此使关公走上了佛坛，使佛教文化与中国传统文化得以结合，佛教在中华本土有了个有史有据、有血有肉、有具体人物形象的代表——关公，从而也使佛教天台宗成为一个广泛流传的宗派。

关公与道教相联系，最早见于记载的还是在北宋年间。先是宋真宗大中祥符七年（1014 年），有关公战蚩尤一说。我们知道在上古有轩辕黄帝战蚩尤。蚩尤是东方的少数民族，入侵中原，被黄帝打败。司马迁《史记》载："蚩尤作乱，不用帝命。于是黄帝乃征师诸侯，与蚩尤战于涿鹿之野，遂禽杀蚩尤。"宋真宗笃信道教，大中祥符年间，河东地区大旱，解州盐池缺水，盐产量大减，课税完不成。宋真宗派大臣吕夷简到解州去祭祀。吕夷简梦见蚩尤，身着戎装，怒言天帝命自己主管盐池，宋朝皇帝在这里立了轩辕祠，轩辕是他的仇人，为此，他绝了盐池的水，如不拆除将后患无穷。吕夷简回朝后将这个故事上奏了朝廷，大臣王钦若说，蚩尤是邪神，信州龙虎山（在今江西鹰潭市）张天师能为皇上制服蚩尤。把张天师请来后，张天师对皇上说："此事无可忧虑。自古忠烈之士殁而为神，蜀将军关某忠而勇，陛下祷而召之，以讨蚩尤，必有阴助。"于是张天师焚化符箓，祷而召神。一会儿关羽披甲仗刀，飘着美髯自空而下，朝拜于殿庭。张天师遂向关羽宣读圣旨："蚩尤为妖如此，今天子欲命将军为民除害，如何?”关羽回答：“臣敢不奉召?容臣会岳渎阴兵至，彼并力为陛下清荡之。”忽而，关羽不见了。宋真宗与张天师肃然起敬。有一天盐池上空黑云密布，电闪雷鸣，大风劲吹，可听得天空金戈铁马声声厮杀。倏忽云收雾散，天气晴朗，池水滢滢。这实际上是张天师、吕夷简等人编的一个故事，但宋真宗笃信，遂派人前去解州修葺关庙，岁时奉祭。这是最早将关羽与道教联系在一起的民间故事。

■ 关公

宋徽宗则更迷信道教，自号道君皇帝。他刚继位不久，在崇宁年间（1102—1106年），又曾请第30代天师张继先到盐池平妖，并封关羽为“崇宁真君”。故今天解州关帝庙的主殿叫崇宁殿。两代张天师拜关羽平妖战蚩尤，实为小说家言，出自元代文学家胡琦之笔下。但由此不难看出，宋代两位皇帝希望有关羽之将忠义保宋室，祈祷天下太平安宁。故用年号为崇宁，封关羽为崇宁真君了。

明代皇帝多信奉道教。明神宗不仅加封关羽为三界伏魔大帝神威远震天尊关圣帝君，同时赐官奉九旒珍珠冠、玉带、四蟠龙袍、黄牌等。

清人入关后，顺治皇帝在顺治九年（1652年）四月，就批准礼部对关羽封号的奏请，继续维持明万历皇帝旧典封号，并又敕封其为忠义神武大帝。雍正皇帝在其登基第四年（1726年）又下圣旨，在关羽家乡解州庙、荆州当阳玉泉山关庙、洛阳关陵各设一名世袭制博士，负责祭祀。清王朝崇敬关羽，也是看重关羽的忠义，意在取得汉族人民的好感，以便统驭天下，用忠义治国。

关羽被儒道佛三教崇奉，自然各教都有取义。有对联曰：

儒称圣，释称佛，道称天尊，三教尽皈依，式詹庙貌长新，无人不肃然起敬；

汉封侯，宋封王，明封大帝，历朝加尊号，矧是神功卓著，真所谓荡乎难名。

山东夫子，山西夫子，瞻圣人之居，条峰并泰岳同高；

作者春秋，述者春秋，立人伦之至，涑水与洙泗共远。

精忠贯日月，

大义薄云天。

朱熹是理学发展的集大成者，其以儒家思想为基础，并吸收了释、道两家的思想资源。朱熹理学承继北宋“二程”（程颢、程颐）、张载之学，他是“二程”的四传弟子。汉朝末年以来，儒学衰落，玄学盛行，佛学进入，天下“不归于道，则归于佛”（韩愈语）。北宋玄学盛行，从皇帝到苏轼、王安石等文人都入玄入佛。由此，朱熹大胆地从佛、老领域拿来思想资源，构建自己的学说、自己的思想体系。如将“月印万川”改化为“理一分殊”，有着很大的包容性和开放性。朱熹思想学说引用释、道并不注明出处，这在我国古代儒家学者中是普遍的、一贯的。

朱子学说，主要以理学为主。《宋史·朱熹传》记：“其为学，大抵穷理以致其知，反躬以践其实，而以居敬为主。尝谓圣贤道统之传散在方册，圣经之旨不明，而道统之传始晦。于是竭其精力，以研究圣贤之经训。”

朱熹理学，吸收佛、老两家思想资源，继承程颐的“理先气后”说，发展了我国形而上的抽象思维。理与气的问题，是我国学术界长期争论的问题，其实质就是物质与精神、主观与客观的问题。从下面《朱子语类》关于理与气的论述中，可见朱子理学之一斑。

有是理，便有是气，但理是本。

事事物物，皆有个极，是道理极至。……总天地万物之理，便是太极。

本只是一太极，而万物各有秉受，又自各全具一太极尔。如月在天，只一而已。及散在江湖，则随处可见，不可谓月已分也。

未有天地之先，毕竟也只是理，有此理，便有此天地；若无此理，便亦无天地，无人无物，都无该载了。有理，便有气，流行发育万物。

天道流行，发育万物，有理而后有气，虽是一时都有，毕竟以理为主，人得之以有生。

未有这事，先有这理。如未有君臣，已先有君臣之理；未有父子，已先有父子之理。不成元无此理，直待有君臣父子，却旋将道理入在里面。

朱熹的理是尊崇君臣、父子、夫妇三纲，明显地有利于统治者巩固政权，维护统治。但朱熹在世时，因朝内派系斗争，韩侂胄当势并居中用事，朱子学说并未被封建统治者所赏识、所采纳，而是被斥为“伪学”。其学派弟子甚至被称为“伪党”“逆党”。好在朱子去世后不久，宋宁宗赵扩就为朱熹平反，下诏谥“文”，宋理宗赵昀又追封为徽国公，赠太师，并在淳祐元年（1241 年）正月“手诏以周、张、二程及熹从祀孔子庙”。到了明清两代，朱元璋、康熙、乾隆更是看到了朱熹学说对其统治的有利价值，不仅续将朱熹列祀孔庙，定为十哲之一，更是把“四书五经”作为科举考试的皇家教科书和八股试文的范本，从而使我国读书人，千军万马地争过这座独木桥。只有通过学朱子之书，才能中举成名，取得功名利禄。朱子故里徽州，更是自称“程朱阙里”“东南邹鲁”。“非朱子之言不敢言，非朱子之家礼不敢行。”“凡六经传注，非经朱子论定者，父兄不以为教，子弟不以为学也。”从此，儒学又回到了独尊的地位，朱熹思想作为官方学说支配我国思想界达七个世纪。

朱熹在我国儒学界、思想界的地位，亦正如元代脱脱等撰的《宋史·朱熹传》中最后所云：“黄干曰：‘道之正统待人而后传，自周以来，任传道之责者不过数人；而能使斯道章章较著者，一二人而止耳。由孔子而后，曾子、子思继其微，至孟子而始著。由孟子而后，周、程、张子继其绝，至熹而始著。’识者以为知言。”

朱熹年十八登进士及第，在外地为官 27 年，在朝内则只有 40 天。他年七十一“正坐整衣冠，就枕而逝”。可以说是家学渊源，少年及第，中年为官，一生著述讲学，门人弟子罗列，老年善终而卒的。这与关公出身寒微，一生戎马，客死他乡，身首异处又是截然不同的。

（四）关羽、朱熹生前身后都与商有关

关羽与商业商人有关。在其生前身后，据传说和《三国演义》记载有这样几件事。

一是刘关张桃园三结义。这三人都是小商贩，刘备虽是中山靖王之后，但幼年父母早丧，家贫无靠，整天以织席贩履为生，为蝇头小利奔忙，是个卖草鞋贩草席的。张飞家中富裕些，但也是以卖酒屠猪为业，是个杀猪宰牛卖肉的。关羽据讲亡命涿州时，为了躲避官兵的追捕，也化装成商贩，推小车卖绿豆，他与张飞、刘备就是因卖绿豆结识的。可见，刘关张三人在桃园结义时都是贩夫走卒、小商小贩。

二是关羽被封为财神，据说是因为他创造发明了最初的记账法。据《解州关帝庙》一书载：关羽被曹操俘虏后，暂住曹营许昌。曹操为收买关羽，留为己用，不时送上金帛玉女，并封其为汉寿亭侯。但当关羽知道刘备下落时，便挂印封金，留书辞曹，千里走单骑，携二嫂去寻大哥。临行时，“分付宅中，所有原赐之物，尽皆留下，分毫不可带去”（罗贯中：《三国演义》），将曹操送上的金银玉帛悉数留下，还附上一本清清楚楚的“原、收、出、存”账册。商人经商，买卖出入，账册多重要呀！后世认为这个收支账册开辟了记账法之先河。关公又以信义为本，忠勇为事，因此，关公便被尊封为财神，到处供奉了。想来也是，商人经商，尤其是与人合伙做生意，明明确确、清清楚楚地记清账至关重要。

三是关羽被商人四处供奉，敬为财神。明清时国内到处建有关帝庙，各地留存下来的山陕会馆、三晋会馆中无不有关帝庙。现今许多商家，也都在商厦大厅或营业门面里供奉关帝，早晚上香以求关帝保佑，财源广进。而在海外、港台华人社会，关帝香火燃得更旺。在美国纽约大街上关帝庙赫然耸立。据讲其在筹建时，建庙宗旨公开云：“弘扬以关帝为表率的、儒释道三教融合的中华传统文化，净化人心，教化社会，提倡助人为善，广结善缘，积极参与社会慈善事业，服务侨社新老移民。”1986 年山西省一位副省长访问美国时，走到一家华人开的中药材商行，当店主得知他来自关羽故乡山西，一下子变得更为热情。当他询问海外

华人为啥都崇拜关公时，店主十分明快利索地回答："关圣大帝讲义气。我们漂流海外，全凭彼此互助团结，信义相处。"日本、新加坡、韩国等地也都有关帝庙，华人都崇奉关帝。可见关帝的忠义仁智勇精神就是中华文化的精髓。忠就是团结，义就是诚信，仁就是爱人，智就是精明，勇就是不怕困难。

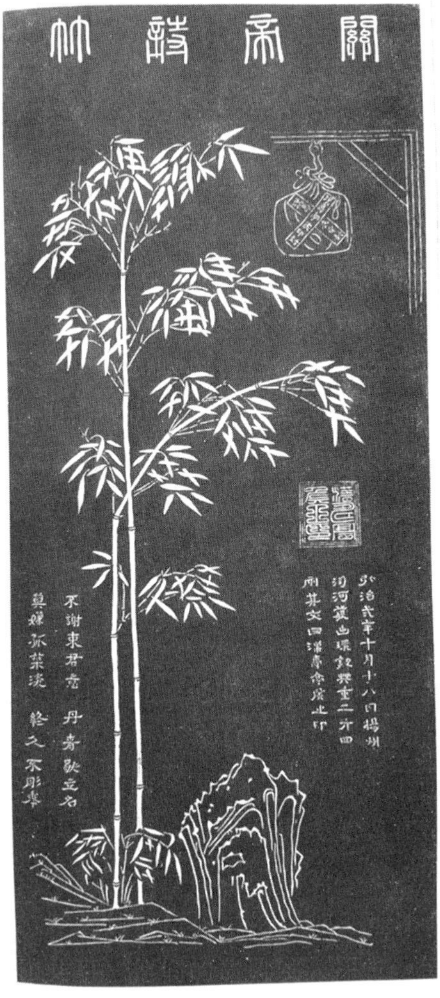
■ 关帝诗竹图

朱熹与商业商人有关，有如下史实。

朱熹的外祖父祝确，在徽州城内就是个大商人、大财主，他经营的商店、客栈、资财几乎占到徽州城的一半，被人称为"祝半州"。朱熹在其《记外大父祝公遗事》中说："外家新安祝氏，世以资力顺善闻于州乡，其邸肆生业几有郡城之半，因号'半州祝家'……熹少时见外大父，犹颇能诵其语，至诸舅则皆已不复能记忆矣。"

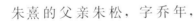

朱熹的父亲朱松，字乔年，中进士后被派往福建建州政和县任县尉。因赴任盘缠不够，朱熹的祖父朱森便将祖上的百亩田地变卖，随儿子朱松一起到了福建。不久朱森客死福建政和县，安葬于政和县护国寺旁。朱松从此入籍建州，不久隐居在今福建南平市的尤溪县毓秀峰下的郑氏草堂，以教书为生。建炎四年（1130 年）农历九月十五日，朱松的第三个儿子朱熹在郑氏草堂降生。朱熹在 18 岁时考中进士，21 岁时（1151 年）便赶回徽州祭扫祖墓，居留数月，并将他父亲当年离乡赴闽时典卖的 100 多亩祖田全部赎回，利用田租充当祭扫祖墓的花费。可见，这时朱熹家境已富裕，他将百亩土地赎回，又租赁收资，并用于祭扫祖墓，自然有商业活动在其中了。

朱熹生前曾做过分管茶盐钱粮的经济类小官，任过泉州同安县主簿，协助县令处理赋税、教育、簿书方面的事，先后提举（任职）江西常平茶盐公事、浙东常平茶盐公事。据《宋史·朱熹传》记："熹登第五十年，仕于外者仅九考，立朝才四十日。"（古代官吏3年一考绩，九考为27年。）"会浙东大饥，宰相王淮奏改熹提举浙东常平茶盐公事……熹始拜命，即移书他郡，募米商，蠲其征，及至，则客舟之米已辐辏。熹日钩访民隐，按行境内，单车屏徒从，所至人不及知。郡县官吏惮其风采，至自引去，所部肃然。凡丁钱、和买、役法、榷酤之政，有不便于民者，悉厘而革之。于救荒之余，随事处画，必为经久之计。有短熹者，谓其疏于为政，上谓王淮曰：'朱熹政事却有可观。'"由此段记述不难看出，朱熹不仅是个主管经济的官吏，而且十分勤政为民，且得到皇帝的首肯。他不仅仅是大夫子、大文人、大儒家，也是懂经济的。

朱熹对徽商的巨大影响，主要还是他的思想、学说。程朱理学在儒、释、道三教和合的基础上，吸收佛、道主张逆来顺受、随遇而安的准则，否定佛、道宣扬的超凡避世，有碍于君臣、父子、夫妇的宗法伦理；吸收佛、道"主静""禁欲"思想，否定佛、道修行成佛成仙到来世彼岸获得解脱的说教；吸收佛、道的思辨哲学，以"理"作为其思想核心，认为理在气先，理是物的本原，而气只是理生万物的中介而已。主张"存天理，灭人欲"。合仁者爱人与普度众生、自我禁欲修行为一体。《宋史·朱熹传》中记，朱熹曾说，自己一生所学，唯"正心诚意"四个字。这四个字就是朱熹教书育人的全部思想所在、目的所在、核心所在。

朱熹学说思想对徽商的影响，还体现在他所著的《朱子家礼》中。在徽州《朱子家礼》最受器重，各宗族都以此书作为所行家礼的规范。正如《寄园寄所寄》卷一一云："新安各族聚而居……姓各有宗祠统之，岁时伏腊，一姓村中千丁皆集，祭用朱文公家礼，彬彬合度。"这样在祠堂里聚千丁而教化以敬祖忠孝，光前裕后，无疑对徽州人、对徽商的思想观念和做人处世、为官为商，有主宰、绳索般的影响。凡从此走出去的徽州商人，无不打上朱子的烙印。

朱熹一生曾三次回到徽州婺源省墓祭祖，每次都逗留数月，从事讲学活动，阐述自己的思想，从其学者门人众多，且不乏高足大家。其一生也多与故乡人交往，多有书信来往。他一生使用最多的署名是“新安朱熹”。1958 年毛泽东视察安徽时，亦曾对陪同他的安徽人张治中将军说：尽管婺源已从徽州划归江西管辖，但是“七八百年来，他一向被认为是安徽人”。徽州人在朱熹学说的影响下，重教重学，知礼知义，十户之村，不废诵读，聚族而居，和睦相处。据康熙年间修订的《徽州府志》记：“新安各姓，聚族而居，绝无杂姓掺入者。其风最为近古。……父老尝谓，新安有数种风俗胜于他邑：千年之冢，不动一抔；虽千丁之族，未尝散处；千载之谱系，丝毫不紊；主仆之严，虽数十世不改，宵小不敢肆焉。”徽州人外出经商也是无徽不成镇，族人相携，同姓互拉，一姓一族地结伙外出经商，甚至在外地也建祠堂、修会馆，以联络乡谊，祭拜祖宗。

以上分述了关羽、朱熹的异同，晋商与徽商对关羽、朱熹信奉和崇拜的不同。需要说明的是，这只是晋人与徽人的侧重点不同而已。至于关羽文化、朱熹思想对中国社会的影响是深远的。关羽对山西人有影响，对徽州人也有影响，对整个中国社会和与华人社会有关的不同国家、民族也都有影响；同样，朱熹的思想、学说不仅影响徽州人，也深刻地影响着山西人，影响着中国社会和华人世界。关羽、朱熹两位圣贤都是我们民族的英雄和先圣，他们所代表的思想、文化，时至今日仍有许多需要我们吸收借鉴、弘扬光大。从当今一些浮浅、浮躁的文化现象看，亟应潜心学研、吸取精华。

四、民风习俗不同

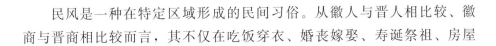

民风是一种在特定区域形成的民间习俗。从徽人与晋人相比较、徽商与晋商相比较而言，其不仅在吃饭穿衣、婚丧嫁娶、寿诞祭祖、房屋

建设上有所不同，就是在为人处世、生活态度上也大有差异。比如徽商喜爱红绣鞋，以及“无徽不成镇”等就与山西商人截然不同。再如徽州人、徽商比山西人、晋商好打官司、好争讼，而晋人晋商则不好见官，慎入衙门，遇有矛盾纠纷，宁愿自己相互忍让，私下和解。他们信奉“天下衙门朝南开，有理无钱莫进来”，与其把时间、精力、金钱花费在打官司上、花费在衙门里，还不如自己私下里解决。毕竟大家乡里乡亲，低头不见抬头见，百年邻居千年处，没必要弄得你死我活、别别扭扭。就是与做生意的同行发生矛盾纠纷、钱财上的纠葛，他们也是慎待相与，双方协商解决，甚至相互忍让，宁愿一时赔了、不要了，也不去见官，进衙门打官司。下面就徽人好讼与晋慎入衙分叙如下：

（一）徽人好讼

徽州民风好讼，由来已久，其源头可追溯到东晋、南朝时期。当时北方士家大族南迁至徽，与当地土越之人争地盘，就渐渐形成武健自负、性刚喜斗的风气。至宋代，好讼之风就已形成。早在宋仁宗时代，即1040年左右，徽州就被列入性喜争讼、民事繁剧、需要重点委派官员进行治理的天下难治之州。欧阳修在徽州当知府时，看到徽州民风就是“民习律令，性喜讼……其视入狴牢就桎梏，犹冠带偃箦，恬如也”。意思是说徽州人善于学习法律规定，本性就喜欢诉讼，好打官司。就是官司打输了，进了监狱，戴上夹板铐子，也穿戴整齐，仰卧在竹席上，一副无所畏惧、悠悠然然的样子。

徽州民风好讼，还与其所处的地理环境和文化有关。从历史地理角度来看，徽州地处万山丛中，与吴越相连，其东靠近浙江，历史上的“绍兴师爷”，就是有名的刀笔吏，好与人写状子、打官司。其南与西则靠近江西，江西史称江右，也是好讼之地。《全唐诗》卷八记载“江右四郡谚：筠袁赣吉，脑后插笔”，脑后插笔就是指那种随时准备受雇于人，为他人写状纸、打官司的文人，也就是当时叫讼师一类的人。唐宋八大家之一的曾巩，在有关江西人黄庭坚老家的《分宁县云峰院记》中写道：分宁（今修水县）人“勤生而啬施，薄义而喜争”，且“喜争讼岂比他州县哉！民虽勤而习如是，渐涵入骨髓”。就是黄庭坚也在他写的《江西道院赋》中说："江西之俗，士大夫多秀而文，其细民险而健，以终讼为能，由是玉石俱焚。名曰珥笔之民。"

到了明清，徽州人好讼之风进一步演化为健讼。他们遇事动辄告官进衙打官司，合族出力，众人纳钱，挥金如土，不胜不止，甚至出现栽赃陷害，不惜以杀人、自杀而诬陷对方者。有些纠纷官司能打几十年，涉及几十人，甚至几族几百人。

徽商发家致富后，对此恶习不仅没有禁革反对，开仁和礼义之风气，而是借手中有钱，推波助澜，与官府勾结，上下其手，更使案情扑朔迷离，难以了断。明人谢肇淛在《五杂俎》中讲，徽商"惟娶妾、宿妓、争讼，则挥金如土"。徽商介入争讼，先在其乡故里。"商贾在外，遇乡里之讼，不啻身尝之，醵金出死力"，且"不胜不止"，大有打不赢官司绝不罢休，即使输了官司，坐牢也不怕的气概。"醵"是凑钱喝酒的意思。徽商则是醵金打官司，出死力。真是"民不畏死，奈何以死惧之"。

明清有"无徽不成镇"之说。徽商好打官司的习俗，也由商人带至经商地，带到本土之外，影响他乡他邑之人。据明人王士性《广志绎》记，江西人好打官司，还是向徽州人学习的，"近江右人外出，亦多效之"。再如前章所述，徽商在武汉与湖北人打官司，也说明了徽商在外以好讼闻名。

徽州人好打官司，形成民风，其参与人员广泛，涉及社会各个阶层，有大姓望族、缙绅官僚，有地主、农民、商人、士子，有佃仆、讼师、地痞、无赖。在案件涉及的内容上，有土地山林、风水坟墓之讼，有地主与佃户、地主与家仆之讼，有婚姻嫁娶、子弟过继之讼，有债务纠纷、打斗伤命之讼等。

1. 土地风水之讼

徽州地处万山之中，寸土寸金，"民之田其间者，层累而上，数十级不能为一亩"。加之山水连通，"或因税亩未清，界址相连，鼠牙雀角在所难免"。明代中期，就有徽商汪宗姬与人在乡争数尺地而不惜捐万金。明末歙县知县傅岩在《歙记》中说"地讼为累，在新安尤为多"，又说"徽尚风水，争竞侵占，累讼不休，如洪包、方惟一案，结而复起，历年未已"。徽州人信风水、重风水，在他们看来，寻求一块风水宝地以安葬亲人，是一件不仅让死者入土为安，也是一件能让子孙富贵的大事。谁若是侵占动伐了自家祖坟上的山林土木，那是一定要争竞、追究不让的。徽商为寻求一块风水宝地，是不惜动用重金和人力的。如我们现在常去参观的歙县棠樾牌坊的鲍氏宗族，为了寻找一块风水之穴，不惜花费白银千两。再如徽人赵吉士为了给自己父母选择一块吉壤宝穴，不惜从南京和徽州府请来 20 多位风水大师，采用称土法，即称量土壤轻重的办法，为自己的父母在休宁琅源狮台上选了一茔坟穴。赵吉士亦说："风水之说，徽人尤重之。其时构争结讼，强半为此。"为啥呢？有钱人家如此重风水之说，必然影响风气。小户人家、无钱之家则必然效之，进而将自家的亲人也偷葬在富家风水之地。为此，则引起诉讼，甚至造成大狱。

徽州人好讼不止，有一个名人案例，就是发生在清中期著名思想家、哲学家、汉学家戴震身上的故事。

戴震（1724—1777 年），字东原。他 33 岁时，本族豪门之子将其祖坟之地卖给了地方另一豪族程氏。因祖茔起纠葛，戴震将本族豪门之子告到县衙。在打官司的过程中，由于同族豪门之子搬弄是非，结交县令，程氏也不让已买之地，结果他输了官司。戴震闻县令欲下令逮他问罪后，只身一人逃到北京。此后，他一生都处在同族豪门之子的逼迫下，有家不能归，就是去世后尸骨也未能安葬在自己的家乡——休宁隆阜的茅山上，可谓死不瞑目。他死后，其子也不得不将家搬至南京居住。

据戴东原先生的弟子段玉裁所著的《戴先生年谱》33 岁条云："先生是年讼其族子豪者侵占族坟，族豪依财结交县令，令欲文致先生罪，乃脱身挟策入都，行李衣服无有也。寄旅于歙县会馆，饘粥或不继，而歌声出金石。"

又据《戴震全集》第六册中《戴东原先生轶事》："公祖墓在距隆阜二里之茅山桥南，东对公宅。遥望山势，如书架层叠，青乌家谓为万架书箱，主子孙著作等身，血食万代。族豪某，意欲侵占，以广己之祖茔。公讼诸官，县令利族豪贿，将文致公罪。公乃日行二百里，徒步京师。"

戴东原先生一生的遭遇，正如歙县人许承尧在《歙事闲谭》中所论及的徽州民俗："俗多负气，讼起微杪，而蔓延不休。然单户下民，畏权忍气，亦复不少。顾其讼也，若非武断者流，大都坟墓之争，十居其七。"戴震从 33 岁时起为诉讼所累。先讼到县衙的是他，输了官司的是他。徽州人打官司前是要先经过族人调处解决的，解决不成，方告之于官。个中是非曲直、谁对谁错我们难以评论。但东原为此负累后半生20余年，死后尚不能归葬祖茔，这不能不归咎于先生的性格。东原先生一生耿介，凡事较真，处处认死理、讲实话。先生自己亦云："立身守二字曰不苟，待人守二字曰无憾。事事求不苟，犹未能寡耻辱；念念求无憾，犹未能免怨尤。"他"不以人蔽己，不以己自蔽"。东原先生也是有清一代我国最大的思想家之一，是大儒，是名人，是受过乾隆皇帝赐封的翰林院庶吉士。就是这样一个一代名儒、名人，在宗法家族的逼迫下，犹危惧担惊，官司缠身，有家难归，更何况一般小门小户的小小老百姓人家？由此，亦不难看出封建宗法制度对国人的束缚迫害，不难看出徽州人争讼、健讼之风的恶劣和霸气。

2. 主仆之讼

徽州由于天高地远，山隔壤阻，封建宗族社会组织制度严格，封建礼教严重束缚着人们的思想。这里存在着严重的人身依附关系，有些佃仆和奴婢是世世代代为佃为仆的。康熙时修编的《徽州府志》记，徽州主仆名分严格，佃仆"即其人盛资厚富，行作吏者，终不得列于辈流，此俗至今犹然。脱有稍紊主仆之分，始则一人争之，一家争之，一族争之，并通国争之，不直不已。民牧者当随乡入俗，力持风化，万不可以他郡宽政施之新安。否则，正如龚、黄、鲁、卓，而舆论沸腾，余无可观"矣。这段话一是讲你是佃仆，即使做了官，也不得同主人平起平坐，同主人不是一个阶层，在主人面前你还是奴婢。二是讲你稍有点不敬主子，不把自己当作佃仆，就要教训你、争竞你，不惜告官打官司，官司打到清廷都不怕，非要让你服了、认了才停止。三是告诫在徽州府衙做父母官的人，要入乡随俗，保持习俗，为政要严，不可像在其他地方那样在徽州施行宽政，要按照徽州的地方民俗特点办事。四是再次告诫在徽州为官的人，你如果不这样的话，像龚、黄、鲁、卓那样施以宽政，就会舆论沸腾，徽不安宁，我就看不到你的什么政绩了。这段话还是保护地主阶级的利益的。直到民国《歙县志》还记曰："隶仆籍者，不与通婚姻，不得应考试。""或有冒于试者，攻之务去。"也就是说，直到清末，这一习俗仍然存在。这里要说明隶仆籍者，就是在花名册里记录你祖先是仆人者，你就世世代代是仆人。籍在封建社会管理甚严，在徽州宗族制度里，管得更严、更讲究。你如果是佃仆，是奴婢，是不能与良家子女通婚的，奴仆只能娶奴仆，不能娶良家女子为婚，奴婢生下的儿女还是奴仆，身份是不能改变的。而且你的儿女无论多聪颖，也不能参加科举考试，一旦冒籍参试，就要攻击你、诉讼你，直到把你攻下来为止。所以，徽州在明清时代，这类诉讼案件也是最多的，而结果往往是主人获胜，因为封建王朝为维护自己的统治，必然要维护宗法地主阶级的利益。这样久而久之，佃仆、奴婢们为了改变自己的命运，争取自己做人的权利，就要起而反抗。如在明末社会动乱之际，有黟县佃仆宋乞揭竿而起，带领广大佃仆造反。但整体上讲，在宋以降至民国年间上千年的历史中，古徽州受封建宗法制度的统治，这种主仆关系是千年不变的，有些佃仆、奴婢的抗争也是零星的、微弱的、有限的，多数人还是认命的。

3. 健讼之恶形

明清以至民国年间，徽商及其家族的负气健讼之风，不仅有胡搅蛮缠、不讲情理、勾结官府、行贿受贿、上下其手、欺压钱少户小及奴婢佃仆之人，更有甚者，为了一己一族私利，不惜颠倒黑白、栽赃陷害、把水搅浑；还有自残身躯、自杀性命，以图赖他人的。而且，这两种现象还不是偶然之例，而是层出不穷，有成风气之势。

（1）诬告陷害，肆意夸大

赵吉士在《寄园寄所寄》一书中说："词讼到官，类是增撰，被殴曰杀，争财曰劫，侵界谓发尸。一人诉词，必牵引其父子兄弟，甚至无涉之家，偶有宿憾，义辄扯入。意谓未辩是非，且是追呼一扰，耗其钱物，辱其妇女，以泄愤耳。"康熙年间的休宁县《禁健讼》告示中亦记："健讼之风……或因口角微嫌，而架弥天之谎；或因睚眦小忿，而捏无影之词。甚至极鼠窃为劫杀，指假命为真伤。止图诳准于一时，竟以死罪诬人而弗顾。"绩溪一向民风淳朴，素有"绩溪真老实"之誉，但至清末也好讼健讼，民风大变。清朝末年的徽州知府刘汝骥在知徽州时，对于徽州人的好打官司亦深恶痛绝，无可奈何。他说："绩（溪）之民情，素非刁建。谚有'横打官司直耕田'，即此可见世风之变。口角微嫌，本民事也，而架为刑事；钱土细故，可遵断也，而故违判断。甚至一诉讼事也，有数个目的物之请求；一原告也，有多数连带人之牵涉。呈词则支离闪烁，传审则躲避宕延。”在谈到祁门的民情诉讼习惯时，他又说：“讼事以山墓、田宅为多，事起渺忽，滋蔓不休。理直者虽居多数，被诬受累者似亦不少。就三十三年（即光绪三十三年，1907 年）而论，田土、钱债、口角细故等案五十起，内原直被曲十二，原曲被直六，中息十，原被平十七，注销二，未结二。两两比较，控情实者占十分之二，诬者占十分之一。”

从以上三例的记述中不难看出，徽州诉讼案件多，诬告栽赃陷害者也不少。而且此种争讼、健讼之风还有蔓延扩大之势。绩溪在历史上民风“素非刁建”，但到清朝中后期，也案件增多，诉讼不断。

（2）自残自杀，图赖他人

为了在诉讼中打赢官司，甚至采取自残身躯或自杀的方式，以图赖他人，这在今日听起来有点耸人听闻，却是血淋淋的历史事实。

明代中后期人王士性在《广志绎》一书中记，徽州人健讼“至斗讼则倾资不惜，即官司笞鞭一二、杖参差，便以为胜负，往往浼人居间。若巨家大狱，至推其族之一人出为众死，或抹额叫阙，或锁喉赴台，死则众为之祀秋而养子孙。其人受推不死，则傍有死之者矣。他方即好讼，谋不至是”。明末歙县知县就曾碰到多起自杀图赖陷害别人的案件。这类案件往往是深夜自杀或杀害家人或奴仆奴婢，然后将尸体移置于被告人的门前或墙角，然后第二天再到县衙喊冤诬告他人杀人。

康熙年间在休宁做知县的廖腾煃，在审理一起简单的风水坟地诉讼案中，就碰上了这样的一桩事：

休宁西乡社屋岭杨勔祖告汪崇本侵其风水，案件即将具结之时，汪崇本的仆人潘氏受主人指使而自杀，汪崇本于是以人命控告杨勔祖，诬陷是杨勔祖所为。后经知县廖腾煃多方调查取证，认定此是汪崇本图害杨勔祖所为。据死者潘氏的媳妇说：“潘氏未死之时，曾与媳言：‘汪家许我酒食，许我棺衾，叫我往后官到，扯住官轿。’”此案经廖知县明断后，汪崇本被判以“故杀奴婢图赖人”罪和“诬告”罪，受到严厉惩处。

类似案件，层出不穷，已远远超出一般的好讼健讼，而是杀人图赖，血雨腥风。鉴于此，廖腾煃曾上书两江总督和安徽巡抚，要求上级严令禁止图杀奴仆以诬告他人，请求上级的支持，以正民风。廖知县具文曰："休宁风俗，尚气轻生，小事小忿，俄顷之间，动即自杀。原其不惜一己之命，不过欲破其所相怨毒之家。甚至移甲就乙，牵连不止。……计一月之内，图赖命案或数家，或十余家，至今犹然。"请求督抚宪台"严行禁杀，如有自杀者，概不许检验申报，即行收棺，并定自杀之家家长，平日不先告诫及临时不务防救之罪。如是，则恶风可稍息"。

徽州自杀图赖之恶风，虽有官府禁令，但至清后期愈演愈烈。尤其是在徽州妇女中风行，甚至有"吵死"之说。清末徽州知府刘汝骥在谈到绩溪县自杀现象时说："绩民近懦，自杀之事，男子罕闻。若女子之刎颈、饮毒、自缢、投河，每层见迭出。岂绩之男子性近柔和而女子性轻决绝耶？其故由女子量狭识卑，又素无教育。有含忿自尽者，母党辄纠众理论，名曰'吵死'。衣衾之丰，棺椁之美，较正命者有加。妇人于是遇事有挟制之心，翁姑稍有薄隙，遽萌短见；夫妻偶然反目，遂至轻生。……绩人族法最严，有自杀不许祔祖庙之例，而吵死之恶习不力为革除，自杀之事仍不能禁绝。"杀人图赖，自杀轻生，妇女更动辄刎颈、饮毒、自缢、投河。其恶风陋习如此，死者则多是下层细民、草根之人，豪商大贾、地方望族则是很少有的。其"吵死"一说，即在母党纠合众人吵闹中，一为死者鸣冤不平，求得厚葬收殓，不过是有些过分罢了。二是在吵闹中，又有不堪母党吵叫闹事，在吵闹中又有新的命案发生，或有打架致人死者，或有气急而病疫者，即今之所谓心脏病、脑溢血突发者。凡此种种，总而言之，此乃徽州社会上千年一恶习也。

徽州人因"负气不受非理之辱，告讦成风"，上千年不变，其人性格中、骨子里、习俗中，多负气而少忍让之心，有不甘屈服的精神，有好讼健讼这一恶习存在，且愈到后期愈演愈烈。但这从另一面讲，则有两个积极因素：一是促进了徽州吏治的清明，使得明清两朝凡在徽州府为官为宦者，莫不兢兢业业、小心谨慎、认真判案，莫不正大光明，力求公正、公开、公平，不敢徇私枉法，禁绝请托。因稍有不慎，自己即被卷入，会丢了乌纱帽。明代歙县知县傅岩就要求在办案时要当堂面撰审词"立为剖决，两造输服"。二是说明了徽州人法律意识觉醒，有较强的维权意识。

诚然，徽州人好讼，并不代表安徽人好讼。脍炙人口的"六尺巷"

故事就发生在安徽桐城。桐城是历史文化名城，清季桐城学派曾领我国文坛上百年风骚。六尺巷的故事说的是清朝父子宰相桐城人张英、张廷玉家人与邻居吴家因争地基而打官司。张家人写信到京求宰相大人张英出面摆平。张英看信后释然一笑，提笔写道：“一纸书来只为墙，让他三尺又何妨。长城万里今犹在，不见当年秦始皇。”张家人接信后让了三尺，感动得吴家人也让了三尺，形成一个六尺巷供村人行走。新中国成立后毛泽东主席接见苏联驻华大使尤金时曾吟诵此诗，说起这个故事。2008年2月11日时任中共中央政治局委员、国务院副总理吴仪，2014年11月15日中共中央政治局常委、中央纪委书记王岐山都曾到六尺巷参观。

（二）晋慎入衙

晋商不好词讼，不愿与人打官司，主要与其民风淳朴、人文教化有关；与其慎待相与、和气生财的经商之道有关。当然，晋商也不完全是无词讼、无纠葛的，有时甚至也有械斗。如明清乃至民国期间的洪洞水案等。但就整个风气来说，晋人是不好词讼见官的。

■ 平遥县署

1. 民风淳朴

晋商与人发生纠葛，不愿见官打官司，宁愿自己忍让、退却，这主要与山西民风淳朴敦厚相关。山西河东是中华民族的发祥地，尧都平阳，舜都蒲坂，禹都安邑，尧、舜、禹三代圣王皆出于此。圣人教化，代代相传，人心向善，古风犹存。朱熹《诗集传》曰，山西“土瘠民贫，勤俭质朴，忧深思远，有尧之遗风”。唐代人杜佑在其所著《通典》中说：“山西土瘠，其人勤俭。而河东魏晋以降，文学兴盛，闾井之间，习于程法。并州近狄俗，尚武艺。”《隋志》记晋人：“人物殷阜，然不甚机巧，其于三圣遗风尚未尽澌灭。”至于明代社会，三晋民风仍敦厚淳朴，尚俭不奢华，力尽耕织，义守诚信，陶唐氏之古风犹存。

明朝朱元璋皇帝马上得天下后，为维护朱家王朝的宗法统治，实行封主建藩的政治制度，他的 26 个儿子，除懿文太子和皇子楠外，其余 24 个都封王。封到山西的有晋王朱棡，是太祖嫡三子，母为马皇后，王府设在太原。代王朱桂，太祖 13 子，母为郭惠妃，王府设在大同。沈王朱模，母为赵贵妃，王府设在潞州（今长治市）。在山西设布政使司（相当于现在的省），下设 5 府 3 直隶州、16 属州、79 个县。其民风据各种史书记载，大致如下：

太原府：辖 5 州 20 个县。据成化《山西通志》卷二记，省会太原“士穷理学，兼集辞章，敦厚不华，淳俭好学，工商务实勤俭，人物辈出，代不乏人，有文武全才”。

平阳府，府址今临汾市，辖 6 州 28 县，山西人称晋南地区，大致相当于现在山西的临汾、运城两市的辖区。其民风据成化《山西通志》记：“君子忧深思，远小人，俭啬耳，甘辛苦，薄滋味，勤于耕织，服劳商贾。”“其民勇敢慷慨，生性质朴，好尚节义，力田纺绩，尤尚商贾，尧舜遗风犹在。”

汾州府：领 1 州 7 县，今山西晋中一带，明清晋商兴盛之地。“其民重厚、知义、尚信好文。”“民性淳朴，俗尚俭素，勤于稼穑，颇好勇义，享礼极丰，虽费不吝。”

潞安府：辖 8 县，今山西长治、晋城一带，山西称晋东南地区，“民多俭质而力农，士尚气节而务学”。

大同府：领 4 州 7 县，山西称雁北地区，即今天的朔州和大同两市辖区，基本都在雁门关外，靠近边关长城。“人多俭约朴素，唯务农业，鲜好文学，俗尚武艺，风声气息，自昔而然。”

泽州：辖高平、阳城、陵川、沁水 4 县，“其民风被唐风，故淳朴，性质气豪，力勤耕种，悖而好义，俭而用礼”。

辽州：辖榆社、和顺 2 县，“其民信实纯厚，其俗则悍朴直”。

沁州：辖沁源、武乡 2 县，其民“专力农耕，少事商贾”。

从上述罗列中不难看出，山西民风淳厚勤俭，人性善良质朴。南北虽有差异，如晋南尚文，雁北尚武，但都注重本业，不甚机巧，不好词讼，循礼重教。而一个区域、一个时代的民风一旦形成，就会产生教化和传承两个作用。教化就是教育约束同时代人的思想行为，使同时代的人共同遵守这些约定俗成的习俗，规矩他们为人处世的言行。传承就是在这样的习俗影响下，人们自觉不自觉地影响着下一代，教育着下一代，使得下一代的人们也遵循着这些风俗习惯。如此，晋商作为山西社会、

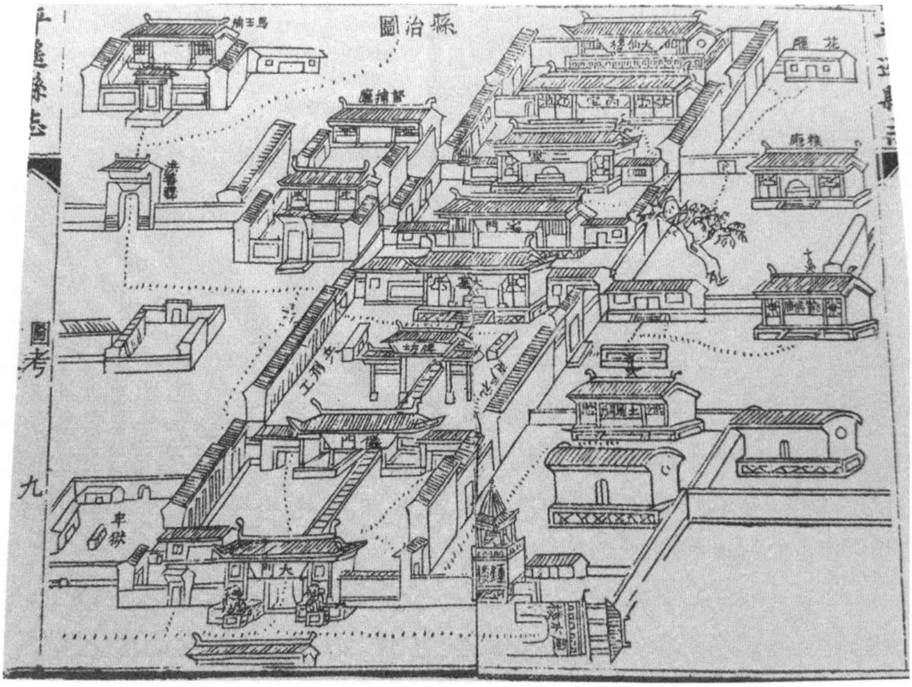

■ 平遥县治图

山西人的一个群体，无疑也要被这些习俗、风气所教化传染，无疑也要在他们的商务活动中打上山西本土的烙印。尤其是当这些自然形成的风气，对他们的经商做生意还有益时，比如诚实守信，他们还会进一步发扬光大这些习俗，将这些习俗运用于自己的商业活动。

2. 不结冤家

晋商慎待相与，不与人争执打官司，总以和气生财为主。下面仅以大家熟知的乔家大院三代主人为例予以说明。

乔全美，生于乾隆三十五年（1770 年），卒于道光五年（1825 年），是乔致庸的父亲（乔家第二代掌门人）。他主持乔家生意时，乔家在包头的广盛公商号掌柜，在一次做粮食买卖的“买树梢”生意时，借债“买树梢”，做霸王生意，搞垄断，结果没有看准行情，背上巨额债务，在阴沟里翻了船，大量银子赔了进去，广盛公濒临倒闭。“买树梢”相当于现在买期货，就是在春天的时候，与种地的农民议定一个粮食价格，先支付农民一部分钱，也就是定金，待到秋天收获时，不管市场粮价如何，都按议定的价格收购，这是个风险极大的买卖。如果天旱人祸，庄稼颗粒无收，他预支的定金就打了水漂；如果秋收时，市场上的粮价低于春天议定的价格，他还得履约按当初议定的价格收购；如果粮价高于当初议定的价格，也是按议定价收购，这样他就赚了。

面对这次危机，与广盛公合伙的秦家因只剩孤儿寡母，无力伸手救援，只能袖手旁观。乔全美在祁县得知情况后，急忙挺身而出，把自己积蓄的几万两银子全部拿了出来。为了延迟欠款归还期限，他请来债主，摆上宴席，诚恳地与他的这些相与们说：“这次买树梢买卖赔了，欠了大家的钱，一时还不上，欠你们的钱我肯定会还的；但如果现在让我破产了，还上你们的一部分钱，也全还不了，我的生意就倒闭了，以后也难还上。故而恳请大家宽限我几年，让我继续经营下去，三年之后我将欠款连本带息归还大家。”

乔全美的一片掏心窝子话，他的诚意、他说的道理感动了众多债主。道理上也就是这么个理，如果现在逼他全部还清欠款，实际也还不上，他们的钱也就全部竹篮打水一场空了，便同意了乔全美的要求，决定宽限他三年。之后，乔全美利用这三年的时间，重整旗鼓，细心经营，终于东山再起，三年后又翻了身，将相与们的欠款连本带利全还上了。试想，我们今天的债主，无论是一些私人放贷的，还是一些大大小小的银行，遇到企业经营困难之时，能否做到如此宽限？往往有些是落井下石、杀鸡取卵，就连贷款担保也是一年半年的。

正是这一次众多相与对乔全美的宽限、厚待，使乔全美深深懂得了慎重结交相与的重要性。为此，他在制定商号规矩时，特意将“慎待相与”作为一条写了进去，谆谆告诫子孙和手下人，在与生意合作伙伴合作之前，一定要慎重考虑对方的人品信誉：如果对方人品不好、信誉不实，哪怕这桩买卖利润再大也不与之结交，不与他做生意；反之，如果对方人品好，又是多年的相与、多年生意上的合作伙伴，则一直与其来往相处下去，即使对方一时有了困难，也不弃不离，而且还要伸手相援。

乔致庸生于嘉庆二十三年（1818 年），卒于光绪三十三年（1907 年）。乔全美之子，乔家第三代掌门人，电视剧《乔家大院》的主人公，乔家大院的主要建筑者，是光大乔家门庭、使乔家走向辉煌的商界巨人，人称“亮财主”，宅号“在中堂”，取孔子中庸之说，不偏不倚、执用其中之意。乔致庸人如其名，一生守中庸之道，待人随和，处世圆通，颇多善举。在他主持建造的乔家大院现存二号院的宅门对面砖壁上，明文雕刻着乔家家训，其中就有“勿唆人之争讼，勿坏人之名利”。他一生信奉“和睦乡里，扶危济困”“宁舍银钱，不结冤家”“欠外的一文不短，外欠的听其自便”的准则。与其把钱花在衙门里和人打官司争得一口气，不如把钱花在相与、乡亲身上，既能解人之危困，又能赢得为人厚道、乐善好施的好名声。自古衙门八字开，有理无钱莫进来；有钱能使鬼推磨，有理无钱难申冤。打一场官司，要大把银子铺路，即使官司赢了，争得了一时之气，却结了千年冤家，财产上自己也收不回来多少银钱。如此赢了官司，得了小钱，失了名声，结了冤家，断了相与，还不如不打官司，自个儿私下协商解决，或听之任之，别人能赔几个算几个，能给几个算几个，一个给不了也成，这样反而落个好名声。这真是大智大勇、大仁大义，也是大财主的气派，对人生世事洞悉熟察后的明智抉择。一般财主、一般人是难以望其项背的。

包头的生意是乔家和秦家两家合伙创办的，在那一次“买树梢”失利之后，秦家的股份少了。此后包头的商号由广盛公改为复盛公，乔家又在包头增设了复盛全、复盛西商号和复盛菜园。秦家因后人不幸，有的早亡，有的沦落，不断从商号抽取股份，秦家抽出的都由乔家补上。到中华人民共和国成立后，公私合营，复盛公改组时，原先由乔秦两家各半的14股财股，秦家仅留下0.8股，生意基本上成了乔家的独资生意，秦家只是个小股东了。就是这样的小股东，乔家也是慎始慎终，不离不弃，善待相与。

如今在乔家大院的故事中，有一个三寡妇“争红利”的故事。事情发生在清末民初，当时复字号生意兴隆，如日中天，财源广进，红利滚滚。秦家三个寡妇眼见自己祖辈与乔家共同创立的复盛公生意这么好，自家却因抽出股份太多，分红不升反降，心里很有怨气，便带着两个小孩到复字号包头总号问责。掌柜们没解决问题，秦家三寡妇便又奔乔家，直接找乔致庸。乔致庸热情接待三个寡妇，一再重申要谨遵祖训，乔秦两家永不相弃；以后凡涉及股东要管的事，一定要征求秦家的意见，要让秦家行使股东权利，而不管股份多少；还特意从乔家在祁县的大德通票号给秦家拿了5000两白银。送走秦家人后，乔致庸又将家人召集到一起，要求子孙们也一定要记住祖训，莫要因为秦家股份少了，就不把他们当东家看了。对秦家这样的合伙创始人、老相与，一定要以礼相待、善始善终，不能因今天自己是大股东了而欺负小股东。

乔家从乔致庸的祖父乔贵发始，在清朝乾隆年间与现在山西清徐县的徐沟镇人秦肇庆合作，历经200年，不论社会安宁还是动乱，改朝还是换代，经营是好是坏，始终如一地不变、不离、不弃、不欺，合伙经营，合作共事。他们的遗风发人深省，值得我们学习。

乔映霞生于光绪元年（1875年），卒于1956年，是乔家第五代掌门人、乔致庸之孙。他在民国十一年（1922年）时，曾一次应允免除了欠债人65000两白银。当时在包头做生意的双发公、双盛公等十大双字号财东的杨志武做生意破产，商务衰落，欠下乔家65000两白银，且因为时局多变，难有起死回生、东山再起的可能。杨志武便找到乔映霞哭诉，乔映霞看到昔日财大气粗、有头有脸的杨财东，沦落到如此境地，便心生怜悯，决定免除其所欠银两。但当时乔家兄弟已分家析产，乔映霞为了让他的兄弟们也能接受，便让杨志武给乔家映字辈的人每人磕一个头，作为免除债务的代偿。杨志武听乔映霞如此一说，大喜过望，立马跪地磕头，以表谢恩。杨志武这一头磕地，乔家免了他 65000 两白银，也不必吃官司丢人。当时的一两银子是很值钱的，一个县令，一个大学教授，如鲁迅先生，一月也就五六十两银子，而一两银子足够普通人家一家三口一个月的伙食费。这一头磕地，在包头商界震动极大，乔家厚道的美名不胫而走，也在包头留下一段顺口溜："杨志武，杨志武，一个头值六万五，谁要想负银，请找杨志武。"

乔家应允免除债务，不仅这一桩，广为流传的还有如下三例：一是大顺公绒毛店欠复盛公现洋 1000 元，因无力偿还，乔家便让他们还了一把斧头、一个箩筐，即算了结。二是广义恒绒毛店借复盛西 50000 两白银，仅以数千元的房地产抵偿了事。三是二宝庆欠复盛西白银 8000 两，乔家也一免了之。

晋商的乐善好施，不好词讼，恩施与人，其影响是在人心，是深远的，其意义是广大的，是有教化作用的。他们的乐善好施，化债为义是种德种善之举，其收获不在一时一事，而是在人心、在社会、在未来。什么"父债子还"，什么讨债要账，什么"有钱还钱，没钱偿命"，与他们统统不相干。当然，这也是大财主、大财东，其银钱财富达到一定程度的善举。同时，毋庸讳言，也有为富不仁、横行乡里的地主恶霸，那是十分令人痛恨的。

3. 争水械斗

山西人不好词讼，不愿见官，遇事宁愿息事宁人，私下里协商解决，各自忍让，退一步海阔天空，忍一时风平浪静。这是就普遍意义上讲的，是相对于徽州人的好讼民风的不同而言的，并不是说山西人就没有争执，没有词讼。历史上山西人的词讼相对于徽州而言少得多，但有的词讼也是很激烈的，甚至群殴械斗，弄出人命。

山西地处黄土高原，在地理位置上历来靠近京城。东出太行山是北京，西渡黄河是西安，南跨中条山、太行山是洛阳和开封，北边濒临内蒙古，土地沙漠化严重。历代君王建都，兴建宫室，都对山西森林进行了大量的砍伐，致使山西植被破坏、土地裸露、水土流失。据史书记载：明初山西的森林覆盖率在 30%，明中叶下降至 15%，清末为 10%，到 1949 年已不足 5%。山西历史上十年九旱，靠天吃饭，水资源十分匮乏。

历来农民词讼斗殴，都与争渠水有关。有名的乔家大院的第五代掌门人乔映霞因争水曾致死人命。地处晋南的洪洞县和赵城县，也曾因水事从明清至民国乃至20世纪60年代都争斗不断。所谓水案，就是因争夺水的所有权和使用权而发生的水事纠纷和诉讼案。

（1）乔映霞争水持枪打死人

光绪末年间一年夏季，山西又是干旱无雨，田里的庄稼若浇水不及时，就会枯死绝收。旱地是无望了，有水可浇的地方，农民们眼睛都是血红地望着渠水，随时准备着灌溉。农谚云："人误地一时，地误人一茬。"若浇不上水，禾死苗干，人就要挨饿。这时为了争水浇地，乔家所在的乔家堡村与邻近的炮守堡村发生斗殴。乔映霞这时年轻气盛，血气方刚，又仗着家里有钱有枪，为了给乔家堡村的村民助威壮胆，就携了一把枪也去参加械斗，不料由于枪走火或是他擅自开枪，结果打死了炮守堡村的一个村民。这一下有了人命，事情闹大了。时任祁县县令听说乔家打死了人，便匆忙直奔乔家堡，想和乔家掌门人乔景俨（乔映霞的叔叔）商量如何摆平这件事。消息传到炮守堡村，炮守堡村的村民不干啦，认为县太爷不主持公道，两村斗殴，因水争执，乔家打死了人，县太爷不到现场调查处理，反直奔乔家溜须拍马，这分明是偏袒，是乔家钱多势众人脉广，而县太爷如此德行，怎能主持公道。于是炮守堡村的一干村民怒气冲冲地去追赶县令，追上以后就用石头、棍棒把县令的轿子给砸了。面对这种情形，该县令看到殴斗双方相持不下，谁也不肯让，只好按章办事，下令拘传凶手乔映霞。乔家一看要捉拿自己的长孙长男，手足无措，六神无主，也不知是主子做工作还是仆人自愿，总之是一个仆人出来甘愿代主受过，认罪受惩。县令便把这个仆人捉到牢里关了起来，判了死刑。后来乔家通过自己广泛的关系网和银子四处活动，结果官府又将这个仆人由死刑改为绞监候，也就是现在的判处死刑，缓期执行。最后，又恰遇到光绪皇帝和慈禧太后驾崩，大赦天下，这个仆人又被大赦出狱了。

此水案人命发生后，乔景俨为了安抚邻村村民，又特意捐出万两资金兴修水利，挖渠引水，从而基本上改变了邻近几个村庄的灌溉条件。

（2）洪洞县水案械斗死百人

洪洞县位于山西晋南临汾盆地北端。在山西乃至全国是个很有名的县。洪洞人好打架，主要是与水有关。水是人的生命，人一天也离不开水。山西十年九旱，靠天吃饭，洪洞相对山西其他县来说，靠近汾河，山有泉水，是个相对有水的地方。但若遇旱年，遇到庄稼需要浇灌的时节，往往都在那几天、那个节气，若错过了浇灌的时令，纵使以后有水再浇也无济于事，只能眼巴巴地看着庄稼枯死，一年绝收，饿肚皮，喝西北风。所以，旱年用水浇灌时节，农民们整天守在水源头、水渠上，日夜巡逻，不敢懈怠。这期间人人都急红了眼，心情如旱情一般急，若有人不守乡规村约，违规截水浇地，难免就会打架斗殴，甚至下游村与上游村、东村与西村、这一片村与那一片村，成群持械殴斗，直至弄出人命。据不完全统计，明清、民国乃至 20 世纪 60 年代，洪洞都有成群的殴斗，诉讼连连，有百人因争水械斗而死。

洪洞水案，主要是指原洪洞县人和原赵城县人争夺洪洞县广胜寺的霍泉水。当地有一首民歌形象地唱道："霍泉水，向西流，满渠血泪满渠仇，南北二渠结冤家，千年仇恨不回头。"据道光年间写成的《赵城县志》记载，洪赵二县的霍泉南北分水之争，最早始于北宋开宝年间，即北宋开国皇帝赵匡胤时期。至今洪洞县广胜寺下的霍泉出水口上还留存着雍正三年（1725 年）竖立的分水铁栅栏和分水碑，两边石刻的对联是"分三分七分隔铁柱，水清水秀水成银涛"。就是雍正三年（1725 年）立此铁栅石碑后，械斗仍然不断，且有愈演愈烈之势。仅以民国年间为例：民国六年（1917 年），赵城农民为争夺水权，有 400 多人惨遭军阀地主杀害。民国十六年（1927 年），时值秋季，玉米灌水季节，赵城人将洪洞人的三分渠水拦截，正在浇地的洪洞南秦村人一见水干涸，立刻纠集该村青壮年，成千人马，手持器械，径直打到赵城道觉村，将该村渠首房屋拆毁，并打死一名巡水员，又至分水亭将渠水拨回。事后南秦村人按户摊钱赔偿死者了事。

综上所述，明清以降如果说徽州人多是为山地、为祖宗风水坟穴诉讼打官司的话，那么晋人则多是为水、为保禾浇灌，为保住自己有粮吃而不至于饿死而打架械斗。

第四章 徽商的独到之处

徽商之所以能称雄商界数百年，成为全国十大商帮翘楚之一，是与它“贾而好儒”的本质特点分不开的。从徽商群体的思想到行为，可以看到他们受儒家思想影响至深，从而体现出儒商的风范。徽州不少商人致富后，或弃贾业儒，或弃贾就仕，身兼商、儒、仕。很多徽商本身就是理学鸿儒、诗人、画家、篆刻家、书法家、戏曲家和收藏家。他们大多在致富后重视文化建设，捐资兴学，刻书藏书，修方志，邀讲学，培养子弟读书科举、入仕为宦，跳出商贾之家，成为簪缨之族，谋求政治地位提高，使自己的家族达到“凤凰涅槃”；同时，这也促进了地方文化的发展和繁荣，孕育出一大批杰出人才。

一、“贾而好儒”，耕耘商场科场

（一）徽商受理学影响至深

儒家思想长期被奉为中国封建社会的主导思想，影响到社会的各个阶层和方面。两汉时，汉武帝接受了董仲舒提出的“罢黜百家，独尊儒术”建议，正式确定了儒家文化作为中国封建文化的核心地位，并将孔孟思想加以神学化，以天命论形式改造孔孟儒学，建立天命论儒学。到了两宋，由于社会的进步，天命论形式的儒学日显不足，于是理学兴起，将儒学理论化、哲学化，从而建立起更系统、严谨的体系。宋代理学起源于周敦颐，分流于张载、邵雍和“二程”（程颢、程颐），而集大成于朱熹。朱熹以孔孟之道为本，综合北宋理学诸家之说，将传统儒学提高到了一个前所未有的哲理化高度，创建了完整而系统的理学体系，被后世称为“朱子学”。而徽州的朱门弟子们则以朱熹嫡传自誉，被称为“新安理学”。新安理学在南宋形成学派以后，在元代又有了进一步的发展，并于明朝初年达到鼎盛阶段，直到清朝中叶，由于皖派经学的兴起，新安理学才结束了长达600余年的发展历史。

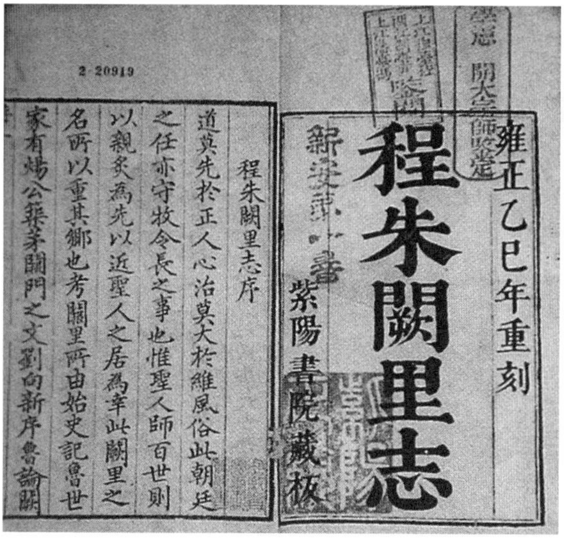

■《程朱阙里志》书影

朱熹虽然出生于福建尤溪，但其父辈以上都世居婺源，婺源本属新安，故应视朱熹为新安人。朱熹本人也常在其书、序、跋中署名“新安朱熹”，因新安有紫阳山，故其也常号“朱紫阳”。朱熹自己也曾与新安乡贤说：“熹与足下虽得同土壤，而自先世流落闽中，以故少得从故里之贤人君子游，顾其心未尝一日而忘父母之邦也。”（朱熹：《晦庵集》卷四六）所以，南宋以后出现了朱子之学虽行天下，而“讲之熟、说之详、守之固，则惟惟新安之士为然”（赵汸：《东山存稿》卷四）的现象。

理学是“养性”与“入世”的和谐统一，深得儒家积极入世的人生要旨，并且排斥佛、老。因此，徽州儒风醇厚，佛、道之教在此难以张扬。许承尧的《歙事闲谭》认为，此地“不尚佛老之教”，原因是徽州为“文公道学之邦”，“其教泽入人深哉”！我们走在皖南的青山绿水间，常看到粉墙黛瓦的徽州古民居以及高大宏伟的祠堂，却很少看到庙宇和道观，也是这方面的原因。徽州商人在各地建立的会馆中，必将朱子牌位与本地保护神汪华牌位一同供奉，自觉地接受朱子思想的影响。徽州古村落有格言云：“朱文公居家有四本，读书，起家之本；勤俭，持家之本；和顺，齐家之本；循理，保家之本。”可见，理学思想就是这样深深地影响着徽州人入仕、入学、入贾。

（二）“贾而好儒”是徽商的主要特点

徽州商人的儒贾形象给世人留下了极其深刻的印象，这从徽州古村落楹联、格言中得到充分体现，如“陶公容膝乐天命，刘子作铭惟德馨”“读书好营商好效好便好，创业难守成难知难不难”“漫研竹露裁唐句，细嚼梅花读汉书”“几百年人家无非积善，第一等好事只是读书”“孝悌传家根本，诗书经世文章”等。现笔者从民宅园林、庙宇祠堂、亭台楼阁、家藏馆藏及各类介绍徽州的书籍中，收集到徽州古楹联300余副，概而言之：其内容有家训、忠孝、经商、劝善、读书、励志、怡情、养生等；文字上从四言、五言、七言至数十言不等；字体上凡楷、隶、篆、行、草均有；材料上或刻写于竹木，或取瓷板铁石镶嵌，或用泥金而成，或书于宣纸绢帛；其联文和书法不是出自徽州儒生之手，就是过往徽州的文人墨客中名家所留。特附于本章后，以供分享。

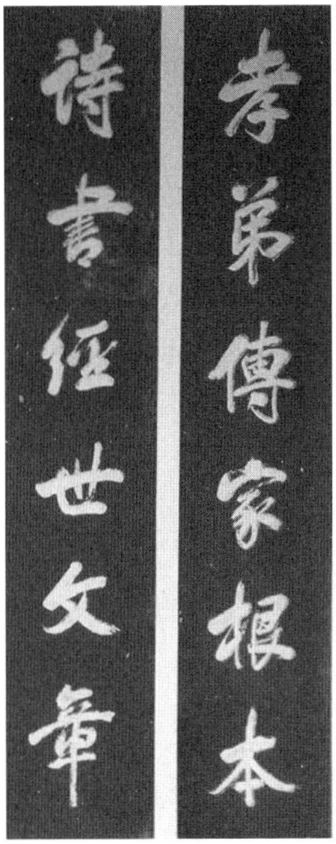

■ 徽州古楹联

徽州商人“贾而好儒”主要表现在以下几个方面：

1. 弃贾归儒

在儒家思想的深刻影响下，特别是受“治国平天下”“学而优则仕”思想的浓厚浸染，士贵商贱的传统观念在徽商中可谓根深蒂固，他们把业儒视为人生的最佳选择。汪道昆曾说徽人中“业诗书礼乐修正业者什二三，大半以贾代耕”，足见在徽州人的内心深处，服贾只是眼前的权宜之计，业儒才是终生正业。许多徽州人走上经商的道路，并非出于幼时的志愿。有的是因家遭变故，无以谋生。如明代休宁人查杰，“童年即有上人之志，读书不肯居群儿后”。谁知刚13岁，“父捐馆舍，遗资为托孤者所并吞，公（查杰）与母氏相依，恰如是，缘竟不能终就学”，乃走上经商之路（《休宁西门查氏祠记·明查灵川公暨配汪孺人合葬墓志铭》）。有的是科场屡屡失利，仕途遥遥无望，如明代休宁人吴天衢，“初业制举，屡试郡邑弗售，乃弃儒而商”（《新安休宁名族志》卷三）。有的是因家庭缺少劳力，代父从事劳作，如婺源金起凤，“少习学业，通经史，以父奔走四方，欲代其劳，逐弃儒服贾”（《婺源县采辑·义行》）。由于这些徽州人弃儒入贾是迫不得已，一旦他们有机会、有条件，特别是经商致富后，便不忘初衷，重新走上科举之路。如清代康熙年间休宁人汪镩，从小立志读书，后因父亲去世，就弃学经商10余年。虽然商道成功，但仍然难忘初志，便“复习举子业，读书江汉书院，癸卯、庚戌登两榜”，后授中书舍人，并升户部主政（康熙《休宁县志》卷六《人物·宦业》）。清代歙县盐商程晋芳的弃贾归儒之路更为典型。他虽然人在商场，心中却不忘学习，罄其资购书5万多卷，经常邀请有学问的人讨论求教，即使耽误了经商上的事情也在所不惜。由于他的孜孜以求，终于在40多岁时考中了进士，改吏部文选主事，不久还荣任翰林院编修，参加修纂《四库全书》。当时的大文人袁枚曾赠诗赞曰：“束发愔愔便苦吟，白头才许入词林。平生绝学都探遍，第一诗功海样深。”（《啸亭杂录》卷九，《歙事闲谭》第三册）但像程晋芳这样走科举之路而白头入仕的商人毕竟有限，更多的徽州商人发家致富后想重操儒业，却因举业荒废多年，早已失去了读书的大好时机。于是，他们就把这种夙愿寄托于子弟、儿孙身上。因此，延师课子、督子向学就在徽州商人中成为普遍现象，不仅财力雄厚的大商人这样，就是一般的中小商人也把培养子弟读书、求取功名视为头等大事，这也在客观上促进了徽州教育的发达。

2. 由贾入仕

在儒家思想观念的影响下，一些徽州商人业儒做官的欲望非常强烈，不少人用经商的财富捐资，谋得一官半职。宏村的“承志堂”是清末大盐商汪定贵的住宅，是一幢保存完整的大型精美民居建筑。前厅大门后面耸立着一道威仪的中门，据说，汪定贵在经商发财之后曾捐了个“五品同知”的官衔，有了这个荣誉之后，他便增设了一道具有官家威严的中门（中门又称仪门，原为官署而设），只有在重大喜庆日子或达官贵人光临时，才大开中门，而普通客人只能从中门两侧的边门入内。两侧的边门上方别出心裁地雕了个“商”字形图案，意思是说从边门出入的人，不管你从事何种职业，到我家来，都要从我“商人”的门脚下走过。但在中门的上方，他却不敢造次，而是高挂一个“福”字。在他看来，当

■ 宏村承志堂

官的毕竟要比经商的地位高，这也是为何众多徽商发财之后，仍不惜花费重金捐官的原因。在徽州商人的心目中，用钱买官的行为也与儒家的道德并不矛盾，并且经商致富后能谋得一官半职才算是人生真正成功。明朝中叶以后，朝廷也规定上纳军马粮草的生员和非生员，都可以入国子监为监生。当时的徽商纳资入监者人数众多，通过这一途径谋得官职者也不少。到了清代，纳资入仕的渠道更为宽泛了，有暂行事例和现行事例。暂行事例，就是为了赈荒、河工、军需筹集经费而暂时实施的捐纳办法，规定文职京官自郎中以下各官、外官自道员以下各官、武职自参将以下各官，都可以按价授职；现行事例则是经常性的捐纳办法，规定凡纳资者都可以求得贡监、衔封、加级、记录等待遇。此外，凡以“乐善好施”“急公好义”等名义捐资的，也都可以授予官职爵衔。这些条件都为徽州商人纳资入仕大开了方便之门。明朝万历年间，歙县盐商吴时佐兄弟 5 人，向朝廷捐巨款达 30 万两，他们竟在一日之内被朝廷同时授予内阁中书的官衔，当时在徽州还被传为“移家为国”的佳话（《丰

南志》第 4 册、第 10 册)。歙县商人江春任两淮总商 40 年，因他多次集众捐款，被朝廷“加授布政使衔，荐至一品”(许承尧:《歙事闲谭》第 18 册)。清代乾隆十三年(1748 年)，重建苏州渡僧桥，为首捐资的 6 个休宁商人，都带有功名头衔。其中程允隆是贡生，汪宏裕是考职州同，金双隆是附贡生，金允大是候选同知，程咸阳是太学生，汪昌裕是敕封儒林郎。

3. 亦贾亦儒

徽商“贾而好儒”还有一种普遍的现象，即亦贾亦儒。他们虽然身在商海，却钟情儒学，儒道经商，结交官员。明代休宁盐商汪应浩，虽然商务繁忙，“然翁虽游于贾人乎，好读书其天性，雅善诗史，治《通鉴纲目》《家言》《性理大全》诸书，莫不综究其要，小暇批阅辄竟日”。每逢地方考试，那些宿士才人茫然不知论题始末，纷纷前来请教于他，他能当即指出某题出于某书某行，并且不会出错(《休宁西门汪氏宗谱》卷六)。许多徽商在经商之余、旅途之中、商道之夜，孜孜不倦地读书、著述。因此，儒家的价值观念深深影响着他们的经商理念和经营之道。许多商人亦贾亦儒并不仅仅是出于对儒学的兴趣爱好，最主要的还是为了他们的商道久长。许多徽商一边做生意一边做官，做生意时想做官，生意做大结交官，结交官后教子孙当官，这是徽商最大特点。

胡贯三是西递胡氏宗族集“官、儒、商”三位一体的杰出代表，是当时江南六大首富之一。由于他乐善好施、积德行善，生前就被诰封为正四品、中宪大夫，死后不久又被朝廷诰赠为正三品、通议大夫。胡贯三有三个儿子，小儿子胡元熙曾官封三品，任当朝杭州知府。胡贯三当年曾大力资助曹振镛的父亲曹文埴进京殿试，曹文埴中进士后一直把官做到一品户部尚书。当时作为三朝元老的曹振镛，为报答胡贯三的恩德，把自己女儿嫁给胡贯三小儿子为妻。“迪吉堂”就是胡贯三接待亲家的地方。

胡雪岩的发迹鼎盛更是与结交官员、朝廷有着密不可分的关系。他先借助王有龄开钱庄，又以左宗棠为靠山创办胡庆余堂，为西征筹借洋款，被御赐二品红顶，赏黄马褂，这在中国历史上是罕见的。他还极其热心于慈善事业，乐善好施，多次向直隶、陕西、河南、山西等涝旱地区捐款赈灾。更鲜为人知的是，在当时轰动朝野和后来民间广泛流传的杨乃武与小白菜一案中，他活动京官、赞助钱财，为此案最终昭雪立下了汗马功劳。此外，他还两度赴日本，高价购回流失在日本的中国文物。胡雪岩在商场驰骋多年，背靠官府，一步步走向事业的顶峰，却也是由于官场后台的坍倒和官场倾轧，一步步走向最终的失败。

徽商注重对子孙的教育，培养出来的大批官宦，在某种程度上成了徽商在朝廷中的代言人和保护伞。他们对“凡有关乡闾桑梓，无不图谋筹画（划），务或万全”，在施政和议事中竭力保护徽商利益，充当徽商的政治代言人。生活于晚清的王茵茂，他的祖父、父亲都是商人，他自己曾经做过茶叶贸易。后来考中进士，官至户部右侍郎兼管钱法堂事务。他曾在给咸丰皇帝的奏折中说：“必得商贾流通，百货云集，方足以安民生。”为了维护商人的利益，他呼吁地方政府维护商民，甚至多次上疏皇帝，揭露贪官污吏对商人的盘剥（王茵茂：《王侍郎奏议》）。这些仕宦子弟的保护和关照，自然使徽商的商业贸易活动比其他商人顺利多了。

4. 注重修养

徽州商人从小生活在徽州这块号称“东南邹鲁”的土地上，他们读的是“朱子之书”，恪守的是“朱子之礼”，长大后外出经商，会馆中也是“崇祀朱子”，而不是供奉“财神爷”。所以，受传统儒学特别是理学的影响，徽商非常注重个人修养。在道德品质上，徽州商人在人格上体现出了“仁”的基本特征。

绝大多数徽州商人，在经商活动中讲求以仁爱之心及人。清代歙县盐商吴钢，曾一再告诫儿子：“我祖宗七世温饱，唯食此心田之报。今遣汝十二字：存好心、行好事、说好话、亲好人。”他根据自己一生的切身体会，认为“人生学与年俱进，我觉厚之一字，一生学不尽亦做不尽也”（吴吉祜：《丰南志》第 5 册）。歙县商人唐祁“其父尝贷某甲金，后甲伪以失券告，祁曰：券虽无，事则有也。偿之。既而他人以前券至责债，祁曰：事虽伪，券则真也。又偿之。人传为笑。祁曰：彼初能急吾亲，讵不足感也”（许承尧：《歙事闲谭》第 28 册）。像这样“仁心为质”“以善治生”的，在徽州商人中为数不少。

在个人行为上，徽商做到重德尊儒，坚持和为贵、礼为先，广交良缘，奉行“温良恭俭让”，认为谦以交友、和以生财、勤以补拙、俭以兴业，强调“五谊并重”，即族谊、戚谊、世谊、乡谊、友谊并重，不能厚此薄彼。

在生活情趣上，徽商特别崇义、重教、孝亲、讲礼，也就是重读书、讲孝道、识礼节、扬文风。徽商家庭非常重视奉亲至孝。西递胡氏宗祠“敬爱堂”里门上方，悬挂一个一米见方的大“孝”字。字上部酷似一仰面作揖孝顺的后生，那人后脑分明像一尖嘴猴头，其寓意是尊老孝顺者为人，不孝者为畜生。据说这个“孝”是朱熹造访西递时书写的。此外，很多徽商爱好广泛，琴棋书画，文风浓郁，崇尚以文会友；他们在交际中注意公众形象，注重公关策略，所谓“正衣冠，迎送宾客，尊而有礼”就是其重礼讲仪的写照。

（三）“贾而好儒”影响徽商经营活动

徽商“贾而好儒”使他们成为儒商，在具体经商活动中，就是以儒家的道德观念来指导自己的经营理念，按照儒家的道德规范从事商业经营活动。

1. 儒学熏陶，儒道经商

在儒学之盛的徽州，很多徽商受过儒学教育，掌握一定的文化知识，许多商人早年为考科举而潜心熟读儒家的著述。由于从小受儒学的熏陶，他们在经商活动中，大都善于审时度势，决定取予；善于运以心计，精于筹算；善于分析形势，应对供求。因而他们在取予进退间能不失时机地做出正确的判断，不为蝇头小利疲于奔命，以获得厚利；具备了一定的管理和组织能力，增强了经商才能，这大大促进了徽商商业活动的开展。同时，受过儒学教育的商人与先读书后做官的人容易感情上贴近，获得官员的支持。徽商自幼受儒学教育，儒家的一些道德说教，成了日后他们立身行事的指南。因此，他们能“以诚待人”“以信接物”“以义为利”。“红顶商人”胡雪岩的商训即是“天、地、人”：天为先天之智，经商之本；地为后天修为，靠诚信立身；人为仁义，懂取舍。在经营理念上，徽商坚持“生财有道”的义利观，见利首先思义，认为义重于财，信奉君子爱财，取之有道。坚持诚信经营，讲究商业道德，做到货真价实、童叟无欺；做到薄利多销，让利于客；反对强取豪夺，鄙视对顾客

■ 履福堂

欺诈行骗；同时，还热心社会公益，乐善好施。在用人之道上，徽商坚持任用那些熟读“四书五经”的儒雅之士，注意培养他们学习思考的习惯、吃苦耐劳的精神和坚韧不拔的意志。始终坚持“勤苦、诚实、谦和、忍耐、变通、俭朴、有主见、不忘本、知义理、重身命”的选人思想和用人标准。以儒术建立起来的商业道德和用人之道，有利于徽商生意兴隆、发财致富，这是他们在经营活动中舍小利而谋大利，从而迅速起家的奥妙所在。

2. 讲究诚信，注重信誉

徽州商人从小就生活在“比户习弦歌，乡人知礼让……人文辈出，鼎盛辐臻，理学经儒，在野不乏”（清道光《重修徽州府志·序》）的皖南。在理学的熏陶下，徽商中的大多数人将诚信作为立身行事的指南。首先，徽州商帮内部讲究诚信。婺源商人江恭埙和陈万年合伙做木材生意，后来陈万年不幸病逝，当时陈万年的儿子才 4 岁。江恭埙就把老伙计的股本和股息一并送到陈万年的家中。清光绪《婺源县志》是这样记

载的："检市籍（账册），并（万）年应得子母（本利）千百余金，亲致其家。（陈万年妻）谢以金弗受。"同样是婺源有个叫詹谷的商人，到崇明岛去为本地一个商人经营典业。后来主人年老回到老家，可是不久便遇到了太平军起，战乱中崇明岛与家乡交通阻隔10来年。10年之后主人的儿子到了崇明岛，詹谷"将历年出入市籍（账册）交还，涓滴无私。崇邑之人咸服其公直。其子亦深感焉"。不久，詹谷告辞回乡，"临行，（主人于）薪俸外加赠四百金，辞不受。惟殷殷部署后来肆务，悉当乃归"（光绪《婺源县志》卷三五）。像这样的例子在徽商中屡见不鲜，就是这样的诚信精神使徽商内部紧密团结在一起。其次，在此基础上，徽商更以诚信对待客户。徽州商人许宪说："惟诚待人，人自怀服，任术御物，物终不亲。"由于他处处坚持诚信原则，以致"湖海仰德……而资益积"（《新安歙北许氏东支世谱》卷三）。另一徽商吴南坡也曾说过："人宁贸诈，吾宁贸信，终不以五尺童子而饰价为欺。"再次，徽州商人讲究诚信还表现在注重信誉。据说，胡开文墨号曾制作一种墨锭，在水中久浸不散。有一外地客户购买一袋子这样的墨锭，但在返回途中，不慎将墨锭掉入水中，等把袋子捞上来后，发现被水浸过的墨锭开始溶化。这位客户又回到墨号，墨号老板胡馀德（胡开文墨号第二代传人）边道歉，边以一袋名墨相赠，并立即叫所属商店停止销售，高价收回已售出的这种墨锭。正是徽州商人能以诚经商，以诚待人，注重信誉，从而促进了他们的经营事业。

3. 见利思义，薄利竞争

受儒家思想的浓厚熏陶，徽商在对待义利二者关系上，绝大多数都能做到见利思义，以义制利，义在利先。婺源茶商朱文炽去珠江贩茶，到达后却错过了贸易的时机，新茶也就不新了，出售时他就亲自写了"陈茶"二字的牌子（光绪《婺源县志》卷三三）。虽然茶叶的价格低了，却表现了他良好的商业道德。休宁商人吴鹏翔，有一次从牙行购进800斛胡椒（一斛等于10斗），在付款之前，他发现胡椒有毒，卖主得知后表示愿意收回。但他仍然照原价买下，然后付之一炬。因为他担心退回去，卖主可能转售他人，那样会坑害很多人（嘉庆《休宁县志》卷一五）。据传，有一年安徽省大灾，婺源商人詹元甲受地方官员的委托，携带20万两银子去外地购买粮食。到了购粮的地方后住在一家旅馆里，旅馆主人对他说："此地买米，例有抽息（即回扣），自数百两至千万两，息之数，视金之数。今君挟巨资可得数千金，此故例，无伤廉。"在轻易可得的数千银两面前，詹元甲不为所动，说："今饥鸿载途，嗷嗷待哺，予取一钱，彼即少一勺，瘠人肥己，吾不忍为。"（光绪《婺源县志》卷三四）

徽商经商的义利观，还表现在他们商业经营活动中的薄利竞争原则。歙县商人江次公曾教导儿子说，务农能获取十分之一的利，如果经商也只获取十分之一的利，就不会遭到别人的病诟，所以要靠薄利来竞争。休宁商人程锁在江苏溧水经商，按惯例是春天贷款给穷人，秋天倍收利息。但他贷给穷人的款项，只收十分之一的利息。有一年当地大丰收，谷价很低，他仍按往年的价格收购；第二年大饥，谷价又很贵，但他"出谷市诸下户，价如往年平"（汪道昆：《太函集》卷六一）。程锁低息便民，薄利竞争，受到当地人的赞誉。另有个休宁商人叫吴佛童，有一年大饥荒，他的仓库中存有大量的粮食，有人劝他不要出售，以待价而沽。他却说："使吾因岁以为利，如之何？遏籴以壑邻，是谓幸灾，天人不与。"于是"乃尽发仓廪平贾（价）出之"（汪道昆：《太函集》卷六二）。还有一位休宁粮商刘淮，在灾年中有人劝他乘机大赚一把，但他认为能使当地的老百姓度过灾年就是最大的利了，不仅把粮食低价卖给老百姓，而且还设粥厂救济灾民。以上几位休宁商人可以说是薄利经营的廉贾代表。"财自道生，利缘义取"（婺源《三田李氏统宗谱》），是明清时期徽州商人的共同信条。

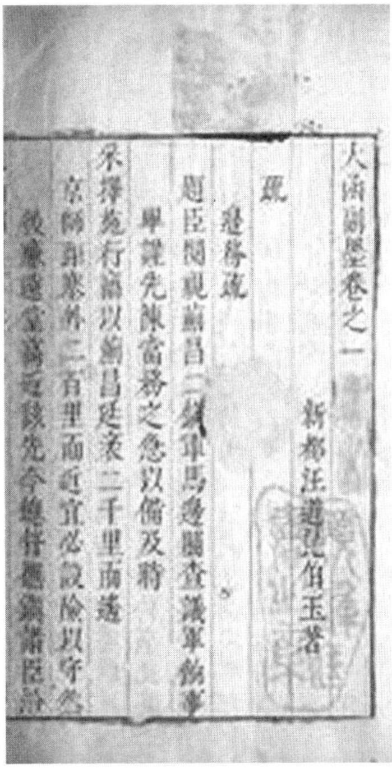

■ 汪道昆《太函集》书影

4. 宗族经营，宗法收拢

聚族而居与严密的宗法制度，是徽州典型的社会现象。《休宁县志》称："一姓也而千丁聚居，一抔也而千年永守，一系也而千派莫紊，率皆通都名郡所不能有，此岂非谈道讲学、沐浴紫阳之遗泽欤?”这就是说，徽州宗族社会的出现，是受到了儒家特别是朱熹理学的影响。宗族制定的族规、族训是以儒家的伦理观为理论依据的。这种宗法制度反映在徽州商人的商业活动中，形成了一个显著的特色，即经营的宗族性。一是表现在族众结帮经营。一人先行在某个地方经商，族人、乡党随后而来，或举族四出经商、各展所长的现象，在徽商中非常普遍。婺源商人程栋在汉口经商，“凡亲友及同乡者，借住数月，不取伙食，仍代觅荐生业”（民国《婺源县采辑·孝友》）。有个徽商许孟洁在正阳经商20余年，凡是族人来投靠，他“尤睦于亲旧，亲旧每因之起家”。还有个商人程季公善于协调族人经商，“东吴饶木棉，则用布；淮阳在天下之中，则用盐策；吾郡瘠薄，则用子钱。诸程聚族而从公，惟公所决策”（汪道昆：《太函集》卷五二）。二是表现在宗族内部大量融资。据史料记载，徽州婺源商人经营茶叶多为合股而做，其合股对象又多为兄弟或亲友。三是表现在以宗族家法为管理手段。徽州商人无论是行商还是坐贾，大都雇用了众多的伙计。徽商对这些伙计的管理手段，也往往是拿起“宗法”当工具。歙县商人吴荣让在浙江桐庐经商20年，主要是通过“立宗祠，祠本宗，置田以共祀事”等宗法手段，建立起自己的商业集团，凡投奔来的人“悉授之事而食之”。为了加强对“诸子弟”的管理，每逢朔望日他就要“举《颜氏家训》徇庭中，诸舍人皆著从事衫，待命庭下以为常”（汪道昆：《太函集》卷四七）。《歙事闲谭》《扬州画舫录》等书也有记载，说是清代在扬州、南京等地的徽州巨贾，在经商侨居地建宗祠、置祭田、恪祀事，以收拢他们商业集团里的伙计们。

（四）“贾而好儒”促进教育发达

在徽州这个商贾之乡，徽商在步入商海之前，大多受过比较正规的传统文化教育，他们之所以弃儒入贾，要么是家道中落，要么是科场失利，要么是继承父业，入贾只是他们获得经济利益的手段，其最终目的是用经商所得财富让子孙业儒入仕。正如明代著名学者王世贞所说：“徽地四塞多山，土狭民众，耕不能给食，故多转贾四方。而其俗亦不讳贾。贾中有执礼行谊者，然多隐约不著，而至其后人始，往往修诗书之业以谋不朽。”（王世贞：《弇州续稿》卷一一六）正因为如此，徽商发财致富后往往对家乡教育事业的资助不遗余力，对兴学助教十分热心。

一是建书院。明清徽州书院教育十分兴盛，有人通过对徽州方志的全面考察统计，得出明清徽州书院约有 93 所。这些书院从主创者来看，可分为民办和官办，而且以民办为主；如果从经费来源来看，除府属紫

■ 南湖书院

阳书院之外，大体都可列入民办性质，因为这些书院的经费来源主要靠民间捐输。具体地说是主要靠徽商捐资和宗族创建，即使宗族乡里书院的创办，其经费来源也主要来自于徽商。这些书院的修葺也大多由徽商参与，其经费来源也是由徽商提供。如府属紫阳书院，清雍正三年（1725 年）商人程建修；乾隆十三年（1748 年）徐士修修，并增置号舍。黟县宏村的南湖书院建于 1811 年，是现今保存最为完整的宗族学校，由汪以文出资修建，又叫“以文家塾”。在此受过启蒙教育的有清末内阁中书，民国时曾任教育总长、交通总长、外交总长、国务总理兼财务总长的汪大燮等。

二是修官学。明清时期，徽州的地方官学代有重修、扩建之举。徽

州的府学、县学能够长期保持着完整壮伟，是与徽商的慷慨捐资修葺分不开的。如歙县县学，清乾隆五年（1740 年）徐璟庆修；乾隆五十二年（1787 年）项士瀛重建文庙，其祭器、乐器也重修，并捐白银 200 两生息以为诸器岁修之用。据道光《徽州府志·学校》记载，从明洪武初年至清嘉庆年间，徽州府学较大规模的重修和扩建约 20 次、歙县县学 19 次、休宁县学 45 次、婺源县学 47 次、祁门县学 24 次、黟县县学 19 次、绩溪县学 27 次。清代大学士、歙人曹振镛在《鲍氏重修府学记》中说："新安于宋太师徽国文公为桑梓地，文公之化衣被天下，自宋元明讫今数百年，江以南士之私淑文公，能于学校中自表见者，必推我新安。"（道光《徽州府志》卷三《营建志·学校》）

三是置塾学。延师课子、设置家塾是徽商发财致富后，列为头等大的事情。如明末歙县商人鲍氏家族设塾立教，典型表达了徽商的普遍心态。鲍继登"以盐策起家，尝建德文堂为书塾，广延名师罗益友以训子孙"，鲍省吾"尝置有斐堂以为子孙读书之所"，鲍柏庭"教子也以义方，延名师购书籍不惜多金。尝曰：富而教不可缓也，徒积资财何益乎！"（《歙县新馆鲍氏著存堂宗谱》卷二）徽商对其子弟儒业日进的心情迫切。清代歙县商人凌珊，"早失父，弃儒就贾。恒自恨不卒为儒，以振家声。殷勤备脯，不远数百里迎师以训子侄。起必侵晨，眠必丙夜，时亲自督课之。每日外来，闻咿唔声则喜，否则嗔，其训子侄之严如此"（凌应秋：《沙溪集略》卷四《文行》）。西递"桃李园"是一所小巧玲珑，有前、中、后三个厅堂的三间式楼房，作为三个不同层次学生学习场所，叫私学、私塾。黟县关麓村有独具特色的八家连体古居，有四家书屋，如今仍陈设着当年子弟所用的书桌。书桌在书房中打造，门狭桌大，打成搬不出去。汪氏祖训：书桌是神圣之物，只可作读书，不可作他用。西递村昌盛时期可以处处听到诵读声，连当时宰相曹振镛也感慨：此地风气淳古，弦诵之声，比舍相答。

四是设义学。徽商热衷于广设义学，为宗族和乡里的贫困子弟提供接受教育的机会，将其"膏泽"从一家推及一族一乡。明清时期，徽州的义学遍及城乡各地，这些都是徽商出资兴建的。在徽州即使是穷乡僻壤，也"莫不有师有学，有书史之藏"，"虽十家村落，亦有讽诵之声"。明代歙县洪世沧，"贾于吴越间，家稍裕，遂承先志，于族党中捐资二千金入宗祠，以其息设义塾二堂”。清代婺源商人程世杰，“早岁由儒就商，往来吴楚，稍盈余，推以济众。念远祖本中曾建遗安义塾，置租五百亩，久废，杰独立重建，岁以平粜所入延师，使合族子弟入学，并给考费。有余，即增置田。二举经费不下万余金”。

五是重族教。在儒家思想的影响下，徽州各宗族对于族内子弟的教育十分重视，经商成功者在财产中拨一部分钱财来奖励族中读书求学之人，这在一些宗规家法中都有体现。许多宗族都设置了供家塾经费之用的学田。学田有的由族内富有的某个或几个家庭捐助，也有的由全族共

■ 父子进士坊

同承担。私塾和学田的设置大大提高了族内子弟受教育的机会。关麓村至今保存着一份清代乾隆三十三年（1768 年）商人汪士元立的遗嘱：“族人有业儒者，资助应试费用载于后：县试资伍钱，郡试资二两，招试照正试例，院试三两，入泮一切费用俱众办（清代称考取秀才为“入泮”），仍给银一百两，以为劝赏之资；乡试轿费十两，发科给银三百两，会试路费五百两，发甲照发科加倍给。”与此同时，徽商还非常重视家教。徽商家庭教育的内容广泛、形式多样，如在厅堂上悬挂楹联、镶嵌格言，像西递履福堂的“几百年人家无非积善，第一等好事只是读书”等。具有教化意蕴的楹联比比皆是，俨然是一部文字简练的“家庭教科

书”，成员日日必吟咏，时时亲近，对思想行为产生强大的约束力。

发达的教育是徽州文化得以繁荣的温床。据统计：明代徽州考中文进士者 452 人，清代有 684 人，徽州明清进士数占全国的 2.2%，总数位居全国各府前列。状元人数则更为显赫：清代共有状元 112 名，徽州本籍和寄籍考中的状元就有 19 名，占 17%。由于“科名最盛”，明清的徽州科举佳话很多。如清代有“连科三殿撰，十里四翰林”之说，还有“兄弟九进士、四尚书者，一榜十九进士者”“一科同郡两元者”“同胞翰林者”等。

■ 状元坊

二、以贾衍文，促进文化繁荣

徽州文化属于大陆文化中的农耕文化。这种文化主张与自然和谐，与万物共存共荣，以退隐耕读为主要生活方式，喜安静、爱稳定、重山林田野情趣，甘于过恬淡人生，但也能在其选定的领域奋发进取、向外开拓，阴柔与阳刚相济，不断追求中和之美。在徽州，这种文化经过程朱理学的系统化、丰富化，经过江永、戴震朴学的砥砺磨合，形成了一种富有地域特色的徽州文化。徽商作为当时中国一代儒商，注重贾儒结合、贾仕结合，恪守贾道，营利甚巨。所赚的钱，除部分用于扩大再生产、报效朝廷、赈灾救济之外，许多用来弄文附雅，如宿养文士、建会馆、办文会、兴诗社、蓄戏班、印图书、藏书史、筑园林等；用来发展教育、延师课子、培养子弟、置学田义田、办族学、建书院、资府县学，以及输入故里、修桥补路、兴建土木、撰文修谱等。这些就在客观上为徽州文化的发展提供了强大的经济后盾和环境氛围。

（一）徽商与学术

“贾而好儒”的徽商，不仅在教育上为徽州学术发展提供了财力上的支撑，而且为徽州学者提供了一个良好的学术研究环境。

宋代以后，特别是明清时期，徽州学术思想的发展与徽商的兴盛有着密切的关系。南宋时期程朱理学上升为官方哲学。作为“程朱阙里”的徽州人更是对朱熹顶礼膜拜，凡是由徽商捐建的会馆、祠堂中，大都“崇祀朱子”。明清时期，随着徽商的兴盛、实力的增强，他们利用自身财力的优势，为新安理学的发展鼎力相助：兴建书院、购置书籍，为理学家讨论研究学术提供场所和方便；表彰、宣扬新安理学先贤，大力宣扬新安理学，积极筹划和参与建造各类纪念性的建筑。如明代万历年间，歙县篁墩建程朱阙里祠，徽商吴养都、吴养春、吴琨兄弟共出银450余两，建程朱阙里石坊一座；鲍文宪、鲍文孝、鲍文楫兄弟共出银380余两，建阙里享堂3间（赵滂：《程朱阙里志》卷八）。编纂理学书籍、传播理学知识，使新安理学家的许多著述得以刊刻流传下来。正是徽商经济上的大力支持，才使那些学者们能安心学习研究儒家学说，并使他们当中一部分人成为有建树的新安理学大家。

清中叶，朴学思潮在徽州兴起。朴学就是“实学”，就是“朴实之学”。徽派朴学家们继承了汉代儒学传统，采用文字训诂的方法治经，从校订经书扩大到史书和诸子，从解释经义进而扩大到考究历史、地理、天文、历法、音韵、典章制度，对古籍和史料的整理，都起了相当重要的作用。他们的研究成果和在理论上的贡献，对后世产生了很大的影响。徽派朴学家们更是和徽商结下了不解之缘：他们或为徽商子弟，或被徽商延为上宾、受其资助。如清代歙县大商人汪梧凤，在家中辟“不疏园”，购置了大量书籍，邀请四方名士，如江永、戴震、郑牧、程瑶田、金榜、汪肇龙等“日夜诵习讲贯其中”，“饮食供具惟所欲”，从而使“不疏园”俨然成了徽州学术研究的中心。

■《徽派朴学》书影

徽商还为徽州学者的对外交流提供便利。特别是徽商在淮扬、苏浙、汉口地区的成功经营和发财致富，使徽州本籍的学者也纷纷走出家门，频繁往来于这些地方从事讲学、著述等学术交流活动。这样就扩大了他们的视野、交流了信息，有利于徽州学术的发展。胡适曾说：“我乡人这种离家外出、历尽艰苦、冒险经商的传统，也有其文化上的意义。由于长住大城市，我们徽州人在文化上和教育上，每能得一个时代的风气之先……因此在中古以后，有些徽州学者——如十二世纪的朱熹和他以后的，尤其是十八、十九世纪的学者像江永、戴震、俞正燮、凌廷堪等

——他们之所以能在中国学术界有较高的位置，都不是偶然的。”（《胡适自传》，江苏文艺出版社1995年版）

■ 胡适故居

戴震出生于徽商家庭，20岁前曾随父亲到江西、福建经商，年轻时曾与江永、程瑶田等共学于歙县“不疏园”中，此后又前后在徽商大贾集中的扬州活动了五六年之久，与扬州徽商广泛交往，成为他们的“座上客”，曾坐馆于徽商兼大藏书家马曰琯的府第。由于他生长于徽商家庭，又长期与徽商有千丝万缕的联系，因而徽商的要求在戴震思想上也有所反映。他在经济上提出的“富民为本”“好货好色”，在哲学上对程朱理学的猛烈批判，以及提出的“体民之情，逐民之欲”等，可以说是徽商的要求在其思想上的曲折反映。正如侯外庐先生所说的：戴震对封建专制及对“以理杀人”的批判“反映了市民阶级的要求……在这一点上，他复活了十七世纪清初大儒的人文主义的统绪，启导了十九世纪的一线曙光”（《中国早期启蒙思想史》）。徽派朴学的传播一直延续至清道光年间。同光时期，俞樾、孙诒让、黄以周等人崛起于古学衰颓之后，延续了徽州学人先贤的事业。他们在学术上的辉煌业绩，有力地说明了徽州朴学不仅体大思精，而且影响深远。

（二）徽商与新安画派

新安画派早期称天都画派，以明末清初歙县人渐江和尚为代表。早期天都画派，有“天都十子”，以程嘉燧、李永昌、渐江、查士标、汪之瑞、孙逸等为首，其中渐江、查士标、汪之瑞、孙逸又称“新安四大家”。在此之后又有历经清末、民国直到中华人民共和国的大画家黄宾虹。

新安画派主要师承南宗一脉，以文人画、山水画为主，受明朝董其昌，尤其是元朝倪云林、黄子久影响最大。上溯可至宋朝朱熹以学者“旁及画事”，“点画波磔，无一不合书家矩度”，且有绘画美学，是新安画派的精神祖先。再上有隐居并终老于祁门的唐朝张志和，以及曾在黟县任过县令的薛稷。说到薛稷，他是黄宾虹先生在《黄山画苑论略》中提到的黄山画派的老祖宗。

新安画派兴起于明、清交会之际。从画作者的政治立场、观点、态度看，基本上都是明朝遗民。他们不满于清廷统治，不愿与清廷妥协，抗争无力无望后，归隐山林，寄情山水，师法自然。他们多以黄山为题材，以黄山之奇抒发胸中之奇，以黄山之骨显示自我之骨，以黄山之品格、精神——黄山之石、之松反映自我品格、精神，自我血肉情思。从作品风格看，新安画派主要是疏淡、清逸、冷寂。画家们隐逸情思，疏淡中寓浓郁，清逸中见刚健，冷寂中藏生机，合阴柔之美与阳刚之美为一体，显示着天地之间、民族之中一种刚贞凛然的人间正气。从创作技法上看，其侧重以线造型，大量使用块状结构，极少皴擦与渲染。观新安画派之画，可见黑黑白白分明，清清淡淡雅雅，云山简淡，松木峥嵘，山势雄峻，气韵流畅，于荒寒冷寂的画面中表现出作者孤傲倔强的意志和心态；其所传递的禅意，带人进入一个禅心戒定的静美境界。

新安画派的兴起主要是以徽商雄厚的财力为支撑的。雄厚的经济基础、徽商的业儒致雅之风，滋养培植了新安画家的诞生与成长。一个人要学画，不但要衣食无虞，而且要花费钱财置办文房四宝，消耗纸墨笔砚，未成名之前是只有花费、没有收入的。即使成名之后，也要有书画购买市场。徽州文人士子多，商界富户众，为画家提供了天然、广阔的书画流通交易市场。“明朝四大家”唐寅、祝枝山、董其昌、陈继儒都到过徽州。唐寅（唐伯虎）一生饱受世态炎凉，常以卖画维持生计，“闲来写幅丹青卖，不使人间造孽钱”。在明弘治年间曾到徽州鬻文卖画。据江兆申先生《关于唐寅的研究》考证，弘治乙丑年（1505

年)，唐寅游历徽州。唐寅本人在撰《王氏泽富祠堂记》中曰：“弘治乙丑，余行旅过徽，友格以币交，故为记其事云。”唐寅又在《咏齐云山》诗中云：“摇落郊园九月余，秋山今日喜登初。霜林着色皆成画，雁字排空半草书。曲蘖才交情谊厚，孔方兄与往来疏。塞翁得失浑无累，胸次悠然见静虚。”细品“友格以币交”“曲蘖才”“孔方兄”，都是文人谈钱讲价说润笔费的。

■ 唐寅《悟阳子养性图》

徽商的富有与雅好促使大批徽州人收藏了众多古玩字画。他们往往以藏品多少和价值高低比富斗阔，定人之雅俗。如明末著名徽州商人、书画鉴赏家吴其贞就在其于崇祯十二年（1639 年）著的《书画记》中曰：“昔我徽之盛，莫如休、歙二县。而雅俗之分，在于古玩之有无，故不惜重值争而收入。时四方货玩者，闻风而至；行商于外者，搜寻而归。因此所得甚多。”明王世贞在《觚不觚录》中亦说：“画当重宋，而三十年来忽重元人，乃至倪瓒，以逮明沈周，价骤增十倍……大抵吴人滥觚，而徽人导之。”徽商的大量收藏，为新安画家提供了丰富的学习鉴赏图籍。学画重要的是能品鉴名人真迹，得到古人真传，百闻不如一见。史料称渐江“闻晋、唐、宋、元名迹，必谋一见”。这说明徽商以实力雄厚的资金购得的大量古玩书画，为诸多新安画家提供了丰富的艺术营养、肥沃的艺术土壤、璀璨的艺术矿藏，否则，不得见高人画、大家图，是难得艺术真传的，也是难以产生知名画家，形成新安画派的。晋唐宋元名家真迹在徽州的流传，对新安画家的创新求变起了催化剂的作用。王渔洋曾说："丰南吴用卿藏倪黄最精。渐师交吴不炎，得见云林真迹，尽将前所作销毁。"从此方"自开户牖""青出于蓝""冰寒于水"，成一代大家，形成流派，领数百年风骚。

新安画派的兴起，还得益于新安文房四宝——徽墨、宣纸、歙砚、宣笔的滋润。徽墨生产源于唐代，到了明嘉靖、万历年间，徽墨制作进入了全盛时期。正如《墨海图》所云："墨之在万历，犹诗之在盛唐。"著名的制墨大师歙县岩寺人程君房的墨受到万历皇帝的称赞，曰："此墨能入木三分，可谓超过漆矣！""超漆烟墨"之名由此而来。徽墨主要以"桐油烟"和"漆烟"为原材料。程君房曾在《宝墨斋记》中写道："我墨百年可化黄金。"与其同时代的大书画家董其昌亦说："百年之后，无君房而有君房之墨；千年之后，无君房之墨而有君房之名。"果然如也！现故宫藏有其制作的"群仙祝寿""百寿图""金不换"等墨，上海、安徽博物馆也藏有其墨。此时以程君房、方于鲁等为首的一批制墨专家，改进了制墨工艺，提升了墨的品质，使徽墨走向了市场，为诸多画家所钟爱。用徽墨作画自然也提升了画的品质和水平，尤其是对以疏淡、清逸、冷寂为风格特征的新安画派来说，更为适用和见长。

徽州又是历史上有名的"宣纸"生产地，早在南唐时期就有"澄心堂"徽纸名闻天下，作为贡品，以至于南唐后主李煜要以"澄心堂"来命名自己的斋名，以藏徽州"澄心堂"纸和自己的古玩宝物。徽纸轻细、白润，质地透明，防蛀抗水，历千年而犹如新制，历来是书画家的喜爱之物。现称为"宣纸"的，与徽纸同出一脉，且泾县距徽州又不远，同属于皖南山区。虽然徽纸到明、清已不多产，其实如今天的产业转移，是转移到宣城的泾县一带生产了。现今泾县红星牌宣纸厂及其他小作坊，其制作工艺、原材料皆一样样历千年而不变。纸是画的载体，好纸出好画，没有一个画家不讲究用纸的；好纸大画家画，自然更是好上加好，千古流芳了。

歙砚出产于古徽州（歙州）婺源龙尾山，已有1000多年的历史。歙砚以发墨不耗墨，贮水不吸水，润笔不损笔，击之金石声，纹饰精美，质地坚硬细密而居四大名砚之列。四大名砚者乃端砚、歙砚、澄泥砚、洮砚。从岩石学的角度来看，属水成岩。宋代文学大家、词人苏东坡曾搜藏歙砚，并写了许多歙砚铭文。如：“涩不留笔，滑不拒墨。瓜肤而縠理，金声而玉德。厚而坚足以阅人于古今，朴而重不能随人以南北。”“吏民莫作官长看，我是识字耕田夫。”文人之于砚常作为生命的一部分、理想的寄托者。明代陈继儒曾说：“文人之有砚，犹美人之有镜也，一生之中最相亲傍。故镜须秦汉，砚必唐宋。”（《美术丛书》第1卷，江苏古籍出版社 1986 年版）

又据《说砚》（上海科技教育出版社 1994 年版）中记，清代金农于《冬心斋砚铭》自序中写道：“毕世相守，尊如严师，密如挚友，宝如球璧琬琰，获如头目脑髓者，惟砚为然，墨次之，笔与纸又次之……予平昔无他嗜好，惟与砚为侣，贫不能致，必至损衣缩食，以迎来之，自谓合乎岁寒不渝之盟焉。”清代学者沈德潜亦说：“砚存铭存，即家学长存也。”

歙砚以其发墨快、质地好，用后洗涤无墨渍而受到文人雅士的喜爱收藏，加之徽州雕匠的精雕细刻，自然身价倍增，需求广。作为商品来说，也自然跻身于名砚市场，蹲坐于文人、官吏的书房案头。歙砚本身就在徽州形成了一个开采、运输、雕刻、出售的产业链，至今为之。游人到黄山屯溪老街、婺源江村等风景名胜点，犹能看到许多出售歙砚的店堂。

徽州制笔。许承尧《歙县志》卷一六《拾遗》说：“新安四宝，谓澄心堂纸、汪伯立笔、李廷硅墨与枣心砚也。”徽州制笔历史也是很久的，其多依附于制墨业，汪伯立就是有名的制笔工匠。当然，徽笔虽不能同湖笔比肩，但应该说也是很不错的。

新安画坛三杰

薛稷　据《山西历代进士名录》记，其生于唐贞观二十三年（649年），卒于唐开元元年（713 年）。即唐太宗李世民在位最后一年生，唐玄宗即位第一年卒，历经唐高宗、中宗、睿宗及武则天时期。山西蒲州汾阴（今山西万荣县）人。薛稷乃薛道衡曾孙、魏征外孙。武则天长寿年间擢进士，授中书舍人，历官黟县令、谏议大夫、昭文馆学士、工部尚书、礼部尚书，封晋国公，为黄门侍郎，参知机务。后受窦怀贞案牵连，赐死万年狱。以文章书画闻名天下，为唐初四大书法家之一。又据清康熙年间《徽州府志》载："薛稷……少擢进士，后坐法左迁，稍转黟令，今有薛公祠，广德二年立。"唐代宗广德二年即 764 年，已是薛稷死后 50 多年了，这说明薛稷生前在徽州影响很大，在唐代就建祠纪念了。

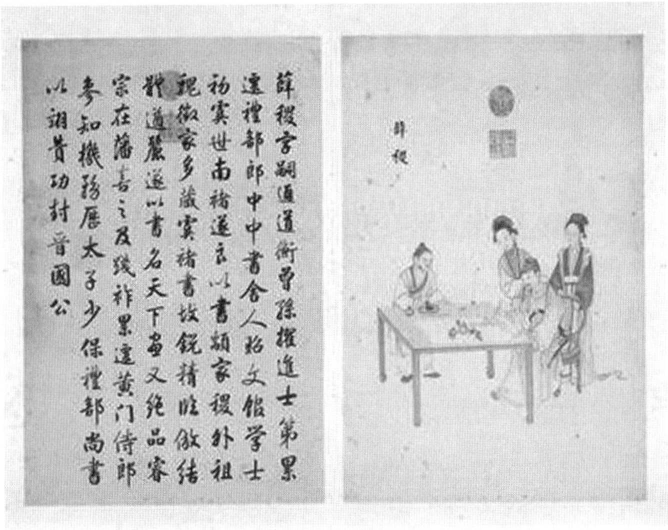

■ 薛稷书画

薛稷是唐代花鸟画坛上有重要影响的画家。《历代名画记》评论他"尤善花鸟、人物、杂画"，特别是画鹤最为有名。薛稷家富图籍，好学不倦，画学阎立本、书学褚遂良，曾"锐精摹写，穷年忘倦"。画史上将他与曹不兴、张僧繇相比，当时有"卖褚得薛，不失其节"之说。杜甫曾在《通泉县署壁后薛少保画鹤》诗中赞曰："薛公十一鹤，皆写青田真。画色久欲尽，苍然犹出尘。低昂各有意，磊落似长人。"杜甫又在题薛稷所画的西安寺西方佛壁画时赞曰："又挥西方变，发地扶屋椽；惨淡壁飞动，到今色未填。"

在神州国光社 1934 年 8 月影印的《中国画家人名大辞典》一书介绍薛稷的条目中，有李白见薛稷的记载。黄宾虹在《黄山画苑论略》(《黄宾虹文集·书画编上》，上海书画出版社 1999 年版）中亦记曰："李白谒黟令薛稷，流连竟日。薛善画，白为题赞，又称二妙。有永安寺额，兼画西方像一壁，笔力潇洒，风姿逸发，曹、张之亚也。”不过，从年代上考证，薛去世时李白（701—762年）方12岁，且当时薛已不在黟县，而回到了长安，不可能谒见薛稷。唐广德二年（764年）徽州为薛稷建祠纪念，而李白晚年生活漂泊于江南一带，当是去拜谒当年的薛公祠或薛稷所绘的壁画，李白的题赞也是为壁画而题。黄宾虹在《黄山丹青志》中又说：“薛稷撰佛遗教经，及书佛石迹图传，石刻流传，载之典籍。其文词书法，且与图画并著而不朽。”

综上所述，徽州绘画源远流长，薛稷善画，曾任黟县令，是新安书画之肇始。黄宾虹就曾指出：“歙、罗、鄂州邑人时有画者，盖薛公之余风，此传富贵堂皇之派者也。”又有1989年黄山书社出版的《徽州地区简志》记：“唐代著名画家薛稷任黟县令，善画鹤，从其学者甚多。宋时黟县画鹤遗风仍存。”

渐江　生于明万历三十八年（1610年），圆寂于清康熙二年（1663年）。安徽歙县江家坞人。俗姓江，名韬，字六奇。幼时先在歙县社学读书，后随父入籍杭州，考上了“诸生”，是杭郡40名秀才之一。父亲去世后，又适逢明末战乱，江韬与老母在杭州生活维艰，便回到歙县。有《魏叔子集》《燎衣图》记程穆青云：“渐师盖明诸生，世变弃妻子为僧，更以画名。”又有画家江喻义的条目云：“江喻义，字子晓，清初歙县人，渐江子，绍其父义……”清人入徽后，江韬和一些志士投奔福州的唐王。清顺治三年（1646年），唐王逃至武夷山下的汀州时被清兵所杀。江韬等人为避免被清军所害，遂在1647年于武夷山落发为僧，皈依佛门，拜古航道舟禅师为师，师为之取名弘仁，后又自取字无智，号渐江。

渐江是新安画派的创始人、扛旗者。他的画师承倪瓒，得倪氏之神。倪瓒生活于元朝统治之下。他二人都生于乱世，生活在少数民族政权统治之下，都经历了战乱末世、亡国之痛，都过着漂泊无定的没落日子，都以参禅来逃避现实，在精神上有着共鸣。渐江在武夷山漂泊三年之后，又回到歙县，过着挂瓢曳杖、芒鞋羁旅、参禅作画、寄情山水的日子。唐祖命（允甲）（1601—1671年）说渐江：“遁迹黄山中，与樵青牧竖为侣，坐卧其下，不计岁时。举凡山中阴晴之变化，陵壑之迁移，日月之亏蔽，与夫鸟鸣花语，水涨霜明，靡不贮其胸中，从其指腕脱出，即欲不神似，焉可得乎!”又有汤燕生在《古柯寒篆图》轴的跋中记：“渐公登峰之夜，值秋月圆明，山山可数。渐公坐文殊石上吹笛，江允凝（江注）倚歌和之，发音嘹亮，上彻云表。俯视下界千万山，皆如侧耳蹑足而听者。山中悄绝，惟莲花峰顶老猿亦作数声奇啸。至三更，衣辄益单，风露不可御，乃就院宿。”此时，他已不仅以黄山为依托，师法自然，“敢言天地是吾师”，而且已与黄山相契相融，神交肉感，人山一体。宛然一个高流静士，禅定自在，胸无纤尘，指点神画。

渐江不仅画黄山名闻天下，画松、梅也独续一灯，表现着自己的人格与孤傲。他的松树轮囷高奇，千态万状，极尽孤傲之气；他的梅花则枝瘦花少，极清寒奇崛之致，令人观之忘俗。与渐江同为新安画派的大画家查士标，便把渐江视为宋代逃禅老人以来第一画梅大家，认为连元代的王冕都逊他一筹。查士标题《弘仁梅竹双清图》云：“墨梅自逃禅老人后数百年，惟渐江和尚独续一灯，虽王元章犹逊其逸。此图如借画梅说法，横见侧出，无不吻合，解此可语禅。”

渐江在中国画史上的地位极高。周亮工《读画录》云：“喜仿云林，遂臻极境。江南人以有无定雅俗。如昔人之重云林然，咸谓得渐江足当云林。”张庚在《国朝画征录》中云：“余尝见渐师手迹，层峦陡壑，伟峻沉厚，非若世之疏林枯树自谓高大者比也。”石涛在《晓江风便图》跋云：“笔墨高秀，自云林之后罕传，渐公得之一变，后诸公学云林，而实是渐公一脉。”总之，渐江以遗民情绪为启动，以禅心淡定而终结，以黄山自然为依托，突破云林、自成一体，将“静美”“孤傲”发挥到极致，在清初画坛独树一帜，创造并扛起了新安画派的大旗。

黄宾虹 徽州歙县西乡谭渡村人。1865 年 1 月 27 日生于浙江金华城西南铁岭头，1955 年 3 月 25 日卒于浙江杭州市，享年 90 岁。谱名懋质，又名元吉。应科举考试后改名质，字朴存。中年更字宾虹，晚年署虹叟、黄山山中人等。

黄宾虹出生于商人世家，其祖父长年经商浙东，其父少时亦随从经商金华。他幼时经常由金华返回歙县，在歙县参加童子试，名列前茅。1886 年在歙县应岁考中，补廪贡生。随后到扬州任两淮盐运使署录事。公事之余，多与盐运使程恒生之子一起求学问画，切磋书画技艺。1888 年因其父经商失败，他便辞职随家人从金华迁回歙县。从此过上垦荒种

■ 黄宾虹

田，兴修水利，任教新安中学堂，观画临摹，捉刀刻印，关心时事，反对封建统治的日子。1907年因被人告密为“革命党人”而受通缉，他闻讯后跑到上海，从此结束了近20年的乡居生活，开始了在上海30年的书画习作研习和编辑著述时期，曾任上海商务印书馆美术部主任。黄宾虹在上海30年，从未举办过个人画展，也很少出版个人画册。他每观古画，必勾勒其轮廓，用心揣摩笔墨技法，每年所积画稿“已不止三担”。他之所以如此低调，是因为有独到的见解：“一是自信未能，二是志存传古，三是不欲耗人资财作无谓之事。”他曾说：“不以展览欺愚蒙众，不以高值骇吓富豪。”他以自己对绘画事业的进取之志、谦虚之心，一步一个脚印地向着自己艺术的巅峰攀登。在此，他没有功利之心，也不欲高值吓人，只是涵泳在浓郁的传统书画艺术之中，尽情地畅泳、欣赏、临摹、创作。他曾言：“我在上海当编辑，每天起早到办公室作画，快上班时就收进抽屉里，有人和我同事10年，都不知道我是搞艺术的。”由此可见先生的沉稳静心、用功苦心，这与今天的浮躁和功利相比真有天壤之别。

1937年宾虹到北京故宫看藏画，不料遭逢“七七”事变，从此滞留北平，一住10年，开始了他潜居北平10年的学研习画时期。这一时期他一面闲居整理“歙故”，即在歙州的遗闻典故；一面专注于南北古印的研究；一面在绘画上求变，从习元人山水到研宋人之法，即由“白宾虹”变为“墨宾虹”，乃至于有时人讥其为“黑墨一团的穷山水”。

1948年夏，杭州国立艺术专科学校聘他为教授，83岁高龄的黄宾虹又飞抵杭州，寓居栖霞岭19号，从此在这里度过他的晚年岁月。新中国成立后，他曾当选为中国美协理事、中央美院民族美术研究所所长。列席1951年冬在北京召开的中国人民政治协商会议，向毛泽东主席提出整理旧文化之事。1955 年 1 月又当选为中国人民政治协商会议第二届全国委员会委员。

黄宾虹绘画的艺术轨迹，一般分为三个阶段。20—50 岁，是其师法传统的时期。他受新安画派的影响，学贯南北宗，借鉴东西中，是个“杂食主义者”。他具古以化，借古开今，提出一条师法传统的路径：“先摹元画，以其用笔用墨佳；次摹明画，以其结构平稳，不易入邪；再摹唐画，使学能追古；最后临摹宋画，以其法备变化多。”在中西绘画研究上，他认为西方写实主义画风只是处于“技”的阶段，而中国的水墨已是近乎“道”，在更高一层的情境上。“艺以道归”，精神重于物质。

50—70 岁，是其师法造化的时期。他秉“师古人不若师造化”“道法自然”之旨。在走出黄山之后，又遍游吴浙湖山、巴山蜀水、桂林阳朔，对自然的昼夜朝夕、风雨晴晦、季节气候与岩石林木进行细致的体察，又有了深切的感悟。他曾言“我从何处得粉本？雨淋墙头月移壁”“入蜀方知画意浓”“山水我所有”“山情即我情，山性即我性”“心占天地，得其寰中”，诚然如幼时学画时，其父诏之“儿知王勃腹稿乎？”已胸有成竹，山水世界了然于胸。泼墨之前，山水变化皆由胸间纳于腕底，流向指端，放笔为之，画于纸上，咫尺万壑，松梅台阁，虚实自然，何不壮观。

70 岁以后为自我创造、变法求变时期。此时适逢抗日战争爆发，他蛰居北京，受条件所限不能出游，又怀着深深的亡国恨，故“躲进小楼成一统”，钻研宋画，治古印文，整理旧画稿，收集歙遗闻。变法图变，由学元人画到崇北宋画，慢慢由白宾虹变为黑宾虹，画风由新安画派简约清淡脱出，转而为“黑、密、厚、重”，又一次领时代风气之先，开一代新安画派新风，更上一层楼。他曾在题《雨景写意》中云：“画宗北宋，深厚华滋，不蹈浮薄之习，斯为正轨……”在题《翠峰溪桥图》中云：“笔苍墨润，浑厚华滋，是董、巨之正传，为学者之矩镬”；题《山水》云：“元季倪、黄，俱从董北苑、巨然筑基，故能深厚华滋。”几乎是言必称“北宋”画法了。

宾虹初学画时，谨遵“当如作字法，笔笔分明，方不致为画匠也。”又得作画“实处易，虚处难”六字心诀，常常实处运虚，虚中运实，知白守黑，独运机杼。他曾喻虚实如下棋，曰：“作画如下棋，需善于作活眼，活眼多，棋即取胜。所谓活眼，即画之虚也。”他在留白上十分讲究，使白在气脉上与黑连贯，光影互照，以白作眼照亮黑，以黑、密、厚、重自成体。他所运用的“积墨点染”之法，表现出来的“轻云拂月”的韵味，已是对中国墨法最独特的贡献。

■ 黄宾虹山水画

当今经常有大批艺术系、书画院的学生在徽州古村落、黄山写生绘画。黄山之岩石光洁无瑕，松木之浓郁苍翠，古民居之粉墙黛瓦，黑白相间，光影变化，正适宜于中国绘画！中国书画用白净的宣纸、黝黑的墨汁，写生黑白相间的徽州山水和建筑，是正相适宜的，由此也更适宜先生教之、学生画之并感悟黑白于纸上。若是在风清明月夜，光移影动，那就更能激发画家神思，创作佳品了。

徽商与“扬州八怪”

扬州八怪画派的兴起与徽商有很大的关系，正是在扬州经商致富的徽州盐商、茶商、典当商等各类商人对字画的需求，对画家的馆养，自家广博的收藏，培植和支撑了扬州画坛的繁荣。扬州又地处京杭大运河与长江的交汇处，是南北东西物流的集散地、人文的会际处。“烟花三月下扬州”，扬州是人人向往的地方。

扬州八怪是清朝康、雍、乾时期活跃于扬州的一个文学艺术派别。其成员先后不定，历来说法不一，主要有郑燮、金农、高风翰、汪士慎、李鱓、黄慎、边寿民、华岩、陈撰、高翔、李葂、罗聘、李方膺、闵贞、扬法等 15 人。其中汪士慎、罗聘就是歙县人。汪士慎以画梅著称于世，罗聘的《鬼趣图》则十分有名。他们在书、画、诗、词、曲、文、联、印等八个艺术门类中标新立异，另辟蹊径，建树多多，影响深远。他们在绘画题材上多以花鸟竹石为主，在师法传承上重自然少束缚，在笔法取意上追求神似，泼墨写意。他们常常熔八艺于一炉，浑然天成，令人叫绝。如江树峰先生赠李亚如先生诗云：“扬州八怪有遗珠，诗画书章融一炉。善学前人题绝唱，任情挥洒出新图。”江树峰先生的《水调歌头·扬州八怪纪念馆》云：“何谓文人画？绘事重抒情。‘八怪’扬州崛起，画史永留名。衙斋闲闻萧竹，狮猫爱鱼灭鼠，半榻乱书横。凉叶飘香处，鸡唱唤人心。舆隶凶，如马踢，不堪行。琢磨怀素玩砚，东坡对菊琴。三祝、西方旧寺，画马酸嘶悲愤，古拙出凡尘。弹指阁图在，傲骨石涛钦。”

扬州是徽州商人主宰的城市，处处流动着金钱。扬州人喜欢张挂字画，盐商对字画的需求量很大。有谚云：“堂前无字画，不是旧人家。”扬州八怪在扬州无一没有受过徽商在经济上的接济与资助，徽商的丰富收藏为他们学艺赏画、吟诗填词提供了文化营养。徽商的大把银子及对字画的爱好为他们提供了广阔的市场。据说扬州八怪均与盐商马氏兄弟有来往，无一没到过“小玲珑山馆”。扬州八怪以卖画为生。一般画匠一幅画作，可卖数分或数钱银子，而扬州八怪的画如郑燮者则可高达五六两，相当于一亩良田的价格。据郑燮回顾，乾隆十二年（1747 年）前后，他等以笔租墨税，可岁获千金，小亦数百金。扬州八怪们的画价，在当时的润格也是明码张榜公布的，也学商人讨价还价，公开谈利。如郑板桥曾公开声明拒绝赊欠，并曰：“任渠话旧论交接，只当秋风过耳边。”再如，在扬州的陕西商人员获亭向华岩要一幅画，给华六两银子，华岩嫌少，即写信讨价：“蒙赐，谢谢！但知己良友本不当较论。六数，弟仅得本耳，非敢赚先生之利也。今九申，即九色唉！希大方概全其数，则叨惠殊深。”

关于郑板桥，人们都知他崖岸自高，桀骜不驯，难得糊涂，创造出六分半之书体。曾任山东潍县知县，画有《墨竹图》，题诗“衙斋卧听萧萧竹，疑是民间疾苦声。些小吾曹州县吏，一枝一叶总关情”。岂不知，他初进扬州时亦说：“尽把黄金通显要，惟余白眼到清贫。”又说：“我江湖落拓数十年，惟程三子封奉千金为寿，一洗穷愁。”程三子者徽商程羽宸也，他慧眼识板桥，知他是艺术市场上的巨大潜力股，救济于他未成

■ 郑板桥竹石图

名之前，使板桥更潜心于书画诗文，提升了艺术水准。据说郑板桥在扬州还以五百金（银两）纳小妾饶五娘，钱也是程羽宸出的。饶氏比板桥小26岁，时年芳龄十七，后追随板桥一生，在板桥的很多诗画中常有五娘的身影。

在论述继承与发扬传统上，郑燮亦云："若复依样画葫芦，才子俱归恶道。"学古人要学精神实质，他曾举一个生动例子讲："鲁男子云：'惟柳下惠则可，我则不可；将以我不可，学柳下惠之可。'余于石公亦云。"这里讲了两个历史故事，一是柳下惠坐怀不乱；另一是春秋时，鲁国男子独居于室，暴风雨之夜有寡妇来敲门，他紧闭不开，寡妇说不必拘谨，可学柳下惠，鲁男子认为在这样的环境下，他不开门才是学柳下惠。因为自己还没有柳下惠坐怀不乱的定力。只有先拒之门外，方能做到不见不乱，保持净身。这就是学其精神实质。"石公"者谁也？徽州大盐商汪石公也！其太太曾与江春一起接驾乾隆皇帝巡视扬州，可见扬州八怪与徽州商人的交情关系。他们真可谓是上交天子康、雍、乾、嘉，中接权贵、王公大臣、各级官吏，下与商人士子、妓女相交，谋生度日，娱乐人生，从而诗画传天下，影响震古今。

（三）徽商与新安医学

在徽商的资助、推动下，新安医学得到了迅猛发展，取得了辉煌成就，对我国中医事业的发展做出了巨大贡献。明中叶以后，徽州商帮形成，徽商遍及大江南北，徽州医学者也大量迁徙，走出徽州大山或拜师学医，或客寓经商地从事、经营医疗活动，或传播医学，或贩售徽州产的中药材。他们在悬壶济世的同时，问师会友以博采众长，交友结社以切磋医道，课徒授业以传播医术，大大提高了医术水平。他们或游走于公卿间，或供职御医，或融入迁徙地的主流社会，也大大提高了新安医学的影响。

医者，意也；意者，理也；理者，儒也。儒需学也。新安医学受程朱理学“格物致知”和江、戴朴学考据经典的影响，援儒学（理学、朴学）、佛学、道家学说及《周易》、河图洛书、运气吐纳、阴阳五行、天人感应等学说入医。如新安名医孙一奎就曾说：“不读《易》，不足为太医。”故有“易医同源”“儒医”之说。历来从医者，多受儒家思想影响，如“不为良相，则为良医”“为人子者，不可不知医”“治病委之庸医，比之不慈不孝也”。新安医家众、名医多，多是举儒业不第转而学医者，多是父母多病、自己有病转而学医者。据有关人士统计，新安医家由士儒转而学医者占到70%，另30%虽由祖传家授，也都是有文化之人，无不发愤读书。正如休宁人金声在为程衍道重校复刊《外台秘要·序》中所言：“如欲知医，必好学。读书而不能医者有之，决未有不读书而能医者。是道也，非苦心十年不可得。”也有俗语曰：“秀才学医，笼中捉鸡。”

医者，仁术。新安医家从小受儒家礼义教育，“学而仁则医”。崇尚医德，务实求真，把救人活命、崇尚仁义、仁者爱人作为自己的行为准则。明代祁门名医、太医院吏目徐春圃，对从医者的职业道德修养提出明确规范。他说：“医乃仁道，活人为心，奚可较利？贫者尤当尽力施剂而疾救其苦。”明隆庆二年（1568年），他在北京组织成立的“一体堂宅仁医会”，是我国历史上第一个民间医学学术团体。新安医家在治病救人，防治瘟疫流行上多有壮举义行。

■ 名医徐春圃

新安名医大家众多。据统计，明清两朝，新安府出名医744人。其中著书立说者374人，著书种类676种；新安医官有52人之多，有御医首领、太医、太医院使、太医院佐、御医吏目等。

新安医学教育多为家族链、源师承。家族者以祖传父、父传子、子传孙，耳提面命，口授手传，以医谋生。如休宁黄氏自宋祥符年间御赐“医学博士”，世代相传，至元、明、清，不绝于后。另如张氏、余氏、吴氏、程氏、汪氏医学，都是历传几代、十几代、几十代不绝，后继有人，一脉相传，间出名医大家。学医拜师者一般为3年，多者达10年。第一年打基础，背汤头歌诀，熟悉本草。第二年跟先生临床抄方、见习、办治。第三年试诊，即相当于现在的实习，等等。

新安医学的诊治特色：一是诊断重脉诊。明新安名医程玠、程琎二兄弟中的程玠说：“治病之要，不过切脉、辨证、处治三者而已。三者之中，又以切脉为先，尚切脉有差，而临症施治未免有实实虚虚之患。”吴正伦在其《脉症治方》中说：“治病，必以脉为先，脉不明则无由识症，而阴阳寒热也无从辨。”汪机在《矫世惑脉论》中指出：“亦有病脉不相应者，变出百端，而难一一尽凭于脉……望、闻、问、切，医之不可缺也。”以今天的行医方式和观点看，就是重检查、化验、诊断，先弄清是什么病，找准病症，再开药方。

二是审症重求因。“医贵识病真耳”，医家只有审慎求因，诊断明确，施治得当，方能见效。新安医学重视病因、病机、病理。如程茂先曰：“按病机之虚实，察药性之寒温，穷人事之穷通，审风土之南北。因有内外，感有岁时，或六气之遭逢，七情之乖戾，诊其内而知其外，观其外而明其内。自非凝神用志，以意消详者，未易得其情也。”清歙县郑重光在其《素圃医案》中也曰：“（余行医）凡三十年，每当临症施治，辄不敢谬执成见，而必消息详审，察气血之所偏，穷病因之所极，与其情之所欲得。”

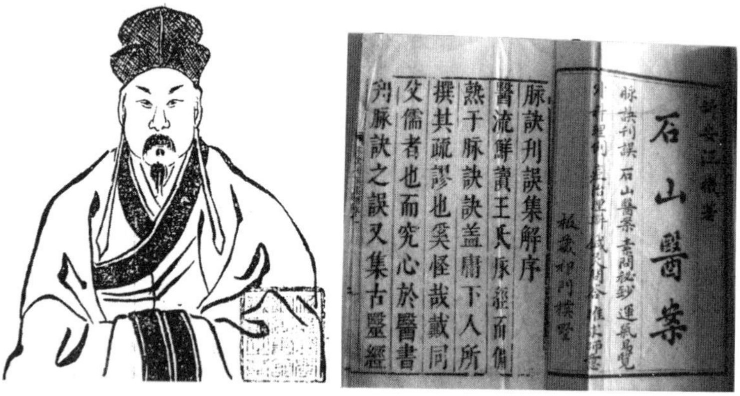

■ 汪机及《石山医案》书影

三是温补培元气。新安医学崇尚“中庸”，重视阴阳，着眼在肾。他们继承丹溪“阳有余，阴不足论”，临床上主张温补以培元气。汪机著有《病用参芪论》，有“营卫气论之说”，书中曰：“天气属阳，血属阴。阳卫于外，阴守于内，阳动阴静，动多则发泄而外虚，静多则神藏而内固，外虚者邪易入，内固者疾难攻，故曰邪气乘虚而入。”孙一奎提出“原气命门说”，他根据“理一分殊”的理论，把朱熹“人人有一太极，坐实为两肾之间”的命门说发扬光大，在《医旨绪余·命门图说》中曰：“夫二五之精，妙合而凝，男女未判，而先生二肾，如豆子果实出土时两瓣分开，而中间所生之根蒂，内含一点真气，以为生生不息之机，命曰动气又曰原气。禀于有生之初，从无而有。此原气者，即太极之本体也。名动气者，盖动则生，亦阳之动也，此太极之所以行也。两肾，静物也，静则化，亦阴之静也。此太极之本所以立也。动静之间，阳变阴合，而生水、火、木、金、土也，其斯命门之谓欤。”“命门乃两肾中间动气，非水非火，乃造化之枢纽，阴阳之根蒂，即先天之太极。”孙一奎奠定了温补培元派的基础，在临床上十分重视对原气的温补培护。当然，新安医家也不是一味偏补，而是如吴楚所言“为知用，为当用，为能用，为善用也”。

四是用药倡轻灵。唐宋以来，临床医家中有经方、时方之分。新安医家受固本培元思想的影响，用药倡轻灵，时方以药味少和用药剂量轻为特点。他们着眼在脾胃，认为脾胃乃后天之本。徐春圃说：“人之有生，以脾胃为主，脾胃健盛，恒无病。苟有六气七情少加侵籍（袭），则亦不药而愈，自矣。脾胃虚者，谷气少资，元气浸弱，稍有微劳，则不能胜而病矣。至于六气七情，少有所伤，则病甚而危矣。医不察其虚，顿加攻击之药，鲜有不伤正命而殒生也。”故新安医家临症治疗，选方用药，均以不克伐脾胃为原则，用药开方以轻淡、灵巧为特点，常有四两拨千斤之功效。过辛热则伤脾胃之液，过苦寒则伤脾胃之气，造成脾胃虚弱，对身体和治疗都很不利。

新安医家十分重视医案、医著的搜集整理，错简重订，著书立说，刻印刊行。据有关史料考证、统计，自宋代至新中国成立前，徽州卓然成医家者 819 人，其中 420 人撰写、编辑医籍约 729 种。南宋张杲的《医说》记载了宋以前的名医 116 人的医学传记、针灸验方，是我国最早的医史传记。明代歙县人吴昆的《医方考》，“考其方药，考其见症，考其名义，考其事迹，考其变通，考其得失，考其古方之所以然”，是我国第一部注释方剂的重要著作，对后世影响颇大；明代歙县名医江瓘的《名医类案》载案例 2405 则，收录可考医家 141 人，医案包括内、外、妇、儿、五官等科，是我国第一部研究医案的专著，于明万历十九年（1591 年）刊行问世。此二书一经问世，即东传日本、朝鲜，多次刊印。清代郑宏钢（字纪元，号梅涧山人）的《重楼玉钥》，以道家《黄庭经》

■ 郑梅涧及《重楼玉钥》书影

谓“咽喉为十二重楼”之语而命名，是我国最早的喉科专著，其后裔多工此科。明代歙县灵山人方有执的《伤寒论条辩》，力求恢复汉代张仲景所撰《伤寒杂病论》的原貌。他“心仲景之心，志仲景之志，以求合于仲景之道”，潜心20余年，重新错简修编了张仲景的《伤寒杂病论》，加强了原书的系统性、条理性，突出了重点，使学者易于掌握，开辟了《伤寒杂病论》研究之先河，被世人称为“错简重订派”的鼻祖。清代歙县名医吴澄在乾隆四年（1739年）所著的《不居集》，首论脾阴，充实了脾胃学说。清休宁名医汪昂的《本草备要》《医方集解》《汤头歌诀》等常受到医家钟情，一印再印，常作为中医的入门教材。清歙县人程国彭积30年从医所得，融会《内经》《难经》及历代名医精华编写而成《医学心悟》，内容丰富，切于实用，是一部理论联系临床实际的中医启蒙著作，也同汪昂所著医籍一样，多次再版，风行神州。再如明代祁门名医徐春圃著《古今医统大全》、清代吴谦主编《医宗金鉴》、清代歙县人程文囿（字杏轩）积40年之久辑成《医述》16卷（于1833年刊刻）。此三种全书被医坛誉为“医宗之孔孟，方书之六经”，皆被列入全国十大医学全书之中。

新安医学发达，与新安有丰富的药材资源紧密关联。徽州地处亚热带北缘，境内山清水秀，气候温和，雨量充沛，地形复杂，其自然条件适宜多种药材的生长繁殖。其所产菊花、前胡、歙术（白术）、祁蛇、山茱萸、杜仲、厚朴、辛夷、茯苓，材质地道，多为贡品。据道光三年（1823年）《休宁县志·食货》记，休宁县产药材有60余种。同治十二年（1873年）《祁门县志》记，祁门产药材有160余种。再据1986年徽州地区药物普查，共有动物、植物、矿物药1403种，其中植物药231科1263种、动物药12科129种、矿物药6种、其他5种。据估算，徽州动植物药材产量蕴藏达4万吨，可开秤收购的200多个品种就有1000吨，蕴藏量和可开发潜力极大。

药材、药品本身又是商品。徽商中不但有一批人跻身药业经营，有的本身就精岐黄、懂医术，是杏林高手。明清时期，芜湖、苏州、扬州、杭州、景德镇的许多药店，就多是徽商所开办经营。他们多数采用前店后坊的形式，前店做门市生意，零售成药和配方；后坊加工饮片，修合丸散膏丹，兼营批发供货。

在药品的经营上，最能见商人义利观、真诚心。如北京同仁堂药店门口对联："炮制虽繁必不敢省人工，品味虽贵必不敢减物力"，还有"修合虽无人见，存心自有天知"等对联。晚清绩溪县"红顶商人"胡雪岩，于同治十三年（1874年）创办胡庆余堂药店，以"采办务真，修制务精"为办店宗旨，在店堂内外挂有两块牌子：对外挂"真不二价"匾，表示货真价实，童叟无欺；对内立下"戒欺"二字作为座右铭，并在旁边写有跋云："凡百贸易均着不得欺字。药业关系性命，尤为万不可欺。余存心济世，誓不以劣品弋取厚利。惟愿诸君心余之心，采办务真，修制务精，不致欺余以欺世人。是则造福冥冥，谓诸君之善为余谋也可，谓诸君之善自为谋也可。"由于胡雪岩如此严格管理，严格要求，尊古炮制，虔诚修合，货真价实，不欺世人，乃使得"胡庆余堂"这块金字招牌，不因胡氏的倒闭而倒败，至今仍金光灿灿，屹立在杭州吴山脚下和全国各地。由此亦可见徽商对新安医学、医药的推动和发展。

（四）徽商与刻书

徽州刻书始于南宋，兴于明清，在我国雕版印刷史上占有重要的地位，是中国古代出版史上最为辉煌的一页，并形成明清时期刻书业中的一大主流派别，世称"徽派刻书"。明清徽州官方和私人刻书齐头并进，各类刻书人物根据不完全统计超过2000人，在当时有"时人有刻，必求歙工"的美誉。

刻书是一项需要大量资金的行业，尤其是一部大书，需要雇用大批刻工，加上印刷、装帧，花费很多；同时刻书又是一项赢利、扬名、比较文雅的行业。徽商喜读书、爱藏书、好著书以及对纂修谱牒的重视，造成了强大的市场需求，再加上徽商有雄厚的财力，这就有力地推动了徽州刻书业的发展。徽商"贾而好儒"，不仅自己喜读书，而且还竭力培养子弟读书，形成了浓郁的读书风气。这么多人读书，自然造成了一种强烈的对各种书籍的需求。徽商喜读书，必然爱藏书，不少人以藏书为乐。由于他们酷爱书籍，又有经济能力，所以藏书家大多或是徽商，或是徽商的亲属。不少徽商文化素养较高，喜著书。徽州又是个宗族观念极强的地区，徽商致富后修建祠堂，纂修宗谱，谱牒的大规模修纂印行

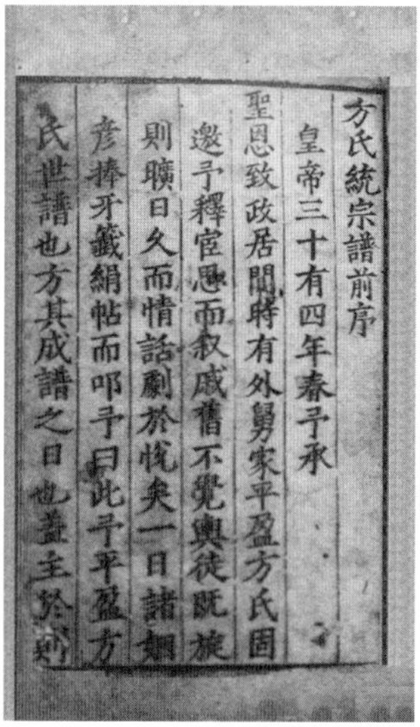
方氏統宗譜前序
皇帝三十有四年春予承
聖恩致政居閒時有外舅冢宰平盈方氏固
邀予釋宦愚而叙戚舊不覺輿徒既旋
則曠日久而情話劇於悵矣一日諸姻
彥捧牙籤緗帖而叩予曰此予平盈方
氏世譜也方其成譜之日世善主於

■《方氏统宗谱》书影

也为刻书提供了广阔的市场。徽州世风向文，写书刻书传之后世成为徽人尊祖炫世的追求目标；著述宏富，为刻书业创造了丰富的稿源；注重收藏，尤其收藏书画簿籍，为刊刻整理古籍提供了大量精善版本。优越的人文、自然环境和雄厚的商业资本基础，促进了徽州刻书的繁荣与发展。

家刻中的重点人物毕沅（1730—1797年），祖籍徽州休宁县人，不仅是一位有作为的政治家，而且是著名的编辑出版家。他读书善于比勘，他认为前人诸种《资治通鉴》续作都或多或少存在不尽如人意处，因此决心编纂《续资治通鉴》。他延请著名学者参与这项编辑工程，从乾隆中期到末年，历经20多个寒暑纂成《续资治通鉴》220卷，并于嘉庆二年（1797年）以德裕堂号自刊103卷。程晋芳（1718—1785年），歙县人，出身于两淮盐商世家，本人从事盐业成巨富，后中进士，任四库全书馆总目协勘官，是他将吴敬梓所撰《儒林外史》最初刊行于世。徽州刻书出书内容广泛。明中叶行世的著名小说《三国演义》《水浒传》等新安本几乎是紧步全国最初本的后尘，并以精美的插图取胜。《金瓶梅》在徽州有万历版、崇祯版，万历版是刊行最早的版本。今人徽州苟洞先生经过30余年的精心研究，认为《金瓶梅》作者是嘉靖间名士、与王士祯并称“南北两司马”的徽州籍文坛才子汪道昆。另外，如明末流行的曲本《西厢记》、汤显祖的《牡丹亭》在徽州也是一版再版。

（五）徽商与版画

徽派版画在中国美术史上独树一帜，明代万历年间有“刻图必求歙工，歙工首推黄氏”之说。歙县木刻图书是画家、刻工、印刷三者通力合作的产物，不少刻工本身就是画家。

据统计，从明代万历到清初的100多年时间里，仅歙县虬村黄姓以版画为业者就达100多人。虬村黄氏刻的画，线条遒劲流畅，形象逼真活泼，版面清雅简洁，刀法精细入微，代表了徽派木刻的独特风格。黄应泰刻的《帝鉴图说》，黄锅刻、丁云鹏绘的《养正图解》，黄应宠刻、蔡冲寰画的《图绘宗彝》，黄应瑞刻、黄应澄画的《状元图考》，黄应组刻、汪耕绘的《人镜阳秋》，黄伯符刻的《婆罗髓墨图》，黄应先刻的《元曲选》《琵琶记》，黄一楷与黄一彬刻、汪耕画的《北西厢》，黄应组刻、汪耕画的《坐隐棋谱》，黄一彬刻、张梦征绘的《青楼琐语》，黄一风刻的《顾曲斋元人杂剧》，黄建中刻、陈老莲画的《博古页子》《水浒页子》《九歌图》等，都是徽派木刻中的佳作。

出版家胡正言，字曰从，号十竹，徽州休宁人。初以行医致富，擅长金石篆刻诗词，编辑篆刻的画集《十竹斋书画谱》《十竹斋笺谱》在中国的绘画史、印刷史上有重要地位。我国杰出的藏书家、中国版画史家郑振铎曾充满感情地说过："余收集版画书二十年，于梦寐中所不能忘者唯彩色本程君房《墨苑》、胡曰从《十竹斋笺谱》及初印本《十竹斋画谱》等三伟著耳。"1934年中国古代版画研究的先驱鲁迅、郑振铎据通县王孝慈藏本，稍加整理即付北京荣宝斋翻刻，后又收入《中国版画史图录》。对明崇祯年间所刊《金瓶梅》的两百幅插图，郑振铎给以很高的评价："崇祯版的《金瓶梅》插图，以两百幅的版画，横恣深刻地表现出封建社会的现实生活。在那里，没有金戈铁马、名将对垒，没有神仙鬼怪的幻变，没有大臣名士的高会、遨游，有的只是平平常常的人民的日常生活，是土豪恶霸们的欺诈、压迫，是被害者们的忍气吞声，是无告的弱小人物的形象。实在可称为封建时代的现实主义的大杰作，正和《金瓶梅》那部大作品相匹配。"（《中国古代版画丛书总序》）两百幅插图中，只有二十几幅有署名，而署名的黄建中（子立）、刘应组、刘启先、黄汝耀、洪国良等人，都是徽派名工。

刻书是版画形成的基础，徽商中许多人博学好古，识版本、精鉴赏、博览群书，尤喜收藏，对保护和传播文化有一定贡献。特别是墨商、书商，直接影响到版画事业。盐商出其余资，附会风雅，子弟受其熏陶，成为文人学者，对版画事业也不无影响。汪廷讷以盐业致富，曾入仕，官至盐运使。退隐后著书刻书，尤喜戏曲，有杂剧六种等书行世，并延请故乡画家刻工刻插图，为徽派版画做出了重大贡献。书商吴勉学的师古斋，“搜古今典籍，并为梓之”，校刻经史子集数百种，又广刻医书，刻书之多，竟花去10万两巨资。吴琯的西爽堂印《古今逸史》等也投入巨资。歙县鲍氏耕读书堂、岩镇汪济川的主一斋、新都吴氏的树滋堂、吴养春的泊如斋、汪道昆的大雅堂，以及程荣、汪士贤等都刻了很多书，并均配精美插图。墨商程君房后人印《程氏墨苑》，方于鲁印《方氏墨谱》、方瑞生的《方瑞生墨海》，皆不惜工本，重资聘请书画家、刻工高手，精刻的墨模墨谱为世人称赞。《红楼梦》早期刻本主刻人为徽州程伟元，其乾隆五十六年（1791年）活字印本称“程甲本”，乾隆五十七年（1792年）印本称“程乙本”。程擅长绘事，插图可能是出自他的手笔并自刻。

徽派篆刻兴盛于明清，著名代表人有何震、黄仕陵等。何震深究古籀，精研六书，孜孜于书篆治印。力主以六书为准则，摒弃当时金石界出现的庸俗怪异和杜撰擅改的陋习，独树一帜，实现书法与刀法的统一。篆刻作品纯朴清新，遒劲苍润，素以流利、典雅、古朴而闻名。黄仕陵章法自然，运刀挺拔，在皖、浙两派外，自成一家，人称“黟山派”。据冯承辉编纂的《印识》记，仅有明一代，全国有篆刻家190余人，其中仅徽州的歙县、休宁两地就占35人。清代更多。

（六）徽商与京剧

1. 徽商与徽班

徽商蓄养徽班，促推了戏曲的传播与发展。徽班是戏曲班社，类似于今天的剧团。清朝年间的徽班是徽州商人在扬州蓄养资助的戏曲演出家庭戏班。而其演员和声腔则不限于徽州，主要是安庆怀宁一带的艺人及安庆花部和昆腔，时称“安庆色艺”。此时“徽班”的“徽”字，应有皖、徽的意思。因为安徽已在康熙年间从江南省划出，并从安庆、徽州两府各取首字而单独设立安徽省了，省会就设在安庆。清朝乾隆五十五年（1790年），为了给乾隆皇帝庆祝八十大寿，征调徽班“三庆”班入京演出。随后又有四庆、五庆、重庆、四喜、和春、春台、三和、三多等徽班相继进京献艺，并长期留驻北京演出。在演出过程中又逐步整合成三庆、四喜、和春、春台四大徽班，后世统称“四大徽班进京”。四大徽班在北京演出期间，以昆腔和徽腔的二黄、湖北汉调的西皮为基础，不断吸收山西梆子、秦腔、京腔等地方戏曲的剧目、声腔、曲调和演出方法，从而演变和创造了一个新的剧种——京剧。在中国戏剧史上，公认京剧是从徽班进京后开始生成的。徽班进京开创了中国戏剧史的新纪元。而徽班是徽商的银子和雅好垒成的。

徽商蓄养家庭戏班，早在明朝中叶就开始了。他们在获得巨额商业利润以后，受自矜自夸心理的支配，生活上也追求享受，变得奢侈起来。汪道昆在《太函集》卷二记：“入则击钟，出则连骑，暇则招客高会，侍越女，拥吴姬，四坐尽欢，夜以继日，世所谓芬华盛丽非不足也。”晚明作家归有光亦记载道：“天下都会所在，连屋列肆，乘坚策肥，被绮縠，拥赵女，鸣琴跕屣，多新安人也。”（归有光：《震川先生集》卷一三《白庵程翁八十寿序》）明代徽州家庭戏班史书记载有吴徽州班、吴越石家班、汪季玄家班等，并有名望甚重的戏曲理论家如潘之恒的戏曲表演理论、程巨源对《西厢记》的推崇和评论等。

徽商蓄养徽班为戏曲发展做出新的贡献主要是在清朝康熙、乾隆年间。康熙、乾隆两个皇帝都曾经6次南巡，合计12次下江南。清朝皇帝从顺治开始就喜欢听戏、看戏。皇帝南巡，喜欢戏曲，正是商人邀宠献媚，取悦龙颜，借以巩固自己的政治地位，进而获取更大经济利益的最好机会。在没有互联网，没有电视、广播，没有电灯、电话，没有卡拉OK等现代娱乐方式之前，悠悠日月，漫漫长夜，人们如何打发时光、如何满足精神生活的需求？对于中华民族来说，欣赏戏曲歌舞，甚至自己出演、“票友”一番，则不仅仅是皇帝、商人、士大夫的喜爱，也是市井俚民、城乡社会共同的需求。加之戏曲更有教人劝善、惩恶除奸的社会功能，寓教于乐，自然深受上至皇帝王爷、下至市井俚民的喜爱与追捧了。

徽商蓄养家班、扶植徽班，是不惜花银子、舍得下功夫的。他们对戏曲艺术的贡献也是多方面的。以担任扬州盐商商总40年的江春为例，他多次领衔参与接驾乾隆皇帝，自己蓄养组建了德音班和春台班两个戏班子，尤其重视对花部春台班的投入和扶植，不惜重金延揽名优。他给四川名优魏长生的报酬达一戏千金。李斗在《扬州画舫录》记：“魏长生年四十来投郡城江鹤亭，演戏一出，赠以千金。”在戏具方面，他也舍得投入，“聚众美而大备”，年开销不下 3 万两银子。演员的行头、舞台的美术布景道具，动辄万金。江春作为一个“贾而好儒”的大盐商，与号称乾隆年间的“三大家”文人袁枚、赵翼、蒋士铨交谊很深。江春建议戏曲家蒋士铨将白居易的《琵琶行》故事改为《四弦秋》杂剧，蒋士铨改编时就住在江春家里的秋声馆。刊刻时江春不仅为之撰写了序言，还附刻了咏剧诗。该剧编成后，江春“亟付家伶，使登场按拍，延客共赏”。袁枚观赏演出后，写了《扬州秋声馆即事寄江鹤亭方伯兼简汪献西》，诗曰：“梨园人唤大排当，流管清丝韵最长。刚试翰林新制曲，依希商女唱浔阳。”另据 20 世纪 80 年代在上海图书馆发现的《乾隆三十九年春台班戏目》手抄本所记，其正文收有戏目 743 种，附有道光年间艺人抄录的春台班著名演员余三胜等人所演出的剧目 237 种。

2. 徽班与花部雅部

徽班从扬州走出进京，一是因为当时北京和扬州是北方和南方两大戏曲中心。扬州处于长江与京杭大运河的交汇处，是我国当时南北漕运、黄金水道的十字路口、重要码头。它交通便利，漕运频繁，商业发达，盐商集中，聚集了众多地方戏曲和天下名优。金埴《不下带编》卷七有诗曰：“从来名彦赏名优，欲访梨园第一流。拾翠几群从茂苑，千金一唱在扬州。”茂苑是指苏州，意为从苏州来的演员一到扬州就唱红。乾隆时的才子李斗在《扬州画舫录》里记载：“两淮盐务例蓄花雅两部，以备大戏。雅部即昆山腔，花部为京腔、秦腔、弋阳腔、梆子腔、罗罗腔、二黄调，统谓之乱弹。昆腔之胜，始于商人徐尚志，征苏州名优为老徐班，而黄元德、张大安、汪启源、程谦德各有班。洪充实为大洪班，江广达为德音班，复征花部为春台班。”这里所列黄、汪、程、洪、江皆为徽州大姓。在徽州商人所蓄养的戏班中，江春一人就有两个戏班：德音班和春台班。

雅部意为高雅、文雅的戏曲，专指昆腔、昆曲、昆剧，发源于昆山、苏州、南京一带。“其调用水磨，拍捱冷板，声则平上去之婉协，字则头腹尾音之毕匀，功深熔琢，气无烟火，启口轻圆，收音纯细。”（沈宠绥：《度曲须知》）扬州城内就有一条街叫苏唱街，当时的梨园总局就设在这条街上的老郎堂，想当初满街都是袅袅娜娜的红莺翠柳、吴侬软语，昆腔昆调了。

花部的京腔来自北京，秦腔来自陕西，弋阳腔来自江西，梆子腔来自山西，罗罗腔来自湖北，二黄调来自安庆，故为花部或乱弹。乱弹在明清之际还是属于鄙陋、俚俗的东西，在封建士大夫的眼中还不屑一顾，但到了清代中叶，已受到人们喜爱。有董伟业的《扬州竹枝词》云：“小老妈怀抱小官，小朝奉大小爷欢。扬州时道当群小，戏子灯笼小乱弹!”董氏诗中的“小”字，是在雍、乾年间，扬州时尚把可爱的人和事都加上“小”字来比拟。又有林苏门的《续扬州竹枝词》云：“乱弹谁道不邀名，‘四喜’齐称步‘太平’。每到彩舫宾客满，石牌串法杂秦声。”太平指太平班，唱昆山腔，是讲四喜班唱昆腔也不亚于太平班。石牌腔又为枞阳腔，俗名吹腔，即为安庆的二黄调，时称徽调。二黄调起源于湖北的黄冈、黄陂。王梦生在《梨园佳话》中说：“徽调者，皮黄是也。皮为黄陂，黄为黄冈，皆鄂地名。此调创兴于此，亦曰汉调，介二黄之间，故曰二黄。”二黄与安庆接壤，实为安庆人唱出来的。

花部的大戏深得乾隆皇帝的喜爱，弘历嗜好戏曲，且喜欢“新声”，“南巡时须演新剧”，其“宫中有花部大戏，弘历唱过花部声腔”。而在他八十大寿时，又征调三庆班入京献艺，这再次表明他深喜花部。因此，亦可说弘历的喜欢花部促成了徽班进京，徽班进京产生了京剧，弘历对京剧的产生也是有大贡献的。

3. 徽班与京剧

四大徽班进京及特色。四大徽班进京，是指乾隆五十五年（1790年）后陆续进京演出的三庆班、春台班、四喜班、和春班。其中最早进京的是三庆班，是为庆贺乾隆皇帝八十大寿而于乾隆五十五年（1790年）进京的。据仲山的《随园诗话》补遗卷三批语说：“（乾隆）五十五年，举行万寿，浙江盐务承办皇会，先大人命带三庆班入京。自此继来者，又有四喜、启秀、霓翠、和春、春台等班。各班小旦不下百人，大半见诸士大夫歌咏。”此处“先大人”乃时任闽浙总督的伍拉纳，仲山乃其子也。三庆班是从扬州进京的，当时的名伶为安庆艺人高朗亭。李斗在《扬州画舫录》卷五中说：“高朗亭入京师，以安庆花部合京、秦两

■ 徽班演出

腔，名其班曰三庆。”可见三庆亦可理解为三腔，乱弹也。成书于道光二十二年（1842年）的《梦华琐簿》记载：“乾隆五十五年庚戌，高宗八旬万寿，入都祝釐时，称三庆徽，是为徽班鼻祖。”《梦华琐簿》对四大徽班又记云：

戏庄演剧必徽班。戏园之大者，如广德楼、广和楼、三庆园、庆乐园，亦必以徽班为主，下此则徽班小班、西班相杂适均矣。

春台、三庆、四喜、和春为“四大徽班”。其在茶园演剧，观者人出钱百九十二，曰座儿钱。惟嵩祝座儿钱与“四大徽班”等，堂会必演此五部。日费百余缗，缠头之彩不与焉。

四徽班各擅胜场。四喜曰“曲子”，先辈风流，饩羊尚存，不为淫哇，春牍应雅。世有周郎，能无三顾？古称清歌妙舞，又曰丝不如竹，竹不如肉，为其渐近自然。故至今堂会，终无以易之也。三庆曰“轴子”，每日撤帘以后，公中人各奏尔能，所演皆新排近事，连日连演，博人叫好，全在乎此。所谓巴人下里，举国和之，未能免俗，聊复尔尔，乐乐其所自生，亦乌可少。和春曰“把子”，每日亭午，必演《三国》《水浒》诸小说，名曰“中轴子”。工技击者，各出其技。佝偻丈人，承蜩弄丸，公孙大娘舞剑器浑脱，浏漓顿挫，发扬蹈厉，总干山立，亦何可一日无此？春台曰“孩子”，云里帝城如锦绣，万花谷春日迟迟，万紫千红，都非凡艳，而春台则诸郎之夭夭，少好咸萃焉。

由此记载不难看出，四大徽班各具特色，深受京城平民百姓和达官贵人的喜爱。无论堂会演出还是在戏园出演，北京城里一日不可或缺也。

京剧的形成。四大徽班进京后，在唱腔艺术上广泛吸收梆子、秦腔、汉调、京腔，融合五方之音，适应北京观众的审美趣味，形成了以西皮、二黄为主要腔调的京剧这一新的剧种。其时间大约是在道光二十年（1840 年）以后到咸丰年间。其演出剧目从演小戏到演大戏、全本戏、轴子戏，如三庆班的轴子。演员从旦角独占到以生角为主，如三庆班的程长庚，擅演老生。角色门类也扩大为老生、小生、老旦、小旦、武旦、花脸、丑角，可以说生旦净末丑已齐全。语言上也从地方语音向北方语音靠拢，力求遵守中州韵，让北方观众都听得懂，唱念吐字清晰易懂。语音的北京化是徽班向京剧嬗变的一个重要标志，从而使京剧带有浓郁的京腔京韵京味，进而形成了雅俗共赏的全国观众都能听懂接受的国剧——京剧。而徽班也完成了由我国地方戏曲向全国戏曲转变的伟大历史使命，开创了中国戏曲史的新纪元。

晋商与戏剧

庞利民

一、晋商与戏路

晋商对于戏剧的贡献也是颇为巨大的，在中央电视台2004年春节期间播出的特别节目——八集电视专题片《晋商》中，就有一集《余音绕梁》，专门介绍晋商对山西梆子及晋剧的传播所做的贡献。

俗话讲："商路即戏路。"这有两重意思，一是商人走到哪里，就会把家乡的戏带到哪里；哪里有山西商人，哪里就有山西梆子。综览现存明清以来遍布全国的山陕会馆、三晋会馆、全晋会馆，大都有关公庙，有戏台。如安徽亳州的花戏楼是山陕会馆，有关公庙、戏台。山东聊城的山陕会馆有关公庙、戏台，江泽民、胡锦涛、吴邦国、李鹏、李瑞环等党和国家领导人都去参观过。河南的社旗县曾是山西商人转运茶叶沿汉江支流唐河北上的重要码头，山西人从江南贩运来的茶叶，要在此重新打包，由此转水运为陆运，响起车马驼铃声。在社旗县修建的三晋会馆，气派宏伟，是直到今天还被社旗县人夸耀的古代建筑，它里面也有关公庙、大戏台。在黑龙江的牡丹江有个叫宁古塔的地方，已经是很偏远了，也有关帝庙，也建有戏台，山西梆子、晋剧也到那里去演。在现蒙古国和俄罗斯交接的恰克图，也有关帝庙、戏台、三晋会馆。可以说，当时大凡有山西商人行路驻脚、经商贸易的都市和商品集散贸易处，就建有会馆，会馆里必有关帝庙和戏台。故曰，商路即戏路，晋商走到哪里就把山西梆子、晋剧带到哪里。

商路即戏路的另一层意思，是讲舞台上所演的戏剧都有教化作用，都是教人做人的，教人讲诚信仁义的，讲伦理道德的。你要学经商吗?你就不妨去看戏，看看戏文里是怎么唱的，怎么说的，怎么教人处事处世，讲忠孝节义、礼义廉耻的。君不见，舞台上所演的三国戏、包公戏、水浒戏、爱情戏无一不是。《下河东》是讲唐代山西人薛仁贵的故事；《打金枝》是演绎唐明皇和郭子仪处理公主和驸马的故事；《金沙滩》是唱北宋杨家将的故事；《西厢记》是传颂发生在山西永济普救寺张生与莺莺的爱情故事；《玉堂春》则讲述了京华名妓苏三落难洪洞，洪洞县衙贪赃枉法，迫害污蔑苏三的故事。那“苏三离了洪洞县”“洪洞县里没好人”的唱词，至今唱得洪洞县人还耿耿于怀：世上哪里都有好人、坏人，不仅是我洪洞县呀！山西商人正是由于看到了戏剧的这一教化和熏陶作用，所以在森严的号规外，独独对大家看戏不加禁止，网开一面，甚至自己请来戏班演唱，自己蓄养戏班排戏。这就是商路即戏路的意思。

另外，戏剧的另一个功能就是消遣，打发时光，满足人们的精神娱乐需求，甚至感官需求。商人常年在外经商，日子是十分难熬的。他们经商闲余，汇集在自己的会馆里，唱唱乡戏、听听乡音、叙叙乡情，喝点汾酒、老陈醋，吃点山西面食，什么猫耳朵、莜面栲栳栳，无聊寂寞的时光就打发了，日子就日复一日、年复一年地过来了。

晋商对戏剧的贡献，也在于他们对戏班、演员、戏具的投入和培养上。清朝康熙年间，我国戏曲界有“南洪北孔”之说。“南洪”是指浙江钱塘人洪昇（1645—1704 年），他编写了《长生殿》戏剧，写唐玄宗李隆基和贵妃杨玉环的故事。这个戏一编出，就被在扬州经商的亢家蓄养的家班所排演并被搬上舞台。亢家是平阳（临汾）巨富，祖先名叫亢霍霍，靠卖豆腐起家。可见在扬州蓄养家班的不只是徽州商人，也有山西商人。“北孔”是孔尚任（1648—1718 年），山东曲阜人，孔子第 64 代孙，主要戏曲作品有《桃花扇》，写明末清初秦淮名妓李香君与侯方域的爱情故事。孔尚任曾于康熙四十六年（1707 年）来到山西临汾，主编《平阳府志》，在临汾生活了一年多的时间，他就用大量笔墨描绘了平阳（晋南一带）的戏曲文化演出活动。

清朝在山西还流传着一句俗语：“祈太镏子，蒲州腕子。”祈太指祁县、太古一带的晋中商人，镏子就是指金镏子，即金戒指。蒲州腕子是指蒲州的名演员，即今临汾、运城一带的戏剧明星、有名的演员。由此可见晋中商人出资培养和邀请蒲州演员之一斑了。至于演员的服饰和道具，即戏装、行头，那也是十分讲究的。据讲有旦角的凤冠，完全是由真正的金银珍珠装饰，老生的龙袍则由金线绣成。

二、山西与戏剧

说到山西戏剧，首先得说一说山西太原晋祠的宋代侍女像，这是晋祠三宝之一。她们站立于圣母殿内，共有33尊，都是北宋年间的泥塑彩绘人像。她们一个个仪态万方，体态婀娜，面庞清秀，双目含情，身着彩绘，姿态各异，极富生活气息。其中一尊歌女塑像，曾吸引得京剧大师梅兰芳先生1957年到晋祠参观时，改变了行程，将本来安排的半天游览，改为三天。三天里他一头钻进圣母殿研究这些造塑于宋代的侍女歌伎，研究这些梨园丽人的神态风姿。她们的眼神、她们的神态姿容里所透露出来的神秘力量，深深地吸引着他，使他不得不亲近，不得不油然而生敬意。

说到山西对中国戏剧的贡献，不能不提到元代杂剧。元杂剧产生于当时的元大都北京和山西的平阳。平阳和大都是金、元时期我国北方的重镇，是全国的两个戏剧中心。金、元两朝有许多戏剧作家就出自山西。在我国文学史上著名的元曲四大家中，白朴就是山西河曲人，写有《梧桐雨》《墙头马上》《东墙记》等元杂剧。有研究戏曲史的人考证，元曲另两位大家关汉卿、郑光祖也是山西籍人士。从现存的杂剧剧本来看，当时写山西地方故事的戏剧最多。如写春秋战国时的《赵氏孤儿》，写关公戏的，写唐代郭子仪戏的、薛仁贵戏的，写宋代杨家将戏的，其事件都是历史上在山西发生的。就是王实甫写的《西厢记》，也是以山西蒲州永济的普救寺为故事发生地。民国学者王国维在《宋元戏曲考》中说："元曲作家，北人之中以平阳为最……此为文化最盛之地，宜杂剧家之多也。"

山西对戏剧的历史贡献，还在于现存于山西境内众多的古戏台。今天保留下来的还有8座元代戏台，主要集中在平阳府即今临汾市、运城市一带。在临汾市的有魏村牛王庙戏台，始建于元初至元二十年（1283年），元至治元年（1321年）重修，至今已有近700年的历史，戏台呈平面正方形，宽7.55米，台基高1.4米；有东羊东岳庙戏台，建于元至正四年（1344年）；有吴林镇王曲村东岳庙戏台，也建于元初。在临汾市周边的有翼城武池村乔泽庙戏台，有90平方米以上的面积；还有翼城曹公村四圣宫戏台，运城三路里三官庙戏台，永济董村三郎庙戏台，石

■ 临汾魏村牛王庙戏台

楼殿山寺村圣母庙戏台。这 8 座戏台都是元代留下的历史文物，他们一个个都屹立在平阳大地，雄辩地向世人昭示着这里曾是金、元时期中国的戏剧文化中心。

至于明清留存下的戏台，在山西城乡则随处可见。在此要提的是位于山西万荣县宝鼎乡庙前村后土祠内的三个品字形戏台，它坐落在黄河东岸的黄土高崖上，可同时连唱三台戏，修建于清同治年间。品字顶端的戏台作山门和过路台，台面宽 9.9 米，深 6.5 米。占品字形两下角口字位置的戏台，长宽各 9 米，前台入深 6 米，后台入深 3 米，台基高 2 米，两台连脊，中间留有通道。每逢农历三月十八、十月初五庙会，秦、晋、豫三省戏班云集此处，三台戏同唱，观众在适当的位置一眼都可看到，谁唱得好就会涌向谁的台前，可见其盛况。后土祠是轩辕黄帝祭地的庙祠，是天下娘娘庙的祖祠，汉武帝到此留有“秋风辞”，唐玄宗李隆基、宋真宗赵恒都曾多次虔诚朝拜，至今还留有元代石刻汉武帝的“秋风辞”碑。这里还有宋真宗御制御书并篆额刻成的《汾阴二圣配飨之铭》碑，又称“萧墙碑”，内容是说他的伯父赵匡胤和父亲赵光义的功德，可以配飨在后土祠内。其碑高 2.52 米，总宽 7.14 米，正书，篆额。

平阳是我国元杂剧演出中心，还有洪洞县广胜寺水神庙元代戏剧壁画可以佐证。同样，稷山县在 20 世纪 60 年代挖掘出的金代墓葬的砖雕戏剧人物、道具、服饰也可以佐证。它们完好地保存在墓葬里，默默而又传神地向我们表明，早在1000多年前，这座墓葬的主人是如何爱戏、

■ 稷山县金代墓砖雕戏剧人物

看戏，戏剧人物被表现得如何生动传神，连为主人服务的小女佣也按捺不住地悄悄溜出来，躲在门背后看戏听戏。另在侯马董氏墓中也有金代戏俑为证。

在元杂剧逐渐走向消亡的过程中，山西晋南人又有了新的戏曲创造发明。这就是在元末明初，在山西平阳到陕西韩城一带，又兴起了始称河汾民歌，后称山陕梆子的梆子腔、梆子戏。它流行于黄河、汾河流域，横跨河东河西。其唱词语言明快，曲子激越高亢，故事生动质朴，便于倾吐心中块垒。这就是今天还在传唱的所有梆子戏的始祖。无论是蒲州梆子、山西梆子、河南梆子（豫剧)、河北梆子，以及陕西的秦腔、眉户都是来源于此，这里是梆子戏的故乡。这一块河东大地地处黄河三角洲，西接陕西，历史上就结秦晋之好，两省人们互相往来，风俗文化基本相同。梆子戏诞生后，又沿着商路四处传演，传到了湖北襄阳一带后，经过当地艺人的加工，形成了“襄阳腔”，也就是西皮、二黄。徽班在吸取昆腔及秦腔、梆子腔等乱弹声腔之后，又经过自己的艺术加工完善，从而产生了京剧。因此，可以说京剧是我国戏剧声腔从北到南，从南到北，山西、陕西、湖北、安庆、苏州、扬州、北京等地艺人融合五方之音、各地精髓不断改革创新的产物。徽班是其集大成者。

徽州古楹联摘选

淡泊明志，清白传家。
诗书执礼，孝弟力田。
礼义廉耻，孝弟忠信。
以文会友，与德为邻。
德邻仁里，义路礼门。
为善最乐，读书更佳。
心如海阔，眼似天空。
诗书敦风好，礼乐秀群英。
德从宽处积，福向俭中来。
贪得宇宙隘，壮夫轻黄金。
洪范先曰富，大学重生财。
有道财恒足，乘时货自腾。
贸易财皆贝，流通货是泉。
继代有清风，承家多旧德。
虚怀能自得，实政要人为。
出宰山水县，读书松桂林。
华堂来紫燕，乔木倚青云。
兴家必勤俭，高寿宜子孙。
生意春初草，财源雨后泉。
帝德乾坤大，皇恩雨露深。
琴心妙清远，谷性多温纯。
古贤立五训，大猷宣四方。
世道今还古，人心欲归仁。
西汉儒林学，南华秋水篇。
忠孝持家远，诗书处世长。

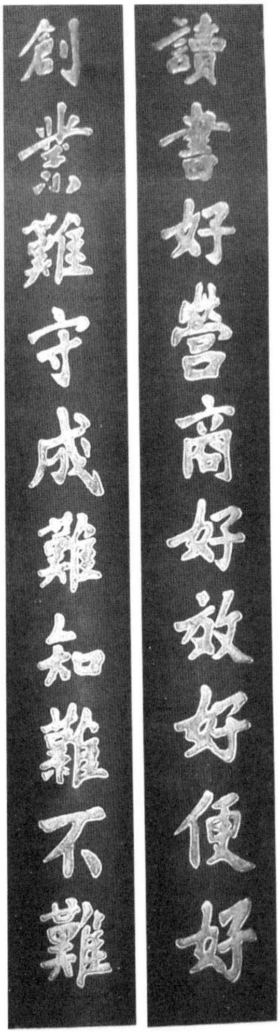

■ 徽州古楹联

山水清晖远，文章大雅新。
性僻耽佳句，心清闻妙香。
骨气老松格，神妙秋毫颠。
会心今古远，放眼天地宽。
竹室依花槛，松云护草堂。
鸾飞月窟地，鱼耀海中天。
周朝大夫第，汉代尚书屋。
少成若天性，习惯如自然。
夜静鱼吞月，春晴鸟谈天。
过此成仙侣，回来无俗人。
呈坎双贤里，江南第一村。
砚以静方寿，诗乃心之声。
雅量涵高远，清言见古今。
青松多寿色，白石常夜明。
诗听匡鼎说，碑爱蔡邕书。
守身如执玉，积德胜遗金。
读书在涵养，涉事无停滞。
存诚福自广，积德寿宜昌。
诗书经世文章，孝悌传家根本。
交以道接以礼，近者悦远者来。
取与无伤廉惠，行藏自合中庸。
鹤寿不知其纪，龙灵时化为云。
雅言诗书执礼，益友直谅多闻。
静坐当思己过，闲谈勿论人非。
有打瞌睡豪杰，无不读书神仙。
读书将人穷理，用意不如平心。
活计敦诗读画，生机养竹听松。
未能一日寡过，恨不十年读书。
子孙贤族乃大，兄弟睦家之肥。
近知近仁近勇，立德立功立言。
远树平林村落，小桥流水人家。

■ 徽州古楹联

有莫能言者乐，无不成诵之书。
以八千岁为春，之九万里而南。
践仁义之区域，保道德为规箴。
有猷有为有守，希贤希圣希天。
学俭方能度日，积德可以邀天。
天下无双胜境，江南第一名山。
陶公容膝乐天命，刘子作铭惟德馨。
漫研竹露裁唐句，细嚼梅花读汉书。
敦孝悌此乐何极，嚼诗书其味无穷。
传家礼教惇三物，华国文章本六经。
事业从五伦做起，文章本六经得来。
万石家风惟孝弟，百年世业在诗书。
处世无如为善乐，传家唯有读书高。
绵世泽莫如积德，振家声还是读书。
特立独行有如此，进德修业欲及时。
欲高门第须为善，要好儿孙必读书。
遇事虚怀观一是，与人和气察群言。
忠厚留有余地步，和平养无限天机。
退一步天空海阔，让三分心平气和。
快乐每从辛苦得，便宜多自吃亏来。
力田岁取千箱稻，好事家藏万卷书。
淡饭粗茶有真味，明窗净几是安居。
扫地焚香得清福，粗茶淡饭足平安。
九章大学终言利，一部周官半理财。
贸易术原师管子，经营富不让陶公。
自静其心延寿命，无求于物长精神。
有恒产立身至宝，无放心处世要言。
善为玉宝一生用，心作良田百世耕。
小屋如舟可容膝，异书为友得同心。
欲除烦恼须无我，历尽艰难好做人。
人心曲曲弯弯水，世事重重叠叠山。

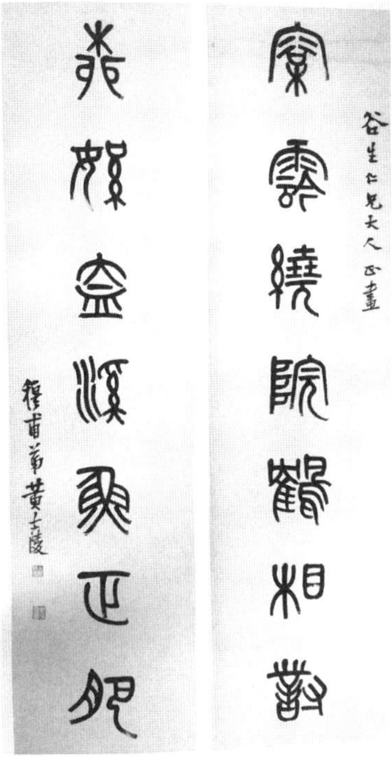

■ 徽州古楹联

乐夫而吟复奚疑，学于古训已有获。
学浅自知能事少，礼疏常觉慢人多。
能受苦方为志士，肯吃亏不是痴人。
儿孙自有儿孙福，莫替儿孙作马牛。
三春草长如生意，万里河流作利源。
财如晓日腾云起，利似春潮带雨来。
亿中自饶经济略，谋生聊展绪余才。
经国有才皆百炼，著书无字不千秋。
三千余年上下古，一十七家文字奇。
北海琴尊合古欢，南山雨露含新泽。
梅花不是人间白，山色偏来竹里青。
清文俯仰怀迂固，述作风流契老彭。
行不得则反求己，躬自厚而薄责人。
君子不忧还不惧，丈夫能屈也能伸。
茶香入座午荫静，花气侵帘春昼长。
肯构肯堂盈世业，能仁能德裕儿孙。
瑞应芝兰锦世德，伦敦孝弟美家风。
敦序承祧延世泽，崇儒务本振家声。
玉乐无声惟孝弟，太羹有味是诗书。
荆材有花兄弟乐，书田无税子孙耕。
读书有味如谏果，饮酒此心同活云。
郑草周莲陶氏菊，唐诗晋字汉文章。

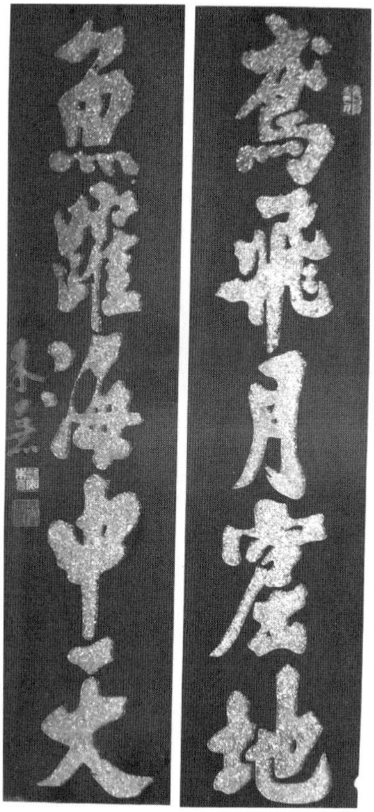

■ 徽州古楹联

竹亦醉人何必酒，花虽香我不如书。
卷里有诗皆锦绣，席间无地可尘埃。
旧家松石皆名画，嘉客言谈即异书。
画本纷披皆古意，文辞怪异亦天真。
顾视清高气深稳，文章彪炳光陆离。
精神到处文章起，阅历深时意气平。
深院抄书桐叶雨，曲栏联句藕花风。
文章清远世少比，胸次广博天所开。
慈孝天下无双里，锦绣江南第一乡。（乾隆题，棠樾村）

满院花香呈翰墨，三春鸟语话文章。
武陵园世外春色，寒山寺夜半钟声。
九宇同春为至乐，一时极盛系斯文。
过如秋草艾难尽，学似春冰积不高。
明珠翠羽黄初赋，红树春山白下诗。
书不读秦汉以下，意常在山水之间。
兄弟自然敦友爱，叔侄不必结冤仇。
须知难得惟兄弟，务在相孚以性情。
和气位一家天地，书声起万里风云。
我爱邻居邻爱我，鱼傍水活水傍鱼。
淡如秋水闲中味，和似春风静后功。
梁家夫妇齐眉案，郭氏儿孙笏满床。
知多世事胸襟阔，识尽人情眼界宽。
事能知足心多惬，人到无求品自高。
秀句警人时戛玉，清言对客总如兰。
神仙队里风流易，富贵场中本色难。
无疑无想无忧虑，不贪不欲不思量。
天将化日舒清景，室有春风聚太和。
岚阳云树伊川月，灵运诗篇逸少书。
诗传画意王摩诘，船载书声米舍人。
已恨流莺欺谢客，不令仙犬吠刘郎。
一溪烟水明如画，十亩桑田谁并耕。
一帘花影云拖地，半夜书声月在天。
阳春已归鸟语乐，溪水不动鱼行迟。
散尽黄金犹爱客，自怜白首尚抄书。
唐时共识仙坛记，汉代犹存石阙铭。
书从疑后翻成悟，文到穷时自有神。
开尊忽见前身月，用世犹存半部书。
春日芙蓉谢康乐，晓风杨柳孟襄阳。
四海声名唐李杜，一时文采汉班扬。
赤壁之游前后赋，横渠所学东西铭。

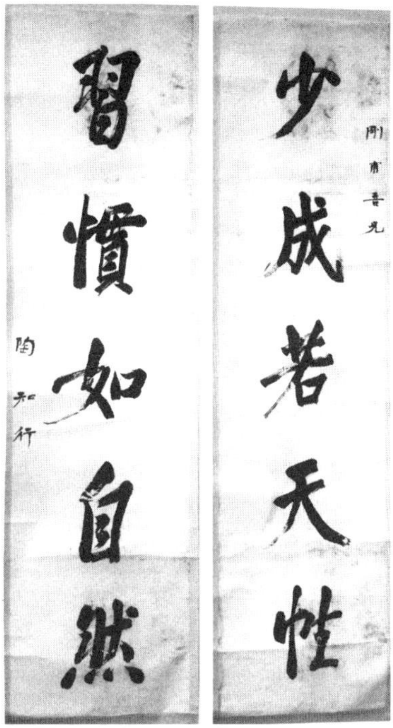

■ 徽州古楹联

一窗花鸟王维画，四壁云山杜甫诗。
花曾识面香仍好，鸟不知名声自呼。
东坡两游赤壁赋，南容三复白圭诗。
岛佛诗情无碍瘦，坡仙书法不嫌肥。
漫夸成佛谢灵运，可是前身江总持。
染指不妨因涤砚，折腰何惜为浇花。
千树梨花百壶酒，一庄水竹数房书。
书到右军难品次，文如开府得纵横。
张颠草圣雄千古，焦遂高谈惊四筵。
秀异贤人为时出，嘉历君子自天申。
开门择友尽三益，借水浇花自一奇。
帘前花鸟皆诗句，槛外溪桥尽画图。
芝兰气味琴声调，松竹丰姿鹤性情。
清风明月本无价，近水远山皆有情。
诸山游尽足犹骋，万事悟时怀自虚。
养得卑池常浴日，乱飞花雨且耕云。
笔健复临新获帖，手生重理旧传琴。
一道虹桥方寸地，九重丹诏百年芳。
独有太白配残月，更无凡木争春华。
麒麟阁上声名显，彪虎丛中品格超。
三十晚上大月亮，二十八岁老新郎。
学有经法通知时事，行无瑕疵宜似古人。
道德一经首重在俭，损益二字莫大于谦。
积善之家必有余庆，资富能训唯以永年。
俭可养廉勤能补拙，善以为宝德则务滋。
畲粥余风宜承先志，诗书世业重冀后人。
有土有财广开骏业，为廛为市大启鸿图。
经之营之财恒足矣，悠也久也利莫大焉。
二字箴言惟勤惟俭，两条正路曰读曰耕。
经纬治道纪纲王事，薰沐至德禀仰太和。
金玉其心芷兰其宝，仁义为行道德为师。

流水不腐户枢不蠹，芝草无根醴泉无源。
玉粹金和风清宝树，礼耕义种露浥书田。
诗礼之泽数世可守，孝弟采愆蒙业以安。
武将宣威自天而降，文臣纪盛如日之升。
论道讲德师儒为表，出经入史制作之家。
仁义足荣汉轻三杰，道德为重齐耻一匡。
司马文章元龙品格，少伯潇洒安石风流。
司马文章中牟政治，史鱼直节白夷清名。
慈孝后先人伦乐地，诗书朝夕学问性天。
惟忠惟孝禀天所赋，学诗学礼演圣之谟。
孝友初心诗书夙好，春秋佳日山水清音。
移孝作忠家齐国治，以义为利子肖孙贤。
礼节乐和四方蒙福，道明德立千载垂声。
东鲁雅言诗书执礼，西京明诏孝弟力田。
为善读书是安乐法，栽花种竹生明妙心。
明月清尊论诗品画，凌烟高阁震古冠今。
刚日读经柔日读史，怒气写竹喜气写兰。
（后一句又为：无酒学佛有酒学仙）
心地光明了无俗虑，天机清旷能读奇书。
百事清平唯有令德，一家和乐是以大年。
让人上人抑我益我，有酒吃酒读诗学诗。
行道应时立身得地，倚天有力画日须才。
抱朴全真流泳太素，颐性养尊嘉承天和。
履蹈中和身为律度，安行仁义福重子孙。
得山水情其人多寿，饶诗书气有子必贤。
和及乡邦必同天地，顺其父母乐尔妻孥。
琴书自娱绵之日月，松乔协轨宜乎昆仑。
圣贤事业俱在方册，朝夕歌谣使成文章。
海纳百川有容乃大，壁立千仞无欲则刚。
苏东坡空杯以当酒，陶渊明无经而抚琴。
雨入花心自成甘苦，水收器内各现方圆。

微雨新晴六合清朗，杂花生树群莺乱飞。
先王要道礼乐诗书，圣贤格言布帛麻粟。
积德不倾择交不败，读书不贱守田不饥。
颜鲁公书力透纸背，吴道子画意在笔先。
寿本乎仁乐生于智，勤能补拙俭可养廉。
皓月当空若镜临水，春雨润木自叶流根。
小窗多明俯拾即是，众山倒影凌空欲飞。
云霞雕色草木贲华，林籁流响泉石激韵。
和风满庭爱日当午，香芸浥露乔木参云。
岂有此理，说也不信；真正绝妙，到此方知。
几百年人家无非积善，第一等好事只是读书。
世事让三分天宽地阔，心田存一点子种孙耕。
传家无别法非耕即读，裕后有良图唯勤与俭。
处世以仁惟承前训道，为人在义乃启后箴言。
天下一等人君臣孝子，世间二件事力田读书。
读书好营商好效好便好，创业难守成难知难不难。
阴德无根方寸心中种出，阳春有脚九重天上行来。
惟孝惟忠聪听祖考彝训，克勤克俭先知稼穑艰难。
善贻谋与后嗣学礼学诗，凛遗绪于前人克勤克俭。
经学毓仁贤文才堪益世，宦门重德范福寿可宜容。
竹解心虚学然后知不足，山由篑进为则必要其成。
克己最难须从严处去克，为善贵恒勿以小而不为。
和马牛羊鸡犬豕做朋友，对稻粱菽麦黍稷下功夫。
继先祖一脉真传克勤克俭，教子孙两行正路惟读惟耕。
惜食惜衣非为惜财缘惜福，求名求利但须求己莫求人。
甲第鼎新高大门闾萦驷马，华堂钟秀绵筵福泽起人龙。
要好儿孙须从尊祖敬宗起，欲光门第还是读书积善来。
气忌燥言忌浮才忌露学忌满，胆欲大心欲细智欲圆行欲方。
立德立功立言，事事流芳不朽；在上在左在右，人人仰止无疆。
立德功言，格物致知交良友；求真善美，察天悟道冶性情。
仁德用世，治国安邦平天下；礼乐齐民，合同存道凝人心。

破釜沉舟，百二秦关终属楚；卧薪尝胆，三千甲士定吞吴。

溪出流声，十里笙歌从地出；山峰拱秀，千年图画自天开。

九晒九蒸，秉良心，晒蒸九次；成丹成散，遵古法，丹散成功。

与其私千万卷在己，或不守之子孙；

孰若公一二册于人，能永传诸奕禩。

倒影看遥山，自芳茂移樽，另有佳境；

清吟咽流水，玩庐陵旧制，以名吾亭。

坐中谭论人，可圣可贤，必须好古发愤；

日用寻常事，即性即天，务要切己精思。

聚几斤铁，打几把刀，我杀猪不分雌雄；

成一番业，作一番恶，君买肉莫择精肥。

率性自敦伦须知弟友子臣不是虚成名目；

为仁由复礼即此视听言劝亦有实在功夫。

一石插天，层峦叠嶂，号齐云，南国独秀；

双流会处，碧波回澜，曰新安，江左名扬。

乱世据六州，保境安民，煌煌功绩垂千古；

治平朝帝阙，忠君爱国，赫赫英名满神州。

读律书惧刑，读战书惧兵，读儒书兵刑不惧；

耕尧田忧水，耕汤田忧旱，耕心田水旱无忧。

阴府也唱共和，不许牛头马面、无常夜叉欺凌弱鬼；

抗战已经胜利，岂容土豪劣绅、贪官污吏压迫良民。

九匹白练出奇观，连续奔腾，远瞻如八骏骅骝添赤兔；

三岭松涛鸣爽籁，抑扬起伏，乍听似千军健卒赴疆场。

走东走西，无非为名利牵，忙里偷闲，此地稍停坐坐；

过来过往，都是还儿女债，苦中作乐，大家打个呵呵。

有齐云、白岳、耸翠、紫霞映掩其间，莫谓登仙无路；

看岩脚、东亭、塘头、西馆袤延街下，皆为我佛信徒。

渍种必苗，艺兰必香，千家茅屋书声，定有几枝大手笔；

登高自下，陟遐自迩，万里蓬山云路，先从一邑小文扬。

地接荆州，值海外竞争，来此间林密山深，片刻何妨驻足；

路经竹岭，喜亭前幽雅，到这里途长日暮，一宵尽可安身。

三十年县考无名，府考无名，道考也无名，人眼不开天眼开；
八十日乡试第一，京试第一，殿试又第一，蓝袍脱下紫袍归。
因甚的急忙忙这等步乱心慌，毕竟负屈含冤要往邑中伸曲直；
倒不如且坐坐自然神收怒息，宁可情容理让请回宅上讲调和。
士恒士，农恒农，工恒工，商恒商，族少闲民，便有兴隆景象；
父是父，子是子，兄是兄，弟是弟，门无乖气，方为孝友之家。

清溪流水，长亭依柳舍，看前渡桑麻竟接，不少农夫击壤，牧竖骑牛；

堤畔塘隈，胜地若桃源，爱此间怀葛风存，知有隐士鸣琴，高人放鹤。

头顶一朵花，肩披四块瓦，摇摇摆摆，摆进天字第一号，之乎者也已焉哉；

手拉二胡调，足踏半只鞋，拟拟按按，按个倒板反二黄，合四五六工尺上。

喜桃露春秾，荷云夏净，桂风秋馥，梅雪冬妍，地僻历俱忘，四序且凭花事告；

看紫霞西耸，飞瀑东横，天马南驰，灵金北倚，山深人不觉，全村同在画中居。

好即了，了即好，好好了了，了了好好，循环不息，跳出三界外，即无好与了；

祸伏福，福伏祸，祸祸福福，福福祸祸，反复相连，不在五行中，哪来祸和福。

南南北北，总须历此关头，且坐断铁门槛，办夏水冬汤，接应过去现在未来三世诸佛上天下地；

东东西西，阿谁瞒了脚跟，试竖起金刚拳，敲晨钟暮鼓，唤醒眼耳鼻舌身意六道众生吃饭穿衣。

一脉本同源，强毋凌弱，众毋暴寡，贵毋忘贱，富毋欺贫，但人人痛痒相关，急难相扶，即是敬宗尊祖；

四民虽异业，仕必登名，农必积粟，工必作巧，商必盈资，苟日日侈游不事，匪癖不由，便为孝子贤孙。

这边到路南，那边到路北，浮生匆匆，世事悠悠，保不住白璧黄金，留不住朱颜玉貌，富如石崇，贵如杨素，绿珠红拂竟何在？请子且坐片时，喝一杯说三道四，得安闲处且安闲，历尽坎坷皆顺境；

此日在河东，明日在河西，前途渺渺，后顾茫茫，夸什么碧血丹心，掌什么青灯朱卷，勇若项羽，智若孔明，乌江赤壁总成空，劝君姑息片刻，听两句论古谈今，有快乐时须快乐，出得阳关多故人。

朱子家训

朱　熹

君之所贵者，仁也。臣之所贵者，忠也。父之所贵者，慈也。子之所贵者，孝也。兄之所贵者，友也。弟之所贵者，恭也。夫之所贵者，和也。妇之所贵者，柔也。事师长贵乎礼也，交朋友贵乎信也。见老者，敬之；见幼者，爱之。有德者，年虽下于我，我必尊之；不肖者，年虽高于我，我必远之。慎勿谈人之短，切莫矜己之长。仇者以义解之，怨者以直报之，随所遇而安之。人有小过，含容而忍之；人有大过，以理而谕之。勿以善小而不为，勿以恶小而为之。人有恶，则掩之；人有善，则扬之。处世无私仇，治家无私法。勿损人而利己，勿妒贤而嫉能。勿称忿而报横逆，勿非礼而害物命。见不义之财勿取，遇合理之事则从。诗书不可不读，礼义不可不知。子孙不可不教，僮仆不可不恤。斯文不可不敬，患难不可不扶。守我之分者，礼也；听我之命者，天也。人能如是，天必相之。此乃日用常行之道，若衣服之于身体，饮食之于口腹，不可一日无也，可不慎哉！

第五章 徽商晋商科举仕宦比较探幽

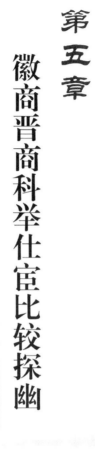

一、科举仕宦比较

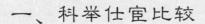

徽商"贾而好儒"，重视教育。在贾为利厚、儒为名高的思想指导下，徽商十分重视自己的学习和对家族子弟的教育。他们受"万般皆下品，唯有读书高""学而优则仕"思想的支配，把业儒仕宦、扬亲显名作为自己人生的终极追求。他们在商思宦、在商谋儒、以商促教、以商促学、以学中举、以举为官、以官佑商，培养出了一大批举人、进士、封建官吏、硕彦大儒、文人雅士、杏林高手。徽商后裔与晋商后代相比，整体上科举中试者多、为官者多，在学术、绘画、雕刻出版、医药等人文自然领域里成就卓著，星光灿烂。

（一）科举比较

科举是我国封建社会选拔官吏的主要方法，一般三年进行一次。乡试（又称大比）录取举人。考取举人就具备了做县以上官员的资格。乡试的第一名称解元，会试的第一名称会元，被录取的人称贡士。会试一个月后举行殿试，殿试是最高一级的考试。殿试的结果一律不黜落，只排列名次，第一名称状元，第二名称榜眼，第三名称探花。这前三名列为一甲，叫进士及第。第二甲若干人叫进士出身，二甲第一名称传胪。第三甲又若干人叫同进士出身。三甲皆称进士。读书人考到进士就算考到了头。

1. 徽州举人进士多

据姚邦藻先生主编的《徽州学概论》统计，徽州明代有举人 1100 多人，清代有举人 1536 人。据李琳琦先生所著《徽州教育》第六章称：依据徽州各县县志统计，徽州在明清两代共有文武进士1303人，其中文进士1136人、武进士167人；明代文进士452人，武进士56人；清代文进士684人，武进士111人。又据朱保炯、谢沛霖两位先生编的《明清进士题名碑录索引》统计，明清两朝自朱元璋洪武四年（1371年）首科到光绪三十年（1904年）末科，533年间全国共举行文科殿试201科，录取进士51681名，其中明代24866人，清代26815人。徽州一府六邑在明清两朝的文进士占到了全国的2.2%，数额在全国府一级中是数一数二的。

■ 进士第

明清徽州状元人数也是名列前茅，极为显赫。据《中国历代状元统计表》统计，明清两朝安徽共有31名文状元，其中徽州就有24名，而山西全省竟无一名。在有清一代112名状元中，徽州本籍和寄籍考中的状元有19名，占到全国状元数的17%，其中出自徽州本籍的有4名：黄轩，休宁人，乾隆辛卯科点中；金榜，歙县人，乾隆壬辰科点中；吴锡龄，休宁人，乾隆乙未科点中；洪莹，歙县人，嘉庆己巳科点中。其余15名寄籍状元有江苏9人，浙江3人，江西2人，现安徽滁州天长1人。

在徽州一府六邑，明清两代进士及第人数最多的是歙县，有文进士535人，武进士87人；其次是休宁县，有文进士260人，武进士41人；再次是婺源县，有文进士195人，武进士7人；其余三县祁门、绩溪、黟县，有文进士146人、武进士32人。

安徽休宁县还有“全国第一状元县”的美称。据胡宁先生主编的《休宁——中国第一状元县》记，该县从南宋嘉定十年（1217年）到清光绪三十一年（1905年）的689年间，共出了19名状元，其中宋代2名、明代3名、清代14名。19名状元中有2名文状元、2名武状元出自休宁本籍，其余15人则是休宁籍人士寄籍于外，在外埠考取状元的。在我国历史上，“隋文帝以九品中正制为贵族垄断，百弊丛生，乃废之，于开皇七年（587年）设志行修谨、清平干（幹）济二科举士”，到隋炀帝大业元年（605年）正式设进士科，科举制度正式形成，再到清光绪三十一年（1905年）废止科举，1300多年间共录取状元800多名，以全国现今两千余个县（市）计，三个县（市）才有一名。而休宁一县出19名状元，远远多于人文昌盛的苏州、曲阜，稳居全国之首。而休宁县地处偏僻的万山丛中，面积不过2000多平方公里，当时人口也不过只有十七八万。就是这样一个区区山城小县，明清两朝有文武进士301人，历史上有19名状元，不能不令人叹服唏嘘：灵哉，休宁！伟哉，休宁！辉煌耀眼哉，休宁！

从举人、进士、状元的人数来看，徽州府高居安徽全省之冠。在全国以府为单位相比较，则居苏州府之后列全国第二位。徽州府由于科举兴盛，在当地佳话颇多。清代有“连科三殿撰，十里四翰林”。三殿撰者合歙县、休宁二县言之，如上述乾隆辛卯、壬辰、乙未三科三状元黄轩、金榜、吴锡龄是也。十里四翰林者，乃指同治十年（1871年）辛未科举，岩镇人洪镔、郑村人郑成章、谭渡人黄家煋、西溪人汪运轮。此四人所居四乡，沿丰乐溪滨，相距不过十里，其以同科得庶吉士。此外，还有“一门九进士、六部四尚书”“一榜十九进士者”“一科同郡两元者”“同胞翰林者”等等。

休宁籍19位状元

宋代

吴潜，字毅夫，县城玉堂巷人，宋嘉定十年（1217年）状元，授承书郎、镇东军节度判官等职，寄籍宁国。

程若川，汊口人，南宋某年武状元，官至滁州府太守。

明代

任亨泰，古楼人，明洪武二十一年（1388年）状元，官至礼部尚书，寄籍襄阳。

沈坤，字伯载，休宁人，明嘉靖二十年（1541年）状元，寄籍太和。

黄赓，字仲叙，龙湾人，明崇祯十六年（1643年）武状元。

清代

戴有祺，康熙三十年（1691年）状元，瑶溪人，寄籍金山卫，任职翰林院修撰。

汪绎，康熙三十九年（1700年）状元，县城西门人，寄籍常熟，任职翰林院修撰。

汪应铨，康熙五十七年（1718年）状元，梅林人，寄籍常熟，先任职翰林院修撰，后任职赞善。

金德瑛，乾隆元年（1736年）状元，瓯山人，寄籍仁和，任职都察院左都御史。

毕沅，乾隆二十五年（1760年）状元，闵口人，寄籍镇洋，任职湖广总督。

黄轩，乾隆三十六年（1771 年）状元，古林人，任职四川川东按察史。

■ 乾隆御赐黄轩“状元及第”匾

吴锡龄，乾隆四十年（1775 年）状元，大斐人，任职翰林院修撰。

戴衢亨，乾隆四十三年（1778 年）状元，隆阜人，寄籍江西，任职体仁阁大学士。

汪如洋，乾隆四十五年（1780 年）状元，县城西门人，寄籍秀水，任职翰林院修撰。

王以衔，乾隆六十年（1795 年）状元，洽阳人，寄籍归安，任职礼部侍郎。

吴信中，嘉庆十三年（1808 年）状元，长丰人，寄籍吴县，任职翰林院修撰。

戴兰芬，道光二年（1822 年）状元，休宁人，寄籍天长，任职翰林院修撰。

汪鸣相，道光十三年（1833 年）状元，休宁人，寄籍彭泽，任职翰林院修撰。

黄思永，光绪六年（1880 年）状元，休宁五城人，寄籍江宁（南京）授翰林院修撰。

2. 山西举人进士少

再看明清山西全省的进士人数情况。据王欣欣编著的《山西历代进士题名录》（山西教育出版社 2005 年版）所载，明清山西籍（包括祖籍是山西的）进士人数共 2711 人，其中明代 1254 人，清代 1457 人，大致比徽州一府六邑的 1303 名进士多出一半。而山西是全省的，是 8 府 10 州 102 个县的进士。再单独以山西人文鼎盛的太原府、平阳府、绛州来看：太原府共有 12 个县，比徽州府多出一半，明代有进士 158 人，清代有 228 人，合计 386 人；平阳府 11 个县，明代有进士 164 人，清代有 192 人，合计 356 人；绛州有 6 个县，明代有进士 68 人，清代有 76 人，合计 144 人。三府进士都远远少于徽州的 1303 人。山西明清两代进士人数超过百人的县只有 3 个，分别是运城（安邑）122 人、永济 106 人、阳曲 109 人。而徽州一府超百人的县也有 3 个，即歙县 622 人、休宁 301 人、婺源 202 人。另外，山西明清两代没有出现过一位文状元，武状元只有 7 人，榜眼、探花也寥寥可数。而徽州明清两朝就出现了在籍与寄籍的状元 24 名。以今天安徽省所辖区域计，明清两朝安徽在籍与寄籍的文武状元有 35 名。再以晋商著名的汾阳、平遥、介休、祁县、太谷、榆次 6 个县的进士数来比较：

明清两朝山西 6 县进士人数表

县名	明朝	清朝	合计
汾阳	28 人	42 人	70 人
平遥	5 人	7 人	12 人
介休	10 人	45 人	55 人
榆次	19 人	31 人	50 人
太谷	5 人	34 人	39 人
祁县	13 人	14 人	27 人
合计	80 人	173 人	253 人

明清晋商云集且汇通天下的晋中商帮所在的6个县的进士人数合计只有253人，不及徽州一府六邑的五分之一。

（二）仕宦比较

科举制度不分世庶，读书人不论出身，均可报名参考，给社会中下层人士开辟了正规入仕的途径，扩大了统治集团的社会基础，集聚了社会的多数精英为封建社会制度服务，所谓“少小须勤学，文章可立身。满朝朱紫贵，尽是读书人”“朝为田舍郎，暮登天子堂”“将相本无种，男儿当自强”是也。许多莘莘学子穷其一生，皓首穷经，“老死于文场而无所恨”。其中有中举者，学而优则仕。如宋真宗在《劝学诗》中所说：“书中自有千钟粟，书中自有黄金屋。书中有女颜如玉，书中车马多如簇。”也有如吴敬梓《儒林外史》中所描写的范进中举、严监生、严贡生等儒林怪胎的穷酸形象。亦如清朝康熙皇帝所言：“天下士子入吾股掌中也。”

徽州读书人多、中举者多、进士多，自然出将入相做官的人多。明清两代徽州“官居上爵，代不乏人”。据许承尧《歙事闲谭》卷一〇《北京歙县会馆建置原始》记，明嘉靖以后，歙县在京为官有大学士1人、尚书1人、侍郎9人、寺卿5人、给事中4人、检讨编修2人、巡抚5人、巡按御史6人、廉使4人、知府3人、督学1人。其时如学士唐皋、都宪江东之、尚书殷正茂未列名，益未与其事也。“此外，其同时以进士官部曹及守令者约三十人，尚未及录。”清代歙县本籍和寄籍在京为官者有大学士4人、尚书7人、侍郎21人、都察院御史7人、内阁学士15人，其余在京师各部曹及地方府、州、县任职者不计其数。据1993年修编的《婺源县志》统计，明清两代，仅婺源县位居七品以上的官员人数就有831人，其中明代505人、清代326人。整个徽州一府六邑，明清仕宦人数之多就可想而知了。

在明清两代，徽州府有名的官宦举以下几例：

胡宗宪（1512—1565 年），明绩溪龙川人，嘉靖十七年进士，官至太子太保、兵部尚书。主要功绩是平倭有功、诱擒汪直。平倭名将戚继光曾是其麾下。后因严嵩被劾罢相后，被参劾列为严党、革职下狱，死于狱中。隆庆六年（1572 年）穆宗给其昭雪，肯定其平倭功勋。现绩溪龙川胡氏祠堂、牌坊有其功德记载，《明史》卷二〇五有传。

■ 胡宗宪

许国（1527—1596 年），明歙县人，嘉靖四十四年（1565 年）进士，为官于明嘉靖、隆庆、万历三朝。官至礼部尚书兼东阁、文渊阁大学士、武英殿大学士、太子太保。现存于歙县解放街和打箍井十字路口的许国石坊，即为其所建，又名“大学士牌坊”“八脚牌楼”。这座牌坊四面八柱，各联梁枋、精雕细琢，高 10 余米，建于万历十二年（1584 年），距今已 430 余年，上面所书“恩荣”“大学士”“先学后臣”，据考证出自明代大书画家董其昌手笔。清人吴梅颠《徽州竹枝词·咏八脚牌楼》曰：“八脚牌楼学士坊，题额字爱董其昌。”许国石坊可与古罗马凯旋门、日本的鸟居、印度的牌坊相媲美，堪称中国建筑之奇葩。法国星形广场的凯旋门落成于 1836 年，许国石坊比它早 252 年，在表现意识、美观程度上还有过之。

■ 许国

汪由敦（1692—1758 年），徽州休宁人，清代名臣、文学家、书法家。年十九游浙中，以商籍补钱塘诸生。雍正二年（1724 年）进士。乾隆时官至工部尚书、刑部尚书、吏部尚书，兼署左都御史，入直军机处，《平定准噶尔方略》总裁官。其聪颖过人，博闻强记，学问渊博，文辞雅正，长于治吏、处事干练，善于治水及平抑物价，工于书法及历代掌故，是乾隆皇帝所倚重的股肱大臣。为人则沉静寡言笑，喜怒不形于色。乾隆点评其：“老诚端恪，敏练安详，学问渊醇”，每出京巡视均命其随行。

曹文埴、曹振镛父子。曹文埴（1736－1798年），清歙县雄村人。曹家为扬州大盐商，其父景宸在歙县建文昌阁、创竹山书院。文埴于乾隆二十五年（1760年）中进士，列二甲第一名，时称传胪。官至户部尚书，曾任《四部全书》总裁官，典试广东，视学江西、浙江。乾隆皇帝六次南巡，多落脚扬州，因曹家为扬州的大盐商，文埴承办差务，深得信任。其二子曹锟继祖业侨寓维扬贾盐。

■ 曹文埴、曹振镛

曹振镛（1755－1835年），文埴长子，乾隆四十六年（1781年）进士。曾在乾隆、嘉庆、道光三朝为官达54年，居相位凡22年。官至工部、吏部、户部、刑部尚书，会试正考官，翰林院掌院学士、体仁阁大学士、军机大臣，道光元年授武英殿大学士。振镛学问渊博，人品端方，为官谨慎，历久不渝，遇事模棱，老成持重，纂修《会典》《河工方略明鉴》《全唐文》等皆任总裁官。嘉庆帝六次南巡、五次秋狝木兰，均命振镛留守京师处理军国大事。然因其执政年久，过于挑剔细故微疵，乡试、会试不问文之工拙，但问作字整齐，无破体帖者即置于上第，若犯一帖字即失翰林。海内成风，钳制人心，禁锢思想，在清王朝内忧外患、天下多事之时，和战游移，慢条斯理，造成一不痛不痒之天下。清议有将其与另一权相穆彰阿并提（穆彰阿在历史上臭名昭著），认为其有误清之责。在徽州则认为其父子宰相，贾儒世家，煊赫显要，富贵一方。在民间至今还能听到“宰相朝朝有，代君三月无”的说法。在生活中曹振镛是徽州人的楷模，言必称颂的乡贤。

在明清两代，山西有名的官宦可举以下几例：

张四维（1526—1585年），明山西蒲州人，嘉靖三十年（1551年）进士。为官于隆庆、万历二朝，官至礼部尚书兼东阁大学士，张居正病逝后接任首辅，执掌国家大政。张四维出身于盐商世家，家产富厚，又是宣大总督王崇古的外甥，在“俺答封贡、开放互市”上，曾在京内四处游说，促成其舅舅的提议得以实现。同时，他也重视商业，认为商人与士农工一样平等，并匡救过万历帝的一些失误。但他在张居正死后，批评张居正的一系列施政方案。万历皇帝将朝政作了改变，不仅不再继续推行张居正的改革措施，而且下令籍没张居止的家产，造成张居正的悲剧，也为明朝的灭亡留下隐患。

韩文（1441—1526 年），明山西洪洞县人，成化二年（1466 年）进士。为官于成化、弘治、正德、嘉靖年间，官至户部尚书，是明中期的理财家。他整顿盐法，裁革皇庄，精简机构，节约开支，使明王朝的财政开支由入不敷出转为收支平衡且有盈余。自己清廉自守，一尘不染，坚决与以刘瑾为首的"八党"宦官集团做斗争，虽家破职免，身陷囹圄，殃及两子亦被革职，自己离开京城时只乘一蓝布顶驴车，行李亦没几件，但仍矢志不渝。刘瑾集团覆灭后，含冤受苦的韩文得以平反昭雪，复官致仕，年至 85 岁时安然去世。

陈廷敬（1639—1712 年），山西泽州人，清顺治十五年（1658 年）进士。为官曾任礼、户、吏、工、刑五部尚书，文渊阁大学士，主编《康熙字典》。其父陈昌言是明崇祯七年（1634 年）进士，其子、孙皆有进士及第。家世显赫，著述丰多，现存山西阳城皇城相府，是国家 4A 级旅游区。其宅园分内外城，是保存完好的明清建筑。电视剧《康熙大帝》曾在此取景拍摄。

■ 陈廷敬

二、徽州人文兴盛探幽

徽州人科举仕宦者多、文人雅士多、杏林高手多，整体文化素养高，取得的成就大。究其原因，一是山川毓秀，地灵人杰；二是宗族重视教育，举族办学；三是商人经济捐助，富而兴学立教，子弟学而有养；四是兴办的书院多，也就是徽州的学校多，幼时失学的少，大时又有高等级高质量书院可入读；五是子弟一心向学，学习刻苦认真，努力奋进；六是名儒硕彦辈出，致力教育不倦，文风昌盛；七是讲会制度健全，学术交流切磋不断，有利于提高教学水平，常有非凡之人，非凡之音震空，往往标新立异，领一代文坛新风。下面分别试述之。

（一）山川毓秀，地灵人杰

徽州原是古山越人栖息之地，众山环抱，山水秀美，林木葱茏，粉墙黛瓦，四季花香。境内峙有黄山、白际山、天目山、五龙山等山脉，连绵起伏、磅礴峥嵘、云蒸霞蔚；流有新安江、阊江、乐安江、水阳江、青弋江、太平湖等水系，犹如一条条玉带、一颗颗明珠，蜿蜒奔流于山谷盆地之间，水随山绕，山水掩映，风景秀丽，不是世外桃源，也是一幅幅流动着的四季山水风景画。这样的大好山水，“山限壤隔，民不染他俗”，空气中负氧离子远高于喧嚣的闹市，为徽州学子提供了得天独厚的读书问学的大好环境。我国传统教育思想主张学需静也，“专静纯一”“心无旁骛”“潜思进学”。自古儒学道家就有读书山林的风尚。君不见，天下名山僧占多，道观无处不名山，讲究的都是个“静”字。

世代居住在这样优美的山水画廊里，领略着自然风光，呼吸着清香的空气，耳闻鸟鸣蝉声，怎能不寄情山水，开阔胸臆，激发思维，咀嚼英华。优美和谐的自然环境，可以陶冶人的情操，净化人的心灵，提升人的品质，激活人的细胞，使人超尘脱俗，思如泉涌，体验到一种天人合一的美妙境界。据南宋时人陆九渊年谱记：陆九渊在江西应天山中的象山精舍时，“平居或观书，或抚琴。佳天气，则徐步观瀑，至高诵经训、歌《楚辞》及古诗文，雍容自适。虽寒暑，衣冠必整肃，望之若神”。又如清人吴锡麟为黟县雷冈汪氏在南湖之滨所建的私塾馆作记云：“夫士子呻其占毕，偃仰一室，尘坌郁埳，日局蹐于市廛湫隘之地，而外之无以发皇耳目，内之无以开豁胸襟，将戚缩壅阏于中，欲其自出光焰，漱涤牢笼，发为文辞，以求工于古人，盖亦难矣。今南湖水木清华，足以登览则游息者，且得奋其才力，以自抒写。一旦性情流露，风气廓开，飚举泉涌，亦将如是湖之弥漫而莫测涯者。”

著名山水诗人谢灵运曾说：“夫衣食，人生之所资；山水，性分之所适。”就是说衣食仅解决了人们的物质需要，而山水之优美，则能满足人们的精神需求。参观徽州古民居，行走在古徽州的大街小巷，你会听到、看到、感受到徽州人重风水，择佳地，巧夺天工保护环境的故事和案例。那坐落在山水环抱间的村落，不是桃花源，胜似桃花源。徽州人历来重视风水，重视人居环境的选择，一般把“枕山、环水、面屏”视为“风水宝地”，在营造一村一落、一巷一园、一屋一室时，追求个人与自然和谐相处，体现着我国传统的天人合一思想。今日研究徽州人文，可知徽州从明清至现代出现这么多举人进士、硕彦名儒、仕宦大臣、豪杰志士、国之栋梁，是与徽州这个风水宝地有关的。山川风水钟灵秀，物华天宝出人杰。

说到人杰，也与居住在一个地方的人群总体素质有关。以我国现代社会为例：同等人口的城市与农村相比，城市人口高考入学的比例高于农村人口。再以城市社区来说，如果在一个社区里居住的多是知识分子、文化人，那么因整个社区的氛围好、家庭教育好，这个社区的子女高考入学率就会高。

考察徽州人文，虽然徽州是古山越人的地盘，四塞多山，土狭民众，但东汉以降，历经多次战乱和杀戮，此地原住民（土著）锐减。居住在此地的多是北方迁来的世家大族，以及在此地为官、看到这等大好山水风光而不愿回到原籍的官宦。

从西汉末年至元代，北方战乱频仍，有西汉末年的赤眉起义、东汉末年的黄巾起义、西晋末年的永嘉之乱、唐末的黄巢起义、五代十国之乱、北宋末年的靖康之乱等。这些战乱给长江以北造成巨大的灾难，大量的人口流离失所，很多人不是被战争裹胁所杀死，就是因瘟疫饥荒而死难。大战大乱来临之前，一些世家大族、显宦人家、皇戚国卿，往往得知消息早又有经济势力，或在朝廷的组织下，举族南迁，躲避战乱。有迁徙资格的多是上层精英、人中智者。据明代程尚宽等人修纂的《新安名族志》记：在徽州 80 余个大族大姓的渊源发展中，可以确认是从外地迁入的就有 60 多个。其中尤以晋末永嘉之乱、唐末黄巢起义和北宋末年的靖康之乱这三个时期迁入的为多。这些迁徽的世家大族原都是中原的簪缨望族，文化素养高，人文底子厚，带来了当时先进的中原文化。他们聚族而居，昭穆有序，组织严密，崇儒尚教，不仅本族自身出了许多士子举人，而且发展了整个徽州的文化教育，推动了社会进步。尤其是自南宋朱熹之后，形成了“十户之村，不废诵读”之风气。“自井邑田野，以至远山深谷，民居之处，莫不有学、有师、有书史之藏。其学所本，则一以郡先师朱子为归。”据道光《徽州府志·选举志》记，从明洪武四年（1371 年）到清道光六年（1826 年），徽州府考中的进士有 956 名，而其中汪、程、吴、胡、方、王、江、戴、黄、洪等十大姓的进士就有 686 名，占到全府进士总数的 72%。其中又以汪、程、吴三姓最多，汪姓有 158 人，程姓有 106 人，吴姓有 91 人，分别占到全府进士总数的 16.5%、11%和 9.5%。这就足以说明居住人群的整体素质、人文基础对子弟后世的影响。

（二）宗族重教，举族办学

皇皇华夏五千年文明，自孔夫子出，无不重视教育。“世无有孔丘，万代秉烛行。”而明清古徽州对教育的重视更优于其他郡县，重教兴学的氛围、业儒仕宦的风气，更浓于其他郡县。徽州民谚有云：“秀才不离书，种田不离猪。”“养儿不读书，等于养头猪。一家不读书，一家一窝猪。”“三代不念书，好比一窝猪。”徽州人重教育，是从娃娃抓起的。据绩溪《西关章氏族谱·师说》中讲：“子弟在妙龄时，嗜欲未开，聪明方起。壁之出土之苗，含华结果，全凭此时栽培。灌溉得宜，以资发荣。”徽州汪氏宗族在《家规》中也向族人指出：“小成若天性，习惯成自然。身为祖父不教训子孙，贻他日门户之玷，岂是小事！但培养德行当在少时。平居无事，讲明孝悌忠信、礼义廉耻的道理，使他日闻善言，又戒放言、戒胡行、戒交匪类，无使体被绸绢，口厌膏粱。”

徽州男人多在外经商，教育子弟学习的重任多由在家的妇女承担。她们课子督学，维勤维谨，既为慈母，又为严父，是早期家庭教育的主角。如黟县吴孺人，为使其子胡方墉能够成才，对其教育煞费苦心。“方墉总角时，昼则就外傅，归则使执书从己读。宵分课不辍，纺织声、读书声相间也。”又尝训诫其子曰：“儿之学如吾之织，勤则精，熟则巧，毋有间断心；引申之，欲其长，勿生齿莽心。经纬之，欲其密。”吴孺人之教子，使笔者想起“孟母三迁”的故事。想起自己幼年时，父在西安工作，母亲在故乡煤油灯下一边做针线活，一边教我读书，查我作业，让我背书，背不过不让睡，写不完要罚跪的情景。真是天下哪个父母不望子成龙，哪个父母不希望儿女有出息。幼时浑不知，今念父母心！

徽商训诫子弟，谆谆告诫的是要好好读书，显亲扬名。如明代休宁人汪可训。经商致富后，为其子延聘名师，并训诫其子曰：“此余未究之业也，尔小子容一日缓乎。”明休宁人汪昂，愤己幼年家贫弃儒经商，贩盐经商致富后，对其子曰：“必以经时务，佐明时，毋徒委靡也。以是隆师备至，日以望其显名于时，以缵其先世遗烈。”明婺源李大祈，经商致富后，他每以幼志未酬，嘱其子，乃筑环翠书屋于里之坞中，日各督一经，而叮咛勖之曰：“予先世躬孝悌，而勤本业，攻诗书而治礼义，以至予身犹服贾人服，不获徼一命以光显先德，予终天不能无遗憾。然其所恃善继述、励功名、干父蛊者，将在而诸子。”由此可见，商人地位低下，虽致富犹服贾人服，故无一日不希望其子孙显名于时。他们的训诫无不透浸着终生不能业儒显名的悔恨和遗憾，无不昭示着他们对业儒为宦的崇敬与向慕。

再看几位徽商临死前对子孙的嘱托，也是不成儒业，死不瞑目。明休宁人程封，弥留之际，谆谆告诫三个儿子曰：“吾故业中废，碌碌无所成名，生平慕王烈、陶潜为人，今已矣。尔向仁（长子）、向学（二子）业已受经，即向第（三子）幼冲，他日必使之就学。凡吾所汲汲者，第欲尔曹明经修行庶几古人……”明休宁商人汪镗，“卒之日，罗诸孤嘱曰：吾家世着田父冠，吾为儒不卒，然箧书未尽蠹，欲大吾门，是在若等……”婺源方凤仪“家贫辍（儒）业……经商饶郡。兄没延师教子侄”，临终嘱曰：“吾未见汝辈成名，死不瞑目，待汝辈入泮后乃葬。”明歙县程文博，因家贫，到扬州贩盐经商，年八十将卒，置酒召亲知为别，诫子谦等曰“继志莫如读书”，等等。这些垂死之人，念念不忘子侄读书业儒，光大门楣，其言也善，其情也切，是徽商乃至徽州人内心向往的真情表露。

徽州人重儒重教，不是一人一户一家之事，而是一个宗族的大事。为了教育族内“器宇不凡”的子弟们业儒中举，登科折桂，仕宦成才，他们可以举全族之力，鼎力相助，悉心扶植。不惜从族产、义田中拿出银两，供族内贫寒子弟读书上学，以期“亢宗”“大族”，光前裕后。在这一点上，他们站得高，看得远，深知知识不仅能改变一个人的命运，也能改变一个宗族的命运。在这一点上，他们也空前地团结一致、认识一致，充分运用宗族的统治力量，将族内公共钱财花费在后代子孙的教育上，花费在那些家庭贫寒，纳不起束修、膏火的俊秀子弟身上。在这个过程中，族内的钱财分配是不公平的，但他们合族男女老幼都能认识一致，顾全大局，着眼未来，这是很不容易的。没有广泛的对教育学习、知识文化的认知基础，没有重教重学的浓厚氛围，一个家族，小则数十口、上百口人，大则上千口人，要做到这一点是不容易的。徽州人把培养族内子弟作为宗族内的重大事务，并将其作为族规书之于家训中，张

■ 明代科考

贴于祠堂内，让其世代子子孙孙谨记励行。如歙县潭渡孝里黄氏家训云：“子姓十五以上，资质颖敏，苦志读书者，应加奖励，量佐其笔札膏火之费。另设义学，以教宗党贫乏子弟。”休宁《茗洲吴氏家典》指出：“族内子弟有器宇不凡，资禀聪慧而无力从师者，当收而教之。或附之家塾，或助以膏火。培植得一个两个好人作将来楷模，此是族党之望，实祖宗之光，其关系匪小。”绩溪《明经胡氏龙井派宗谱·祠规》中也强调：

“为父兄者幸有可选子弟，毋令轻易废弃。盖四民之中士居其首，读书立身胜于他务也。”

徽州宗族大姓如此重视教育，是因为他们认为“子孙才，族将大”，“族之有仕进，犹人之有衣冠，身之有眉目也”，“巨室强宗之所以绍隆而不绝者，有世禄尔”。认为宗族的发展、壮大、强盛和在社会上有威望、有地位，仅有经济力量、有钱是不够的，还要在仕宦上有人才，政治上有地位，学术上有立言。

一个家族在家训、家规、族谱、祠堂上明确要重视对子孙的教育，明确要资助那些虽家贫但天资聪颖、励志就学、可造就的后代，要延师就学、倾力相助，这就从制度上保障了族内可造就子弟不会遗落草莽、埋没人才。这是徽州人文鼎盛的一个十分重要的原因，凡研究徽州徽商者不可不知、不可不察。

（三）富而后教，学而有养

徽州出才俊、举人进士多，究其另一缘由，是因为徽州青少年及学者有经济基础、无后顾之忧，可以一心向学，不为生计所累。倘若“士子治生之不暇，且暇治利义乎！”“夫养者非贾不饶，学者非饶不给。”“富而后教”乃是孔子《论语·子路》中的观点。一个有志之青年才俊，虽聪慧敏悟，但家境贫寒，整日为生计奔波，哪里有时间精力去攻读圣贤书，参加科举应试呢？清朝歙县人曹学诗在《江村文会义田序》中说：“书香腾鹊起之家，比屋尽云蒸霞蔚。……然而鹤粮未足，何由负耒横经？萤焰犹微，安得读书烧叶？叹孤寒之有志，编蒲则大泽飘零；嗟劝勉之无资，拾橡则空山偃蹇。假若家空担石，忍饥频嚼梅花，安能室聚图书，啸咏长吟香草？”

这一段诗一般的语言，充分说明了经济与学习的关系。一个青年才俊在 40 岁以前打拼谋生，劳劳碌碌，生活无着，何以有时间攻尖克难，攀登人文、科学的殿堂，折桂摘月。一个人旺盛的学习力、创造力毕竟都在青年时期。这个时段一过，精力不支，精神退化，再要有所大成是艰难的。

徽州人解决贫寒人家学子才俊们束修、膏火来源，也就是学费的来源，主要有两个途径，一是利用族产，一是依靠徽商捐助。

1. 族产对士子才俊的经济支持

明清时期，徽州宗族基本上都是“族必有产”。其族产一般包括族田、山场、塘陂、房屋、水碓碾坊等，有些还有现银生息。族产属于宗族的公共财产，不允许析分和典卖，只允许进不允许出。因此，徽州宗族的不动产是很多的，到清末时，徽州百分之六十以上的土地山林都是各宗族资产。这在全国范围内也是少有的。族产的收入一部分用于族内公共事务，如用于祭祀祖先、修葺祠堂、增修族谱、修桥铺路、族内公共活动费用、赡济贫困；另外一部分用来开办义塾、书院，补助贫寒子弟入学所需的笔墨膏火之资及赶考应试的车马船费。

如歙县潭渡孝里黄氏宗族在族谱“祠祀”中记，从族产中“开支修脯、敦请明师、开设蒙学，教育各堂无力读书子弟”。歙县东门许氏宗族在家规中明确规定：“今后凡遇族人子弟肄习举业，其聪明俊伟而迫于贫者，厚加作兴。”从族产收入中“每月给以灯油、笔札之类，量力而助之……庶其人之有成，亦且有光于祖也”。黟县《鹤山李氏宗谱》卷末《家典·置学田议》更是明确地论述道：

> 族之兴也，必有贤子孙为之纲纪。子孙之贤，必先纳之党塾之中，俾读圣贤之书，明义理之归，授之成法，宽之岁月，涵育熏陶，而后人才有所成就。然方其入学也，有修脯执贽之仪，有礼傅膳供之费；及其长而能文也，则有笔札之资、图籍之用、膏火之需；其出而应试也，则有行李往来之供；其从师访友也，则有旦夕薪水之给、朋友庆吊酬酢之情。故欲教之使之有所成就，尤必先有以资其养，使之有所藉赖而率其业。是故得所养则所谓修脯执贽、礼傅膳供、笔札膏火、行李往来、旦夕薪水、庆吊酬酢之费皆有所出。其暴弃者不足道。有志之士则莫不诗书风雅，大之观光上国，作宾王家；次亦侧身庠序，不失为识理之君子。不得所养，则费无所出，其昏愚者不足论，聪明才俊之子，埋没于贫窭之中者，不知凡几矣。……人有养而后定志于学也。今欲其定志于学而无以资之，亦殊非祖宗所以培植人才之至意也。……而在善体祖宗之意以教育一族之

人才，自宜创立学田，垂之永久，使世世子孙有所凭藉而为善。

看这一段族记，说得多好啊！为光大宗族，培养才俊子弟，李氏宗族创立学田族产供子孙读书，将子孙从入学到应试，到应酬，到车马舟船等各项费用全管了。可以说这时徽州李氏宗族的才俊子弟，如读书可造就，从入蒙学，到登科举，蟾宫折桂，一切学费全免了。学而无后顾之忧，有经济基础，能不出人才吗？

学习是要花钱的。明清科举考试的用度亦是不菲。据明嘉靖、万历时人王世贞在其《觚不觚录》中介绍："余举进士，不能攻苦食俭，初岁费将三百金，同年中有费不能百金者。今遂过六七百金，无不取贷于人。盖贽见大小座主，会同年及乡里，官长酬酢，公私宴酌，赏劳座主仆从与内阁吏部之舆人，比旧往往数倍……"

这是明朝后期的情形，而"清代物价持续上涨，各项费用大增，科考支出大概非千金不办"。这是范金民先生在 1998 年由南京大学出版社出版的《明清江南商业的发展》一书中所言。

再看清道光初年任绩溪知县王日新所言："宾兴之岁，大江南北两省之士皆试于金陵，而水陆兼程，道里之远，徽州为最。徽属如歙县、休宁富甲通省，又有公捐乡试经费，赴举者最多，科名亦最盛。绩溪于府属独为硗瘠，士多寒素，艰于行走，就试者最少，非无积学宿儒，往往兀守里闾、老于牖下。或遂谓地本无才，非通论也。"（见道光《徽州府志》卷三《学校》）

再看徽州《明经胡氏龙井派宗谱·祠规》中对宗族士子的具体资助办法："至若省试盘费颇繁，贫士或艰于资斧，每当宾兴之年，各名给元银二两，仍设酌为饯荣行。有科举者全给，录遗者先给一半，俟入棘闱，然后补足。会试者每人给盘费十两。"

从以上举例不难看出，举儒业、求仕进是要花费银钱的，而且花费不小。徽州士子才俊有宗族支持，有雄厚的物质基础，没有后顾之忧，可以一心向学，参加科举考试。这正是明清徽州进士人数多于其他府的一个重要原因。

2. 徽商捐献对兴学办教的支持

徽商在“崇儒重仕”的宗族传统观念影响下，经商致富后，为了显亲扬名，为了“亢宗”“大族”，多数都慷慨解囊，建书院、设义学、捐考费，从而为宗族子弟和乡里学子提供了雄厚的物质基础。徽州书院多、义学众，举人、进士、状元大大多于山西各府州，位居全国前列。这与徽商提供雄厚的物质基础是分不开的。如明朝休宁商人吴继良“尝构义屋数百楹，买义田百亩”，为宗族建明善书院；清代休宁商人程子谦“买腴田为祖祠公业，积其息以给族子之赴试者”，又为县中诸生捐输科举费用。清歙县商人吴景松，“以茶业起家，晚年归里创崇文义塾，斥万金购市屋七所，收其租直以资族中子弟读书”。婺源王廷鉴独建双杉书院，并捐腴田70亩，“以赡族中读书、会课、膏火、考费”，如此等等。在古徽州，可以说经商致富后无商不重教，无商不捐输资学。徽州各书院、私塾，无一不是在徽商的慷慨解囊捐助下兴建、翻修、运行。其琅琅读书声后，是徽商白花花的银子在作响；其中举入宦的仕子，是徽商沉甸甸的银子在支撑；其中多数人本身就是商人子弟，是商人用银子铸就出来的。

徽商在家乡是如此慷慨捐输，在经商侨寓地也是纷纷慷慨解囊，兴学资教。如徽商在扬州的祁门人马曰琯、马曰璐两兄弟，号称“扬州二马”。他们生活于康乾盛世，不仅独家捐资修建了扬州最有名的“梅花书院”，而且在他们所居住的扬州东关街筑别墅“街南书屋”，又称“小玲珑山馆”，藏书百橱，计8万余卷。乾隆三十八年（1773年）朝廷下旨采访天下遗书，编写《四库全书》，马曰琯之子马振伯进贡藏书，可备采择的书目，竟有776种，可谓天下之最。马氏二兄弟同时还是版本学家，曾费金无数精校细刻词人朱彝尊的《经义考》、许慎的《说文解字》《玉篇》等书，天下称为“马版”。

再如，康熙三十三年（1694年），徽商在素有“九省通衢”的汉口，就举侨寓汉口众徽州商人之力，兴建了紫阳书院（又称新安会馆），历经12年始建成。乾隆六十年（1795年），又开始重修扩建，亦历10年而后成。汉口紫阳书院是一个工程浩繁、耗资巨大的工程，从肇始兴建，到后来多次重修扩建，耗费银两不计其数。仅在嘉庆年间，为开通书院东面的道路工程，就用银15000两。书院内有文昌阁、魁星阁、藏书阁，是当时寓居汉口徽州人的文化教育中心。嘉庆时翰林院庶吉士，婺源人董桂敷在《汉口重修新安书院碑记》中说："余维书院之建，一举而三善备焉：尊先贤以明道，立讲舍以劝学，会桑梓以联情。"可以说是对徽商汉口书院功能的精辟概括。

从以上侨寓扬州、汉口徽人对书院文化的重视，我们亦可看出徽州人不论是在家乡的一府六邑，还是在侨寓之地，都非常重视对子弟的教育。由此也不难理解徽州人在寄籍地考中进士、状元多的缘故。

（四）书院众多，声誉斐然

在我国封建社会时期，地方教育分为官办和私办两种。官办的府、州、县学，称为官学；独立于官学系统之外的为私塾、社学、书院，与今日的民办、私立学校相似。当然，书院也有官方政策的支持、官方银钱的资助，但多数都是以捐输为主要经济来源，由民间自主经营管理。

书院，也称精舍，是聚徒讲学的教育场所。一般设山长（院长）1人，由当地绅士共同商议延聘品学兼优、深孚众望的名师硕儒担任。另设监院1人，斋长2人，书役6人。山长都兼任主讲。清乾隆皇帝在上谕中说："凡书院之长，必选经明行修，足为多士模范者，以礼聘请。""嗣后书院讲席，令督抚学臣悉心采访。不拘本省邻省，亦不论已仕未仕，但择品行方正，学问博通，素为士林所推崇者，以礼相延。"

■ 歙县紫阳书院

书院的主要功能是以科考为主，教育士子学习"四书五经"，研习八股文，以参加科举考试，中举入仕。据《大清会典事例》卷三九五《礼部·学校·各省书院》记，乾隆九年（1744年）议覆："嗣后书院肄业士子，令院长择其资禀优异者，将经学、史学、治术诸书，留心讲贯，以其余功兼及对偶声律之学。其资质难强者，具令先工八股。""至每月课试，仍以八股为主，或论，或策，或表，或判，听酌量兼试。"

书院教学的特点是将讲学和研究结合起来。一般都保持独立思考、自探学理、自由研究的学术风气。书院既是教育活动的场所，又是著名学者研究交流学术的阵地。如朱熹曾两次回到歙县紫阳书院讲学。戴震曾于乾隆三十四年（1769年），偕同他的得意弟子、文字训诂学家段玉裁到山西讲学。戴震应聘到汾州府修纂《汾州府志》，段玉裁则应聘到寿阳县受川书院任主讲。

书院的教学质量和声誉一般高于官学。清末建立新学堂，不是以府、州、县学中的官学为基础改办，而是以书院为基础创办的。《清史稿·选举志》中讲："儒学寖衰，教官不举其职，所赖以造士者独在书院，其裨益育才非浅鲜也。"当时一些主张改革教育制度的有识之士也认为："各省学官，有名无实，惟书院一席，乐群敬业，成就较多。"（陈炽：《庸书·学校》）所以在清末"废科举、兴学堂"的形势下，书院以其教学质量好、影响大、管理细而成为创办新式学堂的基础。

山西省在有明一代书院发展到40多所，有名的主要有三立书院（太原）、河东书院（运城）、上党书院（长治）、文清书院（河津）等。在有清一代，山西省的书院据光绪本《山西通志》《晋政辑要》以及府、州、县志的记载，截至光绪年间，山西省有书院111所，有名的有晋阳书院（太原）、令德书院（太原）、平阳书院（临汾）、崇实书院（五台县）等，其中乾隆年间创办的多达55所，占到一半。书院在分布上，多集中在省会太原和河东地区。书院的创办人、倡导

■ 晋溪书院

者多为地方官吏，趋向官学化，但其组织管理、经费来源还都是以民间为主。

那么，徽州的书院有多少呢？据叶显恩教授统计，明清两代徽州6县共有书院54所，一说93所（李琳琦：《徽州教育》），康熙年间《徽州府志》记：当时徽州有社学562所，县塾5所。“新安讲学书院较他郡为多。”有名的有兴建于宋朝的歙县紫阳书院，宋理宗曾亲自为书院题名，王阳明为书院题词，书院里刊刻着朱熹的《白鹿洞书院揭示》，还有康熙御书“学达性天”、乾隆御书“百世经师”两块匾额，是徽州最有人气、具有领袖众院的书院。歙县雄村的竹山书院，是寓居扬州的八大盐商之一曹景廷、曹景宸兄弟遵父命回乡所建。这所竹山书院，仅明清两代雄村曹姓学子中举者就多达52人，其中还有状元1人，走出了曹文埴、曹振镛父子两个尚书。书院中一副有名的对联是：“竹解心虚，学然后知不足；山由篑进，为则必要其成。”

绩溪县的桂枝书院，建于宋景德四年（1007年），是安徽历史上最早的书院。据统计，这个书院历史上有40多人考中举人、进士，出现过20多位著书立说者。著名新文化运动的领导人胡适先生自小就是在此书院启蒙就读的。

■ 绩溪《桂枝书院遗址碑记》

此外，黟县的碧阳书院，休宁的还古书院，婺源的明经书院，祁门、休宁、绩溪的东山书院，歙县的斗山书院，都是非常有名的。难怪人们要称徽州为“东南邹鲁”“程朱阙里”。

（五）子弟向学，刻苦努力

再好的居住环境、再好的物质条件、再好的遗传基因、再好的宗族组织对教育的重视，都是外部条件。学习的关键还在于自身的努力，在于自身主观能动性的发挥，在于一个人自己有自强不息、一心向学、争强好胜的奋斗精神。历览前贤圣哲、举人进士、三元学魁，凡学有成就、蟾宫折桂者，无不都有一番刻苦攻读、十年寒窗的求学经历，无不都有一股矢志不渝、百折不挠、坚韧不拔、屡挫屡奋的徽骆驼精神。

状元黄轩，清休宁古林村人，乾隆三十六年（1771 年）状元，授翰林院修撰，掌修国史，又奉召入值上书房，后在四川督办军粮病卒。他幼年家贫，身为农家孩子，自幼喜好读书，为了集中精力，不受干扰地苦读，每天早早用梯子爬上家中堆放柴草的阁楼，然后让家人将梯子抽去，自己一整天在阁楼上苦读，吃喝拉撒一天都在阁楼上，到晚上才让家人送来梯子把自己接下去，大有壮士断腕、破釜沉舟之气概。

■ 吴锡龄

状元吴锡龄（？—1776 年），清休宁大斐村人，乾隆四十年（1775 年）状元，授翰林院修撰，掌修国史。其幼年经历比黄轩还凄惨，状元及第后其寿命比哪个都短暂。其幼年时父母双双早亡，父亲去世时吴锡龄年仅 3 岁，靠哥哥吴长龄抚养成人。哥哥长龄本也是增贡生，很有前途，但为了侍奉继母陈氏，抚养弟弟锡龄，毅然放弃了自己的学业，替人当账房先生挣钱养家，为吴锡龄延请名师讲授经书。锡龄见哥哥如此任劳任怨，对自己这般关爱呵护，既感动又愧疚，便更加发愤地读书，丝毫不敢懈怠。他的读书学习生涯，是靠村中族人的善良纯朴、接济吃饭穿衣、施舍书籍膏火得以继续的；是靠村中私塾先生怜孤惜才，免除束修，常利用业余时间免费给他启蒙讲学得以学成的。他的进京赶考，一应盘缠花费，应酬答谢，也是靠族人集资、供给钱款得以完成而功成名就的。幼时，他常常在野外苦读，饿了挖野菜充饥，渴了喝渠水润喉，见族长儿子读书，便躲在隐蔽处听讲；没钱买书，就向人求借回家抄录，有时甚至跑百十里路借书而乐此不疲。刻苦攻读，一心向学，终于使他学业猛进，一路高中，直至大魁天下，夺得状元。吴锡龄由于连年苦读，幼时营养不好，中举人后授内阁中书，很快又到军机处任职，历三年又夺得天下第一，可惜身体不好，已患痨病至晚期。就在 1775 年 3 月，乾隆皇帝在紫禁城太和殿丹墀下召见新科进士状元时，见吴锡龄眉清目秀，心中已有几分喜爱，便有意要考一考他，便突然问道："那日大典，历经诸多宫殿，其中名联佳句可还记得？"吴锡龄随机一一答出前宫后院的名联佳句，乾隆皇帝禁不住高声赞叹："过目不忘，真乃奇才也！"然而，就是这次面试，吴锡龄不知是因为过分紧张，还是过于劳累，竟然当场猛咳一声，口吐鲜血。乾隆皇帝大吃一惊，关切地问是老毛病还是新创伤。吴锡龄不敢隐瞒，便照实说是旧病复发，但不碍事。皇帝随后赐他参汤一碗、御酒三杯，以示关爱。但他终因积年劳心劳思，身体不好，痨病已至晚期，药汤已无力回天，点状元不到一年后就不治身亡。乾隆皇帝闻知后，不禁叹道："可惜徽州吴状元。"这不能不让人唏嘘哀叹。

■ 私塾

状元戴兰芬（1781—1833 年），清休宁城北人，寄籍安徽滁州天长县。此前他祖辈十四世都是秀才，他曾于嘉庆十三年、十六年、十九年、二十二年、二十四年、二十五年（1808 年、1811 年、1814 年、1817 年、1819 年、1820 年）六次参加会试，结果都没有入围，连续六次落榜，心里颇不是滋味，但他屡挫屡奋，矢志不渝，终于在道光二年（1822 年）年已 41 岁时高中皇榜，一举成为新科状元。

当然，也有满腹经纶而在科举场上屡试不第的人。如休宁戴震，也是六试不第。但他并没因此沉沦，仍然好学不厌，著述不断，一生钻研学问，终成乾嘉学派的领军人物、有名的考据学大师。其在学界历史上的贡献和地位不亚于任何一个状元，是有清一代我国最有名的学术大师。

（六）硕彦大儒辈出，致力教育不倦

徽州自南宋以来，人称“东南邹鲁”，儒学盛行，文风昌盛，薪火相传，师资力量极为雄厚，代有名师大儒诞生其间，而且多是变革转折的领军式人物。他们不仅推动了徽州一府六邑的教育发展，为徽州培养出众多举人进士状元、翰林尚书宰相，而且影响了全国文风，推动了全国教育的发展，影响波及数百年。探究徽州人文鼎盛的缘由，这是尤为重要的一点。

在我国封建社会，读书人学而优则仕，仕而优则学，中举及第之前，往往边学边教，以坐馆授徒为业；成名之后，仕宦之余或致仕之后，又多以讲学著述为业。现将南宋以来徽州有影响的大教育家述要于下，其立言、立说、立教，影响极为深远。

朱熹（1130—1200 年），南宋人，祖籍徽州婺源，生于福建南剑（今南平）尤溪县。他科举中进士后，在朝内做官 40 天，在外做官 27 年，其余时间都在从事讲学和著述活动。即使在外为官，也十分重视振兴地方教育。朱熹一生著述不止、讲学不辍。他从程颐、程颢学说中吸取营养，构建起了以“理”为最高哲学范畴的客观唯心主义哲学体系，世称“程朱理学”。他的《四书章句集注》自宋以后，立于学官，是元、明、清三朝科举考试的范本、教科书，对宋以后的我国教育事业发展产生了重要的影响。他的以“明人伦为本”的教育目的论，就是认为教育是“教人做人”“正心诚意”“明天理去人欲”，同时又提出了道德修养的五点方法论，即“居敬”“穷理”“存养”“省察”“力行”。他抨击当时以科举入仕为目的的教育为“干禄蹈利，忘本逐末”。他提出了教育要按照

人的年龄、心理以及理解能力分为“小学”“大学”两个阶段的理论；提出教学方法要重视启发式教学、因材施教，温故而知新；总结出了六条读书方法，即“循序渐进，熟读精思，虚心涵泳，切己体察，着紧用力，居敬持志”。朱熹生前曾三度回到故乡——徽州扫墓并讲学于紫阳书院，在徽州子弟众多。他的学术、教育、读书思想被后世士子奉为读书为学的圭臬。他的《朱子家训》在徽州被人们奉为生活准则，如休宁茗洲吴氏就在家典中谆谆告诫后人：“我新安为朱子桑梓之邦，则宜读朱子之书，取朱子之教，秉朱子之礼，以邹鲁之风自持，而以邹鲁之风传若子孙。”

陈栎（1252—1334 年），元代休宁人，安贫乐道，学宗程朱，辛苦从教 60 年，并于从教之余潜心治学与撰述。性孝友，日用之间，动中礼法。与人交，不以势合，不以利迁。善诱学者，谆谆不倦，新安名儒朱升、倪干毅，皆是其学生，以布衣终。

朱升（1299—1370 年），元末明初休宁人。自幼力学，至老不倦，博洽经史，尤深于《易》。元至正元年（1341 年）举于乡，授池州路学正。后避兵乱，隐居于歙县石门山。曾讲授于休宁商山书院。其治学严谨，所撰一有疑义，即行毁弃。天性刚直，不肯苟同。人受其责者，因其出以公心，亦未尝怨也。元至正十七年（1357 年）朱元璋攻占徽州，召问时务，朱升建言“高筑墙，广积粮，缓称王”三策，被嘉纳。

■ 朱升

郑玉（1298－1358 年），元代歙县人，“幼敏悟嗜学”，“应进士举不利”后，即绝意仕进，而勤于讲学授徒。朝廷曾征召其为翰林待制、奉议大夫，他都称疾不赴，一生只以讲学著述为乐。他曾在《上鼎珠丞相》一文中说：“某自幼知非用世之才，又乏过人之识，故弃干禄之学，绝进取之心，投迹山林，躬耕陇亩，自食其力，无求于人。暇则诵诗读书，以著述为乐。”他在家讲学，“学者门人受业者众，所居至不能容。学者相与即其地构师山书院以处焉”。

■ 郑玉

郑玉的教育思想，一是认为培养人才应以德行为本，教育的最高目的就是培养摒弃私欲、静动相依相合、心中唯存“天理”、行动合乎“天德”的圣人。反对秦汉以降的训诂辞章之学和科举之学。他说：“古之学者，忧道而不忧贫，正谊而不谋利。苟其心俯仰无所愧怍，达则推己及人，穷则独善于己，所谓天地万物皆吾一体，以之参赞化育可也，以之垂世立教可也。”

二是主张“和会朱陆”，兼收并蓄，不存门户之见。对于各种学派、讲学家和后学者应去短取长，不应囿于学派之见。元代，崇信朱熹和陆九渊的两派学者往往各执一端，相互攻击，势若水火。郑玉对此非常不满和忧虑，他说：“近时学者，未知本领所在，先立异同，宗朱则毁陆，党陆则非朱，此等皆是学术风俗之坏，殊非好气象也。”他认为：“陆子之质高明，故好简易；朱子之质笃实，故好邃密。”朱陆“同尊周孔，同排佛老”，“大本达道，岂有不同者”，“学者自当学朱子之学然亦不必谤象山也”。（陆九渊〈1139—1193 年〉，南宋金溪县人，号象山，字子静，自号象山翁，世称象山先生。）

三是主张教育应坚持耕读相兼、学用结合的原则。耕读相兼可使学者知稼穑之艰难，农者知礼义之所出，如此则可“人情自厚，风俗自淳”“自食其力，无求于人”。提倡教育不能脱离社会生产实践，不能脱离现实，不能远离社会，在象牙塔里打转转，而要与火热的社会生产实践紧密结合。教育学生要学以致用，以用为本。他说：“幼而学焉，壮而行焉。盖幼而不学，则无以穷天下之理而致其知；及其壮也，不究之用，则亦何以为学哉！未有用而不本之学，学而不究于用者。”

四是主张读书与游历相结合。读万卷书，行万里路。他认为游历不仅可以广其闻见，增长才干，更重要的是可以开阔胸襟，陶冶情操，净化心灵，养浩然之气。他在《送张伯玉北上序》中说："夫人之生也，岂徒然哉！必有异闻而后可以为耳，有异见而后可以为目，操笔弄墨而后可以为手，跋涉道途而后可以为足。不见王公大人则异见何由而广，不闻高谈阔论则异闻何由而至；不能咏歌当世之事，议论古今之得失作为文章，传之后世，则虽操笔弄墨，所书者不过闺门柴米之数而已；不登名山大川，以尽天下之奇观，虽跋涉道途，不过经营钱谷之利而已。……渡淮而北，泛黄河，足以发吾深远之思；登太华，足以启吾高明之见；历汉唐之遗迹，足以激吾悲歌感慨之怀；见帝城之雄壮，足以成吾博大弘远之器识。然后见朝之王公贵人，两院之学士大夫，与之议论当世之事，铺陈古人之得失，得志而归，当不与碌碌者比。"看此妙文，将游历与学习写得多么美啊！

五是在学习方法上主张大处着眼与小处着手相结合，释疑与阙疑相结合，文与理相结合。大处着眼，是告诫学者应知"大本大原之所在"，不能学成书呆子，从故纸堆里钻不出来，单就学习论学习，成为书虫、腐儒，尽信书而不能学以致用。小处着手是要教授者"近且小者教之"，然后推而广之，举一反三，使之循序渐进，日积月累，最终进入知识的海洋。他说："但自学者而言，不因其近且小者教之，而使之识其端倪而推广之，以求进夫是域；而遽以全体语之，则将浩瀚无涯而不知所适从矣。是教人法也。"释疑与阙疑结合，是告诫学者们的为学之方。即释疑纠谬必须建立在博闻和稽考的基础上，以事实为依据；如果无从质证，无所考据，那么宁可阙疑，而不可先立一说。文与理的结合是讲言必有物、文以载理，不应无病呻吟。郑玉说："至吾新安朱夫子集儒之大成，论道理则必著之文章，做文章则必本于道理。昔之尼者行、障者明矣。信乎有德之必有言。文章为贯道之器，而非虚言之谓也。"这就是讲究文风，讲究文章的功能与作用。

六是在道德修养方法上，主张居敬存善和自诚不欺。居敬存善指平时居住，日常生活中要"敬一""主一"，不能朝三暮四；要心存善心、善意，去除恶心杂念。自诚不欺是他认为天地万物之间，四时轮序、春生秋杀，草木生长、动静消息，都是出于一个"诚"字。人灵于万物，只有自诚不欺，才能实有诸己，才能存天理、灭人欲，最终达到人心与天理合二为一的境界。

元至正十八年（1358年），朱元璋率部攻陷徽州，欲征聘任用郑玉，郑坚辞不从，拒不归附，并曰："吾岂事二姓者耶?"随被拘囚。郑玉被囚后曾"闭户高卧，不食七日"。后具衣冠北向再拜，遂自缢而亡。自我达到了"从容就义，以全节义"，不事二主，配乎天德。但在元朝的腐朽统治下，江南汉人多受欺压，农民起义风起云涌，郑玉不观天下大势，不奋起顺应时变，是其迂腐不知大义，仍是站在统治阶层既得利益上的知识分子。

■ 江永

江永（1681—1762年），字慎修，清康熙、乾隆间婺源江湾人。江氏先祖本姓萧，是梁昭明太子萧统之裔，唐末渡江避乱于歙县黄墩，后易江姓，徙居婺源之江湾。江永平生科场不利，屡遭家难。其21岁中秀才，34岁补廪生，63岁为贡生。29岁丧母，后相继丧父、丧子、丧妻。父卒后曾因生计困顿，寄居舅氏家中。江永一生安贫乐道，力学致教，治学态度严谨，以考据见长，善于比勘，开皖派经学研究之风气，尤邃于《三礼》及天文、历数、音韵之学。在天文学方面，他已有太阳引力的观点，指出"五星皆以日为心，如磁石之引针"。尝取猪尿泡、置黄豆，以气吹鼓满而缚其口，豆浮正中，益信地如鸡子黄之说。在音韵学方面，他是继清代音韵学鼻祖顾炎武之后的又一大家，著有《古韵标准》。梁启超说："要之，乾嘉以后言古韵者虽多，而江、戴门下薪火相传，实为其中坚。"江永一生教授于乡间，致力于讲学、著述、科研、考据，当时徽州有名的子弟多从其学。其门生弟子有戴震、金榜、程瑶田等。

戴震（1723—1777年），字东原，休宁县隆阜人，幼随父经营布业，来往于江西南丰、徽州之间。其一生贫苦坎坷，好学深思，过目成诵。乾隆二十七年（1762年）28岁时始中举人，此后七次会试不第，乾隆皇帝特命其与当年贡生一起参加殿试，赐进士出身，授翰林院庶吉士。戴

■ 戴震

震在其年 33 岁时，因其祖坟地风水之争，与族豪打官司，县令受族豪贿赂，欲逮捕治罪，乃被迫连夜只身逃往京师避难，寄居歙县会馆，“困于逆旅，馇粥几不能继，人皆目为狂生”。后为生计，曾应直隶总督方观承之聘，到保定莲池书院，修撰《直隶河渠书》110 卷。复又应聘至山西修纂《汾州府志》和《汾阳县志》。戴震在京时曾借馆于翰林名师纪昀家。乾隆三十八年（1773 年）由纪昀等举荐，入四库全书馆纂校古书。在四库馆 5 年，校订天文、算术、地理等古籍近 20 部。他“晨夕披检，靡间寒暑”，至乾隆四十二年（1777 年）春，终因积劳成疾，足疾加剧，双脚已不能走动。一日感心中烦闷，欲吐而不能，服庸医开具的一两黑山楂催吐，致病情恶化，卒于北京西苑范氏颖园，终年仅 54 岁。

戴震自幼至老嗜书成癖，博闻强记，学识过人。对经史百家、天文数学、历史地理造诣精深。尤精古韵、字义、制度、名物，是“乾嘉学派”的领军人物。清乾隆、嘉庆年间出现的研究训诂考据之经学派系，推崇两汉朴学之风尚，致力于训诂辨伪，与宋明理学相对称，史称“乾嘉学派”，又称“朴学”或“汉学”。

戴震治学力主求是、证实、专精。“由故训以明义理”，“实事求是，不主一家”，“不以人蔽己，不以己自蔽”。他说：“学贵精不贵博，知得十件而却不到地，不如知得一件却到地也。”

戴震是朴学的集大成者，又是我国历史上杰出的唯物主义哲学家，被誉为“中国的费尔巴哈”。他反对自己的徽州老乡——先贤朱熹以天理压人欲，批驳宋儒“理在气先”的观点。他肯定世界为物质的“气”之变化过程：“气化流行，生生不息。”“一阴一阳，盖言天地之化不已也，道也。一阴一阳其生生乎，其生生而条理乎？”他肯定只有人才具有认识和掌握自然规律的能力：“夫人之异于物者，人能明于必然，而物之生各遂其自然也。”他看到感性认识和理性认识的区别和联系，提出“耳目口鼻之官接于物，而心通其则”。毛泽东 1937 年 7 月在延安窑洞写出的

《实践论》副标题就是“论认识和实践的关系——知和行的关系”。其中讲道：“任何认识的来源，在于人的肉体感官对客观外界的感觉，否认了这个感觉，否认了直接经验，否认亲自参加变革现实的实践，他就不是唯物论者。”1963年5月，毛泽东在《人的正确思想是从哪里来的》中讲得更为明确：“无数客观外界的现象通过人的眼、耳、鼻、舌、身这五个官能反映到自己的头脑中来，开始是感性认识。这种感性认识的材料积累多了，就会产生一个飞跃，变成了理性认识，这就是思想。这是一个认识过程。”从毛泽东的这两段论述，不难看出其中对戴震学说的借鉴和扬弃。

戴震反对宋儒以来理学家“去人欲、存天理”的说教，以“理存于欲”为命题，大声疾呼“后儒以理杀人”。他说，在理学的禁锢下，“尊者以理责卑，长者以理责幼，贵者以理责贱，虽失谓之顺。卑者、幼者、贱者以理争之，虽得谓之逆”。戴震又控诉：“人死于法，犹有怜之者，死于理，其谁怜之。”“所谓理者，同于酷吏之所谓法。酷吏以法杀人，后儒以理杀人。”

戴震一生虽穷困潦倒，为衣食生计不得不授徒、修志，奔走于江西、江宁、京师、直隶、山西、扬州、浙江金华等地，为地方修志、讲学、坐馆；但著述丰硕，有《原善》《论性》《声韵考》《孟子字义疏证》等，影响广大。后人章学诚称戴震关于天人理气之说“实有发前人所未发”。章太炎称戴震是位“具知民生曲隐”的思想家。“专务平恕，为臣民诉上天”，是“其言绝痛”的为民请命的哲学家，其启蒙意义不亚于欧洲的卢梭和孟德斯鸠。梁启超说：“戴东原先生为前清学者第一人，其考证集一代大成，其哲学发两千年所未发。”笔者研学戴东原先生，每为其经历所感动。他天资绝代聪颖，过目成诵，但生活于平民之间，于举业不顺，屡试不第，家遭族豪诬陷，不得不颠沛流离，寄命于游历、坐馆、授徒、修志，常常接近社会生活、接近普通民众，故其所言所述、哲学思想能发两千年所未发，具有反潮流、惊世俗、振聋发聩的意义。如果他的物质生活能够更好些，他的寿命可以更长些，他的贡献更不知有多大矣。但即便如此，他也是彪炳史册的哲人大儒。

胡适（1891—1962年），绩溪上庄人。原名嗣穈，行名洪骍。宣统二年（1910年）考取公费赴美留学生，赴美留学时改名适，字适之。在美国康乃尔大学攻读，获文学学士。后入哥伦比亚大学攻读哲学，受业于实验主义哲学家杜威，获哲学博士。后又荣获世界各大学35个荣誉博士学位称号，在海内外影响很大。1917年，他26岁时，经陈独秀推荐即任北京大学教授，后历任文学院长、校长，中华民国驻美大使，台湾“中央研究院”院长等职。1949年去美国，1958年去台湾，1962年2月24日在台北病逝。

■ 胡适

胡适是新文化运动的肇始者、主将、旗手。他提出了文学革命的八个条件：“年来思虑观察所得，以为今日欲言文学革命，须从八事入手。八事者何？一曰不用典，二曰不用陈套语，三曰不讲对仗（文当废骈，诗当废律），四曰不避俗字俗语（不嫌以白话作诗词），五曰须讲求文法之结构，此皆形式上之革命也。六曰不作无病之呻吟，七曰不模仿古人，语言须由我在，八曰须言之有物。此皆精神上之革命也。”这是他给陈独秀的信。此信在陈独秀主办的《新青年》二卷二号上发表后，立即在中华大地掀起轩然大波，掀起文学革命的热潮。随后胡适又发表了《文学改良刍议》，进一步断言：“然以今世历史进化的眼光观之，则白话文学之为中国文学之正宗，又为将来文学必用之利器。可断言也。”从此始，吹响了我国文学革命的号角。陈独秀继之撰《文学革命论》称：“文学革命之气，酝酿已非一日，首举义旗之急先锋则为吾友胡适。余甘冒全国学究之敌，高张文学革命大旗，以为吾友之声援。”此后，钱玄同、刘半农、周作人、鲁迅（周树人）、傅斯年等纷纷响应，并开始白话文创作。一时“举国趋之若狂”，“天下悦胡君之言而响之众”，“大家以适之为大帝，绩溪为上京”。这场白话文运动，“前空千古，下开百世”，彻底打破并改变了我国几千年来口说白话，手写文言文，或视白话小说、白话文不为文的思想观念，或说言道白“之乎者也”的酸腐陈醋之味。倘若没有胡适振臂高呼文学革命，我们现在也许还是冬烘先生之乎者也那一套。文化、文学等知识的领域还不能广泛地普及、受惠于广大民众，文化知识还掌握在少数陈旧的文人手里，中国还不知道要有多少文盲，文风亦还不知是什么样子。胡适之文学革命八个条件，事过百年，言犹在耳，对今天之官样文章，亦有警示作用。

胡适的哲学思想受其老师杜威影响，秉持实验主义哲学，强调方法论。为此，在治学上他提出“大胆假设，小心求证”的实用主义研究方法。他讲：“实验主义只是一种方法，只是研究问题的方法。”他的方法是“细心搜求事实，大胆提出假设，再细心求证”。不难看出，他的这个思想和徽州朴学代表戴东原是一脉相承的。

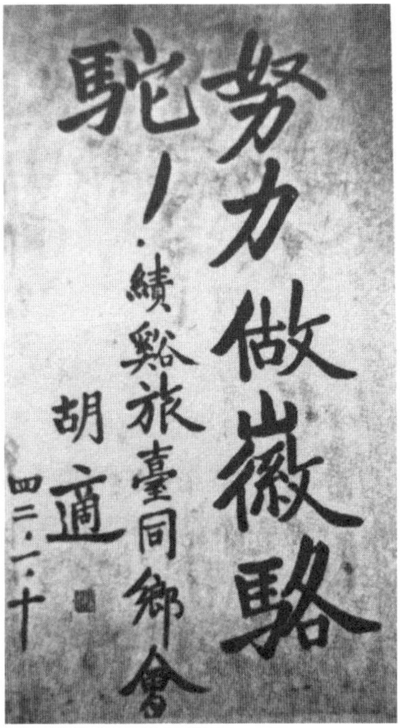

■ 胡适手迹

胡适一生著述颇丰，主要有《中国哲学史大纲》《白话文学史纲》《戴东原的哲学》《尝试集》（白话诗集）、《中国章回小说考证》及《胡适文存》一、二、三集等。言徽商为“徽骆驼”者即是胡适。

陶行知（1891—1946年），歙县黄潭源人，原名文浚，改名知行，又更名行知。与胡适同年，且同为美国哥伦比亚大学杜威的学生，与胡适同在民国六年（1917年）由美留学回国。他祖辈以劳动为生，家境贫寒，其父曾在休宁万安开酱园，后返歙务农，母亲佣工于歙县耶稣教堂。陶行知幼年学习课余，常随父挑瓜菜、柴禾到歙县城中去卖。或到教堂帮母亲做勤杂活。他聪颖勤学，能在三刻钟内背诵《左传》43行。崇一学堂校长见其聪敏好学、志向宏远，免费让其就读。他一生致力于平民教育，与朱经农合编《平民千字课本》，曾奔走于冀、察、苏、浙、豫、鄂、皖、沪、川等省，把平民教育输入军队、善堂、工厂、监牢和尼庵里。他认识到中国是农业大国，八分之七的人口在农村，旋又将注意力转向农村，在南京创办晓庄师范。他给学校的茅草礼堂题名曰“犁宫”，

■ 陶行知

配以“与马牛羊鸡犬豕做朋友，向稻粱菽麦黍稷下功夫”的对联。他遵循生活即教育，社会即学校，教、学、做合一的教育原理，与学生一起挑粪劳作。主张教育与生产劳动相结合，教育与社会生活相联系。他致力于“为整个民族利益造就人才”培养“新中国的小主人”，一生辛劳，“捧着一颗心来，不带半根草去”。为了办学，他四处化缘，开源节流，曾每天改吃两顿饭，或一天改吃三餐稀粥。他为《武训先生画像》题诗云：“朝朝暮暮，快快乐乐，一生一世，到处奔波。为了苦孩，甘为骆驼，于人有益，牛马也做。”他“爱满天下”“千教万教教人求真，千学万学学做真人”。去世后安葬于南京晓庄，毛泽东亲书“痛悼伟大的人民教育家陶行知先生”。宋庆龄誉他为“万世师表”。周恩来说他是“党外布尔什维克”。徐特立先生说，陶行知的教育学说“几乎与我们的教育事业全部一致”。江泽民讲陶行知的教育思想“与社会主义教育学息息相通”。陶行知曾在南京创办安徽公学，向安徽教育厅长提出推行平民教育的十项建议，发表致徽州同乡的公开信，提出“把徽州建设成东方瑞士”。今歙县城内建有陶行知纪念馆和行知公园，立有陶行知铜像，去徽州黄山歙县参观的人不妨去看看，瞻仰这位伟大的人民教育家、平民教育家、行知的楷模、廉洁的典范。他的精神、他的为人、他的行为，让人不得不深为感佩。

至此，从南宋朱熹，元代陈栎、郑玉，到明初朱升，清代江永、戴震，近代胡适、陶行知，可以见得并断言：徽州文脉相传、文风昌盛，南宋以降世有大儒圣贤诞生其间。他们不仅影响着徽州，而且影响着中国；不仅空前绝响于当时，而且影响流芳于后世。他们革故鼎新、标新立异，立言、立说、立教，教人做人求真求实，是中华民族历史长河中耀眼的先贤、伟大的圣哲。

（七）讲会活动频繁，学术交流活跃

明清时期徽州民间的讲会活动发达，制度健全，有力地促进了学术交流，提升了教学质量。讲会是书院兴起发展的产物，书院给讲会提供了相聚的场所；讲会是学者交流学术的阵地，通过讲会可以“析疑辩难”，立言立说，传播思想，扩大影响。徽州地区的讲会始于南宋时的朱熹，盛于明朝中叶王阳明、陈献章、湛若水心学的兴起，完备于清朝，独尊程朱理学。

据徽州《紫阳书院志》卷一六《会记》载：“朱子以庆元二年（1196年）归新安，与学者大会于天宁山房，是为徽州讲学之始。迨创建书院，元末明初，名儒迭兴，又立紫阳书院山长以主之。度其揖让周旋，升阶侍坐，相与析疑辩难，必多发明，而记载无征，无以昭示来兹，为可惜也。”

陈献章（1428—1500年），字公甫，广东新会白沙人，世称白沙先生，提出“君子一心，万理完具”“为学须从静坐中养出端倪”的思想。献章而后，明代心学分“王、湛两家”。

■ 王守仁

王守仁（1472—1529年），字伯安，浙江余姚人，世称阳明先生，提出宗旨“致良知”。湛若水（1466—1560年），字元明，广东增城人，世称甘泉先生，提出宗旨“随处体认天理”。心学的兴起，特别是王阳明的“致良知”学说的出现，打破了明初朱熹学说的一统局面，“学其学者遍天下”。到嘉靖、隆庆年间以后，心学已取代程朱理学而成为明中后期占全国主导地位的学术思潮。

王阳明的“致良知”学说认为：良知（即天理）是人人生来就有的，“良知之在人心，不但圣贤，虽常人

亦无不如此”，“愚夫愚妇与圣人同”，可以“不虑而知，不学而能”。因为良知存在于人心，所以“致良知”“亦不假外求”，不必像朱熹所说的那样“即物穷理”——“徒弊精竭力，从册上钻研，名物上考索，形迹上比拟”，而只需“正心”“格心”，让本有的“良知”“充塞流行”，澄明无蔽就行了。良知人人皆有，“致良知”人人可行，所以人人做得圣人。王阳明先生把良知这种唯圣人能致的圣物，下降到愚夫愚妇与圣人相同的普及地位，并让“致良知”这种圣贤功夫从庙堂、书斋，走向市井、村落。对此，普通民众和广大商人自然乐于接受，其由此得到徽州商人的资助、影从也是情理之中的事。

王阳明的“致良知”学说，冲破了士农工商职业上的贵贱高下之别，他认为“治生亦是讲学中事”，“但言学者治生上，尽在工夫则可”，“果能于此处调停得心体无累，虽终日做买卖，不害其为圣为贤。何妨于学？学何贰于治生”。他认为良知中也包含着“声色货利”。他曾言：“良知只在声色货利上用功，能知得良知，精精明明，毫发无敝，则声色货利之交，无非天则流行矣。”王阳明的这些论断，以及由此引申的儒贾之论，无疑适合了徽州人的心理需要，为徽州商业社会发展之急需，形成了儒贾相通的新的价值观念。

在徽州，王阳明心学的传播主要是通过到书院讲会、会讲的形式实现的。当时社会没有现代网络媒体、电视、报纸、广播，只有占领书院、讲会这个舞台和载体，以讲会授徒这种形式传播，才能取得话语权。王阳明的心学在明中晚期之所以能一统天下、深得人心，成为思想界主流，正是通过讲会得以实现的。讲会兴起后，湛若水及王门高徒即受邀或主动前往徽州升堂讲学。明末邵庶在《还古书院碑记》中说：“嘉靖中，南海、东越、西江言学六七君子结辙而入新都，过海阳，递式阙里，六邑之士多就之者。紫阳讲诵之风，视洙泗、河汾埒矣。”嘉靖时期，湛若水不仅亲自为其弟子祁门谢氏所建的讲会之所——神交馆（全交馆）作铭作记，而且亲往新安，先后在计山、天泉、中天等书院讲学。当时王阳明的弟子邹守益、王畿等到徽州宣教时，六邑师生云集书院，一般民众亦可旁听，听讲者常达百人、千人。其中徽商大族“若鲍、程、潘、胡、戴、谢、李、吴、方、洪、余、王氏”莫不热烈欢迎，与之积极切磋。绩溪葛文韶、张懋、李逢春等，追谒于歙县斗山书院，叩首对王畿言曰：

“某等深信阳明夫子良知之学，誓同此心，以此学为终始。惟先生独得晚年密传，窃愿有以请也。”又请王畿再到绩溪去讲学。这就为王阳明心学在徽州流传提供了广阔的社会基础。

明中后时期徽州讲会纷行，已有制度化、网络化的特点。讲会形式有书院讲会、坊乡（乡村和宗族）讲会、一县的邑会、一郡的郡会（六邑大会）和四郡大会。讲会制度规定院会一月举行一次，邑会一季度一次，郡会一年一次，徽州、宁国、池州、饶州四郡大会每岁暮春举于四郡之中，轮流办会。

讲会主要是为了交流学术，切磋思想，传播学说，相互提高。现采撷《龙溪王（畿）先生全集》中几段话证之：

卷二《斗山会语》记：“概惟离索之久，思求助于四方，乃者千里远徙，历钓台、登齐云、涉紫阳，止于斗山精庐，得与新安诸同志为数日之会。”

卷二《书婺源同志会约》记：“嘉靖丁巳（三十六年，1557 年）五月端阳，予从齐云趋会星源（婺源），觉山洪子偕诸同志馆予普济山房，聚处凡数十人。晨夕相观，因述先师遗旨及区区鄙见，以相订绎，颇有所发明；同志互相参悟，亦颇有所证悟。”

卷三《书进修会籍》记：“莲峰叶君尝作《见一堂铭》，盖取见道于一之意。君素抱经世之志，而化始于家。尝欲示法和亲，以敦睦为己任，限于年未就。公既殁，二子茂芝、献芝乃作见一堂于云庄之麓，谋于父兄子侄，倡为‘进修会’，以会族之人，相与考德而问业，以兴敦睦之化，承先志也。岁丁巳夏，予赴新安福田之会，二子既从予游。复邀入云庄，集其会中长幼若干人，肃于堂下而听教焉。举族兴义好礼，颙颙若是，可谓盛矣。”

清朝徽州讲会进一步发展完备，制度健全。书院讲会立有规约，会讲主旨尊朱宗孔，入会成员有资格要求，讲席之时有礼仪规范。讲会组织设会宗、会长、会正、会赞、会通等职。讲会日期为院会一月两次，以初八、二十三为期，巳时集会、申时散会；六邑大会“定期九月，以十三日开讲，十五日为文公生旦，黎明释菜，是日仍会讲终日，十六日散”。另对会员本身也提出自省自律的要求。

清朝建立后，为统治中原，研习汉文化，尊崇孔孟，又大力倡导程朱理学。徽州自为朱子之乡，一大批儒学俊彦决心自觉承担道脉传承，以宣扬程朱理学为己任，夺回在明中晚期被王阳明、湛若水心学所控制的徽州书院讲坛。他们“非朱子之言不发于口”，“日奉程朱之言”，“尤悯世之学者惑于陆王之庭，必力争反正而后已”，“穷诘理学，以程朱为的。……六邑会讲，壹以紫阳为宗，与诸会长先后迭主坛坫，抑王尊朱”。对入书院讲席者的入会资格严格规定，凡不尊朱宗孔者皆不得入会，“一洗前明之习，异学不得而托焉”，从制度上保证程朱理学在书院会讲中的霸主地位。

如《紫阳书院志·紫阳讲堂会约》记：“遵白鹿之规，本天宁之诲，总括以尊朱宗孔之大旨。”“立规之意，所责在人品真实，学术醇正，足以究身心性命之事，不在滥交游，侈人众也。丽泽兑君子以朋友讲习，若匪朋匪友，何讲何习乎？故紫阳立规甚严，会友必择，非过峻其门道庭也。一则鉴名流滥集，广通声气，后染无穷之祸；一则恐有类禅门登坛说法，大乱吾道之真……”

《紫阳书院志·紫阳讲堂会约》对入会者的资格要求如下：

> 一、崇正学。务经明行修、宗尚周程张朱之学，讲论悉符于践履，著述必本乎躬行，德孚闾閈，望重学林者，会长敦请赍院，阐印圣宗，以为后学标准。如侈谈二氏家言，为三教归一之说及阳儒阴佛者，不得入会。
>
> 二、敦实行。必居家孝悌，言行谨信，廉节自守，为乡党亲友所称许者，方延入会。
>
> 三、谨士趋。凡渎乱人伦，不矜名节及为利奔竞公门，居间作证，语言无实，刀笔讼师，一切所为有妨名教而欲登讲堂为名高，挟浮说以取胜者勿令入会。
>
> 四、严始进。凡有志入会者，必须会中老成为之介绍，预先告明会长。会长通知各邑会宗廉核，果如所告方延入会。
>
> 五、图晚节。凡从前附名在会诸友，或有为德不卒，败名丧检，内忝伦常，外辱坛坫，及在会不遵仪注，矛盾讪侮，散会后夸诞不经，欺诳流俗者，众议，不许复入，照旧规削除前名，仍追咎原介绍之友，记录一过。

入会资格审查严格，要求标准高。首重崇正学，管思想；又敦实行，看品德。既严初始，又图晚节；既管会内，又管会外。入会后，对会员亦有严格的自省自律要求，又据《紫阳书院志》记：

其一，入会后，凡会员“各置一编，曰《崇实录》，日行何事，接何人，念何书，吐何论，或善或不善，咸备录之，晓夜披阅，独觉醒然，会日呈堂共睹可畏”。并且指出：“无录，怠也；录善而掩不善，欺也。”

其二，规定会员须守“十二戒”：“学贵下，傲心宜戒；中贵虚，满心宜戒；功贵恒，怠心宜戒；入贵巽，躁心宜戒；养贵静，荡心宜戒；应贵直，机心宜戒；器贵宏，偏心宜戒；欲贵寡，贪心宜戒；用贵节，侈心宜戒；气贵和，忿心宜戒；人贵同，忌心宜戒；识贵超，习心宜戒。”

总括上述，徽州名儒辈出，道统传承。通过讲会制度可见徽州学术思潮的演变过程是：宋元时期“宗朱斥陆”，元末明初“和会朱陆”，明中叶“朱陆始异而终同”，明中后期“弃朱而入陆（王）”，清初至中期独尊程朱，清中叶后形成乾嘉学派，即朴学、考据学、训诂学兴起，清末至民国初年新文学革命、白话文运动席卷华夏，民国年间平民教育深得民心。道脉不断，薪火相传，正如胡适之先生讲徽州“每能得一个时代的风气之先”，素有标新立异开时代先河的领军人物。诸如朱熹、郑玉、朱升、戴震、胡适、陶行知等大家是也。

三、山西科举不胜的原因

相较于徽州科举兴盛，山西全省科举中试者少，状元在明清两朝更是没有一个。究其原因如下：

（一）地接大漠边关，民多尚武悍直

山西地处黄河东岸，东南两向太行巍峨耸立，西北两边地接大漠荒原，历史上历来是胡汉相争、兵家必夺之地。朱明王朝建立后，退居蒙古草原的元朝残余势力，不断侵扰掠夺，给山西北部人民生活带来极大的不安和动荡，几度直接威胁到北京城的安危。明初大修长城，在长城一线设立九边，其中两边大同镇、山西镇就设在今天山西大同市和忻州市的偏关县，而宣府镇、延绥镇也与山西交界。这样，山西北部既处于战争一线，又处于游牧民族与封建的农业社会的结合处，不断受到边关烽火的惊扰和掠夺，故而山西北部民风多尚武悍直，少习文科考。唐代政治家、史学家杜佑在《通典》中说："山西土瘠，其人勤俭。而河东魏晋以降文学盛兴，闾井之间，习于程法。并州近狄俗，尚武艺。"明成化年间编的《山西通志》卷二记，平阳府"君子忧深思，远小人，俭啬耳，甘辛苦，薄滋味，勤于耕织，服劳商贾。绛人……尚多勇敢；蒲解邻秦，其人乃有秦风；隰吉居山，其人多质朴、信实；霍人与平阳颇类"。其记晋中地区介休县曰："民性淳朴，俗尚俭素，勤于稼穑，颇好勇义，享礼极本，虽费不吝。"清朝光绪《山西通志》也记曰，大同府"俗尚武艺，风声气息，自昔而然"；辽州"其民信实纯厚，其俗则悍朴直"。辽州即今左权县。

从上述文献所记可知，山西以霍山为界，晋南地区与晋中、太原、雁北一带文化差异很大。霍山以北直至大同人多尚武艺，民风刚劲，习文者少。"清初，河东人曾称云中（雁北）人粗野少教；北路人曾言河东人较多心计，不够爽快。"（《山西通史》第5卷，山西人民出版社2001年版）该书又记：在山西，晋北除了代州外，文化普遍落后于晋南。代州真正通过读书获取功名者也主要局限于冯氏家族。晋北的大同府、朔平府、保德州、宁武府一带，虽然文教不盛，但由于历史上胡汉杂居，民族交融，通婚嫁娶，人们身体健壮，有尚武之风。青年人多以从军为荣。自明代以来，驻九边守关口，英勇拼杀于边塞者多是云中子弟，而偏关、宁武、崞县等晋北子弟也往往是官军中的主力。晋北少年善于骑马射箭，喜欢耍枪舞刀。据光绪《山西通志》卷九九记，当地"簪弁子

弟，服习弓马，给事麾幕，以列车骑材官之盛，且地近龙荒，土著从戎者十室五六，少小边庭之习气尔尔”。当时就有人言称山西南路出文吏，北路出将弁。据查，清代著名的武职官员如李国英、杜国庆等 26 人皆出于晋北，且以大同为最多。晋北本地人非常崇拜武官，讲到某某知府、道员、巡按时，他们不以为然，而听到某某都司副将时，立刻表现出羡慕之神色。如此尚武重武之多于习文尚文，自然科举中试一途人少了。

（二）人生理念不同，重商甚于重儒

山西科举仕宦者少，与山西人的文化背景、生活态度有关。他们中的从商者视商为业，在商谋商，心无旁骛，一心经商。通过经商创业，经过三五年的学徒生涯，也能过上体面的生活，过上比科举中试做个县官还要好的生活。因此，他们往往废弃十年寒窗苦读，不慕科考虚名，进入经商一行。山西民间谚语有许多重经商不重为官的话，诸如“有儿开商店，强如做知县”“买卖兴隆把钱赚，给个县官也不换”“生子可作商，不羡七品空堂皇”“宁站七尺柜台，不去衙门当差”“好好写字打算盘，将来住个茶票庄”“十年寒窗考状元，十年学商倍加难”等。雍正二年（1724年）九月，时任山西巡抚刘于义上奏称：“山右积习，重利之念，甚于重名。子弟俊秀者多入贸易一途，至中材以下，方使之读书应试。”雍正皇帝亦朱批道：“山右大约商贾居首，其次者犹肯力农，再次者谋入营伍，最下者方令读书应试，朕所悉知，习俗殊可笑。”（《雍正朱批谕旨》第四七册）

■ 刘大鹏

清朝末年，亦有山西人刘大鹏在其《退想斋日记》中说：“近来吾乡（太谷县）风气大坏，视读书甚轻，视商业为甚重，才华秀美之子弟，率皆出门为商，而读书者寥寥无几。甚且有既游庠序竟弃儒而贾者。亦谓读书之士，多受饥寒，曷若为贾之多得银钱，俾家道之丰裕也。”刘大鹏又云：“当此之时，凡有子

弟者，不令读书，往往俾学商贾，谓读书而多困穷，不若商贾之能致富也。是以应考之童不敷额数之县，晋省居多。他省不知也。”由刘大鹏记述可见，山西童子不应试者，还是没有经济基础，读书穷困，家力不支，不能养家糊口，以至于出现山西应考的人数少于朝廷规定数额的情形。

也有现代学者宋元强先生在其《清朝的状元》（吉林文史出版社1992年版）中说：“遍检正史方志，山西商人解囊捐资、创立义塾与书院的，寥若晨星，更绝少见到富商巨贾之家弃商从儒者。一句话，只有由士而商的单向演变，而无双向的交流。”其言或有偏激，如榆次常家后裔就有弃商从儒从教者，民国时期在山西大学任教授；但其大体上道出了山西商人的情形，也反映出了外省学者对山西商人的看法。

（三）宗族势力薄弱，无族产公费供养子弟向学

山西地处北方，历史上境内战乱频仍，兵匪不断，胡汉杂居，民风粗犷，很少有世家大族大姓久居一乡一隅。人们在迁徙中求生，往往随遇而安，披荆斩棘，白手起家，先求温饱，而后治家，没有三代五代的艰苦创业，是形不成气候的，也积累不下族产财富供养子弟坐下来攻读四书五经，以求取功名。

山西的家族势力薄弱，财富积累稀少，不能从家族公共费用中提出银钱，供养有才俊的贫家子弟上学，这就淹没了不少有希望科举中试者。而徽州家族财大气粗，多有族产恒田，见族中有发展前途、读书甚好的青年才俊，不但免除其给先生的束修，从族产中提出银钱供养膏火费，而且在外出赶考时还提供盘缠，提供其见先生、拜门子的应酬花销，以合族之力培养青年才俊科举中试，以光大门楣，护佑家族，形成良性循环。这亦正如美国学者杜赞奇在《文化·权力与国家》（江苏人民出版社1996年版）中所说：“与南方的宗族势力相比，北方的宗族显得微不足道。”所以说，山西科举中试者少与宗族势力薄弱、财富不支有关。

需要说明的是晋商家庭一旦有了积累，一旦解决了温饱，也无一不重视对子孙的教育，无一不重教兴学，建私塾培养子弟，加强对子弟的启蒙教育，延请先生到家坐馆。也有慷慨解囊兴义学、建书院、振兴一方人文者。比如晋商世家榆次常家，道光十七年（1837年）捐助榆次书

院经费，知县给“崇文尚义”匾；光绪五年捐助山西官书局刻书，巡抚曾国荃给“义关风雅”匾；光绪三十三年（1907 年），十四世常赞春以藏书捐赠榆次学堂，巡抚恩寿给“士诵清芬”匾。赞春、彦春清末毕业于京师大学堂。

太谷曹氏以种地和卖砂锅起家，其发家后在家设有“书房院”，即专馆私塾，教育子弟学习文化，攻读诗书。其后辈曹培德（1853—1909 年）亦曾于光绪十五年（1889 年）37 岁中举。但他中举后没有出仕为官，而是一心筹划其金融资本业——票号的发展。据徐珂《清稗类钞》记，在光绪年间曹氏资产有六七百万两白银，是山西仅次于侯氏的第二大富商。

祁县乔氏，即电视剧《乔家大院》的主人公，其祖上乔贵发走西口，到包头当伙计，是磨豆腐、生豆芽、做烧饼起家的光棍汉，48 岁时（乾隆十六年）才回乡与一个姓程的寡妇结婚。寡妇还带着一个十几岁的男孩，后又与乔贵发生了两个孩子。就是这样的一个家族，其第三代乔超五及其子第四代乔佑谦、乔尚谦都分别在咸丰己未、光绪甲午和丁酉年中举。超五的女儿嫁给祁县渠家，其子渠本翘为壬辰年进士。此乃父子三举人，外甥是进士。故祁县有谚云：“保元堂出人，在中堂出钱。”保元堂是乔超五的堂名，在中堂是乔致庸的堂名，乔超五是乔贵发二儿子乔全义的儿子。乔致庸也中过秀才。

（四）士林崇实学，厌八股，注重经世致用

明清山西教育与全国一样，主要也是教育子弟以获取科举功名为宗旨，学生以中榜做官为动力。教学内容主要是“四书五经”，训习八股文、试帖诗以及馆阁体字。教育者以传承儒家道统为使命，学生以“学而优则仕”为目标，代代延续，世世传承。但是，在山西思想界，在山西士林中，在山西有名的书院——晋阳书院（清初为三立书院，雍正时改称晋阳书院）里，并不是独尊儒术，言必称朱熹，习必作八股，而是保持着独立思考、自探学理、自由研究的学术风气。隋朝王通是也，明初理学家薛瑄、明末清初思想家傅山亦是也。他们极力提倡实学，注重经世致用。尤其是薛瑄、傅山这两位明清两朝在山西士林中独领风骚的

思想家，他们的思想、言行无疑影响着山西士林的思想，左右着山西社会的风尚，支配着人们对走科举入仕和经商致富之路的选择。

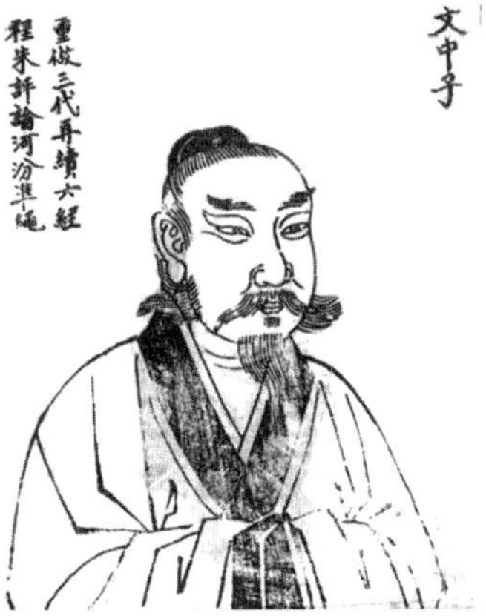

■ 王通

王通（584－617 年），字仲淹，门人谥文中子，绛州龙门（今山西万荣县通化村）人，隋代大儒，中国科举首批秀才（相当于后世进士、状元）。其弟王绩、孙王勃。现存世著作有《中说》《元经》。仁寿三年（603 年）西游长安，见文帝献《太平十二策》，不用。归而教学河汾白牛溪，门人常以数百计，时称王孔子、河汾学派，后有比之为尼丘泗上。王通主张三教合一，以文明道，反对浮华秀媚的六朝文风，开有唐一代“文以载道”之先河，是汉晋经学向宋明理学过渡的关键人物。政治上主张王道仁政，修德治民，民贵君轻，遵承续华夏之道者为君，而不论汉族异族。平居自奉简约，平易近人。《中说》仿《论语》，博大精深。如“见利争让，闻义争为，有不善争改”“廉者常乐无求，贪者常忧不足”“婚姻论财，夷虏之道”等。宋代司马光《资治通鉴》有文中子传；《三字经》中曰：“五子者，有荀扬，文中子，及老庄。”宋以降有称其为孟子以下最大儒者，王通生前也只服膺周公与孔子。亦有因其“道不在位”、《隋书》无传而贬毁者。笔者千年之后有幸与先贤同居一村，村内现存有王通墓、庙、碑，《中说》明代刻板，珍藏于王氏后人家中。吾村通化之名亦得之于先贤之名，人谓三王故里，千年古镇，文脉相传，源远流长。

薛瑄（1389－1464 年），字德温，号敬轩，山西河津县南薛里（今万荣县平原村）人，明代著名理学家，永乐十九年（1421 年）进士，出生于教育世家。祖父薛仲通经史，值元末天下大乱，教授乡里，不求仕进。父亲薛贞生活于明初，曾任河南荥阳儒学教谕官 34 年，毕生献身教育，教绩卓著。薛瑄青年时随父至荥阳，32 岁中河南乡试，次年科举及第，曾在明朝宣德、正统、景德、天顺年间任官。最后官至礼部左侍郎兼翰林院学士，入值内阁。卒后赠礼部尚书，谥文清。隆庆六年（1572 年）从祀孔庙。

薛瑄在正统八年（1443 年），因王振以莫须有的罪名向朝廷弹劾，昏庸的明英宗下诏处薛瑄死罪，关进刑部大牢，遭到朝野上下的不满。慑于公论民心，朝廷免其死罪，削籍放归故里。正统十四年（1449 年），“土木之变”后，王振败亡，薛瑄才复官任职。这期间，他在乡里设学教书长达 5 年。70 岁致仕还乡后，又设教河汾，开馆授徒，秦楚吴越四方来学者至馆舍不能容。他的教学活动，按照自己的实学思想和学风，传播理学，强调践履，培养造就了一大批门生，时称“河东之学”。

薛瑄是明代著名的理学家，是程朱学派在明代的主要代表。《四库全书总目提要》中说：“大抵朱陆分门以后，至明而朱之传流为河东（薛瑄），陆之传流为姚江（王守仁），其余或出或入，总往来于二派之间。”不过，薛瑄的理学与程朱之学比，既有传承道统的一面，也有修正和发展的一面。比如薛瑄提出的求实理、务实用的实学思想和学风，开明代“实学思潮”之先河，是明代“务实”之风的理论先驱。

■ 薛瑄

薛瑄的实学思想从朴素的唯物论的宇宙观和认识论出发，扬弃朱熹理学中的陈腐空疏，吸取其中注重实用的思想精华：一是从理论上提出了“知行兼尽”“以行为本”的知行观。程朱理学在知行问题上，程颐提出“识为本，行次之”“知在所行之先”的“知先行后”说，即“知重行轻”论。朱熹发展之，概要有三，即知先行后、行重知轻、知行相须互发。薛瑄在此发扬朱熹提出的后两点，着力提倡“知行兼尽”“知行两得”“以行为本”。他说：“知、行虽是两事，然行是行其所知之理，亦一也。”“非明，则动无所之；非动，则明无所用，知行贵乎兼尽也。”在薛瑄看来，行比知难，议论是非易，行事合理难，知的目的全在于行。二是倡导实学，主张求实理、务实用。薛瑄曰：“读圣贤之书，句句字字见有的实用处，方为实学。若徒取为口耳文词之资，非实学也。”又强调曰：“千言万语，只在实；人而不实，无一而可；为学不实，无可据之地。”“读书体贴到自己身心上，方有味。皆实理也。”进而指出：“实理”存在于客观事物之中，人们只有向客观事物求实理，才能获得与自家身心切实有用的“真知”。“理”与“气”无缝隙，理只存在于气中，绝不可分先后。他说：“大而六合，小而一尘，气无不贯，而理无不寓。”“天地万物，浑是一团理气。”“理气之外无一物。”他批判了朱熹“理在气先、理在气上”之说，初步阐明了理与气的关系，即客观事物的规律性与事物本身的关系问题，体现了朴素的唯物主义认识论和宇宙观。故薛瑄的实学又被誉为“笃实践履”之学。不过，从总体上来看，薛瑄还是继承程朱理学之道统，对程朱理学有所摒弃和发展。

■ 傅山

傅山（1607—1684 年），字青主，号啬庐、朱衣道人等，山西阳曲县（今太原）人。出生于贡生家庭，15 岁中秀才，是明末清初一位进步的思想家，也是著名的书画家和医学家。他生逢明清两朝交替时期，国家战乱，黎民遭殃。他既是明朝遗民，又是反清斗士，一贯倡行正义，以侠著称。傅山一生曾两次进京，明崇祯九年（1636 年）秋，他作为在太原府学三立书院学习的生员，组织和发动自己的同窗薛宗周等 100 多名秀才徒步千里，到北京向朝廷请愿，为东林党人在山西的代表——山西提学佥事袁继咸鸣冤，并从家中拿出上万两白银，充作同人的路费盘缠。请愿取得胜利后，他名闻天下，人称“义士”。第二次进京是在康熙十七年（1678 年），他被地方官推荐到京参加博学鸿词科考试，以便应试做官。他抱节守志、拒不仕清，称病不起，被阳曲县知县戴梦熊着人强令抬进北京。到京后他又以死抗行，终日卧床，拒不参试。后康熙帝特许免试，并下诏：“傅山文学素著，念其年迈，特受内阁中书，着地方官存问。”赐予进士出身。事后傅山回到山西，拒不承认自己跟清廷有什么关系，不但不让人叫他内阁中书，而且凛然拒绝阳曲知县戴氏奉命在他家门首悬挂“凤阁蒲轮”的匾额。认为这是亡国之耻，仍然坚持以布衣行医于民间。

傅山一生著作丰富，书画存世颇多，现流传下来的有《霜红龛集》《咳唾珠玉》等文集，是明末清初很有影响的一位思想家。

傅山是一位经世致用的实学派思想家。他崇尚南宋永嘉事功学派和永康学派叶适、陈亮等人求学问、为社会的思想，强调实学、学以致用，反对空谈。他认为切于实际、适用于人类社会的学问才是真学问，能济世扶正、救世安民、为天下兴利除弊者才算是真人才。其实学思想主要是：

第一，反对宋朝理学的空洞议论，反对“存天理，灭人欲”的奴化思想，主张思想自由，人性解放。他批判“三纲”之说，认为它是吃人之魔，尤其是对妇女伤害大，不人道。他曾作诗：“一恨爹娘拗，不许女随情。”又说：“春心之动，亦有女怀春，妙字，不必以淫心斥之。”又在《杂记》中讽刺地说：“饿死事小，失节事大，如此真有饿不杀的一个养法。”他十分厌恶空谈误国，指出：“一切文武，病只在多言。”在明末农民起义此起彼伏，清军铁蹄踏碎中原，大明江山顷刻瓦解易主之际，他见平常文章千言、头头是道的所谓硕儒俊彦，束手无策，抱头鼠窜，投降纳叛，讥讽他们是窝囊废，感慨万千地写下了一首叹史诗：“经术蔽腐儒，文章难救时，谯郤富典故，建议草降辞。龌龊处人国，缓急将安裨?”

第二，反对八股文，反对独尊儒术，反对科举。他早在16岁于太原府学读经文时，就认为举子业与自己豪侠奔放的性格不符，所学课程经文太窄，认为“举子业不足习，乃纵读十三经诸子百家言”，是个“经子齐观”论者。他认为诸子百家，互相争鸣，各自变法，学术倡明，思想自由，各具特点，皆有长处。他反对汉武帝“罢黜百家，独尊儒术”。明确提出经学、子学应等同对待，以实事求是的学风去研究诸子之学。他反对明代学界士林文风上的一味复古，注重结构，穷雕细缕，“为古人作印版”，而无济世言。他在《家训》中愤愤指出：如今之士风真叫人无可奈何，“字与文不同者，一笔不拟古人即不成字，文若为古人作印版，尚得谓之文耶？此中机变，不可胜道，最难与俗士言”。他在《书成宏文后》对八股文进行了猛烈的批判，他写道：“仔细想来，便此技到绝顶，要它何用？文事武备，暗暗吃了它没影子的亏。”

第三，重视工商，提倡工商，主张士农工商地位平等。他说："何以聚人？曰财。自然贫士难乎有群矣。国家亦然。故讳言财者，自是一教化骨相耳。常贫贱骄语仁义之人太容易做也。"他认为范蠡、管仲、商鞅、鬼谷子、张仪、鲁仲连、诸葛亮、陈亮等人是具有真才实学的雄才大略者。如齐桓公任用管仲为相，重《管子》、行商学，取得天下第一霸主地位。秦孝公用商鞅之学，使秦国人和财丰、兵强马壮，成为天下第一强国，最后扫荡六国，统一天下。他曾于康熙二年（1663 年）与远道而来太原的江南著名学者顾炎武合计，拟与山西商人开办票号。就史实来看，虽未办成，但足以说明他与山西商界的关系。

第四，傅山的实学思想还在于其注重实践并躬行践履。在政治上，明亡以后，他积极联络反清斗士，与宋谦、顾炎武等人交往，以出家为幌子，自号"石道人""朱衣道人"，秘谋反清。终因宋谦事泄，而于顺治十一年（1654 年）被捕入狱，曾遭严刑拷打，但他坚贞不屈，拒绝认罪，绝食抗争，后在京城有关人士代为说情下方获释出狱。

在生活中，傅山是一代名医。他长期生活在人民中间，曾与其儿子傅眉常年手推药车，徒步行医，救死扶伤，怀有一颗慈悲仁爱之心。傅山又是一位大孝子，为了让其母亲吃饭好咬，健康长寿，他发明"太原头脑"，又名"八珍汤"。"头脑"是一种药膳食品，对人体有滋补温热作用，是用黄芪、煨面、莲藕、羊肉、长山药、黄酒、酒糟、羊尾油配制而成，外加腌韭菜做引子。此"头脑"味美可口，香味浓郁，富有营养。它益气调元，滋补虚损，活血健胃，祛寒镇喘，强壮身体，延年益寿。每年农历白露到立春期间，太原、榆次各清真饭店大都有"头脑"上市，前去吃喝者常常络绎不绝。从早上 6 点到 10 点左右，各"头脑"店食客往往是排队购票，抢座去喝，至今 300 年长盛不衰。最有名的中华老字号"头脑"饭店是太原"清和元"，据说就是傅山先生所创建。

在艺术上傅山不拘古法。作诗由情而发，对于平仄、押韵、对仗之类不大讲究，任由思想感情自由洒落。在书法上他更是不满于馆阁体、院体画，而是随兴挥毫。郭沫若先生评论傅山书法说："傅青主书豪迈不羁，脱略蹊径，晚岁作此，真可谓志在千里。"他认为写字如做人一样，不能有媚骨奴气，而要显刚健之力。要"宁拙毋巧，宁丑毋媚，宁支离毋轻滑，宁真率毋安排"。主张真笔实画，重视字体上的自然间架结构，强调笔端上的分量和功夫的扎扎实实。

傅山主张游历，体验民生，读万卷书，行万里路。强调面对真情实景作画作诗。他解释民间所说的窝囊废，就是因为走不出自己的窝，无四方之行、无远大之志，只能窝在自己的家里，因而是窝囊废。在哲学上，傅山因研佛入道，具有唯物主义辩证法的观点，他在《杂记二》中宣称“昨日新，前日陈；昨日陈，今日新；此时新，转眼陈”。又说：“外而事，内而道，是是非非，是非非是，变不穷。”

对于傅山的实学思想和地位影响，晚清山西巡抚丁宝铨在给傅山的《霜红龛集·序》中说：“国初儒者，如孙夏峰、胡石庄、黄梨洲，陆桴亭、顾亭林、李士室、王船山及傅啬庐氏，皆遗老之魁硕，后学之津逮，蹑汉企宋，究委穷源，性情出处虽殊，而学必实用，动为世法，率八人而如一也，其余则羽翼而已。啬庐年次孙氏而长于胡、黄，故魏然为河北大师者垂数十年。论者以声振天下，伏阙为师，义难及矣！……按颜习斋为近今巨儒，乃极称同甫（陈亮），见所著《习斋记余》者四。傅、颜论议，先后一辙，由是以言颜氏学风，啬庐所渐渍者也。”把傅山比作是承陈亮之前、启颜元之后的经世致用学派的重要里程碑。

千年兴衰话科举

科举，顾名思义，就是指分别科目、举选人才的意思。它是中国封建社会普通人自愿报名参加官府组织的分科考试，官府依照考试成绩和相应标准，挑选人才并授予官职的一种古代官吏选拔任用制度。

科举制度产生于隋朝，但当时尚未形成固定的模式，只能算作初始阶段。唐代才开始制度化，并逐步完善。689 年 2 月，女皇武则天在洛阳殿亲自策问贡士，从而开创了科考中最高一级的考试——殿试。702 年，武则天还举办了武科考试，虽然实行了一段时间便停止了，但为后世开创了先例。

宋朝在承袭唐代科举制度的同时，又进行了若干重要改革，使科举制度更趋完善，并形成了进士科空前繁荣的局面。973 年，宋太祖赵匡胤在讲武殿亲自主持进士科考的复试，从此正式确立了殿试制度，使所有进士及第者都成为“天子门生”，形成了州试、省试（礼部主持、全国统一的考试）、殿试的三级考试。1057 年，宋仁宗皇帝下诏：“进士殿试，皆不黜落。”自此，凡省试合格参加殿试者都是进士，殿试只有排名先后之别。1066 年，宋英宗又将科考时间定为三年一次，相继建立起锁院、糊名、誊录、弥封、磨勘等考试和阅卷制度，以防止考场作弊等问题的发生。

元朝仍沿用科举取士的制度，也分乡试（行省考试）、会试（礼部考试）、御试（即殿试）三级，三年举行一次。科考时分左榜和右榜。左榜是汉人、南人考的，须连考三次，而且要求较高；右榜是蒙古人、色目人考的，只试两场，要求较低。因而每科分左榜、右榜两位状元。这带有明显的民族歧视制度，大大挫伤了汉民族和南方各族士子应考的积极性。

明、清两朝，科举制度发展到鼎盛时期，形成了教育、科举、做官的一条龙体系。两朝取士的方法基本相同。考试分为四级：第一级童试，包括县考、府考、院考三个环节；第二级乡试，由各省主持；第三级会试，由礼部主持；第四级殿试，由皇帝亲自主持。各级考试均有名额，考生须由最低一级逐级往上考。

晚清，科举制度日见腐朽衰落。光绪三十一年（1905 年）七月宣布废止，经历了 1300 多年的科举制度终告结束。

童试考秀才

童试是最初级的地方考试，每三年举行一次，时间为农历二月。它包括县考、府考、院考等三次考试。前两次由地方官主持，县考第一名称案首；院考则由皇帝钦命的科甲出身的学政官（或称学台、学道）到地方来主持。童试对象不论年纪大小，一律称为儒童或童生。院试合格，才算秀才。秀才通过岁考和科考，按成绩分为附生、增生、廪生和监生（太学生）四种，分别进入县、府、中央官办的学府读书，称为入泮。入泮后，才算正式学生，故秀才又称生员（民间称相公）。生员录取的名额按各县的文风、人口、田赋情况而定，一般大县三四十名，中等县二三十名，小县十多名或数名不等。国家免除生员的赋役，并给以一定数量的禄米（相当于现在的助学金）。成绩特优的生员，可以通过拔贡考试而成为贡生。贡生再通过吏部考选，有时可以去做县丞、教谕之类的小官。

乡试选举人

乡试又称大比，也是三年一次，时间在农历八月，故又称秋闱。乡试在省会举行，考试官员一律由皇帝直接派出。规定考三场，每场连考三天。各位生员经严格搜身后，逐个被安排在一个三尺见方的号舍里考试，外面有号军监考，考场外有军队巡逻。乡试录取名额一般大省八九十人，中等省四五十人，小省三四十人不等。乡试合格者称为举人（或称举子），第一名叫解元。举人可以参加吏部挑选县令或中央各部的低级官吏的考试。

会试拔贡士

会试在京城礼部贡院举行，也是三年一次，时间在二月，故又称礼闱或春闱。各省举子赴京考试，国家负责提供一定的车马费，称为公车。

会试的主要规则、程序与乡试大致相同。应试人数有四五千人，录取300名左右，中试者称为贡士，第一名称为会元。贡士需再参加一次复试，成绩在三等以上者，才准许参加殿试。

殿试点状元

殿试，又称廷试，一般在农历三月举行，由皇帝亲自在太和殿主持。参加殿试的贡士原则上不再淘汰。殿试只考一场，时间一天，凌晨入场，日落交卷。试卷按例应由皇帝亲自阅读，或由大臣朗读，皇帝裁决。但实际上，试卷一般先由读卷大臣们轮流评阅，然后按优良分为三甲，再从上等中选出十份公认的优秀卷子，进呈皇帝最后裁决。皇帝一般尊重阅卷大臣们事先拟定的名次，但亦有破例的。一甲三名，赐进士及第，第一名称状元，第二名称榜眼，第三名称探花。二甲一般为二十名左右，赐进士出身，二甲第一名称传胪。其余的均为三甲，赐同进士出身，三甲第一名也称传胪。殿试中最为瞩目的是皇帝亲自用朱笔填写一甲三名状元、榜眼、探花的名字，并决定二甲前七名的顺序，这便是人们津津乐道的点状元。将点状元的结果填写在金榜（金黄色的榜）上公布，便是所谓的金榜题名。另外，需要指出的是，清朝在遇皇帝登基、寿诞等庆典时，往往打破每三年考一次的定例，而增设恩科考试，以表示皇家的隆恩泽被天下。

传胪大典放金榜

明清两代殿试放榜，要举行一个隆重的典礼仪式，史称传胪大典。这日清晨，朝廷大臣及新科进士肃立在太和殿丹墀下，礼部堂官奏请皇帝出宫。此时，钟鼓齐鸣，奏大典之乐《庆平乐章》。接着，掌管朝仪的鸿胪寺官宣读新进士名单、名次。状元、榜眼、探花，连唱三次，中试者听到自己名字立刻出列朝皇帝跪拜谢恩。其余进士名单只唱一次，不必出列前跪。唱名结束后，大学士至三品以上官及新进士向皇帝行三跪九叩头之大礼，并奏乐。随后，礼部官手捧金榜，率诸进士出太和门至午门。一甲状元、榜眼、探花，随礼部官从平时只许皇帝出入的午门中门出宫，其余进士则随鸿胪寺官从熙德门、贞度门出宫。然后，新进士在新状元的率领下，随仪仗队到长安门张挂金榜。观看金榜之后，由顺天府尹（相当于北京市长）送状元回寓所。新状元胸戴红花骑在马上，一路人山人海围着看，荣耀无比。到了寓所，传胪大典这才结束。清人王士禛一首《老状元词》写足了这一天新科状元的风光："三百名中第一人，宫花斜插二毛侵。丹墀独对三千字，阊阖惊看五色云。袍簇锦，带横金，引领群仙谢紫宸。"

锦衣玉食碑刻名

传胪之后，新状元还要率领新进士参加皇帝御赐的盛大宴会，明代称为"琼林宴"，清代称作"恩荣宴"。状元一席，榜眼、探花一席，其余新进士四人一席。席上全是奇珍异果，美味佳肴。几天后，皇帝在午门前为新状元赐诗、赐名，授六品翰林院修撰官，并赐六品朝冠、朝衣、金质簪花等物。还模仿唐朝"雁塔题名"故事，到国子监（也就是太学）把状元等新进士的姓名刻在石碑上，以作永久纪念。后人把这些碑拓印编辑成书，就是影响甚著的权威典籍《明清进士题名碑录》。由此可见，尽管许多状元没上官修国史，但明清时代的每位状元乃至一般进士都是名垂后世的。

中国历代状元统计表

朝代	开科次数	状元人数	备注
隋		7（进士）	隋代国祚短暂，科举制度尚属初始阶段，此为可稽文字资料的隋朝进士，不在状元之列
唐	263	150	唐开科次数一说270
五代十国	47	25	
宋	118	119	
辽	57	56	
西夏	开科次数不详	1	
金	41	41	
元	16	32	按汉人、南人，蒙古、色目人分列左、右榜，每科放2名状元
明	90	91	含崇祯十五年（1642年）壬午科恩赐史惇榜

（续上表）

朝代	开科次数	状元人数	备注
“大西国”	1	1	李自成部下张献忠在四川成都建“大西国”
清	112	118	
“太平天国”	开科次数不详	15	洪秀全农民政权
合计	745	649	有名有姓之状元

明清时代状元产生程式图解

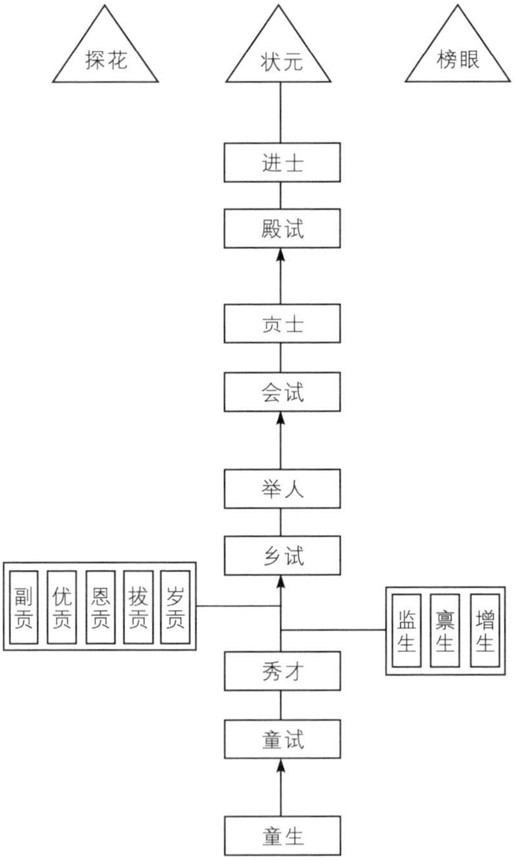

（本文转引自胡宁主编《休宁——中国第一状元县》，安徽人民出版社2004年版，特此致谢。）

第六章

一味和九州，商从盐中来

一、五味咸为首，人生不离盐

“盐”字的本意是“在器皿中煮卤”。《说文解字》曰：“盐，咸也。从卤，监声。”古“盐”字为“鹽”。段玉裁《说文解字注》云：“天生曰卤，人生曰盐。”徐灏《说文解字注笺》释：“天生谓不湅治者，如今盐田所晒生盐；人生谓湅治者，如今扬灶所煎熟盐是也。”

盐是具有咸味的调料，是百味之祖。酸、甜、苦、辣、咸，五味咸为首，《尚书》就记有“若作和羹，尔惟盐梅”。在我国所有盐中，河东池盐是上乘之品，质量最好。它天然结晶，生生不息，早在先秦就被人们认为是和之美者。《吕氏春秋·本味》：“和之美者，阳朴之姜，招摇之桂，越骆之菌，鱣鲔之醢，大夏之盐，宰揭之露，其色如玉，长泽之卵。”是说最好的调料是四川阳朴的生姜、湖南桂阳招摇山的桂、广西越骆国的菌、鲟鳇鱼制作的肉酱、山西河东的盐、宰揭山颜色如玉的甘露和大泽里的鱼子。南朝陶弘景在《名医别录》里记：“东海盐，北海盐，南海盐，河东盐池，梁益盐井，西羌山盐，胡中树盐，色类不同，以河东者为胜。”唐代大文学家柳宗元称运城池盐为“晋之大宝”。现今，河东盐池不仅仍然盛产盐硝等化工产品，支撑着一个上市公司——南风集团；而且还被称作中国的死海，从地下挖出黑泥，运到外地供人们洗浴爽身。

盐是人们日常生活的必需品，一日三餐，无盐寡味，盐是人体正常生理活动不可缺少的物质。科学生活，低盐减咸，一个人一天食盐摄入量不超过 6 克。盐具有广泛的医用、药用、工业利用价值，许多军工、化工、轻工产品都离不开盐。盐在自然界中广泛存在，海水就是人们取之不尽、用之不竭的盐矿宝藏；在陆地正如古人所述，还有湖盐、池盐、井盐、树盐、山盐等。

盐自古以来就是统治者争夺的重要资源。据说远古时代在华夏大地上发生的一次大规模的部落战争——黄帝战蚩尤，就是因山西河东盐而战。典籍中记载蚩尤的事迹不少，其中沈括在《梦溪笔谈》中说：“解州盐泽方一百二十里。久雨，四山之水悉注其中，未尝溢；大旱未尝涸。卤色正赤，在阪泉之下，俚俗谓之蚩尤血。”“轩辕氏诛蚩尤于涿鹿之野，血入池化为卤，使万世之人食焉。今池南有蚩尤城，相传是其葬处。”现运城盐池南岸有蚩尤村，今改名从善村。村内有蚩尤冢。上古三帝之都——尧都平阳、舜都蒲坂、禹都安邑，都在运城盐池附近，为都城人民食盐生活方便也。我国战国初年著名的富商猗顿就是业盐起家，富比王侯。据《史记·货殖列传》记：“猗顿用盬盐起，而邯郸郭纵以铁冶成业，与王者埒富。”猗顿本是春秋时鲁国人，乃一介穷士，种地不得温饱，经营桑蚕也没见成效。为了摆脱贫穷，他听从陶朱公范蠡的建议，来到晋国猗氏这个地方，养母牛、母猪、母鸡起家，到运城盐池经营盐业，不到10年，便成天下富豪。猗氏在今山西运城临猗县，距河东盐池不远，故河东盐池又称“猗氏盐池”。后世人们把经营盐业也称作“修猗顿之业”，临猗县亦因猗顿之名而起。

■ 宋人解盐图

二、自古盐专营，利出在一孔

盐自古就被统治者所管控、垄断、专卖、禁榷，历来被作为征收税赋的重物。封建社会的理财专家称之为“利出一孔”。就是今天，盐也是由各级盐业公司专营专卖。早在周朝我国就立有盐法，执掌盐政的官吏称作盐人。《周礼·天官·盐人》记：盐人管理各种用盐的事务，祭祀要用苦盐、散盐，待客要用形盐，大王的膳馐要用饴盐。春秋时期齐国宰相管仲，首先主张食盐专卖，设立盐官管理盐政，征收税赋，使得齐国强盛，齐桓公成为春秋五霸之一。汉武帝听从大臣桑弘羊的意见，制定盐法，实行盐、铁、酒类等官营专卖。西汉桓宽编著有《盐铁论》一书。从东汉到南北朝，专卖制和征税制更迭采用。唐乾元元年（758年）以后实行榷盐法，“榷”字本意一是独木桥的意思，二是征税的意思，合起来就是专卖征税。宋、元、明、清承唐制，宋初行折中法、盐钞法，明行开中法、折色制，清行纲盐制、票盐制。民国时盐业仍实行专卖。中华人民共和国成立后，对盐的生产、运销也实行课税专卖制度。

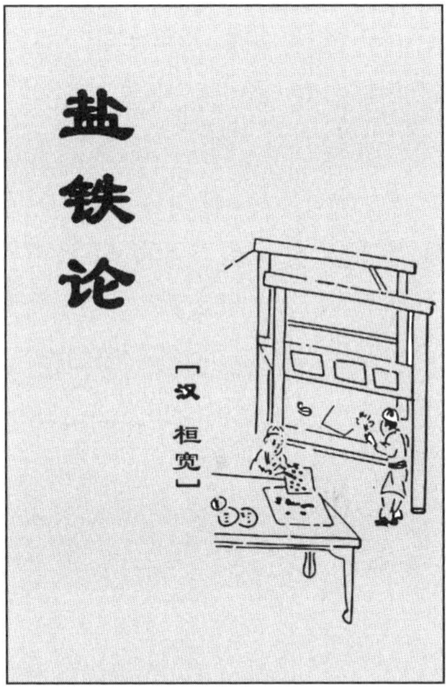

■《盐铁论》书影

折中法亦称入中法、中纳法，是宋朝对输送粮草至边塞或京都的商人给予茶、盐运销权的制度，以接济边防军需，免除兵民辇运重役。折中指不同产品相互折换，以粮为本色。该法源于五代，后唐已在州府设権粜折博场院，以盐易粮。宋雍熙年间（984—987 年），令商人运粮草至边塞，视道路远近给证券（交引），商人持券到京取钱，或到江、淮、湖、荆、解州等地领茶、盐运销。端拱二年（989 年），改在京城开封置折中仓，商人运粮到仓，优价兑换解州、江淮等地所产的茶、盐。宋仁宗后因与西夏开战，政府急需军粮，抬价招商入中，商人得盐容易、盐价暴跌，商人无利可图，折中法遂遭到破坏，改行盐钞法。

盐钞法，又称钞盐法，宋庆历八年（1048 年）由太常博士、时任陕西提刑兼制置解盐使范祥提出。其内容是：第一，改官运卖盐为通商；第二，改入中粮草为现钱；第三，盐钞发放数据以解州（运城）盐池产量而定；第四，京师置都盐院，贮钱 20 万缗，盐价贱时收购，贵时发卖。盐钞法实行后，据《宋史·食货志下三》记："行之数年，黠商贪贾，无所侥幸，关内之民，得安其业，公私便之。"后来因政府为弥补财政开支，增发盐钞，蔡京又滥印新钞强迫商人调换旧钞，商人往往持钞不能领盐，致使盐钞法信用全失，钞法大坏。

三、开中制，助兴晋商从盐池到边关

开中制是明代对食盐运销权的一种控制，是明政府仿照宋代折中法和盐钞法实行的一种食盐运销制度。开中制又称开中法。其具体办法是招募商人运输粮、米、棉、布、草等物资到边镇或缺粮地区，政府登记缴粮种类和数量后，折算给以应支盐的数量，发给盐引，商人持引到指定的盐场支盐，尔后再到划定的州县销盐。"引"在此有两解两用，一是量词，每引有一定的重量，历代不尽相同，明时一引为 200 斤，清朝有一引达 360 斤、400 斤者。二是凭证路条，持引可到盐场支盐，到指定的销售区售盐，沿途关卡凭引放行。明代全国的主要盐场有河东盐池、长芦盐场、两淮盐场、浙江盐场及四川自贡盐场等。

明代在盐务政策上实行开中制，是基于其开国之初北方的战事、政治而实施的。1368年朱元璋在应天府（南京）登基称帝，建立大明王朝，改元洪武。不久又命徐达、常遇春等大将率军北伐、西征，攻占了元大都（北京）。但元朝统治者元顺帝等残余势力并没被彻底消灭，而是向北逃到了蒙古草原。朱元璋曾多次率兵出征塞北，寻歼元朝残敌，规模较大的用兵就有三次。并封派自己最能打仗的儿子（四子）燕王朱棣镇守北京，三子晋王朱㭎镇守太原。“靖难之役”后，永乐年间，朱棣不但将首都搬到北京，以天子守边关，而且他在位22年（1402—1424年），就曾五次率兵北征漠北，深入草原腹地歼剿蒙古骑兵，最后也是死于第五次北征回师途中的榆木川（今内蒙古乌珠穆沁），是我国历史上少有的战死沙场、马革裹尸还的天子。

明初北方战事如此，朱元璋见一时难以平定边疆，为抵御蒙古骑兵等的进扰抢掠，又按照“高筑墙、广积粮、缓称王”的策略，举全国之力，整修从山海关到嘉峪关的万里长城，其工程规模，耗费人力、物力之巨大，远远超过公元前3世纪秦始皇修筑的长城。同时，在沿长城一带设立9个边镇，每个边镇又辖众多卫所。《明史·兵制》载：“初设辽东、宣府、大同、延绥四镇，继设宁夏、甘肃、蓟州三镇，而太原总兵治偏头，三边制府驻固原，亦称二边，是为九边。”形成以长城为屏障，9个边镇为基地和司令部的军事防御体系，抵御蒙古骑兵的南下和袭扰。

设边镇卫所，就要驻防军队，配备军马，据《明会典》卷一二九《兵部一二》记，永乐年间9个边镇驻军就有863135人，配置军马342000匹。俗话讲：“兵马未动，粮草先行。”如此众多的军队人马驻扎在边关，人要吃粮，马要吃草，军械器具、生活用品缺一不可。

据《明会典》等有关资料统计，9个边镇每年要用粮食470余万石，饲草753万余束，棉花27万余斤，布匹48万余匹，盐引104万余引，银两587万多两。这些粮草、棉花、布匹、盐引、银两是官方军队必须取用的，如果再加上边关修筑长城的民夫工匠、为驻军提供后勤保障的其他各色人役等，明代在边关，尤其是九镇所在地形成了一个庞大的军事消费市场。而边关九镇之地皆处塞外朔北，天寒地冻，地瘠民贫，荒凉无产，又是游牧经济，“人不耕织，地无他产，锅釜衣缯之具”都要仰仗中原供给。这无疑对刚刚立国的明朝政府是一个沉重的经济负担。初始，明政府对边镇所需粮饷物资全由户部拨解，各行省分担，由内地各粮仓转运支边，但消耗大、成本高，费力费银，民众苦不堪言，政府财政不支，军中常缺粮草。为了解决这个边镇军事消费与供给的矛盾，明政府在盐务上实行开中制，招商纳粮中盐，由官运转贩变为商运转贩，较好地解决了边镇军需供应的矛盾。

明永乐年间九边镇军马数量表

镇名	官军人数	马匹
辽东	94693	77001
蓟州	85546	21830
宣府	151452	55274
大同	135778	51654
太原（偏头关）	25287	6551
延绥	80196	45940
宁夏	71693	22182
固原	126919	32250
甘肃	91571	29318
合计	863135	342000

开中制最早施行于山西大同。明洪武三年（1370年），山西行省参政杨宪向朱元璋建议："大同粮储，自陵县（今山东德州陵县）运至太和岭，路远费烦，请令商人于大同仓入米一石……商人鬻毕，即以原给引目赴所在官司缴之，如此则转运费省而边储充。"（《明史·食货志》）洪武四年（1371年），明政府则又进一步明确规定："输米临濠、开封、陈桥、襄阳、安陆、荆州、大同、太原、孟津、北平、河南府（洛阳）、陈州诸仓，计道里远近，自五石至一石有差，给潞盐、淮盐一引。"永乐年间（1403—1424年）又规定商人可以纳马、纳铁换取盐引，从而使开中制趋向完善，成为明代的基本经济制度之一。这一制度出台之后，不仅有效地解决了边镇军需供给，便利了晋商的兴起发展，而且延续实施了

122 年之久，直到明中期经济好转，国库现银增多，于弘治五年（1492 年）改为折色制方才终止。明代盐引实物票据资料今已无存，运城《河东盐法志》中载有清代道光年间的盐引式样，照例如下：

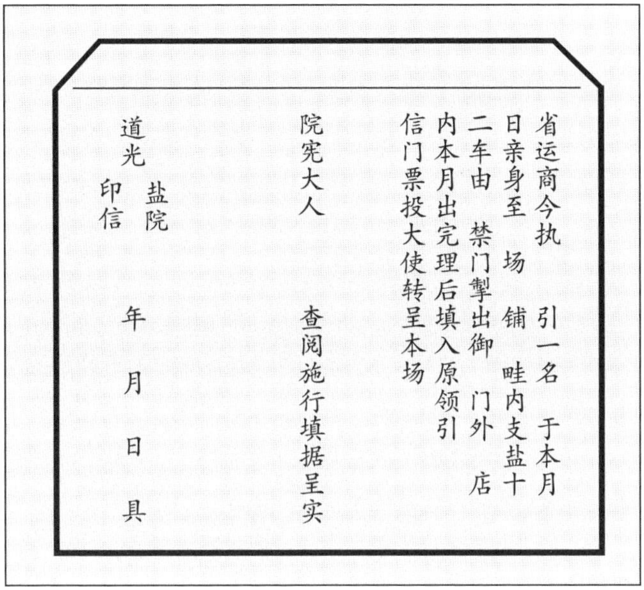
省运商今执　引一名　于本月
日亲身至　场　铺　畦内支盐十
二车由　禁门掣出御　门外　店
内本月出完理后填入原领引
信门票投大使转呈本场
院宪大人　查阅施行填据呈实
盐院
道光　年　月　日　具
印信

■ 清代道光年间盐引式样

明代开中制起始于山西，开中制对山西商人的形成至关重要，它开启了山西商人的致富之路。山西晋南、晋东南地区，既是粮棉产区，又有盐铁资源，更居中国之中，临近中原粮仓陕西、河南、山东等产粮富庶之地，可以就近转贩大量粮食、棉布、铁货输边换取盐引，又可便利地到河东、两淮支盐，到上述地区行销。据雍正年间《山西通志・盐法》记载，河东盐在明末清初就行销豫、陕、晋三省相邻的 173 个州县。山西晋北地接蒙古草原，西与陕西延绥相接，东与河北宣府相连。九边重镇的大同、太原镇（偏头）就在山西境内。宣府、延绥两镇的粮草军需供给也全赖山西。且大同、宣府两镇是九边重镇的重中之重，直接护卫着京师的安全，其驻军最多，粮饷军需也最多。另外，当时生活在北方边地蒙古草原上的人民，还处于游牧经济阶段，而中原汉民族则处于兴盛的农业、手工业经济阶段。中原汉民族所需的牛羊、皮毛、军马要依赖北方蒙古地区人民提供，北方蒙古族人民和其他少数民族所需的粮食、棉布、茶叶、铁锅等日用品则要依赖内地汉民族人民提供。山西地处这两大经济区域之间，路当孔道，地处要冲，北临边镇，南近中原，东接河北山东，西连陕甘，具有得天独厚的天然地理优势。山西商人转贩粮草、布棉、铁锅等军需品、日用品输边报中，换取盐引，行销食盐，赚取利润，这是天赐良机，必然要捷足先登。在这一点上，徽商没有这个地利条件，也耐不住北国千里冰封、万里雪飘的极寒天气，所以说明代晋商兴起早于徽商。

明初实行开中制后，从洪武三年（1370 年）到永乐十年（1412 年），40 余年中，宣府 5 个卫所并不设边仓，纳粮草开中都是在大同镇。宣府镇卫所“官军俸粮，岁往大同关供给，道路遥远，往复艰难”。京畿卫所在永乐十年（1412 年）开中后，又令“山西商民于顺天府中纳盐粮，宜令顺途就各卫输纳为便，从之。乃命宣府存留商民中粮一万石，备官军俸粮，余输北京”（《明太宗实录》卷一二八“永乐十年五月乙酉”）。这是山西商人向大同、宣府纳粮中盐的官方记录。山西商人向西北边镇输送粮草的有洪洞商人李氏、蒲州商人范世逵。洪洞李氏“自长一公以来，以财雄里中，而月峰公起为边商，输粟延安之柳树涧”。范世逵生于明弘治十一年（1498 年），少年时即行走四方经商，为人精敏干练。向西北输粮换引，他认为是“奇货可居”，多次前往。据明人张四维《条麓堂集》卷二八记，世逵“服贾四方……凡商人占淮浙盐者，悉令输粟甘肃、宁夏等……然自开中以及支给旷日，且出入戎马间，有烽堠之惊，而盐利又时有朓朒，是以商人不乐与官为市。公独曰此可居也。遂历关陇，度皋兰（兰州），往来张掖、酒泉、姑臧之境，察道里险易……散盈缩，以时废居而低昂，其趋舍每发必奇中，往往牟大利”。

开中制招商纳粮给引，凭引支盐，主要是到淮浙、长芦、河东盐池领取食盐。其中淮浙最多，长芦次之。这是因为淮浙盐产量多，销售条件好，商人也有利可图，遂竞相趋之。这同时也就造成了山西商人向边关输粮，到淮浙支盐，到长芦支盐，向两淮发展，向长芦发展，由山西走向了全国，形成了全国最早最大的商帮。据雍正年间编写的《长芦盐法志》记：“明初，分商之纲领者五：曰浙直之纲，曰宣大之纲，曰泽潞之纲，曰平阳之纲，曰蒲州之纲。”五纲中浙直之纲在淮浙南京一带，其余四纲都在山西。其中宣大之纲在山西晋北，明时今河北蔚县都属山西管辖，其他三纲泽潞、平阳、蒲州又都是在山西晋南。由此可见，晋商在盐商中的强大。

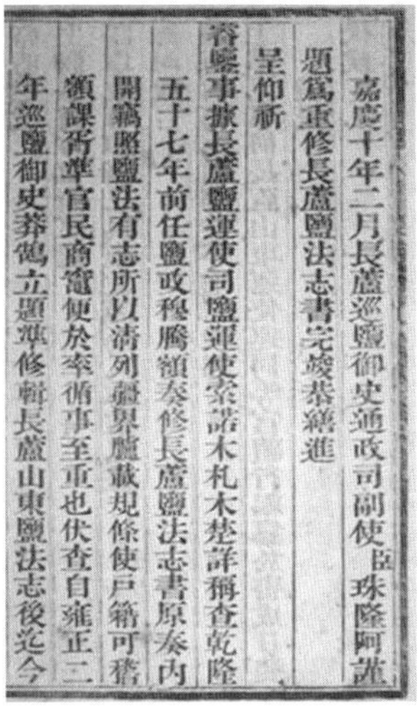
嘉慶十年二月長蘆巡鹽御史通政司副使臣珠隆阿謹
題爲重修長蘆鹽法志書完竣恭繕進
呈仰祈
睿鑒事據長蘆鹽運使司鹽運使索諾木札木楚詳稱查乾隆
五十七年前任鹽政穆騰額奏修長蘆鹽法志書原奏內
開竊照鹽法有志所以清列竈界臚載規條使戶籍可稽
額課有準官民商竈便於率循事至重也伏查自雍正二
年巡鹽御史莽鵠立題準修輯長蘆山東鹽法志後迄今

■《长芦盐法志》书影

商人历来是十分精明的，随着边镇的建立、边防的逐步稳定，为了解决输边纳中的转贩之苦、消耗之多，他们便在内地招募游民到沿边一带垦荒耕种，生产粮食，于是商屯应运而生。明人霍韬说："是故富商大贾悉于三边自出财力，自招游民，自垦边地，自艺菽粟，自筑敦台，自立保伍，岁时屡丰，菽粟屡盈。"从霍韬的奏疏中可知，商屯完全是商人的自觉行为。商屯是于国、于民、于商皆为有利的举措。明人刘应秋在其《盐政考》中说："商人自募民耕种塞下，得粟以输边，有偿盐之利，无运粟之苦，便一；流亡之民，因商招募，得力作而食其利，便二；兵卒就地受粟，无和籴之扰，无侵渔之弊，便三；不烦转输，如坐得刍粮，以佐军兴，又国家所称为大便者。"同时，商屯亦是中原农业经济向边地游牧经济的推进，也有利于汉民族与蒙古、回、维吾尔族人民的交流共处，民族团结，减少战争，和平共处。

四、折色制，召唤晋商徽商下扬州

明代开中制实行了上百年之后，有些弊病也显露了出来。商人输边粮草不是领不到盐引，要苦苦守仓坐等，就是到盐场支不到盐，有引无盐，政府开了空头支票，造成"引积无用，家家亏本，恳辞求退"，因而出现了无人报中、影响边需的情况。边防驻军常因粮草棉布不济，饥寒交迫，“每见军士衣裳单薄，形同乞丐，问其故，皆云‘应得布花，每年过冬未给’，盖由府县征收缓时，加以道路转解之难，势必至此”（《明孝宗实录》卷九六“弘治八年正月庚寅”），甚至出现了滥发引票，让边防驻军士兵持盐引购粮的混乱景象。另外，朱明王朝已立国百年，社会稳定，经济发展，全国田赋收缴都已改为折色纳银，南方海运与国外贸易也都以番银交易，国内用于现银的流量也多了，开支边需军饷可以用银子支付，以白银为本位的货币体系取代以实物为中心的体制条件已经成熟，盐法改革也就水到渠成，呼之欲出了。这就是折色制的实施。

■ 叶淇

折色制是在明中叶弘治五年（1492年）由户部尚书叶淇提出来的。其核心内容简言之就是将纳粮开中改为纳银开中。折色乃是将开中制的本色（粮食）折算为白银，以交银钱换盐引。这样商人就可以不劳输边转运之苦。在扬州、杭州、潞州、长芦（沧州）直接向盐运使司交纳白银，换取盐引。叶淇是淮安人，曾任大同巡抚，改行折色制是他在担任户部尚书第二年就提出来的。据说也是在徽商的推动下实行这一变革的。因为当时河东盐池、长芦盐场、两淮盐场都为晋商所控制，山西地处中原与边境的交通要冲，有着输边纳粮中盐的地理优势，徽商没有这个条件，便积极撺掇叶淇实行盐法变革。这样他们便可不费输边纳粮之苦，就近在扬州盐运司衙门纳银中盐，进入盐业领域。改行折色制是盐法的进步、时代的进步。银本位制的确立，以货币为交换中介，比之以货易货、以粮为本位的折算交换科学进步。叶淇的这一盐法变革，影响深远，意义重大。第一，他将山西商人由边商吸引为内商，山西人纷纷下扬州，入长芦经销盐业。第二，打破了垄断，促推了徽商的兴起。从此开始，徽商不仅逐渐入住扬州，进入盐业，而且逐步取代了晋商在扬州的盐业祭酒地位，成为明后期及有清一代扬州盐业的巨擘。

(一) 晋商下扬州，从长城到长江

改行折色制后，作为边商的晋商纷纷挟资入淮业盐，进行战略上的转移。有的甚至举家迁往扬州，数世在扬州业盐贾鹾，子弟也入扬州商籍，上扬州府学，在扬州参加科举入仕。据同治年间编写的《两淮盐法志》载："大同人李承式，字敬甫，其先山西大同人，中盐于扬州，承式登嘉靖三十五年进士。""襄陵人乔承统，明季贡生，父养冲，中盐卒于扬州。""洪洞人杨义，其先业盐淮南。""蒲州人王瑶，货盐淮浙苏湖间，往返数年，资乃丰。"太原阎氏"先是蹯楚公之祖父，以太原望族，贾淮上筴盐，积贮丰盈"，其后人阎若璩是清初著名学者。而蒲州的张氏、王氏、展氏、范氏，代州的冯氏、杨氏，临汾的亢氏，河津的刘氏，大同的薛氏等家族更是赫赫有名的大盐商。下面举其要者介绍几位：

代州冯氏。从冯天禄开始，三世业鹾，贾业维扬。其子冯忠于"隆庆庚午年（四年，1570年），年甫壮，以太翁命，挟资治鹾于扬……总南北鹾事四十余年"。冯忠去世后，其子冯宾期，侄儿冯明期仍"业贾维扬，以盐筴佐国家缓急"。

■ 晒盐图

代州人杨继美，字汝孝，号近泉，生于明嘉靖九年（1530年），卒于万历十九年（1591年），少年好学，无缘功名，常以为憾事。成年后挟先辈所留数千两白银为资本，到两淮经营盐业，被众盐商推为盐商祭酒。祭酒在明代是国子监掌管国学诸生训导的政令官，官阶从四品，是个十分受人尊敬的荣誉职位。明代在盐商中也有被推荐为祭酒的习俗。盐业祭酒主要起与官府沟通、同业斡旋、调解的管理作用，对人品、资历、才华、家资都有着很高的要求，相当于今天的行业协会会长或商会会长。杨继美被推举为两淮盐商祭酒，可见其才华、人望、家业在当时扬州很有名。万历七年（1579 年），当他的儿子杨恂科考中举人、有功名后，杨继美在扬州高兴地说：这是我梦寐以求的事，今日终于由我儿子实现了。当即收拾行装，返回代州，安享晚年去了。

蒲州张王两家，世居河东盐池西边，世代业盐贾鹾，两家联姻世交，张四维曾在万历十年（1582 年）张居正去世后，出任内阁首辅。其舅舅王崇古曾任兵部尚书、宣大总督。张四维的姐弟子侄当时也多与大商人和官宦之家联姻。有明一代，张王两家及姻亲不仅控制着河东盐池的产销支引，而且也牢牢控制着长芦盐场。明人王世贞曾说：“（张）四维父盐长芦，累资数十百万，而王（崇古）盐在河东，相互控二方利。”又据《明史·张四维传》卷二一九记，隆庆五年（1571 年）御史郜永春视察河东盐务时：“言盐法之坏由势要横行，大商专利，指四维、崇古为势要。”要求治罪崇古，罢黜四维。但张王两家在朝廷上下盘根错节，背景深厚，谁能摇动得了，最后也是不了了之。在山西晋商史上，张王两家，官商一体，在官者做到首辅总督，在商者做到富甲海内，也是独此两家，别无第二的。

明代蒲州大盐商展玉泉，世世代代业鹾务贾，他们从河东盐池起家，到河北长芦（沧州）盐场发展，也是曾控制长芦盐场的大佬。张四维的《条麓堂集》卷二八《送展玉泉序》中记：“自其父时以居沧鹾为业，玉泉方龆龀岁，固已从翁游焉。翁多画而善中。于时盐制方敉。诸近境类为它运司所侵，其滨海诸郡率私贩，畿以右又民善煮碱卤为盐，沧盐岁所发运不及额十之三四，诸贾人多去之，乃翁守其业不迁，仍付其子。近岁法制渐复，占沧盐者往往谋大利，诸贾人四方辐辏之，视昔时不啻十倍众矣，而惟展氏为世商。故蒲人谓展翁教子不易其业为有见也。”张四维又写道：“蒲俗善贾者必相时度地居物而擅其盈，故其业有不终生变者，不终岁变者，有一业不变而世守之者，惟占鹾为然。然鹾运凡六，蒲人之占贾者，惟淮扬为众，若青沧之盐，占之则近岁始，远者不过数十年，其最久而世贾于是者，则又惟展氏为然。”

蒲州人范世逵，生于明弘治十一年（1498 年），卒于嘉靖三十六年（1557 年），三代业盐。其祖父、父亲都是小盐商，明初做边境贸易，是个小“边商”。他从小随父经商，奔走四方，历经磨炼，不仅有吃苦耐劳精神，还有商人精明的算计，经商从不计较蝇头小利，十分注意结交江湖朋友、政府官员，为人豪爽干练，交友以情为长。在开中制改为折色制后，他由边商转为内商，经过一番周折之后，他先在平阳、蒲州、绛县等地开设盐行，继而又服贾四方，听从政府号令，再往今甘肃兰州、酒泉、张掖、武威等一带输粮送草，或囤或出，再进入淮浙盐场支盐行销。他按照人弃我取、独辟蹊径，与人相交、信义为长的原则经商，不数年便家业大兴，富称海内。连朝廷首辅张四维都要称赞其“蓄散盈缩，以时废居而低昂，其趋舍每发必奇中，往往谋大利”。

明代晋商除垄断河东、长芦盐场之外，在两淮盐场有名有姓、今天仍可查可考的亦不下百人。开中制改为折色制后，他们中许多人也成功地由边商转成了内商。且曾几何时，多次主宰两淮盐场。明人胡世宁说：“今山陕富民，多为中盐旅居淮浙。”嘉庆《江都县志》载：“扬以流寓入籍者多……明中盐法行，山陕之商麇至。”同治年间编写的《两淮盐法志》卷四七《人物六》又记道：“明万历定商灶籍，两淮又立运学，附入扬州府学故盐务无册籍可稽，且有西商无徽商。”

■《五杂俎》书影

再从明人论富来看，明代晋商也堪称全国各大商帮之首。明人沈思孝在《晋录》中说，“平阳、泽、潞豪商大贾甲天下，非数十万不称富。”明人谢肇淛在《五杂俎》中说：“富室之称雄者，江南则推新安，江北则推山右。新安大贾，鱼盐为业，藏镪有至百万者，其他二三十万，则中贾耳。山右或盐，或丝，或转贩，或窖粟，其富甚于新安。”明代大奸相严嵩的儿子严世蕃一次在与人评论天下富豪时，以

"积资满五十万以上"者作为标准而言，天下共有十七家，除十二家为皇室达官之外，民间的五家为山西三家、徽州两家。明人王世贞说："晋商大鹾贾。"清高宗乾隆皇帝也说："今朕行历吴越州郡，察其市肆贸迁，多系晋省之人，而土著者盖寡。"从这些文献记录中的所言所记，我们更可以清楚地看出晋商在有明一代已成商帮大贾。他们或转贩，或窖粟，或盐、丝，不畏艰难困苦，开拓向前，奋力进取。开中制也好，折色制也罢，都是政府拿盐做文章，盐就是钱，钱就是盐，以盐课税，保障国用民需，万变不离其宗。晋商地处河东盐场，对盐业的生产运销早有成熟的一套，他们由"边商"而"内商"，从长城到长江，由纳粮中盐变纳银中盐，抓住机遇，克难而上，成功转型，支边富国，利人利己，称雄商界，被世人赞誉为华夏第一商帮。

（二）徽商出新安，从徽州到扬州

叶淇的折色制盐法改革促成了徽商的发展。在明弘治五年（1492年）以前，盐法实行开中制时，扬州鲜见徽州商人业盐，有据可考者仅有三人。一是婺源商人许达。据《许氏统宗世谱·处士忠善公行状》记："公讳达，字忠善，其先世以孝友闻。大父讳天祥，讲学谈道，人所宗师。考讳寿，文艺渊邃。公风度嶷峻，恬淡寡欲，以勤俭教家，非其有不取。业商于江淮，时天下草创，盐课未盈，公率诸商宣力以资国榷，后资饶，业甲于乡。"二是歙县《丰南志》记载，嘉靖时期歙商吴彦先，其先辈"七世业盐策，客于淮海"，约在洪武、永乐年间。三是歙人鲍汪如。据《棠樾鲍氏宣忠堂支谱》记，洪武时"边陲有警，募民上粮易盐。公遂运米应云南军饷，盐拨温州，于时海寇侵扰，禁不得行，诸商联名吁请，有司不为理。公独备陈商困，条奏于朝，始得放行"。此三人资料均见王廷元、王世华先生所著《徽商》（安徽人民出版社 2005 年版），除此之外则很少见诸记载。主要原因有二：一是徽州地处皖南，距九边远隔万水千山，开中法对徽人来说"路远费烦"，人生地疏，输粮报中，换取盐引得不偿失，徽人在开中法时没有地利条件。二是当时徽州人还"民不染他俗，勤于山伐，能寒暑，恶衣食"，"人有终其身未入城郭者。……有稍与外事者，父兄羞之，乡党不齿焉"，宁可在故里过清贫的生活，也不愿“牵车牛远服贾”。经商在他们的思想中还是低贱的营生，士农工商的“商”是第四等的人才去干的，徽州的阀阅豪门、大族之家一般还是不屑于经商的。

徽州商人成群结队地到扬州业盐贾鹾，步入盐业，主要是在明中叶户部尚书叶淇改行折色制以后。盐法由开中制改行折色制，商人不用输粮报中到边关，饱受山高路远、天寒地冻、跋涉劳累之苦，可以就近到设有盐运使司的扬州、杭州、运城、长芦等盐运司纳银报中，领取盐引，行销牟利。这样，山陕商人在两淮盐场就失去了原有的地缘优势，徽州商人在两淮盐场反得地利之便。徽州至扬州不过数百里，坐船沿新安江下杭州，经湖州、苏州到扬州，或从新安经芜湖沿长江下扬州都十分方便。徽商即以此为契机，纷纷挟资迁扬入浙，从事盐业贸易。清末学者陈去病（1874—1933 年）在其著作《五石脂》中说：“徽人在扬州最早，考其年代，当在明中叶。”徽商一经进入盐业，便显示出其特有的徽骆驼精神、聪明的头脑，以及善于“行媚权贵”的封建依附性，又经过明弘治、正德、嘉靖、隆庆、万历上百年的经营积累，万历年间其在扬州的势力已可与山陕商人相抗衡，甚至超过了山陕商人，也广为明季小说所描写了。万历《歙志》称：“今之所谓大贾，莫有甚于吾邑（歙县）。虽秦晋间有来贾于淮扬者，亦苦朋比而无多。”万历《扬州府志》亦载曰，扬州“皆四方贾人，新安最盛，关陕、山西、江右次之”。这些记载说明徽商在明中叶后已经崛起。

明中叶以后，徽州商人以业盐居两淮的大姓人家，据陈去病言：“故徽郡大姓，如汪、程、江、洪、潘、郑、黄、许诸氏，扬州莫不有之，大略皆因流寓而著籍者也。”如歙县竦塘黄氏，“世鹾两淮，甲于曹耦”。休宁县西门汪氏“率用盬盐起家”，运盐船只多达千艘，乡人称“富莫不论汪”。歙县溪南吴氏之吴良德，9 岁丧父，立志经商，先经营丝绸业，继而在松江开当铺，后认为“吾乡贾者，首鱼盐，次布帛”，遂携资入浙进淮经营盐业，成为家财万贯的商界领袖。婺源李氏，从李志和“修猗顿之业，资雄于里”，到其孙李大祈到荆扬之间贩盐牟利时，盐船蔽满江面，号称“素封”。素封乃是指无官爵封邑，而富与显贵可比的人。《史记·货殖列传》言：“今有无秩禄之奉，爵邑之人，而乐与之比者，命曰素封。”

五、纲盐制，助推徽商垄断两淮盐

明王朝后期，万历四十五年（1617 年），商人纳银获引但尚未支取的盐引约为 20 万引。为了疏清这些旧引，保证盐商的利益，又为了保证盐课收入，继续让商人纳银换引，明廷采纳户部尚书李汝华、盐政大臣袁世振等人的建议，首先在淮南推行纲盐制，尔后在全国实施。其办法是：将持有旧引的盐商分为“圣德超千古，皇风扇九围”十纲，编入纲册，每年以九纲行新引、一纲行旧引，以 10 年为期将旧引疏清。纲册编有商人姓名及持有的旧引数量，并将纲册“永留与众商，永久百年，据为窝本”。以后每年再派行新引时，都以纲册所载商户及持有引额为依据，册上无名者，即没有资格领取盐引。这就把原持有盐引者给固定了下来，把新进者挡在了门外，确保了盐商的利益，形成了垄断。而此时，在扬州经营盐业的徽商已成大气候，人数最多，故从此徽州盐商在扬州的霸主地位日渐形成。

明末清初，繁华的扬州城遭到屠城之祸。顺治二年（1645 年）四月底，清军在豫王多铎的率领下南下攻夺扬州，南明将军史可法坚守孤城，城破被屠，有惨绝人寰的“扬州十日”。据《扬州十日记·焚尸簿》载：“全城死亡人数共八十余万，而落井投河，闭门自缢者尚不在其内。”在清兵屠城前，祁门盐商汪文德偕弟汪文健还以 30 万金犒师“乞（豫）王勿杀无辜”，结果还是遭逢厄运，生灵涂炭，城内寸丝粒米亦被搜刮殆尽。大战火、大杀戮、大洗劫之后，扬州这个昔日繁华如梦般的城市一片破败，“盐尽商散”。其后 20 余年方才渐渐复苏。

清朝定鼎燕京，平定中原，全国大部分地区“戎衣初定”后，顺治、康熙初期，采取了一系列“恤商裕课”的政策，招徕商贾，恢复盐业。在盐法上清承明制，继续实行纲盐制。为了打击私盐，于顺治十七年

（1660 年）又创立了公垣制。即在各盐场设置公垣，由场官专司启闭，令盐户将所产之盐悉数堆存其中，商人持引到垣中公买。纲盐制与公垣买卖制度的结合，进一步巩固了盐商者的垄断利益。明清两淮盐场是全国最大的盐场，淮盐的行销区范围最广，江苏、安徽、江西、湖北、湖南、河南的众多州县都是清廷指定的两淮行盐区。这些地方又是人口最密集的地方，盐的消费量基数大，增长快。清初两淮盐运司每岁行盐 141 万余引，到了道光年间增至 160 余万引，每引也由清初的 200 斤，至嘉庆时便增加到 374 斤。盐的销量在百余年间几乎增长了一倍。从康熙元年（1662 年）开始到道光元年（1821 年），这 160 年是徽州盐商在扬州最兴旺、最发达、最风光，赚取盐业利润最大的时期。他们雄居两淮盐业，执扬州盐商之牛耳，不仅人数众多，而且势力强大。光绪《两淮盐法志》的列传中记述了 80 位盐商代表人物的事迹，其中徽商占 60 人，山陕各 10 人。嘉庆时的《两浙盐法志》中，客籍盐商记述了 35 人，其中 28 人是徽州人。民国《歙县志》中称："邑人商业以盐、典、茶、木为最著。在昔盐业尤盛焉。两淮八总商，邑人恒占其四。各姓代兴，如江村之江，丰溪、澄塘之吴，潭渡之黄，岑山之程，稠墅、潜口之汪，傅溪之徐，郑村之郑，唐模之许，雄村之曹，上丰之宋，棠樾之鲍，蓝田之叶，皆是也。彼时盐业集中淮扬，全国金融几可操纵，致富较易，故多以此起家。"

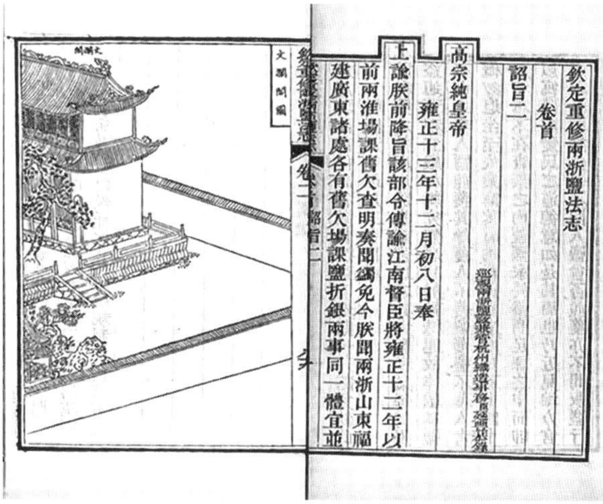
欽定重修兩浙鹽法志
卷首
詔旨二
高宗純皇帝
雍正十三年十二月初八日奉
上諭朕前降旨該部令傳諭江南督臣將雍正十二年以前兩淮場課舊欠查明奏聞蠲免今朕聞兩浙山東福建廣東諸處各有舊欠場課鹽折銀兩事同一體宜並

■《两浙盐法志》书影

清季扬州盐商达到鼎盛，富可敌国。据《淮鹾备要》记，乾嘉年代"淮商资本之充实者，以千万计，其次亦数百万计。商于正供完纳而外，仍优然有余力，以夸侈斗靡。于是，居处、饮食、服饰之盛甲天下"。乾

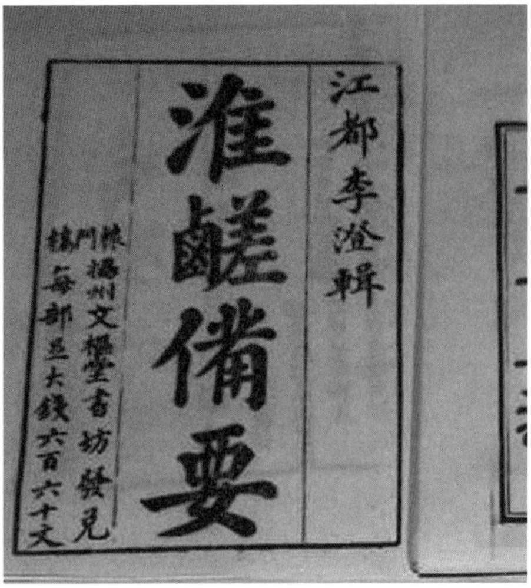

■《淮鹾备要》书影

隆时在扬州业盐的徽商及山陕商人100多家，资本总额七八千万两，清王朝在其财力最充沛的乾隆四十六年（1781年），国库存银也不过7000万两，尚不及盐商的资本多。徽州盐商的奢靡富裕程度，令今天的商人听起来也是咋舌惊讶，自叹不如的。如歙县人江春，身任总商40余年，乾隆南巡下江南，曾两次临幸其家。他大肆铺排，盛迎帝驾，乾隆皇帝不仅授予他布政使之衔，还赏赐御书“怡性堂”匾额。江春还荣赴北京“千叟宴”，带领徽班进京为乾隆帝八十大寿唱徽剧，以“布衣上交天子”而名噪华夏。

歙县潭渡黄氏家族，明代即在扬州业盐，至清朝又出黄光德、黄至筠两总商，现在扬州园林之冠“个园”就是曾任总商40余年的黄至筠所建。

徽州汪氏家族更是了得，乾隆帝第五次、第六次南巡都曾接驾。在两淮盐商中，有一位出名的女商人，人称汪石公太太。此女中豪杰，接任丈夫汪坦任总商，在乾隆帝第五次南巡时前数月在扬州城北部，择荒地数百亩，仿杭州西湖风景，建筑亭台园榭，备皇帝御览，即今日之瘦西湖。又在乾隆帝第六次南巡之时，募集工匠，赶造三贤殿，一夕而成，供帝观览。据说乾隆第六次南巡住在天宁寺，天宁寺距小金山三里之地，小金山在水中很像京口金山，遥看壮观美丽，近看却无甚建筑，乾隆皇帝不免有些遗憾。汪石公太太听说后，连夜拆除城内大屋移建，木材、砖瓦、石料数千人列队传递，一夕而成。过了几日，乾隆皇帝再度游览小金山，见到平地起此大殿，惊问随从怎么这么快？得知是汪石公太太所建，乾隆帝惊叹地道：“富哉商乎，朕不及也。”

歙县棠樾鲍志道、鲍漱芳父子，历任两淮总商40余年，输银常以百万、千万两计，赈灾办学，疏河筑堤，并以捐发三个省的军饷得到皇帝赏赐，在家乡修建了“义”字石牌坊。今黄山“棠樾牌坊”群即是其家族存留后世的。歙县丰南人吴天行，据《丰南志》和《歙事闲谭》第十五册记，因“献饷”有功，授“员外郎御侍”之衔，其住处“广园林，侈台榭，充玩好声色于中……后房女以百数”，号称“百妾主人”。要了解清朝乾嘉年间的徽州盐商多么富有、多么骄奢淫逸，一是可读读清代文人李斗所写的《扬州画舫录》，看看李才子是如何记录盐商在扬州的奢靡生活；二是不妨于烟花三月下扬州、上徽州参观旅游，看看大盐商们留下的宅子、庭园、祠堂、牌坊，那些精致的建筑与“三雕”，没有白花花的银子是堆不起来的。它们展示了当年盐商们的富有，留证了那个时代的辉煌。

六、盐纲乱，百姓吃盐如过年

《易·丰》曰：“日中则昃，月盈则食，天地盈虚，与时消息，而况于人乎？况于鬼神乎？”“物极必反”，“盈不可久”，盐商们的命运也逃脱不出这个自然历史规律。高度垄断的盐法纲票制实行到清道光年间，积弊丛生，纲法大坏，已到山穷水尽的地步，其主要乱象是：

（一）盐价高昂，老百姓吃不起盐

清朝从康熙年间到道光年间的150多年中，盐的出场价格基本没有变化，没有涨价，每斤盐的出场价格始终维持在两至三文钱之间，但其销售价格一涨再涨，扶摇直上，购销差价在20倍至30倍之间。康熙时人郭起元在《酌盐法》（《清经世文编》卷五〇）中说：“臣在江南仪真、通州等处见鬻盐，每斤制钱二三文，至江西、湖广省，民间买卖盐每斤制钱一二十文不等。”到了道光十年（1830年），两江总督兼理两淮盐政的大臣陶澍在给清廷的奏折中称："场盐每斤向卖制钱一二文、三四文不等。汉镇为销盐第一口岸，盐价每斤需钱四五十文，迨分运各处销售，近者六七十文，远者竟需八九十文不等。……江广之民膏血尽竭于盐，贫家小户，往往有兼旬弥月坚忍淡食不知盐味者。"一斤盐从盐场运到汉口口岸，已涨了20多倍，再批发零售到老百姓手里又涨10倍至20倍不等。从出场到零售，淮盐行销区最远的竟涨到40倍左右，农民用一石稻谷都换不回一小包盐。包世臣在《安吴四种》卷七《江西或问》中说，江西在道光十七、十八年（1837、1838年），农业丰收"而谷价大贱，农不偿本。收成之后，干稻一石至钱四五百文，米价倍之。……（盐价）每斤仍至五十五六文。西省子包例重七斤四两，以稻一石易盐一包而犹不足"。盐的中间差价高昂，老百姓吃不起盐，"吃盐当过年"，宁少盐不吃盐也不购盐，或购私盐，又造成盐场食盐滞销，盐卖不出去，商人纷纷撤出两淮，歇业改行。按清政府规定两淮盐额每年应行160万引，但从道光六年至十年（1826－1830年）"通计牵算，每年仅销引十余万道"，尚不抵原额的10％。

（二）私盐盛行，大量挤占淮盐市场

淮盐在清朝的行销区有湘、鄂、皖、赣、苏、豫等6省250余个州县，是全国各盐场中最大的行销区。但由于盐价高昂，转运环节多，周边私盐侵占淮盐市场的比比皆是，防不胜防。包世臣在其《庚辰杂著》中列举"私有十一种"。概括其大者有枭私、邻私、漕私、商私、官船夹带之私等。

枭私，就是武装走私贩盐。包世臣说，盐枭在今天的皖北地区、鄂豫皖交界地区，以及川鄂交界地区最为活跃。据说当时从事贩卖私盐的"游手无赖之徒"已有数十万人。他们组织严密，分工明确，成伙结队，自成网络，大者五六百人一伙，小者亦二三百人。晚清著名的捻军头领张乐行就做过"盐趟主"。张乐行是安徽亳州人，起义前就在皖豫交界一带武装贩运私盐。唐朝末年的农民起义领袖黄巢、三国时的关公及其大将平陆人周仓也都贩卖过私盐。清末名臣、爱国英雄林则徐在督鄂时说："民间匪类，大半出于盐枭，即如襄阳之捻匪、红胡为害最甚，总因逼近

豫省，以越贩潞私为事，遂至无恶不作。”（中山大学历史系：《林则徐集》〈奏稿〉中册）。可见，武装贩运私盐，古今有之，屡禁不止。

邻私，就是违背禁令，把邻近省地盐场的盐越界运至淮盐纲引地售卖。淮盐纲引地处于全国中心，方圆数千里，地域人口最多，盐的实际行销量最大，但四面八方的私盐都可灌入。东北方向有长芦盐，走私贩卖到河南归德、陈州，皖北；东南方向有浙江盐，贩至皖南宁国、江西饶州，将广东、福建海盐贩至湖南、赣南；西北方向有将潞盐贩至湖北的郧阳、襄阳、安陆、荆州；西南方向有将川盐运至湖北宜昌、恩施，湖南。这些盐区所产之盐比淮盐价格都要低得多。如长芦盐场所产之盐在其纲引地河南其他州县的盐价“每斤卖钱十有六文”。而淮盐在河南纲引地汝宁府（今河南汝南县）的官价每斤要30文钱左右。淮盐与长芦盐在相邻的两个州县价格差一半还多。而且私盐“价贱、色净、秤足”，没有官盐的克扣和杂色，可以说是价格低、质量优、服务态度好，老百姓当然乐购私盐。“食私（盐）者什七八”，大大挤占了淮盐的市场。

漕私，就是沿运河运粮的漕船在回空时夹带私盐，主要也是将长芦盐贩运到江南销售。商私是盐商们在贩运引盐时夹带的私盐。这是盐商们贿赂官吏，联手作弊，共同作奸犯科的行为。道光初年，淮盐每引360斤，盐商们夹带私盐多者往往有加重一倍以上者。还有奸商钻清廷“淹销补运”条款的空子，将全引一船之盐分三四船装，遇有一船遭风失浅，即捏报全引淹销，并将未失事之二三船亦请补盐。更为恶劣的还有在引盐卖尽之后，将空船凿沉，捏报淹销，申请补运，谓之“放生”（《清经世文新增续编》卷四二）。按照清廷规定，淹销补运之盐，既免盐课，又得津贴，运到口岸还准允优先售卖。不法奸商钻此空子，借机骗行贩卖私盐，又使纲法雪上加霜，进一步败坏。

私盐盛行是盐价高昂所致，盐价高昂是因清政府各种苛捐杂税过多过繁，敲竹杠、打秋风、沾盐（油）水的官吏太多。其一，康乾时代，盐商夸富于扬州，让皇帝都自叹不如，乾隆皇帝自然要打天下盐商的主意了。雍正时，“两淮商人行销引盐，岁办250余万两之正杂课饷钱银”，已比清初95万两多出155万两。道光时两淮盐商输纳之银已多在500万两上下，比雍正时又多出了一倍。这是正式向清王朝交纳的杂税。其二，在捐输上，乾隆又进一步渔利于盐商，将捐输报效视为常例。据《清史稿·食货四》记："乾隆中金川两次用兵，西域荡平，伊犁屯田，平定台匪，后藏用兵及嘉庆初川、楚之乱，淮、浙、芦、东各商所捐自数十万、百万以至八百万，通计不下三千万。"其他如助河工、城工、赈灾、修行宫、南巡接驾、过"万寿节"，盐商们都要捐输纳贡。据统计从1795年至1804年，短短10年间两淮商人捐银就达1200余万两。其三，各种浮费繁多。浮费是指官场各种陈规陋习之费，亦相当于今天的人情银、贿赂银、灰色收入。清代盐利最厚，贪官污吏无不如蝇附腥，寻机分肥，打秋风、沾油水。盐运司衙门里的人，吃拿卡要、关节多多，衙门中的书吏多至19房，商人办运请引，文书辗转至11次，每经一次手续，都要有一次使费（李澄《淮鹾备要》卷三）。另外，过往官员打秋风，离别官员要"别敬"，赴京官员要"程仪"，盐到口岸分运包装过秤时杂职胥役要敲竹杠。道光时，扬州盐运司衙门就有"办贡、办公""活支月折"之费，汉口有"匣费"，江西有"岸费"。其四，是窝费。实行纲票制，两淮盐商中有一批占窝而不行盐的人谓之底商，也就是占有盐窝资源的纲票垄断者。这些人每年将行盐的权利转售他人，"每引索取票银一两，每年按引须银一百六十九万有余归于底商，先国课而坐收其利"。由于这四类费用的支出，盐商们必然要抬高盐价，将费用转嫁到消费者的头上，这就是淮盐成本高的根本原因。

七、破垄断，陶澍改行票盐制

盐价高昂，走私盛行，场盐壅滞，老百姓十天半月忍淡不知盐滋味，昔日占窝行盐的官商们有的也参与走私贩盐活动，清廷的盐课收入受到很大影响，纲盐制已走到了山穷水尽的死胡同。为了扭转这商疲课绌、百弊滋生的两淮盐业局面，清廷于道光十年（1830年）任命曾任安徽巡抚的湖南人陶澍为两江总督，兼理两淮盐政。陶澍到任后，经过进一步的调查了解，以“减价敌私，为正本清源之计”。于道光十二年（1832年）奏准朝廷提出改纲为票，即将纲盐制改为票盐制。其办法就是打破垄断，废除纲商占窝行盐的世袭特权，不论何人，只要交纳盐课，即可领票行盐。用陶澍的话讲就是：“招贩行票，在局纳课，买盐领票，直运赴岸，较商运简捷。不论资本多寡，皆可量力运行，去来自便。”（陶澍：《会同钦差覆奏体察淮北票盐情形折子》，《陶文毅公全集》卷一四）陶澍的票盐制是明清两朝继开中制、折色制、纲盐制之后盐法的又一重大改革。它打击了走私盐贩，打破了纲盐制盐法的世袭垄断经营，取缔了底商的窝价，降低了招商纳课贩盐的门槛，减少了各级官吏中间渔利的环节，一举使“窝商、蠹吏、坝夫、岸胥”都失去了中饱私囊之便，使徽州盐商从此失去特权，一落千丈，走向衰落。票盐制的改革，将原来盐商手中掌握的“窝底”成为一堆无用的废纸，同时还要追缴他们历年所欠数目巨大的盐课，缴纳不上，抄家没产，致使许多大盐商纷纷破产。如当年几度接驾乾隆皇帝、以布衣结交天子的江春，曾经是“百万之费，指顾立办”，在被陶澍清理欠帑后，家产被籍没，“旧时翠华临幸之地，今亭馆朽坏，荆棘遍地，游人限足不到”，呈现出一派破落户的景象。陈去病在《五石脂》中也说：“自陶澍改盐纲，而盐商一败涂地。”此话不谬，是合乎历史实际的。据讲当年有徽州盐商在扬州气得直砍桃树，骂陶澍。阮元在为《扬州画舫录》作跋时也写诗道：“楼台荒废难留客，花木凋零不禁樵。”昔时扬州的繁华鼎盛，亦随着盐商的衰败散去而成过眼云烟。这也是徽商走向衰落的开始。随后的“咸同兵燹”，使徽商遭受了更大的厄运和更沉重的打击。

■ 陶澍

总结此章，盐是人民生活的必需品，历来为政府所垄断，专管、专营。在明清两朝，盐是国课税收的主要来源，盐就是钱，钱就是盐。政府在盐法上的一系列政策和改革，开中制也好、折色制也罢，纲盐制也好、票盐制也罢，都是为了保证国家的税收。其每一次改革、每一次政策的调整出台，都是因时而动，不断进步，符合社会发展和人民生活需求的。封建官吏的出发点也是为了国计民生。这其中的几个人——宋朝的范祥，明朝的杨宪、叶淇、李汝华、袁世振，清朝的陶澍，都是盐法改革的推动者、政策的制定者，是封建社会有作为的经济学家和官吏。同时，上述历史也告诉我们：（1）一项政策实行久了，必然积弊丛生，要与时俱进，进行改革；（2）垄断经营，占盐为王，盐价高昂，让老百姓吃不起盐，必然要遭到人民反对、政府干预；（3）奢侈贪腐、纸醉金迷、大肆挥霍者终究要被打倒，被革命，到头来是烟消云散，人去财尽，庭园倾毁，荆棘遍地，竹篮打水一场空。

第七章 驼铃帆影，晋商足迹遍天下

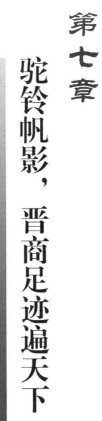

一、明代晋商的兴起与活动

明清晋商的一个显著特点是长途转贩、商贸全国。明清 500 多年间，山西商人从蒲州盐池起步，北到长城、蒙古、黑龙江、中俄交界的买卖城及俄国的恰克图，南到两湖、桂粤、福建、台湾、海南岛，东到京城、天津、上海、苏州、扬州，西南到四川阆中、成都、自贡、打箭炉，云南、贵州，西到陕西、宁夏、甘肃兰州、青海、新疆伊犁，中至河南、山东、湖北汉口、安徽亳州，足迹几遍国内所有地方。时人有说凡是有麻雀的地方就有山西商人，实乃明清疆土开拓到哪里，哪里就有山西商人活动，而且他们还走出国门，在俄国、日本、伊朗也开设了商号，做着国际贸易。

明代晋商走出三晋，做跨省转贩贸易，从明初就开始了。明洪武三年（1370 年），时任山西行省参政的杨宪向朱元璋建议，实行开中制，朱元璋同意后，山西商人就利用自己的地利之便，抓住机遇，北上至长城边关转输粮草布棉、铁锅茶叶、牛马驼羊等日用品，报中领取盐引，南下到两淮等指定的盐场支盐，再转运到指定的行销区售盐，从中赚取差价，取得了明初晋商的第一桶金，积累了晋商的原始资本。

（一）明代晋商在边关的兴起

有明一代，山西商人从事贸易经商的重点先在边关、后在内地，史称边商、内商。边商即在长城一线设立的九边重镇的偏头关、大同、宣府、延绥、宁夏 5 镇做生意，这其中又分纳粮报中、茶马互市两个阶段。

第一阶段，纳粮报中。这主要是在明初实行开中制时期，以保证边

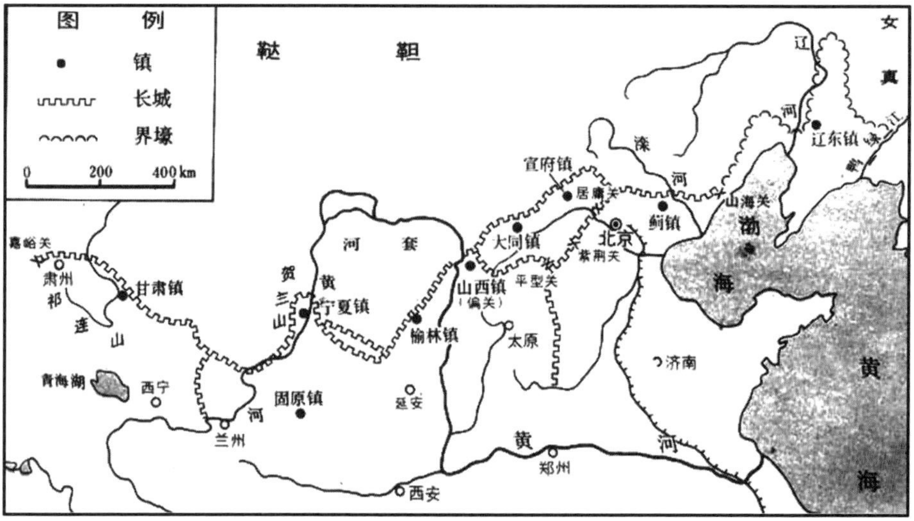

■ 九边重镇

防军需为主。明朝建国之后，朱明王朝并没有彻底消灭元朝集团的军事力量，元代皇室及残部退出中原，回到蒙古草原，不时侵扰抢掠边关，威胁山西、燕京及中原地区。朱元璋及其子明成祖朱棣屡次深入大漠，北伐元朝残余政权及军事力量，但都不能彻底歼灭驰骋于蒙古草原、逐水草而居的蒙古骑兵。于是修长城，设九边，即辽东、蓟州、宣府、大同、山西（太原）、延绥（榆林）、宁夏、固原、甘肃 9 个军事防御重镇，以阻止蒙古骑兵南下侵扰，威胁京城安全，动摇大明江山。当时，九边驻军有 86 万之多，军马有 34 万余匹。俗话讲，兵马未动，粮草先行。这么多的人马，人要吃粮、马要吃草，形成一个庞大的军事消费市场。在 600 多年前，没有汽车、火车、飞机运输，没有现代化的高速公路，山西境内又是大山连绵，沟深山高，山路崎岖，气候高寒，“六月飞雪”，寒风刺骨，山西商人不畏山高谷深，路途艰险，从中原转贩粮草输边，保障边防军需。他们人牵牛拉，车载马驮，成群结队，源源不断，年复一年，在明清 500 余年间跋山涉水，行走在太行、吕梁山间。那雁门关的石头上留下的深深的车辙，就是岁月的痕迹、历史的见证。

山西商人输边纳粮报中，不仅是向在山西境内的大同、偏关输送粮草，还主要向宣府、延绥、宁夏 3 个边镇纳粮报中，供给这 3 个边镇的军需。而且当时大同、宣府两镇又是重中之重，驻军马最多。从明洪武三年到永乐十年（1370—1412 年）40 多年中，宣府 5 个卫所的“官军俸粮岁往大同关供给，道路遥远，往复艰难”。永乐十年（1412 年）京城卫所开中后，又“令山西商民于顺天府中纳盐粮，宜令顺途就各卫输纳为便，从之”（《明太宗实录》卷一二八）。当时大同、宣府两边镇又常设一个总督节制，如隆庆年间宣大总督就是山西人王崇古。这样不仅统一指挥军事，当然也统筹调配各种军需物资。

延绥镇的军需也主要依靠山西商人供给。明万历年间曾任延绥镇巡抚都御史的涂宗浚在给皇帝的奏章中说：“本道看得延镇兵马云屯，赖召买盐引接济军需，岁有常额。往时召集山西商人，乐认淮浙二盐，输粮于各堡仓，给引前去江南投司领盐发卖，盐法疏通，边商获利，两百年来未闻壅滞。乃至于今，商人党守仓等，苦称边盐不通，引积无用，家家亏本，恳辞求退。本道再三晓慰，则皆泣愬，山西之大贾皆去，土著之资本几何?”这说明延绥边镇的军需 200 年来一直依赖晋商输边纳粮。

山西商人在明初纳粮报中也到了宁夏镇，据《明宣宗实录》卷五六记，宣德四年（1429 年），御史傅吉为鼓励山陕商人纳米麦于宁夏仓，建议山陕商人每引盐可少纳一斗五升米麦，以示优惠招徕。“减宁夏粮盐例，凡陕西、山西所属客商，每引纳米麦四斗五升，宁夏卫并行所属客商，每引纳米六斗。”同时，山西商人还把“缎绢、绫绸、纱罗、梭布、花绵、巾帕、履袜、南货及诸铜铁木竹器、纸劄”等都贩运到宁夏，这说明山西商人的足迹在明初也已到达了宁夏。

在纳粮报中过程中，因各边镇有固定的年例粮食需求，报中也有固定的山西商人。聪明的山西人为减少转运挽输之苦，便在内地招募游民到边地垦荒种地，就地生产粮食、饲草，交到边镇领取盐引，如此商屯应运而生，成本大大降低，利润扶摇直上。明人杜萼说：“特以边方买粟者众，故农夫就边耕种者亦众耳。”“以致耕者趋利，边地尽垦。”渐渐地已有移民垦荒种地，自成村落城镇之势了。这是晋商商屯对国家、对边疆地区和少数民族的又一种贡献。

第二阶段，茶马互市。先看一看马市。明初，早在永乐三年（1405 年）就开设了辽东马市，明成祖上谕“令就广宁、开原，择水草便处立市，俟马至，官给其直，即遣归”。这就是东马市，正统三年（1438 年）

又设立大同马市。这些马市都属官市性质，只允许蒙古、女真族人以马匹与明政府交易。明政府需军马；蒙古、女真族等需中原生活日用品，如茶叶、绸缎、棉布等。但铁器类日用品如铁锅、铁农具之类则都列为禁品，严禁交易，防止这些铁制品流入草原被少数民族熔化冶炼打造兵器。明政府的官市贸易远远满足不了边外民族的生活需求，铁器类的贸

■ 茶马互市图

易禁闭也阻挡不了地下走私。边市贸易在查禁之中往往纠纷不断，不时发生“虏时杀掠市人”的情况。如此一来，明政府便以关闭马市贸易以示惩戒，蒙古、女真等少数民族则以其马上民族的优势，南下劫掠。这是因为关闭边境贸易，造成蒙古草原出现“爨无釜，衣无帛”、民无茶饮粮吃的局面。因为边地草原人民不生产这些生活日用品，必须依赖中原

汉民族的供应，而相对于中原人民和明政府来说，对战马、牛羊的需求，则没有草原人民需要生活日用品那么迫切、那么必不可少。边外女真族、蒙古族人民的衣食茶饮等生活日用品，只有依赖中原汉族人民的供给，正常的边市贸易得不来，则只有通过战争、抢劫、掠夺的手段去获取。明代从开国洪武元年（1368 年）到隆庆四年（1570 年）200 余年间，北部万里长城一线就没有长久太平过，蒙汉之间因贸易关系处理不好，商品交换不能正常进行，边关贸易时关时开，以关为主，战争也时断时续、战战和和，一直处于敌对、僵持的紧张状态。由此再上溯至宋、唐、汉、秦时期，我国西北部边境战事不断，汉民族与匈奴、契丹、吐蕃等少数民族之间的战争、恩怨，多由此而来。且说明朝正统十四年（1449 年），蒙古瓦剌部首领也先率部大举进犯，大同、宣府、蓟州 3 镇一时烽烟突起，战云密布。明英宗亦率军亲征，但中计败于土木堡（在今河北怀来县境内），英宗皇帝被也先俘获，押到塞外，史称“土木之变”。明皇帝被俘，而且就在天子脚下、北京城外，当时朝内就乱了套，又是要立新帝，又是要营救英宗，马市从此又在一片反对声中全部关闭。马市关闭后，边外民族的生活用品又不够用，居民苦不堪言，蒙古族又屡请复市，明廷又不准复。复市不准，故又来侵扰掠边，如此又开又关，此处开彼处关，反反复复，直到隆庆四年（1570 年）方才出现转机。这就是“俺答封贡”事件。

“俺答封贡”的直接诱因是隆庆四年（1570 年）九月，蒙古俺答汗之孙把汉那吉因家庭纠纷率十余人跑到大同投奔明朝，大同巡抚方逢时接受其投降，并报告了宣大总督王崇古。把汉那吉是俺答汗第三个儿子铁背台吉的儿子，自幼丧父，由祖父俺答汗抚养成人。王崇古得知把汉那吉归附后，认为这是制服俺答汗、除掉汉奸赵全等人的有利时机，遂将把汉那吉作为人质，礼遇关押。同时奏报朝廷，上书《确议封贡事宜疏》，提出“封俺答，定朝贡，通互市”的建议。王崇古的这一和平建议提出后，朝内一些保守大臣以先帝明禁互市为由，极力反对。但王崇古在自己外甥张四维的游说下，得到大学士高拱、张居正的大力支持。张四维时任吏部右侍郎，后于万历十年（1582 年）张居正病逝后，接任张居正任首辅。王崇古的这一建议于隆庆五年（1571 年）二月获得通过。

再说，把汉那吉南附后，俺答汗不知孙子死活，其妻也朝夕啼哭，要求俺答汗救赎把汉那吉。俺答汗一时愁眉不展，束手无策，自忖自己与明朝对抗为敌数十年，几十次南下，攻大同、犯北京、入太原、下晋南，杀掠无数，铁蹄几乎踏遍山西、直隶各个州县，给明朝北边造成的浩劫最大、次数最多。当他得知自己的孙子尚在，大喜过望；同时又看到时任宣大总督的王崇古整饬边务，严阵以待，难以冒犯；又想到无秩序地杀戮掠夺伤天害理，不如有秩序地通互市、行边贸对蒙古人和自己更为有利。于是，俺答向王崇古派来的和谈使臣表示：（1）只要归还把汉那吉，愿与明朝永远通好，誓不背德；（2）愿以蒙古马牛与明朝铁锅、布帛互市；（3）愿将逃匿在蒙古的汉奸、多年来教唆蒙古人侵扰边镇的赵全、李自馨等交送明廷处理。

■ 三娘子

隆庆五年（1571 年）三月，明廷与俺答汗达成协议，恢复封贡互市。明廷封俺答为“顺义王”，赐其所居地名为归化城（今呼和浩特），统管蒙古各部，册封俺答汗的妻子三娘子为忠顺夫人。其余蒙古诸首领，也都一一被封为都督同知、指挥同知、正副千户、百户等官号。1571 年秋天，在大同镇重开马市，互市通好。从此，在俺答汗晚年及他去世后三娘子主持蒙古政事的几十年中，蒙汉人民和平相处，友好往来，商贸互惠，长城一线基本处于和平状态。促成这一历史性转折的王崇古是山西蒲州人，史称这一事件为“俺答封贡”。《明史·方逢时传》载：“始，逢时与崇古共决大计，而关市议案，古独成之。”《明史·张四维传》记：“俺答封贡议起，朝右持不决，四维为交关于（高）拱，款事遂成。”由此可知“俺答封贡”一事，主要成于王崇古、张四维舅甥两人的朝内朝外呼应运作。

“俺答封贡”事件之后，边陲安宁，和平互市，蒙汉两族人民休养生息，和睦相处，边疆贸易也进入快速发展阶段。王崇古本身就出自蒲州商贸世家，其伯父、长兄、外甥张四维之父张允龄、叔叔张遐龄，弟弟张四教亦都是大商人。王崇古身任宣大总督，之前又以兵部右侍郎兼右佥都御史，总督山西、延绥、宁夏、甘肃四镇军务。其广招商贩，听命贸易，“官市毕，听民私市”。如此晋商又得地利之便，纷纷荷担负囊，赶驴套车，跋山涉水，蜂拥赴边做各种转贩贸易。历史上九边之地，地处塞外，受地理与气候条件限制，物产极不丰富。明人梅国桢说：“且九边之地，无不称穷苦。而至穷至苦，则大同为第一。地滨穷荒，土脉沙瘠，而风气寒冰异常，穑事岁仅一熟，稍遇旱荒，即一熟不可得。自谷、豆、稷、黍之外，百物不产。”这段记载说明，边疆贸易需要内地各种农业、手工业商品。一时间内地的粮米、布帛、铁锅、农具、茶叶、水产，都从山西、从中州、从江淮、从湖广汇聚边贸市场，这些都是商人转贩所至，使边境贸易、长城一线出现物贸繁荣的景象。《明史·王崇古传》载：“崇古乃广召商贩，听令贸易，于是布帛、菽粟、皮革远自江淮湖广，辐辏塞下，因收其税以充犒赏。其大小部长则官给金缯，岁市马各有数。崇古仍岁诣赐堡宣谕威德。诸部罗拜，无敢哗者，自是边境休息。东起延、永，西抵嘉峪七镇，数千里军民乐业，不用兵革，岁省费什七。”岂止是省费用、节金银、兴经济呢？不用兵革又不知少杀戮了多少蒙汉人民生命呢！

“俺答封贡”后，明政府先后在长城一线开设了13处马市。马市贸易额也急剧上升。据统计，在宣府、大同、山西三镇，隆庆五年（1571年）官市马匹贸易7030匹，万历元年（1573年）即达到19103匹，万历二年（1574年）达到27000匹，万历十一年（1583年）已达到45000匹。民间马、牛、驼、骡、羊贸易更在官市贸易的三倍以上。王崇古说：“近访得北直隶、山西各处商贩，连年市获夷马，喂养有节，旋即膘壮，率得厚利。”

“俺答封贡”后，在边镇长城一线最兴盛的三个市场是杀胡口、大同和张家口。杀胡口位于今天山西朔州市右玉县城北20里长城脚下，又名杀胡堡，清初改为杀虎口。“其地在云中之西，扼三关而控五原，自古称为险寨。”“道通北番，为牛羊、马驼、皮革、木植之所出，商贾称络绎焉。”出杀虎口向西北百余公里即到内蒙古归化城（今呼和浩特市）。杀虎口设立蒙汉互市后，“汉夷贸迁，蚁聚城市，日不下五六百骑”。当时人称张家口为东口，杀虎口为西口，现在人们说的山西人走西口，主要就是指从杀虎口出关，到内外蒙古、陕西、新疆及辽东去做生意。杀虎口于清顺治十八年（1661 年）六月设关征税，户部规定年征关税正额 1.3 万两，张家口征税 1 万两，杀虎口比张家口一年还要多征 3000 两，可见其贸易额之大。清雍正年间将长城边墙外归绥六厅划入山西版图。乾隆二十六年（1761 年）时开始在归化设关收税，从此，逐渐兴盛了归化城，衰落了杀虎口。

■ 杀虎口

大同为历史文化名城、边城重镇，古称云中、平城，曾是北魏都城、辽金陪都，素有“三代京华、两朝重镇”之称，自古为军事重镇和战略重地，是兵家必争之地、“北方锁钥”。大同“三面临边，最号要害，东连上谷，南达并恒，西界黄河，北控沙漠，实京师之藩屏，中原之保障”。明时为九边重镇之首，驻军马最多，商贾也最发达。“俺答封贡”后，商旅辐辏，货物云集，马市兴旺，城郭壮丽，以致人相逐于浮靡炫耀，纸醉金迷，时有“大同婆娘，扬州瘦马”“郎过浑源州，回家把妻休”之说。

张家口位于今河北省西北部，地处京、冀、晋、内蒙古交界处，是北京的北大门，与辽为唇齿，又名张垣、武城、张家堡。明代属京师宣府镇，为万全右卫地。张家口开市后，蒙古族、辽东女真族皆来此互市贸易，一时“穹庐千帐”，商贾云集，成“百货之所灌输，商旅之所归途”、北方陆路商埠。张家堡不够用，又筑来远堡。开设的商铺据道光年间《万全县志》记有：“先年大市中贾店鳞比，各有名称，如云南京罗缎铺、苏杭罗缎铺、潞州绸铺、泽州帕铺、临清布帛铺绒线铺，各行交易铺，沿长四五里许，贾皆争居之。”到了明末清初，张家口市场基本上被山西商人所控制，《万全县志》又记曰：“八家商人者，皆山右人，明末时以贸易来张家口，曰：王登库、靳良玉、范永斗、王大宇、梁嘉宾、田生兰、翟堂、黄云发。本朝龙兴辽左，遣人来口市贸易，皆此八家主之。定鼎后，承召入都，宴便殿，蒙赐上方服馔。”八大家商人入清后都成了皇商。内外蒙古统一入清后，张家口、库伦、恰克图以至于莫斯科成为一个互市贸易区。张家口为货物集散地，俨然成为一商业都会。据《宣化乡土志》康熙五十年（1711 年）记，张家口“关于商业，在昔蒙古内附，置为藩属，张家口、库伦、恰克图为互市之区，商业兴盛，不亚内地。本埠商业半为客籍人所经营，尤以山西及蔚县人为多，本地人商业势力甚微”。

再说一说茶市。明代开国后，仍沿袭唐宋旧制与番人行以茶易马法，简称“茶马法”。番人亦称“西番”，即指今天四川、青海、西藏、新疆、甘肃等西部少数民族。茶是边疆少数民族生活必需品，西域、蒙古等少数民族饮食多牛羊、少蔬菜，无茶难以消食。明初对茶商也实行茶引制，商人纳粮纳钱给以茶引，一引一担茶，一担一百斤。明朝大臣杨一清（1454—1530 年）于弘治十六年（1503 年）督理陕西马政时，曾上奏皇帝曰：“臣于今年闰四月内，又经出告示，召谕陕西等处商人买茶五十万斤，以备明年招番之用，凭众议定，每茶一千斤，用价银二十五两，连蒸、晒、装篦、雇脚等项，从宽共计，价银五十两，令其自出资本，前去收买，自行运送各茶司交收明白。”皇帝允准其奏请后，杨一清随后又说：“自弘治十八年（1505 年）为始，听臣出榜召谕山陕等处富实商人，收买官茶五六十万斤，其价依原定每千斤给银五十两之数，每商所买不得过一万斤，给予批文，每一千斤给小票一纸，挂号定限，听其自出资本，收买真细茶斤，自行雇脚转运。”（《明经世文编二・杨石淙文集二》）从杨一清的奏折中我们可知当时山西商人已经参与茶马交易。又据清顺治年间《霍山县志・土产》记：“土人素不辨茶味，惟晋、赵、豫、楚需此日用，每隔岁，千里挟资裹粮，投牙予质。”霍山县即今安徽六安市霍山县，属大别山山区。县志记晋、赵、豫、楚需此日用，只记对了一半，不仅是自己日用，实际乃大量贩于西番各地了。另据有关典籍记载，明代晋商贩茶足迹已至雅安、松潘、打箭炉等藏区以及甘肃张掖、敦煌、玉门关等地区。

（二）明代晋商在内地的足迹

明代晋商在内地，如中州、直隶、江南一带的活动也十分活跃，可以说足迹遍布明朝版图，经营无所不及。分别叙述如下：

首先，盐法自弘治五年（1492年）由开中制改为折色制后，山西商人由边商转为内商，纷纷下扬州、至两淮、到长芦经营盐业。如明万历时内阁大学士蒲州人张四维之父张允龄“盐长芦，累资数十百万”。蒲州人展玉泉累世业盐长芦。代州冯忠“挟资治鹾于扬……总南北鹾事四十余年”。明人胡世宁说：“今山陕富民多为中盐旅居淮浙。”详细内容可见本书“一味和九州，商从盐中来”一章。

其次，在与山西毗邻的河南、陕西、河北，以及山东、北京、天津等地。明永乐五年（1407年）明成祖准备迁都北京，在北京大建宫殿时，山西商人、工匠就大量涌进北京。当时采木于山西五台山及四川、湖广、浙江、江西，山西木材商人大量运贩木材至京。有明一代山西太行、吕梁两山是供应北京取用木材的基地。永乐十八年（1420年）明王朝迁都北京后，北京城人口达百万，素无农业可务，专以懋迁为生。山西与北京相近，各府州县民众成群结队，到北京贩卖木材、粮油、颜料、纸张、煤炭、食盐、铜铁器、棉布、杂货等，并且建立了山西商人会馆。据李华教授编辑的《明清以来北京工商会馆碑刻选编》一书记，明代北京有9所商人会馆，其中有5所是山西临汾、襄陵、平遥、潞州商人所建。其余浙商2所，徽商、关中（陕西）商人各1所。据乾隆六年（1741年）平遥商人在京开设的颜料会馆碑文记载：“我行先辈，立业都门，崇祀葛、梅二仙，香火悠长，自明代以至国朝，百有余年。”

在中原河南、安徽、山东一带，山西商人一方面将省内盐、铁、煤、绸布等运出山西，在这些地区经销，另一方面将中原粮油、稻粟转贩至边关。上党地区的阳城居民，李、杨、曹、徐氏等贩铁大户，世代在中州推销铁货，活跃在豫、青、鲁、鄂等地。李氏李思孝在开封、周口、亳州、曹州等地皆开有铺户，有资产银子达数十万两。阳城人王海“幼从父贾河南”；蒲州人李仲节，明成化十年（1474年）“父命商于兖豫之间，大同人陆应期，正德初年‘贾齐、鲁间’”。在陕西经商的山西人更多。陕西、山西一河之隔，素称秦晋之好，山西河东地区人民，即今运城、临汾一带人，历史上去西安比去太原还多、还方便。蒲州人徐山泉“以四方事自备……西走陇益，居货岐山池阳之城，雍凉诸郡稍稍遍历”；曲沃商人李明性“挟资贾于秦陇间”；光绪《山西通志》卷四二亦记，明人“张荣魁，太平人，商秦陇”，等等。

在长江流域及江南一带，山西商人更是活跃。单看明代蒲州人席铭：“历吴越，游楚魏，泛江湖，懋迁居积。”蒲州人张允龄“西度皋兰（兰州），浩亹，居货张掖、酒泉间。数年乃南循淮泗，渡江入关……溯江汉，西上夔峡，岁往来楚蜀间”，其弟张遐龄经商“南历五岭，抵番禺，往来豫章、建业诸大都会”，张允龄之子张四教服贾远游，“历汴泗，涉江淮，南及姑苏，吴兴之境”。蒲州人王文显经商“西至洮蹦、张掖、敦煌，穷玉塞，历金城，已而转入巴蜀，沿长江、下吴越，又涉汾晋，迈九河，翱翔长芦之域”。蒲州人陈碧山经商服贾，“自甘、鄜、银、绥、云中、上谷、辽左诸塞沿以内，若燕、秦、青、豫、阳、吴、蜀、楚，通都大邑，凡居货之区，莫不有碧山公使焉”。张四维概括其家乡蒲州人经商的地方为“西到秦陇甘凉瓜鄯诸郡，东南达淮海扬越，西南则蜀”。明代仅山西蒲州一州人之经商，足迹已近“半天下”了，故蒲州有晋商摇篮之称。

另明代有大同振武卫人杨近泉，“挟数千金，装游贾江淮间”，马邑人覃表用“高资游贾江淮间”，猗氏人沈江“携巨资游关陇、扬越间”，汾阳人贾守亭活跃于湖广、江浙。《明季北略》载：“湖北云梦城内多山西贾商。”万历《四川总志》卷二一载：“川中民贫资鲜，称盐商者，多为山陕之民。”就是在四川的松潘县，也有山西人，“松地苦寒，称贷为难，往往山陕富商挟资，坐取重利”。雍正《山西通志》卷二三〇《杂志》记载，明代有山西商人聂某在四川经商，因遇明末农民起义，张献忠入川屠川，兵荒马乱中将资金丧失，保住命已不容易。在东北，山西商人也足迹早至，如安邑人王玺，“东至辽陲，几逾十年”（吕柟《续刻吕泾野先生文集》卷八）。光绪《山西通志》卷一四二记，明人“杨一魁、盂县人，少商辽东”。明人葛守礼亦讲：“辽东商人，山西居多，而汾州过半。”

明代山西商人的足迹还远至海外，如光绪《襄陵县志》卷二二记，明万历时有西梁村贾人曾冒险走私，“贩于海外”。明人谈迁在《枣林杂俎》载：“崇祯壬午冬，有贾舶私贩日本……其贾多晋人。”这一点亦与徽州人汪直相似。汪直，又名王直（？—1559年），号五峰，徽州歙县人，以商致富，为徽州大贾，曾造私船海舶，贩运硝黄、丝绵等违禁物品至日本、暹罗（泰国）及西洋诸国贸易，亦勾结倭寇多次大犯海禁，劫掠浙东、舟山、象山、台湾、宁波、嘉兴、绍兴、湖州、苏州、上海及淮北各地，是明嘉靖时有名的海盗。汪直曾居日本肥前国之平户，僭号“宋”，称“靖海王”，又称“徽王”，危害东南沿海数十年，后被胡宗宪诱捕招降，斩于杭州。

（三）明代晋商经营的行业

明代晋商经营的项目十分广泛，“上自绸缎，下至葱蒜”，盐铁木炭、粮油茶棉、颜料药材、咸菜饭店、山珍海味、纸张旱烟、南北杂货，无所不包，无所不贩。现就至今仍然留存的几个著名品牌、百年老店老字号介绍如下：

1. 北京“六必居”酱菜园

其由山西临汾西杜村赵氏三兄弟——赵存仁、赵存义、赵存礼于明嘉靖年间在北京开办。俗话讲：“开门七件事——柴、米、油、盐、酱、醋、茶。”这七件事是人们居家生活过日子必不可少的；但因山西不产茶，茶是当时人们生活中的奢侈品或曰不是必需品，故该店起名“六必居”。“六必居”店堂中的金字大匾，相传是明嘉靖时内阁首辅严嵩题写的，严嵩虽被世人诟骂，是大奸臣，但在当时位极人臣，也是大书法家，严嵩能为“六必居”题写店名，可见当时“六必居”生意做得好、做得

■“六必居”牌匾

大、做得有名。至今，“六必居”创办经营已有近500年的历史。

“六必居”最出名的是它的酱菜。为保证酱菜质量，首先它的原材料采购都有固定的产地。其黄豆选自河北丰润县马驹桥和通州永乐店，豆粒大、饱满、色黄、油性大。白面选自京西涞水县的一等小麦。这种小麦黏性大，宜制作甜面酱。其次它的加工制作一丝不苟，绝不含糊。小麦、黄豆自行加工磨成面粉，黄酱、甜面酱必自己制作，制作有一套严格的操作规程，全由掌作者——大技师一人负责。

“六必居”在管理上有一套严格的制度。它规定店内不用三爷（即少爷、姑爷、舅爷），不准三爷进店，根除用人上的裙带关系和干扰。前店柜台伙计多用自己家乡人，以临汾、襄汾人为主。店内不论东家还是伙计，任何人不准超支或长支店内资金，对内不借款、对外不欠债。诚实守信，经久不衰。如道光二十六年（1846年）重订伙规条款就明文规定：

（1）东伙俱不须悬挂借贷银钱。倘有借贷，唯管事者是问。

（2）银东支使钱文随时扣除，伙计支使银文，临回里之时需要还清。

（3）银东按五厘定支，伙计按六厘定支，自定支之后，不得越支。

（4）银东支使银两按两季开付，伙计支使银两按四季开付，不准早支。

管理制度订得严格细致，执行更是一视同仁。“六必居”发展到民国初年，赵氏三门繁衍的子孙已有18个股东，资本总额达14550两。兴盛时雇用伙计上百号人，是个集农业生产、作坊加工、商品出售、后坊前店的商业组织，是个名副其实的百年老店老字号。

2. 万全堂药店

万全堂药店设于明永乐年间。据王永斌先生1984年3月4日发表于《北京晚报》的《五百年前老店万全堂》一文介绍，该店由临汾商人创办经营，自己炼制药品，前店后场，有500多年的历史。

■ 万全堂药店

3. 广升药店

现在山西太谷县的广升药店，前身是广盛药铺，约创办于明嘉靖年间。广盛药铺由明至清先后更名为广升（聚记）药店、广升蔚药店、广升远药店。最初由太谷县一行医的大夫开办，后被当地财主杜氏侵吞，尔后股东、股权不断变更。但其自制的中成药“龟龄集”和“定坤丹”至今仍在生产、畅销，驰名海内外。

这两种药都是宫廷内药，据说“龟龄集”是明代方士向嘉靖皇帝朱厚熜进献的一种长生不老之药，后由方士陶仲文的义子太谷县陶某将其配方抄出，又经太谷药铺修研配制而成，定名为“龟龄集”，意谓人食此药，可像神龟一样长寿健康。此药功效虽不能使人长生不老，但确有增进人体新陈代谢，加强血液循环，调解生理机能，滋阴补肾壮阳之作用，对年老体虚者疗效则更为显著。

“定坤丹”是专治妇女经血不调的中成药，是乾隆四年（1739 年）太医院集全国名医修《医宗金鉴》时拟出的治疗宫女经血不调的药方。但因此药方不能外传，故《医宗金鉴》未收入。后被太谷县监察御史孙某抄出，医治母病，从此流传于世。据传，咸丰三年（1853 年）太平天国北伐时，天王洪秀全曾命其北伐军占领山西后要保护好生产“龟龄集”和“定坤丹”的太谷广升药店，后因北伐失败而未能如愿。这也可以看出，当时这两种药的影响之大。

4. “都一处”烧麦馆

现在北京仍然开门营业的老字号“都一处”烧麦馆是山西临汾浮山县一个姓李的商人于乾隆三年（1738 年）创办的，距今已 270 多年了。传说该店“都一处”店名为乾隆皇帝所赐。乾隆十七年（1752 年）除夕夜，该店主因店小利薄，回乡过年路远费高，无力回到浮山与亲人团圆过年，便仍然开门营业。当时北京城内朔风凛冽，哈气成霜，天寒地冻，鞭炮声声。乾隆皇帝携一小太监溜出紫禁城闲逛，主仆二人冻得跺脚，冷得哆嗦，走了半天，想寻一酒店喝上一杯，暖和暖和身子，但平常去的酒店都关门了。正在二人踏破铁鞋无觅处时，忽见有一酒店仍然挂着灯笼幌子，开门营业，便进店小憩喝酒，边

■“都一处”烧麦馆

喝边与店主人闲聊，问小店叫什么名字。店小二答曰："店小无名，招待常客。这大年三十了，有些在京城的外地人无处吃饭，我开门营业给他们行个方便。"这时来人说："大年三十这个时候了，你的酒店还不关门，记惦着不能回家过年的人们的吃饭，京都只有你们一处了，就叫'都一处'吧!"过了春节不久，那个跟着主人的仆人又来了，原来是个小太监，手持一块虎头匾，上书三个大字"都一处"。这时店主人才如梦初醒，原来除夕夜来喝酒的人是乾隆皇帝。太监这一来，皇帝爷赏赐的御匾这一挂，"都一处"立马在京城火了起来，加之店主人日后经营更加重菜品、讲质量、善服务，所卖烧麦皮薄馅满味佳，所沽烧酒浓烈清香味长，一时名震京华。有李静山先生著《增补都门杂咏》中载："京都一处共传呼，休问名传实有无。细品瓮头春酒味，自堪压倒醉葫芦。"(《驰名京华的老字号》，文史资料出版社 1986 年版)

对"都一处"的传说我们今天难以核实真假，也"休问名传实有无"。但可以得出这样几点：第一，晋商勤勉耐劳，在万家灯火团圆时，他仍然开门营业，舍弃自己过年与亲人团聚的年夜饭，独自一家照常开门营业，以利新老主顾。第二，讲质量，菜品好，酒品好，人品好。以质量求信誉，始成百年老店。第三，善于营销做广告。将自己的店与皇帝联系在一起，也许乾隆皇帝真的去过，"都一处"就是御赐；也许是自己通过走太监的门子，花费银子，求来皇帝的墨宝赐名；也许压根儿就没这门子事，是他们为营销而虚构的故事。但结果是"都一处"火了、爆了，生意兴隆了，成为在北京城内最好的一处酒家，而且延续至今、照常营业。有兴趣的美食家到北京后，不妨去品尝品尝。

二、清代晋商兴盛的基础

1644 年，农历甲申年，闯王李自成攻陷北京称帝，明朝崇祯皇帝朱由检在北京万寿山自缢身亡。明朝宁远总兵吴三桂先欲降李自成，继而闻爱妾陈圆圆被李自成部将刘宗敏掳走，“冲冠一怒”，遂引清军入关，大败李自成。从此，清军横扫中原，定鼎北京，在中国历史上又建立起一个强大的封建王朝——大清帝国。

（一）开疆拓土，屯田、建驿、恤商

大清王朝的建立，使中国版图又一次出现了空前辽阔的大一统局面。随着明末清初战乱的结束、九州的安定，经过康熙、雍正、乾隆三帝的征战，相继平息了三藩之乱，收复了东南台湾，扫平了西北准噶尔部噶尔丹的叛乱，与蒙古各部举行了著名的多伦会盟，加强了对喀尔喀蒙古的管理。在新疆设置了“总统伊犁等处将军”军政机构，在西藏设置了驻藏大臣，负责管理前后藏事务。中国陆地疆域东临太平洋，西跨葱岭，北接西伯利亚，南包南海诸岛，空前广大；汉、满、蒙、回、藏等各民族相对和谐，相对稳定。辽阔的疆域使晋商的足迹越过长城，越过九边，继续向北疆的内外蒙古、黑龙江、中俄边界延伸挺进，继续向西北边陲新疆、西藏延伸迈进。有的晋商甚至就是随着清军铁蹄，边开拓疆域边开展商贸经营，运送军粮，供给军需，如介休范氏、榆次常氏、太谷曹氏、祁县乔氏等。

清王朝的龙兴之地关东地区和内外蒙古、新疆、西藏等地区，其时都还以单一的畜牧经济、游牧生活为主。这些地区人不耕织、地无他产，生产力落后，交通不便，距内地偏远，人们生活贫困艰辛。清政府为了稳固边地防御，加强对边疆少数民族的统治，出台了三项有力措施：屯田、建驿、恤商，以此来统治边疆地区的人民，发展边疆地区的经济，巩固边疆地区的稳定。

1. 屯田

清政府平息边地叛乱后，为了有效地加强对边地少数民族的统治，首先在各地设立将军、副都统等军政合一的政权机构。如在新疆设立的“总统伊犁等处将军”府，在关东设立的盛京、吉林、黑龙江各将军、副都统府，在蒙古设立乌里雅苏台、科布多等副都统府，调集大量军队驻防。

其次是鼓励军民商贾开垦边疆荒地，兴起屯田之风。屯田又有军屯和户屯两种。军屯是军人驻防之余开垦荒田，以自给军需。户屯，即商屯、民屯，吸引大量商人游民及原住民（如回族）等垦荒耕田，发展农牧业生产。如在宁夏、内蒙古河套地区教人民引黄河水灌溉田地，促进了蒙古地区的农牧业生产。在新疆伊犁河北岸、惠远城一带修筑了通惠渠，溉田数万亩。军屯和民屯的兴起，使内地民众“皆携眷移戍”，攀引相奔，致使边疆地区“生齿日繁”，商贾四集，逐渐兴盛发达起来。

再次，在边疆地区修建城池，一供军队驻防之用；二引商民居住垦荒，物资交流；三起稳定边防、繁荣边地民族经济的作用。17 世纪末，清政府就在黑龙江修筑了艾虎（瑷珲）、墨尔根（嫩江）、卜魁（齐齐哈尔）等城。到了 19 世纪初，这三个城池已“流人四至，商贾云集，竟为内地，其街市喧闹，仿佛北省中上州县”。在乌里雅苏台，“乾隆三十二年（1767 年）建木城一座，周围三里有奇，门三、南曰‘承恩’，东西二门无名号”。其中有“铺房千余间，关帝庙一、真武庙一、城隍庙一”。到嘉庆年间（1796—1820 年），城内有商民两三千、无眷口（《乌里雅苏台志略》，嘉庆年抄本）。“科布多城也是在乾隆三十二年（1767 年）建筑，径方四百步，周围约二里，东西南三门，东名‘迎祥门’，西名‘延庆门’，南名‘福江门’，外有关厢，长里许……商铺数十家。”（富俊等辑：《科布多事宜》，道光年增补抄本）科布多在外蒙古最西部，因科布多河而得名，土壤肥沃，水草丰茂，尚产谷物，扼外蒙古与新疆之咽喉。雍正八年（1730 年），清政府批准在中俄边境恰克图一侧中方边境内修建买卖城，城呈正方形，有三条由北向南的单行街道，皆不到一里长。买卖城北部称俄方恰克图，由俄罗斯人居住，又称后营子；南部称买卖城，由华人居住，又称前营子；前营后营中间仅以木栅栏相隔。东西向有一条横街，约有半里长。到乾隆三十五年（1770 年），买卖城已有住户 200 余家，常住人口 400 多人，都是些单身商人和男性学徒伙计，清政府规定不准妇女居留。在新疆伊犁、塔城（塔尔马哈台）修城建府，不仅吸引了山陕商民到此垦荒屯田，而且吸引了与之相邻的哈萨克、霍罕诸部落的族人流寓城内不归，“均已私行置产安家，与卡内回民无异”，“以致每年茶叶私贩出卡者，竟有十余万及二三十万之多”（《清宣宗实录》道光八年记）。到嘉庆初年，塔尔巴哈台“城内官建房一百零五间半，商民自建铺房一百一十一间”，已是有一定规模的边疆城镇了。

2. 建驿

清王朝统一全国后，版图辽阔，幅员广大，为了有效地统治四域，及时地了解边地情况，建立起了以北京为中心，辐射全国的驿站网络。按清代定制，每百里设一驿站，每个驿站均备有人夫、牛马、车辆、舟船。清代驿站或称驿，或称站，或称塘，或称台，或称所，或称铺。据《大清会典·兵部车驾司下》记，各省腹地所设为驿，盛京所设亦为驿，军报所设为站，甘肃、嘉峪关口外所设为塘，西北所设为台，递运官物者为所，走递公文者为铺。所后来裁并归驿，铺亦仅限于各省腹地，与驿相辅而行。我们可统称为驿站。

驿站之路线，往还繁多。据《古今图书集成·方舆汇编》中载，各地之常设驿站，一是自京城北回龙观站起，迤逦而西，分两道：一达张家口，接阿尔泰军台，以达北路文报；一沿边城逾山西、陕西、甘肃，出嘉峪关，接军塘。军塘设于安西、哈密、镇西三属，以达出入嘉峪关之西路文报。二是直隶喜峰口、古北口、独石口，山西杀虎口外也设有站，并由此接设蒙古诸站，以达蒙古六盟四十九旗。台之在北路者，自张家口向西，达乌里雅苏台城；由乌里雅苏台分道而北，达近吉里克卡伦；由乌里雅苏台迤逦而西，达科布多；由科布多分道而北达卡伦；由科布多分道而南，达古城。此外，由赛尔乌苏达库伦，更向北达恰克图，亦各设台置驿。台之在西路者，则伊犁及新疆各地均有设置。下面我们择京师及边地所设军台数叙略如下：

清王朝在京师设有皇华驿 1 所，在直隶有驿站 185 个，又有盛京驿 29 个、吉林站 38 个、黑龙江站 36 个、陕西驿站 129 个、甘肃驿站塘所 331 个、四川驿 65 个、喜峰口章京所属蒙古站 16 个、古北口章京所属蒙古站 10 个、独石口章京所属蒙古站 6 个、杀虎口章京所属蒙古站 11 个。阿尔泰军台都统所属军台 44 个、定边左副将军所属军台 39 个、库伦大臣所属军台 25 个、科布多大臣所属军台 21 个、伊犁将军所属军台 12 个、塔尔马哈台大臣所属军台 10 个、乌鲁木齐都统所属军台 27 个、巴里坤大臣所属军台 8 个、吐鲁番所属军台 27 个、喀喇沙尔大臣所属军

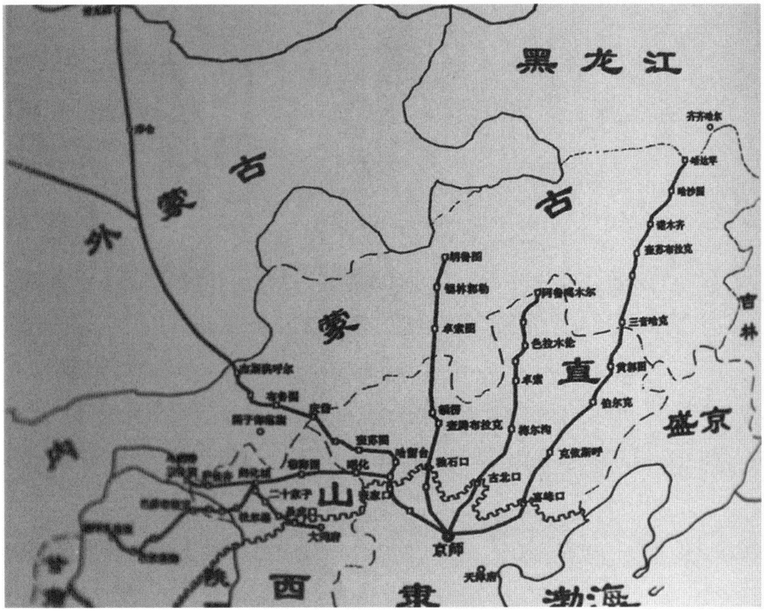

■ 清代蒙古五路驿站及走向

台 8 个、库车大臣所属军台 10 个、乌什大臣所属军台 3 个、阿克苏大臣所属军台 18 个、叶尔羌大臣所属军台 15 个、和阗大臣所属军台 7 个、喀什噶尔大臣所属军台 6 个。从这些数字中，我们可以看到清政府在蒙古、新疆、东北所设驿站台塘所之密布众多。自北京以至于偏远的北部、西部边陲，都设有驿站。至于内地，那就更多了。以山西为例，明代仅设有驿站 58 个，清代则增至 125 个。又，安徽设有 81 个。众多的驿站，主要是传递皇家文书、边地文报，加强清朝政府对全国的统治；但客观上也为商人提供了驻足歇脚的地方，开辟了商人转输货物的商道，保护了商人万里转贩货物的安全。

山西地当孔道，在地理上占有天然的交通优势，早在清初即引起清政府的重视。据《清世祖实录》记载，顺治元年都察院参政祖可法、张存仁就向皇帝进言："山东乃粮运之道，山西乃商贾之途，急宜招抚，若二省兵民归我版图，则财赋有出，国用不匮矣。"在清代和民国年间，山西省的行政版图比现在要大得多，包括今内蒙古自治区的中部和西部，全省划分为 4 个道，即冀宁道、河东道、雁平道、归绥道。前 3 个道即与现在的山西版图差不多，唯归绥道又称归绥兵备道，道署驻归化城

(今呼和浩特市)，下辖13厅。如此山西的北部即与外蒙古相近，北走可达俄罗斯，西出可达新疆哈密、伊犁、塔尔巴哈台等地，东走可达东北三省。山西的南边地当水陆之冲，据扼中原之要。出中条山，可达关陕，西行甘肃、直通嘉峪关及青藏；下太行山可入河南，直通湖广；东出太行到直隶、河北、山东；西渡大河又至陕西、三边及宁夏以西。清政府驿站的建立为山西商人又提供了南下北上、东进西出的交通便利和安全保证。晋商走出山西，驰骋华夏，称雄商界更胜于明朝。

3. 恤商

重本抑末，轻商贱贾，是封建社会的一贯政策。明末，由于明朝政府横征暴敛，加征矿税，造成民不聊生，商人退市，全国各地烧税衙、杀税吏，农民起义不断，最终汇成滚滚洪流，形成以李自成、张献忠为首的农民起义军，推翻了大明王朝。但战争、起义、造反的起因大多是因经济引起的，是因为人民食不果腹、生活无望而促成的。吃不饱等着饿死是个死，不造反是个死，造反或许还有条生路，或者能多活几天。明朝的苛捐杂税，征得农病于包赔矿税，商病于抽税重叠。小民终生勤苦劳作，不足以温饱；商贾厚本贸迁，不足以权子母；造成农不务农，商不经商。据万历三十年（1602年）九月户部尚书依据各关监督的条陈综合呈报皇帝说：“在河西务关则称，税使征敛，以致商少，如先年布店计一百六十余名，今止三十家矣。在临清关则称，往年伙商三十八人，皆为沿途税使抽罚折本，独存两人矣。又称临清关向来缎店三十二座，今闭门二十一家；布店七十三座，今闭门四十五家；杂货店六十五座，今闭门四十一家；辽左布商绝无矣。在淮安关则称，河南一带货物，多为仪真，徐州税监差人挨捉，商畏缩不来矣。其他各关告穷告急之人，无日不至，不敢一一陈读。”大学士沈鲤更有一段向万历皇帝陈述税使的苛征情形：“遂激为临清、武昌、苏州之变，而近日广东、辽东、陕西、云南尤纷纷未已。臣窃观天下之势，如沸鼎同煎，无一片安乐之地，贫富尽倾，农商交困，流离转徙，卖子抛妻，哭泣道途，萧条巷陌，虽至愚之人，亦知必乱。”（《明神宗实录》卷三七六）

明末，政府在辽东的互市贸易中，对女真人（满族人）也有许多歧视和不平等的交换要求，规定了许多限制条件。掌管互市的官吏对前来交易的女真人敲诈勒索，买卖不公，常常激起女真人的怨恨和不满。青年时期的努尔哈赤常到抚顺一带的互市处所进行买卖活动，也曾亲身经历了明朝官员的敲诈勒索，亲眼看见了种种不平等交换。他起兵诛讨明朝政府的檄文所书“七大恨”内容，其中之一就是声讨明政府在互市贸易中的不平等、对女真人的歧视和偏见，要求买卖公平。

清政府入主中原、一统天下后，鉴于明末战乱及苛征杂税对社会造成的灾难，为了平稳天下，巩固政权，立万世长久之邦国，一方面大军横扫，围剿退出北京的李自成等农民起义军，围剿南明小王朝，消灭三藩，征战西藏、新疆，勒令剃头；另一方面轻徭薄赋，减免税收，在发展经济上采取了许多宽农恤商的政策，以让中原人民休养生息。具体恤商政策有：

(1) 减免关税。清入关后，首先豁免了明朝税课亏欠，取消了各种加派。针对明末征税“正额之十三，加派之十七，真有指大于股之诮”，决定只征正额，取消各项加派。顺治初年，又以京师初定，特免征各关税一年。康熙时又明令“严禁各关违例征收”。雍正时，还特令各关征税

■《杀虎口监督署报告书》书影

时，不可定求足数。对于米粮，清政府更是以粮为国之本，民以食为天。自乾隆八年（1743 年）起，免征所有米粮过关税，即使外商洋人来华贸

易，所运米粮关税也一律给以蠲免。据《清高宗实录》卷二〇〇记，乾隆皇帝说：“至于外洋商人，有航海运米至内地者，尤当格外加恩，方符朕怀远之意。”“其加恩之处，自当著为常例。著自乾隆八年为始，嗣后凡遇外洋货船来闽、粤等省贸易，带米一万石以上者，著免其船货税银十分之五；带米五千石以上者，免其船货税银十分之三。”乾隆时，我国耕地面积增加9亿亩，人口已逾3亿，是清代发展的鼎盛时期。清政府是以解决人民的吃饭为第一要务的。

（2）公开税额。收税公开透明。收什么税，收多少，清政府昭示天下，镌刻于木榜石碑，立于各个关口，既便利于商民纳税，又便利于商人监督税吏，免其苛征。顺治十年（1653年），清政府就“令各关刊示定则，设柜收税，不得勒扣火耗，需索陋规”。康熙五年（1666年），有直隶巡抚言：“各省征收关税，条例甚属繁多，请刊刻木榜，竖立关口商贾往来之孔道，遍行晓谕。或例内有加增之处，以明白注出，以杜吏役滥征之弊。”户部奏请报皇帝同意，康熙帝批曰：“著各省设立关税之处，应多刊木榜，昭示商民，照额征收。如有不肖官吏，于定额之外私行滥收者，令该督抚不时查察，据实题参，依律治罪。”雍正时为进一步加强监管，杜绝苛征，于雍正二年（1724年）十一月，再次谕令：“嗣后将上税课之货物，遵照则例，逐项开明，刊刷详单，分发各货店，遍行晓谕，使众皆知悉。其关前所有刊刻则例之木榜，务令竖立街市，人人共见，不得藏匿屋内，或用油纸掩盖，以便高下其手，任意苛索。”顺、康、雍三帝，三令五申，公开税额，刊刻木榜，分印详单发放到店，让权利在阳光下运行，让商人知晓税额，公开透明，有力地杜绝了类似明末税吏上下其手、任意苛索苛征的弊病，促进了商品货物的流通。

（3）不征小税。不征小税是指不征小商小贩、摆地摊者的税，不征肩挑背负贸易者的税，不征乡镇集市贸易者的税，不征背负尺布、斗米和蔬菜、鸡鸭鱼虾等农副产品贸易者的税。明朝末年矿税苛征，有的地方征税课及薪炭蔬菜等细物，引起人民不满，市民抱怨，群情激愤。如在万历三十一年（1603年），山西税使孙朝，擅自在阳曲县与忻州交界的“石岭关等处抽税，课及薪米，殃及鸡犬”，人民十分不满。清朝一统天下后，殷鉴于明末动乱，从一开始就宣布对小商小贩者一律不准征税。

据《古今图书集成》六九四册记："康熙十二年覆准，小民肩挑背负尺布、斗米、蔬菜、食物贸易者，地方官不许征税，违者督抚题参，照私派议处。"雍正时，发现有的地方对农民所售耰锄、箕帚、薪炭、鱼虾、蔬果之类征收落地税，故雍正十三年（1735 年）又明令禁止："著通行内外各省，凡市集落地税，其在府州县城内，人烟辏集，贸易众多，且官员易于稽查者，照旧征收，但不许额外苛索，亦不许重复征收。若在乡镇村落，则全行禁革，不许贪官污吏假借名色巧取一文。""倘奉旨之后，仍有不实心奉行，暗藏弊窦者，朕必将有司从重治罪，该督抚并加严谴。此旨可令各省刊刻颁布，务令远乡僻壤之民共知之。"

■ 斗浆图

（4）限制牙帖。"牙帖"即发给牙行，准许营业的凭帖。牙行是在市场贸易中为买卖双方说合交易，并抽取佣金的商行。明清两朝规定，开设牙行需经官府批准，官府颁发的凭帖即为牙帖。也就是今天所说的经纪人、中间人开张营业所领的营业执照。清代"牙帖"由各省藩司颁发，州县无权发放，控制较为严格。当然，这也与当时州县经济发展有关。州县一级设牙行须到省里领取牙帖，州县以下的乡村是无须牙行的。目的是为了防止增添牙行，防止牙行中间巧取勒索商民。雍正十一年（1733 年）圣谕曰："近闻各省牙帖，岁有增添，即如各集场中有杂货小贩，向来无藉牙行者，今概行给帖，而市井奸牙，遂恃此把持抽分利息。是集场多一牙户，商民即多苦累，甚非平价通商之本意。著各省督抚饬令各该藩司，因地制宜，著为定额，报部存案，不许有司任意增添……庶贸易小民，可永除牙行苛索之弊矣。"乾隆五年（1740 年）又一次重申，除官立牙行之外，“其顶冒把持者，俱应严禁”。清政府严格限制牙行的开设、牙帖的发放，有效地杜绝了牙行的苛索巧取，保证了市场秩序，减少了商品交易的中间环节，方便了买卖双方的交易，于今天亦是需要学习镜鉴的。

（5）整顿关津，严惩贪吏。设关征税，通商利民，以资国用，是历代统治者的基本国策、经济基础，也属天经地义。不然，偌大的王室、国家、军队吃喝什么，靠什么支撑。但明末清初关津过多，关津官役过多，官役中不肖之徒、横征暴敛者过多。这些贪官污吏据关把隘，滥征溢额，鱼肉百姓，中饱私囊，扰害地方，使商贾畏途，民怨沸腾。清人许承宣在康熙十九年（1680 年）《赋差关税四弊疏》中说：“自有攒典之设，而各踞关隘，横行村落，处处设关，处处有税与科矣。顺治十八年（1661 年）召臣郑为先具疏亟陈攒典之害，奉旨裁革。然攒典之名去，而攒典之实犹存。……即如，扬有扬关，淮有淮关，其中一线漕堤有何渗漏，而邵伯一镇，必又加拦阻。”（《皇朝经世文编》卷二八）“攒典”是官役的总称，清代凡首领官、佐贰官、杂职官吏皆称攒典。

康熙皇帝有一段话更是一针见血地指出了其中的种种弊端，并明令严惩贪官：“近闻各处收税官员，希图肥己，任用积蠹地棍，通同作弊，巧立名目，另设戥秤，于定额之外，恣意多索；或指称漏税，妄拿过往商民挟诈；或将民间琐细之物，及衣服等类，原不抽税者，亦违例收税；或商贾已经报税，不令过关，故意迟延措勒，遂其贪心乃已。此等弊端甚多，难以枚举，违背国法，扰害商民，殊为可恶。嗣后凡地方收税官员，俱著洗心涤虑，恪遵法纪，务期商贾便通，地方相安。如有前期情弊，在内著科道官，在外著该督抚，严察参奏，从重治罪。如该督抚不行参奏，别经首发，即治该督抚以徇纵之罪。”康熙帝真是明察秋毫，治吏从严，督导有力！

乾隆皇帝针对此中弊端也是严加整饬。一是整顿税关，裁革吏员，核定税关经费，颁布各省税课则例，以杜绝吏役滥征苛取。凡私添税口、多征税银、苛执勒索的税官，一律严查究审，严惩不贷，绳之以法。二是减轻市税性质的落地税，城市少征，乡镇村落不征。三是取消粮米流通中的关税，招徕商人长途贩运粮食，从而收到了“舟车络绎，货物流通，则税自足额”的良好效果。

（二）促推草根白手起家

有清一代，在顺、康、雍、乾四帝150余年间，一帝接一帝，三令五申上述税收政策，发现问题及时纠改。公开税额，废除溢额，减免税口，整肃关津，惩治贪吏，严管牙帖，一以贯之地恤商、宽商，为行商坐贾、小商小贩提供了一个公平、公正的贩运交易环境，有力地促进了南北货物的流通，促进了清代经济的繁荣。尤其是清政府平息三藩之乱，平定西藏、新疆、蒙古后，对这些偏远地区及满族起家的东北故地，在关税、商税的征收上较内地更为宽松。这就造成山西商人大量外出，走西口，闯草原，涌入东北、西北、内外蒙古经商贸易。而薄徭轻赋，不征收落地税，不征收肩挑背负者的小税，使得小商小贩可以自由贸易。小者可以养家糊口，在摆设地摊中讨生活；大者可以慢慢地积攒原始资本，由小到大，由少而多，渐渐地走上发家致富之路。盘点晋商大家，走进山西平遥、祁县、太谷、榆次、万荣等晋商大院，翻开他们一个个的发家史，可以说他们都是从草根起家、白手起家，靠做小商小贩、肩挑贸易、勤劳致富的。

祁县乔家始祖乔贵发，早年父母双亡，常年为人帮佣打零活，是个衣不遮体的光棍汉。乾隆年间走西口，到包头，先给人当伙计，稍有积蓄转到包头开草料铺、豆腐坊，以卖豆腐、豆芽起家。

榆次车辋常家，由贩布起家，始摆小摊，后开布铺，招牌为“常布铺”。入清后其九世祖常威到张家口经商，至清康熙年间始裕，“服贾张城苦劳经营，由是生理日盛，岁入倍常，事业之隆，肇基于此”。

太谷县曹氏始祖曹晋卿以种地卖砂锅为生，其兴家者曹三喜目不识丁，原为文盲，少时在家种地为生，明末清初随人闯关东到东北三座塔（今辽宁朝阳县）租地种蔬菜和大豆。略有积蓄后与人合伙用收获的大豆磨豆腐赚钱，用豆腐渣喂猪，后开“烧锅”作坊，用东北盛产的高粱酿酒，靠推车扁担搬运挑负、走街串巷四处售卖而发家。东北有谚云：“先有曹家号，后有朝阳县。”其成为有清一代晋商大家。徐珂《清稗类钞》称曹氏有资产银六七百万两。现在太谷县三多堂是其留存大院之一。

中国票号的首创者财东，即平遥日升昌票号的东家李大元、李大全兄弟俩，起始是在平遥县达蒲村经营颜料生意。农耕之余，他们在家里开个小作坊，制作铜绿。制作的法子，就是拿个铜片，装在木盒子里，下面放上醋，通过加热，使铜片酸化生出铜绿；过上两天后将铜片取出来，刮下铜绿，再精制为成品。后来开了西裕成颜料庄，将生意做到北京。再由颜料行闯进票行，于道光初年首创了中国第一家票号。

■ 卖鱼图

介休侯家，康熙时家境尚一般。侯万瞻外出经商，到苏杭一带贩卖绸缎，南货北运，兼营杂货。经过几十年的辛劳，祖孙三代的打拼，到其孙子侯兴域时，侯家已外有商号数十处，内有房产土地连成片，成为山西赫赫有名的大财主，在介休人称侯百万。徐珂《清稗类钞》称侯氏有资产七八百万两白银，是仅次于亢氏的山西第二大户。

祁县渠家，先祖居上党区长子县，是走村串户挑“货郎担”的游走商人，经常从上党贩运些潞麻、梨果到祁县，再把祁县的一些红枣、粗布贩回上党，年长日久，有了些积累，于明洪武年间搬到祁县定居。入清以后，渠同海（1723—1789 年）走西口到包头一带先经营菜园子，之后购地至数十顷，继而经营油粮、茶叶、典当生意。到其子映璜时渠家已积累万贯家财。至其重孙“源”字辈和第五代渠本翘时，进入黄金时期，成为晋中八大富户之一。

万荣县李家兴起较迟。其祖上是明永乐年间从陕西韩城行乞逃荒到万荣县的，以走村串巷缠簸箕、扎箩底的手艺活谋生度日。清道光初年（1821 年），16 岁的李文炳农闲之余开始逢集赶会，摆摊卖布，肩挑背负，行走四乡。渐有积累后，又过黄河，至三边（靖边、安边、定边），到宁夏、内蒙古、陕西一带贩运土布、棉花、茶叶，再将西北皮货、药材运回内地。生意越做越大，银钱越积越多，成为清末民初山西晋南有名的富商大户。

三、清代晋商活动的足迹

大清江山一统，版图扩大，开辟驿道，屯田宽商，清帝国的一系列政治经济政策，为地当孔道、居大清版图之中的山西商人提供了前所未有的经商贸易条件，山西人又一次凭借着自己的先天禀赋、吃苦精神，紧紧抓住历史机遇，走西口、闯关东、下江南、赴边疆，长途转贩，物贸天下，足迹遍中华。近代学者严慎修先生在其所著《晋商盛衰记》中说："晋地表里山河，农田不足以敷赡养，一家之中，兄弟数人，必有出外贸易者，乃能维持其生活。于是南则江汉之流域，以至桂粤；北则满洲、内外蒙古，以至俄之莫斯科；东则京、津、济南、徐州；西则宁夏、青海、乌里雅苏台等处，几无不有晋商之足迹。迄票庄发达，中国二十二行省，支分派别，互援互助，尤为万里同风，一气贯注之景象……几握全国金融之实权也。"下面就山西商人在京师中州、江南西南、西北边陲、东北三省、内外蒙古的贸易经商活动再作一介绍，以观晋商遍及华夏的经商履痕、贸易风采、大气精神。

（一）京师、中州诸地

在北京：山西商人除延续明代所经营的行业之外，又相继垄断了颜料行、油料行、账局、票号等业务，开办了酱菜、烧酒、绸缎、杂货、粮食、纸坊、钱铺、书店、古董、氆氇、皮货、帽子、铜锡、煤铁等商号和厂店。如颜料行由平遥人所控制，布匹行翼城人是主力，“六必居”由临汾人赵氏三兄弟所开办，“都一处”是浮山李氏商人所创立，铁锅铁货来自潞安府，旱烟烟叶由曲沃人供货，“琉璃厂一条龙”，九间门面的大书店是文水县的李钟铭所开设。至于账局票号，放京债者更是由晋商所垄断，正如清人徐珂所言“京师大贾多晋人”。再就会馆来说，山西人在北京开设的也最多，多达50个。

在天津：山西商人有十二帮之分，即当铺帮、盐务帮、汇兑帮、洋布帮、颜料帮、染店帮、杂货帮、茶帮、铁锅帮、皮货帮、锡器帮、账局帮。盐商出身的王氏是天津八大家之一，其后经营钱庄，后代王奎章是南开大学的创办者之一。天津是陆海贸易的大码头，天津的货栈业也以山西商人的势力最大，直到民国山西帮的货栈业有晋义、同义公、惠源长等十余家。山西的票号业也垄断着天津的金融，祁、太、平三县的票号在天津都设有分庄，祁县乔家的大德通票号从清代一直开业到1949年才歇业。山西商人在长芦盐场业盐起家的更是不乏其人。

在张家口：晋商云集，占有垄断地位。八家商人者，皆山右人。有记载曰：“塞上商贾，多宣化、大同、朔平三府人。”此地作为晋商旅蒙茶叶贸易的大本营，既是起点，也是归所，贩以茶去，载以皮来，商业繁华，乃塞上大都会。

在中州：河南历来是山西商贾云集的地方，是山西解盐的行销区，洛阳、南阳、陕州、汝州、郑州等地民食山西盐，火取山西煤，锅用山西铁，河南还是山西行商长途贩运南茶广货、北马牛羊、药材木材的必经之地。山西人在赊店（社旗）、洛阳、开封、朱仙等城镇建有庞大壮丽的山西会馆，现今都是国家重点文物保护单位。

山东与山西以太行山相隔，又是南北大运河的主要通航道，山西商人下太行，运南粮，泛舟于运河之上，穿梭于京杭之间，也是出入运河两岸的重要商贾。至今保存完好的聊城山陕会馆，始建于乾隆八年（1743年），兀自矗立在运河岸边，向世人诉说着晋商当年的辉煌。

徐州、亳州、颍上、阜阳等淮河两岸、黄河故道，也是晋商足迹无处不至的地方。据道光《阜阳县志·风俗》记，阜阳县“商无居奇大贾，城乡阛中，惟多晋人”。《颍上县志》也记载业商者多晋人。现存亳州的花戏楼，是全国重点文物保护单位，就是当年山陕会馆的戏台子。

（二）江南、西南诸地

在江南，晋商足迹不仅遍及三江两湖、吴越楚蜀，而且深入东南、岭南、西南诸地。清人徐继畬说，山西商人“其买卖在三江两湖者十居八九”。汉口是江南第一大码头，居天下四聚之首，晋商在湖广皖浙闽、赣云贵川渝收购的茶叶、丝棉、布匹等物都要在此转运，一部《汉口山陕会馆志》，就是最好的历史记录。势力雄厚的晋商不仅在汉口建会馆，而且给会馆修志，可见其在汉口经商的山西人之多、买卖之大。

■ 汉口老码头

在苏州、扬州、南京等地，山西商人业盐贩丝，买粮卖参，做典当、开票号，更不乏其人。《清高宗实录》卷一三九记，乾隆皇帝说：“今朕行历吴越州郡，察其市肆贸迁者，多系晋省之人，而土著盖寡。”在两淮当时有“南安北亢”之说。北亢就是山西临汾亢氏，是当时扬州的大盐商、国内著名的大富豪，人称“亢百万”。徐珂《清稗类钞》记载，亢氏有数千万银两。在扬州有“亢园”，“长里许，自头敌台起，至四敌台止，临河造屋一百间，土人呼为百房间”（李斗：《扬州画舫录》卷九）。在平阳府“宅第连云，宛如世家”。据近代人邓之城《骨董琐记全编》卷三《富室》称：“康熙时，平阳亢氏、泰兴季氏，皆富可敌国，享用奢靡，埒于王侯。”据乾隆《临汾县志》载：“亢嗣鼎，事母孝，养抚侄如子，笃志力学，至老不倦，居乡尤多义举。”亢嗣鼎生于明末，一直活到雍正年间。亢氏豪富一直延续到清末。可谓两百多年不衰的天下巨富、山西首富。

安徽建德、江西浮梁县一带，也是山西商人采购茶叶的区域。据《筹办夷务始末》同治朝卷五六记载：“此项千两朱兰茶，专由茶商由建德贩至河南十字店，由十字店发往山西祁县、忻州，由忻州而至归化，专贩与向走西疆之商，运至乌鲁木齐、塔尔巴哈台等处售卖。”该书又云：“朱兰茶，实系安徽建德所产，所经之路，由归化城走喀尔喀部落，即至库伦，由库伦即至恰克图，由恰克图出向俄边，即由俄卖于西洋诸商，此项千两朱兰茶，惟西洋人日所必须。”建德在今天安徽池州市东至县一带，与安庆市隔江而望。清时设建德县，处长江南岸，有“天下水陆之会，吴楚皖浙之交”之称。据《益闻录》记：“建德为产茶之区，绿叶青芽茗香遍地。”现在东至县的官港，唐时就属今江西省的浮梁县。白居易诗“商人重利轻别离，前月浮梁买茶去”，指的就是这一带。

在湖南，不仅有山西茶商在安化、岳阳、巴陵采办茶叶加工制作，而且在长沙、湘潭、衡阳有众多坐贾，开店营业。康熙三年（1664 年）山西商人就在长沙城坡子街建起了山陕会馆，长沙城内“其贩卖皮货、金玉玩好、列肆盈廛，则皆……山陕之客商”（乾隆《长沙府志》卷一四）。在衡阳，“山西、陕西大商以烟草为货者九堂十三号”（同治《衡阳县图志》卷一一）。在湘潭县，早在康熙二十年（1681 年）就由山西等五省商人联手修建码头，以作为停靠货船、发运货物之用。在善化县经商的山西商人几遍城乡。清康熙年间削藩，吴三桂叛乱，战火烧至长江南岸，时在湖南、湖北一带经商的山西客商因兵乱不能回家，个个思亲念家、悲伤不已。时任武昌知府的山西人于成龙在康熙十三年（1674 年）上书湖北巡抚张朝珍的文中曰：“湘潭山陕客商最多，久滞思归。”凡此种种，不难看出，山西商人在湖南也是很多的。

在岭南广州、佛山、琼州和福建、台湾，也有晋商的活动。广州、佛山、福州均建有山西会馆。据有关史料记载：山西介休人郭涵渭的父亲经商殁于粤，高平人李东“游广南二十年不返”，到琼州寻父，打听到父亲已亡于此。盂县人王泰商游台湾不返。在厦门的“汇兑票局向由协同庆、新泰厚、蔚长厚鼎足而三”。协同庆票号是榆次聂店王家和平遥县王智村米家所合办。新泰厚票号是介休北贾村的侯家和平遥城的赵一第所办。蔚长厚票号主要由平遥邢村人毛履泰和其他四个人合伙创办。这三家都是山西票庄。就连道光皇帝也说，山西“太谷、平遥、介休各县民人，多在广东及南省各处贸易”（《清宣宗实录》卷一八四）。

在西南，晋商于明末清初就将四川茶叶贩至西域和俄罗斯。康熙三十八年（1699年），中原与西藏通商，打箭炉茶市日益兴盛，每天发茶

■ 四川背茶夫

80万包，向由山陕商人经营（《清圣祖实录》卷一九四，康熙三十八年七月庚子）。又据《渔问通俗》记，打箭炉“近时人烟稠密，渐习繁华者，实因互市之故也。按茶务一宗，照引收税，每年有十余万金之多。……城内所驻商贾，惟秦晋两帮最伙”（《小方壶舆地丛钞续编》第三帙）。再有道光《南江县志·物产》记，四川南江县的茶“春分即有山

陕客民来置买，落经济人家，以便交易”。

四川盛产蚕丝，川西、川东的蚕丝、夏布、麻布也是山西商人贩运的重要货物。成都簇桥镇是川西生丝交易中心，每逢场期，山陕商人云至，大量收购，长途转贩于北方。川东綦江县扶欢坝是生丝交易中心，据道光《綦江县志》卷一〇记：“每岁二三月，山陕之客云集，马驮舟载，本银约百万之多。”收购运销生丝。四川的荣昌、永川、江津、隆昌等县民众多织纺夏布、麻布，晋商大贾也大量采购，贩于京师北边。同治《荣昌县志》载：“山陕、直隶各省客商，每岁必来荣采买。”咸丰《隆昌县志》载，山西、陕西等省商人往往来隆兴贩麻布获利，同时也到贵州遵义收购蚕丝，贩往内地。

川南自流井、贡井地区，即今天的自贡市，号称“千年盐都”，也是晋商活跃的地方。晋商不仅在此开设票号，而且转运贩盐，也是自贡的大盐商。据《四川盐法志》卷三九称，“所称盐商者，多山陕之民”，而且“本地之商殷实者少，大半皆西商”。自贡于乾隆元年（1736年）建有西秦会馆，又名关帝庙，1959年春邓小平同志在此参观时曾一再叮嘱这是历史文物，要好好保护起来。后由郭沫若题写了馆名。现在是自贡市盐业历史博物馆、全国重点文物保护单位。

四川、云南产铜，晋商颜料行如日升昌颜料庄还在四川、云南购买铜绿。凡此种种，说明晋商在西南地区也是有影响、很活跃的。

（三）西北边陲

晋商在陕、甘、宁、青、新五省皆有买卖经营。陕西与山西隔河相望，史有秦晋之好，贸易往来自不必说。单说山西人在甘肃经营茶叶、典当。店号有敬信义、敬兴吉、敬信公，是万荣李家所开。兰州的茶商分为东柜、西柜。东柜主要是山陕商人，典当行也主要是山陕商人。光绪《山西通志》记，临汾一个叫田树楷的人，“生时，父经商在外，久无音讯。树楷长大后，外出寻父，遍行秦陇，历三年不懈，竟于肃州（酒泉）逆旅遇之”。其父已苍老体衰，流落街头，是一个经商不成、无钱无力抑或无颜回家的可怜老头。现青海省会西宁市，时为甘肃省西宁府，是汉人进藏、藏人进甘之门户。最早入西宁府经商的多为晋商，如合盛裕、晋益老等商号皆为山西人所开，在西宁有“先有晋益老，后有西宁城”之说。在时属甘肃的宁夏府，山西商人主要经营药材、甘草、枸杞、麝香、皮毛、布匹、茶叶等；敬义泰、合盛恒、恒盛裕、庆泰恒等商号主要是由山西运城的万荣、猗氏、临晋等地商人和榆次、平遥人开设的。其中敬义泰绸缎庄、敬义泰酱园、敬义泰杂货店为万荣县李家所开。是时，在宁夏各县李家都设有庄客（办事人员），负责收购羊毛、皮货、枸杞、发菜等药材和土特产品，经销绸缎、茶叶等杂货。其酱园生产的各种酱菜及酱油、陈醋、糕点、黄酒、玫瑰露酒、枸杞酒，是深受宁夏人喜爱和欢迎的产品，常作为礼品相赠。1992 年银川市政府重新注册了“敬义泰”老字号商标，至今沿用不衰。

清朝于乾隆二十四年（1759 年）平定天山南路之后，在喀什噶尔等地分设驻防参赞大臣、领队大臣、办事大臣，统属伊犁将军管辖，重新统一了新疆地区；直至光绪十年（1884 年）十月初二日，始设立新疆省。新疆在平定之前，山西商人就在哈密、巴里坤、古城地区经商贸易，即现在的哈密地区、昌吉回族自治州和吐鲁番地区的东部。山西商人赴新疆经商贸易在明代即有茶马交易，清代去新疆贸易的时间大概是在康熙末年，是随清军西征驻防而奔去的。康熙年间，哈密内附，清设哈密厅，属甘肃省安西州。清军驻防，须由嘉峪关向哈密运送粮饷。康熙五十五年（1716 年）正月，尚书富宁安奏称：“用山西、陕西小车三千辆，每辆用车夫三名，自嘉峪关至哈密……令其陆续转运。”（《清圣祖实录》卷二六七）伴随粮车转运的有“各处民人，俱具呈欲往口外，并哈密地区，以及驻兵之处贸易者，一百四十余起”（《清世宗实录》卷三六，雍正三年九月）。上万人的转运队伍，浩浩荡荡，蔚为大观啊！

山西商人去新疆贸易的商路有三条：“一由内地蒲州府入陕，出嘉峪关；一由口外黄河水路，起旱入陕，出嘉峪关；一由草地至乌里雅苏台，可抵巴里坤。”（见清档：归化将军德勒克多尔济，同治四年九月二十二日奏折）哈密、巴里坤、古城在嘉峪关以西，被商人称之为新疆的西路；伊犁、塔尔巴哈台在天山以北，被商人称为新疆的北路；喀什噶尔、叶尔羌等天山以南被称为南路。山西商人最早去的是西路，接着是北路。去西路早者一是转贩粮食，二是贩卖茶叶。据雍正三年（1725 年）一桩冤案记载，山西商人“王钦安、茅自义等十一人，自湖广买茶，囤贮陕州（今三门峡）、平陆等处，准备贩运到陕、甘、哈密和内外蒙古去，被陕西咸宁知县知晓，私自禀告川陕总督，遣人隔省提拿，诬以私贩，勒派赎罚银一万四千两。复将曲沃县富户高科等十人姓名陷入案内，勒派帮助银七万六千八百两，其中咸宁和曲沃知县两人共分赃银九千二百四十两”（《清世宗实录》卷三六）。从这桩冤案中可知，山西商人运往陕、甘、哈密、内外蒙古的茶叶买自湖广；路线一是走陕入甘到哈密，二是穿越山西全境到蒙古；经贩茶叶的商人是山西人，而且资本已相当雄厚，一次被勒索罚没银子即达 9 万余两。

由归化城，经乌里雅苏台、科布多至北疆重镇古城的商路是山西人开辟的，时称大草地路、大北路，又称“驼路”。清人纪昀说：“大贾皆自归化城来，土人谓之北套客，其路乃客贿蒙古人所开，自归化至迪化仅两月程，但须携锅帐。”山西商人运往新疆的商品除粮食、茶叶之外，还有布匹、绸缎、大黄、硝黄等内地日用商品；从新疆运出的则有玉石、皮毛等。

新疆天山南的叶尔羌（今莎车）、和阗（今和田）皆产玉石，且历史悠久，早闻名于华夏。《汉书》记：“于阗国王治西域，去长安 9670 里，于阗之西，水皆西流注海，其东流注泽河，源出焉，多产玉。”又载：“莎车王治莎车城，去长安 9950 里，有铁山，出青玉。”乾隆平定叶尔羌之后，禁止采玉贩玉。初始几任派驻大臣皆能严格遵守执行，但后来的叶尔羌办事大臣与其他官吏朋比为奸，私采滥贩，伙同奸商潜赴内地售卖，希冀从中渔利。

山西商人贩卖玉石，最初可以说都是以走私的形式。他们伙同清政府官吏家丁合作贩运，委托解押官玉的官弁夹带，依靠贪官污吏向内地走私贩运。在《清实录》中，有从乾隆四十三年（1778 年）至嘉庆元年（1796 年）查出的私售私带玉石案 5 起。他们走私贩运的路线是从玉石集中的阿克苏城收买玉石，经甘肃肃州、凉州抵陕西绥德，渡黄河进入山西永宁州（今离石），从碛口上岸后再运至汾州、平阳，继往河南，由安徽凤阳府临淮关至江苏浦县浦口渡过长江，再贩至苏、杭、扬州，由江南艺人雕刻成器。乾隆三十八年（1773 年）山西右玉人贾有库在阿克苏开设的“三义号”分庄管事张銮就勾结官吏家丁贩卖玉石，获银 2.3 万两，毛利率达 50%。乾隆四十二年（1777 年）十一月又伙同叶尔羌办事大臣高朴的家丁李福携带玉石四车，走上述路线，于翌年四月初至苏州，全部行程逾半年，于同年十月售完玉石，准备乘船返回时，在船上被查获价银 12.8 万两之多。此后山西巡抚又查出“三义号”掌柜贾有库及其子侄贾文经到京城贩卖玉石案；赵钧儒、赵世保父子伙同卫良弼、徐盛如等人贩卖玉石案，在该案中赵世保供出几年来其同伙各人分得银两有 10 万两之多，可见是大案、要案了。

山西商人在新疆的活动还有一个特点，就是响应皇帝的号召，到新疆各地认购荒地、垦荒种粮。乾隆三十八年（1773 年）设迪化州，直隶甘肃省。迪化（乌鲁木齐）地当天山北麓，东南三峰，积雪莹日。入夏雪水下注，水草丰茂，田多树高，农牧皆宜，是开渠引水种田的好地方。至今乌鲁木齐还残存有“山西巷”，巷口的一眼水井，是当年人与骆驼饮水的地方。新疆其他地方如哈密、巴里坤、古城、呼图壁、玛纳斯亦是土润泉甘，地肥水饶，商贾众多，几与乌鲁木齐相似。连年在外招募户民及内地送往户民，所搬父兄子弟计 800 余口。如山西忻州人杨生荣，“父及叔随祖父，并贾新疆，久不返”，杨生荣后随“中表商到乌鲁木齐寻父，即与父遇。始知祖父殁于喀城，叔淹留叶尔羌，相隔又数千里”。临晋人王永奇“父贾西域，十余年无音讯，永奇寻父，父子相遇于路途之中”。

又有清人王锡纶在其《怡青堂文集·晋省贫富强弱策》卷三中记，山西忻州人多去新疆贸易垦荒，“忻人之敢于远行，自乾隆时开新疆伊犁、乌鲁木齐、喀什噶尔、阿克苏、和阗、叶尔羌等处，途经万里，行必一年，无水草、人烟、屋宇者凡十余日，莫不联肩接踵，毂击车驰”。忻州豆罗村人寇维五“成童后，以家贫学贾，适乌鲁木齐熟边事”，享年八十，卒于道光三十年（1850 年），在新疆经商五六十年。宁武县人冯连，其父“屼沅，贾西城不返。连至迪化州不获，卜于神、西南吉，遂逾天山，由阿克苏至叶尔羌，值膝行泣，洵遇父交，指示葬所”（光绪《山西通志·孝友》卷一四〇），其父早已死去了。

山西运往新疆伊犁及俄国哈萨克诸部落的绸缎、布匹、铁货多出自山西潞安、泽州、平阳三府。乾隆三十九年（1774 年）及其以降，皇帝多次谕令山西巡抚，照伊犁将军“单内所需各绸缎，如式妥协置办，务使质地重厚，颜色鲜明，不得稍有粗率轻减，致滋挑驳干咎”。在嘉庆年间，仅高平县依额照单输送至伊犁的丝绸就“输必百匹，匹长二丈一尺，宽二尺”。翼城铁货行蔚隆章，在陕甘宁均设有分号，运销长治、晋城的铁货。襄汾人刘氏家族，清末在西北也有许多商行分庄。

在巴里坤、古城，山西商人垦荒种地者又最多。据陕甘总督文绶《陈新疆情形疏》中说：“查商贾中之有资本者已多认地开垦，其艺业佣工贫民，因之生理。……而该处地产粮贱，故各处民人相率而来者，日益辏集。……城厢内外，烟户铺面，比节而居，商贾毕集，晋民尤多。”（乾隆三十七年《皇清奏议》卷五九）

（四）东北三省

东北是清王朝的龙兴之地、满洲人的故里。清入关后，在东北设盛京（亦称奉天，即今辽宁沈阳）、吉林、黑龙江各将军、副都统管辖 200 多年，直到光绪三十三年（1907 年）始设奉天、吉林、黑龙江三个行省。东北又称关东，其管辖地区，包括东三省及蒙古东部地区。清时土地广阔，人烟稀少，清顺治十八年（1661 年）时，奉天、锦州府只有 5557 人；至嘉庆二十五年（1820 年），全关东地区，原额加滋生，共计 2674683 人；到清末民初，宣统末年，全东北人口已达 18416714 人（梁方仲编：《中国历代户口、田地、田赋统计》，上海人民出版社 1980 年版），比嘉庆时增加了 5.88 倍，主要是山东、直隶、山西人迁徙关外（电视剧《闯关东》反映的就是关内人入关东的事迹）。他们父带子、朋带友、男带妻、儿接媳，纷纷闯进黑土地，开发黑土地，为东北的兴盛繁荣稳固做出了惊天地、泣鬼神的历史性贡献。

清初、中期，清政府认为关东是满族人龙兴之地，恐汉人占据，有碍满族人的生计与发展，是禁止汉人徙居关外、开荒种地的。嘉庆九年（1804 年）还下诏“是以内地贸易之人不准在彼居住谋生，如有私自逗留，尚当驱逐出境”（《清仁宗实录》卷一二六）。清政府这一政策，不仅严重滞碍了东北的发展，而且给了俄国人以可乘之机。第二次鸦片战争后，沙俄迫使清政府先后于 1858 年签订了《中俄瑷珲条约》，1860 年签订了《中俄北京条约》，1881 年又签订了《中俄伊犁条约》等不平等条约、界约，总共割去了我国 150 多万平方公里的土地，是近代以来侵占我国土地面积最多的国家。

山西人闯关东，最早是在康熙年间到奉天。奉天是通向吉林、黑龙江和蒙古的通商要道，昔日“土沃人稀，居民四体稍勤，俯仰即足自给，以故浸成贱商之习，甚至斥为驵侩，鄙为利徒，职是逐什一者甚少。而山西、直隶、山东、河南、三江各帮遂纷至沓来，反客为主矣”（民国《沈阳县志·实业》卷七）。去奉天经商的山西商人以太原府的人为多，据咸丰三年（1853 年）的资料记载，当时在奉天经商的大小掌柜就有 124 人，另有汾州府、平阳府、大同府和平定州的人。这些人有名有姓，是清政府摊派他们捐炮助饷后，将其列入奖赏名单；而实际人数加上伙计要几倍于此。如清源县的陈国昌、陈相福父子，先经营木材、后贩人参；太谷县的吕茂祥、吕茂祯兄弟俩在奉天四平街开设“太和号铁器铺，祁县人薛贵，生时父客游辽东，久不归……寻父由燕山抵盛京，凡宁古塔、乌拉墨尔根诸处，罔不新历”；稷山人吴绍先，负贩至宁古塔；交城人徐学颜“父于乾隆初贸易沈阳，二十年无音讯，学颜成年后，乃去寻父”，等等。光绪《山西通志》对此多有记载。

继去吉林。吉林盛产人参，到关东的山西商人也常以上山采参、贩参为业。如山西忻州韩岩村张汝亨之父，乾隆时去吉林，先在吉林县红旗街一家铁匠铺当佣工，后上山采参及芝糯等贩卖谋生，年届六十。常想回山西老家，但“竟年久家必失，不复计归矣”，数十年与家乡音讯断绝。汝亨是个孝子，成年后一心想去关东寻父，自道光元年（1821 年）往返三年，行程一万五千里，最后“扶持父归”故里（王锡纶《怡青堂文集·张孝子传》卷六）。在《吉林外记》中也记到：“吉林盛产人参，每年十月间，有苏州、山西参商来买者。”到乾隆十五年（1750 年）时，关内山西、山东、直隶的商人、流民“在宁古塔（今宁安市）及船厂（今吉林市）工商佣作人等，不下三四万，有业可守，未免难迁”（《清高宗实录》卷三五六）。

再到黑龙江。黑龙江的齐齐哈尔，是副都统辖区的首府，也是黑龙江建省后的省会所在地。齐齐哈尔本只是个屯名，康熙三十年（1691 年）才在此建立木城。随后商人陆续到来，商人中以山西人到此为最早，据光绪年间人徐宗亮撰《龙江述略》卷六记：“汉民至江省贸易，以山西为最早，市肆有逾百年者，本巨而利亦厚，其肆中执事，不杂一外籍人，各城皆设焉。”又有西清在其所著《黑龙江外记》卷六中称，齐齐哈尔“商贩多晋人，铺户多杂货铺，客居应用无不备，然稍涉贵重，或贩自京师。若绸缎之类，恐入势要手致折阅，则深藏若虚，非素亲厚不能买，卖犹数嘱毋令某某知也”。在嫩江（旧称墨尔根），有山西交城县刘丑的父亲、祖父在经商（光绪版《山西通志·人物》卷一三九）。

山西人在东北贸易，一是将内地各种杂货，或称京货运至关外，以供军民所用。二是将关外所产粮食、人参、鹿茸等贩至关内。乾隆前，清政府是禁止从关外向关内运贩粮食的，要将粮食留存给当地旗人所用。但是随着关外经济发展，余粮增多，关内一些地方又遇年岁荒歉，粮食不够时，乾隆帝不得不酌量变通，调剂关外关内粮食，允准贩运关外粮食入关。乾隆四十二年（1777 年）七月，曾发生“山西客民李元章等，在奉天的洋船上，被舵工王有亮等谋财致死”的大案。所谓洋船，是指行运在海上的船只。由奉天向关内运粮，向来是经辽河水运至牛庄，再由牛庄转运至天津，由天津再转运直隶、山东或江浙。三是开设烧锅，制酒贩卖。关东盛产高粱，高粱性易生虫，难于久贮，是酿酒的好原料。山西是“杏花村”的故里，酿酒历史绵长，汾酒、竹叶青久负盛名，太原府、汾阳县一带人多会酿酒。山西人闯关东，看到东北盛产高粱，天又高寒，人亦喜饮，就从关内运去酒曲（酒母）开设烧锅作坊，酿酒以卖。山西人在关外开设烧锅始自康熙中后期。雍正四年（1726 年）史料记：“盛京地方仍开烧锅。盛京口外蒙古交界之处，内地民人等出口烧锅者甚多。”直隶地近东北、拱卫北京，也是山西人开设烧锅较多的地方。乾隆三年（1738 年），京师步军统领衙门，稽查畿辅，“拿获烧锅数起，俱系山西民人”。时任直隶总督的山西兴县人孙嘉淦（1683—1753 年）针对外界传说他“瞻顾乡里”的传言，上奏皇帝说：“步军统领衙门，拿获烧锅数起，且皆山西之人。盖以天下行商坐贾，大抵皆臣乡曲，不独直隶一省。”接着讲了一段不能永禁烧锅的道理：“今北地不种高粱，则无以为薪、席、屋墙之用，种之而取其秸秆，则其颗粒宜有所售。烧锅既禁，富民不买高粱，贫民获高粱，虽价贱而不售。高粱不售，而酒为必需之物。”言明将高粱转换生产成酒，可以裕民，可以消化掉不易贮存的高粱。在此之前，清王朝从重本护国着眼，是严禁开设酒坊的。山西人在关外初开烧锅，开始多为违禁私开。以后随着关内外经济发展，粮食增多，方才逐渐放开。如在道光年间，仅吉林就有烧锅作坊百余家。辽阳县大纸房的“东聚发”烧锅，就是山西祁县人武世成等于光绪元年(1875 年）与人合股开设的。

总之，山西人是最早到东北做生意、拓荒种地的，山西人也是闯关东的生力军。他们在有清一代为东北的经济社会发展做出了巨大的贡献，至今散见于东北地区各种方志、文献和山西通志及清政府实录档案中的诸多记载，就是历史的凭证。

（五）蒙古大漠

晋商与蒙古族人民的商贸往来，在入清以后由沿长城九边各关口推进到蒙古全境。清军入关后，随着清王朝统一蒙古全境，作为明代建立的万里长城的边墙边防作用已失去，清王朝在东、北、西部的版图已扩展到东至库页岛出海，北至额尔古纳河、恰克图、萨彦岭，西至巴尔喀什湖、帕米尔高原。广阔的北部疆域，为晋商贩贸南北货物，提供了宽阔的舞台、无限的市场、历史的商机。他们走西口（杀虎口），出东口(张家口)，人牵驼、马拉车，成群结队，浩浩荡荡，走向蒙古大漠，贩

■ 沙漠中行走的驼队

运南北货物，纵横千万里，来往两百年，为自己赚取了大把银子，为蒙古地区的经济社会发展做出了重要贡献，为晋商的辉煌历史又书写了浓墨重彩的一卷。

明末清初，蒙古分作三大部分：长城以北、大漠以南的称漠南蒙古，也叫内蒙古；大漠以北土谢图、扎萨克图、车臣汗部是漠北喀尔喀蒙古，也叫外蒙古；天山以北、阿尔泰山以西称为漠西厄鲁特蒙古，有准噶尔、和硕特、土尔扈特、杜尔伯特四个部落。康熙十年（1671 年），厄鲁特蒙古的准噶尔部首领噶尔丹自立为汗，对邻近部族攻伐兼并，控制了青海、西藏，征服了天山南路的维吾尔族和巴尔喀什湖以西的哈萨克族。接着又挥师东进，打败了喀尔喀蒙古三部数十万军民。随后又挥戈南下追击逃到内蒙古的喀尔喀蒙古军民，兵至乌兰布通峰（蒙古语红瓮的意思，汉语译为红山）。乌兰布通峰位于今天内蒙古昭乌达盟克什克腾旗南部，距北京仅 700 里，铁骑两三日可到。清廷为之大震。康熙二十九年（1690 年），康熙帝率兵亲征，打败了噶尔丹。康熙三十年（1691 年）五月，又在多伦亲自主持了有喀尔喀蒙古各部和漠南蒙古 49 旗参加的多伦会盟，将喀尔喀蒙古编为 36 旗，保留土谢图汗、车臣汗名号，按序按等级封赐各蒙古贵族爵位王号，检阅了长达 10 里的受阅队伍，等等；成功地把盟旗制度推行到了外蒙古地区，从此统一了蒙古地区。康熙在多伦会盟后返回北京，路过长城时，兴奋地对大臣说："秦始皇造长城，我朝施恩于喀尔喀蒙古，使之防御北方，比它更为巩固呢。"回到紫禁城，看到有请修古北口长城的奏折时，又说："自秦筑长城以来，汉唐宋亦常修理，但仍有边患；可见治国在于修德安民，民心大乐，边疆自固，这就是常说的众志成城啊！"从此罢修长城。

晋商深入蒙古草原做生意，最早始于康熙年间。康熙平定噶尔丹叛乱，随军粮草军需供给，就是组织商人转贩，其中最有名的商人就是山西介休县内务府皇商范氏。

范氏范永斗是明末清初张家口八家大商人之一。据乾隆《介休县志·人物》记，清入关后，顺治帝"知永斗名，即召见，将授以官，以未谙民，力辞；诏赐张家口房地，隶内务府籍，仍互市塞上"。范永斗的儿子范三拔生五子，五弟兄以毓字辈排名，三子毓馪、五子毓𬭸随康熙帝出征蒙古，平定准噶尔，供应人马粮草，"力任挽输，辗转沙漠万里"，立下了军功。据《清史稿》卷三一七记载："范毓𬱖，山西介休人，范氏故巨富，康熙中，师征准噶尔，输米馈军，率以百二十金致一石。六十年再出师，毓𬱖兄毓馪请以家财转饷，受运值视官运三分之一。雍正间，师出西北二路，怡亲王允祥荐毓馪主饷，计谷多寡，程道路远近，以次受值，凡石米自十一两五钱至二十五两有差，累年运米百余万石。世宗特赐太仆寺卿衔，章服同二品。寇犯北路，失米十三万余石，毓馪斥私财补运，凡白金百四十四万。"

山西商人有清一代在蒙古的贸易足迹遍及漠南、漠北、漠西三个地区，即今天的蒙古国和我国的内蒙古及新疆北部。他们经常走的路线是从今天山西右玉县的杀虎口出关到归化城，沿着清政府开设的蒙古台站，走向乌兰察布、伊克昭、阿拉善、额济纳、库伦、恰克图，乌里雅苏台、唐努乌梁海、科布多、伊犁、塔尔巴哈台。一路经多伦诺尔，通往漠南锡林郭勒、察哈尔、昭乌达、呼伦贝尔、喀尔喀蒙古、车臣汗部、土谢图汗部；一路经张家口通往乌兰察布、锡林郭勒、察哈尔、昭乌达、库伦、恰克图、科布多、乌鲁木齐、伊犁、塔尔巴哈台。

山西商人还开辟出了一条由归化经大草原到达新疆古城的商路。这条商路比走甘肃一线要快要好。据《新疆志稿》称："关内绸缎茶纸瓷漆竹木之器，逾陇阪而至，车马烦顿，厘税重困，商贩恒以为累苦，不偿其劳费。是以燕晋商人多联结驼队，从归化城沿蒙古草地以趋古城，长途平坦，无盗贼之害，征榷之烦。甚至常以夏五月、秋八月为期，岁运腹地诸省工产及东西洋之商品，其值逾二三百万，大率自秦陇输入者十之三四，自归绥输入者居十之六七，而私运漏货不在此数。"当时归化城也有俚谚云："世上三般没奈何，赶车下夜拉骆驼。"这说明拉骆驼走草原是十分艰难困苦的。

晋商在蒙古大漠的贸易，主要是将内地所产的茶叶、粮米、布匹、铁锅、绸缎、瓷器、纸张、烟叶、中药、食盐等蒙古民族必需的生活用品贩运到各部落旗盟与台站驻军，然后再将蒙古人民所产的兽皮、牛羊、马匹等赶到内地。当时蒙古地区是游牧经济，中原是农业社会，两个不同的经济区既有着广阔的市场，又有着许多互补性。至今，内蒙古地区的牛羊肉还是北京城内、中原人民餐桌上的美食。

晋商在蒙古草原经商的主要运输工具是骆驼与牛驴骡马车，他们在蒙古草原有“驼帮商人”之称。他们常常以数万只骆驼和牛马车辆投入运输，结队而行。每15驼编为一队，每队有2人赶驼，10队为一房，行走草原贸易时，驼队常以数房相随，累达千万，迤逦而行，首尾难望。如用车辆拉载，也是牛马车辆上百数百，首尾相衔，长达数十里。真可谓驼铃叮当，牛欢马叫，狗蹦人唱，浩浩荡荡，是蒙古草原一道美丽壮观的风景线。清人徐珂在《清稗类钞》中详细地记述道：“山西行商有车帮。晋中行商运货来往关外诸地，虑有盗，往往结为车帮。此即为泰西之商队也。每帮多者百余辆，其车略似大轱辘车，一车约可载重五百斤，一御者可御十余车。日出而驾，夜半而止。白昼牧牛，必求有水之地而露宿焉，以此无定程，日率以三四十里为常。每帮车必挈犬数头，行则系之车中，止宿则列车为两行，成椭圆形，以为营卫。御者聚帐篷中，镖师数人，更番巡逻。入寝，则以犬代之，谓之卫犬。”驼帮商人行走草原，基本上都是选在夏秋两季，夏出秋归，这时蒙古大地气候回暖，雪消溪流，草长花开，驼马牛羊吃草喝水便利，易于解决驼队的人畜供给问题。从张家口到海拉尔，行程约两个月。从归化城到库伦（乌兰巴托）路程约4000里，需时三个月。一年走草原、出拔子，长途贩运也就一趟。

山西商人在蒙古草原与牧民的交易，主要是以物易物，一般以砖茶为等价物，如一块砖茶可换一张羊皮，一匹布约值银子一两二钱，可换一头牛犊。当时运往蒙古的布匹以八寸为方，四方为托，七托为匹，也就是相当于现在的七米五左右的布就可换一头牛犊。他们行商一路走、一路交易，并不把已换回的牛羊马匹赶走，而是继续让与自己交易的原牧民养着。待秋冬之季自己返回来时，再向牧民收取，自己再赶向内地，到关内交易。有时甚至让牧民养上两三年。这时小羊羔已变成大肥羊，小牛犊已变成大耕牛，小马已养成大马，赶回内地交易，其卖出的价格红利是十分丰厚的。比如一头小牛犊，最初是拿一匹布换的，仅值一两二钱银子，这时赶回内地，已成大肥牛，可卖到四五十两银子。在蒙古做生意的大盛魁商号，一年就要从外蒙古赶回100多万只活羊、两万多匹活马。他们在长途赶运中，采取“分群赶运”法，就是千余只羊为一群，十群为一房，分时段、分距离赶运，一房与一房相差两华里，以羊能吃上草为时速，赶牛马亦同。这样赶到内地的牛羊马群，不仅不会掉膘、死亡，而且经常还会长肉增膘。他们赶运牛马的当期都以赶上各地的骡马交易大会为前提。先后要到达杀虎口、五台山、太原、洪洞、潞安，最南到达河南开封、赊店等地。

山西商人与蒙古牧民交易，第一是双方有需求。在牧民来说需求关内生活日用品，需要拿自己的产品——牛羊交换；在晋商来说，其中有丰厚的利润。第二是双方建立在诚信的基础上，牧民们相信晋商，晋商也以诚信为本。当时山西商人在牧民眼里，就像对牧主台吉（蒙古族低层统治者）一样看待、一样尊敬。每当有商队过来，他们认为这是商品交换的大喜日子，是商人给他们送生活必需品来了，往往会以蒙古人民的纯朴、蒙古人民的礼节，热情豪放地宰羊置酒，款待晋商。第三是山西商人注意研究蒙古族人民的生活需求，注意市场调查研究。再如大盛魁商号，他们在当地做生意时，往往会调查蒙古族人民需求什么，认真地记下来，或者马上调拨，或是来年运来，不让牧民的生活需求落空，以建立长远的主顾贸易关系。同时，他们还注意学习蒙语，学习一些医疗针灸医术，在经商活动中与牧民交流，给牧民看一些头痛脑热的病症，以获取牧民的好感，从而双方可以更好地做成生意。据徐珂《清稗类钞·农商类》记：“山西商号伙友在蒙古者通蒙语，在满洲者通满语，在俄边者通俄语。每日昏暮，伙友皆手一编，习语言文字，村塾师徒无其勤也。”第四，晋商与蒙古王爷、贝勒等上层人物也建立了良好的关系。这些蒙古贵族家庭大小人员的生活日用品也需要山西行商从关内运来，供自己使用，他们旗下的牛羊马匹也要交易出售。山西商人会尽心尽力，周全细致地为他们年复一年地贩运来生活必需品，他们也会支持管理自己旗下的蒙民与晋商交易。第五，买卖双方在诚信的基础上也订有契约、“印票”“钱帖”等凭据。他们之间的买卖交易有时是赊销，赊销是以牧民的畜牧产品折价而偿还，这时他们双方就立有票据。这种票据上既有蒙古王爷、旗主的担保或印章，也明确写着“父债子还，夫债妻还，死亡绝后，由旗公还”。

当然，需要说明的是，当时商人与蒙古牧民的以物易物贸易是不等价的，商人是无利不图的。不过，话说回来，也无一定的等价标准，买卖双方都是约定俗成，清政府并没有统一定价管控。整体上讲，汉商是赚取了蒙古牧民的利益，向关内输入的畜产品价低，向关外输出的日用品价高。据纳兰常安《行国风土记》称：“塞上商贾，多宣化、大同、朔平三府人，甘劳瘁，耐风寒，以其沿边居处，素习土著故也。其筑城驻兵处建室集资，行营进剿，时亦尾随前进，虽锋刀旁舞，人马沸腾之机，未肯裹足。轻生重利，其情乎。当大军云集，斗米白镪十两，酒面果蔬，虽少售亦需数金，一收十利，意犹未足。”又有清人松筠在其《绥服纪略》中说：“沿边各旗札萨克游牧，往往有商民以值数钱银之砖茶，赊于蒙古，一年偿还，措不收取，必欲按年增利，年复一年，索其大马而收之。此弊不但有关蒙古生计，而贪饕如此，竟有被蒙古忿恨致毙者。”

有清一代，在蒙古做生意的山西商人、商号，除上述已提到的介休范氏、大盛魁商号之外，还有现今颇为有名的祁县乔家、渠家，榆次常家、太谷曹家。这些商人家族留下的晋商大院就是他们当年辉煌的见证。另外，山西北部的吕梁、忻州、朔州、大同地区，更是有许许多多的人攀亲引朋，成群结队地走西口、趟草原，到蒙古大漠做生意。如清末山西五台人徐继畬先生讲：“忻州人服贾者涉瀚海往来如内地，时载百货车驼往来，往往赤手起家成素封。”徐先生又记曰：“忻州周朴斋先世以贫无生产，移家于萨拉齐，勤苦治生，粗能温饱。公继嗣于世父锡嘏公。锡嘏弃养时，公年甫十五，兄复斋公年十八。兄弟继先业，协力谋生，不数年而少有，又不数年而富有，迨公年四十余，已累资巨矣。公以塞外，非首邱地，复移于故土，晚年家益丰。忻州屈指巨富者，必及于公。”（徐继畬：《松龛先生全集》卷二）光绪年间修订的《忻州直隶州志》亦记：“乾、嘉之间，习于边情者，贸易蒙古各部落及西北口外之城，有无相通，权其子母，获利倍蓰。忻人不但不受近边之害，转受近边之利，以此致富起家者实多。”现今，有研究晋商的诸多大家，将这些在蒙古做生意的山西商人称作“旅蒙晋商”，给以专用名词。毕竟他们成群结队，纵横上万里，驰骋数百年，冠之此名，只小不大，当之无愧。

四、晋商中俄恰克图贸易

晋商在蒙古做生意的同时，在中俄边境恰克图也做着垄断的进出口贸易。恰克图地处现在蒙古国与俄罗斯交界的色楞格河东岸，在俄方称恰克图，在中方称买卖城，俄语中意为有茶的地方。恰克图北部由俄商居住，也称后营子；南部由华商居住，也称前营子。前后营子仅以木栅栏相隔。在19世纪前后130余年的历史中，恰克图是中俄陆路贸易的重要口岸。其以茶叶为主的出口贸易占到我国出口贸易总额的三分之一，俄国在恰克图的关税收入也占到其全部关税的15％～20％（光绪三十二年〈1906年〉姚明辉编：《蒙古志·贸易》卷三）。恰克图当时在欧洲有“沙漠中的威尼斯”之称。

■ 19世纪的恰克图

中俄恰克图贸易肇始于清雍正五年（1727 年）中俄《恰克图条约》的签订。条约规定恰克图、祖鲁海尔、尼布楚三地为两国边境贸易通商地点，允许两国商民在此建造房屋，开设商店，免除关税，自由贸易。随后，两国政府和商人先后在此建造木屋成城。

俄国人瓦西里·帕尔申在自己的著作《外贝加尔边区纪行》中描述道："买卖城这个中国城镇，距我国界的木墙不过 100 俄丈，周围仿照我国城堡的式样，筑有高大的木桩联结成的栅栏作为围墙。城门顶有一个小塔楼，楼顶四侧有雕刻得很粗糙的木龙，龙是中国的标记……买卖城给人的头一个印象是非常好的。首先看到的是一条狭窄的街道，街道的两侧全都是不太高的木房，看起来像石砌的，具有完全独特的建筑样式，类似一排排的商场，都有门通街。……买卖城的西北部有一座庙宇巍然耸立，许多屋顶上有张着大口的奇形怪状的巨龙……"他记载的这座庙宇，就是关帝庙，是山西商人特意修建的。

买卖城最早是山西商人兴建的，最早到恰克图做茶叶等商品进出口贸易的也是山西人，这有清王朝的一系列史料佐证。

（1）据中华书局 1985 年出版、由第一历史档案馆编辑的《清代中俄关系史档案资料选编》记：雍正十一年（1733 年）十月，山西汾州府汾阳县人朱成龙，就持理藩院所发部票，携带绸缎、黄烟、陆安茶、白布、黑纺丝、剪刀、梳子、木碗、针、绒线、火镰、勺、纽扣等货物 20 车，由张家口出塞，赴恰克图贸易。次年五月十七日，尚书查克丹呈送军机处折也奏到："经查朱成龙，所持票证，签有赴恰克图贸易商曹宽字样……朱成龙系山西汾州府汾阳县民……"

（2）又据乾隆二十八年（1763 年）《清高宗实录》卷六八八记：查获"恰克图奸商小院子京张等，教唆俄罗斯阻挠伯德尔格回人贸易，随降旨桑寨多尔济等，令其查拿，解赴热河治罪"。这个小院子京张，乃系汾阳县人在张家口开设的"万盛永记伙计张宗恒"。

（3）同治五年（1866 年）天津海关关册记载："1861 年以前，一向由山西商人在湖北、湖南贩卖并包装的砖茶，由陆路一直运往恰克图，销于恰克图市场。"（渠绍淼、庞义才：《山西外贸志》）

（4）清末的路履仁先生在《外蒙古见闻纪略》中说："恰克图，俗名买卖城……东西向有一条街，约有半里长，名横街，较大的商号有福源德、天和兴两家。南北有三条街，皆不到一里长，中间有一街，名中巷子，较大的商号有大升玉、恒隆光、锦泰亨、久成兴四家。东街名东巷子，较大的商号有独慎玉、永玉亨、天庆隆、祥发永四家。西街名西巷子，较大的商号有公和盛、璧光发、天和兴、永光发、大泉玉五家……都是晋帮商号，经营的出口货以红茶、砖茶、白绸等为大宗。”这些商号都是山西商人设在张家口商号的分庄。其中玉字号的大升玉、大泉玉、独慎玉就是山西榆次车辋村常家的商号，锦泰亨是太谷县曹家的商号，并且在库伦和俄国的伊尔库茨克、莫斯科也设庄有店。恒隆光是榆次史家开设的，祥发永是汾阳县王庭荣开设的，璧光发更是老字号，是汾阳人牛允宽开设的。

(5) 何秋涛先生在《朔方备乘》卷四六中说：“所有恰克图贸易商民，皆晋省人。由张家口贩运烟、茶、缎、布、杂货，前往易换各色皮张、毡片等物。”民国年间在成都出版的王景岐先生编的《中国通商史》中也写道：“其内地商民，至恰克图贸易者，强半皆山西人，由张家口贩运烟、茶、缎、布、杂货，前往易换各色皮张、毡片，恰克图遂为漠北繁富之区云。”

晋商赴恰克图贸易，基本上都是从张家口出发的。张家口从明至清，历来是晋商的大本营，是货物出关到蒙古草原和东北地区的集散地。所有人马驼牛货物云集至此，都要做行走草原大漠的先期准备。张家口、库伦、恰克图就是一个商品贸易区。据《宣化乡土志》记：“关于商业，在昔蒙古内附，置为藩属，张家口、库伦、恰克图为互市之区，商业兴盛，不亚内地。本埠商业半为客籍人所经营，尤以山西及蔚县人为多，本地人商业势力甚微。”张家口到恰克图计有4300余里，其商路据《蒙古鉴》记载：由张家口向西北逾阴山达沙漠，经察哈尔之察罕巴尔、内蒙古伊林（今二连浩特），至外蒙古车臣汗部，逾汗山，经土谢图汗部之合克察呼都克而达库伦，再至买卖城（恰克图）。这条商路基本上就是当今经二连浩特的中蒙、蒙俄铁路干线。

在这条商路上，晋商的运输工具是最原始的骆驼牛马和车辆，当时的俄国商人也不例外，因汽车、火车尚未发明也。晋商运输队又分驼帮和车帮两类。驼帮以骆驼为主，骆驼号称“沙漠之舟”，食草、盐，耐饥渴，驮量大，行速快，比之牛马，是最经济耐用的运力。一头骆驼，可驼茶4箱。以15驼为一队，由2人骑马驾驭，10队为一房，计驼150只、20匹马、20个赶驼人。晋商驼帮常常集数房骆驼出行大漠，成千上万驼马列队而行，蜿蜒大漠草原，似一条长龙，气势如虹，蔚为壮观。车帮有驼车、牛车、马车，每帮多者也达百辆。车帮、驼帮为着旅途安全，每帮必雇有镖师、带有卫犬。在草原大漠歇息露宿时，自燃炊烟解决饮食，自带帐篷以解露宿，自成营卫以防匪患。白天黑夜，镖师数人，更番巡逻；入寝睡眠，以犬代之。

山西商人贩于蒙古和俄罗斯的商品正如上述所引史料所记，商品众多，不一而足，但是皆以茶为主。茶叶在山西省的土地上并不生产。“雁门关外野人家，不养桑蚕不种麻。”茶树是常年绿生植物，对温度、湿度、土壤、水分有一定的要求，一般产在江南，在我国的产茶区有茶不过淮河、不逾秦岭的说法。至今我国最北边的产茶区在山东半岛的东南部、江苏省的东北部，这也是受海洋性气候影响和栽培技术经过改进之后才种植成功的。

茶，在唐代陆羽《茶经》问世之前写作“荼”，有药用属性，解毒、提神、润肺、通肠。《神农本草》记神农氏“日遇七十二毒，得荼而解之”。荼，《尔雅》训为“苦菜”。《诗经》记载：“谁谓荼苦？其甘如荠。”茶在蒙古和俄罗斯游牧民族中有着广泛的需求、广阔的市场。茶是边疆少数民族蒙、回、维、藏人民生活的必需品，“蒙古地方及西藏人民，皆藉茶养生”，“新疆回夷口食，茶粮最关紧要”。这些游牧民族人民一日三餐以肉奶为食，很难吃到蔬菜水果，只有靠饮茶才有助于消化。故这些民族人民“一日无茶则滞，三日无茶则病”，茶是他们的生命之源。唐宋以降，中原王朝都坚持“以茶制夷”。《明史·食货志》曰：“番人嗜乳酪，不得茶，则困以病。故唐宋以来，行以茶易马法，用制羌、戎，而明制尤密。”嘉靖十五年（1536年），御史刘良卿上奏折说：“盖西陲藩篱，莫切于诸番。番人恃茶以生，故严法以禁之，易马以酬之，以制番人之死命，壮中国之藩篱，断匈奴之右臂，非可以常法论也。”主张对贩卖私茶者，以凌迟处死。

入清以后，江山一统，清政府“以茶制夷”的思想非但没有变，而且还把茶叶作为对付西方列强的贸易武器。1750年乾隆皇帝曾言：“俄罗斯地虽富庶，而茶布等物，必须仰给内地。且其每年贸易，获利甚厚，不能不求我通市。中国因得就所欲控制之。”乾隆时期历史学家赵翼有一段著名的“以茶制夷”的论述：

> 中国随地产茶，无足异也。而西北游牧诸部，则恃以为命。其所食膻酪甚肥腻，非此无以清荣卫也。自前明已设茶马御史，以茶易马，外番多款塞。我朝尤以是为抚驭之资，喀尔喀及蒙古、回部无不仰给焉。
>
> 大西洋距中国十万里，其番舶来，所需中国之物，亦惟茶是急，满船载归，则其用且极于西海以外矣。俄罗斯则又以中国之大黄为上药，病者非此不治。旧尝通贡史，许其市易，其入口处曰恰克图。后有数事渝约，上命绝其互市，禁大黄，勿出口，俄罗斯遂惧而不敢生事。今又许其贸易焉。天若生此二物为我朝控驭外夷之具也。

（赵翼：《檐曝杂记》，《清代史料笔记丛刊》，中华书局 1982 年版）

嘉庆时两广总督百龄在给皇帝的奏折中说：“茶叶、大黄二种，尤为该国日用所必须，非此即必生病，一经断绝，不但该国每年缺少余息，日渐穷乏，并可制其死命。”道光时江南道御史周项上书曰：“查外夷于中国内地茶叶、大黄，数月不食，有瞽目塞肠之患，甚至不能聊生。”直隶总督琦善说：“外夷土地坚刚，风日燥热。且夷人每日以牛羊肉作为口粮，不易消化，若无大黄，则大便不畅，夷人将活活憋死。故每餐饭后，需以大黄、茶叶为通肠神药。”两广总督、晚清名臣林则徐也认为：“况如茶叶、大黄，外国所不可一日无也，中国若靳其利而不恤其害，则夷人何以为生。”研究中国政府对外关系的美国人马士在《中华帝国对外关系史》中说：“在中国人心目中，一直存在着这样一种看法，认为茶和大黄对于西方都是必需的东西，而只有中国才可以供给茶和大部分的大黄。”1851 年 3 月 15 日由英国人在上海租界出版的英文版《先锋报》亦载：“来自西方的外国人都天然爱好牛奶和奶油，耽于这种奢侈嗜好的结果造成了结便的毛病，这毛病只有靠大黄和茶才可以洗他们的肠胃，恢复他们的精神；一旦把这些东西予以剥夺，他们便会马上病倒……如果我们停止了与夷人通商，他们的国家里边便会发生骚扰和混乱；这就是他们为什么要我们的货物的第一个理由。”从这些论述不难看出，清政府以茶制夷思想既根深蒂固，又不无偏见；亦可知茶叶于少数民族及西方人真乃生活必需品，一日不可离也！这就为山西商人做北部边境茶叶贸易提供了千古不遇的商机和广阔的市场。

山西不产茶，山西商人贩运的茶叶都来自江南诸省的产茶地区。他们采运制作茶叶的地区有福建武夷山，湖南安化、湘潭，浙江建德，安徽霍山、徽州，江西浮梁，湖北蒲圻等地。据衷干《茶叶杂咏》记：“清初，茶叶均西客经营，由江西转河南运销关外。西客者，山西商人也。每家资本二三十万两至百万两，货物往还，络绎不绝。首春客至，由行东赴河口欢迎，到地将款及所购茶单点交行东，咨所为不问。茶事毕，始结算别去。”（《中国近代手工业史资料》卷一，中华书局1962年版）著名电视剧《乔家大院》中乔氏开设的大德兴茶庄就在湖北“司洞两山”一带采买茶叶、设厂制茶。“司洞两山”即指湖北蒲圻羊楼司、羊楼洞。光绪十年（1884年），大德兴改为大德通，认为“茶票生理、本属一号”。在新议号规中，对在“司洞两山”采办茶叶的掌柜与伙计们有这样一条规定：“两山采办砖茶，务宜拣好买到，押工齐楚，押砖总要瓷实，洒面均匀，以期到两口不受买主之挑驳。虽云如此，还要四处尽心检点，节省缴费。生意之间，南北相关，总是取利为佳。倘不尽心治理，货色低次，工不精细，必致有碍门市，那时置货者难辞其咎，望慎勿忽是幸。”

两口即指张家口与杀虎口，杀虎口关此时已移至归化（呼和浩特）。由此条规中可见，乔家在“司洞两山”采办砖茶，不仅仅是购买，而且还监制、指导生产加工，以保证质量。据1996年6月版《湖北通史·明清卷》记：“在制茶业中，山西、广东商人控制了蒲圻、崇阳的茶叶制作。山西商人每岁于羊楼洞买茶，当地茶工按照他们的要求，将茶压成茶砖，用白纸封好后加上红笺，并书‘本号监制，仙山名茶’或‘西商监制’字样。山西商人然后将茶贩往内蒙、新疆等地出售。蒲圻羊楼洞的茶叶产销为山西商人所控制；而控制崇阳县茶叶产销的不仅有山西商人，还有广东商人。山西商人控制下的茶叶制作方法是‘采粗牙入锅，用火炒，置布袋揉成，用竹篓贮存’；广东商人控制下的茶叶制作方法则是：‘采细叶，暴日中揉之，不用火炒，雨天用炭火烘，贮以枫柳木作箱’，名为红茶。”同书第430页又写道，山西商人操纵着崇阳一些茶叶作坊的生产。据同治《崇阳县志》卷四物产记，山西人指导加工茶叶的制作方法是："采粗叶入锅，用火炒，置布袋揉成，收者贮用竹篓，稍粗者入甑蒸软，用稍细之叶洒面，压成茶砖，贮以竹箱，出西北口卖之，名黑茶。"道光《蒲圻县志》有竹枝词曰："茶乡生计即山农，压作方砖白纸封，别有红笺书小字，西商监制自芙蓉。"蒲圻县南有芙蓉坡。芙蓉是广泛植于湖南、湖北一带的植物，泛指湘鄂赣交界处的幕阜山麓和洞庭湖四周安化、岳阳、蒲圻、崇阳、修水一带的优质茶叶与茶砖。当时晋商要求监制这些紧压茶一是便于运输、携带；二是易于贮存、久藏不变质，越放还越好喝；三是由此深受西北边陲少数民族及俄罗斯人的欢迎。

羊楼洞古镇是当年的茶马古道源头之一，中俄恰克图贸易茶叶的起始点。羊楼洞古镇位于今天湖北省赤壁市西南部的松峰山脚下，松峰港和观音泉穿街而过，行政上现属赵李桥镇管辖。现存的明清石板街宽三至五米，长约千米，另有小巷胡同亦铺设青石板与之相接，长长的街道上有当年运茶的"鸡公车"（独轮车）将石板碾磨出的车辙，槽痕深寸

■ 赵李桥独轮车运茶

余，逶迤如蛇行。现在此地保留下的明清老屋还有500余栋，多为吊脚楼，由大青砖垒墙、青石材当门框、木板做铺面，多是当年的茶庄、钱

庄或茶叶制作工房。其盛时有茶庄、茶肆、茶铺 200 余家，商旅店铺上百家，4 万多人口，誉称“小汉口”。羊楼洞是湖北老青茶的发源地，唐代就开始种茶，宋时就以砖茶作为通货与蒙古进行茶马交易。清朝极盛时，年销往西北、俄罗斯的砖茶达 40 万担，几乎全为晋商大盛魁开设的天顺长、兴隆茂、三玉川等分号和大德生、大昌川、大德诚、长盛川、义兴茶砖厂等山西商号所垄断。

赵李桥茶厂是 1953 年 8 月由羊楼洞搬迁到距京广铁路线近的赵李桥镇的。该厂建于新中国成立后的工商业社会主义改造时期，其前身是接收的原在羊楼洞的聚兴顺、长盛川茶庄；而长盛川就是当年山西商人渠家的票号，渠家当年还有长裕川茶庄。赵李桥茶厂现在压制生产的“川”字牌茶砖，是中华老字号。当年山西商人在羊楼洞开设的还有三玉川、巨盛川等茶庄。“川”字牌砖茶，清季在蒙古草原和俄罗斯是响当当的优质品牌。蒙古牧民及俄罗斯人虽不认识汉字，但一摸砖茶上这“三道杠”就会放心地买下，“川”字牌茶砖畅销百年，享誉我国西北、蒙古及俄罗斯。“川”字牌青砖茶，具有平和肠胃、御寒提神、化腻去油、清肺护肝、排毒养颜、去垢荡浊、解酒消炎、减肥降脂、降血压、治痢疾、抗动脉硬化等功效。人宁可三日无粮，不可一日无茶。一日无茶则滞，三日无茶则病。一杯香气纯正、汤色橙红、口感醇和顺滑的羊楼洞青砖茶慢慢饮下，让人回味隽永，神清气爽。陆羽的好友，诗僧、茶僧皎然在《饮茶歌诮崔石使君》中讲茶的功用：“一饮涤昏寐，情思爽朗满天地；再饮清我神，忽如飞雨洒轻尘；三饮便得道，何须苦心破烦恼。”诗人卢仝在《走笔谢孟谏议寄新茶》中谈到“七碗茶”的功效：“一碗喉吻润；两碗破孤闷；三碗搜枯肠，惟有文字五千卷；四碗发轻汗，平生不平事，尽向毛孔散；五碗肌骨清；六碗通仙灵；七碗吃不得也，惟觉两腋习习清风生。”（《全唐诗》卷三八八）唐朝刘贞亮概括茶有“十德”：“以茶尝滋味，以茶养身体，以茶散郁气，以茶驱睡气，以茶养生气，以茶驱病气，以茶利礼仁，以茶表敬意，以茶可雅心，以茶可行道。”

晋商在江南所收购的茶叶的运输，主要是通过江南水系上行走的大小船只和码头。在福建武夷山、江西上饶一带收购的茶叶通过江西铅山县河口镇的码头转运，经信江入鄱阳湖运抵武汉；在江西景德镇、浮梁一带收购的茶叶经昌江、鄱江入鄱阳湖运抵武汉；在湖南南岳北麓以下、湘江资水两岸所属地区收购的茶叶，在湘潭、安化码头集中后，经洞庭湖入长江运抵武汉；在幕阜山区、洞庭湖岸湘鄂赣三省交界的咸宁市一带收购的茶叶，以湖北的蒲圻为重要转运码头运抵武汉。各路茶叶运抵汉口后，一小部分沿长江而上运至打箭炉，行销西藏藏区；大部分沿汉水而上，经襄樊入河南省的唐河运至南阳的赊店（今河南社旗县内）。至此，山西茶商在江南贩茶的船帆水运结束，在赊店再用车载马驼，一部分至陕州（今河南三门峡市）西行入陕甘新疆行销，一部分过黄河穿越山西全境，上太行山，过太原城，越北岳恒山之雁门关运抵杀虎口、归化城和张家口。然后再从这东西两口出发，运至天山南北、内外蒙古、恰克图，再至俄罗斯等欧洲国家。这条茶路可以说是从我国的南岳衡山各水系发端，经两湖（鄱阳湖、洞庭湖）入长江、上汉江，跨越中原后，过黄河、上太行、越北岳恒山、出东西两口，趟过蒙古草原大漠，到达恰克图。一半是水路，一半是旱路；一半是船只帆影船工号子，一半是牛载马驮驼铃叮当。纵横上万里，往来两百年。他们摇啊摇啊，摇船至码头、送茶上岸；他们走啊走啊，走到恰克图以茶贸易。一路辛酸，一路艰辛，一路跋涉，一路坚忍，不畏风雨，不惧苦寒，跋山涉水，意志弥坚。同时，他们也一路欢歌，一路笑语，一路打闹，一路戏谑，哼着小曲，吼着晋剧，唱着二人转，品尝南北佳馐，怀揣着自己赚来的大把银子，年冬时节衣锦还乡，夸于乡里，建大院、娶老婆、生孩子，光宗耀祖，给个县官也不干。美滋滋、乐哈哈，看着自己创业的成果——妻儿、大院、银子，怡然自得、颐养天年。

恰克图口岸当时是中俄两国最重要的贸易市场，也是中国对外贸易与广州口岸遥相呼应、互为颉颃的重要国际口岸。广州口岸主要对英美等国家贸易，走海上。恰克图贸易是以晋商为主导、茶叶为主要贸易品的垄断性贸易。恰克图贸易在乾隆二十三年（1758 年）时就有晋商 80 多家，其中实力较大的商号 60 多家。最兴盛时，山西商号达到 140 余家。恰克图贸易额占到当时我国对外贸易额的 20%左右，占到俄罗斯对华贸易额的 60%。它的贸易额，据俄方有关资料统计（清政府无统计）从最初的不到 1 万卢布，到乾隆二十五年（1760 年）增加到 135 万卢布，嘉庆五年（1800 年）增加到 1596 万卢布，此后直到 1861 年以前，基本上都维持在这个数。据《山西通史·明清卷》（山西人民出版社

2001年版）记：嘉庆二十三年（1818年）晋商由内地运往恰克图的国产商品1420车、3450驼，总重量约合150万斤。到道光九年（1829年）又增加了一倍多，达到370多万斤。在嘉庆二十四年（1819年），晋商输入俄国的茶叶就达7万箱，重达500万磅，价值约600万卢布。据俄国人瓦西里·帕尔申在《外贝加尔边区记行》中记录，1838年在恰克图的32家茶商一年经营的茶叶就有83147箱。同时据《中国对外贸易史资料》载，道光十七年至十九年（1837—1839年），三年中平均每年销往恰克图的茶叶8万箱，道光二十三年（1843年）又增加到12万箱。12万箱茶叶如果按每只骆驼驮运4箱茶计算，从张家口到恰克图就要用3万只骆驼，以15驼为一队，由2人骑马赶运，10队为一房，要有200房，就要有4000人4000匹马赶驼押运。其在草原或沙漠上一房一房地行走，上上下下，左折右拐，浩浩荡荡，蜿蜒起伏，似一条条舞动的长龙，在朝阳下该是多么壮观壮美啊！

中俄恰克图贸易，中方从俄方进口的货物有马匹、牛羊、皮货、毛呢布料等。俄方当时为加大对中国的出口贸易，减少贸易逆差，曾在国内办了大批加工出口中国商品的工厂。山西商人做恰克图国际贸易，并不是单向的，而是“来回脚”，在出口贸易的同时，也在做进口贸易。当时的中俄贸易主要是以物易物、物物交换，以后才逐渐用银子、卢布作为等价物。俄罗斯政府当时禁止白银出口，但不禁止用白银制作的工艺品。俄罗斯商人为了购买中国商品，就把成色相当高的白银做成粗糙的工艺品，与晋商交换货物。晋商为了安全地把这些银子运回山西，就地把这些银器熔化成重达千余斤的椭圆形银坨，用车拉回山西，再熔化成银锭、元宝，窖藏或流通使用。这种千斤重的银坨光滑得不好拿，在草原上土匪抢不了，故称其为“没奈何”。

中俄贸易是当时清政府仅次于对英国贸易的第二大贸易，当时的贸易额之大，在欧洲有着广泛的影响，就连远在英国的马克思也注意到了。马克思不仅在1857年3月18日左右写了《俄国的对华贸易》一文，详细说明了中俄恰克图贸易的起源，贸易的商品茶叶、丝绸、食糖，茶叶贸易的数量，贸易的以物易物方式，中俄贸易对恰克图和俄远东地区带来的发展，等等；而且马克思还在《政治经济学批判》一文中论述道：“恰克图一带的边境贸易，事实上是而且根据条约都是物物交换，银子在其中不过是价值尺度。”

晋商在恰克图贸易的商号最多时达 140 家，其中经营时间最久、规模最大、势力最强者首推榆次车辋村常家。常家分北常和南常，北常的字号都带有“玉”字、南常的字号都带有“昌”字，有十大玉、十大昌之连号。常家从乾隆年间开始，一直到清朝末年都有商号在恰克图做贸易，其商号有大升玉、大泉玉、大美玉、独慎玉等。《山西外贸志》中说：“在恰克图从事对俄贸易的众多山西商号中，经营历史最长、规模最大者，首推榆次车辋常家。常氏一门从乾隆时从事此项贸易开始，历经乾隆、嘉庆、道光、咸丰、同治、光绪、宣统七朝，沿袭 150 多年，尤其在晚清，在恰克图十数个较大商号中，常氏一门独占其四，堪称清代本省的外贸世家。”据《汉口山陕会馆志》记，光绪八年（1882 年），在汉口榆次车辋常家的商号就有大昌玉、大德玉、大泉玉、三德玉、保和玉、慎德玉、大升玉、三和源、大通玉、大顺玉、泰和玉、独慎玉 12 家。

其次是祁县渠家。渠家也是从乾隆年间开始就在中俄恰克图边境做茶叶贸易。其发家人渠国海（1723—1789 年），字百川，早年就走西口，在包头经商。其子渠映璜子承父业，开设长源川、长顺川两大茶庄，在江南两湖采办制作黑茶，销往西北及恰克图、莫斯科，所售“川”字牌砖茶在俄罗斯和蒙古十分有名。

再次是太谷曹家。曹家发家于明末清初的曹三喜，早在清军入关前就在辽宁朝阳县经商，当地有“先有曹家店，后有朝阳县”之说，实乃关外有名的山西大商。曹家在康熙时就到恰克图经商，在库伦、恰克图、伊尔库茨克、莫斯科都开有商号，经营茶叶和绸缎等货物。现在太谷县的曹家大院是对外开放的旅游景区，其中的三多堂十分有名。

总之，山西商号在恰克图对俄贸易中人数众多，影响颇大，处于垄断地位。有名的还有汾阳县牛允宽开办的璧光发商号，祁县乔家的恒隆光商号，由祁县、太谷人合办的大盛魁商号，等等。据清末路履仁先生《外蒙古见闻纪略》称，晋商茶帮在对俄贸易中的“锦泰亨、大盛魁、大德玉、恒隆光、久成兴、独慎玉、永玉恒、天庆隆、祥发永、公和盛、璧光发、天和兴、永光发、大泉玉、复源德等最著名”。“各商号在莫斯科、多木斯克、耶尔古特斯克、赤塔、克拉斯诺尔斯克、新西伯利亚、巴尔纳乌、巴尔古金、比西克、上乌金斯克、聂尔庆斯克等俄国较大城市……都设有分庄。”1917 年俄国十月革命后，苏俄内战，资本没收，仅从俄国逃回来的山西商人就有 3 万多人，当时的“山西王”阎锡山还接见了他们中间的代表。

中俄恰克图口岸贸易，从清雍正五年（1727 年）中俄签订《恰克图条约》开始，到中华民国年间的 1921 年 3 月终止，前后近两百年。其虽然在乾隆年间因俄国不法商人肆意抢劫我国商民货物，而于乾隆三十年（1765 年）、五十年（1785 年）两次关闭、禁止贸易，但不久就又都开关

■ 恰克图贸易

复市了。到了嘉庆、同治年间达到了高峰，进入繁荣时期。恰克图贸易的衰落时期，是第二次鸦片战争以后，由于沙俄逼迫清政府签订了一系列不平等条约，如《天津条约》《北京条约》《陆路通商章程》等，使俄国人获得了在我国经济贸易特权。其可以深入沿海、沿江等内陆商埠城市自由贸易，可以到汉口、蒲圻、九江、福州等地自行购买茶叶、自办茶厂、自行用机器制茶，运货商路也由恰克图一途变为四路，使恰克图失去了中俄通商口岸的重要地位，逐渐走向了衰落。四路者，据《清朝续文献通考》卷四二记：“俄人之运货回国也，取道凡四：车驼辇载出恰克图，而达于东悉毕尔者，为咸丰以前之故道；驾巨舰泛海徂西，以达于波罗的海者，为通商以后之孔道；出图们江北，以达东海之滨者，辛酉（咸丰十一年）后新拓地也；其自汉口西北行出嘉

峪关，以达西悉毕尔者，自光绪五年始。维时改约未成，而四路通商端倪已著。盖哈萨克浩罕诸部，新归隶属，地加广，人加众，需物加多，而茶尤巨焉。七年定约，允以嘉峪关为通商口岸，而往来益盛。”这时俄国的对华贸易已有掠夺性质了。因 1860 年签订的《北京续增条约》第四条已规定，俄国商人可在中俄交界各处“随便交易，并不纳税”。随后，到了 20 世纪之初，俄国人修通西伯利亚大铁路后，便从汉口运茶沿江而下入海，北上至天津港，再上至已被他们侵占的海参崴，再经新修的西伯利亚大铁路运至莫斯科，大大降低了成本，省去了人力脚费，给晋商恰克图贸易造成了巨大的影响。继之，又随着俄帝国在我国东北修建中东铁路，形成以哈尔滨为中心，西至满洲里，东至绥芬河，南至大连的商路，使贸易中心转到黑龙江，给恰克图的茶叶贸易以致命打击，造成严重的影响。

但真正彻底终止中俄恰克图贸易，使中方买卖城消失的是在 1921 年 3 月。当时，出生于买卖城的蒙古牧民苏赫巴托尔和乔巴山在恰克图成立蒙古人民革命党，组建蒙古人民军，苏赫巴托尔任司令，继而苏蒙联军约 3 万人向买卖城的中国守军发动总攻。中国守军 2713 人、武装商人 3000 余人及城内商民妇孺共计 1 万多军民，守城抗战，宁死不降；但最终不抵其猛烈攻击，城破人亡，守军、武装商人及城中妇孺老少或战死或被杀或自杀，蒙难殉国。随后，其又一把火烧了中国一方的买卖城，使贸易兴盛近两百年的买卖城化为灰烬，买卖城最后留守的山西商民及其他民人血染草原。现今，蒙古国一方买卖城已不复存在，地图上标示的是苏赫巴托尔的名字，蒙古国的阿勒坦布拉格小镇已与当年的买卖城毫无半点关系，当时兴盛的买卖城已成一岁一枯荣的茫茫草原，但见枯草哀泣，春长秋煞，冬雪皑皑了。

在国外贸易中，晋商值得一提的还有与日本的贸易。在对日贸易中，最早是在清顺治二年（1645 年）就有山西商人出洋跨海做生意。据《明清史料·乙编》第一本记，江南巡抚土国宝奏称：“看得洋商乔复初等，其籍有山陕徽浙，于明季弘光元年（顺治二年，1645 年）三月初一日纳税给引，由定海出关。初十月，吴淞桂号泛海而达日本长崎。于今年正月初三日由日本开行。……所携货物，俱于长崎贸易而来。”

在康熙中期至乾隆中期长达80年与日本的贸易中，山西商人还组成了以皇商范氏家族为首的“船帮”。康熙时，由于社会经济的发展，用于流通的铜钱不够，我国云南、安徽铜陵、山西中条山等地所产的铜不敷所需，清政府准允商人从日本贩铜回国。当时称这些商人为“洋铜商”。山西介休商人范毓馪、范毓裿等五兄弟从日本采办铜斤运到国内。范家有海船七八只，在苏州设有管理赴日船艘的船局，从康熙三十八年（1699年）起至乾隆四十八年（1783年）止，长达80余年。除范氏之外，还有洪洞人刘光晟“至江淮间，择友之干练者数人，由乍浦出洋，办得铜五十万斤，共需值十四万金有余，躬督运交，尽行报效”（民国《洪洞县志》卷一二）。另外，还有山西商人王慎权、田尚、郭连台等20多位有名有姓出洋办铜商人。一时间对日海上贸易中内陆山西“船帮”占有很大份额。他们将中国丝绸、瓷器、药材、书籍等运往日本，从日本以物易物，换回铜斤，以敷国内铜钱流通需用，促进了“康乾盛世”时期中国社会商品经济发展。

晋商对日交往贸易第三阶段，就是清末到日本开设票号。如祁县合盛元票号光绪三十三年（1907年）先后在日本神户、东京、横滨、大阪及韩国仁川等地都开设了票号分庄，从事国际汇兑业务，等等。

另外，山西商人去海外经商还到了伊朗。据光绪《山西通志》卷一三九载，临汾人景发才的父亲“娶未逾年，远贾安息（今伊朗）”。然而一去无音讯，景发才长大后跋山涉水远行万里，到安息寻父，其父已病殁了。

俄国的对华贸易

马克思

在对华贸易和交往方面，帕麦斯顿勋爵和路易一拿破仑采用武力来进行扩展，而俄国所处的地位却显然令人大为羡慕。真的，非常可能，从目前同中国人发生的冲突中，俄国不要花费一个钱，不用出动一兵一卒，到头来能比任何一个参战国都得到更多的好处。

俄国同中华帝国的关系是极为奇特的。当英国人和我们自己——至于法国人，他们参加目前的军事行动只能算是客串，因为他们实际上没有同中国进行贸易——连跟两广总督直接进行联系的权利都得不到的时候，俄国人却享有在北京派驻使节的特权。固然，据说这种特权是俄国甘愿被天朝计入中华帝国的纳贡藩属之列才换得的。但这毕竟使俄国外交在中国，也像在欧洲一样，能够产生一种决不仅限于纯粹外交事务的影响。

因为俄国人被排除在同中国的海上贸易之外，所以他们过去和现在同有关这个问题的纠纷，都没有任何利害关系或牵连；他们也没有尝到中国人对外国人的那种反感——中国人自古以来就对从海上来到他们国家的一切外国人抱有反感，而且并非毫无根据地把他们同那些看来总是出没于中国沿海的海盗式冒险家相提并论。然而俄国人却自己独享内地陆路贸易，这成了他们被排除于海上贸易之外的一种补偿。看来，在内地陆路贸易中，他们不会有什么竞争者。这种贸易是依照1787年叶卡捷琳娜二世在位时订立的一项条约进行的，以恰克图作为主要的（如果不算是唯一的）活动中心。恰克图位于西伯利亚南部和中国的鞑靼[1]交界处、在流入贝加尔湖的一条河上、伊尔库茨克城以南约100英里的地方。这种一年一度的集市贸易，由12名代理商管理，其中6名俄国人，6名中国人；他们在恰克图会商并规定双方商品交换的比率，因为贸易完全

① 西方通常将中国北方诸民族泛称为“鞑靼”，有时也把蒙古泛称为“鞑靼”。——编者注

是用以货易货的方式进行的。中国人方面拿来交换的货物主要是茶叶，俄国人方面主要是棉织品和毛织品。近年来，这种贸易似乎有很大的增长。10 年或 12 年以前，在恰克图卖给俄国人的茶叶，平均不超过 4 万箱；但在 1852 年却达 175000 箱，其中大部分是上等货，即在大陆消费者中间享有盛誉的所谓商队茶，完全不同于由海上进口的次等货。中国人卖出的其他商品是少量的糖、棉花、生丝和丝织品，不过这一切数量都很有限。俄国人则付出数量大致相等的棉织品和毛织品，再加上少量的俄国皮革、锻造金属、毛皮，甚至还有鸦片。买卖货物的总价值——按照公布的账目来看，货物定价都不高——竟达 1500 万美元以上的巨额。1853 年，因为中国内部不安定①以及产茶省区的通路被明火执仗的起义者队伍占领，所以运到恰克图的茶叶数量减少到 5 万箱，那一年的全部贸易额只有 600 万美元左右。但是在随后的两年内，这种贸易又恢复了，运往恰克图供应 1855 年集市的茶叶不下 112000 箱。

由于这种贸易的增长，位于俄国境内的恰克图就由一个普通的要塞和集市地点发展成一个相当大的城市了。它被选中成为这一带边区的首府，荣幸地驻上了一位军事司令官和一位民政长官。同时，恰克图和距离它约 900 英里的北京之间，最近建立了直接的、定期的邮政交通以传递公文。

很显然，如果同中国的海上贸易由于现在发生的军事行动而停止，欧洲所需的全部茶叶可能就只有靠这条商路供应了。实际上，有人认为，即使在海上贸易畅通的情况下，俄国完成了它的铁路网建设以后，也会在供应欧洲市场茶叶方面成为海运国家的一个强有力的竞争者。这些铁路将直接沟通喀琅施塔得和利包两港同俄国内地的古城——下诺夫哥罗德（在恰克图经商的商人居住的地方）之间的交通。欧洲将从这条陆路得到茶叶的供应，自然比使用我们拟议中的太平洋铁路来达到这一目的可能性要大。中国的另一宗主要出口物——丝，它的体积远远小于它的价值，由陆路运输也是完全可能的；同时，同中国的这种贸易也为俄国的工业品打开了在别处找不到的销路。

然而，可以看出，俄国的努力决不只限于发展这种内陆贸易。它占

① 指太平天国革命。——编者注

领黑龙江沿岸的地方——当今中国统治民族的故乡——已经有几年的时间了。它在这方面的努力，在上次战争①期间曾受阻中断，但是，无疑它将来会恢复并大力推进这种努力。俄国占领了千岛群岛和与其比邻的堪察加沿岸。它在这一带海面上已经拥有一支舰队，无疑它将来会利用可能出现的任何机会来谋求参与同中国的海上贸易。不过对它说来，这与扩大已经为它所垄断的陆路贸易相比，其重要性就差多了。

写于1857年3月18日前后
作为社论载于1857年4月7日
《纽约每日论坛报》第4981号

原文是英文
选自《马克思恩格斯全集》
第12卷第166—168页

（《马克思恩格斯选集》第1卷，人民出版社1995年版）

五、巍峨耸立的晋商会馆

晋商足迹遍及天下，还有建筑在全国各地晋商会馆为证。有清一代，凡商贸繁华处必有晋商，有晋商居处必有会馆。据有关研究晋商会馆者统计，明清两季，建筑于全国各城镇的晋商会馆有四五百处。仅在北京一地，由山西人建立的各类同业、同乡、同州县府的会馆就有50余处。张正明先生在其《晋商兴衰史》中列出全国各地的部分晋商会馆就有88个。晋商会馆的名称有山西会馆、山右会馆、三晋会馆、全晋会馆、山陕会馆、西晋会馆、西秦会馆、秦晋会馆、山陕甘会馆等。以州县名义建的有平阳会馆、潞城会馆、晋太会馆、河东会馆、赵城会馆、翼城会

① 1853—1856年克里木战争。——编者注

馆、代州会馆、太平会馆等。以行业性质命名的有平遥人建立的北京颜料会馆，做纸张者建立的造纸同业公会，上海的山西汇业公所，等等。晋商会馆一般都建有戏台和关帝庙，故多数晋商会馆在当地就叫“关帝庙”。

（一）会馆之设，肇于京师

有资料表明，最早在北京设立的山西会馆就是万泉人（今万荣县）贾仁元在明中期时所建。贾仁元于明嘉靖四十一年（1562 年）中进士，曾任兵部左侍郎。当时他住在崇文门外，为了给到京师赶考复习、办事的人提供住宿汇聚之地，就把自己的宅子南边辟为三晋会馆，供同乡聚会。其后到了明万历年间，北京的会馆就多了起来。据有关资料记载，明代北京有地方会馆共 41 所，其中就有山西会馆 5 所，占总数的 12%，分别是：万历年间山西铜、铁、锡、炭诸商创建的潞安会馆，山西平遥颜料、桐油商人创建的颜料会馆，天启、崇祯年间由临汾众商人创建的临汾东馆和仕商共建的临汾西馆，由临汾、襄陵二邑油业、酱醋业商人创建的山右会馆。到了清代，据光绪《顺天府志》记载，北京的各省会馆总数达到 445 所，其中由山西人建立的就有 50 所，还是占到十分之一强。现存于北京东城区前门外小江胡同的平阳会馆，约建于清顺治九年（1652 年），是北京市重点文物保护单位，与正乙祠、湖广会馆、安徽会馆的戏楼并称为北京“四大戏楼”。

张正明先生在《晋商兴衰史》中所列的 88 个山西会所，遍布现在全国 19 个省市的 42 座城市。其中有 50 个标为山西会馆、山陕会馆等。38 个标为山西州府县一级的会馆，如河东会馆、平阳会馆、翼城会馆等。在这 38 个中有临汾人建的 21 个、运城人建的 4 个，祁县、太谷、平遥、介休和汾阳人建的 7 个，潞安人建的两个，盂县、平定、代州人建的各一个等。这说明当时山西晋南商人在全国最多。而冠以山西会馆、山陕会馆之名的，里面也有大量晋南商人，这当然也是肯定的。

（二）会馆的主要功能

会馆是同乡商人活动的场所，定名是什么会馆就说明是由什么地方的商人出资兴建的。会馆的主要功能是“报神恩，联乡情，诚义举”。

一是报神恩。报神恩就是祭拜关公。关公是山西解州人，是忠义仁勇的典范、信义昭著的楷模、商人精神的支柱。所以凡建有山西会馆的地方都建有关帝殿，都祭祀关老爷；关圣殿都是建筑得最宏伟、最壮丽的主神殿，是会馆的主体建筑之一，有的干脆就把会馆称作“关帝庙”。祭奉关帝，是请这位神威广大的山西老乡保佑自己发财致富、平安健康；是用关帝身上的忠信仁勇精神规范人们的商业行为，教育子弟、伙计及诸商人向关羽学习，仁义立身、信义经商、以义制利，取信于众商户民人。报神恩，当然也离不开祭奉财神，祈求赵公元帅护佑自己发财。不同的行业还祭拜各自的行业神祖。如北京颜料会馆，平遥商人就祭奉葛、梅二仙，认为这二仙是染行之祖。铜铁锡炭行则供奉太上老君，因为太上老君炼丹烧炉，故被后人视为炉神。另外药材行供奉药王，牛马行供奉马王，酱菜行供奉酱祖，醋业行供奉醋姑，烧酒行供奉酒仙。为了保佑在外平安、防止发生火灾，往往还供奉火神祝融等。

二是联乡情。“会馆之设，所以联乡情，笃友谊也。朋友居五伦之一，四海之内，以义相投，皆为兄弟。然籍同里井者，其情较洽；籍同里井而他乡遇之，则尤洽。”会馆是同乡聚会议事的场所，是远在他乡的山西人的精神家园。俗话说，“在家靠父母，出门靠朋友”，而朋友没有比同乡同里说同一种方言、好同一口饭菜、有同一种桑梓情感纠结缠绕着更亲更铁的了。每逢过年过节，客居异乡的山西老乡或陕甘同人回乡无望，他们便汇聚于山西会馆。“联乡情于异地”“叙桑梓之乐”，讲家乡故事，听家乡戏，吃家乡饭，打探家乡消息，托捎寄家书信，交流生意信息，谋划生意发展。其情也洽洽，其亲也切切，其饭也喷香，其音也动耳。既消解孤单，排遣客愁，举杯邀月，快活乐哉；又相互学习，传道授经，激励上进，再图发展。另外，会馆作为同乡人的组织，还承担着为客死他乡、贫苦无力回籍之人的丧葬安置事宜。清时山西会馆在当地多购有义园义茔，作为同乡死后灵柩的暂厝之地或埋葬之处。由此想来，成功的晋商，打马回乡，建大院、立祠堂，光宗耀祖，多么荣耀！而客死的小贩伙计，掩埋异地，生不见父母妻儿，死不得归葬故里，在外做鬼也孤幽幽。

三是诚义举。首先，会馆维护同乡、同行业者的利益，团结联合同乡或同行，抵制防御一些牙行和地痞的欺负与勒索。如在京最早由山西平遥人设立的颜料会馆，于乾隆十八年（1753 年）禀官诉状，成功制止了京城一个不法之徒收取牙佣，对其利益的侵夺。据《公建桐油行碑记》："有网利傅天德者，既不开行，又不评价，不知执何年月日之帖，平空索取牙佣，捏词叠控，哓哓不已。幸蒙都宪大人，执法如山，爱民如子，无事听断之烦，而宵小之奸洞恶。牌批云：'凡一切不藉经纪之力者，俱听民自便，毋得任其违例需索，扰累铺户，致于未便。'煌煌铁案，炳若日星，不数日而弊绝风清，冰清瓦解。"

其次，会馆约束同行同乡的商业道德行为，规范市场上的权衡秤斗，维护市场秩序。"诸行之有会馆也，所以为论评市价。"在我国封建社会，虽然官府也有库平官秤，但民间的戥秤往往并不统一，银子的成色也不一致。若戥秤大小不等，银色质次不一，就必然损害公平交易，商家信誉、买卖争竞。所以各会馆商会都十分重视秤、斗、权、衡的标准统一。如河南赊旗山陕会馆，为使戥秤标准统一，于雍正年间召集同行商贾，到关帝庙会议戥称标准。据刻立于雍正二年（1724 年）赊旗山陕会馆《同行商贾公议戥秤定规概碑》记述："码头买卖行户原有数家，年来人烟稠多，开张卖载者二十余家，其间即有改换戥秤，大小不一，独网其利，内弊难除。是以合行商贾，会同集头等，齐集关帝庙，公议秤足十六两，戥依天平为则，庶乎校准均匀，公平无私，俱各遵依。同行有和气之雅，宾主无疏戾之情。公议之后，不得暗私戥秤之更换。犯此者，罚戏三台。如不遵者，举秤禀官究治。惟日后紊乱规则，同众禀明县主蔡老爷，发批均谕，永除大弊。"为了秤两的统一，乾隆三十五年（1770 年）在京的河东烟行也在会馆订立章程规矩。据《建立罩棚碑序》后载："再前有行规，人多侵犯。今郭局同立官司秤一杆、准斤十六两。凡五路烟包进京，皆按斤数交纳税银，每百斤税银四钱六分。……不可额外多加斤两，苟不确遵，即系犯法。官罚银不等；会馆公议，每斤罚银一钱，法不容私。"

为了统一流通中货币银两的成色平砝。京师《汇兑庄商会章程》规定："中国汇兑银两，应以本地通行银色收交，一律两不相亏。北京向以足色通行，近有外行应交我行之项，搭凑低色银两，我行瞻徇情面，明知故收，日久成例，吃亏不少。此后无论收交，彼此务要足色。如有我行收人次色银、交人次色银两等事，均从严议罚核办。”这是北京山西票号人等针对外国银行的抗争，对流通银两成色的规范，也是对自己票庄商号的约束。

再次，会馆诚义举，还表现在对官府的捐赠，对地方公益事业发展兴建的募捐和布施上。用今天的话说，就是为当地政府和人民服务，促进地方经济的发展。清时的许多城镇发展从无到有、从小到大，都是晋商、徽商从中起了主导的、积极的推动作用。如恰克图买卖城的兴起、库伦的兴起、包头城的兴起、张家口的兴起等。这从流传中的谚语也能看到，如“先有复盛公，后有包头城”“先有晋益老，后有西宁城”“先有曹家店，后有朝阳县”等，于徽商亦有云“无徽不成镇”“钻天洞庭遍地徽”等。

（三）会馆举例

山西人在各地修建的会馆，不是小里小气、窝窝囊囊的，不是凑凑合合、随随便便的，而是十分雄伟壮观、大气磅礴、富丽堂皇的。其建前有图纸，如汉口山陕会馆；建筑讲艺术，一座座都是精品工程、留世

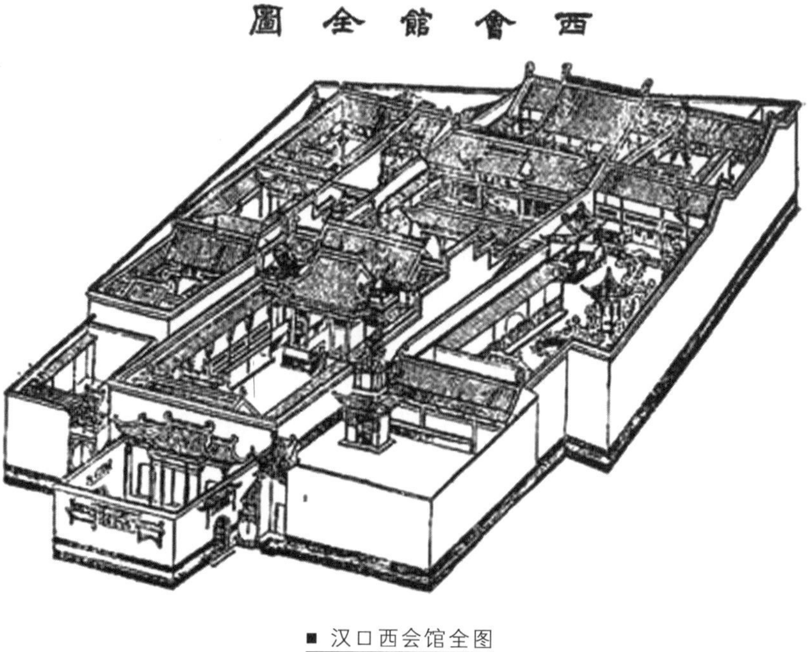

■ 汉口西会馆全图

佳作。虽然近代中国社会兵燹战火不断，使许多山西会馆毁于一旦，但今天留存下来的山西会馆或山陕会馆，则不是国家重点文物保护单位，就是省级重点文物保护单位。它们一座座巍然耸立在祖国各地，就是百年前晋商经营活动、辉煌兴旺的见证，就是诉说晋商历史的活化石。而这些会馆里所保存的石刻碑记、建筑工艺、砖木石雕，就是当年晋商为我们留下的无价之宝。现今，许多晋商会馆作为全国重点保护文物单位对游客开放，收取门票费、观光费，则说明三晋祖宗先人还在为后人造福，为地方经济服务。

■ 聊城山陕会馆

晋商会馆，当年最豪华、最气派者要数汉口山陕会馆了。汉口山陕会馆又称西会馆，始建于清康熙二十二年（1683 年）。会馆有三进院落、两层大殿、一个大花园。大殿以黄色琉璃瓦覆顶，内外装饰雕梁画栋，供奉关帝。大殿前的戏台，是会馆中的最精美部分。整个会馆建筑布局严谨，高大宏伟，雅冠众构，雄立汉口，是汉口地标性的建筑。汉口山陕会馆还有专门的馆志——《汉口山陕会馆志》。为一个会馆写志，这在我国各省会馆史上、志书史上也是先例。仅此一家，绝无仅有。可惜汉口山陕会馆先烧毁于咸丰二年（1852 年）。馆志中曰：“不意咸丰二年

(1852 年)，发逆下窜，芳池嘉卉，兵车蹂躏，废而为丘墟；高亭大榭，烟火焚燎，化而为灰烬。嗟乎！以数十世创造之艰而火于一炬，以数百年名胜之状而废于一旦，人孰无情，能不慨哉！迨至六年，贼氛初靖，吾辈道经于此，满目萧然，不禁感极而悲矣！”随后晋秦两省商人又逐渐捐资，在原址修建，“大兴土木，重修正殿，崇奉关圣帝君神位，并后殿之春秋楼、启圣祠，佛殿东隅则修财神殿、天后宫、三官殿，奎星楼西隅则修七圣殿、文昌宫、吕祖阁，量会馆之基址，凡前已有者重修之，未有者新建之，阅二十余年而始成。”即又在光绪二十一年（1895 年）复建成汉口山陕会馆，共用去银子 27.16 万余两。然而可惜的是时光不过 42 年，汉口山陕会馆又毁于 1937 年日本人的轰炸机下。如今，这一当年矗立在长江边、汉口上的宏伟建筑，只能在一册《汉口山陕会馆志》中寻觅它的踪影，只能在博物馆保留的一块残破的“山陕会馆”石碑上抚摸它的存在，惜乎！悲乎！痛乎！恨乎！

现在留存于世的晋商会馆在全国亦还不少，据初步查寻统计有 19 处，即北京东城区的平阳会馆，山东泰安市大汶口的山西会馆、聊城的山陕会馆，安徽亳州的山陕会馆（花戏楼），江苏徐州南郊云龙山东麓的山西会馆、苏州的全晋会馆，河南社旗县的山陕会馆、唐河县源潭镇的

■ 开封山陕甘会馆

山陕会馆、辉县的山西会馆、禹州市的山西会馆、开封市的山陕甘会馆、洛阳市的山陕会馆和潞泽会馆，甘肃张掖市的山西会馆、天水市山西会馆，青海西宁市的山陕会馆，内蒙古多伦县的山陕会馆，辽宁海城市和鞍山市的山西会馆。现河南开封“山陕甘会馆”几个大字是由江泽民同志题写的。近年有山西吕梁人荣浪先生，耗时一年，行程万里，用自己手中的照相机拍摄记录了全国 17 个山西会馆的建筑风貌，可谓慧眼独具，立意高远，以图片实景实物展示了当年遍及全国晋商的大气风貌。现存晋商会馆大多是全国重点文物保护单位，一个个都建得规模宏大、巍峨壮丽、布局严谨、雕刻精美，是当地有名的旅游景点。

山东聊城的山陕会馆，是清代聊城商业繁荣的缩影和见证。仅其大殿前的一对石狮子，据馆内南过道墙壁内碑文记载，其于道光二十五年（1845 年）一月立，石料使银一百六十三两六钱一分，石匠路费使银四十一两，石匠工使银四百二十九两八钱八分，两头石狮子就耗银六百三十四两四钱九分。石狮子总高 3.25 米，由底座、须弥座、石狮三部分组成，形象逼真，雕工精湛，匠艺高超，耗资巨大。

苏州的全晋会馆，现在辟为“中国戏曲博物馆”。余秋雨先生在他的《抱愧山西》一文中说，他“多次陪外国艺术家去参观，几乎每次都让客人们惊叹不已。尤其是那个精妙绝伦的戏台和演出场所，连贝聿铭这样的国际

■ 苏州全晋会馆

建筑大师都视为奇迹”。亳州的花戏楼即是山陕会馆的一座戏楼，正殿是关帝庙，故在亳州又称大关帝庙。其始建于清顺治十三年（1656 年），是由山西、陕西药材商人集资兴建的，庙内砖雕、石雕、木雕为其精华所在。

河南社旗县的山陕会馆闻名遐迩。旧时“赊旗镇，在县治（南阳）之东百里，地属水陆之冲，商贾辐辏，而山陕之人为多”。赊旗镇又名赊店，南通荆楚，北达幽蓟，东连闽浙，西接雍凉，“地频赭水，北走汴洛，南船北马，总集百货”，是我国南北通道上最重要的水旱码头。南中国之来帆船，到此水尽，船上各色货物要打包上岸，靠车载马驮运往北方；北中国之贩来货物各色，到此要装载上船，走水路下汉江、入长江，运往南国。在有清一代，赊店老镇是白日千帆过，夜间万盏灯，马帮铃响，人声鼎沸，通宵达旦，货流不断。就是在这个古镇上，晋商与秦商联袂于清乾隆二十一年（1756 年）开始兴建山陕会馆。他们“运巨材于楚北，访名匠于天下”，历乾隆、嘉庆、道光、咸丰、同治、光绪 6 帝

■ 社旗山陕会馆

136 年方完工。社旗县山陕会馆占地 12885.29 平方米，建筑面积 6235.196 平方米，中轴线的建筑有大琉璃照壁、悬鉴楼、石牌坊、大拜殿、春秋楼等，两边还有诸多房屋，供奉马王、药王并供客人休息。其竖立于琉璃照壁与悬鉴楼后的两根铁旗杆，高达 17 米，重 5 万余斤。悬鉴楼就是戏楼，高 30 米，东西宽 17 米，分上中下三层。下层是进入会

馆内院的门洞。“悬鉴楼”三个大字由明末清初山西大书法家傅山所书，戏台正中挂着“既和且平”金字大匾，石柱上用行书镌刻两副对联：

幻即是真，世态人情描写得淋漓尽致；
今亦犹昔，新闻旧事扮演来毫发无差。

还将旧事重新演；
聊借俳优作古人。

悬鉴楼与大拜殿之间是一个可容纳万人的中心大院。尔后又是高达38米的春秋楼，然而可惜的是，此楼及周边附属建筑在咸丰七年（1857年）8月15日，遭捻军焚烧，已不复存在。现存赊店山陕会馆的部分建筑是经同治、光绪年间又逐渐修复的。据有关资料记载，赊旗镇山陕会馆“概自咸丰七年八月，捻匪蹂躏，焚及会馆大殿、廊房、春秋楼，荦荦大者，俱化灰烬。嗣经山陕商贾连年抽厘，希图积少成多，以为重修之资。奈工程浩大，缓不济急，又经同乡大宗捐输，始得鸠工。上建关帝大座庙，中设大佛殿，前筑大月台，环以石牌坊。拜殿两旁，药、马神庙各三间，东西小腰楼各一间，东西两楼廊各十三间。对面大戏楼两旁，佐以钟鼓两楼。南东西马廊各三间。东西辕门两栋楼前，跨琉璃大照壁，后树霄汉铁旗杆。虽比旧式尚少春秋楼一座，而厥办亦伟，气宇宏大，楼阁辉煌，实戛戛乎不易”。此时的赊店山陕会馆“毅然巍起，数十里外犹望见之，诚赊镇之巨观也”。现存社旗县的山陕会馆尚有房屋152间，是全国重点文物保护单位。故宫博物院原副院长单士元参观后题赞为：“辉煌壮丽，天下第一。”国家文物局原局长吕济民题赞为：“艺术辉煌，绝无仅有。”著名建筑学家罗哲文、郑孝燮二先生题赞曰：“高楼杰阁，巧夺天工；精雕细琢，锦绣装成；公输匠艺，壮哉斯馆。”

晋商与徽商

下卷

庞利民◎著

全国百佳图书出版单位
时代出版传媒股份有限公司
安徽人民出版社

目 录 下卷

第八章

山西票号，汇通天下

晋商最独到、最伟大的贡献，是在清朝道光初年创办了票号。票号又称汇兑庄或票庄，主要经营汇兑和存放款业务，是商业资本与金融资本的有机结合。它起初以商号和个人为对象，以内陆各商埠为中心，咸丰以后又大量汇兑清政府的各项公款。票号赢利赚钱、获取利润主要是通过存放款利息收入和汇兑银钱收取汇水（汇费）。山西票号一经创立，便为广大商家铺户、官吏和政府所接受欢迎，迅速遍开分号，蓬勃发展，形成网络，汇通天下，执中国金融界之牛耳达上百年之久。票号就是当时的中国银行业，是“现代银行的乡下祖父”，完全具备现代银行的三大功能——收纳存款、发放贷款、异地汇兑。我国第一家票号，就是山西平遥县城的日升昌票号。它诞生于清道光三年（1823 年），一经产生，便得到了清政府的扶植，与清政府建立了良好的关系，具有清政府国家银行的作用。它极大地促进了当时国内外的商业贸易活动，促进了封建社会商品经济的发展。它创建的经营管理制度，如东伙分离的掌柜（总经理）负责制，股权激励的顶身股制，集团运作、总号分号一体化，以及它的“酌盈济虚，抽疲转快”资金调拨原则等，已具备现代企业制度的雏形，对我们而言至今仍有学习借鉴的必要。

一、山西票号产生前的我国金融业

山西票号的问世是我国封建社会金融业发展的最高阶段。由它上溯可追寻到我国唐代的“飞钱”、北宋的“交子”、南宋的“会子”，以及明清时期的当铺、钱庄、印局、账局。为了有效地说明票号的来龙去脉，在此，简要介绍一下这些自唐宋至明清在我国商品交换和金融业中有着重要意义的金融名词和形态。

（一）唐代飞钱

唐代的飞钱，又称“便换”，兴起于唐代中期。据史书记载，元和七年（812年），唐宪宗下令，飞钱业务由朝廷的户部、度支、盐铁三司统一经营，收取手续费，定每千贯飞钱（一贯一千文）付费一百文，即万分之一的收费标准。这可能就是我国最早的汇水（费）了。又据《新唐书·食货志》记载，唐宪宗时“商贾至京师，委钱诸道进奏院及诸军、诸使富家，以轻装趋四方。合券乃取之，号飞钱”。

唐代飞钱兴起、盛行于蜀，最早使用于盐茶商人与官府之间。唐代四川经济发达，用现钱交易不便，商人外出经销货物，多用飞钱交易。据《因话录》记载：“有士鬻产于外，得钱数百缗，惧川途之难赍也，祈所知纳于公藏，而持牒以归。世所谓便换者，置之衣囊。”李白诗曰：“噫吁嚱，危乎高哉！蜀道之难，难于上青天。”出入四川，道路危艰、交通不便，携带“飞钱便换”于衣囊，既轻便又安全，还能为政府提供利税，便于大额大宗交易货物，提振经济，故深受商民百姓欢迎。

飞钱的具体操作使用办法是：各地在京师（长安）的商人将售货所得的款项交付各道（唐代地方行政区）驻京的进奏院，由进奏院开具发联单式的文牒或公据，上面写明交钱人的姓名、钱款数额，以及取钱机构的名称、地点，一联交给商人，一联通过驿骑递往本道，商人回到本道后，凭所开文牒或公据兑换现钱。进奏院是唐代中期各藩镇节度使在长安设立的办事机构，专门负责呈递奏章，向朝廷各部门请示汇报、交纳赋税以及搜集各方面的情报信息。进奏院接受商人的钱款后，并不把钱款押运回本道供商人提取，而是充入本道向朝廷交纳的税赋中。本道应向朝廷交纳的税赋也就不用全数押往京师了。这样，官商两便，安全保险，免去了许多麻烦与劳顿。

飞钱的使用，实际是一种异地间的转移汇兑，类似于今天的汇票。它安全便捷，适应大宗货物长途贩运的需求，是我国货币制度史上一次划时代的金融革命，是我国学术界公认的中国汇票的肇端。但是飞钱只限于官府与商人之间钱款划拨兑现，不是商人与商人之间因商品赊销而签发的票据，因而不属于商业信用范畴。它流行不久，就被唐代政府禁止了。

（二）北宋交子

北宋交子，最早也是出自于四川。北宋初年，成都民间出现了为不便携带巨款的商人经营现金保管业务的“交子铺户”。其运行办法是：存款人将现金交给铺户，铺户把存款数额写在用楮纸制作的纸券上，再交给存款人，并收取一定的保管费。这种临时填写存款金额的楮纸券被称为“交子”。

交子在使用过程中由于铺户恪守信用，随到随取，逐渐赢得了信誉。商人之间大额交易，为了避免铸币搬运的麻烦，便越来越直接用交子来支付货款，使得交子逐渐具备了信用货币的特性，成了真正的纸币。

交子大约出现在北宋淳化四年（993 年）。据《续资治通鉴》记载：“先是益、邛、嘉、眉等州岁铸钱五十余万贯，自李顺作乱遂罢铸，民间钱益少，私以交子为市。”王小波、李顺农民起义，发生在北宋淳化四年二月，这就说明了交子最迟出现在 993 年至 994 年之间；又说明铸钱所用铜、铁材料不够，市面现金交易量少，货币发行量不够市面运行。

当时，“私交子”大行其道，信誉卓高，垄断市面，几乎替代了金属货币的地位。但也有不法商铺唯利是图，贪得无厌，滥印交子进行金融欺诈。到北宋景德年间（1004—1007 年），时任益州知州的张咏对交子铺户进行整顿，剔出不法之徒，改由他所甄选的以王昌懿为首的 16 家商户经营交子。这样私交子的发行得到了地方政府的认可。到了宋仁宗天圣元年（1023 年），北宋政府在益州设立了交子务，开始由政府发行交子，并以铁钱为储备金。从此，交子由铺户私办改为官办，由“私交子”变为“官交子”，成为宋朝川陕四路（益州、梓州、利州、夔州）的法定货币，与铁钱相权而行。

交子是中国也是世界历史上最早流通的纸币，它比 1690 年在欧洲瑞典出现的纸币要早 700 余年。交子的出现，便利了商业往来、商品交易，弥补了铸钱的不足和携带交易的不便，是世界货币史上的伟大进步。我国古代流通的货币都是硬币，从贝壳、铁钱、铜钱到白银，可以说从有货币交易时开始到中华民国，市面上都是硬币占主导地位。交子的出现，虽没有让硬币退出社会市面交易，但毕竟是伟大的创举、历史的光华。交子作为最早的纸币，印刷讲究、版面优美，对研究我国印刷史、制纸史、版画史、印刷技术也都有十分重要的意义。

（三）南宋会子

南宋会子是朝廷发行的一种纸币。宋高宗绍兴三十年（1160 年）朝廷发行纸币会子。会子与交子不同，会子以铜钱为本位，面值为壹贯、贰贯、叁贯三种，后又增印贰佰文、叁佰文与伍佰文三种面值。乾道五年（1169 年）定为三年“一界”，每界发行 1000 万贯。到界时以旧换新。在政策规定上，会子与铜钱可以自由兑换，但因南宋王朝不断加印，会子不断贬值，老百姓纷纷以会子去挤兑铜钱。到宋理宗淳祐六年（1246 年），会子的发行量比初发时猛增了 65 倍。市面通货膨胀，物价如脱缰野马，两百文钱连一双草鞋都买不到，老百姓已不再把会子当钱使用，“弃掷燔烧，不复爱惜”，终结了会子作为货币的历史使命。

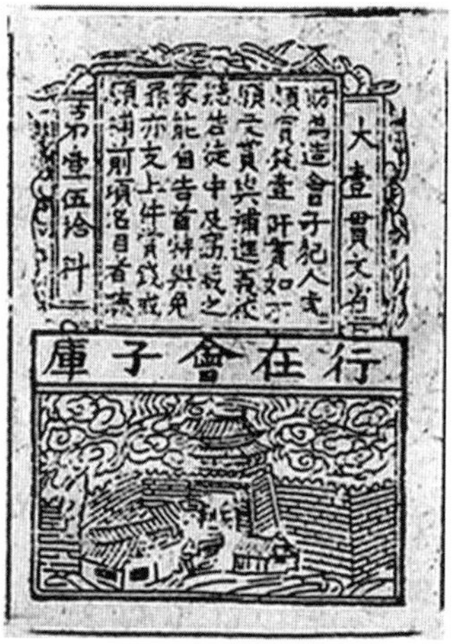

■ 南宋会子

（四）当铺

当铺，又称典铺、典当、质库、押店等，是我国最古老的金融组织。当铺是专门收取抵押品而放款的特殊金融机构。《大不列颠百科全书》对典当行的解释是：“接受家庭用具或个人财物作抵押贷款给顾客的行业。典当业是人类最古老的行业之一，在中国两三千年前即已存在；西方典当业可以上溯到中世纪。”我国有历史文献记载的典当业产生于南北朝时期（480—589 年）的寺庙内。一家是南齐的招提寺，另一家是南梁的长沙寺。当时，佛教盛行，寺庙依靠善男信女的布施以及地租的收入，积累了货币资本，因而开始从事押物借贷，至今已有1500多年的历史。在古代，一个城镇或州县开设当铺的多少，代表着一个地方经济发展的水平，标志着这个地方经济兴旺与不兴旺，当铺开设得愈多，说明这个地方经济愈发展。当铺资本较一般商铺资本雄厚，铺内又有众借主及典当之人抵押的金银珠宝、首饰玉器、绸缎裘衣等贵重物品。故所有当铺保安措施都十分到位，一般都是高院墙、深窖藏，柜台高、窗口小，防火防盗。

山西人开设当铺是比较早的。具体何年进入此业，已无历史可考。但据《明熹宗实录》卷九二记载，天启七年（1627年），大同驻军因"内臣克减马价，各军鼓噪，毁官署，劫典铺，将吏叩头求免"。又据《崇祯长编》卷六二记，崇祯五年（1632年），延绥镇驻军自绥德回镇，"各兵见父母妻子……已俱饿死，今又枵腹出征，实难杀贼，且欠给三月饷银，抢亦死，不抢亦死，众相勾煽，遂秉势劫当铺十三家、京铺七家，打毁抚院门栅，进至穿堂"。

进入清朝，典当业更加活跃。据孔经纬著《中国资本主义史纲要》（吉林文史出版社1988年版）记载：康熙三年（1664年）全国有当铺两万多家，其中山西商人开办的就有4695家。清人李燧在《晋游日记》中说："典当铺江以南皆徽人开办，江以北皆晋人开办。"在其他省份的当铺中，有五分之四也是由山西人开设并经营的。如在京师、天津、汉口、山东开当铺的多是山西商人。据不完全统计，咸丰三年（1853年）京城有当铺159家，其中山西人开设的109家，顺天府人开设的42家，山东人开设的5家，安徽、浙江、陕西人各开设的一家。在天津县，同治、光绪年间的当铺都是山西人开设的，山西人在锅店街设有当业会馆。在汉口，光绪十七年（1891年），仅介休人开设的当铺就有15家。在湖北的黄陂、襄阳、光化三县，道光二十三年（1843年）有当铺50家，其中山西人开设的20家，本地人开设的21家，陕西人开设的8家，安徽人开设的1家。在山东临清，据乾隆年间《临清州志·市廛志》卷一一记载，旧日有当铺百余家，"皆徽、浙为之。后不及其半，多参土著。今乡合城仅存十六七家，皆山西人"。当时，长江以北的当铺多为山西人所开。时人有曰："江以南皆徽人，曰徽商。江以北皆晋人，曰晋商。"

在江南，山西商人也有开典当行的。据光绪九年（1883年）十月廿二日《申报》报道："闻有山西某翁父子，今春挟重金游扬州，将择利而行之……于是父子谋定于江宁、苏州、武昌各开二典，于扬州开四典，挈眷僦往扬州。每典先发本银二十万两。其长子于上科登贤书，次子已久捐两淮运判。今已遣长子回晋，专选典伙来南，一切照西典古法，以杜亏账放火伙遁害主之患，不用一外人。现于扬州城内买地造屋，百堵皆兴，大约岁底即可开张。"好家伙，一次开10个典当行，投入200万银两作本，加上买地造屋选伙计，真是资本雄厚、财大气粗！

开设当铺关键是要财力丰厚，方才敢于抵押，不怕挤兑。单就开设当铺而言，利润是可观的。典当业在清代以前不用纳税，入清后顺治九年（1652年）开始征税，每个当铺一年开征5两税银。清政府在顺治五年（1648年）规定，民间放债取利，月息不得过3分，不准息上生息。这也就是"见财三分利"的由来。就此来讲，一年征收5两税银，也只等于14两银子一年的息金。典当行资本动辄上万两、数十万两白银。其5两税金与其整个利息收入相比是微不足道的。

典当业主要靠生息赚钱，月息3分，利润是可观的。据乾隆二十一年（1756年）山西当局奏称："查晋省当商颇多，亦善营运。司库现存闲款，请动借八万两，交商一分生息；至六年后，除归新旧帑本外，可存息本银七万余两，每年生息八千六百余两，足敷通省惠兵之用。"官款给当铺1分生息，当铺放出可3分收息，等于无本可以赚到2分月息，当商当然积极欢迎，官商两利。乾隆皇帝在其四十八年（1783年）时亦说："各省存公款项，交典商生息名色，本不应有。但闻商人等向俱乐于承借官项，以其轻于民间之三分利息也。"（以上两例见《清高宗实录》卷五一七、卷一一七六）

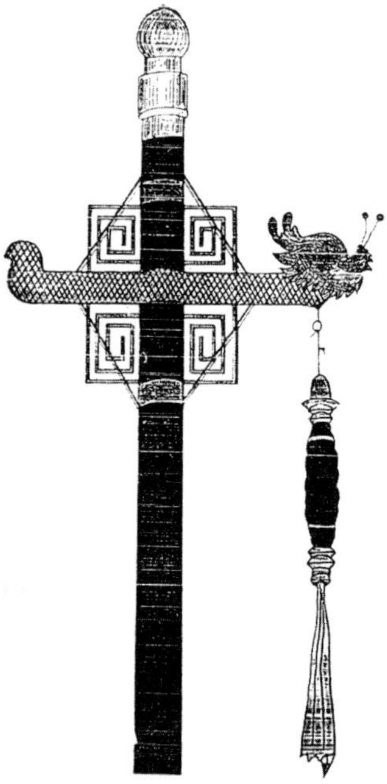

■ 当铺幌子

当铺除利息收入之外，还有将抵押物

品折价变为死当、据为己有等牟利手段。据乾隆年间人李燧在《晋游日记》卷三中记："伊乘其穷迫也，而鱼肉之。物价值十者，给二焉。其书券也，金必曰淡，珠必曰米，裘必曰蛀，衣必曰破，恶其物所以贱其值也。金珠三年、衣裘二年不赎，则物非己有也。赎物加利三分，锱铢必较，名曰便民，实闾阎之蠹也。"

典当月息 3 分是最高限额，有清一代各典当行是遵守这一规定的。具体是几分几厘，则视借贷银两多少、时间长短、抵押物品之价值不同而定。一般是借期短、借款少的月息高，反之则低。到了光绪年间，有的省份最高月息降为 2 分，并且普遍实行了遇冬和灾年减息 1 分赎当的常例。据光绪十年（1884 年）张焘的《津门杂记》卷下记："年例于仲冬十六日起，至年底为止，原利三分者让二分，原利二分者让作一分五厘。在典当所损无多，而贫民大为方便。"又有叶调元在《汉口竹枝词·当铺》中说："典商利重易生财，法外赐恩百制台。每月三分冬减一，十冬腊月赎衣来。"可见，典当业有便民利民、解人燃眉之急的功效，它能长期存在于社会，说明它有利于人民的一面，如遇冬减一、遇灾让利。但它也有残酷盘剥人民的一面，令百姓深恶痛绝，且遇有兵荒马乱，常被兵痞乱民抢劫，亦因其常有现银及金钱珠宝也！

（五）印局

印局是指放印子钱的商号，主要从事短期小额借贷。一般借贷钱数千文左右，借期分为 1 日、10 日、30 日，最长不超过 3 个月。其借贷对象主要是流落到城镇的贫苦游民、肩挑货担之类的小商小贩，印局向其借出一吊两吊钱后，按日收取本利钱，每收一日，盖以印记，故名印子钱。凡借印子钱者无须抵押实物，全凭他人口头担保和个人信用。但归还日期是死的，日清日结，到期还完本息。

印局起源于何时，没有确切考证，但在明万历年间京城已有印铺。史料记载："万历二十七年（1599 年）间，皦生光因到西城地方开印铺。"（《明神宗实录》卷三九〇）又有记曰，天启五年（1625 年）京城又有"前门绸缎、印、当等铺，一时俱关"（《明熹宗实录》卷五二）。

进入清代，印局进一步发展，人们普遍认为多数是山西人开办的，尤其是在京城内，故有“印子钱者，晋人放贷之名目也”之说。清代内阁大学士山西寿阳人祁寯藻在咸丰三年（1853 年）的一份奏折中说：“窃闻京城内外，现有山西等省民人开设铺面，名曰印局，所有大小铺户及军民人等，俱向其借用钱文。”并肯定印局的作用：“京师地方，五方杂处，商贾云集，各铺户籍资余利，买卖可以流通，军民偶有匮乏日用，以资按济，是全赖印局的周转，实为不可少之事。”

又据清朝档案存咸丰三年（1853 年）三月四日，通政使司副使董瀛山奏折：“京城内外五方杂处，其无业游民不下数万，平素皆做小买卖为生。贫穷之人原无资本，惟赖印局挪钱，以资生理。如东城之庆祥、德源，南城之裕益、泰昌，西城北城之益泰、公和等号，皆开印局为生。有挪京钱二三串者，而挪一串者尤多，皆有熟人作保，朝发夕收，按日取利。而游民或携筐或担担，每日所赚之利，可供每日所食之资。而僻巷居家远离街市者，凡用物、食物亦乐其懋迁有无，取携甚便。”

光绪六年（1880 年）九月十二日的《申报》亦报道说：“印子钱者，晋人放贷之名目也。每日索逋，还讫盖以印子，以是得名。是虽盘剥小民，然剜肉医疮，亦权济目前之需。在天津，民贫地瘠，有无缓急，非此更无法设施。且有贫民，日中所入仅敷糊口，而谋食之外不暇谋衣，春夹秋棉，两季衣襟，俱借印子钱制造。每逢春秋两季，每户借钱十千或八千，分一百日还清，每日还钱一百或一百二十文不等。如遇阴雨，翌日补足。春借则秋已还清，秋借则春已扫数，春秋两季，周而复始，无之则民不称便。是虽利钱不菲，然零星归还，子母双清，负贩小民，尚觉轻而易举。”

另据民国年间修的《介休县志》记：“河南、湖北、汉口、沙市等处，印行（局）邑人最占多数。”这就说明介休人是放印子数最多的。同时，据统计，介休人也是在京城、汉口、襄阳开当铺最多者，居山西各县人之首。

在两江地区也有放印子钱者，据李文治编《中国近代农业史资料》第 1 辑（生活·读书·新知三联书店 1957 年版）记，浙江仁和县曹三在嘉庆十五年（1810 年）“向金玉殿借钱一千文，日还本利钱二十文，六十日还清，共本利钱一千二百文。名为印子”。又有吴文镕《吴文节公遗集》卷二记，安徽旌德县民人刘文树道光十年（1830年）“于其间掺放印子钱，每七折一百文，按日交利钱四文，以十七日半为期，利侔于本”。

由上述所引可知，印子钱具有两重性，即便民性和盘剥性：一方面，印局发放小额贷款即印子钱给城市下层人民，使那些失去土地、一贫如洗、举目无亲的城市贫民，通过短期借贷可以谋生活，有饭吃，有衣穿，起到便民利民的作用；另一方面，印子钱又极具剥削性，是盘剥城市贫民的高利贷，一般月利达百分之十甚至达百分之二十五，可谓为富不仁。据光绪年间出版的《东华续录》卷九五记：“大抵肩挑背负之民，得钱数千以为资本，每日小贸可以糊口，无如资本无出。而为富不仁之徒，又从而盘剥之，既其倍称之息，又迫以至促之期，数月之间，已收一本一利，辗转剥削，民困弥深，不甘于冻馁，即流于盗贼，其所关甚非小也。”印子钱是为贫民服务的，它虽有剥削性，但属市场运作，周瑜打黄盖——一个愿打一个愿挨，而且市场有普遍的折扣取利标准。清代放印子钱在各城镇普遍存在，它无疑激活了小商品市场，也给勤奋劳作者以小本钱，做个小买卖，以糊口谋生，具有积极进步的一面。

（六）钱庄

钱庄，又称银号，早期称为钱桌、钱铺、钱肆，产生于明代嘉靖初年（1522年）。明清的钱庄业务主要从事白银与铜钱的兑换，后来发展为替商人保管货币、代办支付、签发钱票，继而发展为吸收存款、发放贷款，将商业资本转变和增加为金融资本，从中赚取利息。钱庄作为银号同时也熔铸银锭，买卖金银，发行有价票据（银票），初步具有了现代银行的功能。

明清两朝乃至北洋政府，我国实行银本位制，官府以白银和铜钱作为流通货币。白银是官府征收田赋、商税及发放官兵俸饷和工商业大宗交易使用的主要货币。铜钱是小商品交易和农民、市民、官兵购买生活必需品使用的主要货币。白银与铜钱的比价一般是：白银一两合铜钱一千文，铜钱一千文称为一贯或一吊，一千文铜钱重约7.5市斤。在大宗

■ 银钱庄

交易中，无论是清点铜钱还是过手银子，既有搬运之苦，又有清点之烦。于是北方钱铺就普遍签发一种具有信用货币性质的钱票（银票），俗称钱帖、凭帖或兑帖。

钱庄出具的钱票，因信誉卓著，可随时兑取银钱，久而久之，便在市面流通，而官宦富商等客户也以此作为资金存于钱庄的凭证而加以保存，即相当于现在银行的存折。王鎏先生在其《钱币刍言续刊》中说："今贾人出钱票，其始皆恃票取钱无滞。久久人信其殷实不欺，于是竟有辗转行用至数十年不回者，并有意不回者。黄河两岸，致富者莫不由此。"以至于到道光年后，在全国形成了"西北率用钱票，东南率用洋钱"或曰"北人行使空票，南人多用洋钱"支付兑现之说。洋钱即外国银元，也称番银，因国际贸易而流入。

钱票的出现和流通，极大地方便了商人的交易和支付，有力地促进了商业贸易，繁荣市场，给人们带来了极大的便利。王鎏说："今京师民间市易，自五百以下，皆用钱票。"又据《皇朝文献通考》卷一六《钱币四》载："京城……兑换之柄，以图厚利。"道光年间任山西巡抚的申启贤亦在其给道光皇帝的奏折中说："晋省行用钱票有凭帖、兑帖、上帖名目。凭帖系本铺所出之票，兑帖系此铺兑与彼铺，上帖有当铺上给钱铺者。此三项均系票到付钱，与现钱无异。”其时，钱票在北方广为流行，如山西、陕西、直隶、蒙古、甘肃、山东。其原因就是银钱本身自重，搬运不便，沿途又不安全。“西北诸省陆路多而水路少，商民交易势不能尽用银两，现钱至十千以上，即须马驮车载。自不若钱票有取携之便，无路远之烦……甚便于民。”

山西商人早在明代就进入了钱庄业。入清以后，在山西境内、京城、苏州、张家口、汉口、奉天、上海遍开钱庄。这些钱庄主要由山西汾州人、绛州人开设。如在全国四大商品集散地（京城、苏州、汉口、佛山）的苏州，仅在乾隆三十年（1765 年），由山西人开设的钱庄就有 81 家；并由这 81 家成立了同业行会，筹资兴建了“全晋会馆”。这个“全晋会馆”让世界建筑设计大师贝聿铭和散文大家余秋雨极为惊叹，赞不绝口。现在已改为“中国戏剧博物馆”。

（七）账局

账局，又名账庄，主要从事发放贷款的业务，一般以一年为期，收取利息。其贷款对象多为大商户、印局、当铺和各级官员，尤其是欲取得实缺的候补官员。后来也吸收存款、经营汇兑。在票号没有出现之前，账局是清朝经济中最重要的金融机构，接近于现代银行，主要在京师、天津、张家口、太原等地设点布庄，多为山西人所开。据记载，我国第一家账局是乾隆元年（1736 年）由山西汾阳人王庭荣出资 4 万两白银在张家口开设的“祥永发”账局。它一直到清末都在经营，前后 175 年，真可谓百年老店、百年“银行”。

账庄多为山西人所开，有史实如下。一是据咸丰三年（1853 年）统计，北京有账局 268 家，其中由山西人开设的就有 210 家，占所有账局的 78.36％；另有顺天府商人开设的 47 家，占 17.54％；江苏商人开设的 8 家和浙江、安徽、陕西等地商人开设的各 1 家，占 4.1％。二是据宣统二年（1910 年）十月京城账庄注册统计，在北京实注册账庄 52 家，按主要资本投入者籍贯分：山西人开设的 34 家，占 65.39％；顺天府商人 8 家，占 15.38％；直隶商人 4 家，山东、浙江、奉天商人各 2 家，占

19.23%。而按掌管各账局的总经理籍贯分，52家中有49家是由山西人担任大掌柜的。这说明即使外籍商人开设的账庄也是由山西人经营运作。山西人经营运作账局的又主要是汾州府和太原府的商人。据统计分析，咸丰三年（1853年）在京的210家山西人开设的账局中，有介休人开设的118家，平遥21家，太谷15家，阳曲14家，祁县12家，榆次8家，孝义5家，文水4家，灵石3家，盂县3家，汾阳2家，山享县2家，太原、忻州、偏关各1家。

下面再引几段清人日记、奏折，可见山西人在京开账局之盛况和经营运作情况，以及对社会的贡献与影响。

■《晋游日记·同舟忠告·山西票商成败记》书影

李燧《晋游日记》卷三“乾隆六十年（1795年）闰二月二十一日”记：“汾（州）平（阳）两郡，多以贸易为生。利之十倍者，无如放官债。富人携资入都，开设账局，遇选人借债者，必先讲扣头。如九扣，则名曰一千，实九百也。以缺之远近，定扣之多少，自九八至四五不等，甚至有二八扣者，扣之外，复加月利三分。以母权子，三月后则子又生子矣。滚利累算，以数百金，未几而积至盈万。京师游手之徒，代侦某官选某缺，需借债若干，作合事成，于中分余润焉，曰‘拉纤’。措大需次有年，金尽裘敝，甫得一官，如贫儿暴富，于是制赴任之行装，购上官之礼物，狎优伶则需缠头之费，置姬妾则筹贮屋之资。始犹挥金如土，及凭限已促，不能不俯首于豪右之门，明知为鸩毒也而甘之。除奴仆之中饱，拉纤之侵渔，到手不过数千金，而负债已巨万矣。可哀也哉！”

《清高宗实录》卷一二二四“乾隆五十年二月乙酉日”记，湖北汉阳府黄陂县“典吏任朝恩，向山西人刘姓、李姓借债，甚至以三扣取利，在署出索，致使该吏因情急，自缢毙命”。

清代、翰林院侍读学士宝钧在咸丰三年（1853年）三月十四日的奏折上说：“都中设立账局者山西商人最伙，子母相权，旋收旋放，各行铺户皆藉此为贸易之资。”由于账局携资回籍，“由是各行商贾无所通挪，遂不得已而闭肆”。

户部侍郎、徽州人王茂荫在咸丰三年（1853年）三月二十五日所上的《请筹通商以安民业折》中说：“臣尝细推各行歇业之由，大抵因买卖之日微，借贷之日紧。夫买卖多寡由于时势，非人所能为也。而借贷日紧，则由银钱账局各财东，自上年冬以来立意收本，但有还者，只进不出，以致各行生意不能转动。闻账局自来借贷，多以一年为期，五六月间，各路货物到京，借者尤多。每逢到期，将本利金数措齐，送到局中，谓之本利见面，账局看后将利收起，令借者更换一券，仍将本银持归，每年如此。故此时犹不甚显者，各账未尽届期也；若届期全行收起，更不复借，则街市一旦成空。盖各行店铺，自本者十不一二，全恃借贷流通。若竟借贷不通，即成束手，以致纷纷歇业，实为可虑。且可虑者，尤不独在店铺也。即如各行账局之帮伙，统计不下万人，账局收而此万人者已成无业之民。各店铺中帮伙，小者数人，多者数十人，一店歇业而此数人、数十人者，亦即成无业之民。是账局一收，而失业之民将不可数计也！”

据清档记载，山西人、大学士祁寯藻亦在咸丰三年（1853年）七月九日的奏折中说：“查京城之大，商贾云集，其最便于民者有二：曰会兑局（即票号），曰账局。内外所以无滞，全赖会局为流通。银钱所以不穷，尤藉账局为接济。自贼匪窜扰南省，会兑即已不行。本年二月钱铺关闭者多，账局皆收而不放，以致富者皆形窘迫，贫者益不聊生。”

上述所引，咸丰三年（1853年）上奏者多，其原因就是祁寯藻所说，1851年在广西发生了洪秀全领导的金田起义。太平天国战火燃起，长江两岸商贸受阻，太平天国北伐突进，天下不太平，人心乱慌慌，故而京城商人银根收紧，货币回笼，只收不贷，造成市面萧条，失业者剧增。

二、信局、镖局对票号的影响

（一）信局为票号的产生插上了翅膀

中国社会在19世纪前还处于民间书信不通的落后时代，民间没有正式传递私人信件的机构、渠道。当时只有官府驿站，一般三十里设一驿。什么五百里加急、八百里快马、换马不换人、快报到御前，说的都是官府创办管理的驿站，是为官府服务的。驿，是指传递文书的马。驿站是传递文书的人员中途换马或歇息的处所。

考察我国邮递信号，可追索到公元前781年西周周幽王时期。周幽王昏庸无道、荒淫亡国，为博得褒姒一笑，做出了“烽火戏诸侯”的亡国之举。古时为了传递军事信息，抵御戎狄部落的侵扰，从边防到王都的大道上每隔一定距离都在高处建有烽火台。台上放置柴火、狼粪和大鼓，有专人看管，一旦发现有戎狄部落侵扰，就点燃柴火、敲起战鼓报警，这样绵延传递，一传十、十传百，很快就将信息传到都城，传给各诸侯国，于是大家就都紧急行动起来，出兵勤王打仗。白天在烽火台上点柴火和狼粪为号，称作燧。因狼粪点燃后烟往上窜，传得远，故又称狼烟。晚上举火为号，称作烽，故此台被称作烽火台。

驿递，主要是为官府、为皇帝服务的，驿站的管理也被纳入封建王朝的统治之中，其一般隶属军队和地方官吏管辖。如唐代杜牧《过华清宫》云“长安回望绣成堆，山顶千门次第开。一骑红尘妃子笑，无人知是荔枝来”，写的就是杨贵妃喜吃新鲜荔枝，唐明皇让驿骑传送的故事。《新唐书·杨贵妃传》记：“妃嗜荔枝，必欲生致之，乃置骑传送，走数千里，味未变，已至京师。”杜甫《春望》中的“烽火连三月，家书抵万金”，也是写战乱中消息隔绝、不知亲人音讯的迫切心情。同时古代驿站又接待一些过往官员的住宿，也称驿舍。许多诗人骚客住宿驿舍，写出一些感怀诗词。

■ 驿使图

在民间书信不通的落后时代，外出经商做工的人，即使如外放为七品芝麻官的县太爷，要想与家里联系、亲朋通信，也是十分不便的，甚至是不可能的。他们要与家庭、亲朋联系，也只有靠亲朋好友和自己的伙计、家仆回乡探亲捎带书信、口信，才能通达音讯；如果没有亲朋好友回乡探亲，即使外出十年、数十年，甚至客死异乡，家里的父母妻子也无音讯，只能苦苦地期待，艾艾地死等。如此，无论晋商也好，徽商也罢，开钱庄、设账局、做典当，只能是在同城交易、同乡间进行，只能是做存放款业务，而不能去做汇兑业务。

据徽州休宁人金家骐先生研究（见《徽州社会科学》2002 年第 3 期），在古徽州有信客，俗称“走信的”，是附属于在外经商人员的一种行商。他们的业务通常是：传递家书，托带钱财、首饰，运送衣物礼品、土产，伴送家眷子弟出外或返乡。信客的营生十分辛苦，出门前要走村串户，收集大包小件、书信钱物，全部要靠肩挑手提，出门时舟车劳顿、栉风沐雨，耐寒受暑，还要时常小心翼翼地保证所托物品的安全，以防被人打劫。这是一种被商人和乡人看不起的营生，是没啥本事、资本的人才干的活计。至于这些信客是什么时候诞生，有无组织，金先生也讲无从考证，只说是伴随着徽商外出经商而产生，并没有具体明确的时间。

到了清朝嘉道年间，也就是进入19世纪以后，浙江宁波商人，看到了外出经商和为官人员对通信的需求，看到了这个商机，创办了我国第一个民间信局。据徐珂《清稗类钞》第5册记："其主其伙大都皆宁波人，东西南北，无不设立。水路以舟，陆路以车，以急足。南北交通最早，故设局尤伙。大而都会，小而镇市，皆有其足迹焉。书函之外，银物亦可寄递，遗失者偿之。至于资费，则每一函少则钱十文，多则钱五六百文，盖视途之远近通塞以定其多寡也。"据《中国经济全书》第14册记，汉口在道光二年（1822年）有胡万昌信局，重庆在道光三年（1823年）有松柏长信局。到清宣统年间，安徽芜湖县已设有17家信局，其中就有胡万昌信局，可见胡万昌信局已延续有近80年的历史。信局设急足或专足服务业务，是为某人某号专递一封信、一件物品的，资费高、有限期，早到加资、迟到罚资，类似于今天的"特快专递"。如道光十九年十二月初八日（1839年1月12日）林则徐在日记中记，在广州向福建老家寄一封家书，"交郭恩信局付捷足带闽，限本月二十三日送到，在广先付脚资两元，如期到闽，再付两元，早一日加一元，迟一日扣半元"。可见当时从广州寄一封家书到福建，由专脚递送，需要15天时间。

宁波商人创办信局，结束了我国封建社会数千年来民间不通书信的历史，自然也为外出经商的工商业者沟通信息提供了方便。我们说今天是信息时代，网络社会，人们须臾离不开手机、电话、网络、书信的联系。试想，当年宁波商人在全国大小都会，城镇码头建立起民间信局，也不亚于一场革命。正是民间信局的诞生，为山西票号的创办提供了条件，插上了翅膀，使票号做汇兑业务成为可能。因此，可以说民间信局是票号应运而生的基本条件。之后，大清邮政总局于光绪二十二年（1896年）正式成立。

我国的电报业是到19世纪80年代初才逐步兴起的，最早的一条可以收发公私电报的线路，是1880年由李鸿章奏准清廷兴建，1881年12

月 28 日在天津、上海两地同时开通。1890 年，山西省有了电报业，它也是由李鸿章奏准清廷批准建设的，系经由河北保定、获鹿到太原，再经平遥、侯马、潼关到陕西西安的长途电信线路。电报业的兴起，进一步为晋商票号做汇兑业务提供了快捷的手段，为民间通信联络真正插上了翅膀。从此，总部设在山西祁县、平遥、太谷的票庄总号，可以随时朝发夕至地向天津、上海、汉口等我国所有先后通电报业务的地方做票号的“电汇”业务。票号从此又走上了一个新的发展阶段。

（二）镖局运银已不适应大额度商品交易

商品买卖交割，全凭银子兑现。银子比重为每立方厘米 10.5 克，明清一两银子重约 37.3 克，日常买卖交易，拿些银元、碎银子没有什么；但在同一个城镇进行大宗商品交易，若超过 1000 两银子，那就甚觉不便了。1000 两银子就是 74.6 斤，非有伙计扛抬或车马载运，是不能兑付交割的。可是，晋商在外，不仅是做一个城镇的生意，而且大多做的是长途转贩，南方购茶、购布通常在福建武夷山和两湖一带，北边贩卖直达蒙古、俄罗斯恰克图，又都是大宗商品交易，用现银交割支付是十分不便和不安全的。再说，晋商在外做生意赚得银子，也要运回本土，购房置地，这样货币的使用量越来越大，调拨次数越来越多，途中运输如何能够快捷安全就成了一个现实问题。清朝初年，山西人做生意，由大同、杀虎口至蒙古草原，经包头到库伦，到恰克图，或由张家口至京城到关外，往往行走一天不见一人，路途遥远，地僻山险，常遇土匪贼人打劫为害，运送货物的驼队、商人也不止一次被土匪抢劫。说起拦路打劫，人们耳熟能详的莫过于《水浒传》第十五回《杨志押送金银担，吴用智取生辰纲》了。这是元末明初人施耐庵写的宋朝的事，虽是小说，但实乃现实生活的反映。可见，路途不安、社会不宁是一个古老的问题。于是，为了保证商人和货物安全，镖局——这个我国古老的保险业就应运而生了。

镖局由山西人首创。据卫聚贤先生《山西票号史》载：“考创设镖局之鼻祖，仍系……山西人神拳张黑五者，请于达摩王，转奏乾隆，领圣旨，开设兴隆镖局于北京顺天府前门外大街。”山西祁县是著名的

■ 镖局

戴氏形意拳发祥地，山西人自古又有习武尚武的爱好，会武功者不少。晋商在外经商赚钱致富了，又要进行大额度现银交易，需要信得过、有武功的人保护，这是自然而然的事。镖局伴随晋商而创立发展，是合乎情理的。镖局直到清末还有山西榆次人安晋元在张家口开设的“三合镖局”，王福元在蒙古三岔河开办的“兴元镖局”。另有祁县的戴二闾、太谷的车老二都是有名的镖师。

那么何谓镖局呢？先说“镖”，《辞海》解释：一为刀鞘末端的铜饰物；二是一种暗器，形如矛头，用以投掷伤人。所谓镖局，是以押运现银或贵重货物而收取一定费用的金融保险业务机构，一般由武艺高超的人开设，多雇有镖客，亦称镖师。镖客皆有武功，身怀绝技，行走江湖，艺高胆大，保护运送的货物和商家人身安全。明清镖客行镖时，镖师傅腰系镖囊，内装飞镖，手持长枪（长矛）大刀，在车上或驮轿上插一面小旗，旗上写明镖师的姓。沿途强盗看见旗帜上的姓氏，知此人为保镖，武艺高强，打斗不过，不敢拦路侵犯。镖局重在旗标，重在师傅的武艺名号、江湖影响。镖局起运的骡驮子，人称标驮子，一般每驮可驮银子 3000 两，约 223.8 斤重。

镖局为客商运送货物银钱，一般都是按季节起运，久而久之，在主要商埠就形成了一种镖期。各地镖期不一，主要是按沿途所需时日计算。比如镖局运现钱从归化城到平遥，其路线要经由杀虎口、雁门关、忻州、太原到达祁县、平遥，沿途需半月二十天。平遥一年四季的大概镖期是 3 月 12 日、6 月 7 日、9 月 3 日、11 月 29 日。镖期来临后，是各商户交割货物银钱的日期，俗称“过镖”“过局”，也就是今天的结算期。每到过镖时，各商家都要积极地筹集现银，支付货款，讲求信用，或重新履行借贷手续，还清上次贷款之利息本金，这时是商界最为忙碌的日子。

镖局收费视所运现银或贵重货物的价值和押运路途远近而定，一般在总价值的5%～30%之间不等，费用是昂贵的。

镖局为山西人首创首办，但到后来各地经营镖局的人也就多了，其中河北沧州人居多。据徐宗亮《龙江述略》卷八（光绪十七年刊本）记：“东三省马贼充斥，商贾往来，辄以镖手护行。齐齐哈尔、呼兰、黑龙江三城，皆有行局，大率直隶沧州人为多，官家亦每倚以为用，不借练军之力。由奉天出法库门，经蒙古草地，往往竟日不逢一人。镖手执快枪，骑而从，沿途顿宿皆熟谙，可少戒心。其价每人十金，百凡在内，若有损失，行局认赔。”

镖局兴起，护运银两，为商家提供保护，对商品流通起了积极的促进作用。据有关史料记载，祁县乔家开办的复盛公商号，史家开办的大盛魁商号，在蒙古草原做生意时，其运货驼队经常遭到土匪骚扰，拦路抢劫。他们就请出本县武林高手——戴氏形意拳传人戴奎出山，与草原贼匪头领流矢儿交手。那流矢儿身高体壮，形如罗汉，这戴奎骨瘦如柴，功夫了得。流矢儿将一个300斤重的圆柱石磙举起，扔到戴奎脚下，戴奎嘿嘿一笑，右脚一踩，将石磙就地转了两圈，猛地一抬脚背，将石磙送到半空。而后，不等石磙落地，一个“蛰龙登天”，已将石磙送到一丈开外，落回原地。流矢儿见状不敢怠慢，便急忙忙先向戴奎出手，戴奎连破对方致命攻击，复见流矢儿疯狂出招，欲置己于死地，便拿出戴家绝招，乘流矢儿猛扑之际，顺势发出裹拳，打向流矢儿左臂，点住其腋下“夹窝穴”。不可一世的流矢儿一下蹲在地上，脑袋耷拉，口流涎水，二目发怔，面无人色，起不来了。其众徒弟将其搀扶回去，不到七天，因气血难通，便一命归天了。从此，草原上可是平安了几天（曹继植：《戴拳师除霸护商贾》，《文史研究》1992年第3期）。

有镖局护商，是不是就能确保一路平安无虑呢？也不一定。这种原始的担保押运手段，只能吓跑或打走小股匪徒贼伙，如遇强贼众匪，往往也难保人货平安。如在同治元年（1862年）十一月，在直隶承德府平泉州就发生多次镖局被抢事件。贼首刘宽与其匪徒“累次抢劫，抢夺镖银至万两之多，并殴伤镖丁多人”（清上谕档，同治元年十一月十四日）。又据近人铢庵云：“时各省贸易往来，皆系现银，运转之际，少数由商人自行携带，多数则由镖局保送。盖沿途不靖，各商转运现银，时被劫夺，而保镖者遇寡不敌众，亦束手无策，故为各商所深忧。”《大公报》1902年12月21日刊文称，张家口贸易“类多西商，每岁往还以数万人计。由边口至晋，向多贼匪，中途被劫，盖非一次矣。爰有以保镖为名者，出遇西商，则由镖局着人护送，厚索获资，究之护者护，而劫者劫，一旦失事，亦不过徒唤奈何”。

由此可知，镖局护商运现银，虽有一定的保护作用，但也不是万全之策，遇有强匪响马，也只能干认倒霉，徒唤奈何。到了清末民初，火枪盛行，冷兵器失去作用，一身好功夫怎么能抵挡得住枪子儿呢？再说，镖局运现银，有镖期，时间长、耗费大、收费高，也不能适应、满足商家的买卖贸易。正是在这样的情形下，慧眼独具的晋商创立了票号。

三、山西票号的产生

（一）票号起源的几种说道

关于我国山西票号的起源，现在国内学术界的观点基本达成一致，公认道光初年创立的山西平遥日升昌号开我国票号之先河，日升昌是中国票号业的鼻祖。但近代对票号产生的年代众说纷纭，主要说道有以下几种：

■ 日升昌票号

1. 顾炎武说

明末清初大学问家顾炎武在其《日知录》（卷一一）中说："钞法之兴，因于前代，未以银为币，而患钱之重，乃立此法。唐宪宗之飞钱，即如今之会票也。""飞钱"在前面已提到，是在唐宪宗时兴起的一种异地取钱的汇兑方式。随之又有顾炎武和傅山为山西票号制定章程的说法。

■ 顾炎武

2. 李自成遗金说

近人徐珂在其《清稗类钞》中说："相传明李自成携巨资败走山西。及死，山西人得其资以设票号。其号中规则极严，为顾炎武所定，遵行不废，称雄于商界者二百余年。"陈其田先生在《山西票庄考略》中转引《中国经济全书·山西票庄》也称："据说开始是山西的康（亢）氏。清初顺治年间，李闯王造反不利败走时，所有的金子携带不便，便把军中所有的金银财宝放在康氏的院子里而去。康（亢）氏忽拾得八百万两，因此，将从来谋一般人便利的山西汇兑副业改为本业，特创票号，至是该地的巨商都是康姓。"《中国经济全书》是日本《支那经济全书》的中译本，宣统二年（1910年）在我国翻译出版。《支那经济全书》是在日本明治四十年（1904年）问世的，这说明日本人也持李自成遗金说，而且比徐珂《清稗类钞》中所说要早。想必日本人占有一定的史料，否则，不会空穴来风。另据各种史料记，李自成从北京撤退时，确实运走明皇宫诸多金银财宝，且必经山西到陕西，而这批财宝的下落至今也是个谜。

■ 李自成

3. 李宏龄说

李宏龄乃清末山西蔚丰厚票号北京分号经理，颇有作为和才干。他在其自著的《山西票商成败记》中说："溯我票商一业，创始于前清康熙、乾隆时代。"又有李华教授也认为票号产生于康熙年间。其根据一是何焯的《何义门先生集》载，康熙末年，何焯生活窘迫，曾将"一应冬衣，俱当在对门当内，因皮钱尤重，赎不回来，其家人就从原籍苏州向北京天会号汇银九十两，使其先赎皮袄"。二是据康熙四十年《康熙南巡秘记》载："时济南票号适以银款纠葛事，须时敏亲自料理。"李宏龄

1918 年去世，又是票号经理；《康熙南巡秘记》又有确切记载，说票号起源于清康熙年间，应该说也是有根有据有道理的。

4. 马寅初说

1923 年，马寅初先生在《银行杂志》一卷一号上发表《吾国银行业历史上之色彩》一文。文中说道："当汇票盛行之时，英美各国尚不知汇票为何物，若谓汇票系山西票庄所发明亦不为过。"

5. 英国人说

英国在华传教士艾约瑟 1908 年出版的《中国银行与物价》一书中专门写有"山西票号"一节，认为山西票号产生于唐朝初期，即公元 600 年前后。1915 年又有英国人瓦格尔出版的《中国金融与银行》一书，其中第四章中讲道"中国从公元 900 年就开始经营政府赋税银两的汇兑业务，到 11 世纪，山西票庄从实际上看来，很像国家银行了"。

■ 艾约瑟

综上所述，一是可知对于会票的起源可追溯到唐宪宗飞钱时期，其后又有清朝康熙、乾隆年间之说。二是李自成之遗金说，主要是说明了票号的资本金来源。当然，也说明了票号是起源于清初康熙年间。李自成留下遗金，在清初顺治年间，国家尚未一统，李自成的余部还在南方与清军作战，是否有遗金难以言说，至今也是个谜。即使有遗金于康（亢）氏，康（亢）氏当然也不会明说。俗语云："人无外财不富，马无夜草不肥。"清初康（亢）氏富甲天下、四海有名，号称"亢百万"，想其拾有遗金也未尝不可。2012 年 8 月中央电视台 10 套《探索·发现》节目还在播放任志宏解说的"李自成宝藏之谜"，其中也说到李自成从北京撤退陕西，路经山西时，遗有财宝。三是在上述各家之说中，言及票号都提到山西，都说票号是山西人发明创设的，只是时间上认同各异。这就充分地说明票号是山西人创办的，这是毋庸置疑的。四是说明在康熙、乾隆年间，山西商人已经开始在北方做会票业务，只是各商铺还没有将其作为主营业务，还没有成立专门的商号来做汇兑业务，还只是以商业资本兼营着金融资本。同时，因为民间信局尚未成立，不成网络，只有同乡间的一些代传走信，所以有一些汇兑业务也是区域性、线性、少量的。

（二）山西票号的产生

山西票号诞生于清道光三年（1823 年）山西平遥西裕成颜料庄。该庄为平遥商人李大全所开。李大全聘用的大掌柜（总经理）雷履泰是个商界奇才、理财高手，二掌柜（副经理）毛鸿翙、三掌柜（协理）程清泮也都是熟谙账局经营、资本生息的行家里手。正是在东家李大全的支持下，雷履泰、毛鸿翙等人创办了中国第一家票号——日升昌票号。

■ 雷履泰

雷履泰，乾隆三十四年（1769 年）生于山西平遥县细窑村一个农民家庭，少时聪颖，好学上进，后因家道不富，又受当时山西社会经商致富也可出人头地、荣光自豪的舆论风尚影响，便弃儒就商，入平遥李大全西裕成颜料庄当学徒。雷履泰在西裕成颜料庄刻苦学习，努力劳作，聪明机敏，干什么成什么，很为颜料庄掌柜器重。他从学徒做起，很快就成了先生、三柜、分号经理，40 多岁就担任了西裕成颜料庄的大掌柜，成了平遥城里和北京分号颜料行里的知名人物。

雷履泰在担任西裕成颜料庄大掌柜时期，开始在京晋之间、亲朋之间做一些汇兑业务。起先并不收汇费和手续费，大家都觉得十分便利。后来委托汇兑的人越来越多，双方也同意收取一些手续费或曰汇费。如此一年下来，这一业务也盈利不少。于是，雷履泰就和东家李大全商量，将西裕成颜料庄改名为日升昌票号，专营存放款和汇兑业务。初开此业务，为了不忘祖业，仍然兼营颜料生意，内称“绿局”。开始是以经营颜料为主，兼营存放款和汇兑；而后是以经营存放款和汇兑为主，兼营颜料；最后是专门做汇兑和存放款业务，完全成为金融资本家了。

东家李大全和掌柜们为票号取名“日升昌”，一是说明开辟了新的营业途径，二是寄寓汇票繁荣昌盛。为此，请文人助兴，拟就一副对联：

日丽中天万宝精华同耀彩，
升临福地八方辐辏独居奇。

将“日升”二字嵌在联头，寓意旭日东升，前途光明，日日出新，天天进宝。宝者，元宝也，即指银子，银子与太阳同耀光彩。“独居奇”，即独家做存放款和汇兑业务，这是做生息资本、金融资本的生意，是以钱赚钱，是八方辐辏都比不上、都需要而且离不开的，是做什么生意都没有比做这个生意更赚钱、更高端、更受人尊敬了。因而是居商界之奇，是身临福地。“独居奇”三个字，经典地道出了当时做票号生意的创新、发明及与众不同。在日升昌票号诞生之前，虽然有账局，但雷履泰等人将其光大升华了。他借用信局的翅膀，做起了汇兑生意，将以前所做的仅是同城同乡的存放款业务和北方 12 个城市间的业务，一下子扩展到了南方，做起埠际贸易业务，大大地扩展了资本的流通和商业贸易；一下子将自己从商品生产交易的买卖人——颜料庄，升格为专做生息资本、金融资本交易的资本家——“日升昌”。就这一点的升华，它就如日出东方一样，一下子冲破夜幕，照亮大地，而且如日东升、蒸蒸日上。它的诞生，是我国商业界的新鲜事物，给我国商品交易和经济社会带来了一场革命，具有坐标和里程碑式的历史意义。它执金融界之牛耳，前后影响我国经济社会 100 多年，以至于国人一提起晋商，一提起“西客”，就不无赞叹地称之为商界翘楚、十大商帮之首。

1. 票号资本及人力股

日升昌票号是山西第一家票号，也是中国第一家票号，有着“汇通天下”的美称。票号创立时有东家李大全出的资本金（正本）30 万两白

■ “汇通天下”匾

银，1 万两为 1 个银股，即有银股 30 个，另有人力股 30 个，其歇业时有资本金额 38.28 万两。30 个银股没有股息，到账期时享受分红的红利。另外还设有副本。副本一是票号东家的存款，二是东家及顶身股的掌柜、伙友们遇到账期，由分红中提留的一部分，存入号内，一般称为“统事”或“获本”。“统事”或“获本”不分红，只得利息，不能随意抽取。副本是潜存于票号的重要资本。这种副本随着票号事业的光大、经营的利好，年代愈久，资本愈益雄厚。日升昌票号正本仅有 30 多万两，副本多时高达 200 多万两。人力股是大掌柜顶人力股一个，其下二、三掌柜及分号经理、骨干伙友有顶八厘至一厘的不等。具体一人顶多少，按其在票号的年限、贡献、身份、地位而定。

2. 汇兑形式

汇兑方式主要有票汇、信汇和电汇三种方式。

（1）票汇。票汇就是汇款人在甲地将款交给票号，由票号开出汇票一张，交给汇款人。汇款人将汇票带到乙地，或寄给乙地的收款人，收款人持票向票号支取款额，不用再找人担保作证，凭票取款，即所谓“认票不认人”。普通汇款以这种方式最多。

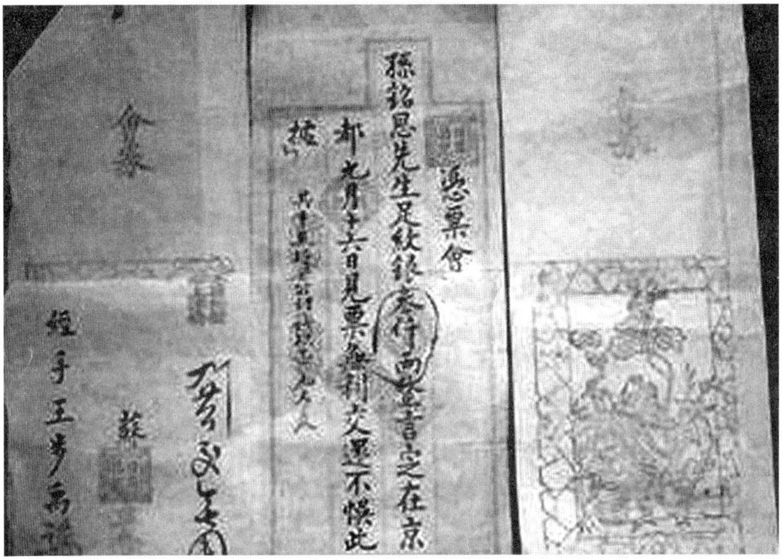

■ 会券

（2）信汇。信汇就是汇款人交款给票号后，写信给收款人；票号收到汇款，就写信通知汇款地的分号或连号。收款人接到汇款的信，持信到交款地的票号取款；票号如接到交款的通知，即行付款。这种办法一般行用于素有往来的商号或相与。

（3）电汇。电汇是19世纪前后，国内邮政和电讯事业兴起，在设有电报局的城镇，山西票号又开展起了电汇业务。电汇比信汇更快捷。票号拍发的电报，亦自有一套密码，大多仍是以文字代替日期、数目、平色；只是汇费较票汇、信汇又昂贵了一些。

票号汇兑一般是顺汇，即甲地先收款，乙地后付款。后来随着埠际商业贸易的需求，又出现了逆汇。逆汇就是甲地票号先通知乙地票号先付款，随后甲地票号再向汇款商收款。先付后收期间的时间差，以月计息收取利息。这就将放款收息与汇兑结合了起来。

3. 汇票防伪

日升昌票号实行“认票不认人”的制度。对于汇票的书写和防伪有着一套严格的规定。首先是所有汇票纸据的印制都带有水印，上面印有“昌”字标记，以防伪冒。一张汇票长约八寸，宽约尺二，其印刷工艺和用纸十分讲究。每一批印制的票据都编号有数。各分号或连号即使书写错了，要求报废，报废的汇票都要寄回总号统一销毁。其次是号内请账房先生专人书写汇票，书写者的字迹都要通报各分号和连号，让操作汇兑的人认识，从而辨别真伪。再次是创造了一套以汉字作为代码的密押，用来代表汇票签发的日期和银两的数目。每个票号的代码各自不同，而且不断变化。如用“谨防假票冒取，勿忘细视书章”12个字，作为一年1月至12月的代码；用“堪笑世情薄，天道最公平，昧心图自利，阴谋害他人，善恶终有报，到头必分明”30个字代表一个月的1日到30日的代码；用“生客多察看，斟酌而后行”或“赵氏连城璧，由来天下传”10个字代表“壹贰叁肆伍陆柒捌玖拾”10个数字；用“国宝流通”4个字代表“万千百十”4个单位。如某票号在2月8日签发了一张3580两的银票，票券上就写上“防最”“多宝看流而通”。外人看了不知所云，如坠云里雾里，但票号内的伙计先生一看便知是“二月初八，叁仟伍佰捌拾两”的意思。这一套密押手段，保证了票号和汇款人双方的利益，有效地防止了假冒领取。而且票号对汇票管理极其严格，对汇票验证无误兑付之后，立即予以销毁，所以至今尚未发现一张使用过的汇票实物。山西票号这一套密押制度、防伪防假冒的技术，其意义和作用是十分显著的。它或许也是我国“密电码”的起源，对于今天保护企业秘密也有着重要的借鉴作用。

4. 票号的赚钱之道

一是吸收存款。一般给存款人月息三至四厘，高者也有五六厘者，因时因人而定。存款一般分活期，不给利息；定期分为三个月、六个月至一年和一年以上，以100两白银为起点，百两以下不给收存。其对象起初为一些商家暂时不用之银，其后主要是官僚贵族的个人私款、官府的税款和军饷等。官府的多种款项，在19世纪以前多数是不要利息的。吸收存款看似票号出息，不赚要贴钱，但与贷款结合，就能赚钱了。因为别人存进来给的利息少，自己贷出去则收的利息多。

二是发放贷款。放款的月息一般是七至八厘，也有高达一分二三厘者，时间以一个月、二个月、三个月为限，也有六个月或长达一年的。放款的对象主要是钱庄、殷实商号、重要相与以及清政府的官吏。

三是收取汇费（汇水）。汇费一般是收取承汇额的1%以上。具体收取多少，没有固定的数额，往往因人而异，看顾客与票号的往旧关系和汇兑多少。平常计算汇费，则以两地平色的高低、期口的淡旺、月息的高低、路途的远近、银根的松紧为估定的标准。一般通都大邑和官款收取汇费在1%，交通不便的地方收取2%～3%，有的甚至高达7%～10%。如咸丰十一年（1861年）由平遥汇往开封日兴盛商号白银1000两，汇费收取14两。由平遥汇入汉口三和公商号白银6000两，每千两收汇费25两。又据光绪二十四年（1898年）河南巡抚刘树堂奏折称："共集银9万两，于本年正月十三日发交蔚盛长、日升昌、协同庆、大德通各票号分别承领汇解，定限二月下旬交汇海关道衙门汇收。"这一笔汇费，经查是按1%收取，即每千两白银收取汇费10两。

四是平色余利。所谓平是指天平，在天平上做文章；色是指银子的成色，即含纯银的百分比。平色就是指汇款人交给票号汇兑的银子的重量和成色。当时，由于我国南北东西使用的银子成色标准不一，各地抑或各票号使用的称量白银的天平砝码也不统一。票号在接受来银汇兑之时，首先要估色，也就是对银子成色进行折算。日升昌票号就将各地银子的平色编了一套平码歌，张贴在店内，让柜台先生，伙计背过熟记。伙计、先生接手汇款人的银子时，先对其银子进行估色，然后进行换算。当然，当时南北东西各地的银子成色大家心里都有数，大概都有个公认的标准。如1000两上海豆规银等于祁县城内925.88两白银。但票号在收入银两时，往往会挑剔银子的成色，给其低估，自己支付时又高估自己银子的成色，这样一高一低，票号就赚取了利润。各票号使用的天平砝码也是五花八门，多种多样，票号在称量汇兑的银子时，也要在中间找出一个标准进行换算，这就是"余平"。这个"余平"也是一个进财之道，因为它也只会朝里算，不会朝外算，只会给自己算多，不会给别人算多。这其中虽然每一笔在计算时差异不大，客主双方都能接受，细微差距客户可以不去计算，但票号则因为笔笔有进，积少成多，一年下来收入也不少。如日升昌票号在光绪三十二年（1906 年）一年赢利 583752.87 两白银，其中汇费收入 309501.65 两，利息收入 258337.44 两，平色余利收入 2544.12 两，来标得色 327.29 两，其他收入 13042.37 两，分别占 53.02%、44.25%、0.44%、0.06%、2.23%。其来标得色也属于平色余利类的收入，两者相加共 2871.41 两，占 0.49%。虽然整体比例不大，但相当于一月也进账近 240 两银子。在清末，一个三口之家，一月有三两白银消费就是好生活了。

五是“吃空期”。异地汇兑有个时间差，主要以路途远近而定，一般为 30 天到 100 天不等。汇款人交款于票号后，到取款地取款，实际取得的并不是自己汇出的钱，而是票号在取款地分号里的钱；即使是自己的钱由镖局运送过去，实际耗费的时间也比约定的时间短。这样，汇款人实际存的钱可以在票号“腾挪跳纵”，再贷款出去，以吃利息。这在当时圈内称为“吃空期”，又称“得空期”。这个“吃空期”是票号公开的收益，汇款人则不管人家如何吃这个空期了，只要自己汇出去的款，能按时在指定地点提出就满意了。这也就是票号商在一头牛身上扒下了两张牛皮：一是汇兑时收了你的汇费（汇水），二是又利用你的钱吃空期，放贷赚取了利息。

■ 银票

六是发行银票。发行银票在钱庄、账局已经存在，票号延续为之。票号发行的银票类似于外国银行发行的银行券，可以随时凭票兑现，也可以用于流通。这主要是靠票号的信誉在市面通行。票号发行的银票，多者达 1 万两银子，多以 50～500 两不等为流行。这些银票本来是为拨兑银两而用的，但由于信誉好，有的客户也不急于用现银，就将银票保存起来，或买卖交易时就以银票作为支付，在市面流通，有的甚至多年也不去兑现，这就使票号获得大量周转资金。有时银票也用作官员之间行贿受贿，以及入门子、见大官的敲门砖。

5. 红利分配

票号经营获利后要对银股、身股进行红利分配。据日升昌票号万金账记载：最初是6年结账一次，后来改为4年结账一次。所谓银股、身股，徐珂在《清稗类钞》中说："出资者为银股，出力者为身股。"票号一般是银股多于身股。分配比例也是银股按总利润的六成来分，身股按总利润的四成来分。也有许多票号在分配时是平均而分。日升昌票号东家李大全有银股30个，在清同治年间一个账期一股就获利12000两银子，其他账期最少时每股也分有七八千两银子。如果平均按一个账期分1万两银子计算。李大全及其子李箴视30年内就可分得红利210余万两银子。可见开票号多赚钱啊。身股一般最高是一股，为大掌柜（总经理）的身股；以下协理、襄理、分号经理等业务骨干，分别顶有8厘、4厘、2厘不等。如果一个大掌柜（总经理）在票号干满一个账期，即4年，就可得白银1万两，30年就可得7万余两，一年得2500两，一月约208两白银。这是大掌柜凭本事吃饭，以能力赚钱，在当时是很高的。

在票号工作的一般员工薪金分配制度是：学徒工没有薪金，只管吃饭、住宿和日用；其他最少的一年结薪金4两银子，最多者可给到100两银子，其中等级差别甚大。如据协成乾票号1906年一个员工名折统计：该号共有员工112人，其中有薪金的96人，占85.71%，没有薪金的16人，占14.29%。在有薪金的96人中，最低的4两，最高者100两，薪金在70两以上者35人，占36.46%。顶身股者有32人，全是薪金70两以上者，占有薪金员工的33.33%。顶身股者须在账号工作12年以上，即工作满三个账期后，东家和大掌柜可根据员工对票号的效力、贡献给予相应身股。一般先给2厘，以后遇账期，观其表现再予以增加，增加到一股为止。这就是晋商中所说的"顶了生意"。一个员工一旦顶了生意，就是票号的中坚骨干了，从此生活也就好过了，也就是说已经出人头地，获得了成功，迈上了人生的幸福之路。

再以电视剧《乔家大院》描写的祁县乔家大德通票号为例。其在光绪十四年（1888年）有银股20个，身股9.7个。到了光绪三十四年(1908年)，银股不变还是20个，身股却增加到了24个，这是乔致庸的精明之处，他以增加身股来激发员工为票号效力。据有关资料记载，光绪十四年（1888年）大德通赢利总额为24723两白银，每股分红约850两。而过了20年，到光绪三十四年（1908年），盈利总额为743545两白银，每股分红约1.7万两，仅这一个账期，乔家20股就分得白银34万两。其余40余万两分配给了众多员工。这利润是很大很大的了。

四、山西票号的发展

日升昌票号诞生之后，在雷履泰、毛鸿翙等人的经营下，如日东升，生意兴隆，先后在北京、天津、保定、济南、青岛、烟台、太原、曲沃、运城、西安、汉中、三原、开封、郑州、漯河、上海、苏州、扬州、镇江、杭州、宁波、蚌埠、芜湖、南昌、九江、福州、厦门、汉口、沙市、宜昌、长沙、岳州、湘潭、成都、重庆、万县、广州、汕头、琼州、九龙、桂林、梧州、昆明、贵阳等地设庄布点，其触角及经营网络几乎遍布全国所有重要商埠，道光皇帝曾赐匾“汇通天下”四个大字。

但是，正当日升昌票号蒸蒸日上、红红火火之时，大掌柜雷履泰与二掌柜毛鸿翙之间因功利而发生矛盾，毛鸿翙告辞出号。这一辞，毛鸿翙又被侯氏商号看中，重金聘去。柳暗花明又一村，毛又开拓了新的票号业务，一口气成立了蔚泰厚、蔚丰厚、蔚盛长、新泰厚、天成亨五个票号，俗称“蔚字五联号”。

有清一代全国共有51家票号，其中43家为山西人开设，占到全国票号业的84%。43家票号中设在平遥县城的22家，设在祁县的12家，设在太谷的7家，设在太原的2家。这43家票号在全国126个地方设分庄和布点，共有566个分号。其中祁县的合盛元票号在日本的横滨、大阪、神户、东京，朝鲜的仁川、新义州开设了分号。平遥的永泰裕票号在印度的加尔各答设了分号。俄国的莫斯科也有山西票号的分号。此时的山西票号已遍及大清帝国的所有通都大邑、重要商埠。

山西人开设的票号当时习惯上被国人称为北帮或山西帮、西客。另外8家票号是：徽州人胡雪岩开设的阜康票号，云南人王兴斋在云南开设的天顺祥票号，浙江人严信厚在上海开设的源丰润票号，安徽人李经楚在上海开设的义善源票号，杨谷山在天津开办的杨源丰票号，江西人刘鬲棋在上海开办的晋益升票号，广东省地方财政在广州开设的源丰润公记和大庆元票号。当时习惯上称这些票号为“南帮票号”。

在山西人开设的43家票号中，下面再择其要者介绍两家票号：一个是毛鸿翙任大掌柜的蔚泰厚票号，一个是电视剧《乔家大院》的主人公——乔致庸开设的大德通票号。

（一）蔚泰厚票号

蔚泰厚票号创办于清道光六年（1826年），其东家是介休县北贾村商贾大户侯家。侯家在清朝康熙年间以跑苏杭二州贩卖绸缎布匹起家，后又开茶叶庄、钱铺、账局、染房、药铺、杂货店及油盐米面店铺。在嘉庆年间，其家族资产已达上千万两白银，其商铺字号在省内已开到介休、平遥、运城，省外则开到河北赵州（今赵县）、北京、苏

■ 蔚泰厚票号

杭等地。侯家掌握商业大权的三公子侯培余精明练达，颇有才干，特别注意广告宣传和商号、资产的集中统一管理，侯氏商号在他手上都整合改组为蔚字号。

清道光年间，侯氏在平遥县城开设的蔚泰厚绸缎庄与李家开设的西裕成颜料庄中间只隔一个小烧饼铺，当时侯氏当家人是侯培余的儿子侯荫昌。侯荫昌看到隔壁由颜料铺改为日升昌票号后，生意兴隆，财源滚滚，也认识到了办票号有利可图。到了1826年，恰逢日升昌票号大掌柜雷履泰与二掌柜毛鸿翙意见不合，毛受排挤，侯荫昌慧眼识人，知道毛也不是等闲之辈，是熟谙票号经营、生财有道的个中老手，便乘机把毛从日升昌票号拉出来，将自己的蔚泰厚商号改为票号，聘任毛担任总经理。初创时资本金9.5万两白银，后扩展到35万两。

毛鸿翙受排挤从日升昌票号辞职出来，受到侯家的礼遇，一变而为大掌柜，又有了自己施展才华的天地，憋着一口气要和雷履泰一较高低，将蔚泰厚票号办好。他全身心投入侯家的票号经营之中，布庄设点，调兵遣将，运筹帷幄，调拨资金，又用提高身股厘金的办法从日升昌票号拉出来两个熟悉业务的伙友，仅仅一年，就把个蔚泰厚票号做得生意兴隆，效益可观。此后不到一年，他又建议侯荫昌把蔚丰厚、新泰厚、蔚盛长、天成亨商号全部改为票号，称之为“蔚字五联号”。侯荫昌为了奖励毛鸿翙在创办票号中的功绩，在蔚泰厚和新泰厚各给毛鸿翙顶人力股一股。毛更是干劲倍增，春风得意，大有雪耻之感，把“蔚”字五个票号搞得蒸蒸日上，突飞猛进，大有后来居上之势。

侯家票号业务也是以汇兑和存放款为主，鼎盛时期在全国50多个城市设有分庄，除山西之外，北到沈阳、营口，南到福建、广州，东至上海、济南，西到三原、迪化（今新疆乌鲁木齐市的旧称），遍布全国各重要商埠和城镇。其信用、便利，不仅为国内商号、官僚、清政府所赞叹，就是日本人也为之佩服。1900年6月12日，日本驻广州领事上野吉在给日本政府的报告中称：“票庄者为山西人专业之银行，称为山西帮或汇兑局，中国通商各埠到处有之。本地所有者，皆开设于濠畔街地方，以义善源、源丰润、日升昌、百川通、蔚泰厚等号为最有信用。其款自以官金为主，其他之经营一切商业而从事于北清贸易者，其汇划款项大抵经由该号，其信用之厚自足以凌驾地方银行而占极大之利益。”

蔚泰厚票号以5000两银子为一个银股，一般按4年一个账期分红，每次分红五六千两银子，最多时一次达1.2万两。历时95年，1921年歇业。其分号有名的经理还有票号奇才李宏龄。蔚泰厚票号是在上海首先倡议成立行会组织的发起人。据《大公报》1908年11月13日载，“近由裕（蔚）泰厚票商发起，拟联合票商钱行、当商组织商会，以期商业发达，逐渐推广”，随后在上海成立了“山西汇业公所”。这个公所是当时主宰上海地面汇费高低的行会组织，公所内的票号掌控着上海的金融资本市场，也是当时山西票号自我保护的一个行业商会，其他省市及清政府并无这样的组织机构。

（二）大德通票号

大德通票号的前身是祁县乔家的大德兴茶庄，咸丰年间开始兼营汇兑，同治元年（1862年）改为票号，专营汇兑。同时乔家还成立了大德恒票号。大德通、大德恒票号在北京、天津、张家口、营口、沈阳、包头、济南、西安、汉口、沙市、上海、开封、重庆、苏州等地都设有分号，虽起步较迟，但资本雄厚、信誉较高、延续时间长的山西票号。其直到1940年才改组为银号，中华人民共和国成立后，于1950年清理歇业。大德通票号初始资本为6万两，后分别增至12万两、22万两，至1940年资本已达35万两。

大德通票号的财东就是电视剧《乔家大院》的主人公乔致庸，堂号为在中堂。乔家的发家是一部典型的白手起家、勤劳治家、奋斗发家的历史。乔致庸的爷爷乔贵发于清康熙五十七年（1718年）左右生于山西祁县乔家堡。乔贵发出生不久，父母相继病亡。孤苦伶仃、无依无靠的乔贵发寄居在祁县东观镇的舅舅家生活，稍大后回到乔家堡村，靠出卖劳力、为人帮工而生活。乾隆元年（1736年）的一天，他给人帮工因故去迟了，受到村人讽刺奚落，便一怒之下跑到口外谋生。先在内蒙古的萨拉齐厅老官营的合成当铺当店员，这一干就是10年。10年后他与在内蒙古认识的山西徐沟镇的一个姓秦的结拜兄弟合伙，用自己的10年积蓄在包头开办了一个草料店，并经营磨豆腐、发豆芽、打烧饼、切面条等零星杂货。此后，经营规模和范围不断扩大，从粮、油、米、面、

■ 大德通票号

副食杂货到布匹绸缎、京货南茶，什么赚钱干什么，干什么成什么，也立起了自己生意的字号“复盛公”。发展到乔致庸时期，乔家在包头城已居于商界领袖地位，复字商号下已有19个分号、500余名伙友，实力稳居榜首。“先有复盛公，后有包头城。”徐珂在《清稗类钞》中说，乔家在光绪年间的资产为四五百万两白银，而实际不止此数，应有上千万银两。

乔家在乔致庸时代发展至鼎盛。乔致庸1907年去世，享年89岁，是个福寿双全的人。1900年“庚子事变”时，慈禧太后和光绪皇帝逃避西安路经祁县时，就住在乔家开设的大德通票号，乔家大德通票号亦为两宫西行捐献白银30万两。现存乔家大院之院落也主要是在乔致庸手上建成的。其院内有山西巡抚丁宝铨敬书的慈禧太后懿旨——“福种琅嬛”四个大字匾额，李鸿章题写的“子孙贤，族将大；兄弟睦，家之肥”对联，左宗棠用篆书写的“损人欲以复天理，蓄道德而能文章”对联，以及祁县东部36个村子村民联名送给乔家第四代传人乔映奎的“身备六行”匾额，等等。

五、山西票号的经营方略

山西票号从道光初年（1823 年）成立，到 1911 年辛亥革命后相继倒闭，前后称雄我国商界、金融界达百年之久，这是很了不起的。一个商帮在一个行业经营百年，诸多商号开成百年老店，个中经营妙方、管理秘诀是什么呢？

（一）建立股份制，给员工以身股激励

山西票号都是以股份制形式组建的。股份，又称股俸，有正本、副本之分和银股、身股之别。所谓正本，即财东的合约投资，每股几千银两到上万银两不等，可按股分红，但无股息。副本又称护本，是财东除正本之外又存放商号或票号的资本。身股，又称顶生意，即不出资本而以人力顶一定数量的股俸，按股额参加分红。银股和顶身股组成票号的总股权数，到账期时按股平均分红利。初始也有以银股得盈利的六成、身股得盈利的四成来分配利润，这也是事先商定的，但后来就都按股数平均分配了。

1. 银股

银股是指开设票号时东家垫支的白银，每股 2000 两至 1 万两不等。各家票号的银股数也不等。如日升昌票号开业时东家李大全出资的白银是 30 万两、一股 1 万两，计 30 股。1908 年，祁县乔家的大德通票号有 20 股，也是 1 万两一股。1837 年祁县合盛元票号组建时注入 6 万两白银作资本，设 10 个银股，以 6000 两为一股。蔚泰厚票号是由介休侯家绸缎庄改组而成的，光绪五年（1879 年）正月初一日平遥县蔚泰厚票庄立

有合约，共有资本11.8万两，银股24.2股，其中侯惇五堂作为空股有6厘。摘记其合约如下：

立合伙约蔚盛长记、三余庆记、侯承佑堂……经理人范友之等于咸丰六年正月初一日，在平邑城内重兴整立蔚泰厚记放账汇兑生理一庄。至九年，同治二年、六年、十年，光绪元年、五年六次清算账目，所得之利按银人股俸分讫。今仍照旧作银股，议定每足银5000两作为银股一俸，其银股并空股若干，俱详载于后。至于银人股各存护本护身银两，以及人力股俸，均注入本老账。自斯之后，务祈东家同心，伙友协力，蒙天获利，按银人股均分。立此一样二十三本，众东各执一本，铺存一本，以为永据。

计开：

蔚盛长记入本足纹银20000两，作为银股4俸；

三余庆记入本足纹银2500两，作为银股5厘；

侯承佑堂入本足纹银10000两，作为银股2俸；

侯绍德堂入本足纹银6000两，作为银股1俸2厘；

侯仁厚堂入本足纹银6000两，作为银股1俸2厘；

侯崇德堂入本足纹银2500两，作为银股5厘；

侯青云堂入本足纹银2500两，作为银股5厘；

侯醇厚堂入本足纹银2000两，作为银股4厘；

侯九如堂入本足纹银1500两，作为银股3厘；

侯六吉堂入本足纹银1000两，作为银股2厘；

侯惇五堂作为空股6厘；

侯绵福堂入本足纹银1500两，作为银股3厘；

侯复本堂入本足纹银1000两，作为银股2厘；

侯醇裕堂入本足纹银1000两，作为银股2厘；

立本堂入本足纹银20000两，作为银股4俸；

毛忠恕堂入本足纹银20000两，作为银股4俸；

赵凝瑞堂入本足纹银5000两，作为银股1俸；

程五桂堂入本足纹银5000两，作为银股1俸；

孔德和堂入本足纹银3000两，作为银股6厘；

马笃庆堂入本足纹银 2500 两，作为银股 5 厘；

孔安怀堂入本足纹银 2500 两，作为银股 5 厘；

范怡和堂入本足纹银 2500 两，作为银股 5 厘。

公同议定，日后东伙不许在号内借贷。每逢算账，内外账目银数要仔细检点，评估妥当，不宜过厚太薄。利息只可明余账内，不许暗藏。不拘年代远近，倘有东家抽本，伙计出铺，俱照年总算账，按股清楚账目，再无多伸少减，不许议外争论，牵连众人，有碍铺事。谨立此议为照。光绪五年新正月初一日吉立。

（《山西票号史料》，山西人民出版社 1990 年版）

由蔚泰厚此合约不难看出，其银股之股本是各堂集资凑起来的，共 22 家（堂），最多者入资 2 万两为 4 俸、最少者为 1000 两为 2 厘，另有侯惇五堂作为空股为 6 厘。这说明晋商早在清道光年间（1826 年）就合资办票号、办银行了。他们集中财力办大事，集中股本做票号，将闲置的银钱作为生息资本，借贷于人，赚取利润。这客观上促进了商品贸易、资金流通和清代经济社会的发展，有利于民生。到了清末洋务运动时期，票号资本投入工商业生产，办煤矿、修铁路、建工厂，又促进了大清帝国、中华民国的工商业的发展。至于票号成立不久后承担的军饷、官饷、海关税银、庚子赔款的汇兑，不仅解救了大清帝国的财政困局、燃眉之急，有大清帝国国家银行之功能，而且延缓了这个帝国在财政上的破产和灭亡。

2. 顶身股

顶身股又称身股，即员工以个人才智和劳动力为股的股份。票号大掌柜（总经理）及员工不交票号一两纹银，却可以享有与东家银股等量分红的权利。顶身股的确定，是由东家和总经理根据员工对资本的效力和作用，对票号的贡献而给予的。顶身股不是山西票号的首创，而是山西商人早已在各行业大商号里普遍推行的一种制度，票号只是沿用而已。

顶身股的基本内容：顶身股的不是票号的全体员工。高薪金的员工才有顶身股的权利，一般要在票号干到 12 年左右才有资格顶身股。顶身股的条件是：经三次账期以上，工作勤奋，没有过失，才可由经理向股东推荐，各方认可后方可顶身股，将其姓名登记于万金账。顶身股最初不能超过 2 厘，每逢账期可以增加一二厘，增到 10 厘即一股（俸）为止。达到一股就叫“全份”了，不能再增加。顶身股和银股，一般都按账参加平均分红，但不能继承。银股可父死子继，永不间断。有的票号念前任经理或顶身股者贡献大，酌情给死者后人最多三个账期的恤金。也就是 12 年内还给予一定的恤金，这是很人性的了。顶身股的总股数一般都低于银股数。也有个别票号如大德通票号，为激励员工，后期顶身股大于银股。如大德通票号 1889 年有银股 20 股，23 人顶身股共 9.7 股；到 1908 年时银股 20 股不变，顶身股者 57 人，顶身股 23.95 股，但每股分红由原来的 850 两增长为 1.7 万两了。激励带来了更大的盈利，也让利于员工。顶身股者多数人股份较少，少数人股份较多。一般大掌柜顶一股，二柜、三柜顶 8 厘、6 厘不等，一般员工多为 2 厘、4 厘。顶身股也不是一成不变的，顶高的根据其表现、功劳、过失可增也可减，顶低的也可能超过原先顶高的。各票号的顶身股与银股比例各不相同，组建初和后来发展期间也不相同。

顶身股者不承担亏赔责任。山西有谚云：“赔东家不赔伙计。”总经理顶身股多少由东家确定。总号及分号经理、职员的身股顶多少，由总经理和东家确定，以总经理的提议为主。例如山西大盛魁商号，顶一二厘生意者，能管些杂事，接待客商等；顶三四厘生意者，可在柜上应酬买卖，但大事尚不能做主；顶五厘生意者，已有一定的做买卖经验，能看货色，知行情，定夺生意是否成交；顶七八厘者，已是商号里里外外的一把手，或来往于总号、分号之间，盘点货物，核算亏盈，或奔波于天南地北官府衙门，拍板大宗交易；顶九厘生意者，不管日常营业，只收集分析信息行情，决断重大疑难，及设庄布点等战略谋划。大盛魁商号顶身股最高就是九厘。

顶身股制度，有力地激励了员工效力票号的忠诚度和积极性，有利于加强和改善票号的经营管理。当时凡顶了身股的员工，俗称顶了生意，视自己为票号的小股东，以票号的兴盛为己任，无不兢兢业业，勤勤恳恳，恪尽职守，开动脑筋，努力工作；无不态度和蔼，改善服务，亲和客户，广揽业务；无不努力钻研业务，刻苦学习，学写字、打算盘、背砝码、辨成色，提高自己的技能本领。有些在少数民族地区、边疆工作的分号员工，甚至学习少数民族语言和外语。徐珂在《清稗类钞》中记，“其在蒙古者通蒙语，在满洲者通满语，在俄边者能俄语。每日昏暮，员工皆手一编，习语言、文字，村塾生徒无其勤也。”无不遵守号规，忠诚号事，忠于东家。山西票号从成立到衰落，长达上百年，票号43家，分号600余处，从来没有发生过卷款逃逸的事件。其内部管理经验在今日亦不无借鉴之处。如果说顶身股有弊端的话，那就是过分注重熬年限，论资排辈，不利于及时发现人才。

（二）两权分离，实行总经理负责制

山西票号实行所有权与经营权两权分离的管理制度，在票号实行总经理（大掌柜）负责制。具体是财东出资入股，招聘选任总经理。选任时财东要对总经理的人格、人品、德才、谋略、业务、人望等方面进行考察。一旦考察确定，便重礼聘任，给其以本票号最高的顶身股，然后委托其全权负责票号的资金调配运用，业务经营开拓，分号机构的设庄布点，号内人员的选用调配及薪金与身股的确定。一句话，全权委托总经理负责经营。总经理处于票号至高无上之位，犹如一家之长，凡事都由总经理通盘定夺。号内同人有建议权，大伙计对小事可便宜行事，对总经理负责。财东对日常号内事务、盈亏一概不再过问，放手让总经理经营管理，自己只在年终听取总经理的一年经营决算报告，设宴款待回到总号述职报账的各分号经理：盈利多者坐上席，财东敬酒赞扬，热情招待；盈利少者或发生亏损者坐下席，自斟自饮，受到冷落，激其下年奋起。若不是人为原因造成亏损，财东则还要好言安慰，补充资金，令其重整旗鼓，来年扭亏为盈。在四年一个账期时与总经理一起商定红利的分配与员工顶身股的增减或辞退。有《中外经济周刊》曾记录说：“将资本交付于管事人（大掌柜）一人，而管事与营业上一切事项如何办理，财东均不闻问，既不预定方针于事前，又不施其监督于事后，此项实为东方特异之点。”

山西票号的财东们在票号经理的选用上，始终本着用人不疑、疑人不用的原则。他们深知：“得人者昌，政界固然，商界何不然。”“号事之

兴衰，全在人位之高下。”这是山西蔚丰厚票号北京分号经理李宏龄的经验总结。财东们选用总经理是十分礼贤下士的，关键时也会三顾茅庐，一再延请，甚至会下跪恳求，如上面所讲的日升昌票号财东李大全对于首任总经理雷履泰即是如此。同时，山西票号的总经理多数也是自己的票号培养出来的，是从自己的二掌柜、三掌柜、分号经理中选挑起用的。而这些人又大多是从学徒起就在这个票号干，是一步步成长起来的。总经理一经选定，则基本上是终身制，没有什么大的过错或因身体原因是不辞退的。他们担任总经理往往一干就是十几年、二十几年。加上前期的学徒和成长，可以说是毕其一生都在一家票号工作。当时也没有退休制，干不动了再休息。有些票号为了鼓励总经理为其效劳，甚至在其死后，还给其分配几个账期的红利，称作“故身制”，对做出贡献的死者以抚恤，对现任众生者以激励。

总经理上任后，全身心地投入票号的运营中，他们本着受人之托、忠人之事，知遇之恩当涌泉相报的思想，运筹帷幄，谋划盘算，呕心沥血，设庄布点，选用伙计，运营资本，以给财东赚取最大的利润为己任。他们东奔西跑、辛苦劳作，甩开膀子干，摽着劲儿做，把个票号生意做得红红火火，财源滚滚，百年不衰。这些总经理及分号经理们，用现在企业的标准看，可以说是一批职业经理人。有清一代，山西人开设票号43家，有分号近600家，前前后后的经理、副经理、分号经理不下千人，据说其他8家票号也有几家是山西人任经理。这是一个职业经理人群体。是晋商自己培养出来的，如雷履泰、毛鸿翙、阎维藩、高钰、李宏龄等。他们长袖善舞，精明强干，汇兑官款，代办捐项，主宰晚清金融业达上百年之久。如用今天的时髦话讲，当时平遥城就如今天的美国华尔街、北京的金融街，而他们一个个都是当之无愧的、响当当的银行家、金融家。

（三）集团运作，总号分号一盘棋

山西票号实行总号、分号一体化运作，各家总号分别设在平遥、介休、太谷、太原，分号遍布全国。分号一切人员由总号派出，分号一切经营由总号管理，分号资金要由总号调拨，分号有关信息要报告总号或通报有关分号。总号由总经理（大掌柜）负责，实行总经理负责制。总经理有对分号人员安排、分号设置、资金调拨、经营决策的一切权力。总经理处于票号一盘棋中的最顶端，处于将帅之位。票号遍布全国的网络是张是合、是收是缩，紧紧地攥在总号总经理的手中。在具体经营运作中，他们的管理办法是：

1. 沟通信息，通报业务

山西票号建有严格的信息报告制度。凡在外地的分号，要及时将汇入的款项、贪做的放款、市场的银根和利息行市报告总号，总号要及时通报各分号。这样就使得总号和各分号上下之间、分号和分号相互之间可以了解其业务与行情，以便共同开展业务。如 1884 年元丰玖票号北京分号发生现银短缺，急电上海、济南等分号接济。再如，民国初年东北银洋下跌，新币上涨，而天津等地银洋上涨，新币贬值。晋商锦生润票号的大股东——太谷县北洸村曹家，便乘机而作，聚集贩运大量东北银洋到天津兑换成新币，又将从天津兑换的新币运到东北兑换银洋。当时一元银洋兑换三元新币，而一元新币到东北又可兑换银洋若干，他们倒买倒卖，两日往返一趟，不到半年时间，便获得数十万元银两。

晋商有谚云："买卖赔与赚，行情占一半。"晋商十分重视对市场行情与顾客需求的研判，十分重视社会动态对商场的影响。如大盛魁商号专做蒙古草原蒙古族同胞的生意，其大掌柜王廷相就建立了一套调查顾客需求，报告进货品种、数量的制度。他要求自己的分号掌柜、市场销售人员注意了解蒙古王府的需求和嗜好，了解蒙古族人民的习俗和喜好，了解对同一种产品人们钟爱哪一家的，然后将这些信息全部报告给总号，总号根据这些市场一线得来的情报，组织进货。为此，大盛魁就比其他商家进了一步、早了一步，其他商家只能跟风，而大盛魁的货往往畅销，在旅蒙生意中独占鳌头。

晋商不仅注意商业信息报告，还十分关注社会生活动态。如咸丰十年（1860 年）日升昌总号给汉口分号的第 66 次信中曰："昨接成、重两处来信，军务甚是紧急，成都左近四面贼匪扰乱不堪，兼之省城勒逼捐揄，以滞生意之家，实难存站。平已寄信去矣，即着成火速归重号，暂行躲避。至重地一二百里，亦是贼匪，搅扰人心，亦属惊惶。如再不妥，亦要迁动。祈见信之日，不可不做。”这是总部给汉口分号通报成都、重庆的地面情况，要求汉口分号早做应对准备。

再如光绪二十五年（1899年）祁县大德通票号收到其北部分号的信函云：“晋北及归化、包头粮米价平，但麦每斤合三十余文。而口内大秋收至七八分。闰八月十四日夜，雨有四寸余。此处冬麦亦下种，繁峙粟生双粒，宁武谷秀三岐，真系丰收。……附及二十六日忻州已被武卫军兵抢劫，拿住三名，已有头绪，云云。”

蔚泰厚票号建立的信息报告制度，则分为正报、复报、叙事、附报、行市等五项。正报，就是汇兑后，两个直接收交汇款票号之间的报告。复报，就是报告前次直接对某分号之营业的事项。附报，就是把各号每天的营业收交数字和码头全盘通告各分号，以便互相了解情况。行市，就是各分号报告当地汇水、利息及市场变化方面的信息。叙事报，就是总号和分号对某分号业务的指示、评论及意见，这个一般都由掌柜书写。

山西票号报告制度的建立，使总号可以随时掌控各分号的业务，将各分号严密掌控在总号之下；便于协调各分号与总号的关系，在集团化运作下共同把业务做大；总号可以根据搜集到的信息情报综合研判、分析对比，而后做出决策，指导分号工作，进而制定自己的投资战略，谋划进退取舍。

2. 月清年结，账册清楚

山西票号对于财务会计账目要求月清年结，账期总结，建立了一套规范严整的册务账簿。日升昌票号建立有月清账册、年结账册、万金账册。账中往来、收支、外欠他人、他人欠己的一应清清楚楚，分厘明明白白。其月清账册就是由分号逐月在月底报送总号核查的。年总结账册是每年10月决算时由分号报送总号结算的。内容有收项、交项、计开实存、计开该外、附录等。账期就是4年总的结一次账（有的3年一个账期，日升昌一开始以6年为一个账期，后多为4年一个账期）。在账期结账时，对4年总的经营情况进行一次清算和总结，不仅要分配红利，而且要重新确定银股、身股、薪金，还要从获利中提出风险基金，以防倒账挤兑，这种风险金票号称作“护本”或“统事”；然后将这些统统列入

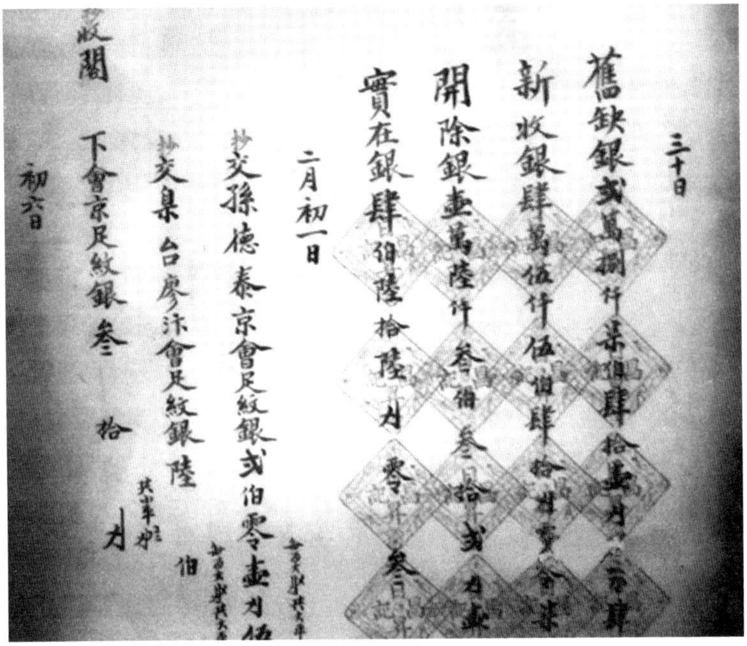

■ 山西票号账目

万金账，待到下一个账期时再总算账，总清算。

祁县乔家的大德通、大德恒票号，账册账簿繁多，分类细致齐全，如大德恒票号计有 34 种账簿，诸如流水账、现金账、汇款账、浮记账、应支账、薪金账、衣资账等。有些则还是账中有账，如往来账还分为银来往宝账、各铺来往账等。

大德通票号的账簿则一般分为记事账和银钱账两大类。其记事账簿有：

（1）汇票号码账。各分号的汇票一律由总号编制号码，每本约 100 页，采用三联单式。每到年终各分号将用过的汇票存根及正汇票、副汇票寄回总号，核对后注销。

（2）承保账。记载承保亲友、商号名称。

（3）进号账。记载员工进号日期等。

（4）起程账。记载分号员工从家乡到号地，从分庄到家乡及外出与休假的账簿。

（5）衣资账。记载员工应得的衣资数。

■《晋商老账》书影

(6) 衣物账。记载各分号员工起程所携带的衣物。

(7) 路费账。记载各分号员工起程所携带的路费数额。

(8) 带物账。记载各分号员工委托亲友捎带之物。

(9) 回家账。记载员工住家时日。

(10) 汇款账。记载商品名称、汇款数额、汇出日期、汇费额等。

(11) 平砝账。记载各地银色、各业砝码大小。

其银钱账簿记载实际收支银数。记载原理同现代银行簿记，不过是旧式账簿，用毛笔书写，不重视原始凭证，账名和现代簿记也不同。主要有：

(1) 流水账。各项收支均先记入此账分录，然后入老账。

(2) 老账。即依流水账各个抬头，分别记载之账簿。该账包含全部财产变动之综合，故据此可知财产状态及营业损益，一般分为入出老账与收取老账两种。

(3) 现金账。为核计库存而设，凡逐日出入现款必须登记此账，其收付合计之余额，即为本日库存之数。

(4) 万金账。记载财东姓名，提供资金数额，并注明几俸（股）。顶身股人员之身股数亦记载入此账。

(5) 浮记账。记载往来存款、应收未收、应付未付和暂时性存入、支出等。不过流水直接记入此账，月终结算时将收取两方合计数，一次移转流水账。

(6) 各号往来账。记载各地分号往来数。

(7) 未到期票账。汇款尚未取走时记入。

(8) 员工支使账。薪资人员收支往来账。

(9) 借贷账。记载放款数。

（10）收借账。记载存款额。

（11）缓期账。放款一时收不回时记入此账。

（12）屡年账。记载无希望回收之款。

（13）加色账。记载银色差次之数。

（14）汇费账。记载汇款所得的汇费。

除此之外，还有同业钱铺账、内部浮记账、收付利账、清抄账、应支账、未支账、杂使账、现换账等。合计上述记事账和银钱账两大类共有 32 种之多。各分号每月要把“月清折”寄给总号，内容是记载当月分号的收支往来、存放款明细数等（张巩德：《山西票号综览》）。这些账簿的发明与创造是晋商智慧的结晶，是票号管理之本、财务之要。账簿与银股、身股、号规构成票号的四大要素、四根支柱，撑起了票号这座大厦。唯此四维，票号可存；唯此四维，票号可以汇通天下。这些账簿从今天的眼光看，是融员工考勤、管理、工资、待遇与财务会计凭证、银行借贷支出等为一体的内控制度与管理凭证，包含着今日之财务会计、劳动人事、后勤服务、员工管理、上下监控、总分一体诸多内容，是晋商票号之内核、精要、根本。今有李锦彰先生著《晋商老账》一书（中华书局 2012 年版），于此可谓独具慧眼，探骊得珠。

3. 酌盈济虚，抽疲转快

酌盈济虚，抽疲转快，就是晋商票号在各分号之间、总号分号之间统一调度资金、增加放款、扩大利息和汇水收入的一种重要的经营方式。它是建立在各分号与总号、分号与分号之间信息报告、互通业务基础之上的，是晋商票号发财致富的一个重要诀窍。

晋商票号在经营活动中，设在各地的分号经常会出现现金盈绌和行市疲快的矛盾现象。即有的地方现金盈余、银根松、利率低，有款放不出去，资金闲置；有的地方则现金不足，银根吃紧，利率上升，无款可放，支付困难。为了尽可能盈利，必须在各分号之间调度款项。否则，不仅资金闲置，不能放款生息，而且要付出存款人的利息，更为重要的是，盈余地客户向短绌地汇款的业务也做不成，因为该地无现银可以付出。这时按理应该调动现银，由镖局将现银运送过去，但费用高昂，而且费时费力不保险。面对这种情况，晋商票号的做法就是“酌盈济虚，抽疲转快”，将现银多的地方的钱用于接济现银短绌的地方，把有现银而放不出去或支付不出去的钱抽到现银缺少的地方，使甲地银根的疲势转为乙地银根的快势，从而对票号来说扩大放款，增加利润，对市场和社会来说，平衡资金市场供求，激活商品经济的发展。

酌盈济虚、抽疲转快的具体做法是通过顺汇和逆汇来实现的。比如说：甲地的现银多余而没有出路，乙地丙地抑或丁地就主动做往甲地的汇款生意，客户在乙丙丁地汇款，在甲地提款，用甲地银两支付汇款，甲地多余资金的矛盾就解决了。这种汇款又分为顺汇和逆汇。顺汇，是乙地先收款，甲地后付款。逆汇，则相反，就是甲地先付款，乙地后收款。这种逆汇通常是与乙地的放款业务相结合进行的，例如乙地某商需向甲地汇款置货，而某商现款不足，不能交汇，于是乙地票号先用书信通知甲地票号付款，随后乙地票号再向某商收款。先付款后收款间隔的时间，以月计息，收取某商的利息。这是一个一举数得的经营妙计，既解决了甲地现银盈余的问题，乙地又放款赚取了利息和汇费，是通过集团化、一盘棋运作，达到利润的最大化。如 1850 年 2 月 21 日，日升昌票号张家口分号信中说：“二月初一迟早三五日，苏（州）交西批银一万五千两，四月标京、口随时交咱。迟交日期按月四厘三口规与咱行息外，每千两贴咱银四两。”此信中的口指张家口，京指北京，“四月标”是指一年的四个标期之一。

晋商票号之所以能实现这个“酌盈济虚，抽疲转快”的经营，首先是因为各家票号在全国主要商贸重镇都开有分号，形成网络，彼此之间可以形成支付汇兑关系。其次是商品经济的发展，大的商家客户一般也都在几个城镇之间有贸易业务，客观上存在异地用钱、资金调拨的需要。再次，大清江山一统，地域广阔，经济发展，贸易繁荣，公款汇兑，提供了政治、经济基础。没有这些社会条件，晋商票号的“酌盈济虚，抽疲转快”经营谋略也是不能实现的。

（四）攀龙附凤，承揽官饷汇兑

晋商票号在做生意过程中，十分注意结交官吏、结交清政府。他们虽然在商言商，关起门来，把一门心思放在做好自己的生意上，但也深知中国社会是官本位社会，要经商做生意，尤其是要做大生意、开票号是离不开清政府和各级地方官吏的帮助和支持的。商事即是国事，国无商不立，无商不富，无商不活。但国是大清的，“普天之下，莫非王土”，要在大清国的天下生活做生意，就得遵从大清国的法度，与大清的皇亲国戚搞好关系；大清国又是由王公贵族、亲王贝勒及各级官员、封疆大吏掌控运作的，要做强做大生意，就得钻他们的门子，与他们结交，建立起利益相关的官商联系。唯有如此，才能出乎其类，拔乎其萃，做强做大，做出名堂。

晋商票号各总号、分号经理，虽不是什么举人进士出身，但也都是了解中国文化之人，熟知战国商人吕不韦“奇货可居”的故事。吕不韦是卫国濮阳（今河南濮阳）人，初时做囤积居奇、长途贩运、贱买贵卖的生意，几年下来已家累万金。有一次他去赵国邯郸经商，无意中见到落魄的秦国人质——秦昭襄王之孙、秦太子安国君之子王孙异人，便产生了奇货可居的想法。回到家里，向其父亲请教：“耕种田地，获利几倍?”父答：“十倍。”又问：“做珠宝生意呢?”父答：“百倍。”再问“要是拥立一个国王，可以获利多少倍呢?”其父叹了口气说：“那获利可不计其数啊!”于是吕不韦开始运作，先花银子将王孙异人过继给深受其父秦太子安国君宠爱的华阳夫人，因华阳夫人未曾生育；又帮助王孙异人逃出赵国回到秦国，再献出自己已经怀孕的赵姬给王孙异人。公元前250年，秦昭襄王去世，太子安国君继位为秦孝文王，立华阳夫人为后，立已改名为子楚的王孙异人为太子。一年后，秦孝文王去世，子楚继位为秦庄襄王，立赵姬为王后，赵姬所生之子正（因生在正月故取名正，后改为政）为太子。此太子实为吕不韦与赵姬所生，就是后来的秦始皇嬴政。秦庄襄王拜吕不韦为丞相，封文信侯，赐洛阳十万户作其采邑，并掌管秦国一切军政大事。吕不韦拜相后，组织自己的门客编出流芳百世的《吕氏春秋》（又称《吕览》）。至此，吕不韦在王孙异人身上的投资大功告成，名利双收，这就是流传千古的“奇货可居，一本万利”的故事。

晋商知道这个故事，自然也明白其中的道理。他们所处的朝代是清代而不是战国，没有作为人质的王孙异人之类“奇货可居”，也不具备推翻清王朝的历史条件，他们只能依靠清政府，借助清政府，利用清政府的各项政策，给寒儒学士提供川资，以助其入都应试考取功名，走马上任，路有旅费；给捐官者代办、代垫买官银钱，帮其获得花翎顶戴，自己既乘机居间揽兑汇款，赚得汇水和利息，又可广结人脉，事后得到放实缺者的关照和支持。清政府的捐纳制度是从咸丰年间起开始广为流行的，咸丰皇帝奕詝刚一继位，就遇上了 1851 年洪秀全领导的金田起义。太平天国运动使大清半壁江山陷入战火，造成清政府国库空虚，财政紧张。清王朝为平息内乱、保卫皇权、筹集军费，便公开实行捐纳制度。其基本内容就是将虚实官衔等级明码标价，给清政府交银子，清政府就给官帽、封品秩。“其时清室捐纳功名之例，业已大开特开，文官可至道台，武职得为游击、京堂二品、各部郎中，鬻实官并卖虚衔，加花翎而宽封典。”捐得虚衔者为了取得实官，还要托票号打听消息，哪里有空缺，再活动打通关节以获任。已放实官者为了获得升迁，亦请票号再行运作，代办“印结”。这些捐纳输钱给清政府，之所以交由票号办理，原因有二：一是各省捐官者因路途遥远，携带银两不方便，又恐盗贼抢劫。二是捐纳者直接向户部交款，库内必有若干挑剔，层层关卡、层层剥皮，票号上结尚书郎中，下交门房库兵，手续娴熟、便捷简单。晋商票号这样放长线钓大鱼，广结人缘，日后有放实缺者自然对票号心怀感激，一是将自己的私蓄、官俸存于票号生息，票号也为其严守秘密，一旦遇有犯事抄家，也能留点银财苟活；二是将自己管辖地的税收、厘金等公款存于票号，票号好放款赚息，吃汇水。清朝自票号成立至 1904 年前，公款放在票号，清政府只为保存并不计息。当然，清王朝这时的财政也常常是捉襟见肘，寅吃卯粮，要向票号借贷借支的。但其中总有时间差，有机可乘，票号居间放款赚取利息，谋取利益亦是极为可观的。

晋商票号交结清政府各级官吏，不是一人一地，而是上至京城皇帝太后、王公大臣、封疆大吏、蒙古王爷，下至知府、道台、七品知县、司库衙役。凡票号分庄所在之地，其分号经理与地方官员都保持着十分紧密的联系，有的甚至是随着封疆大吏的调动而动。有的与知府道台、七品知县称兄道弟，入府衙如进自家门，畅行无阻，且颇受礼遇。比如：协同庆票号是晋商榆次人王栋和平遥人东秉文合资兴办的，总号设在平遥。其在经营活动中结交了福建将军穆图善和晚清重臣张之洞。结交穆图善的是北京分号二掌柜张治达，有一天他在店门口看见一个人愁容满面地站在门外，欲进又止，便请其进店交谈，从言谈中知其为旗人穆图善。穆图善听说福建省有个将军缺，他想当这个官，但没有10万两银子打点就很难出任。他自己现有4万两，尚缺6万两，虽曾到过日升昌、百川通两家票号借过，可两号都言数目过大，怕有闪失，不敢应承。张治达听其言后，立即表示协同庆可以给他借款，让他三天后来取。随后张治达又紧急请示平遥总号，得到总号大掌柜刘庆云的批准，三天后即如数把6万两银票交给了穆图善。此后没过几天，穆图善果然出任福州将军，谋得此缺。为了答谢协同庆票号借款之恩，穆图善便让协同庆两名人员携票号图章跟他赴任，协同庆在福州开办了分号，从此垄断了福建官僚们的公私存款。为了感谢张治达本人，他另外还拨了50万两白银让张另立票号。张因感激协同庆知遇之恩，没有另立，而是将50万两白银浮存于福州分号，再放账生息。

协同庆票号亦交好于张之洞。张之洞是同治二年（1863年）进士，翰林院编修，在没出任山西巡抚之前是有名的清流派人物，其囊中自然羞涩。他在任山西巡抚时因母丧守制，三年期满回京后想另谋新职，需送礼打通军机大臣们的关节，遂向日升昌开口借10万两白银。日升昌驻京掌

■ 协同庆票号

柜因数额太大而有风险，没敢爽快答应，推托要请示总号。张作为清流派人物，又在山西任过巡抚，感到很丢面子，便来到协同庆票号，协同庆掌柜听报张之洞张大人来了，立马毕恭毕敬迎张进店，请上座，敬香茗，对张的借银之事一口应允，张十分高兴。协同庆票号掌柜又使了个心眼进言道，10 万两银子你张大人不是一次取、一次要，也不是给一个人。我给你立个取银折子，让你随用随取，不定限数，你看可好。张之洞听后更觉得掌柜想得周全，这样也十分方便，自然高高兴兴地说就这么办。结果，张之洞从票号仅取走 3 万两银子，便办成了大事，求得两广总督的肥缺。结果，张之洞为报答协同庆票号，就带协同庆的人去广州开设分号，把广东的各项税收、厘金、汇兑全都交由协同庆经办。不到三年，协同庆就赚回了上百万两白银。之后，张之洞又出任湖广总督，协同庆、百川通等票号又跟随其到汉口、长沙开设分号，经办湖广大地公私款汇兑业务及尔后的洋务运动中工商制造业的一些官款和股票发行，赚了个盆满钵满。

据近人陈其田在 1937 年所写的《山西票庄考略》记："在京的几个大票庄，拉拢王公大臣。在外省的码头，不啻为督抚的司库。最著名的如蔚盛长交好庆亲王，百川通交好张之洞，协同庆交好董福祥，志成信交好粤海关监督某氏。另说大德通交结赵尔巽和庆亲王，三晋源交结岑春煊，日升昌交结历任粤海关监督、庆亲王、伦贝子、振贝子和赵舒翘等。庆亲王和粤海关监督不止一家票庄招揽。"大德恒与两湖总督端方关系密切。蔚泰厚票号与江苏地方官王锡九等人"交结甚厚"。蔚丰厚与甘肃提督董福祥相交甚厚，在迪化（今乌鲁木齐）设分号，经汇并收存董部的军饷。合盛元票号的汉口经理史锦刚是湖广总督瑞徵的干儿子，史进入总督府如入家门，总督府的差役不敢称其名，只呼其"三少"。

晋商票号经理们结交广泛，长袖善舞，权势颇大。袁世凯羽翼未丰时，想拜见李鸿章，苦于无门路、不得见，还是通过三晋源票号在京掌柜精心安排，在票号的账房中拜见了李鸿章。

祁县乔家的大德通票号北京分号经理高钰，更是一个交结高手、公关能人，在清代官场上人脉极好，与内阁大学士桂春、九门提督马玉锟、陕西巡抚端方和历任山西巡抚赵尔巽、岑春煊、丁宝铨都是称兄道弟的铁哥们。高钰与赵尔巽的关系极好：赵出任四川总督，总号就派高去成都分号；赵出任黑龙江将军，高也跟到黑龙江；赵回到北京，高也再跟着回到北京分号。高与赵之间的利益关系可以说极为深厚，大德通北京分号可以说是赵的小财库。清亡后，赵尔巽出任《清史稿》主编。高钰与内阁学士桂春是铁哥们。1900 年“庚子事变”，八国联国攻陷北京，慈禧太后和光绪皇帝仓皇西逃，阴历八月初十路经祁县时就住进了乔家大德通票号。这是随驾西行的内阁学士桂春一手安排的。在两宫到达山西后，桂春即着人送一封密信给高钰，云“銮舆定于初八日启程，路至祁县，特此奉闻，拟到时趋叩不尽”。高钰接此连山西巡抚都不知道的圣驾行踪密报后，如获至宝，深知这是与帝国最高统治者接上关系的天赐良机，于是马上报告东家乔家腾房扫屋，支床安灶，采办食物，将大德通票号作为帝后行宫收拾出来。1900 年阴历八月初十，慈禧太后和光绪皇帝一行驻跸大德通，高钰和乔家又急忙调集资金，给仓皇出行、囊中羞涩的大清国皇帝太后捐献 30 万两白银，一解清宫的燃眉之急。一年后，《辛丑条约》签订，两宫回銮京城，慈禧召高钰进京，大加奖赏。第一，同意由票号汇兑官饷。第二，把《辛丑条约》中规定的赔款本息共 9.8 亿两银子交由山西票号汇兑，即各省将每年自己分担的赔款交给票号，由票号再汇给英国汇丰银行。此后 10 年，是山西票号发展的极盛时期、黄金年代。第三，赐给高钰官禄（虚衔）。第四，拟将筹办大清银行的事务交由山西票商去办。可惜的是，高钰及山西票商经理们没有抓住这个机遇，丧失了办银行的机会。

大德通票号结交清府官吏，广结人脉善缘，在经营上取得了非凡的回报。其在光绪十四年（1888 年）仅有资本银 1 万两，盈利 2.47 万两，每股分红 850 两。到光绪三十四年（1908 年），资本累计已达 22 万两，获利 74.3 万两，每股分红达 1.7 万两。其获利是惊人的。

晋商票号结交官吏得到了诸多好处。一是有了保护伞、靠山，不受或少受地痞流氓、沿途土匪的欺负和抢劫。如在 1900 年的“庚子事变”中，大德通票号从西安撤庄，运现银回平遥就在经理高钰的安排下，由陕西方面派兵护送到山西平阳府（临汾），再由平阳府派兵护送到祁县，保证了现银在路途上的安全。二是可以承接汇兑军饷、官饷、捐银、海关税收等。据左宗棠奏稿统计，左军从同治五年（1866 年）到光绪六年（1880 年）的 14 年中，在湖北、上海、陕西向票号借款 832.373 万两白银，支付利息 49.951 万两。据粤海关监督报告，1861 年粤海关一年解送京饷约57万两，以后逐年增加，到1881年已是一年上解京饷349万多两。另据清代档案资料统计，山西票号从1865年到1893年上解汇兑广东省白银936万多两，福建省855万多两，闽海关103万多两，浙江省219万多两。票号汇兑的官饷也由同治六年（1867年）的455万两，到光绪三十二年（1906年）猛增到2256万两，至宣统三年（1911年）还有533万两。这些白花花的饷银，经票号之手汇兑，票商们乘机居间放款、取息收汇费，比做什么生意都赚钱，比做什么生意来钱都容易。他们官商结合，投桃报李，互惠互利，乐此不疲。对于票商来说，通过结交达官贵人，寻得保护，得到利润。对于皇亲国戚来说，于公保护了库银汇解，减去了押解路费、收缴及平色的麻烦，急需时缓解了支出上的困局，支撑了清王朝的运转，解决了清政府的财政困难。于私来说，既可用票号银钱买官行贿，疏通关节，又可送人情于票号，在票号中得一分利，还能将自己官俸增值，贿银洗白，家产增大，故何乐而不为呢？

六、山西票号的企业文化

（一）号规严明，以制度约束员工行为

俗话讲，没有规矩不成方圆，晋商票号在长期的经营活动中建立起了一套严格苛刻的规章制度，以这些制度约束股东、总经理、员工的行为，界定彼此之间的关系。晋商号铺多具有连锁店的性质，往往总部设在山西平遥、介休、太谷，分号遍布全国各地。如何由总部统领各分铺、分号，他们在组织体系建设上，在员工行为规范上，乃至对股东的要求上，都建立了一套行之有效的管理制度。

第一，在分号的机构设置上，绝对是因事设人，而绝不会因人设事，

绝不会用一个冗员，让人浮于事。在一般票号分庄里，大多只有七至八个人。一个总经理（大掌柜）全权负责处理号内事务，人事安排、资金调拨、货物进出、财务决算、营业管理等，都由他一人决断。一个副经理（二掌柜）处理号内日常事务，相当于内管家、行政经理，对外联络、一日三餐，皆由他安排。一个三掌柜，也叫柜头，负责柜头门面上的事务，总管柜台（相当于现在的前台）业务。一个账房先生，负责具体会计事务、银钱出纳、金库保管及书写文书等。另有三到四位柜台员工，经办具体业务及号内杂事，这其中也有一至两人为学徒工、小伙计，干一些清扫卫生、服侍掌柜们的打杂事项。在晋商商号中有“紧七慢八”之说，就是一个分庄、分号放七个人紧一些，放八个人松一些。所以，他们一般不会超过这个数。

第二，所用分号庄铺人员，都是从山西本土派出，不会聘用当地人。凡从本土派出的员工，在进入商号前都有人担保，方圆十里八村都知道其人根底和其家族的情形。这就保证了分号人员的向心力，他们往往被乡亲乡情联结在一起，在一个号铺工作，就像在一个大家庭里干活。大家出门在外，团结友爱，守望相助，具有强烈的团队意识。这也是外地人往往称晋商为西客的缘由，也是商帮形成的原因。这样的组织人事制度，既克服了徽商中只用单一家族人员外出经商创业而造成的人才不足，可以较为广泛地在十里八乡，甚至三县五县内选用人才，又可以以乡亲、乡情、乡约、民俗为纽带联系员工，管理员工。因为，倘若你不遵守号规号法，做了什么对不起号内的事，那么，号里把你开除辞退后，你是无颜见江东父老的，是回不去山西的，即使回去以后也是无脸见人、抬不起头的，甚至连家门、祠堂也进不去。别的子孙都是发财致富后荣归故里，光宗耀祖，你活得如此，那是丢死人了。从此，就再也没人敢用你，你不但毁了你自己，你还将影响到你的父母族人、子孙，影响当初推荐担保你的人。所以说，这个乡亲、乡情、乡约、民俗是晋商的一个内在的、无形的管理办法，其作用和力量是巨大的、无形的。因而在外做营生的晋商把个人品德和操守看得比生命还金贵，没有人敢冒违反号铺号规的风险。

三是对东家也有规约。如上所述，财东在出银投资票号后，全权交给大掌柜运营，不得干涉号事，插手号内经营与人员安排。平时不得在号内住宿，不得随意到号内支取银两，不得随意接待并收纳分号回乡人员的探访和人情礼金，不得随意支使号内人员为他们办事，不得用票号名义在外活动，对外不能代表票号，也不能代表各财东（即大股东代表小股东）。财东只能在结账时行使权力。如在北京至今营业的六必居酱菜店，最早是山西平阳人赵氏兄弟在明朝时开设的。其“六必居伙规条款”明确记曰：“东伙不许悬挂借贷银钱。倘有借贷，惟管事者是问。”“银东支使钱文随时扣除，伙计支使银文，临回里之时须要还清。”“银东按五厘定支，伙计按六厘定支，自定支之后，不得越支。”“银东支使银两按两季开付，伙计支使银两按四季开付，不准早支。”店内不用“三爷”（即少爷、姑爷、舅爷）。

四是对员工的要求：(1) 一律不得长支短欠；(2) 号内财物不得挪用；(3) 禁止嫖赌和吸鸦片；(4) 不接待个人亲属朋友；(5) 不得向财东和掌柜送礼，如有婚丧、喜庆，由号内统一送礼，人员之间，不得互相送礼；(6) 号内人员，在回乡探亲期间，不得到财东和掌柜家里闲坐；(7) 号内人员，不得互相借钱；(8) 不得在外惹是生非；(9) 人员如有过失，不得互相推诿，不许欺瞒包庇；(10) 经理和所有顶身股的大小掌柜，都必须是本号学徒出身，概不从外号聘请；(11) 入号的学徒除年龄、体格和文化水平都有一定的条件外，必须是未曾在其他票号当过学徒者；(12) 学徒入号后，必须在票号内学徒期结束才能回家探亲，以后每三年可探亲一次；(13) 学徒开除后，不得再回本号；(14) 从业人员，不得在营业所在地结婚；(15) 选任经理，必须是曾任过各地分号的高级人员；(16) 经理等高级人员一律不准携带家眷；(17) 不准向有业务往来的客户借钱；(18) 不准兼营其他业务，即干第二职业；(19) 打架斗殴者，立即开除；(20) 拨弄是非者，立即开除；(21) 结伙营私者，立即开除；(22) 不听指挥调动者，立即开除。

另外规定，对于在号内的从业人员，其薪金不是每月每年发到员工个人手上，让你在外随意支配，而是寄存在柜上随用随支，最后等到你三年期满还乡时再算账结清让你一并带走。走时，要到柜台上将自己的包裹打开，让众人或掌柜一一点验，以证明你没拿柜上的东西，自己走时是清清白白的。在分号工作的职员，每月可寄平安家信，但不准私寄银钱物品。从分号回原籍总号的人员，一般要先回总号报到，将随身携带的各种物品交付总号有关人员查验，将公事办完才能回家，即使路过家门，也不得先入。

晋商有谚云：“家有家法，铺有铺规。”晋商各号铺都有自己的铺规章程，如祁县大德通票号从1884年到1921年的37年中，6次修订号规，前后共议定号规83条，并明确提出“振兴各庄，端赖铺章”。这说明只有以铺章规矩才能振兴企业，只有以铁的纪律才能规范员工的行为。从上述所引晋商铺章号规可知，他们是既管理了员工“八小时”以内的工作，又管理了员工“八小时”以外的生活，有效地防止了员工变坏、贪污腐败；既保证了票号健康发展，财源茂盛，又保证了自己带出去的员工健康成长，学有所成，并给自己家里挣来银子，衣锦还乡。

（二）诚信为本，奉关公为晋商之魂

晋商在企业经营活动中，有严密的号规，靠制度管人。制度不仅管“八小时”以内，管员工的工作，也管“八小时”以外，管员工的生活，规范员工在铺内铺外、号内号外、庄内庄外的言语行为。还有一点尤为重要的就是他们还用优秀的企业文化、企业精神、企业道德来管人树信，打造自己的金字招牌。这个文化、精神、道德的精髓就是诚信，以诚信为本。这个文化、精神、道德的标准形象就是自己的老乡关公——关羽、关圣大帝。

关公，名羽，字云长，生于东汉末年山西解州常平村（在今山西运城市解州镇东南）。一部山西太原人罗贯中所著的《三国演义》小说，把个陈寿《三国志》所记的历史关羽，描写得高大完美，忠义仁勇。历代皇帝不断加封，由侯而帝，由帝而圣，由圣而神，使关羽成为中华民族与孔子齐名的武圣人。民间传唱的各种关公戏，遍及华夏乃至世界各地，凡有华人居住的地方几乎都建有关帝庙，使关羽形象、关羽文化、关羽精神深入人心，家喻户晓，妇孺皆知。儒、释、道三教皆奉关羽为神明，塑于庙堂，顶礼膜拜，使关羽成为三教的代表、神灵的化身。山西有关羽这样的英雄神灵，聪明的晋商不假思索，请来就用。他们奉关羽为神明，经商到异地，不仅将关羽请到商号店铺，供奉祭拜，而且大建关帝庙及与之配套的晋商会馆，以关公精神作为自己商号（企业）的灵魂，

以关公文化教化自己的员工，界定东家与掌柜（经理）、掌柜与员工之间的关系，以关公作为自己商号的形象代表，展示给与自己做买卖的相与（客户）及世人。奉关公为财神，敬关公为神灵，求关公以保佑，内化关公精神于灵魂，外行关公作风于江湖，既给自己的企业经营树立了诚信、不欺的形象，又极大地传播弘扬了关公文化。

■ 关圣帝君像剪纸

关公文化的精髓是诚信、忠义，一诺千金、义不负心、忠不顾死，一日桃园三结义，终身华夏同生死，终身不事二主，绝不背主叛主，更不卖主求荣。下邳失守后，关公降汉帝，附曹操。曹操厚恩相待，送金银美女，赠“赤兔”、战袍，封为汉寿亭侯。曹操所给予关公的物质利益与光辉前程已大大超过刘备所能给予的。但是，关公在知道刘备下落后，为着一个“义”字，毅然挂印封金，辞曹奔刘。其在给曹操的辞职书中说：“今探知故主现在袁绍军中，回思昔日之盟，岂容违背？新恩虽厚，旧义难忘。兹特奉书告辞，伏惟照察。其有余恩未报，愿以俟之异日。”“写毕封固，差人去相府投递；一面将累次所受金银，一一封置库中，悬汉寿亭侯印于堂上，请二夫人上车。”而后千里走单骑，过五关斩六将，追寻刘备去也！此行使关公一举成为忠义的化身，就连曹操都极为敬佩叹服。曹操曰：“不忘故主，来去明白，真丈夫也。汝等皆当效之。”……因谓张辽曰：“云长封金挂印，财贿不以动其心，爵禄不以移其志，此等人吾深敬之。”正如《三国演义》第二十七回之诗叹曰：“挂印封金辞汉相，寻兄遥望远途还。马骑赤兔行千里，刀偃青龙出五关。忠义慨然冲宇宙，英雄从此震江山。独行斩将应无敌，今古留题翰墨间。”

晋商在企业经营活动中，深知诚信不欺是做人的准则、企业的基石。他们奉关公为神主，对内可以教育掌柜、伙计像关公那样忠于东家，一心事主，受人之托，忠人之事，不为外界金钱、美色、高官厚禄所利诱，时常不忘东家之恩、知遇之恩、往日之恩；对外以关公形象为企业无形资产、金字招牌，以“义”字行走江湖，笃行“言必信、行必果”。孔子曰：“人而无信，不知其可也。”（《论语·为政》）马克思在《资本论》中说：“银行家经营的是信用本身，而银行券不过是流通的信用符号。但银行家也经营一切其他形式的信用，甚至贷放存在他那里的货币现金。”商业信用的“代表是汇票，是一种有一定支付期限的债券，是一种延期支付的证书”。人无信不立，商无信失财，晋商票号要做存放款业务，信誉是至关重要的，是第一位的。你没有信誉，别人是不敢把白花花的银子存到你的柜上的，是不敢委托你汇兑银钱的。诚信是晋商票号立百年不倒的定海神针，关公是晋商行走江湖的形象代表。下面试举几例，以说明晋商的诚实守信，以义制利。

明代山西蒲州商人王文显（1469—1523年），是个弃儒经商的大商人。明人李梦阳在《空同集》卷四四中收有《明故王文显墓志铭》，铭文中记：王文显“商四十余年，百货心历，足迹且半天下……文显之为商也，善心计，识重轻，能时低昂，以故饶裕。与人交，信义秋霜，能析利于毫毛。故人乐取其资斧，又善审势伸缩，故终身弗陷于井罗”。文显“以商起家，乃大室庐，备宾祭，毕婚嫁，四弟各成立”。其墓志铭中有一段他训诫子孙的话，可谓家训：“夫商与士，异术而同心。故善商者，处财货之场，而修高明之行，是故虽利而不污。善士者，引先王之经，而绝货利之经，是故必名而有成。故利以义制，名以清修，各守其业，天之鉴也。如此则子孙必昌，身安而家肥矣。”王文显强调的是“利以义制”，与人交往讲究的是“信义秋霜”，故能成大商巨贾，肥家兴业，子弟仕宦。

祁县的乔致庸，一生奉“义信利”三字为经商准则，诚信不欺，以诚待客，视信誉为生命。乔家在经商活动中有许多诚信故事。乔家兴起于内蒙古包头，复盛公、复盛全、复盛西等“复”字号都是乔家在包头开设的商号。乔家在包头开设的面粉店，为了树立信誉，针对有些同行商号缺斤短两、赚昧心钱而引起居民不满、怨声载道的情形，悄悄地把自己的斗秤改大，卖出去一斤面粉，客户实得一斤一两。居民们发觉后，奔走相告，纷纷到“复”字号买面，“复”字号的销量大增，门庭若市；而那些缺斤短两的面粉店则门庭冷落，销量大跌。“复”字号面粉店卖出了信誉，一个店面卖不过来，又在包头城其他地方开设新店，以方便居民，从而控制了包头城的面粉销售市场，赚得了更多的钱。

乔家复盛公商号在包头还有一个很有名的卖油故事。乔家在包头建立的复盛油坊，专做胡麻油的生意，其“北路胡麻油”的牌子在京、晋、冀、津、豫一带很有声誉。光绪年间的一个秋天，复盛油坊准备贩运一大批新榨制的胡麻油回山西销售。当时，油坊中存有一批劣质的胡麻油。装篓时，一个伙计为图厚利，便将劣质油掺入好油中。临发运时，掌柜来油坊检查，发现原存的劣质油不见了，便追问下落，待问明白后，掌柜勃然大怒，立即决定将已装好的油篓子统统卸下，重新购置油篓装进好油发运，并以此事告诫全号伙计，绝不能以次充好，伤害商号信誉，自己砸自己的牌子。据说，这次换油事件使复盛公损失了十几万两银子，掌柜也十分心疼。但他视质量为生命，视信誉为生命，认为损失油、损失银子是小事，伤害复盛公的信誉和牌子是大事。事后，乔家又将此事向外张扬、宣传，并将掺假的油篓子公开示众销毁，将不可外扬的家丑公开，反其道而行之，化危为机，反而取得了顾客的信任。消息传到关内，传到山西，由于复盛油坊的胡麻油质量好，不掺假，因而牌子更响亮，销路更广、市场更大，当初的损失，在以后的扩大销售中也补了回来。山西商人有谚云：“宁叫赔折腰，不让客吃亏。”“买卖不成仁义在。”“售货无诀窍，信誉第一条。”“秤平斗满尺满足，客不用叫还会来。”

在1930年蒋、冯、阎“中原大战”后，晋钞大幅贬值，约25元晋钞才能兑还1元新币。当时乔家开设的大德通票号若对存款户以晋钞付出，则可以趁晋钞贬值之机发一笔横财。可是大德通票号没有这样做，对存款户坚持以新币支付，为此，不惜动用了票号历年所存的公积金，不让存款户吃晋钞贬值的亏，从而进一步树立了票号的信誉。

还有一家票号，有一笔数千两银子的汇票长期无人来兑取，票号掌柜的四方打听，费了很多周折，得知这个商人已经故去，于是，特地通知其儿子前来兑取。又据雍正年间编写的《泽州府志·孝义》记：清代泽州人王文宇，“贸易保定府，与葛东岗友善。东岗有子弗立，惧其毁败，阴以800两白银付文宇，不令子知。东岗死，文宇督其子，俾其成立，将东岗所遗金还之”。

八国联军进攻北京城时，在京各票号也遭到重创，被抢劫的抢劫，烧毁的烧毁，许多逃难回归的山西票商在路上又被打劫，损失白银不可计数，有的连账簿都丢失了。但票号于事前事后凡有来凭票兑取的储户，仍然如数付给，保证储户不受损失。一年之后，两宫回銮，政局渐定，票号信誉鹊起，不仅受到各路商户市民的信赖推崇，就连清政府也更加依托票号，信赖票号，将以前尚有争议的军饷、官饷汇兑，也都大量交给山西票号去办，并延请山西票商到京，商量筹办大清银行。据蔚丰厚票号经理李宏龄在《山西票商成败记》中描述：“朝廷环顾各商，惟票商一业忠实可恃，于是军饷丁粮，胥归汇兑。……一纸之信符遥传，百万之巨款立集。及逢庚子内乱，天子西巡，大局岌岌，各商停滞，而票商之执券兑现者，上海、汉口、山西各处，云合雾集，幸赖各埠同心立付裕如。至是之后，信用益彰，即洋行售货，首推票商银券最足取信。分庄遍于通国，名誉著于全球。”斯言是也。山西票号建立之后，上无清政府之法律约束与保障，内无专门的监督检查及审计机构约束，立百年之久，没有倒账，没有赖账，没有掌柜、经理们卷款跑路，乃是上上下下、里里外外、东家与掌柜、掌柜与伙计、票号与客户，皆取一个“信”字。诚信是山西票号的精髓，是晋商的精髓。今人之经商做生意，安身立命，亦须大力传承，光大发扬。

第九章

晋商选人用人育人之道

明清山西晋商自肩挑贸易、走村串户、小商小贩起家后，为了进一步做大做强，积累万贯家财，为了自己的商号、票号基业永固，立于不败之地，成为百年老店，十分重视对商业人才的培养和使用。他们在选人、用人、育人上有一套行之有效的经验和办法。下面就晋商在选人、用人、育人上的一些做法再作一探讨。

一、晋商选人之道

（一）晋商用人，只用晋人

晋商用人，只用晋人，他们不会像晋王那样“楚材晋用”，不会用晋省以外的人。清人徐宗亮在光绪十七年（1891年）撰著的《龙江述略》中说：“汉民至江省贸易，以山西为最早，市肆有逾百年者，本巨而利亦厚。其肆中执事，不杂一外籍人，各城皆设焉。”肆就是铺子，如茶楼酒肆。晋商在外省从事商贸、票号活动，岂止是在黑龙江省不杂一外籍人，在全国各地所开设的铺子、票号，都是不杂一外籍人，用的都是本乡本土之人，时人称他们为晋商或西商，甚至有人贬称他们为“老西儿”。这也就是以地域形成商帮的根本所在。就西商称谓来说，又泛指山陕甘商人。山陕甘商人可以同建会馆、同祭关公，但商号铺子中的掌柜职员则还是各用各的人。另就山西内部来讲，省内又基本以县域为单位，形成蒲州帮、临襄帮、泽潞帮、太原帮、汾州帮、平遥帮、祁县帮、太谷帮等。

晋商用人有“用乡不用亲”的明文规定。用乡就是只用同乡，这个同乡一般以县为单位，或以周边县为界。只用同乡，是因为同乡之间大家都互相了解，知根知底，谁的人品好，谁的人品不好，谁有才干，同乡同里、十里八村的人们都清楚，甚至祖宗八代、你爷爷叫什么名字，干过什么事，互相都知道。你家的姑娘嫁到我村，我村的男儿娶的谁家姑娘，相互联姻，亲上加亲，出门共事，凝聚力强。既能互相照应，又能互相监督，更容易团结起来共同对外，一门心思做好生意，为掌柜、东家所放心地支使。

不用亲，是指不用与自家有直接关系的亲戚。如晋商乔家复字号就规定三爷不进店，不用三爷。所谓三爷就是少爷、舅爷、姑爷。不用少爷，是因为少爷有可能是未来商号的东家、主子，伙计们潜意识中自然有一种敬畏心理，他们也难免干预决策。不用少爷，伙计们就能放开手脚，放开言谈，大胆工作，做好生意，从而保证掌柜们的自主经营权。同时，不让少爷进自家店，让少爷到别的店铺、商号去历练，更有利于培养少爷们成才，使他们吃得苦中苦、方为人上人，学得真本事，日后能够更好地打理自家的生意，当好东家。不让舅爷、姑爷进店，是为了杜绝裙带关系，防止他们恃亲骄纵，目无号规，影响商号的管理和发展。

（二）俊秀子弟，多入贸易

明清晋商多是三晋优秀子弟，少年聪慧伶俐者首先是选择进入商业贸易一行，进铺子、当相公（伙计）、顶生意（身股），当掌柜是他们的人生理想、追求目标。明清山西人的观念已经打破了“士农工商”的排序，认为商亦有道、商也光荣，从商不仅能发财致富，光宗耀祖，也能显贵人前，为社会做出贡献。当时三晋俊秀子弟，多入贸易一途，如能进入有名的大茶庄、大商号、大票号，一生就吃穿不用愁，前程有奔头。他们当时挤破头要进入的是有名的商号、票号，而那些商号、票号当时招人则是从娃娃中选用，从十三四岁、十六七岁的少年中选用。这与徽商谚语中的“前世不修，生在徽州；十三四岁，往外一丢。做得生意，儿呀，娘的心头肉；做不得生意，在外成鬼也孤幽”一样，说明学商历练要从小做起，从娃娃抓起。这也是风尚所在、习惯所使，是一种风气。在这种风气影响下，加上清代时许多晋商生意已做得很大，家族产业遍布全国，家族生意也需要人继承打理、经营，也就让优秀子弟多入商贾一途，有的人甚至中途弃儒经商。电视剧《乔家大院》中所刻画的主人公乔致庸就是如此。再如榆次常家，也有多人自幼学习成绩优良，有望科举成名，但为了管理家族生意产业，他们也半途废举业，不参加科考，而去经商了。

■ 梁启超

晋商俊秀子弟入贸易一途，在生意上做得风生水起，有模有样，开百年老店而不衰，立百年基业而永固。晋商能在全国十大商帮中高居榜首，就是因为其有人才，有优秀人才，优秀人才都在商界。他们真正是做到了行行出状元。梁启超先生讲："鄙人在海外十余年，对于外人批评吾国商业能力，常无辞以对。独至此有历史、有基础、能继续发达的山西商业，鄙人常以自夸于世界人之前。"太谷刘大鹏先生在《退想斋日记》中说："余于近日晋接周旋了几个商人，胜余十倍，如所谓鱼盐中有大隐，货殖内有高贤，信非虚也。自今以后，愈不敢轻视天下人矣。"举人叹商人强他十倍，调查研究后知商界藏有高人、能人、贤人，从此不敢轻视。这也是举人的进步、商人的幸事，是三晋风尚使之。

（三）入号学徒，条件严格

进入票号、茶庄学做生意的门槛很高，想进入也是不容易的。大的商号票庄在招聘员工时十分严格，条条框框、条件规矩很多，有些甚至是苛刻的。当时进店学徒做生意叫当伙计，又叫小相公、熬相公。其入号当小伙计的条件大致有以下几点：

一是年龄须在 15 岁以上、20 岁以下。当时说虚岁，也就是十四五岁至十八九岁之间。为此，有祁县大德通票号，放置一双铁鞋，有入票号者，先要试脚于这双铁鞋内，脚大者穿不进去，说明年龄已大，那就无缘进入票号了。这个方法虽然说笨了点，也不尽科学，但反映的是晋商培养人才是从娃娃抓起，十四五岁进票号当学徒，学上十年八年出师，也才二十五六岁。如此年轻进入商界，精力旺盛，经验弥足，出手老到，吃得苦，受得累，精力体力都是人生最旺盛的时段，自然能够闯荡天下，打拼生意，立于不败之地；而且为东家、商号服务的年限也长，自然创造的效益、挣回的银子也多。

二是身家清白，根正苗红，祖上三代没有过偷盗抢劫等恶劣行径，自己家人、父母、祖父母为人口碑好，人品好。这用今天的话说，就是对人才的德的考核。每家每户都有门风，父母是孩子的第一任老师、父母家庭对儿女的教育影响十分重要。晋商票号、茶庄选人招人，就要看你的家庭出身，祖宗三代是否正派。俗语讲，龙生龙，凤生凤，老鼠的儿子会打洞。你的祖上、父辈若有不光彩的行径，或是为人不正、思想不端正，教育培养出来的子弟难免受其影响。这虽然有点血统论思想，是不正确的，但辩证地看，也不是没有一点道理的。一个人的家教家风很重要，父母言传身教，对子女影响甚大，尤其是在封闭的封建社会，家教、门风对一个人的影响十分深远，是打着烙印的。

三是五官端正，身无残缺，机灵聪慧，举止得体。进入店铺票庄，东家、掌柜要进行面试。对徒工的人才模样要进行测试，身有残疾、贼眉鼠眼、男人女气、行为乖张的人是不符合条件、要拒于门外的。据大德通票号掌柜颉尊三记："欲入汇票庄之人既多，各汇票庄乃规定各种苛例以难之。倘非与主事者有血统或亲眷关系，终难入选也。各庄所定苛例，几于无奇不有。如'志诚信'所定招收伙友规则：年龄必须在 15 岁以上、20 岁以下；身高须满五尺；身家清白；五官端正，毫无残缺；语言辩给，举动灵敏；善珠算，精楷书；而保证人必须与总庄有利害关系。又如协成乾招收伙友规则，除年龄身家等大致相同外，更须仪态大方，习于礼貌，书算合格，不惮远行者，方为合格。此尚系普通条件，最可笑者，如存义公（票号），于普通条件外，更有创业老板（旧称老掌柜）所遗鞋子一双，欲入该庄学习者必须本人之足与此鞋适合。"

四是善珠算，精楷书，能写会算。山西优秀子弟多入贸易一途，也就是说有些有考取功名、科举中仕前途的人，中途也废弃学业，弃儒从商了。如榆次车辋常家九世常万育，"翁（常万育）未弱冠，读书家塾，用力甚勤，人皆许其能。既乃失怙而家计甚切，母独命学陶朱术，翁因顺志北上，据先人遗资，经营二十载，家遂丰盈”。九世常万达，“为榆邑望族，自少英敏，具干济才，方弱冠，遂弃制举，业捺计然术，事无巨细，便能摒弃区划，悉合机宜，为老成辈所器重。中年懋迁有无，阅历而谙练益精，一切运筹帷幄，克壮其猷，家业日隆”。常万达之子十世常怀愉，“今初而课读，颖异非常，长而经商，辛苦备至。至于寄迹廛市，更有可法者，栉风沐雨，以练精神，握算持筹，以广智略。其深藏若虚也，有良贾风；其亿及屡中也，有端木风。持义如崇山，杖信如介石，虽古之陶朱不让焉”。以上这三段话分别出自三人八十大寿的“寿序”中，都说明了他们少时聪颖，读书用功，若走科举一途，是有望中举及第、光大门楣的。但他们都弃儒经商，走了商贾一途，在生意上做得风生水起，富甲一乡，光宗耀祖。

五是同人担保，好坏连带。晋商在招聘用人上还建立了担保人制度。担保人制度就是你进入商号的个人条件具备了，但还必须有担保人签名画押出具的担保书才能进入。这个担保人制度既针对初入号的小练习生、学徒工、小相公，也针对被举荐为要做总经理、分号经理的人，举荐者也要出具出面保证书。在这个制度下，你要想进入商号店肆学做生意，必须找到愿意为你担保的人才行，愿意为你日后的行为负责的人才行。而这个人一旦为你出面担保了，你就要为他负责，为他争光，不能给他丢人。这是一个用人上的契约制度。这个契约制度，对于担保者和被担保者来说都有约束。担保者不会随随便便为一个陌生的人出面担保，也不会为一个已有生活污点，或祖辈父辈家风、门风不好的人出面担保，承担风险。而对于被担保者来说，这首先是一种责任，要为担保者负责；更是一种激励，激励自己要努力干好，为担保者争光。担保者从此也会更加关注被担保者，二者之间会建立起一种师徒、父子、朋友般的关系，负责对被担保者行为的教育、工作的指点、发展的培养、生活的关心。

对于担保人来说，也是有条件的。不是说你随便找个人就可以做保人。你找的保人要为东家、为商号内的众人所信服、公认。其条件一是有声望，孚众望，人品好；二是保人的家道殷实，一旦被担保的人有不良行为，有携款潜逃等事件发生，担保人赔得起；三是担保人与总庄总号有利害关系，自己担保举荐的人干得好，对自己也好，干得不好，对自己也有损伤，利益相连，利害相关，荣辱与共。事实上担保人是不好找的，被担保人与担保人没有特殊的血缘关系与亲情关系，没有特殊的牵连，是找不到担保人的。因为人心叵测，人心难防，知人知面不知心，担保人不仅要对你现在负责，还要对你的未来负责，而未来是不确定的。担保人有连带责任，是有风险的。俗语说“不做媒，不做保，一世无烦恼”，是有一定道理的。比如合盛元票号在1913年倒闭，当时其在北京分号的经理因难以应对债权人的追逼，私自逃出北京。因日升昌北京分号的经理侯垣是合盛元的担保人之一，众债权人便也将日升昌票号的经理侯垣告到地方当局。当地官员就向担保人侯垣等要人，侯垣交不出被担保的合盛元票庄经理，当地官员就要将担保人侯垣关押，要将其财产抵押，吓得侯垣连夜逃出京城，连平遥老号也不敢回，在外躲了起来。由此一斑可见担保人的风险。

晋商票号店肆建立严格的担保人制度，有效地防止了内鬼，规避了风险。晋商兴盛500年，尤其是后期创办票号，整天与银钱打交道，日进日出成千上万两银子，没有一家发生过内鬼作祟、见财起意、携款潜逃远走的事，可见这是一个十分成功的制度。大德通的票号掌柜颉尊三说：“票号以道德信义树立营业声誉，故选职员、培养学徒非常慎重。人心险于山川，故用人之法非实验就无以知其究竟。……使用同人，委之于事，向采轻用重托制，乃山西商号之通例。然经理同人，全须有殷实商保，倘有越轨行为，保证人负完全责任，须先弃抗辩权。将保证人与被保人相关联，如无特殊牵连，最不易找。倘保证人中途废歇，或撤保，应速另找，否则有停职之虞。同人感于如此严厉，再受号上道德陶冶，故舞弊情事，百年不遇。”

今存有中华民国年间晋商留存的一份保荐书，其上面内容是：“今保荐×××在贵号学习生理，到号之后，自当遵守号章，从事职务，倘有违背号规及其他种情弊，承保人应负完全责任。此致。双恒永×××台鉴。介绍人×××，承保盖章，中华民国××年××月××日。”（《晋商翘楚·乔致庸》）

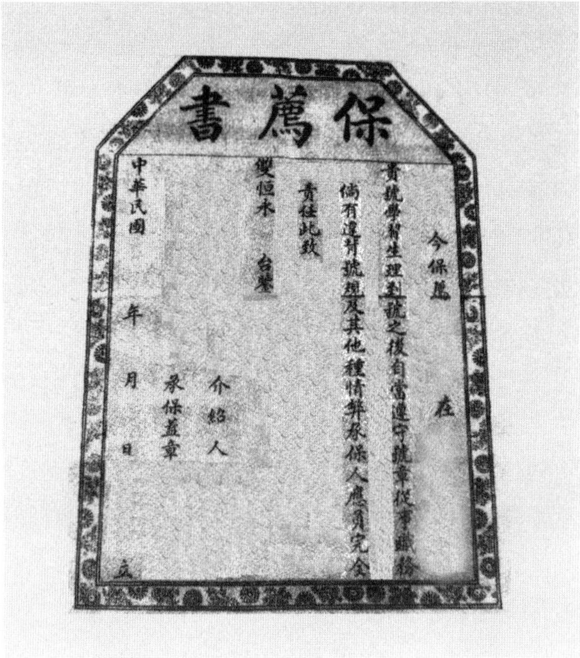
保薦書

今保薦　　　在

貴號學習生理到號之後自當遵守號章從事職務

倘有違背號規及其他種情弊承保人應負完全

責任此致

雙恒永　台鑒

介紹人

承保蓋章

中華民國　　年　　月　　日

■ 晋商保荐书

二、晋商用人之道

晋商著名票号经理李宏龄在其《山西票商成败记》中说：“得人者昌，政界固然，商界何不然。”又曰：“事在人为，得人则兴，失人则衰，认真察看则得人，不认真察看则不得人，全在平日留心体察，临时方可得人。”这是晋商的经验体会，诸多晋商也是这样做的。他们在用人上求贤若渴，任人唯贤，尊重人才，唯才是举，知人善任，用人不疑。所选总经理、分号经理一旦选定受聘，不仅给其用人权、经营权，而且待遇优厚不惜重金，放手使用不加干涉，长期任职不限聘期，全力支持礼遇有加。这就是晋商辉煌兴盛500年，尤其是票号茶庄经营蒸蒸日盛，执中国金融之牛耳，雄霸天下的根本奥妙所在。

晋商票号之兴盛，是因为晋商拥有一批优秀的职业经理人。晋商的这一批大大小小、成百上千的大掌柜、二掌柜、三掌柜，即总号大经理、二经理、三经理、分号经理、店铺老板，都是自己的商号店肆培养出来的，都是在实践中边学边干、摸爬滚打中历练出来的。他们是靠师傅的传帮带，自己的勤学好思，苦练多战，一步一步成长起来的。他们中的这些大掌柜、职业经理人具有战略思维和开阔视野，上交天子，下行江湖，纵横千里，驰骋商界，受人尊敬。在他们身上没有山西老西的醋味儿，不抠门，不吝啬，不土气，一个个精明强干，能说会道，忠于职守，廉洁奉公，出入官府衙门受到礼遇，行走江湖河海颇有气派，做起生意，驼铃帆影，声震华夏，一纸票笺，汇通天下，是响当当、硬邦邦的商界奇才、人中豪杰。下面试举几例晋商用人事例，以观晋商用人上的风采。

（一）乔致庸礼遇阎维藩

乔致庸就是电视剧《乔家大院》的主人公，乔家“在中堂”的大东家。而阎维藩是祁县下古村人，出身贫寒，17 岁时入平遥“蔚字五联号”之一的蔚长厚票庄学徒，经过 10 多年历练，刚刚 30 岁出头，就被派往福州分号任经理。阎维藩在福州分号认识了福州都司恩寿，并与之结拜为兄弟，结为金兰之好。都司就是当时地方上的军事长官，职权很大，福州的军饷和地方经费便全交由蔚长厚福州分号调拨，三年内福州分号就赢利五六万两银子。随后，恩寿为了升迁，需要一笔巨款去贿赂打点上司，阎维藩见“奇货可居”，便从长远考虑，自行做主为恩寿垫支了 16 万两银子。此事很快被分号想要排挤他的

■ 乔致庸

人知道，报告了平遥总号。平遥总号知道后，认为阎私自结交官吏，擅自挪用银两，违背号规，一方面深刻责备，一方面派人去福州查处。实际上这是担心恩寿升迁不成，无力还债，16 万两银子打了水漂。谁知，就在平遥总号这一系列动作尚未完成之时，恩寿便获得升迁，被擢升为汉口将军，不过几年便将所借蔚长厚的银子全部还清了。但是，阎维藩经此事件后，有感于总号对他已有成见，信任不似以前，便决定辞职回家，另谋高就。

这事儿被乔致庸听说了，乔慧眼识人，大喜过望，认为阎维藩深谋远虑，敢于决断，结交官员，人脉广泛，正是自己渴求的干练人才。又听说阎维藩过汉口时，恩寿亲带大队人马隆重迎接，安排在将军府下榻，盛情款待，报知遇之恩，临别时又亲书一札，让阎面交山西巡抚胡聘之，托其关照。乔致庸得自家在汉口商号快信而知此事，大喜过望，认为这正是延揽阎维藩到自己旗下工作的大好时机，便立即派他的二儿子乔景仪备了八抬大轿、两班人马在阎返乡的必经路口迎接。阎维藩骑马归来，乔景仪拦马迎接，并细说了其父乔致庸延聘阎为大德恒票号总经理的殷切之情。当阎听说乔景仪已在此苦等数日，又见乔家如此礼遇自己，而乔家当时已富甲三晋，是赫赫有名的大商号，自己能到这样的大商号、这样的东家手下去工作，能有平生可为之奋斗的理想舞台，也是自己的造化，自己人生的梦想也可在此实现，便欣然答应，与乔景仪一起骑马来到乔府“在中堂”。乔致庸接见阎维藩，与之洽谈，见其果然精明干练，谈吐玑珠，举止有度，反应机敏，眉宇间露出英气，对商号业务至为精通，确实名副其实，不愧为商界英才、千里骏马，当即聘任其为大德恒票号总经理，许其总揽票号一切事务。阎维藩见遇此伯乐，思及自己在蔚长厚的境况，不啻天壤之别，欣然应允。时为光绪二十年（1894 年），阎维藩方才 36 岁，而乔致庸已年届 77 岁。

古语讲，士为知己者死，女为悦己者容。阎维藩得乔致庸知遇之恩后，忠心不二，苦心经营，审时度势，调度有方，尊重人才，奖掖后进。虽历经甲午战争、八国联军侵华、辛亥革命等多事之秋，乃至天翻地覆的变化，但他凭借自己非凡的才干和出众的智慧，分别采取“少存多放”“南存北放”“多存少放”“北存南放”等巧妙的策略，不仅使大德恒没有像其他票号那样因战乱而蒙损，反而大获其利。阎维藩执政总揽号事凡26年，每逢账期按股分红时，每股分红均在8000两到1万两银子之间，给乔家赚了个盆满钵满。后来乔阎两家还结为儿女亲家，乔致庸做主将阎维藩的女儿婚配给自己的第九个孙子乔映庚。最后乔家“在中堂”的分家事宜，也是阎维藩主持仲裁一言而定，可见阎维藩在乔家的威望之高和乔氏一门对阎的尊重。

（二）乔致庸不拘一格选“二马”

“二马”是指乔家复盛公大掌柜马公甫和复盛西粮店掌柜马荀。乔致庸大胆选用他们，可谓不拘一格选人才的范例。先说马公甫，先是包头一家小杂货铺的记账先生，感到没什么前途，想办法结识了乔家在包头复盛公商号的大掌柜，跳槽来到复盛公做了一名普通员工。到号以后，他能屈能伸，干活不计脏苦累，办事干净利落，从不拖泥带水，言谈举止伶俐，见解深刻，颇有创造性，常能一语中的，为人又十分精明能干，深得大掌柜的赏识和信任。一次大掌柜要到祁县乔家汇报经营情况，因事一时走不开，便派他回去汇报。见到乔致庸以后，马公甫条分缕析、侃侃而谈。既把包头的经营状况、市场前景、生意情形汇报得一清二楚，头头是道；又陈述了自己的见解、解决的办法、拟采取的措施，充分展现了他对业务的熟悉，及对市场前景分析和预测的一些真知灼见。乔致庸何许人也！他阅人无数，慧眼识才，经过这一席与马公甫的交谈，感到这是个人才，是个不一般的人物，便当即决定将马公甫作为高级经理人才来培养，破例将他的人身生意股加到八厘。不久，包头复盛公大掌柜告老还乡，乔致庸便提任马公甫任复盛公大掌柜，同时节制复盛公在蒙古草原的其他商号。马公甫从一次汇报中脱颖而出，从此一步登天，将乔家包头复盛公生意经营得有声有色，生意大起，为乔家又赚取了大把大把的银子。

马荀，原是复盛西字号下属一个粮店的小掌柜，大字不识一个，连自己的名字都不会写，经常将马荀写成马苟，常被号内上下人等戏谑地称为“马狗”。就是这个大字不识一个的文盲马荀，因为从小在复盛西粮店当伙计，又是一个分店的小经理，头脑灵活，见多识广，经营有方，年年盈利。但复盛西总号因经营不善，连年亏损，年节盘点，将他的盈利全赔进总号的亏损里了。马荀见此深感不安，心中不服，便跑到祁县乔家向东家鸣不平。按说这样的越级汇报是坏规矩，不允许的，但乔致庸也知道复盛西粮店亏损，也想扭亏为盈，便客气地接待了他，认真地听他汇报。听完马荀的汇报，见他说得头头是道，颇具创意，乔致庸便破例决定单独给马荀经营资本，让他的粮店独立出来自主经营，使他有自主经营权。就这样，马荀由一个大字不识的文盲直升为一个独立自主经营的分号经理。乔致庸这一破格任用，引起了许多议论，有人也想看马荀出洋相，但马荀不负东家所望，从此甩开膀子，铆劲儿地干。一方面要报答东家的信任和知遇之恩，另一方面要堵想看自己出洋相、瞎议论人的嘴，不蒸馒头争口气。结果他将自己执掌经营的粮店搞得红红火火、节节攀升，为乔家又赚取了更多的利润。

（三）曹财东用人不疑

曹财东即太谷县曹家大院的东家，现在其一个分支的住宅院“三多堂”依然巍峨壮观地矗立在太谷县北洸村，供游人参观。曹家是清朝山

■ 曹家大院

西最大的富商巨贾之一，鼎盛时有 640 多家商号，遍及全国各地，雇员多达 37000 人，资本曾达上千万两白银。当年曹家富生峻商号在沈阳开设时，曹家托付的掌柜领了 7 万两白银做本钱，但不到几年就赔光了。掌柜回到太谷向曹家报告了亏赔经过，分析了赔钱的主客观原因，讲得头头是道，表示自己尽了职责，应承担责任，也甘愿被东家辞退。曹家听其汇报后，感到他讲的赔累原因符合实际，实是天意，并非人意和掌柜不尽责任，不但没有责怪他，反倒问他还敢不敢继续再干。这个掌柜表示只要你东家信任，我当然还敢再去干。曹家当即又托付给了他第二次资本。不料几年过后，这个富生峻掌柜又把钱给赔光了，他真感到无颜见江东父老，无颜再见曹东家，内心十分惭愧，真想引咎辞职。可曹财东听了他的第二次汇报后，仍然感到不是掌柜不尽力，仍然是有不可抗拒的客观原因，于是当即又托付他第三次资本，并鼓励他不要灰心，挺起腰杆，吸取教训，努力去干。这个掌柜万分感激，此去认真总结了前两次造成亏赔的经验教训，随后重整旗鼓，整顿人事，改变经营方式，依据东北盛产高粱的优势，先后开设烧锅酿酒，不仅赚回了前两次亏赔的资本，而且还用盈余在四平街新开办了富盛泉、富盛成、富盛长、富盛义 4 个商号。曹财东对掌柜的充分信任，放手使用，换来了掌柜的一片赤诚回报之心。一次驻沈阳的富生峻掌柜按定例回家探亲休假，中途在高粱地里大便，见高粱长势很好，便随手折断几株观看，发现秆内皆有害虫，遂立即打消回家念头，转返沈阳柜上，连夜布置安排大量收买高粱。这时不知情的商肆粮店眼看秋粮收获在即，且高粱长势良好，还在大量抛售，富生峻商号的大量买进还引起了一些人的笑话。结果到秋季高粱红了熟了的时候，果然因虫害大量减产，高粱价格飞涨，曹家却用预先囤积的高粱大大发了一笔横财。这就是曹财东用人不疑，掌柜受人之托、忠人之事、忠心回报的一个典型案例、动人故事。

（四）群星灿烂，人才济济

晋商忠于号事、精明能干的掌柜——职业经理人还有：平遥县人侯王宾，主天成亨号事 20 余年，扩充分庄 18 处，同事数百人，南通川广，北达甘新，居中综理，调度有方，内外巨细，算无遗策。

蔚泰厚经理宋聚奎，在票号做事30多年，为人精明强干，胆识出众，外庄结帮，结利超群。初顶人力股时，只有一厘，连年双加，年48岁时，人力股已达九厘，位至副经理。曾在江南长沙分庄任上7年不回家，是蔚泰厚票庄在长沙、汉口的中坚人物。随后又受聘到介休洪山乔英甫新开的宝丰隆票号任总经理，顶人力股1股2厘，是晋商票号顶人力股一俸为满的特例。其兄宋聚源也是了得，先后在其昌德、协同庆票号任总经理，也是顶一俸人力股的大掌柜，票号行中有名的精明能干之人。

平遥侯冀村人刘庆和，15岁时迫于家计弃儒就商，初入布店学卖布，后入蔚泰厚学汇兑，再与孟子元创办协同庆票号，执政号事20余年。其继任者赵厚田主号事后，“裁节浮靡，滥竽充数者悉罢之，知孟知子之材举而用之，不徇情，不蔽贤，不遗旧，孰古道也”。先是“冒险姑苏，急难皋兰，回翔成都、重庆之间20余年，能使全局营业，恒操胜算，皆赖赵君之力”。

其他如雷履泰、毛鸿翙、高钰、李宏龄等将在后面介绍，在此不再叙述。

■ 晋商掌柜与伙计

三、晋商育人之道

晋商富裕起来以后，十分重视对子弟、员工的培养教育，可谓教子有方，育人有道。他们早年发家，多是靠肩挑贸易，贩葱卖蒜，磨豆腐，生豆芽，一条扁担两箩筐起家，斗大的字不识几个，多数是文盲，没文化，吃过很多没文化的苦头。富裕起来以后，他们也富而思教，望子成龙，希望自己的子弟后代有文化、有教养。小者，明事理、开心智，不再吃没文化、被人欺蒙拐骗的亏；中者，继承祖业，光大生意，把家族商贾事业做得更强更大；大者，也步入科举仕途，有个功名利禄、光宗耀祖。为此，他们家教严格，家规严厉，号规明确，培训细微。教育从娃娃抓起，培养从学徒开始，一代代言传身教，手把手培养培训，为晋商培养了一茬又一茬后备人才，也使得自己的家族事业代有传承，承有发展，一个个开成了百年老店，令世人赞叹，打破了富不过三代的魔咒。其家教家规、号章号规、培训教育至今对我们都有启迪和借鉴作用。

（一）家教家规

大富起来、家财万贯的晋商都在自家建有私塾、书院，延请当地有名的秀才、举人、进士坐馆执教，教育自己的子弟。如祁县乔家、太谷曹家、榆次常家等都建有自己的书院。他们对聘请来的老师十分尊重，礼遇有加，俸银优厚。如乔致庸延聘本县塔寺村名儒刘奋熙到家里坐馆教育子弟，一月给俸银 50 两，平时奉送上等点心、糖果，逢年过节还要敬送红包。家中宴请亲朋要请先生入席，而且要奉为上宾。先生回家省亲，临走时主人和少爷们要列队大门外，恭送先生上轿后方可回去。乔致庸如此尊师重教，是对先生的尊重，更是对子孙的教育。树立教师的威望，为的是打压子孙们的少爷脾气、少年陋习。教师当然更是投桃报李、不遗余力，使出浑身解数认真执教。

乔家在书院供有“大成至圣先师孔子”的牌位，两旁有对联“敏德以为行上，本立而可道生”。至今乔家大院里还有“百年树人”“读书滋味长”等门额。二号院里还悬挂有傅山先生书写的《文昌帝君阴骘文》木雕，其中“勿挟私仇，勿营小利，勿谋人之财产，勿妒人之技能，勿淫人之妇女，勿唆人之争讼，勿坏人之名利，勿破人之婚姻，勿倚人之势而辱善良，勿恃富豪而欺穷苦”，即是用文昌帝君言对子孙进行教育和训诫。

《左传·隐公三年》曰：“爱子，教之以义方，弗纳于邪。骄、奢、淫、逸，所自邪也，四者之来，宠禄过也。”为了教子成人，教育子孙走正道而不走邪道，约束子孙言行，修炼子孙品行，保证乔家大业兴盛不衰，乔致庸还经常教育子孙们：经商处事要以信、义、利为序。信誉放首位，以信誉得人；其次是义，不哄人、不骗人，该得一分是一分，该挣一钱是一钱，绝不能挣昧心钱；最后才是利，利在信义后，有信有义也就有利。“人为做事怪人休深，望人休过，待人要丰，自奉要约。”“唯无私才可成大公，唯大公才可成大器。”并以戒“骄、贪、懒”三字为经，告诫子孙为人处世要谦恭谨慎，以义求利，勤劳苦作，兢兢业业，和睦乡里，扶危济困，宁舍银钱，不结冤家。切不可贪得无厌，私欲熏心，不好公益，自私自利。并请人将对联“惜食惜衣非为惜财当惜福，求名求利但需求己莫求人”刻成条幅挂在内宅门上，同时制定出“四忌四欲”“六不准”之家规，修炼儿孙品德，约束儿孙行为。

“四忌四欲”是：“气忌躁，言忌浮，才忌露，学忌满；胆欲大，心欲小，知欲圆，行欲方。”这里“心欲小”的“小”字是指心要细，思维要缜密，要多动脑筋，考虑周全，合起来是要胆大心细。“知欲圆”的“圆”字是指对所学知识要融会贯通、圆通领悟，不死板、不教条，精益求精，运用自如。方对圆，是规矩、准则、模样。不马马虎虎，模棱两可，说过的话、办过的事要有鼻子有眼，合乎规矩、法度、情理，不让人戳脊梁骨，指着后背奚落你、诋毁你、辱骂你。

“六不准”是：一不准纳妾，二不准虐仆，三不准嫖妓捧戏子，四不准吸毒，五不准赌博，六不准酗酒。这“六不准”在平常之家看来没什么，有些甚至都不存在，但对生活在锦衣玉食、富贵奢华大家族的儿孙们来说，对于这些富二代、富三代们来说，要做到实在还是很不容易的。就是曾国藩也认为不易。他在咸丰十一年（1861 年）安庆舟次给其弟并家中子侄的家书中亦说：“位不期骄，禄不期侈。凡贵家之子弟，其矜骄流于不自觉；凡富家之子弟，其奢侈流于不自觉。势为之也。欲求家运绵长，子弟无傲慢之容，房屋无暴殄之物，则庶几矣！”

不准纳妾。在封建社会，哪个大户人家的儿孙不是三妻四妾。尤其是相对于晋商的徽商，更是喜爱红绣鞋、小老婆，多处纳妾。但乔家这一条“不准纳妾”的家规硬硬地就是做到了，执行下来了。就以乔致庸来说，就坚定地执行其祖父乔贵发制定的这一家规，一生不娶二房，不纳小妾。虽然他一生中先后娶过六房老婆，活到 89 岁，但其后来的五个妻子都是续弦的。即使“不孝有三，无后为大”，妻子生女不生男，也不允许娶二房、纳小妾、生子续香火，只能过继侄子顶立门户。如乔致庸的第四个孙子乔映奎，妻子只生一女，没有男孩，他也不敢休妻再娶，只得过继侄子顶门立户。乔家制定这一家规，为的是家庭和睦，担心的是娶妾纳婢既会引起大小老婆争风吃醋，又会造成嫡出庶出子女之间的不平等；杜绝多女共事一夫，以防家族内部各路人马互相攻讦，家庭内讧，后院起火。

不准虐仆，是要家中大大小小的主人尊重仆人、善待仆人，处理好与仆人之间的关系。乔家内宅雇佣仆人，只用成年已婚的老妈子，不用年轻未婚的小丫鬟，为的是避免年轻丫鬟姑娘与公子哥儿日久生情，弄出风流韵事。对待给自己家打工干活的仆人，不是把他们当外人、当牛马，在他们面前颐指气使，而是视为家人，融洽相处。对于不合心意或有过错的仆人、佣工，他们或是好言相劝，教育改过，或是给足工费，和颜打发，表现出足够的仁厚善良。乔致庸这么做，也是谨遵他爷爷乔贵发留下的祖训。乔贵发出身寒微，明白穷苦人的辛酸，家境富裕之后，他担心后人忘本，为富不仁，留下遗训曰：我本是穷人，受尽别人的歧视，后人切不可为富不仁，欺压穷人。乔家对仆人、佣工如此宽容善待，人心都是肉长的，人非草木，孰能无情，因而仆人佣工们对乔家感恩戴德，干活做事更加勤恳努力、尽心尽责、恪尽职守。乔家是当时中国的富商之一，名声在外。俗话讲，不怕贼偷，就怕贼惦记。有多少梁上君子、不法之徒曾打乔家主意，想到乔家大院偷盗打劫。有一次，一伙流窜作案、打家劫舍的土匪来到乔家堡，试图摸清乔家大院的内部情况，以便趁风高月黑之夜摸进去打劫。他们四处打听，寻找内应，费了好多时间，下了许多功夫想探摸情况。结果，不仅在乔家大院内外找不到一个做过佣人的人做内线，就是在乔家堡村内也找不到一个愿意给他们提供线索的人。这帮土匪最后只好怏怏而去，无功而返。

不准嫖娼、捧戏子。这对于平常人家来说是想都不敢想的事，敢想也没有钱去干；但对于富裕人家、官宦人家的公子哥来说，逛窑子、喝花酒、捧戏子、养戏班，日月颠倒，晨睡昏起，声色犬马，风流成性是常事，这是他们的一种生活方式。豪华奢侈的就是请戏班子、名角儿到家里唱堂会，抑或自己蓄养戏班子，如徽州盐商等。但晋商不允许，乔家家规更严厉。他规定不捧戏子，在他的大院里就没有建筑戏台子，他也从来不请戏班子到家里演出。这一点上他比其他晋商做得更绝、更彻底，要求得更严。山西其他晋商大院，许多都建有戏台子，但富甲一方的乔家没有。这样的规定，为的是教育子弟读书治学，修身养性，防的是玩物丧志，家道败落，放荡生活，惹是生非，引出一些不必要的是是非非和风流孽债，保的是乔家子弟昌盛，代代兴旺。

不准吸毒、赌博、酗酒。这在今天很好理解，在此不再诠释。要说明的是在不准吸毒上乔家后人也有遵守得不好的，如乔致庸的第十个孙子乔映南，因自幼丧父，不久其祖父乔致庸也过世，其母溺爱有加，管教不严，染上抽大烟的恶习，终生也没戒掉，可见鸦片害人。至于赌博，他们反对的是在外豪赌，没有节制，自家人闲来围坐方台，打打麻将、纸牌，既是休闲，也是娱乐，联络感情。不准酗酒，一个“酗”字说明不让过度豪饮，饮醉而发酒疯。过年过节，请师宴朋，抿盅小饮，以酒执礼还是允许的、要做的。只是不能多而伤身，贪杯误事，醉而忘形，酗酒闹事。

严厉的家法、好的制度，关键在执行。乔致庸执行家法说一不二，十分严格。日常生活中，他以《朱子治家格言》为准则，凡有儿孙犯错，于格言有悖，他便令儿孙们跪下背家法、背格言。如有儿孙浪费粮食，将吃剩的饭菜倒掉，他就会命令他们跪地背诵：“一粥一饭，当思来之不易；半丝半缕，恒念物力维艰。”反复诵读，以思过错，接着乔致庸再一顿数落庭训，方才让其“去吧”。儿孙们这才如释重负，从地上爬起来，蹑手蹑脚地退出。

（二）号章号规

没有规矩，不成方圆。国有国法，家有家法。晋商票庄，铺有铺规，号有号章，规章严密，管理极严。其所订立的号章号规，无论东家、掌柜、伙计、学徒，均须严格遵守。这些号章号规，一般由东家与掌柜共同议定，也就是出资人与领东掌柜（经理人）共同议定。议定后的号章号规，在企业内部具有高度的权威与铁的纪律的约束力，一切经营活动、大小人物都必须遵守执行，按号规号章办事，违规不遵守者是要按号章号规论处的。

晋商所经营的企业，无论是商号还是票号，总号下都设有分号。晋商对各分号与总号之间的业务关系、经营原则、人员聘用、日常管理、纪律要求、休假制度等号规内容都订立得清清楚楚、严密细致。

在组织结构上，晋商票号设庄、定人的原则是因事设人，绝不因人设职，严格以岗定人。所用一干人员从大掌柜到学徒全都是有人保荐的、知根知底的乡里乡亲，组织精干，管理严格，运转高效，外人针插不进、水泼不入，团队精神十分强劲。

晋商对入号员工的日常行为管理极严，约束众多，不仅管理员工“八小时”以内的工作，而且管理员工“八小时”以外的日常生活。在晋商驻外商铺、店肆，员工都全部吃住在号内，任何人不得在外住宿，亦不得随意宴请、吃请。分庄分号、店铺商肆就像一个大家庭，大掌柜就像个大家长，位高权重，说一不二，有赏罚开除大权。对员工的行为约束有诸多不准，涉及生活的方方面面，如第八章所列就有22条之多。这些严密苛刻的号章号规，如以今天的观点来看，有些不近人情，有些不合人性，但晋商这些东家、掌柜、大小伙计在当时都认为是合理合法、合规合情的，是符合朱熹等“存天理、灭人欲”的儒家思想的，也是以此证明自己清白、忠义、坚贞的，是他们人品道德崇高的体现。在遵守上他们不仅是自觉自愿自律的，而且在日常生活修行中还相互砥砺、争相比学，都怕落后，都怕被掌柜批评，怕被人看不起；怕一旦违纪犯规，开除出号，无颜回家见江东父老，不仅毁了自己的前程，而且还会丢先人的脸，给子孙留下污点，被家乡十里八村的人戳脊梁骨，看不起，背骂名。因此，可以说晋商在严密的号章号规下，在制度的约束下，形成了自己的企业文化，这个文化就是抱团、忠义、勤谨、诚信。这个文化是健康的、向上的、积极的，是既能赚钱赢利做好生意，又能带出队伍、培养人才，值得今人学习借鉴、体会回味的。

■ 平遥南大街

早期晋商铺规店章有哪些内容，因年代久远，商人文化所限，又不注重文字著述保存，大多已无史料可见。今天，可以见到的只有《山西票号史料》一书中辑录的祁县乔家大院乔致庸于光绪十年（1884 年）议定的号规 29 条。这 29 条号规是将乔家大德兴茶庄改为大德通票号、茶庄时新议定的。29 条号规是：

一议：新事招牌，起为大德通，里外一切账簿，齐今年正月初一日起，务将账皮各为注明。至于票业一门，仍是“同兴裕”，不过将一切账簿账皮，都添写“新记”二字。至于外边出名，无论茶业、票业，皆是以大德通招牌，以图永远。

一议：茶票生理，本属一号，所立账簿规式，俱有成章。不过茶票两庄，祁铺各资本五万两，取其逐年分别，每庄长银若干，庶可一目了然，好为估算。

一议：各码头平素来往以及将来结账，仍是营（口）归沈（阳）、津归京。至于由外请用未下班人位，辛金并缴费等项，是何出结，皆照向章，毋庸更改。

一议：祁铺内外周行借贷，皆是茶号一门办理。“同兴裕”所占银两，除讫资银五万两，用多用寡，皆向茶号周借，勿论逢标平时，按长年利计贷。设有余剩，随时下账。每年票号与茶号贴伙食一千两，祁铺年底一账。

一议：各码头勿论票贷、货务，虽以结利疲账定功过，原以激励人才起见，容之其间，大有分别，总以实事求是。果尔本处多利，他处未受其害者，为功。倘有只顾自己结利，不虑别路受害者，殊乖通盘筹划，大公至正之意。此等办法自有公论，兄等善自酌量，勿谓将来赏罚轻重不公也。

一议：各码头总领，务须各秉天良，尽心号事，不得懈怠偷安，恣意奢华，是所切望。换班回里，务将手中事件，逐一交代别位接办；将己身随带衣物，录一花折，开回支使银两，随身如数结来。未下班者，齐冬月底一律结祁，勿蓄分毫蒂嫌，并将伙等通年功过，随即另信题祁。

一议：各码头凡诸物钱盘、买空卖空诸事，大干号禁，倘有犯者，立刻出号。惟生意之中，原以通其有无、权其贵贱为经营。遇景逢情，囤积些实项货物，预与祁铺达信，请示可行与否，遵祁信办理，不得擅自举办。违者无论有利无利，按犯号规重罚不贷。

一议：勿论何路码头人位，吃食鸦片，本干号禁。姑念近年世道不古，沾染既深，悔莫能及，若竟顶真，心犹有所不忍。是以东伙从宽定议，除前已染此弊者，责令悛改外；齐此往后，再有故犯其病者，依号规分别办理。如有先染已改者，以血性论；并有未曾习染者，以朴实论，纵有寻常过患，准其以此抵消。试思此宗规条，于身得益，于事不误，何不乐而从之，是则有所厚望焉！

一议：各码头地方，难免有赌钱之风，坏品失节，乱规误事，皆由于此。不管平时过节，铺里铺外，老少人等，一概不准，犯者出铺。至于游娼戏局，偶蹈覆辙，早早结出，刻不容缓，难免效尤，严之禁之。

一议：各码头人位，不准向号中相与之家浮挪暂借，及街面置货买物，亦不许拖欠账目。如有私事，号中不准不管，轻则降罚，重者出铺。其相与字号之伙，向咱周借者，咱亦不准支应。谨记预防，违者议处。

一议：自今世道，咱处一带，逢镖过节，银两松紧不常。咱号事体，虽赖东家盛名，易于通融，但地皮过紧，利息增昂，吃亏败名，大有可虑，是以预为呈知，以免两误。凡做家中收款，估划镖前一月可以得信，即可收会。若期过于促近，零星固可照收，若大项即宜暂避。且四镖尤宜分别，春夏两镖，疲时多而快时少；秋镖虽则平和，犹有露快之势；犹冬镖至冬腊两月，地面事多之际，快多疲少，深宜谨防，如做生意，谨记是幸。若夫往家抽交生意，零星小宗固无限制，如做家中成宗收项，亦要早信关照。不然，倘遇银势疲滞，必受余银之背。通盘估谋，纵然生气秀气，诚恐得不偿失，此情不但与家中为然，即各路彼此往来，亦是如此办理。总之，勤信关照，乃生意中之要纲也。

一议：各码头上下人位，在外支取银钱，或随下班结祁，或齐冬月底结祁，倘有蓄欠分毫两者，以管账者自问。除本人重罚外，管账者定按徇情隐匿议处。如有过分滥支人物，准管账者随时据实报祁，勿得含糊，至干咎戾。

一议：各码头人位，换班回里，毋庸言矣。告假者，脚费自备。设遇因亲或家政有要事者，总领酌夺，顶下班回祁者，脚费俱系公出。余别归里者，一应花费自出。

一议：各码头就外请进人位，未下班前辛（薪）金，务以齐年就外拨清，随地出于缴费之内，俟下班后，祁铺才能录底开支。惟是衣资不可拨出，待至下班，由祁出去，再为起拨，以昭划一。

一议：凡两口（张家口、杀虎口—归化）售货，相与货账字号，不准再放与借贷，设若失错，单行难当，双行更难支持矣。谨之戒之，犯者出铺。

一议：凡两口遇年份兴盛，利息较大，不免有贪放借贷之嫌，首项小次虑保重，虽即背利忽略之事，总以不做为止，万勿含糊。

倘若失错，是谁贪放，定罚不贷。

一议：自此往后，凡顶身股人位，务要各合各节，不得潦草糊率，致犯号规。若犯出铺之条，何时说话，何时结楚，系按历年清抄算结；设有零月，不候年终清抄办理，定以应支开结。

一议：号内身股，每年应支：一俸以一百二十两，九厘一百一十两，八厘一百两，七厘九十两，六厘八十两，四、五厘七十两，三厘六十两，二厘五十两，春冬两标祁铺下账。除应支外，不准格外长支。倘有强颜硬问者，面阻勿怪。

一议：凡独做票庄码头，应拨衣资，“同兴裕”出账。惟两口、兴化镇（即多伦）以及南路办有茶务者，茶号拨给。

一议：茶山人位以及屡路发货者，号中即拨衣资，制衣添裳，以应按实价统计，才为公允。然而历年已久，今番亦未便骤挽前风，是以从权，彰明酌定，勿若是针工、线、里、扣，一应应用之物以实价七扣结账。此情亦只可经办茶货人位照办。若是票号，以及售货人位，无论南北，不得以此为例，均以实价结账，违者议处。

一议：两山（蒲圻羊楼洞、羊楼司）采办砖茶，务宜捡好买到，押工齐楚，押砖总要瓷实，洒面均匀，以期到两口不受买主挑拨。虽云如此，还要四处尽心捡点，节省缴费，生意之间，南北相关，总以取利为佳。倘不尽心治理，货色低次，工不精细，必致有碍门市，那时置货者难辞其咎为，望慎勿忽是幸。

一议：后首盼个时势转佳，若能将此种人才，不免枝占码头，票贷归于票庄统管，货业归于茶庄统管。做法等等，各与各业相同，以归划一。

一议：各处人位，皆取和衷为贵。在上位者固宜宽容爱护，慎勿偏袒；在下位者亦当体量自重，无得放肆。倘有不公不法之徒，不可朦胧含糊，外请者就便开销；由祁请用者，即早着令下班回祁出号。珍之，重之。

一议：凡伙等从各路捎带物料，果有己身必用之件，或家中难买之物，朋友之中尚且成酬，何况自伙？不过致劳不可令号中贴钱，上下一体，莫分厚薄。倘经买者不公，或多结少结，谁错之银，拨记谁账。

一议：勿论老少人位，每逢下班归里，总得先到祁铺，然后回家，不准私先回家，然后到铺。如与别伙捎带物件，亦应先送本号留底转寄，并非疑忌之见，欲使路伙利于身驾耳！

一议：各路结账时，务将浮账暂记花名以及票贷宗项随结账上，逐一花开回祁。如有隐蔽，移搁别处款项，总领、写账者，均得重咎不贷。慎之慎之，勿蹈愆尤。

一议：凡咱卖货码头，除零星出售现清货银外，若卖银期价之家，随信务将用主字号报祁，以便内外了然。逢标过期，收结票贷货银，稍期缓期该银之家，不特许报祁知，与各路亦得函报，毋得擅报平安过局，自取掩耳盗铃欺蒙之咎。此弊殊深痛恨，戒之戒之。

一议：各码头人位下班之期，除沈、营以三年为期，其余皆二年半为限。如俟下班之期，人位能于调开，毋庸候祁信吩咐。倘人位缺乏，抽调不可，即可曲委数日，一俟松容再行下班，各宜禀遵是善。

一议：勿论何路码头人位，凡为总领者，每月拨给衣资银二两，副班者每月一两。惟初学生意者，五年以内每月五钱；五年以外，照副班同行。皆是以从祁动身之日起，回祁之日止，由祁一次拨给。设有经营三二年进号出外者，亦以初学生意者论。如有不回祁者，到年终祁铺核估，齐年终拨销，来年再为起首。如年年拨清，不照旧规回祁一次拨给，庶可将伙等应得之银，年年沥于支账，不至各为长支，实则有应得衣资银抵补，此亦为名实不符起见也。

这 29 条号规，长达数千言，对新事招牌、账簿格式、经营范围、码头人位、职员管理等各种事项都做出了明确详尽而具体的规定，为乔家企业发展、兴旺发达起到了积极的作用。但是，随着时代和业务的发展，乔致庸于光绪十四年（1888 年）合账时又重议号规 13 条，于光绪二十七年（1901 年）又为蜀庄拟定新章程 4 条，于光绪三十年（1904 年）又添号规 5 条。其新增号规主要内容计有如下 20 条：

（1）学徒入号必须由上司举荐，学徒三年。三年内不发工资，膳宿由号内供给，衣服零用由号内支付。学徒期满考试合格后方可正式入柜成为店员。

(2) 号内所有职员每三年回家一次，在家半年，往返路费由号内供给，并预支一年薪金。如遇婚丧喜庆，可预借一定款项或些许补助。

(3) 号内职员一律不准携带家眷、私带厨役、擅自雇佣沾亲带故之人，更不准嫖妓、纳妾、捧戏子。

(4) 号内职员一律不准赌博、抽大烟。执事人员如因业务需要请人下馆子时，须经掌柜许可才行。

(5) 开除学徒和职员时，要把其所犯错误通知其上司，由其上司来号领走。开除顶生意的掌柜执事时，请其上司来号谈妥后，写出辞退书离号。

(6) 严明赏罚。职员做事出色，即破格提升；如有违反号规处，即按号规酌情处理。

(7) 当家掌柜必须由顶身股一分者担任，执事掌柜限顶身股五厘以上者担任。人选拟定后须由当家掌柜到祁县总号向财东引荐，得到财东许可以后，方能执掌号事。

(8) 内部账簿、财务由坐银柜的会计主任掌管，外事往来由跑街的主任掌管。

(9) 三年一个账期，结账时一般可分到红利银子3000余两，以期职员安心在本号工作。

(10) 账期在正月结算，二月由当家掌柜带上"清抄"回祁县向财东汇报。如在家一年不回号者，必受处罚。

(11) 财股、身股不到账期，没有特殊情况，不能提取和解雇。倘若掌柜违犯号章铺规，可随时降职降级给以处分。

(12) 掌柜殁后，在号上顶身股一分者，可享应支红利三个账期；不满一分者，可享两个账期红利。这是财东对做出贡献掌柜们的抚恤金，是延及其子孙的红利分享。

(13) 当家掌柜的权力很大，在职权范围内有权决定号内一切事务，无特殊情况，财东不能随意干涉号事。财东们只有到账期由当家掌柜持"清抄"汇报交代时，才有权发表自己的意见。

(14) 号内伙食分大小两灶，每餐开小灶一桌，只限顶身股五厘以上生意者食用，以示犒劳。

(15) 号内只用祁县或太谷、平遥一带人员，各码头首领不准就外请用人位。应聘入号者要出身良家，查其祖宗三代没有生活污点，其子弟方可应聘入号当学徒。

（16）新进店员录用时要看相貌、年龄、身高，考试珠算、楷书，要有一定的文化基础，要进行面试。

（17）注意信息沟通，情报交流，要求各票号庄铺“勤信关照，乃生意中之要纲也”。同时，总号为做到心中有数，洞晓下情，规定各分号“每到年终，将我号所共之主（客户）资本若干，通年之盈余若干，人位如何，有限无限，何业何帮，务须详细报告祁号”，即要求收集掌握客户的信息。

（18）对财东，即商号的主人也做出规定限制，限制出资人的权利。具体有三点：一是“此后遇有用项，如向号内借使银两，至多每股只准借银三千两”。当时一股是 9000 两，即只能借用股本的三分之一。二是“各连号不准东家荐举人位”，杜绝东家在荐举人位上的非亲既故、用人不当、任人唯亲。三是“现下在号人位，无论与东家以及伙友等有何亲故，务必以公论公，不准徇情庇护”。

（19）1901 年去成都设庄，因开辟市场，人地两生，总号一方面要求认真做好市场调查，询访地面字号盈虚消长，再做贪放业务，一方面又规定了每户的贷款限额。“查我号定章，纵是上上字号，至多不得逾三万之数，连号支号亦在其内，此尤指多年久占大庄而言。今我号初占成庄，市面生而且险，纵有极好上上字号，只可至多以二万为界，免受设有疏虑之害。”

（20）1884 年规定的衣资银两，是不分码头等次的，分号经理一律规定为每月 2 两、副理 1 两，其他 5 钱。1888 年改分庄为三等，一等庄经理每月 3 两，副理 2 两，其他 1 两或 5 钱；二等庄经理每月 2 两，副理 1 两，其他 5 钱；三等庄经理每月 1 两，其他 5 钱。1913 年取消了三等庄，三等皆上升为二等。1921 年又一次规定一等庄经理每月 6 两，副理 4 两，伙友 3 两，初出门者 2 两；二等庄经理每月 5 两、副理 3 两、伙友 2 两。20 世纪 20 年代，在北京生活，一人一月有 1 两银子就是上好水准了，一个三口之家一月有 3 两银子就过的是好日子。而山西票庄经理一人一月就有 3～6 两的银子作为衣资开销，可见其生活标准之高和派头之大。

制度的生命力在于执行。晋商财东和掌柜制定的制度在实际中是要一丝不苟地坚决执行到位的。他们的号章号规不只是写在纸上、贴在墙上的东西，而是铁的纪律、行为的准绳，是真正带电的高压线，谁碰谁走人，决不姑息。在落实制度方面，他们赏罚严明，一视同仁，无论东家、掌柜、伙友、学徒，都要遵守，都要执行，都是桃花源里人，没有法外之法、法外之人、下不为例之说。

晋商票号有名的经理李宏龄在《同舟忠告》中说："人才之兴，全凭鼓舞。若赏罚之际不能允洽，则贤能无由奋起，而不肖者反得夤缘而进，成败所关，岂浅鲜哉!"李宏龄本人曾向号内推荐一个伙友，名叫毛兰亭，总号派其到湖南常德分号做事。后来闻听说毛兰亭吸食鸦片，违反号规，他主动写信，请总号查处。信中说："如果属实，即另派妥人前往。总之，号事以妥实为主，岂可因弟汲引在先，遂而袒护。凡事秉公，不必瞻徇也。若必如此拘泥，恐以后无敢保荐人者。弟所荐之人，并非弟之亲故；即使弟之亲故，亦不能容推；至于他人，无论为何人所荐，均不能姑容也。"

日升昌票号还有一个案例。有个叫任炳中的职员，本已病故，但事后查出他有违犯号规之事，也严肃地做出处理，辞退出号。"故伙任炳

■ 平遥城墙

中，在外办理不善，且有违号规之事，理应重罚，念其已故，齐（光绪）十七年年终清算出号。”以上这两个事例都说明晋商赏罚严明，执法公正，不徇情，不护短。不仅号规严密，而且执行落实到位。如此用制度管人，贤者进位受鼓舞，愈加奋进；不肖者违规受惩罚，吐故纳新。总号分号，上下一体；财东伙计，主客一心。票号风清气正，活力四射，人人自强不息，勤劳苦做，生意自然做得红红火火、财源滚滚，事业当然立于不败之地，百年常青。

（三）培训学徒

新招聘的学徒店员，条件具备，面试合格，有人出具书面担保后，方可进店入号当学徒。新入号称“请进”，东家掌柜请你入号，表示对你尊重，你也是后生可畏，是个人才，日后前途不可限量；也表示亲近，从此在一个店里共事，一个炕上睡觉，一个锅里吃饭，一起做生意，就是一家人了。入号后，总号或分号掌柜要指派年资阅历较深的人当你的师傅，带徒培养，教你学做生意。而学徒的师傅又不止一个，店铺里的大小掌柜、账房先生、年资较你深的店员及伙计都可教你，都可指使你，也可以说是众师带一徒。只要你用心学习，虚心用功，他们白天晚上都可言传身教，手把手地教你，耳提面命地训你，教你做人做事做生意，学习经商要用的基本文化知识、商业知识。

入号当学徒，又称“熬相公”“当小相公”。“相公”一词在明清是对宰相和官人的尊称。但一个“熬”字，道出当相公的艰辛和不易。相公自然好，明清戏剧里对青年才俊、上京赶考的士子，都称为相公，都是小姐、丫鬟眼里的白马王子，他们一个个家财万贯，吃喝不愁，腹有学问，貌比潘安，年轻英俊，受人尊敬，但学徒要在商号里熬出来不容易。当时，入号当学徒，普遍规定要三年时间。在这三年里，店铺票号里只管伙食、住宿，不管衣着，不给工钱，不能回家探亲，也无礼拜天、节假日。三年期满合格后，还要为东家、掌柜服务三年，这三年才给些衣资、工钱，但还是个小伙计，还顶不上生意，挣不上工资。这后三年熬满后，经过考核、考验合格的方能留下，然后顶上一二厘生意，即有一二厘身股；再过三年，到三年账期后参加分红。故当时有谚云：“十年寒窗考状元，十年学商倍加难。”可见当学徒、熬相公是十分艰难的。

入号当学徒、熬相公，首先要守规矩、受拘束，不守规矩，则不能成方圆；不受拘束，则不能收敛深藏，正所谓“玉不琢不成器，况顽石及蒙童乎”。其次，要黎明即起，洒扫庭除，侍奉掌柜，恭敬机灵。五壶四把，终日伴随。五壶者茶壶、酒壶、水烟壶、喷壶、夜壶（尿壶），四把者笤帚、掸子、毛巾、抹布。开门、扫地、涮烟袋，提茶、倒尿、暖铺盖。这是要求当小相公的做事勤快，尊敬师长，从小事情上敦其品性、养成道德。再次，要学习文化、学习业务，包括习字、记账、练珠算、抄录信件、识银子成色，了解商品性能。在边境从商者，还要学习少数民族的语言和外语，以增长自己的业务才干。当时在山西商人中流传着这样的学徒口诀：“黎明即起，侍奉掌柜；五壶四把，终日伴随；一丝不苟，谨小慎微；顾客上门，礼貌相待；不分童叟，不看衣服；察言观色，唯恐得罪；精于业务，体会精髓；算盘口诀，必须熟练；有客实践，无客默诵；学以致用，口无怨言；每岁终了，经得考验；最所担心，铺盖之卷；一旦学成，身股入柜；已有奔头，双亲得慰。”从此歌谣中也不难看出，熬相公是十分艰辛的。小小少年，黎明即起，侍奉掌柜、倒尿壶、扫庭除、学生意、背珠算，一丝不苟，谨小慎微，年终还要经得起考核，担心被炒鱿鱼，卷铺盖走人。也可以看出，熬相公是有熬头的，是有希望、有前程的，就似锅盖上的米花子，一旦学成熬出来后，顶了身股，顶上几厘生意，账期分红有白花花的银子，自己有了奔头，双亲亦可宽慰，前途一片光明。

明清商人对学徒、店员的培训，多数是师带徒式的，口传手教，学习实践，师傅指导，学徒感悟，既具体又实用。这种师带徒式的培训又基本上是帮会性质的，是一帮一行一店一规一招一式一对一的培训教育，有些经商之道、买卖窍门他们视为法宝，秘不传人。当时既没有像今天这样大规模的职业技术教育，也没有什么商学院和MBA教育，就是各商帮、各行业、各个店肆号铺自己的师傅带自己的徒弟，全靠自己学习揣摩体会，靠自己的勤奋和感悟。到了明代后期，社会上才有了一些公开刊行的水陆路程、为商之道、客商规鉴方面的介绍。清代乾隆年间及其后，有些商贾根据自己的从商实践，总结编纂出来一些经商经验、窍门之类的书籍，但多数以手抄本的形式在民间流传，被商贾们视为秘籍，藏于宝箧，纳于袖中，灯下翻阅。明清商业类图书，例举目录如下：

明代

（1）隆庆年间黄汴的《一统路程图记》；

（2）万历年间壮游子的《水陆路程》；

（3）万历年间余象斗的《新刻天下四民便览三台万用正宗·商旅门》；

（4）天启年间程春宇的《士商类要》；

（5）崇祯年间李晋德的《客商一览醒迷》。

清代

（1）乾隆年间赖盛远的《示我周行》；

（2）乾隆年间吴中孚的《商贾便览》；

（3）乾隆年间江苏句曲（今句容）人王秉元的《生意世事初阶》手抄本；

（4）乾隆年间沙城西麓主人汪淏在《生意世事初阶》基础上增删润色而成的《贸易须知》；

（5）由现代山西学者张正明先生在《晋商兴衰史》一书中确认并录存的，由山西商人改编、带有山西方言特色的《贸易须知·炳记》（辑要）上下卷；

（6）清后期出现的手抄本《典业须知》《典务必要》《当行杂记》。

以上商业类图书，就内容上来看，大致可分为四类。一类是着重记载各地水陆交通线路、站名、里程的，如《一统路程图记》《水陆路程》《示我周行》等。第二类是兼记交通线路和经商之道及注意事项的。如《士商类要》，不但记录了与《一统路程图记》内容基本相同的百余条交通路线，还立有专章“客商规略”“买卖机关”“为客十要”“醒迷论”“戒嫖西江月”“省心法言”“思虑醒言”，介绍相关的经商知识及为商之道。第三类是着重介绍为商之道、经商经验、商业知识的，如《客商一览醒迷》《新刻天下四民便览三台万用正宗·商旅门》《商贾便览》《生意世事初阶》《贸易须知》等。第四类是专门论述典当业的手抄本类读物，如《典业须知》《典务必要》《当行杂记》等。

另从古代行为商、坐为贾角度来看。《一统路程图记》《水陆路程》《示我周行》《士商类要》《客商一览醒迷》谓“行商”者必读之书；《商贾便览》属“行商与坐贾”兼而有之；《生意世事初阶》《贸易须知》及典当业方面的书籍则是比较典型的“坐贾”入门书，介绍了“坐贾”者的经营理念、学徒培养、迎客之道、买卖知识以及如何处理学徒、师傅、掌柜、东家与顾客诸方面的人事关系等。

这些明清商书中影响最大的要数汪淏根据清乾隆年间江苏句曲人王秉元所著《生意世事初阶》增删而成的《贸易须知》一书了。《贸易须知》上卷主要论及如何培养学徒，介绍了对学徒道德人品、处事能力、专业知识等方面的要求；下卷则主要增加了对于伙计的相关要求，如东家如何对待伙计，伙计、掌柜如何处理与东家的关系，伙计置货及店家应该注意的事项，等等。汪淏编辑此书的目的是为了“邮寄子侄”，以教育鼓励他们能够掌握“挟本居奇无微不入”的经商本领。王秉元更是在书中坦言：“余贾人也，少时习业，承师友指教多端，皆一一听受，以底于成。至今心焉溯之，犹觉耳熟而能详也。……余既承人之教而获益矣！则人之授业于我者，余又安忍秘之？暇辄追述旧闻，添之己见，编为一百余条，名曰‘贸易须知’，以示继我业者，代口舌之劳焉。”他希冀“初学者研求温习，玩味熟思，即此目击心通，何啻耳提面命？依准绳，循规矩，由道义，履中和，异日有成，出人头地，则余之一片深心为不负矣”。此书到道光年间，又由杭州项名达增删刊印，项名达在序中说：“是书言虽浅近而条理详密，达事准情……童而习之，允为贸易指南。”光绪年间也有人翻印，且在序言中说：“凡习业者，手置一编，时时翻阅，获益不浅。”据传，有名的徽州大商人胡雪岩在初入店当学徒时，读到此书，如获至宝，几十年潜心钻研体悟，用于经商实践，遂而构建了自己的商业帝国。该书是胡雪岩学徒经商的启蒙教材、秘不示人的箧中宝籍。

《贸易须知》分上下两卷，约一万字，写了许多初入生意的基础知识、注意事项，有对小伙计如何学徒，如何站柜台应酬，怎么做人、做事、做生意，怎么待人接物等内容，是很好的培训教材。例举如下：

“学小官，扫地先将水洒，可免喷灰。次之，一帚押一帚，轻轻而扫，毋使尘飞。再者，恐地下有银钱，拾起来交与店主，此乃试你之心，看你可爱银钱，切勿上腰私藏，慎之慎之。倘有字纸，捡入纸篓篓。”这是教你如何扫地，扫地时应注意什么，包含着对你的品行检验。

“学小官，学习算盘，日间不可学打算盘。生意之家，忌的白日打空算盘。务要在晚上，无事学习算盘，请教人指明算法，全要揣悟自省。”这是教你何时学习算盘，生意人家忌讳什么，你应怎么学——请人指明算法，自己用心琢磨。

“学小官，要受教听说。你受教听说，那人只管尽自己才情，尽行教你，他心里都是欢喜的。你若不受教听说……只是贪玩，那人不但不说你，反把高帽子与你戴。何也？既不受教，自然你就不喜人说了，那随你混去了，说你怎的，又道久谏成仇。”这是讲怎么教，怎么学，学小官应以什么样的心态、态度对待师傅、长者的说教。

“学小官，学得周年两载生意，有点眉眼，有点门路，就要硬着头任意在柜上勉强做生意，不可退后。如你做不下来者，自有旁人接应。你一回两回，胆大者就好向前做了。如你不向前，终是担心，何能展放，到甚的时候才能够做生意。又道若要会，人前累。”这是教学徒要大胆地试，大胆地做，教你如何出徒，独当一面，真是学而时习之，宛如扶你学走路一样，循循善诱，热情鼓励。

“做生意不可性急，性急则生意虽成，且而又无后手起翘。总要缓言相待，内中即有棱角转弯之变。你若急急迫迫，三言两语将几句话头说掉了，至到后没得蹬？岂不是没后手，则生意难成。又道生意不成，言谈未到。”这是教学徒如何应对说话，先留有余地，不要三言两语将自己的底盘端出，到后边没有转弯回旋的余地。

当然，《贸易须知》中也有一些让常人看来，是教人不当的说教，但在商家来说，也就是技巧：

“生意不比古时。以老为实，彬斌板版，目令你者依古时做生意者，则鬼已没得上门。而时下须得言如胶漆，口若蜜罐，花描行事，还要带三分奉承，彼反觉亲热，买卖相信，再相熟者还可说两句趣话，生意无不妥矣。但今世俗只宜假，不宜真。又道一天卖得三石假，三天卖不得一石真。”

《贸易须知》传到山西商人手里，晋商又结合自己的经商体会和感悟，结合山西人的口味、山西人的说话习惯进行增删。书中许多方言俚语，明显带有山西方言特色，如“哄人”“纸篓篓”“屙稀”“头醋不酸”“说甚话”“担代”等。而该增删本就是《晋商兴衰史》一书的作者张正明研究员从日本京都大学人文科学研究所谷井阳子女士手中抄回的《贸易须知·炳记》（辑要）一书。张研究员在书中明确注曰："此文原为手抄本，讹舛衍脱之处甚多，这里只作了简单标点，原著有文字不通地方，保持原样，未加改动。"张先生原文照录，不加改动，以原貌呈现于人，是要以此证明《贸易须知·炳记》（辑要）是经过山西商人加工增删而成的。这一点做到了，已为南京大学历史系范金民先生所证实，也为世人所接受。但研读此文，确为文中的一些讹舛衍脱所困扰，有的段落文字语句不通，上下不接，不知所云，如坠雾里云里，读不通，看不懂，不像个样子。2013年国际劳动节前后，笔者利用假日及工作之余的时间，费时一个多月，废寝忘食，不揣浅陋，对照《生意世事初阶》一文，着力对其讹舛衍脱之处给以增删，以便语句通顺、上下成文，可供今天人们学习运用。本书出版前，笔者有幸造访拜晤张正明先生，向他报告了此事和我写作本书的情况，呈他浏览了书目及我对《贸易须知·炳记》（辑要）的增删修改稿。先生给我以热情的鼓励，并欣然同意我在书中录用，真是大家风度。现将自己增删润色而成的《贸易须知辑要（炳记）》附录于后，以求教大方。同时附例《士商十要》《古人经商谚语》《客商规鉴论》，以便我们共同学习借鉴古人经商经验智慧，传承中华商贾文化。

附录

贸易须知辑要（炳记）

卷　上

1. 学小官，第一要受（守）规矩，受拘束。不受规矩，则不能成方圆；不守拘束，则不能收敛深藏，即顽石须琢经磨，方成器耳。

2. 男子志在四方，原望觅蝇头小利，以为养家糊口之计，切不可嫖赌废荡。凡搭船、歇店，务必少年老成，见得透，守得坚，如此为人，东君方可重托，父母才得放心。

3. 学小官，清晨起来，即扫地、掸柜、抹桌、摆椅、添砚池水、润笔、擦戥子、拎水与人洗脸、烧香、冲茶，俱系初学之事。

4. 学小官，要站在柜台，照看柜里柜外，看人做生意，听人说甚话的买卖。彼此交谈问答，对答贯串，必须听而记之。

5. 学生意要先学官话，纵然一时不像，切不可怕丑。若满口乡谈，彼此不懂，如何能出门学生意。读书居官亦然。

6. 客到，俟客坐定，即斟茶，双手之请茶奉过，退两步，再回头走。茶吃过，即奉烟、请烟。如客坐多时，再茶再烟。客去即将茶盅、烟袋归于原处，不可东搭西掼。

7. 进柜学小官者，全在流动活泼为第一，必须先学眼前一切杂事，谙练、熟猾、伶俐、精灵，更要目联耳听，手勤脚快。然则用心习学人，戥子、银水、算盘、笔头必通。次之，听人言谈，学人礼貌。以上种种，如是，方入生意之门。

8. 学小官，不论有人无人在面前，都要兢兢业业，谨守店规。莫说无大人在面前，就可顽皮，此系你不受拘束，则放荡不成文矣。

9. 学小官，不可嘴快插言多嘴，多言好辩，最令人嫌。如众人在一处议话，你可耳听，勿使眼望。亦不可向前多嘴插话，轮不到你说话，且学乖透了，再向前未迟。又道：紧睁眼，慢开口。

10. 学小官，切莫嫌大人啰唆。他说你，皆是教你成人，不然说你怎的；你若嫌他琐碎，行于脸色，下次当说你也不说了。系小人不教不训，何以成人，你去思之。

11. 学小官，不要口钝怯，但学戥子、银水、算盘、笔道、言谈、礼貌诸事，须要请教人；某老爹，某大爷，求指教、教导。切不可拙口钝腮，一言不发，犹如木头船。一如此者，学到老亦不是中用的，全要嘴上花哨，哄人，骗人，那人再无不导你的。又道叫人不折本，只要舌头打个圆，哄死不偿命。且你学得乖，藏在你肚里，即兵火盗贼，莫能劫之，岂不是你一生之受用也。

12. 学小官，目今相反。假如在店内二人，一人说你，一人不说你，反道说你者是坏人，不说你者是好人。岂不知不说你者，烂肚肠也。说你者，不啻受人之托，是教你成人。嗣后你成人者，则知说你者是恩人，不说你者是坏人。到后你成人了，到底还说，说你者是仇人，不说你者是恩人？初学者不可不明辨此理也。

13. 新进店学生意，第一要和睦。小官往往有以大压小，以新间旧之弊，相为忌刻。有道，投师不如访友。你若格外和好，他自尽心指引，不至如盲人骑瞎马矣。牢记、牢记。

14. 学小官，切不可拗强。拗强者，蠢笨之根也。如那人指点你、说你，他必定比你高些，才能够说你。你若对嘴、对舌、翘鼻高，不肯服他，你的生意，就是学一世也是不能成的也。

15. 学小官，切勿嘴馋，或在灶上拈嘴拈食，或偷钱在外买东西吃，或要人的东西吃。如此者，不但无品性，且丧志。戒之，戒之。

16. 柜内无你坐之理。有生意，固须站起。见店里伙计，亦须站起。盖店内俱系比你长的人，不是东家，就是伙计，都为你师，你焉敢坐也。到你坐的时候，自然让你坐也。

17. 学小官，先要立品行。行有行品，立有立品，坐有坐品，吃有吃品，睡有睡品。以上五品，务要端正方成。体统行者，务须平身垂手，望前看足。而行如遇尊者，必须逊让。你獐头鼠望，东张西望，摇膊乱跑，卖呆望日，如犯此样，急宜改之。立者，必须挺身稳立，沉重、端严，不可倚墙、靠壁、托腮、咬指。若允可坐者，务必平平正正，只坐半椅，鼻须对心，切勿抑坐、偏斜、仰腿、赤足，如犯此形，规矩何在。食者，必从容缓食，箸碗无剩菜，须省俭，大可厌者多言多语，贪吞抢噎，筷不停留满碗搅，又还嘴齁鼻，扒手桌上，这样丑态，速速屏去。睡者，贵乎屈膝侧卧，闭目吻口，先睡心，后睡目，最忌者瞌睡岔脚，露膊弓膝，鼾声呼气，一有此坏样，趁早除之。

18. 学小官，要有耳性，有记才，有血色，有活气，此四种万不可少。他有耳性者，则听人吩咐、教导。有记才者，学过的事就不能忘却了。有血气者，自己就顾廉耻了。有活气者，则有活泼之象，又叫着是个生意脸蛋，而人人见了欢喜你，夸奖你，岂不美哉。

19. 学小官，要受教听说。你受教听说，那人只管尽自己才情，尽行教你，他心里都是欢喜的。你若不受教听说，教你一次、二次、三次，不信你终日不改。只是贪玩，那人不但不说你，反把高帽子与你戴。何也？既不受教，自然你就不喜人说了，那随你混去了，说你怎的。又道久谏成仇。

20. 学小官，扫地先将水洒，可免喷灰。次之，一帚押一帚，轻轻而扫，毋使尘飞。再者，恐地下有银钱，拾起来交与店主，此乃试你之心，看你可爱银钱，切勿上腰私藏，慎之，慎之。尚有字纸，捡入纸篓篓。

21. 学小官，居家开店，掸几扫地，俱要朝里扫，不可朝外扫，此系常之忌讳耳。掸柜，务将灰掸于一处，然后吹之，恐有银末蘸于盘银之内。

22. 学小官，笔道习字，须在饭后闲暇无事，可以在柜上习学操练，或看书消闲，开卷有益。如有事，切不可。圣人云：行有余力，则以学文。

23. 学小官，学习算盘，日间不可学打算盘。生意之家，忌的白日打空算盘，务要在晚上，无事学习算盘，请教人指明算法，全要揣悟自省。

24. 学小官，称戥子，将（秤）毫理清，拿定提好，勿使一翘（高）、一懒（低），总要在手里活便。称小戥子，务必平口；称大戥子，务必平眉。不可恍惚，高低标准，方可报数。

25. 看银水成色，整锭者，看其底脸，审其路数，是哪一处出的银子。但成色一样，销手百般，细察要紧。如整锭无重边者，攒铅无疑。有云：有银无边，那是假。如疑惑，认不真者，剪开便知明白。块头者看其宝色、墙光、底脸、容口，纹银是纹银底脸，九五是九五底脸。如底脸不相符者，必须存神。又道：银无二色。如在墙光打闪滑头滑脑者，即剪开，则见铜之矣。

26. 学小官，说话要响响亮亮，高高朗朗，斩钉截铁，切不可沾沾滞滞，糊里糊涂，说在肚里，使人听不见。亦不可胡言乱道，嘻嘻哈哈，总要诚实妥帖。别人只管笑话顽，我只当没有听见，才成学生意之道。

27. 学小官，学得周年两载生意，有点眉眼，有点门路，就要硬着头任意在柜上勉强做生意，不可退后。如你做不下来者，自有旁人接应，你一回两回，胆大者就好向前做了。如你不向前，终是担心，何能展放，到甚的时候才能够做生意。又道：若要会，人前累。

28. 学小官，一着你到街上买东西，或是叫你到别店，有事将事办完，急速回店，切不可久耽搁，贪玩好嬉。如此者，就不把生意放在心上了。谨记，谨记。

29. 学小官，初学者总要自己谨慎、小心、惧怯、怕人，不可放荡、轻狂。至嘱，至嘱。

30. 学小官，一生意之家，务须早起。早起者，不但神清，而且气爽。柜内柜外，掸扫洁净，摆列齐整，亦是店面之光彩也。

31. 开张铺面之家，切不可在柜内打盹、看书、伸腰、打呵欠、混闹、嘻嘻哈哈，犯之则无店矣。

32. 学小官，上柜台作生意者，必须健身稳立，礼貌端庄，言谈响亮，格外神清，眼观上下，察人真伪，辨其贤愚，买物之人，则不轻视你了。

33. 做生意，必须把生意放在心上，不可胡思乱想，即有要紧心事，则生意时亦要拂开。有云：心无二用。想心事，做生意遮掩，神情恍惚，即无讲究矣。

34. 手里做着生意，还要耳朵听人说话，还要嘴里说着话，还要眼里看着事，所以做生意之人要八面威风。

35. 人借你柜上戥子称银者，你切不可伏在他面前，望着他的银包，恐有遗失；你可站开些，俟他称过银子后，然后将戥子收过来可也。

36. 替人夹银子，夹开必须放在柜上，切不可就放入他银包内，恐有讹误，慎之。

37. 与子弟学生意者，切莫先送入大店，何也？但大店内本钱是大的，生意是大的，气概是大的，眼眶是大的，穿的是绸缎，吃的是美味，如此排场，难免嫖赌，将以上行为日逐看在眼里，日久成风，岂不误却终生；就是学成顶好的生意，总是立于险地，岂千年不散之于（宴）席；倘一时不合，解出生意，则难寻小店之生意，岂不艰难乎。但有子弟，必须先送在小店里学生意，而小店虽则本小，但为事俱系寸金步子，论穿着，不过布单衣服，论吃者，不过粗茶淡饭，银钱细算分文厘毫不肯费用，只讲勤俭，并不奢华，寻常日用必需，就若居家一样；况而烧锅煮饭，上门下门也，即使过这般苦楚，见过这等行为，就晓得银钱非容易寻，亦知当家过日，但人情物理，纤维明白。如果生意学成有六七分，然后再入大店，自是此务明白，则不知妄为而说问渐高，见识渐远，为人毕竟超群。又道：不是一番寒彻骨，怎得梅花扑鼻香；不吃苦上苦，难为人上人。又道：边殊者，亦近墨者，近墨者黑，处世小就大则易，大就小则难。此说良有以也。

38. 学小官，务要识好歹。那人既朝夕训诲你，又不过于严厉你，你就要努力奋志，学得生意精微，世务圆通，再莫有个不成人之理。又道：世上无难事，只怕用心人。生意放在心上，早晚盘算体察，学而知之。你若是终日顽皮贪懒，好戏胡闹，说东窜西，全不习学生意，诸事又不放在心上，就是那人钻在你肚子里也是不中用的。如此者，倒不如早些回去，以再相别图还好。

39. 言谈，做生意之人不可缺也。与人闲坐，就是没话说，亦要四处搜寻出些话来讲讲，叙叙寒暄，谈谈时语，才成活变伶俐之道也。说话第一要谦恭逊让，和颜悦色，言正语真，方成正人君子，但凡言语之中，不可形于讥，诡诘诈，兼之有碍他人短处，最要检点留心。有云：言行要留有好样。生意人要如春天气象，惠风和畅，花鸟怡人，才是有脸戏。

40. 交易，言谈不要太多，多则令人犯厌，只在说得得当。你若言多，不在理路上，人反疑你是个骗子哩。

41. 有女子堂客进店来买东西，切勿笑言相戏，趣话流连，外人看见就要说。彼若喊叫起来，你的脸面何存？总要正言厉色，言明多寡，该卖则卖，不该卖则令别买，勿得自轻自贱，慎之。到底男女有别，授受不可亲也。

42. 面生人进柜，须要请教尊姓台甫、尊府何处，次之问有何贵干，至此务要细细查问，还须访他同伴人之，必要问此位是何人，彼若应，则无妨，若各言，不问。倘若竟有歹人冒同进店，你疑他伴，他疑你店之人，互相不问，真假难分，误事有之。昔有一人，同客进店，其店只当是随客之人，客只当店里之人，两下一依，后此人盗去银两，岂不是惜言两依之误也。

43. 入人柜内，不可靠银钱之所，犹恐彼有失误舛错，就疑你三分。又道：失物厌来人。再者，亦不可翻人账目看，惹人讨厌。

44. 称彼来买物之银，大市价钱他是晓得的，假如货卖六七分一斤，戥子上就要放在六七分四五厘之间，称之一让再让，买物之人，则无疑惑。你若在六七分之里称懒懒，买物之人看见翘，则说我银子多哩，可不多出一番言语来。

45. 称大小秤者，必须扶稳拿一，勿使低昂，如称来买之家货者，须拿着些回来。称己货者，须促着些，并非做没良心之事，亦是生意之法门也。

46. 称钱与人，数钱与人，发货与人，付账与人，必须查而再查，算而又算，交代明白，手清讫。切勿乱虚慌张，稀里糊涂，则有件错遗失之说也。

47. 人来买物之银钱，既成，此时不可移动他的，俟停一刻再移，犹恐彼不来买，退还原银，不动则彼无多讲矣。

48. 买者拿银同你买货，问彼买何物，先言价值，次看银，再收用戥称。如色足平准则不必言，如色毛平轻，则除去所欠平色，计净银若干，货价该多少，多则退，少则添。

49. 人来买物之银，先已称过，因交易不妥，既出去，复回来着，务将他银包打开，再称、再看，不可说我既称过就掼过去，犹恐倒包抵赖，将铜换去银，将轻换去重。他若说你才称过，又称做甚，你回道，金银不过手，事不嫌细，称过再看，可保无虞。

50. 一熟人来买物之银钱，不可就拿过许去，必先过数，如多则退，如少则添。你若惜情不过数者，来银止有少的，不得多的，岂不受了暗亏。但如今人，人面兽心者多，他晓得你不称他的银子，不数他的银，他就安心少称你的了，不但少了你的数，他还要拿银来同兑。故凡交易者，君子不羞当面为是。昔时贤文有曰：莫信直中直，须防人不仁；山中有直树，世上无直人。

51. 生意不比古时，以老为实，彬斌板版，目今你若依古时做生意者，则鬼已没得上门；而时下须得言如胶漆，口若蜜罐，花描行事，还要带三分奉承，彼反觉亲熟，买卖相信，再相熟者还可说两句趣话，生意无不妥矣。但今世俗，只宜假，不宜真。又道：一天卖得三石假，三天卖不得一石真。

52. 来往客寄存整封炮头银子，务要当面拆开，查照看验，再为封固，皮上写一笔某姓某名存记，切不可随手收入，最为误事。昔有茶客寄银一封存店，以为托熟，当时未查。迟了一月，茶客来拿银，拆开看时，竟是青钱四百，实像一封银子，两下抵赖不清，只因起初未尝当面查验，有此一端，其后各认一半，可不是失于检点过节。凡一切事务大概不得，存神、谨慎要紧。

53. 发货与人务将原账一看，再将货单一看，然后照单发之，交点数目付讫，存单核对。

54. 面生之人货未到，而先求得会其货，必须盘诘，细察名姓、何乡，尊府从哪一路来，置的甚宝货，合着甚价钱，到盘缠、关税是多少，他货船今在那里，细询一盘问，若说得对，再对货银，只可半信。又道耳听为虚，眼见为实，听其能言，你切要存心用意留神待他，可着一人暗地跟随尾之，俟他货到，方可大意。你若信他再行，以为真实，以好人相待，不防备他，一时瞒空，瞥见银两钱物衣物之所，即起不良之心，设计盗你的了，千记谨慎要紧。

55. 给票与客货件数，斤两折头价值一一算明查清，写落于自家底簿，然后给票，照票起，自后再对，对重宜，则无伪错矣。

56. 对一切来往人各说话，俱要存神留意，听他出口，探其来意，你须随机应变，还须聆音察理，鉴貌辨色。有道：要知心腹事，但听口中言。你若冒失致不审来历，止晓得随口说出来，并不管前照后，诚恐话内有关系机密，岂不令人参破识透。但凡一切说话行事，思忖思忖方可做，一切话亦要想想说，三思而行，方免后悔。

57. 柜上做生意，要不论贫富奴隶，俱要一样应酬，不可以别其好丑，藐视于人，但做生意的人，是无有大小，只要有钱问买卖物，他即是个乞丐花子，都可交接。哪里是应酬人，不过以生意为重，应酬钱而已。又道：生意人无大小，上至王侯，下至乞丐，都要圆活、谦恭、和平，应酬为本。

58. 做生意止可一人对买者交谈，切不可柜外买柜内物，个个插嘴多言，则不成大方生意。如买者执意不添，两下不能转弯，可着一人往前分剖几句，则生意成矣。但你若预先乱言杂语，你一句，我一句，及至到了两下不能转弯之时，无人接应，岂不是当下不美，无点排场耳。

59. 在柜上做生意全要眼亮，第一要认识得人，如彼公道正直、出言有理，必公道待他，毋自欺也。你若妄言诳语，虚名寡实，彼看你举动轻浮，则不信服你了。如那人本来粗俗，话语强硬，亦不示弱与他，他若狼头恼望着你，你亦要威严望着他。但目今时时局变，他见你惧他，他只管强硬，越打越进，岂不是倚势强买，则生意取坏无点抓拿。又道：遇文王而施礼乐，遇桀纣而动干戈。但发怒要想收头，又须知柔能制刚之法。

60. 柜上做生意，须平心定气，执执一一，和颜悦色，下气怡声，婉转相达，此乃生意乖巧之第一。你若气性暴露，肝气不平，那在暴躁，你更躁，岂不两下就有相打相骂之说。又道：生意为纳家，就是发怒亦要怒而不睛，才成生意妥帖也。

61. 做生意不可性急，性急则生意虽成，且而又无后手起翘。总要缓言相待，内中即有棱角转弯之变。你若急急迫迫，三言两句将几句话头说掉了，至到后没得蹬答，岂不是没后手，则生意难成。又道：生意不成，言谈未到。

62. 做生意切不可前言不应后语，都要至成（诚）的实，如何说起，如何说止，你若先三而后四，言语不一，则不相信于你也。

63. 店内生意兴隆，人多擦满头，须一个一个做妥，交货。自己拿定主意，总不要虚慌。某一笔该多少，某一笔该若干，算明查清，交付与彼。切勿见生意多，慌慌张张，失头忘尾，则有舛错多与。

64. 生意过滥则伤本，太紧则无人投奔，须要看人活变。如有所图者，做今日不挣钱，还有下次扳本，不可不深察也。

65. 做生意，看那人来，谈甚，你就要甚话敌他，切不可嫩弱，总要随机应变。如他批评你的货丑，你亦不可嫌他，他善批你，亦要善解。又道：褒贬是买主，说说是闲人。

66. 买者进店，要看你货色好歹，可先将丑的与他看。彼说不好，再把次一宗与他看，彼中意就买，若再不中意，你说道，先生果敢买高货，其价不贱哩。买者看道，则高价买之。你若猛然先把高货与他看，他则不信，可不要费唇舌，宁可多费于那人，则信之矣。

67. 说各货价钱者，多须留些退步，你若是直言其实价，买者未能深信。但目今之生意老实不得，多要放三分虚头，宁可到后再让，彼必信服的。你若说一个实在价，那人决不能增的，止有减的。又道：瞒天说价，就地还钱。可不是留余地者佳。

68. 倘有问你价，不处意买者，就是照本还说矮些，是不妨的，此谓之请客的盘儿。倘或向我买，我亦卖与他，往后恐有发生拉扯，亦未可定，名为拉主顾也。

69. 次货讨人价钱者，须要水马不离桥，切勿冒失要人多少，彼问你讨价没影，则伸舌而去之，总要不离左右，物值所价。即或过路生意，亦有大市略高些还可，如想一倍买卖两倍者，彼不买奈何。

70. 生意还价实未到本，是不卖的；还价过了头，是不卖的；还价在路上，疑而不绝，恍惚不定者，是不卖的。恍惚是站在柜前则欲买而不买之势。如买者少走，则假装不理，多走，则呼之回来。生意须三收三放，皆不放他出门之意。老拿着才是买卖者。

71. 生意来买者，卖价未到本，或无多赚者，不可轻易放他出门，如果不到本亦要迁就、软跌，此回不赚钱，恐下次有所图。你若潦草大意回他去了，则不成。生意之人必须笑容可掬，缓缓相就，推之以理，详之以情，那人自然多寡也添些，可不是原全生意之成也。

72. 做生意买者同你交易，必须把生意放在心上，同他对答怎长怎短，买与不买，切不可三心二意，别处打岔。必须立于柜面，俟彼着意不买，方可做别的事。莫说买者还价不到，就不理他，你不理他，买者则动气而去，如遇见性躁者还要同你相骂到底；还要细细揣摩，划算本利，卖得卖不得，不可自误，过后悔矣。

73. 生意也要慷慨大方些，泼绰些，切不可一做生意，格外苛刻，总要推多取少，做出名声，才有主顾投奔。

74. 做生意，若是有利钱的货来，买者如价格、平色纤微差点，就要包涵些为是；切莫执板定的要价足平色，毫无推板，则生意呆而莫活动，既无利之货，亦要活动为主。又道：要得生意成，八成当九成。

卷　下

75. 门口各货，价钱卖定，倘或货价纤微高些，你切勿就高，必须听得大市方可长（涨）价；你猛然就高，一时未能信服，不服者彼，彼则别买。往常是你主顾，彼若往别店买，别见亲热地与他买，除不高他的，反护他些，买者信以为然，只说你了，他下次永不来也。

76. 货者陡高，门口长（涨）价者，买人自不相信，必须将货物从地头因何而贵，或是微细，或遭干或伤雨，以至于贵，分下明白，买者自然信服，而增价买之。若贱亦公道与人，方成正气生意，则见你无欺，他下次即有投奔。又道：宁做一去百来之生意，不做一去不来之生意也。

77. 生意都要自己修，不可为省事而自误，但价钱俱要公道。秤要准，货色要剔选搭配。倘价高，须涨在人后；或价贱，就要跌在人前，才成生意之领旨也。

78. 同人交易者，彼兑来银如数，倘多者，系他错，必须退还，切勿收下。再者，算账亦要清白，不可苟且带错账、混账等情。自古道：交以道，接以礼。

79. 门市货色须要剔选，高货就在门口卖，不但卖得其价值，而又有主顾，次些的可以大宗搭去不妨。若门市生意，是养命之源，必须斟酌妥帖，不可潦草做坏，谨记、谨记。

80. 下交账者俱要银全，发货才无挂冻。银不全将货发与他，他就有多少徘徊摆布，或说你货低，或说你秤轻，当增价者不增，当加银水者不加。自古道：交钱饮酒，两无异说。

81. 做惯小生意者，忽有大生意投你手里做，就要打起精神，自家慨然些，脱洒些。大生意比不得小生意，锱铢必较，则非大方脉矣。

82. 赊账者，看其为人若何，访其家道若何，如人信，有家道，赊又何妨。有道：赊三千，不如现八百。又道：略占些便卖，纵对合不赊。时下更有一种奸人，如花言巧语屡次骗你，把便宜与你讨，与你不计较，他此等行事，却是想你赊欠于他的心事。你看他来得脱洒，大概只说他是个好事，就方赊与他，一上了他的勾（钩），再已难脱，可慎思之。

83. 问人讨账者，如欠主信实饶裕，不可琐碎多言。如欠主狡猾支吾者，一次闲话，二次累，三次发作，再四不可放过门，拿着他要钱；他若说今日不，就要道后日，即依他，及至到后日再往要之，其实又无，他又拿别的话来推托，未能就手，还要担待五天，真不误事；及至五天，又不相干，彼言实在要迟一个月，事则图活，决不失信，说不妨，就迟一个月，什么日期来领，彼说只在这个月，你说只到底要个日子，三十日也是个月底，初十也是个月初；他如果设话回说，定日子等到至期，务要使彼取讨，就是大雨大雪大风必定要的，即使他不能推诿。此乃一步紧一步，他才着力作法还银，凡讨账者不可不此法也。

84. 置货要看彼处市情，如客稀货广，宜停着相买；若货少客多，就要谅自己行销酌买之；如货涨则买，有跌意暂停。又道：宁买迎头涨，不买迎头跌。

85. 置货买时，虽厘毫必须讲究增减，何也？而求官者必须地头求，虽说厘毫无几，但积少则成多矣，置货不得不如是也。

86. 货物贵极者必贱，贱极者必贵，此乃至理。但贵贱者不一，贵不可买，买者防贱。贱极者可买，买则防贵。货贵底子贱，此时无利者随即货等价。又道：货无百日贵，亦无百日贱。又云：物极必反。谚云：家无千日货，不是长财人。又曰：家无藏货不发。总而言之，须耐得、守得，才为锦囊也。

87. 行情朝下松者，止可尽店内货销去，无多可待再松，奈之，则一张赶不上一张生意。你见行情好，卖，图其多买些，倘行情贱，再就不好做的了。恐行家来会，亦不可图他多，批拉时，却守的好，及至兑银之时，措手不及，恐行情又贱，则货物销头不少，岂不受激切而暗亏也。

88. 行情往上涨，可尽店内之力，四处腾挪多批些子，不妨其事。倘鬼市假高价，亦不可多买，总要看其局面，察其客路信息，果若真高，切不可错过，必须见景。

89. 行情但凡几分往上高，是几高，几分，几朝下跌，如行市真跌，如行猛高几，一旦猛跌几钱，一旦是假行情也，诚恐不然，亦要看其市情来势如何涨落。定规是：贵是贱，斟酌为要。

90. 开行开店之人，三朝五日要在众行走走，讨讨信息，街上各店坐坐，谈各货情形，不可一去延月不回，有误自家生意。你若呆坐在家里，则不知行情有早晚之分、朝夕之变。

91. 开店自己稍有本钱，可以转得过来就开店罢了，切不可图好看，多拉些行账在身上，脱出银子账，眼见你银子多，就不守本分了，又想做别的事，肥大虚浮。或一着棋落空，你拉的行账多，他则见利，及至到后，你美不来必鹅溪（屙稀）。

92. 开小店，自己人须得受（守）规矩，安分守己，勤生意，切不可胡作胡为，作癫狂奢侈，须得几文钱养家活口。又道：若要发，牙齿头上刮。

93. 开大店之家，伙计多者不可过省，逢年过节，犒劳赏赐，上下总要一样，不可厚此薄彼，令人嗔道，亦不可吃独食。

94. 开店之家，有一样菜下饭，便可。不可重肴叠菜，拣好拣坏，唯有市面上吃菜是莫论头的，一文钱可以买顿菜下饭，百文亦可以买顿菜下饭，生意人总要打算盘为是。有云：富贵只为升合起，穷人只为莫算计，能有以也。

95. 开小店切不可与有本之店混拉，你就是都送与他，也拉他不动的，必须平心，耐不可守说是我卖不得，同他乱卖一番，此事万不可行也。自古道：好战不如善守，必须让他个戏头，才是生意诀门。

96. 初开店，切不可嫌没生意，开不多晚，你要想开，你店才开，远处人未必知你开店，但新开大小店，俱要半年十个月来方成店面，如琢如磨，慢慢自修为娱。你如用心、用意，在生意上讲究，再无生意者，天之命也。你若关掉，就要捅到别处，如再不好，你可知奈何。谚云：头醋不酸，到底儿薄，总是难的。但时运不好，止有守，你若乱哄哄，越乱越坏。又道：家者其实不易，守者更难。细观“守”字底下是个寸，家得一守，万丈有家，守不得一寸，则无万丈。到归根耐之也。

97. 店内日用庶务，须量入为出，不可大支大用。若寻到一个，倒用去两个，岂有不坏事哉。又道：“用”字无底总要紧把，细吃细用总可撑持。又道：银钱入手非容易，用尽方知来处难。

98. 生意人切不可华丽，足可质朴，有一淡饭，省吃省穿终能积聚，看旁人穿好衣裳吃好食者，切不可照他行事。但生意人可恨者嫖赌吃喝四字，有此一字毁矣，穷之根，贫之源也。

99. 待小官，犹如待自己子侄一般。既在店学生意，有道：在家靠父母，出外靠主人。方见朋友亲戚，有点血心关切。

100. 教训小官，切不可当面批评。当面批评则使他羞惭，更要火了。俟晚夜宵谈及日间所做生意，那一笔在差错，那椿事情做坏，唯其以理评之，以情感之，婉转相商，从容评议，伙计无不听之、服之。

101. 教小官，论其资质如何，聪敏者，敏教法，鲁钝者，鲁钝教法。聪敏者不可过于严禁他，必须缓言相训，怎长怎短，始末根由，指点明白，甚的事怎样做，甚的话怎样说，你不向他细说分明，他怎能晓得。《论语》云：生而知之者，上也。你看世上有多少生而知之之人乎？皆系口传心授学而知之。鲁钝者，其教不同前，即乎同前一样教法，他也只当耳边风，岂有为师的两样教法，奈乎！着力教乎不能成，不着力教者成矣。只此贤愚别矣。

102. 教钝鲁之小官，止可慢慢管，店东亦不知替他说哪些细话，已学两年如有一眼之通，再都（渡）可也。如仍照前鲁钝，则无教导之说话，即或教成了，亦是个灰黑灰黑者，倒不如起早打发他回去，免蔽自己之名。但教小官的时候，切不可洒落掼盆，粗言笨语，非打即骂，狼头狼脑，使出言样行为，唬得那小官犹如呆子、痴子一般，越教越拙，使那小官再不能向前也。所以店东伙计为使者，亦要有些涵养，有点获（爱）惜。倘那小官如果聪敏伶俐不顽皮者，必须要细心着意教他生意，到后来成人，决不忘你授之恩了也。

103. 做掌柜、大伙计，不可自抬身价，而目中无人非为，不要有掌柜样指使提调，即或东家有诸事，对下等人也要图活通融。倘有不是处，亦以理而剖之，则上下欢心，无不服你。你若自己以尊贵，自夸其能，狂然自大，目中无人，行出坐坛遣将之势，众不但不服你，还要留下唾骂，做大伙计者不得不思也。

104. 用伙计者，必须安他之心，他才有心常替你做生意。那人有点能为，有点干办，你不可轻视于他，诸凡事情兼之钱银，行日可就着迎合他。人道：可用托主而事，良禽相木而栖。

105. 东家要体恤伙计，量材给俸，水深才养得鱼住。要察伙计家道盈余，他有什么心事，你要替他揣摩，迎合而为，宾主相投，自然越处越厚道，可以成协力同心之家也。

106. 伙计亦要尽良心，必须贴心贴意，彼之银钱分文不染沾，与人账目银钱亦要清白。有道，食人之禄，必当忠人之事。初学生意，更须谨慎和睦，不可傲慢怠惰。我既出乎忠心事彼，彼如不失我者，尽心竭力干也；彼若失我者，弃暗投明矣。又道：贤臣择主而事，良禽相木而栖。

107. 东家要察伙计家道，若家中被盗，生活无着，平常即靠此俸赡家，此时开口支银，尚或过支些须，你勿得有吝，慨然应允，他自有心待你。你具而应急于他，岂不是美事哉。

108. 付辛（薪）俸与伙计者，必须是那人用着银才问你，你千万不可吝，即称银与他，须得整齐些的，使那人寄回好用。该其银水者，切不可就其平戥，亦不可短者，此乃至是之言也。

109. 出路雇船，要预先开一启程单，某宗某件，以便照单查点，犹恐投宿起船，慌忙失落。

110. 剃头莫通眼，绞鼻，尤不可剔脚，只可长洗自剪。此老成历练之言，一生受益不浅。谨记，谨记！

111. 烟酒最为误事，有损无益。孟子曰：事孰为大，侍亲为大；守孰为大，守身为大。戒之，慎之。

112. 古诗云：少年轻岁月，不解早谋生。晚岁无成就，低头避故人。俗云，吃不穷，穿不穷，算计不到一世穷。家有一千银子，每日只用三钱，若不经营算计，不要十年全完。

士商十要

凡出外，先告路引为凭，关津不敢阻滞；投税不可隐瞒，诸人难以协制。以系守法。一也。

凡行船，宜早湾泊口岸，切不可图快夜行；陆路宜早投宿，睡卧勿脱里衣。此为防避不测。二也。

凡店房，门窗常要关锁，不得出入无忌；铺设不可华丽，诚恐动人眼目。此为谨慎小心。三也。

凡在外，弦楼歌馆之家，不可月底潜行；遇人适兴酌杯，不可夜饮过度。此为少年老成。四也。

凡待人，必须和颜悦色，不得暴怒骄奢；年老务宜尊敬，幼辈不可欺凌。此为良善忠厚。五也。

凡收账，全要脚勤口紧，不可蹉跎怠惰；收支随手入账，不致失记差讹。此为勤紧用心。六也。

凡与人交接，便宜察言观色，务要背恶向善；处事最宜斟酌，不得欺软畏强。此为刚柔相济。七也。

凡有事，决要与人商议，不可妄作妄为；买卖见景生情，不得胶柱鼓瑟。此为活动乖巧。八也。

凡入席，务宜谦恭逊让，不可酒后喧哗；出言要关前后，不得胡说乱谈。此为笃实至诚。九也。

凡见人博弈赌戏，宜远而不宜近；有人携妓作乐，不得随时打哄。此为老成君子。十也。

以上十事，虽系俗言鄙语，实系少年切要。初出江湖之士，闲中一览，方知商贾之难，经营之不易也。

古人经商谚语

家有良田万顷，不如日进分文。

街头一席地，强似百亩田。

有儿坐盐店，强如做知县。

要得富，久开铺。

死店活人开，买卖各不同。

张郎有钱不会使，李郎会使没有钱。

长袖善舞，多财善贾。

无财斗力，有财斗智。

怀致富之奇谋，窝持筹之胜算。

君子爱财，取之有道。

大道之行，利在其中。

财自道生，利缘义取。

天下熙熙，皆为利来；天下攘攘，皆为利往。

人不为利，谁愿早起。

寄迹廛市，日为锱铢。

奔走江湖，希觅微利。

人情一匹马，买卖争分厘。

五雀六燕，铢两相悉。

酒中不语真君子，财上分明大丈夫。

仁中取利真君子，义内求财大丈夫。

利从诚中出，誉从信中来。

平则人易客，信则公道著。

生意全凭公道导，货真价实莫欺人。

人生在世信为先，心口如何有两般。

买卖只求安分利，经营休争哄人钱。

有道财恒足，乘时货自腾。

上以济人，下以利己。

熟探市价，逆料行情。

耳听六路话，眼观八方客。

买卖走三家，不问是行家。

进退盈缩，与时变化。

因地有无以通贸易，视时丰歉以利伸缩。

逢快莫赶，逢滞莫懒。

人弃我取，人取我予。

三天不预测，买卖不归行。

按人做饭量体裁衣，望标行盘预测经商。

涨跌先知，称为惯手；壅通预识，可谓智人。

季节不同，需求有别。

冬至年画到，小暑卖镰刀。

歉年车马铺，丰年纸陈行。

知天文地理，晓风土人情。

水则资车，旱则资舟；冬则资衣，夏则资裘。

柴贵荒年到，米贵熟年来。

凶年过后，必有熟穰。

行情在市上，人声在世上。

市场行情，朝更夕改。

早卖鲜，午卖蔫，阴晴热冷变价天。

贵上极则反贱，贱下极则反贵。

贵出如粪土，贱取如珠玉。

宝肆宏开，财源不涸；陶朱猗顿，指日可待。

货不停留利自生。

小本经营，全在运转爽快。

多做生意少占本，一年多打几个滚。

勤进快销，生意活套。

嘴快揽买主，手快出生意。

有钱不置半年闲。

季节商品一溜烟，抓头去尾补中间。

人叫人千声不语，货叫人不语自来。

廉价招客，薄利多销。

货不二价，从量取盈。

货真价实，童叟无欺。

身不择行，口不二价。

少市不欺客，畅市不抬价。

一字两头平，戥星不亏人。

少赚不贪，让利招客。

厚利非吾利，轻财是吾财。

刻薄不赚钱，忠厚不折本。

守己不贪终是稳，始终公平势必兴。

三分毛利吃饱饭，七分毛利饿死人。

商事即人事。

出卖风云雷电，不如天地人和。

知人善任，讲信修睦。

红面知羞终不负，低头忍辱乃必诓。
老商宿客言语必切，稚童刍子性急不常。
隔面讲盘终有弊，当场唱价终无欺。
终日肆筵防有意，不时作戏岂无因。
开店慎本自然久，诚实赊求遵信还。
顾客如衣食父母。
入门三相，察言观色。
看客下面，量体裁衣。
提刀割肉，起眼看人。
因客制宜，货随其愿。
孟尝君子店，千里客来投。
人无笑脸莫开店，会打圆场自落台。
买卖不成仁义在，留下好感待回头。
处处人情感，下雨好借伞。
好店三年不换客，好客三年不换店。
笑口常开，生意常来。
生意兴隆通四海，财源茂盛达三江。
洞悉时务，潜心向学；名以清修，俭以守成。
抑奢崇俭，去华存朴。
不辞晓夜，登山渡水，所需微利，皆由惊恐辛苦而来。
人生最苦为行商，抛弃妻子离家乡；
餐风宿水多劳碌，披星戴月时奔忙。
自奉节俭，淡泊自守。
从来好事天生俭，自古瓜儿苦后甜。
俭可成事，奢可败家。
饥寒生于大厦，饱暖多在草莽。
不俭不怜，徒负披星戴月；能生能导，岂妨沐雨航洋。
商海即心海，店堂即学堂。
量质掠业，乘时习艺。
训导子孙，耕读为本。
千间房子万顷地，就怕没有好子弟。

家有黄金使斗量，不如送儿上学堂。

穷通不惊，世事洞达。

商场即是战场，贫富皆为无常。

能者辐辏，不肖者瓦解。

事由天定，道在人为。

成败由天，造化由命；觅利长短，原非一定。

艺乘旺时恐衰，财骏发时防败。

争先忧者不忧，患预防者不患。

买卖乖戾，不气不馁；春风化雨，枯木逢春。

困者未必常逆，胜者岂能常泰。

一辈子三贫三富不到头。

百里不贩樵，千里不贩籴。

仓廪实而知礼节，衣食足而知荣辱。

客商规鉴论

夫人之于生意也，身携万金，必以安顿为主。资囊些少，当以疾进为先。但凡远出，先须告引。搭伴同行，必须合契。若还违拗，定有乖张。好胜争强，终须有损。重财之托，须要得人。欲放手时，先求收敛。

未出门户，须仆妾不可通言。既出家庭，奔程途，贵乎神速。若搭人载小船，不可出头露面，尤恐船夫相识，认是买货客人。陆路而行，切休奢侈。囊沉箧重，亦要留心。下跳上鞍，必须自挈，岂宜相托舟子车家。早歇迟行，逢市可住。车前桅下，最要关防。半路逢花，慎勿沾惹。中途搭伴，切记妨闲。小心为本，用度休狂。慎其寒暑，节其饮食。

到彼投主，须当审择。不可听邀接之言，须要察其貌言行动。好讼者，人虽硬而心必险，反面无情。嗜饮者，性虽和而事多疏，见人有义。好赌者，起倒不常终有失。喜嫖者，飘蓬不定或遭颠。已（以）上之人，恐难重寄。骄奢者性必懒，富盛者必托人。此二等非有弊，而多误营生。直实者言必忤，勤俭者必自行。此二般拟着实而多成买卖。语言便佞扑绰者，必是诳徒；行动朴素安藏者，定然诚实。预先访问客中，还要临时通变。莫说房家要寻行户，切休刻剥。公道随乡，义利之交，财命之托，非恒心者，不可实任。买卖虽与议论，主意实由自心。

如贩粮食，要察天时。既走江湖，须知丰歉。水田最怕秋干，旱地却嫌秋水。上江地方，春播种而夏收成。江北江南，夏播种而秋收割。若逢旱涝，荒歉之源。冬月凝寒，暮春风雨，菜子有伤。残夏春秋，狂风苦雨，花麻定损。小满前后风雨，白蜡不收。立夏之后雨多，蚕丝有损。北地麦收三月雨，南方麦收要天晴。水荒尤可，大旱难当。荒年衣物贱，丰岁米粮迟。黑稻种可备水荒，荞麦种可防夏旱。堆垛粮食，须在收割之时；换买布匹，莫向农忙之际。须识迟中有快。

当穷好处藏低，再看紧慢。决断不可狐疑。货贱极者，终虽转贵。快极者，决然有迟。迎头快者可买，迎头贱者可停。价高者只宜赶疾，不宜久守，虽有利而实不多，一跌便重；价轻者方可熬长，却宜本多，行一起而利不少，纵折却轻。堆货处，要利于水火；买卖处，要论之去头。买要随时，卖毋固执。如逢货贵，买处不可慌张；若遇行迟，脱处暂须宁耐。货有盛衰，价无常例。放账者纵有利而终久耽虚，无力量一发不可；现做者虽吃亏而许多把稳，有行市得便又行。得意者，志不可骄，骄则必然有失；遭跌者，气不可馁，馁则必无主张。买卖莫错时光，得利就当脱手。

第十章 晋商徽商建筑异同及特色

建筑是文明的载体、艺术的宝库，建筑是凝固的乐符、智慧的结构，建筑是金钱的堆砌、地位的象征。筑屋置田历来是国人心头的一件大事、人生的重要目标。晋商、徽商经过多年克勤克俭地劳作积累，有了大把银子之后，无一不想荣归故里、叶落归根、回乡筑室、光宗耀祖，从精神上满足自我，从生活上适宜起居。他们的乡心、乡情、乡愁和乡居思想，对家乡、故乡、梦乡的深深眷恋，是历经人生坎坷磨难游子的心灵写照，也是我国儒家思想、乡绅制度和为官退隐、告老还乡的传统文化对商人的影响。在这一点上，晋商做得和遵循得最彻底、最规矩。他们走南闯北，无论外面山水风光如何美好，最终都要回到自己的家乡，回到自己父母、祖宗神灵所在的地方，筑室置田、争大比阔。他们视经商地为客居，自己的家乡才是他们最终的落脚地、魂归地，是他们心灵深处的家。据民国时期编修的《清徐县志》记，在外商民“不扉眷，不娶外妇，不入外籍，不置外面之不动产。业成之后，筑室习田，养家娶妇，必在故乡”。放眼现存山西的乔家大院、王家大院、常家大院、曹家大院、李家大院，无一不是发达之后的晋商荣归故里营造而成，无一不是财富的堆砌、功成的炫耀，无一不是美轮美奂的艺术精品。同样，徽商之村落民居亦是如此；但徽商中在外营造房屋宅院、由客居为家居者多（晋商则由客居变家居者少），“无徽不成镇”就说明了这一点。

一、两地自然环境与建筑文化的异同

（一）自然环境的差异

山西省的自然环境与徽州地区的自然环境差异很大。若说有相同之处，那就是两地都是山区，重峦叠嶂、山高山多、土地贫瘠。就山与山来说，也是这山与那山毫不相同。徽州藏于万山之中，山清水秀，植物丰茂，翠竹绿树，四季常青。境内新安江水系和流入鄱阳湖的大小支流，多数清澈见底，倒影逼真，捧起可饮，水质很好。山西则地处黄土高原，境内东部为太行山脉，大多数为石头山，西部是吕梁山脉，以黄土丘陵为主。两条山脉如龙，纵贯山西南北，中间一条汾河哗啦啦地注入黄河。山西北南方向则被北岳恒山、五台山、太岳和中条山等散列山脉阻隔，

■ 五台山

形成大同、忻州、太原、临汾、运城、长治等几块盆地。中华民族的母亲河之一——黄河，从山西西北部与内蒙古接壤的河曲县入境，掉头向南一路咆哮，裹泥带沙从晋陕峡谷流过，在南部遇到中条山折而向东，穿过河南三门峡向东奔去。东部由太行山脉将山西与河北、山东隔开。北部则是大漠、阴山，与内蒙古接壤。山西境内的大山多数光秃秃、干巴巴，灰头土脸。山上少有树木、鲜见美草，地下多有煤炭，矿藏深厚。其山多雄险高峻。

从气候方面讲。徽州属于亚热带湿润性季风气候。春秋短、夏冬长，春秋各占两个月，夏冬各占 4 个月；热量充足，雨水充沛，年平均气温在 16℃左右，降水量在 1400～1700 毫米之间。云雾多、湿度大，日照时数偏少。山西全省因地形呈南北长、东西窄的平行四边形，气候差异很大，总体属温带大陆性季风气候，干燥少雨：冬天寒冷，夏季炎热；冬春季多刮西北风，风沙灰尘甚大；夏秋季常有东南风，带来雨水，但全年平均降雨量大约在 500 毫米，仅是徽州地区的三分之一，太原以北降雨量则更少些。北部地区冬季漫长、常刮风沙，气温极寒，一年约有半年时间处于冬季；晋南地区因地处黄河中游，史称河东大地，一年四季分明，年平均温度在 12℃左右，日照雨量也稍多些；晋东南长治、晋城两市气候与晋南差不多，但要稍稍湿润一些。

徽州与山西地理、地貌、气候环境不同，自然禀赋不同，必然造成在建筑取材、建筑风格上的差异。徽州“七山一水一分田，一分道路和庄园”，必然土地局促，建筑物占地要少，在建筑取材上也是木石多于砖瓦。山西相对来说土地要比徽州宽广一些，故建筑用地大，取材上则是砖瓦多于木石，有许多地方干脆就是住窑洞。窑洞温度稳定性好，恒温恒湿，冬暖夏凉，省工省料，适宜居住。山西黄土深厚，又有煤炭，故用煤烧制的青砖瓦多，建造的砖房多，砖雕多。当然，也有用石材的，多在太行山麓的晋东南一带，有的就干脆用青石板垒墙当瓦，全用石材，不过十分朴素，不事雕刻。

（二）皇权礼制的约束

建筑是思想的体现、艺术的结晶，社会人文、风俗习惯、宗教信仰、神灵崇拜，无一不影响着人们的思想，也无一不体现在建筑中。几千年来，我国封建社会以儒家思想为主流，儒道佛三教相参融，深刻地影响着人们的思想文化、生活习俗。如君臣礼教、长幼尊卑、伦理道德、天人合一、阴阳轮回等思想观念，深深地烙印在人们的思想上，左右着人们的行为举止，也自然而然地体现在由人们建筑的物体形态上。现存所有建筑，无一不沉淀着当时人们的思想、文化、艺术和工匠的智慧。

建筑历来都受着皇权礼教的约束。皇帝在君君臣臣、父父子子封建礼教思想的指导下，为了突出天子至高无上的地位，为了有效地统治自己的臣民，对什么官、什么人住什么房都有严格的规定，等级森严，大到规模形态、开间数，小到用料、颜色、门楣高低都有标准，有定制，有刊行下发的正式的营造条例和法则。下面例举古代典籍上的一些记载，可见一斑。

《礼记·王制》对宗庙的记载："天子七庙，三昭三穆，与大祖之庙而七；诸侯五庙，二昭二穆，与大祖之庙而五；大夫三庙，一昭一穆，与大祖之庙而三，士一庙。庶人祭于寝。"昭穆是古代宗庙次序，始祖庙居中，以下父子递为昭穆，左为昭，右为穆，父曰昭，子曰穆。左为尊位之称，在地理方位上，以东为左，以东为上。人们常说的文左武右，男左女右也是这个意思。由此可见，古代立庙祭祖宗先人，是天子、诸侯、士大夫等贵族的事，庶人百姓只能在家中立个牌位，祭祭而已。这样的规制，一直到明朝嘉靖十五年（1536 年）才被打破。这一年礼部尚书夏言上《令臣民得祭始祖立家庙疏》，得到嘉靖皇帝的恩准，这才允许民间立家庙祭祀祖先。所以我国普通老百姓有家祠也都是在明嘉靖以后。现存徽州的古祠堂，也多是从此以降而建的。

《周礼·考工记》规定居中都为尊。《礼记》中记载"天子之堂九尺，诸侯七尺，士三尺"，这里的"堂"指的是台基的高度。

宋代颁布的《营造法式》，对建筑的规模、标准、建材及做法等都做出了合乎礼制的规定，大到中轴线、楼层数、间数、梁架、屋顶形式、台基高度等，小至琉璃瓦、屋饰颜色、彩绘图案、门之高低宽窄、门钉排列路数、门当户对大小都一一做出规制。建筑营造时要遵守合规，不可逾越。

建筑在朱明王朝更是有严格的规制。《明会典》规定："一品二品，厅堂五间九架……门三间五架；三品至五品，厅堂五间七架……正门三间三架；六品至九品，厅堂三间七架……正门一间三架。”《明史·舆服志四》规定：“庶民庐舍不过三间五架，不许用斗拱、饰彩色。”就是讲一般老百姓的房子，正房不允许超过三间。

■《营造法式》书影

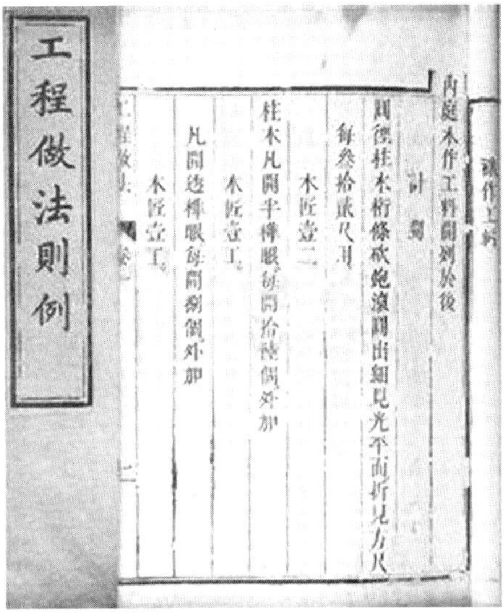

■《工程做法则例》书影

到了清朝雍正年间，1734 年刊行了《工程做法则例》74 卷，这是清代官式建筑通行的标准设计规范，天下都要遵守。凡违制者，要严格追究。如平遥城内日升昌票号的掌柜侯殿元，有钱无官职，在乡里建造了一座“七间七檩”的大房子，超越了清廷颁布的营造规制，被官府缉拿，差一点要了命。最后他变卖房产，买通官府，方才了结了官司。现存晋商、徽商建筑又高又大，富丽堂皇，是因这些商人都捐输了官职，给朝廷交纳了一定的银子，朝廷给了个三品五品的虚名，故而在回乡营造时才可以破例，享受清朝政府官员的待遇。

（三）风水学说的影响

晋商、徽商的村落厅院建筑，都十分讲究风水。风水又称堪舆。它以“天人合一”为理论根基，“仰观天文，俯察地理，近取诸身，远取诸物”，用阴阳五行、八卦学说及天干地支等原理去推衍，确定人们的“宅基”“葬地”。风水学说有江西形法派与福建理气派两大系。形法派注重选择地形、地势及环境，理气派以阴阳之气、八卦学说为核心。徽州因是朱熹老家，现今江西婺源本就属古徽州，朱熹又在福建为官，多次回到徽州讲学，故徽州风水师受朱熹影响，在风水上二派兼收，以形法为重。“风水之说，徽人尤重”，在这一点上，徽商比山西商人更讲究，因徽州山重水复，自然环境使然。徽州山川也更利于风水先生觅龙选址。故而，人们今天到徽州去参观，徽派建筑在青山绿水中显得更为耀眼、优美。难怪婺源人要打出他们的村落是“世界最美乡村”的广告了。

风水学说有环境科学的成分，包含着古人在人的聚居方面关于人与自然和谐相处的经验总结、智慧结晶，有其合理之处。它将建筑营造纳入整体的天、地、人和谐感应之中，追求天人合一。风水观中的规划理念，对我国古代（乃至现代）建筑影响深远，上至皇宫、庙宇、帝陵，下至村落、民居、墓穴，不管阳宅阴宅，无一不受风水理论的影响。风水包括地质、水文、生态、景观、方位、风向及小气候环境等因素。明代项乔《风水辩》中曰：“所谓风者，取其山势之藏纳，土色之坚厚，不冲冒四面之风与无所谓地风者也。所谓水者，取其地势之高燥，无使水近夫亲肤而已。若水势曲屈而环向之，又其第二义也。”

古代考察风水的方法主要有四个：觅龙、察砂、观水、点穴，或称为地理四科。觅龙，即寻龙山，找龙脉，看山形走势、起伏、围合，观“峦头”气势形状。堪舆家要遍阅当地山川，详审来龙去脉。察砂，即看两旁的护山，看土质，称土重，看土壤深浅、品质好坏，是否适合建筑，具有旺气。观水，即看水之流向，水的进口、出口，一般来讲，水自建筑物后侧东北方向流进，西南方向流出，水抱环绕，屈曲而走，视为最好。徽州人亦特别讲究水口。水口常为村落的出入口，入水口曰“天龙”，出水口曰“地户”。水口常植有大树（多为银杏、樟树、楠木树等），建有路亭、廊桥、文昌阁、牌坊等景观工程。点穴，即建筑物（阳宅、阴宅）、村落、院址、墓穴所占的最佳位置。“脉遇水而止”“脉尽处为真穴”，穴位“喜地势宽平，局面阔大，前不破碎，坐得方正，枕山襟水，或左山右水”。

风水宝地的理想模式，《阳宅十书·宅外形第一》记为：“背有靠，

■ 歙县唐模水街

前有照，负阴包阳；左青龙，右白虎，明堂如盖，南水环抱如弓。”“凡宅左有流水，谓之青龙；右有长道，谓之白虎；前有污池，谓之朱雀；后有丘陵，谓之玄武，为最贵地也。”宅前还讲究有案山、朝山。相邻建筑还讲究东高西低，阴不压阳。宁让青龙高三头，不让白虎压一筹，等等。

“宅，择也，择吉处而营之也。”这是汉刘熙《释名》中所言。《黄帝宅经》的“凡修宅次第法”云：“宅以形势为身体，以泉水为血脉，以土地为皮肉，以草木为毛发，以舍屋为衣服，以门户为冠带，若如斯，是事严雅，乃为上吉。”形势即指地貌特征。在平原地区，在人多聚居已有街道、墙屋的地方，没有好的形势，风水家也有变通：“一层街衢为一层水，一层墙屋为一层砂，门前街道即是明堂，对面屋宇即为案山。”《相宅经纂》在讲到水时曰：“盖水为气之母，逆则聚而不散。水又属财，曲则留而不去也。”

对宅第内部构造，风水学家认为：“宅有五虚令人贫耗，五实令人富贵。宅大人少，一虚；宅门大内小，二虚；墙院不完，三虚；井灶不处，四虚；宅地多屋少庭院广，五虚。宅小人多，一实；宅大门小，二实；墙院完全，三实；宅小六畜多，四实；宅水沟东南流，五实。”“凡第宅内厅外厅，皆以天井为明堂，财禄之所。”徽州以房内天井为天井，位在房内可见天；北方及山西人以四合院之院为天井。其特点是一小一大，一个拔高了，一个在院落。对宅第的总体要求主要是要充实、封闭、聚敛，从而达到安全、聚财、纳气。

风水术中为了避凶趋吉，也常常将一些门窗的朝向变换方位，或做成斜门、假门，以对吉方，避凶煞，或做一些影壁、斜墙等。另外，设一些符镇以冲掉煞气，经常做符镇的如门神、狮子、太极图、泰山石敢当。特别要讲的是门罩最初的功能也是一种符镇，镇住凶煞恶鬼不敢从门而入，故而人们在门上做许多装饰。现今有些人只知装点门面，为了好看，不知其最初功能是符镇。再有徽派建筑的印斗式马头墙及“万”字符，其寓意也是“驱鬼辟邪”的。

另外，相宅、卜居的典籍，对建筑有着十分重大的影响，如《周易》之阴阳八卦学说、《黄帝宅经》等。《黄帝宅经》云：“夫宅者，乃阴阳之枢纽，人伦之轨模，非夫博物明贤而能悟斯道也。”又云：“故宅者人之本，人以宅为家居，若安即家代昌吉，若不安即门族衰微……”

（四）多姓同聚与一姓独处村落的不同

在聚居上，由于社会人文的不同，晋商与徽商也有很大的差别。主要一点就是山西在一个村落里多是杂姓人家居住，张王李赵少者三五姓，多至十来八姓，聚居一村一堡。而徽州在一个村落里基本上都是一姓人家聚族而居，少有他姓；偶有他姓，多是小姓，是大户人家的附庸、帮衬，早先带有家仆、家奴性质，左右不了村落里的建筑布局、大事要事。比如绩溪县龙川村的丁姓人家，就是胡氏家族的附庸，据讲世代单传，人气不旺。

山西地域历来是少数民族与汉族交融的地方，北靠大漠、阴山，古代匈奴、辽、金、蒙古屡屡进犯，战乱频仍，兵燹不断。大同曾为辽、金之都城。历史上曾有许多少数民族聚居山西域内。据乾隆年间《孝义县志》载：“邑士民罕有氏族家谱，稍远则昭穆不辨，亦无家庙。”据此可见战乱之影响，进而形成民风粗犷豪放，士民多尚侠爱武，聚居多杂姓移民。

一个村落多姓氏、多血缘人家聚居，客观上造成难以统一规划、统一建筑，于风水上就难以那么讲究，因为在乡俗民约中是难以一家一族说了算的。村内各宗族都无力无法控制村落的整体布局规划，这就造成杂乱建设现象。比如现存的山西乔家大院、榆次常家大院、灵石静升村的王家大院，放在整个村落中观看，放在四周环境中审察，都是后期商人发达后而建的，并没有整体的规划与设计，只是遵循院落与院落相通、相连，生活起居方便、私密、安全的原则而次第展开的。这是封建社会土地私有制的必然，也是大家对乡俗民约于礼上的遵循。当时可没有现在这样的拆迁力度，乡里乡亲的，人们都是故土难离，敬守祖宗留下的产业，无故是不能变卖的，你就是有多少钱想买，人家不卖，你也没办法。比如，民国年间，蒋介石做了大总统，他要在浙江奉化老家建房子，西南角一户人家的院落已影响到他宅子的建设，人家不卖，他老蒋也没办法，只好缺其一角，保留旧房。这其中缘由，不是无势无力无钱，而是于乡情乡礼上蒋介石不能强拆强占。

古徽州民居与山西不同，多是一姓一族居住一村，占一片山林，形成一个村落，以家庭宗族血缘关系为纽带的人居住在一起。“一族所聚，动辄数里、数十里，即在城中亦各占一区，无异性杂处。”（《光绪石台杜氏宗谱》）“族者，凑也，聚也。”就是徽州人出外经商，也是一姓一帮，聚族而居，所谓“无徽不成镇”也是这方面的体现。一姓一族居住在一起有安全感，互相也能“守望相助，出入相友”。一个血缘家族的人居住在一起，在宗法思想、族权制度下，便于统一思想，规划设计村落的建筑，甚至引水到村庄，都能规定一天什么时间水是打上喝的，什么时间是洗菜淘米做饭的，什么时段是洗涤杂物的，样样有矩，处处合规。如到黟县宏村看到的那样。一个村落民居有整体规划，徽州人又素重风水，又有大好的山峦叠峰，清溪流水，秀竹翠木，四季花卉，空气又清新，天又蓝、云又白，徽派建筑又讲究粉墙黛瓦，故人们到徽州旅游，就如行走在画里乡村，看画里风景，人在画中。徽州如同一幅幅流动的山水画。关于徽州聚族而居，一姓一村，徽州人赵吉士在其所著《寄园寄所寄》卷一中就说：“新安各姓聚族而居，绝无一杂姓掺入者。其风最为近古，出入齿让，姓各有宗祠统之，岁时伏腊，一姓村中千丁皆集，祭用朱文公家礼，彬彬合度。父老尝谓新安有数种风俗，胜于他邑：千年之冢，不动一抔；千丁之族，未尝散处；千载谱系，丝毫不紊；主仆之严，数十世不改，宵小不敢肆焉。”

由此可以看出，新安与山西聚居大不一样。山西晋南地区间有千年之村，一姓常居，但与古徽州相比，无疑还有差距，往往也有其他姓氏血缘关系者进来。比如万荣县通化村，是隋代大儒王通之故里、“初唐四杰”之首王勃的家乡。村内现存王通庙，但王家在村内已是小姓，苏、庞、蔡、武、李、郭等姓已然成势，村内人口至今已近万人。

■ 王通庙

（五）“三雕”题材的寓意

在晋商大院、徽州民宅中都有着十分精美的石雕、砖雕、木雕，它们精美绝伦，玲珑剔透，寓意吉祥，是巨商大贾们给我们留下的艺术瑰宝。它宣示着当时商人的富有和希冀，留下了能工巧匠的才智和手艺，真乃“生命朝露，艺术千秋，不见当年主人，但见精美雕刻”。每每参观两商大宅，导游们都津津乐道，着意介绍这些精美的石、砖、木雕。人们在惊叹其精湛的艺术时，也常常赞叹其题材的寓意。现将其石、砖、木雕图案的题材及寓意，大致举例如下：

雕刻的动物一般多为鱼龙凤鳞、狮子麒麟、鹤鹿猫蝶、蝙蝠松鼠、喜鹊猴子、蜂巢三羊、骏马雄鸡、肥猪猎狗、大鹏猛虎、白象青牛。

雕刻的植物花卉一般多为梅兰竹菊松、葫芦金瓜桃、莲藕柿子枣、梧桐花生、石榴葡萄、牡丹佛手、玉兰荷花，一蔓缠枝莲，一藤瓜绵绵，四季花花草草。

■ 徽州石雕——松石图

■ 徽州石雕——竹梅图

雕刻的古字多为福、禄、寿、喜的行、楷、隶、篆等各种书体及变形图案。

雕刻的人物多为渔、樵、耕、读及寿翁、财神、童子，百子闹元宵，郭子仪上寿，唐肃宗宴官图，伯乐相马，道家八仙（铁拐李、汉钟离、张果老、蓝采和、何仙姑、吕洞宾、韩湘子、曹国舅）及《西游记》《三国演义》《红楼梦》《水浒传》中的各种人物。

■ 李家大院砖雕

雕刻的器物多为琴棋书画、博古架、香炉宝鼎、果品茶具、元宝铜钱、花瓶笔砚、道家法器暗八仙（葫芦、团扇、渔鼓、花篮、阴阳板、横笛、莲花、宝剑）等。

上述各种动物、植物、人物、器物及古字，其寓意一是取谐音之意。如鹿同禄，猴同侯，蝠同福。石榴、葫芦、葡萄、莲蓬、香瓜多籽，寓意为多子多福。二是取象征之意。松菊桃象征长寿富贵，梅兰竹象征品德高洁。三是希冀之意。期望麒麟送子、马报平安、马上封侯、五子登科、喜鹊临门，等等。

■ 徽州木雕楼

常见图案及寓意为：鲤鱼跳龙门，金榜题名时，洞房花烛夜，二十四孝图，蟾宫折桂枝，狮子滚绣球，龙凤吉祥，花好月圆，连升三级，马上封侯，马上挂印，骑马夸官，马报平安，麒麟送子，鹭鸶戏莲，丹凤朝阳，猫蝶（耄耋）相戏，富贵长寿，多子多福，延年益寿，喜鹊登梅，安存百合，金钱元宝，金玉满堂，渔樵耕读，琴棋书画，福禄寿喜，抚琴吹箫，浣沙织布，习武竞技，游龙戏凤，状元及第，科举恩荣，忠孝节义，博古架，万字纹。其中，花瓶寓平安，牡丹寓富贵，菊花寓长寿，佛手寓福寿，蝙蝠寓多福，金瓜葫芦寓子孙绵绵、人丁兴旺、世代永传。《诗经》里有“绵绵瓜瓞”之句。荷花寓高洁清廉，莲藕莲蓬寓连生贵子，鹿鹤石松寓长寿吉祥、富贵长安。松鼠戏葡萄寓多子多孙。凤凰戏牡丹，寓意大富大贵。牡丹花与白头翁，寓意富贵到白头。一蔓千枝缠枝莲，寓意财源滚滚、腰缠万贯。一藤竖挂三葫芦，寓意子孙世代薪火传。狮子滚绣球，越滚越大，寓意人丁兴旺、财源茂盛。一对石狮蹲门两边，一公踏绣球，一母抱幼狮，是将石狮子作为守门神兽，祛邪镇宅，寓意事事如意、事业光大、子孙绵延。一对大象寓意富贵吉祥。书和香瓜组合寓意书香门第，瓜瓞绵绵。莲花与芦笙放在一起，意为连生贵子。蝙蝠和铜钱在一起，意为富禄寿全。一个小孩手指天空，代表指日高升。花瓶里插把扇子，是讲平生积善。三把方天画戟，暗寓连升三级。荷花与螃蟹画在一起，寓意要讲和谐。

■ 徽州木雕——荷花图

福、禄、寿、喜的表现形式还有——

福：常见题材有老翁抱子，寓多子多福；童子执仙草，骑在麒麟上，意为麒麟送子；凤戏牡丹、马报平安、天官赐福、石榴、金瓜、藕蓬、莲子等。

禄：有直接刻财神、元宝、铜钱的；有刻猴子骑在鹿背上捅蜂巢，顶上喜鹊盘旋，寓意喜（鹊）禄（鹿）封（蜂）侯（猴）的；有刻梅花鹿寓意禄的；有刻渔翁鹬蚌，即寓意“鹬蚌相争，渔翁得利”的。

寿：有刻一寿星老翁，拄着盘节拐杖，鹤发童颜，额似寿桃，笑眯眯慈祥可亲的；有刻五只蝙蝠围绕一个寿字的，以示五福捧寿；有刻猫和蝴蝶，即寓意（耄耋）富贵的；有刻蝴蝶红菊花表示长寿的；有将上百种动物巧妙地刻在一块栏板上，即寓意为百兽（寿）的；还有八仙福寿、郭子仪寿宴等。

喜：有刻鲤鱼跳龙门、喜鹊闹梅、丹凤朝阳图案的；有刻三只山羊嬉戏，意为三阳开泰的；有刻三只猴子跳跃投圈，意为连中三元的；有直接

■ 徽州木雕——加官晋爵图

刻着各种喜字字形的。

表示高雅情趣、诗礼传家的往往刻以琴棋书画、博古图、百戏图、仙人传道、宝鼎生香、二老下棋、三老观画、长者松竹下喝酒饮茶以及各种戏曲人物的。

表示不忘根本的，有刻渔樵耕读的；表示精忠报国的，有刻岳飞袒身跪地，其母在背上刺“精忠报国”四个大字的；有刻关公关云长单刀赴会的；有刻杨家将的；有刻“宁武关”的——即为明王朝尽忠殉职的宁武关总兵周遇吉殉职后，其母怕媳妇受辱，逼令其自尽的故事。

常用石材雕刻的装饰与实用作品（部分砖雕亦是）有泰山石敢当、石门枕、石门楣、石柱础、石门墩、石门槛、石匾额、石台阶、石栏杆、石花墙、石窗花、石影壁、石法帖、石家训、石马槽、石花盆、石牌坊、上马石、拴马石、过门石、石狮、石象、石鼓、石墩、石几、石案、石桌、石凳、石柱、石砚等。

二、晋商民居特征

上面将晋商、徽商民居从自然环境、人文社会、风俗习惯上进行比较分析，可以说是从宏观上看的。下面具体叙述晋商民居的建筑特点，从微观上再作一介绍。

（一）大院

大院大院，以大著称。庭院深深，院院相连。广为人知的乔家大院、王家大院、常家大院、曹家大院、李家大院，座座巍峨高大，宏伟壮观，这是商人在争大比阔，光宗耀祖，炫富比富，展示成功的形象、财富与势力。

乔家大院。它坐落在祁县，2001 年 6 月被列为全国重点文物保护单位。现存大院面积占地 8724.8 平方米，建筑面积 3874.4 平方米，共 6 个大院、5 个偏院、19 个小院、313 间房屋。大门上镌刻“古风”二字，门两旁嵌有李鸿章所书的一幅铜对联：“子孙贤族将大，兄弟睦家之肥。”进门一座砖雕百寿图照壁，两旁对联“损人欲以复天理，蓄道德而能文章”是清末军机大臣左宗棠所赠，横批是“履和”。

常家大院。它坐落在榆次区车辋村，占地 270 余亩，房屋 1500 多间，墙高宅阔，通街连院，鳞次栉比，巍峨壮观。常家建筑还有一个宛似江南园林的后花园——静园，它占地 8 万余平方米，曲水流觞，楼台亭阁，杏林枣园巧为布局栽植。园中观稼阁，总高 29 米，重檐十字脊式屋顶，明三暗二共五层。整个常家大院规模宏大，气派恢宏，在民间有“乔家一串院，常家两条街”的说法。常家“老大门”立名“燕翼堂”，出自《诗·大雅·文王有声》“诒厥孙谋，以燕翼子”，意思是为子孙的将来善做安排，庇护子孙安享太平。“燕翼堂”三字由乾隆、嘉庆年间著名书法家、安徽怀宁人邓石如篆写。

王家大院。它坐落在灵石县静升镇（2005 年 11 月被列入全国首批历史文化名镇），占地 15 万平方米，是当年乔家大院的 4 倍，鼎盛时建有房子 8000 余间，是山西省唯一入选《中国民族建筑集·汉·北方民居》一书的大院。其院内“司马第”一副石雕楹联为：“传家一篇司马训，课子数卷郦侯书。”我国建筑界权威郑孝燮曾三次到王家大院考察，题词道：“国宝、人类宝、无价之宝，百来不厌，百看不厌，预祝更上一层楼。”

■ 王家大院

曹家大院。它坐落于太谷县北洸村，极盛时曾以“福、禄、寿、喜”字形建造了四座大院。现存寿字宅院又名三多堂，寓意为“多福、多寿、多子”，占地10600平方米，有15个小院、270余间房。其观察第、中宪第、卫守府三个院落的三座主楼，长8米，高17米，墙厚1.6米。楼顶还建有三个亭子。这三座主楼是所有晋商大院中最高的建筑物。三多堂内存有法国送给清政府的贡品——金火车头，它由黄、白、乌三种金制成，重84.5公斤，上面镶着时钟、晴雨表等；是慈禧太后在庚子事变后逃往陕西，路经曹府，受到曹家接驾款待，以后回到北京后赐予的。卫守府门楼刻有对联“云龙盛极为时栋，辰象台中仰德华”；绣楼刻有“紫鸾对舞菱花镜，海燕双栖玳瑁梁”；供奉祖先的神祖阁上写着“推车扁担开创三泰商号，三泰商号经营推车扁担”，写明曹家创始人曹三喜艰苦创业的历史，教育后代不要遗忘祖先，要勤俭持家。

民国年间著名女作家陈衡哲，1935年曾受孔祥熙之邀来太谷考察，途中游览了曹家大院。她在自己的《从北平到太原》一文中对曹家记述道：“在途中，我们中间有一群人顺便到一个北洸村中，去看了一个姓曹的大家族。这族的围墙似乎比孔氏老宅还要高，并且在宅内的各院间，还有同样的高墙。故在这一院走到那一院时，使我不由得想到‘永巷’

一个名词……各室有极精致的家具，一切都很富丽堂皇……”孔氏老宅就是指孔祥熙家的老宅院子。

李家大院。它坐落在万荣县阎景村，始建于清道光年间，占地125亩，由11组大型院落和一组祠堂组成，有房屋146间。有大门为仿欧洲哥特式风格（高、直、尖），兼有传统中式砖木雕花门楼。靠近场园打麦

■ 李家大院

场的山墙，高大厚实，采用的是典型的徽州马头墙的样式，主要是为了防火。大院主人李道行留学英国，娶英国姑娘麦氏为妻，其哥特式建筑门楼上的对联是“三省台前设棋枰欢留朋友，一经楼上藏书籍遗训子孙”，上面匾额是“修德为善”。李氏功德堂两边的对联是：“守东平王格言不外为善二字，遵司马公遗训只在积德一端。”东平王是东汉光武帝第六子，名苍。一日其兄明帝问他：“处家何等最乐？”苍答：“为善最乐。”司马公即司马光，山西夏县人，所著《训俭示康》是传给儿子的家训，要求子孙勤劳俭朴，积德行善。

（二）窑洞

窑洞的优点是冬暖夏凉，前面已经提及。山西人喜住窑洞，富商也

概莫能外。山西境内从北到南，从西到东，遍地窑洞。其中晋西北、吕梁山脉多土窑，太行山脉及晋东南地区多石窑，晋南地区一带多砖窑。窑洞有靠崖窑、接口窑、箍砖窑、明柱厦檐高圪台窑、无根厦檐窑、一炷香窑等。有窑洞连着窑洞，下窑连着上窑的窑洞。山西晋西北的窑洞与延安的窑洞大致无二。典型的有“农业学大寨”的大寨窑洞、吕梁临县的碛口镇窑洞、运城地区平陆县的地窨院。地窨院是从平地挖下去一个四面临崖的方院子，然后在里面挖窑洞，别具特色。山西商人住窑洞，不是说他没钱建房，是气候特点使然。许多富商大户也建有阔气漂亮的房子，但主人晚上住的地方，还是窑洞。窑洞防风防沙，恒温恒湿，冬暖夏凉，节能环保，人们喜而乐居。

（三）四合院

四合院是北方的典型民居，它一般坐北朝南，东西窄、南北长。一院之内“北屋为尊，两厢次之，倒座为宾”。正房坐北朝南设在中轴线上，其开间或三或五，或明三暗五，其台基、开间、进深、高度、装修都是全院级别最高的，有的建为二层，有的建为一层，有的有前檐廊，有的没有前檐廊。门窗都朝里开，屋顶多为人字架，两坡走雨水。

东西厢房一般为三开间或二开间，一坡走雨水朝向院内，门窗朝内，开间高度皆不可高于正房，有“厢不压正，奴不压主”之说。东边厢房要比西边略高一点、大一点，以示东高西低。

倒座为院中级别最低的建筑，一般留宿客人用。也有在中间或旁边根据需要和吉凶设置门户的入口。“门”是院中主人示于外界的地位、财富和权势的象征，所谓“门当户对”“门第高低”“家庭兴旺”，皆赖于此。《相宅经纂》认为：“宅之凶吉全在大门……宅之受气于门，犹人之受气于口，故大门名曰气口。”有的在大门处还建有影壁，以取风水之吉利。

四合院的院子一般由方砖墁地，不种植物，是家人活动的场所，也是晾晒衣服、谷物、做工的场所。也有的放置一大水缸，以作消防使用，也有的养些盆花、盆景，使院内富有生机。

（四）墙高堡固

晋商宅院的一大特点是墙高墙厚，修建得如同城堡一般。到晋商大院考察，有的墙高达12米以上，顶部宽2米左右，可以跑马巡逻，供人行走，如坐落在阳城县的皇城相府、灵石县的王家大院。院墙修得如此高耸厚实，宛如城堡，一是有钱、有银子，那是金钱的堆砌；二是为了防御、安全，抵抗土匪响马和散兵游勇的劫掠。山西地处朔方，北与内蒙古交界，那里自古以来就是军事重镇，大规模的兵匪杀戮抢劫不断。加之历史上又常遇旱蝗灾荒，民不聊生、灾民遍野，经常会发生饥民造反、打劫富商人家的事，地方治安不是很好。为此，村民、士绅、商人、地主就地取材，挖黄土以筑城堡，防御外患。“堡”，古汉语解释为“土筑的小城”。山西地处黄土高原，遍地黄土，就地取土筑城方便廉价，故由此形成一堡一村，村村有堡。现在人们到山西观光，随处可见用黏土夯筑的城堡围墙。“堡”的另一个功能就是防风沙，可以营造堡内的小气候环境，便于人们居住。山西商人在外经商赚了钱，要回家筑室，光宗耀祖，争大比阔地建宅子，首先考虑的是居住安全，安身立命，安居乐业，考虑的是自己的财富不被打劫，所以高筑墙、筑厚墙、保安全是他们营建豪宅首先要考虑的。

王家大院所在的静升村，全村有一街、九沟、八堡、十八巷之说。城堡倚坡而建，易守难攻。堡院围墙高10余米，上部宽阔，可供家丁巡逻。阳城县的皇城相府是明清建筑，其内城建于明代，外城建于清代，是康熙的帝师、官至文渊阁大学士兼吏部尚书的陈廷敬的府第。陈廷敬是大型古代字书《康熙字典》和语音文字巨著《佩文韵府》的编纂者，是《明史》《大清一统志》的修撰者。他家的内外城墙总长780.3米，均高12米左右，上宽2.5米至3米。墙上遍置垛口和堞楼、角楼。东城墙内还建有家丁保安住的屯兵洞、操练场。其府宅大院占地23148平方米，有大型院落16座、各种房屋640间，建筑面积达36580平方米。其院内主体防御建筑河山楼，建于明崇祯五年（1632年），共7层，高30余米。底部有地下室，顶部有垛口、女墙和瞭望楼，通体用青砖砌筑而成，是皇城相府的地标和象征。

在山西以堡命名的有名的古镇，还有阳明堡和张壁古堡。阳明堡坐落在山西代县雁门关下，是雁门关下方圆几十公里的军事重镇，也是雁门关上守军将领的屯兵、屯粮、屯草基地和重要的军事指挥所。抗日战争时期，在此发生过八路军夜袭阳明堡、毁伤日军飞机20余架的战事，并被拍摄为电影。阳明堡内有贾姓商人建筑的豪宅“和府”。占地两万多平方米，由六座二至四进相互连接的院落组成，计有正房18栋、厢房54栋，还有过殿、过亭、假山、绣楼等。“和府”从设计到施工都有京城王府大户的格调。引清泉穿府过宅，建有水阁凉亭、喷泉假山、角楼花亭，时为代州一景。府内厨房建于穿府石渠的入水口，饭菜入碟装盘后放置水面、随波逐流依次送入厅堂席前，供食客取用，有曲水流觞之意。据讲此“和府”的修建与清朝和珅有关。相传大清乾隆年间，阳明堡镇贾姓商人在京开着一个叫“二斋铺”的商号，主营文房四宝。其铺子与朝廷内务府总管和珅的私宅相邻，故与和珅相交相识，也代和珅做过一些见不得人的生意。嘉庆皇帝即位后，和珅自知不妙，为减轻罪责，设法通过贾掌柜转移财物。贾掌柜受和珅之托，将部分钱财运回他老家，选了一块风水宝地，为和珅建了这处豪宅，以备后用。没想到嘉庆皇帝决意查办，不仅将和珅革职抄家，而且赐死。这倒让贾掌柜发了一笔横财。

再一个就是介休的张壁古堡。此堡也是作军事防御用的。不过它现存最有名的是其堡内的地道。该地道在地下呈S形，从村内入口下去，通到村外后沟出去。

（五）居卧

山西人居住多在楼下一层。一般民居没有二层，而建有二层的一般也都是在一楼居住，二楼堆放一些杂物。因此，在设计上二楼都相对低一些。这也是环境使然。山西气候干燥，居住在一楼起居方便。山西人多睡土炕。无论晋南、晋北、晋中、晋东南，全省住户人家都在室内盘起火炕，有的甚至与锅灶炉台相接，这样取火做饭时，炕也就烧热了。土坑下面一角与墙体通有烟囱，起抽烟排烟的功能。土坑可烧柴禾，节能环保，和现在的地暖差不多，省得在室内另外再生炉取暖。睡卧土炕，也是广大北方人的居住习惯，如延安人、河北人等。

徽州人居卧一般在楼上，没有土坑，睡在用木、竹、藤做成的床上。这与徽州气候潮湿闷热有关。住在楼上床上防潮防湿，利于健康。当然两地也都有住楼上楼下的。这里讲的山西人住一层、徽州人住二层是就整体上、大多数人的情况而言的。

晋商民居的北房正中间，一般设为客厅，是家人的公共活动场所。来了客人在这里接待，家里有重要活动在这里举行，如儿女婚嫁、老人过寿等喜事，中堂上有的也设有祖宗灵位神像，有的也布置一些字画或工艺品。这一点与徽州民居的中堂功能基本一样，只是徽州人更讲究一些。徽商一般摆放几案、八仙桌、太师椅，案上东摆瓶、西摆镜，中间摆放个钟表，寓意为终生平静安然。中堂上多挂一些字画和祖宗神像，以示主人雅好和对祖宗的思念。

（六）公共建筑

这里介绍的公共建筑是指晋商在自家大院内建设的祠堂、私塾、戏台。晋商大院一般都建有这三类建筑，这些建筑是晋商大院的有机组成部分，也充分显示了晋商的富有和庭院之大。另外，再简要介绍一下山西的庙宇和佛塔。

1. 祠堂

晋商宗祠由于建在自家大院，整体上来讲比徽商祠堂要小些，也没有徽商祠堂那样飞檐翘角、气宇宏阔、雕刻华丽、张扬欲飞。晋商大院内的祠堂多为分祠、支祠，是本姓家族人祭祀祖先的公共活动场所，现修复保存较好的有乔家大院的乔家祠堂、常家大院的常家祠堂，襄汾县丁村的丁氏祠堂、万荣县李家大院的李氏祠堂等。祠堂是家族的象征，维系血缘关系的纽带，起着敬祭祖先、不忘传统，增强族人同心同德、共同御外的作用。其内往往雕刻着一些家训、格言、对联。

■ 李氏宗祠

2. 私塾

子孙虽愚经书不可不读。晋商致富后，都把教育子孙学文化、中科举放在首位，都在自家大院里专门辟出一隅建造家馆，延聘省内知名秀才、举人教育族中子弟。私塾馆舍一般简单实用，不事雕琢，多在院落墙上刻一些励志、读书、做人的圣贤语录，以便子弟立志笃学。乔家大院、常家大院都有专门的院落教子弟读书。常氏各门到光绪年间就建有私塾 17 所，有颇具规模的“书房院”。这里的学生以六七岁、十多岁为主，主要是启蒙教育，教学识字、写字、读书和作文。教学上采取“复式教育”法。

3. 戏台

山西是戏剧的发源地之一。山西人爱唱戏、好看戏。现在人们到山西旅游，行走在县城乡村之间，会不时看到元、明、清古戏台，听到唱戏声。晋商发家致富后，为了显富摆阔，为了孝敬父母，干脆就在自家院子里盖起了戏台，请来戏班子在自家戏台上唱戏。戏台子不是一个小的建筑，看戏也要一个大的场子、院子，或亭台楼阁式的包厢包房。它的占地和花费是很大的，但晋商就有这个实力，就有那么多的钱去干这个事。他们的戏台唱戏对村内百姓也是开放的，请来戏班子唱戏时，全村老百姓都可以来看戏。戏台及场院的设计与大院既相连又相隔，不会影响到主人生活起居的私密性。戏剧是寓教于乐的综合艺术，具有强烈的教化作用。尤其是在封建社会，普通老百姓识字不多，文盲率高，漫漫长夜人们如何度过？农闲时日人们如何度过？唱戏听戏就是最好的消遣。清人宋廷魁在《介山记》中曰："庸人孺子，目不识丁，而论以礼乐之义，则不可晓。一旦登场演剧，目击古忠者、孝者、廉者、义者，行且为之太息，为之不平，为之扼腕而流涕，亦不必问古人实有是事否，而触目感怀，涕笑与俱，甚至引为佳话，据为口实。盖莫不思忠、思孝、思廉、思义，而相儆于不忠、不孝、不廉、不义之不可为也。"

榆次车辋村常家大院的大戏台，是在光绪三年（1877 年）开始修的，前后修了 3 年，花费白银 3 万多两。光绪三年是历史上有名的大灾年。我国北方晋、陕、豫、冀诸省发生 300 年来最大的一次旱灾。据史书记载，旱灾持续了 3 年，农田颗粒无收，农民食不果腹，连树皮草根都挖完吃光了。山西有三分之一的人饿死于这场饥荒。常家这时拿出 3 万两银子在自家祠堂中修建戏台。苦力们干活只管饭不给工钱，这样既救济了车辋村和邻近的乡民，使他们免于饿死，等于是变相赈灾，又不落一个施舍的名声，使乡邻脸面上都能过得去；自己又大大地节约了成本，使用廉价或是无价的劳动力。可见这个账算得多精，是既得善名又得利。

■ 常家庄园

太谷曹家大院"寿"字院中就有两座大小戏台院，分别位于大院的东南角和西南角，都是典型的四合院落。这是主要供曹家人看戏和接待来访宾朋用的家庭式戏院。东南角的戏台院，建筑造型和布局与西南角的小戏台院基本一致，但规模要比西南角的小戏台院大许多；其为大众服务，唱戏时对外开放，家庭也常常在此举办一些宴会活动。西南角的小戏台，院中正南有一排五开间房屋，厢房前建有四角小亭，亭内便是小戏台。小戏台东西宽 3 米，南北长 4 米，台高 0.33 米，四周有护栏。戏台院中心东西宽 6 米，南北长 8 米，院子东西两侧为厢房，院心以北为门道，门道两边各有两间厢房。整个小戏台雕梁画栋，翼角飞翘，轩窗掩映，小巧玲珑。据记载，民国十二年（1923 年）夏孔祥熙曾赴曹家参加三多堂的宴请。民国十三年（1924 年）又赴三多堂参加曹联珠的婚礼。民国二十三年（1934 年）曹家又在大院内宴请阎锡山及政府官员王正廷（外交官）、夏之和（军长）、于国汉（军长）、蒋梦麟（教育部长）、商震及孔祥熙的长子和长女等。举办这些宴会时，自然会邀请晋剧名角在院内唱堂会，由此，不难想见当时曹家的热闹和兴盛。

4. 庙宇

在山西乡村，还可看见许多庙宇、寺院、道观建筑。这些建筑多数是由当地村民集资捐修的，其中商人的捐资占大头，这也是他们的善行义举。山西的寺庙，北部多佛教寺院。如五台山、云冈石窟、大同华严寺、恒山悬空寺等，都具有皇家气派，占据名山大川。佛教文化对人们的影响也大，已有很多书刊资料介绍，这里毋庸论及。在此仅将散布在山西乡村的庙宇道观等略作介绍。

■ 五台圣境

山西乡村的寺庙主要有关帝庙、文庙、后土庙（土地庙）、城隍庙、娘娘庙（奶奶庙、泰山庙、女娲庙）、玉皇庙、大禹庙、财神庙、龙王庙、牛王庙、药王庙、观音庙、三官庙、吕仙庙（吕洞宾）、东岳庙、真武大帝庙、乡贤庙等。这些庙宇有的建于村口，是村界的标志。有的建于村中，庙前都有宽阔的场地，也是公共活动的场所。其中关帝庙内多建有戏台。文庙与乡村学校结合，是教育孩子读书的地方。后土庙是祭奠大地之神的，有名的是万荣县的后土庙，相传是轩辕黄帝扫地为坛，在此祭祀而建。秦以降，汉、唐、宋三朝都有皇帝到此祭典，汉武帝的《秋风辞》就写于此。灵石县王家大院所在静升村的后土庙则修缮于元代，其庙内大梁上明明白白地写有“大元大德八年七月十四日重修”的题记，距今已有700多年的历史。娘娘庙是求子的。龙王庙是求雨的。山西长年干旱少雨，人们靠天吃饭，雨贵如油，故各地修建的龙王庙、水母庙很多。如太原的晋祠建有水母庙。药王庙是祈求除病祛灾的。总之，在封建社会，只要是能保佑人们祈福的，就能在乡下找到相应的庙宇。人们求神拜佛，祷告烧香，功利性很强，实用性很强，常常是在生活中遇到了困难，为了得到救助与解脱，或有了什么想法、什么心思而去求神祷告。缺雨了求龙王、得病了求药王；想抱孙子让媳妇生孩子了，就去求娘娘、求观音；想发财致富，就去求财神、求关公。他们寄命于天，敬畏于天，自己的心愿若达不到，天意不随人愿，那也只好认命于天，顺其自然。

■ 五爷庙香客

5. 塔

塔与商人没有直接的关系，多与佛家有关，但商人多捐款修缮，求佛保佑。山西有五座宝塔十分壮观，很有特色，这里简要介绍一下。

莺莺塔　坐落在黄河东岸永济市普救寺内，是一座舍利塔。因为元代王实甫《西厢记》中张生与崔莺莺的故事发生在塔下，故改名为莺莺塔。剧以寺生、塔因剧名，好一段浪漫的爱情故事。莺莺塔的建筑材料以砖为主。结构保持了唐代的一些特点和风格，即四方形空筒式，外观与西安小雁塔相似。据寺内现存碑刻记载，此塔重修于明嘉靖四十一年（1562 年）。莺莺塔还以明显的回音效应著称于世。它与北京的天坛回音壁、河南三门峡的宝轮寺塔、四川潼南县大佛寺的“石磴琴声”，同为我国古代的“四大回音建筑”。

■ 永济普救寺莺莺塔

飞虹塔　坐落在洪洞县广胜寺内。塔高 47 米，始建于汉，重修于明嘉靖六年（1527 年）。飞虹塔又称琉璃塔。塔的二层以上全部镶嵌着琉璃构件。这琉璃构件有斗拱，有角柱，有佛像，有盘龙，有亭台，有花卉，有鸟兽。件件都雕刻烧制得栩栩如生、精美绝伦。丽日天晴，阳光照塔，流光溢彩，霞光四射，宛如飞虹垂挂，故名飞虹塔。此塔有名还

■ 洪洞广胜寺飞虹塔

因塔后弥陀殿的藏经柜中，曾藏举世罕见、现为孤本的《赵城金藏》。此经乃佛教经典，是东汉到北宋历代高僧大德讲授传播的教义。参加编撰整理者达200余人。唐代著名高僧唐玄奘也是其中参与者之一。经书编成后，因无钱刻印，一直珍藏封存。到了金皇统九年（1149年），今临汾市尼姑崔法珍断臂明愿，发誓化缘募捐刻印；经过30多年的奔走化缘，资金初募后，请名师篆刻了25年方才印就面世。《赵城金藏》共7000余卷，刻成后收藏于广胜寺，因当时广胜寺属赵城县管辖，故名《赵城金藏》。这套藏经集佛经、史料为一体，加之雕刻精美、字体工整、纸质优良、印刷清晰，实为稀世孤本。抗日战争时，日寇闻知曾想抢掠，八路军闻讯后迅速将其转移。现《赵城金藏》收藏于北京图书馆。是镇馆之宝、佛界之宝、国家之宝。

太原双塔　坐落在太原市东南永祚寺内，是太原市的标志性建筑。双塔一曰文峰塔，建于明万历二十七年（1599年）；另一曰宣文塔，建于明万历三十九年（1611年）。两塔相距40多米，呈东南、西北对峙而立，风格基本相同，均为砖砌仿木结构，高54米余，共13层，呈八角状。东塔素砖垒体，雕饰简丽，古朴典雅。西塔孔雀蓝琉璃剪边，色彩鲜明，轮廓清秀，沉稳俏丽。从两塔之命名不难看出，是为了兴并州文运、昌龙城雄风。寺内明代牡丹——紫霞仙花、书法石刻与双塔并称“三绝”。

■ 太原双塔

五台白塔　系四大佛教圣地之首五台山的标志性建筑，洁白如玉、巍峨壮观，全称为释迦牟尼舍利塔。据考证，五台白塔始建于元大德六年（1302 年），由尼泊尔匠师阿尼哥设计并施工建造。明、清、民国历有修缮。新中国成立后曾三次洗塔。白塔基座为正方形，建筑风格为藏式。整座白塔为纯砖结构，形如藻瓶状，总高 56.3 米，周长 83 米。基座正面有三个石洞，中洞内为石刻雕像，左洞内刻有康熙年间白塔重修碑记，右洞内刻有释迦牟尼足迹图。佛足长约尺盈，宽约六寸。塔基的围廊安置了 120 个铜皮卷制成的法轮，上写“唵、嘛、呢、叭、咪、吽”六个梵字经文，人称六字大明咒，意为消灾免难；被礼佛者与游人转摸得油光油亮。塔顶的塔刹、露盘、宝珠等也都是用铜铸成，精致美观。白塔所在的寺庙因塔得名塔院寺。

塔院寺在 1948 年 4 月 9 日曾接待过毛泽东主席。那是当年 3 月 23 日，毛泽东、周恩来、任弼时等中央领导离开延安，东渡黄河，前往河北平山县西柏坡时路经此地，并在塔院寺住了一晚上。当他进入塔院寺方丈大院，看到门口的对联“劝君莫打三春鸟，子在巢中盼母归”时，便问陪同的干部："这副对联是谁写的？"陪同的干部回答："是庙里和尚写的。"毛泽东便打趣地说："三春鸟是莫打哟，它们是益虫，能保护农作物。我们共产党不像和尚那样讲慈悲放生，但对人类有益的事都要努力去做。"现在方丈院北屋门楣上，挂有江泽民同志题词的"毛主席路居旧址"黑底金字匾额（安建华：《走进五台山》，远方出版社2000年版）。

■ 应县木塔

应县木塔　坐落在雁门关外应县城内西北角佛宫寺内。建于辽清宁二年（1056年），矗立已近千年，是世界现存最高最古老的木塔。木塔建在4米高的台基上，底层直径30.27米，呈平面八角形。塔高67.31米，有20多层楼高。第一层立面重檐，以上各层均为单檐，外观五层六檐，实际各层间夹设暗层，实为9层。其高度比西安大雁塔还高3米，比著名的意大利比萨斜塔还高出12.8米。木塔用材为当地华北落叶松，民间有"砍倒黄花梁，建起应州塔"之说。木塔所用木材上万立方，重量7000余吨，与法国埃菲尔铁塔重量相当。木塔构建没有用一根铁钉、一个木楔，没用任何黏合剂，所有衔接只用榫卯。木塔广泛采用斗拱，全塔共用各种斗拱54种，每个斗拱都有独特的组合形式，被称为中国古建筑的"斗拱博物馆"。每层都形成了一个八边形的空中结构。塔内24座佛像，座座形态各异，生动传神，极富特点，尤其是一层的释迦牟尼塑像，神态端庄，造型高大，目光炯炯，但嘴边上多了一圈绿色胡须，眉毛也染成了绿色，双耳上还打了耳洞。据讲与契丹族男子汉的崇尚与爱好相仿，带有浓郁的时代和民族特色。木塔建成至今没有虫蚀，没有朽腐，没有遭雷击起火烧毁。1926年军阀混战时，有200多发子弹打入木塔，击中燃烧后随之便很快自行熄灭。有一颗炮弹击中木塔没有爆炸，至今在二层暗层还嵌着一颗炮弹头。历经多次地震而不倒。据历史记载，元顺帝时大震7日，木塔岿然不动。距今380多年前明王朝时，山西灵丘一带曾发生烈度为9级的大地震，雁北一带房倒屋塌、人死无数，独木塔无损，依然傲立。就是近几年来，大同一带地震不断，波及应县，木塔仍是安然无恙。总之，一座应县木塔，鬼斧神工，实为天下奇观、国之瑰宝，怎一个“奇”字了得！

三、徽商建筑特色

（一）全村同在画中居

徽州一府六邑5000余村落藏于万山之中。我们无论是驱车在徽杭高速公路上，还是漫步于乡间小道上，眼前山峦起伏，溪水流长，茂林修竹，粉墙黛瓦掩映其中，一个个村落鳞次栉比，星罗棋布在青山绿水间，宛若“人行明镜中，鸟度屏风里”，置身于桃花源里、山水画中。而这个山水画是自然天成、真实立体的，过一道岗换一幅景，转一个弯变一幅画。百里长卷，页页不同。天人合一，自然和谐。人们诗意地栖居繁衍于斯，就连旅游者本身也化作这长卷里的一笔一墨、一个人物了。

徽州建筑的美是以村落为代表的，而晋商建筑的美是以大院为代表的。这也是徽派建筑与晋派建筑的区别之处。徽州村落如大珠小珠落玉盘，散落分布在山水之间、天地之间，给人以自然的美。究其原因有四：一是徽州独特优美的自然环境，山青青，水潺潺，来龙去脉，形势轩昂，徽州独得自然造化。二是徽州人尤重风水，择地建屋，每每都要请风水大师遍阅山川，详察地貌，择吉而安，有名的万安罗盘就产于休宁。风水学中不无一定的科学道理，亦含有很多美学因素。三是徽州都是聚族而居，一姓一族聚居一村。占一片山林，享一溪清水。一姓一族人居住在一起，村落建设好规划、利协调，没有异姓干扰。如棠樾为鲍氏世居，唐模为许氏世居，潭渡为黄氏世居，西递为胡氏世居，宏村为汪氏世居，江湾为江氏世居，龙川为胡氏世居，汪口为俞氏世居，等等。这一点又区别于山西村落。山西一村多姓杂居，难以统一规划设计。四是徽商有大把的银子，有钱堆砌、营造美好的建筑。统一规划设计，尤重风水形势，独得山川秀美，故徽州村落便建设得美轮美奂，如人间仙境一般。

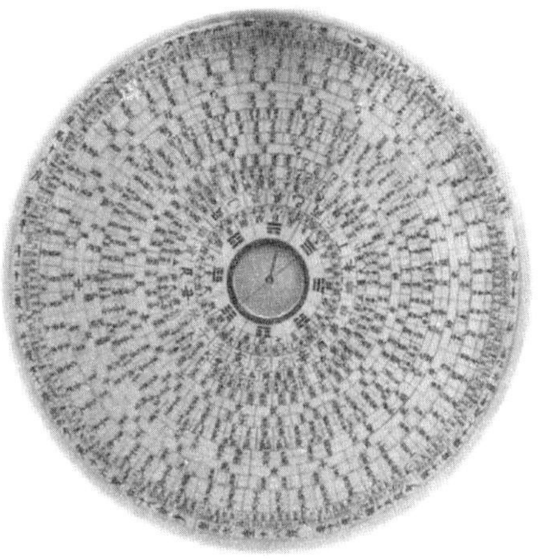

■ 万安罗盘

徽州人居在画中，在村落的建筑上十分重视水口的营造。水口是指村落水源的流出与流入的地方。一般来讲，水口也是一个村落地界的标志，是一个村落的咽喉，进入一个村落的水口，就进入一个村落的地界了，在古徽州的村落，基本上都有精心设置的水口。水口一般植有水口树，常见的有樟树、银杏树、松柏、楠木树等，这些古树往往在百千年以上，是村落的标志，也往往被村人视为村落的护佑神树。水口往往也还建有亭、塔、桥梁，或供人们行走歇脚，或起镇靖护佑的作用。徽州人十分重视水口，将水口与村庄里人丁的兴旺、前途命运联系在一起。故而水口的一草一木、一砖一石都是千年不动的，至今这些大树、亭塔、小桥自然便成了古村落的代表和象征。

徽州古村落整体规划建筑的代表是黟县宏村。宏村为徽州第一大姓汪氏子孙聚族而居的地方，现保存完好的明清古民居有 140 余幢。它以秀美的南湖风光、奇特的牛形村落、家家门前流水、承志堂雕刻精美而著称于世，与西递村一并被联合国教科文组织确定为世界文化遗产。

宏村始建于明永乐年间（1403—1424 年），由宏村汪氏 76 世祖汪辛与其妻胡重娘主持兴建。汪氏夫妇当时聘请了有“国师”称号的风水大师休宁人何可达到村落察形望势，详审脉络。何可达认为宏村地理风水形势如一卧牛，必须按牛形村落进行规划和开发。当时汪辛在山西做运粮主簿，捐出一万两银子建设村落。其妻胡重娘笃信风水，在家主政，每天陪风水先生在外奔波、督办建设，历时10年，最终引西溪水进村入户，形如牛肠，七拐八弯地流淌到家家户户。在村中开挖天然泉水为月塘，形如“牛胃”。月塘开挖成一个半月形，取“花开则落，月盈则亏”的哲理，取名“月沼”，似“半个月亮爬上来”。“月沼”周边的建筑乃为明清时建，汪氏宗祠对着月沼。这个地方现在是游人必去、必要拍照的景点。此后，又在村西虞山溪上架起了四座木桥，形似牛之四蹄。在村口种植了两株大树，一株红杨、一株银杏，形似牛角。明朝万历三十五年（1607年）时，根据牛有两胃才能“反刍”的道理，又在村南凿池百亩，修起了南湖。临湖又有盐商捐修了南湖书院。如此，一个“山为牛头，树为牛角，屋为牛身，桥为牛脚，水圳为牛肠，月沼为牛胃”的牛形村落即牛形水系便告建成。历经600余年而不衰，又终登世界文化遗产名录，供中外游客参观游览。览者则无不折服，啧啧称赞。

■ 宏村

徽州古村落布局，讲究风水，取意吉祥，可谓俯拾皆是。如与宏村同列世界文化遗产名录的西递，俯瞰形似一只出航的大船，整个村落是个船形建筑，寓意全村一帆风顺。其位于屯溪的呈坎村，是按照《易经》里的“阴（坎）阳（呈）二气统一，天人合一”的学说布局的。村落依山傍水，形成二圳五街九十九巷，宛如迷宫，被朱熹誉为“江南第一村”。歙县的许村形状似一只临水的葫芦。葫芦万代，籽多多发，人丁兴旺。婺源的汪口村像水面上的一面荷叶。旌德的江村坐落在金鳌山下，像一只巨大的鳌。绩溪的湖里村则宛如新安江边的一尾鲤鱼……徽州五

■ 西递

千村落，多数枕山、环水、面屏、朝阳。它们掩映在千山万壑中，矗立在水岸小溪旁，在蓝天白云的映衬下，在四季花香、绿树修竹的簇拥中，在日月星辰光影的浮动里，无不熠熠生辉，和谐自然。徽州古村落与苏州园林、扬州个园这些江南园林最大的不同，就是没有园墙围合，没有人工造园堆砌的痕迹。它以大自然、大山水为园林，将人工村落与大自然的风水、来龙去脉巧妙地布局结合，营造出了惊天地、泣鬼神，存大美于六合的世界人类文化遗产。它是徽州人的骄傲，也是中国人的自豪。关于徽州人理想的居住环境，唐模村檀干园镜亭里的一副楹联可以概括，它是清末歙人许承尧先生拟的：

喜桃露春浓，荷云夏净，桂风秋馥，梅雪冬妍，地僻历俱忘，四序且凭花事告；

看紫霞西耸，飞瀑东横，天马南驰，灵金北倚，山深人不觉，全村同在画中居。

徽州民居的主要特色是："白墙黑瓦马头墙，三间五架双楼房。砖雕门罩石雕窗，木雕楹联挂两旁。木门山墙地磨砖，两进三间天井院。楼上阁厅飞来椅，肥水不流外人田。"其精华者有牌坊、祠堂、砖木石雕、天井、马头墙及各式亭桥楼阁、长街短巷。到徽州参观，一定要深入村巷，登堂入室，细细品观，其一砖一木一石、一件雕刻、一副对联皆有韵味雅义，无不令人流连忘返。

（二）高高牌坊彰功德

到徽州看民居，首先看到的是牌坊，因为牌坊都竖立在村口路边祠堂前，建在人们必经之地，建在醒目的地方。到徽州必须看牌坊，因为牌坊是徽州标志性的建筑，它工艺精湛，冲天而立，气势雄伟，文化丰富，徽州有“牌坊大观园”之称。牌坊是徽州的符号、徽州的缩影，是明清时期徽州的文化、徽州人的精神、徽州人一生追求的一种表征。据考证，民国时期，徽州有明清牌坊上千座，现存尚有百余座，仅徽州府所在地的歙县就存有牌坊 82 座。有名的牌坊如歙县城内的许国石坊、棠樾牌坊群、雄村曹氏牌坊群、稠墅牌坊群、丰口四脚牌坊、槐塘龙兴独对坊、郑村汪氏忠烈祠牌坊、贞白里坊，黟县西递村的胡文光刺史坊，绩溪龙川的奕世尚书坊，婺源江湾的街头牌坊，祁门县六都村的程昌牌坊。

牌坊，又名牌楼，是一种宣明教化、旌表功德节烈的纪念性建筑，是放大了的奖章、奖状、金牌。它与古罗马的凯旋门、日本的鸟居、印度的牌坊相近，都是纪念性的标志建筑。关于牌坊，梁思成先生在《中国建筑史》中说：“宋元以前仅见乌头门于文献，而未见牌楼遗例。今所谓牌楼者，实为明清特有之建筑型类。明代牌楼以昌平明陵之石牌楼为规模最大，六柱五间十一楼。唯为石建，其为木构原型之变型，殆无疑义，故可

■ 徽州节孝坊

推知牌楼之形成，必在明以前也。”

牌坊有木牌坊、石牌坊。一般用木、石、砖等材料建筑而成，现存徽州牌坊多为石牌坊。石牌坊主要由立柱、依柱石、横梁、石板枋、楼阁顶盖、飞檐翘角等组成。牌坊石柱往往高达数十米，又处在同一条直线上，为了防止倒塌，每根石柱前后都依有柱石夹抱。这些夹抱柱石又称抱鼓石，多雕刻为狮子，狮子下面又是须弥座。由于横梁跨度阔，负重大，容易断裂不稳，所以在梁与柱相连的拐角处又多安置雀替，以保持其稳定性。横梁上一般安置一至三层石板枋，作为雕刻文字之用。枋上再建楼，一般为三楼，多者建为五楼。楼顶加盖，飞檐翘角，脊首多为鳌鱼吻式，极富韵律感。牌坊的石雕精美绝伦，既大气古朴，又精细入微。有线刻、浮雕、透雕，代表着我国石雕艺术的最高水平。牌坊的石雕图案内容丰富，寓意吉祥，弘意深远，多取谐音。牌坊上的文字是点睛之笔，关键所在。其内容明明白白地宣示着所建牌坊要旌表人物的功名和事迹。其刻字大多出自名家手笔。如许国石坊上的题字“上台元老”“大学士”“先学后臣”等，就都是出自明代大书法家董其昌的手笔。

徽州牌坊就其建筑功能而言，可分为功名坊、标志坊、官禄坊、科举坊、尚义坊、孝行坊、贞节坊、百岁坊，内容都是旌表忠君、功名、尚义、贞节、孝行、仁寿之人。它是比一般纪念碑更要宏伟阔大的建筑，是竖起的丰碑、说话的石头、教化的典范。每一座牌坊都有一段优美动人的故事。它建在徽州大地上，根植在徽州人的骨血里，教化滋育着一代代徽州男人女人向牌坊上的人物学习，争当牌坊上的人，也争取着给自己立牌坊。

旧时立牌坊不是随意想立就能立的，也不是有钱就能建立，而是要层层上报，通过皇帝恩准、朱笔御批才能动土兴建。据说牌坊上刻“圣旨”二字的，是皇帝批准并下拨国库银两兴建而成的；牌坊上刻“恩荣”二字的，是皇帝批准，自己掏钱兴建而成的；不是有钱就能随随便便兴建牌坊，也不是随随便便就能在牌坊上刻字留名，必须有大德善行、科举功名，才能建造牌坊，坊上题名。据记载，婺源延村的两座石牌坊，一座是节孝坊，建于清道光辛卯年（1831 年），是为湘浦公的三儿媳洪有容（1777－1850 年）而建立的。她 27 岁丧夫，独自守寡将 4 岁的独子抚育成人，后又得 4 孙，是村里“十家”的曾祖母。为给她建坊，清道光七年（1827年）七月提出申请，经县教谕核实，知县、知府察看，再由安徽巡抚会同两江总督、安徽学政合疏具题，礼部侍郎、尚书奉敕议复准请旌表，直到道光十一年（1831年）方才下旨，准予兴建。此事经过县、府、省、部、朝廷五道“关防”，历时5年。另一座是孝女坊。建于清道光二十四年（1844年），是为一个名叫红英的姑娘所建，旌表她“父母早故，矢志不字，扶幼弟成立，孝义克全”。此坊在道光二十年（1840年）二月提出申请，逐级上报察核，至道光二十四年（1844年）十一月才奉旨建造。

下面列举几例著名牌坊。

1. 歙县许国石坊

位于歙县城内老街上的许国牌坊，又称八脚牌坊，建于明万历十二年（1584年），距今已有430余年。它旌表的是歙县人许国，可谓功名

■ 歙县许国石坊

坊。许国，明嘉靖乙丑年（1565 年）进士，为嘉靖、隆庆、万历三朝元老。石坊上刻“少保兼太子太保礼部尚书武英殿大学士许国”，因平定云南边境叛乱有功，万历皇帝恩准其回乡建坊。

许国石坊南北长 11.54 米，东西宽 6.7 米，高 11.4 米，立有八根通天柱，形似八脚。八柱之间横梁相连，整座牌坊由前后两座三间四柱三楼和左右两座单间双柱三楼的石坊组成。所用石料全部为青色茶园石，粗重厚实，质地坚硬，有的一块就重达四五吨。前后各 4 只、左右各两只，共 12 只狮子踞于石础之上，既起稳定石柱的支撑作用，又形态各异，活灵活现，寓意吉祥，事事如意。其石柱、石梁、石枋、雀替，层楼上的浅、深、浮、透雕刻，巧夺天工，图案优美，图意典雅，书出名家，既炫耀许国功名，又激励后学发奋。可谓熔建筑、绘画、书法、雕刻、装饰等工艺于一炉，是举世无双之杰作，徽州牌坊之代表，全国重点文物保护单位。

2. 歙县棠樾牌坊群

棠樾牌坊群是明清鲍氏家族竖立的丰碑，前后七座呈弧形排列，耸立在村头大路上，是全国重点文物保护单位。在结构上它采用四柱冲天三楼式，选用灰白色茶园青石料，极具视觉冲击力。七座牌坊由东向西分别是鲍象贤尚书坊、鲍逢昌孝子坊、鲍文渊续弦吴氏节孝坊、乐善好施坊、鲍文龄妻汪氏节孝坊、慈孝里坊、鲍灿孝行坊。七座牌坊以义字坊为中心，从两头看都是旌表“忠孝节义”。而且鲍灿和鲍象贤祖孙两人的牌坊，一个打头，一个殿尾，相互凝视，一脉相承。七座牌坊中慈孝里坊、鲍灿孝行坊、鲍象贤尚书坊建于明代，其余四座建于清代。鲍氏家族是扬州有名的大盐商，鲍志道及其子鲍漱芳曾在扬州任两淮盐务总商。清嘉庆十年（1805 年）淮河水患，鲍漱芳父子带头捐资捐物，捐银 300 万两，其义行善举呈报皇帝后，嘉庆皇帝赐建乐善好施坊，从此竖立起了鲍家的第七座牌坊。另清朝乾隆皇帝还曾为鲍家祠堂题赠对联“慈孝天下无双里，锦绣江南第一乡”，以旌表鲍氏家族在宋末元初战乱时期，鲍宗岩和其子鲍寿面对叛军争相赴死的感人故事。据讲七座牌坊中的慈孝里坊，也是明成祖朱棣听说这个故事后赐建的。

3. 黟县西递村胡文光刺史坊

进入世界物质文化遗产西递民居参观，首先映入眼帘的就是村头水口矗立的胡文光刺史牌坊。它是西递村的标志性建筑，也是徽州牌坊的代表。据记载，历史上西递村此处曾有 13 座牌坊，因种种灾难，其他 12 座都被拆除了。该牌坊是三间四柱五楼式结构的门楼式牌坊，牌坊高 12.3 米、宽 9.95 米，全部用“黟县青”石料砌成。石柱柱脚抱鼓石雕刻有两只倒伏的狮子，既栩栩如生、精致绝美，又对牌坊起着稳定的作用。正楼石坊东西两面分别刻着“登嘉靖乙卯科朝列大夫胡文光”和“登嘉靖乙卯科奉直大夫胡文光”题字。正楼上方刻有“恩荣”二字。牌坊横梁、花板上精雕细刻着八仙人物、鹿鹤虎豹、五狮戏球、麒麟吐书等图案。楼顶鳌鱼吻脊、飞檐翘角，整个牌楼远远观去气势雄伟、色泽凝重。虽以石筑成，却又挺秀屹立，轻轻盈盈，似凤欲飞。该牌楼还暗

■ 西递胡文光刺史坊

含“3、6”这两个吉祥数字。楼高3丈6尺，4个楼层、9个门洞，四九三十六。飞檐上6双鳌鱼，底座上6只狮子，也暗合六六三十六。牌楼上装饰32个花盘，与此不合，据说当时也做了36个，但无论如何也安不上去，只能容下32个。后来胡文光为官32载，病死在任上，是巧合否？

胡文光，明代西递村人，明嘉靖三十四年（1555年）中举，曾任万载县令，后任胶州刺史兼理海运；后入荆州王府任长史，荆州王又授以奉直大夫、朝列大夫的头衔。明万历六年（1578年），明神宗批准胡文光乡亲族人建立了这座牌坊，以表彰胡文光的功德。

4. 绩溪县龙川奕世尚书坊

该牌坊建于明嘉靖四十一年（1562年）。三间四柱五楼式，高10米，宽9米。四根立柱下有抱鼓石护靠。坊顶为歇山式，由斗拱支撑并挑檐。脊首两端雕有鳌鱼对峙，正脊中置火焰珠。立楼正中挂斜式“恩荣”匾。下枋花板南北两面分别镌书“奕世尚书”和“奕世宫保”及“太子少保胡富”和“太子太保胡宗宪”等字样，乃明代大书法家文徵明所书。整座牌楼运用浅浮雕、深浮雕、圆雕、透雕、镂空雕等工艺，雕绘出一幅幅巧夺天工、精美绝致、活灵活现、跃然而出的人物故事；又有飞禽走兽、亭台楼榭，如“双龙戏珠”“双狮滚球”“麋鹿相谐”“鲲鹏展翅”等。

■ 龙川奕世尚书坊

奕世尚书坊是为了纪念明代户部尚书胡富、兵部尚书胡宗宪祖孙两代人的功绩而建的，属功名坊。胡宗宪主持兴建。胡富是明成化十四年

(1478年)戊戌科进士，官至户部尚书，是胡宗宪的曾祖。胡宗宪是明嘉靖十七年(1538年)戊戌科进士，官至兵部尚书、江南七省总督。“奕世”二字取于《国语·周语上》中“奕世载德，不忝前人”之句。“奕”,“亦”“大”之组合，盛大之貌也。“奕世”就是一代接着一代，累世叠加。载德修德，以德传家。“不忝前人”，就是不辱没先人祖宗。胡宗宪与胡富正好是相隔60年一个甲子的进士，又都官至尚书，胡宗宪甚至还超过曾祖。因此在家大兴土木，修建了这座可使自己流芳百世的石牌坊。但建此坊时，胡宗宪已被人弹劾结党严嵩父子及贪淫等十大罪而在官场失势，嘉靖皇帝念其捕获名为倭寇、实为歙人的“海上大盗”汪直有功，未予治罪，革职回家。不久，严嵩之子严世蕃及严嵩之孙严鹄和党羽罗龙文秘谋称王并外逃日本事发，明王朝斩首严世蕃、罗龙文于北京菜市口。在籍没罗龙文家产时，查获有胡宗宪授意罗龙文“阴通”严相府的信件，胡宗宪再次锒铛入狱，不久便惊恐忧惧过度，死于狱中。明史有胡富、胡宗宪传记。

5. 歙县另外三座有代表性的牌坊

一是位于歙县县城高中门前的“县学甲第坊”，又称“三元坊”。它是古县学门坊，建于清乾隆年间，属门楼式牌坊，四柱三间五楼，宽约5.5米、高约6米。正面楼匾上刻“甲第”二字，额枋上刻“状元”“会元”“解元”字样；背面楼匾上刻“科名”二字，额枋上刻“榜眼”“探花”“传胪”字样。额枋空档处镌刻有历代歙县中试者的姓名。据记载，历史上仅明清两朝歙县一县就有623人高中进士。自己的名字能够被镌刻在此坊上，曾是多少歙县学子梦寐以求的人生愿望。此坊为科举坊。

二是位于新安江畔的雄村“四世一品坊”。该牌楼建于清乾隆年间，立于曹氏宗祠前。三间三楼冲天柱式，高11米，用色调稳重的灰凝石构造，中间三楼的石枋上刻着“四世一品”四个大字，二楼的额枋上刻着曹文埴及其父、祖父、曾祖父四世的姓名和官衔。曹文埴是乾隆二十五年(1760年)的进士，高中第四名，科举称传胪。后来官至户部尚书，在皇帝身边服务了20多年，深得乾隆皇帝的信任。其父辈三代都是扬州大盐商。乾隆皇帝六下江南，曹家作为徽商巨富曾参与接待，纳捐银两。曹文埴曾在乾隆时期主持过《四库全书》的编撰，乾隆皇帝便一下子封曹文埴及其父、祖父、曾祖父一家四代为一品官员。曹家为纪念这等盛事，彰显皇帝隆恩，光耀自己祖宗，激励后代子孙，便建造了这个“四世一品坊”以作纪念。而曹文埴的儿子曹振镛亦是后来居上，青出于蓝

■ 歙县四世一品坊

而胜于蓝，曾任工部尚书、太子太保、军机大臣兼尚书房总师傅，在清历三朝，为官54年，亦曾与其父同朝为臣6年，是雄村人津津乐道的父子宰相。只是建此牌坊时，曹振镛还未官居一品，否则就要刻写“五世一品坊”了。

三是位于县城新南街的孝贞节烈牌坊。这个小牌坊建于清光绪三十一年（1905年），是建造最晚的徽州牌坊。它的建筑规模也最小，谈不上高大宏伟，装饰也很简单，不事雕刻，十分朴素。但它旌表的人数最多。上刻65078个徽州府的孝贞节烈妇女的名字，每一个能刻写在上的名字，每一个孝贞节烈之女，都有一段凄清悲美的动人故事。她们是徽州女人的典范。这里是对她们孝贞节烈行为的集中旌表、集体祭奠。瞻仰此坊，凝视该楼，看着上面刻写的一个个、一行行名字，不堪设想她们的一生经受了什么样的磨难。

■ 歙县立节完孤坊

（三）飞檐翘角马头墙

徽州建筑从外观上看，吸引人们眼球的不仅有黑白分明充满韵律感的马头墙，还有大量的飞檐翘角。这些个翘角飞檐，大多构建装饰在牌坊、祠堂、戏台、亭子、门楼与马头墙上。它们的造型多为凤头鳌鱼之状，挑出高者一米有余，一个个站在檐头昂首向前，直刺蓝天，轻盈灵动，给人以张扬、舞动的感觉，好像整座建筑和屋宇内的主人扑腾腾振翅欲飞、飞跃跃鹏程万里，鲤鱼跳过龙门，鱼化龙一举夺魁，寓示着家族兴旺，前程似锦，文运勃兴，独占鳌头。

徽派建筑飞檐翘角，一是集中体现在祠堂的门楼上。如龙川胡氏宗祠的门楼为“五凤楼”，或曰五峰重檐式大门楼。面阔七开间，进深两间，高 20 多米，建筑面积 145 平方米，由 28 根立柱和 33 根月梁组成主体结构。前后由 16 组斗拱，将三个层次、五个屋顶屋檐前挑出 1 米多，前后形成八大翼角，呈凤凰展翅腾飞之状。门楼前后两根额枋上，分别雕刻着“九狮滚球遍地锦”和“九龙戏球满天星”的图案。二是集中地体现在水口、路边、花园内的亭子上。“亭者，停也”，是供路人休息、歇脚的地方。在营造形式上，亭无定制，因地制宜，随地就形。《园冶》中说亭：“造式无定，自三角、四角、五角、梅花、六角、横圭、八角到十字，随意合宜则制，惟地图可略式也。”徽州唐模村东水口处的八角亭，分上中下三层，二、三层为虚阁，上有回廊，下层平面为正方形。四面各开有一门，屋面三层檐，歇山顶，翼角高翘，从不同侧面看都有八个飞檐翘角。

飞檐翘角的装饰作用大于实用价值，它主要寄托营造者的美好愿望、精神理想，寓意家族振兴、子孙腾达。它是徽商徽州人的讲究，是族人和家人的精神寄托、理想希望。它在营造学上给人以美的视觉、美的感受。同时，营造飞檐翘角也是银子的堆砌、财富的象征。做一个飞檐翘角不仅要用良好的木、石、砖材、铜钉、金粉，而且要花去工匠们大量的功夫。但也正因为如此，方才给我们留下了这精美的艺术。

徽派建筑飞檐翘角张扬的个性比晋派建筑要多要大。晋商大院建筑虽也有飞檐翘角，但与徽派建筑比无疑要逊色许多。它不仅量少，翘出的角也没有徽派高耸。就是湖南岳阳县张谷英民居也远逊于徽州民居。张谷英民居始建于明，主建于清，有当大门、王家塅、上新屋三大部分，总面积51000平方米，现有62条巷道、206个天井、1732间房屋，每栋房屋呈“丰”字形结构。现居住着张氏后人650多户、2600多人。2001年经国务院批准，被列为全国重点文物保护单位，有江南民居瑰宝“天下第一村”之称。但它是典型的平民建筑，虽说也有些天井连廊、砖木石雕，可远比不上晋商大院和徽州民居；其屋顶多是反曲屋顶，少有飞檐翘角，整体朴实无华，素面朝人。

马头墙是徽派建筑最具特色的构造。它是北方民居中的山墙，但其功能与作用已远不止于山墙，山墙在晋商建筑中一般是“人”字形，在北方诸多地区及湖广等民居建筑中也多是“人”字形状。但在徽州建筑中，徽州人把它建成了黑白分明的马头墙。

马头墙因其形状像昂起的马头，黑鬃白身，跌宕起伏，如万马行空，故得名马头墙。它墙体高耸，超出屋顶，遮挡住了屋脊；它上宽下方，两边延伸，掩藏了前后屋檐，遮住了房屋建筑的木制部分，具有独特的防火功能。它由条石、砖瓦砌起，墙体抹白，墙头拔檐、垒瓦、翘起，

■ 马头墙

既将墙头雨水伸出墙外，防止雨水浸泡墙体，又防盗防贼，使梁上君子难以缘墙而上，入室盗窃。其墙头堆垒的青瓦还备以后用，日后房上屋瓦有破损漏雨时，可从墙上取瓦补用。届时那些历经风雨的墙瓦，不仅与屋上用瓦规格尺寸一致，便于雁行替换使用，而且颜色如旧，耐用过新，方便简单。

马头墙的复杂构造在墙顶墙头。它有坐吻式、印斗式、鹊尾式。其中坐吻式为马头墙中制式最高的一类，一般用于祠堂、社屋、寺禅。印斗式有“驱鬼辟邪”的符镇作用，印上的“万”字图案就取符咒之意。鹊尾式因其形如喜鹊尾巴而得名，构造简洁，素雅大方，是徽州民居马头墙中运用最多的一种。也有一墙中营造两种制式的马头墙。一般是鹊尾式居前，高高翘起，跃跃欲飞，印斗式置后，沉沉稳稳，驱鬼辟邪，取“前武后文”之意。马头墙为阶梯状山墙，同一标高的谓之一“档”，根据建筑物的进深尺寸工匠要“定档”，一般为二档、三档，最多不超过四档。

马头墙墙体抹白，又称为粉墙。墙头堆垒青瓦，因风吹日晒、雨露潮湿，久而青瓦由灰变黛，又称黛瓦。马头墙随着建筑物的依山而建、抬高增扩、院落增多，也不断地跌宕起伏，跳跃递进，重复交叉，形成徽派建筑一道道亮丽的风景线。它宛如一段段跳动的乐符，具有强烈的韵律感和节奏感，是徽派建筑的一大景观。正如清康熙年间徽州盐商程庭在回歙县老家省亲时，在其所著的《春帆纪程》中所记："徽俗士夫巨室多居于乡，每一村落，聚族而居，不杂他姓。其中社则有屋，宗则有祠。……乡村如星列棋布，凡五里、十里，遥见粉墙矗矗，鸳瓦鳞鳞，棹楔峥嵘，鸱吻耸拔，宛如城郭，殊足观也。"

徽派建筑的马头墙，远观亦如官帽，帽翅高翘，寄托着主人希冀子孙做官的美好理想。马头墙黑白分明，仿佛教育子孙做人要善恶分明，清廉洁白，疾恶如仇。徽派建筑的马头墙，由于它的防火功能、美学功能，亦多被其他地方引进。如山西万荣县的李家大院，建于清末民初，其靠打麦场一侧房屋的山墙，就做的是马头墙，明显是从徽州学来的，也起防火的作用。其他如陕西汉中、四川、广东、江浙等地，也每每能看到如徽派建筑的马头墙。

马头墙，又名封火墙，是明代弘治年间徽州知府何歆创建力倡的。据康熙《徽州府志》记载："何歆，字子敬，广东博罗人，弘治进士，由御史出守徽州，为人精明强干，有吏能。堪舆家以为治门面丙（南）、丙火位不宜门，前守用其言，启甲门出入犹灾。歆至思所以御之，乃下令，郡中率五家为墙。里邑转相效，家治崇墉以居，自后六七十年无火灾，灾辄易灭，墙岿然不动。"何歆是明弘治十六年（1503 年）到徽州任知府的。此前徽州因地狭民稠，人们居住集中，又多是木制建筑，常常火烧连营，夺人生命与钱财。他不信堪舆家言，亲临火灾现场救火察看，提出唯物主义治火说——"降灾在天，防患在人，治墙其上策也，五家为伍，甓以高垣，庶无患乎"，并以行政命令百姓筑墙。令：五户人家筑成一伍，列在第五户人家的将地基收缩一尺六寸作为封火墙的墙基，不出地基的人家，出钱财劳力购买砖石建墙，违令者判罪。令出不满一月，徽州城里城外所建封火墙两千多道。后来人们见封火墙防火效果好，便逐渐把它用到了一家一户乃至一个建筑单元上，划小了防火区域，从而有效地解决了木制建筑结构火烧连营的问题。

何歆倡建封火墙，还有现存于歙县新安碑园一块明代正德丙寅年（1506 年）的德政碑可以佐证。此碑就是专门记述何歆任徽州知府所做的功德，其中主要记叙了他倡修封火墙的事迹，碑文有 1176 字，既有正面碑记，又有背面阴序。其中有云："子民之责，当以民心为己心；居官之法，当处官事如家事，能尽之者鲜矣。”“视火墙一筑，足以御患于千百载者。”“民乃知筑墙以御火者，太守德政真不可忘也。”

封火墙的修建，是我国消防史上的一座里程碑，《中国消防通史》在第七章专门记述了何歆治火防灾、行政命令徽州人建立封火墙的事迹和重要意义。

（四）一方天井万千天

徽州民居天井的设置，是匠心独具、别出心裁、道法自然的点睛之笔，是徽派建筑区别于晋商建筑、北方民居的又一特色。走进高墙围合的徽宅大院，无论是一进二进三进四进，不仅步步高升，而且明堂豁亮，头上别有洞天，眼前光线柔和。阳光从高高的天井上方折射到堂前屋内，明媚透亮又不刺眼。主人在家里起居生活，云生梁栋间，风生窗户里。足不出户，可仰观天文，洞察风云，看到蓝天白云，飞鸟鸿雁，日落日出，日月星辰，檐前雨帘，堂上雪飞，春夏秋冬，风雨晴晦。

天井是北方四合院之院落的提升和浓缩，徽州因土地局促，民居占地不能像北方那样阔大，多建为阁楼式。在明代时楼上住人，楼下生活。明人谢肇淛在《五杂俎》中记载：“余在新安，见人家多楼上架楼，未尝

■ 徽州民居天井

有无楼之屋也。计一室之居，可抵二三室，而犹无尺寸隙地。”“居室地不能敞，惟寝于楼耳。”清以后多楼下住人起居，楼上放置杂物。大户人家的小姐、公子则因房屋建得高大，多还住在楼上。天井是因围墙的高大封闭而开设的天窗。徽州商人回乡建房，考虑安全是第一位的，高高的四面围墙，对外不开设窗户，偶尔开个小窗户，也是在围墙上方的二层楼上，这样便于防盗，使主人具有安全感，使家里的财富安全，让飞贼没有空子（窗户）可钻。有的徽商人家为了防卫安全，甚至在天井上方张罗结网，即使有飞贼上房，也难以下房入院。这样的案例，在晋商中也有，如临县碛口镇一家的四合院上空，也结网张罗，使盗贼不得进院。

天井一般由正房与辅屋四面围合而成，都设在建筑的中轴线上，居于庭院的中间。一般进门便是一方天井，天井都正对着厅堂。堂的功用是“日夕居止，拜起坐立，凶吉燕集，送迎往来”。与现在的客厅功能大致相当。但徽州的堂是直接对着天井的。徽州民居“有堂皆设井，无宅不雕花”。天井之地面多以石板铺成，明代时修一方水池子，天井比较深。清以后多与地面铺平，四周置盖板明沟，与住宅内的下水道相通，起排水作用。有的人家也在天井摆设一些盆景，养几条金鱼，以增加室内的生气。天井上方二层楼檐与回廊是徽州木雕集中展现的部位，冬瓜梁、商字廊，门窗槅扇，撑拱栏杆，“美人靠”椅，多数精雕细刻，令人赞叹。

天井的重要功能是采光、通风、排水、交通。高大封闭围合的徽宅大院，四面不开窗，全靠天井这个天窗采光通风。天井具有抽风换气的作用，高高在上的天井上小下大，像烟囱一样，抽排着下面建筑物中的空气，换气作用十分有力，能够保持厅堂厢房的空气清新。天井的采光作用更是了得，一方天井，自然光由上照下，将下面二层、一层的四周房屋照得光光亮亮，明明白白，可谓一方天井，四面通亮。天井是由四面屋檐围合而成，所有屋顶都是向院内倾斜的，下雨的时候，雨水从四面天空飞流而下，形成室内雨帘瀑布。雨水接地后又通过天井四周的水枧流入阴沟，排泄于外。这就是徽州人十分讲究的“四水归堂”“肥水不流外人田”。风水学上讲“山管人丁水管财”，徽商晋商皆视水为财，故徽州人说：“家有天井一方，子子孙孙兴旺。”一方天井寓示着财源滚滚，人丁兴旺。天井地面方池与地沟的设置，具有突出的排水功能。一座徽

■ 徽州民居天井

宅大院，即使二进三进院落并连天井若干，地下排水也十分畅便，下水道工程老祖宗们做得十分到位，绝不含糊。天井也是围合院内的交通中心、十字要道，它是由下到上、穿左入右的必经之地。一方天井，一片蓝天，檐飞溪水，窗纳白云，吞吐换气，交通四面。足不出户，可感一日之变、四时之气、日月星辰、云卷云舒，是徽州人亲近自然、巧用自然、追求“天人合一”思想的绝妙体现。

（五）祠堂森森宗法大

到徽州不能不看祠堂。祠堂是徽州建筑的精华所在，是各宗族的神位所在、精神所在、心灵寄托。徽州人“奉先有祠，起居有堂，社则有屋”，对祖宗神灵的敬拜十分虔诚，供奉祖宗的祠堂建设十分讲究，颇下功夫，且不惜花费银子。至今保留完好的徽州祠堂仍然数以千计，其中有名的有绩溪龙川的胡氏宗祠、华阳的周氏宗祠、歙县呈坎的罗东舒先生祠（宝纶阁）、歙县北岸村的吴氏宗祠和潘氏宗祠、歙县棠樾清懿堂（女祠）和敦本堂（男祠）、歙县南部古村昌溪的太湖祠（吴氏宗祠）、黟县西递的敬爱堂、宏村的乐叙堂（汪氏宗祠）、黟县南屏的叶氏宗祠、休

■ 龙川胡氏宗祠

宁溪头的三槐堂、婺源汪口的俞氏宗祠、婺源江湾旃坑的萧江大宗祠、屯溪篁墩的程氏祠堂，等等。

徽州各宗族以血缘关系聚族而居，最重宗法。“族者，凑也、聚也。”一姓一族人居住在一个村落，姓各有祠，支分派别，复为支祠。徽州祠堂一般分为三级，一级为宗祠（总祠），二级为若干支祠，三级为家祠。形如树状，宗祠为树干，建筑也最宏大。现存徽州大祠堂多为宗祠。家祠即是在自己宅地的前厅正堂中垂挂祖宗遗像，就近常年祭祀，一般也有堂名，如黟县西递村的履福堂、南屏村的慎思堂等。

徽州祠堂大多为三进砖木石建筑。第一进为仪门，或称“大门”“门楼”，由大门和门厅组成，面阔五至七间，进深两间。一般为歇山式建筑，前后挑檐翘角，犹如凤凰展翅欲飞，故又称“五凤楼”。仪门上面的门神是唐朝开国将领秦琼和尉迟恭。进了门楼就是天井或回廊式四合院，是祭祀祖先时人们礼祀跪拜的地方，也是宗族议事、子孙置办酒席活动的场所。一般用石板铺设，植有柏树或桂花树，寓示宗族兴旺、子孙富贵。第二进为享堂，是宗祠的主体建筑，高大雄伟，宽阔敞亮，雕梁画栋，柱石硕壮，砖木石雕精美绝伦，寓意深远。享堂一般要比第一进高出三五个台阶，正中悬挂祖宗容像，下边摆放案几，以供祭祀时陈列供品。第三进为祠堂的寝楼或曰寝殿，基本上都是天井式合围，比前院要小。寝殿是供奉祖先牌位的地方。寝楼则又高于享堂，从进仪门到寝楼是一进高于一进，显示祖宗高于一切，也营造出庄严肃穆的气氛。

徽州人修祠堂是十分下功夫，不怕花银子的。一座座祠堂飞檐翘角，气势磅礴，造价高昂，耗资巨大。如 20 世纪 60 年代就被列为全国重点文物保护单位的呈坎罗氏宗祠，全称为“贞靖罗东舒先生祠”。贞靖为罗东舒自号。该祠堂从 1542 年开工，到 1617 年秋天竣工，前后修建了 70 余年，据传花费白银近亿两。它占地 5 亩有余，建筑面积 3000 多平方米，整体上仿曲阜孔庙规制，前有高大的棂星门和仪门，中为享堂，享堂和庭院可容纳三四千人同时祭拜，院中一棵 400 年的桂花树枝繁叶茂。第三进为寝楼，名曰宝纶阁。宝纶阁是整个祠堂的建筑精华。上设天井，形制宏伟，用材讲究，雕刻精美。一层敬放祖宗牌位，二层珍藏皇帝御赐罗氏家族的诰命诏书等恩旨纶音，故名“宝纶阁”。后墙高达 16 米以上。我国古建筑专家郑孝燮先生参观后评价说：“非常雄伟，有气魄，造型比例好极了，是当之无愧的国宝。”

■ 呈坎宝纶阁

歙县桂溪项氏宗祠从康熙四十八年（1709 年）到乾隆十九年（1754 年），45 年中维修扩建 4 次，耗银达 9800 两。休宁竹林汪氏宗祠，从乾隆二十六（1761年）年开工到三十二年（1767年）年告竣，历时六载，耗银38000多两，其中大厅木材料支银2500多两，工匠费用支银7000余两。昌溪古村吴氏宗祠，又名太湖祠，三进两门堂、五间六厢房，仪门飞檐翘角，鳄首凌空，上悬朱元璋题写的“第一世家”大匾，彰显着吴氏族人无比的荣耀。

祠堂的主要功能是敬祖、续谱、教化、议事、执法。报本追源，尊祖敬宗，莫重于祠。“无祠则无宗，无宗则无祖。”每年初一、清明、中秋、冬至及祖先诞辰、忌日，合族男丁齐集祠堂，点纸烧香，鸣放鞭炮，洒酒祭奠，三叩九拜，祭拜祖先。由此族人获得血缘上的认同、心理上的沟通，从而增加了族群的凝聚力量。

续谱是在祠堂里举行的一件大事，一般30年左右续修谱牒一次，对族内子孙后代的繁衍和变化进行记录，也是对族人血统和身份的认同和公证。续谱前要进行“读谱”，明确宗脉支系。修谱要一丝不苟，记清族人衍续，重申祖宗遗训、家法、格言。修谱由族长主持，乡绅文化人执笔，长达一年左右。修谱完毕后要在祠堂内举行隆重的“祭谱”活动，请傩戏，摆酒席，合族欢庆。正是因为徽州人有如此的宗法思想和宗族制度，所以康熙《徽州府志·风俗》曰：“家乡故旧，自唐宋来数百年世系比比皆是，重宗义、讲世好，上下六亲之施，无不秩然有序。所在村落，家构祠宇，岁时俎豆。”徽人赵吉士也说：“千年之家，不动一抔；千丁之族，未尝散处；千载谱系，丝毫不紊；主仆之严，数十年不改。”

祠堂是教化的殿堂。在我国民间的祠堂亦如西方的教堂，功用是一样的，只是教化内容不同，祭拜与礼拜不同。徽州祠堂行朱子家礼。在明代，族人在宗祠举行活动时首先要大声宣读朱元璋颁发的《圣谕六言》：“孝顺父母，尊敬长上，和睦乡里，教训子孙，各安生理，毋作非为。”再读宋儒陈古灵的《劝谕文》：“为吾民者，父义母慈，兄友弟恭，子孝妇顺；夫妇有恩，男女有别，子弟有学，乡闾有礼；贫穷患难，亲戚相救，婚姻死丧，领保相助。毋惰农业，毋作盗贼，毋学赌博，毋好争讼，毋以强凌弱，毋以恶凌善，毋以富吞贫；行者让路，耕者让畔，斑白者不负戴于道路，则为礼义之俗矣！”

到清代康熙皇帝，效仿朱元璋的《圣谕六言》，颁布了《上谕十六条》：“敦孝弟以重人伦，笃宗族以昭雍睦，和乡党以息争讼，重农桑以足衣食，尚节俭以惜财用，隆学校以端士习，黜异端以崇正学，讲法律以儆愚顽，明礼让以厚风俗，务本业以定民志，训子弟以禁非为，息诬告以全良善，诫窝逃以免株连，完钱粮以省催科，联保甲以弭盗贼，解仇忿以重身命。”雍正皇帝又据乃父这十六条撰定万言《圣谕广训》刊行，明令民间宗祠宣讲遵守。无论明帝朱元璋的《圣谕六言》，还是清朝康熙帝的《上谕十六条》，都要民间广为宣讲，严格遵守。其内容不离忠孝二字，宣扬的是儒家伦理道德，目的是教化人民知礼仪、明廉耻、务本业、厚风俗。

■ 此“孝”字为南宋大儒朱熹为西递敬爱堂所题。该字从左往右看，是一个彬彬有礼的儒生，双手抱拳，在行孝礼；而从右往左看，则是一个尖嘴猴腮的猢狲。意为行孝道则为人，不行孝道则与野兽无异。

祠堂是议事执法的地方，有着现在乡村政府的功能。在明代，朱氏皇权的政府机构只设到县一级，县以下的乡村管理主要为里甲制，靠族长管理。清承明制，还是依靠一姓一族的族长自己管理自己的族人、家人，只是加强了保甲连坐，一个县的“公务员”也就县太爷及几个衙役捕快而已。明清社会族长的权力是很大的。首先各宗族都制定有族规家法，这些族规家法历代相承，或刊于族谱，或刻于祠堂，每每祭祀拜祖时都要宣讲。其次，对于有违反祖宗家法者，有作奸犯科者，都要拿到祠堂当众质询处罚。轻者当众检讨、认错、罚银，重者动用家法，取板子打屁股，肉体上给以拷打，甚至可活活打死，或抬出去活埋溺死。有的人被判罚后，还要被开除族籍，生不得入祠祭拜祖先，死不得入祖茔。还要将其祖父、父亲的牌位当众取下焚毁，并宣布今后他家出嫁女儿不得从祠堂前上轿，讨媳妇也不得从祠堂内下轿。所以鲁迅先生讲我国封建社会有神权、皇权、族权、夫权，可见族权的厉害。再次，族长主持全族人的事务，在祠堂商议处理涉及族产、兴学、赈济、修路、筑桥、旌表功德等族内事务，是家族议事的公共场所。

徽州祠堂与众不同的是还建有女祠。如歙县棠樾牌坊村的清懿堂，建于明嘉靖年间，是两淮盐法道员鲍启运兴建的。它坐南朝北，取阴阳相悖之意。祠内有曾国藩所书的“贞烈两全”匾额。祠内供奉明、清两代鲍氏的贞节孝烈之女达59人，这些“清懿”女子，在当时是“三从四德”的典范，是“夫为妻纲”封建礼教的牺牲品。她们“清白贞烈，德行美好”，生前守寡尽孝，抚儿育女，贞烈不屈，宁为玉碎，不为瓦全，是自觉自愿的。为她们修祠立位，将他们供奉在祠内，是为了教化其他女子妇人向她们学习。她们的生平事迹，以今天的观念和思想来看，可能不被接受，甚至不可理喻，认为悖天理，无人性，更无视人权。可在当时社会、当时人们的观念和氛围中，人们都认为这是崇高的、美好的。

在呈坎村罗氏支祠内，还建有三座女祠。一座是明代弘治年间建造的祠堂，规定庶生子可入庙门，妻姓可登宗谱。一座是明万历年间建的祠堂，规定在女祠内无论大小老婆、三妇四妾，死后都可入祠，女灵位与男灵位一样，都可从正门捧进。一座是清代嘉庆年间建的女善祠，规定男女牌位在神龛可同向供奉。“本支女子无论再婚否，死后一律可入祠堂。”这三座女祠冲破了封建礼教的桎梏和枷锁，真有些“男女平等、生男生女都一样”的意味。这在封建礼教笼罩下的华夏、程朱理学浓郁的徽州得以出现，是奇迹、奇事、奇闻。而另一方面，它也是外出经商做官的男人们对在家女子的进一步管束，他们立起的是女祠，供奉的是贞节，实乃以有形的女祠、无形的礼教去教化、影响更多的女人们遵循“三从四德”，为男人们守节、敬老、育子。

（六）建桥筑坝善举多

修数百年崎岖之路，造千万人来往之桥，是古代贤善之人积阴德、行善举的宏图大愿。修桥铺路与文人著书立说一并是功名、善名、美名永存的好事。徽州山高水长，激湍溪流比比皆是。人们为了出行方便，首先要建桥修路，筑坝围堰。徽商大户、善男信女也常常把修桥铺路作为自己的善行义举，慷慨捐资以利人便己，青史留名。在徽州为官的州府知县，为了留个好的声望、好的名声，也把倡修桥梁、治理水患作为自己为官一任、造福一方的使命所在，积极挑头倡修，组织募捐，上下奔波，辛劳桥间。今天，人们行走在古徽州一府六邑，不经意间车轮就碾过了一座千年古桥，不经意间双腿就迈过了一座千年小桥，而这座小桥可能就有善男信女捐资修缮的美丽传说。对于徽州古桥有人云："川河似练水如天，千年徽州皆古桥。"又有人云："东西南北桥相望，水道脉分棹鳞次。"据调查所知，现今徽州保留的有名称的古桥尚有 1223 座。据民国《歙县志》记，清末歙县存有各式桥梁 441 座，占徽州古桥的四分之一还多。现在祁门县保留下来的古桥有 82 座，婺源县有 320 余座。这些古桥梁现今都还在使用，造福行人，大多数是文物保护单位。现存徽州最古老的桥是北宋大观三年（1109 年）建的婺源李坑村的中书桥，由该村中书舍人李侃捐资兴建，为单孔砖桥，长 4 米、宽 2.5 米、高 3 米。人们在上面行走已有 900 多年的历史了。下面择其要介绍古徽州四桥一坝。

1. 歙县太平桥

太平桥又名河西桥，横卧在新安江上游练江之上，是古徽州婺源、祁门、黟县、休宁四县进入徽州府的必经之桥。它建于明弘治年间（1488－1505 年），全长 268 米、宽 7.1 米、高 13 米，有 16 个桥孔。桥

■ 歙县太平桥

的中心原先有桥亭，亭内供奉佛像。桥两边有碑记，镌刻着历次建桥、修桥捐资者的名单。新中国成立后为了通行汽车，拆除了桥亭和碑记。相传这座巨型石桥的兴建，是一位徽商妇李氏出资发起的：早先，在石桥所在的位置，有一座浮桥，有一年她丈夫外出时突发洪水，将其丈夫冲殁、浮桥冲垮。于是她便暗下决心，积攒钱财，发誓要建一座石桥，并于临终时拿出一生积蓄请求官府建桥。她的倡议深深感动了歙州城里人，大家纷纷出资，最终建成了这座太平桥。1969 年 7 月 5 日，山洪暴发，冲毁栏杆桥面。现该桥桥面改为钢筋混凝土，但桥墩桥身依旧，是安徽省重点文物保护单位。

2. 婺源彩虹桥

彩虹桥又称廊桥，坐落在婺源县清华镇婺水上面，是婺源的一个标志性景点。该桥始建于南宋，全长 140 米、宽 6.5 米，由五孔四墩廊亭构成。其桥墩像半个船形，前面尖角锋利，洪水来袭可分而流之，不至于对桥墩造成冲击；后面平整敦实，坚固稳定，对前面尖角又起着有力的支撑作用。每一个桥墩都用长短不一的整块条石交错咬合垒成，条石之间的灰浆是用糯米浆、猕猴桃汁掺和而成的，缝隙小，黏合度好，非常结实牢固。桥墩之间的跨度也不完全相等，而是根据多年水情观察、主要流量流经的位置而确定的。最宽处 12.8 米，最小的为 9.8 米，相差 3 米。桥面由巨型木梁铺成，桥面上建亭，亭间连廊，亭高于廊，错落有致。据讲每个亭廊都是独立成体，可化整为零，不会因为一处损坏而影响全桥，即使有一处损坏也便于维修。

该桥是由清华村一位俗名叫胡济祥的出家和尚与一位叫胡永班的桥梁建筑设计师合作建成的。和尚发宏愿，四处化缘募集资金，胡永班负责设计、建造、施工，村内商人、族人捐款出工，历时四年建成此桥。桥成当日，彩虹当空，人声鼎沸，便命名曰“彩虹桥”。

桥中央亭子设有神龛，神龛中间是大禹，右边是僧人胡济祥，左边是桥梁建造者胡永班，这是人们为了纪念他们二人而兴建的。大禹治水，华夏传颂，历来被人们视为镇水之神，将二人配祀禹王，可见清华镇人视二胡有大禹治水之功。神龛两边有对联：“两水夹明镜，双桥落彩虹。”桥上还有匾额“长虹卧波”四个大字。

■ 婺源彩虹桥

桥上有联："胜地著华川，爱此间长桥卧波，五峰立极；治时兴古镇，尝当年文彭篆字，彦槐对诗。"亦有嵌字联："清景明时，彩画辉煌恢古镇；华装淡抹，虹桥掩映小西湖。"

彩虹桥下不远处有人工建造的石碣。其作用一是可以抬高水位，使上游来水流速减缓，对桥墩起到保护作用。二是水位抬高后，形成水域，美如西湖，既可使鱼虾得以繁衍生长，又可利用水位落差用水碓米、磨粉、浇灌。

3. 婺源县甲路村花桥

花桥距县城 54 公里，始建于北宋年间，明万历初孙应庚重修。桥长 8.8 米，宽 4.7 米，高 1.8 米。桥上有亭，木檐青瓦结构。亭中供奉岳飞神位，神龛两旁有木刻对联："武穆题诗存古迹，留侯进履仰遗风。"据记载，南宋绍兴元年（1131 年），岳飞领兵征讨叛匪李成路经此地，见该地山清水秀，风光绮丽，百姓安居乐业，箪食壶浆，以劳大军，顿生感慨，吟诗曰："上下街连五里遥，青帘酒肆接花桥。十年争战风光别，满地芊芊草色娇。"

4. 齐云山前登封桥

登封桥横卧在休宁县齐云山下岩前镇横江之上，是登临道教圣地齐云山的必经之路。该桥始建于明万历年间，全长 180 米、宽 8 米，两端引桥各长 16 米，桥面平铺条石，两边立有约 1 米高的栏杆，为八墩九孔石拱桥。桥头南端立有二柱冲天的石牌坊，上书“登封桥”三个大字。此桥是明万历十五年（1587 年）徽州知府古之贤倡议兴建，建桥时古知府亲临现场，督查极严，要求工程质量上乘。桥成之日，古知府驾车而来，正举行庆典之际，朝廷使者驿书亦至，调古之贤任广东按察司副使。县民感其建桥之德，故取名“登封桥”。想来万历皇帝笃信道教，古知府建此桥亦可谓顺乎天心民意。该桥明、清、民国年间曾数度重修。桥北端立有清代“徽州府正堂峻示禁碑”，碑文是：“严禁推车晒打，毋许煨曝秽污，栏石不许磨刀，桥脚禁止戳鱼，倘敢故违有犯，定行拿究不饶。”言简意赅，禁令严明，庄严肃穆，白话易懂。

5. 歙县城东渔梁坝

渔梁坝建在新安江上游练江水上。所谓梁字，与捕鱼有关。“石绝水曰梁，所以偃塞取鱼者。”可见渔梁坝的形成是因渔而梁，继梁而坝。渔梁坝北接商肆繁华的渔梁古街，南依紫阳山，是练江中的滚水石坝。始建于隋唐，宋元明初屡有重修。现存大坝重修于 1501 年，采用“纳锭于凿”的技术，表里甃条石，用石销钉互为连锁，上下层间用坚石穿插，“凡叠十石，中立石柱”，将整座水坝固为一体，中南端开三道泄水门。坝长 138 米，底宽 27 米，顶宽 6 米，高约 4 米。几百年来，无数次夏秋山洪暴发，它都如中流砥柱，岿然不动。

渔梁坝北岸上的渔梁古街，是古歙州有名的商肆码头。徽商走水路，告别故乡，到杭州经商，就是从此登船，扬帆远去。徽州的土特产竹、木、茶物也是在此交完厘金，装船离岸，远销苏杭。想当年新安江水电站大坝未建，此处作为新安江源头的最大码头，人来船往，货物集散，是何等的热闹红火。该坝现为安徽省重点文物保护单位。《天下路程图引》卷一载有歌谣：“一自渔梁坝，百里至街口；八十淳安县，茶园六十有；九十严州府，钓台铜庐守；潼梓关富阳，三浙垅江口；徽郡至杭州，

■ 歙县渔梁坝

水程六百走。”又，明弘治《徽州府志》收录的元代渔梁人姚琏的《渔梁结屋》诗曰：“石梁之上姚家庄，隔溪指点云苍苍。飞楼杰阁说华第，翠竹老梅惟我堂。新丰鸡犬归未得，韦曲桑麻说许长。三间茅屋投老计，携儿拟拜庞公床。”可见当时渔梁村落即已具有一定的规模。

第十一章

晋商人物简介

一、河东八家

明清晋商的兴起，发轫于古河东大地，即今山西运城、临汾地区一带。这里是华夏文明的发祥地，古属冀州，历史典籍中的尧、舜、禹皆活动并建都于此，古晋国也始封于此。司马迁《史记·货殖列传》云：春秋时大商人计然生于斯，乃是陶朱公之师；猗顿兴于斯，乃是盐业之祖。河东地处黄河以东，隔河与陕西的渭南、西安相望，居黄河的中游地区。历史上讲的“三十年河东，三十年河西”即指这一带。河东地区在地理的纬度线上与河南的洛阳、郑州、开封，安徽的皖北，江苏的苏北相当，都处在北纬35°左右。河东四季分明，据讲中国古夏历——农历季节的确定就以此地为标准。这里物产丰富，既有盐煤铁，又产粮棉油，是山西的富饶之地。此地历代名人辈出，于商尤盛。尤其是在明清两朝，山西商人始兴于此。

（一）蒲州张家

张四维，明嘉靖五年（1526年）生，万历十三年（1585年）卒，嘉靖三十二年（1553年）进士及第。万历三年（1575年）以礼部尚书兼东阁大学士入赞机务。首辅张居正去世后，出任内阁首辅。累官至吏部尚书兼中极殿大学士。

■ 张四维

张四维之父张允龄，幼年即掌理家政，稍长便服贾远游，曾贩货西边于今甘肃酒泉、张掖、兰州，南边至江淮泗水过江入吴，西再到湖南、四川，北又至河北沧州一带。自认为勤劳半世，家资渐富，但还不够。其长子四维做官后，三子张四教执掌家中生意。张四教年 16 岁便出门经商，足至河北、河南、安徽、苏州一带，经营河东盐业、长芦盐业，调度有方，获利倍增，是一代著名的官商结合的世家富豪。

（二）蒲州王现、王瑶兄弟

王现，明代人，生于成化五年（1469 年），卒于嘉靖三年（1524 年），字文显，号噫庵子，经营粮、布、盐、百货，足迹半天下，最后死于盐场。其弟王瑶，生三男五女。三子王崇古，嘉靖二十年（1541 年）进士及第，历任刑部主事，陕西按察使，河南布政使右副（佥）都御史，兵部右侍郎，总督宣府、大同、山西三镇军务。次女嫁蒲州张允龄，张允龄生张四维，张四维后居明内阁首辅。长女嫁客居蒲州的沈廷珍之子沈江，沈廷珍之妻是张四维的祖姑姑。沈廷珍是盐商世家，《条麓堂集》卷二十八记，沈廷珍“以家务服贾……故南帆扬越，西历关陇”，以善于经营而致富。可见，在明朝，蒲州王、张、沈三家相互联姻、帮衬，在朝中相互呼应，垄断运城，乃至沧州、两淮盐业发家致富。据《明史》载，御史部永春曾疏奏二人曰：“河东盐法之坏，由势要横行，大商专利。”“势要”指的就是张四维家族和王崇古家族。

（三）蒲州展玉泉

展玉泉，明嘉靖至万历年间人。展家世代盐商，主要经营于长芦盐场。展玉泉曾以数百两银子捐官得授河南商丘驿丞。张四维曾言，以展氏之才，出任职位很低的驿丞是大材小用，这一职位对展氏来说游刃有余。驿丞是个什么官呢？查《辞源》解释：明代在各府州县设驿，置驿丞，掌邮传迎送之事。清朝承明置，隶属于厅州县，间有专设驿丞，也就相当于今天县里边的邮政局长，连七品芝麻官也够不上。官职虽低，展玉泉却十分得意。临行，嘱其子曰：“我去上任，得闲时可来看你，展家商业全交付与你，望你好自为之，不要辜负父辈的期望。”由此亦可见商人地位低下，虽然腰缠万贯，最后仍要输银捐官，弃商而官。

（四）蒲州范世逵

范世逵，生于明弘治十一年（1498年），卒于嘉靖三十六年（1557年），字希哲，别号东山，世代以农商为业。世逵少年时即奔走四方经商，长于人弃我取，人取我与，大买大卖，不斤斤计较于刀锥之利。他一生多在关陇（即今陕西、甘肃）一带做粮草生意，经常往来于张掖、酒泉、武威之间，囤积粮草，或出售或购进，按照明代开中制的要求，与两淮盐商联手做生意。经商致富后，其家业大兴，有良田百亩，银两数以万计，且为人又急公好义、仗义疏财。当时的边防将校都对他礼遇有加，愿意和他交往。

（五）蒲州王海峰

王海峰，明代人，主要生活在正德、嘉靖年间，经营于长芦盐区。当时山西、河东商人多到秦陇、四川、淮浙经商，他慧眼独具，看好长芦盐场，便东行青州、沧州，成为一代盐商。明代大学士张四维说："海峰王公者，雄奇人也。……胸中有成筹矣，人所弃我则取之，人所去我则就之。"嘉靖四十二年（1563年），王海峰70岁时方离开商界，回到故里。

（六）曲沃李明性

李明性，生于明正德元年（1506年），卒于万历十年（1582年），字复本，别号沃阳，主要在陕西、甘肃一带经商，是当时西北一带有名的富商。他初入商贾时，一天徒步数十里，顶烈日，迎风雪，十分艰辛。为人静敏，善观行情，经常能根据市场变化、价格高低，决定是取是舍，是买是卖，不几年就在商界有名积富。处世笃厚，孝敬父母，严于教子弟读书，他的儿子、孙子都曾考中举人。他坚信事在人为，从不信阴阳家之迷信。据记述，其妻梁氏早他故去，墓穴筑在给他留的墓穴之右，有阴阳家看后说，这对他家后代不利。他则笑言，子孙好坏是看他们的德行厚薄，与墓穴所在哪有什么关系？他不听阴阳家之言，按原挖坟穴安葬了梁氏。后子孙中举，后人都佩服他的见识。

（七）平阳亢家

平阳，即今临汾市。亢家主要活跃在清代顺治、康熙、雍正、乾隆年间，史称富闻天下的“亢百万”，是集大盐商、大典当商、大粮食商、大地主于一身的封建商人。关于亢氏的资金来源，有这样一个传说：明末李自成农民军兵败山海关，吴三桂引清军入关后，农民军从北京经山西撤往西安，途经山西时被清军追得急迫，为轻装撤退，将携带的大量金银财宝寄存于亢家。后来，农民军四处溃散，李自成遇难，清王朝建立，农民军寄存的金银财宝遂为亢氏所有。这个传说，信矣，非矣，莫衷一是。若是大批量从京城带的金银留存山西，似不可信，因为农民军、清政府以后都会追讨；若是少量的或一部分流落山西，似也不无道理。

关于亢家的第二个说法是，做盐商有“南安北亢”之说。安氏是指当时的两淮盐务总商安氏，是两淮盐商中的头面人物。亢氏籍在平阳，

■ 商家车马待发

靠近河东，也曾做过河东盐务。

关于亢家的第三个说法是，亢氏在原籍平阳府开有典当行，资本雄厚，生意兴隆，谋利颇多。后来有个人看到此行生意好，也在临汾开了一家当铺，挤对亢家生意。亢氏眼看自己的生意被他人抢走，很是不快，决定挤走这家当铺，便每天派人到这家当铺中典当一个金罗汉，典价银是1000两，连续典当了3个月，把这家当铺的资本几乎典当光了。店铺主人慌了，急忙问是何人有如此多的金罗汉典当？亢家来人告诉他："我家有金罗汉500尊，现只典当了90尊，尚有410尊金罗汉准备再拿来典当。"这家当铺的主人听了大吃一惊，始知每天前来当金罗汉的是赫赫有名的亢家，自知不是对手，急忙向来人作揖施礼，着人将90尊金罗汉送回亢家，赎回自己的9万两银子，关闭当铺远走他乡。

关于亢家的第四个说法是，亢家是大粮商、大地主，土地宅室非常多，有"宅第连云，宛如世家"之说。亢氏曾扬言："上有老苍天，下有亢百万，三年不下雨，陈粮有万石。"据《清稗类钞》记，亢家的银子估计在千万两，堪称山西首富。在亢氏之后才是资产有七八百万银两或百万银两的山西侯、曹、乔、渠、常、刘等姓氏人家。

（八）万荣李家

万荣李家是晚清至民国年间山西晋南有名的大商人。现存李家大院坐落在万荣县境内孤峰山下的阎景村，距运城市30余公里。李家大院的建筑规模和艺术不亚于山西晋中的其他院落。其四合院式的传统建筑，聚水藏风，装饰考究，排列成巷，层次分明，不仅砖、木、石三雕雅致有意韵，而且吸纳借用徽州的马头墙和欧洲哥特式建筑高、直、尖的风格。其建筑特色可谓南北结合、中西合璧。李家大院始建于清道光年间，原有院落20组，现存11组，有房屋146间，占地125亩。2008年初，李家大院与新建的万荣"笑话王国"一并对外开放，景区占地近千亩，是山西晋南——古称河东大地上的一朵建筑奇葩，也是万荣县幽默文化的展示园地。

李家明初从陕西韩城逃荒到万荣，以缠簸箕、扎箩底、走村叫卖为生，其先祖姓相里，后改称李。李家兴起于清道光年间的"文"字辈

■ 李家大院信溥堂

——李文炳、李文阶、李文蔚。李文炳生于1804年，17岁时开始在当地做小生意，赶集会，摆布摊，无论寒暑风雨、春夏秋冬，方圆十里八里的集市，他都肩挑背驮，赶去摆摊。1823年，他了解到陕北、宁夏、内蒙古一带的“三边”（靖边、定边、安边）地区，因不产棉花，土布需求量大，价格也比晋南贵出几倍，便组织马帮跑“三边”贩卖土布。万荣在晋南腹地，晋南盛产棉花，家家户户姑娘、媳妇、老太太都会纺线织土布。他在当地收购土布，雇上马帮，经河津摆渡过了黄河，走宜川、延安、安塞到达靖边，来往一趟多则一月，少则半月。返回晋南时又把“三边”地区的毛皮、药材贩来销售。这样长途贩运，需要人手，他便将自己的两个堂弟李文阶、李文蔚也带出来跑马帮生意。晋南人在黄河壶口、河津、蒲州、风陵渡过河到西北做生意，也是走西口。所贩土布在当地供不应求，他们就到河南禹州、湖北枣阳一带收购，同时又兼贩茶叶、药材、铁锅等杂货。随着生意越做越大，他们又在“三边”设庄，银川开店，家乡立商号。据不完全统计，从1862年到1937年日本侵略我国的70多年中，李家鼎盛时，其所开办的敬信义、敬义泰、敬信恭、敬信诚等商号遍及山西、陕西、甘肃、宁夏、内蒙古、湖北、河南、天津、上海、北京等 15 个省市 40 多个县，计有 1000 多个店铺。其在宁夏居八大商号之首，生产加工的黄酒、枸杞酒、玫瑰露酒、酱油、酱菜、陈醋、糕点等，在当地十分有名，是上乘礼品，总资产达数百万银两。1917 年前后，李家又出资 20 万元入股山西新绛纺纱厂并担任董事。当时在李家当伙计、熬相公的人都说：李家行商千里，一路上不吃别人的饭，不住别人的店，全由李家店铺管。

李家鼎盛于李文阶、李文蔚的儿子和孙子（即敬字辈和道字辈）之时。敬字辈的姑且不论，单论道字辈的两人李道在和李道行，两人同在 1907 年留学英国。李道在毕业于英国实业大学工科，清宣统己酉年（1909 年）被荐举为孝廉方正（这是清代特设的制科之一，凡府州县举孝廉方正者，赠六品服备用，礼部验看考试后，授以知县当官），民国七年（1918 年）被推举为京城公议院议员，国民政府授予其四等嘉禾徽章。

李道行（1880—1965 年），字子用，享年 86 岁。在大动荡、大变革、大战争的年代里，他出洋留学，归国经商，参与政务，洁身自好，娶妻麦氏，颐养天年，可谓福禄寿贵、多子多福、多寿多财。

李道行 1907 年秋留学英国，入格拉斯哥皇家实业专门学校学习纺织科学。1911 年 3 月 16 日与英国女子麦克蒂伦结婚，1915 年 4 月携麦氏回到国内，与麦氏生有二男三女。麦氏曾在运城学校教英文，1918 年 9 月在万荣阎景村去世，年仅 28 岁。

李道行 1915 年回到国内后，因父亲生病卧床，便接手家里生意，又跑“三边”做生意。1918 年秋曾在河津黄河滩遭土匪绑架，家人以 10 万两银子赎回。1919 年和 1922 年曾两次当选山西省议会议员。1922 年当选议员后，山西省又成立参事会，由 9 人组成，省长当会长，由省长委任 3 人，聘任 3 人，议会选举 3 人，李道行是被选出者之一。参事任期 3 年，他在任满后又回到万荣阎景村，照管家里生意，兼任村长。1937 年 7 月 7 日卢沟桥事变，日寇打到晋南时，他携家眷避乱渡河躲到西安，李家大院遭到很大破坏。1952 年后，他又从西安回到太原。1957 年在太原加入民革，1960 年再回到阎景村养老至 1965 年去世。

李家从创业之始到兴盛之期，既坚持勤俭持家，艰苦奋斗，诗书传家，又坚持乐善好施，赈灾济贫，急公好义，方圆数百里人称之“李善人”。李家在文、敬、道祖孙三辈时期，其善行善举，官民共誉，声名远播。下面仅举几例看其善举。

光绪三年（1877年），山西大旱，赤地无收，牛马遭屠，种子几无，有人相食的现象，李家在家乡一带舍饭放赈，救活百姓无数。

民国十七至十八年（1928—1929年），山西又连年大旱，秋未收，麦未种，冬遇奇寒，室内鼠绝，死人无数。李家道字辈磋商联合救灾，先后给河东17县灾区每县捐1000银元，给河东旱灾救济总会捐款10000银元，给自己家族所在的阎景村和薛店村捐6000银元；同时在万荣和运城池神庙开场舍饭，救活穷人无数，本村没有饿死一人。

清末民初时期，阎景村的一切赋税几乎全由李家承担。当时由16家富户代全村纳赋，其中15户是李家，一户是冯天工家。1930年秋后，李道行组织其家族中的中院、西院、南院代表万泉县的西片和南片共36个村庄，每庄捐1000银元，共捐36000银元，修建成猗氏至万泉公路。

万荣县十年九旱，水贵如油，人们日常饮水多是集蓄天上的雨水到旱井里、池塘里。要取地下水，得在100多米以下。民国四年（1915年）、五年（1916年）、八年（1919年），阎景村先后修前池塘、后池塘、东池塘，李家各户捐资400余两，占全村捐银1200两的三分之一，其中李道在一人捐180两。民国二十年（1931年），李道在的哥哥李道荣在村南买地修池塘蓄水，以解决村人饮水问题。他同阎景村村长组织村民捐款，数量不限。明里由村里发工钱，暗里自己出钱，承揽大头，出资在九成左右。工钱规定大工每三天一元（银元），中工每四天一元，小工每五天一元。同时公告周边乡村：“不管来自何地，只要参加修池者，每人每天一大碗烩菜，两个大蒸馍。”

李家为善一方，得到官民赞誉。清光绪十六年（1890年），县令和官员赠“急公好义”“乐善好义”匾；民国八年（1919年），北洋政府大总统徐世昌赠“彤华垂耀”匾；民国十七年（1928年）、十八年（1929年），山西省政府主席阎锡山赠“博施济众”匾，万泉县长王德成赠“乐善好施”匾，阎景村人赠“德风善霖”“为善有方”“世人标的”匾，万泉县36村人赠“泽润河东”“懿范永垂”等匾额。

李家为善代代相传，衣钵相继，主要是将善文化融入立家兴业、教育子孙的功课中、思想里。走进李家大院，其建筑的墙壁上、楹联里、匾额上，处处体现着对子孙的善化教育。

李家有百善图影壁，是砖雕艺术，上面汇聚了历代著名书法家书写的金文、篆、隶、行、草的“善”字。这个砖雕百善图谆谆告诫子孙这样八句话：

善无大小，善无多少；
善无止境，善不等待；
善不图报，善行为宝；
修德为善，善行天下。

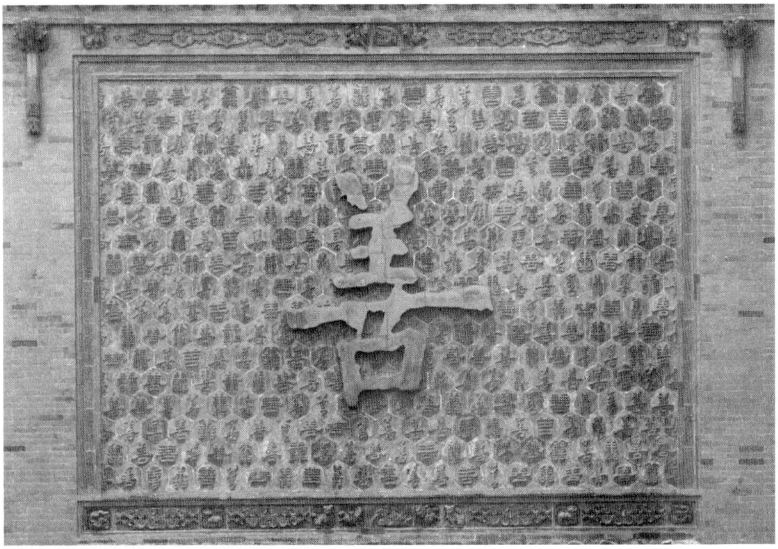

■ 李家大院“善”字墙

对联有：

先祖奠基总为谋生，舟载精诚车载信；
后人守业更须修德，犁耕善亩笔耕文。
仁德永炳三生路，高山仰止；慈善常开两扇门，大道景行。
天道酬勤，求勤思俭传家远；人心向善，乐善好施继世长。
千秋事业原在克勤克俭，万代根基还须积德积功。

家训明伦，非礼一毫休问；祖规有教，不仁半点莫谈。

孝正家规善行世道，仁和众志德布人心。

仁为福地一生乐，善作良田百代耕。

善本商家气象，仁风习习还播雨；

信为历代荣光，德业煌煌总厉人。

成由勤俭败由奢，无时不记；

言必信诚行必果，乃善即为。

守东平王格言，不外为善二字，

送司马公遗训，只在积德一端。

千百年人家只为行善，第一等好事重在读书。

一部沧桑身后留，画梁几许，依山独秀；

百年风雨门前有，善亩万千，与我同耕。

是我子孙勿怨万金施殆尽，

传家仁善足能百代享盈余。

善可修身耕可富，勤能补拙俭能廉。

演古唱今，认认真真做戏；

积德行善，实实在在为人。

亦道亦佛亦儒，三教并存龙世界；

至诚至义至善，千秋不散汉风云。

同是肚皮，饱者应怜饥者苦；

一般面目，富时当济困时人。

岂因果报方行善，不为功名始读书。

有限人生，应以良心挑日月；

无穷世界，当留至善写春秋。

冷风送余善，和泽周三春。

每闻善事心先喜，得见奇书手自抄。

割股奉君扬至善，忌烟寒食祭孤忠。

修身如执玉，种德胜遗金。

三省台前设棋枰欢留朋友，

一经楼上藏书籍遗训子孙。

诗文有：

子曰：见善如不及，见不善如探汤。

与肩挑贸易，勿占便宜；见穷苦亲邻，须加温恤。

苏东坡《前赤壁赋》节选：

且夫天地之间，物各有主，苟非吾之所有，虽一毫而莫取。

大宋文臣七条（宋真宗御制）：

一曰清心。谓平心待物，不为喜怒爱憎之所迁，则庶事自正。

二曰奉公。谓公直洁己，则民自畏服。

三曰修德。谓以德化人，不专尚猛威。

四曰贵实。谓专求实效，勿竞虚誉。

五曰明察。谓勤察民情，勿使赋役不均，刑罚不中。

六曰劝课。谓劝谕下民，勤于孝悌之行，农桑之务。

七曰革弊。谓求民疾苦，而厘革之。

二、晋中九氏

明清晋商发展于晋中，晋中即指今山西太原、祁县、平遥、太谷、汾阳一带。这里地处山西中部，气候偏寒，历代为兵家必争之地。隋末李渊、李世民父子就起兵于太原——古并州。

明清以降，因其地理居中，交通发达，北距边关长城近，南接中原腹地，西连秦蜀，东近齐鲁，地处要冲，加之边关需求大，南北物流多，晋人肯吃苦，于是晋中商人便兴起。晋中商人多起于清朝，他们在清王朝统一全国、疆域宽广之际，搏击商海，纵横驰骋，在商言商，创立票号，把晋商做到中国十大商帮之首。尤其是晋商票号的创立，汇通天下，信誉卓著，被后人誉为“现代银行的乡下祖父”；票号所在地——祁县、平遥、太谷，被誉为“中国的华尔街”。这一带的商贾大族，在有清一代，执中国金融之牛耳，富甲天下无与比。下面列出九家，可见晋商当时之辉煌。

（一）太原阎氏

■ 太原阎氏

此指阎若琛、阎若璩兄弟。其五世祖阎居暗在明代正德年间（1506 年）就携家迁居扬州府山阳县贾盐。若琛、若璩都是“商籍”淮安府学生。所谓商籍，就是明清两朝政府给在外经营的盐商子弟一种科举考试的准许权。他们常年或数代在外经商，要参加科举考试，不能回原籍，就破例设一种商籍。在府、州、县学中特设额外名额，用以准许盐商子弟考试。若琛以商籍于清顺治十五年（1658 年）登进士第，官至兵部主事。若璩于清顺治十八年（1661 年）回到太原，随补廪膳生。若璩学问博大，年二十，读《古文尚书》，即疑是伪作，潜研 20 余年，著成《古文尚书疏证》8 卷，列出 128 条证据，广征博引，确证其伪，一时震动清代学界。廪膳生，科举制度中生员名目之一。明清府、州、县学生员都按时发给一定的银子和粮食，以补助其生活。

（二）介休范氏

明朝初年介休范氏，在蒙古地区进行边贸，传至明末清初第七代范永斗时，范家已是在张家口地区承做边贸生意的“山右八大商人”之一。清军入关后，范永斗即充当内务府皇商，历经顺治、康熙、雍正、乾隆四朝。范永斗与其子范三拔，其孙范毓馪、范毓𬨎、范毓䭫，跟随清廷，苦心经营，为清王朝运军粮，立下功勋。清廷先后授予范毓馪太仆寺卿、范毓𬨎布政司参政，范毓䭫以武举而被破例提为正定总兵、署广东提督等职。范氏的族人、先辈、夫人等也多有追封，范氏已是有名的皇商和豪门权贵。

范氏在河东盐区、长芦盐区经营盐的运销，资本不下百余万银两。范氏是有名的“洋铜商”。清王朝建立后，疆土扩大，人民安业，商品交流扩大，铜制钱大量短缺，国内铜不够用，朝廷允许商人到日本贩铜，范氏又承接贩铜生意，把国内的丝绸、瓷器、药材等运销日本，从日本运铜回国。当时全国出海运铜船只有 12～15 只，而范氏有 6 只。

乾隆四十六年（1781 年），范家因贩铜的差价等原因宣告破产时，其资产清单上表明范氏在直隶、河南、山西、陕西设有盐店，在天津、沧州、运城有囤积盐的仓库，在苏州有船局、有洋船 6 只，在北京有商店 3 所，在张家口有商店 6 所，在归化城有商店 4 所，在张家口有地 106 顷，在各地有房产近千间，以上这些还不包括在原籍山西的财产。

范氏成也皇商，沾了为清政府运军粮、贩铜的光；败也皇商，败在为清政府运军粮、贩铜的不合理比价与政策上。不过，范氏败在清王朝兴盛的乾隆时期，尤其值得思考和探讨，或与朝中腐败、官吏勒索，范氏“报效”、纳贿、遭人嫉妒不无关系。

（三）太谷曹氏

其始祖曹三喜，明末清初因家贫到关外谋生，先在关外三座塔（今辽宁朝阳）租地种蔬菜、大豆以糊口，略有积蓄后，与当地人合伙做豆腐。他用自己产的豆子磨豆腐，卖豆腐，用豆腐渣喂猪，生意日益发展，获利渐丰。当地的合伙人见生意有利可图，提出要与曹三喜分开经营。

两人都是文盲，日常生意并无记账，分产时一个说多、一个言少，争执不一，兴讼见官。地方官劝曹三喜说，你是外地人，就吃点亏分开算啦。三喜憨厚，听从官判。分开后三喜更加辛勤劳作，精打细算，靠推车、扁担输贩搬运，生意十分兴隆；而那个当地人的生意却不景气，后来又把他自己的生意顶给了曹三喜。曹三喜从此竭力经营，见到当地盛产高粱，又向酿酒业发展，开办“烧锅”——酿酒作坊。酿酒本小利大，大获其利。他又向杂货、典当业发展，到赤峰、建昌开店。当地流传谚语曰：“先有曹家号，后有朝阳县。”到清军入关时，关外七厅已经都有曹氏的商号了。1644 年清军入关后，清王朝逐渐在全国建立政权，曹氏又从关外向关内发展。到道光、咸丰年间，曹氏商业达到全盛。其经营的商号有北京、天津、徐州、济南、沈阳、锦州、四平、张家口、太原、黎城、屯留、长子、襄垣、榆次、太谷以及莫斯科、伊尔库茨克、恰克图、库伦等地近 40 个字号，经营的项目有票号、钱庄、典当、绸缎、布匹、呢绒、颜料、药材、皮毛、杂货、茶叶等。为了教育其后人不忘祖先创业之艰，曹家在家祠神祖阁里不但悬挂着先人遗像，还陈列着推车、砂锅、打狗棍、扁担、石磨、豆腐筐。神祖阁所悬对联是：“推车扁担开创三泰商号，三泰商号经营推车扁担。”横批为：“饮水思源。”

■ 曹家大院

曹三喜在关外赚到银两后，向关内发展，也产生了思乡之情，回到老家太谷求发展，建大院。三喜生有七子，分家析产后，六门“三多堂”兴旺发达，盛于他门。“三多”者，多福、多寿、多男之意也。现在太谷县城西南北洸村的曹家大院内还挂着“三多堂”的牌子，内有举世罕见的“百寿”大屏风，还有慈禧太后于庚子事变西逃西安回京后赐给曹家的“金火车头”。

曹氏的衰败主要与战争和政局变化有关，与改朝换代相连。1911 年辛亥革命后，币制改革，使曹氏亏损银两 100 多万两。1917 年苏维埃俄国成立后，实行国有化政策，且俄国卢布贬值，曹氏又被迫将设在莫斯科、伊尔库茨克、恰克图的生意撤回，这两项损失又不止 100 多万两。1922 年的直奉战争，奉币贬值，曹氏在东北的生意又损失 100 多万两。1924 年蒙古人民共和国宣布成立，曹氏生意从外蒙古撤回。1931 年“九一八”事变，日本侵略者又侵吞了曹氏在东北的商号；1937 年卢沟桥事变，日军侵入太谷曹氏庄院，大肆烧杀抢掠，致使曹氏彻底破败。绵延 200 余年的显赫曹家，衰败后仅存一座孤院、数栋独楼，哀哀地立在夕阳风沙中。近年为开辟旅游，弘扬晋商文化，又修复开放，参观者犹可想见当年繁盛景象。

（四）榆次常氏

距太原 20 多公里处有榆次常家庄园。榆次常氏，山西太谷县人，明朝弘治年间迁居榆次车辋村。清朝康熙年间到张家口做生意，开始贩布，摆个布摊，后由摊变铺，开个“常布铺”，由此家始裕。常氏发家后，为纪念祖先，不忘创业艰辛，特意在家里祠堂内设立“常布铺”招牌一块，以教育后人。

常氏自九世常威于康熙年间发家后，人丁兴旺，析产分居，后又分为南常北常。所谓南北常，是以在车辋村新建的宅院一南一北而区分的。后世发展北常又富于南常，现存榆次常家庄园是北常所建。北常以常万达为代表，称世和堂，商号多带“玉”字，有“十大玉”。据光绪八年（1882 年）《汉口山陕会馆志》记，北常的商号有大昌玉、大德玉、大泉玉、三德玉、保和玉、慎德玉、大升玉、大涌玉、大顺玉、泰和玉、独

■ 常家大院

慎玉、三和玉等12家，南常也有“十大昌”商号。

常家生意主要在关外张家口、蒙古、俄罗斯，以茶叶贸易为主，是中俄贸易世家，后又经营账局、票号。在近代工业中又投资纺织、煤矿，开办敦睦织布厂，并投资山西晋华纺织公司、山西保晋矿物有限公司等。常氏商号遍布恰克图、多伦、张家口、兴化、苏州、上海、汉口、太谷、大同、繁峙等中外城镇。常氏在榆次车辋村占有土地20余顷，占全村土地的三分之一强。清人徐珂说常氏资产在百数十万两，实际远大于此。

常氏发家后，注重教育，后世有儒贾之称，也多有文化人。现榆次常家庄园内，就存有许多著名碑刻石雕，文化气息很浓。常氏衰败也主要是因为战乱，与中外改朝换代有必然联系。

（五）介休冀氏

其兴盛于乾隆、道光年间。道光初年，冀氏在湖北樊城、襄阳一带就有商号70多家，经营典当、油坊、杂货生意，商号多以“盛”字命名，有钟盛、增盛、世盛、恒盛、永盛、谦盛亨布庄等；总资产300余万银两；在介休县北辛武村有土地30多顷，占全村土地的三分之一。

冀家兴盛于十七世冀国定。冀国定年四十无子，继娶四房马氏，为国定陆续生下以公、以廉、以中、以和、以正五个儿子。国定1838年去世，五子尚幼，家事由马氏主持，人称马太夫人。马氏主持家务、商号十几年，其管理调度、经营策划、见事勇为之气度、智慧不亚于其夫国定，是山西商人家族中一个主持家政的女性。据讲，当时平遥县城开标利（外欠账务的利息），如马太夫人不到场，就开不了，因为人们不知她是要收还是要放。

（六）祁县渠氏

渠本翘是清末民初晋商有名的代表人物。他生于同治元年（1862年），卒于民国八年（1919年），字楚南，光绪十四年（1888年）中举，十八年（1892年）中进士。曾任内阁中书，光绪二十九年（1903年）出任清政府驻日本横滨领事。辛亥革命时，清廷任命其为山西宣慰使，后改为南北议和随员。议和告成，寓居天津，不再出仕。

■ 渠家大院

1902年，渠本翘联合祁县乔家（是其外祖父家，本翘母乔氏）乔雨亭出资接办山西官办的火柴局，共注入资本18000两（其中渠本翘出资5000两），创办了近代山西第一家民族工业——双福火柴公司。在渠、乔二人的苦心经营下，火柴公司很快扭亏为盈，民国初年其资产总值已达20万银元。渠、乔二人分红利近40万银元。

光绪三十年（1904年），山西爆发了轰轰烈烈的赎矿运动。渠本翘是这一运动的积极参加者、领导者。他为了收回山西矿权，在议定山西交赎矿银275万两收回矿权后，亲自出面向山西各票号筹借了第一期赎银150万两。同时于光绪三十三年（1907年），成立了山西保晋矿物有限公司，渠本翘被推举为首任总经理。从此，开了山西私人资本购买机械采矿的先河。

发生于光绪末年山西人民收回矿权的斗争，其起因同清末小说家、《老残游记》的作者刘鹗与山西巡抚胡聘之出卖山西矿权有关。刘鹗生于1857年，卒于1909年，江苏丹徒人，字铁云，清末小说家，精通数学、医术、水利。曾做官至候补知府，旋又弃官经商。光绪二十四年（1898年），他设法使山西巡抚胡聘之经清廷批准，把山西的矿产权转让给英国福公司。英国福公司由意大利商人罗沙第主持，总裁是英王孙女的丈夫劳尔纳侯爵。转让章程把山西盂县、平定州、潞安府、泽州府、平阳府等全部地区的煤矿、铁矿开采权都给了福公司，同时规定在这些地方发现石油时福公司也拥有开采权，矿权开采期限为60年，而且福公司在山西商务局有优先贷款权。如此损害国家利益和山西矿权的章程协议被社会各界知晓后，激起了山西全省人民的极大愤慨，朝内朝外、国内国外，北京、山西，官吏、学生纷纷抗议示威、集会斗争。留日学生山西阳高县人李培仁，得知晋矿丧权的消息，“涕泣终夜，常恨山西无人”。在送别归国抗议的留学生代表后，留下绝命书，自己在日本投海自杀。一时斗争风起，朝野震动。清廷在光绪三十四年正月十一（1908年2月12日）颁旨：“开缺山西巡抚胡聘之，前在巡抚任内，昏谬妄为，贻误地方，著即行革职。其随同办事之江苏候补道贾景仁、已革知府刘鹗，胆大贪劣，狼狈为奸。贾景仁著革职，永不叙用；刘鹗著一并永不叙用，以示薄惩。”（《清德宗实录》卷五八六）清政府把自己推了个干干净净。山西人民保矿运动取得了胜利。

渠本翘的五世祖渠同海（1723—1789年），字百川，在乾隆、嘉庆年间走西口经商致富，在包头开设长源厚字号，置有土地10余顷，经营菜园、粮、油、茶叶，兼做银钱生意。四世祖渠映璜（1758—1832年），字天池，又开设长源川、长顺川两大茶庄，从西湖采办红茶，经销于西北及俄罗斯。据说映璜辞世时，家里已有现银 120 万两，分给两个儿子各 60 万两。三世祖渠长瀛（1794—1863 年），生本翘父源浈（1842—1920 年）。源浈独资设三晋源票号，与众兄集资设百川通票号、存义公票号，另有茶庄、盐店、钱铺、典当、绸缎、药材等字号。治家严谨，理商有方，经营向以稳妥为宗旨，从不做冒险生意。他在三晋源票号院内建的银窖，藏银达 300 万两。抗日战争中，1937 年日寇占领祁县，渠氏长裕川茶庄窖藏中还有 40 万两白银，都被日本人侵占并运往日本。清人徐珂调查渠氏资产有三四百万两，看来远不止。现在祁县城内的晋商文化博物馆就是昔日渠家大院的一部分。

（七）祁县乔家

祁县乔家是世人耳熟能详的晋商风云人物。一部由张艺谋执导、巩俐等主演的电影《大红灯笼高高挂》，把乔家大院推向世人，使人们初步认识了晋商，领略了晋商大院的大气、宏伟、精美。而电视剧《乔家大院》再次使人们在知晓晋商大院的基础上，进一步登堂入室，洞晓晋商创业的艰辛、发展的辉煌和叱咤中国商界的气派。相关内容本书已多次提及，在此不再叙说。

■ 乔家大院

（八）平遥李氏

平遥李氏，即清朝道光初年（1821 年左右）创建中国第一家票号——日升昌票号的东家。

李氏指李大元、李大全兄弟，乾隆年间在平遥从事颜料生意，商铺字号“西裕成”，至嘉庆年间已在山西、北京开设了规模最大的颜料铺，成为平遥富户。李氏西裕成颜料铺，在平遥达蒲村有制颜料的作坊，是工场手工业与商业运销合二为一的企业。

西裕成颜料庄设在平遥县西大街路南，在北京崇文门外草厂十条南口设有分号。1821年前后，李大全在经理雷履泰的主持下，成立日升昌票号，改营票号业务，做汇兑、存贷款生意。这是中国历史上的第一家票号，从此揭开了中国银钱业务经营异地汇兑的历史，改变了中国异地货币结算运送现银的落后方式。

■ 李大全

李氏创立日升昌票号后，财源滚滚，业务大发，遂成平遥首富。先后经营日升昌、日新中、谦吉升、日升裕等4家票号，汇通天下，同时还开有颜料庄、钱庄、布庄、杂货、药材等店。当时在达蒲村也开有许多店铺，达蒲村人说这些店铺是“领的李家的本，吃的李家的饭，赚的李家的钱”。可见李家商业之大、富有之象，亦可看出李家在村里的一些善举。

李氏票号辛亥革命后由于挤兑而破产，前后兴旺100余年。

（九）太谷孔家

太谷孔家，即有名的孔祥熙家族。中华民国年间，“蒋宋孔陈”四大家族因政治、经济、军事联姻结盟。宋氏三姐妹，老二庆龄嫁于孙中山，老三美龄嫁于蒋介石，老大霭龄即嫁于山西首富孔祥熙。

■ 孔祥熙

孔祥熙生于清光绪六年（1880年），卒于1967年，字庸之，号子渊，山西太谷程家村人。曾任中华民国行政院长、财政部长和中央银行总裁等要职。

关于孔祥熙的生平事略，社会上已有专门的传记，在此不多叙说。单讲宋霭龄和他结婚后，于1915年第一次回太谷公婆家省亲。据1973年美国传记作家罗比·尤恩森在《宋氏三姐妹》一书中说，宋霭龄准备回山西时，心里认为“那里的生活是艰苦的、原始的”，做好了吃苦受罪的准备。但当他们夫妇一行从榆次下了火车以后，她便坐上了一顶16人抬的大轿，被晃晃悠悠地抬回太谷孔家。在孔家大院仅服侍她的佣人、仆役就有70多人，吃饭时餐桌上既有山西风味、当地土菜，也有山珍海味。太谷城里钱庄、票号、店铺林立，豪宅大院鳞次栉比，当时中国一些有名的银行家就住在太谷城里。她闲暇时再到平遥、祁县走一走、看一看，认为这儿就是“中国的华尔街”。宋霭龄在她的婆家，体验到了中国内陆最奢侈的生活。正是孔家这样的富裕，使生于上海富豪之家并留学美国的一代名媛——宋霭龄随孔祥熙在太谷城里一住数年，并执教于太谷中学。

孔家大院坐落在太谷县南寺街一带，占地6000多平方米，由多个四合院组成，并有花园、戏台、书院等建筑。据台湾出版的《民国人物列传》中说，孔氏“清乾嘉间已成太谷名门望族，孔裔七十二代宪仁，创志成信（票号）”，长侄庆麟（孔祥熙祖父），另设义盛源票号，经营金银买卖、汇兑，兼营苏广杂货；又在北京创办志一堂镖局，并设会通盛专办存放款业务，后设会通远从事汇兑，设广茂兴于广州。此外原有北京义和昌、奉天源泉博及自他人手中购买的太谷三晋源，在各地有分支，远如库伦、迪化，乃至安南自贡，且义和昌在日本有支店，独家经营中日汇兑。庆麟五子三女，其中三个儿子承父业，老三繁慈主持太谷义盛源和三晋源，生独子祥熙。

另据志成信票号同治十二年（1873年）正月初一记，孔祥熙的曾祖叔爷孔宪仁曾任志成信票号大掌柜，顶身股一俸，也是山西票号界有名的经理级人物。

三、雁北二户

■ 大同云冈石窟佛像

雁北地处朔方，气候寒冷，不产桑麻，缺粮少布。明置九边镇就有大同镇，而太原镇的驻地也设在偏关。这里为防范蒙古骑兵入侵中原抢掠，长年驻扎兵马。俗话讲："兵马未动，粮草先行。"明初实行开中制后，地处大同镇一带的山西人拥有得天独厚的地理优势，捷足先登，输粮运草。明朝开禁边关互市之后，他们更是如鱼得水，贩内地盐茶于边关，输草原牛羊、皮毛于内地，长途贩运，大赚特赚，其主要商户有两家，都是从边商起家，盐商为继。

（一）代州杨继美

杨继美，字汝孝，别号近泉，明代山西代州振武卫（今山西代县）人，生于明嘉靖九年（1530 年），卒于万历十九年（1591 年），是个典型的由"边商"转为"内商"的商人。其先祖在明初戍边以军功升为旗牌官。五传至继美，他小时候极爱读书，经史子集无不涉猎，后中途辍学，没能考取功名，一直以为憾事。他成年后家境已富，便以先辈所留的数千两银子为资本，由做边贸改为到两淮去经营盐业。

两淮盐业的管理机构设在扬州。杨继美利用自己家族靠近朔方边关之便，携巨款到扬州经销两淮盐业，很快便成为两淮盐商中的著名富商。杨继美虽身在盐业贾界，但文化功底深，又喜与文人雅士结交，为人也豪爽义气，时常又资助一些银子与江南读书人。这些人考取功名做了官，不忘杨之恩助，还与杨保持往来。有一次明政府派钦差视察两淮，这位官员在召见两淮盐商时，提出一些问题，众盐商不是因为紧张答得不好，就是因为情况不明答得不对，唯有杨继美应对如流。因此，杨继美声名鹊起，众盐商佩服他的为人才干，便公推他为扬州城里的盐商祭酒。

祭酒在明代是国子监掌管国学诸生训导政令的官员，官阶从四品，对人品、学问、名望要求都很高。盐商选祭酒对其人品、名望、学识的要求也是一样，也要在业界深孚众望，在同业中能起斡旋、调解作用，大致相当于今天的行业协会会长。明朝官府对盐业选推祭酒也采取赞许的态度。祭酒处于监运使等官吏和盐商之间，既协助政府推行盐政，又协助管理盐商；既保证盐业政策得以落实，盐税得以征收，也反映盐商的诉求和利益。

杨继美为人豪爽，乐善好施，好救人之急。据记载，有一个人借了他好多银两，到期无力偿还，此人甚觉羞愧，不敢见杨，远远地遇见杨就溜边躲着走了。后来此人觉得老躲着也不是办法，就去见杨，说愿将自己赖以养家的产业——商铺抵债给杨。杨知此人善良，不是有意不还。就说道："你以此业养家糊口，如果将这家业抵给了我，难道你一家人喝西北风去。"说完，便将债券当面撕掉，旧债一笔勾销。此人感激不尽，慌忙叩头谢恩而去。

杨继美虽身在商界，自己因故辍学，没有考取功名，但孜孜不忘学习，对子孙教育也愈加用心。他的儿子杨恂在万历七年（1579 年）中举，万历十一年（1583 年）得中进士。他在扬州听说儿子中举之后，心情十分激动，对众人说："这是我梦寐以求的事，今日终于由我儿子实现了。"儿子考取功名后，他当即结束盐场事务，打点整理行装，踏上返归故里的征程，时年还不到 50 岁，也就告老还乡了。此后，他在代州老家以诗会友，结社唱吟，颐养天年。

（二）大同薛缨

薛缨，大同府天城卫人。其先祖明朝初年在山西河曲从戎戍边，后定居大同府天城卫，五世传至薛缨。其家族财产五世不分，由兄弟们共同经营。薛家与杨继美家一样，在明中叶时也是由边商转为内商，或既做边商又做内商。薛缨在两淮经营盐业，在扬州置办家产，经常奔波在大同、扬州两地料理家庭生意。

薛缨弟兄三人，他排行老三。大哥轶名，身为长兄，自幼放弃学业，在家务农耕田，料理家业，以资助二弟学儒、三弟学贾。二哥薛纶自幼聪颖，喜好读书，且善于作文，在隆庆二年（1568 年）考中进士，为薛家光耀门庭，金榜题名，并于万历十年（1582 年）任陕西按察使司副使。时间不长，薛纶辞官归籍。有人惋惜他的中年离职，薛纶说：“我有幸承继先辈产业，兄耕弟贾，助我求学，才有今日之位，我愿已足矣!”薛纶辞官归籍后，为了照顾薛氏在大同、扬州两地的产业商铺，教育子弟读书务贾，经常往返两地，从而家更发、财更聚。薛缨兄弟三人，长兄务农，二哥入仕，自己业贾，这也典型地反映了明代社会山西商人家族的结构和特点。

四、票号四经理

票号四经理，即雷履泰、毛鸿翙、高钰、李宏龄。雷履泰、毛鸿翙是日升昌票号的创始人，也是中国票号的鼻祖。但两人创建日升昌票号后，因各具才干、互相争斗而分道扬镳，日后搞得你死我活，像仇人一般。高钰、李宏龄分别是晚清时期乔家大院“在中堂”乔致庸的大德通票号掌门人和蔚丰厚票号的分号经理。他们面对清末时局动荡、战乱不已，精明理财，危中见机。其中李宏龄作为分号经理，力倡票号改银行，事虽未行，没有改成，但是其远见卓识和善于变革的精神彪炳史册，值得后人学习与研究。

（一）雷履泰

雷履泰（1770—1849年），生活于清朝乾、嘉、道年间，平遥县西窑村（现为龙跃村）人。始任平遥县李氏西裕成颜料庄经理，创办成立了中国第一家票号——日升昌票号。

雷履泰经理精明强干，足智多谋，生财有道，知人善任，调度有方，创立了一整套的票号管理章程、规定、要求，调动了各地员工的积极性。日升昌票号创立仅几年，就先后在河口、天津、北京、济南、西安、开封、成都、重庆、长沙、厦门、广州、桂林、南昌、苏州、上海、扬州、镇江、亳州设庄置点，又同这些城市的山西商人相接相连，招揽汇兑业务。这样不仅便利了山西商客、陕西商客，也便利了江南一带的米商、丝商、茶商等。这些商帮也多和日升昌票号相与有交道，日升昌真是日日升、日日昌，业务蒸蒸日上，一片兴旺景象。日升昌票号的存款、放款、汇兑者门庭若市，络绎不绝，一年的汇兑业务量达3000万两以上，使得财东李家和大小经理、员工赚得盆满钵满。最初6年一个账期，后改为4年，每个账期分红利一次，每股红利都在7000两以上，有一期竟高达每股红利1.3万两。由此，也使日升昌票号获得了“汇通天下”的美称，带动了其他票号的兴起。

雷履泰在李财东家任总经理时，毛鸿翙任副总经理。毛氏也是精明能干之人。西裕成颜料庄改为日升昌票号后，两人开始时同心协力，共同为李东家奋斗，把个日升昌经营得红红火火。但俗话说一山难容二虎，时间长了，两人难免相互争斗，发生矛盾。尤其是毛鸿翙，年小雷履泰17岁，也总想当一把手，干总经理。道光五年（1825年），雷履泰患疾，一边在平遥日升昌养疴，一边仍然主持号内的各项事务。毛鸿翙心中不满，想取而代之，就向东家建议，让雷履泰回家养病。李东家没有看出其中“奥妙”，出于好意，接受毛的建议，安排雷回家养病，而将号内业务交由毛主持。

雷履泰回家后，不甘心大权旁落，密谋筹划，反戈一击，便准备写信通知日升昌各分号经理集体辞职。可能这时有风声传到李财东的耳朵里，他赶紧到雷家去看望雷，进家后果然看到雷的书案上放着几封写给各分号的信，正是要求他们集体辞职。因当时商号是掌柜（总经理）负责制，分号经理都是总经理安排的，东家平时并不过问，且又都是熟悉一方业务的干练人才。李东家见此情形，大吃一惊，他权衡利弊，重心倒向了雷履泰，当场就向雷履泰下跪求情，恳请雷再回到号内主持号事，并向雷承诺：今后决不听小人说三道四，只信任雷掌柜，请他放心回号。雷履泰见李东家如此情真意切，急忙扶起李东家，这才应允说：我知道让我离号回家养病不是东家的本意，是毛鸿翙从中作梗，挑拨离间，他想取代我。东家今天既然来到我家，又这样信任我，我今后唯有效犬马之劳，尽毕生之力为东家办好票号。雷履泰重新回号主持号务后，毛鸿翙也只好辞职走人。

雷、毛经过这番暗斗明争之后，心中各存芥蒂，到后来演变成相互仇视，相互诋毁，互相拆台，人身攻击。雷履泰给儿子取名叫雷鸿翙，以把毛鸿翙当儿子。毛鸿翙也不示弱，给自己的孙子起名毛履泰，以把雷履泰当孙子。两人争争斗斗几十年，把仇恨和恩怨都传到了儿孙辈。如此，既可见其小气、小心眼，也可见地位、银钱对人的诱惑，使人变态。

（二）毛鸿翙

毛鸿翙，平遥县邢村人，生于乾隆五十二年（1787 年），卒于同治四年（1865 年），享年 78 岁。幼时为了生计，在平遥李大全家——西裕成颜料庄学习经商。他天资聪颖，进步很快，不到 30 岁就提升为副经理。与雷履泰创建日升昌票号后，因不甘人下，与雷争斗，被李东家辞退后，旋被介休大财东侯荫昌聘用。当时侯家开的是蔚泰厚绸缎庄，正想组建票号，毛鸿翙正是他求之不得的人才，随机聘任毛为蔚泰厚绸缎庄经理，授权毛组建票号。道光六年（1826 年），毛将蔚泰厚绸缎庄改为蔚泰厚票号，担任经理，不久又给侯家组建了第二个票号——新泰厚票号，并兼任经理。侯荫昌为了充分调动毛的积极性，发挥毛的作用，分别在两个票号给毛各顶了一俸身股。毛为了报答侯家的知遇之恩，又恰值人生不惑之年，精力充沛，经营有方，使出浑身解数在票号业冲打驰骋。随后为了与日升昌抗衡，与雷履泰一决胜负高低，他敏锐地看到票号这个新兴产业前途无限，银钱好赚，获利丰厚，便说服侯家又接连将侯家的蔚丰厚绸缎庄改为蔚丰厚票号，蔚盛长绸缎庄改为蔚盛长票号，天成亨布庄改为天成亨票号，组成了“蔚字五联号”，可以说一口气成立了五家票号。同时，他又从日升昌票号拉出两名高级管理人员——郝名扬、杨永安两名业务骨干，帮助自己经营打理。如此，一举发展了中国的票号业。

■ 蔚盛长票号

毛鸿翙此后在侯家“蔚字五联号”担任经理 39 年，为侯家挣了几百万银两，也为自己挣了 20 多万两银子。可以说，他凭着一口气、一股劲，自己的天赋、勤奋，进一步促进了票号业的发展和完善。同时，他也恪守着行业规则，为侯家当掌柜，经营票号，就不能用自己的钱去经营自己的票号，只好将这些钱财投入购买土地和其他生意上。直到他逝世的前一年（1864 年）时，他才与人合资开办了一个叫蔚长厚的票号。蔚长厚票号开张后第二年他就去世了。他去世时将自己的票号交给孙子毛履泰经营。其孙毛履泰从小耳濡目染，得爷爷真传。接手蔚长厚票号后，在以后的 56 年经营中，也业绩煌煌，异常活跃。先后在全国 20 多个城市开设分号，每 4 年分红一次，每股红利也达七八千两，直到 1920 年歇业。

（三）高钰

高钰，字子庚，生于清咸丰四年（1854 年），卒于民国八年（1919 年），祁县子洪镇人。幼时因家道中落，弃儒就商，于同治八年（1869 年）15 岁时即到祁县乔家大院的大德兴茶布庄和大德兴票号当学徒、伙计，后任分号经理、总经理。他在乔家“在中堂”服务达 50 年，其中任大德通票号大掌柜——总经理 25 年，是财东乔致庸培养选拔的杰出人才，是清末民初识时务、知变局、善理财的票号高手。他的一生与财东乔致庸相得益彰，相辅相成，演绎出一个商人从学徒到分号经理，再到做出杰出贡献的总经理的辉煌人生。

高钰在做分号经理时，就已是结交清朝皇室和官府的高手。他和庆亲王奕劻、督抚赵尔巽等清廷权贵结交密切，关系非常。赵尔巽调往东省任职，大德通就派遣高钰到东省分号；赵回到北京，高则也回调到北京；赵放任四川，高又随同赴川。大德通票号让高与赵亦步亦趋，形影不离，其票号几乎成了赵的“小金库”，追随着为赵服务；同时，也得到了赵的关照，汇兑官饷、厘税，为票号赚银子。

清末民初，中国社会历经几千年未有之变局和战乱，高钰在面临义和团运动、庚子事变——1900 年八国联军侵占北京、辛亥革命——1911 年武昌起义推翻两千多年封建帝制的伟大变局时，都能将大德通票号带出危局，把损失降到最小，使大德通票号在风雨飘摇中一枝独秀地存续下来，勉力维持，直至 1940 年改组为银号，新中国成立后在社会主义工商业改造中才彻底歇业。可以说高钰是一个很高明的职业经理。

在 1900 年八国联军入侵北京前，义和团运动兴起，烧教堂、杀洋人事件不断。高钰审时度势，已看到这场祸乱不可避免。他为了避免票号遭受战乱和损失，事先采取措施，安排大德通票号在北京、天津、山东的分号撤庄回银，其他分号收缩业务，都尽可能将现银运回祁县总号。果然，八国联军攻进北京城后，杀害无辜商民，公开抢掠三天。许多商号被洗劫一空，损失惨重，而大德通票号损失最小。

面对这样的乱局，高钰又看到危中有机。在慈禧太后和光绪皇帝等一行清廷皇室、官吏人员出八达岭，经张家口、大同、太原、运城，西逃西安时，他又凭借自己与清廷权贵的人脉关系，把祁县大德通票号作为清廷临时下榻之处，果敢接驾，慷慨捐银。在两宫危难之机，也可以说是在国家危难之机，在有的商号、财东、经理退避之时，他毅然挺上，为清廷皇室、为当时中国最高权力机构竭诚提供帮助和服务。据《山西票号综览·大事记》1900 年记，慈禧、光绪逃到太原时，经济拮据，费用紧缺，找山西省城各界人士借银 30 万两，大多数票号由于难以承受和担心偿还问题，不敢应承，纷纷恭维乔家兴办的另一票号经理——大德恒票号在太原的主事贾继英。贾因有北京分号高钰与清廷的关系，亦即乔家与清廷的关系，当众慨然应允，答应献款。从此贾继英和随驾大臣桂月亭、董福祥等面晤或书信往来甚密。乔家及两位经理与清廷的关系更为紧密。慈禧等人逃到山西之后，有关勤王护驾的大臣兵马也到了山西，一时山西境内官多兵多，皇室又奢侈，需用的现银、粮草也急剧增多。山西巡抚组织晋民商人提供人马生活的吃用，高钰又运筹调度各分号送银，保障了慈禧一行安全顺利到达西安。

庚子事变，大德通、大德恒票号在危难之际为清朝帝后慷慨解囊，在封建社会这也是大忠大义，可谓“家贫出孝子，国乱显忠臣”。清廷也不忘乔家，1901 年两宫回銮北京后，慈禧太后就召见山西票号高钰、贾继英等赴京，催促票号复业，并将汇解京饷、军饷、收存中央和各省官款等交由大德通、大德恒票号办理。1904 年时，慈禧又特召大德恒票号的贾继英进京，亲自接见并问道：你是要做官，还是要经商？可见皇恩垂顾，太后还御赐贾继英、高钰等筹办清政府的户部银行。1909 年，清改户部银行为大清银行，乔家的大德恒票号经理贾继英为首任行长。

经庚子事变后，由于乔家财东与其票号经理高钰等对朝廷的表现，大德通、大德恒票号此后又兴盛近 10 年，盈利也不少。如光绪三十四年（1908 年），大德通票号盈利 78 万两银子，每股分红利 17000 两，这是当时其他票号走向衰败时，大德通因有经理高钰而兴盛的一个力证。

高钰因在京与清廷权贵多有接触，与一些省的巡抚官吏也来往较多，对一些官吏的能力、为人也深有了解。他第二次把握时事大局变化的是在辛亥革命前后。宣统初年（1909 年），清廷任命原江苏巡抚瑞徵为湖广总督。瑞徵与大德通票号素有往来。高钰深知此人平庸无能，才疏学浅，贪钱好利，他能由巡抚到授命湖广总督，就是靠打通关节，行贿清廷权贵。高钰又关注当时的天下大势，看到南方革命党人的活动及北京袁世凯等派系的倾轧争斗，认为照此下去，清朝的政权必然会有大的变故，故毅然决定在大德通票号的经营上采取保守主义，收缩政策。他力还外贷，减少存款，广收贷款回笼，当时还受到很多人的讽刺讥笑，认为他与商人求利之道相悖，有钱不赚。殊不知他洞悉时局，见解独到。不久，辛亥革命爆发，推翻了统治中国两百多年的清王朝和两千多年的封建帝制，成立了中华民国，中国南北由此也经历了大大小小的战乱、变故。为此，许多商号准备不足，措手不及，商铺人员被抢掠砸打，纷纷倒闭。唯大德通、大恒通票号，因高钰等早有准备，损失最小，以后在民国时期仍维持经营。因此，高钰不仅是商界高手，也是洞悉天下之势的政治家。

下面再从《山西票号综览》一书引一段贾家鼐早年写的《高子庚（高钰）传略》中的话，来看看高钰其人对天下大势的洞察和自身为人处世及对票号伙友的管理教育：

> 子庚家道中落，遂改儒就商，在大德通票庄服务垂五十载，执掌号权者25年……当庚子拳匪之乱，公以邪教必为招祸之由，于是事前筹划，遂将各庄之款多数调回。一方命阖号同人皆读中庸大学，益取正心修身，而杜邪教之入。其调款者预备两宫西幸之要需也。由斯大德通三字声誉日隆。自斯以后，票号之盛，已达极点，仅大德通一号，而架本竟达七八百万之巨。其时票号普通潮流，可尚奢侈，大失常规。独公黜华崇实，不为习俗所移，且益加慎敏，延名师教育青年伙友，计名著培养立身基础。至于办理各事，严明果断，以浩气举世，一片纯诚。同事有所条陈，必详实裁决，一秉至公，俨若一家。并手定章程，以身作则，故号规整饬，伙友循谨，为他号所不及。
>
> 嗣至清末，庚戌（1910年）清廷命瑞徵制两湖，公觉清室无人，势必大变，故毅然决然，预作保守主义，力还外贷，以减架本，而实行收敛。当彼时人多讥公与求利之道背谬，殊不知卓越见独到，纯为避害。其收敛之计划，甫办理就绪，而辛亥之变即于彼时实现耶。其他各号犹然做梦，毫无准备，故多纷纷失败，相继倒闭，唯

大德通则处之泰然。其能至于今屹然而立者，实由公防患未然，而置得法，而定不拔之基业。

（四）李宏龄

李宏龄（1847—1918年），字子寿，山西平遥县源祠村人，蔚丰厚票号分号经理。出生于商人之家，先世曾经商致富，后因战乱中落。同治初年，宏龄学徒于平遥县某钱庄，待学成时此钱庄亦败落。同治七年（1868年），经同乡曹惠林保荐，入蔚丰厚票号。该票号就是有名的介休县北贾村侯氏开设的“蔚字五联号”票号之一。入号后，宏龄以自己的聪颖才干，不断赢得掌柜和财东的器重，脱颖而出，先后担任过蔚丰厚票号北京、上海、汉口等分庄的经理。他一生经营票号凡40余年，对票号的增值盈利和保全功劳很大。他为人忠义，善察时务，勇于变革，是晋商晚期少有的力倡改革票号的明白人、佼佼者。

李宏龄生于1840年鸦片战争之后，正是中国近代史上饱受列强欺侮，南北战乱，社会急剧动荡，乃至天翻地覆、改朝换代的大变革时代。生活在这样的时代，作为散布于全国各地的票号、钱庄、生意人，保全资本、维持分号财产安全已属不易，当时从南到北，有多少家票号、生意、商业被抢被焚被拖垮！李宏龄所主持的票号在此乱局中还能盈利赚银子，赢得同行赞誉，非有超人智慧、精明作风不能达到。纵览李宏龄一生，他的主要特点就是善于变革。

1. 敢于担当应变

李宏龄经商注意时局，察看行情。面对市场的变化多端，他善于应变，敢于担当，不拘泥于总号的简单条规和要求，而是以商家的根本利益——赚钱、守信、服务客户为目的，采取灵活措施，最终得到赞赏并赚到银子。

光绪十九年（1893年），李宏龄由京赴沪，途经扬州时，恰逢扬州分号接到总号电文，要求不得收上海之银，否则以违犯号规论处。扬州分号的款项当时大半来自上海，扬州分庄的经理白子直接此来电后非常为难，求教于路经扬州的李宏龄。李经过分析后认为扬州分号照收上海款项有利可图，应放手去做。但白子直害怕总号责怪，不敢去做。李便慨然曰："机会不容错过！若扬州分号不收上海款项，不仅影响分号现在生意，还会失去上海客户，影响到日后的生意。你放手去做，如果总号责怪，责任由我承担，与白经理无关。"白听李如此说，也觉得实情如此，收上海款项有钱可赚，便按李的主张，照收上海之银。结果年终结账时，扬州分号获利 3 万多银两，反而得到总号的赞赏。

李宏龄到达上海后，时值上海分号生意清淡，银市疲软。他经过调查了解后，原来是伙友们对官款汇兑库费、平码等规定不很熟悉，因而不敢贪做，也就是对银子的成色（含银纯度）及折算等业务不熟。他就将库费及平码一一开列出来，让伙友熟记。并认为做官款汇兑利益肥厚，不可不贪，不可不做。不久，上海分号在他的主持下，生意越做越活，越做越火。

光绪二十六年（1900 年），也就是庚子年，李宏龄从上海取道汉口返晋。途经汉口时，汉口分号经理侯克明正好接到总号电报，不让汉口分号做江西汇往甘肃的甘饷。侯克明对李说："江西奏定每月接济甘饷三万银两，由南昌分号领汇，可是总号信电俱至，让递禀退办。南昌各钱铺闻讯，纷纷来汉口探听汇费，企图领汇。果若如此，则我南昌分号在江西将无立足之地。"总部不让做，其他钱铺听到这消息已纷纷打探想要取而代之，李宏龄便又慨然说："既然总号措施有误，何不向总号写信说明情由。"侯克明又言："此事我不便插手。"李又说："总号不知外情，我等岂能坐视成败？我虽是过路人，且不能不管。愿与侯兄联名致信总号，说明情由。"同时，两人又商定由李返晋后再当面向总号陈述。后来，李回晋向总号报告后，总号也没提出异议，而南昌方面由于听从了李的建议，不失时机地抓住汇兑甘饷的业务，果然大获其利，且受到了总号的表彰。

同是庚子之年，1900 年八国联军入侵北京，两宫帝后出走西逃后，在北京的一些京官、商人纷纷跑到上海躲避。到上海后这些人手持在京师的银票，要求在沪兑换银两。这也是战乱所逼，一时所急，客人为生活之急需。但上海的许多商号不予兑换。李宏龄时任蔚丰厚上海分庄经理，他认为事出非常，应当兑换，照顾客人的利益，为顾主提供方便，便独排众议，酌量予以兑换。这是因为现银有限，既不要不兑换，也不要一家都提取完，为多照顾一些客人的利益，都给兑换一点，以解逃难避居上海的这些北京人的急需。这样做了以后，蔚丰厚票号在上海的声名大震，生意愈盛。李宏龄在上海分庄任经理，生意做得红火日盛，不断得到总号的赞誉。时任总号经理的侯兴垣赞扬说："狼行千里吃肉，宏龄在上海大为出力，可嘉!"

李宏龄在做生意上敢于因时应变，不墨守成规，甚至"将在外君命有所不受"，冒犯总号一些不合实际事宜的规定，但对票号的根本要求，他是坚守不放的。如他的前辈张徽五曾指教他说："凡改住码头，前任所放款均宜收清，以后再徐徐去做。"所谓码头，就是指票商所活动的商埠。这位前辈的教导，就是说新到一地任分号经理时，一定要把前任经理所放贷的款项收清，在收的过程中一是可以明确账务，二是可以看看相与客户的信用实力，然后你自己再慢慢去做。这就有些相当于现在的离任审计、岁时盘点，真是不无益处。李宏龄遵此老之见，在1898年（戊戌年）5月做汉口分号经理时，如此照搬，果然大受其益，且应对了一场突如其来的战乱风险。这一年8月，汉口遭受战乱，死伤人数上千，烧毁商铺房舍无数，是百年未有之大灾。每逢战乱，商人总是最先遭受洗劫损失的。李宏龄因是5月到任，遵先辈言先收前任所放之款，故逢此大乱，损失较小，很快便使蔚丰厚的汉口分号开门营业。

2. 用人不拘一格

李宏龄幼时在他庄学习票号业，后经人保荐到蔚丰厚票号，干到分号经理，且主持北京、上海、汉口等重要地区的号务多年，深知票号兴盛重在得人。他在用人上举荐贤才，不拘一格，量才录用。他曾说："得人者昌，政界固然，商界何独不然。""码头之兴衰，全恃一头行人。""号事之兴衰，全在人位之高下。""从古兴衰之别，在乎用人。人才之兴，全凭鼓舞。若赏罚之际不能允洽，则贤能无由奋起，而不肖者反得夤缘而进，成败所关，忌浅鲜哉!"他在北京任分号经理时，一个叫刘承基的人，懂业务，善书信，功底厚实。一次总号要调刘到扬州分管书信。他认为既然让刘到扬州去还是搞书信工作，写写画画的事，又不是提拔当管事，去人地生疏的地方，还不如留在北京分号，便给总号写信恳留。又有一个姓郭的成都分号掌柜，因不守号规，从成都分号调回总号。不久，总号又欲派其到天津分号当二掌柜的，任副经理。他知其不才，便致函劝阻。总号不听，结果郭某在天津分号滥放贷款三四十万两，给蔚丰厚分号造成重大损失。他在北京分号时有侯中杰和梁鸿基二人，一个分管业务，一个分管账务，是难得的干才，工作既无差错贻误，跑街也颇为得力，内务皆可指靠，便极力向总号推荐，建议破格提用。在向总号致函中说："现在时事多艰，国家用人尚且破格，我帮又岂可拘守成例，其二人与弟非亲非故，即使弟之亲故，亦不能容推。"他的用人观和建议每每得到总号的首肯赞赏，甚至作为标准，就是今天看来，无疑也是对的。

■ 李宏龄与夫人

3. 力倡票号改革

李宏龄多年任北京、上海、汉口分号经理，这些地方或是京都，为国家政治文化中心，繁华昌盛，士子名流汇聚；或开放较早，经济活跃，交通发达，西风吹拂。列强在这些地方建使馆、领馆、租界的同时，也带来了西方在商业管理上的新体制、新理念。"春江水暖鸭先知"，李宏龄敏锐地观察到，现代银行的体制优于票号。票号是无限责任制，一旦被挤兑拖欠，东家将倾家荡产，且已不合时代潮流，不为清政府支持，没有竞争优势，民众存款在利益上少于银行，也抗衡不了外国银行（如花旗银行）、官办银行（如大清银行、交通银行、通商银行）的排挤，故票号必须顺应时代大势，改革改组为现代银行才有出路。为此，他一而再，再而三地上书总号，联络当时在娘子关外的山西商界有识之士，要求将票号改革为现代银行，并亲自回到山西陈情述说，含泪劝改，但都被当时在山西票号界有影响的人——蔚泰厚票号总经理毛鸿翰所否定。毛长年居住在平遥县城，思想守旧，不识时务，其他一帮庸庸碌碌、思想同样保守的票号经理又唯毛马首是瞻。因此，山西票号坐失良机，错过了改为现代银行的大好机会，从此一蹶不振，走向衰落。李宏龄愤而著述《同舟忠告》《山西票商成败记》。下面引述宏龄所著文中几段话，由此能清楚地看出当时的情形和他本人的焦急与无奈。他在《山西票商成败记》中说：

同治以后，东西洋各银行，已渐次侵入，夺我利权。迨经庚子之变，中国当道注意财权，大清银行之议，遂遍于各省。夫论信用力之强弱，我票商经营二百年，根深蒂固，何事不堪与人争衡，而银行一设，未免相形见绌者，其间亦自有故。以存款而言，彼则五六厘，而我四厘也。以运款而言，彼则钞票，而我汇兑也。而且金库全归该行，贷借必有抵押，已难相提并论。而尤足寒心者，一遇倒账，外洋银行则凭藉外力，大清银行则倚仗官权，同属财产关系，而彼各挟势力以凭陵。

宏龄自幼肄业票庄，目睹时局至此，非改组银行，无以收权利平等之效。适戊申（1908年）春驻京师，与渠学士楚南商定改组章程，先函达总号，商酌四次，当面陈述者两次。是岁冬渠学士返里，复亲莅各总号，开陈利害。

随后，在北京的山西各票庄分号经理，又在李宏龄的带头倡导下，致函山西平遥总号，情词恳切地陈述票号改组为银行的必要性。据陈其田的《山西票庄考略》记：

晚等焦灼万分，彷徨无措，连日会商，自非结成团体，自办银行，不足以资抵制，不足以保利权。盖开办银行如押款、担保等事，票号所不便为者，银行皆照例为之，倒账可无虑也。况既为银行，如保护等事，票号所不能享之权利，银行独能享之，生意可发达也。兼之资本雄厚，人位众多，自可多设分庄，即外洋各埠皆可逐渐分设，挽回利权，难以数计。以我晋商之信用，票号之殷实，不难为中国第一商业。且权在票号，操纵仍可自如；人皆晋人，生计可保不绝。又何乐而不为哉？或虑出资后将有亏折，将何以处？不知银行可定为有限公司，即使折亏殆尽，不过其已出之资，不能再认赔累也。平时多积公积，即防亏折。又虑无人可用，不知银行为票号公开，每家不过酌拨数人，已足敷用，毋庸再事搜罗也。又虑界限不清，生意难做，不知公开银行，正如我晋之开小号字号，作东另立账簿，另占地方，获利之后，按股均分，绝不虑其混淆也。或问开银行后，即可保票号不废乎？不知正以票号不能久存，故立银行以补救之，纵使票号尽废，有银行尚可延一线生机，否则同归于尽而已。

看此段文字，可知是信函往返，回答总号一些人的质疑。信函言辞恳切，析理透彻，既反映出晚辈、分号、一线基层经理们的焦急、恭敬，为改组票号成银行的急迫和负责任的精神；又透出总号在上位者狐疑不决、“不识时务”、孤陋寡闻，又大权在握、守旧不改的陈腐愚昧及自私。

为筹备改组票号为银行，李宏龄还与同人等拟订了具体改组计划。主要有：

(1) 每家各出资本银三五万两，作为有限公司。

(2) 集股本 500 万两，每股 100 两，每月 4 厘行息。

(3) 银行应名为晋省汇业银行，悉遵票号做法，略改其不便之处，以合银行规则。

(4) 公举熟习商情、声望素孚之人充银行经理。已商请渠氏出任经理，渠氏甚为欣允。

(5) 银行成立后，除内地繁盛各处均占分庄外，可渐推及各国商埠，以保本国利权。

然而，对于李宏龄如此顺应时代潮流，为国为民、为晋人、为票号界之人筹谋的改组计划，却遭到总号在山西平遥、介休、祁县大经理们的反对与蔑视，甚至以小人之心度君子之腹，终使票号改革胎死腹中。李宏龄在其《山西票商成败记》中，不无沉痛地说：

> 其时，各号之执牛耳者，首推总号某公，闻之大不为然，于是一般庸庸碌碌无敢异议号事之隆替、股东之生死关系也。而各号执事决如此之大计，竟不商之股东。为之东者，亦甘被欺蒙，视吾言为无足轻重。诗云：诲尔谆谆，听我藐藐。人心如此，尚可为哉？宏志在必成，戊申（1908 年）冬，复通函各埠，征求意见，公信所至，居然异口同声，函劝总号，谓不及早变计，后将追悔无及，方期众志可以成城。不料某公阅之，乃愤然曰：银行之议，系李某自谋发财耳。如各埠再来函劝，毋庸审议，径束高阁可也。宏龄至是如冷水浇背，不得不闭口结舌，而筹办银行之议，烟消云散矣。

面对总号经理，即自己的上级如此决断、如此认知，李宏龄怒向天问："果天数乎，抑人事乎？愿以质诸世之有识者。"发出郁闷在心底的声音，愿以自己的见解与人们打赌，以有识者见之证之。其结果是宏龄这一远见卓识，不几年就被世人证明是对的。至今银行业仍越办越火，而票号业早已进入历史的档案馆。

山西票号的守旧不变、夜郎自大，早在光绪三十年（1904 年）清朝政府组建户部银行时就已体现出来。当时，清政府曾邀请山西票号入股，请票号业中之人组建户部银行。袁世凯等也力邀山西票商参加，但山西票号的总主持者们思想保守，观念陈旧，墨守成规，不识时务，不知变革，既不入股，也不让山西懂票号业务者参与组建，不允许各分庄派员参加，试图与大清户部银行、与新兴的世界银行之业务抗衡。为此，清朝户部才寻找江浙绸缎商人、江浙钱庄、典当行的人士组建户部银行。此后，江浙财团在中国兴起，江浙商人逐渐成为中国金融界的霸主。加之长江三角洲物产富饶，上海等沿江城市口岸开放又早，江浙财团便逐步取代了晋商票号。此后，中国经济中心南移，蒋介石集团又以此为经济基础，在江浙财阀的支撑下，纵横捭阖，收买、分化、打击各路军阀，在名义上统一了中国。

李氏力倡票号改组为银行，启迪我们识时务者为俊杰，小人物不能小看，基层一线有真理。李宏龄作为分号经理没有改组银行的决定权，但他洞悉世情，深知大势，力倡改组，奔走呼号。其所倡所议乃有识之见，是来自基层、来自一线、来自下位者的真知灼见。对此，在上位者尤应重视，而不应忽视，不能轻易否定，更不能掺杂个人恩怨，以大人的小人之心度小人物的君子之腹，胡乱猜度他人，以致失去良机，令人痛心。由此，还启迪我们的在上位者，即在一企业、一单位、一政府的主要领导者要善于听取来自基层一线的意见、报告，作风要民主，要善于、敢于听取不同意见，勇于放弃、破除自己的观点；不能刚愎自用，自以为是，不能陈腐守旧，不愿或不敢革故鼎新。

李宏龄的敢于担当，敢于上陈己见，且孜孜不倦、不厌其烦、慷慨陈词、力尽人事的思想和精神，也是后人应该学习的。他为了事业、为了票号业的未来，不惧陈规，应时而变，这是一种高度负责的精神。

李宏龄为何在票号改组银行上有如此高见，在他所经营的票号业务上有如此果敢的变革应对，有这般胆识？无他，来自于他对自己所从事职业的热爱与高度负责，来自于他平常勤奋好学，躬行实践，结交高人。正如陈立三在他去世后的《平遥李君墓表》中所说：“君虽治商，而好读儒生性理诸书，有所得报，膺而躬行之，所与游多一时知名士。”

第十二章 徽商人物简介

徽州钟灵毓秀，人杰地灵，历史上可谓人才渊薮，许多领域都出现了令人惊叹的庞大人才群体和领军人物，真乃群星璀璨，争相闪烁。万正中先生编撰的18卷《徽州人物志》（黄山书社2008年版）就著录人物5399人，160余万字。其领域包括仕宦显达、徽商、教育、文化、文学、藏书、刻书、新安理学、新安绘画、新安医学、书法篆刻、科技、徽墨、歙砚、名媛、流寓、释道、孝行、烈女等。

在政事上有唐授歙州刺史、上柱国、越国公汪华，宋农民起义军领袖方腊，明平倭名将、兵部尚书胡宗宪，清时号称“父子宰相”的户部尚书曹文埴、武英殿大学士曹振镛，中华民国国务总理兼财政总长汪大燮等。

在教育学术上有祖籍歙县的理学奠基人——宋代名儒程颢、程颐兄弟，祖籍婺源县的朱熹，为朱元璋定“高筑墙、广积粮、缓称王”三策的朱升，朴学大师、乾嘉学派领军人物戴震（戴震曾应聘赴山西修纂《汾州府志》和《汾阳县志》），民国初期的清华大学校长周贻春，白话文运动的首倡者、留美博士、北京大学校长胡适，被毛泽东称为“伟大的人民教育家”的陶行知等。

在书画篆刻上更是群星灿烂、名人荟萃，不仅创立了新安画派，更有一批享有盛名的大家，如“新安四大家”渐江、查士标、孙逸、汪之瑞，名列“扬州八怪”之中的罗聘、汪士慎，近代绘画大师黄宾虹，篆刻家黄士陵等。

在科学技术上有珠算大师、数学家程大位，万安罗盘制作者吴鲁衡及其“罗经店”，祖籍婺源庐坑茶商后裔的铁路工程师詹天佑。

名媛才女有南宋时流寓钱塘的休宁女词人朱淑真，著有《断肠词》等诗词集，后人以为堪与李清照《漱玉词》相媲美，启蒙读本《千家诗》选录有她的两首七绝；有画家罗聘之妻方婉仪，歙县联墅人，诗画俱长，卒后翁方纲作墓志铭赞曰“万卷梅花，一卷白莲，其画也禅，其诗也仙”；有社交名媛赛金花，清末民初黟县人；有著名电影演员、一代名伶、黟县人舒绣文；有祖籍太平县的著名作家、学者，1949年后寓居台湾的百岁老人苏雪林女士等。

至于徽州商人，万正中先生单在“徽商”一卷中就立传主325人。其他亦商亦儒、以商衍文且仕宦者则多归于另类，若要列在“徽商”一栏，则人数远不止这些。现据《徽州人物志》《徽州地区简志》《歙县志》等资料，择其要介绍几位，其中有几人还曾与山西有关。

一、程君房——制墨大家，墨比金贵

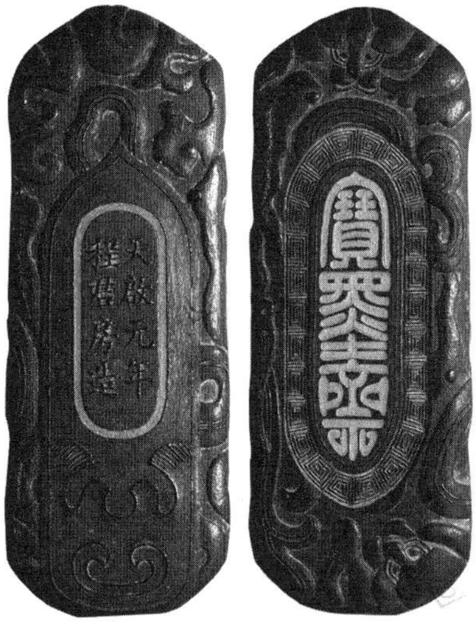

■ 程君房制墨

程君房，生卒年不详，原名士芳，字幼博，歙县岩寺人。明嘉靖、万历时制墨名家。君房出身墨工世家，自幼研习制墨，首创烧漆取烟制墨法。为提高制墨质量，在墨烟中加入麝香、冰片、金箔、珍珠、玛瑙、公丁香等原料，制成质地坚硬、光彩焕发、芬馨透纸、防腐防蛀的超漆烟墨，受到书画家的珍爱。麻三衡《墨志》称其墨具有“坚而有光，黝而能润，舐笔不胶，入纸不晕”的特色。其墨传入内廷后，明神宗朱诩钧称赏：“此墨能入木三分，可谓超过漆矣。”明董其昌（1555—1636年）在《程君房墨苑序》中赞道：“横流四海不减奚超，百年之后，无君房而有君房之墨，千年之后，无君房之墨而有君房之名。”君房亦曾自诩曰：“我墨百年后可化黄金。”事实上后之收藏家、鉴赏家有用较其墨重一两倍的黄金求购程墨。

程君房制墨法古而不泥古，博采众长，不仅首创烧漆取烟制墨法，在墨中新加各种原料，而且在造烟入胶、合剂捶杵、墨模雕刻、图案题识上，均较前人有显著提高，自成一家，把徽墨推向了登峰造极的境地，与罗小华、方于鲁、邵格之合称为明代徽墨制造“四大家”。

为适应竞争需要，程君房撰有《程氏墨苑》12卷（《四库总目·谱录存》）传于世，列墨品六部，计500余式。让人惊奇的是《程氏墨苑》中有随利玛窦传入中国的比利时著名铜版画家马罗坦·多·布斯的四幅作品《信尔涉海，疑而即沉》《二徒闻实，即舍空虚》《淫色秽气，自遭天灭》和《圣母怀抱圣婴耶稣之像》，经丁云鹏摹绘、黄麟翻刻而载入《程氏墨苑》，第一次将国外美术作品在中国刊本发行。陈援庵称：“明季有西洋画不足奇，西洋画而见采于中国美术界，施之于文房用品，列之于中国载籍，则实为仅见。”郑振铎在《劫中得书记》中，把《程氏墨苑》推誉为“此国宝也，人间恐无第二本”。

程君房有堂名曰“滋兰堂”，作为其藏书、刻书之所。自著有《程幼博集六卷》（《四库总目·别集存五》）传于世。君房亦通诗文，为文不拘格律。程君房墨现黄山市博物馆、黟县、休宁、婺源县均有珍藏。

二、张小泉——剪刀王

张小泉，生卒年不详，明末清初黟县会昌人，生于制剪世家。父张思家在以“三刀”闻名的芜湖学艺返乡后，于黟县城内开设“张大隆剪刀铺”。张小泉自幼随父学艺，心灵手巧，精心操作，从锻打、出样、泥磨到装钉、抛光等工艺均极为精熟，技艺出众，在古黟城内外颇富名气。

明崇祯年间，因徽郡灾害频繁，战乱四起，为生计所迫，张思家举家迁徙至杭州谋生，在大井巷搭棚设灶，锻制剪刀，仍名“张大隆剪刀店”。杭州有着传统的铸造技艺，相传附近的莫干山为春秋战国时干将、莫邪铸剑之地。张小泉刻意求师访友，虚心向学，技艺精进。他吸取龙泉钢的铸造工艺，选用浙南龙泉、云和优质钢镶嵌剪刀的刃口，用镇江特产的泥砖研磨，镶钢均匀，磨工精细，刃口锋利，光泽照人，经久耐用，因而生意兴隆，名噪一时。

清康熙二年（1663年），张小泉改店号“张大隆”为“张小泉”。制剪工艺日臻成熟，质地愈佳，声誉益增。小泉殁后，其子张近高继承父业，在“张小泉”三字下加“近记”二字。乾隆年间，张小泉剪刀就被

■ 张小泉剪刀铺

列为贡品。张氏祖孙对其产品精益求精，从不满足，鉴于其他行业需要各种刀具，遂不断扩大刀具品种，又先后研制出鞋剪、袋剪、裁衣剪、整枝剪、猪鬃剪等新品种。一些专业工匠如裁缝、锡匠、花师、鞋匠等纷纷慕名找张小泉订制各种刃具，使其产品规格、品种、产量日益增加，畅销各地，久盛不衰。伴随着张小泉剪刀声誉远播，销路日广，冒牌剪刀也日益增多。至光绪二年（1876年），钱塘知县发布告示，刻石立碑，保护张小泉剪刀著名品牌的权益，方使假冒产品逐渐减少。可见当时就有李鬼，就有假冒伪劣商品，需要保护著名商标及知识产权。

张小泉剪刀是徽商经营中典型的前店后坊、自制产品、自营销售、以

质量取胜、讲求商品信誉的名牌产品。小小的一把剪子，凝聚着我国明清时的冶炼技术和锻造工艺。其于宣统二年（1910 年）获南洋劝业会银牌奖；民国四年（1915 年）获美国巴拿马万国博览会二等奖；新中国成立后曾先后五次参加全国民用剪刀评比会，均名列榜首。张小泉商标在 1997 年被国家工商局认定为驰名商标，生产厂家现在仍是杭州的明星企业。著名戏剧家田汉先生于 1956 年参观张小泉剪刀厂时，曾即兴赋诗赞曰："快似春风润如油，钢铁分明品种稠。剪裁江山成锦绣，杭州何止如并州。"并州即太原，而太原钢铁公司是当时我国最大的不锈钢生产企业。

三、赵吉士——在山西交城任过知县的《徽州府志》主纂者

赵吉士（1628—1706 年），字天羽，一字恒夫，清初休宁人，寄籍钱塘（今浙江杭州）。顺治八年（1651 年）举浙江乡贡。康熙七年（1668 年）授山西交城知县。县有深山，岩谷深邃，与静乐、永宁（今离石）诸山相连，袤延八百里，自明末即为山民汇集地。交城山里盛产马，多林木，山民多赖此为活。顺治五年（1648 年），清廷禁止养马，又废南堡村木厂，交城山民重困，纷起匿山中，"散则民，聚则寇"，官兵不能制。吉士在任 5 年，采用剿抚兼施，寓剿于抚之法，终于瓦解了山民的反抗。又鉴于自废木厂后，商贩

■《徽州府志》书影

不至，林木滞销，山民纷纷外逃谋生，遂向布政使陈其状，获准于交城县水泉滩设厂交易，商贩复至，逃亡者亦相继返乡。修《图经》，新横舍，立仓廒，定军营，折疑狱，罚赎锾，提倡种树植柳，凿龙门渠，溉田40.4万顷等，是个爱民、护民、利民、为民的县官。因其在交城县政绩卓著，擢户部山西司主事。康熙十四年（1675年），由文林郎进奉直大夫。

交城县位于吕梁山东麓，山西省中部、晋中盆地西缘，北枕吕梁，南带汾河，东据太原，西临方山、离石，距省城太原50余公里，境内山多川少，92%以上是山地。交城更有黄土风情浓郁的山西民歌，如：

交城的山来交城的水，
不浇那个交城浇了文水。
交城的大山里没有那好茶饭，
只有那莜面栲栳栳，
还有那山药蛋。
灰毛驴驴上山，
灰毛驴驴下山，
一辈子也没坐过那好车马……

康熙二十年（1681年），赵吉士奉使征扬州关钞，宽以惠商，负贩乘小舟，概免稽查。输税者，自封投椟，胥吏苛敛之弊尽革。后入会典馆，奉命纂《盐》《漕》二书。二十五年（1686年），面受试于保和殿，擢户科给事中。二十七年（1688年），台班有忌之者，“劾其父子异籍”，遂罢归，退居北京宣武门西之寄园。园内古木参天，绿荫蓊翳，乃徜徉泉林，潜心著述，后复补国子监正。康熙四十五年（1706年）二月卒于官，享年八十。

赵吉士博洽经史，能文工诗，勤于笔耕，著述称富。著有《万青阁全集》8卷，《林卧遥集》3卷，《续表忠记》8卷，《寄园寄所寄》12卷，均见四库总目。所著《寄园寄所寄》12卷，以《囊底寄》《镜中寄》《倚杖寄》《捻须寄》《灭烛寄》《焚尘寄》《獭祭寄》《豕渡寄》《插菊寄》等为题，其中述古事者十之二三，兼及神怪异闻，记明末事者十之七八。赵吉士虽宦游在外，而心系故里，关心桑梓教育。建于明万历时的休宁还古书院，即坐落在其故里万安镇古城岩，后毁于兵燹，吉士主持修复之。尤其是他在康熙三十六年（1697 年）同丁廷楗、卢询三人纂修的《徽州府志》和其《寄园寄所寄》中，更是记载了有关徽州的历史文献资料、社会风俗和人文掌故，是现今研究明清徽州社会的重要依据；不仅早为清时《清稗类钞》《清朝野史大观》等书所选录，亦为近年出版的《明清徽商资料选编》《明清徽州农村社会与佃仆制》等书所征引。其徽学史料价值堪与罗愿《新安志》、许承尧《歙事闲谭》相埒。同时他还主修编撰了《交城县志》《杨忠公列传》及《音韵正讹》等书。

■《寄园寄所寄》书影

而清初《徽州府志》的首位纂修者丁廷楗，乃是山西安邑人氏，清康熙十二年（1673 年）进士，选翰林院庶吉士，授编修。丁廷楗曾任安徽凤阳知县、知府，徽州知府。2009 年 11 月黄山书社影印出版的《徽州府志》线装本在“出版说明”中开宗明义地说：“康熙《徽州府志》十八卷，首一卷，清丁廷楗、卢询修，赵吉士等纂。廷楗字骏公，山西安邑人，进士，康熙三十三年（1694 年）知徽州。吉士，字天羽，休宁人，举人，康熙间知交城县，擢国子监丞，卒于官，著有《寄园寄所寄》等书。”《徽州府志》中的首“序”由丁廷楗署名撰写，“自序”由赵吉士撰写。从二人序中可知丁廷楗乃赵吉士门生，丁廷楗在序中称赵吉士为赵夫子，赵吉士在自序中称丁廷楗为“余及门丁子骏公以词，臣出守吾郡，就余咨乡邑风土与制治之所宜先”，并称丁为“吾郡太守”。丁廷楗在序末署名及职衔是“赐进士出身，中宪大夫，知江南徽州府事，前特简凤阳府知府，翰林院编修，加二级，充明史会典两馆纂修官，丙辰会试分房清书、庶吉士，受业门人，安邑丁廷楗拜撰”。用印三方，分别为“丁廷楗印”“骏公”“国史纂修”。从二人序中所谈及骏公序末署衔，可知赵吉士与丁廷楗是师生关系，且先后同为史官，又分别在对方的家乡、郡守为官。这真乃千载难逢一时也。故师生联袂合璧，很快于康熙三十八年（1699年）修成《徽州府志》刊行示世，同时也写就了一段晋人与徽人、徽人与晋人、先生与门生、夫子与太守的历史佳话。

四、王致和——“臭”名远扬的臭豆腐发明者

王致和，又名之和，清初仙源（今黄山市黄山区仙源镇）人，幼习儒，就读于天都书院。康熙四年（1665年）举人，旋靠族人资助徙北京赶考，会试落第，屡屡失意，又受盘缠所困，滞留京城。致和幼时曾在家中以做豆腐为业，此时不得已又重操旧业，在自己所寄住的北京前门外延寿寺街羊肉胡同“安徽会馆”内，用手推小磨做起豆腐生意，沿街叫卖。传说某年盛夏的一天，他做出的豆腐没有卖完，恐次日腐坏变质，便按徽州人腌制腊肉的办法，将剩余的豆腐切成四方小块，撒上盐和花椒等佐料腌制于一小缸中。此后，他歇伏停磨，一心攻读，竟忘记了此事。秋凉后，王致和又起磨豆腐，猛然间想起这一小缸豆腐，便急忙打开去看，不曾想臭味扑鼻，先前放置的白白嫩嫩的豆腐已变成青色。这时，他又以徽州人固有的节俭习惯，觉得扔了可惜，便壮着胆子用手拿起一块，放在嘴里试尝，不料别具风味，闻着臭，吃着香，便送给周围四邻八舍的人品尝。据说有人闻见如此发臭恶心的东西，还曾把他痛骂赶了出来，每当此时，他便当众吃给人看，结果深受北京居民喜爱，品者无不称奇。王致和的臭豆腐从此声名鹊起，“臭”名远扬，成为人们餐桌上不可或缺的美味珍馐。至今，遗“臭”愈浓，盛名不衰。

王致和臭豆腐制作，选用北京郊区的优质大豆为原料，经过泡豆、磨浆、点卤、前发酵、腌制、后发酵等多道工序制成。其中点卤用盐卤

平浆，不以石膏冲浆；豆花要捣碎，榨干杂水，压结坚实，使洁白光滑；然后将豆腐切成小块豆腐坯，一般以农历八月至十二月间霉坯为佳；再放入缸中腌制，装坛时放入食盐、花椒、辣椒及糯米酒等佐料，用干荷叶糊泥封口，两三个月后开缸食用。其形、色、臭、香味俱佳，独具特色风味，且价廉物美，可口下饭，深受京城市民喜爱，并逐渐享誉全国。腌制臭豆腐的关键是撒盐。盐多了，豆腐不臭，盐少了，则豆腐过臭。王致和臭豆腐中的奇香，是一种产生蛋白酶的霉菌，它分解了蛋白质，形成了极丰富的氨基酸，味道非常鲜美。臭味主要是蛋白质在分解过程中产生了硫化氢气体所造成的。另外，因腌制用的是苦浆水、凉水，并用干荷叶糊泥封口，故豆腐块又呈豆青色。

王致和臭豆腐于康熙十年（1671 年）传入皇宫，圣祖亲尝后，赞不绝口，便御书“青方”二字赐之，从此也成为皇宫大臣餐桌上必备的日常小菜。致和卒后，其子孙继承父业，历代不衰。晚清慈禧太后亦亲点王致和豆腐乳为御膳，日用三餐必备不脱。王致和门前的三块牌匾加上彩绘龙头，象征“大内上用”之意。“王致和南酱园”六个字由状元、武英殿大学士孙家鼐题书。孙家鼐题写的两副藏头对联是：

■ 王致和南酱园

致君美味传千里，和我天机养寸心。
酱配龙蟠调芍药，园开鸡跖钟芙蓉。

冠顶横读为：致和酱园。

另有一首称赞臭豆腐的诗，据说是清光绪年间直隶武清县（今天津市武清区）的一个也叫王致和的人所作，甚是好玩，兹录于下：

明言臭豆腐，名实正相当。自古不钓誉，于今无伪装。
扑鼻生奇臭，入口发异香。素醇绕回味，黑臭蕴芬芳。
珍馐富人趣，野味穷者光。既能饫饕餮，更可佐酒浆。
餐馔若有你，宴饮亦无双。省钱得实惠，赏心乐未央。

亦有对联云：

可与松花相媲美，敢同虾酱做竞争。

横批为：臭名远扬。

五、马氏二兄弟——亦商亦儒藏书家

马曰琯（1687—1755年），字秋玉，号嶰谷，清康熙、乾隆间祁门人。其弟马曰璐，字佩兮，一字半槎。马氏兄弟侨居扬州，经营盐业，为当地徽商巨富，世称“扬州二马”。

马曰琯贾而好儒，亦商亦儒，好学博古，考校文艺，旁逮金石文字之学。工诗词，能文章，是名重江南的大藏书家和刻书家。乾隆初，曰琯举博学鸿词不就。家有小玲珑山馆、丛书楼，贮书10万余卷，藏书之富，甲于东南。其一生淡于仕进，酷嗜典籍，凡遇珍秘之书，不惜重金购藏。全祖望《丛书楼记》云："予南北往还，道出此间，苟有留宿，未尝不借其书。而嶰谷相见寒暄之外，必问近来得未见之书几何？其有闻而未得者几何？随予所答，辄记其目，或借钞，或转购，穷年兀兀不以为疲。其得异书，则必出以示予，座上满斟碧山朱氏银槎，佐以佳果，得予论定一语，即浮白相向。"又云："百年以来，海内藏书之有名者，昆山徐氏、新城王氏、秀水朱氏其尤也，今以马氏兄弟所有，几几过之。"

马曰璐亦具清才，兄弟二人互相师友，皆好交游，喜宾客，广结四方名士。"四方人士闻名造庐，授餐经年无疲色。"全祖望寓小玲珑山馆时，得恶疾，马氏以千金延医诊治。著名文学家厉鹗、大画家郑板桥及当时名流杭世骏、汪士慎、丁敬、金农等均为马氏门客。曾结为"邗江诗社"，盘横诗酒，驰骋才艺，使小玲珑山馆与江氏康山草堂、天津查氏水西庄、清江浦汪氏观复堂，先后辉映。其府上常年英彦毕至，投缟缯纻无虚日，时人比之汉上题襟、玉山雅集。高宗南巡曾幸其园，赐以御书及诗，海内荣之。马曰琯无子，过继曰璐子振伯为后。著有《沙河逸老集》《嶰谷词》传世。因其性耽山水，好游名胜，故所作诗词缠绵清婉，沈德潜以为削刻得山之峻，明净得水之澄。曰璐著有《南斋集》。

马氏丛书楼藏用并重，大开书城，广延四方好学之士，供其观览，惠及学人。吴派经学名家惠栋常至山馆观书借书，因题其所居曰"借书楼"，并赠以诗云："玲珑山馆辟伲俦，丘索搜罗苦未休。数卷论衡藏秘笈，多君慷慨借荆州。"厉鹗曾长期借助马氏兄弟所藏宋人文集、诗话、笔记、山经、地志等秘籍，撰成《宋诗记事》100卷。马氏兄弟参与了该书20卷的搜辑考证，撰写按语，协助厉鹗辑成此书，出力最多。

乾隆三十八年（1773年），四库全书开馆，诏求天下遗书，其子马裕（振伯）献书776种。翌年，高宗上谕赏赐《古今图书集成》一部，共5020册；继之又御赐《平定伊犁御制诗》《平定金川御制诗》及《得胜图》各一册，还亲笔题《鹖冠子》诗以赠。"以为好古之劝"，天下士林荣之，传为书林佳话。

马氏兄弟性慷慨好义，惜才礼贤，曾捐资开扬州沟渠，筑渔亭孔道，设义渡，造救生船，常为友人排忧解难。马氏家内附设刻印工场，曾为朱彝尊刊刻《经义考》300卷，为王士祯刊刻《感旧集》，为姚世钰刊刻《莲花庄集》。时书法家蒋衡历时12年，手写《十三经册》，马氏费千金助其装订成册，极为精美，后蒋衡将其书献于朝，得赐国子监学正。曾资助郡丞刘选重建梅花书院。自家校印刻刊有《许氏说文》《玉篇》《广韵》《字鉴》及《韩柳年谱》8卷、《韩文类谱》7卷、《困学纪闻》30卷等。其所刊刻之书校勘精审，印刷精美，时称“马版”。因之，马氏兄弟可谓大书商、大出版家、学问家。《藏书纪事》有咏马氏兄弟云：

竹西觞咏街南屋，帘幕春深紫燕斜。
论定异书刚读罢，陶然同醉碧山槎。

六、江春——乾隆皇帝的座上客

■ 江春

江春（1720－1789年），字颖长，号鹤亭、广达。歙县江村人，侨居扬州，累世以治盐策致巨富。清乾隆时“两淮八大总商”之首。江春幼年习儒，为仪征籍诸生。能诗，工制艺。乾隆六年（1741年）赴乡试，以兼通经史荐，因额满落选，遂弃儒从商，承家业治盐策。

江春习儒出身，练达多能，熟悉盐法，才略雄俊，任两淮总商40年；俾综商务，勤慎急公，司盐政者咸引重之，是“一身系两淮兴衰”的盐业巨头。高宗六次南巡江南，两度来到扬州，迎驾接待事宜，全由江春擘画，即所谓“江春大接驾”。乾隆帝曾于金山行宫召见江春，亲解御佩荷囊，面赐江春佩带。乾隆两次幸临江春之康山草堂，于净香园赐金玉玩器，并为其题写“怡性堂”匾额。乾隆幸扬州游大虹园，盛赞其胜景似北海琼岛春阴，可惜少座白塔。江春听闻后遂仿照北京白塔式样，“鸠工庀材，一夜而成”。次日乾隆重游时，忽见园中白塔，惊叹：“盐商之财力伟哉！”

江春任两淮总商时，每遇赈灾、河工、军需、国之庆典要商贾们捐资报效，两淮盐商总是走在前列。“百万之费”，江春总是“指顾立办”。据嘉庆《两淮盐法志》载，两淮盐商的捐输对清廷的财政支持是惊人的。其中江广达等于乾隆三十八年（1773 年），因金川用兵，捐银 400 万两；乾隆四十七年（1782 年），因广东工赈，捐银 200 万两；乾隆五十三年（1788 年），因荆州决堤，捐银 100 万两。同年，又因军需，捐银 200 万两。江春因此更受朝廷器重，先后蒙乾隆赏赐顶戴花翎，为当时盐商仅有的一例。

乾隆三十一年（1766 年），内监张凤盗销金册南逃，江春与游击白云上设计捕获，高宗谓其尽心国事，加授布政使衔，荐至一品。旋以两淮提引案发，人情危惧，影响很大。若追查下去，将会涉及前后三任盐运使及众多高官；若不查，舆情沸腾，清政府又难以给公众一个交代。清政府左右为难。见此，江春毅然赴京就逮，唯自任咎，一口咬定所有的罪责都在自己一人身上，绝不牵连别人。江春此举既保全了众多高官，又保全了诸多盐商。乾隆皇帝识其诚实，遂不再追究，置商不问。

江春好宾客、喜结交，为人涵养圭角，风格高迈，其时康山草堂广结名流，英彦毕至，与马氏兄弟小玲珑山馆、清江浦汪氏观复堂、天津查氏之水西庄先后辉映，成为南北文人骚客、书画名流寄居交流的活动场所。

江春能诗好吟，学诗于桐城方贞观，以工诗著称。诗人袁枚于乾隆四十八年（1783 年）游黄山时云：“余游黄山，携曹震亭、江鹤亭诗本作为印证，以为江乃巨商，曹故宿学，以故置江而观曹。读之，不甚惬意，乃撷江诗，大为叹赏。”盛称江春之诗：“心胸笔力，迥异寻常。”

江春多收藏，尤爱戏曲。曾征本地乱弹，建春台家班。秦腔名角魏长生来扬州投江春，“演戏一出，赠以千金”。复延苏州名旦扬八官、安庆郝天秀入班。乾隆五十五年（1790 年），高宗八十寿诞时，扬州的三庆班、四喜班、和春班、春台班等四大徽班进京献艺，轰动京华，从而使流行于苏皖的徽调、昆腔与北方梆子戏和北京官话相结合，至嘉庆道光年间形成中国的京剧。

乾隆五十年（1785 年），江春与众盐商献银 100 万两，赴京祝贺乾隆登基五十年大典，并受邀赴高宗皇帝在乾清宫举办的“千叟宴”。江春在扬州构筑的园林除康山草堂外，又有随月读书楼、秋声馆、水南花墅、深庄、是园等。于公益事业上也急公好义，乐善好施，如建宗祠、葺书院、养老济贫等。《扬州画舫录》中记载他踊跃急公、务实办事的突出事迹就达 18 处之多。

江春晚年陷入家屡空的窘境，乾隆皇帝知晓后特降旨贷帑 30 万两，以资运营。时谓其“以布衣上交天子”。江春去世后，乾隆又赐贷其子江振鸿 5 万两白银，作为营运盐业的资本。江春著有《黄海游录》《随月读书楼诗集》3 卷。年六十九，无疾而终。

七、胡学梓——世界文化遗产黟县西递古民居肇建者

胡学梓，亦名贯三，清雍正、乾隆时黟县西递人。西递胡氏，本姓李，源于唐末昭宗之裔。唐亡后，乱世中昭宗一子为婺源胡姓人收养为子，遂改姓胡，名曰昌翼，后中明经科，因称“明经胡”。其裔孙胡士良于北宋元丰年间由婺源迁居黟县，称“五派胡氏”。至明清时，西递胡氏贾而好儒，闻人辈出，累世为官经商，成为望族。

胡学梓幼读书于族中私塾“燃藜馆”。一日，先生触景生情，得上联云：“黟县山多黑。”是析字联，表示地名。学梓想到塾馆外有口方塘，

名曰淀池，水色清碧，其味甘美，俗称甜池，遂对曰：“淀池水定清。”塾师称妙，并曰：“此童日后必成大器。”后学梓终因家境贫寒，遂弃儒从商，经营粮食。胡家与鄱阳万春源米行因系世交，生意往来中，万老板见学梓机敏干练，遂深为爱重，将其独生女翠云嫁给胡学梓。几年后万老板去世，胡学梓便掌管起万春源的经营权。他从江西贩粮至徽州出售，又将徽州的土特产品转运至江西贩卖，周转快、利润高，资金日益雄厚。其经商重德，“取予有义”，丰年不贱价伤农，灾年亦能平价售粮，信誉日著，财源时来。继之又扩大经营，在一些城镇码头开设了绸庄、盐铺、当铺，茶、瓷、水产和土特产品店，历数十年悉心经营，胡家拥有店号 36 家，遍及鄱阳、九江、南京、杭州等地，跻身于江南六大富商之列。

胡学梓致富之后，慷慨博施，修桥行善。曾独资重建休宁齐云山下的登封桥。清乾隆五十三年（1788 年），桥遭洪水冲毁，片石不存。地方官曾几次集议重建，皆因工程耗资巨万，三年而无成。乾隆五十六年（1791 年），胡学梓毅然决定独资重建登封桥，遂选上等黟县青石，延聘能工巧匠，卜日肇工。两年后，学梓不幸谢世，乃由其子尚熷、尚焘继续督修。至乾隆六十年（1795 年）竣工，坚固超越旧桥。嘉庆二年（1797 年），歙人曹振镛督学广东，途经齐云山，看到这座“跨川为虹，卧波为龙”的登封桥时，应学梓三子元熙（曹振镛女婿）之请，为之撰《重修登封桥记》。该桥 10 墩 9 孔，桥墩呈船形，拱孔间距 14 米，全长 148 米，高 12 米，均以青石砌成，重修后迄今已历 200 多年，仍然完好无损。

胡学梓有三子名尚熷、尚焘、元熙，孙积堂。子孙皆能世承家业，光大门楣。相继于西递村建造宅院 600 座，两条大街、99 条深巷、99 口水井，纵横交错，曲折幽邃，宛如华丽的迷宫。至今尚保留完好的宅院有 120 余座，被视为徽州古民居群的杰出代表。2000 年 11 月 30 日，在澳大利亚来凯恩斯召开的联合国教科文组织第 24 届世界遗产委员会会议上，黟县西递、宏村古民居建筑被列入世界文化遗产保护名录。胡氏家族开发建设西递之功永载史册，名扬海内外。

八、胡天注——胡开文墨店的创始者

■ 胡天注

胡天注（1742—1808年），字柱臣，号在丰，清乾隆、嘉庆间绩溪上庄人。久居休宁县城海阳镇，为胡开文墨业创始人。与曹素功、汪近圣、汪节庵合称清代制墨四大家。胡天注出身商贾之家，少年时到休宁县城汪启茂墨店当学徒，因诚实勤劳，精于店务，深得店主器重赏识，旋娶汪启茂之独生女为妻。乾隆三十年（1765年）承继汪启茂墨店。为创制名墨，选购上等原料，精选墨模精品，聘良工刻模造模。为创立自己的制墨品牌，取徽州府孔庙“天开文运”匾额中间“开文”两字，冠以姓氏，创设“胡开文墨店”。在墨家如林的竞争中，胡天注苦心经营，提高墨质，声名日盛，销路日广，独占鳌头，获得厚利。继而在屯溪开设销售分店及茶号，成为乡里巨富。胡天注所制佳墨镌以“苍珮室”为标识，零锭墨以骊龙珠、古隃麋、千秋光、万寿图、金壶、乌金等著称，而集锦墨则充当贡品，进入宫廷。精制之“苍珮室”墨，每松烟一斤、珍珠三两、玉屑龙脑各一两，和以生漆捣十万杵而成。其墨坚如玉、纹如犀、色如漆，质地精良，名满天下。

■ 胡开文制墨

胡天注生有八子，长子早卒，次子胡余德等继承父业，使胡氏墨业日益兴盛，誉满海内外。其先后在安庆、芜湖、北京、天津、上海、杭州、苏州、扬州、汉口、长沙等地开设分店，扩展经营，从业人员达上千人之多，其产品亦远销南洋、日本。民国初年，胡氏制作的“地球墨”曾荣获南洋劝业会优等奖和1915年的巴拿马万国博览会金奖。胡开文墨业从1765年创立到1956年，前后经营近200年，堪谓百年老店。

胡天注贾而好儒。致富后，捐资得从九品，赐奉直大夫。八个儿子中有三个国学生。在乡梓也多行善事，多有义举，曾独资捐建上庄观澜阁至杨林桥石板路和竦岭半岭亭等。

九、鲍志道、鲍漱芳
——父子两淮任总商

鲍氏是徽州著姓望族，源远流长，凡是去过歙县棠樾村参观的人，都会被那巍峨高大的牌坊群所震撼。徽州鲍氏历史悠久。据宗谱记载，其始迁祖晋太康年间任护军中尉的伸公率兵镇守新安，喜爱这里的青山绿水而定居。以后生殖繁衍、子孙众多、蔚为大族。鲍志道是徽州鲍氏二十四世。七座牌坊中的乐善好施坊就是嘉庆皇帝为了褒奖他和他的儿子鲍漱芳在任两淮总商中的义举，特赐题“乐善好施”匾额而立的。

鲍志道，字诚一，号肯园，生于乾隆八年（1743年），卒于嘉庆六年（1801年）。志道幼习儒，年十一，以家道中落，去江西鄱阳习会计。数年后徙浙江金华业盐，旋复江苏、泰兴、扬州、湖北做小生意。年二十，再到扬州，初佐歙县大盐商吴尊德治盐策，“后自操其赢，所进常过于所期。久之大饶，遂自占商数于淮南，不复佐人”。时两淮盐务“凡商有二：曰场商，主收盐；曰运商，主行盐”。志道业场商。

那时，正是两淮盐商鼎盛时期，有巨商大贾数百家。清政府为了控制众多盐商，便于收缴盐课，选择家道殷实、干练精明者，承办有司之事，谓之总商。总商实际上是官府与众商联系的纽带，下传政府法令政策，催收课税，上达盐商诉求，代表商人利益和官府进行交涉。这种角色实际上很难干，轻不得、重不得，否则上下都招怨。鲍志道则以才干被选为总商，一干就是20年。

鲍志道致富以后，戒奢尚俭，急公好义，乐善喜施。当时扬州盐商大贾竞相奢靡，争奇斗艳，婚嫁丧葬，堂室饭食，衣服舆马，动辄费数十万金。志道则以俭相戒，虽拥资巨万，然其妻妇子女，尚勤中馈箕帚之劳，门不容车马，不演剧目唱堂会，淫巧之客不留于门。在他的身体力行倡导之下，扬州“侈靡之风，至是大变”。对于公益慈善事业，他慷慨解囊，热心赞助。在扬州捐资修路，易砖为石。在京师修扬州会馆，供往来商贾食宿。在桑梓，他更是不遗余力，捐资修建紫阳书院、山间书院，还捐银1000两作为紫阳书院生员的膏火费，另外修桥铺路、捐建水榭等义行不胜枚举。其原配汪氏、侧室许氏也多有义举。如汪氏捐资“构房八楹，为族人贮农器”，“置田百亩，取租给族之众妇”，“重筑大母堨、七星墩堨、田水溪桥诸道路，至今里人能道之”。

鲍志道“少而废书，老而勤学”，贾而好儒，好交文士。他延师教授子弟读书向学，与鸿儒硕彦、达官显贵多有交往。如翰林院侍讲书法家梁同书，户部尚书朱珪，大学士书法家刘墉，内廷供奉、户部主事、书法家黄钺，两江总督陈大文，礼部尚书纪昀（纪晓岚），两江总督铁保等人，都与鲍志道过从甚密，交谊深厚。鲍志道还将当时社会享有盛名的画家、文人、书法家罗聘、汪士慎、巴慰祖、方辅、程晋涵等先后延至府中，待若上宾。鲍氏祠堂中的楹联、匾额、族谱、家乘之图经像赞等均出自清代名士的手笔。乾隆时的著名才子、大诗人袁枚也是鲍志道的莫逆之交。袁枚的妹妹病故，鲍志道亲自赉金前往吊唁，袁枚的诗书刊刻他都予以鼎力支助。袁枚的《小仓山房诗集》中，还收有《为鲍肯园题龙山慈孝堂图》诗十解。袁枚在安葬完妹妹后，有书致鲍志道答谢曰：“老长兄关切之情，不但老人刻书之费有所取资，而亡妹一家之寡妇孤儿，俱免填于沟壑。”他与这些耆宿名儒交往甚深，以至于在他死后，纪昀亲自为其作传并拟定墓表，铁保亲笔手书传文，朱珪又撰鲍氏与原配汪恭人合葬墓志铭，真是备极哀荣，于商道人物中极其罕见。

鲍漱芳（1763—1807年），鲍志道长子，自幼随父在扬州经营盐业、主理家务，勤慎自守。父轻财好义，漱芳助之，捐施累巨万无所吝。由太学生捐职员外郎，旋为两淮总商。嘉庆八年（1803年），川、楚、陕三省平乱，漱芳以集众商输饷有功，授盐运使。嘉庆十年（1805年），洪泽湖堤涨决，淮黄继发大水，漱芳集议公捐米6万石、麦4万石赈济，使数十万人获救。此外，还先后为抢险护坝、疏浚河渠等集众输银300万两，为疏浚江都芒稻河捐银6.5万两。于乡里亦多施善行，兴里社、筑水坝、置义学、修道路、济贫困、助婚葬，并遗命其子鲍均捐修府学，重建忠义祠。漱芳与乃父一样，尤酷爱书画，所居斋名“安素轩”，多藏宋元书籍、法帖、名墨、佳砚、奇香、珍药、古器物等。毕生搜集唐、宋、元、明诸贤书法墨迹，经鉴定评跋，选其精者，汇为《安素轩法帖》，于嘉庆四年（1799年）邀请扬州著名篆刻家党锡龄钩摹镌刻。逝后，其子继承父志，至道光九年（1829年）刻成，为清代著名书法丛帖，流传甚广，影响颇大，内有唐钟绍京、李北海，宋苏轼、黄庭坚、米芾、赵佶、岳飞、文天祥，元赵子昂、柯敬仲、虞和，明文征明、祝允明、董其昌等人的作品。

鲍志道次子鲍勋茂，遵父命业儒。乾隆四十九年（1784年），高宗南巡幸扬州，由江苏、安徽进献诗册，勋茂钦取一等，特赐举人，授内阁中书。乾隆五十八年（1793年），入军机处行走，掌山西道监察御史，与山西结缘。勋茂集官、商、儒于一身，与纪昀、刘墉、梁同书、朱珪、伊秉绶、张问陶、孙星衍等也相从交游。其子孙后人也多博学好古、收藏称富。鲍志道一支可谓后继有人。

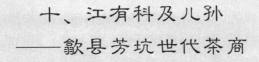

十、江有科及儿孙
——歙县芳坑世代茶商

江有科（1792—1854年），字静溪，歙县芳坑人，至今江氏茶商的后裔还生活在芳坑这个景色秀丽、闻名遐迩的美丽村落中。其先人自明万历时累世经商，曾祖可涧、祖父梦悟、父亲起辉皆以商为业。江氏经营茶叶贸易的记载最早见于江有科的伯父江起焕（1733－1776 年）：“及壮，遂有四方之志，篾茶叶泛海辽东，经历十年……由锦州至北京，陆路到家。”江有科儿子江文缵（1821－1862 年），字绍周。父子二人以贸茶为业，其经营活动主要是在歙县开设茶号，就地采购加工茶叶，经江西运往广州销售给西商，运往国外。

江有科父子在芳坑开设的江祥泰茶号，赴粤贸茶始于何时，尚无确切时间可考。现存资料有其于道光七年（1827 年）所撰写的《徽州至广州路程》札记一册，其中详细记载了一路所经地名及各路段上的运输费用和报关纳税情形。时年江有科方 35 岁，正当年富力强、闯荡进取的时候。江氏父子生意最兴隆的时期是在道光七年至三十年（1827－1850 年）间。随后因咸丰兵燹、江南战乱而中断。从道光二十六年（1846 年）《进广誊清册》中可知，该年收购毛茶 3 万余斤，经抖筛、撼簸、拣茶、炒茶、风扇等工序加工后，制成松萝、雨前、圆珠、皮茶、眠生、次生、芽茶、次雨等品种，然后装入锡缶密封，由其子文缵押运赴粤销售。其运输路程是：先在篁墩挂号运至屯溪，由屯溪水运至黟县渔亭，从渔亭起旱雇用三四百挑夫运至祁门，再由祁门水运至江西饶州，由饶州雇三板七仓船运至赣州，从赣州换乘安驳船运至南安，再从南安雇挑夫、保镖越大庾岭至南雄，由南雄水运至韶关，由韶关用老龙船运至广州。历时两个月，其间由水转旱，由旱转水，人挑船运，跋山涉水，其艰难劳苦之形状可想而知，但获利甚丰，一趟约赚 1500 银元。

江有科父子贩茶致富后，便用赚来的钱在家乡芳坑大兴土木，建成两座院落，均为两厢一厅砖木结构楼房，雕梁画栋、富丽堂皇，名曰“静远堂”，至今尚存。为鼓励子弟读书向学，他们还从广州购入大批书籍运回芳坑。有科还曾捐银助修虎门炮台，又纳资捐官，得国子监典籍衔，名列缙绅。还于原配之外，在广州娶了两房姨太太，并在广州建造别墅。道光二十三年（1843 年）又用洋 105 元买得 11 岁少女秀兰，后来配给自己儿子文缵为妾，秀兰的卖身文契至今犹存。

咸丰元年（1851 年），太平军起义，国内风云突变，战火迅速蔓延到江西各地，江氏父子贩茶的入粤道路被阻，使他们的生意大受影响。

江文缵曾在给秀兰的一封信中写道："今年所做之茶，意想往广州，公私两便。不料长毛阻挠，江西路途不通……所有婺源之茶均皆不能来粤。"在不得已的情况下，咸丰四年（1854年）五月，江有科带着两个姨太太从广州回到芳坑老家居住；同年十月即一病不起，与世长辞，享年62岁。入粤茶路不通，江文缵在父亲去世后，审时度势，根据五口通商口岸之新变化，便将徽茶运往上海销售，但也很不顺利，无利可图。他在给秀兰的另一封信中写道："现因连年茶叶夷商通于上海。利虽微而生意快捷，予所代理之茶叶，年年均往上海脱售。"在现存给秀兰的另一封残信中又说："所做之茶，运往上洋脱售，不料今年夷商仍然不肯出价，开盘甚低，生意不能顺利，各号皆然。比广州大相悬远，沾（赚）钱实实艰难，一年难望一年。"而他在另一封残信中提到数处亏空的情况："庄卓记一千吊，庄曙记五百陆拾吊，漕坚八百两，催逼甚紧。抗项不完，势要成讼。论（弄）得家业消凋（萧条），化为乌有，食用难度，一家人口难挨日矣。"同治元年（1862年），江文缵押运茶叶外出销售，又不幸途中发病，客死异乡，年仅42岁。翌年，其夫人汪氏亦病故，这时他的儿子江明恒年仅15岁。家道中落，生计艰难，一家人不得不靠变卖田园、抵押物产过日子。

江明恒（1847—1925年），字耀华，以字行。因出身于茶商世家，自幼对茶叶收购、加工、贸易耳濡目染，对经商之道熟知有加，本人亦聪明伶俐，善于学习。家道中落后，他曾入茶号学徒，后在苏州拙政园附近开设茶店，因偶然机遇结识了时任两江总督的李鸿章，在李的介绍下，认识了上海谦顺安茶栈老板唐尧卿。唐是广东人，也知晓江家早年就在广州做对外茶叶贸易，就委托耀华联络徽州茶商，替谦顺安茶栈在徽州茶商中拉生意。当时茶栈拉生意的主要手段就是先向茶商、茶农提供贷款，茶商、茶农保证将自己的茶叶卖给茶栈收购。耀华熟悉茶商贸易，熟悉徽州茶农，对可贷款、不可贷款的茶人了如指掌，经他手办理的贷款事宜，笔笔有着落。于是，年方20多岁的江耀华一下子鲤鱼跳龙门，从一个本小利薄的小茶贩变成谦顺安茶栈的大红人，同时也是徽州茶商中的显要人物。江耀华借此良机大赚一把，积累一定资金后，便采用合资、贷资等形式先后在歙县、屯溪等地开设了永盛怡记、德裕隆、谦顺昌、泰兴祥、德声和等茶号，大量收购毛茶，加工后运往上海，经谦顺安茶栈售给洋行，获利甚厚，年最高销售金额达银20200余两，获利银3400余两。但至光绪中后期，因洋商压价而渐趋衰落。

■ 江耀华书信

江耀华撰有《买茶节略》《做茶节略》及《洋庄茶总誊清册》，现仍存于江氏后人家中。其祖孙三代经商的信札、契约、账簿仍多有保留。其中《做茶节略》对茶叶的收购、加工、贮存、运销记述十分详细，被誉为“不但是茶叶加工技术的百科全书，也是茶场内生产管理的百科全书”。其《买茶节略》一书专论收购毛茶时所应注意的事项，从茶叶质量的把关到“买茶先问秤骨银钱平色，裁算行情，酌量使用炭火、人工、箱缶、关税、厘金、船钱，一切杂支使用划算成本若干，再能喝价”等，意在将自己的买茶经验传授给子弟和跑村落、走码头买茶的人，告诫收买茶叶者胸中要有成本账，有利可图方可喊价收购。

江耀华做茶叶贸易代表了徽州商人在同治、光绪年间的回光返照。自光绪中叶以后，他的生意在洋商的打压下，就逐渐走向下坡路。进入民国后，他的生意更是每况愈下，难以支撑。他也常常住家闲居，索性不参与茶叶贸易了。然而，福无双至，祸不单行，在生意失利的同时，他的夫人、长子、长孙和几个女婿又都相继先他病去，给年老力衰的江耀华精神和身体上以沉重的打击。他失去了生意上的得力助手，更加一筹莫展。民国十年（1921年）冬，江家更是“屋漏偏逢连夜雨，船迟又遇打头风”，又遭一场回禄之灾，将其在祖业“静远堂”基础上扩建的“芳溪草堂”精华部分化为灰烬，许多重要的借据账簿也都付之一炬。至此，显赫数世的江氏茶商遂一蹶不振。江耀华也于民国十四年（1925年）病故，享年七十有八。

十一、王茂荫——马克思在《资本论》中提到的唯一中国人

■ 王茂荫

王茂荫（1798—1865年），字椿年，号子怀，歙县人。清道光十二年（1832年）中进士，历任太常寺少卿，太仆寺卿，户部、工部、兵部、吏部侍郎，并两度出任御史。前后历道光、咸丰、同治三朝，是我国封建社会少有的经济学家、理财家。在京居官30载，“未尝挈妻子侍奉，家未尝增一瓦一垅，粗衣粝食，晏如也”，一直独居于宣武门外歙县会馆，以清风亮节、直言敢谏著称。

王茂荫出生于茶商世家，祖父王槐康、父亲王应矩都是乾隆、嘉庆年间有名的大茶商。

王茂荫少年时就读书勤奋，意在科举功名，但直到“而立之年”还仍然只是个“秀才”。当时家中父辈和他自己都认为仕途无望了，决定弃儒从贾。道光十年（1830年），32岁的王茂荫离家北上通州，经营管理自家的森盛茶庄，当起了茶叶店的小老板。翌年适逢北闱恩科取士，王茂荫以监生资格应京兆试中举，接着第二年参加会试，中了进士，从此弃贾从儒入仕，开始了30余年的仕宦生涯。

王茂荫毕生致力币制改革，疏陈钞法，以求缓和清政府的财政危机。咸丰元年（1851年）即上《条议钞法折》，建议清政府发行钞票。他认为发行钞票固然有弊，但在财政危机时必须采用这种“不得已之计”。他主张发行的钞票是可以兑现的，而且是限额发行，是“用钞以辅银而非

舍银而从钞”，以防止弊端和贬值。可是清政府后来发行的则是一种不兑现的纸币，而且无限制地滥发，结果在流通中受阻，信用扫地，被商民讥为“吵票”。咸丰三年（1853 年）他又两次奏请改革币制，主张将清政府发行的不兑现的“官票”“宝钞”改为可兑现的钞票，以“通商情，利转运”，“保持币制，制止通货膨胀”。结果遭到咸丰帝的“严行申饬”。咸丰指斥他为“专利商贾，不问国事”，并将他调离户部右侍郎一职，去兵部任左侍郎。这件事被俄国使节写进《帝俄驻北京公使馆关于中国的著述》一书中。马克思在撰写《资本论》时曾记述了王茂荫的这一货币改革主张。马克思说：

> 这里讲的只是强制流通的国家纸币。这种纸币是直接从金属流通中产生出来的。而信用货币产生的条件，我们从简单商品流通的观点来看还是根本不知道的。但不妨顺便提一下，正如本来意义的纸币是从货币作为流通手段的职能中产生出来一样，信用货币的自然根源是货币作为支付手段的职能。[83]

注解（83）的原文：

> 清朝户部右侍郎王茂荫向天子（咸丰）上了一个奏折，主张暗将官票宝钞改为可兑现的钞票。在 1854 年 4 月的大臣审议报告中，他受到严厉申斥。他是否因此受到笞刑，不得而知。审议报告最后说：“臣等详阅所奏……所论专利商而不便于国。”（《帝俄驻北京公使馆关于中国的著述》，卡·阿伯尔博士和弗·阿·梅克伦堡译自俄文，1858 年柏林版第 1 卷第 47 页及以下几页）

（《资本论》第 1 卷，人民出版社 1975 年版）

王茂荫是马克思在《资本论》中提到的唯一的一位中国人，他的币制改革观点马克思是赞同的。马克思在《1857－1858 年经济学手稿》中就讲：“如果纸币以金属命名，这就说明它应该能换成它所代表的金银数量，不管它在法律上是否可以兑现。一旦纸币不再是这样，它就会贬值。”马克思又讲：“只要纸币以某种金属（一般是一种）本位命名，纸币的兑现就成为经济规律。”（《马克思恩格斯全集》第46卷下册，人民出版社1979年版）

王茂荫作为商人世家出身的封建官吏，又长期担任户部侍郎，管理大清钱法堂事务，本人又毕生致力于货币与经济学的研究，深知商人、商品经济对封建社会的作用，有着天生的护商思想。他的币制改革方案，既主张发行纸币，又主张严格限制数量，并要能够兑现。他重视商人和钱庄在行钞中的作用，上奏“不应病民、亏商”，请筹通商以安民业，反对设厘金制度以扰剥商民。针对咸丰年间的兵燹给徽州人民带来的灾难，尤其是清政府在徽州设“团练局”“厘金局”扰民伤民之弊，他先后上疏《论徽州练局积弊折》《论徽州续捐局扰害折》。他在折中提到“局愈多而民愈困”，“商力因此而废，民食由此而匮”，建议一并裁撤。因此，后人有论说他是商人利益的代表、徽商的代言人。吴晗先生在《王茂荫与咸丰时代的币制改革》一文中说：“王茂荫是歙县人。歙县人多出外经商，徽商在清代后期在全国商业界很有地位，很活跃，有徽帮之称。徽帮的经营业务主要是茶商、钱庄和典铺。王茂荫生长在徽商的社会里，又长期家居，他的生活和思想意识深受徽商的影响，在政治上自然而然成为商人阶级的代言人，特别是以开钱庄和典铺为主的徽商的代言人，卫护他们的利益。”（吴晗：《读史杂记》，三联书店1956年版）

吴晗先生认为王茂荫“特别是以开钱庄和典铺为主的徽商的代言人”。清末，尤其是王茂荫生活的时代，亦正是山西票号、钱庄兴起发展的时代，故王茂荫自然而然也就是山西商人、山西票号人的代言人，也维护着山西商人的利益。据有关史料，王茂荫一生同山西有过三段情缘交往。

一是他在咸丰二年（1852年）七月十四日上的《条陈时务折》言及“请严禁州县假劝捐以肥己”，就以山西为例。其奏折中说：“上年户部奏请准商民出资助饷，此诚国家保卫民生不得已之计。部臣亦深虑州县抑勒，吏胥需索，行文各省，如有此项情弊，即行据实严参。乃臣闻，山西州县，有借劝捐为肥己者。如富民愿捐五百，必勒令捐一千。迨至遵捐一千，则又止令书五百。其余五百但令缴纳，不令登写，明为公捐，暗饱私囊。省城大吏间有风闻，从加诘问，谓‘某某闻捐若干，何以止此？应令缴足’。在大吏，意在责其人私者之归公，而不欲明言。而州县则更借上宪之责已者以勒民，而复令倍出。富民深惧抗违，转益滋累，委曲隐忍。蠹国病民，莫此为甚。其余或因缴捐项，勒出津贴；或得受赃，私免其抑勒。甚至抑勒已甚，民有至县堂自尽，赖救而免者，种种情形不一。缘民多畏累，既不敢轻露地方人名；而事属营私，又无从得其实在证据，是以未便指参。而既有此风闻，即难保无其事。且山西如此，他省恐亦不免。如上月江苏铜山县文童周凤楼京控官用印贴派捐经费，私押毙命一案，在道光三十年。彼时并未劝捐，尚有假公勒捐致毙人命之事。现在奉有劝捐部文，官役更不知如何逼勒。”（《王侍郎奏议》卷三，黄山书社 1991 年版）

二是王茂荫曾到山西任事。据《清史稿·王茂荫传》记载，同治元年（1862 年）王茂荫曾“署左副都御史，命偕兵部尚书爱仁往山西按事”。同治二年（1863 年），王茂荫又以吏部右侍郎之衔差次山西，在山西期间，闻继母吴氏病逝，丁忧回家。这在同治皇帝的朱批圣旨中亦被提及。据《子怀府君行状》记：王茂荫在徽州丁忧继母期间患病，病故之前，曾口授遗折，交代后人送呈李鸿章代奏。同治四年（1865 年）七月三十日，同治皇帝朱批：“李鸿章奏侍郎在籍病故，并代递遗折等语。前任吏部右侍郎王茂荫，由部曹历任谏垣，荐跻卿贰，廉静寡营，遇事敢言，忠爱出于至性。于同治二年，在山西差次闻讣，丁忧回籍，方冀服阕来京，重资倚畀，兹闻溘逝，轸惜殊深。王茂荫着加恩照侍郎例赐恤，任内一切处分，悉予开复，应得恤典，署该衙门察例具奏。钦此。”

三是王茂荫去世后，有山西人祁寯藻为其题写挽联：“谏草逾万言，每读焚余心事，光明照青史；交情获三益，最伤别后手书，感恻念苍生。”曾国藩题的挽联是：“七旬耆宿，九列名卿，谁知屋漏操修尚同寒士；四海直声，卅年俭德，足令朝廷悲悼何况吾曹。”李鸿章题写的挽联是：“直节誉丹豪，从此朝廷思汲黯；清风高白岳，可堪乡里失袁修。”后人所撰《子怀府君行状》中说：“府君识量宏远，寓浑厚于精明。处事以虚心，必求洞悉源委；办事以实心，不肯稍事因循。自以受圣朝恩遇之隆，于国计民生政事得失，知无不言，言无不尽。每上封事，一灯屋草，宵分不寐。平居则于同志数人讨论古今，孜孜不倦。”

另外，王茂荫曾为家乡“承庆祠”撰写过这样一副楹联：“一脉本同源，强毋凌弱，众毋暴寡，贵毋忘贱，富毋欺贫，但人人痛痒相关，急难相扶，即是敬宗尊祖；四民虽异业，仕必登名，农必积粟，工必作巧，商必盈资，苟日日侈游不事，匪癖不由，便为孝子贤孙。”

歙县杞梓里王茂荫祖居毁于咸同兵燹，现存歙县城南义成村的故居，是他丁忧回家后见杞梓里房舍成墟，乡民寥落，知族党多半流亡，而购买下的朱姓旧房。其遗著有《王侍郎奏议》。《清史稿·列传》为其立有传记。

十二、胡雪岩——红顶商人

胡雪岩（1823－1885 年），名光墉，字雪岩，绩溪县湖里村人，以字闻名于世。少时家贫，以帮人放牛为生。十几岁时，由堂舅推荐往杭州阜康钱庄当学徒，得店主赏识，提拔为“跑街”。跑街的主要职责就是招揽生意与讨要债款。胡雪岩生性机敏，胆识过人，在多年的商海历练中，练就了一套深谋远虑、不急攻近利、折中谈判、见风使舵、察言观色的本领，深得钱庄老板赏识。后因钱庄老板无嗣，病危时即以钱庄赠之。

■ 胡雪岩

胡雪岩起家，最初缘于结交湖州知府王有龄。台湾作家高阳所著《胡雪岩全传》中讲了两人相识结交的故事。胡雪岩 20 岁左右时遇见王有龄。此时王有龄一介书生，穷困潦倒，有才华、有抱负、有机会做官，但缺少进京的盘缠和做官的“本钱”。胡雪岩虽然和他不熟识，但二话没说，立即私下借用钱庄500两银子送给了王有龄。这样一来，他被老板炒了鱿鱼，开除失业。但不久王有龄就到湖州任知府。王知恩图报，助胡经商，两人从此成为生死之交。胡雪岩也由此铺就了自己生意上的锦绣前程。其后胡雪岩又成为左宗棠的麾下红人，协助左宗棠于1862年同法国人组建了“常捷军”，攻打太平军。1866年他又协助左宗棠创办福州船政局，复又尽心竭力支持左宗棠收复新疆，兑解军饷，助援湘军。随之也在左宗棠等人的推荐下，被清廷授予江西候补道，顶戴红珊瑚，皇帝赏赐黄马褂，特赐紫禁城骑马、二品官阶，成为既戴红顶子又穿黄马褂、恩荣至极的“红顶商人”，是清朝极少数的特例。

胡雪岩一生“亦官亦商”，富甲江南，开设有钱庄、当铺、药店、粮行，经营茶、丝、军火等，在全国各地广设当铺、票号，编织金融网络。其兴盛时拥有土地1万余亩，白银3000万两，后者相当于1880年清政府全年财政收入的一半，真可谓“富可敌国”。胡雪岩于清同治十一年（1872年）在杭州创办“胡庆余堂国药号”，延请江浙名医、药工，收集古方，总结前人经验、精心选配400多种中药。其时，江浙一带疫疠流行，他研制有“胡氏辟瘟丹”“诸葛行军散”“八宝红灵丹”等良药，雇人着胡庆余堂字号马甲，伫立杭州城水陆码头、街巷施药治病，一时声名鹊起，闻名遐迩，成为与北京同仁堂并称的南北药业两巨头。

胡雪岩制药，十分讲求药品质量，“制作务精”是其座右铭。他对配药选料尤为严格，缺味宁愿不制也绝不凑合而欺世。为制作急救药品“紫雪丹”，他不惜工本，特地锻造了银锅金铲以保证质量。在经营上，胡雪岩诚实守信，“真不二价，童叟无欺”。胡庆余堂悬挂“戒欺”匾，并有胡雪岩亲自题写的匾记，时时警示员工。

胡雪岩后在上海开办缫丝厂，专营丝绸出口。为打破外商垄断江浙缫丝，以高出外商的价格尽收江南蚕丝，因而触怒洋人。外商封锁国际市场，限制蚕丝出口，致使其大批蚕丝积久霉变，产生巨额亏损，钱庄遭挤兑。光绪九年（1883年），他在北京、上海、杭州、福州、镇江开设的钱庄均相继倒闭破产，其所创办的胡庆余堂药店也盘点易主。

胡雪岩的一生大起大落，其兴也勃焉，其亡也忽焉，短短三年间便由富可敌国的华夏巨贾，沦落到倾家荡产，自己刚刚62岁便郁郁而终。

其主要原因是囤积蚕丝，垄断居奇，洋商扼制出口，控制海上贸易所致。其一生经商，从兴至亡，有许多可供后人学习借鉴的地方。研究胡雪岩一生的学者和作品众多，这里只作简要介绍。现位于杭州市上城区元宝街18号的胡雪岩故居，是全国重点文物保护单位。

十三、谢正安——黄山毛峰的创始人

■ 谢正安

谢正安（1838－1910年），乳名闰年，字静和，歙县漕溪人。祖父高望，父光云，累世以种植和经营茶叶为主。漕溪位于黄山南麓，终年烟云荡漾，雾露滋润，茶树株丛茂盛，芽叶肥壮。所产之茶鲜爽醇厚，芳香怡人，只是因为重峦叠嶂，交通不便，养在深闺，不被人知。咸同兵燹时谢家亦未能幸免。“家业为之荡尽”，逃难的双亲身染瘟疫，亲房叔伯大半沦没。谢正安当时已是“当孑然寡助之时，处家无立锥之地”，到了身无分文、穷困潦倒的地步。战乱之后，留有余生的谢正安又携妻回到漕溪老家，哀痛之余，矢志重振家业。遂于同治年间涉足漕溪诸峰，重操旧业，每年春季在漕溪挂秤收茶，经加工后，肩挑至皖东运漕、柘皋设店销售。当时，五口通商口岸已经开放，徽茶外销已由走江西下广州口岸外销改为走上海口岸。空间距离的缩短为徽茶贩运提供了方便，运销缩短了时间，减少了损耗和人工成本，加快了资金的周转。谢正安抓住这一有利商机，将徽州茶叶运往上海，与“洋庄”做贸易，迅速打开上海市场。随之财源滚滚，其茶庄成为徽州六大茶庄之首，本人成为古歙北四大财主之一。据《祥字阄书》记载：除去未作价产业甚多外，家积有价产业和英银计达 49100 元、宝银 3400 两……

谢正安的茶叶能够挤进上海市场，受到行家赞许、外商喜爱、达官贵人的推崇，是以其品牌和优质美味的茶叶取胜的。谢正安于光绪元年（1875 年），将在漕溪开设的茶庄名为“谢裕大茶行”。在茶行开张前，他集多年采茶制茶之经验，在总结前人传统制作工艺的基础上，亲自动手，躬身实践，大胆改进，历时数载，总结摸索出一套采茶制茶的新工艺。即清明采茶，“下锅炒（五桶杀青），轻滚转（手轻揉），焙生胎（毛火），盖上圆簸复老烘（足火，显毫）”的制茶工序工艺。形成的新茶形似雀舌，锋显毫露，冲泡后汤清色润，香高味醇。由于该茶白毫披身，芽尖锋芒，产自黄山，谢正安遂给其取名“黄山毛峰”。由此可见，谢正安真是聪明人，用黄山作品牌。茶以山名，山以茶行，难怪一经问世就一炮打响，而且历久不衰，至今盛行。谢正安随后也捐了个四品候补官衔，清廷诰封为奉正大夫，成为清末一个“红顶商人”。

1993 年，谢正安的玄孙谢一平继承祖业，又在漕溪创建了黄山市漕溪茶厂，遵循毛峰生产的传统工艺，取谷雨之芽茶，经手工揉捻成曲状

■ 谢裕大“黄山毛峰”

条索，汁叶更易浸出，冲泡后其香如兰，醇和甘爽，清澈色润，曾多次荣膺全国十大名茶之列，被国家列为招待外宾和赠送国际友人的礼品茶。茶学家王镇恒教授曾赋诗赞黄山毛峰云：“春分时节撷新芽，草长莺飞诗满崖。四壁青山笼远雾，一园绿水映流霞。香留舌本舒人意，韵入心脾惹众夸。今日若来玉川子，定将走笔谢公茶。”

十四、婺源三商

（一）程文昂

清婺源香山人，木商。婺源今属江西，古徽州六邑之一。境内多山，盛产木材。木商多将木材编成木排，待春天发水时，放排于新安江中，顺流而下，运至浙江之严州、杭州出售。以往木排多用绳索捆扎，成本既高，又不够坚牢，如中流被急湍冲散，往往导致倾家荡产。文昂有鉴于此，在历年放排积累经验的基础上，运用其巧思，编排不用钉子，而是将木头头尾打洞，并改用竹篾编成的蔑缆捆扎，孔实而经得撞击，异常牢固，人咸称之。数百年来，至今凡山木扎排水运者，仍以蔑缆捆扎，可见其首创之功影响深远。其为人慷慨好施，乐行善事，曾造水口罗星，独捐重资荫庇一村。又捐资建造婺源县城瑞虹门，邑侯刘氏赠联嘉奖。

（二）詹元甲

清婺源庆源人，性耽典籍，工于诗，因家贫，弃儒服贾。曾客皖省（今安庆市）开设瓷店。时太守陈其崧才名藉盛，得元甲诗，大加叹赏。

翌日造访，见其质实渊雅，遂与之定交。会乡灾歉，其崧囊金二十万，力请元甲采办米粮，谋之再三始允诺。既至购粮地，旅店主人曰："此地买米，例有抽息，自数百两至千万两，息之数，将视金之数。今君挟巨资，可得数千金，此故例，无伤廉。"元甲曰："今饥鸿载道，嗷嗷待哺，予取一钱，彼即少一勺，瘠人肥己，吾不忍为。"著有《苍崖诗草》藏于家。

（三）朱文宣

清婺源官桥人，字锦林，为朱熹后裔，同知衔。读书明大义，凡遇善举，慷慨乐施。曾见朱氏宗祠颓坏，输五百金修之。邑侯陈议修城垣，输八百金工竣，援例纪录三次。后贾粤八载，凡徽郡流寓不能归者，概给路费十金，士人倍之，每岁不下二百金。多人殁于粤者，众商敛费，立归原堂，首输千金购地，停柩五载，给资归葬。同乡建安徽会馆，输银一千二百两，兼董其事。居乡时，建福泉庵，造新城庙，修晓秋岭，置义仓种种义举，不下千金。训子以读书为事，孙、曾孙多列庠序。

第十三章 徽州女人与山西婆姨

晋商、徽商背井离乡，出门经商，他们的女人、婆姨在家中是如何生活的呢？他们的另一半是什么样子呢？在我国古代这个以男权为中心的社会里，史书对女性的记录并不多，一套“二十四史”，除了后妃之外，据统计留下名字的女性仅有908人；就是在一些族谱、家志，甚至墓志铭的记述中，她们也只是被冠以“某氏”“某孺人”“某母”“某娘”而指代，很少留下名字。有高贵者，以封建社会的封号而指称。在明清时期对妇女的诰命封号有恭人、宜人、安人、孺人之别。四品官之妻为恭人，五品官之妻为宜人，六品官之妻为安人，七品官之妻为孺人。其真实姓名多数是隐去不记的。

在研究晋商、徽商的相关资料中，一些记述商人妇的材料和民间的歌谣，常常令人感动落泪，唏嘘不已。她们及笄而适，守望相助，苦熬苦撑，相夫教子，侍奉公婆，下田劳作，克勤克俭，操持家政，贞节孝烈，无怨无悔，把自己一生的青春年华、美丽智慧都奉献给了自己的男人，奉献给了自己男人的家庭。正是她们支撑了一个个外出经商的晋商、徽商的后院家庭，正是她们用自己的聪慧和双手为我们又树立起了一座座晋商、徽商可歌可泣的历史丰碑。她们的“这一半”圆满了晋商、徽商男人的“那一半”，“军功章”有一半应授予她们。虽然晋商尤其是徽商中有一些男人在外拈花惹草，纳妾娶小，风流成性，有这样那样对不起她们的行为，但她们都默默地接纳、承受、容忍，始终如一地恪守妇道，履行着作为家庭女人的职责和义务。

一、婚姻法则

为了更好地说明徽州女人和山西婆姨的生活状况，先叙说一下我国古代女子的地位和男女婚配的几条法则。

(一) 三从四德

我国封建社会是以男子为中心的社会，女子处于从属地位。“三从四德”就是女子之大法。“三从”是未嫁从父，出嫁从夫，夫死从子。“四德”是妇德、妇言、妇容、妇工，就是要求女子们要时刻注意自己的道德、言行、容貌、手工。其中道德最主要的是讲女子要守贞节，要从一而终，不配二男。工，又称女红，指女人的针线活、绣花活，要求女子心灵手巧，能织会纺，做得一手好针线活。

封建社会规范人们道德行为的还有“三纲”“五常”的要求。“三纲”是君为臣纲，父为子纲，夫为妻纲。“五常”是父义、母慈、兄友、弟恭、子孝。夫为妻纲就界定了夫妻关系，丈夫就是妻子的天、妻子的依靠。母慈，就是指作为母亲要以慈悲为怀，亲爱子女。封建社会大家庭里的母亲，不仅要慈爱自己生育的儿女，还要慈爱丈夫与二夫人、三夫人、小妾生养的子女，这才叫慈。而要做到这样的慈，也是不容易的。俗话讲“十年媳妇熬成婆”，一个“熬”字道出了媳妇们的无限苦楚和辛酸；同时，一碗水要端平，要视己出、她出一个样，只有这样，才配得上这个“慈”字，才有懿德、内范。

为了具体规范女子言行，在徽州的家典、家规、家训中有许多针对妇女的条规，其中既有关于长辈主母、少母的规定，也有对晚辈子女、媳妇以及诸妾妇的详细规定，内容涉及妇女言行、举止等各个方面。休宁《茗洲吴氏家典》在其近80条家规中，有关妇女的就有19条之多。这些家规歧视妇女，认定“女子小人，最能翻斗是非”，也就是“唯女子与小人为难养也”的思想，告诫家长和家众“切不可纵其往来，一或不察，为祸不浅”，要求家中妇女“无故不出中门，夜行以烛，无烛则止。如其淫狎，即宜屏放。若有妒忌长舌者，姑诲之，诲之不悛，则出之……妇女宜恪守家规，一切看牌、嬉戏之具，宜严禁之，违者罪家长”。歙县潭渡黄氏黄玄豹在明代修订的《家训》中明确教训妇女：“使之安详恭敬，俭约操持。奉舅姑以孝，侍丈夫以礼，待娣姒以和，抚子女以慈。内职宜勤，女红勿怠，服饰勿事奢华，饮食莫思饕餮，毋搬斗是非，勿凌厉婢妾，并不得出村游戏，如观剧、玩灯、朝山、看花之类。倘不率教，罚及其夫。”这就是徽州女人、山西婆姨乃至当时全中国女人所处的社会经济地位。

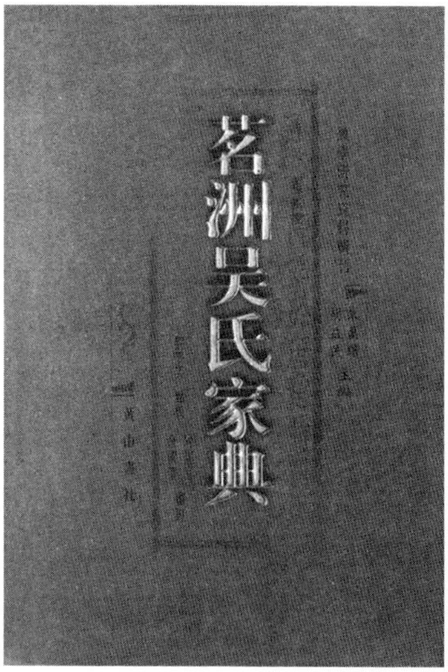

■《茗洲吴氏家典》书影

（二）同姓不婚

家庭是社会的细胞，婚姻是家庭的基础，没有两姓之间的婚姻，就没有家庭、子女和宗族。在我国历史上同姓不婚早有规定，《礼记》云：“取妻不取同姓；故买妾不知其姓则卜之。”姓是宗族的标志。同姓不婚不仅是法律的规定，《唐律》《大明律》和《大清律》对此都有严格的规定，而且是一个宗族血缘伦理的问题。在这个问题上南北同法，晋商、徽商全都一样，这是我国婚俗习惯中的一种固定惯例。因为，婚姻不仅是“合二姓之好”，而且是“承万世之嗣”的大事。近亲结婚、同姓结婚，不仅会乱了伦理，而且会使生育质量低下，产出一些有智障和生理缺陷的畸形儿女，有碍子孙后代的繁衍。

后来，在一些地方因一姓独大，如百家姓上的“张王李赵遍地刘”，据统计，有成亿上千万的人口占一姓，难以严格遵守同姓不婚的规定，因而古人就又规定，“五服”以外的同姓男女可以婚配。五服是古时出殡时人们穿的丧服，根据与死者关系的亲疏分为五种，指高祖父、曾祖父、祖父、父亲、自身五代。后来用出没出五服来表示家族关系的远近。出了五服的青年男女可以许配，没出五服的不能成亲。这也是一种无奈和与时俱进，也是由当时人们可以交往活动的地域范围所决定的。农耕社会，人们日常出游交往活动的范围也就是方圆 15 公里左右，在这个范围内选择必然是有限的。现代社会人们交往广，活动区域大，有同姓而婚者，早出了五服，只能说“五百年前是一家人”。

(三) 父母之命，媒妁之言

旧时婚姻制度恪守“父母之命，媒妁之言”，青年男女不能私订终身。封建礼教规定男女授受不亲。女子养在深闺人未知，常年不下绣花楼，青年男女找对象全由父母做主、媒人说合。儿子长大了，父母根据自己的家世、财力，按照门当户对的准则，委托中间人——媒人，又称媒婆、月老、红娘到女方家去说合；女方同意，再交换男女双方的生辰八字，若八字相合，就可以定亲了。有开明些的家庭可以准允男方到女方家相亲，但女子还是不能直接出来面见，只能躲在屏风后、阁楼上偷觑窥探。古代戏剧上有演女子彩楼抛绣球，抛给如意郎君，就已是女孩子最大的幸福、最开放和最大的权力了。试想，站在高高的绣楼上，远远地望上几眼，只能看个轮廓，脸上有没有麻子是看不清的，至于人品学问只能听媒妁之言，听天由命。因此，当时许多青年男女成亲，是直到拜了天地、入了洞房、揭起媳妇的盖头，才知道对方长得丑俊，是个什么模样。至于婚礼习俗，一般遵循传统的“六礼”模式。这六礼分别是纳彩、问名、纳吉、纳征、请期和亲迎，也就是从议婚说合到结婚的六个步骤、六个阶段。纳彩是议婚之始，即男方家请媒人去女方家提亲，女方家答应议婚后，男方家备礼前去求婚。问名即男方家请媒人问女方的名字和生辰八字，一般这两项合并进行。纳吉，是男方将女子的名字、生辰八字取回后，在祖庙进行占卜，看两人八字是否相合可配。纳征，就是送聘礼，亦称纳币，男方家将聘礼送到女方家。请期就是男方择定婚期，备礼告知女方家，请求同意。亲迎，就是新郎至女方家亲自迎娶新娘，举行隆重的婚庆典礼，三拜九叩后牵入洞房。这一套礼制至今在我国城乡也还沿用，只是繁简各有取舍罢了。这期间主要是靠媒妁奔走说合，总归是讲究“父母之命，媒妁之言”“明媒正娶”。至于“月上柳梢头，人约黄昏后”，后花园相会，私订终身，自由恋爱等，那是小说戏文中的事，在现实生活中极为罕见，难以被父母准许。所以《西厢记》里的崔莺莺或《红楼梦》中的林黛玉，想要自由恋爱，私订终身，嫁给张生或是贾宝玉，便注定要遭到老夫人们的激烈反对。

（四）门当户对

封建社会男女婚姻讲求门当户对，讲究门第。这个观念习俗不仅由来已久，根深蒂固，而且至今仍然有影响，挥之不去。在讲求门当户对上徽州社会比之山西更注重、更苛求、更严格。万历《祁门县志》卷四《人事志·风俗》载：“婚姻论门第，辨别上中下等甚严。所役属典仆不得犯，犯辄正之公庭。即其人盛资积行作吏，不得列上流。”为了防止家族内成员与门第不对之家缔结婚姻，徽州不少强宗大族在家规、家法中都有严格的戒律，限制并惩治紊乱婚姻门第的人。如成书于明代万历年间的休宁《茗洲吴氏家典》规定：“门第不对，乡都诟笑，是人自以奴待其身，以卑下待其子，我族即不当与之并齿，生不许入堂，死不许入祠。”给予开除族籍的处罚，可见其严厉和苛刻。而万一发生门不当户不对的情况，按照徽州宗族家法的规定，徽州人便采取强行干预的办法拆散双方，棒打鸳鸯。康熙《徽州府志》云：“婚配论门高，治袿裳装具，量其家以为厚薄，重别臧获之等，即其人盛资厚富，行作吏者，终不得列于辈流。此俗至尽犹然。脱有稍紊主仆之分，始则一人争之，一家争

■《朱子家礼》书影

之，一族争之，并通国之人争之，不直不已。”

清代咸丰年间，祁门县曾发生过一起违犯门当户对原则的婚配，而被宗族强行处置的事件。世代聚居于该县西乡历溪的王氏宗族族谱载：“异子异姓不得紊乱宗支，婚姻不缔于不重之门。祖规森严，谁敢逆犯……至缔婚于不重之门，前圣玑结婚于汤姓，众心不服，遭（应为‘造’字之误）成人命，累死数人，祖祀神会败尽，前车可鉴。况合都四村公立合文，杜禁结婚于不重之门。今我族（王）际旸等各自数家恃强不遵，复娶于张、汤二姓，以致大众议论旸等诣祠削除，不载入谱。”为了对付以后再发生类似事件和王际旸等人的报复，历溪王洪锦等 24 人又以合族的名义，于咸丰六年（1856 年）立下《同心合文契》规定：“诚恐伊等（指王际旸等）狼心莫测，事后生波，凡我同人不得不预立章程。伊等如有恃强逞凶等事，大家俱要入局，不得退缩。”王氏宗族为反对王圣玑、王际旸等人婚配不重于门第，不仅闹出了几条人命，而且将其开除族籍。为了防止其日后再闹事生非，又立了同心合文契，动员全族人参与斗争，并不得退缩。可见其对婚配门第的重视及封建宗法势力的顽固与强势。

徽州人婚配重门第，主要是因为当时徽州世家大族家中都有一些仆隶婢女。这些仆隶婢女即使有些人以后脱离主家飞黄腾达了，也不能与原来的主族通婚。赵吉士就在《寄园寄所寄》中说：“徽俗重门族，凡仆隶之裔，虽显贵，故家皆不与缔姻。”为了防止仆隶子弟日后显达，与主族通婚，紊乱门第，徽州人形成了一种惯例，就是仆隶卖身，例从主姓，这样根据“同姓不婚”的原则，就不会造成门第紊乱，也从根本上杜绝了主仆后代联姻的问题。据《清稗类钞》载：“徽州之汪氏、吴氏，桐城之姚氏、张氏、左氏、马氏，皆大姓也。恒买仆，或使营运，或使耕凿。久之，积有资，即不与家僮共执贱役，其子弟读书进取，或纳资入官，主不之禁。惟既已卖身，例从主姓。及显达，即不称主仆，而呼主为叔矣，盖以同姓不婚，杜后日联姻之弊也。”

仆隶子弟不能和主族通婚，即使腰缠万贯，在以前的主人面前也永远是抬不起头来的，始终处于卑贱的地位。《儒林外史》第二十三回描写的万雪斋就是一个典型。万雪斋是徽商程明卿家的书童，从小在程家长大。他聪明伶俐，十八九岁上就做了程家的“小司客”。其间“每年聚几两银子……便赎了身出来”，自己经营盐业，“发起十几万来”。而原来的主人程明卿却亏了本回徽州老家去了。后来，万雪斋费了几千两银子娶了个翰林的女儿做媳妇。到第三天，亲家要上门做朝，家里就唱戏、摆酒，准备大大热闹摆谱一番。不料这时程明卿赶来了，坐在厅房里，眼看就要揭穿万雪斋的出身老底，“万家走了出来，就由不的自己跪着，作了几个揖，当时兑了一万两银子出来，才糊的去了，不曾破相”。吴敬梓这段描写，虽是小说家言，却充分说明了低贱的出身和高贵的门第之间存在着一条不可逾越的鸿沟。何况近人研究指出吴敬梓《儒林外史》中的人物在当时社会中都是有所指呢！

晋商在儿女婚配上也是讲求门当户对的。晋商在创业和发展初期都是与中下层的人家女子通婚，但在成功之后，他们婚姻论门第、重财势的观念亦十分浓厚，富商联姻、官商联姻比比皆是。明代山西蒲州的张王两家联姻，垄断了河东、长芦的盐业贸易，成为山西第一代富商大户。进入清季，祁县乔家发达起来以后，乔家第四代景字辈的乔景僖娶太谷第一富户曹家的闺女，乔景俨娶太谷同知赵某某的姑娘为妻，其他人也都是与富家女通婚。第五代的映字辈，乔映奎之妻为大德恒票号掌柜的妹妹，乔映辉续弦是榆次富商常家之女，乔映霞之妻马氏是富商马某之

■ 喜堂

女，乔映寰之妻也是榆次常家女，乔映庚之妻为大德通票号大掌柜闫维藩之女，乔映南之妻曹氏是太谷富商曹家女。乔家的女儿也是嫁给富商官宦人家。如乔景侃之女嫁给太谷富商、有“华北一支笔”之称的赵铁山，乔景仪之女嫁到榆次常家，乔景俨之女嫁到太谷曹家。我们以乔家儿女为例勾画晋商富户联姻，已可见乔家与常家、曹家、赵家、闫家等富商官宦的联姻，其他人家自然也是如此了。

婚姻讲门第，联姻看财富，门当户对求婚配，不仅在于他们财富地位相当，往来相宜，有共同的语言，而且有利于家庭的稳定，男女当事人可以不受气，不被人小觑地在一起共同生活；更进一层来说，通过联姻形成的血缘关系，对于政治家和富商们来说，可以形成利益集团，互相帮衬，相互提携。《红楼梦》中的贾、史、王、薛四大家族，莫不是门当户对，豪族官宦相互联姻。

当然，讲求门当户对，也不是一定要以半斤对八两，样样都相配，但总是要大致相当，是在一个阶层、一个档次的。这就如同《红楼梦》里描写的那样，焦大是决然不想去娶林妹妹的，十二金钗也不会想着去嫁焦大。门当户对、讲求门第是当时的主流意识、客观现实。在具体婚配择偶过程中，人们还十分重视良好的家风对青年男女的熏陶，重视男女青年各自的才识容貌。古徽州不少家谱族规还明确规定：嫁女必须超过己家，但也不必攀龙附凤，依附豪门势族。娶妻要看对方良好的家风。民国祁门左溪《平阳王氏宗谱》即在《家规》中云：“嫁女必须胜吾家，娶妇必须不若吾家……凡嫁女不须扳豪门，附势利贪财礼，但取旧家子弟忠厚相传及读书业农务正者，便可许配。媳亦视其阃教严肃，习俗淳厚之家，即缔姻。若富贵之女，佚乐骄奢，必非门户之富。”休宁《茗洲吴氏家典》也于家规中强调：“婚姻必须择温良有家法者，不可慕富贵，以亏择配之义。其豪强逆乱世，有恶疾者，不可与议。”另外，在婚配中，对男女青年生辰八字、阴阳配合与否也大有说道。讲究者则唯阴阳先生之说是从。

（五）七出三不去

在封建社会，男人对于女人，即丈夫对于妻子有至高无上的权力。

封建社会规定丈夫有休妻的权力，妻子无离婚的自由。早在春秋时期，《礼记》对于男子休妻就有“七出三不去”之规定。“七出”又称“七去”“七弃”。《大戴礼记》：“妇有七去：不顺父母去，无子去，淫去，妒去，有恶疾去，多言去，窃盗去。”《唐律疏议》载：“七出者，依令，一无子，二淫佚，三不事舅姑，四口舌，五盗窃，六妒忌，七恶疾。”凡妇人犯有这七条中任意一条者，丈夫都可以做出休妻的决定，将妻子赶出家门。中国人传宗接代的思想严重，不孝有三，无后为大，一个妻子不会生养儿子（生女儿不算），丈夫有权力休妻；一个女人不贞，放纵淫乱，有与他人偷情之事，丈夫可以休妻；中国是以孝闻名的古国，一个妻子不孝敬父母、侍奉公婆，丈夫有权力休妻；一个女人多口舌，拨弄是非，翻闹得家中大小不和，丈夫可以休妻；一个女人偷盗了家里的财物给娘家或者他人，丈夫可以休妻；一个女人因为嫉妒、吃醋，埋怨丈夫在这个小妾房里住得多了、自己房里住得少了，丈夫可以休妻；一个女人得了恶疾——传染病，丈夫可以休妻。

“三不去”是“有所取无所归，与更三年丧，前贫贱后富贵”。男子在休妻时，妻子达到这三条中的任意一条，可以拒绝被休，也就是说这是三种不可休妻的条例。“有所取无所归”，是说妻子娘家父母已经过世，妻子被休后无家可归，你不能休妻；“与更三年丧”，是指妻子已经为公婆服丧三年，尽了孝道，你不能休妻；“前贫贱后富贵”就很好理解了——作为妻子嫁到你家时你们家贫困，后来你家富贵了，有她的劳作、她的功劳，或她有旺夫命，你不能休妻。但是，《唐律疏议》中又规定，“七出”之条中的淫和恶疾不在这“三不去”的保护条例之内，如果女人有淫、恶疾二者之一条，丈夫仍然可以休掉她。

“七出三不去”在我国古代社会影响深远，在明清乃至民国社会仍广为流行。从其内容来看，主要是站在男性及其家族的角度来考量制定的，是男权至上的体现，对女子是一种压迫。比如男子可以娶妻纳妾，女子却连吃醋的权力也没有。但同时，对女子也有一定的保护，“三不去”的规定，就保证了女性免于被丈夫任意抛弃的命运。从最低限度上讲，女子如果没有犯淫或恶疾这两条，就不能休掉她，就要养活她至终老，因为在封建社会离开家庭，女子是没有经济地位和独立生存能力的。在此将这“七出三不去”列出，主要是为了下文更好地说明、体会徽州女子和山西婆姨所处的社会环境地位和文化氛围。

二、早婚离别

（一）少年早婚

明清徽州、山西都有早婚习俗。“早”到什么年龄呢？比现在婚姻法规定的年龄男 22 岁、女 20 岁大概要提前 5～8 年。说来不可思议，男孩十三四岁，女孩十五六岁就结婚，用现代的眼光看都还是些奶娃娃，但当时习俗就是如此。究其原因种种，其中一点就是与商人子弟要外出经商谋生有关。徽州、山西山多田少，地瘠民贫，当地物产不足以糊口。为了摆脱人多齿繁、衣食不足的生存危机，徽州、山西男丁自幼便养成了外出经商、四方谋生的习惯。而出门经商前给儿子娶个媳妇进门，既完成了儿女婚姻大事，了却了父母的心愿，又拴住了儿子的心，又能让媳妇侍奉公婆，在家里当个帮手，稳定后方家院，省去出门人的牵挂。

徽州男子早婚，往往是年未及冠就成婚，年龄一般在十三四岁。徽州有谚云：“前世不修，生在徽州，十三四岁，往外一丢。”在我国古代，男子到 20 虚岁时要行冠礼，表示已经成人。明代地理学家王士性说：“蜀中尚幼婚，娶长妇，男子十二三岁即娶，徽亦然。然徽人事商贾，毕娶则可有事于四方。”（王士性：《广志绎》卷五《西南诸省》）这说明徽州男子早早完婚，是因为日后要出门经商，行走四方。

早婚在徽州是如此，在山西也一样。明清乃至民国，在山西婚俗中，女孩子到 15 岁就是成人，可以出嫁了。古代女子 15 岁及笄，笄是束发用的簪子。女孩 15 岁了，把头发绾起来，插上簪子，表示成人。一般婚姻年龄不会超过 18 岁，20 岁以后就算是大龄青年了。在祁县、太谷秧歌剧中，就有较多的“十六岁了还未寻下婆家”“十七岁到你家”之类唱词，说明晋中地区早婚盛行。就是晋南地区，也是男子十三四岁、女孩十五六岁就要成亲结婚。就以万荣李家大院来说，李大猷的妻子王和君就是 15 岁嫁到李家的。李大猷英年早逝，人称王和君为“三寡妇”，因李大猷排行第三。这个“三寡妇”又在自己儿子李同科 13 岁时，便给其娶贾村范家闺女为妻。

徽州早婚陋习也只是限于比较富裕人家的子弟，贫寒人家的子女往往也要熬到二三十岁方才成家，实实在在属大龄青年。清末徽州知府刘汝骥在其《陶甓公牍》中说：“歙县富家饶于资，则婚嫁早，往往在弱冠前。贫者迟至二三十岁不等。”论及婺源婚嫁民情时说：“乃乡俗联姻，多尚同齿，婚嫁期在十七八岁为多。富贵之家，配合尤早，未胜舞象，已谱求凰，甫结鸦鬟，辄来雁币。子姓繁而尪羸强半，学殖落而进取难言。职此之由，至乡曲贫民，年逾三十，配偶未谐者，又在在皆有。其因由经济困难，其果将使户口消灭？”

徽州地区至清代时还有养婢女的习俗，在休宁县“家家如是，视为故常”。而这些人家对地位卑贱的婢女不适时予以婚嫁，甚至有终生不予嫁的“老丫头”，把她们终生作为自己家的奴婢驱使。清代康熙年间出任休宁知县的廖腾煃在《海阳纪略》卷下《禁止锢婢示》中说：“本县访闻民间蓄养婢女，有至四五十岁不嫁者，有终其身不嫁者。类皆鸠形鹄面，背偻鬓斑，昼则挑柴汲水，夜则挨磨赁舂。终岁勤动，未尝止息。论力竭而不以为劳，则有功矣；观虐使而不以为怨，则有义矣。乃不以时为婚配，兼守夫妇之用，而锢其身如幽囚，永绝生育之仁。”这实在是一种“丧失良心，败坏雅化”的残忍恶俗。连为《海阳纪略》作注的储欣也认为：“此风吴下所无，士大夫家婢子有三十不嫁者，乡里以‘老丫头’目之，而唾骂其主父母为刻薄。不意徽之习为故常也。”另一作注者汪紫沧也云“风俗之恶，莫此为甚”。为此，知县廖腾煃在《禁止锢婢示》中要求立即革除这一恶俗：“出示之后，立将高年女婢分别嫁娶。如敢故违，严行十家举首，不论宦家士族，立即拿究，详请两院处以禁锢良人、败坏风俗之律，决不轻贷。”

早婚习俗中还有一个陋习，就是养童养媳。这种现象在徽州有，在山西也有。所谓童养媳，就是穷人家养不活儿女，儿子长大了又讨不起老婆，女方家里就把女童甚至女婴送到男方家，由婆家将女方带大，等两个儿女都长大后再合卺婚配。这其中也有许多是女方年龄大，到婆家当个劳动力，待小男儿长大后再婚配的。徽州有民谣说唱这种现象，以下例举两首。

一首是《等郎媳》：

娘啊娘，做事真荒唐。
你讲把我寄（给）个好人家，童养媳等童年郎。
我大他十岁无处讲，不像老婆不像娘！
驮着要撒尿，哭着要吃糖，
日间领渠（他）嬉，夜间驮上床，
清早起来帮渠着衣裳。
等到郎大我已老，等到有儿又同样。
天下多少违心事，命里注定没法想！

另一首是《十八岁大姐三岁郎》：

喜鹊哥哥尾巴长，十八岁大姐三岁郎，
半夜三更要吃奶，“我是你的老婆不是你的娘”！
不看公婆待我好，一脚踢你见阎王！
十八岁大姐三岁郎，花烛双双同拜堂，
日里小郎骑竹马，夜里抱郎上牙床。
不是公婆双双在，你做儿来我做娘。

童养媳在山西也普遍存在。祁太秧歌里就有《小尿床》和《跟大嫂顶工》。其中《小尿床》歌词唱道：“今年奴十七，明年奴十八，与奴家寻下个耍娃娃。”她的小丈夫“先叫一声妻儿后叫一声娘”。《跟大嫂顶工》则说的是男大女小：“奴爹爹，命归阴，家留母女两口人……奴家里贫穷无吃用，奴妈妈与奴家把婆婆寻……女婿儿今年二十五整，小奴家今年十三春……女婿儿来见老母亲，说他妈眼花两耳聋；避冬寒，不能动，做饭洗碗照门门，娶过了就当娃娃亦无差甚。”这种童养媳式的畸形婚姻给男女双方，尤其是妇女带来的痛苦是难以名状的。

（二）婚后离别

小小男儿，成家之后，便要出门经商，“大抵徽俗十三在邑，十七在天下”。晋商也大概如此。新婚即别离，出门走四方，这对于一对新人，对于新婚宴尔的年轻夫妇是十分伤痛的事。尤其是当时交通不便、信息不通，这一走少则一年半载无音信，多则三年五年不回头，甚至从此一别成永诀，给男女青年带来无尽的离愁别恨。哥哥走出去后，路途艰辛，谋生不易；妹妹担心。妹妹守家，侍奉公婆，日出而作，夜守空床，万般孤寂。为此，送别时千愁万绪涌上心头，山西婆姨便站在高高的黄土坡上，唱出了发自内心的千古绝唱《走西口》：

■ 新婚别离

家住在太原，爹爹名叫孙朋安，
所生下我这一枝花，起名就叫孙玉莲。
玉莲我一十八岁整，刚和大春配成婚，
好比蜜蜂见了花，倒叫玉莲喜在心。
正月里娶过门，二月里你西口外行，
早知道你走西口，哪如咱们不成亲。
哥哥你要走西口，小妹妹也难留，
止不住那伤心泪，一道一道往下流。
哥哥你一定要走，小妹妹实难留，
怀抱上那梳头匣，我给哥哥梳一梳头。
哥哥你要走西口，小妹妹我实在难留，

手拉住哥哥的手，送哥送到大门口。
哥哥你要走西口，小妹妹我实在难留，
有两句知心话，牢牢记心头。
走路你要走大路，可不要走小路，
大路上人马多，好给哥哥解忧愁。
路上你歇息，可不要靠崖头，
那千年的崖头，单怕一出溜。
河里水长流，过河你走后，
不知水深浅，让人家前头走。
坐船你要坐船心，你不要坐船头，
恐害怕那风摆浪，摆在哥哥河里头。
住店要早住，要走迟些走，
路头呀路脑，小心贼人刁。
吃饭你要吃热，生饭冷饭不美口，
你吃下个头痛脑热，你叫人家谁伺候？
哥哥走西口，你不要为朋友，
为下那野溜溜，恐怕你忘了奴。

■ 走西口

有钱是朋友，无钱你两眼瞅，
总不如小妹子，年长又日久。
哥哥走口外，玉莲我挂心怀，
但愿他平安无事，秋后早回来。

再看看表现哥哥走时心情的《走脱二里半》：

走脱二里半，扭回头来看，
我瞭见小妹子，还在房上站。
一溜簸箕湾，下了大河畔，
西门外上大船，丢下我命圪蛋。
一过台子堰，瞭不见河曲县，
盘算起小妹妹，怎扔下我毛眼眼。
…………
住了长牙店，住店没房钱，
叫一声长牙哥，可怜一可怜。
上了五原县，挣饭没工钱，
到处无生路，心如滚油煎。
刮出嘉峪关，两眼泪不干，
思想起小妹子，心呀心不安。

这样的婚后离别情形在徽州民谣里也有反映，而且写得比山西人的《走西口》更细腻缠绵，如流传在绩溪县的《送郎》民谣唱道：

送郎送到枕头边，拍拍枕头困觉添，
送郎送到被角边，荐荐(1)被角困觉添。
送郎送到床杠边，拍拍床杠坐坐添。
送郎送到妆台边，开开妆台吃筒烟。
送郎送到橱门边，开开橱门拾吊钱，我郎拿去当盘缠。
送郎送到槛子(2)边，开开槛子望青天，我郎歇夜添。
送郎送到阁桥头，手搭栏杆眼泪流。

送郎送到阁桥[3]脚，夫妻两人做伙哭。
送郎送到大堂前，夫妻两人好可怜。
送郎送到明堂边，包袱雨伞拾上肩。
送郎送到大门口，夫妻俩手挽手。
送郎送出村，别讲老婆送老公，做双棉鞋给尔过个冬。
送郎送到五里亭，看看亭里没有人，
与郎谈句心，问郎何时来？
水生骨头路生毛[4]，那个时候俺再来，那个时候俺再来。

在这段民谣里：(1) 荐，是扯的意思。(2) 槛子，又称槛达，指窗门、窗户。(3) 阁桥：指阁楼里的楼梯。(4) 水生骨头路生毛，暗指水结冰、路落霜的秋冬季节。

徽州还有一首民歌是《怨我哥哥要出门》：

一把扇，两面红，送给姐姐打蠓虫，
姐姐摇扇心里疼，怨我哥哥要出门。
叫声姐姐不要急，三月五月就回程，
车打斗，斗打碓，我和姐姐不离分！

这里的蠓虫是徽州方言中指称的蚊子。哥哥出门留把扇子给姐姐，姐姐一天摇扇驱蚊，见物思人，不忘哥哥，且生怨言。哥哥安慰姐姐耐心等待，不要急慌，以乡村的水碓“车打斗，斗打碓”来比喻二人之间的相互依存关系，形象生动，又具江南水乡特色。

人生自古伤离别。十里长亭，折柳送别，总是离愁别恨，让人无限感伤怀远。《诗经·小雅·采薇》有“昔我往矣，杨柳依依；今我来思，雨雪霏霏”。唐代诗人李白有《忆秦娥》：“箫声咽，秦娥梦断秦楼月。秦楼月，年年柳色，灞陵伤别。”鱼玄机《折杨柳》有：“朝朝送别泣花钿，折尽春风杨柳烟。”宋代名妓聂胜琼有送情郎词《鹧鸪天·别情》：“玉惨花愁出凤城，莲花楼下柳青青。尊前一唱阳关曲，别个人人第五程。寻好梦，梦难成。有谁知我此时情，枕前泪共阶前雨，隔个窗儿滴到明。”据说这首词感动了其相好情人礼部属官李之问的妻子，李夫人拿出私房钱让李之问去都城迎娶了聂胜琼。古代文人墨客儒雅风流，送别“折柳相赠”，以柳为题材写诗填词的不胜枚举。而元代戏剧家王实甫在《西厢记》中写老夫人与莺莺送张生赴京赶考，写的却是深秋离别，读来更是令人感伤：“碧云天，黄花地，西风紧。北雁南飞，晓来谁染霜林醉？总是离人泪。”近人弘一法师李叔同于1915年写的《送别》歌词亦道：“长亭外，古道边，芳草碧连天。晚风拂柳笛声残，夕阳山外山。天之涯，地之角，知交半零落；一壶浊酒尽余欢，今宵别梦寒。”可见，多情自古伤别离，何况一对新夫妻。山西汉子走西口，徽州男儿下杭州，新过门

■ 新安江帆影

的小妹妹（小媳妇），文化不高，识字不多，但情思并不少。此时此刻她们只能站在高高的山坡上，迎风高唱《走西口》和《送郎谣》，表达自己的不舍，寄托自己的思念。

三、别后情思

山西的小妹妹站在窑洞顶，站在黄土高坡上，看着自己的小哥哥远去的背影，愈走愈远，瞭望不见，夕阳西下，只好归家。徽州的小女子站在新安江畔，码头岸边，看着自己的小郎君身背包袱，夹着雨伞，或行走在山间的小路上，或乘船远去，帆影愈走愈远，愈走愈小，自己也只好掉转身子，迈步回家。这个家是她们的婆家。从此，她们要担负起侍奉公婆、照应翁姑、下田劳作、生儿育女的职责，确确实实地进入封建家庭小媳妇的角色。白天，她们的日子似还好过，忙忙碌碌，劳作不息；夜晚，则心想亲亲，抱枕难眠。漫漫长夜，独守空床；北风呼啸，雨打芭蕉。她们思念着自己的丈夫，不知人在何方、是否平安，无限的牵挂、无尽的思念，全都化作泪水，滚落到腮下枕边。于是，有山西婆姨怨怼地唱道：

你走口外我在家，你打光棍我守寡！
一对对枕头花顶顶，摆开枕头短一个人。
刮起东风水流西，走着站着盘算你，
深沟沟担水爬不上坡，尘世上苦命人就是我！
山在水在石头在，人家都在你不在！
一把拽住哥哥的手，为什么你要走西口！

还有一首流传在山西河曲县的民歌《什么人留下个走西口》唱道：

黄龙湾湾河曲县，三亲六眷漫绥远。
二姑舅啊三姥爷，八百里河套葬祖先。

千年的黄河水不清，跑口外跑了几代代人？
千年的黄河滚泥沙，走了大人走娃娃。
娃娃走成朽老汉，走来走去穷光蛋。
走一辈子西口守一辈子寡，死活难到一搭搭。
辈辈坟里不埋男，穷骨头撒在河套川。
二细绳绳捆铺盖，什么人留下个走口外？
喜鹊鹊出窝窝还在，什么人留下个走口外？
寡妇上坟泪长流，什么人留下个走西口。

另有一首《还说人家不想你》唱道：

还说人家不想你，泪蛋蛋好比连阴雨。
还说人家不想你，泪蛋蛋和起一堆泥。
还说人家不想你，手巾巾擦泪攮水水。
还说人家不想你，半碗捞饭泪泡起。
还说人家不想你，三天没吃下两颗米。

徽州女人也在无限的相思哀愁中唱道：

少小离家动别愁，杭州约伴又苏州。
妾心难逐郎心去，折柳年年到白头。

这是一首《黟县竹枝词》。还有一首流传在歙县的歌谣《二十四个半》唱道：

半闲半坐半堂前，半喜半笑半愁眠。
半碗香茶半身影，半只蜡烛半只圆。
半碗饭，半汤圆，六月一过上半年。
推半门，走半边，走到半路回家转。
推半窗，看半天，雨打三更上半月。
对花镜，梳半边，青纱帐，挂半边。

鸳鸯枕，睡半边，红绫被，盖半边。
夫君啊，一年一去一大半，何样今朝还不归?!

诗言志，歌咏怀。民歌民谣是人们口头传唱的文学作品，它来源于生活，来源于底层，直白易懂，朗朗上口，最接近生活实态，是原汁原味的原生态艺术，是现实生活的真实写照。歌谣中的主人公是怎么想的它就怎么唱，现实生活中的情形是什么样子它就依样画葫芦地照着去讲。山西婆姨、徽州女人，她们作为商人妇，一世夫妻三年半，十年夫妻九年空，形影相吊，独守空床，精神上是十分孤独寂寞的。人世间难活不过人想人不见人。人患相思病无药治、钱无用，心病还得心上人来治，可是心上人在哪里呢？远在异乡为异客，辛苦奔波为生活。守在家里的女人要为他们的生意担心、安全担心，还怕他们在外拈花惹草，娶妾纳小，这也是商人妇为自己的命运担心。

在徽州女人思念夫君的故事中，有两个故事广为流传，一是“纪岁珠”，二是“撒铜钱”。

纪岁珠收录在清代歙县诗人汪于鼎所著的《新安女史征》中。故事是说歙县某村一位女子嫁给邻村一户人家，新婚不到三个月，夫妻离别，丈夫就出门远走他乡做生意去了。他的新婚妻子在家以刺绣为生，日日夜夜、月月年年地盼望丈夫远出归来。每年底，她用余钱购买一颗珠子，用彩色丝线系住，称之为纪岁珠，以纪念夫妻离别的岁月。她是以年来计夫妻别离的日子啊，哪敢奢望以月来记呢？就这样她日复一日、月复一月、年复一年地刺绣、思念、瞭望，盼着自己的夫君从远方归来。但是，等到丈夫回到家里的时候，这位徽州女子已经离世三年。当丈夫打开妻子平常梳妆用的盒子，发现里面一根彩丝线上竟穿了 20 多颗珠子。这 20 多颗珠子，晶莹剔透，如泪珠一般，说明这位女子不仅年年买珠穿珠，而且天天捻珠、搓珠。玩过玉石、珠子手串的人都知道，玉珠子只有不断地上手捻、搓、揉、摸才能光亮晶莹。可知这位徽州女子有多少个夜晚，形只影单地坐在幽暗的青灯下，望着天井上方的星空，手中搓捻着自己的纪岁珠，思念着自己的心上人。诗人汪于鼎记录了这个故事后也颇为感慨地写了一首《纪岁珠》诗：

鸳鸯㶉鶒凫雁鹄，柔荑惯绣双双逐。
几度抛针背人哭，一岁眼泪成一珠，莫爱珠多眼易枯。
小时绣得合欢被，线断重缘结未解，珠累累，天涯归未归。

清人沈德潜把这首诗收入了他所编的《国朝诗别裁集》。沈德潜评论说："结意不用说尽，婉约可悲。"民国《歙县志·风土》评这首诗说："只此一事，而其事礼教之谨严，生计之迫压，家族之苦痛，交通之闭塞，皆可见矣。其通常三岁一归者，固不敢怨，商人重利轻离别也。"

撒铜钱的故事，说的是黟县乡间一位美丽的女子，嫁给邻村一位商人的儿子为妻，婚后不久，丈夫就在父亲的催促下出门经商。这个少妇新婚离别后，夜夜孤身睡空床，寂寞难挨到天明。漫漫长夜，为了排遣心中的孤独和思念，她每晚都解下一串铜钱，抛洒在地，故意让铜钱滚落到屋内看不见的角角落落，然后自己又俯下身去一个一个地寻找拣回。如此循环往复，直到自己累得筋疲力尽，方才抚摸着铜钱入睡。如此年复一年，这位少妇等了十几年，也没有等到丈夫回来，最后心如死灰，抑郁而死。当人们整理她的遗物时，发现她床头的这一串铜钱已被她的双手抚摸得光洁晶亮，铜钱两面的文字也被她手摸搓得模糊不清。类似的故事还有在长夜一粒一粒捡黄豆，还有一套一套扣上九连环，套过九九八十一套，再解开九九八十一套。如此耗时度日，不知不觉就熬到东方发白，天亮起床；熬到了青丝变白，人老珠黄。

诚然，面对如此离别苦、相思苦、揪心苦、劳作苦的婚姻，也有徽州女子和山西姑娘不愿做商人妇，而宁愿嫁个种田郎。如流传在徽州绩溪县的民谣《高兴嫁个种田郎》，是出门的客商与村妇的对唱：

出门客：

户挑饭，手端茶，背脊背着个细毛伢（指婴儿）！
标标致致好姑娘，可惜嫁给种田郎！
若是当初嫁了我，冬穿绫罗夏穿纱，
出门轿马金丝伞，家里丫头一大帮。

村妇：

粗茶饭，喷喷香，背个嬆（指小孩）心不慌。
不爱绫罗不爱纱，只爱丈夫早起晚回家。
高兴嫁给种田郎，夫唱妇随守田庄。

出门客：

当初嫁给种田郎，好花插在牛粪上。
风吹雨打多辛苦，一身污泥滚上床。

村妇：

我父也是出门郎，娘亲一世守空房！
三年一封书信到，头颈望得鸭颈长。
宁可嫁给种田郎，日同锅来夜同床。
荣华富贵无根草，贫贱夫妻恩爱长！

另一首流传在徽州黟县的《宁愿嫁给种田郎》唱道：

悔呀悔，悔不该嫁给出门郎，三年两头守空房。
图什么高楼房，贪什么大厅堂，夜夜孤身睡空床。
早知今日千般苦，宁愿嫁给种田郎，
日在田里忙耕作，夜伴郎哥上花床。

晋商婆姨们对出门经商的丈夫也喊出自己的心愿："珍珠玛瑙奴不爱，倒不如你回来走一遭。""赚多赚少你回来吧，养上个孩子比咧强。""受苦人比买卖人强，半年辛苦半年闲。""只要哥哥在眼前，哪怕天天吃糠面。"甚至由爱生怨，由念生恨，气愤地骂道："出外的人儿他把良心丧，三年他让我守寡两年半。"表现出对家庭生活的渴望。

那么，如此别后相思，感情寂寞，痛苦难耐，商人妇中有没有红杏出墙、感情出轨、偷情搞婚外恋的呢？回答是肯定的，只是不见记录在正史族谱里罢了。这从民间说唱、秧歌中不难看到。比如山西祁太秧歌《做凉袜》中的女主人，就是“奴家的男儿走关东，把奴家寄住在北洮村”。这位女人在北洮村感情出轨，找到了自己的情人：“白天里做饭洗衣裳，到夜晚做伴在一搭。”

还有走西口的情歌唱道：

花骨噜噜碌碡满场转，不该嫁给走西口的汉。
男人一走没踪影，凭亲亲（指相好的）活两天行不行?!
你要想来早点来，脚踪一响门就开，
咱二人相好一对对，铡草刀剜头不后悔。
鸡儿叫来东方明，咱把亲亲快吼醒，
亲亲亲亲快醒醒，快把衣裳穿身上。
鸡叫五更大天明，哥哥哥哥快离动，
穿不上鞋钵子手提上，开不了大门快上房！

四、居家苦熬

晋商婆姨、徽州女人送走外出经商、贸迁四方，走西口、下苏杭、赴边疆的男人们，折转回到新婚不久的公婆家，不仅有上述思夫念君的精神之痛、相思之苦，而且还有身体上的劳作之苦，还要讲究妇德母仪，承担起上要侍奉公婆、中要兼顾叔姑、下要育儿教子的职责。在封建大家庭当小媳妇，既要恪守妇道、注重礼节、持家教子，又要早起晚睡、勤劳家务、忍气吞声，当好贤内助、好媳妇、贤妻良母。俗语道“三十年媳妇熬成婆”，一个“熬”字说明了当媳妇的辛酸和不易。“熬成婆”说明她在这个家里才有了地位。作为商人妇的山西婆姨和徽州女人在日常生活中有多么难熬呢？下面着重从日常劳作和生活上分别作一介绍。

山西的商妇——婆姨们有多么苦呢？有河曲民谣唱道："河曲保德州，十年九不收，男人走口外，女人挑苦菜。"这就是说男人们都到口外打工经商去了，留在家里的女人们整天要在漫山的黄土高坡上挑挖苦菜，以养家活口。河曲县旧志书说："河曲人耕商塞外草地，春夏出口，岁暮而归。但能经营力作，皆是糊口养家。本境地瘠民贫，仰食于口外者无虑数千人。"自然条件如是，仅一个河曲县就无虑有数千人到口外耕地谋生。那保德州呢？吕梁山上的西八县呢？乃至整个山西出外经商的民人又何止于十万八万呢。这些外出经商的男人们走后，留守在家的女人们就挑起了生活的重担。她们的这一半就是浪迹天涯出门客商的家，就是男人们——哥哥的稳固后方、心灵港湾。那么她们作为留守女人，在家里是如何生活的呢？还是听听二人台歌词里妹妹的诉说吧：

你走口外你管你，扔下妹妹没人理，
柴没柴来炭没炭，一天吃不上一顿饭。
一天担回半桶水，你走口外我受罪，
泪蛋蛋漂起九只船，妹妹在家真作难。
白马拴在杂草滩，你说妹妹有多难，
手搓麻绳三尺三，你看我活得难不难。
担起箩头放下桶，小妹妹活得不是人，
鸡爪黄连苦豆根，苦言苦语苦到心，
半斤莜面推窝窝，挨打受气为哥哥。
家里没点男人气，心上好比刀子犁，
心里头难活脸上笑，嘴里头不说谁知道。
一阵阵哭来一阵阵笑，一阵阵难活谁知道，
一阵阵哭来一阵阵笑，心里头好比刀子搅。

勤俭持家，是中华民族的传统美德。晋商的节俭，甚至吝啬、抠门、小气在全国是出了名的。"晋俗之俭，自古而然"，有陶唐遗风。晋商之妇居家过日子，节约仔细，一个铜钱掰开当两个花，更甚于其男人。她们深知自己的男人在外挣钱不易，更知晓家里用钱的地方很多，关键时在人前还要充门面，讲排场，不让他人小看。于是，她们就从自己的日用上省，从吃饭上抠，从穿衣上省。检索山西方志、家谱、墓志，记载山西女性勤俭慈惠、仰事俯育、恪尽妇道、俭约持家之类的言辞，几为共有。河东俗语有云："男人是个耙耙，女人是个匣匣。"意思是说男人们在外挣钱，就像个耙子一样，搂回来到家里都要放到抽屉里。这个抽屉的底不能烂，一旦底漏了，男人在外挣再多的钱也是枉然，这个家仍然富不起来，仍然是过着穷日子。因此，可以说，晋商之富，一谓男儿志在四方，干练于外，生财有道；二谓女人持家有方，俭啬于内，积少成多。

晋商妇女更苦的是自己的男人外出经商，一去不归，生无音讯，死不见人，自己在家里还要整天侍奉公婆，抚养子女，心里梦里、白天晚上思念自己的男人。翻阅山西方志，直接写女子思夫的事不多见，但写儿子外出寻父的却不少。如光绪《山西通志》卷一三〇载："薛贵，祁县人，生时父客游辽东，久不归。……寻父，由燕山抵盛京，凡宁古塔、乌拉墨尔根诸处，罔不亲历。"曲沃人郭桂思，"生三月，其父即贾于辽东，久无耗，桂思长，乃贷资贸布往寻"。交城人徐学颜，"父于乾隆初贸易沈阳，二十年无音讯，学颜成年后，乃去寻父"。临汾田树楷，"生时，父经商在外，久无音讯"。树楷长大后，外出寻父，"遍行秦陇，历三年不懈，竟于肃州逆旅遇之"。忻州人杨生荣，"父乃步随祖父并贾新疆，久不返……有中表商乌鲁木齐者，随之往，既与父遇，始知祖父殁于喀城，叔淹留叶尔羌"。临晋人王永奇，"父贾西域，十余年无耗"，永奇去寻父，父子相遇于途。山西沁水人刘体章，"五岁，父外出，久绝音耗，贷资走访，始知父客死公安（今湖北省公安县）"。介休人郭涵谓之父经商殁于粤。高平人李东"游广南二十年不返"，至琼州，始知其父已亡该地。临汾景发才之父"娶未逾年，远贾安息（今伊朗）"，一去无音讯，景发才长大后不远万里，沿丝绸之路去安息寻父，父已病殁。由诸多儿子长大寻父，父一去数十年没有音讯，甚至已经客死他乡的晋商故事，可想而知这些晋商的另一半即他们的女人们在家里要受多么大的煎熬和苦难。她们有的结婚不久，丈夫就外出经商，丈夫走时有的儿子还没出生，有的刚刚出生或只有三岁、五岁，但她们的男人已一走十几年、二十几年没音讯了，甚至客死他乡成异鬼，一去不复返了。她们却在日复一日、年复一年地抚孤成人，孝敬公婆，挑起家中的千斤重担，活生生地守寡，沉重地、艰难地一天天熬日子，各种酸甜苦辣、千辛万苦是令人难以想象的。事非经过不知难，不当家不知柴米贵。一个妇道人家、孤儿寡母，要撑持下来谈何容易。但她们挺过来了，她们是伟大的母亲。

晋商婆姨如此苦楚煎熬，守家度日，那么徽州女人的状况又如何呢？历史上，徽州女人比山西婆姨所受的苦、所遭的罪更大更多更深。这是因为：第一，徽州“邑俗重商。商必远出，出恒数载一归”。有“出至十年、二十年、三十年不归者”，“亦时有久客不归者”（《魏叔子文集》卷一七《江氏四世节妇传》）。胡适先生在《徽州人》一文里也说：“徽州人有句土语，叫‘一世夫妻三年半’。那就是说，一对夫妇的婚后生活至多不过三十六年或四十二年，但是他们一辈子在一起同居的时间，实际上不过三十六个月或四十二个月，——也就是三年或三年半了。”所以在徽州就有商人妇是“一世夫妻三年半，十年夫妻九年空”的说法。第二，徽州是“程朱阙里”“东南邹鲁”。程朱理学、朱熹《家礼》等封建礼教、宗法族规、“三从四德”对徽州女人的思想理念、生活习俗影响更大。徽州女人生活在这样的意识形态和文化氛围下，其身心受到封建礼教的束缚和迫害更深。在生活中她们更加中规中矩，更能勤俭持家，吃苦耐劳。第三，徽州男人在外经商闯荡，有久客不归、纳妾娶小的现象。徽州民谚有“无徽不成镇”，又有徽商偏爱红顶子、红绣鞋等说法。这就使得居家守望、苦熬的女人在精神上受到的伤害更大。试想，她们居家度日，侍奉公婆，抚子成人，一天天心里期盼的就是自己的男人能从远方归来，夫妻团圆，父子相见。可是盼来盼去，10 年、20 年过去了，得到的音讯是他乐不思蜀，在外又娶妻生子，或者不再回来，或者回来又匆匆离去，那是多么痛楚、无奈、悲伤、可怜啊！

徽商在外经商、久客不归的事情，在徽州方志和族谱中俯拾皆是。如歙商许秩经商“去家二十年，及归，比二月，复为行计”（歙县《许氏世谱》）。再如光绪《婺源县志》卷二八载：“詹文锡……生数月，父远游不归，年十七，誓欲寻亲，历楚蜀，入滇南，终年不遇，哀号震天。……经济渡处，有往黔商船，附之，兀坐长吁。商疑问锡，告之故。商曰：‘汝吾子也’。相持哭。自是偕眷属归。”这是记载詹文锡的父亲抛妻别雏，一走 17 年不回家。詹文锡出徽州，经湖北、四川、云南、贵州最后才找到了自己的父亲，而其父这时已又在外娶妾，或许还生了儿女，父子相见后，方才“偕眷属归”。其父的原配夫人即詹文锡的母亲则不仅守了 17 年空房，在家侍奉公婆，抚养詹文锡成长，而且还要接纳自己丈夫不知何年已蓄娶的小妾及其儿女。可见其父心也够狠，其母善良艰辛。另有道光《黟县续志》卷六《人物·孝友》记，舒秉几，“父游楚，十余年不归。秉几年十五，持零丁帖，间关寻访，几遍楚疆，资斧乏绝，至常德府，遇父于旅次，问答即审，哀请父归”。还有民国《歙县志》卷八《人物·孝友》记载，歙县人程世铎，6 岁时“父贾于外，音耗久绝”。世铎 22 岁结婚后矢志寻父，先在滇黔巴蜀寻觅数载未见，后听人说其父在东川，“至东川，父他往，复之寻甸，更至乌蒙，始得父耗。比见，两不相识，以数庚甲，通籍贯，道姓名而知，盖父离乡已二十一年，扶持而归，时铎年已二十七”。举此四例，可见一斑，实际上这些商人妇是在守活寡，其物质和精神上的痛苦是常人难以想象的。

商人创业阶段是十分艰难困苦的。他们在外经商 10 年、20 年不归，是因为挣不到钱，抑或挣到的钱还不够回家的盘缠、脚费。在这 10 年、20 年中，他们抑或很难接济家里，故而无论是晋商妇还是徽商妇都要艰苦劳作，勤俭持家，独立肩负起仰事俯育的家务重担。在这方面，前述山西民歌中对山西女人已有描述。康熙《徽州府志》卷二《风俗》有对徽州女人的写照：“女人犹称能俭，居乡者数月，不占（沾）鱼肉，日挫针治缝纫绽，黟、祁之俗织木棉，同巷夜从相纺织，女工一月得四十五日。徽俗能蓄积，不至卮漏，盖亦由内德矣。”《歙县志》载：“妇女尤勤勉节啬，不事修饰，往往夫商于外，收入甚微，数口之家，端资内助，无冻馁之虞。”万历《休宁县志·舆地志·风俗》记曰：“女人能攻苦茹辛，中人产者，常口绝鱼肉。日夜绩麻挫针，凡冠带履袜之属，咸手出，勤者日可给二三人。丈夫经岁客游，有自为食，而且食儿女者。贾能蓄积，亦犹内德助焉。”再如《休宁西门汪氏宗谱》卷六记载，商人汪岩福在外经商，“安人（汪岩福之妻）励躬操作缝纫，洴澼絖，自鸡鸣达夜，不少懈。故公之内事治，用是起家。”汪洪度《新安女史征》言：“吾乡昔有夫娶妇三月即远贾，妇刺绣为生。”更有甚者，“余邑朱氏子远贾蜀中，其妻家乏甚，属其侄售田于许氏，约赎取，久之不得也。其妻惧夫回见责，缢死”（《休宁碎事》卷一二《千一疏》）。丈夫远贾，久久不能接济家中日用，妻子靠典田度日，后因无力赎回，怕丈夫归来责难，被迫自缢身亡，由此可见商妇在家度日之艰难。

商妇在家苦熬苦撑，辛勤劳作，仰事俯育，侍奉公婆，穷日子穷过，苦日子苦熬。男人们争气学好，挣钱回家，荣归乡里，光宗耀祖，也使

■ 洗衣妇

她们有个盼头，有个出头之日。若遇上个不争气，不学好，抽大烟，逛窑子，在外面纳妾娶小的东西，那就更可怜了。有一首《黟县妇人实可怜》的徽州歌谣，就以徽商妇的口吻道出了自己一生的勤劳和辛酸：

黟县妇人实可怜，说起苦来实难言。
幼年指望丈夫好，老来又望子孙贤。
为人做个男子汉，供家养眷实当然。
出门奔波做生意，千山万水赚银钱。
赚得钱来养家计，不愁柴米与油盐。
妇人在家能帮助，鞋尖脚小也种田。
又能上山斫柴卖，又能帮工赚银钱。
勤勤俭俭过日子，全家饱暖又安然。
还有许多发财汉，又做新屋又买田。
不屑走到人家去，杀鸡杀鸭办酒筵。

莫怪人情多冷淡，看来世态本凉炎。
若是丈夫不成器，这个妇人苦黄连。
三餐茶馆没来路，烟瘾一发泪涟涟。
前年卖塌一块坦，旧年又卖一丘田。
有用家伙都卖尽，锡银首饰当烟钱。
争争吵吵没有益，哭哭泣泣也枉然。
我今也无别事想，只想冤家走黄泉。
冤家一死无忧虑，收起心来种坦田。
苦做几年好还账，再做几年积铜钱。
家中粮食般般有，衣衫首饰置完全。
婚姻喜事人家接，熨熨帖帖到人前。
莫怪人前多称赞，哪个不说妇人贤？
妇人争气尚如此，男人无志也枉然。
不信单看摆式汉，被人轻来被人嫌。
劝君烟花切莫贪，免头免脑免冤家。
花街柳巷休去走，吃烟朋友切莫交。
若能信我这番话，夫荣妻贵华堂前。

五、相夫教子

晋商、徽商长年在外经商，家中的一切生活劳作是无法顾及的。他们出门走后，家中侍奉双亲、抚育子女的重担自然落在商妇们的肩膀上。这些山西婆姨、徽州女人为了追求幸福，振兴家业，过上美好富裕的日子，先是劝夫经商，妆奁资夫，慷慨献出自己的所有嫁妆，变卖或典当后作为丈夫经商的资本，牺牲自己小夫妻的温柔恩爱，含泪送别自己的夫君出门经商。继而又在丈夫外出后，挑起家中的生活重担，勤劳家政，相夫教子，既做媳妇又当儿，既当娘来又做爹，使商人们解除了后顾之忧，得以全身心地在外经商办事，不用再操家里的心，而心灵上又有一个温馨的港湾、放心的地方。

《太函集》的作者汪道昆就是有名的徽商后裔。汪道昆的祖父当年走上商途，就得益于其祖母的劝导。汪道昆在其《先大母状》一文中说：“先大母尝乘间告大父曰‘君家世孝悌力田善矣。吾翁贾甄括（或为瓯括，今浙江温州一带），闻诸贾往往致富饶，君能从吾翁游，请为君具资斧’。大父曰‘善’。及大父由甄括起，赀用遂优。”汪道昆的祖母家是商人，在甄括这个地方经商。其祖母不仅劝丈夫弃农经商，把丈夫介绍给自己的父亲，还为他准备行李及经商的资金，由此使汪家得以脱贫致富，家中日用不愁。《太函集》又在休宁《金母七十寿序》中说：休宁金长公之父在方州（治今四川苍溪县）业贾，而金长公婚后却待在家中。其妻劝长公说：“乡人亦以贾代耕耳，既舅在贾，君奈何以其故家食邪?”在妻子的劝说下，金长公决定“贾于淮，居数年，长公骎骎起矣，卒致饶益”。其后儿辈们在回忆这段往事时，认为长公之所以能经商致富，“则母有首事功”。另有《休宁西门汪氏宗谱》卷六《处士天赋公配朱孺人节妇行状》记，朱氏嫁给汪天赋后，“汪君家世，长者不事生业”，家中经济日益拮据。朱氏竭力劝说汪天赋出贾荆襄，自己承担起侍养双亲和家务劳作，朱氏说：“君第去，吾为君侍养，必当而（尔）父母心，君无反顾。”正是在妻子的劝说鼓励下，“汪君竟以贾起家”。后人评价说，此乃“孺人（朱氏）先后之也”，高度赞扬朱氏的功劳。

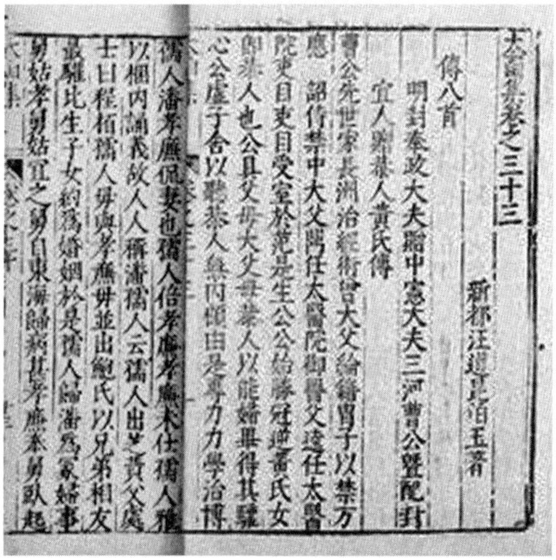
太函集卷之三十三　新都汪道昆伯玉著
傳八首
明封奉政大夫瑞中憲大夫三河曹公暨配封
宜人鄭恭人黄氏傳
曹公先世家長洲治經術曾大父綸曾子以禁方
應部侍禁中大父喝任太醫院御醫父遊任太醫
院吏目吏目受室於范先生公公始勝冠聘黃氏女
御恭人也公具父母大父母恭人以能婦畢得其驩
心公產于舍以勤恭人無內顧由是專力學治博

孺人潘孝廉倪妻也孺人倍孝廉孝廉未仕孺人雅
以梱内諷表故人人稱潘孺人云孺人出芝黃父處
士曰程栢孺人母與孝廉母並出鮑氏以兄弟相友
最驩比生子女約為婚姻於是孺人歸潘為冢婦事
舅姑孝舅姑宜之舅自東海歸病甚孝廉奉舅臥起

■《太函集》书影

变卖嫁妆资夫助商者，有休宁汪应亨。汪经商无本，其妻“装资故饶，悉佐翁（汪应亨）贾，而身椎布操作”。歙商洪什，奉母之命“商吴越，迭出迭困，亡故资，吴（夫人）脱簪珥佐之，乃复举盐入楚”，后终富饶。歙县许氏东井公年轻时，“未尝治商贸业，孺人（妻子）脱簪珥服麻枲（麻的总称）以为斧资，俾东井公仗剑东游姑孰间”，终于发家。歙县吴氏存节公当初也是“挟妻奁以服贸，累金巨万，拓产数顷”的。郑铣的弟弟郑铎“善贾而无资，铣语妇许，尽出奁具授之铎，贾荆扬间，业大振”。歙县宋氏嫁给黄惟文后，“适家中落”，为了支持丈夫经商，宋氏“乃尽出簪珥衣饰为资斧附托营生殖”。歙商黄用礼“少习举子业，已弃去，游广陵淮阴间，以居积起家，家政悉倚孺人（吴氏）……泉布（金钱）出入，不假簿记，筹算心记之，虽久，锱铢不爽。处士既得孺人，无内顾虑，专精乘时，致资巨万”。徽商汪忠浩发家也是得之于妇人的“内助之功”。汪忠浩“夫妇之间尤笃伉俪，时值翁（汪忠浩）商外为多，孺人综理家政，各得其所。自甘淡薄，不惮其劳，以故翁罔内顾忧，遂得肆力于商事。每岁遗之钱，孺人出必以俭而归其所余者于翁，不为私蓄计。翁亦自庆以为得妇，而卒能起家累千金者，孺人内助之功不少也”。类似这样倾妆奁以资夫，洗铅华着麻枲，侍奉公婆，勤劳家政的例子不胜枚举。这充分说明徽商在兴起之时，徽商妇人们功不可没，功绩显著。

商人在外经商，往往也有突遇病魔灾难而客死异乡之事。诸多山西会馆、徽州会馆设立的“义冢”就是安葬这些“在外做鬼也孤幽”的可怜商人。发生这样的情况后，巨大的灾难就会降临到商人妇的头上。从此，不仅她们盼望夫君衣锦还乡的希望灰飞烟灭，没了期盼，没了再思念、想望的男人，精神上受到毁灭性的打击，而且还要“孤寡相依，形影孑立”，独自承担起上养公婆、下抚孤儿，重振家业的生活重担，经济上十分艰难拮据。面对如此灾难，她们含辛茹苦，筚路蓝缕，以顽强的毅力，克服常人难以想象的困难扶孤成人，熬日度月。这样的记载在徽州方志族谱中亦不乏其例。

据《祁门倪氏族谱》卷下记，商人国时公“货殖多才，贩木饶河，不幸遭家不造，沉沦于古县渡以陨其躯”。这时其妻子 35 岁，刚生一儿子才 6 个月。面对如此不幸，她克服了万般艰难，将儿子抚养成人，并让他服贾，“家产自此丰”。

《岩镇志草》记，歙商程其贤“四岁而孤，节母汪扶四子……时家道中落，又值明季兵荒，节母拮据万状”，终于将四个儿子抚养成人。其贤

16岁即远服贾，“诚信自矢，不罔利，而业日振，节母顾而乐之”。

《休宁率东程氏家谱》卷一一《程母吴孺人传》记，程锁母亲吴氏，嫁给休宁程悦后“居家敦静整肃，然未尝一失妯娌欢心，即箴管井灶，咸秩秩有条也，以是程君无内顾，得商游江淮间”。然而好景不长，程悦不久“卒于旅”。吴氏命程锁迎归父葬，并收取程悦生前所贷给别人的债。可见程悦也是个徽州朝奉，开典当放债赚利息。但程锁至后，竟没有一人还贷。程锁“悉焚其券无所持归，以空橐献孺人（吴氏）”，而吴氏非但没责备程锁，还表扬儿子做得对。但此时，吴氏在家乡过日子借了别人不少钱，“乡人踵门收债者无宁日”。面对如此内外交困的巨大压力，吴氏“倾奁佐还之，爰是生理日艰，勤治女红，日夕抱戚处房闼，终丧不易布素，不与燕饮”。程锁起先业儒，时时放不下功名，身体也一天天虚弱。吴氏又开导程锁：“仰事俯育为生人事，功名身外物也，奈何以外物轻身命，堕先业乎？”在吴氏的劝导下，程锁终于“承志服贾，起家累巨万”。程锁家终于在吴氏的坚忍操劳下，由中落又得到重振。

还有《许氏世谱·明故许母永贞孺人郑氏行状》所记郑长娘的故事，也十分典型。郑长娘嫁给许氏永京公时，正逢许家盛时。永京公之父经商“致富千金，卓冠商流”。然而不久其父病故，家业鳞削。永京公20岁时，“慨然思振家声，继述商业”。他对长娘说：“吾即久外，归省未暇，汝能任余责乎？”长娘一口应允。永京挟资行商，志气超轶。讵料“涉历江湖寥十载，竟夭殁不归”。在这般巨大的打击下，郑长娘义无反顾，毅然挑起家中重担，虽然自己没有与永京公生有子女，却将三位庶子当作亲生儿子，“笃爱拊蓄，顾复不啻己出”。三子长大后，长娘“视之皆能克家，遂捐己产贸资，命商于外，起迹濡须，富厚不赀，恢复前业”，完成了丈夫生前“思振家声”的夙愿。这个记载说明许氏祖孙三代经商，因公公早丧，丈夫出门又殁，郑长娘自己虽没有生养孩子，却将许永京与小老婆生的三个孩子抚养成人。儿子长大后，她又将自己的那一份资产拿出让儿子出门经商，终于使许家又重振家业。可见许氏郑长娘含辛茹苦，相夫教子，是典型的贤妻良母。

晋商妇中相夫教子，含辛茹苦，忍顺耐劳以持家、慈怀仁智以教子者也比比皆是。据太谷县《郝孺人墓志铭》云：“杨腾霄，字允升，始祖由陕西华阴迁居太谷北张村，标识于商……郝孺人之归公也，长子方八龄，鞠育顾复，无异所生。”这位郝孺人嫁给杨腾霄时，杨与前房夫人已有八岁大的儿子，郝孺人教育抚养、照顾周到，就如同自己的亲生儿子一般。郝孺人“为人勤俭慈惠，仰事俯育，恪尽妇道，人无闲言”。杨腾霄之所以能全力于商，“非得孺人立贤助，使公内无顾忧，遏克臻此。……迨允升公谢世，持家教子，孺人以一身任之，二十余年如一日，从不以年老而少懈”。

榆次常家八世常库在张家口经商，家中一切事宜也全赖夫人操持。据《库公配任太安人七十寿序》云：“公居货于张家口，一切家政皆出自安人。……中馈自主，井臼亲操，纵有肥甘不忘蔬食，纵有美锦不弃浣衣。……既遵经理遗训，事舅姑而尽孝，自著晨昏之文，睦妯娌却明是非，待姻娅无私好恶。身虽巾帼，行同丈夫，事在闺门，肃若朝典。”这篇寿序是说常库的夫人居家操持，虽然家中已富贵，但她还是亲自打水舂米、下厨做饭。即使有肥美甘甜的食物也不忘粗茶淡饭，有华丽如锦的衣裳也不忘亲自洗涤。平时遵守圣人的教诲，孝敬公婆，和睦妯娌，明辨是非，对待自己的娘家亲人从来无私心。虽然是个妇道人家，但巾帼不让须眉，做事说话如同大丈夫一般，在家中当家理政，人人敬畏钦佩，如同皇帝朝典一样庄严肃穆。

又有《龄公副室刘太恭人七十四寿序》云，刘太恭人“训子具有义方，夜读，灯前必缝纫与俱，以防其倦；弄子不为溺爱，日餐坐侧，每放啜是戒，以抑其骄”。

■ 万荣通化镇享亭

在相夫教子、恪守妇德、勤俭治家、大有内德方面，山西万荣县李家大院的半边天们不仅“懿德千古”“彤华垂耀”，而且代代相传，“泽润河东，懿范永垂”，并且把李道行的英国夫人也感染熏陶得读书明礼，大有妇德。

李家大院经商致富的第一代李文炳，出生于1804年，17岁就开始赶集会，摆摊卖布，组织马帮跑“三边”（靖边、安边、定边）。在陕西定边经商时，续娶当地一卫姓女子为妻。这个卫夫人嫁到李家后，一生温顺健劳，食淡衣粗，给李家后世子妇做出了榜样。据《李母卫太孺人墓志铭》记：“太孺人姓卫氏，陕西定边县张喜梁村祥斋公之季女也。庄重寡言，朴而好整。年十九，适山西万泉县阎景村监生李公讳文炳字虎臣者为继配。时李公贾于凝条梁，以无嗣未携归里。三年生一子，又八年而归。逮事其姑，饔飧谙其食性，定省温凊，勤恳备至，有所使不惮繁重，得堂上欢心。处妯娌无闲言，视群从（指诸子侄）如己出。姑弃养后，总理内政，先之劳之。每日黎明即起，洒扫庭除，安置器物，必令整洁；炊甯（甯通爨，做饭）之余，纺绩缝纫。日不足，焚膏以继，恒至宵分。境虽饶裕，而食淡衣粗，自奉甚约，如是者三十余年。子妇则效，罔敢奢惰焉。太孺人生于道光二年（1822年）五月八日，卒于光绪十四年（1888年）十二月二日，寿六旬有七。……铭曰：坤道通乎？妇道胡牝马之贞？取其性顺而健于行也。妇顺则有妇德，妇健则有妇工。顺健二字可该太孺人一生！”“坤道通乎？妇道胡牝马之贞？”是取自《周易·坤·卦辞》：“坤，元亨，利牝马之贞。”“坤”指地，“元”是开始，“亨”乃通，意思是说妇德如果像母马那样既柔顺又负重，还能生育子女，则是吉利的。

李家大院第二代李敬修之妻王氏，天性纯谨，贤淑孝顺，为人正直，慈爱善良。她17岁从猗氏大阎镇嫁给李敬修，在娘家是独生女，其父并无其他子女。归适李家后她孝敬公婆及娘家父母，早上省视问安，晚间服侍就寝，家中事无巨细，必请示婆婆而定。对待自己娘家父母，尤能尽孝，每逢佳节必奉以酒殽异味，回娘家探视，自己的母亲不吃，她自己就不吃。自己的母亲病了，虽然家中奴仆众多，她必亲为煎药，尝而后进，母亲一天病不好，她一天身不离床地服侍即至数月不倦。她的侄子李道升8岁丧父，她承担起道升的衣食起居抚养之责，以至为其婚配成家。她的另一个侄子李道在不满周岁时丧母，她又承担起乳养之责，精心喂养，视为亲子，以至于很长时间好多人都不知道她抚养的是侄子，还认为是她的亲生儿子呢！她的儿媳王氏、麦氏英年早逝，留下二子四女，她作为奶奶又承担起教养以至婚嫁之责。她善于教育儿孙，训子孙辈必引画荻、和丸以及二十四孝故事，课女子必以曹大家、孟德曜为首称。她自幼从母亲那里学得治疗眼疾、喉症的医术和药方，经常义诊治病，上门手术，不取分文。她曾专门托人从天津、北京购回各种丸散膏丹，舍施济世。1911 年辛亥革命起义，山西革命军南下，途经村中，王氏亲自支锅造饭，款待义军，以致操劳过度，身染重疾，卧床多日。民国十七年（1928 年）河东大旱，她客居太原，写信命其子李道临曰："尔虽负债，然本地连年荒旱，灾黎嗷嗷待哺，尔必竭尽全力筹赈，以继乃父之志。"复又写信给其大儿子李道行说："我前函嘱尔弟筹赈，今尔在家，宜视为急务。"随后，李家众兄弟出银洋 3 万多元，赈济晋南 17 县灾区并办粥厂舍饭，救济灾民甚众。民国十八年（1929）是王氏七十寿辰，当其两个儿子李道行、李道临商议为她过七十大寿时，她又断然拒绝，并告诫二子曰："历年天灾人祸，相寻无既，兼之倭寇东北，国事日急，民不聊生。何如以此等冗费，助国家军饷，赈济各处灾黎乎！"其二子遂即遵从母命，放下此事，不为祝寿。呜呼，纵观王夫人一生，天性善良，贤淑聪慧，教子有方，和睦邻里，勤谨耐劳，自甘淡泊，深明大义，爱家爱国，急人之难，慷慨好施，真乃巾帼之豪杰、闺中之楷模。其夫李敬修，人称李善人。李家以善名远播天下，人称慈善世家，其功劳簿上理应也有王夫人等李家女人们一半的辛劳。民国十八年（1929 年）王氏去世后万泉县 36 村集体为其赠送一块"泽润河东，懿范永垂"的大匾。

李家大院第二代李敬伦之妻岳氏，15 岁嫁到李家。李敬伦前妻留下一男一女，男李道在两岁，女四岁，岳氏均当作亲生儿女抚养。岳氏后生一男道荣，但缝织新衣，必道在先穿；家有好食，必道在先尝；道在身体稍有不适，必亲奉汤药。对待道在岳氏可以说不是亲生，胜似亲生。民国七年（1918 年），李道在被推举为全国众议院议员，要赴北京履职，但考虑岳氏年事已高，不想前往。岳氏说："读书所以济世，正宜补救时艰，拨乱首重安民，岂可休闲丧志。有汝弟道荣在家，你必速去，勿挂念我。"果然，李道在赴京后的第二年，岳氏一病不起。去世后，时任民国大总统徐世昌赠送匾额"彤华垂耀"，以光逝者。

李家大院第三代李道行之妻麦氏，是李道行在英国留学时娶的英国夫人。李道行，字子用，生于1880年，卒于1965年，享年85岁。1906年在太原山西大学堂西学专斋预科学习。1907年山西省政府派送英国留学生，他呈请自费到英国学习，在英国先学两年英文，1910年入英国格

■ 李道行与妻麦氏

拉斯哥皇家实业专门学校纺织科学习。宣统三年（1911年）与英国女子麦氏结为伉俪，毕业后于民国三年（1914年）偕夫人归国返里，先在运城中学当英文教员。曾于1919年、1922年两次当选为山西省议员，第二次当选后不久，又被省议会选举为省参事会参事员。当时全省参事会参事员只有九人，其中三人由省长委任，三人由省长聘请，三人由议会选举产生，会长是省长阎锡山。麦氏是李道行的继配，其随夫归国后的情况，从其二子李大燨、李大钵请人为其母写的《麦孺人墓志铭》可以洞见：

麦孺人者，余姻兄李君子用之继配也。李君留学英国，专心西学，久未还家。于前清宣统三年，娶麦孺人为继室，时孺人年已二十有一矣。

孺人虽产自欧洲，而赋性温良，秉心和顺，娴习英文，略涉书

史。民国二年，李君在英国皇家实业大学校纺织科毕业，携眷归里。孺人克慎克勤，勿逆勿怠，事舅姑甚谨。婉容愉色，常得其欢心。教子女甚严，蹈矩循规，不稍事姑息。至于姊妹之间，最相友爱；娣姒（妯娌。古代称丈夫的弟妇为娣，丈夫的嫂子为姒）之际，极其温和。凡拂情之举，以己心度之，己不欲而勿施于人。施惠之时，以诚心推之，予诸人而勿吝。于已应事接物之间，其得力于忠恕者有如此。前王孺人生一女，适漫峪口韩维屏之长子从先。澹台孺人无出。孺人生三女俱未字（未出嫁，没有交换八字）；男二，大熯、大钵，幼读。生平以早婚为戒，有为子女订婚者，婉言拒之。其抚养子女极其勤劳，衣服多亲自缝纫，饮食亦不时经营。李君方籍其内助之力也。孰意于殡亲之后，即染病在床，请医疗治终无效验，甚可惜已。卒于民国七年九月十二日戌时，即西历 1918 年。距西历 1890 年 6 月 9 日吉时，享年二旬有八。……铭曰：“生自欧土，来嫔中华。持躬淑慎，宜两室家。欢承燕寝，力挽鹿车。绵延瓜瓞，培养兰芽。读书明礼，崇俭戒奢。画荻训子，壸范堪嘉。遽尔弃世，令人咨嗟。佳城卜筑，长夜月斜。”

从墓志铭中亦可知，麦氏嫁给李道行时是第三房夫人，李子用前妻留有一女，二妻澹台氏没有生育，麦氏在同李子用结婚 7 年间就生了 5 个孩子，三女二男。可见二人夫妻恩爱，鱼水谐欢。麦氏是在随夫归国后，侍奉、安葬公公（李子用的父亲）后身染重病不治而亡的，年仅 28 岁。李子用在麦氏去世时年仅 38 岁，他享年 85 岁，活到 1965 年，麦氏去世后又有续娶，这是后话了。

李家第四代中，李道升的三儿子李大猷的妻子王和君，生于 1898 年，15 岁嫁给比自己小两岁的李大猷。1922 年，年仅 22 岁的李大猷便因病去世。此时，她方 24 岁，与李大猷生的儿子李同科年仅两岁，从此人称王和君为“三寡妇”。就是这个三寡妇与自己年幼的儿子相依为命，一边抚孤成人，一边料理李家南院的生意。她不仅在阎景村新开办了“和贞顺”布匹杂货店，而且将李家在宁夏银川的“敬义泰”商号生意打理得红红火火，经营布匹、绸缎、杂货，并加工生产酱菜、黄酒、玫瑰露酒和醋。到 1931 年时，仅银川“敬义泰”商号的资产就达到了 100 多万银元。王和君曾亲自雇用几十只骆驼从银川把银元驮运回李家大院。

王和君处事有主见，面冷心善，管理有方，禀性心直口快，嘴不饶人，属于女强人一类。她经营商号有三条规定：一是用人看品行、才能，无论商号掌柜、管账先生和学徒都要看这两条，缺一不用。而且商号全用本乡本土人，不用所在地的当地人。二是诚信经商，童叟无欺，经营的商品货真价实，言而有信。三是店规严格，管理有范，从商号掌柜、账房到学徒伙计，她都一视同仁，奖罚分明，照章办事，从不姑息迁就。其本人也精于商理，善于筹算，能用双手打算盘，是算账高手。凡商号账簿银项往来收入，一经她手，便算得清清楚楚，明明白白。

王和君出生于中医世家，自幼在其父的熏陶下，学会了中医把脉、针灸、拔火罐，记住了诸多汤头歌，熟识了许多中草药，并能配制多种膏药，经常用火针、拔罐、膏药等医术为街坊邻居、店中伙计治病除瘟，尤其拿手的是治风湿病和肩周炎。可怜可悲的是王和君受当时男儿早婚观念的影响，在自己的儿子李同科年仅 13 岁时就为其主婚成家，娶贾村庙杜村人范氏为妻。其子 1938 年 2 月也去世，年仅 18 岁。此时，王和君也才 40 岁。此后她忍着儿夭夫丧的巨大悲痛，坚强地生活挣扎，打理生意，又经历抗日战争、解放战争，直到中华人民共和国成立，活到 1967 年去世，享年 69 岁。

六、当家理政

在晋徽两大商帮男人的背后，还有一些精明强干、佐夫经商、当家理政的商妇。她们具有一定的文化素养，自幼在娘家或嫁到婆家后，看到父辈与自己的男人经商筹算，耳濡目染，也深谙商家之三昧，经常替丈夫出谋划策，且常有独到见解，成为丈夫生意上的得力帮手。而她们聪明才华的充分展示，往往又是在丈夫去世之后。丈夫在世时，按照我国传统道德规范，女人是不能抛头露面、出人头地的，她们的真知灼见只能由丈夫体现，一切功劳都要记在自己的男人头上，她们只能是幕后英雄。丈夫故去后，她们往往因子幼姑老，不得不挑起家中抚孤奉老、打理生意的重担。现实生活将她们推到了前台，同时也就给了她们展示自己才华的机遇和舞台，使她们又为我们留下一个个巾帼不让须眉、“谁说女子不如男”的佳话。她们也可以说是商界女汉子、花木兰、穆桂英。这样的事例在晋商、徽商妇女中也俯拾皆是。先看看晋商妇吧。

（一）晋商妇中当家理政之佼佼者

1. 介休冀家马太夫人

山西介休北辛武村冀氏，七世单传至冀国定，经营的商业、票号、典当业等十分兴隆。道光初年，冀氏在湖北樊城、襄阳等地经营的商铺字号70多家，经营以当铺为主，兼营油坊、布匹、杂货等生意。其中资本在10万两以上的商号有钟盛、增盛、世盛、恒盛、永盛当铺和平遥的谦盛亨布庄，时有资产达300万两白银。但冀国定崇尚节俭，家中有对联曰：“处世无才惟守拙，容身有地不求宽。”

冀国定七世单传，年届40岁时，膝下只有女儿而没有儿子，遂继娶四房马氏，后称马太夫人。随后冀国定陆续得子以公、以廉、以中、以和、以正5个儿子，加之前后9个女儿，共育有14个儿女，从此冀家香火延续达到鼎盛。1838年冀国定去世时，其大儿子尚不足20岁，冀家因“诸子未更事”，家中的偌大生意和内外诸事皆由马太夫人主持。马氏主持家政十几年，不仅将冀氏家族产业管理得井井有条，而且达到了鼎盛。马氏是山西商人家族中少有的一个主持家政的女性。在她过七十大寿时，清人徐继畬在《冀母马太夫人七十寿》（徐继畬：《松龛先生全集》卷二）中云：

太夫人为诰赠资政大夫——斋冀公之继室，母家簪缨世胄，夙娴诗礼。赠公自祖父以上单传者七世，家称富有，而苦于襄助无人，自太夫人来归，乃准母家仪式相之，以立家规。赠公资业半在荆楚，又有在京师畿辅山左者，往来照料，井井有条，而家政则一委之太夫人。赠公自奉俭约，两岁恒杂粗粝。太夫人曰：此惜福之道也。然自奉宜薄，待人不厌其厚。即擅素封之名义，所当为不宜居人后，赠公深以为然，故指囷赠舟之事，不一而足。会垣修贡院，首捐万金，族戚邻里之待以举火者，无虑数十百家，皆太夫人赠助成之。赠公既逝，太夫人以诸子未更事，内外诸事悉自经理。南北贸易经商字号凡数十处，伙归呈单簿稍有罅漏，即为指出，无不咋舌骇服。不出户庭，而大辔在手。综理精密，不减赠公在时。又待伙极厚，故人皆乐为尽力。……太夫人男子五，有己出，有庶出，抚之如一，教如一。诸子虽得高爵，而躬躬修敕不敢以裘马耀乡闾，供客极丰腆，而家中两餐仍俭素。曰：惜福则福自长也。故诸子生富家而能饱粗粝。故有诗云："冀有贤母伏波裔，敬宗收族意常勤。"

从徐继畬先生所撰寿序可知，马太夫人在丈夫去世后主持家政，管理商号之果敢干练。"不出户庭，而大辔在手。综理精密，不减赠公在时。"墓志铭中又记她"综理内外，悉能洞烛其微"。马太夫人当家主政时，正值太平天国运动，"南省骚动"，"全楚被兵，商号之遭兵燹十余家，资已去大半"。她果断收缩冀家在两湖的商业资本，将五六十万两银子转移至天津开设当铺，又以富于远见的目光和胆识，令各商号"慨然兴报国之心，屡次助饷，凡数十万金"。其家谱中记曰："咸丰初，粤贼窜入湘南，两湖骚动，太夫人曰：'此吾家报国之时也！时势如此，守钱欲何为？'即寄信各伙，令竭力捐输助饷，而晋省捐输之议亦起，接连六七次，计前后捐输凡数十万金。"咸丰末年，"岁饥，饿殍遍道，太夫人发所储粮赈之，不足又买粟以济，所活无算"。马太夫人主持家政数十年间，自奉俭约，"衣不尚文绣，食不期丰腆"，而"周急济困"，"以至修佛寺，造桥梁"，"随分尽心，不可胜记"。咸丰六、七年间（1856—1857年），马太夫人又主持修家谱、建祠堂，又主持给自己生的和不是自己生的五个儿子分了家，从此有了儿子以公的悦信堂、以廉的笃信堂、以中的立信堂、以和的敦信堂、以正的有信堂等"五信堂"之称。她主持分家公道无私，一方面，将冀氏不动产注入商业资本，扩大了经营；另一方面，又令五子各自主政，调动了儿子们经商的积极性。"五信堂"在生意上既合作又竞争，把冀家推向了人财两旺的鼎盛时期。五子分立门户后，至光绪三年（1877 年）以廉和以中各以 30 万两白银建造了一座大院，以正用十几万两白银买下本村破产财主“阎百万”的房院，以和用十几万两白银建造了房舍和花园。以正留在老宅，与马太夫人一起生活，马太夫人含饴弄孙，安享天年。这位巾帼英才，一生又会生儿子，又会管家政，又会经商理财，又济困帮扶邻里亲友，又慷慨捐输报效王朝。既打破了冀氏七世单传的惮惮局面，作为女人为冀家立了头功，又以其聪慧才智“综理内外，悉能洞烛其微”，“大辔在手”、绝对权威地管理冀氏商业，将冀氏家业在丈夫已故去的基础上做得又强又大，再上一个台阶，可谓女中豪杰，商妇奇葩。

2. 太谷王家武夫人

太谷武氏是一位智慧果敢、非同一般的女子。据民国八年（1919 年）《王君燮堂继室武氏墓志铭》中记载：“氏，王君燮堂之继室也，归燮堂时，年已三十一岁。氏归燮堂二载，燮堂卒，有子十三岁，宅一所，田一垅，而票商资本几为债累。氏则脱簪珥，杂佣保中，课田作，汲汲如不终日。不十年，而甲第连云，阡陌栉比，子亦受室，读书作秀才，财力渐裕。”武氏嫁给王燮堂是再嫁，王系再娶，是一个特殊的组合家庭。武氏嫁给王两年后，王故去，武氏挑起家中生活重担，卖掉首饰，裁减佣人，操劳农桑，终日劳作

■ 灵石王家

而不肯休息。不到十年，家里盖起了高大的房屋，土地也多得连成片，儿子也娶了媳妇成了家，并且考取了秀才，家中的财力也富裕了。但是，到此并没有完，武氏还有远见卓识。庚子以后主持其家毅然脱离票商藩篱，转型农业。这时，有人劝其曰："票商之利巨，胡为弃彼取此?"武氏答曰："票商命脉与国运相维系……海关税监督，政府特权也，夺于外藩，利权已失，况六国构兵，銮舆出狩，内而大小臣工，日眈眈目前利，外而七省制度，方且倚外交拥兵歌宴，罔知国难之恤，是主上不啻与豺狼伍也，使票商亦效尤焉，势必席卷所有而重贻股东累……时事日非，潮流愈下，骄侈淫佚相习成风，环顾市廛，其不流为衣冠盗贼者，几何人哉？氏夫弥留时，殷殷以抚孤之任托我，曾几何时，肯使是区区者财而不能保，反贻泉下人以憾耶!"

面对清末乱世，票商衰落，多少票商大佬、东家掌柜都一筹莫展，墨守成规，或苟延残喘，或任其资本损耗，直到资不抵债，倒闭破产。唯独这位武氏有此远见卓识、恳切惊人之论；且毅然收回投入票号的资本，转而弃商投农，成功转型土地农业，挽救了王氏的家运，保住了王氏的资产。武氏既有大丈夫之睿智，又有闺中之懿德，纵七尺男儿也自愧弗如。而且她经营农业"也勤也俭，虽至糠秕稊稗，亦必筹夫用途，而不使货弃于地"。更可贵者，"独于慈善事业竭财力不少惜，民军缺饷，捐金钏助之，以为都人士倡"，给当地有钱人做了榜样，认为武氏像个见过世面的大都市人。对于这样一位女中豪杰，怎不令人敬仰佩服。难怪太谷县举人、商人之后孙丕基在为其撰写的铭文开头就说："山右票商甲天下，国体变更，商票二百余年之信用，坠落于波谲云诡之中，随清国运以俱逝，而失败之机，不自近日始也！……能先觉者，厥惟王武氏。"赞扬武氏是晋商票号"失败之机"的"先觉者"。

3. 太谷武家杨夫人

太谷县还有一位商妇是武育堂的妻子，人称武母杨恭人。有民国十二年（1923年）的《武母杨恭人墓志》记："太谷富室皆致于商，无由他途致者也，故商业兴替则富室随之。……自道、咸、同至清季以及今日，太谷商业被毁者十之八九，富者随之以贫者其数称，大都一蹶不振。"而"太谷城南门外西庄村，武氏育堂公家，独能蹶而复振，且能屡

■ 晋商宅院

振屡蹶而终归于振。……有贤内助杨恭人心同力协，尽革旧日富室阔大之习，别创新局”。武育堂病故后，杨恭人主持家政，“其第一急务所以立不拔之基者，则在严督子孙，宜商者督之商，宜学者督之学。……恭人更加刻励，举家兢兢畏惧。……如是者数年，商者精通商理，挽救经营，商业复兴；学者入官以禄，所入济家。恭人之境，至此一裕”。这位杨恭人精明能干、治家有方。她不仅在其丈夫故后革除富室之家讲排场、摆阔气的陋习，使家中上上下下敬畏勤劳，还能因材施教子孙，使“宜商者督之商，宜学者督之学”，终于使儿孙们各得其所，各有成就，家中日子一天天宽裕。武氏之家蹶而复振、振而复蹶后而终归于振，真是令人叹服敬佩。

（二）徽商妇中当家理政之佼佼者

1. 歙县三个汪太太

徽商妇中当家理政之佼佼者，最著名的莫过于在扬州经营盐业的盐商汪石公的夫人汪太太了。据徐珂《清稗类钞》第 24 册《豪侈类·汪太太奢侈》记："汪石公是两淮八大盐商之一。汪石公既殁，内外各事，均其妇主持，故人辄称之曰'汪太太'。太太当（清）高宗幸扬时，与淮之盐商先数月在北城外择荒地数百亩，仿杭之西湖风景建筑亭台园榭，以供御览。惟中少一池，太太独出数万金，夜集工匠，起造三仙池一方，池夜成而翌日驾至，高宗大赞扬，赐珍物，由是而太太之名益著。"

歙商吴希元的夫人更有远见卓识，也是非凡之辈。吴希元亦儒亦贾，"时而挟书试南郡，时而持算客广陵"。其妇汪氏曾两次以嘉言劝告。据《丰南志》第5册《从嫂汪行状》记，汪氏在论贾时对丈夫曰："良贾深藏若虚，无移于侈汰。"意思是说好的商人即便富有也要藏而不露，示有于无，不能去做奢侈浪费、讲排场、摆阔气的事。其论儒时对丈夫曰："荣华非可侥得，无逐于徜来。"意思是说荣华富贵不是凭侥幸就可得来的，不要梦想可以无意中得到不应得到的钱财和富贵。在封建社会，一个妇道人家对儒和贾、功和名、钱与财有这等深刻的认识，是难能可贵的。明万历年间，朝廷修建三大殿，资金缺乏，有人开始打富商大贾的主意。在此情况下，稍有不慎，大户人家就会遭遇不测，汪氏又竭力劝夫，主张捐助。"乃献万金，供作费。天子义而旌之。授兄（吴希元）文华殿中书舍人。敕命至日，冠翟拖帔，里人夸然。"汪氏的远见，既让吴家避免了一场可能来临的不测之祸，又争得了政治荣耀，夸耀于乡里，为后来的商事发展奠定了基础。

歙县《丰南志》第8册《溪南吴氏祠堂记》载，歙商吴佩"以服贾起家"，曾和妻子商量，立志要建吴氏祠堂，不幸"客死大梁"。而吴佩未有子，其妻汪氏在家族中立了一人作为吴佩的继承人，将吴佩的灵柩从大梁迎接回来安葬。汪氏擗地痛哭地扶着丈夫的灵柩说："君死，未亡人不难以死从君，顾君有志不终，而君未有子，未亡人死，其谓君何!"为了完成丈夫建祠的遗愿，汪氏"举处士（吴佩）遗金授能者任毂，居数岁累百金，遂度地程材乃议祠事……尽百金不足，则脱簪珥筐筥以继之，又不足，则称贷继之，辟纻（练麻）织纤以偿之，盖终始若干年，然后告成事"。汪太太继承夫志，矢志不渝，凭一人之力终始若干年建成吴氏祠堂。自己不惜变卖首饰，掏出家底，与人借贷，以建祠堂。为建祠堂她甘愿过苦日子，日夜纺织以偿贷。终于建成告竣，告慰了自己九泉之下的丈夫，亦可谓巾帼豪杰。

2. 秀外慧中三才女

在徽州女人中，还有一些颇有才情的女诗人。她们多出自徽州豪门望族，其中有嫁与商人为妇者。这些生来聪慧多情、秀外慧中的女子，也为我们留下许多很有价值的诗文作品。

汪嫈，字雅安，汪埙之长女，嫁与歙县槐塘人程禹和为妻，著有《雅安书屋诗集》四卷，对于诗歌创作有自己独到的见解。她反对某些人“宗唐”的主张，认为学诗应当从《诗经》《楚辞》开始。其在《论诗六首寄示徐玉卿》中说：

曾向名山叩秘传，性情以外漫谈禅。
自然乐府从骚出，根柢终须三百篇。

清代著名学者阮元、黄爵滋为她的诗集作序。阮元对她的诗歌创作给予极高的评价：“五言古近体，风格大抵与有唐初盛为近，辞气温厚和平，质而不陋，清而不纤，粹然几于儒者之言。七言长句及咏史诸律，则放笔为之，雄豪跌宕，迥非寒俭家所能梦见。”

程姓是徽州大姓，程氏才女也非常多，《歙事闲谭》卷二记载了许多程姓才女的寄情诗作。

沙溪汪本之妻程氏，写有一首《寄夫》诗：

连朝底事最关情，坐向篱边对落英。
一卷陶诗一壶酒，碧琅玕上月初明。

诗中意境是一幅绝妙的月下读书、捧酒赏菊图。汪本读了妻子的诗后，喜不自禁地答诗云：

近来闻说闺中友，辛苦终朝灌菊英。
里社他时清论在，定应呼作女渊明。

程璋，字弱文，九岁时即通翰墨。日摹《曹娥》《麻姑》诸碑，书法精工。及笄后嫁与同里商人方元白为妻。丈夫时到扬州经商，久客未归，程璋就以柳叶为题抒写了两首情致缠绵的五言绝句，以寄托相思之情，其中第一首是：

杨柳叶青青，上有相思纹。
与君隔千里，因风犹见君。

第二首是：

柳叶青复黄，君子重颜色。
一朝风露寒，弃捐安可测？

两首以柳叶为题材的诗，展现了程璋细腻多情的情感世界，寄托了自己对在外经商夫君的无限情思，也暗喻了自己身体不好，有病难测，规劝丈夫莫只重颜色，商而不归。有道云红颜薄命，才女命舛。程璋女士年二十一而卒。她去世后，方元白也无意再娶，无心在商，遂剃度到天台山做了一名和尚。

七、贞节烈妇

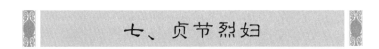

在徽州女人和山西婆姨中，最为凄惨痛苦、遭受生活和精神折磨最大的是一些贞女、节妇、烈妇。在这一方面徽州女人数量最多、痛苦最大。清代徽州人赵吉士就说：“新安节烈最多，一邑当他省之半。”今天我们在徽州的路口、田头、村中仍能看到许多旌表贞节烈妇的牌坊。据统计，现存的130余座各类徽州牌坊中，就有46座是贞节牌坊。又据清末光绪三十一年（1905年）建成的徽州“孝贞节烈坊”记载，徽州一府

■ 徽州贞节坊

六邑被表彰的节烈妇女人数就多达65078人。掀开徽州方志和族谱，记载节妇、烈妇、贞女的传记比比皆是。每每翻开这些发黄的纸页，总是令人不忍卒读。她们凄楚哀婉、辛酸悲伤的一生，不仅让你捧读时潸然泪下，更让你合上书页时要怒吼："礼教杀人，实在可怕！"

新安贞女、节妇、烈妇多，是因为新安是朱熹故里。程朱理学在此地极其盛行，新安人做事处世、言行礼仪，唯以朱熹思想为圭臬。"当其时，自井邑田野，以至远山深谷，居民之处，莫不有学有师，有书史之藏。其学所本，则一以郡先师朱子为归：凡六经传注、诸子百氏之收，非经朱子论定者，父兄不以为教，子弟不以为学也，是以朱子之学虽行天下，而讲之熟、说之详、守之固，则惟新安之士为然。"（道光《休宁县志》卷一《疆域志·风俗》）而程朱理学对妇女的影响，就在于朱熹极力提倡和宣扬的"三从四德""三纲五常""存天理、灭人欲"和"饿死事极小，失节事极大"等节烈观。在新安，朱子理学思想、封建礼教已经成为普通百姓日常生活中必须遵循的信条和守则，一切事宜皆以《文公家礼》为标准，"取朱子之教，秉朱子礼，以邹鲁之风自持，而以邹鲁之风传之子若孙也。"朱子学说在新安子孙相传，根深蒂固，蔚然成风。

徽州妇女贞节烈者多的另一原因，是与明清统治者在制度上对贞节烈妇的褒奖措施有关，是封建帝王推行倡导的结果。明朝建国伊始，朱元璋就诏令天下："民间寡妇三十以前亡夫守节，五十以后不肯改节者，旌表门闾，除免本家差役。"（《明会典》）至清朝，节烈也同样受到旌表和免役："康熙六年定例，凡妇人三十七岁以前守节至五十岁以后者，照例旌表。雍正六年定例，凡妇人守节十五年以上，年逾四十而身故者，亦照例旌表。"这些规定都载在《大清会典》上。因此，可以说封建王朝的精神鼓励、公开旌表，生前守节，经济上可为家庭免除劳役，死后可以立牌坊留名，是徽州妇女"相竞以贞"、节烈最多的制度原因。

那么，贞、节、烈的标准是什么呢？如何区分贞女、节妇、烈妇呢？

贞：贞女。据清人解释："守贞之女有二：许字而夫亡不嫁者，志乎贞者也；终身不字，以养父母者，则贞而志乎孝者也。贞虽同而所以贞者不同。"（嘉庆《两淮盐法志》卷五一《人物·烈女传》）许字，指女方与男方交换生辰八字，已经订婚。订婚后，丈夫尚未迎娶过门而自先身亡，这位女子从此就不再嫁人，有称为"望门寡"。这类女子一生恪守童贞，从来没有过夫妻性生活，处女守身，故曰贞女。第二类贞女是指从来就没有许配过人，没有与人交换过八字，从小就立志在家孝养父母，终生与自己的亲生父母相依为命，有称为"老姑娘"。徽州方志家谱中记载的贞女多为前一类。

在徽州商妇中，贞女是很多的。如姜贞女，东台场人，许字徽商潘连华，未嫁，连华死。将改字，女曰："老母在前，吾独不能为婴儿子乎？遂在室终养……嘉庆七年卒，年七十二。"（嘉庆《两淮盐法志》卷五一《人物·列女传》）该书列女传又记："吴文卿女，仪征人，许字徽商汪文斗。亲迎前一夕，文斗暴亡，女请于父母奔丧，舅姑恐其不终，居之别业。年余始迎归，终岁坐卧一小楼，家人罕见其面。夫兄文学以次子德龄为之嗣，及娶妇，吴始下楼。"该女子在雍正年间得到旌表。在黟县，有一位杨叶氏贞女也十分有名，有一首颂扬她的诗云："卢家叶贞女，操洁凛冰霜。望门称寡鹄，同穴示不亡。麻衣誓夫舍，为终三年丧。"这类贞女多被人誉为"冰清玉洁"，备受宗族、乡里和官府的敬奉与表彰。

节：节操、气节。男子之节操气节在于"富贵不能淫，贫贱不能移，威武不能屈”，冻死迎风站，一臣不事二主。女子之节操气节，作为节妇就是秉持“好马不配双鞍，好女不嫁二男”的节烈观，从一而终，夫死而不再醮，立志独守空房，奉养公婆，抚孤成人。节妇与贞女的区别在于节妇是已婚之妇，多数已育有儿女，也有自己无儿女的。而贞女则是仅以字许配给男方，并未出嫁，或出嫁到男方时夫君已亡，是没有性生活、没有儿女者。在徽州历史上，节妇人数最多，影响也最大。节妇的守寡生活是万般孤独煎熬的。她们独守空房，足不出户，精神上的痛苦折磨是常人难以想象的。官宦人家和富裕商人家庭中的节妇衣食无忧，只是精神上备受折磨罢了。贫苦人家的节妇则不仅要备受精神上的摧残，还要备受物质生活贫困的窘迫，还要日复一日、年复一年，没白天没黑夜地操持家务，下田劳作，为生计为活命而夜以继日地劳动、做女工，抚孤儿、养公婆。她们的人生、她们的命可以说是比黄连还要苦。

歙县许村现存有一座许氏老宅。宅子的院墙上至今可以看到嵌砌着“墙里门”三个字的门额，门额下方镌有胡氏守节的说明文字。文字今天已经漫漶不清，但其故事是说：明朝许村人许伯升在福建江州做知府，他的三弟娶胡氏为妻，新婚不到一个月，三弟出门经商，不久暴病身亡。许伯升回村奔丧，料理完三弟后事后，询问弟媳是改嫁还是守节，胡氏说她腹中已怀有许家骨肉，愿意矢志守节。这个许伯升第二天就找来工匠，先在后院挖了一眼“福泉井”，让胡氏不出院门就可以打水喝；后又

■ 歙县许村

围绕胡氏居所砌起一圈一丈多高的外墙，使胡氏居所与外界隔开，形成一个“墙里门”。从此，胡氏与一女仆便住在这里。族人遵许伯升之嘱，定期搭梯子、登墙头，给胡氏主仆送些食物柴米进来。胡氏十月分娩，生下一子，取名天相。胡氏励志守节，抚养孤儿，直到把天相培养成人，受室为官。天相做官以后，把他母亲守节的事迹奏明皇上，皇上准予旌表并拆除围墙。天相拆了围墙后，告诉母亲今后可以在村中走动。母亲说：“娘老了，没有力气走动了。”天相又告诉母亲，皇上已经批准为她竖立牌坊。其母又说：“要不是舍不得儿一块肉，俺早就随你父亲一起去了。娘不要什么牌坊。”胡氏守节 52 年，活到 68 岁去世，天相遵从母亲遗愿，没有建牌坊，而是把母亲的守节事迹镌刻在碑上，嵌立于当年的“墙里门”上。后人经过此地，无不驻足凭吊，感佩怀念。

再如：“洪其韬妻汪氏，歙人，明季年十九归洪。崇祯十三年夫客扬州，避流寇归，中途死难……遗孤完沆生甫七月，抚之有成，具衣冠葬其韬于扬州城北晓星塘，矢节凡五十七年，乾隆中旌表。”“鲍梦斗妻方氏，徽州人，年二十七夫客死扬州，三子一女皆幼贫，不能自存。奉姑翁转徙梁垛场，尽鬻奁具，以代菽水，教子读书，择交流、励名节。”这两例均见于嘉庆《两淮盐法志》卷五一《人物·烈女传》。据此书记载，从康熙三十二年（1693 年）到嘉庆八年（1803 年）的 110 年间，受到清政府旌表的徽州节妇就有 42 人。清代乾隆十八年（1753 年）还有一个被旌表的节妇是歙县徐村徐光明妻胡氏。胡氏在同公公和幼子一道去徐州探望丈夫时，不幸公公和丈夫竟然接连去世。面对这突如其来的厄运，胡氏擦干眼泪，挺起脊梁，以徽州妇女的坚贞和毅力，硬是不远数千里，克服千山万水的艰难险阻，亲扶二柩，携幼孤，归葬于歙。其时，族人酬金要为其扶孤，都被她坚辞谢绝了。随后，她以纺织为活，奉养并安葬了姑姑（婆婆），后守节 23 年而逝。还有黟县方天绩婚后出门经商，客死于外。他 25 岁的妻子鲍氏为了表明誓死不嫁二夫的心志，也为了扼杀自己的欲念与外界的干扰，她自毁面容，终年居住在一座小楼上，以纺织为生。

说起毁容守节，民国山西《榆次县志·贤媛录》也记有一例：“张可宁妻：宁随父贸易江南……年二十，丈夫亡，遗子方三岁，氏矢志守节。继姑每讽以艰难，使更适，辄不应。姑怒，益谋嫁之。氏度姑意不可夺，乃持刀劈首，血淋淋被面，见者皆惊，姑始不复言。自始守至卒，内外无间者四十二年。”这位山西商妇在20岁时死去丈夫，有个3岁的儿子。在立志守节时，她的继母婆婆因家中生活艰难，三番五次劝她改嫁，并发怒谋划着要将她嫁出去。她就持刀劈面，自毁花容，淋淋鲜血流了满脸，见到的人都大为吃惊，她的继母婆婆从此再也不提让她改嫁的事了。她从丈夫死后一直守节42年，活了62岁。这42年没有一个人说她的闲话。

寡妇守节，日子艰难，冬去春来，日夜永年，青灯残月，形单影只。她们心中的万千愁绪世人是难以理会知晓的。有黟县民谣《小寡妇上坟》道出了她们的苦衷：

日如年，夜如年，
披上个麻袋更可怜，低头化纸钱。
纸灰化作花蝴蝶，血泪染成红杜鹃。

还有一首流传于绩溪的《十二月寡妇娘》歌，收录于方静先生采编的《徽州民谣》，由胡亚虎先生采集于胡家。歌谣唱道：

正月提起寡妇娘，正月本是拜年忙，
别人拜年有人陪，寡妇拜年白茫茫。
二月提起寡妇娘，二月本是下种忙，
别人种子已归土，寡妇种子高悬梁。
三月提起寡妇娘，三月本是挂钱忙，
别人挂钱挂上祖，寡妇挂钱挂夫郎。
四月提起寡妇娘，四月本是插秧忙，
插得秧来茶已老，采得茶来秧又黄。
五月提起寡妇娘，五月本是耘田忙，
金莲三寸泥里踩，百褶罗裙裹泥浆。
六月提起寡妇娘，六月本是乘凉忙，
别人乘凉成双对，寡妇乘凉不成双。
七月提起寡妇娘，七月本是割稻忙，
别人割得金黄谷，寡妇割得满田荒。

八月提起寡妇娘，八月仍是收割忙，
别人收粮仓仓满，寡妇只收半年粮。
九月提起寡妇娘，九月本是赏花忙，
别人菊花亲人插，寡妇菊花园里黄。
十月提起寡妇娘，十月本是做衣忙，
别人做衣做花色，寡妇只做青布裳。
十一月提起寡妇娘，十一月本是舂粮忙，
别人舂粮用担挑，寡妇家中升底量。
十二月提起寡妇娘，十二月本是过年忙，
别人过年团团聚，寡妇过年守空房。

烈：刚烈、刚正、威严、凶猛。烈妇，就是指坚守节义而牺牲生命、以身殉夫的女子。在徽州，这类刚烈之女也是大大多于他乡。民国《歙县志》共 16 卷，其中《人物志》占了 9 卷。9 卷《人物志》中，有勋绩、宦迹、忠节、儒林、文苑、材武、孝友、义行、士林、隐逸、方技、烈女等 12 目，贞女、节妇、烈妇传占 4 卷，共有 7098 人。

徽州烈妇："江承增妻，烈女，歙人，年十六归江，未婚，夫客于外，事姑三年，曲尽孝养。闻夫讣，水浆不入口，七日而死。"（嘉庆《两淮盐法志》卷五一《人物·烈女传》）又如《歙县潭渡杂记·烈妇程氏传》记，程再弟，15 岁嫁给徽人黄九叙，九叙去芜湖经商病故。讣闻传来，程氏如五雷轰顶，"一恸而绝，绝而复苏者再"，苏醒后她含着无限悲痛，写了一篇祭夫文，遣从侄携往芜湖祭奠亡夫。她在祭文中写道："妾薄命，自离襁褓，上失严亲，下鲜兄弟，鞠于二母，笄而适君。君亦孑然当户，夫遭何戚氏之艰，舅姑既丧，家以日微。自去夏君赴湖阴（芜湖），将别一载。徽人十九为商，虽复睽离，归期可俟。讵谓十五日，七儿还报，君弃妾而逝，使妾闻之崩摧五内也……"在封建社会，丈夫就是妻子的天，天塌了，妻子的生活就是一片黑暗。程氏在如此巨大的打击下，彻底绝望，不进饮食，绝食 17 天后而亡。

祁门《方氏族谱》记载一位胡氏妇人，在她怀孕期间，丈夫在外经商突然病故，此时她年仅 17 岁。她本想紧随丈夫而去，但考虑到腹中的孩子是丈夫的骨血，决定暂时不死，忍痛抚孤，将孩子抚养到 9 岁。这

9年间，她整天以泪洗面，“辟踊悲号，声彻九年”。9年间，她“言笑未曾露齿，足迹未曾出庭。衣惟布素，首不妆饰，岁时伏腊，必省墓涕泣”。同时“任劳家政，靡不事宜，事翁姑诚敬克尽，和妯娌愠怒不形”，恪守着为妇之道。当儿子9岁时，她认为儿已长大，可以离娘，便又选择了以死殉夫。

在徽州节烈思想深入人心，根深蒂固，不仅影响着一般的士大夫家族、商人之妇，就是一些婢女仆人也深受其影响。明末歙县潭渡黄时耀家中有位婢女张氏，是黄时耀母亲汪氏的丫鬟，自幼听汪氏和黄时耀的妻子程氏讲烈女传。这位丫鬟很痴迷这些烈女的故事，“乐听不倦”。后来黄家将张氏嫁给了自己家的男仆尹春。不料想结婚一年后，尹春死亡。张氏哭着辞别汪氏，要一同殉节。汪氏说：“尔亦思流芳耶?”意思是说你一个仆人家，也想流芳百世?汪氏有些不相信，也不忍心、不愿意看她殉夫去死。但张氏去意已决，先是在家中挂绳上吊被人救下，继而去集市买砒霜被药店抓药人发现，换成他药。随后张氏“乃自置一棺，卧其中不起”，想在棺材中以绝食殉节。汪氏见状，力劝道：你服侍我终老，也无损你的守节，不要这样匆匆走啊！张氏回答：“婢志不可回，自听烈女传时已决矣。”最后，张氏仍坚卧不起，绝食而亡。

■ 徽州祠堂一角

烈女比起贞妇和节妇更为壮烈。夫死殉道，或自缢，或服毒，或绝粒，或刀刃，或头撞南墙而亡，非有巨大的勇气和决心不成。这些烈女子舍生而死、殉夫而亡是两千多年来封建礼教熏陶的结果。此风在徽州为盛，徽州烈女多，又是徽州独特的地理文化所使然。程朱理学在徽州深入人心，深入生活。女子守节殉道自认为是光荣的事，是芳名传留千古的事。她们在殉夫时痛苦吗？可能她们并不觉得痛苦，反而觉得是自豪、解脱、归落。守节比死更难，是生不如死的，生难死易，死后还可以早日到阴间与丈夫团圆。尤其是对那些做妾为继室而又没有儿女的小女子们来说，追随丈夫而去，倒是一种彻底的解脱，一死了之、一了百了。人早晚有一死，早死了免受世间磨难、他人诟病，那何不早日随夫而去呢？死者长已矣！后人不懂前人，更无须诟病，只有为她们祈祷！祝她们的神灵在天安详，在穴中与丈夫团圆安好！

明清法律规定丈夫去世后，妻子是可以改嫁的，甚至丈夫外出多年无音耗，妻子生活无着落，也是可以改嫁的。比如嘉庆《黟县志》卷七《从物·尚义》就记录了这么一桩事："汪某外贾无耗，妇将改适人。"另一商人苏源作为汪的朋友，乃"为（伪）作家书，并白金寄其家，妇意始定，越三年而后汪归"。这个记述说明妇人是可以改嫁的，而且由此推断，改嫁者或也不止一人。但程朱理学的说教对徽州女人来说影响太大了，道德的束缚远远大于法律的规定，改嫁总被人们认为于"节"上有亏，在人前抬不起头来。当时，对于敢于冲破世俗，为了个人幸福而再嫁者，不仅程朱理学不容，就是徽州普通百姓，上自父母家长，下至儿女晚辈也是决不能容忍接受的。寡妇再嫁时不能从正门出入，接她的轿舆不准靠近宅舍，乃至穴墙乞路、蒙头跣足等，连不谙世事、乳臭未干的小儿也会鼓掌嘲笑或群起掷土块瓦砾而攻之。总之，必至辱戮，方才罢休。在这样的世俗文化氛围中，即使有个别寡妇心中想嫁，也不敢付诸行动。再嫁的日子也并不好过，精神上同样要遭受另一番的羞辱和摧残。

这正如道光《休宁县志》卷一《疆域志·风俗》中所说，徽州"闺门最肃，女子能攻苦茹辛，凡冠带履袜之属，咸出手。不幸夫亡，动以身殉，缢者，刃者，鸩者，绝粒者，数数见焉。或称未亡人而代养，而扶孤嫠居，数十年终始完节，更在而是也。处子或未嫁而自杀，竟不嫁以终身，且时一见之。虽古烈女，何以远过焉。彼再嫁者，必加之戮辱，出必毋从正门，舆必毋令近宅。至穴墙乞路，跣足蒙头，儿群且鼓掌，掷瓦砾随之。知耻者亦无所死矣。故贞烈之多，良以山水所钟，亦习尚然也”。古徽州风俗如此！谁个女子还敢再嫁，以身试道德之法！难怪徽州反理学大师、清人戴震要发出“理学杀人”的呐喊了。

徽州的女人为徽商做出了巨大的贡献，牺牲了自己一生所能牺牲的一切，直至生命。她们无疑是徽州男人的贤内助、好媳妇，是贤妻良母。徽州商人所有的成功都有她们的功劳、她们的一半。对于这一点，徽州男人们是牢记于心、铭刻不忘的。众多的牌坊旌表她们的功德，众多的家谱记载她们的事迹，就是对她们最好的安慰和回报，也使我们今天得以知晓她们那凄美动人的故事。但这还不够，徽州男人还为她们的女人建了女祠堂，如现存于歙县鲍家花园浏览区的清懿堂。

清懿堂与棠樾牌坊群相邻，是一座女祠堂。它由清嘉庆年间棠樾村大盐商鲍启运创建，以供奉历史上为鲍氏家族做出贡献的女子。人们知道，祠堂从它诞生之日起直到如今，都是供奉男性家祖、祭祀男性祖先的庄严场所。祠堂本身就是宗法制度的产物，是男尊女卑、男权制度的象征。女子是不入祠的，是被一概排斥在祠堂之外的。徽州鲍家专门为女人建一座祠堂，这在古徽州，乃至中国封建社会都是石破天惊的大事和奇迹。鲍氏为什么要建女祠呢？这是因为鲍氏一门的女人们在明清两代为鲍家做出了巨大的贡献，有着太多的贞女、节妇、烈妇。据史料记载，仅明清两代棠樾鲍氏一门就出现了60多名贞节烈女，在她们每一个人的身上都有一段可歌可泣、令人欷歔叹嗟的动人故事。她们一个个恪守妇道，孝敬公婆，任劳任怨，佐夫经商，或独自守寡，拉扯年幼的鲍氏孤儿长大成人，或节烈守身，殉夫而去。由于外面棠樾牌坊群的各类牌坊已经建得够多够宏伟了，已经有了鲍文渊继妻和鲍文龄妻子的节孝坊了，因而只有再建个女祠堂才能安放得下鲍氏一门的贞节烈妇。“清懿堂”三个字本身就包含着清白、贞烈、德行美好，可以为后人示范、楷模的意思。而堂门额上那一方“贞孝两全”的金匾就是对鲍氏女人一生的根本要求，就是死后能进入这座祠堂的根本标准。

当然，这座女祠堂的建筑也突破了传统的坐北朝南的格局。它的建筑朝向是坐南朝北的模式，这也是取自男女各为乾坤、阴阳不能相悖的寓意。堂中供奉的女祖神位永远面朝北方，北为乾，乾代男。女子的神位也朝向自己男人的神位。清懿堂的构架宏大，大门外有极精致纤丽的砖雕门墙装饰，也有高低错落的马头墙。祠堂三进双天井，采用了歇山式的阁楼形式。祠堂的门厅、主厅享堂和寝堂都有着徽州精美的石雕、砖雕、木雕。女人死后的牌位能安放在这样的地方，享受后代儿孙的祭奠，正是一种哀荣，也是鲍家女人一生的追求。而女人一生有了这贞孝的追求，一生遵循这贞孝的礼仪，上了这个车，入了这个轨，这也就是封建礼教所要达到的结果，也就是鲍氏男人们不惜花费巨金建设清懿堂的目的。因为这庄严肃穆的祠堂，本身兀立在那儿就是一种有形的宣示、无声的教育，难怪徽州妇女“相竞以贞，故节烈著闻多于他邑”（光绪《婺源县志》卷二八《人物·孝友》）了。

在本章《徽州女人和山西婆姨》的写作过程中，笔者深深地为先母们的事迹所感染，常常饱含热泪，激情不已，越写越痛，越写越不能罢笔；同时也深切地感到：在我国古代封建社会，女人最苦，嫁为商人妇的女人更苦，商人亡故后守寡的贞节烈妇更是苦上加苦、苦不堪言、言之不尽……

第十四章

徽商晋商的衰落

兴起于明初，兴盛于清代，辉煌500年，雄踞全国十大商帮之首的晋商是如何衰落的？同样，兴起于明中叶弘治年间，兴盛至清道光年间，辉煌300多年的徽商是如何衰落的？笔者行走在晋商的深宅大院，穿梭于徽州的古镇村落，目睹着夕阳下兀自矗立的祠堂牌坊、小雨后槽深水滑的石板老街、斜阳中精美绝伦的砖石木雕，常常白天追问着导游老乡，夜晚在灯下翻阅古书黄卷，直欲从人们的口碑中得到一声解答，在历史的典籍中搜寻到一纸答案。每当看到淹没在草丛泥土中的断壁残垣、褪去金色风华的门柱窗棂、结着蜘蛛网的散架断梁，总是不由地边走边叹：世事沧桑，物换星移，人去楼空，盛衰无常。当年的晋商、徽商已风光不再，成为历史的烟云风影，只有这些建筑，这些残破的石头，兀自向我们默默地诉说着他们当年的辉煌，勾引着我们苦苦地去探寻其失去的踪影、衰落的原因。

晋商、徽商衰落的原因是什么呢？他们是从什么时候衰落的呢？笔者认为两大商帮的衰落既有商家内因，也有社会外因。内因是他们都将商业资本用于土地、房产、窖藏、奢侈消费、吸食鸦片等方面，思想落后保守，昧于大势，封建性尤为浓厚。外因是清政府调整盐策、打破垄断，盐商先衰落；苛捐杂税的重压使商家失去活力。继而外患内乱，战争频仍，鸦片战争、太平天国运动、捻军起义、甲午战争、八国联军侵华战争，从长江到长城，从黄海到黄河，烽火连天，战事不断，商路受阻，人心慌乱，商人不仅没有一个平安的经商环境，反而逢乱先遭抢，遇战先遭殃。有的关店保命，抽本回乡；有的破产歇业，血本无归；有的流落异乡，命丧黄泉。再者是鸦片战争以后，清政府签订了一系列丧权辱国条约，大开国门，大开沿海、沿江的各大口岸，引狼入室，使我国商人失去了原有的优势。虽说光绪年间晋商票号、茶庄和徽商茶行苦苦挣扎，还有些回光返照的迹象，但面对强大的资本主义，面对国外资本家的先进生产方式，面对近代先进的科学技术、先进的海上运输和铁路运输，晋商、徽商已夕阳西下，成强弩之末，大势已去，只能望洋兴叹，徒唤奈何。谁让我们的国不强、民不振呢！再到辛亥革命，推翻两千多年的封建帝制，推翻清王朝的封建统治，社会大变革，带来清王朝社会组织和经济结构的重新调整，晋商、徽商自然也就走到了他们的尽头、历史的终点。进入民国，虽然有些晋商、徽商还在惨淡经营，如祁县乔家、徽州茶商，但因多年战争的影响，商帮也早已不似从前，不足为论了。1949 年 10 月 1 日中华人民共和国成立，对资本主义工商业进行社会主义改造，昔日的晋商、徽商方以新的形态进入了社会主义时期。

由此，晋商、徽商作为商帮的消失，虽说内因是变化的根据，但外因起了巨大的作用，乃至使晋、徽两大商帮不可避免地走向末路。也就是说，晋商、徽商的消亡，是清政府政策调整、苛捐杂税征收、内忧外患、战争频仍、改朝换代、社会制度变革引发的结果。覆巢之下，复有完卵？寄生于清政府的晋商、徽商，是因为清政府的存在而存在的，是清政府政治体制下的商帮组织，是为清政府服务的。如晋商票号，大量承兑清政府的军饷厘金。辛亥革命推翻了清朝政府，清王朝不存在了，寄生于它的晋商、徽商自然也就瓦解了，不存在了。这是晋商、徽商衰落消亡的主要因素，是晋商、徽商的宿命，也是历史的规律。

另外，单就徽商来说，它的衰落比晋商还要早些。先是徽州盐商衰落于清道光十二年（1832 年）陶澍的盐法改革前后。延至咸同年间，1851 年金田起义爆发、1853 年洪秀全在南京建都，安徽成为太平军、捻军与清军拉锯式作战的主战场，长江中下游两岸地区及徽州一府六邑都陷于战火，持续时间长达 18 年之久，徽州及安徽其他地区是战乱的重灾区。徽商经此战乱，人财两空，元气大伤，一蹶不振，从此走向衰败，雄风不再。这场战争对晋商在江南生意的打击和造成的损失也十分巨大，捻军战火也曾一度燃烧到山西境内。但毕竟晋商总部在山西，票号中心在晋中祁县、太谷、平遥三县，晋商虽然在江南的生意损失惨重，不过比起徽商来说，灾难要小得多，元气损伤不大，战后随之又持本翻起，振作起来，在票号业务、茶叶贸易上又做得风生水起，有声有色。

一、盐法改革与盐商的率先衰落

《易》云："日中则昃，月盈则食。""物极必反。"晋商、徽商的衰落，首先都是从盐商开始的。盐是人们生活的必需品，又是封建王朝的重要税源。晋商、徽商中的盐帮发展到清乾隆年间，已是生意兴隆、财源滚滚的鼎盛时期。富商大贾甲天下，连皇帝都产生羡慕嫉妒之心。乾隆皇帝下江南、游扬州，见徽州盐商夸侈斗靡，居处饮食服饰盛极，惊叹道："富哉商乎，朕不及也!"古语又云："木秀于林，风必摧之；堆出于岸，流必湍之；行高于人，众必非之。"树大招风，盛极则衰。盐商富有，必然引起清王朝的关注，增加税负，横征暴敛，摊派捐输；引起各级官员敲竹杠、打秋风，要"程仪"，取"别敬"，敲骨吸髓，勒索成风；引起淮河两岸，河南、安徽、山东境内大量盐贩走私，私盐泛滥，市场丢失；引起盐业的纲法败坏，积弊丛生，盐价高涨，质量粗劣。百姓无钱吃不起盐，半月不知盐滋味。盐场有盐无人运，商人裹足不前，有引不行，淮盐滞销，商人资本亏空。盐法到了非改革不行的地步。

盐商的衰落，最早是从河东盐商开始的。清初河东盐池实行"畦归商种"，使河东盐池生产得到发展，产量倍增，经销潞盐的商人也有钱可赚，发家致富。但是，到18世纪70年代，清政府加大对河东池盐的税负，盐运使、税吏等各级官吏不断苛征勒索，使得经销河东池盐的盐商无钱可赚，赔累家底，渐渐地由富变乏，由乏变穷，纷纷告退，不愿再经销承运潞盐。"旧商疲乏日多，而晋省富户，往往规避佥商。"（《清高宗实录》卷一一二五，乾隆四十六年正月癸卯）商人不经销盐，行潞盐区的百姓无盐吃，清政府亦课征不上盐税。在这种情况下，时任山西巡抚的巴延三于乾隆四十四年（1779年）前后，实行了"五年轮换"制度。其办法是由"乏商"（缺乏实力的行商）举报富户充任盐商，新的盐商经营五年，再举报富户充任，自己退出。如此循环往复，“以为乏商息肩之地”。这个政策弊端显见，每当轮换时，各富户多方规避，谁也不愿承接。比如道光年间“介休县商人侯本诚告退，经该商举报汾阳县殷户王承祚等接办，屡传未到”，而侯本诚告退，“实系家产净尽”。在这个政策下，亦难免出现一些富户为摆脱充当盐商之苦，而行贿于官吏，以免充当盐商。但总体上山西富家大户，尤其是河东商人谁又能逃得脱呢？徐继畬在《潞盐刍议致王雁汀中丞》奏疏中说：“其后充商者，皆系铺伙包办，（资本主）每年贴银若干两，迨家资贴尽，又复另举，以致通省富户，尽消耗于充商。”既如此，清政府还不放过，还要运城盐商捐输效贡。咸丰皇帝上谕曰：“河东盐务，自有佥商之议，百弊丛生。近年以来，酌议章程，屡定屡改，不过调停于长商短商之间，仍未能经久不敝。今据该部奏请，现在运商一百余家，各按佥地之多寡，家资之薄厚，令其捐免充商，永无佥举之患。”在如此这般轮换捐输的政策下，山西商人经营盐业，不仅无钱可赚，还要赔累资本，贴尽家资，自然一个个衰败没落下去了。据王锡纶《怡青堂文集·答客问》卷二记，临汾县富商“自康熙至乾隆时极盛，至嘉庆、道光时而衰，至咸丰时又衰。方其盛时，自数百万，数十万之家相望”，今则“视五十年前则已远甚”。山西盐商先期衰败了。

徽州盐商的衰败始于清道光十二年（1832年）两江总督兼管两淮盐政的陶澍实行盐法改革前后。中国近代诗人、社会活动家陈去病在《五石脂》中说：“自陶澍改盐纲，而盐商一败涂地。”这一论断是合乎历史实际的。陶澍是湖南安化人，道光十年（1830年）出任两江总督兼理两淮盐务。陶澍上任前盐之纲法就已积弊丛生而难于维持了。其弊端种种，如上所述，不再例举，单说对徽州盐商的影响：

歙县人江春于乾隆时任两淮总商40年，乾隆皇帝下江南他两次接驾，多次率领众商人捐输报效清廷，“百万之费，指顾立办”，可谓盐商领袖、商界翘楚。但就是这样一个财雄势大的盐商领袖，到其晚年也不得不靠贴老本、借贷款来做生意、过日子。据记载，乾隆三十九年（1774年），乾隆皇帝因“怜江广达（即江春）家产消乏，加恩赏借库银三十万两，令其作本生息，以为奉赡之计”（嘉庆《两淮盐法志》卷一七）。江春尚且如此，其他在两淮、浙江的徽州盐商们的境况就可想而知了。延及嘉庆、道光年间，盐商们消乏更甚，连外强中干的虚架子也撑不住了。据李澄在其《淮鹾备要》中说：“两淮当鹾务盛时，实际之商数百家。”其“资本之充实者，以千万计，其次亦以数百万计”。嘉庆末年，则“实运之家不及曩者之半，而消乏者日渐告退，天下之富商大贾皆视两淮为畏途，裹足而不前”。及至道光末年，“通计淮商资本不及千万”，其中“殷商运盐能行二三万引以上者不过十余家，新纲每开，几于无商可派”。

陶澍到任以后，看到两淮纲法败坏，引盐滞销，私盐盛行，盐价奇高，盐课欠税巨额，盐商捉襟见肘，财源枯竭日甚一日，经济实力每况愈下，便上奏清廷曰：“臣频年在苏，已闻（两淮盐务）疲弊情形日甚一日，但不料山穷水尽竟至如是之极……臣细加察访，其来有自，亦不起于近日。查淮商向有数百家，近因消乏仅存数十家，且多借资营运，不皆自己资本，更有以商为名，网取无本之利，并不行盐者。以致利衰引滞，向系两年三运，今乃一运两年，愈迟愈积，月利愈亏……”从陶澍的这一段奏折所言可知，当时盐纲法度败坏已到了山穷水尽的地步。纲法败坏的主要表现是纲盐滞销。从前两年可运三纲之盐，此时一纲之盐须经两年才能销售完毕。纲盐运销的不畅，导致了盐场壅滞，盐利枯竭，商力疲弊，盐课亏欠的局面日甚一日。据记载，两淮每年应行引额 160 万道，而至道光十年时“淮南仅销五十万引，亏历年课银五千五百万；淮北岁销二万引，亏银六百万”（《清史稿·食货四》）。两淮纲盐的销量已不足原额的三分之一，拖欠的盐课税银累计已达 6000 万两。按时人王守基所记，当时的两淮每年应征盐课银 500 万两，如以每年拖欠盐课银三分之二计算，拖欠累至 6000 万两之巨款，是积 20 年之累积拖欠而成。从道光十年（1830 年）上溯 20 年，是嘉庆十五年（1810 年）。由此足见纲盐滞销的局面由来已久，冰冻三尺非一日之寒，联系到河东潞盐滞销，山西富户因经销潞盐而贫，可知清政府沿用的盐之纲法沉疴积弊、败坏殆尽。当时淮盐行销湘、鄂、皖、苏、赣、豫 6 省 250 多个州县，是全国盐场占有市场份额最多最大的。这 6 省 250 多个州县，地处华夏腹地，人口稠密，增长量大，按说食盐的销售量应该是逐年攀升的，但恰恰相反，纲盐销量不增反降，这是什么原因呢？究其原因种种，但最主要的就是私盐盛行，挤占了纲盐的销售市场。具体可参见本书第六章《一味和九州，商从盐中来》。

纲盐销售如此不畅，弊病沉疴如此严重，纲法已经难以维持。身为两江总督兼管两淮盐政的陶澍奏请清政府对纲盐制进行改革，道光十二年七月（1832年），清政府批准陶澍奏请，首先在淮北31州县开始实行票盐制，拉开盐法改革大幕。道光三十年（1850年），时任两江总督的陆建瀛又接受护理运使童濂的建议，仿照淮北，在淮南推行票盐制。陶澍盐法改革的核心内容是"改纲为票"，即将原先在两淮盐区实行的纲盐制改为票盐制。二者的主要区别是：

一是纲盐制下，实行盐引制度。盐引是垄断的、私有的，子孙承为世业。它控制垄断了两淮行盐区食盐的产、购、销，并由此获得高额的垄断利润。据记载，清代"两淮额引一百六十九万有奇，归商人数十家承办"。该数十家商人中，徽州盐商执其牛耳，占了一大半，两淮八大总商中，仅徽州歙县商人就"恒占其四"。清代前中期，徽州盐商资本膨胀，富甲天下，就是得益于对两淮盐引的世袭垄断特权。陶澍"改纲为票"，无疑徽州盐商所承受的冲击最大。票盐制就是取消盐引和引商对盐引的垄断，实行"招贩行票，在局纳课，买盐领票，直运赴岸，较商运简捷。不论资本多寡，皆可量力运行，去来自便"（陶澍言）。也就是打破盐引产、购、销的世袭垄断制，降低买盐运销的门槛，商人只需向管理盐务的盐政局纳税领票，便可取得购销食盐的合法权利。原先徽州盐商在纲盐制下获得高额垄断利润的特权被打破并取消，原先由盐引而生出来的"窝价"也同盐引一并作废。

二是纲盐制下，盐商本重利大，财多气粗，一般财力单薄弱小的商人难以涉足盐业经营。徽州盐商凭借其雄厚资本、官场人脉，世袭垄断两淮盐业，保证了其子子孙孙、世世代代垄断经营，特权占有，豪侈富贵。在票盐制下，凡中小商人纳千金或数百金即可办票贩盐，取得经营盐业的路条执照，而且来去"任其自便"，中途不再设卡收税，直接就到行销盐区卖盐。如此，便商利民，降低了盐价，使百姓有盐可食，商人有钱可赚，政府有税可收，消除了其间的敲竹杠、打秋风、揩油水的种种弊端，应该得到肯定的评价，这是一项利国利民裕及广大中小商人的好事。

这场改革，从根本上取消了徽州盐商的世袭垄断经营特权，打击了在两淮经营盐业的徽州寡头。在陶澍"改纲为票"、清理历年积欠的政府税银过程中，清政府又进而抄家没产以抵亏欠，更是加速了徽州盐商的覆亡。如最典型的两淮大盐商歙县人江春，在陶澍清理欠帑后，家产被籍没，顿成贫户，其园林别墅，唯剩枯木寒鸦。"旧时翠华临幸之地，今亭馆朽坏，荆棘遍地，游人限足不到。"呈现在世人面前的是一派破落户的景象。而徽州盐商又历来是徽州商帮中的龙头老大，老大破败，其他徽商也是日薄西山，开始走上下坡路。陶澍盐法的改革，自然遭到徽州商人的气愤和反对，据说当时在扬州的徽商都把花园里的桃树砍倒，以泄愤恨，但毕竟"两岸猿声啼不住，轻舟已过万重山"，"流水落花春去也"，"无可奈何花落去"。这是徽州商帮衰落的第一阶段，受到的第一波打击。随之发生的咸同兵燹则给徽商带来了灭顶之灾、空前厄运，从此彻底衰落。

二、咸同兵燹给徽商带来灭顶之灾

清代咸丰、同治时期，清廷为镇压太平天国及捻军的反清运动，进行了一场旷日持久的国内战争，历史上称作"咸同兵燹"。太平天国运动始于1851年1月11日洪秀全率众在广西金田村起义，1853年2月太平军从武汉压江东下，攻克安庆；3月19日进抵南京，更名天京，定都天京，正式建立太平天国政权；1864年7月19日曾国荃攻克天京，坚持战斗长达14年之久太平天国运动失败。这期间，早在安徽皖北一带活动的捻子，又于1856年初在雉河集（今安徽省亳州市涡阳县城）山西会馆会盟起义，公推张乐行为盟主。随后捻军与太平军在霍邱会师，联合抗清，捻军接受太平天国的印信和封号，张乐行先后被太平天国授予成天义、征北主将、沃王和鼎天福等官爵。两军以友军合作性质或协同或独立进行反清军事斗争，直到1868年8月16日（同治七年六月二十八日）

西捻军张宗禹在山东境内黄河、运河及徒骇河之间全军覆没为止。这场战争前后持续18年之久，战火波及18个省的600余座城镇及周围地区。其中安徽、湖北、江苏、浙江、江西、湖南6省是厮杀的主战场。战场上厮杀的一方是太平军、捻军，另一方是清军的湘勇曾国藩部、淮勇李鸿章部、清军铁骑僧格林沁部及由洋人华尔组成的洋枪队等。在旷日持久的拉锯式战争中，长驱奔袭，攻城略地，今天你打过来，明天我攻过去，一城数易，城破后轻者遭抢，重者屠城。其时间之长久，规模之巨大，破坏之惨烈，实为我国历史上之少有。

这场战争，据复旦大学葛剑雄教授研究统计，死亡人口达1.1亿，约占到当时全国总人口的26%。战前的道光三十年（1850年），中国人口有4.3亿，战后至1870年的统计是3.2亿。安徽省在咸丰二年（1852年）统计的人口是3765万人，是当时仅次于四川、江苏的第三人口大省，约占全国人口的9%。战后人口无考，直到10年后的同治十二年（1873年）统计，全省只有人口1408.4万人，减少了近三分之二。到1911年，按中国历代户口、田地、田赋统计中的数字计算，安徽人口仅占全国人口的4.48%，居各省人口第10位。直到1949年新中国成立前，安徽省的人口是2787万人。又，桐城1851年有人口301万，1869年时仅有35万。在皖南如广德州，“被兵燹后，土著不及十分之一”。南陵县“土著”死亡殆尽。当涂县人口锐减十分之八，数十里渺无人烟。皖西如六安“百姓流亡，田荒不耕”。皖东如凤阳、定远一带“环视数百里蒿莱弥望，炊烟几绝”。皖中如“三河运糟一带，有百里无人烟者”。淮北“小民非死即徙，十亡七八，凋敝情形，不堪言状”。

■ 曾国藩

再从战后曾国藩于同治三年（1864年）十二月二十七日的奏折《豁免皖省钱漕折》中一段话，可见安徽当时之情形，曾氏在奏折中说：“惟安徽用兵之十余年，通省沦陷，杀戮之重，焚掠之惨，殆难言喻，实为非常之奇祸，不同偶遇之偏灾。纵有城池克复一二年者，田地荒芜，耕种无人，徒有招徕之方，殊乏归来之户。……查安徽全省‘贼’扰殆遍，创巨痛深。地方虽已复名，而田亩多系不耕之土。其尤甚者，或终日不过行人，百里不见炊烟。”（《曾文正公全集·奏稿》卷二一）曾又奏曰：“东南寇氛，蔓延日久。皖南池、宁二府，十室九空，人争相食。皖北庐、凤等处，白骨蔽野，田地荒芜。苏浙两省，蹂躏亦复相类。”曾再奏曰：“即以民困而论，皖南及江宁各属市人肉以相食，或数十里野无耕种，村无炊烟。”从人口锐减上可见咸同兵燹所带来的灾难之重。

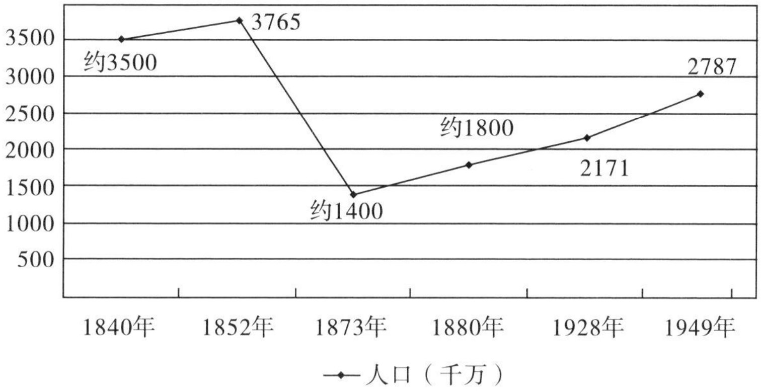

■ 安徽近代人口曲线图（1840—1949）

（一）太平天国建国思想、制度政策及其影响

咸同兵燹对徽商的伤害是巨大的，是灭顶之灾。许多徽商从肉体上消失已经可以说明“皮之不存，毛将焉附”。人都没有了，哪里还能有商业活动?！下面再对太平天国的建国思想、制度政策及其影响作一介绍。

太平天国是洪秀全在拜上帝教思想基础上建立起来的神权和王权相结合的“理想天国”。他在广西永安（今蒙山县）建制后，就建立“圣库”，一切实行王有，一切人、一切财产、一切土地都归天王。他在定都天京后颁发的《待百姓条例》中规定：“不要钱漕，但百姓之田皆天王之田，每年所得米粒，全行归于天王收去。每月大口给米一担，小口减半，以作养生之资。”“天下之田皆天王之田，天下之货皆天王之货。”“店铺买卖本利，皆天王之本利，不许百姓使用，总归天王。”连本带利都是天王的，不许百姓使用，实际是禁商的条例律令。1853年冬，太平天国即颁布了《天朝田亩制度》，太平天国要建立的理想社会是“四有两无”，即“有田同耕，有饭同食，有衣同穿，有钱同使，无处不均匀，无人不饱暖。”又曰：“人人皆是上帝所生，人人皆当同享天福。”他们的理想天国实际上是空想。“不仅是超出现在的，甚至是超出未来的。”因此，“这种超出只能是蛮干的超出、空想的超出，而在第一次实际试用之后，就不得不退到当时条件所容许的有限范围以内来”（恩格斯：《德国农民战争》，人民出版社1962年版）。

太平天国在城市管理上从天京到郡城所采取的是男归男行，女归女行；男丁拜上参军；老幼入牌尾馆量力服役；所有私财归公，大家吃天父饭，实行贡献制，凡人所有皆天父赐予。1854年1月28日在合肥，一位太平军军官责问当地一砻房主人说：“你说有几千担米，你知道是谁的？是天父赐的。”（周邦福：《蒙难述钞》）又有张德坚在《贼情汇纂》中说：“贼目肆言曰：‘吾以天下富室为库，以天下积谷之家为仓，随处可以取给。’”

贡献制实行不久，走进了死胡同。由于超越社会经济生活的客观现实，太平天国的经济政策不得不作调整，不得不退回到现实中来，这就是以“计亩征粮”“设关征税”为主要内容的“照旧交粮纳税”制度的实行。这项制度政策，由翼王石达开主持在安庆首先实行，并结合其他政权、军队建设，历史上又叫“安庆易制”。这就又回到了清朝政府征收地丁漕粮的旧例上来。但其比之清政府则要粗糙简单得多。据周公楼《劫余生弹词》记载，1861年奉王古隆贤征粮，告诫百姓：“要割稻，不许私割，叫乡官临田踩，四六均分，东二股，佃二股，公家六股。”其他征役杂税，随着战争的日趋激烈，也愈来愈多。时有文人作诗叹曰：“愁他征役多繁重，不似皇家政令宽。”随着1856年的“天京事变”，太平天国兄弟内讧，东王杨秀清、北王韦昌辉在内讧中被杀，翼王石达开1857年6月被逼离京出走，旋又率部离开安庆赴江西、广西、四川，其所推行的经济政策也随着战事的加剧而形同虚设，随风飘去。太平天国从此也元气大伤，不仅失去进军中原、一统天下的历史机遇，而且失去上自武汉下至镇江的千里长江及其两岸广袤区域为太平军所管控的大好局面，从此开始走上“下坡路”。

■ 洪秀全

太平天国的法律、禁令，依据《旧约·出埃及记·摩西十诫》制定有《十款天条》。1854 年 6 月，有到天京访问的英国人问：“政府行政中实施的是什么法律和法令制度?”东王杨秀清的书面回答是：“天朝政例皆从上帝十款天条、礼制，总依斩邪留正之律也。”其十款天条是：“崇拜皇上帝；不好拜邪神；不好妄题皇上帝之名；七日礼拜颂赞皇上帝恩德；孝顺父母；不好杀人害人；不好奸邪淫乱；不好偷窃抢劫；不好讲谎话；不好起贪心。”太平天国对触犯《十款天条》的惩处是十分严厉的。其刑法有点天灯、五马分尸、舂砂、剥皮、抄斩全家、杖鞭等。1864 年 7 月 19 日的《上海新报》载：“一舂臼法，用大石做长臼，将人放入臼内，以大石舂。从足际捶起，渐渐往上，约百余捶，方至头顶。又将身体折为一团，打为烂泥方罢……一剥皮法，其法先在地上掘一土坑，用柴火烧热，将人衣服全行脱去，推于坑内。其人乱跳乱纵，浑身皮肉浮起成泡，然后用铁钩出火坑，遂将人皮剥下。”这些酷刑峻法在太平天国时期是执行了的。有史料记载一个名叫许莲芳的广东人，因欲投靠清军，事情败露，太平天国政府认为是“反草（叛变）通妖”之人，就被正以舂臼法处死。

太平天国亦有诸多禁令。一是“禁头变服”，正如一副对联所云：“留发留须，留得斯人真面目；改官改制，改为我辈旧衣冠。”其革命的首要标志，就是要你“禁头变服”，蓄发留须，原归汉体，勿从“妖形”。我们知道，剃头留辫子，是清朝入主中原后，强加给汉民族男子身上的标志，剃头留辫，顶戴花翎，身着满服，是顺从大清，是大清的臣民。留辫则留头，不留辫则杀头。这是生死大事，是改朝换代的标志。太平军视清为妖，认为清朝入主中原，让我汉民族人民前额削发，头后留辫，拖一条长尾巴，尤胡衣猴冠，人变禽兽也。为了反清，起义后一律要求太平军及辖区人民蓄发留头易服。头部留发不扎辫，用黄巾或红巾包头，并以此作为区分敌我的标志。太平军与清政府双方认头不认人。不蓄发易服即杀头。这也是清政府上下称太平军为长毛的原因。

太平天国的第二方面禁令就是要拆毁砸烂孔庙、关帝庙、佛教寺庙、道观和其中的所有圣贤偶像，反对一切“邪教”、粉色、烟、酒、戏、堪舆、卜、筮、祝、命、相、聃、佛、娼、优、尼、女巫、奸、赌。洪秀全早年四考秀才不中，得早期传入中国的翻译书籍——基督教布道书《劝世良言》后如获至宝。该书信奉上帝是“独一真神”，“是造化天地万物之主”，他据此结合《周礼》撰写自己的《原道救世歌》，创立拜上帝教，制定太平天国礼制，自称自己是天父的次子、耶稣的弟弟，奉命下凡来拯救世人。要求凡参加太平军的老新兄弟都要信奉拜上帝教，都要进教堂做礼拜。太平天国的各级官员都要定期在广场上或礼拜堂内向战士和群众“讲道理”。他们不仅要推翻清政府，还要打倒和推翻一切旧思想、旧文化、旧制度、旧礼教。为此，凡与拜上帝教独一真神不相符的思想学说，他们都视为邪教异说、邪神妖魔。一切庙宇殿堂里的土、木、石、金、纸、瓦上雕塑描画的偶像，他们皆视为死妖，统统都应捣毁砸烂。他们在砸毁这些庙宇雕塑前，会有一首领对周围的人大声地说：“以天父上帝的名义，并奉天兄耶稣之命，我等毁坏这座庙宇。”有黟县人黄德华《记贼》诗曰：“贼持耶稣教，荒蔑坟典编。古人有功德，庙祀延万年。贼独不矜式，一炬玉石焚……”又有《盾鼻随闻录》记：“太平军最恨僧道，见者必杀戮无遗，寺观庙宇一见即毁，砖石木料搬运上城。”他们攻下并占领一座城池后，毁学宫、废书院、砸孔庙、焚诗书，并用学宫孔庙来堆放军火，做牛马棚，屠狗杀牛。同时，对民间体现多神论和倡导忠孝节义思想的社稷坛、龙神庙、山神庙、雷祖庙、城隍庙、关帝庙、岳飞祠、佛寺、道观、文昌宫、忠烈祠、乡贤祠、名宦祠及贞节牌坊之类，也一概加以推倒毁弃。

太平天国称孔子为妖，儒家经典为妖书，儒学士子为妖士，明文规定“凡一切孔孟诸子百家妖书邪说者尽行焚除，皆不准买卖藏读”，“否则问罪”。焚毁书籍是他们的革命行动。“书卷飘零满街隅”是太平军攻占城市的一大景观。有资料记载汉口的情形说：“咸丰中，粤寇居汉市……当时长街阔宅中，雨余用以填街道泥泞者，名书画旧本书塞途。”

又记载汉阳情形曰："咸丰壬子，贼入汉阳城。劈门入，取藏书斩刈踏之，盖贼以为妖书也，故仇视是物。"还有把书籍扔进沟渠秽坑的。当时有一首打油诗曰："搜得藏书论担挑，行过厕溷随手抛。抛之不及以火烧，烧之不及以水浇。"如此大规模的焚书，则不仅是儒家经典，其他许多宝贵的文物图书字画也随之化为灰烬和粪土。

太平天国的第三个禁忌是禁烟、禁赌、禁酒。这一禁令在太平军内执行得也卓有成效。有记载曰：禁烟，主要是禁吸食鸦片烟，"有私吸者，即斩首"；禁赌博，"贼徒虽众，颇守其法"。禁酒，"贼亦私饮，名曰潮水"。早年洪秀全就作有《禁烟诗》："烟枪即铳枪，自打自受伤。多少英雄汉，弹死在高床。"干王洪仁玕军次徽州等地时，还布告诲谕民众曰："本军师曾游诸洋，深悉外洋鸦片烟甚为中国害，且寻其各洋邦售卖实数，每年总计耗中国银两不下四五千万之多，我中土华人，其何以堪？前将此情启奏我真圣主天王，而圣心悲悯，不胜悼叹，乃蒙面降纶音，必除鞑妖此弊，方能永保我民。"

太平军在禁止鸦片烟上成效斐然，在禁赌上也是令行禁止。有浙江秀水濮院镇人沈梓在《避寇日记》中曾不无感慨地说："余生三十年目不见赌，独有此时。窃思长毛号令，清时地方官所不逮也。"

显然，太平天国诸禁有反清、反侵略、反传统、反迷信、反权威、反封建，改革社会陋习的性质和进步作用。但不问青红皂白，独尊上帝一个真神，凡与拜上帝教不相符的一切思想文化、先贤、圣哲，统统拆毁焚烧、否定打倒，是有悖文明发展规律的，也给自己埋下失败的伏笔。张德坚在《贼情汇纂》中记到："凡从贼稍久逃出难民，无不眼光闪烁不定，出言妄诞，视世事无可当意，于伦常义理及绳趋墨步之言行，询之皆如隔世，视我官吏若甚卑，不及贼目之尊贵，毫无畏敬之意。"

太平天国定都天京后，上层领导者思想发生变化，封建特权思想日渐膨胀，贪图享乐，奢侈腐败。天王洪秀全从1853年3月进入天京，第二个月就在原两江总督署的基础上大兴土木，营建天王府宫殿群。其王府阔十余里，四周有三丈高的黄墙环绕，宫殿"雕镂工丽，饰以黄金，绘以五彩，庭柱用朱漆蟠龙，鸱吻用鎏金，门窗用绸缎裱糊，墙壁用泥金彩画，取大理石铺地"。府内建有东西花园、后林苑等。从他进入天王府到1864年6月去世，只有一次离开王府，坐64人抬的大轿子去看望生病的东王杨秀清，且12年没有迈出过天京城一步。后来湘军围城，天京城内断粮，天王也只有吃“甜露”（野菜）充饥，戴着金冠而饿死了。

天王如此奢靡，其他诸王亦然。即使如忠王李秀成这样的后期年轻将领，其苏州王府也修得富丽堂皇，堪比仙宫。攻入苏州的李鸿章惊叹道：“忠王府琼楼玉宇，曲栏洞房，真如神仙窟宅。”

太平天国的特权者在婚姻家庭上更是随心所欲，胡乱指派，天王妻无数，众王多妻妾，老夫配少妻，乱点鸳鸯谱。据幼天王洪天贵福说，他的父亲洪秀全晚年共有88个妻子。其后宫天王府全是女人在守卫、侍应，据说有3000人之多。他9岁时，老天王就给他配了4个妻子，都叫娘娘。幼天王对洪秀全的88个妻子也都称母后。

太平天国失败距今已有150多年了。研究太平天国历史的资料汗牛充栋，众说纷纭，肯定否定、否定肯定都不乏其人。而研究徽商衰落，绕不过这一段历史，故据有关史料，简述如上。

（二）咸同兵燹对长江流域徽商的毁灭

长江流域，尤其是长江中下游地区，明清以来一直是徽州行商坐贾最为活跃的地方，长江中下游两岸的城镇，几无不是徽商辏集之区。时有谚云“钻天洞庭遍地徽”，徽商主要就集中在沿江两岸的湖北、江西、安徽、江苏及浙江、河南、山东这些省份。而受咸同兵燹之灾最重的就是这些省区，清军与太平军、捻军作战的主战场也在这一地区。这些地方的徽州商人也最先受到毁灭性的打击。

咸同兵燹首先是中断了长江航运，中断了商路。长江是中华民族的母亲河之一，是我国最大的长年奔流不息的江河，是运输财物米粮的黄金大通道。但自1852年12月29日太平军占领汉口，洪秀全移驻汉口关帝庙街的山陕会馆，到1864年7月19日天京被曾国荃攻克，前后13年间作为商路航运的长江就被阻断了。洪秀全于1853年1月17日从汉口山陕会馆进入攻克的武昌抚衙办公，前后在山陕会馆住了18天，砸毁了关羽像，指挥了太平军对武昌城池的攻克，击毙了清朝提督双福、布政使梁星源、总兵韦禄、巡道王寿同等文武官员多人，巡抚常大淳、按察使瑞元、总兵王锦绣等人自杀。太平军进入武昌城后传令安民镇反，“官兵不留，百姓勿伤”。短短一个月内在武汉三镇扩兵10万余众。

长江航运阻断，徽商占据传统优势的吴楚贸易被中断。徽商自明中叶开始，得长江水运之便贩运的大宗商品主要是盐、粮、布、木。他们多沿江西上，将淮盐、苏杭的布棉贩运到湖广；沿江东下，将湖广的粮食，川、鄂、赣的木材贩运到苏杭和北方。据有关史料记载，当时湖北“洞庭以下，江汉以上，数年来战舰横江，兵戈载道，至关河阻塞，客商水陆不通。有钱之处不得货到，出货之地不得钱来”。“频年以来，武汉屡为贼据，江路梗阻，商贾不通。”

江西巡抚沈葆桢在奏折中称：“兹据署监督蔡锦青详称：江西两湖，向食淮盐。自淮运梗阻，江西先改食浙盐，继改食粤盐，湖广改食川盐，皆不由九江经过。……木商自咸丰三年，长江被扰，均各歇业，历今十载有余，并未闻有贩运木排过关者。茶竹出产本少，近因邻氛不靖，客贩愈觉寥寥。”

安徽巡抚李嘉端奏：“查芜（湖）关税课，全赖川楚江西货物，前赴浙江，江苏仪征、扬州、清江浦等处，转行北五省销售。现因逆匪窜踞江陵，江路梗塞，南北商船又被贼掳。……长江虽系七省通衢，货船早经绝迹。”

苏州织造文勋奏：“查浒墅关全赖川楚及南北各省商货流通，税源方能丰旺。自粤匪窜入江境，商贾多有戒心，不敢贩运。……又兼皖省庐州一带，逆焰方涨，要道多有阻隔……”

另一苏州织造德毓随后又奏：“自江省军兴以来，江路梗阻，川楚江皖等省，商贾率皆裹足，即使北省货物或有赴苏销售者，皆因京口不通，绕道他走，是以大宗货载到（浒墅）关甚属寥寥。”

这些记载说明，长江水路不通，沿江商贸中止了。而且这种中断不是一时一地，从时间上来说，历经10年有余，从地域上来说，沿江各省处处梗阻。这一中断梗阻，就使徽州行商依赖长江贩运的盐、粮、木、布等大宗商品贸易失去了流通和生存发展的基础。行商无路可走，无货可运。坐贾失去货源，更是无货可售，惨遭焚抢。徽商坐贾主要活跃在长江中下游各大中城镇，素来就有“无徽不成镇”的说法。咸同兵燹10余年间，长江中下游地区皖鄂湘苏浙赣六省府县城镇，都曾反复遭到战火洗劫，“多被焚掳净尽，商本或早经收回，铺户又乏本歇业”。往往一座城池，在清军与太平军的拉锯式战争中，几度易手，几番遭抢。如1853年3月19日，太平军攻克南京后就发布天王圣谕："天下农民米谷、商贾资本，皆天父所有，全应解归圣库。"1853年4月1日，太平军攻克扬州，而寓居扬州的徽州盐商或早已抽回资本，奔逃故里，逃避战乱，或所有资财被太平军解归圣库，无奈地偃旗息鼓、停业坐观。半月之后，清军琦善、胜保即屯军扬州城外，即为清军"江北大营"。随后，扬州城在清军与太平军拉锯式的战争中，几度易手，不仅彻底中断了扬州一带的长江航运，而且中断了南北大运河的漕运，致使扬州城内的徽商受到毁灭性的打击。其他如镇江、苏州、常熟、芜湖、庐州、和县等地的徽州盐、茶、木、典、粮、布等商人，也未能幸免。如常熟城中的"众朝奉，个个恐遭劫数，囊金回乡"，掖藏着能带走的金银细软逃奔徽州故土去了。

（三）咸同兵燹对徽州本土商人的浩劫

徽州地处皖南崇山峻岭之中，山深地僻，居无杂姓，民风古朴，可谓兵革不到、不知有汉更无论魏晋的"世外桃源"。自六朝唐宋以来，中原各姓氏避乱南渡，休养生息多留居此地。据文献记载，徽州本土之民"世乱则洞壑、溪山之险，亦足以自保，水旱、兵戈所不能害"，"千百年世系比比皆是"。"千年之冢，不动一抔；千丁之族，未尝散处；千载谱系，丝毫不紊；主仆之严，数十世不改，而宵小不敢肆焉。"但是，在咸同兵燹中，徽州成为太平军与清军交战的主战场之一。徽州一府六邑狼烟四起，烽火连天，一座座城池，几番番易手，生灵涂炭，家园焚毁，给徽州人民带来有史以来最大的灾难。曾国藩的祁门大营设在此，幼天王洪天贵福最后经此地逃往江西，至今徽州人谈起咸同兵燹无不含恨带泪，哀声连连。

据有关资料记载，太平军第一次攻入徽州的时间是1854年2月20日，"顶天侯"陈狮子率部攻入祁门，斩杀县令唐君治。从此点燃太平军与清军在徽州一府六邑的战火，双方的拉锯战一直持续到1864年8月，清军总兵刘明灯在歙南建口逮捕李秀成义子李世贵、在屯溪捕获王宗为止，前后近11年之久。其间对徽州的伤害尤为惨烈。据黄崇惺在《凤山

■ 徽商故里

笔记》中说："大抵浙江未陷之先，贼欲由徽以图窜浙之路，故徽之受害烈。浙江既陷之后，贼欲扰徽以辍攻浙之师，故徽之战事尤烈。"咸同兵燹对徽州财富的洗劫，对徽州人家园的破坏是徽州有史以来前所未有的。当时给徽州造成破坏的：一有清军中的湘勇、台（湾）勇、贵州勇，以及地方团练；二有太平军；三有战后瘟疫。下面，通过一些历史记载，来看当年徽州战事的激烈，战争对徽州人家园的毁灭和对徽州商人的毁灭性打击。

徽商和晋商一样，都有在外经商，回故乡盖房，"家蓄资财"的传统。他们在外经商发财致富以后，往往都把金银财宝、珍宝古玩收藏起来，以备将来之用，也防强盗偷抢。太平天国运动爆发以后，随着武汉被太平军占领，太平军压江而下，克安庆，陷南京，占扬州，在长江中下游地区从事商业活动的徽商，为躲避战乱，纷纷抽回资本，逃归故里，窖藏金银，希冀在故乡徽州这个兵革少至的地方能够躲得一时之乱，求得暂时安息。有汤氏在《鳅闻日记》中记："忆去秋徽商在常、昭，恐遭劫数，囊金回乡。""众朝奉"纷纷从常熟、南京、扬州、无锡、苏州、和县等地"携资回徽。"《凤山笔记》中也说："当粤贼东下，徽人贾于四方者，尽挈资以归。”然而，携资归还徽州故里的人不是沿路遭到兵匪抢劫，财物丧失罄尽，甚至被杀，就是回到徽州以后，随后也被搜刮殆尽，抢劫一空，一贫如洗。如歙县盐商鲍鸣岐，“咸丰辛酉（即咸丰十一年，1861年）之变，资本大半丧去”。绩溪盐商周兆丰，经战乱之后，家徒四壁，囊空如洗。黟县商人余士鳌，“兵燹以来，举曩时经商所得资，悉归乌有。及寇退，归，囊内仅余五十金”。绩溪人王元奎，在逃难时其父被土匪杀害，“厥后乱平归里，萧条四壁，不复成家”。徽州盐商江仲馨在安徽和州（今和县）经商，置有大量庄田、宅第、店铺、仓房。咸丰三年（1853年），和城战火，“土匪乘机抢夺，典铺绅富为之一空”，家业转瞬之间化为乌有。他的儿子徒步逃难回到徽州，一路上担惊受怕，忧劳成疾，到家时已是“形疲力惫”“饮食厌尝”。不久战火蔓延到徽州故土，江氏一家人东躲西藏，提心吊胆，儿子的病情越发加重，不久便不治身亡。江仲馨也于咸丰八年（1858年）抱恨而终。同治三年（1864年）后，战乱平息，江氏的孙子们回到和州清理旧业，而战后的和州“世殊事易，时变境迁”，城内一片废墟。往日店铺、仓库、房屋或倒塌或拆毁，不堪使用。原有庄田“荒芜者多，租粒减薄，费用倍增”，其中许多不得不贱价售人。所有债券也因负债人无力偿还，成为废纸。从此，江家陷入一蹶不振的境地。

民国年间绩溪人胡在渭纂辑的《徽难哀音》一书中，记述了这样一条史实：“休宁汪登载，乃前清道咸间之巨富也，设商肆于鄂之汉口，每年秋间，躬自赴汉一稽店事，勾留数月，冬初返休，著以为例，未或辍焉。……未几洪杨起义，太平军由江西入徽，清官吏闻风先逃……汪亦偕眷属佣工出北城。顾平日养尊履厚，一旦奔起崎岖山路，未半日已惫不能兴，息坐路旁，而谣言四起，草木皆兵，佣工眷属不暇相顾，各自逃生，遂遗汪一人，不得已爬至南山林木深处，石壁岩下匿身焉。乃惊魂乍定而饥肠雷鸣……一农人亦来避难者，包袱中带有米果三四枚。汪见之，取囊中金条一，市火米果。乡民为了自己活命，坚执不允，登载无奈，竟手握金条，饥饿而死。”战乱时，真是米粒贵于珠玉、米果胜于金条啊！

《徽难哀音》中还收录了一首绩溪文人周懋泰（阶平）所写的《重有感诗》，其中嗟叹：“贼势乘虚来，据城仅六日，如鹊得深巢，如蚊赴荒垤。掳掠尽家有，不复遗余粒，逢人便搜囊，勒索金银亟。或以刀背敲，或以长绳挚，嗟哉彼何辜，惊魄时战栗。”

《徽难哀音》中还有一段歌词云：“没奈何，百姓们，纷纷逃避；觅山中，幽僻处，暂且安身。有一等，殷实人，山中租屋；带细软，和妻小，星夜奔驰。谁知道，搬进山，羊入虎穴；那些人，见担重，便换良心。平日间，草鞋兵，时常谈论；若留他，吃碗饭，渐次添人。买柴火，不由人，自要多少；他一肩，彼一担，顷刻成交。柴又湿，价又高，明亏是小；或借钱，或借米，言语难闻。更有那，路途中，挑夫行窃；遗家的，粗物件，土匪搬空。”

歙县人黄崇惺，以其亲身经历，在其《凤山笔记》中记曰：“盖自去年（咸丰十年，1860 年）八月，郡城失守，据郡凡十阅月而始退，深山穷谷之中，几于无处不被其扰。其焚掠之惨，胁迫之苦，较他郡为尤烈。徽人向之累于捐输者，今且为贼掳胁，火其居，拘其身，而索其财矣。向之惮于迁徙者，今且无地可迁，无物可载。”

黄崇惺又记：“逢此战乱，徽州人身心俱疲，困顿麻木，壮者不能挈其家，老者不能顾其子。其始奔窜山岭惟畏贼至；其后则寒饿困殆，求一饱而不可得，不复能奔窜，亦不知贼之可畏矣。”

黄崇惺再记曰：“庚申（1860 年）之乱，徽人之见贼遇害者，才十之二三耳。而辛酉（1861 年）五月贼退之后，以疾疫亡之六七。盖去其家已十阅月，草间露处，虽大雨雪无所敝。魂魄惊怖，无所得食。日夜奔走，而不得息。当是时家室流亡之苦，与夫屋庐残毁之痛，犹未暇计及也。比贼退，各还其家，惊悸之魂既定，顾视家中百物，乃无一存，而日食之计，一无所出。或骨肉见掠于贼，渺然不得其音问。愁苦之气郁于其中，而兵燹之情动于其外，于是恤然病矣。又贼未退以前，乡村粮食已尽，往往掘野菜和土而食。贼既退，米价每斗至二千钱，肉每斤五六百钱，日不能具一食。绩溪近泾（县）、太（平）之乡村，有至于食人者。于是饥饿而毙者亦不可胜计……”

清军围困安庆城池两年之久。安庆城临破之时，“城内已无粮，饥军饿极难当，辄食人肉（当时一斤八十文），惨困之情，非可言喻”。

徐珂在《清稗类钞》中也记述了咸同兵燹给徽州人带来的灾难：“同治壬戌（1862 年），粤寇难作，江南几无孑遗，徽、宁、池、太等郡男丁百无一二。有妇女随人，不计一文钱而任人选择者……先是，皖南山多于田，人习懋迁，重商贾，轻稼穑，俗尚奢侈，家蓄资财，急金银，缓谷米，岁恒仰给于外，稍歉缺，即有钱无食。闻寇入境，恋家而不谋远徙，坐以待毙，老幼男丁非杀则掳。惟余一二妇女无所依归，故携其劫掠余资，以苟延残命耳。”

从这些史料记载中，不难看出咸同兵燹对徽州人、徽州商人及徽州人家园的毁灭和破坏。再如，当时曾国藩的指挥所就驻扎在祁门，号称祁门大营，而在徽州一带与太平军作战的除了湘勇以外，还有地方团练。这些代表清方的武装集团，对徽州搜括掠夺、焚毁破坏，在反复的拉锯式战斗中，攻击占领对方城池，杀戮敌方军人和民众，焚毁城市建筑以防被敌方利用，拆毁已有建筑之材料以用于加固城防，一切人力、物力、财力都纳入战时需要。曾国藩在这场战争中，就有“曾剃头”的臭名恶名。这些清军嗜杀搜括，纵兵抢掠，焚毁城池，“捐资助饷”，设卡抽厘，给徽州人民带来了莫大的灾难。还是引用几段史料来加以佐证吧！

时有清朝官员潘祖荫在上奏朝廷的《请免钱粮汰厘局严军律广中额疏》中说：“凡自贼中逃出难民及各路商旅人等，一遇内地兵勇，则搜索之，劫掠之，奸淫屠割，无所不至。以故官军驻扎及经过之地，市廛尽废，闾里为空。”（《潘文勤公奏疏》）《徽难哀音》中也记载，徽州商人“贸易经营，往来长毛地，途遇官兵盘诘，心惊悸，口支吾，当作真奸细，屈死孤魂，来受甘露味”。

陈去病的《五石脂》载：“徽人谓，曾国藩驻师祁门，纵兵大掠，而全郡窖藏一空。故至今谈湖湘者（指湘军），尤为切齿。”清政府调入徽州的具有山地作战经验的台勇、贵州勇，擅长爬山钻洞，似现在特种兵的雏形。这些兵勇在徽州也是极尽搜括之能事，“颇为民患苦”，最后只好遣散了事。但他们离开徽州时，已是私囊中饱，马驮人背，带着抢劫的徽州财宝而去了。

湘军后来纪律松弛，夺城后抢掠焚烧是有名的。据曾国藩重要幕客赵烈文日记载：“六月十六日，破江宁城（天京）……酉戌间，望城中火光烛天，闻各军入城，贪掠夺，颇乱伍，观中军各军各勇留营者，皆去搜括，甚至各棚厮役皆去，担负相属于途。”又：“所恨中丞（曾国藩）厚待各将，而城破之日，全军掠夺，无一人顾全大局，使槛中之兽，大股脱逃，幸中丞托天之福，民人得忠酋（忠王李秀成）而缚之，方得交卷出场，不然此局不独无赏，其受谴责定矣。”（《太平天国资料》）曾国藩在克复金陵（天京）仅17天后，即开始遣散湘军。时人称就是让其子弟兵携着金银财宝、战乱横财，解甲归田，安享后半生去了。

（四）清军赈饷抽厘办团练，掏空徽商家底

兴办团练，以抗击太平军，防范土匪，保境卫家，是太平天国运动兴起后清朝政府的要求。咸丰帝为此下诏鼓励各地举办团练，曾国藩、李鸿章等所率湘勇、淮军皆由此而起。战火蔓延到徽州以后，徽州商人、乡民在清政府的鼓励和支持下，成立了地方团练武装——“守险、守望”二局，以后规模渐次扩大，村村均有团练，以保卫桑梓，守卫城池。然而办团练要有银子，湘勇、淮军打仗要用军饷，这些无疑都要转嫁到商人头上，转嫁到广大劳动人民身上。而清朝政府当时是从国库里拿不出钱来的。故先是商人们踊跃捐输，兴办团练，拿出大把银子练兵打仗；后则被迫捐输，被强捐强征，掏空家底用来养兵打仗。这些事有的发生在先披战火的徽商客居地，更多的则还是在徽州本土。

据同治《苏州府志》卷一一二记载，歙县人吴嘉鹏贾于苏州，财雄势大。咸丰十年（1860年）四月，太平军攻克苏州时，倾其全部家资，招募乡民数千人，多次与太平军作战，先后擒其头目数人，获器械无数，成为太平军的劲敌。十月，忠王李秀成率军数万，乘夜攻之，嘉鹏及其子战败被杀，妻子、儿媳、幼孙亦皆投河而死。

《徽郡难民公檄》中说：“窃徽郡六邑，地当冲要，山险民稠，自军兴以来，助饷捐赀，盈千累万，则钱粮一端，民间无不踊跃输将以饷项。”在战乱中，徽州商人自愿和被迫捐输助饷的事例俯拾即是。

据《婺源县志》卷三四《人物·义行》记载，程开绂，业木金陵，“值发逆窜金陵，方佰祁檄木横江，屯兵安炮，堵截上游，绂输木作筏，约费千金。后官军克镇江，两次采木，制云梯，造浮桥，绂皆捐助”。程开纯，“咸丰间，贼据金陵，纯挈眷僻吴门。所识穷乏者，必款留之，晨起炊米，非数斗不能周给”。或曰：“尔独不自为计乎?”笑曰：“贼至，身且不保，遑他顾耶!”休宁人余士炯，“以贸迁来鄂，咸同之际，军饷

支出，士炯协助万金”。

《婺源县志》卷三五《人物·义行》又记，黄文，“字乡云……少孤贫，采薪供养继母。比壮，业茶致丰裕，好善乐施，道光年间，邑修城垣，捐金数百。发逆之变，皖南筹饷及本县设局团防，迭捐巨资”。查树茂，“咸丰间婺源遭寇扰，乡民于清华立团，茂捐巨资为倡。同治初，爵相左提军驻邑防剿，复踊跃捐助……前后义举，约计巨万”。程鸣岐，“捐助大营军饷银一千余两，及南乡总局团练。本乡五美局招勇，捐资不下数百金”。其他捐输饷银物资者更是不胜枚举。

黄崇惺的《凤山笔记》记载，咸丰时，“徽防主客军既多，浙江岁济饷银数十万，恒苦不给……于是捐输之议起。当粤贼东下，徽人贸于四方者，尽挈其资以归，故令下而数十百万金立办”。“七年春，张公以军储不继为病，将复劝捐。至是户捐已一再举，素封之家力已不及，而故家大族有负豪名而盖藏实空者，以绅士董劝之严，亦未敢不从命。”“用兵数年，六邑捐输数百千万。”“四境屡为贼扰，绅民皆数四输粟，而力已竭。”

兴办团练，其意在保卫桑梓，抗击匪患。但在兵荒马乱年月，鱼龙混杂，有的团练兴办后却保境无能，搜括有方。据《徽难哀音》记，绩溪县人曹向辰（西山）有一首《团练难》的诗歌曰：“天下大患患不止，寇气未近团练起。官和诸绅绅和官，动云奉宪更奉旨。富者出钱剐心肝，百计诛求犹未已。说不尽吸髓与敲骨，苛政真真猛如虎。捐得白银果奚为，堆来如山用如水。……耀武扬威括毫厘，可笑贼来善脱逃。……噫吁嚱！团练难，难难难！未曾驱民害，反觉添民残。养兵千日养你抢，为勇即系为盗端……”诗中真实地描绘了一幅当时兴办团练的情形和战乱时有枪就是草头王的情景，反映了当时一些地方团练对徽州的祸害。

抽厘就是抽取厘金，我国向以百分之一谓之厘，故称之曰“厘金”。抽厘的方法是在水陆交通要道设置厘卡，凡过往商货都抽收货值的百分之一作为税金。对于坐贾，则按其营业额之大小抽取之，名曰“坐厘”。可见厘金是一种货值税和营业税。清政府开征厘金是为了募集镇压太平军军费。它是咸丰四年（1854 年）三月在全国开设的一个新税种，首创者为刑部侍郎帮办军务雷以诚。1853 年 9 月雷以诚在扬州仙女庙劝谕商人捐厘助饷，并上奏朝廷曰，此法“既不扰民，又不累商……商民两便，且细水长流，源远不竭，予军事实有裨益”。次年咸丰帝便上谕批准，采纳他的建议在全国推行。此法从商人角度来说，无论是行商还是坐贾，都要捐助厘金；从商品角度来说，无论是手工业品还是农产品，都在纳税范围。故其实在是个既扰民又累商的税收制度，造成诸多危害：一是厘捐行之未久，税率就不断增加，初则值百抽一，继则值百抽三，甚至有值百抽九抽十者。二是厘卡设置过多，每过一卡，抽取一次，商民不胜其累。同治二年（1863 年）扬州府管辖的里下河一带，地方厘卡多达百余处，“有一处而设数卡，一卡而分数局”者。光绪时，从镇江到邳州的运河沿线，厘卡多至 24 处，每过一卡，都得照章抽厘。曾国藩所带的湘军，每到一处，便就地设置局卡，清廷还特许曾国藩设立“东征局”，在本省厘金之外加抽半厘以充湘军军饷。于是曾国藩打到哪里，哪里的厘金就增加一半。太平天国战争后期，清廷又任命曾国藩为两江总督，可知当时江南半壁江山的军政财权皆为曾氏一人所掌握。

厘金的开征，极大地加重了行商坐贾的税负，给商民造成了极大的伤害，其中抬高物价、米珠薪桂，弊端丛生，盘剥重重，也引起了一些清廷官员的注视。清廷官员尹耕云在其《请查捐输积弊停止抽厘疏》奏折中说：“抽厘之弊，尤不忍言。一石之粮，一担之薪，入市则卖户抽几文，买户抽几文。其船装车运者，五里五卡，十里一局，层层剥削，亏折已多，商民焉得不裹足！百货焉得不踊贵乎？”另一清廷官员刘锦藻也对厘捐之害作过深刻的评述，他说厘捐创行之后，“曾（国藩）胡（林翼）踵之，事平不去，且增至每百抽三文……其后卡若栉比，法若凝脂，一局多卡，一卡多人，只鸡尺布并计起捐，碎物零星任意扣罚，行旅愁叹，衢路荆棘，商民以什输，公家所入三四而已，其六七皆官私所耗费而鱼肉之”。所以厘金制度是“积弊既深，厉民滋甚”。“商民由富而贫，由贫而至于赤贫，皆由厘金累之”。

厘金的征收，严重侵占了晋商、徽商和全国其他商帮、商人的利益，是清政府的一种战时财政政策。作为晚清政府，内忧外患，捉襟见肘，为了维护自己的统治，不如此又该咋办呢？站在统治者的角度看待此事，开征此项新税似无过错。战乱中该项制度在执行上有这样那样的问题也在所难免，国难当头，商人为国家做些贡献也理所应当。

归纳总结这一章，咸同兵燹给徽商的打击是毁灭性的。这 10 多年的战乱，不仅使徽州商人资本丧失殆尽，家园尽遭焚毁，而且许多人从肉体上都被消灭了。检阅徽州方志，记载这一段历史，有许多“焚烧数百家，伤亡数十人”“阖门尽忠”“满门节义”的文字。《续修全椒县志·杂志》记：“数十里无人烟，耕种者百人内三四人而已。计米价一千数百文，物价皆贵，饿死者盈路，人相食。”《歙县志·烈女》卷记：“咸丰间兵事，歙人受祸，实为奇酷……全县人口十损七八。”沈葆桢上奏云，徽州宁国两府“孑遗之民，存什一于千百”，“积骸成莽，人类将尽”。唐训方于家书中记：“从东流至江西彭泽，沿山数百里，人烟寥落。凤阳、定远等县，环视数百里内，蒿深弥望，炊烟几绝。”

大战之后，常有大疫。因战争带来的瘟疫，更使得徽州十室九空，人争相食，白骨蔽野，田地荒芜，市镇悉成焦土，乡村人烟寥落，终日不过行人，百里不见炊烟。兵与火、刀与剑、瘟疫与饥饿给徽州商人带来了灭顶之灾、空前的厄运。咸丰十一年（1861 年）前后，从江西彭泽到安徽东流一带，由于“连年战斗，尸骸腐朽，蒸郁积为瘟气……月中头烂而死者十有八九，多道毙”（邓文滨：《醒睡录之初集》《迁徙须防乱后瘟》）。《曾国藩·家书二》记：“宁国各属军民死之相连，道望河中积尸生虫，往往缘船而上，河水及井水皆不可食。其有力者，用舟载水于百里之外。臭秽之气中，人十病八九。诚宇宙之大劫，军行之奇苦也。”“皖南食人肉，每斤卖百二十文。”“口粮极缺少，则到处皆然。……皖南百姓则皆人食人矣。”

《曾国藩全集·奏稿》中曰，从安庆到皖北的宿县、亳州一带“千余里间，人民失业，田庐荡然”，“田地荒芜，耕种无从”，“终日不过行人，百里不见炊烟”。“从凤阳、颍东至江苏的徐、泗，西北至河南的归、陈各府属旷土闲田，比比皆是”，“几于千里废耕”。

综上所述，咸同兵燹彻底摧毁了徽州商帮，战争使他们血本全无，家徒四壁，囊空如洗，人财两空。徽商从此元气大伤，重振乏力，失去300 余年辉煌，沉淀为历史的记忆。

三、徽州茶帮的回光返照

咸同兵燹以后，徽州盐商彻底衰落了，附之于盐商的典当商、木材商也随之衰落。不过徽州茶商并没有消亡，且曾一度兴盛，一木独支着徽州商帮，显现着落日的余晖、晚霞的绚丽。但是这种支撑，不久也由盛转衰，退出了历史舞台，其时间在光绪中叶，19 世纪末期。下面就徽州茶商的一般生产经营、同光年间的中兴和其最后的衰落作一介绍。

（一）徽州茶商的经营概况

徽州地处皖南万山丛中，地接浙赣，境有黄山，云多雾重，雨水充沛，气候宜人。年降水量 1600 多毫米，无霜期在 288 天左右；海拔在 400～1000 米的山地，云雾多，空气好，日照强，温差大，土壤酸碱度适中，有机质含量较高，是天然适宜茶树生长的好地方。一代“茶圣”

■“茶圣”陆羽

■《茶经》书影

陆羽在《茶经》中记载："歙州产茶，且素质好。"唐宣宗时杨晔著《膳夫经手录》称："婺源方茶，制置精好。"唐懿宗时任歙州司马的张途在其《祁门县新修昌门溪记》中说："邑山多而田少……山且植茗，高下无遗土。千里之内，业于茶者七八矣。由是给衣食，供赋役，悉恃此。祁之茗，色黄而香，贾客咸议逾于诸方。每岁二三月，赍银缗缯素求市将货他郡者，摩肩接迹而至。"明清时，徽州茶树种植漫山遍野，已是徽州人民赖以生活的重要经济作物，《治事丛谈》说："山郡（徽州）贫瘠，恃此灌输茶叶兴衰，实为全郡所系。"光绪《婺源乡土志》记曰："我婺物产，茶为大宗……农民依茶为活。"徽州不仅茶园多，种茶面积广，而且品种优，茶质好。早在明代，徽州所产的"松萝茶"就为茶中上品，远近闻名，为人称道。袁宏道在《西湖记述》中称："松萝茶者，味在龙井之上。"叶梦珠在《阅世编》中也说："徽茶之托名松萝者，于诸茶叶尤称佳品。"清初直隶广平人宋起凤在其著《稗说》中又特地指出，茶叶产地虽多，"惟徽州北源藏溪松萝数种，可供中原渴吻"。据上述历史名人的记载及徽州所处之得天独厚的气候地理条件，都能得出一个结论：徽州产茶，而且茶品好。历史上是这样，现在也是这样。

古人云，茶不过淮。安徽淮河以南地区都产茶，至今有名的品牌茶叶，除了徽州产的太平猴魁、祁门红茶、黄山毛峰和六安瓜片这四大中国名茶外，还有霍山黄芽、岳西翠兰、九华佛茶、雾里青、五队人家、泾县

■ 太平猴魁

■ 六安瓜片

特尖、涌溪火青、敬亭绿雪、屯溪绿茶、顶谷大方、婺源玉丫等。这些绿茶品质优佳，毫不逊色于全国其他地方的知名品牌。就以六安瓜片而

言，曹雪芹在《红楼梦》里就曾提及，妙玉品茶一段尤为精彩。据新近统计，现在安徽省还有种植茶园 180 万亩，年产茶叶 6 万余吨。

安徽茶产量大，质量好，聪明的徽州商人自然多操其业行走四方，以茶叶为大宗开展商贸活动。这样既能富商又能惠及茶农。近人陈去病在《五石脂》中说："徽郡商业，盐、茶、木、质铺四者为大宗。"民国《歙县志》卷一《舆地志·风土》亦记："邑中商业，以盐、典、茶、木为最著。"可见徽州茶商在徽州商帮中的地位，仅次于盐商，而茶业是徽商所经营的第二大行业，四分天下有其一，而且是延续至今的贸易商品。

明清徽州茶商运销徽茶，足迹几遍宇内，但主要去向为两条重要茶路。《歙事闲谭》中说："歙之巨业，商盐而外，惟茶北达燕京，南极广粤，获利颇赊。"徽州茶商运输茶叶的第一条路线是由徽州到京津，具体路线是以现在黄山市屯溪为始点，经过渔梁坝，沿新安江东下，抵达杭州，然后沿京杭大运河经过扬州、淮安、济宁、沧州到达天津卫、通州，再至北京；也有沿青弋江、水阳江水系运输茶叶至芜湖，再沿江东下转漕运北上。清中叶海运开通以后，茶商又经杭州至上海，再从吴淞口出海沿海北上至天津、北京。对当时从徽州到杭州的内河航运有《水程捷要歌》唱道："一自渔梁坝，百里至街口；八十淳安县，茶园六十有；九十严州府，钓台铜庐守。潼梓关富阳，三浙垅江口；徽郡至杭州，水程六百走。"

徽州茶商的第二条运茶路线是从徽州至广州。这条路线是以屯溪为起点，往西南行经休宁、祁门，在倒湖附近入江西界，途径浮梁县、景德镇、饶州府、南昌府，再经樟树镇、新淦县、峡江县、吉安府、赣州府、南安府之大庾县，在梅岭入广东地界，再经南雄州韶州府、英德县、清远县、三水县，最终到达广东省城广州。该路线长约 3000 公里。徽商携茶前往，水路雇船，旱路雇夫，途中费时在两个月以上。这条路线最盛时是在清初至道光中叶，其时茶叶外销，南中国地区只有广州口岸，故徽州茶叶出口，南行必走此路。鸦片战争以后，1842 年中英《南京条约》签订，中国开放广州、厦门、福州、宁波、上海五处为通商口岸，简称"五口通商"。徽州茶叶便不走江西、广州这一路线，而是沿新安江下杭州至上海，直接从上海口岸出港外销。从此，这一路线便成为徽茶外销的主要线路，而走江西、广州的线路就基本废除了。九江口岸开通后，婺源县茶走九江外销。从徽州经杭州到上海全程需20多天。

徽州茶商贩茶，并不是像山西茶商那样，有自己的牛驼马队，有自己的运输队伍和运输工具，自己牵骆驼、赶马车贩运，而是遇水雇船，遇旱雇夫，一般不拥有自己的车、船运输工具。因为徽茶出山，多走水路，茶叶在水路运输大多都采取搬运方式，途中遇坎逢滩，茶箱茶篓上船下岸，需雇挑夫纤夫，这些均由船家操办，无须茶商操心。唯遇关卡收取厘金，须由茶商交纳。徽州茶商在水上运输货物采用如此方法，想来当年晋商在江南运输货物亦是如此。北人不识水性，不知河汉，在江南运茶贩货自然也是委托船帮舟载船运。安徽师范大学徽商研究中心现收藏有多份清代同治、光绪年间的行船契票，兹按原式录例如下，以见当时徽州茶商运输之大概：

奉宪船契

今据×府×县船户×××　×××　×××，今自己船在歙县水南薛坑口埠头，凭行揽到×××宝号客名下货，计开茶箱（茶末篓）×××件，包装送到××顶埠交卸。其货上船注明船票，以杜蒙混。倘船户盗卖客货，并少数目，潜逃等情，扣留原船赔偿，理涉无辞。其行李照客单验收。如路无水，船滩体驳各色等项，船户包体，均概无贴，不得另生枝节等情。恐口无凭，立此船契，顺行为照。三面议定水脚船钱（洋）×××。

凭行当付钱（洋）×××。

挂欠下找钱（洋）×××至××地给付。

客用船膳每位（食）计×××文，食粥减半。

神福一应在行付讫×××，客自膳无贴。

×××年××月××日部贴官牙×××记行船票。

一路顺风，福星载道。

徽州茶叶北销京津，形成内销，俗称“京庄”；南运广粤，形成外销，俗称“洋庄”。内销北方市场主要以山东、河北、京津及运河两岸的城镇为主。茶叶品种主要有毛峰、烘青、大方等，后又加窨珠兰、茉莉等各种花茶。“徽茶内销不及十之一二，专用篓袋盛储，茶朴、茶梗、茶子、茶末居多。”（清光绪年间歙县知县何润生在《茶务条陈》中语）明清徽州人在北京经商的成千上万，清乾隆中叶，徽商在北京开设的茶行就有7家，有名的茶商字号就达166家，小茶店数以千计（《歙县会馆录》）。

徽茶外销先是走水路，旱路经江西南昌过梅岭运到广州，从广州口岸出洋运往欧洲。当时徽州人在广东贩茶俗称“漂广东”“做广东茶”。五口通商以后，上海口岸开放，徽茶就沿新安江下杭州至上海，从上海口岸销往海外。徽茶运上海比走江西、广州路程缩短一半，时间缩短一半，各种运输费用也大大减少。光绪年间，徽州茶叶销往上海的占十之八九，销往北方的仅占十之一二。时有徽州茶商江文缵在写给其妾秀兰的信中说：“现因连年茶叶夷商通于上海，利虽微而生意快捷，予所代经理之茶叶，年年均往上海脱售。……上海之近，惟广东之远，贸易于广东一式，不能舍近而图远也。”徽茶销往广东、上海的多以绿茶为主，品牌名目繁多，总名曰珠茶，曰雨前，曰熙春，曰蛾眉，曰奇峰，曰乌龙等，茶叶品质也比内销茶好。包装内用锡罐，外装彩画版箱，十分精美。

徽州茶商北上京津，南漂广东，东进上海，多属季节性贩茶。他们往往是兼营茶业，另有他业，并不是专一营茶为主，当然这不包括专门开店售茶的坐贾；而山西茶帮多数是以贩茶为主。这种差异主要是由二者贩茶路程远近不同造成的。广东上海近，西北边陲远。山西茶商每年春季二三月份从山西到江南收购茶叶，再加工成砖茶，运到西北边陲和中俄边境的恰克图，甚至再远行至莫斯科，尔后再返回到山西，这一年的时间也就过得差不多了。徽州茶商行程则没有这么远，他们南漂广东、东进上海做的是洋庄生意、口岸贸易，运到后交给洋行就完结了。而且徽商多贩绿茶，绿茶的保质期限也有严格的要求。茶叶树是“冬槁春荣”，在每年清明节时次第萌芽，到谷雨节叶片开始舒展。根据茶树的生长规律，徽州茶叶的采摘，一年分两季，以春茶为主，有“春茶一担，子茶（夏茶）一头”之说。故茶商贩茶多在春夏之交时节，过了这个季节，则无茶可贩。这对徽州茶商来说，一年之中就还有大量时间可做其他生意。正如一位熟悉徽州掌故者所言：“茶号系季节性经营，然茶商并不闲。因他们多半兼营其他行业。或开钱庄、布店、南货店，或为木材、粮油行商。茶季来临，资金重点投入茶叶，俟茶叶脱手，又在沪、杭采购各类商品回徽州贩卖。所以在徽州，一般地说茶商多家大业大，根基牢固。”（《徽州社会科学》1990 年第 4 期）绩溪《盘川王氏家谱》中记载：“我祖泰邦公，作贾在吴中。设市周庄镇，居然端木风。春季市茶叶，冬季海货通。”歙县坑口有名的茶商江耀华，也是在经营茶业时，同时兼营着酒店、洋货店、油行、米铺、杂货店、糕点店及转运公司等，而这些店铺遍及汉口、上海、苏州、杭州等城镇。马克思在《资本论》中提到的唯一中国人王茂荫，是歙县杞梓里人，其祖父王槐康就在乾隆年间到北京开设茶庄，历经4 代120 余年。绩溪上庄胡适的先祖也是贩茶于上海，借茶以谋生。据胡适的父亲《胡铁花年谱》记载：“余家世以贩茶为业。先曾祖考创开万和字号茶铺于江苏川沙厅城内，身自经理，借以为生。”沪上有民谚云：“先有胡万和，后有川沙城。”绩溪龙川胡氏中的不少人也是从徽州到泰州贩茶叶，是茶叶商人。至今在北京城内营业的吴裕泰茶庄，就是当年徽州歙县昌溪吴锡卿在光绪十三年（1887 年）开设的，也是实实在在的百年老店。

（二）同治、光绪年间徽州茶商的中兴

徽商向以盐、茶、木、典为四大支柱行业，其中尤以盐业为“龙头”。但盐商自两淮、两浙盐业相继改纲为票，接着又遭逢咸同兵燹而损失惨重、彻底衰败，此后徽州的典当商、木材商也相继衰败。在兵燹祸乱中徽州茶商一度也生意惨淡，处于低落阶段。据新近发现的徽商江文缵致其妾秀兰的残信所言：“今年所做之茶，意想往广，公私两便。不料长毛扰阻，江西路途不通……所有婺源之茶，均皆不能来粤。”但兵燹过后，在盐典木商一蹶不振、退出历史舞台之后，徽州茶商在出口贸易中不但没有削弱，反而一枝独秀，一度兴旺起来，出口量反比咸同兵燹前大幅提高，成为徽商中支撑危局的一支主要力量。

据有关史料记载，鸦片战争前夕，我国每年的茶叶出口量约为 45 万担，通商 20 年后到 1862 年增至 80.15 万担，1868 年达到 144 万担，1886 年猛增至 221.72 万担，达到茶叶出口量的最高点；随后逐年下跌，

■ 清代产茶图

到 1910 年仍维持在 156 万担左右，且经手外销茶叶的也不一定是晋商、徽商等商帮，还有其他国家商人，洋商如俄国商人、英国商人已处于垄断地位。这期间，徽州出产的茶叶十之八九用于出口外销，每年出口量保持在 10～13 万担，是徽州茶商的中兴时期。但时间不长，徽州茶商大概到光绪中叶就在国际竞争中败下阵来。从此，徽商丧失了最后一块阵地，遭受到最后一次沉重打击，陷入全面衰落的境地。

徽州茶商在同治到光绪中叶前的兴盛，主要原因有三个。一是咸同兵燹给北方造成战祸损害远小于江南，徽州茶商在京津、山东、河北的经营活动虽然受到影响，但并不足以致命。战乱后，徽州茶商的“京庄”及北方的茶行很快恢复，内销市场形成网络。徽茶在国内的销售又保持了原有的份额。二是五口通商后，中外贸易中许多人为的贸易壁垒被拆除，上海、宁波、汉口、九江、芜湖都相继被开为通商口岸，徽商居地理之便，有水路可通，为徽茶的外销提供了有利的条件。《中西纪事》卷二三中说：“自五口既开，则六县之民无不家家蓄艾，户户当垆，赢者既操三倍之贾，绌者亦集众腋之裘。较之壬寅（1842 年）以前，何翅倍蓰耶。”三是当时国外有着广阔的茶叶市场，世界各国饮茶之风兴盛，茶叶的需求量不断增加。于是茶叶的出口额便随着国际市场的需求不断攀升。当时印度、锡兰（今斯里兰卡）、日本等国，虽然也已经有了茶叶的生产和出口，但在 19 世纪 70 年代以前，产量不多，加工不好，销量有限，还不足以与我国茶商相抗衡。据《安徽茶叶史略》中说：“清初徽商曾遭挫折，以后经过恢复又超过了明代。同治年间，洋庄茶盛行时，经营洋庄的徽州茶商资本额较大者，有亿同昌号等 48 家。在外地经营大茶号的徽商为数也不少。汉口、芜湖有，九江、上海也有。如九江即有仁德永等 6 家，上海有洪永源等七八家，营业一时还颇发达。有数家资本额还曾达四五万两，其余亦在数千两。”这就是徽州茶商在“同治中兴”时兴盛的原因。

（三）徽商茶帮衰落的原因

那么，徽州茶商为什么在光绪中叶前后又由盛转衰了呢？个中原因是什么呢？据张海鹏、王廷元、王世华先生的研究著述，其衰落原因主要有二。

1. 外商操纵，外销失利，国外茶场兴起是主因

五口通商以前，南方茶叶出口全从广州口岸走，“价自中国定，外洋不能挟持”（欧阳昱：《见闻琐录》）；五口通商以后，则“利之操纵尽归外洋”。每当新茶上市时，洋商必先共同议定茶价，华商有持异议不卖者，则每过七天减价十分之一，拖延愈久，价格愈贱，以此迫使华商就范。华商亏本折利后，多有不愿贩茶者。为诱使华商再度上钩，洋商遂又故意倍增茶价，待大家茶叶运到后，又骤行杀价。他们这一招往往使许多华商受骗上当，赔累折本，陷于困境。欧阳昱在《见闻琐录》中言，洋商以此“制华商盈缩之命，华商遂如鸟在笼中，闭放由人，不能自主矣”。洋商之所以能够操纵市场，挟制华商，在价格战上将华商打败，一则因为他们有海上运输优势，他们的商船可以纵横游弋于大洋之上，来往于世界各地，哪里茶价低就在哪里进货，中国茶商的外销运输被洋人所扼，自己没有海上远洋运输工具，外销茶叶洋人不收不运就走入绝境，

因此不得不仰承洋商之鼻息，任其操纵闭放。二则洋商占有资本优势，华商多贷其银洋而经商，时长息多，时过茶贱，不得不任人宰割。光绪十一年（1885 年），曾国荃在呈述皖南茶叶外销的情形时就说："皖南茶悉销外洋，从前沪价每引得银五六十两、三四十两不等，商人获利尚厚，是以同治二年复经续加捐项四钱，共银二两四钱八分，其时茶价甚好，既沾利益，复获官阶，该商等尚无难色。近年引价骤跌，计多仅二十余两，少则十余两不等，加以商贩资本贷于洋商者多，洋人因其借本谋利，货难久延，辄多方挑剔，故意折磨，期入其彀。皖南茶销路仅一上海，业已到地，只得减价贱售。种种受制洋人，以致十商九困。"

徽茶外销失利另一个更重要的原因是印度、锡兰、日本、爪哇（爪哇岛，今属印度尼西亚）等地茶场兴起，产茶量增加，开始冲击中国茶叶在国际市场上所占的出口份额，致使中国茶叶在欧美等国市场上一跌再跌，失去优势。印度原不知茶叶为何物，晚清以前印人饮茶也要通过中国茶马古道交易进口。19 世纪英国人入侵印度，变印度为其殖民地后，19 世纪 20 年代从中国引进茶树在喜马拉雅山南麓试种成功，随之扩大茶园，植茶技术又被传播到锡兰、爪哇等地。日本初植茶树的时间虽然较早，但在明治维新前，其茶叶产量也不多，也没有进入国际市场。茶叶种植技术被英国人传播到印度、锡兰、爪哇等地后，他们采取资本主义的规模生产方式，广建茶园，成片种植。19 世纪末的印度已出现了"绵亘两千里，茶树成林"的盛况。对于种植茶树的农场主，他们的政府不仅轻徭薄赋，而且投入资金，给以补贴，扶植鼓励。茶场庄主每年也都将大量资金投入茶树的种植、茶叶的生产加工上，购置机器，机械加工生产，大大提高了生产效率；在茶叶的运销环节上，也是一次交税，一路通行，再无关卡索难；在茶叶的种植、生产、加工、运销上实行一条龙经营，其利柄都操在茶园庄主手里。而我国则不然。我国茶农都还是一家一户的小农经济生产方式，茶叶这儿种几株，那儿种几株，生产不成规模，加工全靠手搓；收购先是由小商小贩走村串巷收取，徽州地区俗称"螺司"，再转卖到小茶庄，再由小茶庄送至茶号。茶农—螺司—小茶庄—茶号，其中环节皆要人力成本。茶商赚取的利润，银子都不投入茶叶的生产环节上，而且还一味地在收购环节压价克扣茶农，这使得我国的茶叶从生产源头、加工采购等环节上就失去了同印度、锡兰、爪哇、日本等国茶叶竞争的优势，岂有不败之理。下面摘引几段时人议茶之语，足可见徽州茶商衰败之由：

光绪十四年（1888 年），广州税务司称：“中国之种茶，皆零星散处，此处一二株茶树，彼处三两株茶树。及摘者卖于制者，制者复卖于转送者，转送者复卖于洋商，故其费多而其价自亦较昂。”而印度则与此不同：“其种茶者系一富户，一茶园内有千株万株茶树，其自种植至摘取、炮制并装潢及运送他邦销卖，始终皆一事主，皆一事权，所以事事皆如其意以为之，无分扰其权力之人。因之其物则上等之物，所获之利遂亦归于一人，并因之其物之价极廉，而中国则于此等各节正全属相反，以致色低而价昂。”（彭泽益：《中国近代手工业史资料》第 2 卷）

吴承洛在其《调查农产志略》中说：“印度、锡兰、爪哇之种茶，均用科学方法，茶园至广，工作均用机械，制茶更不待言。我国秉数千年之成法，不求改良，今日世界市场中已不能保持固有之地位。种茶只是农人一种副业，类多七零八落，制茶亦由农人任之，均用人工而无机械也。福建茶园，每年每亩平均产量为 20 斤，然他国茶园，每株可产 10 磅至 20 磅（1 磅约 0.907 市斤）。……贸易增加于原有植茶者利益甚微，因农人与市场并无联络，山价增则各自添种，入市须经许多居间人及许多关卡，至入输出商之手，其价已较山价相去远甚矣。”（《清朝续文献通考》卷三八二）

光绪十五年（1889 年）詹事府詹事志锐呈奏曰：“近十年内，印茶销路之广，远过中茶。”

■ 拣茶女工

晚清商约大臣盛宣怀等在光绪二十八年（1902年）的《奏请减轻茶税》中说："自中外互市以来，中国银钱流出外洋不少，惟赖出口土货藉以稍补漏，土货之中向推丝、茶为大宗。而茶叶则分红绿两种，红茶在湖北之汉口行销，绿茶在江苏之上海出售。从前外洋不谙种茶之法，各国非向中国购食不可。彼时茶值甚昂，不论货之高低，牵匀计算，每担可售五六十两至七八十两不等。是以茶叶税则亦不分别货色，定为每担抽税二两五钱，按值百抽五之例，原属相符。迨印度、锡兰出产红茶，日本出产绿茶以后，悉用机器制造，价本既轻，印度、日本又免征税银，锡兰不特免征，每磅并津贴银三分五厘，约合每担津贴银四两之多，力使畅销推广。"该奏折又说："兹据该税司等先后查得该商董所呈，均系实情，并以中国运英茶叶，同治十年尚有一万三千九百万磅，锡兰茶仅一千五百万磅。至上年（光绪二十七年）中国茶只有一千八百万磅，锡兰茶则增为二万六千四百万磅。又中国运俄茶叶，光绪二十四年尚有五千万磅，锡兰茶仅一百五十万磅，至上年中国茶只有三千一百五十万磅，锡兰茶则增为一千万磅。即以中国近三年出口茶数而论，光绪二十五年尚有一百一十四万九千余担，二十六年只有一百〇六万三千余担，二十七年则仅有八十五万四千余担，比例参观，是洋茶日盛，华茶日减……"

光绪十四年（1888年）三月二十一日，曾国荃在《茶厘酌减税捐片》中说："近年以来，印度、日本产茶日旺，售价较轻，西商皆争购洋茶，以致华商连年折阅，遐迩周知。据皖南茶厘局具详，光绪十一、十二两年，亏本自三四成至五六成不等，已难支持，十三年亏折尤甚。统计亏银将及百万两，不独商贩受累，即皖南山户园户亦因之交困。……向来茶业各号，均于清明节前开设，本年新茶上市，各号迄未定夺，营运俱穷，空乏莫补。"

光绪时，有论茶务者称："自印度种茶而后，各国接踵而起，西人既自出茶，虽不能不买中国之茶，而（中国）已不能居为奇货，以致上市之时，货则由彼提高，价则由彼杀低……今年之茶只能为今年所用，过时则色香味虽未必皆变，而总不如新出之妙，故茶客急于脱手，而西人乐一杀价也。"（《清经世文编》卷四九）

光绪十五年（1889年），又一份《福州口岸华洋贸易情形论略》曰："新金山美国干达那三处，向乃专购福州之茶。近年以来，渐有趋购印度、锡兰者不少。察看本口华商，今年办茶最为亏本，约有三百万元之谱。查前此办茶之人，无不获利，近则逐渐不及，多至亏本……”

1896年英国驻华领事在报告中称：“在去年以前，对日益增加的英国茶市供应，是一直为印度茶和中国茶所分担。但是从去年起，中国茶的供应量已停滞不前，全部增加数字为印度所独占……中国茶在美国的情况，与此完全相似，15年以前，美国茶叶市场是为中国所独占的，现在日本茶却占消费量的半数。”（李文治：《中国近代农业史资料》第1辑）

2. 茶税加重，茶价跌落，茶商赔亏陷困境

徽州民谚云：“茶叶两头尖，三年两年发疯癫。”这是指茶叶市场价格波动大，内外销售不稳定。鸦片战争以后，茶叶外销价格一直呈下跌的趋势。但是，清政府的茶叶税率自咸丰以后一直在不断地提高。咸丰以前，徽州茶叶出山，皆归休宁屯溪办理，由休宁县派员查验给引，再由太厦司勘合切角放行，其税每引不过分厘。从咸丰三年（1853年）开始，也就是太平天国运动兴起后，徽州茶税历年递增，直至同治二年（1863年）徽州茶税增长到2两4钱8分，外销茶则每百斤还要交2两5钱出口海关的正税银，合计每引要交税5两左右的银子。且看下表：

徽州茶税增长表

时间	增税细则	茶税总额/引
咸丰三年（1853年）	厘银3钱，捐银6钱，公费银3分	9钱3分
同治元年（1862年）	厘银9钱5分，捐银8钱，公费银3分，引银3钱	2两8分
同治二年（1863年）	加捐库平银4钱	2两4钱8分

据表可知，从咸丰三年到同治二年的10年中，徽州茶税由原来的每引9钱3分，大幅提高到每引2两4钱8分，增长166.7%。这一高额税率一直维持到光绪中叶，在印度、锡兰、爪哇、日本等茶叶挤占中国市场，中国茶叶出口量急剧下降的情况下，清政府不但没有酌情减免，反而又有加升。据光绪十四年（1888年）浙海关税务司上呈的一份《访察茶叶情形文件》说：“计徽茶来宁（波），每百斤应在婺源完银共二两一

钱三分，在屯溪完银二钱，在界口完银三分，在深渡完银一分，在威坪完银共三钱七分三厘，统共完银二两七钱四分三厘，应完出口海关正税银二两五钱，通共每百斤完银五两二钱四分三厘。现在茶价，每百斤只值银十五两至二十五两，其中税厘已逾四分之一。”较同治二年（1863年）每百斤又增加了2钱6分3厘。而当时内销、外销茶叶的价格是什么样的情形呢？可以说是一路走跌，跌得很重。

光绪十三年（1887年）十月十四日，江汉关税务司斐式楷申呈总税务司的《粘抄汉口茶业公所呈报茶市情形节略》说：“至若商人贩运（茶叶），每百斤完山厘钱八百文，又完运厘银一两二钱五分，两宗共计合市纹银一两九钱之谱。另又地方公事善举等等，又约要抽银一钱余，则每百斤与此数款已多二两之本矣。若夫脚船力及箱罐，并制造人工饭食，每担又须银五两左右。其粗货售四两五两一担者，纵其茶不用价买来，尚差二三两方足弥缝厘金缴用之数。此茶商赔亏之实在情形也。”这是说内销茶商的亏耗情况。

光绪十四年（1888年）二月十二日，江海关税务司好博逊申呈总税务司的一份附件称：“溯查中国出口茶税，从前系照广东海关，每百斤完税银二两五钱。彼时茶价尚好，每百斤可售银五十余两，是与值百抽五之例相符。至今茶价日贱，每百斤售三十余两者十居二三，售十余两至八九两者十居七八，而税银一律仍旧，是不啻抽税四分之一，又加厘捐及各项捐款甚巨。窃思商等采办百斤之茶，须用铅铁箱罐装夫工食及运费等项，每百斤需银四两余钱，加以捐税两项，以致成本愈大，亏耗愈多，遂皆视为畏途。”从这段报告中我们可知，光绪中叶茶商每运100斤茶叶，各项厘捐要2两4钱8分，出口海关正税银要2两5钱，采办须用铅铁箱罐装夫工食及运费4两余钱，这三项合计已投入成本达9两余钱，这还不包括茶商收购毛茶等项所需要的银两，而此时每百斤茶叶售价只有十余两。因此，茶商所获之利润可以说是微乎其微，稍有不慎，就有可能出现赔本亏损的情形。

另外，洋商、华商在采办运输茶叶、交纳税率上也有诸多不同，清政府因软弱无能，给洋商种种便利，不但允许洋商到产茶区自行收购办货，而且在税率上给予优惠，只交纳子口半税，远远低于华商贩茶所交之税厘，在运输环节上也是一路绿灯，顺水放行。而中国茶商不但税率重，还处处受到洋商排挤，关卡制约，隐受亏损，不能与洋商有同等待遇。光绪二十九年（1903年）九月初一日，载振等在《请旨通饬力行保商之政以顺商情折》中说："查洋商贩运土货，只在海关完纳子口半税，领三联报单，沿途呈验，无论远近，概不重征；而华商运货出口，逢关纳税，遇卡抽厘，其所抽纳之款，已较洋商所完子口税为多。乃关吏卡员，照章应缴税厘外，恒多分外之需索。如此畸重畸轻，土货出口，安能望有起色？此不平者一也。运货之宜，务在迅速，往往有一日之差，旦夕之殊，而货价之涨落以倍徙者。迩来内港行轮运，业经畅行无阻，各处关卡委员，遇挂洋旗之商船，照章速验放行；遇无洋旗之商船，即不免留难需索，甚至今日不验，候至明日，明日不验，候至后日。至于民船划艇，更复任意欺凌。华商隐受亏损，而无如之何，此其不平者二也。"

综上所述，徽州茶商外销失利，英美市场被印度、锡兰、爪哇、日本等占据；售茶价格受制于洋人，洋商操纵茶叶收购价格、运销工具，华商货到口岸，不得不仰人鼻息，任其压价宰割。内销又税率加重，厘卡抽剥，处处受阻被欺，隐受亏损，终于到了不敷营运的地步，以致十商九亏，皆视贩茶为畏途，走到了山穷水尽的地步。光绪时欧阳昱在《见闻琐录》中说："予足迹半天下，见二十年来，以业茶起家者十仅一二，以业茶破家者十有八九。商贾日失志，市肆日减色。问其故，皆曰利柄操于夷人，华商不能与争所致。"江西九江历来是徽茶外销的重要集散地，在这里经营茶叶贸易的多是婺源人。光绪中叶以后，因茶价下跌，茶商连年亏折，至光绪十九年（1893年）"九江街市已无一人从苦茗中求生活"了。

茶商亏赔，必然殃及茶农。据光绪《婺源乡土·风俗志》记载："我婺物产，茶为大宗，顾茶惟销于外洋一路。迩年茶市窳败，业茶者富实降为穷户，而农民依茶为活，遂苦不可支。亦有稍加变计，易种木棉者。"又有记曰："欧战时代，我国安徽一带之农民感于茶价一蹶而不振，竟有不鲜烧伐茶丛而另植棉业（花）等作物。此虽缘夫茶价低落，尚不敷成本之故……"可见茶商亏赔，殃及茶农，茶农无奈，烧伐茶树而另改种棉花等作物，这就从根本上破坏了徽州茶农、茶商赖以生存和发展的基础。而随着徽州茶商的衰落，晚清支撑徽州商帮的这最后一根支柱被抽去，徽州商帮的大厦便彻底倾覆垮塌了，徽商从此走完了300余年的辉煌历程。此后，虽有一些内销茶商还在京津及北方地区苦苦经营，奋力挣扎，但其规模与商情已不可与往时同日而语，不可以徽州商帮而论了。

四、山西茶商的穷途末路

山西商帮自雍正五年（1727 年）清政府与俄国政府确定，把蒙古库伦（今蒙古国乌兰巴托）附近的恰克图作为中俄商人贸易场地以后，就纷纷以茶叶为大宗商品，从三江两湖将其贩运至恰克图与俄贸易。在恰克图茶叶贸易中，山西商人实力最强、商号最多，计 140 余家，一直占据垄断地位，处于贸易顺差状态。“彼以皮来，我以茶往。”双方以物易物、相互交换。据史料记载，道光十七年至十九年（1837－1839 年），我国每年从恰克图口岸输往俄国的茶叶达 8071880 俄磅，价值 800 多万卢布，折合约 66189 担（1 俄磅约等于 0.82 市斤，1 担等于 100 市斤）。尔后曾达到 11 万担、20 万担。晋商还先后在莫斯科、托木斯克、赤塔、克拉斯诺亚尔斯克、新西伯利亚等城市设立商号，进入俄国境内贩卖茶叶。同时，在内外蒙古的山西茶帮实力也最强，占有绝对优势，一直垄断着草原市场，年复一年地为蒙古族人民运输茶叶和其他商品，与牧民交换畜产品，做生意，甚至以茶饼、茶砖为物物交换的等价品，茶饼、茶砖起着货币的作用。但是，进入近代以后，山西茶帮就开始走下坡路了，开始衰落了，在恰克图的商号不仅由 140 余家锐减为 20 家，直至消亡，而且茶叶销量也一落千丈，直至山西商人停贩，全军覆没。这是为什么呢？主要原因：一是咸同兵燹给晋商茶帮带来厄运；二是中俄不平等的通商条约，对晋商茶帮的打压；三是近代工业革命创造了巨大的生产力，蒸汽机的发明，轮船、火车等交通运输工具的革新，对晋商茶帮手工作坊加工、驼载马拉运输带来影响；四是俄国国体变革和外蒙古

“独立”后晋商茶帮受到毁灭性打击。

（一）咸同兵燹给晋商带来的厄运

咸同兵燹给徽商带来毁灭性的打击，给晋商带来的厄运也不小。太平天国战争主要战区在长江两岸，而长江两岸之鄂、湘、皖、闽、浙、苏六省是我国重要的产茶区，是晋商收购加工茶叶的主要货源地，战火造成江南茶路受阻，匪患四起，社会不靖。太平天国又实行“圣库”制度，天下一切财物金银皆归天王，皆为天王所有。故晋商在江南战火区的生意买卖不仅全部中断，而且财产损失殆尽。清朝档案记咸丰三年（1853 年）七月二十二日山西巡抚奏折言：“晋商富饶，全资商贾。京师贸易之外，半在两湖三江，粤匪未平，生理每多歇业，市肆不能周转。”晚清山西五台山人徐继畬亦在其上奏中曰：“各殷户家资，皆在买卖。其买卖在三江两湖者，十居八九。自粤匪窜扰以来，南省半为贼扰，山西买卖十无一存。祁、太、汾、平各县，向所称富者，一旦化为乌有，住宅衣物之外，别无长物。”又有王锡纶在其《晋省贫富强弱策》中说：“商贾置金钱于外，岁时听归其盈余而用之。……而数十万之储积，供贼徒一过，竟无所谋其朝夕。咸丰九年十年之间，两湖失事，平、介营业之家，至鬻妻卖子……是故富者强之基，而今反以为弱。”又有薛风治者在其著述中记道，介休县东关侯荣爵（号心兰），“先世富于资，甲第云连，族众繁衍，自遭粤匪乱，家中落”。介休县洪山村张文源（字筱泉），“筱泉幼富于资，曾设典肆于皖之安庆……迨长屡应童子试不遇，遭兵燹，荡其先业，遂籍铁笔（刻字）谋生者，垂五十年”。直到光绪三年三月二十日（1877 年 5 月 3 日），山西巡抚鲍源深在奏报山西灾情时还说：“晋省向称财富之区，实则民无恒业，多半携资外出贸易营生。自经东南兵燹，生意亏折，富者立贫，元气因之大伤。”从这些晚清官员、文人的奏折与记述中，可见咸同兵燹对山西商人打击之一斑。

（二）晋商茶帮的衰落肇始于第二次鸦片战争

1856 年 10 月到 1860 年 10 月英法联军发起对中国的第二次鸦片战

争。这场战争从广州打到天津、北京，以英法联军火烧圆明园、清咸丰帝下令签订城下之约《天津条约》《北京条约》而告终。在签订这两个丧权辱国的卖国条约前后，俄国人和美国人也以居间调停有功而要挟清政府，趁火打劫，强迫清政府签订了中俄、中美《天津条约》，中俄《瑷珲条约》《北京条约》和一系列的勘界条约。在这些条约中，俄国人不但割取侵占了我国东北、西北150多万平方公里的领土，而且迫使清政府也对俄国人开放了汉口、南京、镇江、上海、天津等口岸。这些条约还规定外国商船可以自由驶入长江一线各口岸通商，外国传教士、商人可以自由到内地游历经商等，使中国国门洞开、狼熊入室，而俄国人则成为第二次鸦片战争后在中国获利最大的国家。

第二次鸦片战争前，清政府是不允许俄国人直接进入我国境内购贩茶叶的，俄国商人与中国商人的茶叶等商品交易，只能在恰克图等边贸口岸进行。第二次鸦片战争后，俄国人趁火打劫，逼迫清政府签订了上述不平等条约后，打开了侵略我国蒙古地区的通道，取得了在沿海口岸的通商特权。尤其是在同治元年（1862年）俄国政府又逼迫清政府签订了《中俄陆路通商章程》以后，俄国人又取得了俄货低税入关和俄商可以深入我国内地直接贸易、采购茶叶的两项特权，俄国商人便深入我国产茶腹地——长江流域的汉口等城镇直接购茶、制茶、贩运茶叶了。据天津海关记载：咸丰十一年（1861年）以前，湖南、湖北的茶叶贩运一直由晋商垄断，晋商茶帮通过船运车载、牛马骆驼将两湖茶叶经陆路运往恰克图而销往俄国，但是从同治元年（1862年）开始，俄国商人就已在两

■ 湖北羊楼洞运茶车辙

湖地区建立起了茶栈，开始直接收购和贩运两湖茶叶。由于俄商享有免除茶叶半税的特权，又是水陆并运，所以大大节省了费用，贩茶数量扶摇直上。俄国商人的贩茶路线是：将在两湖收购的茶叶用小船运至汉口装载大船，从汉口沿江而下运至上海，再沿海运至天津，然后走陆路经张家口、库伦再运到恰克图，贩运到欧洲大陆。而清政府当时规定山西茶商的路线是只能走陆路，并且沿途还要交数倍于俄商的税金。比如当时山西茶商从湖北汉口贩茶时，中途要经过 63 个厘金分卡，卡卡收税，仅税金一项山西茶商就比俄商高出 10 倍左右，且陆路运输牛驮马载，山高路远，费的力气大，耗的时日多，成本高、困苦大。所以在这一阶段，俄商贩茶数量节节飙升，扶摇直上，晋商运茶数量直线下滑，跌落颇大。据有关资料记载，同治四年（1865 年）俄国商人从我国内地直接贩运茶叶 13513 担，同治六年（1867 年）猛增到 71008 担，同治八年（1869 年）则已达到 11 万担。而这时恰克图的晋帮商号，到同治七年（1868 年）已由原来盛时的 140 家下降到 34 家，可以说是一落千丈，既快又惨。这样不公平的茶商贸易，也引起了当时一些封疆大吏的关注，他们也看出了这样的边贸形势如果任其发展，对山西商帮的打击之大。时任两广总督的刘坤一上奏朝廷曰："自江海关通商以后，俄商在汉口开设洋行，将红茶、砖茶装入轮船，自江运津，由津运俄。运费俭省，所运日多，遂将山西商人生意占去三分之二。而山西商人运茶到西口者仍赴陆路；赴东口者，于同治二年禀清照俄商之例，免天津复进口半税，将向由陆路运俄之茶，改由招商局船自汉运津，经李鸿章批准办。惟须仍完内地税厘，不得再照俄商于完正、半两税外，概不重征，仍难获利。是以只分二成由汉运津，其余仍走陆路，已较俄商所运成本贵而得利微，深恐日后俄商运举更多，而山西商人必致歇业。"（《刘坤一遗集·议复华商运茶赴俄、华船运货出洋片》，中华书局 1959 年版）

在情况如此不利的条件下，晋商茶帮没有坐以待毙，仍然坚守阵地，积极进取，向清政府提出由恰克图假道俄国境内行商的方略。即以其人之道还治其人之身，俄商可来华贸易，晋商亦要去俄国境内贸易。这一请求被清政府批准了，并对北上俄罗斯的晋商酌减厘金，取消浮税。晋商借此大举向俄国内地发展，先后在莫斯科、托木斯克、赤塔、新西伯利亚等俄国城市设立商号，与俄商展开了又一轮新的角逐。晋商在向俄国境内进军的第一年，即同治八年（1869 年），就向俄国境内贩出茶叶 11 万担，当年俄商直接贩出的茶叶也是 11 万担，两者交了个平手，晋商复反追赶上了俄商。两年以后，到同治十年（1871 年），晋商输俄的茶叶则又达到了 20 万担，复又超过俄商一倍。这说明晋商真是商帮中的一支劲旅。他们有勇有谋，不怕吃苦，耐劳善战，在交通工具为牛拉车载、骆驼运输远不如人的情况下，在俄商可走水陆两途贩茶至天津再到恰克图，而他们只能走陆路，翻山越岭，路途比俄商艰难遥远，收税比俄商尚重，起点就不公平的情况下，还能后来居上，超过俄商贩茶数量的一倍，且走出国门，深入俄国境内，直接销售，在终端市场上与俄商竞争，实在是令人敬佩感怀。

然而，由于起点上的不公平，晋商茶帮这时的光华已是落日的辉煌了。同治十二年（1873 年），晋商向清政府提出也把从湖北贩运的茶在汉口装船走水路运至天津，然后再由陆路贩至俄国，享受与俄商同等的待遇，却遭到清政府的否决。清政府讲晋商贩茶走水路可以，但仍要按陆路运输一样收取厘金。这是哪门子的道理？本国商人在本国走水路运输，不能享受与外商同等的待遇，反而要另外多收厘金，可见清政府的昏聩和对俄国人的惧怕，真是国弱势衰使国人遭殃啊！这时，俄商不断深入江南产茶区，先后控制了一些茶区的茶叶收购和加工，又在汉口、九江、福州等地建立起使用蒸汽机代替手压机的砖茶厂，所制砖茶成本低、质量高、产量大，而晋商所制砖茶仍然是手工作坊式生产，质量、产量都显然不能与俄商之机制砖茶相比，在起点上又输了一着，向衰落又近了一步。俄商此时凭借着自己在加工、运输、税赋等方面的优势，从我国直接贩运的茶叶数量已猛增到每年六七十万担的规模，而晋商则下降到年输俄茶叶仅数万担的水平。但他们仍然苦苦坚守着、挣扎着，惨淡经营着那已利润不多的茶叶生意。

（三）近代工业革命对晋商茶帮的深远影响

清末民初，俄国人深入我国长江两岸贩茶，如上所述，靠的是轮船航运，从汉口到上海，再沿海而上至天津，走陆路经张家口、库伦运至俄国恰克图。而同时期的晋商还是要走老路线，沿汉江北上到老河口，再到河南赊店（今社旗县）上岸，然后车载马驮，手牵骆驼过河南、上太行、穿太原、越雁门，再走出西口，蹚过草原，将茶叶贩运到恰克图。在交通工具上他们比俄国人不知要落后多少，在路程和行路难上比俄国人又不知远了多少，难了多少。这是输了一着。再一着是沿途厘卡多，收税重，成本又不知高出了多少。但就在这样的运输工具和条件下，晋商茶帮还能苦苦支撑，着实令人赞叹。到了光绪三十一年（1905 年），俄国的西伯利亚铁路全线通车，俄商运输路线又从天津港沿海直上海参崴，再转铁路运至俄国和欧洲，既便捷省力又大大降低了人车搬运的成本。这是晋商难以企及的。国势衰微如此，作为一个省的商帮又有什么办法呢？又如何能改变呢？只能是徒唤奈何，望洋兴叹。从此，晋商茶帮在北部边境的贸易优势也就损失殆尽。这是现代轮船、火车交通运输工具的变革与牛拉马驮的对比，不只是天壤之别！

另外的差别就是蒸汽机在砖茶加工上的使用。当俄商在我国内地建设茶叶加工厂，使用蒸汽机作动力加工生产砖茶时，晋商还是依靠手工作坊生产。使用现代机械、现代化的蒸汽动力制作砖茶，与人力手压制作砖茶，其质量、产量不可同日而语！据《湖北通史·晚清卷》（华中师范大学出版社 1999 年版）记载："汉口的外资工厂，以俄商的砖茶厂为

■ 湖北羊楼洞茶包装运往俄国

最早，规模亦最大。茶是湖北出口物资的大宗。1861年以前，主要由山西商人在湖北咸宁、蒲圻等地设庄收购和指导人工制作茶叶。俄商从1863年起在崇阳大沙坪和蒲圻羊楼洞等地，陆续开设顺丰、新泰、阜昌、隆昌等用手工制造砖茶的茶庄，自行运销俄国。俄商茶庄规模大、产量多，开办三年便使山西茶商失去了传统优势。1865年以后，俄商逐步将茶庄迁到汉口，并改用蒸汽机作动力，雇佣大批工人，少者八九百，多者达到2000人。到19世纪90年代以前，俄商顺丰、新泰、阜昌三大茶厂共有资本银400万两，拥有15架蒸汽动力砖茶机、7架茶饼机和数千名中国雇工，年产值近5000万两。砖茶仍销往俄国和外蒙古。英商在1873年亦在汉口设立一个砖茶厂，但竞争不过俄商，不久停业。故俄商一直垄断着汉口砖茶的生产和出口。”该书又记载俄商这三家砖茶厂在1916年时，每日产茶就达1408担。可见其规模之大、产量之高。因此可以说，晋商茶帮的衰败也是衰败在落后的生产力上，衰败在落后的交通运输工具上。

就是在这样的情况下，晋商茶帮为了维持在俄罗斯的经营，为了打开销路，占领俄国市场，又采取了赊销茶叶给俄国中小商人的办法，期待他们将茶叶销售出去，再返还茶款。不料，此举再次招祸，有些俄商故意拖欠茶款，有些俄商因经营不善而无力偿还，致使晋商茶帮生意雪上加霜，赔累甚巨，损失白银达62万两之多。为此晋商也曾呈请清政府与俄国当局交涉，要求追回俄商所欠银两。但处在风雨飘摇中的清政府已毫无实力，俄国对此根本不予理会，终使晋商银两无法收回。宣统元年（1909年）沙俄政府又突然违背两国政府条约规定，对在俄华商征收重税，以排挤在俄经商的中国商人。晋商遭此种种打击，在俄经商已是岌岌可危，奄奄待毙了。

（四）旅俄、旅蒙晋商遭遇毁灭性打击

1920年前后，俄国国体变革、外蒙古“独立”，商人资本被没收，在俄中国商人被驱逐，在恰克图中国城从事边境贸易的山西商民被杀，商城被焚，终于使在北部边境贸易中辉煌200余年的晋商茶帮全军覆没，彻底退出了中俄贸易和外蒙古贸易的历史舞台。

俗话说："福无双至，祸不单行。""屋漏偏逢连夜雨，船破又遇顶头风。"就在晋商茶帮在俄气息奄奄地维持经营之时，1914 年 7 月 28 日第一次世界大战爆发，直到 1918 年 11 月 11 日结束，历经 4 年零 3 个月。其中俄国是东线作战的主战场。随之，俄国爆发两次革命：一次是 1917 年 3 月推翻了沙皇的专制统治，成立了资产阶级临时政府；一次是 1917 年 11 月推翻了临时政府，成立了苏维埃俄国。这样，在第一次世界大战和俄国两次革命过程中，在俄的山西商人落荒逃归，因此损失白银数百万两。仅大德玉、大升玉、大泉玉、大美玉、独慎玉商号在莫斯科的损失就高达 140 万两。

苏维埃俄国成立后，在国内实行国有化政策。当时卢布暴跌贬值，原沙皇时代的钞票，1 卢布（时称"羌贴"）可抵白银 1 两，贬值后仅值 5 分，暴跌 95%，几成废纸。仅山西太谷曹氏设在莫斯科、乌兰巴托、恰克图、伊尔库斯克做茶叶和丝绸等生意的锦泰亨、锦泉涌、锦泉兴分庄就损失白银 80 余万两，其中设在莫斯科的锦泰亨分庄一家就损失白银 24 万两。因此设在俄国境内和欧洲巴黎、柏林的山西商号纷纷撤庄归国，仅从俄国逃回山西的商人就达 3 万人。他们中的代表回到山西后，还受到了时任山西都督阎锡山的接见与抚慰。

再说 1911 年辛亥革命爆发，武昌起义推翻了清王朝的统治，结束了中国两千多年的封建帝制。就在国内战乱不已、南北议和不定的情况下，外蒙古的封建上层势力，却在沙俄的支持下宣布"独立"，脱离中华民国的管辖，并且与沙俄政府签订了库伦通商协定，使俄国人在外蒙古取得了无税自由贸易的特权，这使山西商人在北部外蒙古的贸易又遭受到严重打击。但是，这还不是最严重的，因为这期间北洋政府还不断地向外蒙古上层施压，外蒙古上层贵族也有反复，一度也曾宣布取消"自治"，归顺民国政府。到了 1921 年，出生于恰克图（中方买卖城）的苏赫巴托尔领导成立蒙古人民革命党。1924 年，蒙古人民共和国成立，也像苏联一样，实行公有制，此时在外蒙古的山西商人资产几乎损失殆尽，几代人建设、经营、生活的中方买卖城也化为灰烬。仅大盛魁一家商号在外蒙古就损失 1.5 万峰骆驼、2 万多匹马、20 多万只羊。其他商号如太谷曹家、祁县乔家等晋帮商号也是损失惨重，浑身伤痕，从此一蹶不振。至此，辉煌两百年，垄断北方边境贸易的晋商茶帮和其他商号，彻底退出了北方边贸的历史舞台，走到了尽头。他们的足迹、他们的身影、他们建造的买卖城已随着战争的烟云而随风飘去，化为乌有。现今我们去蒙古国的苏赫巴托尔市一带寻旧怀古，只能眺望俄方的恰克图城，聆听风沙的怒号、野草的哀泣，捧一抔沙土来缅怀古人。

五、苛捐杂税对晋商徽商的残酷压榨

课重捐繁、肆意勒索是晚清商人衰败的又一要因。晚清政府因对外丧权辱国，签订了一系列不平等条约，不仅割让领土，还要承担巨额战争赔款；对内为维护皇权统治，镇压太平天国运动、捻军起义、义和团运动和收复新疆，以及统治阶层的腐败挥霍，都急需大量的银子，需要财政的支持。但钱从哪里来呢？“重本抑末”思想在封建社会，在士大夫阶层占据着统治地位。为此，历代封建统治者都把算盘打在商人身上，把目光聚焦在商人头上。晚清政府更是如此。晚清政府对商人肆意苛征，不断劝捐，名目繁多，压榨剥削得商人无利可图，买卖赔累，富户破产，关门歇业，甚至折进老本，沦为乞丐，沿街讨吃。这是清末晋商、徽商走向衰落的又一重要原因。

封建统治者认为：“夫民有四，农为本，商为末也。故病农之事不可行，行之则本发拔；病商之事尚可行，行之而末不伤。何则？农之利少而有定，商之利博而无定也。利博而无定，则征之非过也。”（《皇朝经世文续编·户政》卷五六）在这样的指导思想下，封建统治者在财政拮据、国家有事之时，总是苛征于商，从商人身上压榨出更多的油水、银子，而其盘剥压榨的手段，一是增加税目，课税繁重；二是频繁劝捐，强制捐输；三是肆意勒索，敲竹杠，打秋风。明朝是如此，清朝也是如此。对于明朝和清中叶以前的课税和捐输本节限于篇幅，不再论及。下面就晚清政府在这方面对商人的压榨作一简要介绍。

(一) 增设税目，课税繁重

晚清政府迫于财政拮据，捉襟见肘，一改入关时的恤商促商、减免关税、轻徭薄赋政策，到处设卡收取厘税，重征、滥征商税，使商人备受其苦，深受其害。

厘金原是清朝政府地方官员为募集镇压太平天国起义军军费而于咸丰三年（1853年）九月开征的一种新税。首创者为刑部侍郎办军务的雷以諴，执行最力者为曾国藩。该新增税目在咸丰四年（1854年）三月经咸丰帝上谕批准后，由一个地方性的筹饷方法渐变为一个全国性的税种。厘金的税率，全国各省变通不一，以雷以諴在扬州仙女庙劝谕商人捐厘助饷的税率来说，一种是从量税率，根据不同商货种类每单位征厘20文至360文不等；一种是从价税率，纸、药材、茶叶等不同商货种类，每千文钱课厘12文。咸丰四年（1854年）五月初一日，规定扬州城乡各行铺捐厘助饷的税率是米行每担课厘20文，油行每担课厘40文，酒行每担课厘24文，糟坊每百文课厘1文，各杂行每百文课厘1文。根据这个规定，我们可知，从商人来说，无论是行商还是坐贾，都要捐助厘金。从商品角度来说，无论是手工业品，还是农产品，茶、棉、粮、油、酒等都在纳税范围之内，从地域范围来说，涉及山西、安徽、江苏等20省。

清政府厘金的征收给商人增加了沉重的负担，造成恶劣的后果，是“商民裹足，百物踊贵”的始作俑者。山西从光绪元年（1875年）到光绪三十四年（1908年），大量增设厘卡、关口收取厘金，全省设有厘卡35处，凡药、盐、皮、毛、烟、酒、煤、铁、粮、铜，皆是收取厘金的项目。每年收取的厘金由9万两增长到光绪十九年（1893年）的22万两、光绪三十四年（1908年）的31万两。如此抽厘，使得晋商、徽商“由富而贫，由贫而至于赤贫，皆由厘金累之”。

晚清政府对商人的压榨还体现在重征、滥征商税上，体现在对正课的逐年增加上。如前所述，茶叶税历年递增，同治年间比道光时增加了数倍。对“动关国计”的盐课，清政府盯得更紧。徽州盐商主要活动在两淮盐区，清初“淮纲正课原只九十余万两，加以织造、铜斤等款，亦只一百八十余万两”。但到乾隆年间“已及四百余万”，“科则数倍于原额”。百年之内两淮盐课猛增了四五倍。嘉庆二十年（1815年），“淮纲每年正杂内外支款，竟需八百余万之多”，比之乾隆年间的400余万又增加了一倍。这是清政府明文规定的正课税款，至于各地官员私征、滥征者，更是不知其数。光绪元年（1875年），山西普源公商号，由广东采办药材、药酒，运销直隶，途经天津，被钞关重征，以致商人赔累，被迫改道青岛，由山东运销直隶。抽厘对徽商的影响，请参见本章前述“清军赈饷抽厘办团练，掏空徽商家底”，此处不再赘述。

（二）捐输频仍，名目繁多

捐输本意是自愿出钱救济他人与社会。但清政府把花钱买官作为一种制度给规范下来，花多少钱买多大官，明码标价，一手交钱，一手给官帽，周瑜打黄盖，一个愿打一个愿挨，互无话说。所捐之官有实衔，也有虚衔。捐得官位之后，可以享受相应级别官员的政治待遇。比如见同级别的官僚可以不磕头，比自己级别低的官员见到自己要磕头；在房屋建置规模上可以按照同品级官员享受的定制所建，虽然银子还是自己出的，但标准提高了；同时也可以封妻荫子，光宗耀祖，跻身缙绅行列。因此，捐输初始时对一些晋商、徽商还是有吸引力的，有些商人对朝廷的捐输也是心甘情愿的。徽州商人在花银子捐顶子上是不吝啬的，舍得花钱。众所周知的“红顶商人”胡雪岩，官居正二品，曾授江西候补道，赐穿黄马褂，其红顶子就是捐官买来的。同时，捐银助饷、赈灾，还能落个“急公好义”“富而好礼”的美名，甚至可以建“义坊”牌楼旌表，入乡贤祠堂供享。但是到了清末，捐输、报效实际上成为一种摊派，成了清政府对商人敲骨吸髓的榨取。

在清王朝的捐输中，晋商、徽商历来是扛大头的，在众商帮中捐输最多。如曾任两淮总商的歙县大盐商江春，每遇捐输“百万之费，指顾立办”，后来因此而陷入“家屡空”的困境，晚年不得不借用帑银以资运营。《清盐法志》卷一五三《杂记门·捐输》称：“盐商夙号殷富，而两淮尤甲天下。当乾隆时，凡有大工大役，靡不输将巨款……加以水旱偏灾，何岁蔑有，几无已时，而商力亦告疲矣。”据嘉庆《两淮盐法志》统计，从康熙十九年到嘉庆九年（1680—1804年）的120多年中，两淮盐商前后捐输的财物共有银3930.2196万两、米2.15万石、谷32.946万石。每次捐输，多则数百万两，少则数十万两，“其余寻常捐输难以枚举”。有的商人一时难以完纳认捐的款数，盐官即将该商人捐款数转为欠官的帑银，照加利息，在每年征取课税时一并追索。在两淮盐商中，徽商占据优势，因而捐输报效也是最多的。

山西历来称为富庶之省，在清王朝及各级官员看来，更应大捐特捐，报效朝廷。乾隆三十八年（1773年）金川用兵，筹集军饷。河东盐商捐银110万两，比同年两淮盐商捐400万两少290万两，但多于长芦盐商的60万两、山东盐商的30万两和两广盐商的20万两。据《清高宗实录》卷九四四记：“谕，据（山西巡抚）巴延三奏，太原等府州属绅士孟瀛等呈称，世享升平，共安乐利。兹闻金川梗化，谊切同仇，情愿各抒忱悃，共出运本银一百一十万两，公议郭继传等三十人，各带伙商三四人，赴川办运等语。办理金川军务以来，一切师行动用，俱系动拨部库及各省帑项，原无籍乎捐助，前因两淮、浙江、长芦等各商，恳请捐银助饷，情词殷切，特允所请，降旨予以议叙。”看乾隆皇帝这个官样文章的行文措辞写得多好！

嘉庆五年（1800年），为镇压白莲教起义，清政府又多次向商人派捐，山西巡抚伯麟“勒限催交”，有一县派至10万两之多，有未能交措者，即行掌责，甚至锁闭班房，名曰“黑窑”。消息传到北京，连嘉庆皇帝都担心因晋省摊派款项繁多，怕由此激成事端。地方报告捐银218万余两，嘉庆皇帝只收150万两，余数让发还诸商，结果又被经办官吏以借款名义攫为己用。“谕内阁：据伯麟奏，晋商绅士王协、尉维模等，因官兵剿办教匪，大功将届告竣，一切善后赏赐诸事需费，情愿捐银二百一十八万两，以备凯旋之用，并查从前该省因捐输军饷议叙官职，将该绅士等原呈进呈。朕念伊等情词恳切，且有该省捐银成例，未便阻其报效之忱。惟因捐数过多，只赏收一百五十万两，其余仍著伯麟按数发还，按捐输之各绅士咨部议叙。原以该绅士等，情殷报效，踊跃急公，于奖励之中，仍寓体恤之意，乃不料晋省府县缪晋、郭明德、陈圣域，竟有向富户王协之侄王濡翰及尉维模，借贷银十万两之事，实属贪鄙不堪，已降旨将缪晋等降职严审。”（《清仁宗实录》卷七四，嘉庆五年九月丁未）

咸丰年间，清政府为镇压太平军，又向全国各地工商铺户和绅士商人摊派军费。这时，徽州处于战争中心，徽商在江南一带遭受毁灭性的打击。清朝皇帝和官僚就把砝码都压在山西商人的头上，他们认为："天下之广，不乏富庶之人。而富庶之省，莫过广东、山西为最。风闻近数月以来，在京贸易之山西商人，报官歇业回籍者，已携资数千万出京，则山西省之富庶可见矣。"（清档，和硕惠亲王等咸丰三年四月十一日奏折）"如山西太谷县之孙姓富约二千万，曹姓、贾姓富各四五百万。平遥之侯姓、介休县之张姓富各三四百万。榆次县之许姓、王姓聚族而居，计阖族家资约各千万。介休县百万之家以十计。祁县百万之家以数十计。"（清档，广西道监察御史章嗣衡咸丰三年十月十三日奏折）由此两份奏折所引我们不难看出，当时山西富庶甲天下，在北京的亲王和远在广西的监察御史都把主意打在山西人身上，把目光盯在晋省富户上。就是咸丰皇帝，这时也一改自己先祖乾隆、嘉庆皇帝的遮遮掩掩劝捐，体恤商人报国热忱之冠冕堂皇的说辞，撕下遮羞布，直接谕曰："如该省富大族，有能捐资至百万或数十万者，即赏加五等封爵，其次赏加轻车都尉等官，并准予以袭次，俾民间咸知捐资助饷，即与效力行间无异。"（《清文宗实录》卷九一，咸丰三年四月乙酉）皇帝谕旨颁下，江南处于兵燹，山西地方官员不敢怠慢，随即向州县富户摊派。这一次捐输是全国性的，至咸丰三年（1853 年）正月，全国绅商士民捐银 424.7916 万两，山西省捐 159.93 万余两，占到全国捐输的 37.65%，为全国各省捐输之首，远远超过第二名。时年户部尚书祁寯藻上奏曰："自咸丰二年二月起，截至三年正月止……绅商士民捐输银数，则山西、陕西、四川三省为最多，山西共计捐银一百五十九万九千三百余两。"延至咸丰五年（1855 年）十一月，山西共捐银 303 万余两，交现银 287 万余两；下余 16 万余两，实在无力再交，清廷仍不肯放过，命令继续催交。同治三年（1864 年），又因新疆用兵，左宗棠率军入疆，筹饷难，解运艰，路途遥远，清政府以山陕商人在伊犁、喀什噶尔、古城等处皆设有铺户买卖为由，又令山陕商人将这些地方的商业资本充兑军饷。据清人徐继畲说："晋省前后捐输已至五六次，数逾千万。"这些不停止的巨额迫捐、强捐、摊派，使得山西富户中落，商业衰败，甚至"赤贫如洗"，给山西商民造成沉重的负担。

晚清的捐输叙官，对于商人来说多是强迫性、摊派式的，是晚清政府压榨商人、夺取民脂民膏，用于镇压国内各地人民起义和向西方列强支付战争赔款的举措。其堂而皇之的理由背后，伸出的是贪婪之手，张开的是血盆大口，其捐纳、报效中的弊端和强制性是令商民幽怨愤慨的。御史章嗣蘅在咸丰元年（1851 年）十月二十八日的奏折中说：“晋省州县中，实力办公者固不乏人，而假公济私，借端滋扰者亦复不少。臣闻上届劝捐，有中人之产，因控家揰揹勒，出重资者；有素封之家，因私贿夤缘，脱身事外者；有捐数应得优叙，而揹索多费，始行详报者；有棍徒不名一钱，而勾串官吏，假托滥竽者。种种弊端，以致人心疑惑，观望不前。”咸丰时太平天国运动爆发，曾任福建巡抚的山西五台人徐继畬已经告老还乡，回到五台县为民——地方绅士。当开始劝捐时，地方政府也诚邀他出来参加劝捐。徐继畬当时在《复阳曲县三绅士书》信中说：“顷者，癸丑（咸丰三年）之岁，弟在五台劝捐，费无限唇舌，所捐不足二千金。后者在省垣，郭小房（山西巡抚郭梦龄）方伯屡奉寄谕，与弟会办捐输一事，弟致信通省各属绅士，亦均立局劝办。然游疑观望，迄如成说。大县如太谷，绅士劝办，两月不足四万金；后见其势不行，乃与小房方伯相商，请吉履庵太守亲赴所属各县劝办。五日之中，而太谷已捐九万余金。随至榆次、祁县，亦俱捐有成效，此绅劝不如官劝之明验也。晋省劝捐已办多次，其慨然乐输者几人？皆印委各员，以威权压勒之，乃能幸而集事，畏官而不畏绅，人情大抵如斯。”可见强迫捐输之一斑。

（三）肆意勒索，敲竹杠，打秋风

商人受到的另一盘剥、吃的又一哑巴亏是清政府各级官僚的无端勒索。清末官场腐败、贿赂盛行，商人不使银子、不孝敬银票，关难过，门难进，事难办，路难行。各级官僚牙衙也视商人为“可啖之物，强索硬要，不厌不休”。清朝两淮盐商有三项“浮费”：一是“程仪”。现任或候补官员进京路过淮扬时，不论该官与淮商有无交往，都要索取一笔“程仪”。二是“规礼”。本地的文武大小衙门，无论与盐务是否有关，都要向商人收取规礼。三是“别敬”。先是每年于御史任满时，照例要向商人收“别敬”钱，后来发展到无论地之远近或与商人是否有交情，只要是达官显贵，在任满时都要向商人索取“别敬”。这三项浮费，每年“盈千上万”，严重影响徽州盐商的正常经营活动，连嘉庆皇帝也不免担忧，浮费太多“于商力未免有亏”。当时就有人指出，商人浮费日重，则成本愈亏，其结果势必是“不能源源运转”。也就是今天所说的杀鸡取卵，不能培育涵养税源，造成竭泽而渔、后续不继、不可持续发展之灾难性后果。

天下乌鸦一般黑，清政府官吏对徽商无端勒索，在山西为官的当政者对晋商也是如此。清末金永任山西巡按时，贪图祁县渠兴周、平遥县尹二少家财。渠、尹二人皆是当地有名的富商，金永便指使爪牙于景福诬告渠、尹二人有不法阴谋，将其家财产全部没收，金、于狼狈为奸，中饱私囊。乾隆初年任河东盐政的白起图，在任期间，“或贿买引窝，或吓诈银两，或滥差扰累，或纵役需索，以致强荐长随，收受礼物”，对“商人所送礼物，无不全收”；而且每遇商人登门，家人竟强索“门包银”，“家人门包，非八两、十两、十二两，拒不传奏”（清档，喀尔吉善《为奏闻事》，乾隆六年十一月十一日）。这就是不使银子进不了门。乾隆三十二年（1767年）达色任河东盐政后，因河东盐池累累欠产，盐商纷纷赔累告退，清政府便实行举报富户充商政策，实际是让三晋富商大户贴银子为皇家办盐政，产盐运盐。此时，山西富商皆视到河东盐池办盐为畏途，个个唯恐躲避不及，达色便勾结河东运使吴运从、运城知县吴兆观，三人串通起来在盐池搜刮银两，乘机勒索。商人郭恩顺、郭丰泰、祁斯清欲免于充商办盐，达色便令其出银4000两，后来三人行贿达色，出银1040两，并又送了“玉达摩、玉鳖”两件高档礼品，才得以免充河东盐商（清档，四达、彰宝《为遵旨严审定拟具奏事》，乾隆三十三年一月二十九日）。从这件事上可见清政府上梁不正下梁歪，上边没有好的盐务政策，苛征于商，中间官僚便有机可乘，狐假虎威，受贿营私。商人也就蝇营狗苟，行贿钻营，送礼成风，真是败坏风气，也使得“三晋富民吝于财而怕官”，成“牢不可破之风气”（徐继畬语，见《复阳曲三绅士书》）。

六、山西票号的衰落

创立于清道光三年（1823年），鼎盛于光绪中叶至20世纪初的山西票号是晋商中的龙头老大。兴盛时汇通天下，长袖善舞，全国51家票号，山西人开办的就有43家，其分号500余家，几遍宇内大中小城镇及俄罗斯、日本、朝鲜等国家，是中国“现代银行的乡下祖父”，执中国金融界之牛耳达上百年之久。但光绪后期其开始走下坡路，到了辛亥革命（1911年）后便急剧衰败，直到民国期间便全军覆没，彻底退出了金融界，退出了中国商界。山西票号的衰落同时也标志着晋商的彻底衰落和告别历史舞台，辉煌500余年的晋商从此风光不再，随风而去。

那么，晋商票号是如何衰落的呢？俗话说，冰冻三尺，非一日之寒。山西票号的衰落也有一个过程，有着复杂的原因。但概括起来讲，1911年的辛亥革命推翻了清王朝的封建统治，山西票号也就随之灭亡了。辛亥革命是山西票号衰落的时间标记。山西票号衰败的主要原因：一是清末内乱外患，战争频仍，改朝换代的政治影响；二是资本主义金融势力入侵，世界大局发生变化，现代银行业兴起的经济影响；三是山西票商自身的原因，他们思想僵化保守，不识时务，不求变革，失去了由票号转变为现代银行的历史机遇。

（一）内乱外患、改朝换代，是山西票号衰落的主要原因

清末内乱外患，战争频仍，改朝换代是山西票号衰落的主要原因。一是咸丰元年即1851年太平军在广西金田起义，接着挥师北上，攻占武汉，压江东下，建都南京（天京），直至1864年6月16日曾国荃攻克天京城，太平天国灭亡，1868年8月16日捻军首领张宗禹部在山东茌平

南镇全军覆灭，大半个中国陷入咸同兵燹达18年之久。晋商在长江流域的票庄、买卖损失殆尽。

二是第二次鸦片战争中，英法联军于咸丰十年（1860年）攻占北京，咸丰皇帝逃奔热河（今河北承德）。侵略者火烧圆明园，北京城内一片混乱，遭逢1644年满清入关定鼎北京后的第一次战乱焚烧、哄抢，山西商人首当其冲，损失惨重。

三是光绪二十年（1894年）中日甲午战争，日本人在朝鲜、在海上打败清军后，又挟虎狼之师侵入我国东北境内，陷丹东、破大连、屠旅顺、攻威海，逼迫李鸿章赴日本代表清政府签订了丧权辱国的《马关条约》。日军占领旅顺城后，尽屠城中人民，血腥屠杀4日，仅留36名中国人用以掩葬尸体。时有美国报纸指责："日本为一蒙文明皮肤，而具野蛮筋骨之怪兽。"中日甲午战争期间，又使一向在东北做生意占主导的山西商号惨遭损失。

四是1900年的庚子事变。1899年义和团运动兴起，后由山东转战直隶，进入北京，形成大规模的"反洋教""扶清灭洋"农民运动。义和团运动最初为清廷所利用，慈禧太后曾召见其首领曹福田，并借此力量下诏向各国宣战。据柏杨先生在《中国历史年表》庚子年（1900年）记，义和团进入北京后，"势益横暴，屠掠四出，北京火光蔽天，夙所不快者，皆指为教民，杀十数万人"。1900年5月，八国联军借机镇压义和团，6月攻陷天津，7月20日攻占北京。进入天津、北京后，八国联军烧杀抢掠，恣意横行，大肆劫掠颐和园珍宝。慈禧太后和光绪皇帝仓皇西逃，致使北京城内又遭受清军入关后第二次哄抢焚烧。次年清廷又命李鸿章、奕劻与11国公使签署《辛丑条约》。战争赔款4.5亿两白银，年息4厘，分39年还清，本息共计9.8223亿两白银。在庚子之乱中，天津、北京等地的山西票号、商人又一次遭到抢掠，损失难以统计。光绪三十四年（1908年）山西巡抚宝棻说，由于甲午之战、庚子事变、日俄战争，晋商损失"多至数千万，元气至今未复。去年营口西商亏倒银二百多万两"。庚子战争前，山西商人在京开设的账局、票号、钱铺、当铺在市场上占主要地位，遭逢此乱，票号撤庄回籍，所带现银和账簿多被抢劫。"京城内外及大宛地面税当202座，多被抢夺，其未被抢及抢夺未尽者，只余十余座。"被抢的当铺，90%是山西商人开设的。从此，山

■ 西方11国威逼清政府签订了丧权辱国的《辛丑条约》

西商人失去了北京城的典当市场（徐义生：《中国近代外债史统计资料》）。山西票号到宣统三年（1911年）前已由43家锐减到24家，其中平遥票号由22家减少到11家，祁县票号从12家减少到6家，太谷票号从7家减少到6家，太原票号从2家减少到1家。

五是1911年的辛亥革命推翻了中国两千多年的封建帝制，革了清王朝的命，也革了山西票号的命。山西票号是依附于封建王朝这个肌体而创立、发展、兴盛的，清王朝是它的最大客户。其后期主要做公款汇兑，为此大大赚了一笔；同时又放款、借贷给清政府，清政府借山西票庄的款以还庚子赔款及各项丧权辱国的战争赔款，这时的清政府反而是山西票庄的最大债主。1911年（宣统三年）阴历十月，经度支部大臣绍英向内阁大臣袁世凯请示批准："向京师各西票庄借银500万两，当外款（外债）议定后再行发还。"当政府要员赴票号议商时，各票号均因"前欠各票号之款已愈700余万，归还尚无着落"而裹足不前，借贷给清政府的700万两银子，随着清政府的灭亡也打了水漂，永远收不回来。晋商天成亨票号仅在汉口、西安、成都三处被抢劫的现银就达100万两，连其他房屋，财产共计损失不下200余万两。

辛亥革命后，袁世凯抢夺革命果实，壬子年（1912年）北京发生"二月兵变"，使北京城内的商号店肆又雪上加霜，再遭一次焚抢。接着国内军阀混乱，土匪纷起，社会不靖，商人连年遭受损失。民国《太谷县志》卷四载："商务自清季已形凋敝，改革以来，凡外设有分庄者因直接间接之损失，或则缩小范围，或竟停止营业，较之昔日一落千丈矣。……近数年来各省兵祸相寻无已，在外经商因失业而赋闲者所在皆是，来源顿竭，生计困难。"民国《临晋县志》载："民国纪元前，临民经商陕者常万余……陕省金融事业，归临人掌握者居其泰半。……民国肇建，陕者乱机四伏，盗匪充斥，行路者皆有戒心，商贾因之裹足，临民之操奇计盈者，生理日形颓败，率多归里。"台湾商务版《阎伯川（锡山）先生年谱长编初稿》中记述山西商人之衰落说："乃一蹶于庚子之乱，再毁于辛亥，商人失业，而致岁入归于乌有，向之富者已贫，向之贫者益困，以故正货短少，金融闭塞。"榆次车辋村常家大院的十四世孙常赞春在民国九年（1920 年）为其十三世父辈立训公所作的墓志铭中亦说："民国肇兴，吾家各埠商肆，顿遭损失。""国体骤易，时事日棘，山西商务遂难复其旧。"

辛亥革命后，山西票号遇到了全国性的挤兑风潮。挤兑首先从北京开始。多年来，票号做生意赚银子，多采取的是"北存南放"模式。即把北方各客户的存款放贷于南方，在南方生意场上赚钱。当时北方的北京、天津 、平遥、祁县、太谷及南方的上海都是存款大于贷款，无论是清政府还是清政府的在京官员，无论是山西商人还是其他在沪的民人，皆因山西票号信誉卓著，收益保障，都将自己的银子存于山西票庄，这些地方的存款往往大于放款 1～3 倍。北方有存款用不了，山西票庄就把北方的存款大量调往南方汉口等几十个城市，放款于南方城市的工商界、生意人，这使得南方的放款又大于存款几倍，甚至有的城镇只有放款而没有存款。辛亥革命的枪声是从武昌打响的，枪声一响，南北交战，武汉又是重点战场，接着清帝退位，共和诞生，北京的社会不靖，原在北京的达官贵人、王公大臣有存入山西票号银钱的便个个要提取、要兑现。票庄遇此挤兑，自恃清政府有借票号的款，自己放出去的款也大于存款，为了维持信誉，先是照兑不误。不料形势越来越严峻，辛亥革命改朝换代，全国一片混乱，社会处处不靖，随之又军阀混战，别人存的款要提取，自己放出去的款又收不回，借贷给清政府的银两随着清王朝的灭亡也是一去不返。如太谷一家票号，有 300 万两白银借给了清朝官吏，无法收回，最后因清偿无力，被政府查封。再如 1931 年，前清董福祥的三夫人，亲身从甘肃到平遥向协同庆票号讨债，协同庆经理眼瞅着所欠款百万余两无法支付，便与股东一起逃匿。

另据黄鉴晖先生研究，民国初年山西票号还是放款多于存款的，如果收回放款，归还存款，尚有余款。问题就是倒账太多，放出去的款不能收回，存款逼提，无法应付。如合盛元票号在倒闭清理时，其祁县清理处，包括京津以外的 13 个总分号至 1920 年尚有存款 1113731 两，放款 1170858 两，放出去的款仍比存进来的款多 57127 两，但是因为放款收不回来，存款也就支付不了，一时接济不上，也就束手无策，只好歇业倒闭。再如汉口商会为清理各帮货行与银钱行的债务，于 1913 年 1 月 8 日召开各帮董事会议，讨论清理债务方案。会后，在汉口的票号帮于 1 月 10 日致函商会说：“敝帮前因各帮积欠巨款，屡索无着，曾联合银行帮具书请议。”“惟悬款数百万，拖延二三年，困难情形，早同涸辙，目下年关在迩，撑住尤难，务希贵总会催促钱帮从速解决，俾得巨款有着，商务复活，当不独敝邦之幸也。”（《汉口票帮，民国元年腊月四日函》）

“皮之不存，毛将焉附。”票号的财东和大小掌柜们，遭逢如此天翻地覆、改朝换代的变故，遇此倒账风波，昔日仰仗的清王朝轰然倒塌，王朝政府所欠的银两也无法收回，自然是回天无力，徒唤奈何，只好纷纷歇业，倒闭回籍，四处逃匿隐藏。有的为此官司缠身，债务缠身，被控入狱；有的仓皇奔逃，家破人亡，沦落为沿街讨吃的乞丐。这样，昔日显赫一时，执掌中国金融之牛耳达上百年之久的晋商票号便衰落了。到 1921 年时，山西票号便只剩下了 5 家，这 5 家残存的票号是大德通、大德恒、大德川、三晋源和正在清理中的日升昌票号。残存的这 5 家也早已是昔日风光不再，如今破帽遮颜，勉力维持经营。到了 1932 年，则又倒闭了 3 家，名义上还有大德通和大德恒两家票号，但实际上已成了银号一类的信用机构，早已不是原来意义的票号了。至此，山西票号自 1823 年（道光三年）平遥日升昌票号创立，历经百年，彻底倒闭，从此退出了我国金融业的历史舞台。

（二）外资入侵、银行兴起，是山西票号衰落的经济原因

资本主义金融势力入侵，现代银行兴起，挤占票号市场，是山西票

号衰落的经济原因。1840 年鸦片战争后，西方列强打开了中国的大门，特别是第二次鸦片战争后，清政府与列强们签订了一系列不平等的条约，西方列强不仅向中国输送鸦片，毒害中国人民，换取我国茶丝瓷器等物品，使大量白银外流，而且取得到内地通商的特权，使我国市场成为世界资本主义市场的组成部分，使我国的工商业蒙受了重大的损失。而在这些损失中，山西商人、山西票号的损失首当其冲、受伤最重。除上述论及的山西商人在中俄恰克图茶叶贸易等方面的损失外，山西票号因帝国主义经济侵略，国内工商业倒闭，造成的倒账、亏赔也是触目惊心、数目庞大。

1. 票号在山西保矿运动中做出贡献、贴银子

现在山西是全国有名的煤炭大省。19 世纪末，英帝国主义也开始了掠夺山西煤炭资源。光绪二十三年（1897 年），英国福公司觊觎山西煤炭，通过买办刘鹗、方孝杰设立晋丰公司，买断山西盂县、平定、泽州、平阳、潞安等地煤矿 60 年的开采权。这个刘鹗就是清末著名小说《老残游记》的作者，江苏丹徒人（今镇江市），生于 1857 年 10 月，卒于 1909 年 8 月，当时被英国福公司聘任为筹备采掘山西矿产经理，是一个“谤满天下”的人物。刘鹗的这等作为被在京的晋籍官员知晓后，遭到以渠本翘为首的山西官员和票商的极力反对，激起山西人民和海外留学生的极大愤慨，进而爆发了轰轰烈烈的山西争回矿权运动。在这场斗争中，光绪三十二年（1906 年），在日本东京发生了山西阳高县留日学生李培仁蹈海自杀的事件。李培仁同时留有数万言的《绝命书》，声讨刘鹗等人出卖山西矿权的行径，进一步将山西人民争回矿权的斗争推向了高潮。这时英国福公司也看到再在山西强行开采煤矿已不可行，便改作金钱讹诈，开始索要赎矿银 1100 万两作为交出矿权的条件，遭到山西代表的严词拒绝，最后以讹诈赎矿银 275 万两为条件，同意交出矿权，退出山西。山西省一时拿不出这么多现银，为了不失信于人，保晋省名誉，收回矿权，山西当局便以地亩捐作抵押，由山西票号界首领、时在北京为官的渠本翘出面，向山西各票号筹借此款。旬日之间，筹得现银 150 万两，兑现了对方议定的分四次交纳，第一次先交赎矿银一半的承诺。克获全功，令外商惊讶不已。这正如近人严慎修所说：“使当日票商不为助力，

吾恐今之矿区犹在福公司之手，而英商能力早已横行于我山西之境内矣。”渠本翘为了确保矿权，又于光绪三十三年（1907 年）与刘懋赏、冯济川等组建了保晋矿务有限总公司，并由渠本翘出任总经理。但后来由于山西当局担保的全省地亩捐被截留，直到 1916 年才要回现金 60 万元，其余欠款山西省当局仅发给保晋公司一纸“见义勇为”奖状而一笔勾销。保晋公司也因资金严重短绌，无法维持正常生产，渠本翘被迫辞去总经理之职。刘鹗则因此事被清政府黜退，后来八国联军入侵北京时，他又从联军处取得粜购“太仓储粟”的特权，在北京设平粜局赈灾解饥困。光绪三十四年（1908 年）清廷以“私售仓粟”罪将其发配新疆，充军流放，次年死于乌鲁木齐，享年 53 岁。

2. 票号在外商银行资本的控制下，利益被挤，市场被占

19 世纪末到 20 世纪初，世界资本主义发展到了帝国主义阶段。垄断已经代替了自由竞争，作为中介的银行资本，这时已变成了“万能的垄断者”。各帝国主义国家为了控制中国，获取更多的利润，纷纷在我国

■ 英国丽如银行

开设银行。据有关史料记载，第一家进入中国的外国银行是英国的丽如银行，它于 1845 年进入，又叫英国东方银行。英国的汇丰银行是 1865 年进入中国。到 1890 年，英国银行在中国开设的分支机构有 30 余家，

■ 英国汇丰银行

其中以汇丰银行的势力最大，是清末垄断我国金融业的寡头。日本在中国开设银行 28 个，设立分支机构 75 处。其他入侵我国的列强——法国、德国、俄国等也纷纷在华设立银行。外国银行在中国的开设，不但使外国人的钱都存入了外国银行，就是中国人的银两也存入了外国银行。票号一贯承做的汇兑业务也被外国银行抢去很多。以天津为例，天津对上海的棉纱款项汇兑，年约 1000 万两白银，过去都由山西票号汇兑，外国银行在天津开设后，这项汇兑业务由洋行抢去 50%，外国银行汇兑 500 万两，其他国内银行汇兑 300 万两，票号只承办 200 万两，仅占到 20%。天津如此，其他在上海、汉口、北京等口岸和有外国银行开设的地方，在汇兑业务上也大都如此。这样由于帝国主义金融资本对中国的入侵，打破了以前由山西票号垄断的中国金融市场，票号的市场份额急剧缩小，利润空间多被挤占，也就由盛转衰，走向了衰败。当时的江西巡抚李勉林有奏折说："中国西商多于各省设立汇兑庄，无虑千百万巨款，层纸书函，数言电报，即可立为兑付，每一字号岁盈不下数十万，而未偿费一金之本。……近年通商口岸，洋商亦多设银行，西商之利，稍为所夺，中国资财又多一外溢之所，尤不可不有以抵制之。"

3. 中国经济在外商的操作下，资金外流，工商业倒闭，票号也纷纷衰败

首先是英国等资本主义国家向中国倾销鸦片，不仅使中国白银外流，而且毒害中国人民，也使得一些商人吸食鸦片，精神萎靡，因富而败。其次是外商对中国倾销洋油、洋烟、洋铁、洋布等洋货，侵占中国传统手工业生产和市场。如孔祥熙家族进入民国就以代销美孚石油、煤油为营生。山东省“以前本省使用的土铁，大部来自山西泽州府，现在几乎已经完全被洋铁所代替了。洋铁成本比土铁低一半”（1869 年《海关贸易报告·烟台》）。宣统时，外国烟草公司处处排挤华商。英美烟草公司以“包捐”为名，在山西榆次、太谷等地“概不许售中国之烟”，这就极大地挤占了山西曲沃烟坊的旱烟市场，甚至连山西会馆也遭到列强的霸占。如天津估衣街上的山西会馆，光绪三十二年（1906 年）竟被一个名叫张幼仙的人勾结日本人所霸占。再次是俄国茶商深入汉口、九江、福州收购茶叶，就地加工，每年自行运往俄国以及蒙古地区的茶叶达 900 万磅，打破了原来由晋商茶帮垄断的中俄以及蒙古地区的茶叶贸易，使山西茶帮衰落。如俄国人波兹德涅耶夫说：“1886 年后，因俄国人的竞争，中国茶商年年赔本。西伯利亚最大茶商莫勒恰诺夫在中国经营，使归化城好几十家华人茶商破了产。”山西茶商多经营票号，茶票不分家，一家多种经营（如祁县乔家），茶商破败必然造成票商衰落。

在这里需要说明的是山西票号在列强的打压下衰落了，南帮票号也衰落了，而且比山西票号衰落得更早、更惨。19 世纪 80 年代，列强压级压价中国蚕丝，阜康票号财东胡雪岩，在外商压价造成蚕丝滞销时，“感于外商挑剔抑价之种种侵略，愤然思有以抵制之，则举江、浙二省之育蚕村镇，而一律给以定银，令勿售于外人，完全售于胡氏”。由于积丝太多，外商作梗，损失 100 万至 125 万两白银，致使阜康票号无法周转而倒闭，波及京师、杭州等市场钱庄倒闭，银根短缺，工商业搁浅或关闭。名噪一时的“红顶商人”胡雪岩，就此在与洋商的蚕丝贸易战中败下阵来，从此退出商场，一蹶不振。与此相关联的江浙蚕农、机坊等农工商业也随之受损倒闭，给中国人民造成莫大的损失。

（三）思想保守、不图变革，是山西票号衰落的内在原因

思想保守，墨守成规，不识时务，不求变革，失去由票号转变为现代银行的屡次机遇，是山西票号大佬们难以推脱的自身原因。帝国主义列强侵入中国后，不论是出于进一步征服也好、掠夺也好、自身需求也好等何种原因，其也把资本主义工商业的一些先进管理经验、先进组织方式带到了中国。资本主义现代银行制度就是资本主义对金融市场的先进组织管理制度。上述提到山西票号是“现代银行的乡下祖父”，但其毕竟是票号不是银行，是祖父不是孙子，孙子的活力比祖父强。更为要命的是它是乡下的不是城市的，没有现代观念，没有国际视野，囿于乡下，观念陈旧，思想保守。

票号与现代银行的最大区别就是各自所建立的信用体制不一样，责任不一样。票号的存贷款是建立在诚信和道德的基础上的，贷款是“万两银子一句话”，完全取决于票号对客户过去信用的认可。这种信任只存在于一定的范围之内，客户只是自己熟悉的有限的群体，业务范围有限。山西人称为“相与”。票号的责任是无限的，风险也难以避免，一旦遇到倒账、挤兑，则票庄东家是要连带家底、土地、房屋等资财都要被纳入清算的，这也就是辛亥民国以后，有些票庄财东倾家荡产、一贫如洗、沦为乞丐的原因。

现代银行制度则不一样，它建立在制度与信任的基础之上，它的贷款实行抵押贷款制，任何人只要有抵押品就可以贷款，而且对客户没有限制，存款门槛低，一元钱就可以开户，可以在社会上广泛筹集资金，把业务做大，因而资本更为雄厚，存款利息更高，更能吸引客户。在组织形式上，现代银行建立有相应的董事会、监事会，决策民主，与票号的总经理集权管理体制（大掌柜负责制）有很大的区别；在责任上它实行有限责任制，同时又实行抵押贷款制，从制度上规避风险，一旦遇到挤兑、倒账，在清理时也不至于像票号东家那样，连家底、老本也要搭上，与银行无关的资财不在清理索赔的范围。

总之，现代银行制度与票号有着本质的不同，银行比票号先进、科学、优越，孙子比祖父能干、先进、保险。票号对自己和客户都要求讲

诚信、以信待人，都要像关公那样忠义诚信，一诺千金，义薄云天；但若遇上不讲信用、出尔反尔、奸诈赖账、不讲诚信的人，则束手无策，只能自认倒霉了。

银行制度如此先进科学、美好保险，作为聪明绝顶的山西票号，山西票号经理人、财东们为啥就不与时俱进，就不学习转型，将票号转变为银行呢？当年山西票号也不是没有这样的机会，但他们就是没有转变，没有认识到现代银行制度比票号制度的优越性。这在今天的人们看来不可思议，甚至是笑话。但在当年，山西票商经理们就是看不到这一点，就是认识不到，这是历史的局限，是闭关锁国的必然结果。在这一点上，山西地处内陆娘子关以内，各票号的总号又都设在山西境内的祁县、平遥、太谷及太原，接受现代文明、呼吸现代气息比广东、江浙人都要迟晚。在整个中国的闭关锁国中，它更是进一步的闭关锁省，可以说是关关设防，故步自封，孤芳自赏，关起门来过日子。对于国人来说，不要说谈起清朝时代的山西商人是“老西儿”“老抠”，是思想僵化保守、纯朴憨厚，带有醋味的乡下佬，就是到民国，甚至到现在，人们谈起“阎锡山修窄轨铁路”，谈起阎锡山不仅是军阀，还是封闭保守的代名词儿，还带有这方面的贬义和戏谑。

我国第一家国内银行是成立于 1897 年的中国通商银行。通商银行成立后把争夺汇兑业务的锋芒直指票号，并请求清政府下令凡有通商银行之处，其汇兑业务须交银行收存。但各省关道与票号往来多年，彼此利用，通商银行的成立，对票号的业务影响并不太大。

山西票号在辛亥革命前有两次改组转变为现代银行的机会，可惜都没有抓住。第一次机会是光绪二十九年（1903 年），时任北洋大臣的袁世凯欲组建天津官银号。袁氏也深知山西票号在中国金融界的地位，遂邀请山西票号加盟，但山西票号拒不参加。第二年，光绪三十年（1904 年），时任户部尚书的鹿仲霖奉旨组建大清户部银行，由于慈禧太后在 1900 年庚子事变西逃时受到晋商的热情款待、财力支撑，对山西票号留下了好印象，特谕由山西票号来办。鹿仲霖奉旨邀请山西票号加入股份，并请山西票号出人组建。这是多大的好事啊，可以说是天赐良机！山西票号在北京分庄的经理们，以李宏龄为首多数赞成鹿氏的提议，也跃跃欲试出面组建。但山西票号总号的经理和东家们就是不同意，总号怕自己的资金与人被清廷控制，自己无利可图，竟一口拒绝了。他们复函北京分庄的经理：既不准入股，也不准派人参与组建。为此，户部又努力劝说，北京分庄的经理们甚至与户部交涉出一个没有风险的方案，这就是只出人不出钱，既要把户部银行控制在山西人手里，又不能让朝廷借办银行来勒索山西票号的钱。由于当时山西票号在全国金融界信誉卓著，几经谈判，朝廷已准备接受山西票号北京分庄经理们提出的条件。就在谈判快要成功时，山西票号总号传来命令，还是既不出人又不出钱。户部经再三努力劝说山西票号无效后，只好改向江浙绸缎商募股筹办，致使江浙财团后来居上，垄断中国金融市场。到了光绪三十四年（1908 年），户部银行改组为大清银行，因人才和财力不足，再次恳请山西票号参加协办，无奈山西票号还是不应召，又是拒绝，又一次失去了由票号转为银行，并参与官办银行，掌控一国金融——国家银行的历史机遇。

■ 袁世凯

晋商票号失去改组为银行的第二次机会是光绪三十四年（1908 年）至宣统元年（1909 年），以山西蔚丰厚票号北京分庄经理李宏龄为首的北京分号的经理们决定组建山西人自己的银行——晋省汇业银行和三晋银行计划的落空。李宏龄在票号工作 40 余年，先后在蔚丰厚票号北京、上海、汉口等分庄任掌柜，在这些大都市工作生活，多年与银行、商界、官界各类人士打交道，自己又注重学习观察西方的东西，是较早呼吸西方气息、接受西学、洞察银行运行机制与优长的人，可谓有识之士。他深知山西票号若不顺应世界潮流，改组为银行，将会被历史的车轮甩出去，将会在商界、金融界销声匿迹，而国家金融业以后以银行为主宰是大势所趋。为此，他于 1908 年 4 月 23 日，联系山西各票号在北京分号的经理们在德胜门外的山西会馆开会，协商组建银行，会上驻北京分号的经理们都一致同意组建山西人自己的银行。会后，他为了能将计划付诸实施，又邀请三晋源票号东家、山西人在京的头面人物、进士出身的渠木翘一起筹划；又联合在京城的祁县、平遥、太谷三帮的票号同人，一起署名致函总号，申说组建山西人自己银行的好处，并邀请渠本翘回到山西祁、太、平三县总号，当面陈述票号改组银行的好处和计划。其时，山西票号中的龙头老大是“蔚字五联号”——蔚丰厚、蔚泰厚、天成亨、新泰厚、蔚盛长中的蔚泰厚总经理毛鸿翰。毛氏墨守成规，思想守旧，坐井观天，不知世界局势和当下银行业的发展，就是不同意。后来听李宏龄陈述得多了，他不但反对票号改组为银行，而且反诬李宏龄所议另有个人企图。这样的指责使得李宏龄等人不能再有所议，再有所行动。不巧的是，这一年蔚字号的大东家侯荫昌又病故，此事便搁置了起来。

再说，李宏龄也深知总号大掌柜和东家们思想守旧，不知当前面临的危机和外面的世界。为了促成其事，为了使这些老爷们动心、转变，他写信劝他们出来走一走，看一看，呼吸呼吸新鲜空气，知道自己面临的危机和遇到的问题。他在给总号的信中建议说：“方今时局，日新一日，情形迥非昔比，方今学界官界，皆派人出洋考察，惟商界并无此兴趣。而京城、天津、上海、汉口数处不可不往，火车、火船往来甚便，亦不甚辛苦，不过往返数日，细思有利无弊。”意思是奉劝这些大佬们也出洋考察学习，接受新的知识。即便不出洋，到开放的几个口岸城市，大都市走一走，看一看也行，而且甚为方便。可是结果呢？这些大佬们没行动。这段话也从侧面反映了这些大掌柜们思想观念陈旧保守到了何等程度。

到了宣统元年（1909 年），在京城的山西各票庄掌柜以李宏龄为首，又联络山西票号驻各埠的山西票庄再次提出改组银行之议，驻汉口的 22 家票号分庄经理联名致函平遥总号，商议组建三晋银行，兰州、济南的分号掌柜也纷纷致函总号要求改组票号为银行。无奈总号经理们仍不为所动，对各地的函请书信束之高阁。口头上对李宏龄等人的想法表示敬佩，实际上又从中作梗，以种种借口加以搪塞，说什么“夫银行以三晋为名，招外股而不甚相符。况洋人素习商战，非我等所能抗衡”云云，致使票号改组银行的计划又告失败，失去了第二次转型改组为银行的机会。

俗话说，机不可失，时不再来。山西票号失去辛亥前这两次组建银行的难得机会，从此走上衰亡的道路。1911 年，辛亥革命发生，山西各票号多无准备，猝不及防，放出去的款无法收回，存进来的款纷纷提取，票号发生挤兑现象。尤其是清廷退位，清政府灭亡，原先所依靠的大树倾倒，这棵大树借贷的山西票号的银两也打了水漂，无法收回，于是重议票号改组为银行的事又被提起。这时，原先反对票号改组为银行的“蔚”字五联号首席大掌柜毛鸿翰业已醒悟，转而支持票号改组。1912 年山西票号掌柜们又酝酿成立一个山西汇通银行。祁、太、平三帮各票号掌柜聚集平遥城讨论组建之事，并特地邀请梁启超出席演讲。梁在盛赞了山西票号之后，主张与时俱进，建立银行，而且对筹集资金、建立规章制度等也提出了建议。会上决定由平遥派两名代表，祁、太帮各派一名代表，赴京师与本帮同人商议，申请由工商部出面，向美国人借款 500 万，由 16 家票号联保，再自筹 500 万，共 1000 万。但工商部代山西票号借款一事被美方拒绝，要求财政部附官股也被拒绝。山西票号在赎回矿权时，山西省政府所欠的田亩捐也迟迟不能兑付，最后一笔勾销。加之，晋商内部意见也不一致，北洋政府内阁更迭，又逢第一次世界大战爆发，山西票号改组为银行之事又化为泡影，失去了第三次改组为银行的机会。

祁、太、平三帮票号联合改组为银行的计划落空后，平遥帮蔚字号决定从各自的票号中抽出若干资金作为基金，自己组建一个银行。这时蔚泰厚的总经理是毛鸿翰，蔚长盛的总经理是阎子樵，蔚丰厚的总经理是张子康，新泰厚的总经理是侯某，蔚盛长总经理是霍益亭，天成亨总经理是范子生。按说蔚字号票庄自己组建个银行，内部好协调意见、统筹资金，可不知什么原因此项计划也未能实现，致使山西票号组建现代银行的事又一次化为泡影。

一系列的计划失败、落空之后，山西票号已成强弩之末，在中国金融界的地位是日落西山，一年不如一年。只有蔚丰厚票号到了民国五年（1916 年）自行改组为蔚丰商业银行。这个蔚丰商业银行 1916 年 12 月 13 日成立，由郝登五任总经理。据周保銮在 1918 年所写的《中华银行史》记载，蔚丰厚银行“成立之始，即择中央所在地之北京旧号为总行，其天津等 14 处之分号即改为分行，行基均有根据，事业略有更张，此该行推广之易也。其营业范围，即就原营汇兑存款专业以外，而益以商业银行之一切业务，更扩而大之。如：（1）汇兑抵押各款。（2）经营各种定期存款及活期存款。（3）各种期票贴现。（4）买卖生金银。（5）代收款项。一一加以改良，求合乎商业银行之新制，信用久已昭著，顾容易于招徕，此该行成效之易也”。由此评论可以推想，晋商票号若早在12年前改制为现代银行，当是另外一番光明前景。可惜他们失去机会。而这个蔚丰商业银行寿命也并不长久，在1920年就倒闭了。

另外值得一提的就是山西合盛元票号在光绪三十三年（1907年）曾经向清政府申请并被批准在日本开设合盛元银行，主要为留日学生进行汇兑和存贷款业务，并在东京、横滨、神户、大阪设有分行。1907年合盛元票号总经理贺洪如向清政府江海关呈送报告曰：“窃维银行为商业交通的机关，故东西各国咸重视之，保护维持著于法律。其营业之性质，则以重信用、通有无、备缓急、便取携为主义。朔自中外互市以来，我国商业进而为世界之竞争，外人輂货东来，载资西去者日益加盛，而各国之在我国设立银行者遂相踵起。由此为推，则银行与商业之关系，良可烛见。然各国设立银行则其利在彼，不特列邦之财政借以扩张，即我国之利权浸为所夺。但及今为计，补救非迟……查我国向只有通商银行一区，近来户部、信成二银行均甫开办，然调盈济虚，商界获益，已非浅鲜。惜仅推行于内埠，未能增设于外洋。况我国人之在东西洋以及南洋群岛从事工商业者实繁有徒，且近出留学欧日之学生不下万人，固无本国银行，其存放汇兑无不仰外人鼻息，困难杂出，遑恤漏卮。以视外人之经商侨寓于我国者，即此一端，便利于否，相去远甚。职商有见于此，是以不惮艰阻，遴派妥人，新设本号之分号于日本神户，照章呈由日官禀经日政府批准，业于本年四月三十日开业，定名曰合盛元银行神户支店。”“现又设立出张所于日本之东京、朝鲜之仁川等处，请咨驻日本大臣转饬随时保护……”但是合盛元在日本开设的银行在1914年也歇业关闭。其倒闭原因亦是因辛亥革命后，北京发生兵变，合盛元北京总号遭到焚掠。嗣后运调不灵，回天乏术，掌柜被拘，无力维持而罢。但这毕竟是中国人第一次在国外开办的银行，而且也维持了七年之久，也是山西票商开设银行的一个成功范例。可惜的是它时间短、规模小，在国内并无多大市场，也只是昙花一现。

总之，山西票号在清末民初没有跟上时代的步伐改组为现代银行，失去了成功转型再铸辉煌的历史机遇。主要原因：一是夜郎自大，思想保守，观念陈旧，墨守成规。二是上下失信，窝里斗，内部不和，票号各自做各自的业务尚可，自己当老板、掌柜的可以，别人做不行，联合起来做也不行。即使“蔚字五联号”是一个侯姓大东家，要联合起来开一个山西人自己的银行也不行。人人要当老板，我的票庄不容你来染指，充分暴露了这些山西票商的劣根性——守财、抠门、自私、小心眼、不团结、一盘散沙，只愿当小老板，不愿当配角。这在蔚丰厚票号北京分庄经理李宏龄所写的《同舟忠告》和《山西票商成败记》中记述得明明白白，李宏龄就把山西票号的失败归咎于票商们的内斗。李宏龄的这两篇大作是他在辛亥革命后退休回到平遥老家时所作，1917 年自费出版，随后他就于 1918 年在郁闷中去世了，享年 71 岁。三是清末山西票商经理们对清政府及清政府官僚的不信任、害怕所造成的。清政府及各级官吏在辛亥前已欠借票号许多银两，又指示委派户部、袁世凯等请山西票商筹办大清银行、天津官行，故山西人也自有自己的小九九，你欠借我的款项尚未还，又让我出资出人组建银行，我再被你忽悠坑骗了咋办？何况当时，清政府也已风雨飘摇，朝不保夕，我再投入银子不是继续打水漂吗？不是肉包子打狗——有去无回吗？同时，他们对现代银行的认识，也有一个从浅到深的过程。蔚泰厚的总经理毛鸿翰后来不是也认识到银行业的先进性，转而由反对变为支持，由淡漠变为积极，最后自己也出面积极改组票号为银行吗？所以，在这一点上也不能一味责备他们落后、保守，不识时务，毕竟人的认识有一个过程，毕竟他们已占据中国金融业龙头老大上百年，执中国金融界之牛耳而无人可企及，所以应该理解他们一些，宽容他们一些。清末之变局，中国三千年之未有，当时能够认清形势跟上时代步伐的又有几人呢？俗语说，当局者迷，旁观者清。后人评论前人之得失利弊更容易做“事后诸葛亮”，殊不知人在事中迷，不在事中不知难。就说时下，我们又能识清多少时务，做出多少正确的抉择呢？所以说，要坚持历史唯物主义，要把当事人、当时事放在当时的历史条件下去分析、研究和评论。不能当“事后诸葛亮”，夸夸其谈，责怪古人，苛求前人。

山西票号衰落了。票商是晋商中的灵魂、龙头老大，金融是工商业的心脏血液，票商的衰落就标志着晋商的衰落。虽然以后还有乔家的大德通、大德恒票号惨淡经营，勉强维持到1949年新中国成立后才清理停业，但也早已不是原来意义上的票号，而是成了银号一类的信用机构。从此，世上就只有银行没有票号了。票号彻底退出了历史舞台，晋商辉煌500余年的历史也宣告终结。

第十五章 晋商徽商衰落的自身原因

上一章叙述分析了晋商、徽商衰落的外部原因，并且认为这是两大商帮走向衰败的主要因素。那么两大商帮走向衰落的自身原因是什么呢？简言之，晋商衰败的自身原因有三个：一是思想保守、因循守旧，没有抓住将票号转型为现代银行的历史机遇，这在前面山西票号的衰落中已经述及，本章不再赘述，但要切记这是导致晋商衰落的一个主要原因。另外两个原因，则不仅是晋商，也是徽商衰落的自身之因：一是以末致富，以本守之，将大把银子沉淀在各项不动产上；二是奢侈消费，比阔斗富，将大把银子消耗在各种骄奢淫逸上。

一、以末致富，以本守之，将大把银子沉淀在各项不动产上

晋商、徽商四处经商，不畏艰险，背井离乡。起因是家乡土地瘠薄，田狭人稠，粮食不能自给，人们没饭吃，不能生活，不得不散而求食于四方，其目的是为了生存、有饭吃。故晋商、徽商乃至中国商人把经商做买卖也称为“做生意”。“生意”这个词用得好，也带有浓厚的理学气味。万历《歙志·货殖》称：“谚语以贾为生意，不贾则无生，奈何不亟亟也。以贾为生，则何必子皮其人而后为贾哉！人人皆欲有生，人人不可无贾矣。”《易》云：“天地之大德曰生。”程颐说：“万物之生意最可观……斯所谓仁也。”朱熹曰：“仁者，天地生物之心。”易学后儒皆以生释仁，将经商求生、供养父母、养育子女放在仁的范畴去解释，当作义的行为去理解，是合乎儒家义利观的。儒家认为，义者行之宜也。主张先

义后利、义中取利、因义用财，反对先利后义、见利忘义、因财害义。在这种义利观的思想支配下，晋商、徽商因家乡地狭人稠，田地不足以养生，为谋生而行走四方。而走四方经商、做生意赚来的银子——利润，又必然要投向可以生生万物的土地，投向建设豪宅大院、庄园祠堂、牌坊戏楼，投向扶危济困、修桥铺路、猎取功名，投向收集古玩字画、古今图书等雅好。更有甚者，干脆将银子窖藏，深埋地下，以贻子孙。总之，没有将利润、资金投向实业，转向再生产——即使如茶业般规模种植生产，也没有，只是在流通领域打转转、拨算盘。他们没有资本家那种连续不断追求利润的欲望和精神，没有投资实业，只是一味地贪图一人一户一族的名利地位和个人享受，说到底是封建地主式的、守财奴式的行商坐贾。

晋商群体有一个共同的思想特征、行为表现，那就是无论行走江湖关山多远，外面的山水风光多么美好，外部的世界多么精彩，他们在外发财致富、赚得大把银子后，都要荣归故里，叶落归根，终老故土。为此都要在家乡购置田产，建筑庄园，光宗耀祖。他们是不愿意、不轻易离开故乡的。赚取利润后的第一要务就是回归故乡，盖房置地，养父母、娶妻子、生儿女。金窝银窝再好，也不如故乡的穷窝。他们用银子把自己的穷窝打造成金窝银窝。有外省民谣称："山西人大褥套，发财还家盖房置地养老少。"所谓"大褥套"是指形同褥子的布套，又厚又笨，又棉又软，放在地上可供人当坐垫、当铺盖，软乎乎、暖烘烘；搭在骆驼峰中或其他牲口背上，人骑坐时又不伤牲口脊峰。虽说这句话略含贬义，讥讽山西人守旧、憨笨、寒酸、守财，以及乡下、不现代、不时髦等，但说明了明清山西商人在外经商、回家生活的思想观念和行为。

■ 许承尧

徽州商人群体也有这样的思想行为，他们生当壮年，可以远游四方，但对故乡的依恋、思念之情亦是与日俱增。许承尧在《歙事闲谭》第 18 册中说："歙俗之美，在不肯轻去其乡。有之，则为亲戚所鄙，所谓千年归故土也。间有先贫后富，缘其地发祥，因挈属不返者，殊不知吾徽有千百年祖墓，千百丁祠宇，千百户乡村，他处无有也。假令迁后子孙长保富厚，已属孤另。设有不振，失所凭依，其流移不可问矣。可不慎欤?”不肯轻离故乡，那就必然要在故乡购田置地，建设庄园，兴修祠宇，寻购“风水宝地”以作为阴阳宅基了。

（一）购置田产

晋商、徽商致富后，多数人热衷于投资土地、购田买地。他们“一有微资，即置田产”，或“连栋广厦，膏田满野”，或“田连阡陌，富甲一方”，或“置田拓址，雄于一乡”，或“广置田宅，以贻后嗣”。兼并土地，在所不惜；为置良田，不择手段；更有乘人之危，贱价购买。歙人江才经商致富后，其夫人“纤俭如故，独置产辄溢价，毋嗛货者心；岁俭辄减田租，毋乘岁为厉”。婺源木商江容东，致富以后多置田产，“人操书（田契）致售田，必予善价，里中入租以石计，有定衡，独先生减二斤。故先生田日斥，而乐为先生佣者惟虞不得”（《大泌山房集》卷七二）。

徽商在本土为争风水宝地，在剧烈的竞争中，将徽州的田价抬得极高极贵，尤其是墓地、宅基地的价格更高。据记载，休宁县“乡田有百金之亩，廛地有十金之步，皆以为基，非黍地也”，甚至“有屋基风水，税不上亩，而价值千金者”。为争夺土地及阴阳宅基地，徽州人争讼不断，挥金如土。万历时谢肇淛说，他有个徽州朋友汪宗姬，“家巨万，与人争数尺地，捐万金”（《五杂俎》卷四）。清乾嘉学派领军人物戴震，也是因与族豪争夺祖坟地，族豪贿赂县令，欲置罪于戴震，戴震闻知后怕惹上官司而星夜出逃至京师。

徽州人置地，到清时，不仅在本土“广置田庐，以贻后嗣”，而且也在外乡“广置田宅，以长子孙”。康熙时浙江平湖县有“新安富人，挟资权子母，盘踞其中，至数十家。世家居室，半为所占”。乾隆十五年（1750年），御史胡蛟龄奏：海州水患迭作，亟须治理，“今臣访闻，徽州人民，寄居海州者，每置买田亩，周围筑堤捍水……无论旱涝，岁获有收”，值得效仿。扬州是两淮盐业的经营中心，汉口为“淮引总岸”，二者都是徽商的聚集之处，亦都是徽商广置田产、营造美庐的集中所在。

晋商在兼并土地上也是不逊于徽商的。平阳（临汾）府亢氏拥有大量田宅，既是大盐商、大典当商，又是大地主、大粮商，其在平阳有大片土地。亢氏扬言："上有老苍天，下有亢百万，三年不下雨，陈粮有万石。"平遥李氏，开办我国第一个票号——日升昌票号，到清末在达蒲村有四座辉煌巍峨的大院，每座都是三串院，楼阁相辉，亭榭互映，四院连接，村民称之为"李家堡"。到宣统末年时，其在村内所占土地也有200亩。榆次常家庄园之常氏，在车辋村购置占有土地2000多亩，占到全村土地的三分之一强。

山西富商购买完本乡土地，也在外乡到处购地。这里且不说扬州、汉口等地情形，单说在毗连山西的太行山下、黄河之南，晋商就购置了大量土地。乾隆五十一年（1786年），河南连年荒歉，土地贱售，"山西富户闻风赴豫，乘机放价，准折地亩取利"（《清高宗实录》卷一二五五）。道光时，长治宋良弼经商洛阳，值岁饥，当地人多鬻田他徙，宋良弼以"贱值得膏腴田数百亩"。曲沃县商人彭太，在河南南阳经商获利几十万银两，购田置地，数年内其土地猛增到6000多亩。

（二）营造豪宅

建筑是金钱的堆砌、财力的凝固。现存晋商大院、徽州民居、祠堂牌坊就是晋商、徽商将财富投向建筑的真实凭照。它们以其大而显、精而美兀立于世，毋庸多述，去看看就知。就是在客居经商地他们也是不惜重金，建庐造舍，美其居处。还是山西平阳府的亢家，其不仅在平阳府"宅第连云，宛如世家"，就是在扬州城也有大片房产。扬州著名的亢园"构园城阴，长里许。自头敌台起，致四敌台止，临河造屋一百间，土人呼为百房间"，另有"亢家花园"一处（邓之诚：《骨董琐记全编》卷三）。明清以来，扬州繁华以盐盛，扬州园林甲天下。山西亢家在扬州宅第成片，徽商更是"侨寓半官场。购买园亭宾亦主，经营盐典仕而商。富贵不还乡"（黄鼎铭：《望江南百调》）。徽商江春在扬州南河下筑有康山草堂。有名叫宗元鼎者写有《游康山草堂记》：南河下"殷商巨族，高楼宅第，通衢夹道，阛阓市桥"，鳞次栉比。其他徽商如巴慰祖、鲍志道、黄晟等在扬州都建有豪宅名园。如江氏之净香园、黄氏之趣园和个园、洪氏之倚虹园、汪氏之九峰园、程氏之筱园、郑氏之休园、马氏之小玲珑山馆等园林，互为借鉴，争奇斗艳。“园林之奉，声色之豪，追京华而轶西湖也。东自仪征，西至天长，北高邮、宝应，而南瓜洲，以渡江达金、焦，其为风景名胜，无不归鹾商主持。一花一石，一丘一壑，咸借有力者之点缀，曰惟鹾商之力；一琴一酒，一书一画，一颦一笑，一弦一管，成归有力者之陈设爱赏，曰惟鹾商之力，鹾商真天之骄子哉!”（许指严：《南巡秘记》）再者，晋商、徽商在全国各地建设的会馆，亦无不精美宏大，气势磅礴，座座都是堪称地标式的建筑，至今留存的亦多列为全国重点文物保护单位。

（三）构建祠堂

寻根问祖，慎终追远，祭祖亲族是根植于我国人民心中的传统思想。晋商、徽商发财致富后，往往把个人的成功也看成祖宗神灵庇佑和保护的结果，是自己家族的“坟地宝穴”好。同时，受到光宗耀祖、夸富乡里、衣锦还乡思想的支配，他们总是把大量银子运回故里，投向建祠堂、立牌坊、修家谱，购置祠田、族田、学田、义田等族产，用以保障家族活动的花销和开支。

徽州人聚族而居，“邑俗旧重宗法，姓名有祠，分支别派复为支祠”。其祠堂庙宇之盛，甲于全国。现在徽州保存的绩溪龙川胡氏宗祠、呈坎罗氏祠堂、唐模许氏宗祠、郑村郑家宗祠、棠樾男女祠堂等，无不辉煌壮丽，堪称建筑奇葩。为了济助族内贫寒子弟上学的膏火费，他们捐银子，置族田、义田、学田；为了祭典祖先供奉有资，蒸尝无缺，他们在捐资修建祠堂后又购置祠田、祭田、香火田。这些田产，多则数百亩、千亩，少则数十亩。他们花费在维护封建宗族事业上的银子成千累万，其价值取向与现代资本主义不懈追求利润最大化的精神背道而驰。如清雍正时，歙县盐商吴之骏在家乡建祖祠、修道路、筑河堤，置义田数千亩，以济族众，用费甚多。再如清乾隆时，婺源木商俞焕为捐修郡县文庙，建造远祖“纵公祠”、鼻祖“昌公祠”、始迁祖“彦勋祠”，前后用银多达“巨万”。乾隆时歙县盐商鲍志道，为增置紫阳书院膏火费，一次就捐银8000两，不久又捐银3000两，助修紫阳书院。现在的鲍家花园祠堂、棠樾牌坊，兀自屹立在歙县大地，供游人驻足参观，静静地向人们证明着其主人昔日的辉煌、财力的雄厚。

晋商在封建宗族活动上略逊于徽商，这从现在留存的祠堂、牌坊等建筑上就可以知晓，这样的物证、实证即存世建筑少、规模也小。但其用于建筑祠堂、光大门楣、封建宗族活动上的银子也不少，且不乏其例。如定襄县邢大绪，服贾漠北，致富后见“族中旧无祠堂，公偕众建立；村西旧无文昌阁、财神阁，公偕众修之”。今存山西乔家大院、常家大院、李家大院等也都修建有祠，只是规模气派上不如徽州商人所修的宗祠；实际多为支祠家祭，是大院建筑的一部分，不似徽州那样单建独列，巍峨壮丽。

（四）义修路桥

富而思善、积而能散、仗义疏财、乐善好施、博施济众是中华民族的传统美德，也是富商大贾的人生追求，境界升华。善施济众、扶贫济困、修桥铺路，可以慰藉自己的心灵，种下千年功德，赢得众人赞誉，受到人们尊敬，可以博望乡里，流传千古。在我国传统文化中，认为“太上有立德，其次有立功，其次有立言。虽久不废，此之谓不朽”，是所谓立德、立功、立言三不朽之美事盛事。商人们不能像文臣硕儒者治国安邦，著书立说，千古留名；不能像武将那样金戈铁马，保家卫国，名扬沙场。他们历尽千难万险，发家致富后，要满足精神上的需求，要留得身后美名，也就只有仗义疏财，博施济众，积而能散，兴义举，做善事，将自己的银子、财富投入诸项公益事业上。有的晋商、徽商甚至把做这样的好事、善事看作是天经地义的事，把它作为人生追求奋斗的目标之一。如嘉庆、道光时绩溪商人章策，富而好施，为赈济灾民捐银3000两，常对人说：“造物之厚人也，使贵者治贱，贤者教愚，富者赡贫，不然则私其所厚而自绝于天，天必夺之。”在这种功利、天理思想的支配下，徽商、晋商中的商人们往往不惜耗费巨资，大量捐献，大兴义举，赈济救灾，修桥铺路。

歙县人汪应庚业盐扬州，在雍正九年（1731年）“海啸成灾”，十年（1732年）、十一年（1733年）“江潮迭泛”，十二年（1734年）春荒缺粮时，他都慷慨解囊、大力赈济，捐输粮食动辄千石、万石；还曾捐银5万两建学宫，捐银1.3万两置学田；乾隆三年（1738年）又捐银1万两、粮食3万石赈灾救荒。歙县另一盐商鲍漱芳为两淮总商，嘉庆十年（1805年）水灾，他集众商捐献米麦10万石，事后又集资300万两白银修黄河。为了治理芒稻河等处的水利，他一次就捐献了6.5万两银子。清朝时婺源人詹文锡，年轻时入蜀经商，途经重庆一带江面，见一险峻处名曰“惊梦滩”，两岸悬崖峭壁，行路艰难，充满危险。挽船的纤夫躬背拉纤，脚蹬手攀，行走十分艰难。文锡路经此地，暗下决心，立志要用经商赚来的银子在此凿山开道、改变交通，为行路者带来方便。不几年，他捐银数千两，雇民夫开山修路，人们为了纪念他，遂将“惊梦滩”改名为“詹商岭”。婺源人俞俊锦，曾在江西经商，见乐平、德兴两县之间有长堤数十里，年久失修、水患迭作，居民深受其害。俞俊锦见此发愤说：“待我三年，力能办此。”遂后不久他捐赠1000两银子与当地缙绅一道把长堤修复。修堤时，他亲自参加劳动，双手也生满老茧。婺源人王廷柏经商致富后，广施博济，好善乐施，“凡属知交无不沾其余润者”。有友人求助，甚至不惜“称贷以赠”。当地人称他为“王救贫”。由于他仗义疏财、慷慨好施，致使晚年陷于“囊无长物”的境地。（此三例见光绪《婺源县志》）

■“乐善好施”坊

在乐善好施、富而能散、博施济众上晋商群体也是当仁不让，事例多多。据乾隆《临汾县志》载，亢氏家族中的第一个发家者“亢嗣鼎，事母孝，养抚侄如子。笃志力学，至老不倦。居乡尤多义举”。在灾荒之年，经常捐出钱粮，赈灾施舍，救济灾民。祁县人阎成兰，行商河北、归化，乾隆十二年（1747 年），在井陉县捐资修大石桥 14 孔，命其儿子督工 4 年方成。桥面宽阔，可车马通行；临终时又命其孙子补修，并建河神庙等（乾隆《祁县志》卷九）。

乔家大院主人公乔致庸，心怀仁爱，怜贫惜弱，不仅常常接济穷人、仆佣，而且每逢农忙时节，每天都会在门外拴上 3 头壮牛，以供村民耕田种地使用，早上牵去，晚上送回，夜里喂牛吃草还是乔家之事。光绪三年（1877 年），我国北方遭遇百年不遇的大旱，旱情连绵数省，旱灾异常严重，赤地千里，禾苗枯死，寸草不生，野菜难觅，百姓饿得面黄肌瘦，行走无力，四处乞讨，哀鸿遍野。有民谣云：“光绪三年，人死一半。”乔致庸见百姓们遭此天灾大难，不仅一次捐出白银 3.6 万两，在山西富豪中名列前茅，同时打开家中粮仓，开仓放粮，赈济灾民。对乔家堡本村村民，乔家按人口配发粮食；对外来乞讨饥民则在村中支起大锅，立棚舍粥。乔家还向掌管发放赈济的佣人们交代：“发放给灾民的粥，要稠到可以用毛巾裹起来带走，再打开时，米不能散；将粥盛到碗里，插上筷子不能倒。”与此同时，自己家里紧缩开支，厉行节约，与灾民共渡难关。山西巡抚丁宝铨对此大加褒奖，亲笔书写“福种琅嬛”的匾额赠予乔家。

素有“慈善世家”之称的万荣李氏家族，更是善行天下，善名远播，善举多多。光绪三年（1877 年）大旱、光绪二十六年（1900 年）河东河南大旱，民国十七至十八年（1928—1929 年）山西连逢大旱，李氏都带头捐银施粥，赈济方圆村县百姓，得到政府的褒奖。如民国期间，时任山西省政府主席阎锡山特赠送“博施济众”牌匾一块，以示表彰。此外，为解决阎景村人的吃水问题，李氏家族捐资修前池、后池、东池三个水池，组织村内人打深井，取地下水，自己承担主要用款；为兴学促教，万泉书院坍塌了，他们捐资兴修；县立高等小学筹建，他们捐银千两；本村建学堂、修公路，他们慷慨解囊；凡有亲友贫乏，他们救济抚恤；村内小户人家因家寒养不起耕牛，种地无牲口犁田，他们无偿提供……

■“博施济众”牌匾

其善行善举举不胜举，是河东大地有名的慈善世家，人称“李善人”。现在到万荣县李家大院参观，有专门的“善行善举展览室”，有“李家行善史”，有各种功德匾，有一副对联更教人为善：“守东平王格言不外为善二字，遵司马公遗训只在积德一端。”

（五）重金礼教

在封建等级社会里，士农工商，商为末等，整个社会都崇尚士、崇尚儒家学说，认为走读书科举、求取功名的仕途之路才是正业。人们从骨子里、血液中都向往金榜题名、跻身仕宦、做官为相，总是把业儒视为人生的第一选择、第一取向。这亦如《红楼梦》中贾政对贾宝玉的期望一样，贾政的思想是代表着他那个时代人们的正统思想、主流意识的。但是晋商、徽商的兴起，起初都是由于家庭生活所迫，穷困无奈，没钱供养子弟读书科举，求仕入宦，因而不得不服贾经商做生意，行走四方寻觅“孔方兄”，养活家中老小。待他们一旦发家了，致富了，有条件供养子弟向学时，他们便迫不及待地督促子弟读书科举，求取功名，以了平生之愿。在他们看来，“养非贾不饶，学非饶不给”，为学必先治生，衣食无忧才可勉力求学。经商是为业儒创造条件，业儒才是终极目的。

在这一点上，前面谈过晋商于此途稍逊徽商，优秀子弟先服贾、谋治生，于儒业仕途上不像徽商追求得那样急迫、那样执着，那样出类拔萃、科举仕宦的人才众多。但二者在整体思想文化、主流传统意识上还是一样的，晋商也跳不出那个时代的窠臼，即还是把“学而优则仕”放在第一位，还是把科举入仕作为人生正业正途正果，作为人生的第一选择。何况就晋商本身来说，让优秀子弟服贾治生、不业儒求仕还有着区域性的差别呢！在这一点上，山西的晋南、晋东南地区一直都是把优秀子弟先送入学堂，走“学而优则仕”之路。对于雍正皇帝的那个评价笔者始终认为有些偏颇。

晋商、徽商致富以后，十分重视对子弟的教育培养，总是希冀子弟能考取功名，走仕宦之路，以了却自己的平生之愿。如明朝嘉靖至万历时的婺源人李大祈，因早年丧父，家中的生活重担落在自己的肩上，不得已而弃儒服贾。当其致富以后，他语重心长地教子曰：“予先世躬孝悌而勤本业，攻诗书而治礼义，以至予身犹服贾人服，不获徼一命以光显先德，予终天不能无遗憾。然其所恃善继述，励功名，干父蛊者，将在而诸子。”他的儿子们遵父之言，遂发愤读书，学业日进。时人称赞他：“易儒而贾，以拓业于生前；易贾而儒，以贻谋于身后，庶几终身之慕矣。”

无独有偶，明代晋商杨继美也如此例。杨继美生于明嘉靖九年（1530 年），卒于万历十九年（1591 年），是山西代州振武卫（今山西代县）人。杨继美少年时亦极爱读书，经史子集无不涉猎，后因故中途辍学，以先辈数千银两为资本，到两淮业盐经商，不久便成为两淮盐商中的著名富商，后被两淮众盐商推举为盐商祭酒。盐商祭酒相当于现在的行业协会会长，处于官吏和盐商之间，既协助政府推行盐政，又协助政府管理盐商，在同业中起斡旋、调解的作用，非有一定的财富、人品、才干、资望不能被人推举担当。但就是这个盐商祭酒，仍然把自己一生未曾科举入仕视为憾事，一心一意将希望寄托在自己的儿子身上，下功夫培养自己的儿子攻读儒学，科举入仕。万历七年（1579 年），杨继美的儿子杨恂科场中举，杨继美在扬州得到捷报后，心情十分激动，十分高兴。他对众盐商说：“这是我梦寐以求的事，今日终于由我的儿子实现了。”当即结束盐场事务，整理行装，返回了代州，终日与乡亲老友结社咏诗，以娱晚年。这一年他还不到50岁，亦正是其人生壮年、做生意老到、经验丰富时期，但他急流勇退。为什么呢？因为他一生的梦想实现了。

类似的案例还有明代山西大同府天城卫的薛氏三兄弟——长子薛某（佚名）、次子薛纶、三子薛缨。薛氏一家长子务农、三弟经商，老大、老三资助从小聪明过人的薛纶读书。兄耕弟贾，薛纶发愤，于隆庆二年（1568年）登进士第，万历十年（1582年）官至陕西按察司副使。其弟薛缨在两淮业盐致富，后定居扬州。薛纶辞官以后，也经常往返大同与扬州两地之间，管理两地财产。薛氏家产五世都没有分开过，一直是由兄弟们共同经管。

徽商李大祈、晋商杨继美及薛氏三兄弟的故事在两大商帮中具有广泛的代表性。一南一北，同出一辙，何谓呢？儒家思想体系、理念、价值观、人生观相一致也。徽州硕儒汪道昆在其《太函集》卷五二中说："夫贾为厚利，儒为名高。夫人毕事儒不效，则弛儒而张贾；即侧身飨其利矣，及为子孙计，宁驰贾而张儒。一弛一张，迭相为用，不万钟则千驷，犹之转毂相巡，岂其单厚计然乎哉，择术审矣。"晋商、徽商业贾虽众，但也多是为了其子孙业儒服务的。

晋商、徽商中的富商大贾、财力雄厚者如此重视对子弟的培训教育，而中小商人也把对子弟的培养教育视为头等大事，放在首要位置。为了教育子弟读书向学，他们节衣缩食，克勤克俭，任劳任怨，全力供养。清朝歙县人江羲龄在芜湖经营小本生意，供养儿子读书。父子二人同栖于冷庙之中，生活极为艰难。其子每夜挑灯夜读，坚持不休。有人劝曰："你已穷得家徒四壁，儿子年富力强，正宜令其经商以解目前之困，何必读书？"羲龄说，我的先辈"世守一经，策名清时。苟不事诗书，而徒工货殖，非所以承先志也"。

晋商中的乔家大院主人公乔致庸，其祖父乔贵发目不识丁，是个文盲，发家后即重视对儿孙的教育。到乔致庸时，乔致庸已考中秀才，"欲以儒术昌门阀"。后因其兄乔致广早逝，家政无人主持，方才弃儒经商。在他手上乔家大富，对子弟的学业亦更加重视。他在家中建私塾，聘请当地最好的老师教子弟读书，至今乔家大院还留有私塾偏院，刻有"百年树人""读书滋味长"等砖雕。他对聘请的老师尊重有加，束修丰厚。

据记载，民国十九年（1930年），乔家给一位受聘的私塾先生的年薪就是200块银元，年敬、节敬红包除外。每位教师还有两名书童伺候。私塾先生的饮食与主人一样，逢年过节还要专门设筵招待。平常先生回家都要以轿车接送，主人们及子弟列队在大门外相送。有一年中秋节各房主人送给私塾先生的各式月饼就有200多斤。为培养教育子弟读书向学，晋商、徽商可以说是不惜银子，全力以赴。这正如明朝歙县富商鲍氏族谱所记鲍橐事例："其教子也以义方，延名师，购图籍，不惜多金。尝曰：'富而教不可缓也，徒积财何益乎。'"（《歙县新馆鲍氏著存堂宗谱》卷二）

晋商、徽商富而思教，望子成龙，供养子弟读书求学，考取功名，花费大把银子，不惜重金厚礼，体现了中华民族的优良传统，懿行美德，天经地义，无可厚非，代代相传，至今尤盛。放眼今日之家长教育儿女，从胎教开始，到上幼儿园、入中小学、考大学、读研考博、出国留学，不惜血本，不怕费力，舍钱财、拼体力，胜过古人多矣，亦真谓可怜天下父母心！

（六）买官捐官

经商致富后的晋商、徽商，自己无缘科场试勇、金榜题名，但为了做官，为了摆脱士农工商中身居末位的命运，为了找回自己的尊严，便用大把银子买官捐官，为自己乃至自己的妻子、父母求得官职爵衔、封荫赐赏。而卖官鬻爵，在明清政府是公开的事，是明码标价的事，是国家的一项长策，似乎也就是专门为这些富人们制定的国策。你有银子我有官帽，花钱买官，两相情愿。捐资报效还可以博得"急公好义""乐善好施""仗义疏财"和热爱国家朝廷的美名。而商人取得了官名爵位，又便于在商业交往中谋取特权，便于同达官贵人交往盘桓，提高自己的社会地位。这种在科场上得不到的功名，他们在商场上得到了；这种不用十年寒窗苦而用十年经商之利得到的官爵，二者有殊途同归、异曲同工之妙；这种一石二鸟的做法，也正是商人们"利中取义""义中取利"的妙招。在这一点上，即在花钱买官上，徽商是不惜血本的，是敢于花、勇于花，不惜花大价钱的。

明朝万历年间，歙县盐商吴时佐兄弟五人，捐银 30 万两以佐国用。朝廷为奖其功，一日之内同时授予五兄弟中书之衔。于是，吴氏“移家为国”的事迹遂在徽州传为佳话，在徽州商人中产生极大的影响。明中叶以后，凡按规定上纳军马粮草的生员，皆得循例入国子监为监生，谓之“纳贡”或“例监”。当时徽州的商人纳资入监者人数颇多，通过这一途径取得官职者也大有人在。

入清以后，清承明制，捐纳之制更为完善，亦更加放宽：文职京官自郎中以下各官，外官自道员以下各官，武职自参将以下各官皆可按价授予。其捐纳之职又有暂行事例与现行事例两种，前者是为了赈荒、河工、军需筹集经费而暂时实施的捐纳办法，后者则是经常性的捐纳办法。凡投资者皆可循例求得贡监、衔封、加级、记录等待遇。捐纳之外，又有“报效叙官”之例，凡以“好善乐施”“急公好义”等名义捐献巨资者，可从优奖叙，授予官职爵衔。这种明码标价、公开卖官鬻爵的办法，就为晋商、徽商等天下商人富户纳资入仕提供了方便。晋商、徽商致富以后纷纷纳资捐官买爵，也就习以为常，不足为怪了。

乾隆三十八年（1773 年），清朝用兵金川，两淮盐商江春等捐银 400 万两助饷，当下凑齐的现银有 100 万两，其余的 300 万两暂借盐运司库银充数，定于 10 年之内由认捐者还清。乾隆皇帝当即下令两淮盐政按各商捐银数额，分别授予官职。江春还以捐款尚未交清，不敢先邀议叙上奏。而乾隆皇帝以 10 年之后议叙过晚，决定“将现交银一百万两之商先为议叙，以昭奖励”。这件事例表明，当时商人捐纳助饷，朝廷批发官帽是一种赤裸裸的权钱交易，而且做到时交时议，钱货两清，互不赊欠。在这种交易中，徽州盐商几无一人不捐纳买官，被授予官职。江春因身兼两淮盐务总商 40 余年，多次率众带头捐输，买官受封已至“加授布政使衔，荐至一品”。徽商中经营其他如茶、木、粮、典者致富以后，也多数通过捐纳求得功名，如乾隆时歙商程廷柱在江西玉山县经商，其兄弟四人皆捐为国学生。乾嘉时的绩溪商人章建德在安徽宣城经商致富，其“弟兄三人相继以资为国子监生”。乾隆十三年（1748 年），在苏州经营布业的休宁人，有六人捐资重建渡僧桥，六人随后都相继受封功名头衔：程允隆为贡生，汪宏裕为考职州同，金双隆为吴县附贡生，金允大为候选同知，程咸阳为太学生，汪昌裕为敕封儒林郎。清中叶以后，因国家内忧外患，用钱处增多，清政府更是大量批发官帽封赐。徽州有奴仆子弟者致富以后也“纳资入仕”，甚至有未经开豁的佃仆也因在商业活动中积有余资而“遂例捐监”的。晚清捐资求封入仕的徽商典型代表首推胡雪岩，雪岩捐官至正二品官员，获得慈禧太后亲授的红顶戴和黄马褂，是有名的“红顶商人”。

徽商如此纳银捐官，明清晋商也难脱这一历史窠臼，二者之间只有程度不同、规模不一，没有致富后不纳银捐官、不渴求乌纱帽与红顶子的。明代晋商展玉泉，山西蒲州（今永济）人，少时随父在河北沧州业盐，从小耳濡目染，深得计然之策，为人又豪爽，经商致富后，便纳资数百两白银，捐授得河南商丘驿丞，也就相当于今天县邮政局长吧！官职虽微小，他却十分得意，临上任前嘱托其儿子道：“我去上任，得闲时可来看你。展家商业全交付于你，望你好自为之，不要辜负父辈的期望。”展玉泉由商而官，做了个小小的驿丞，甚是可惜，连他的蒲州同乡、大学士张四维都认为以展氏之才是大材小用。但展玉泉还是毅然决然地捐银买官，慨然上任。这也说明当时商人社会地位低下，虽然腰缠万贯，还不及个小小驿丞可以光宗耀祖，显贵人前。

太谷曹氏，始祖曹三喜目不识丁，原为文盲，靠磨豆腐、养猪、酿酒、开杂货铺起家。其致富后，十分重视对子弟的读书教育，家中设有“书房院”，延请名儒任教，对教师待遇优厚，每年束修金额都在百两以上，其子弟中有考取功名中举的，也有纳资捐官的。如曹培德墓志铭中写道：“君讳培德，字润堂，以字行，别字拓庵。……光绪乙酉，以选拔贡于京，朝考报罢，援例捐内阁中书。……君先以中书加捐至知府，指分直隶试用。”创办日升昌票号的东家李大全，发家致富后，为了光宗耀祖、光大门楣，花了许多银子攀官结贵，通过捐输，获取虚衔。如李大全在世时捐衔“千总”，去世后其子箴视为其父又捐衔“知府加四级诰封通奉大夫”，为其祖父文斌、曾祖父占殿也捐了虚衔官职。为其母亲、祖母、曾祖母也都捐了诰命“宜人”“夫人”的称谓虚衔。清朝政府每有战事、大事，也总是诱以官衔着商人捐输。如乾隆二十四年（1759 年），伊犁屯田，河东盐商和长芦盐商（主要是晋商在控制经营）捐输 20 万两；乾隆二十五年（1760 年），皇帝驾临五台山，河东商众敬输银 30 万两；乾隆三十八年（1773 年），金川用兵，太原等府州捐输运本银 110

万两；乾隆五十一年（1786 年），皇帝再幸五台山，河东商人又情殷报效银 30 万两……

明清捐纳之风盛行，已使官场酷似市场。明人周顺昌说道："方今仕途如市、入仕者如往市场贸易，计美恶，计大小，计贫富，计迟速。"（《周忠介公烬余集》卷二与《朱德升孝廉书》）官场如市场，有钱可以买官，出的钱多可以买高官，必然败坏社会风气，上梁不正下梁歪，中梁不正倒下来。明清官场如此，其他社会活动也必然要用银子说话，用塞银票、递红包、走门子、拉关系、行贿送礼来说话。

俗语讲，天下衙门朝南开，有理无钱莫进来；有钱能使鬼推磨，无钱鬼也不登门。晋商、徽商结交朝廷王公、官吏大人，无一不使银子。晋商、徽商捐得官秩，戴得官帽，无一不是花银子买的。他们将辛辛苦苦、节衣缩食，半生乃至一生做生意赚来的银子用来结交官吏、买红顶子，于祖先族人面前是荣光了、显摆了，衣锦还乡、光宗耀祖了，但对于扩大再生产，赚取更多的利润来说没啥作用。

（七）收藏古董

富而求雅，富而脱俗，富而珍藏古董字画、古今图书，发展文化事业，追求精神享受，是晋商、徽商世家大族的普遍追求、共同爱好。他们致富以后，有了闲钱，收藏古玩字画、奇珍异宝，将大把银子沉淀于此，投资于此，对文化事业是弘扬、是促进、是发展，但于商道来说是资金沉淀，并没有形成利润。

晋商中喜好收藏古董文物字画者不乏其人，清末有名的晋商世家可以说都有此爱好。曹家大院的曹克让，举人出身，嗜好书画，多藏名人诗画，价值在一百数十万元。1937 年日军入侵山西，一些名画被日军抢掠，也有一些被曹氏子弟中吸食鸦片者偷窃变卖，致使曹克让所收名贵书画全部散佚。如今，在三多堂民俗博物馆收藏展出的金火车头，据说就是 1958 年在民间发现的曹家宝物。

榆次常氏子弟有许多研究经史和书法绘画者，且造诣颇深。据《常氏家乘》载："常氏十二世常炳仿柳少师书，常佶双钩字时称无双，常怿工画山水及虎、马、蝴蝶等小品；常憬尤工欧阳体，常惺善诗；十三世

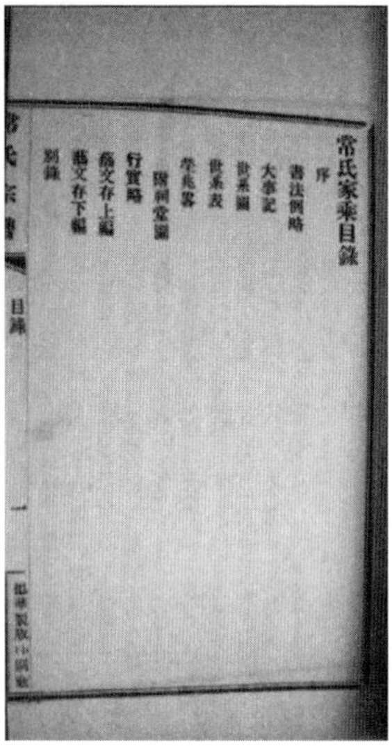

■《常氏家乘》书影

常惟梁楷工柳少师书；常立德既富藏书，且研究考订之学，晚学颜鲁公书；常立爱藏书甚多，研读史学、理学，而且懂数学；常立屏邃于史学，书法则工颜真卿、董华亭诸家；常立芳既嗜史籍，为清副榜举人；常惟丰工书善画。”十三世常立教于光绪十一年（1885 年）考中举人第 53 名，赴京会试，曾参与公车上书。十四世常麟书光绪二十九年（1903 年）进士及第，后历任榆次凤鸣学堂堂长、榆次师范校长、山西大学教授等职，毕生从事教育事业。常赞春、常旭春兄弟二人，光绪二十八年（1902 年）双双中举，二人学识渊博、著作甚丰，赞春擅长书画篆刻，旭春先学魏碑，后学李北海，所书作品笔力苍劲，气势磅礴，为清末民初有名的书法家。

祁县富商渠本翘，光绪十八年（1892 年）进士及第。青年时即喜欢舞文弄墨，曾与同是富商出身的乔尚谦、刘奋熙等人一起结过文社，吟诗论时，思想十分活跃。渠本翘本人就曾自述：“刘子振翼，余同学友也，共笔砚者五六寒暑，每当雨晨月夕，相与赏奇析疑，妙绪泉涌，有所会则鼓掌大笑，或更拈韵斗捷，往往至半夜不知够。”

■ 渠本翘

再说赫赫有名的乔家，收藏有一套由青田石、寿山石等名贵玉石雕刻的印章，每块玉石上面刻一句《文昌帝君阴骘文》，由明代著名篆刻家文彭操刀。文彭号三桥，其父文徵明是明代有名的书画大家。文彭与明代另一篆刻大家何雪渔齐名，时人并称“文何”。这套古印原系清朝贵胄端方所存，后端方遇刺身亡，因乔家与端方有浓厚的交往，又喜欢收藏，就被端方的后人奉送给了乔映南。乔映南得到古印后，十分喜欢，随即打开一看，古印并不齐全，独缺“欲广福田须平心地”一块。映南十分遗憾，同时也注意收集这块古印。说来也巧，有一年除夕上午，一位古董贩子慕乔映南之名而来，想卖给乔映南几件玉器换些钱花。包袱打开，这方古印映入眼帘，乔映南拿起细瞧，果然是那块宝印。但他不露声色，随意翻了翻就都放下，一副东西不入眼、什么都不想要的样子，拿出做生意人的精明与古董贩子斗心眼。这个古董贩子看乔映南不满意，认为他不要自己的东西，只好嬉皮笑脸地让乔映南选几件，讨几个钱花。乔映南看出这个古董贩子不大识货，就大方地说：“都是玩古玩意儿的，缺钱先拿点就是了，用不着客气。”说罢，让账房先生取来 50 块银元递给来人，来人十分感谢，表示要把东西全放下，映南再三推让，假装顾其面子，顺手拿起那块古印说：“伙计既然这样过意不去，这块印章留给孩子们玩就是了。这不白拿，再付你 50 块银元，回家过年吧。”就这样，乔映南顺手获得了这块宝物，补齐了文昌帝君文古印全套印文。那古董贩子哪知这块“欲广福田须平心地”古印对乔家的重要与价值呢？再说，单就这一块印给 100 块银元也是不少的，出手也是大方的。由此可知乔家收藏之丰，花在这方面的银钱之多。现在乔家大院陈列的犀牛望月、九龙灯、万人球也都是价值不菲的文物。这套《文昌帝君阴骘文》古印，当年在乔家做私塾的梁老先生曾亲眼看见过，以后流落到哪里，落到谁手，则因日本人入侵、乔家避居天津而不知。

北京琉璃厂是京师著名的古董商贾所在地，全国著名的文物流通市场。清末这里的许多古董商店就是山西人开设的。如咸丰九年（1859 年）开办的德宝斋古董商号，店主刘氏是山西汾城（襄汾）人，以精于鉴别法帖、印章、书法而闻名京城。同治六年（1867 年）开办的英古斋，店主也是汾城人，名叫王德凤，以鉴定和经营鸡血石、田黄石等古印章而著名。此外，还有襄汾人毛子恒开设的渊识斋，襄汾人贾济川开设的晋秀斋，襄汾人裴振山开办的振寰阁，临汾人李健平、李欣平兄弟开办的永誉斋等，他们分别以鉴定和经营古印、古砚、古墨、金石、字画、青铜器而驰名于北京琉璃厂。

对古籍图书收藏，晋商也很重视。如山西祁县图书馆现存古籍图书

5 万余册，其中善本图书 3 万余册，就主要来自山西商贾世家的私人藏书；祁县文管所收藏的 4100 余件文物和山西博物馆的一些文物字画，也都来自山西的商人之家。

徽商致富以后，于收藏古玩字画、善本图书、奇珍异宝上与晋商相比更有过之、更胜一筹。在这些方面徽商花费的银子，所下的功夫，玩出的花样，得到的成果，达到的境界不仅比晋商高出许多，而且堪称国内一流，彪炳史册。因为徽州人不仅收藏，而且创造。他们创造的新安画派、新安刻书、新安理学、新安医学、新安谱学，并由徽班进京从而创造出的中国京剧等，在我国历史上皆影响深远，载入汗青，名垂千古。

■《扬州画舫录》书影

在古玩收藏上，徽商“好蓄古玩”，他们收购“商周彝鼎及晋唐以下图书”不惜重金。据李斗的《扬州画舫录》记，歙县盐商巴源绶的弟弟巴慰祖，“居扬州，工八分书，收藏金石最富”。又据《太函集》卷一五《赠吴伯举》及《丰南志》第 5 册记，徽州富商“鼎彝在陈，图书在座，足不窥户，宛如身在三湘五岳商周秦汉间也”。清咸同年间的歙县潭渡人黄崇惺撰有《草心楼读画集》，书中记述其祖上收藏过大量名人书画，其中有张择端《清明上河图》、吴道子《黄氏先圣像》、阎立本《孔子事迹二十四图》、李龙眠《白描十八应真渡海长卷》等整箱满箧的历代珍品书画。当年在潭渡收藏古玩书画者可谓比比皆是，而且都是以宋元以前的为贵，明朝及清初的都不甚留意。像郑板桥、金农的作品当年在潭渡都被用来粘柱补壁，不加珍爱。黄崇惺讲：“幼时游里中诸收藏家，亲见其论画必宋元人乃辨别其真假工拙，明及国初不甚措意，若乾隆以来鲜有齿及者。大乱（指咸同兵燹）以后金冬心、郑板桥之俦一联一幅皆值数万钱，承平时中人之家粘柱障壁比比皆是，亦无人估值也。”黄崇惺还写道：“余生也晚，里中耆宿，多不及见……是时休歙名族乃程氏铜鼓斋、鲍氏安素轩、汪氏涵星研斋、程氏寻乐草堂，皆百处巨室，多蓄宋元书籍、法帖、名墨、佳砚、奇香、珍药与夫尊彝、圭璧、盆盎之属，每出一物，皆历来赏鉴家所津津称道者。而卷册之藏尤为极盛，诸先生往来其间，每至则主人为设寒具，已而列长案，命童子取卷册进，金题玉躞，锦赗绣褫，一触手，古香经日不断，相与展玩叹赏。或更相辩论，断断不休。某以髫龄随侍长老坐隅，盖往往见之。恨尔时都无所知，百不能一二记忆也。”由此记可见徽商所藏之富有、之珍奇、之昂贵。

徽商收藏不仅是为了保值，更多的是为了追求风雅，提升自己的文化品位、社会认同，显示身份。明末商人吴其贞在《书画记》中写道：“昔我徽之盛，莫如休歙二县。而雅俗之分，在于古玩之有无，故不惜重值争而收入。时四方货玩者，闻风奔至；行商于外者，搜寻而归，因此时得甚多。其风开于汪氏马兄弟，行于溪南吴氏丛睦坊，汪氏继之。余乡商山吴氏、休邑朱氏、居安黄氏、榆林程氏，以得皆为海内名器。”这些收藏中有大量元代名画，明王世贞在《觚不觚录》中写道：“三十年来元画价昂，大抵吴人滥觞，而徽人导之。”也就是说由于徽商的介入、参与，徽商雄厚的财力提高了元人字画的价格。

再据清嘉道年间浙江乌程（今吴兴）南浔镇人范锴的《汉口丛谈》（范锴，初名音，字声山，号白舫，又号苕溪渔隐）记载了一个徽商收藏砚台的故事：“歙县吴美堂，业鹾汉上，富而好奇。得一研，宝甚。尝持之溺水，比得救，仍持以起。有关东安阿三者，亦以富侠名，闻吴研，遣宾客厚馈欲得之，吴不应。因托借研，复以重价酬，亦不可。乃张盛筵，出六美姬，指一殊色善琴者求换。”结果，也没有从歙人吴美堂手中换走此砚。时有黄冈人吴德芝为此事赋诗《研不换妾行》一首，其中诗句曰：“高人嗜好各癖痴，一事风流两得之。”由此故事，可见当时徽州商人收藏雅好之盛。

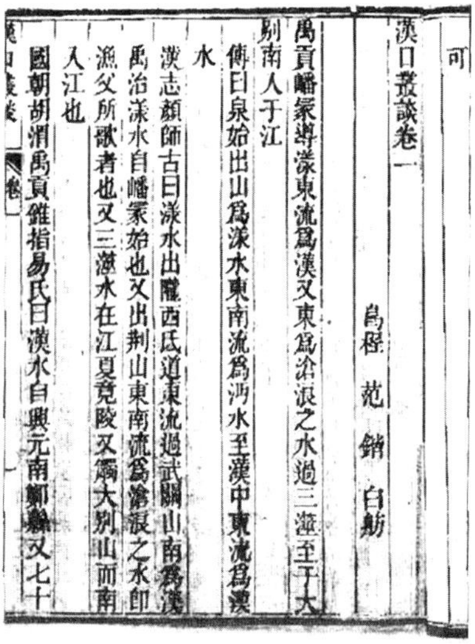
可
漢口叢談卷一
烏程 范鍇 白舫
禹貢嶓冢導漾東流爲漢又東爲滄浪之水過三澨至于大
別南入于江
傳曰泉始出山爲漾水東南流爲沔水至漢中東流爲漢
水
漢志顔師古曰漾水出隴西氐道東流過武關山南爲漢
禹治漾水自嶓冢始也又出荊山東南流爲滄浪之水即
漁父所歌者也又三澨水在江夏竟陵又禹大別山而南
入江也
國朝胡渭禹貢錐指易氏曰漢水自興元南鄭縣又七十
漢口叢談 卷一

■《汉口丛谈》书影

徽商当年收藏之丰盛，至今仍能见踪影。现在徽州仍是文物之海。

闾里寒门不时有极为罕见的珍品出现，多数为当年徽商遗物。走进徽州博物馆，琳琅满目，馆藏丰富。屯溪老街的私人博物馆万粹楼收藏了许多珍贵文物。2001年5月20日，时任中共中央总书记的江泽民同志在视察屯溪老街和万粹楼时，在三百砚斋对店主周小林的石雕歙砚赞不绝口。他说："如此灿烂的文化，如此博大精深的文化，一定要世世代代传下去。"在考察万粹楼博物馆时，江泽民同志还对万粹楼主人万仁辉说，你做的确实是件大事，是件好事。我小的时候，很爱雕刻，我刻过木头，刻过竹子，刻过石头，也刻过象牙，但我没刻过砖。他对徽州砖雕之精美十分称赞。再以婺源一个县博物馆而言，也足以令人惊讶称奇。2001年5月30日，江泽民同志视察了婺源博物馆，对馆藏明代书画家文徵明的《行书兰亭序》和其侄文伯仁的作品、明代书法家祝世禄的《草书李白敬亭山诗》轴、明代书法家祝允明的《草书写怀诗》长卷、明代书画家许邦本的《文姬归汉图》，清代书画家郑燮的《骨董诗》、清代画家蔡诰的《百猴图》、清代王潜的《渔春图》都给予了很高的评价。对馆藏珠宝中的猫眼宝石，江泽民同志惊奇地问："这猫眼大，这里怎么会有这样珍贵的东西?"当得知婺源县博物馆馆藏文物就有1万余件，其中一级品有40多件时，他十分高兴地说："你们有这么多文物，要加强保护。"而保存至今的这么多文物珍宝、古玩字画中，有许多无疑是当年徽商购买珍藏的。

在书画上，徽商不仅收藏的艺术珍品多，而且资助、成就了众多知名画家，为新安画派的形成提供了一定的物质基础。据姚翁望先生编撰的《安徽画家汇编》统计，明清以来，徽州画坛涌现出有成就的知名画家就有767位。明清时国家和地方政府没有图书馆、博物馆，国内艺术珍品一般都被个人收藏。徽商凭借自己雄厚的财力，收藏了大批前代的艺术珍品，尤其是宋元时期的书法名画，如元代著名画家倪云林、黄子久的画作。徽州歙县商人巴子安"家丰于财"，其家"弆藏法书画、金石文字、钟鼎尊彝甚夥"。歙县大盐商汪廷璋于乾隆年间，购得扬州名园——篠园，人称汪园，"家蓄古人名画极富"，不少文人学士、书画名家聚集其门下，鉴赏习研，切磋交流，受益匪浅。其侄子汪灏后来就是有名的书画大家。又据李斗《扬州画舫录》卷二记，休宁人查士标"家多古铜器及宋元人真迹，书法华亭，画初学倪高士，后参以梅花道人、董文敏，与孙逸、汪之瑞、释洪仁（即渐江）称四家”。

清朝康乾年间活跃在扬州画坛上的“扬州八怪”，个个与徽州盐商有着密切的交往，得到过徽州盐商的资助。他们在马氏的小玲珑山馆、程氏的篠园、郑氏的休园、江春的随月读书楼和康山草堂、江昉的紫玲珑阁逗留、寄寓，饮酒纵论，听琴赏花，鉴赏徽商大贾收藏的前朝名人书画、珍版图书，为徽商泼墨作画，书写册页、条屏，如郑板桥、金农、李方膺、李鱓、黄慎、高翔、汪士慎、罗聘、陈撰等。而且汪士慎、罗聘、陈撰三人本身就是徽州籍人士。汪士慎在马氏兄弟的小玲珑山馆寄居 9 年之久，与马氏兄弟“交深卅载，意绸缪”。陈撰流寓扬州期间，先后在项氏商人家居住，后又被大盐商江春邀住其康山草堂，生活一直由江春供养，直到 80 岁才回归故里。金农得江春资助出版了画集，可以说是徽商给“扬州八怪”提供了在扬州寄寓卖画的物质市场，“扬州八怪”借助徽商的银子达到了艺术的崭新境界，这也是徽商对我国画坛做出的杰出贡献。

（八）刻印图书

徽州素有文物之海、文献之邦的称誉。在古董书画方面，徽州藏品丰富，人才辈出，蔚为大观；在藏书刻书方面，徽商亦嗜蓄善刻，珍版善本居多，形成徽州刻书业，所刻图书部头大、品种多、质量精美。

藏书是徽商的一种喜好、一种高雅的情趣，是徽州商人“贾而好儒”的又一典型特征。藏书需要两个条件，一是酷爱书籍，二要有雄厚的资金。具备这两个条件的在徽州不乏其人。歙县潭渡黄氏家族中的黄长寿“性喜蓄书，每令诸子讲习加订正，尤嗜考古迹，藏墨妙”。绩溪商人章策，“虽不为帖括之学，然积书至万卷”。大盐商程晋芳“愔愔好儒，罄其资购书五万卷，招致多闻博学之士，与共讨论”。祁门盐商马曰琯、马曰璐兄弟，侨寓扬州，家富资厚，建有小玲珑山馆，藏书万卷。马曰琯本人虽为商人，但“好学博古，考校文艺，评史传，旁逮金石文字”。四方之士过扬州，他都延邀至小玲珑山馆，“适馆授餐，终身无倦色”。

有关徽商藏书更为著名的史实是乾隆时开馆修《四库全书》，征集天下藏书，全国献书 500 种以上的有 4 家，即鲍廷博、范懋柱、汪启淑、

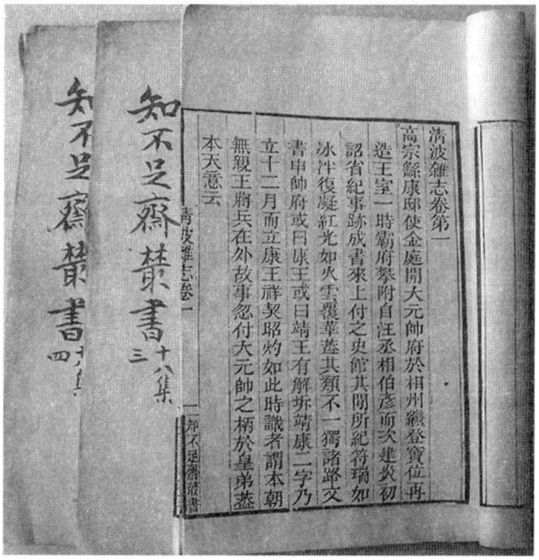

■《知不足斋丛书》书影

马裕。这 4 人中除范氏是宁波天一阁主人之外，其余 3 家均系徽州商人世家。出身徽商的鲍廷博、鲍士恭父子，侨寓杭州，性喜藏书刻书，受到乾隆、嘉庆皇帝的褒奖。鲍家所刻古书冠以《知不足斋丛书》之名，每集 8 册。鲍廷博“以进书受知，名闻当世。谓诸生无可报称，乃多刻所藏古书善本，公诸海内”。至嘉庆十九年（1814 年），鲍廷博病故，享年 87 岁，此时丛书已刻至第 27 集，尚未刻完，鲍廷博遗命儿子鲍士恭继志续刊，到道光初年，共刻 30 集。当嘉庆十八年（1813 年）浙江巡抚方受畴将丛书第 26 集献给嘉庆时，嘉庆皇帝特下诏褒扬：“鲍廷博年逾八旬，好古绩学，老而不倦，著加恩赏给举人，俾其世衍书香，广传秘籍，亦艺林之胜事也。”据刘尚恒先生研究统计（《明清徽商的藏书与刻书》，《安徽师范大学学报》1990 年第 1 期），明清时期徽州六邑的藏书家就多达 130 人。这个人数超过了吴晗先生《江浙藏书家史略》一书中述及的杭州地区，而且其中八成以上与徽州商人活动有明显联系。

徽商刻书盛极一时。刻书卖书，也就似今天的出版行业与书店，是文明的传播者，也是一个商业行当，其中也包含着商机和利润。刻书不仅可以射利，而且可以扬名，是一项文雅的行业，现如今归类要归到文化出版事业上，所以不少徽商致富以后往往都投资刻书业，设立家刻书坊，刻印古今图书。只是投资刻书业既要有大把银子，有经济实力，又需要雇用大批有文化的校对者、刻书工，联系懂艺术、有才学的书画家设计、装帧、插图，加之印刷，费用不菲，自己也要有文化艺术素养。徽州刻书在明清时期有名可考的专业刻工就达 600 人，加上大量不知名的业余刻工，实际人数可能成千累万。

徽州刻书数量多、品种全、部头大，既有儒家经典、学术历史、诗文医书方面的，也有戏曲小说、商业广告、生活类用书。明清时期，徽州究竟刻有多少图书，难以考评，仅以个例歙县虬村黄氏一族来说，从明中叶到清中叶400余年中，就刻书241种；鲍廷博、鲍士恭一家父子两人就刻有《知不足斋丛书》30集共收书207种。祁门马氏二兄弟投资刻书业，曾费千金刻印朱彝尊《经义考》300卷，又刻许氏《说文》《玉篇》《广韵》《字鉴》《困学纪闻》等书，还刻有《小玲珑山馆丛书》。当时“马版”刻书在社会上影响很大。歙县商人黄履晟、黄履暹、黄履灵、黄履昂四兄弟均在扬州以业盐起家，号称“四元宝”，并投资刻书业。“大元宝”黄履晟刻成类书《太平广记》《三才图会》。《太平广记》是宋代四大书之一，共510卷，部头大、卷数多，非资金雄厚者不敢开刻。“二元宝”黄履暹钟情医学，“延苏医叶天士于其家，一时座中如王晋三、杨天池、黄瑞云诸人，考订药性”，曾出资刻《圣济总录》，又为叶天士刻《叶氏指南》等医书。

■《太平广记》书影

徽州巨富吴勉学，开设书坊师古斋，刻书最多，规模最大，是当时闻名遐迩的刻书、印书工场。据道光《徽州府志·人物志·事苑》卷一一之四记，吴勉学“博学藏书，尝校刻经史子集数百种，雠勘精审，其所辑《河间六书》，今列入《四库全书》中”，又曾“广刻医书，因而获利。乃搜古今典籍，并为梓之，刻资费及十万”。

为了适应儿童启蒙读书的需要，歙商黄利中，先是“出其童蒙书售于邑，及久，镌益工，售益广，凡经史古文诗赋试艺无所不镌……业隆隆渐起”。为了满足广大市民阶层的需求，又刻印了大批戏曲、小说书籍，如《三国演义》《水浒传》《金瓶梅》《西厢记》《牡丹亭》《琵琶记》《新编目连救母劝善戏文》《新镌红拂记》等。为了适应医学的发展需要，还刻印了大量医书，如《本草纲目》《古今医统正脉》；刻印了商业类用书《钦定方舆路程考略》《一统路程图记》《天下水陆路新编》《士商类要》《典业须知》等；刻印了既具有广告性质又介绍徽墨的图书《方氏墨谱》《程氏墨苑》《潘氏墨谱》《方瑞生墨海》等。

徽州刻书质量好、装帧美、版式新。有些书籍图文并茂、叠套彩印。不仅市场销路好，而且在雕刻印刷术上也屡有创举。徽商熟知市场奥秘，刻书版式不断翻新。为了迎合市场客户即广大读者的需求，他们把发达精美的版画艺术与刻书结合起来，文中嵌图，图文合一。同时大胆改革前人形式呆板、内容单调的印刷技术，不断创新。明朝末年，休宁刻书商胡正言，将彩色画稿分别按颜色类别分成数块小版雕刻，叠套彩印，创制“饾板”，又特制凹凸板，把纸在板上压印，凸现无色图像，形似浮雕，时称“拱花”。胡正言用这两种方法创造性地刻印了《十竹斋书画

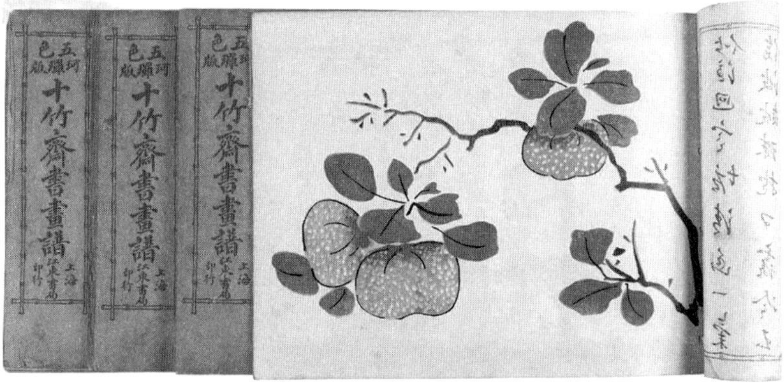

■《十竹斋书画谱》书影

谱》《十竹斋笺谱》，时人评价其“巧心妙手，超越前代”，“化旧翻新，穷工极变”。五彩炫丽的“拱花”“饾板”印刷品一经问世，立即形成轰动效应，把徽州刻书艺术推向了时代的巅峰。

明万历时人谢肇淛在评价当时的全国刻书业时指出：“宋时刻本以杭州为上，蜀本次之，福建最下。今杭州不足称焉，金陵、吴兴、新安三地剞劂之精者，不下宋版，楚蜀之刻皆寻常耳。闽建阳有书坊，出书最多，且版纸最滥恶，盖徒为射利计，非以传世也。”明代著名学者胡应麟亦说：“余所见当今刻本，苏、常为上，金陵次之，杭州又次之。近湖刻、歙刻骤精，遂与苏、常争价。”两位明代学者都充分肯定了徽州刻书的质量。据叶显恩先生统计，明清时期徽州的家坊刻书场有 40 余家，另

外侨居杭州、南京的徽商的刻书坊也有不少，徽州是当时全国有名的刻书中心之一，徽商是刻书场上的坚强后盾。徽商藏书、刻书、卖书投资大，用工多，用人精，回报周期长。其于利润上虽不似经营其他商品那么多，但对传承文明、传播文化大有功德，对中华文明薪火传递做出了巨大贡献。

（九）蓄养戏班

晋商在戏剧、舞台的花费上不惜银子，乐此不疲。首先是在舞台的兴建上，明清凡有山西会馆、山陕会馆的地方都建有舞台。山西凡有名的商业世家、巨商大贾的大院里几乎也都建有戏台，抑或出重资、扛大头、捐银钱在自己所在的村落里建筑舞台，而这些舞台的建筑又极尽宏大精美，花费的银子不知多少。如现存亳州的花戏楼（山陕会馆）、榆次常家大院的戏楼、万荣县后土祠的三座品字形戏台，以及遍布三晋大地的明清舞台，就是最好的例证。据记载，常家的这个戏楼建于光绪三年

■ 亳州花戏楼（山陕会馆）

(1877 年)，耗银三万两，历时三年才完工。

其次是晋商对戏剧艺术的投资与贡献。这一点我们在前文专门论述过，在此不再展开论述。简略地讲，一是他们家中凡有大事、喜事，抑或白事，都要邀请戏班到家里、村里唱戏，以扬名声、娱乡亲、报亲恩，至今不衰。如太谷县任村多富商，经常请戏班演出，该村富商贾氏在其宗庙至诚宫每年至少要演九台祭祀戏，以至乡间有“要看好戏到任村，任村有个至诚宫”之说。再如，光绪年间榆次常家两兄弟同时中举，“翌日，优觞贺喜，奎星神前两班戏，其宗祠前一台，不惜银钱”。五台山五爷庙里有个戏台子，基本上常年演戏不辍。人们求五爷许愿应愿以后，

■ 五台山五爷庙戏台

为还愿，就请戏班子来此给五爷唱戏。民间传说五爷爱听戏，请戏班子来唱戏是还愿的最高形式、最重礼遇。山西河东一带，谁家有了红白喜事，儿孙们金榜题名，老人们过寿，凡有能力、好显摆的人家也总是请来戏班子给村民唱戏。锣鼓敲响，喇叭按上，阖村人来到戏园看戏。唱戏的消息也像插上翅膀一样，传遍四邻八村，周围村村寨寨的人，也都赶来看戏。建在神州各地的山西会馆，不仅建有戏台，而且每逢过年过节或每月初一、十五同乡欢聚，大都要邀请戏班唱戏助兴。时人说“商路即戏路”，当时山西商人在哪里经商，哪里就有山西的梆子戏、锣鼓声。

二是晋商直接出资办戏班，养名伶。如平阳亢氏，在家乡平阳府

（今临汾）建亢园，“园大十里，树石池台，幽深如通，间有婢媵出窥，皆吴中妆束也。……康熙中，长生殿传奇出，命家伶演之，一切器用费镪四十余万”（梁恭辰：《池上草堂笔记》）。咸丰年间，祁县富商渠氏办有“三庆戏班”，榆次聂店王钺办有“四喜戏班”，有艺名叫秃红、秃丑、人参娃娃、一杆旗、一条鱼等名角。光绪年间，榆次富商崔玉峰办有“二保和娃娃班”，徐沟县粮商李玉和办有“舞霓园”戏班。更有晋东南壶关县一个铁器商人王大旦，因受到戏班班头和艺人的冷落，组建了上党梆子戏班，投资10万两白银请北京的翰林编写历史名剧《杨家将》，又南下苏杭购置乐器，并在晋城高平买回十多个聪明伶俐、口齿清晰、容貌俊秀的小青年，请师傅传授教戏三年，把个《杨家将》一门忠烈唱响得至今不衰。这个戏班又称“十万班”，最多时演员有100多人，先后排演了10多种新剧。这个戏班在慈禧太后六十大寿时曾进宫演出，受到慈禧太后的赞扬，被改名为“乐意班”。养戏班子养艺人，商人们不仅要投入大量的银钱，还要投入大量的时间，要有闲情逸致，有空闲的时间。本来商道艺道是不同道的，是两路人，商人将银钱、时间投到戏剧上，岂能不影响其商业的发展、资本的积累。

徽商在戏剧上的投资更是舍得。没有徽剧就没有京剧，而没有徽商就没有徽班。乾隆皇帝八十大寿时，由侨寓在扬州的徽州商人蓄养的四大徽班进京，为乾隆皇帝贺寿演出，不仅红极一时，唱响京师，而且为我国京剧的形成和发展起了重大的促进作用。四大徽班者乃三庆、四喜、春台、和春，都是在扬州的徽州商人不惜重金，招聘名角，自制行头、自请编剧、自己排演剧目的徽商家班，有名的两淮盐务总商江春就蓄养有德音、春台两个戏班，一年开支银子就得3万两。四大徽班进京献艺，为乾隆皇帝贺寿，就是在他的联络资助下得以成行入宫的。乾隆皇帝六下江南，每次都要在扬州落脚，江春亦数次参与接待，其中演戏是重要的一项。据《扬州画舫录》记载：“自高桥起，至迎恩亭止，两岸排列档子，淮南北三十总商分工派段，恭设香亭，奏乐演戏，迎銮于此。”戏剧家汤显祖的剧本《牡丹亭还魂记》一经问世，就被徽州富商吴越石的家班排练演出。养一个戏班要招名伶、置戏衣、配器乐，行头华丽，阵容整齐，排场夺人，生旦净末丑，一个都不能少，个个人、件件物、项项事都是花费银子的。加之徽商为迎驾，为进京又“竞尚奢丽”，极尽炫耀，追求舞台排场效果，那花费的银子真是成千累万，不计其数。至今徽州本土还保留有地方剧种徽州傩戏和目连戏。其中《新编目连救母劝善戏文》还是明代万历十年（1582 年）祁门清溪村人郑之珍所编，数百

■ 祁门县会源堂古戏台

年来常演不衰，说明“忠孝贞节”、教人向善、“因果轮回”是当时人们喜爱的主题。关于徽商、晋商在戏剧上的贡献，本书在第四章介绍“徽商与京剧、晋商与戏剧”时已经述及。此处旨在说明商人将大把银子投入非生产经营性领域，其余不再赘述。

（十）开典当铺

晋商、徽商以雄厚资金开设典当铺、钱庄、票号，将大把的银子用于生息资本，明清以来全国有名的典当商非晋即徽。关于票号、钱庄，在前面的章节里已作过专门论述，在此简要介绍一下晋商、徽商开设典当铺的情况。

典当是一种以财物作抵押的高利贷活动。历史上经营典当业的机构称谓很多，有“质库、解库、长生库、解典库、质肆、质物之肆、当铺、典铺、押当铺、押店”等。商行有专做典当业的老板，但多数开典当铺的典商都同时兼做其他生意，都是在做其他生意赚取一定的钱财后又开

设典当铺，涉猎典当行业。所以说典当业是商业资本与高利贷资本的结合，二者是一对孪生兄弟。明清凡知名的晋派商人、徽州商人几乎没有不同时开设典当铺、钱庄的。据卫聚贤先生《山西票号史》载："明末清初，凡中国的典当业，大半系山西人经理。"康熙时，全国有当铺22357家，山西一省就有当铺4695家，占全国当铺家数的21%。山西人开当铺、放高利贷的形式繁多，有印子钱、驴打滚、放青苗等。票号则是在这些形式上逐渐发展起来的。清季山西有名的典当商要数平阳府的亢氏了。

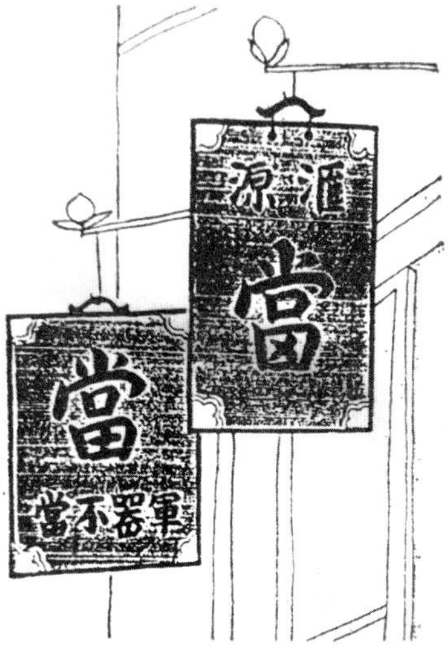

■ 汇源当

清初，亢氏是山西首富，人称亢百万。其资产据《清稗类钞》载，有数千万银两。其次才是资产在七八百万银两到百万银两的山西侯、曹、乔、渠、常、刘诸姓人家。清末宣统二年（1910年）出版的《中国经济全书》称："康氏（即亢氏）自清迄今，凡二百余年，其家运之隆盛，可谓极矣。"关于亢氏开当铺，以500个金罗汉"挤兑"对手的故事，本书第十一章的"平阳亢家"已作介绍，此处也不再赘述。

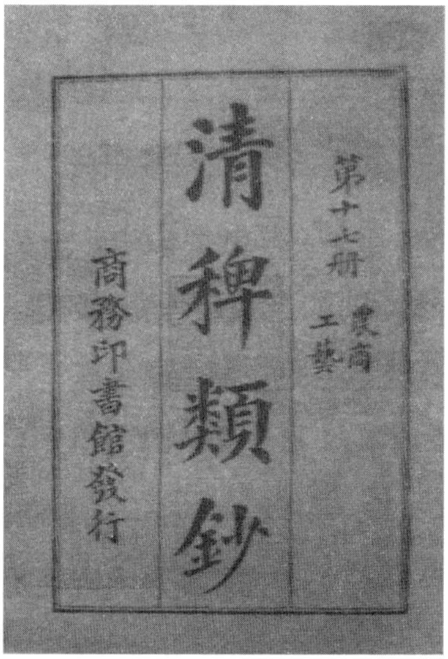

■《清稗类钞》书影

徽州人在开钱庄、当铺上亦不亚于晋商。盐、茶、木、典历来是徽州商帮经营的四大行业。以至于经营典当业的徽州人在社会上还流行有一个专用名词——"徽州朝奉"。对"徽州朝奉"一词的含义，胡适先生解释道："原是专指当铺里的朝奉来说的；到后来就泛指一切徽州士绅和商人了。'朝奉'的原意本含有尊敬的意思，表示一个人勤俭刻苦，但有时也具有刻薄等批判的含意，表示一个商人，别的不管，只顾赚钱。”（《胡适口述自传》）清人梁章钜在其《称谓录》中说，“朝奉”在宋代是一个官职。《宋史·职官志》载：“‘朝奉大夫从六品，朝奉郎正七品。’今为掌质库之称。”“掌质库”指的就是从事典当业的商人。朝奉就是典当商的代称，也是对有资财的富人的尊称。“徽州朝奉”在明清小说“三言二拍”中出现得最多。据方志远先生统计，在两百篇短篇白话小说中，写到的明代商人有 63 个，其中徽州商人 19 个、苏州商人 17 个、浙江商人 5 个、湖广商人 4 个，其他省份的商人 1～3 个不等，山西只有 1 个（方志远：《明代城市与市民文学》）。

在“三言二拍”小说中出现的徽州朝奉的形象，多数是被小说家讽刺奚落的、针砭的、负面的、反面的人物形象，如《喻世明言》卷一《蒋兴哥重会珍珠衫》写道：“这个俊俏后生是谁？原来不是本地，是徽州新安人氏，姓陈名商，小名叫作大喜郎，后来改口呼为大郎……偶然这日进城来，要到大市街汪朝奉典铺中问个家信。”再如《醒世恒言》描写的一个徽州朝奉：“府城内外，赤地千里，井泉都竭，人民饥饿待毙者不计其数。城中各当铺只有当的，再无取的。别家的本钱都当完了，家家停当候赎，只有龙员外一家本钱大，照旧开张。孙白连一发任意施为，做出徽州朝奉脸来，也将平日私房攒下的发在当中作本，价值十两的只当钱十贯，利上加利，只数日又长了数万利息。”清人程趾祥就说：“近来业典者最多徽人，其掌柜者则谓之朝奉。若辈最为势利，观其形容，不啻以官长自居，言之令人痛恨。”（《此中人语》卷三《张先生》）

明清小说大量塑造“徽州朝奉”人物形象，也说明了徽州人开典当行者多，遍及大江南北，在社会上形成群体，有着广泛的影响。在现实生活中也的确如此。据万历《扬州府志》卷二记，扬州典当业全由“新安诸贾擅其利”。常熟县在康熙二十六年（1687 年）时有当铺 37 家，以汪宗、吴奇、程隆等充当典头的 37 人全是“徽籍商民”。这些人为保护自身利益和生命安全，联名上书县令，在常熟还竖立了一块“常熟县永禁扰累典铺碑”（《明季南略》卷一六）。明朝嘉靖年间，绩溪龙川人胡宗宪奉诏御寇，在杭州城乡募兵士，“悉招城外居民，新安之贾质库者，皆其乡人也”（丁元荐：《西山日记》卷上）。胡宗宪在杭州招兵，许多在质库谋生的人应征入伍，投戎御寇，组成义军，可见在杭州城开典当铺的徽州人之多。又据康熙《平湖县志·风俗》记，在平湖县“新安富人，挟资权子母，盘踞其中，至数百家”。明末汪箕在北京经营典当，“家资数百万，典铺数十处”（《明季北略》卷二三）。万历三十五年（1607年）河南巡抚沈季文奏报朝廷说“今徽商开当铺遍于江北”，单在河南一省，就有王充等徽州朝奉开设的各类当铺213家（《明神宗实录》卷四三四）。至清末，在上海仍有徽商开设的当铺69家。由此可见，徽商当铺遍及全国各地，并集中在苏浙一带富庶之区。

明清时期，在江浙一带民间还流传着“徽州朝奉锡夜壶”的说法，在徽州当地也有“当铺学生尿壶锡”的谚语。所谓“锡夜壶”，是说用锡制作的夜壶，臊气入锡，此锡将来就不能再作他用了，是讽刺徽州典当商人一入此行，唯凭此技谋生，再干不了其他生意，到其他行业就成了废物。有《典业须知录》记徽州小朝奉：“吾乡俗语：‘当铺学生尿壶锡。’谓无他改，乃弃物也……另改他业，势所不能。只因从初习惯成自然，关门自大惯，一派充壮惯，目看排场惯，耳听阔气惯，吃惯穿惯，懒惯用惯，高楼大厦登惯，粗工打杂使惯。如改他业，嘴头呆钝，全无应酬，不晓场面，不知世故，居处不能遂心，使令又不遂心，吃不遂心，穿不遂心，又无本事，不能得大俸金……以致难改他业。”这是说当铺里的学徒，一入此门，只学会了许多阔气派头，久而久之，变成一幅“徽州朝奉脸”，吃不得苦，改不得行，因为到那时胚胎已坏，再改行从事其他行业为时已晚，成了废人。

徽人开当铺，又以休宁人居多。许承尧在《歙事闲谭》中说：“典商大都休宁人，歙则杂商五，鹾商三，典仅二焉。治典者，亦惟休宁称能。凡典肆无不有休人者，以业专易精也。”休宁开典业最大者，要数居于蓝水之滨的商山吴氏。商山吴氏自明中叶以来“皆以典质权子母”，以至家多“素封”，是休宁著名的望族。《初刻拍案惊奇》卷二提到的吴大郎就是经营当铺的，小说中写他“是徽州府有名的商山吴家，他又是吴家第一个财主吴百万吴大朝奉”。

旧时当铺的门面都比较坚固，以石质门面居多，外墙或照壁一般都要写上一个大大的“当”字作为招幌。店铺里面的柜台很高，一般超过中等人一头，来典当东西的顾客只有仰脸踮足，高举双手才能把当物交给柜台先生查验。因此，当铺有“高柜台”之称。当铺一般都设柜台先生2～3人，写票2人，中班6人，挂牌2人，学生若干。在当铺工作的统称“朝奉”。朝奉们要对货物有极高的鉴别能力，遇到古玩字画、珠宝玉器，要能一眼鉴别出真赝、年代、品质。可以说当年的徽州朝奉，人人都是古玩珍宝的鉴赏大师。明清两朝对当铺取利有明确规定，即典当月息不能超过3分。明代规定：“凡私放钱债及典当财物，每月取利并不得过三分，年月岁多，不过一本一利，违者笞四十，以余利计赃，重者坐赃论，罪止杖一百。”（《大明律》）清代规定：“今后一切债负每银一两，止许月息三分，不得多索及息上增息。”（《东华录》顺治五年闰四月丁未冬）朝奉们为竞争，取利有一分二分者，总是有益于贫民。明嘉靖庚戌（1550年）进士、歙县岩镇人方宏静有一段话说：“方司徒采山先生曰：质铺未可以逐也，小民旦夕有缓急，上不能既赉之，其邻里乡党能助一臂力者，几何人也？当窘迫之中，随其家之所有，抱而趋质焉，可以力办，可以亡求人；而质库者，穷民之管库也，可无议逐矣。”从这段文字及现实生活来看，当铺于老百姓也是有益的，是商品经济发展的产物。在老百姓日常生活中，一旦有个急缺，需要用钱，政府不能援助，乡党亲朋不能助一臂之力，百姓携自己家里物什去当铺抵押，就暂时解决了一时之急。就是有钱人家，于现银上也有一时不便，着急时先拿家中财物典当质押，以解决燃眉之急。俗话说，事缓则变，解决了当下之急，赢得时间再从长计议，也许难关就渡过去了。所以说，当铺于百姓有其有利的一面。

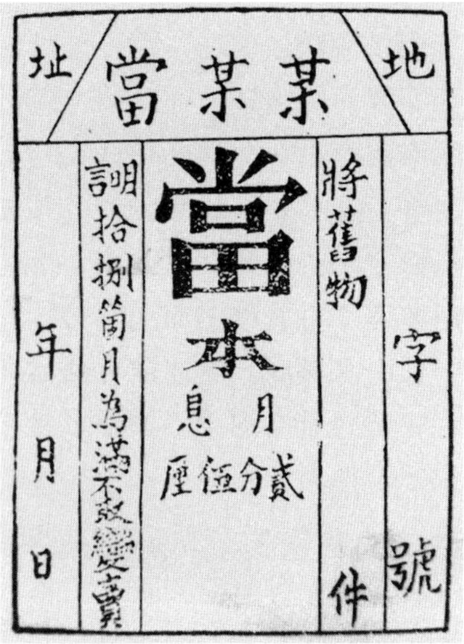

■ 当本

在徽州朝奉中，也不乏仗义疏财、能积能散之人。如明朝有个歙商许大明，在吴楚燕赵之间做生意，有人向他借债，遇到灾荒年景，负债人纷纷卖儿鬻女以还其债。许大明见此情景叹道：“我怎能为了取利而令人骨肉分离呢！”于是把债券全部取出焚毁，以示不取（《新安歙北许氏东支世谱》卷八）。还有清初婺源人汪拱乾，轻财好义，做典当30余年，积财无数。60岁时，见仍有许多人还不起他的债务，便焚烧了那些立有字据的债券。据《登楼杂记》载，汪拱乾“精会计，贸易于外者三十余年。其所置之货，皆人弃我取，而无不利市三倍。自此经营，日积日富，而自奉菲薄，并诫诸子，不得鲜衣美食，诸子亦能守成。然有人告借者，无不满其意而去，惟立券时必载若干利。因其宽于取债，日积月累，子母并计之，则负欠者俱有难偿之患。一日，诸子私相谓曰：‘昔陶朱公能积能散，故人至今称之。今吾父聚而不散，恐市恩而反招怨尤也。’拱乾闻之，语诸子曰：‘吾有是念久矣，恐汝辈不克体吾志耳，是以蓄而不发。今既能会吾意，真吾子也！’于是捡箧中券数千张，尽招其人来而焚之，众皆颂祝罗拜。自此以后，诸子亦能自经营，家家丰裕，传其孙曾。今大江南北开质库或木商、布商，汪姓最多，大半皆其后人，当为本朝货殖之冠。”又据光绪《婺源县志》卷三一《人物·义行》记，汪拱乾废除的债务共计约8000两白银。有此义举后，乡绅们将他的事迹逐级上报，督台、藩司、署邑等各级官员分别给予他“满门孝义”“惠施流布”“旷古高义”等牌匾褒奖。乡人称颂他的事迹，“皆曰晏、范再世”。

（十一）窖藏银子

晋商致富以后，为了预防灾年，防备旱灾、蝗灾、战乱，总是把粮食、谷物、银子窖藏。山西地处黄土高原，历史上十年九旱，雁门关外又不种桑麻，只能种一些莜麦、荞麦、玉米、高粱、山药蛋等杂粮，粮食一直是紧缺物资。民以食为天，老百姓对粮食十分珍视和爱惜。黄土高原又天高地厚风燥。天高少雨，地厚土坚，风燥物干，土不崩、物不腐，易于修窑洞、挖地窖，藏物藏粮藏银。明人谢肇淛说：“三晋富家，藏粟数百万石，皆窖而封之。”明清朝代更替后，山西“民家多有储蓄”。典型的窖藏粮食者如平阳府亢氏，“家巨富，仓廪多至数千”，在平阳府藏粮就有“万石”。据说当时亢氏曾扬言：“上有老苍天，下有亢百万，三年不下雨，陈粮有万石。”一句“三年不下雨”，说明亢氏存粮既是为了度济荒年，也是囤积居奇，为了卖个好价钱。当然，存粮度荒，于徽商也是如此。徽州有家老祠堂，也设有陈仓储粮，以备荒年。只是徽州多雨潮湿，粮米易腐，存储时间不能久长，要及时更换而已。同时，徽州粮商借囤积米谷出粜，赚取丰厚利润，借此致富的也很多。明清时，往来吴楚徽郡之间，在苏州囤积粮食、哄抬物价的商人，大多也是徽商。有《坚瓠五集》卷一记，万历时“新安商人自楚贩米至吴，值岁大旱，斗米百五十钱，计利已四倍，而意犹未惬。请道士降乩问米价……道士未出门，庾火发，商人之米无遗粒”。也有歙人喻起钟，清雍正、乾隆年间人，在浙江兰溪做粮米生意，“稽米谷贵贱而出入之，或市其谷转输来吾郡（徽州）以粜焉”。乾隆十六年（1751 年），年荒米贵，喻起钟有米 500 斛将要运到，“有为谋者谓，宜居其货，使价腾踊，则获利可千金，府君（起钟）弗听也”（《松溪文集·代喻集美作先人行略》）。囤积居奇，贩卖粮食，历来是商人的生财之道。

山西富商存粮是普遍现象，就是中户人家，为保灾年不饿也都备有存粮。生活节俭，这也是山西人的习惯。但进入晚清以后，山西富商不仅存粮，还直接将白银窖藏。这方面的典型代表是祁县富商渠源祯。渠源祯是渠本翘的父亲，人称“旺财主”，是著名的三晋源票号财东，家中开有茶店、盐店、钱庄、当铺、票号、绸缎、药材等商号，但思想极其保守。清末，渠源祯见国内动乱，洋人入侵，战火频仍，在各项商业上皆取收缩之举，将所获商业利润直接窖藏封存。生前在自己的住宅和三晋源票号各建银窖一处。渠源祯死后，他的儿子渠本翘仅在住宅一窖中就挖出白银百万两以上。辛亥革命后，山西王阎锡山一次就向渠氏“借银”30 万两。抗日战争中，日寇占领祁县后，驻扎在渠家大院，又从渠家所办的长裕川茶庄窖藏里取出 40 万两白银盗运到日本。渠氏将银子窖藏，有见清末乱世而审时度势、收缩生意、将钱财留给子孙的先见，也代表着山西土财主一贯的思想做派，应历史地、辩证地去看待。

■ 银锭

二、奢侈消费，比阔斗富，将大把银子挥霍在骄奢淫逸上

古语云："成由勤俭败由奢。"晋商、徽商发家致富以后，有些富商及其子弟忘记了自己或先辈早期创业的艰辛，丢掉了勤俭质朴、节衣缩食、服劳商贾、艰苦奋斗的传统，转而竞奢华丽，比阔斗富，吸食鸦片，坐吃山空，声色犬马，挥霍无度；不仅害了自身，害了家族，甚至酿成大灾大难，使显赫的商人世家破落残败，后继无人。

（一）红白喜事，肆意铺排

在婚丧嫁娶红白喜事上，他们大事张扬，以此作为炫富的契机。如乔家大院的主人公乔致庸于 89 岁高龄去世时，已是光绪三十三年（1907 年），其子乔景俨安排丧仪，在家停丧 18 个月，天天开着流水席，耗资不知其数。至其出殡时，从乔家大院到坟地，路上搭了几十个过街彩棚，出动了近百辆马车，数十个丧礼乐队，前来吊唁的人成千上万，哭丧的队伍见首不见尾，前面的人已随棺木到达坟地，后面的送葬者一字儿排着队，末尾还在村里。再如介休侯氏之侯从杰 1908 年去世后，其家族蔚字号生意和票号业务当时虽已江河日下，大不如前，但侯家豪华奢侈之风依旧，架子不倒，排场很大，侯从杰的葬期就用了 6 个月，花银子 1 万余两。

徽州商人于丧葬礼仪上更是讲究，"丧祭遵文公家礼，浮屠间用之"，一切以朱文公家礼为依据，间或请佛道超度亡灵。且徽州人丧葬又十分讲究穴地风水，在选穴造坟上比山西人还要讲究。许承尧在《歙事闲谭》卷一八《歙风俗礼教考》中云："举葬之日，延宾速客，曰'贺坟'。祖

道层台，饰以镫彩，富者欲过，贫者欲及，靡费不赀。或则去丧服而衣衮绣，易哭泣而事趋拉。过墟而哀，虞祭卒哭，夫何有焉？绳以治丧葬服缌之制，其罪大矣。此徽俗之尤，有弗能为乡邑讳者。秉礼之君子，其可身蹈之哉？”

至于红事，即娶媳嫁女，历来是人们生活中的大事、喜事。平常老百姓家，日常生活节俭积攒，遇到儿女婚娶，都要操办一番，请人吃饭，摆酒欢庆。致富后的晋徽两商在这方面更是发扬光大、大肆铺排，极尽奢侈张扬之能事。另外就是讲究门当户对，富富结亲，官富结亲，世家联姻。如明代山西蒲州的张王两家，清朝山西晋中商人乔家、曹家、渠家、常家等都是儿女亲家。这些富商大户联姻结亲，娶媳嫁女场面铺排十分宏大。徽商于门当户对讲求上更是由来已久、根深蒂固，且不惜列为族规家法。详见本书第十三章《徽州女人与山西婆姨》中有关婚姻法则的内容，在此不再赘述。

（二）竞奢斗富，挥金如土

经商致富以后的晋商徽商，生活奢侈，攀比夸富，安于享乐，铺张浪费，甚至竞奢斗富、烧钱比阔者不乏其例。据王锡纶《怡青堂诗文集》卷二记载，山西富商“自数百万数十万之家相望，饰亭台，聚古玩，买姣童于吴阊，购美玉于燕赵，比比也；纵博博（赌博），蓄优伶，宾从杂沓，一言之说，千没万金不问”。在居住上他们建庄园豪宅，竖亭台楼阁，置奇花异草，垒假山奇石，砖、木、石雕不厌其精，动辄花费百十万银两。有关豪宅建筑前文已有叙述，在此不赘。

■ 双狮木雕

在穿戴日用上他们追求奢靡艳

丽，珠宝金银。明万历年间曾任山西巡抚的吕坤在其《实政录·禁约风俗》中写道："织金粧花，本王府仕宦人家品服以别贵贱。今商贾工农之家一概穿着，已为僭分。又有混戴珠冠及金银的髻四围花，通袖刻丝，捺纱挑绣，袖口领绿等服，而倡优装饰金银满头。"明令要求禁止，认为僭越了封建礼教和旧制。万历年间的《潞安府志》卷九亦记曰："商贾之家亦雕龙绣拱，玉勒金鞍，埒王公矣；妇女则珠络翠翘，飞纤峦绡，儿后妃之饰矣。"入清以后，民风更尚奢丽，这从现存的明清建筑及家具器用上就能一眼看出。明代尚简约，清代崇繁复，晋商、徽商之家更是其中的佼佼者、带头者。

更有甚者，比阔斗富，烧钱取乐，极尽骄横奢侈之能事。山西介休侯家，有个子弟名叫侯奎，是介休县赫赫有名的挥金如土的阔少爷。当时介休流传着这样的话："介休有个三不管，侯奎灵哥二大王。""三不管"中侯奎居第一位，"灵哥"是介休大财东冀国定的长孙，"二大王"是介休大财东郭可观的弟弟郭寿先。这三位富家子弟仗着家中有钱有势，平日里在平遥、介休一带横行霸道，竞奢斗富，飞扬跋扈，无人敢惹。一次侯奎在太谷某绸缎店里吃了一顿饭，饭后经理请他选购绸缎，侯奎一时兴起，当下便把该店的绸缎全部买下。灵哥听说此事后，不甘示弱，有一次钟表店老板请他吃饭，饭后灵哥便将该店的钟表全部买下。当时的座钟是十分昂贵、平民家少见的洋货。每年 9 月 20 日至 30 日，介休张兰镇兴办 10 天庙会，侯奎、灵哥都要带着仆从，驾着车马前去赶会。他们在庙会上以赛车赌输赢，一家是景泰蓝十三太保车，一家是关东灰鼠狸围出风车，驾车的骡马都是不惜重金购买、喂养的上等好骡马。赛车以燃两寸香的时间为准，由张兰镇的西门跑到东门，再返回。彼时看热闹的人群拥挤不堪，快马如飞，常有踩伤人的事故。而两位阔少毫不理会，恣意取乐。有一次赛跑马车，轧死了人，他们重金行贿地方官吏，竟逍遥法外。在庙会上灵哥与介休二大王郭寿先，各养一个戏班唱对台戏，比赛看哪个戏班的戏演得好。这三位阔少为了比阔斗富，还用钱票点火吃水烟斗富，看谁吃得多，烧得快。一张钱票 1000 文钱，当时 20 文便买一斤面粉，烧一张钱票等于烧没了 50 斤白面。这种败家子、浪荡儿暴殄天物，穷奢极欲，到头来没有一个有好下场的，侯奎只活了 43 岁便故去了。

■ 歙县檀干园

徽商在奢靡斗富上亦不亚于晋商，烧钱斗富的事例也不少见。早在雍正时，雍正皇帝就把当时社会上的奢靡之风归罪到扬州盐商的头上，而此时在扬州业盐致富的主要是徽商。雍正说他们："衣服屋宇，穷极华靡；饮食器具，备求工巧；宴会戏游，殆无虚日；金钱珠宝，视为泥沙。"扬州城的如梦繁华，就是徽州人开拓出来的。近代人陈去病在《五石脂》中言："扬州之盛，实徽商开之，扬盖徽商殖民地也。"前文所述乾隆皇帝下江南，驻跸扬州，徽州盐务总商江春和商人汪石公的太太接驾，为讨皇帝爷欢喜，一夜之间召集工匠在扬州城建起一座北京北海公园式的白塔，使得乾隆爷都不由得惊叹："盐商之财力伟哉!"生活在扬州的徽商们"早上皮包水，晚上水包皮"，婚丧嫁娶，衣服饮食，居室舆马，竞尚奢丽，动辄万金。潘小平先生在其《徽商：正说明清中国第一商帮》第十章中，记录了这样几件事：

一是有一个盐商，每顿饭都要厨子备菜数十种。临用餐时，夫妻俩并坐堂上，下人们将菜肴一桌一桌抬到他们面前，请他们验看，看中的点点头，看不中的摇摇头。下人们则根据他们的脸色，不断更换。

二是他们中有的人喜欢好马，平白无故地，就在家里养着数百匹名马，清晨自城内疾驰而出，傍晚自城外疾驰而入，五花灿烂，令人眼花缭乱；也有的人好兰花，便从大门口到每一间内室，遍地都摆满名贵的兰花。

三是有一天一个盐商发愁地问，怎么才能在一天之内，把1万两银子花掉啊？他门下的一名食客说："那还不容易吗？看我的！"于是，该食客把1万两银子全都买成金箔，运到金山塔上，向空中抛撒。只见沿江的草木之间金光闪烁，不过片刻工夫，1万两银子的金箔就撒完了。塔下观看的人中，有一名徽商子弟，嘲笑说这算什么，这也太老土了！他当即招了一帮混混跟他回去，花3000两银子，把扬州城里所有的苏州不倒翁买来，放入保障河中，结果流水一时为之堵塞。

这般的奢华靡费，比富斗阔，烧钱撒银，暴殄天物，皇帝惊叹气愤，岂能不收拾你！天理不容，万民愤慨，岂不预示着衰亡、气数将尽?!

（三）吞云吐雾，醉生梦死

清末，随着英帝国主义对我国大量输入鸦片，山西富商子弟多数染上毒瘾。他们晨昏颠倒，醉生梦死，吞云吐雾，吸食鸦片，成天在烟榻

■ 吸食鸦片者

上度过时光，不仅精神萎靡，没有时间和精力打理生意、创业赚钱，而且是坐吃山空，耗银伤身，抽空了家族资产，甚至是家破人亡。鸦片是从罂粟中提炼出来的，又称“米囊”“阿芙蓉”，或简称“白皮”“金丹”，现在我们就直称“毒品”。在医学上其有止痛安神的作用。吸食的方式是吸食者就着灯火烧化鸦片，用一根竹管来吸，随后有了“烟枪”这种专用工具。

最初对我国进行鸦片输入的是在澳门的葡萄牙人，其后主要是英国商人，英国东印度公司占有垄断的经营地位，是向我国输送鸦片的罪魁祸首。美国和欧洲的其他资本主义国家也先后向我国输入鸦片。大清王朝在1729年禁烟时，每年输入我国的鸦片为200箱。以后逐年增加，1767年时上升到1000箱，到1800年至1820年间，平均每年的输入量是4500箱；到1839年林则徐禁烟时，已达到4万箱，每箱100斤或120斤。为此，我国一年流失白银约800万两，在国际贸易上形成了巨大的逆差。而鸦片战争前的1800年到1810年流入我国的白银达2600万两，一年的顺差是260万两。故鸦片输入对我国的经济影响十分严重。

鸦片对国人的精神摧残触目惊心、令人痛心。鸦片起初输入我国，吸食者多是有闲阶层、富家子弟，在他们看来，这是一种时尚。随之这种陋习逐渐传染到社会各阶层各色人等中间：达官贵人、商人、文人、妇女、仆役、兵丁，乃至于僧尼道士等。在晚清社会，主要城镇街市上烟馆如酒馆，比比皆是。在富户人家，家家藏有鸦片，设有烟榻。吸食鸦片“初食者不见其害，暗中耗血损气”。等到日久天长，精血亏损殆尽，毒气积聚在体内，肺腑被侵蚀，人便毛发脱落，皮肤焦黑，面黄肌瘦，骨瘦如柴，形似饿鬼一般。烟瘾一旦发作，立刻显出一副死相，或跪地哀求，状如游狗；或哭天喊地，如临深渊；或毫无廉耻，疯狂抢夺，势如匪盗。为此，男子可以毫无人格尊严，妇女不惜卖身索烟，因为一旦吸食上瘾，停吸这种毒品，会引起焦躁不安、寒冷颤抖、发烧恶心、肌肉抽搐和筋骨疼痛等症状。烟民饥肠辘辘时却吃不下饭，委顿疲惫时却不能入睡，进入一种狂躁魔幻的境界。纵使再有灵丹妙药，也难根治这种毒瘾。故禁食鸦片从清政府林则徐禁烟，到如今打击毒品走私，让人们远离毒品，170余年来，一直都是政府的国策、人民的意愿。

鸦片进入山西的时间是在清嘉庆年间，是由当时的太谷、平遥、介休等富商大贾从广东省偷运回来的。咸丰《太谷县志》录有一篇《誓禁鸦片烟碑文》，记述的是嘉庆二十二年（1817年）太谷知县陈履和亲率商民向城隍宣誓不贩鸦片一事。碑文云：“自今以往，凡吾县商民，往闽、广、苏、杭置物之人，誓不兴贩鸦片一丝一毫入我太谷，害我百姓。”鸦片初入山西，一些商家将其作为高级物品款待来客，作为时髦的消遣以示阔绰；还有的把它当成“福寿膏”吸食，希冀通过吸食鸦片来延年益寿，却不知晓鸦片的危害性。

山西人种植鸦片是在道光年间。道光十九年（1839年）上谕称：“风闻山西地方，沾染恶习，到处栽种。”（《宣宗实录》卷三一八）而其蔓延于同治之世，大盛于光绪季年。当时山西全境110多个州县中，没有一个县不种鸦片，种植面积占到全省可耕地的40%，而且都是良田沃土，这不但与粮田争夺土地，还争夺人力、物力和水肥资源。其时山西大地一至夏季，弥望原野，上百里罂粟花遍开，或嫣红夺目，或犹云朵降落。入秋以后，花落果熟，上万人下地割葫芦刮浆，制作“土烟”。土烟年产量高时如光绪三十二年（1906年）达3万石。当时山西生产的土烟在北京、天津一带称为“顶高之货”，是鸦片中的上品，在全国十分有名。鸦片烟生产得多了，吸食鸦片的人自然就多了。

光绪初年，曾国荃任山西巡抚，他在《申明栽种罂粟旧禁疏》中说，山西未种植罂粟之前，“吸食者不过游手无赖及殷实有力之家，至于力耕之农夫，绝无吸食洋烟之事。今业已种之，因而食之，家家效尤，乡村反多于城市”。吸食鸦片的人多了，对吸食鸦片的烟具要求也多了，烟具质量也高了。当时山西太谷生产的“太谷灯”和山东胶州生产的“胶州灯”，是全国最好的烟灯（烟枪）。对吸食鸦片者来说，得一“太谷灯”是十分自豪的事，是他们认为雅与富的象征。

■ 曾国荃

山西富商家族子弟吸食鸦片败家者不胜枚举，赫赫有名的乔家大院主人公乔致庸的三个孙子都是瘾君子。乔映霄娶妻马氏，夫妻二人感情笃深，如漆似胶，恩爱无比。不幸的是马氏在天津被绑票，营救不及而遭撕票。映霄终生未再娶，心情苦闷，染上吸食鸦片恶习。另一个孙子乔映南文才甚好，深受乔致庸宠爱。但其所娶之妻曹氏是个大烟鬼，他近墨者黑，“妇唱夫随”，也吸上了鸦片。曹氏过世后，他的续弦太谷张氏也是个烟鬼，在他夫妇二人的影响下，七个子女中五个是瘾君子，一个儿子只活了19岁就去世了。分家后，乔映南变卖家产换鸦片，自己也于1939年过世，乔家他这一支也就败亡了。“映”字辈最有作为的乔映霞，深知吸食鸦片伤身毁业的危害，曾把“不准吸食鸦片”与“不准纳妾，不准虐仆，不准嫖妓，不准赌博，不准酗酒”列为乔家“六不准家规”。他自己身体力行，并一贯以革除陋习为己任，对禁种鸦片不遗余力，甚至曾因在乡里强制铲除烟苗而与村民发生冲突，酿成人命官司而避居天津。但他后来发生婚变，消沉颓靡，自己也吸食上了鸦片，在烟榻上了却了残生。

榆次常家，在晋商中算是文化最高、家教较好的。第十二代常龄还是名医，提出了“洋烟四戒”，并刻成烟戒牌警示族人。但可悲的是家族800多口人中，就有160余人吸食鸦片，不肖子孙占到五分之一，由此破产身亡者不乏其人。

榆次聂店王氏，有“明代财主”之称，乾隆年间发展至极盛，开设商业字号200余家，遍布晋省和国内其他地方，是辉煌数百年的商户望族。鸦片传入后，王氏后人吸毒上瘾，夺去了王家后代的财帛和生命，甚至使王氏断传绝后。到了同治年间，传至十世，只留下王钺、王庆儿兄弟二人。王庆儿这一支，传至王奇时，家中无一人不染此嗜好。据说，抗日战争前，王家藏的鸦片烟灰就有几麻袋。王奇最后沦为乞丐，沿门乞讨，死于街头。（《山西票号史料·榆次聂店王家》）

平遥毛氏，也就是与雷履泰创办中国第一家票号——日升昌票号的二号人物，后掌控侯氏“蔚字五联号”票号的大经理毛鸿翙的重孙、曾孙子们，大多染上吸食鸦片恶习，不务正业，家产被变卖挥霍殆尽，有的最后甚至成为穷光蛋，衣不遮体，食不果腹，无钱生存。

辛亥革命后，介休侯氏商号接连被抢被烧，纷纷倒闭，经济来源已断，但侯家的太太少爷们仍然架子不倒，过着养尊处优、奢侈腐化的生活。他们吸食鸦片，每餐酒肉海味，坐吃山空，最后只得靠变卖财产生活。到抗日战争前夕，显赫近百年、号称“侯百万”的侯家末代子孙侯崇基已食不果腹。不久日军侵入山西，侯崇基终因烟瘾发作冻饿而死。（《山西票号史料》）

太谷曹氏家族，传至曹克让时，生活糜烂，全家大小每日山珍海味，每逢婚丧嫁娶喜庆之日，大摆宴席，男女老少又都染上毒瘾，家中平时存储鸦片就达万两以上。至今在曹氏“三多堂”仍然陈列保留着一张极其豪华的烟榻，家中佣人有300多个，每年家用开支在10万元以上，最后入不敷出，因挥霍浪费而破产。

平遥日升昌票号的东家李氏后人，生活阴阳颠倒，白天睡觉，黑夜吸鸦片、打麻将。家中雇有许多佣人，仅丫鬟、老妈子、保镖、护院就有数十人。家里吃饭也没个时辰，几时想吃就吃，随要随到，有时厨师因厨灶火力不旺，就把馒头蘸上食用油扔进灶火里，以促燃做饭，应付李家人晨昏颠倒的生活习惯。最后，煊赫一时的日升昌票号财东李氏后人，也是落了个穷困潦倒的下场。

山西人大量种植、吸食鸦片，不仅仅是造成几个富家子弟和游手好闲之徒身衰力竭，穷困潦倒，也不仅仅是破败了几个富户，死去了几十乃至几百几千人，而是酿成大祸，发生了“丁丑奇荒”（又称“丁戊奇荒”）、“壬辰大灾”和震惊全国的“文交惨案”。

“丁丑奇荒”是讲光绪三至四年（1877—1878年），山西以及华北地区的河南、陕西遭受了百年不遇的特大旱灾。这场旱灾持续三年，使山西百姓粮源枯竭、积蓄告罄，蒺藜、树皮、秸秆一类凡是可以入口之物，都被用来充饥。全省许多地方赤地千里，饿殍遍野，卖儿鬻女，弃家逃荒，十室九空，甚至有不少吃人肉以苟活的。全省人口由灾前的1643.3万，骤减至灾后的1065.8万（《山西通史》卷六），省内人口在这场灾荒中饿毙逃亡达三分之一，且多数是饿死了。这场大灾，惊动全国乃至世界。当时清政府也采取种种措施赈荒，号召全国捐输，有18个省及海外人士响应捐输。如原籍福建海澄的商人陈金钟，居新加坡数世，平生疏财好义，“丁丑晋赈捐银十余万，系丁雨生（日昌）中丞派人来劝者”。可见这次灾难历史空前，影响之大。

■ 李鸿章

"壬辰大灾"是在山西元气未复的情况下，光绪十八年（1892 年），山西又发生的一次大灾害。时任直隶总督的李鸿章到山西视察这次大灾难后，于光绪十九年（1893 年）三月向朝廷奏报曰："其困苦惨状与光绪三四年大略相同。经朔州，一路灾民或殍、或逃、或鬻，十室九空。遍视村庄，有隔一日食者，或一二日不食者，即有田数十亩之家，亦皆卖儿鬻女。"其时"关外七厅连年荒歉，去岁颗粒无收，粮价增昂四倍，莜麦面每斤钱十二文，现增至五十二文。丰镇为出产杂粮之所，现有无多。阳高、山阴等县粮无颗粒，民不堪命。草根糠秕无处搜罗，卖妻鬻女接踵于途。年轻妇女价仅大钱五六千文，十二三岁之女孩仅一二千文，中年妇女、十数岁之男孩以之送人，亦无受主。每因鬻女貌陋，买主不中，合家痛哭，云难活矣。各村房屋拆毁殆尽，遥望一村约有数十户，及查至该处仅存四五家，甚至有仅存一家者，有绝无一人者，惟见尸骨纵横，狼吞狗噬……查历各村既无鸡犬之声，难觅升合之粟，即有数顷田地之家，现以荞麦花、禾梗、草梗、糠秕煮而食之。今日之极贫，即从前之富户次等之家，甚至食马粪食死肉，面目浮肿，不似人形。丰镇之西曰火烧胡同一带情形最惨，妇女不能下炕，衣服不能蔽体者甚多。鹄面鸠形，奄奄垂毙。再下之户去冬尽填沟壑。路过阳高，灾情相等。去冬食死人肉者已不一而足……今次晋灾较丁丑年几于复见无以复加也"。这是光绪十八年（1892 年）到山西查灾官员杨光策对山西大灾的一段描述，主要是写他去的雁北一带的情况。其时晋中、晋东南、晋南亦大致如此，被灾严重。

"丁丑奇荒"与"壬辰大灾"是天灾，但人祸也不可忽视，亦可以说是半分天灾，半分人祸。这个"人祸"就是山西人趋利将大片良田都种植了罂粟，挤占了粮食用地。时任山西巡抚曾国荃在他的《申明栽种罂粟旧禁疏》中痛心地指出："此次晋省之荒，虽曰天灾，实由人事。自境内广种罂粟以来，民间蓄积渐耗，几无半岁之种，猝遇凶荒，遂至终无措手。往往以膏腴水田，遍种罂粟，而五谷反置诸硗瘠之区。”当时山西有 53 万顷田，种罂粟达 15 万顷之多，多种一亩罂粟就少种一亩五谷，而且罂粟多种在好田、水田。山西地理位置、气候特点决定了它十年九旱，五谷种在硗瘠薄田之上，遇大旱自然是颗粒无收，人无粮吃了。

■ 张之洞

继曾国荃之后出任山西巡抚的张之洞于光绪七年（1881 年）十一月至光绪十年（1884 年）四月在山西也力主禁烟，并多有建树。张之洞于光绪八年六月十二日（1882 年 7 月 26 日）也在奏上《严禁栽种罂粟并设戒烟局》一文中指出：“晋民好种罂粟，最盛者二十余厅州县，其余多少不等，几于无县无之，旷土伤农，以致亩无栖粮，家无储粟。丁（丑）戊（寅）奇荒，其祸实中于此。然而覆辙相导，不知迷复，议者或持不宜禁之说。”随之，张之洞提出在山西必须严禁种植鸦片的四项理由云云。继张之洞之后，山西巡抚刚毅于光绪十一年（1885 年）二月至光绪十四年（1888 年）又在山西力主禁烟，并发布了一道《剀劝禁种罂粟文》，情恳意切地劝诫百姓不种不吸。刚毅在山西任职三年半，三次颁发禁种告示，严厉警告：“倘再偷种罂粟，即属怙恶不悛。一经查出，究办拔毁，枷责从严。乡约甲保，不报并究，决不姑宽。本院言出法随，勿谓告诫不先。”但实际并未彻底铲除，百姓忽明忽暗偷种，政策时紧时松，人去政亡。为此还酿出了一起震惊全国的“文交惨案”。

“文交惨案”发生在宣统二年农历二月初三（1910 年 3 月 13 日），时山西巡抚丁宝铨派出两营清兵，荷枪实弹到文水、交城两县的开栅镇武力铲除烟苗，遂与当地种烟农民发生冲突；清兵管带夏学津不顾后果，强行下令开枪，打死打伤百姓近百人，造成了重大的流血事件。事件发生后，时任《晋阳公报》总理的刘绵训、总编辑王用宾联络同盟会会员崞县张树炽、阳曲县蒋虎臣两人，急趋肇事地点，调查事实情形，将所闻所感撰文直书，以重要新闻连续发表在《晋阳公报》上，借机反对清政府当局残杀山西民众之罪恶。其中事情曲曲弯弯，隐情颇多，但总是因为禁止种植鸦片而引起的。事发后丁宝铨在上奏朝廷中说："查晋省烟害，在于自种自吸，无地不种，驯至无人不吸，祸延妇孺，实为各省之所无。自申明厉禁以来，吡言四起。臣亦两干吏议，然苟能除民疾苦，即获咎也在所不惜。"为此，清政府见丁宝铨也有难言之隐，便给丁宝铨以降职留任处分，丁宝铨因病开缺。这时已到宣统三年（1911 年）五月。六月十六日清廷任命江苏布政使陆钟琦为山西巡抚。陆到任后不久，辛亥革命爆发，陆钟琦在山西新军进攻抚署中毙命，故陆钟琦成为清政府任命的最后一个山西巡抚，而其命运则与丁宝铨截然不同。不过，禁烟总是没错的，酿成"文交惨案"不对，不应该打死打伤民人；但由此也可看出山西烟毒之害积重难返，禁止种植鸦片难，禁止吸食鸦片更难。

鸦片等毒品的危害性主要是让人上瘾，产生依赖性，一旦抽食上瘾，要戒掉非有决心和坚定的毅力不可，这也就是人们对毒品、鸦片深恶痛绝之处。戒烟从清朝到民国，当局都在力抓，但有人就是戒不掉。如晋中地区的歌谣《女戒金丹》唱道："中华民国断金丹（鸦片），这两天各村登记烟民……戒烟局讨保回家里，进门来赶紧找家具。好金丹熏一气，熏上金丹提住气。戒烟局一星期真憋气，戒烟局总不像家里舒气。"（行龙：《秧歌里的世界》）一个女烟民，到戒烟局关了一周以后，回到家里第一件事就是赶紧找烟具猛抽一气。可见戒烟之难，鸦片对中国人民精神毒害之深。

徽商及其子弟吸食鸦片也大有人在，徽州本地人吸食和种植的鸦片就是由在外经商的徽州人带回来的，晚清至民国年间徽州城乡民众，尤其是年轻人对鸦片的吸食已渐趋成瘾，人数众多。清末徽州知府刘汝骥在其《徽州府禀地方情形文》中指出："徽俗不论贫富，吃烟者十人而六七。面黧骨削，举目皆是。"晚清，休宁县就出现了"吸烟懒作之孤壮，无村蔑有"的状况。绩溪县上庄村有 1200 口人，其中有 200 余人吸食鸦片。胡适先生曾说："鸦片鬼的堕落，实有甚于一般游手好闲的懒汉。他们终年耕耘所获，还不足于偿付烟债。"为此，刘汝骥在徽州发起了严厉的戒烟运动，号召各级官吏和乡绅组织起来，对吸食鸦片之徒进行严厉戒止，严查关闭各地烟馆，缴没烟枪，限期戒烟。甚至令民间成立戒烟会社，由乡绅董之，以期彻底革除烟害。刘汝骥说："少一吸烟之人，即多一有用之人。有冻死饿死之人，断无瘾死之人。”要求各地戒烟会社和官员严厉督禁，并编成一些朗朗上口的歌谣，以对吸烟者形成舆论上的攻势。有一首流传在绩溪县的《鸦片害人真不轻》的歌谣，照录如下：

初食鸦片好威风，烟馆欢迎献殷勤：
碗头茶，是元峰，桂圆、玉条当点心。
日子长，烟瘾深，一日一银元，
吸得倾家又荡产，走进烟馆无人迎。
回家东借又西寻，卖田卖地卖妻卖子孙。
虱子成堆捉不清，眼泪鼻涕滴淋淋。
肚肠吱吱叫，头发乱蓬蓬，
牙齿漆黑，面色乌青，像个鬼精。
债主到，做贼偷点东西还老兄，
衙门差役到，一根铁索锁进监牢门。
鸦片害人真不轻，劝君别进烟馆门。

另一首《戒烟歌》是：

石榴花开杨柳青，劝人不可吃乌烟，
吃着乌烟犹自可，驼起背脊又叉肩。
乌烟本是外国生，外国鬼子害人精，
不识（晓）得害着人家多，不识得害煞人家多少好后生。

但是，尽管清末从官府到民间，从官吏到乡绅都严厉禁烟，但吸食者仍然难以完全戒除。尤其是一些富商子弟，外面烟馆查禁了，而家中还存有烟榻烟具鸦片膏。有些地方乡绅和大户，更是以敬客人鸦片烟的方式来炫耀自己的阔气。我国内地真正禁抽鸦片，革除这个陋习，是到1949年中华人民共和国成立以后。近些年来，又有鸦片、吗啡、摇头丸等黑白毒品走私流入我国，戕害国人身体，应该从严打击。

(四)纸醉金迷,声色犬马

商人长年在外奔波经商,远离家乡炕头娇妻,在个人性生活方面,多数是压抑的。他们日出开店,奔走洽谈做生意;日落歇息,黄油灯下记账盘算学生意,异地“光棍”,生活是十分单调、枯燥无味的。在这一点上,山西商人尤其辛苦自律,自我约束得好。他们的掌柜管得严厉,掌柜们又要以身作则。自己又抠门,又吝啬,又总是想着攒钱回家盖房子娶媳妇。故山西人于此道上不浪漫、不风流,艳遇故事少,在江湖上人们也说山西人“老土”“老西”“大褥套”。当然,也不是说在外经商的山西人就没有光顾秦楼楚馆的,就没有偷鸡摸狗的,就没有蓄姬纳妾的,但总的来说这种事情少,没有在社会上形成影响,也不是人们茶余饭后关注的话题。

徽商于此道则同山西人不一样。徽州商人在这类事上比山西人思想开放、故事多,在江湖上也颇有影响。秦楼楚馆是他们经常光顾的地方,蓄姬纳妾是他们财富地位的象征,使用“性贿赂”官员是他们惯用的手段。在徽商群体中这样的事情还比较普遍,以至于明末小说家凌濛初在《二刻拍案惊奇》卷一五中写道:“元(原)来徽州人有个癖性,是乌纱帽、红绣鞋,一生只在这两件事上不争银子。”明清小说“三言二拍”中涉及徽商这方面的题材也比较多。详见本书第二章中“世人不屑、文人奚落”一节。

明清时期,扬州是盐商的聚居地。扬州繁华以盐盛。扬州盐商中又以徽州人势力最大、财力最强、人员最多,“两淮八总商,邑人(歙县人)恒占其四”。陈去病在《五石脂》中亦说:“徽人在扬州最早,考其时代,当在明中叶。故扬州之盛实徽商开之,扬盖徽商殖民地也。”扬州的新城、旧城、瘦西湖、小秦淮、园林风光、二十四桥、酒肆茶楼、秦楼楚馆,无处不沾有徽商的银子,无处不留有徽商的影子。清人李斗的一本《扬州画舫录》不时记有徽商在扬州的踪迹,在有意写扬州繁华市井时,无意间却给徽商做了历史记载。“扬州八怪”之一金农的“廿四桥边廿四风,凭栏犹忆旧江东。夕阳返照桃花渡,柳絮飞来片片红”诗句,就是在赴寓居淮扬的徽州大盐商程雪门的豪华家宴时吟诵出来的。当然在扬州也有经营盐、典业的晋商，如平阳亢氏等商帮。

扬州在明清时期是个浪漫的消费城市。清时著名诗人汪沆有一首写扬州的诗道："垂杨不断接残芜，雁齿虹桥俨画图。也是销金一锅子，故应唤作瘦西湖。"当年的扬州之盛不亚于现在的上海、广州、深圳、香港。诸如："烟花三月下扬州"，天下珍馐属扬州，"绿杨城郭是扬州"，

■ 扬州瘦西湖

苏州胭脂扬州粉，扬州园林，扬州学派，扬州玉雕，扬州八怪，扬州瘦马，扬州三把刀，扬州人生活是"早上皮包水，晚上水包皮"，等等。明清时的扬州是个令人神往的地方。没去过的人，一生向往去扬州；去过的人，去了还想去。乾隆皇帝一生就去过六次。扬州的繁华是两淮盐商用银子堆起来的。《淮鹾备要》卷七记："正供完纳而外，仍犹然有余力，以夸侈斗靡。于是居处饮食服饰之盛甲天下。"李斗的《扬州画舫录》亦记："扬州盐务，竞尚奢丽，婚嫁丧葬，堂室饮食，衣服舆马，动辄费数十万。""一时争奇斗异，不可胜记。"

扬州的秦楼楚馆，是徽商"与官为市"、联络感情的交际场所。其水上画舫更是独特的声色歌场，有关文人雅士吟诵描绘扬州风花雪月的诗词歌赋比比皆是，如清人李天馥所作《江上竹枝词》云"大船小船趁好风，千橹万橹晚江红。渐听歌声门外近，不知谁泊绿杨东"等。明清之

际，扬州妓院盛极一时，吴绮（字园次）《扬州鼓吹词》序云："郡中城内，重城妓馆，每夕燃灯数万，粉黛绮罗甲天下。"又有张镠《看灯词》曰："华灯一盏费千钱，不照蓬门照绮筵，惟有天心一轮月，东西南北向人圆。"有描写妓女云："约以明朝，定知有客。问乎昨夜，绝对无人。""抱枕昼眠，非伤春即病酒；挑灯夜坐，不候约便思人。"徽商在此风流场中，宿妓嫖娼，挥金如土，蓄姬纳妾，竞奢斗丽，几成一种风气。

在封建社会，妻与妾名分不同，身份地位也绝不相等，妻妾相处往往会争风吃醋，平生出许多矛盾。为了避免矛盾，徽州商人就在经商地纳妾，并不带回家乡，商人两地来往，俗称为徽州女人"两头大"。就是说在外娶的姬妾也称"大太太"，她并不跟随商人回原籍，两头不见面，各自称老大。如婺源商人金起风的父亲，就是在扬州和徽州都娶有太太，自己一人两头奔走。《婺源县采辑·义行》记，金起风"以父奔走四方，欲代其劳，遂弃儒服贾。父正室俞氏在婺，又有副室周氏在维扬。归婺后，犹往来于两地"。

扬州自古繁华地，十里珠帘卷画楼，廿四桥畔多花柳，争奇斗艳销金窝。在扬州的盐商纸醉金迷，寻花问柳，过着醉生梦死的日子。盐商所娶的姬妾们则一个个穿金戴银，竞事奢华。康熙《扬州府志》卷三一就引白居易《盐商妇》曰："盐商妇，多金帛，不事田农与蚕绩。南北东西不失家，风水为乡船作宅。本是扬州小家女，嫁得西江大商客。绿鬟富去金钗多，皓腕肥来银钏窄。前呼苍头后叱婢，问尔因而得如此？婿作盐商十五年，不属州县属天子。每年盐利入官时，少入官家多入私。官家利薄私家厚，盐铁尚书远不知。何况江头鱼米贱，红脍黄橙香稻饭。饱食浓妆倚柁楼，两朵红腮花欲绽。盐商妇，有幸嫁盐商，终朝美饭食，终岁好衣裳。好衣美食有来处，亦须惭愧桑弘羊。桑弘羊，死已久，不独汉时今亦有。"

扬州明清时期，为了适应盐商们骄奢淫逸的生活需要，还有"养瘦马"的风气。所谓"养瘦马"，明人谢肇淛在《五杂俎》卷八中说，扬州山泽秀媚，女子婀娜多姿，举止婉慧，"扬人习以此为奇货，市贩各处童女，加以妆束，教以书、算、琴、棋之属，以邀厚直，谓之瘦马"。明末小说家陆人龙在《型世言》第二十回中说得更明白："扬州地方，人家都养瘦马，不论大家小户，都养几个女儿，教他吹弹歌舞，索人高价。故此娶妾的都在这里，寻了两个媒妈子，带了五七百开元钱，封做茶钱，各家看转。出来相见，已自见了，他举动、身材、眉眼，都是一目可了的。那媒妈子又掀他唇，等人看他牙齿；卷他袖，等人看他手指；挈起裙子，看了脚；临了又问他年纪，女子答应一声，听他声音。费了五七十个钱，浑身相到。”这些瘦马大多是为盐商准备的。徽州盐商买来了或作为自己的小妾或“性贿赂”送人。“扬州八怪”之一的郑燮（郑板桥）曾以五百金纳饶五娘，据说就是徽商程羽宸出的钱。因郑板桥自己曾说：“我江湖落拓数十年，惟程三千（羽宸）奉千金为寿，一洗穷愁。”郑燮在一首写扬州的诗里，也记述了扬州人“养瘦马”与其风流香艳的故事：

画舫乘春破晓烟，满城丝管拂榆钱。
千家养女先教曲，十里栽花算种田。
雨过隋堤原不湿，风吹红袖欲登仙。
词人久已伤头白，酒暖香温倍俏然。

“千家养女先教曲”就是教育少女们要学会小曲，学会吹拉弹唱，学会琴棋书画，长大了以便卖给盐商，卖个好价钱；抑或在秦楼楚馆画舫中有个好身价，当个花魁、招牌女。这就是扬州人的“养瘦马”。

徽商在扬州挥金如土，在其他城市亦是如此。下面看看徽商在金陵（南京）、杭州和汉口的情形。

《虞初新志》记载：“金陵为明之留都，社稷百官皆在……梨园以技鸣者，无论数十辈，而其最著者有二：曰兴化部；曰华林部。一日，新安贾合两部为大会，遍征金陵之贵客文人与夫妖姬静女，莫不毕集，列兴化与东肆，华林于西肆，两肆皆奏《鸣凤》。”这是说金陵徽商举办梨园大会，遍邀金陵贵客文人与妖姬淑女，让兴化部与华林部唱对台戏，可见场面宏大，在文艺搭台下，商场、官场、妓场融为一体。

在杭州，陆人龙的小说《型世言》第二十六回叙述了一个徽商因看中一个妇人而被骗的故事，虽言说的是宋代的事，实际是指明代的徽商。小说中有一段写道：“有一个商人姓吴，名爚，字尔辉，祖籍徽郡。因做盐，寓居杭城箭桥大街，年纪三十二三，家中颇有数千家事。但做人极是啬吝，真是一个铜钱八个字，臭猪油成坛，肉却不买四两。凭你大熟之年，米五钱一石，只是些清汤不见米的稀粥。外面恰为装饰体面，惯去闯寡门，吃空茶，假耽风月，见一个略有些颜色妇人，便看个死。”

后来，吴爚看中一妇人，想与她通奸，竟被骗去70两银子，偷鸡不成反蚀了一把米，当地街坊编了一个《桂枝儿》道：“吴朝奉，你本来极臭，极吝。人一文，你便当做百文。又谁知，落了个烟花阱。人又不得得，没了七十金。又惹了官司也，着甚么要紧。”这一通描写，充分写出了徽商的吝啬，徽商在其他方面争银子，独在“红绣鞋”上是不争的模样。此虽小说家言，但在现实生活中是有原型的。

李诩在《戒庵老人漫笔》卷四《唐孝烈妇》传中记述了一个发生在安徽池州贵池县的真实故事，事情的起因就与徽商好色有关：

> 升庵杨公慎撰《孝烈妇唐贵梅传》云：烈妇姓唐氏，名贵梅，池州贵池人也。笄年适朱姓，夫贫且弱。有老姑悍且淫，少与徽州一富商有私（即通奸）。弘治中富商复至池，一见妇，说之，自拊心曰：“吾无头风，何以老妪虚拘哉！”乃密以金帛赂其姑。姑利其有，诲妇淫者以百端，弗听；迫之，弗听；加以楚，弗听。继以炮烙，体无完肤，终不听。乃以不孝讼于官。通判慈溪毛玉亦受商之赂，倍加官刑，继死者数。商犹慕其色，冀其改节，复令姑保出之。亲党咸劝其吐实，妇曰：“若然，全吾名而污吾姑，非孝也。”乃夕易袿襡，雉经（自缢）于后园古梅树下。及旦，姑不之知也。将如其室梃之，手持桑杖，且骂且行曰：“恶奴早从我言，又得金帛，又享快乐，乃竟何如而自苦乎！”入室无见，寻之至树下，乃知其死，姑大恸哭之。亲党咻之曰：“生既以不孝讼之，死乃称姬心，何哭之恸？”姑曰：“妇在，吾犹有望，妇死，商人必倒脏。吾哭此金帛，不哭此恶奴也。”尸悬于树三日，颜如生。樵夫牧儿，咸为堕泪。每岁梅月之下，隐隐见其形冉冉而没，有司以碍于官府之故，终不举。余舅氏喻士积，薄游至杭州，稔闻其事，作诗吊之，归属慎为传其事。呜呼！妇生不辰，遭此悍姑。以梅为名，死于梅之株。冰操霜清，梅乎何殊？既孝且烈，汗青宜书。有司失职，咄哉可呼，乃为作传，以附露筋碑之跗。

这是说徽州一富商早年与唐贵梅的婆婆私通，后见唐贵梅颇有姿色，又想与她私通，花了不少银子，贿赂其婆婆从中作合，其婆婆悍凶恶淫，最后将唐贵梅逼死了。这件事后被演义成小说《三刻拍案惊奇》第六回《冰心还独抱，恶计枉教施》，真是今古奇观。

湖北汉口素有“九省通衢”之称。“千樯万舶之所归，货宝珍奇之所聚。”明清时汉口镇已与广东佛山镇、江西景德镇、河南朱仙镇并列为全国四大名镇。汉口是长江中游行销淮盐的最大集散地，辐射湖广、河南大地。据光绪《两淮盐法志》卷七〇《督销门》记载：“两湖户口繁殖甲天下，承平时，淮盐引岸，楚省称最。”徽商是两淮盐商中的巨擘，他们在盐商巨贾云集的扬州是龙头老大，几度控制了整个两淮的盐政。在淮盐引岸汉口的盐商，也大多是寓居淮扬的徽商同宗子弟。徽州商人来汉口经商最早，胡适曾经说：“汉口虽由吾族开辟，而后来亦不限于北乡。”（《绩溪县志馆第一次报告书·胡适之先生致胡编纂函》）意思是说，汉口市场的繁荣，最先是由绩溪的胡氏开辟的，但后来徽州六邑都有人来此经商，不仅仅限于他们北乡胡氏一族了。

徽州商人当年在汉口码头的势力较大。过去在汉口的徽州商人之间流传着这么一句童谣：“哪怕你湖北人生得刁，徽州人要买断汉口的腰。”这个“腰”指的是襄河边一直到后城马路的中山大道。这条大道是旧汉口最繁华的地段，是当年由徽州人收购、填平、修筑铺设的，现在就是“汉正街”的一部分，仍然是人口稠密、繁华的闹市。说起这句童谣的来历，就要说起徽州商人在此有过的长达半个世纪的辛酸史，就要说起从康熙初年开始在汉口经商的徽商与当地人之间的一场利益冲突。俗话讲，强龙不压地头蛇。强龙和地头蛇相搏，哪有徽州人的好果子吃？这场土地、马路纷争直到雍正十一年（1733 年）才解决。据《重修古歙东门许氏宗谱·观察蘧园公事实》记载：“湖北汉口市镇旧有新安会馆，专祀徽国文公，栋宇宏敞。昔时同乡人士欲扩充径路，额曰‘新安巷’，开辟马头，以便坐贾行商之出入。土人阻之，兴讼六载，破资巨万，不能成事，以致力竭资耗，而祭典缺然，岁仅朱子生辰一祭。盖已四十余年矣。”癸丑岁（雍正十一年，即 1733 年）许蘧园再次组织诉讼，并攀结当时在汉口为官的徽州同乡的势力，才终于打赢了官司，将汉口的“腰”判给徽州商帮。许蘧园又倡议捐输，“得一万五千金，置买店房，扩充径路，石镌‘新安街’额，开辟新安马头，兼建‘奎星楼’一座，为汉镇巨观。……更收买附近会馆房屋基地，造屋数十栋，以为同乡往来居止；并设经学，延师儒以为同乡子弟旅邸肄业之所”。徽商历经半个世纪，勾结官府，打赢官司，买断汉口腰，扩建新安会馆，命名“新安街”。可见其势力之大和好讼、坚忍、不达目的誓不罢休的韧劲，亦可见在外经商占码头的艰辛与不易，以及当地人的排外与利益冲突下商战的激烈。

研究徽商在扬州的活动离不开李斗的《扬州画舫录》，无独有偶，研究徽商在汉口的活动，也离不开范锴的《汉口丛谈》。范锴，浙江乌程（今吴兴）南浔镇人，初名音，字声山，号白舫，又号苕溪渔隐。主要生活在清嘉庆、道光年间，“中岁以后，远游四方，磊落好交，寓意盐筴，往来楚蜀者达三十年”（《南浔镇志·人物·范锴》）。《汉口丛谈》中写到的徽州人物可考者有 42 人之多，有 116 处的文字涉及徽州人的活动，是反映那个时代汉口风情的代表性著作。

范锴的《汉口丛谈》多次提到他与徽州盐商黄心盦的交往。“黄心盦，名承增，歙人，伟貌修髯，交游甚广”，年长于范锴。《汉口丛谈》卷六有记：“黄心盦三游汉口，皆有题襟之会。尝语及昔年汉上盐鹾盛时，竞重风雅，四方往来名士，无不流连文酒，并筑梵宫琳宇，上下五六处，为公燕所，镜槛晶窗，洞房杳窱，咸具竹石花药之胜；且半临后湖，可舒远眺，白云漾空，绿阴如幄，斜阳返映，影动于琉璃屏户间，宛若身在画中。每当雅集，相与覃研诗品，品论书画，时或舞肩歌裙，浅斟低唱，大有觞咏升平之乐。”

“竞重风雅”说的就是黄心盦经常组织在汉口的文人商人举行诗词唱吟。当时在汉口有各种文会，如“江汉诗会”“新雨联吟”“巴氏吟宴”“甲辰诗社”等。诗社文会在清乾隆年间于江南一带是十分盛行的。王葆心《续汉口丛谈》卷四记载，江汉间诗文酒社，世有所闻。自清初熊次侯学士、王怀仁教授建“寻声社”，一时文士，多噪东南。歙人黄默谷（字烊照）有“甲辰吟社”，黄承增、方轸等有《新雨联吟集》之刻，张宏毅等有“江汉诗会”，“巴氏吟宴”的主人是徽商巴慰祖。在扬州，诗社文会更是兴盛。徽商马氏的小玲珑山馆、程氏的筱园、郑氏的休园、江春的康山草堂和秋声馆等都是当时名噪一时的诗社文会聚集场所。举行文会时，据李斗《扬州画舫录》卷八记：“至会期，于园中各设一案，上置笔二，墨一，端砚一，水注一，笺纸四，诗韵一，茶壶一，碗一，果盒差食盒各一。诗成即发刻，三日内尚可改易重刻，出日遍送城中矣。”

通过这段记录，可见当时诗社文会情状之一斑。“扬州八怪”之一的郑燮在给朋友书信中则不无调侃地说，这些“巨富之商，大腹之贾，于玩弄古董余暇，家中都聘有冬烘先生，明言坐馆，暗里捉刀，翻翻诗韵，调调平仄，如唱山歌一般，凑集四句二十八字，使人扬言于众，某能做诗矣，某能作文矣”（《郑板桥外集·尺牍·与起林上人》）。郑燮恃才傲物，骨子里看不起商人附庸风雅，自己亦难免太尖酸刻薄了些。

徽商于汉口的奢靡也表现在蓄养家班、搭台唱戏上。《汉口丛谈》卷二有诗云：“景览天都客似云，宝林筵宴日纷纷。紫檀板叶昆腔曲，佛号经声何处闻？”诗中的天都、宝林是徽州盐商公所，在这里唱昆腔、听南戏的当是徽州家班与商人。山西人是唱梆子戏的，且都在关帝庙里举行。卷二还有两首诗描写了当时汉口戏剧演出的繁荣景象：“娈童俊仆更优俳，五五三三处处偕。白纸扇头行草字，吴绫套裤锦享鞋。”“酒如泉涌客如蝇，彩帐锦屏布几层。演彻梨园归去好，官衔写满纸糊灯。”这时寓居汉口的还有歙县人、戏剧家方成培。方成培在乾隆三十六年（1771年）改编的《雷峰塔传奇》，是中国十大古典悲剧之一。他一生钟爱戏曲，最后也是客死于汉口。

徽商在汉口有无蓄姬纳妾呢？虽未见记载，但光顾青楼、评花品艳是少不了的。《汉口丛谈》卷六记：“送驾墩，在新安会馆后，为歪妓所聚之处。”歪妓多聚于新安会馆后，显然是在做新安人的性生意了。《汉口丛谈》的作者范锴与他笔下的徽州商人黄心盦也都是情场老手、青楼常客。比如《汉口丛谈》卷一记，某年花朝日，范锴与黄心盦一同在后湖看花，其时弱柳垂青，春花烂漫，心盦叹曰：“寂寥羁旅，春思全无矣！”范锴答：“世情之冷暖，在人不在我；春思之有无，在我不在人。”心盦复云：“后湖风景，当以看新绿为第一。”二人语含机趣，露出无限寂寥春思之情。如何打发这羁旅孤独寂寞的日子呢？寻花问柳，逛青楼、评花魁就成了他们生活的一部分。《汉口丛谈》记有一首小诗，是黄心盦写的，就明明白白地交代了他与妓女交往的风流倜傥生活：“小杜三生忆杜秋，曲栏闲凭不胜愁。雪泥鸿爪分明在，认得当时旧酒楼。”黄氏自比唐朝诗人杜牧，把女子比作杜秋娘，抒发着对对方的眷恋和怀念，看来也不是第一次了。《汉口丛谈》卷六还记述黄心盦“旅寓汉口，薄游平康，曾作《江汉寻芳录》，品评二十四姝，人各有传，传系以诗，一时名宿争为序跋题词，裒然成帙”。可见其在青楼花坛上所下的功夫、花费的心思、挥霍的银子也是不少。

晋商于声色犬马、蓄姬纳妾上鲜见记录，在江湖上亦少有议论，不见于文人墨客小说家之笔端。总体来说晋商群体在这方面不时髦、不风流、不浪漫。究其原因，一是晋商不似徽商那样，以“殖民地”为家。徽商出外开拓经商，“无徽不成镇”，有许多人便乐不思蜀，以经商地为家，有家当然要娶家室了。而晋商以客居地为家者很少，总是想着赚了钱回家盖房子，娶老婆，他们的乡情乡味更浓更重，同时也就更土了一些。二是晋商要求严，有家规、号规，如祁县乔家就明确规定其子弟员工不准纳妾，不准嫖妓、捧戏子。在中堂乔致庸的六条家规中，就有两条是这一方面的，而且将不准纳妾作为第一条，不准嫖妓、捧戏子作为第三条，可见其重视与严厉程度。偌大的乔家大院，绵延几百年，上下几代人，老少数百口，就是没有一个纳妾娶小老婆的，可见其家规之严、遵守之好。三是晋商多是行商不是坐贾，有相当一部分又是旅蒙商人，在蒙古及西北边界行走。边疆地区，天寒地冻，人烟稀少，平时就很难见到女人，且清政府为了维持国家大一统局面，为了维护民族团结和睦，又明令禁止汉人与蒙古族女子通婚，故而在声色场中的机会少。四是文化习俗使然。晋商群体整体上讲俭约、抠门、吝啬，要让他们将辛辛苦苦、走南闯北赚来的银子抛撒挥霍在青楼歌女身上，他们可是舍不得。这也就是山西民俗与徽州民俗及文化习惯不同的结果。

那么，晋商是不是就没有逛青楼、进妓院、蓄姬纳妾、声色犬马的呢？也不是，也有。孔夫子讲“食、色，性也”。俗话说“林子大了，什么样的鸟都有”。明人谢肇淛在《五杂俎》卷四就说：“今时娼妓布满天下，其大都会之地动以千百计，其他穷州僻邑，在在有之。……九边如大同，其繁华富庶不下江南，而妇女之美丽，什物之精好，皆边塞之所无者。……谚称：蓟镇城墙、宣府教场、大同婆娘为三绝。”当时的大同婆娘之美艳风流可与“扬州瘦马”相比肩，皆都名噪一时。浑源县亦有谚云：“郎过浑源州，回家把妻休。”由此可见大同、浑源婆娘的美丽与风骚。

明代设官妓。官妓由官府教坊司管辖，要纳资于官厅，只允许客商入院。在京师者称官妓，“隶郡县者则为乐户”，所交纳官府之税称“脂粉钱”。《明律》严禁官吏宿娼和娶乐人为妻。《明律》在“户律”条例中明确规定：“凡官吏娶乐人为妻妾者杖六十并离异，若官员子孙娶者，罪亦如之。”在“刑律”条例中也明确规定：“凡官吏宿娼者杖六十，媒合人减一等，若官员子孙宿娼亦如之。”《集解》云：“娼指教坊司并府乐户言，若民间私自卖奸者当以凡论矣。”“私娼”是不隶于官，家居而卖奸者，谓之土妓，俗谓之私窠子（《五杂俎》卷八）。明代乐户人数众多，无准确数字统计，可知的是两京与各藩王府都有乐户。明初规定各藩王府可有乐人 27 户，实际上远远超过此数。如大同代王府“所蓄乐户较他藩多数倍，今以渐衰落，在籍者尚千人，歌舞管弦，昼夜不绝”。这可能也是“大同婆娘”闻名天下的原因之一吧。

《明律》虽规定不允许文武官吏宿娼娶乐人为妻妾，但明代官吏缙绅召官妓佐酒行乐之风甚盛。明人谢肇淛说：“唐宋皆以官妓佐酒，国初犹然。”宣德以后，许臣僚宴乐，以奢相尚，歌妓满前，纪纲与之不振（见明人李诩《戒庵老人漫笔》卷四)。从此，狎妓之风有增无减，而且皇帝率先。明武宗朱厚照，正德十三年（1518 年）到山西偏关，大索女乐于太原，在众妓中见一“色娇而善讴者，援取之。询其籍，本乐户刘良之女，晋府乐工杨腾之妻也”，试其技艺，大悦，遂载以归。至是随行在，宠冠诸女，称美人，饮食起居必与偕，“左右或触上怒，阴求之刘，辄一笑而解”。江彬诸近侍皆呼之曰“刘娘娘”。从此，官吏宿娼，虽王法不允，但实际不查不禁，率成风气（参见毛奇龄：《明武宗外纪》)。如此，商人岂能避免，晋商何能独善？何况王法又准允客商入院狎妓嫖娼，官府还能收税，收些“脂粉钱”。只是商人与官宦人家避谈此类事，不在家谱正史上记述罢了。

官妓所设，明承唐宋，清季犹然，民国不绝，1949 年中华人民共和国成立后方才一举关闭。光绪山西《永济县志》卷二四记载：“山西旧多角妓，诸郡有之，称之乐户。蒲当明时乐户，并繁居东城门外关厢间，州守行春，则浓妆骑马以供役，其缙绅与客宴饮，则召之佐酒。……雍正初禁革乐户，于是在城厢者悉去矣。”实际情况是，雍正时虽明令从法律上豁除乐籍，移风易俗，但在京师与各地并未绝迹。至光绪三十一年

(1905年)清廷设巡警部时，复设内外城巡警厅，抽收妓捐，月缴妓捐者为官妓，反者为私妓。京师官妓已复为清廷所默许。至清末民国在北京城里还有八大胡同风月场所，还有赛金花、小凤仙等名妓。

晋商入秦楼楚馆、蓄姬纳妾的人物事例有：

一是清道光《阳曲县志》卷一六“志余”记：“晋王府乐长秀云，声容冠一时，善画兰，兼工小楷，操琴《汉宫秋》称绝调，又能以琵琶弹……文人学士多与游……为轻薄子所绐，倾囊相委，久知其负也，抑郁而逝。傅青主闻而怜之，召缯民导引郊外，与所知词客数辈酹之酒祭奠。”傅青主者傅山也，明末清初山西的大思想家、书画家和医学家。官妓秀云去世后，他领头雇人安葬，亲自酹酒而葬，可见生前交往不薄，相识久深。

二是张正明、马伟所著《话说晋商》第148页载，日升昌票号驻天津分号的掌柜冀体谦，因接受“性贿赂”而丢了饭碗，被日升昌票号断然开除出号。事情的原委是冀体谦单身驻号，生活单调清苦，被天津一巨商看到。这位巨商也是冀体谦的朋友、日升昌票号的相与，就重金买下一位年轻美貌的青楼女子送给他为妾。冀体谦也是日升昌票号的资深经理人了，自认为自己在日升昌票号是老资格，贡献大，应该享受享受。但是日升昌票号知晓此事后，为了严明纪律，整肃号规，还是将他清除出号了。这个事例首先说明冀体谦先有光顾青楼之行，否则，别人不会随随便便送一个青楼女子给堂堂有名的票号经理，冀体谦也不会接纳，总要先有来往，两情相悦。其次说明这事也不是个例。掌柜都感到驻号生活单调，寂寥难挨，那么年轻体壮的票号其他从业人员又如何呢？晚上、节日有没有溜出去逛青楼、访私窑、偷鸡摸狗呢？肯定是有的。有西口情歌唱道：

夜夜刮风夜夜晴，夜夜眊妹妹好营生。
碎石头垒墙比山高，半个月跑了十五遭。
还说哥哥没辛苦，半后晌等在二更鼓。
叫一声妹妹快开门，西北风飕飕冻死人。
进门拉住妹妹的手，浑身发麻肉眼眼抖。
半扇扇窗棂纸糊上，咱和妹妹上土坑。

三是山西大学历史系教授行龙先生撰写的《秧歌里的世界》论及祁县、太谷秧歌时，有《下河南》的秧歌，其中商人妻子唱道："怕的是你去了河南再娶妻……忘了恩爱把奴遗。妻儿送你两包笔，一包给你写书信，一包给你学诗文……这一把扇子交与你，想起为妻把扇启。"从这首秧歌词中可见妻子对丈夫外出经商不放心。"怕的是你去了河南再娶妻"，这个丈夫以后娶了没有，不得而知。这个妻子这般叮嘱，而且在祁太秧歌中歌唱，说明这类现象在当时晋中一带商人中是有的。

行龙教授在该篇大作中还例举了当地一个《当板箱》的小戏，也是讽刺商人的。故事的大致情节是：当铺李掌柜在街上调戏花郎之妻，受辱的妻子和丈夫设下一计，由妻子将李掌柜骗引到家中。这时丈夫佯装从外归来，李掌柜情急之中被藏入板箱内。丈夫又佯装不知，将板箱抬至李掌柜的当铺内，开价300两白银，然后故意走开。片刻，板箱内的李掌柜只好呼叫伙计如数付银，花郎夫妻得银后，欢喜而去。这个讽刺小戏中的主要人物是当铺李掌柜。可见当铺商人无论徽州朝奉还是山西掌柜，都是人们戏谑嘲讽的对象，也说明晋商掌柜于声色犬马中亦是登徒子之流。

主要参考文献

一、有关晋商

[1] 刘泽民，原崇信，梁志祥，等主编. 山西通史：10卷. 山西省史志研究院，编. 太原：山西人民出版社，2001.

[2] 行龙主编. 近代山西社会研究. 北京：中国社会科学出版社，2002.

[3] 刘纬毅编著. 山西历史地名通检. 太原：山西教育出版社，1990.

[4] 刘存善编著. 山西辛亥革命史. 太原：山西人民出版社，1991.

[5] 张捷夫. 山西历史札记. 太原：书海出版社，2001.

[6] 山西省政协，运城市政协"晋商史料全览·运城卷"编委会编. 晋商史料全览：运城卷. 太原：山西人民出版社，2006.

[7] 史若民，朱白琳编著. 平、祁、太经济社会史料与研究. 太原：山西古籍出版社，2002.

[8] 陈振民，薛文虎. 后土文化源流. 太原：山西省万荣县地方志办公室，2002.

[9] 蒋兆奎编纂. 河东盐法备览. 清乾隆本.

[10] 孔尚任编著. 平阳府志. 太原：山西古籍出版社，1998.

[11] 王洪廷主编. 碛口志. 太原：山西经济出版社，2005.

[12] 河津县志. 清光绪本. 太原：三晋出版社，2010.

[13] 杜拉柱主编. 平遥古城志. 北京：中华书局，2002.

[14] 张正明. 晋商兴衰史. 太原：山西古籍出版社，1995.

[15] 黄鉴晖. 明清山西商人研究. 太原：山西经济出版社，2002.

[16] 张正明. 明清晋商及民风. 北京：人民出版社，2003.

[17] 张正明，孙丽萍，白雷主编. 中国晋商研究. 北京：人民出版社，2006.

[18] 张巩德主编. 山西票号综览. 北京：新华出版社，1996.

[19] 李锦彤. 晋商老账. 北京：中华书局，2001.

[20] 北京三多堂影视广告有限公司. 晋商. 北京：汉语大词典出版社，2004.

[21] 周伟主编. 晋商气派. 北京：光明日报出版社，2004.

[22] 王保氏，王智，范爱明. 晋商翘楚. 北京：清华大学出版社，2006.

[23] 朱彤. 细数晋商成与败. 北京：京华出版社，2006.

[24] 周建波. 成败晋商. 北京：机械工业出版社，2007.

[25] 赵波. 追寻鹾海的印记. 运城：河东盐文化研究会，2007.

[26] 梁小民. 小民话晋商. 北京：北京大学出版社，2007.

[27] 乔忠延. 尧都沧桑. 天津：百花文艺出版社，1995.

[28] 任罗乐. 河津经典人文. 北京：中国电影出版社，2012.

[29] 王通. 中说. 北京：中国文史出版社，2012.

[30] 刘杰. 触摸山西. 太原：山西人民出版社，2007.

[31] 王欣欣编著. 山西历代进士题名录. 太原：山西教育出版社，2005.

[32] 刘泽，刘风华主编. 山西古代文学作品选. 太原：山西古籍出版社，1997.

[33] 朱向东，王崇恩，王金平编著. 晋商民居. 北京：中国建筑工业出版社，2009.

[34] 燕治国编著. 西口情歌. 太原：山西古籍出版社，2007.

[35] 王泽民. 杀虎口. 呼和浩特：内蒙古大学出版社，2007.

[36] 张青编. 山西洪洞大槐树. 临汾：山西省临汾市文化新闻出版局，2001.

[37] 刘保哲主编. 山陕会馆. 香港：香港天马图书有限公司，2008.

[38] 安锦才主编. 乔家大院. 太原：山西经济出版社，1999.

[39] 安建华. 走进五台山. 呼和浩特：远方出版社，2000.

[40] 张刚忍，李军主编. 慈善世家：李家大院. 太原：山西人民出

版社，2008.

[41] 侯学金，李筠霞. 解州关帝庙. 运城：山西解州关帝庙文物保管所，1998.

二、有关徽商

[1] 徽州文化全书：20卷. 合肥：安徽人民出版社，2005.

[2] 张南，等. 安徽历史系列专著：简明安徽通史. 合肥：安徽人民出版社，1994.

[3] 王鹤鸣，施立业. 安徽历史系列专著：安徽近代经济轨迹. 合肥：安徽人民出版社，1991.

[4] 徐川一. 安徽历史系列专著：太平天国安徽省史稿. 合肥：安徽人民出版社，1991.

[5] 马昌华. 安徽历史系列专著：捻军调查与研究. 合肥：安徽人民出版社，1992.

[6] 安徽省地方志编纂委员会编. 安徽省志简本. 合肥：黄山书社，2005.

[7] 丁廷楗，卢询修，赵吉士，等纂. 徽州府志：18卷. 影印版. 合肥：黄山书社，2009.

[8] 佶山修. 两淮盐法志. 单渠，等纂. 1806（嘉庆十一年）刻本.

[9] 李澄. 淮鹾备要. 1823（道光三年）刻本.

[10] 徽州地区地方志编纂委员会编. 徽州地区简志. 合肥：黄山书社，1989.

[11] 黟县县委宣传部编. 古黟. 合肥：黄山书社，1986.

[12] 歙县地方志编委会. 歙县志. 合肥：黄山书社，2010.

[13] 姚邦藻主编. 徽州学概论. 北京：中国社会科学出版社，2000.

[14] 徽州学研究：第1-2卷. 北京：中国文史出版社，2006. 2007.

[15] 张海鹏. 王廷元主编：徽商研究. 合肥：安徽人民出版社，1995.

[16] 王廷元，王世华. 徽商. 合肥：安徽人民出版社，2005.

[17] 季宇. 徽商. 深圳：海天出版社，1998.

[18] 周伟主编. 徽商风格. 北京：光明日报出版社，2004.

[19] 潘小平. 徽商：正说明清中国第一商帮. 北京：中国广播电视出版社，2005.

[20] 林左辉. 徽商的智慧. 北京：海潮出版社，2008.

[21] 李斗. 扬州画舫录. 扬州：广陵书社，2010.

[22] 马恒宝编. 扬州盐商建筑. 扬州：广陵书社，2007.

[23] 范锴. 汉口丛谈. 武汉：湖北人民出版社，1990.

[24] 许承尧. 歙事闲谭. 合肥：黄山书社，2001.

[25] 金涛主编. 徽州记忆：5卷. 黄山：安徽省黄山市文化新闻出版局，2009.

[26] 张小平. 徽州往事. 北京：文化艺术出版社，2009.

[27] 黄山市徽州文化研究院编. 徽州文化研究：3册. 合肥：黄山书社，2002.

[28] 李俊主编. 徽州文化与和谐社会构建. 合肥：合肥工业大学出版社，2005.

[29] 赵焰. 思想徽州. 北京：东方出版社，2006.

[30] 倪玉平主编. 徽州文化. 黄山：中国徽州文化博物馆，2007.

[31] 王启敏主编. 徽文化新论. 合肥：黄山书社，2007.

[32] 方静采编. 徽州民谣. 合肥：合肥工业大学出版社，2007.

[33] 吴浩，任羽中主编. 徽州人文读本. 北京：中国社会科学出版社，2006.

[34] 万正中编撰. 徽州人物志. 合肥：黄山书社，2008.

[35] 朱洪. 陈独秀传. 合肥：安徽人民出版社，1998.

[36] 黄季耕，浦金洲选注. 安徽历代诗选. 合肥：安徽人民出版社，1983.

[37] 季家宏主编. 黄山旅游文化大辞典. 合肥：中国科学技术大学出版社，1994.

[38] 黄山市黟县旅游局. 古黟楹联. 2001.

[39] 刘春华主编. 江村：黄山脚下的明珠. 2002.

[40] 武旭峰. 发现婺源. 广州：广东旅游出版社，2009.

[41] 武旭峰，余治淮编著. 西递；宏村. 广州：岭南美术出版社，2010.

[42] 洪少峰. 望族的故乡：龙川. 合肥：合肥工业大学出版社，2005.

[43] 胡宁主编. 休宁：中国乡村旅游福地. 合肥：安徽人民出版社，2005.

[44] 胡宁主编. 休宁：中国第一状元县. 合肥：安徽人民出版社，2004.

[45] 方光华. 宗族文化的标本：江村. 合肥：合肥工业大学出版社，2005.

[46] 许若齐. 刀板香. 合肥：合肥工业大学出版社，2011.

[47] 许若齐. 烟火徽州. 北京：华文出版社，2006.

[48] 潘小平. 风韵新安. 合肥：安徽人民出版社，2006.

[49] 张正耀主编. 走进六安. 合肥：黄山书社，2005.

[50] 任晓民. 亳州名胜. 香港：香港天马图书有限公司，2002.

[51] 赵焰，张扬. 徽州老建筑. 合肥：安徽大学出版社，2011.

[52] 王杰. 徽州烟雨：透过建筑看徽州. 北京：机械工业出版社，2009.

三、其　他

[1] 马克思，恩格斯. 马克思恩格斯选集：第 1－4 卷. 北京：人民出版社，1995.

[2] 马克思. 资本论. 北京：人民出版社，2004.

[3] 毛泽东. 毛泽东选集：第 1－4 卷，北京：人民出版社，1991.

[4] 司马迁. 史记. 北京：中华书局，1959.

[5] 左丘明. 左传. 北京：中华书局，1981.

[6] 欧阳修，宋祁. 新唐书，北京：中华书局，1974.

[7] 脱脱，等. 宋史. 北京：中华书局，1974.

[8] 张廷玉，等. 明史. 北京：中华书局，1977.

[9] 赵尔巽，等. 清史稿. 北京：中华书局，1977.

[10] 徐中约. 中国近代史. 北京：世界图书出版公司北京公司，2008.

[11] 杨善群，刘精诚，顾承甫，等. 话说中国：6卷. 李学勤，总顾问. 何承伟，总策划. 上海：上海文艺出版社，2005.

[12] 胡适. 中国哲学史大纲. 北京：中华书局，2013.

[13] 冯友兰. 中国哲学简史. 北京：北京大学出版社，2013.

[14] "大中国上下五千年丛书"编委会. 中国历代经济简史. 北京：外文出版社，2010.

[15] 田兆元，田亮. 商贾史. 上海：上海文艺出版社，1997.

[16] 台湾三军大学编著. 中国历代战争史：太平天国. 北京：中信出版社，2013.

[17] 白寿彝. 中国交通史. 北京：团结出版社，2007.

[18] 斯塔夫里阿诺斯. 全球通史. 吴象婴，等译. 北京：北京大学出版社，2006.

[19] 章开沅，张正明，罗福惠主编. 湖北通史：明清卷，晚清卷. 武汉：华中师范大学出版社，1999.

[20] 朱熹. 四书章句集注. 北京：中华书局，1983.

[21] 朱熹. 朱子语类. 黎靖德，编. 北京：中华书局，1986.

[22] 郦道元. 水经注. 北京：中华书局，1991.

[23] 谢肇淛. 五杂组. 北京：中华书局，1959.

[24] 宋应星. 天工开物. 北京：中华书局，1959.

[25] 艾衲居士. 豆棚闲话. 上海：上海古籍出版社，1983.

[26] 纪昀. 阅微草堂笔记. 北京：华夏出版社，1995.

[27] 徐珂. 清稗类钞. 北京：中华书局，1984.

[28] 陆羽. 茶经. 北京：中国画报出版社，2011.

[29] 姚国坤，王存礼编著. 图说中国茶. 上海：上海文化出版社，2007.

[30] 周重林，太俊林. 茶叶战争. 武汉：华中科技大学出版社，2012.

[31] 李国钧编. 中国书院史. 长沙：湖南教育出版社，1998.

[32] 朱汉民，邓洪波. 岳麓书院. 长沙：湖南大学出版社，2009.

[33] 吴晗. 朱元璋传. 西安：陕西师范大学出版社，2008.

[34] 扬州市档案局编. 落日辉煌话扬州. 合肥：黄山书社，2001.

[35] 赵昌智，等主编. 扬州八怪传记丛书，上海：上海人民出版社，2001.

[36] 胡适口述. 胡适口述自传. 唐德刚，译. 北京：华文出版社，1989.

[37] 吴敬梓. 儒林外史. 北京：人民文学出版社，1997.

[38] 兰陵笑笑生. 金瓶梅词话. 香港：香港太平书局，1982.

[39] 曹雪芹，高鹗. 红楼梦. 北京：人民文学出版社，1996.

[40] 吴承恩. 西游记. 北京：人民文学出版社，1980.

[41] 施耐庵. 水浒传. 北京：人民文学出版社，1997.

[42] 罗贯中. 三国演义. 北京：人民文学出版社，1973.

[43] 冯梦龙. 喻世明言. 北京：华夏出版社，1994.

[44] 冯梦龙. 警世通言. 北京：华夏出版社，1994.

[45] 冯梦龙. 醒世恒言. 北京：华夏出版社，1994.

[46] 凌濛初. 初刻拍案惊奇. 北京：华夏出版社，1994.

[47] 凌濛初. 二刻拍案惊奇. 北京：华夏出版社，1994.

[48] 陆人龙. 型世言. 北京：华夏出版社，1994.

[49] 张庚，郭汉城主编. 中国戏曲通论. 上海：上海文艺出版社，1989.

后 记

《晋商与徽商》一书今年终于脱稿付梓了。我不由得长出一口气，身心顿觉轻松了许多。这本书凝聚了我近十年来全部业余时间的心血和汗水。十年来，我作为交流干部，独居异地，工作之暇、八小时以外的一切时间和精力，包括所有自己可以支配利用的节假日和双休日，都无不投入这部书稿的资料搜集和文字写作上。为此，我减少了许多拜访应酬，脱离了些许尘世浮躁，躲进书斋，阅读写作，舞文弄墨，闹中取静，静中得乐，与明清两代晋商、徽商神交，怡然自得，自得其乐，乐不回头。这一股劲、一口气、一根筋，一憋就憋了十年。这十年，不管自己工作调动是在安徽还是在湖北，有点业余闲暇，就把这件事放在心上，拣在手里，埋头去做。今天，历经十载，增删三次，书稿终于从自己手里出来了。我如释重负，无比喜悦！回头再数一数，成稿竟然有90余万字，自己更是感到自豪和欣慰。这也是十年磨一剑，字字皆辛酸，苍天惠顾。因为我生来愚笨迂腐，天资不敏，至今还没有学会电脑打字、机上作文。这90余万字全是靠自己手工劳动，一笔一画、一字一句、一页一页地用笔写出来的。其中的艰辛困难，也是自己羞于启齿但又不能不言表的。

本书的写作，首先是缘自2006年7月国家电网公司党组将我从北京交流到安徽省电力公司工作。这之前，我没有来过合肥，只是在上世纪90年代游过黄山。那时黄山还没有索道，我们一行数人是从汤口一路爬上去的，下山后并没有参观徽州古民居，考察徽州人文和历史文化遗产。只记得黄山风光美如画，迎客松矗立在山崖。当时从黄山下来，就住在黄山市供电公司的一个小宾馆里，在宾馆的小卖部还买了一本舒同题名、黄山书社出版的《古黟》小册子。这次来皖工作时，我特意从太原家中的书架上把这本小册子找出来随身带到了安徽。这本《古黟》小书，可以说是我认知古徽州、与古徽州结缘的起始和见证。

到安徽工作，黄山市供电公司是我们的管辖单位，为黄山市人民搞好供电服务，尤其是保障风景区的供电服务是我们义不容辞的职责。为此，我到了黄山市，到了黄山市所管辖的县区乡村，到了风景区及古镇老街民宅。工作日里我查线路、看电表，走进变电站、供电所看供电服务情况，深入老街民宅访问老百姓的用电需求。闲暇时，便在朋友们的陪同下，访古镇、入民宅、看祠堂、观牌坊、赏“三雕”，听向导和朋友们讲解徽州人文、徽商故事。这样一来，我就被美丽厚重的徽州山水和徽州文化所深深吸引，对徽商产生了浓厚的兴趣。从此时起，我深深地热爱上这片土地，深深地热爱上这里的人民、文化、历史，也自觉地把安徽当作自己的第二故乡。尤其是当我读到明代剧作家、诗人汤显祖的五言诗“欲识金银气，多从黄白游。一生痴绝处，无梦到徽州”（《游黄山白岳不果》）时，当即就在书中旁批：“吾生欣慰处，有缘到徽州。不沾金银气，要识古徽州。”当年就有了要学习研究徽商的心思，有了这个美好的梦想。

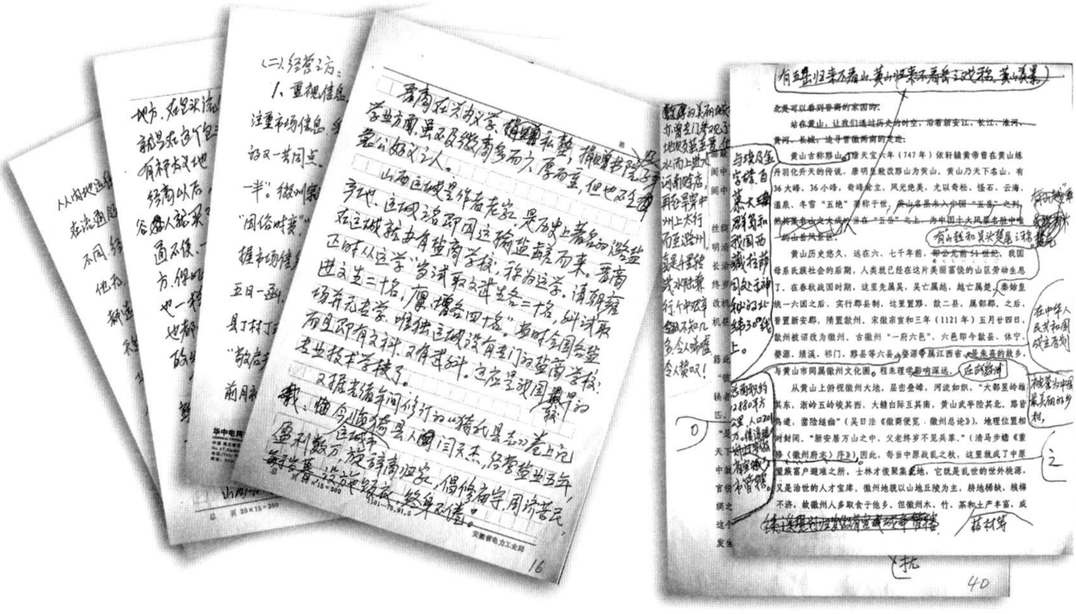

■ 作者手稿

写作此书，还得益于诸多领导和朋友们对我的鼓励、关心和支持。尤其是安徽朋友们的帮助和指导。记得我刚到安徽任职，第一次到省里去拜访时任安徽省委副书记、省纪律检查委员会书记（后任安徽省政协主席）的杨多良同志时，他在听完我的汇报后，言语温和地对我说："利民，你来安徽工作，为安徽做贡献，安徽人民欢迎你。我建议你到基层地市县调研工作、熟悉情况时，不仅要去你们所属的供电所、变电站等单位，也不要只接触你们行业的同志，只了解行业的情况，还要去安徽的博物馆，到各地市县的历史文化景区看看，多接触人民群众。这样，你才能了解安徽，了解安徽人民，你要同安徽人民交朋友。当地的历史、文化，当地群众的生产和风俗习惯了解了，对电力行业的发展和管理是大有裨益的。"他还交代我要重视农村电网的建设。我当场表态说："杨书记，我知道了，记住了，今后要按照您说的去做。"告别时，杨书记拉着我的手，不是把我送到他的办公室门口而止步，也不是送到楼梯口而止步，而是牵着我的手陪我一直走到楼下车前，看见我上车走了，他才转身回去。其礼贤下士如此、长者风度如此，给我留下深刻的印象。事后我理解，杨书记对我的嘱托，让我参观安徽的人文景观、历史博物馆，是想通过这些历史文化无言地培养我对安徽人民的感情，培养我对这片土地的热爱。同时，我也体会到：在一个地方工作，不了解这个地方的历史文化、民俗风情，不同这里的广大人民群众打成一片，不交朋友，不接地气，是不能够像种子一样在这个地方扎根发芽、茁壮成长的，是难以带着感情去做工作、去为这里的人民热心服务的。杨多良同志的话让我终身受益。由此起，我在日后参观学习安徽的历史文化中，对徽州、对徽商产生了浓厚的兴趣、研究的激情、写作的动机。

兴趣是生活的导师，激情是生命的动力。对徽商有了浓厚的兴趣和激情后，我便着手搜集、购买一些有关介绍徽州人文的书籍。如《歙纪》《徽州府志》《歙县志》等。多年来，我也有个习惯，就是每到一个地方参观学习，总要购买一些介绍当地的图书，以便自己回去后再浏览翻阅、深入学习了解。因为泛泛地听向导解说，不是过耳就忘，就是不实不确，添油加醋的多，不能作为第一手的凭证和依据。再说，一个地方、一个景点，一生也可能就去一次，买点图书也是个留念。我的阅读习惯是手捧一卷，翻阅批注，或坐或躺，随意自然，并不习惯在电脑上阅读，感到在电脑上阅读费眼劳神，容易疲倦。有了书籍，我便开始学习研究，茶余饭后，也向一些朋友吹牛，交流自己的学习体会，渐渐地有些安徽的朋友知道我对徽文化产生了兴趣，也就赠送一些他们编著或收藏的有关徽州文化方面的图书给我。如时任黄山市委书记、现任安徽省政协秘书长的王启敏先生，赠送了由他主编的《徽文化新论》。安徽省作家协会主席季宇先生赠送我一套20卷的《徽州文化全书》和他写的小说《徽商》。他给我送书的那一天我记忆犹新：那是一个周末的中午，他提着一包沉甸甸的《徽州文化全书》，与我们共同认识的一个朋友来到我在合肥的住所，略有气喘，风度翩翩，谈吐文雅，甚是感人。随后，安徽人民出版社高级编审，也就是本书的责任编辑秦闯先生，赠送我一套由他任

■ 作者与安徽人民出版社编审秦闯先生合影

责任编辑的《安徽历史系列专著》；安徽省著名作家、学者赵焰先生送我一套他自己所著的《第三只眼看徽州》丛书。还有我的同行朋友陈祥明、许若齐、陶勤之、程新等先生也将他们自己撰著或珍藏的有关介绍徽州人文历史、风土人情的书或送我或借我。这样，有了较为丰富的图书资料，我便可以坐拥徽州书籍、学习研究徽商和徽州文化了。

本书的写作起因，当然还因为我是山西人。

我的家乡万荣县通化村地处河东大地，濒临黄河，与猗氏（在今临猗县）接壤，距盐池较近。古有“猗顿用盬盐起……与王者埒富”（司马

迁：《史记·货殖列传》），明清晋商亦是从此兴起。我的曾祖亦曾在故里开设字号为“新兴诚”的京货铺，经营绸缎布匹颜料，于汾南一带小有名气。当年做生意曾向本家富户借贷1000银元周转，后因日寇侵华，商铺遭抢倒闭，无力偿还，本家财东爷爷连本带利一并免除。家父每当说起这段往事，总是深怀感佩，不忘厚恩，教育我等儿孙做人处世要讲诚信、报恩德、与人为善。再说我的岳母王氏，一次儿女们陪她参观山西王家大院，她看时不由地说：“这不稀奇，我家以前也住这样的院子。”我等惊讶问之，原来岳母娘家在山西应县就是富商大户，外公爷爷就是旅蒙商人，还曾当过某商号的掌柜。这般说来，我与南北晋商前生都有缘分。

我对晋商原先也有一定的了解，但实事求是地说，对晋商的学习研究兴趣，是在对徽商的学习研究后才萌发的；是由徽商导入，引发兴趣，回头再看晋商，再深入系统地学习和了解晋商的。1982年秋我从山西大学中文系毕业后，在太原工作多年。对晋商大院、平遥古城亦曾多次或自己去看或陪朋友去看，也曾收集购买了诸多有关介绍晋商的书籍；但只是泛泛了解，更多的是一边看热闹、一边兴致勃勃地向朋友夸我山西商人，并没有自己研究写作的念头。到安徽工作后，结识了人民日报社安徽分社社长刘杰先生，刘先生是在黄河故道、淮河岸边长大的安徽人，之前曾任人民日报社驻山西记者站站长两年。他回到安徽后，写出两本关于山西的书——《触摸山西》《三晋风采》。他对山西人民和三晋大地的热爱不亚于我这个地道的山西人。我在安徽工作期间，他就以山西老乡的身份接待、照顾我。待他知道我对徽商产生兴趣后，就鼓励我说：“作为老乡，你是山西人在安徽工作，对晋商了解，对徽商研究也有了条件，你要利用这独特的优势和别人不具备的条件，把你对两大商帮的学习感悟、研究成果写出来。”我正是在他和其他朋友们的鼓励下，以他为榜样，沉浸在晋商与徽商的比较研究与写作中，竭力把徽州文化介绍给山西人民，把三晋文化介绍给安徽人民，做一个两地文化传播交流的使者。就连本书的书名，也是刘杰与陈祥明、秦闯三位先生给我敲定的。2013年冬我回到合肥，给出版社报书名，他们说就叫“徽商与晋商”。我略一思考后说：“还是颠倒一下，叫‘晋商与徽商’吧。我是山西人，根在大槐树下，将晋商放在前边吧。”他三人听后相视一笑，说我还是山西情结重，见我含笑不语，随之就都赞同。

本书得以脱稿，还得益于我到华中电网公司工作，居住在风景如画的武汉东湖之滨，每天可于柳岸湖畔散步、屈子像旁环行（东湖公园有屈原雕像和纪念馆），欣赏东湖美景，呼吸清新空气，吸收楚文化的丰富营养。正是屈原的“路漫漫其修远兮，吾将上下而求索”的精神给我以力量，使我没有因工作变动，身离山西、安徽而放弃自己的梦想，没有因眼花肩疼、身体不适而半途而废，没有因才疏学浅而畏难不前。正是楚人“筚路蓝缕，以启山林”的艰苦创业精神和“楚虽三户，亡秦必楚”“三年不蜚，蜚将冲天；三年不鸣，鸣将惊人”的顽强毅力、坚韧不拔，支撑着我将晋商、徽商的比较研究继续下去。我从 2011 年 10 月至楚，至今已快五年了。回想这五年来，有多少个日日夜夜，我晓起晚睡，查资料、做笔记、写心得，难计其数！有多少个双休日、节假日，我形单影只、足不出户、废寝忘食、阴阳颠倒地伏案耕耘！正是因为到楚工作，使我又收集丰富了晋商、徽商的研究史料，如蒲圻羊楼洞茶路的资料、汉口山陕会馆的资料、徽商在汉口的资料等。正是因为到楚工作，使我又结识了一批新的华中朋友，他们对我写作此书，提供了莫大的帮助。如年轻的朋友陶丞、王海、汪兆丰等帮我打印校对，李光满、刘星灿给我采择和提供照片，还有几位退休老同志主动帮我校对文字。我在内心里真诚地感谢他们！感谢楚人，感谢楚文化给我的精神力量，使我得以持之以恒、心有定力、孜孜以求、求则必成地完成了本书的写作。

写作此书，对我来说是大有裨益的。概括起来讲，我认为主要有四个方面。

一是学习研究晋商、徽商，对我所从事的工作大有益处。我这一生主要是在企业做管理工作和党务工作，晋商、徽商的经营理念、管理经验、吃苦精神等，为我做好本职工作提供了思想借鉴和精神动力。古语云：“他山之石，可以攻玉。”晋商和徽商的智慧、经验、教训，对我们今天的企业经营管理者十分有益，可谓教材，有许多宝贵的经验教训值得我们学习参考。我在安徽省电力公司工作五年多时间，能够小有成就，得到人们的认可，出版一本管理之作《赢得金牌的心力》奉献给大家，我认为是同我学习借鉴两大商帮的智慧、经验分不开的。

我逐步走上不大不小的领导岗位后，凡出席各种场合的讲话、报告，都是自己动手起草。在安徽省电力公司举办各类干部培训班和对新入职大学生培训时，我总是亲自讲第一课，作第一堂报告。记得我学习研究晋商、徽商有点心得体会后，急于卖弄显摆，又怕别人笑话，就在一次讲座开头直白："我在安徽人民面前讲晋商，有点王婆卖瓜——自卖自夸。反正在座的同人多数没有去过山西，对山西、对晋商知之甚少，我讲啥是啥，我姑且讲之，大家姑且听之。在安徽人民面前讲徽商，我是班门弄斧，关公面前耍大刀，有点不自量力；但这说明我有勇气，我求师心切，说明我对安徽这片土地和人民的热爱。我在鲁班门下、关公面前学艺习武，肯定学到的是高超的技艺和盖世武功。孔夫子曾曰：'取乎其上，得乎其中；取乎其中，得乎其下；取乎其下，则无所矣。'我向在座的鲁班、关公学习，拜大家为师。在座的鲁班、关公教我一招两招、独门诀窍，我就受益匪浅。再说，关公以仁义著称，对敢在他面前耍大刀而本事又明显不如他的人，他也不会动不动就凤眼圆瞪、蚕眉倒竖、贸然出手要我头颅。"话刚说完，大家哈哈大笑，继而给我以热烈的掌声、由衷的鼓励，不仅使我将当天的课讲得较为精彩，而且鞭策我从此走上了学习研究晋商、徽商的征途，且一气为之奋斗奔走了十年之久。

二是学习研究晋商、徽商，充实了我的业余生活，使我愉快地度过了十年时光，打发和利用了许多无聊的时间，有意义地度过了八小时以外的业余时间和一个个周末假日。《弟子规》中曰："有余力，则学文。"我平生无甚爱好，闲来无事，要么拿本书看看，信奉开卷有益，力求读书破万卷；要么出去走走，散步、观光、旅游，行万里路，察人间情。十年来的业余时光，身在异乡为异客，"日暮乡关何处是，烟波江上使人愁"的日子是十分难熬的。正是因为学习研究两大商帮，使我不孤独、不寂寞，不知不觉地走过来了。正是因为埋头于书斋，读书写作，使我忘却了窗外的喧嚣和浮躁、尘世的功名和利禄，自己得以清静、安静，静坐、静思，静静地度过有意义的每一天，宛如进入人间仙境、世外桃源。

三是通过学习研究晋商、徽商，磨炼了我的意志，增强了我的韧劲和恒心，提升了我战胜困难的决心和勇气。回想自己这十年来的学习研究，我咬定青山不放松，盯住目标不歇气，一节一节写，一阶一阶爬。周六周日两天自我闭关，足不出户，饿了泡包方便面，啃股老家带来的干麻花；渴了泡杯黄山茶，过着苦行僧式的生活。真正地有了"昨夜西风凋碧树，独上高楼，望尽天涯路"和"衣带渐宽终不悔，为伊消得人憔悴"的感觉和体会。这期间，我也曾有过气馁、畏难、退缩、放弃的念头；也曾认为自己是多此一举，自找苦吃；也曾感到力不从心，才思不敏，没有金刚钻，揽了瓷器活儿，难以完成这一任务。但是，每当我有了这样的畏难情绪，有了打退堂鼓的念头时，我就想起晋商的老黄牛精神和徽商的徽骆驼精神，想起朋友们的关心鼓励和支持，想起《孟子·告子下》中的一段话："舜发于畎亩之中，傅说举于版筑之间，胶鬲举于鱼盐之中，管夷吾举于士，孙叔敖举于海，百里奚举于市。故天将降大任于是人也，必先苦其心志，劳其筋骨，饿其体肤，空乏其身，行拂乱其所为，所以动心忍性，曾益其所不能。"我就自己给自己打气，不能一曝十寒、功亏一篑，不能自暴自弃、前功尽弃。一定要有毅力、有恒心、有韧劲、有信心。做下去，坚持下去，写完自己认定的题目和章节，对自己是学习是充实是提高，对关心我的朋友是承诺是信誉是交代，对两大商帮之古人是祭奠是传承是弘扬。坚持就是胜利，只要功夫深，铁杵磨成针，有一分耕耘就会有一分收获。天行健，君子当自强不息！

四是学习研究晋商、徽商，拓宽了我的知识面，增加了我的知识积累，提升了我的个人能力和素养。书到用时方恨少，人到无求品自高。黑发不知勤学早，白首方悔读书迟。我在写作本书过程中，深深地体悟到了这一点。研究明清晋商、徽商的兴衰成败，要涉猎掌握的相关知识很多。比如明清社会政治、经济、文化、地域、要事，三晋大地与徽州一府六邑的人文习俗，鸦片战争后列强侵略对两大商帮的伤害，近代工业革命对中国商业的影响，等等。自己平常积累不多、学识不厚，也没有专门学习研究过明清史、近代史、商贾史，这就逼迫我要购买、阅读大量这方面的书籍，查阅相关资料。回头看这十年来的读书阅批，不亚于我上四年大学的读书学习，也是我参加工作以来，业余时间抓得最紧、学习最多的十年。

十年时间不短，十年光阴似箭。十年来我头生华发，额添皱纹，自己的思想认识也在提升变化。变化最多的、最重要的是使我能够较为自觉地运用历史唯物主义的观点、历史的眼光对待自己，看待别人，处理现实中的一些问题。十年来，我每临长江、黄河都肃然起敬，常常坐到河岸江滩沉思冥想，看着滚滚流淌的江河从千古淌来，又向千古淌去，其间多少王朝豪杰随水流去，昔日富甲天下的晋商、徽商今日何在！逝者如斯夫，我也是过客。茫茫宇宙间，不过一蜉蝣。面对不平事，如水遇礁石，激起的是浪花；处理人和事，胸怀要宽广，不忘个"恕"字，留存的是永恒。历史是面镜子，可以照得失。历史是过去式，而我要面对的是现实，是未来，自己不能消极沉沦，要做自己该做的事、未竟的事、想做的事。如此，方不愧天地父母生育自己，不愧一日三餐食物供养，不愧自己来到人世间走这一趟。固然在历史的长河中自己也最终会化为泥土，但作为有生命主体的自我是有“濠上之乐”的，是充实的、满足的、无愧的。

今天，晋商与徽商的比较研究终于按照我预定的计划完成了。于自己这是了却了一桩心愿，做完了一件事，干完了一份活。对朋友是个交代，是诺言的践行。但是，我也深深地知道，这本书稿虽然经过自己十年的苦心打造，三次修改，五番校阅，但由于自己的功底不厚、学养不深，因此总是难以精准地描绘出两大商帮纵横五百年、驰骋千万里的人文精神、智慧经验、兴败原因。故而呈献给大家的这个丑媳妇必然会有这样那样的瑕疵和不足。在此，我还是本着丑媳妇不怕见公婆、班门弄斧、关公面前耍大刀的精神和余勇，将拙作呈献给大家，以求教于方家的批评和指正。

本书在出版过程中，安徽人民出版社编审秦闯先生热情支持，悉心审阅，多次与我或当面或书面或电话或微信沟通商议，校改文字，查核资料，付出了很多心血，我衷心地感谢他。尤其是在本书即将付梓前，秦先生又特请我仰慕已久，且素不相识的徽学研究专家——安徽师范大学原副校长，教授、博士生导师，安徽历史学会原会长，现中国商业史学会副会长、中国明史学会副会长、安徽省徽学会会长王世华先生审读书稿。王先生长我九岁，年近七旬，通读90余万字的书稿，从专业学者的角度对本书的一些观点、表述、释义等提出建议或做出修改，并欣然命笔写出序言，令我十分感动，由衷敬佩。

秦闯先生在2016年4月24日给我的信中说：“近日收到安徽师范大学王世华先生寄来的大著序言及审读样。王先生在这篇3000余字的序言中，从学术性与普及性，史料性与创新性，科学性与通俗性，两商研究内容的全面性、丰富性与比较研究的专业性、艰巨性诸方面，对大著的内容、观点、特色一一做出评价，称之内容全面详尽、真知灼见迭出、文字功底深厚，追根溯源、条分缕析，言之成理、持之有故。王先生娓娓道来，赞誉有加，并热忱向广大读者大力推荐这部既使史学专业工作者受益匪浅，又使非专业人士深获智慧和启迪，具有相当特色的晋徽两大商帮比较研究的佳作。”

■ 作者与著名徽商研究专家，安徽师范大学教授、博士生导师王世华先生合影

读罢秦闯先生的来信和王世华先生的序言，我想有了徽商研究专家、安徽学人为本书作的序言，何不再请山西方面研究晋商的专家看看书稿、提提意见，也为拙作写个序言呢？于是，我在学友的联系介绍下，于2016年“五一”节期间登门拜访了我久仰大名、神交已久，且也从未谋过面的张正明先生。张先生年近八旬，皤然长者，精神矍铄，睿智洒脱。他认真听取了我对拙作的介绍，仔细浏览完书目，便与我侃侃而谈晋商与徽商的兴衰成败、各自特色。当我冒昧地提出请他为本书作序时，他当即爽快答应，并签名送我他的大作《晋商兴衰史》《晋商与汾酒》，令我油然起敬。

张正明先生是国内资深明清经济史研究专家，现为山西省晋商文化研究中心主任，研究员、博士生导师，中国商业文化研究会高级顾问，曾任山西省社会科学院资深研究员、副院长，山西省历史学会会长，第十届全国政协委员，山西省政协副主席，民进中央常委、民进山西省委主委等要职。先生研究成果丰硕、社会活动众多，至今于书斋亦读书笔耕不辍。张先生在序言中与王世华先生一样，对我的选题和研究予以充分肯定，对本书给以很高评价，褒奖我十年磨一剑的执着精神，并赞曰“这种精神就是晋商、徽商精神的精髓”，真令我感动敬佩。两位先生，一个是徽商研究专家，一个是晋商研究耆宿，一南一北，双星耀辉，但都能命笔为拙著作序，岂不是又写出了两篇徽商与晋商、晋商与徽商的

■ 作者与著名晋商研究专家，山西省社科院研究员、博士生导师张正明先生合影

史学佳作、文坛佳话！两位先生治学严谨、学富五车，礼贤下士、奖掖后进，老当益壮、治学愈勤，正是我学习的榜样。

本书在写作过程中，除了得到上述提及的长者、朋友们的关心和帮助外，还得到了国家电网公司的有关领导，国务院国资委国有重点大型企业监事会主席路耀华先生，中国大唐集团董事长、党组书记陈进行同志的关心和鼓励，得到了安徽省电力公司、山西省电力公司、华中电网公司诸多同人和朋友们的关心和帮助，得到李京蜀、田进、王晓平、许跃祥、梁铭、梁生仁等同志提供的照片，得到我的发小、山西大学美术学院教授、中国书法家协会学术委员、山西省书法家协会副主席兼学术委员会主任姚国瑾先生为本书题写的书名，得到我的大学同窗、原任汾阳市委书记、吕梁市人大常委会副主任、山西省书法家学会理事徐德先生为本书篆刻的书名。在此，我一并向这些关心、支持、帮助、鼓励过我的长者、领导和朋友们表示衷心的感谢！

2016 年 6 月